momentos clave

100 AÑOS DE
MÚSICA

EDITOR GENERAL
SEAN EGAN

momentos clave

100 AÑOS DE

MÚSICA

ARTISTAS, ÁLBUMES, CANCIONES, CONCIERTOS Y
ACONTECIMIENTOS QUE HAN MARCADO EL PANORAMA MUSICAL

BLUME

BLUME

Título original:
Music. The Little Black Book

Traducción:
Javier Armenter Ramos
Laura Collet Texidó
David Magrané López
Maite Rodríguez Fischer

Revisión técnica de la edición en lengua española:
Javier Armenter Ramos
Músico y compositor

Coordinación de la edición en lengua española:
Cristina Rodríguez Fischer

Primera edición en lengua española 2009

© 2009 Naturart, S.A. Editado por BLUME
Av. Mare de Déu de Lorda, 20
08034 Barcelona
Tel. 93 205 40 00 Fax 93 205 14 41
e-mail: info@blume.net1
© 2007 Octopus Publishing Group Ltd, Londres

I.S.B.N.: 978-84-8076-846-7

Impreso en China

WWW.BLUME.NET

CONTENIDO

COLABORADORES

Hugh Barker es escritor, editor y ex músico, y actualmente vive en North London. Su libro *Faking It: The Quest for Authenticity in Popular Music* (coescrito con Yuval Taylor) está editado por Faber & Faber y W.W. Norton.

Angus Batey ha escrito extensamente sobre música desde comienzos de la década de 1990. Es colaborador habitual de *Hip Hop Connection, Mojo, The Guardian* y *The Times,* para la que también escribe sobre *cricket.* Contacto: angus@hiphop.com.

Johnny Black, autor de libros aclamados como *Eyewitness Hendrix* y *Reveal: The Story of R.E.M,* ha colaborado durante más de veinte años en *Mojo, Blender, Music Week* y *Q.* También mantiene una gran base de datos de música popular, el Rocksource Archive.

Melissa Blease es una escritora *free lance* especializada en música, comida y crítica literaria, artículos de opinión informales, ficción erótica y obras de teatro. Publica regularmente en las revistas *Venue* y *Folio,* pero su ambición es convertirse en novelista superventas.

Ken Bloom ha escrito tres obras decisivas sobre la canción popular, *American Song, Tin Pan Alley* y *Hollywood Song,* además del superventas *Broadway Musicals: The 101 Greatest Musicals of All Time.* Es presidente de la compañía discográfica independiente Harbinger Records.

Fred Dellar ha dedicado los últimos 40 años a colaborar con publicaciones como *NME, Vox, Q, Smash Hits, Hi-Fi News, Empire, The Stage* y *Mojo.* Ha escrito solo o en colaboración libros sobre música country, cine sobre rock y jazz.

Robert Dimery es escritor y editor *free lance.* Además de trabajar para *Vogue, World of Interiors* y *Time Out,* fue el editor general de *1001 Albums You Must Hear Before You Die.*

Bruce Eder ha escrito para *Village Voice* y *Newsda,* y producido reediciones en CD de rock clásico, bandas sonoras y música clásica para Sony Music y Polygram. Es también escritor-productor-narrador en las pistas de comentarios de películas clásicas en DVD para *The Criterion Collection.*

Sean Egan ha escrito para, entre otros, *Goldmine, RollingStone.com, Uncut* y *Vox,* y también varios libros, entre los que se incluyen trabajos sobre The Animals, Jimi Hendrix, The Rolling Stones, y la novela sobre rock 'n' roll *Sick Of Being Me,* aclamada por la crítica.

Sara Farr ha escrito para más de 30 periódicos y revistas, como *Music Inc., Dayton (Ohio) Daily News, Impact Weekly, Groupeez, Cincinnati CityBeat* y el conjunto de publicaciones de *Los Angeles Newspaper Group.* Reside en Los Angeles.

Gillian G. Gaar ha escrito libros como *She's A Rebel: The History of Women in Rock & Roll, Nirvana: In Utero* y *Green Day: Rebels With A Cause.* También ha colaborado con muchas publicaciones y ha trabajado en el recopilatorio de Nirvana *With The Lights Out.*

Gary Pig Gold impulsó el primer fanzine musical de Canadá, *The Pig Paper,* produjo grabaciones para el sello Melodiya de la URSS, contribuyó al *Music Hound Essential Album Guides,* estuvo a punto de irse a Australia con Jan & Dean y hoy navega desde www.GaryPigGold.com.

Chris Goodman fue editor musical del *Sunday Express* durante cinco años, donde escribió semanalmente crítica musical, noticias y entrevistas. Ha colaborado con *Mojo, The Word, Classic Rock* y otras publicaciones.

Ralph Heibutzki es el autor de *Unfinished Business: The Life & Times Of Danny Gatton,* y ha escrito para *All Music Guide, Goldmine* y *Guitar Player,* entre otras. Para detalles de su música y proyectos, *véase* www.chairmanralph.com.

Thomas S. Hischak es autor de 16 libros sobre teatro, cine y música popular, entre ellos *The Tin Pan Alley Song Encyclopedia, The Oxford Companion to American Theatre* y el galardonado *The American Musical Theatre Song Encyclopedia.*

Pág. anterior **Jethro Tull.**

En 1984 **Steve Jelbert** escribió la crítica sobre su propia banda para el NME. Desde entonces ha escrito para *The Times, Independent, Independent on Sunday, Mojo* y muchas otras publicaciones ya desaparecidas. Reside en East London, rodeado de botellas de vino vacías, juguetes, cajas llenas de grabaciones y libros.

Rob Jovanovic ha escrito para todas las revistas musicales importantes durante la pasada década y es autor de libros sobre deporte y música, en los que trata a autores como Beck, Kate Bush, Nirvana, Big Star, R.E.M. y George Michael.

Ignacio Julià es el editor de *Ruta 66,* una revista española dedicada a la historia del rock y sus nuevas expresiones. Ha escrito una docena de libros incluyendo las biografías de Velvet Underground y Sonic Youth, distribuidas por todo el mundo.

Miles Keylock escribe sobre música y cultura en Sudáfrica. Ha escrito para el *Mail & Guardian* y para la revista *GQ South Africa,* de la que es editor musical colaborador. Sus críticas se pueden leer también en *1001 Albums You Must Hear Before You Die.*

Spencer Leigh ha sido responsable del programa de radio *On The Beat* de la BBC Radio Merseyside durante 25 años. Ha colaborado en varias revistas y periódicos y ha escrito varios libros. Se pueden encontrar detalles de sus libros con capítulos de muestra en *www.spencerleigh.co.uk.*

David McNamee cofundó y fue editor de la revista *Plan B*. Desempeñó el cargo de crítico en *Careless Talk Costs Lives.* Su trabajo ha aparecido publicado también en *The Guardian, Dazed & Confused, Metro, Kerrang!, Metal Hammer, Loose Lips Sink Ships* y otros.

Alex Macpherson ha escrito para *The Guardian, Plan B, Careless Talk Costs Lives, thelondonpaper, Stylus, Undercover, New Statesman* y *Resident Advisor.*

Como columnista en periódicos locales de su Wessex natal, **Kevin Maidment** pasó varios años frustrando las ambiciones de los músicos locales. También ha escrito para la *BBC, Music 365, Books On Line, NME, amazon.com* y *The Morning Star.*

Gavin Michie ha escrito con autoridad sobre música rock, folk, electrónica y popular para *Rock CD, Rock'n'Reel, The Listener, CD Review, More Music, The Beat* y *New York Rocker,* además de muchas otras publicaciones y páginas web de todo el mundo.

Andre Millard es profesor de Historia y director de Estudios Americanos de la Universidad de Alabama. Ha escrito sobre Thomas Edison y la primitiva industria del ocio, tecnología musical, historia de la grabación del sonido y de la guitarra eléctrica.

Joe Muggs ha escrito regularmente para *The Daily Telegraph, Mixmag, Word, The Face* y BBC *World Service.* Asimismo, ha estado largamente implicado como promotor, intérprete y músico en la escena underground post-rave.

Junto a numerosas contribuciones a la enciclopedia y artículos en revistas, los escritos de **Alex Ogg** incluyen los libros *The Hip Hop Years* (de la mano de la serie de TV), *No More Heroes, Top Ten* y trabajos sobre letras de rap y biografías de Def Jam Records, Radiohead y otros.

Pierre Perrone pasó sus años de formación en Marsella viendo *The Avengers* (*Los Vengadores*) y escuchando The Who. Reside en el Reino Unido desde hace 27 años y colabora regularmente en *The Independent, Bergens Tidende,* de Noruega, y *Rock & Folk,* de Francia.

Michael Portantiere es un editor y escritor en *TheaterMania.com,* que había colaborado previamente como editor en *InTheater* y *Back Stage.* Editó y realizó críticas para *The TheaterMania Guide to Musical Theater Recordings* y ha escrito para *Playbill* y *Stagebill.*

Mike Princeton es consultor de script y vive en Nueva York. Ha modificado de manera anónima varios «musicales

Pág. siguiente **The Beatles.**

con problemas» en desarrollo de las afueras y ha escrito bajo varios seudónimos novelas románticas y de acción.

Leila Regan-Porter es una británica expatriada afincada en Decatur, Georgia, cuyas ansias de aprender música la llevaron a indagar en la historia de la música de Atlanta para *Performing Songwriter*, profundizar en hechos antiguos y nuevos para *Paste,* y descubrir música local para el *Atlanta Journal-Constitution*.

William Ruhlmann escribe para *All Music Guide*.

Reportera afincada en Warren, Ohio, **Tierney Smith** ha colaborado en *Relix, Discoveries Goldmine* y *Scene* de Cleveland, *así como* en el libro *100 Albums That Changed Music*.

Editor fundador de la revista *Mojo* y autor de *The Fame Game,* **Mat Snow** escribe y habla en la radio sobre música y otros temas. Fue inmortalizado por su antiguo compañero de piso Nick Cave en la canción «Scum», de la que cada palabra es cierta.

David Spencer es compositor, letrista y libretista. Algunas de sus obras destacadas son *The Fabulist* y versiones de *El fantasma de la ópera* y *Los miserables*. Asimismo, es autor de *The Musical Theatre Writer's*

Survival Guide y *Passing Fancy,* novela de la colección Alien Nation.

Giancarlo Susanna ha colaborado en *Rockerilla, Audio Review* y *L'Unita*. Es autor de libros sobre Neil Young, Jeff Buckley, Coldplay y R.E.M.

Jeff Tamarkin ha publicado *Goldmine, Relix, CMJ* y *Global Rhythm,* y actualmente escribe para *Mojo, Harp, All Music Guide, Jazz Times* y *Boston Phoenix*, entre otras. Es el autor de *Got a Revolution! The Turbulent Flight of Jefferson Airplane*.

Dave Thompson es autor de más de un centenar de biografías y enciclopedias sobre rock, y colaborador habitual en multitud de revistas y publicaciones. Vive en Delaware en compañía de sus gatos.

John Tobler ha escrito para *Melody Maker, NME, Zigzag, Folk Roots* y *Country Music People*. Es autor de libros sobre The Beach Boys, The Carpenters, The Doors y Buddy Holly, y ha escrito muchos textos para todo tipo de grabaciones.

Richie Unterberger es autor de varios libros de historia del rock como *The Unreleased Beatles: Music and Film, Unknown Legends of Rock 'N' Roll,* y una historia del folk-rock de la década de 1960 en dos volúmenes, *Turn! Turn! Turm/Eight Miles High*.

David Wells ha escrito extensamente para la revista *Record Collector*, incluyendo la autoría exclusiva de su publicación autónoma *100 Greatest UK Psychedelic Records*. También ha recopilado y escrito textos para cientos de reediciones de CD.

INTRODUCCIÓN

Pág. siguiente Johnny Cash.

Las historias sobre la música popular suelen presentarse fragmentadas. En general, los editores de libros sobre pop piensan que este tipo de música popular empezó con el salto a la fama de Elvis Presley en 1956 y rellenan sus volúmenes con artistas y grabaciones que surgieron posteriormente. Este enfoque tiene como efecto que se ignore más de medio siglo de música popular. También da por supuesto, de manera ilógica, que a la gente a la que le gusta el rock y otros tipos de música posteriores al año 1956 no le gustan otros géneros, como las *big bands*, los musicales y el *crooning*, mientras que la mayoría considera que raramente existe una división tan rígida en el gusto humano.

En este libro hemos intentado corregir este desequilibrio. Aquí abarcamos un siglo de música para gente corriente, empezando en los albores del siglo xx con artistas cuyas creaciones se distribuían en cilindro o en disco (este último aún no había establecido su hegemonía) y terminando en los primeros años del siglo xxi con artistas cuyas obras llegan al público cada vez más a través de Internet en forma de descargas, un método que habría parecido de ciencia ficción para el público de los artistas de las primeras páginas de este libro. Entre unos y otros podrá encontrar todos los géneros musicales populares, desde cuartetos de *barbershop*, operetas, music hall y vodevil, musicales tanto de teatro como de cine, *novelty songs*, folk, hasta jazz, blues, *big bands*, country, rock, reggae, rap y techno, entre otros.

También hemos prescindido de la absurda postura de considerar válida sólo la música popular originaria del Reino Unido o de Estados Unidos, es decir, sólo aquella en lengua inglesa. Aquí encontrará artistas de todo el planeta, ya sean de Noruega o Nigeria, Jamaica o Alemania; si su popularidad lo merece, están incluidos.

Con criterio similar, en la selección de artículos no hemos tenido en cuenta su grado de conexión con la cultura moderna. Sin embargo, no nos hemos permitido caer en la hagiografía, pues nuestro equipo multinacional de más de cuarenta experimentados escritores especialistas tiene la suficiente integridad. Para ello, hemos intentado analizar y explicar de un modo serio y honesto las causas del éxito de cada artista que hemos tratado, tanto si son *cool* como si no lo son.

A la descripción de los artistas y de sus obras, excepcionalmente, añadimos los acontecimientos significativos del período musical: los momentos que propiciaron la infraestructura para que la industria musical existiera o floreciera, ya sea la formación de asociaciones de compositores, la publicación de las primeras listas de éxitos o los avances tecnológicos que mejoraron la calidad del sonido y los medios de distribución.

Aunque sabemos que es imposible dar cabida en este libro a todo aquello que ha sido importante para la música de este último siglo, consideramos que en estas páginas encontrará representado todos los personajes clave (ya sea mediante una pequeña biografía o detallando una canción destacada, un concierto significativo o un álbum importante) y todos aquellos eventos de relevancia de la música popular grabada de los últimos 100 años.

Sean Egan

Agradecimientos
El editor desea hacer agradecer a las siguientes personas su ayuda en la investigación: Johnny Black, Doug Hinman, Ray Jackson, Steve Boone y Russell Hayward.

Acontecimiento clave
Aparición del gramófono

El gramófono y sus discos fueron obra del inventor Emile Berliner, que los presentó en 1888. Las ondas sonoras se grababan lateralmente en el surco (de lado a lado), lo que lo distinguía del longitudinal (arriba y abajo) de las grabaciones –como ya entonces se llamaban– inventadas por Thomas Edison y Alexander Graham Bell. El fonógrafo de Edison y el gramófono de Bell (desarrollado junto a Charles Tainter) utilizaban el formato de cilindro, un dispositivo revestido de cera dispuesto en un tubo protector. La industria se dividió entre los dos formatos de «máquina parlante»; el formato cilíndrico parecía algo mejor porque permitía grabar, no sólo reproducir.

Eldridge Johnson era un mecánico que se unió a Berliner para perfeccionar el motor del gramófono. Más adelante desarrollaron todos los componentes de la máquina y su disco de cera sólida de 7 pulgadas (17,78 cm). Johnson fabricaba las máquinas que la compañía American Gramophone que Berliner comercializaba, y con el tiempo compartió sus patentes con Berliner y crearon la Victor Talking Machine Company en 1901. Berliner también adquirió los derechos de su gramófono en Europa y desde 1897 fundó empresas en Inglaterra, Alemania y Francia, donde construyó sus propias plantas de prensado de discos. El formato de disco giratorio se implantó y alcanzó una posición capaz de desafiar al cilindro como base de la grabación comercial de la música.
Andre Millard

Fecha 1900

País Estados Unidos

Por qué es clave
El gramófono allanó el camino al disco giratorio, principal medio de difusión para el sonido grabado hasta hace relativamente pocos años.

Pág. siguiente His Master's Voice (La voz de su amo), logotipo de la compañía Gramophone.

14

Canción clave «Absence Makes The Heart Grow Fonder»

Aunque «Absence Makes The Heart Grow Fonder»[1] apareció por primera vez como título de un poema anónimo inglés en 1602, tardó doscientos años en hacerse popular. La canción «Isle Of Beauty», de Thomas Haynes Bayley, contenía el verso «Absence makes the heart grow fonder, Isle of beauty, Fare thee well!» La canción se publicó en 1850, mucho después de la muerte de Bayley, en 1839.

En 1900 el famoso compositor de canciones Arthur Gillespie utilizó la frase como título de una canción con acompañamiento musical de Herbert Dillea. Se presentó al público en el musical *The Floor Walkers*, estrenado el 29 de enero de 1900 en el Grand Opera House de Nueva York. La canción era una de las típicas baladas sentimentales y recargadas, populares en la época. Canciones de similar índole que triunfaron ese mismo año fueron «A Bird In A Gilded Cage», «Goodbye, Dolly Gray» y «Tell Me Pretty Maiden».

Una canción posterior, de 1930, de Sam M. Lewis y Joe Young utilizó la familiaridad del proverbio y de la canción de Gillespie/Dillea para darle un giro con «Absence Makes The Heart Grow Fonder (For Somebody Else)» (La ausencia hace crecer la pasión [por otra persona]), una simpática advertencia para un amante ya que «cuando no está el gato, bailan los ratones».
Ken Bloom

Fecha de publicación 1900

Nacionalidad Estados Unidos

Compositores Arthur Gillespie, Herbert Dillea

Por qué es clave
De verso de un poema a verso de una canción y de título de una canción a parodia, todo ello en sólo 328 años.

1. Proverbio inglés que significa que la ausencia hace crecer la pasión.

VICTOR

His Master's Voice

Canción clave «Just Because She Made Dem Goo-Goo Eyes» Dan W. Quinn

La publicación de «Just Because She Made Dem Goo-Goo Eyes» en 1900 introdujo una expresión que rápidamente pasó a formar parte del lenguaje coloquial estadounidense. Con el siglo xx llegó gran cantidad de jerga a la música popular y esta pieza de John Queen y Hughie Cannon (música y letra) sobre una chica que puede coquetear de un modo escandaloso con sus ojos, popularizó la expresión *goo-goo eyes*, sin sentido hasta aquel momento, que sugería todo tipo de provocaciones. La canción, que se dio a conocer en el teatro de variedades cantada por Querita Vincent, entonces fue popularizada por una grabación de Dan W. Quinn, ligeramente adaptada; como la primera que salió en las listas de éxitos de este prolífico artista, la igualmente coloquial «Daddy Wouldn't Buy Me A Bow-Wow». Arthur Collins grabó una exitosa versión de la canción. En tiempos de la primera guerra mundial la canción perdió popularidad pero la expresión «Goo-goo eyes» se siguió utilizando. No obstante, vio un tanto eclipsada en 1938 cuando la canción «Jeepers Creepers» popularizó el término *peepers* para referirse a los ojos, aunque la anterior forma coloquial aún se utiliza.

En la década de 1940 «Just Because She Made Dem Goo-Goo Eyes» fue recuperada como una popular *nonsense song* (canción sin sentido), el tipo de número musical novedoso que proliferaba por aquella época. Se grabó varias veces más, pero hacia finales de la década de 1950 fue de nuevo olvidada y sólo la vieja expresión *goo-goo eyes* permaneció.
Thomas Hischak

Fecha de publicación 1900

Nacionalidad Estados Unidos

Compositores John Queen, Hughie Cannon

Por qué es clave Demuestra cómo una canción popular, aun habiendo caído ya en el olvido, puede legar una expresión.

16

Canción clave «When You Were Sweet Sixteen»

El compositor de canciones James Thornton nació en Liverpool, Inglaterra, pero su familia se trasladó a Boston cuando tenía alrededor de ocho años. «When You Were Sweet Sixteen[2]» se originó cuando su mujer le preguntó a un Thornton ya maduro si aún la amaba. La respuesta fue: «Te amo igual que cuando eras una quinceañera».

Publicada en 1898, la canción salió a la luz de la mano de George J. Gaskin y Jere Mahoney en 1900. Al año siguiente, Henry Macdonough y J. W. Myers grabaron versiones que tuvieron éxito, pero fue la de Al Jolson la que estableció la canción como un estándar. El tema gozó de una segunda vida cuando la cantó Bing Crosby en la película sobre boxeo, *The Great John L* (*El coloso de Boston*, 1945). Cuando se estrenó, Perry Como grabó una versión de la canción y vendió más de un millón de copias. El éxito de Como inspiró a Jolson para regrabar su versión con Decca Records. A los grupos vocales les gustó la melodía y aparecieron versiones de los Mills Brothers y los Ink Spots, entre otros.

Fue presumiblemente porque Thornton de ningún modo previó el éxito de su canción que al escribirla firmó un contrato en exclusiva con dos editores distintos. Todo terminó con una demanda judicial de Stern and Marks Publishing contra Witmark Music Publishing, que tuvo que pagar 5.000 dólares al primero al demostrar que había adelantado 15 dólares a Thornton.

Tan recientemente como en 1981, The Fureys con Davey Arthur llegaron al Top 20 del Reino Unido con la canción.
Ken Bloom

Fecha de aparición 1900

Nacionalidad Estados Unidos

Compositor James Thornton

Por qué es clave El amor verdadero inspira una balada pero el engaño empaña su éxito.

2. Quinceañera.

Personaje clave
Len Spencer

Len Spencer podría haber sido la primera estrella de música grabada conocida a nivel nacional.

Entró en la industria en sus comienzos y enseguida se dio cuenta de que podía tener éxito con canciones escritas por otros. Como era habitual en aquellos tiempos en un hombre blanco, grabó varios *coon*[3] *songs* y otras canciones asociadas al sur de Estados Unidos, pero cantó prácticamente en todos los estilos, excepto ópera. Entre sus grandes éxitos destacan «Ta-Ra-Ra-Boom Der E» (1892), «Little Alabama Coon» y «Dat New Bully» (1895), «A Hot Time in The Old Town» y «Oh, Mister Johnson, Turn Me Loose» las dos de 1897, y «Hello! Ma Baby» (1899).

Su mayor éxito fue «The Arkansaw Traveler» cuya versión entró en las listas de éxitos el 3 noviembre de 1900. (Esta fecha, como el resto de los datos referidos a las listas de éxitos de Estados Unidos anteriores a 1955, es una estimación a cargo de los expertos en listas de éxitos Joel Whitburn y Steve Sullivan.) Era prácticamente un *sketch* humorístico con música, un novedoso número que terminó vendiendo alrededor de un millón de copias.

Spencer hizo famosas muchas de las canciones que grabó, un sorprendente número de las cuales se cantan hoy en día. También contribuyó al éxito inicial de los sellos Columbia y Victor.

Nacido en 1867, la muerte de Spencer en 1914 puso fin a una de las más triunfales carreras de cantante de música grabada de todos los tiempos.
Ken Bloom

Rol Artista de grabaciones

Fecha 3 de noviembre de 1900

Nacionalidad Estados Unidos

Por qué es clave
La mitomanía en la música popular empezó aquí.

3. Término peyorativo referido a la gente de piel oscura.

Canción clave
«Coon! Coon! Coon!»

La canción *coon* (*coon song*), o, como se llamaba originalmente, *coon shout*, es un género musical estadounidense prácticamente olvidado. Escritas tanto por gente de raza negra como blanca, las canciones *coon* utilizaban clichés sureños en los textos y una forma primitiva de música sincopada en muchas de ellas. Habitualmente las letras no eran racistas y, a menudo, retrataban a gente negra oprimida aunque admirable. No obstante, la condescendencia de sus letras y, por supuesto, la palabra *coon* las llevaron al olvido al iniciar Estados Unidos una era más ilustrada.

La primera canción *coon* fue «New Coon in Town», escrita por Paul Allen en 1883. Ernest Hogan, autor e intérprete de «All Coons Look Alike to Me» (1896), era de raza negra y con el tiempo llegó a la conclusión de que la canción era degradante. Con todo, su éxito provocó un aluvión de imitaciones, algunas de las cuales, como «Mammy's Li'l Coal Black Rose» y «Mammy's Little Pumpkin Colored Coon» eran baladas sentidas y hermosas. Unas cuantas canciones *coon* eran racistas, pero algunas reflejaban los sentimientos y puntos de vista de los afroamericanos de la época (aunque incluso esas reflexiones se ven hoy como políticamente incorrectas).

«Coon! Coon! Coon!», publicada en 1901, podría posiblemente incluirse en la anterior categoría. Dada a conocer por Lew Docksteader, un hombre de raza blanca que actuaba con la cara pintada de negro, de la letra se infiere que el protagonista desea otro color de piel: «I'd rather be a white man instead of being a coon» (Preferiría ser un hombre blanco en lugar de un *coon*). Claramente las cosas aún tenían que cambiar mucho.
Ken Bloom

Fecha de publicación 1901

Nacionalidad Estados Unidos

Compositores Leo Friedman, Gene Jefferson

Por qué es clave Una canción que encarna un género popular que hoy en día nos deja estupefactos.

Acontecimiento clave **La Unión de Músicos intenta prohibir el ragtime**

El ragtime y la American Federation of Musicians (Federación Americana de Músicos; AFM, por sus siglas en inglés) se crearon al mismo tiempo; el primer ragtime publicado apareció un año después de la formación de esta unión de músicos, en 1896.

La AFM trabajaba para proteger los intereses de la gente que se ganaba la vida como intérpretes de música en vivo. En 1901, esta asociación denunció públicamente la música de ragtime y pidió que se prohibiera, pues se oponían a que una multitud de pianistas *amateurs* aporrearan los éxitos del ragtime o tocaran en ese estilo música existente. Por otro lado, pudo ser la consecuencia de su discriminación contra los afroamericanos y su música. También se cuestionó la decencia de muchos bailes asociados con el ragtime, como el «cakewalk».

La prohibición tuvo lugar cuando el ritmo sincopado característico del ragtime alcanzó una enorme popularidad. «Maple Leaf Rag» (1899), de Scott Joplin, atrajo la atención internacional hacia este tipo de música «negra» y fue seguida por multitud de imitadores tanto vocales como instrumentales. La prohibición fracasó estrepitosamente. Hacia 1911 la ragtimemanía dominaba la música y el baile populares estadounidenses e incluso aparecieron imitaciones.

Uno se pregunta si alguno de los músicos que se opuso al edicto se complació con la misma juvenil rebeldía que más adelante exhibirían los jóvenes ante los mayores que despreciaron el también negro y excitante rock 'n' roll.

Andre Millard

Fecha 1901

País Estados Unidos

Por qué es clave
Posiblemente el primer ejemplo de intento frustrado de prohibir una música popular.

Pág. anterior El cakewalk.

Canción clave **«He Laid Away A Suit Of Gray To Wear The Union Blue»**

En 1901, la publicación de «He Laid Away A Suit Of Gray To Wear The Union Blue» y su subsiguiente popularidad evidencian la capacidad de la música popular de cosechar éxitos desmarcándose de las vías más usuales. La guerra de Cuba que trajo el cambio de siglo influyó en la canción popular y de repente las baladas y marchas patrióticas adquirieron mayor popularidad de la que habían tenido durante décadas. No todas las canciones trataban sobre la guerra con España; la época evocó recuerdos de la guerra civil, que sorprende ahora pensar que habían tenido lugar sólo cuarenta años antes, y se escribieron nuevas canciones sobre ese conflicto.

Un tema favorito de esas baladas era el del sureño que se debatía entre su lealtad al Sur y su fe en la Unión. Tal era el sujeto de esta canción, de Edward M. Wickes (letra) y Ben Jansen (música).

En ella, un sureño se da cuenta de que debe ocultar el uniforme gris del Ejército de los Estados Confederados y unirse a los hombres de Lincoln con el fin de preservar la unidad.

Los artistas de vodevil Lillian Mack, J. Aldrich Libbey y Lydia Barry cantaron la conmovedora balada con gran dramatismo en la escena y de este modo alentaron la unidad patriótica. Las ventas de partituras fueron considerables, pero cuando terminó la guerra la canción desapareció. Durante la primera guerra mundial, en la siguiente década, las canciones patrióticas dieron paso a propuestas más atractivas y las referencias a la guerra civil se consideraron ineficaces.

Thomas Hischak

Fecha de publicación 1901

Nacionalidad Estados Unidos

Compositores Ben Jansen, Edward M. Wickes

Por qué es clave
La canción que ilustra cómo las canciones de una guerra pueden convertirse en las de otra.

Canción clave
«We Shall Overcome»

Situar «We Shall Overcome» en 1901 es necesariamente arbitrario. Los orígenes de la canción, como muchas que evolucionaron del folclore tradicional, son oscuros, y las ocasiones a lo largo del tiempo en que estuvo sujeta a crecientes modificaciones y desarrollos hasta llevarla a su forma actual son muchas y diversas.

La canción deriva de las tradiciones evangélicas (góspel) de blancos y negros de finales del siglo XIX. El proceso evolutivo más reciente de la canción empezó en 1946 cuando Lucille Simmons, en huelga contra la American Tobacco Company, cantó una versión de la canción, titulada «We'll Overcome» en un piquete. El activista y cantante folk Pete Seeger la escuchó y debió de ser él quien cambiara el verso por «We shall overcome».[4] Hizo añadidos a la letra y, siguiendo la tradición folclórica de «transmitirse», se adoptó como himno del emergente movimiento por los derechos civiles. La cantante folk Joan Baez

contribuyó a llevar la canción a una audiencia más amplia merced a su participación en marchas y, sobre todo, en el festival de Woodstock en 1969. Quintaesencia de la década de 1960, «We Shall Overcome» desempeñó una función de la que sólo la música era capaz: un catálogo sonoro de las reivindicaciones de los huelguistas o manifestantes; fue poco efectivo, pero la canción –una no-violenta aunque rotunda expresión de sufrimiento y determinación– actuó como un excelente lema, especialmente en combinación con la propaganda y las pancartas habituales en estas situaciones.
Ken Bloom

Fecha 1902

Nacionalidad Estados Unidos

Compositores Pete Seeger, Zilphia Johnson Horton, Guy Carawan, Frank Hamilton

Por qué es clave
Fue el himno de los que no tenían derecho a voto y los oprimidos, e ilustra el poder de una canción popular.

4. En ambos casos significa lo mismo: «Venceremos».

Acontecimiento clave Se inicia la
producción en serie de grabaciones

Después de que varios inventores hubieran perfeccionado las «máquinas parlantes» de motor de resorte en la década de 1890, el gran obstáculo para el desarrollo comercial del sonido grabado era el coste y el tiempo empleados en duplicar un máster de grabación. A los intérpretes se les pedía que hicieran cientos de grabaciones idénticas. Thomas Edison empezó a experimentar para encontrar la manera de duplicar los cilindros de su gramófono a finales de la década de 1880 y poco después Eldridge Johnson –como Edison, afincado en Nueva Jersey, lo que probablemente llevó a un intercambio de ideas entre los dos– trabajó en máquinas para producir discos de gramófono en serie.

Ambos inventores empezaron con un máster de grabación de cera. Entonces lo recubrieron capa tras capa de metal (a menudo oro) sobre la superficie del máster para crear un molde metálico de los surcos de la grabación. En el caso del gramófono,

este molde se podía utilizar simplemente para obtener copias idénticas del máster. El cilindro de fonógrafo de Edison requería un proceso más complejo en el que la cera caliente se inyectaba en el molde cilíndrico del que salía al enfriarse.

Hacia 1902, ambos empezaron a construir instalaciones para producir en serie sus nuevas grabaciones. Los cilindros de «cera dura de alta velocidad» de Edison aparecieron en 1903. Su efecto fue inmediato, ya que los precios cayeron de 1 o 2 dólares por grabación a 75 y 50 centavos. En pocos años se podía comprar una grabación por apenas 25 centavos.
Andre Millard

Fecha Enero de 1902

País Estados Unidos

Por qué es clave El precio de los cilindros cayó y las grabaciones pasaron de ser un lujo a ser un artículo de uso doméstico.

Pág. siguiente
El fonógrafo de Edison.

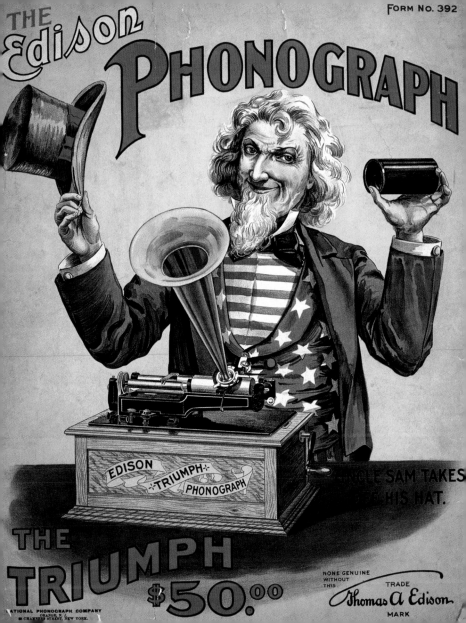

Acontecimiento clave
Caruso hace sus primeras grabaciones

Un puñado de grabaciones hechas por un joven y prometedor cantante de ópera se convirtió en un hito en la industria del sonido grabado. Enrico Caruso estaba lejos de ser una estrella internacional cuando accedió a realizar algunas grabaciones para la compañía Gramophone de Gran Bretaña en 1902. En esa época el sonido grabado era tan imperfecto (y poco halagüeño para el intérprete) que ninguna de la grandes figuras de la música clásica había hecho grabaciones y la máquina parlante sólo reproducía canciones populares, números cortos de vodevil y a menudo breves obras satíricas chabacanas. Pero el poderío y la emotividad de Caruso se adecuaron perfectamente a las limitaciones de la reproducción acústica y Fred Gaisberg, el ingeniero de sonido, sacó el máximo provecho del primitivo equipo de grabación.

Los amantes de la música «distinguida» de ambos lados del Atlántico acogieron embelesados esas grabaciones, elogiando la claridad de la voz de Caruso, que emergía sobre los ruidos de sus reproductores. La compañía Victor se valió del éxito de estas grabaciones para sacar al mercado una serie de carísimas grabaciones de «buena música» con su sello Red Seal.

Caruso hizo su propia fortuna con las grabaciones, obtuvo un contrato para actuar en el Metropolitan Opera House de Nueva York y llevó su música a millones de personas. En 1907, su interpretación de «I pagliacci / Vesti la giubba» fue una de las primeras grabaciones en vender un millón de copias.
Andre Millard

Fecha 11 de abril de 1902

País Italia

Por qué es clave Anunció a las clases media y alta que la máquina parlante también podía serles útil.

Personaje clave
Arthur Collins

En su época, Arthur Collins (1864-1933) fue el artista de música grabada más popular en Estados Unidos. Con casi veinte años, y durante los años siguientes, fue de gira con una compañía de teatro de repertorio a la que más tarde se unió, De Wolf Hopper, especializada en las incipientes comedias musicales. Tuvo una larga carrera en la escena pero fue en las grabaciones donde dejó huella. En 1898, la compañía Edison le pidió que hiciera una audición y realizó sus primeras grabaciones en cilindro de cera el 18 de mayo. Un crítico de la época dijo de sus aptitudes vocales: «Seguramente nunca ha habido una voz de barítono más dulce y naturalmente musical que la suya». Dos años después, Byron G. Harlan se incorporó a la compañía Edison y formaron un dúo de cantantes, el más popular de Estados Unidos. Collins siguió por su cuenta y, a partir de 1906, cantó también como miembro del Peerless Quartet.

El 12 de julio de 1902, su primer gran éxito, «Bill Bailey, Won't You Please Come Home», sacudió las listas de éxitos, y en 1905 obtuvo su éxito más sonado: «The Preacher And The Bear».

Collins también grabó «Alexander's Ragtime Band», de Irving Berlin, a quien ayudó a obtener popularidad.

Collins interpretó muchas de las grabaciones en dialecto afroamericano (*black english*). Aunque estas «canciones *coon*» eran a menudo excelentes, son políticamente inaceptables hoy en día, lo que explica el declive de su fama. Collins también grabó canciones de Bert Williams y Alex Rogers, y de otros compositores de canciones negros que no fueron censurables. Collins se retiró en 1926.
Ken Bloom

Rol Artista de grabaciones

Fecha 12 de julio de 1902

Nacionalidad Estados Unidos

Por qué es clave Pese a obtener una gran fama, un artista ahora olvidado a causa de la dudosa naturaleza de parte de su producción.

Representaciones clave *Florodora*
teatro musical

En la época en que se clausuró *Florodora* en Broadway, el 25 de enero de 1902, la obra había alcanzado dos grandes hitos. Sus 552 representaciones hicieron de él el segundo musical más duradero hasta ese momento y también fue el primer musical originario del Reino Unido en convertirse en un gran éxito en Estados Unidos.

Trata sobre un perfumista en la isla Florodora de las Filipinas que había robado el negocio a la familia de una joven que está enamorada de un aristócrata disfrazado. Pero no fue el extravagante argumento –se estrenó en Londres en 1899– el motivo de su éxito; más bien fue el hecho de que la agente de prensa del espectáculo, Anna Marble, convirtiera ingeniosamente a las coristas en estrellas. Las «*Florodora* girls» se convirtieron en un fenómeno, si bien con una plantilla en constante rotación. Más de 70 chicas integraron el sexteto en un momento u otro durante los dos años que duró el espectáculo:

sus ricos admiradores las perseguían allá donde fueran y en muchos casos consiguieron llevarles al altar.

Con todo, la música del espectáculo no debe ser pasada por alto. Marble decidió promocionar la canción más destacada del musical, el gorjeante doble sexteto «Tell Me, Pretty Maiden» y se convirtió en el primer éxito popular de un espectáculo de Broadway; otros éxitos del musical son «The Silver Star Of Love» y «The Fellow Who Might». Aunque Leslie Stuart (música), Edward Boyd-Jones y Paul Rubens (letra) escribieron la partitura original, se insertaron canciones adicionales a lo largo del tiempo que estuvo en cartel.

Florodora fue repuesta ya en 1902 y de nuevo en 1905 y 1920.

Andre Millard

Noche de clausura
25 de enero de 1902

País Reino Unido

Director Lewis Hopper

Reparto Sydney Deane, R. E. Graham, Fannie Johnston

Compositores Leslie Stuart, Edward Boyd-Jones, Paul Rubens

Por qué es clave El primer éxito inglés que triunfó también en Broadway.

Canción clave
«Land Of Hope And Glory»

En 1898, Edward Elgar, compositor de obras como *The Enigma Variations* (*Las variaciones enigma*) (1899) y *The Dreams Of Gerontius* (*El sueño de Geronte*) (1900), escribió a un amigo: «Espero algún día escribir una gran obra, algo de tipo nacional, que mis conciudadanos ingleses puedan amar».

Su deseo se cumplió, pero no de la manera que había imaginado. Empezando en 1901, Elgar escribió cinco marchas de la serie *Pomp and Circunstance* (*Poma y Circunstancia*). Quedó tan satisfecho con la primera («Marcha n.º 1 en Re Mayor») que pensó convertirla en sinfonía. Cuando Henry Wood dirigió la primera interpretación de la marcha, «la gente simplemente se levantó y gritó», recordó tiempo después. El nuevo rey, Eduardo VII, escuchó la marcha y le dijo a Elgar que si tuviera un texto conmovedor llegaría a todo el mundo. A Elgar no le gustó mucho la idea pero al año siguiente el poeta Arthur Benson escribió el texto. La canción se convirtió en «Land Of Hope And

Glory» (*Tierra de esperanza y gloria*) y se interpretó en la coronación de Eduardo, el 9 de agosto de 1902.

Con su exaltada pregunta a la tierra en cuestión, «How shall we extol thee / Who are born of thee?» (¿Cómo te lo haremos quienes hemos nacido de ti?), parte del público consideró que tenían otro himno nacional. Otros de ideología más de izquierdas cuestionaron el carácter imperialista de sus versos «Wider still and wider shall thy bounds be set» (Más amplios aún se fijarán tus límites). Sin embargo, la canción permanece irreemplazable en el programa de la Last Night of The Proms, concierto de clausura del ciclo de conciertos de música clásica, The Proms, que se celebra anualmente en Inglaterra.

Spencer Leigh

Fecha de publicación
1902 (música), 1904 (letra)

Nacionalidad Reino Unido

Compositores Edward Elgar, Arthur Benson

Por qué es clave
Una exaltada canción patriótica creada casi por accidente.

THE ENTERTAINER

Music by SCOTT JOPLIN
Words by JOHN BRIMHALL

Canción clave
«The Entertainer»

«The Entertainer» demostró el potencial de la música popular y su resistencia transgeneracional al gozar de gran popularidad en dos puntos del tiempo separados entre sí setenta años. Joplin compuso el ragtime en 1902 y, debido al gran éxito de su anterior «Maple Leaf Rag», fue inmediatamente publicado y cosechó una considerable venta de partituras. La canción sigue la estructura clásica del ragtime pero es única en su sonoridad: es más suave, más pausada y a menudo más lenta que muchos ragtimes; también se distingue por ser más melancólica cuando se interpreta con un tempo vacilante. Más fácil de tocar que otros ragtimes, era una pieza favorita en los pianos de salón. Con los años otras obras de Joplin fueron más conocidas que «The Entertainer», aunque había excelentes grabaciones de los New Yorkers de Mutt Carey en 1947 y de los Jazzmen de Ken Colyer en 1955. Sin embargo, la canción recibió más tarde un nuevo impulso cuando las piezas de Joplin se utilizaron para la banda sonora de la famosa película *The Sting* (*El golpe*, 1974) protagonizada por Paul Newman y Robert Redford. El peculiar arreglo de Marvin Hamlisch de «The Entertainer» se convirtió en el tema principal de la película. La grabación al piano de Hamlisch salió al mercado en disco sencillo y se alzó hasta el puesto número tres en Estados Unidos gracias a gente cuyos padres apenas habían nacido cuando la canción apareció por primera vez. Hubo un resurgimiento general de la obra de Joplin en Estados Unidos. Incluso su ópera *Treemonisha,* que nunca se había estrenado, se representó finalmente en 1975. Como consecuencia de la película, «The Entertainer» sustituyó a «Maple Leaf Rag» como la más célebre composición de Joplin.

Thomas Hischak

Fecha de publicación 1902

Nacionalidad Estados Unidos

Compositor Scott Joplin

Por qué es clave
El ragtime renació después de un largo período.

Pág. anterior «The Entertainer».

Acontecimiento clave **Se acuña el nombre Tin Pan Alley**

Aunque el negocio de la música en Estados Unidos se remonta hasta 1885, no se le dio un nombre hasta 1903 cuando el columnista de periódicos Monroe Rosenfeld acuñó la frase *Tin Pan Alley* («callejón de las cazuelas de lata»), un tramo de la calle 28 entre la Quinta Avenida y Broadway, en Nueva York, formado por viviendas antiguas de ladrillo rojo que empezó a ser ocupado por oficinas de editores musicales. En ese laberinto de pequeñas habitaciones, compositores de canciones y promotores se esforzaban tocando en pianos verticales baratos intentando vender canciones a los editores así como a los cantantes influyentes y a los productores. Cuando hacía buen tiempo y las ventanas permanecían abiertas, el ruido provocado por tantos pianos debía de ser a la vez molesto y excitante.

Cuando Monroe redactó una serie de artículos sobre el negocio de la música para el *New York Herald* en 1903, escribió que el ruido de los pianos sonaba como un montón de gente golpeando cazuelas de lata, y bautizó el lugar como «el callejón de las cazuelas de lata» (Tin Pan Alley). Monroe probablemente no fue quien acuñó la expresión; muchos creen que fue el compositor de canciones Harry Von Tilzer. Pero fue Monroe quien lo popularizó, y así se mantuvo durante más de medio siglo. Hacia 1919, la mayoría de los editores de música se trasladaron al Brill Building y a edificios circundantes en Broadway y la Calle 49, de modo que Tin Pan Alley como lugar sólo existió sesenta años, aunque la expresión sigue vigente para referirse al negocio de la música.

Thomas Hischak

Fecha 1903

País Estados Unidos

Por qué es clave Una expresión descriptiva que ha sobrevivido un siglo.

Acontecimiento clave
El *boom* del cuarteto de *barbershop*

El *barbershop* se denomina así a causa de sus orígenes –justo antes del cambio de siglo–, que se encuentran en las barberías afroamericanas, tanto centros sociales como salones de peluquería.

La época es conocida por el interés por el canto coral a nivel mundial, y la música *a cappella* alcanzó su cenit con los coros de las iglesias afroamericanas, que interpretaban canciones y armonías originarias del trabajo en el campo de la época de la guerra civil. Como el jazz, la armonía del *barbershop* se mezcló con la armonía blanca convencional y «Sweet Adeline», de Richard H. Gerard y Harry Armstrong, se convirtió en la melodía más notable del *barbershop*. Fue presentada y grabada por los artistas de vodevil y de *burlesque* The Empire City Quartet en 1903, aunque no se convirtió en éxito hasta que la grabó The Quaker City Four en 1904. The Hayden Quartet y The Peerless Quartet también la grabaron.

A pesar de su preferencia por melodías sencillas y letras de fácil comprensión, el *barbershop* es bastante sofisticado musicalmente, basado en acordes de séptima que resuelven siguiendo el ciclo de quintas. La tonalidad y el ámbito cambian constantemente para mantener estable el centro tonal.

Aunque su éxito queda lejos de la enorme popularidad de la que gozaron The American Quartet, The Hayden Quartet y The Peerless Quartet en la década de 1920, el *barbershop* sigue vigente hasta hoy. Y a pesar de que los grupos de un solo sexo han sido la tradición, en los años recientes son habituales también los grupos mixtos.

Ken Bloom

Fecha 1903

País Estados Unidos

Por qué es clave
La formación vocal tan dulce y sofisticada que el público no echa de menos instrumentos musicales.

Actuación clave *Babes In Toyland*
teatro musical

Los ingleses marcaron una tendencia con sus pantomimas, entretenimientos infantiles que pertenecían más al *music hall* que al teatro musical. Pronto estos espectáculos se extendieron al entretenimiento adulto. La más famosa de estas comedias musicales de fantasía fue la versión escénica de *El mago de Oz* (1902).

El gran éxito de la obra llevó a su productor, Fred R. Hamlin, y a su director director, Julian Mitchell, a intentar hacer una réplica. Encargaron al más grande compositor teatral del momento, Victor Herbert, que escribiera la música y a Glen MacDonough, el libreto y el texto para un espectáculo basado en los cuentos de hadas de Mother Goose (Mamá Ganso), *Babes In Toyland*. Inmediatamente se convirtió en un clásico del teatro musical estadounidense. Entre sus canciones más destacadas, aún interpretadas en la actualidad, están «The March Of The Toys» y «Toyland», que nunca faltan en Navidad. Otras son las dulcemente

sencillas (aunque no empalagosas) «I Can't Do The Sum» y «Go To Sleep, Slumber Deep».

El exuberante y suntuoso espectáculo visual representado en *Babes In Toyland* fue un factor que contribuyó en gran medida a su éxito. James Gibbons Harker quedó tan maravillado por la puesta en escena y los efectos que escribió en *The Sun* la que debe de ser una de las más efusivas críticas de todos los tiempos, que concluía: «¿Qué más podría desear el espíritu de los mortales?». La opereta se ha llevado al cine en varias ocasiones, la más memorable –aunque no la más fiel– en 1934, protagonizada por Laurel y Hardy.

Ken Bloom

Estreno
13 de octubre de 1903

Nacionalidad Estados Unidos

Director Julian Mitchell

Reparto William Morris, Mabel Barrison, George Denham

Compositor Victor Herbert, Glen MacDonough

Por qué es clave
El musical para el niño que todos llevamos dentro.

1900-1909

26

Canción clave
«Hiawatha»

«Hiawatha», de Charles Daniels, compuesta en 1901 empezó siendo una marcha que popularizó John Philip Sousa. En 1903, James O'Dea añadió texto a su rítmica melodía. Le siguieron un aluvión de grabaciones. El 11 de abril de 1903, una versión de la Columbia Orchestra fue la primera en alcanzar las listas de éxitos, pero hubo otras dos versiones que triunfaron también ese mismo año; la más destacada fue la de Harry MacDonough, que llegó al número uno de las listas en Estados Unidos.

El poema épico *Song Of Hiawatha* (1855), de Henry Wadsworth Longfellow, sobre la vida de un jefe de la tribu de los roqueses podía parecer como una fuente improbable de material para la industria de la música popular en el cambio de siglo, pero había sido ya inundado de material sentimental sobre el Sur de poco antes de la guerra civil y el Oeste, que se resistía a aceptar la Unión. Aunque el relato

de Longfellow era poco fiel a la verdad, el pasado imaginado del país (aún memoria viva para algunos) trataba con cierto romanticismo la experiencia de los nativos estadounidenses, y la canción encajaba perfectamente en esta interpretación. El éxito de MacDonough animó a otros compositores a escribir obras sobre los nativos, como «Red Wing» y «Navajo», y los rítmicos golpes de tambor como elemento característico para la música o la aparición en escena de los «pieles rojas», como se los llamaba, se convirtieron en un cliché.

A quienes puedan pensar que la canción hoy tiene un cierto regusto sensiblero les puede interesar saber que ya en 1903, Arthur Collins y Byron Harlan llegaron a las listas de éxitos con «Parody On 'Hiawatha».

Andre G. Millard

Fecha de publicación 1903

País Estados Unidos

Compositores Charles Daniels, James O'Dea

Por qué es clave Una canción popular propaga una visión imprecisa del Salvaje Oeste, aun cuando parte de sus destinatarios han vivido para ser testigos de la verdad.

Canción clave
«When We Were Two Little Boys»

«When We Were Two Little Boys» se publicó en 1903 y fue otra canción que ilustraba el renovado interés en Estados Unidos por la batalla, los hijos que han ido a la guerra y los seres queridos separados en tiempos de la guerra de Cuba. «When We Were Two Little Boys», de Edward Madden (letra) y Theodore F. Morse (música), fue quizás el ejemplo más destacado del género. La balada cuenta la amistad entre dos hombres de la misma ciudad, desde su infancia, cuando jugaban juntos, pasando por los días de colegio y de cortejo, hasta que sirven juntos en la guerra. Es allí donde un amigo salva la vida del otro y su ya larga relación se afianza. La canción se presentó en una gira de la mano de F. W. Hollis de los West's Minstrels, que la cantó ataviado con el uniforme de *rough rider*[5]. La pieza se publicó ese mismo año, Billy Murray la grabó y tuvo un gran éxito. Murray era principalmente un cantante cómico, pero su sentida interpretación de la balada se hizo muy popular.

Las ventas de la partitura fueron considerables, pero, como muchas canciones en tiempos de guerra, el público perdió rápidamente el interés cuando volvió la paz y la balada era ya poco conocida una década después.

Eso, podríais pensar, fue todo. Pero en 1969 Rolf Harris alcanzó el número uno en las listas del Reino Unido con la canción, aunque rebautizada como «Two Little Boys», lo que demuestra que las canciones evocadoras conmueven en cualquier contexto.

Thomas Hischak

Fecha de publicación 1903

Nacionalidad Estados Unidos

Compositor Theodore F. Morse (música), Edward Madden (letra)

Por qué es clave Una historia de batallas popular tanto en la guerra como en tiempos de paz.

---

5. Perteneciente al primer regimiento de caballería de voluntarios.

Espectáculo clave *In Dahomey*
teatro musical

A comienzos del siglo xx, en Nueva York era habitual encontrar intérpretes afroamericanos en los musicales, aunque no siempre en las mejores condiciones. La exitosa pareja negra de vodevil George Walker y Egbert Austin Williams colaboró en *In Dahomey* cuando a Walker se le ocurrió la idea de utilizar elementos africanos de sus ancestros en su nuevo espectáculo. Era una farsa sobre un plan para que los negros insatisfechos de Estados Unidos pudieran «regresar» a África. Aunque no sabían gran cosa de la cultura africana (Williams nació en las Antillas y creció en California y Walker era de Kansas), la idea era fresca y nueva. Aunque el musical sólo tuvo un éxito moderado en Broadway (53 representaciones), *In Dahomey* fue de gira a Inglaterra, se interpretó en el Shaftesbury Theatre con críticas muy favorables y gran fervor del público. Incluso se interpretó en el palacio de Buckingham con motivo del cumpleaños del príncipe de Gales, Eduardo VII. La música pegadiza de Will Marion Cook unida a la animosa letra de Paul Lawrence Dunbar y Alex Rogers llevaron al éxito canciones como «I May Be Crazy But I Ain't No Fool» y «Miss Hannah From Savannah».

El espectáculo contaba con afroamericanos con ambiciones teatrales; si bien no era aún una puerta abierta para ellos, sí era una rendija por donde entrar. Un signo del lento cambio de clima llegó cuando Williams pasó a ser una estrella en *Ziegfeld Follies* (1910). Los intérpretes blancos lo boicotearon, pero cedieron cuando Florenz Ziegfeld los amenazó con despedirlos a todos.
Leila Regan-Porter

Fecha 18 de febrero de 1903

Nacionalidad Estados Unidos

Director George Walker

Reparto George Walker, Egbert Austin Williams, Lottie Williams

Compositores Will Marion Cook, Paul Lawrence Dunbar, Alex Rogers

Por qué es clave El primer musical de Broadway escrito o interpretado exclusivamente por afroamericanos.

Acontecimiento clave
Primeros discos de doble cara

Los primeros discos de doble cara se produjeron de modo experimental en número limitado en Europa en 1904, pero el primer intento serio de introducir comercialmente la innovación fue con una serie de discos presentados por la compañía Columbia en 1908 en Gran Bretaña y Estados Unidos. En esa época las compañías organizaban sus productos en series, que agrupaban las grabaciones en función de mejoras técnicas o de tipos de música. Esperaban fidelizar a los clientes a base de alicientes tecnológicos y estéticos de una serie específica de grabaciones más que comercializar grabaciones según sus méritos individuales. La rivalidad entre cilindro y disco en este punto era un serio impedimento para el crecimiento de la industria de las grabaciones. Cuando un cliente había optado por un sistema, ya no podía reproducir los productos del formato de la competencia. El disco de doble cara fue una estrategia para poner fin a esta rivalidad y centrar la industria alrededor del formato de disco. La respuesta de las compañías productoras de cilindros fue un cilindro que duplicaba el tiempo de reproducción, ¡pero sólo hasta cuatro minutos! El problema con el disco doble era que propiciaba que los clientes esperaran a que apareciera un nuevo modelo. Muy pocos fabricantes de discos se atrevieron a seguir a la Columbia en el nuevo formato, y hubo que esperar al menos una década antes de que la industria aceptara de modo unánime el disco de doble cara como estándar. Cuando lo hizo, por supuesto, el formato imperó durante muchos, muchos años.
Andre Millard

Fecha 1904

País Estados Unidos

Por qué es clave Campanadas fúnebres por el cilindro, al fin.

Pág. siguiente
El disco de doble cara.

A.M.CASSANDRE 32

L'ENREGISTREMENT ELECTRIQUE LE PLUS PERFECTIONNE

Canción clave «Meet Me in St. Louis, Louis» Billy Murray

Esta canción, escrita para celebrar la Exposición Universal de San Luis en 1904, reflejaba el entusiasmo y la confianza de una nación en auge. La Exposición fue causa de un gran orgullo nacional y más de 20 millones de estadounidenses visitaron la enorme feria de San Luis, donde pudieron maravillarse de sus innovaciones, como el aire acondicionado y la telegrafía sin cables (radio).

En esta composición de Kerry Mills (música) y Andrew B. Sterling (letra), el Louis del título vuelve a casa y se encuentra que su mujer ha abandonado su aburrida existencia por las maravillas de la Exposición Universal, y le anima a que se reúna con ella en aquella ciudad. «No me digas que las luces están brillando en algún otro sitio», dice ella en su nota, prometiendo que si va, ella será su *tootsie-wootsie* («cuchi-cuchi»).

Publicada por primera vez en 1904, el primer intérprete en grabarla con éxito fue Billy Murray, cuya potente voz y excepcional claridad en la entonación facilitaban distinguir la letra de la canción en el chirriante cilindro del gramófono. A Murray le siguió una legión de cantantes que grabaron esta canción en la década de 1920. El entusiasmo y orgullo que generó la Exposición Universal dio lugar a varias canciones más, así como a una obra de teatro que se llevó al cine, *Meet Me In St. Louis*. Esta última, protagonizada por Judy Garland, representó un hito musical en la medida en que sus canciones realmente se adaptan al argumento. Menudo desarrollo para una canción tan breve.

Andre Millard

Fecha de publicación 1904

Nacionalidad Estados Unidos

Compositor Kerry Mills, Andrew B. Sterling

Por qué es clave Muestra la capacidad de la canción popular de utilizar acontecimientos y sentimientos de actualidad.

Espectáculo clave «The Yankee Doodle Boy» *Little Johnny Jones* teatro musical

El compositor, cantante y bailarín de vodevil George M. Cohan llegó finalmente al teatro con mayúsculas el 7 de noviembre de 1904 con su comedia musical *Little Johnny Jones*. El espectáculo cambió el sonido del musical de Broadway y el tema principal de *Little Johnny Jones*, «The Yankee Doodle Boy», se convirtió en el nuevo modelo de canción de éxito. Cohan escribió el texto, la música y las letras, y también coprodujo, dirigió y protagonizó *Little Johnny Jones*. Interpretó al jinete estadounidense Johnny, que fue a Londres a participar en el Derby, jactándose de su orgullo nativo en la pegadiza canción. Ésta se puede considerar como una variación moderna y tosca de la tonadilla precolonial «Yankee Doodle[6] (Went To Town)». La canción se hizo popular de inmediato y se convirtió en un tema recurrente en la larga carrera de Cohan. Como el resto de la partitura de Cohan, «Yankee Doodle Dandy», como es más conocida hoy en día, es descarada, coloquial y parte de una rebelión contra la opereta y otras canciones de teatro de influencia europea. Los críticos tachan la obra de poco poética y de utilizar excesivamente el argot, pero el público adoraba el nuevo enfoque coloquial en la composición de canciones y éstas se convirtieron en las favoritas del vodevil, las partituras, los rollos de pianola y las primeras grabaciones. James Cagney cantó «The Yankee Doodle Boy» en la película biográfica sobre Cohan *Yankee Doodle Dandy* (*Yanqui Dandy*, 1942), y Joel Gray la cantó en el musical de Broadway *George M!* (1968).

Thomas Hischak

Estreno 7 de noviembre de 1904

País Estados Unidos

Director George M. Cohan

Reparto George M. Cohan

Compositor George M. Cohan

Por qué es clave Punto de encuentro entre lo popular y el nacionalismo.

6. Era el nombre del caballo.

Canción clave «Alexander, Don't You Love Your Baby No More?»

Cuando la palabra *baby* fue utilizada para referirse a una joven de raza negra («Baby, Won't You Please Come Home», «I Can't Give You Anything But Love, Baby»), el nombre *Alexander* se usó en las composiciones de comienzos del siglo xx como nombre genérico de los hombres de raza negra.

Empezó a usarlo la pareja de vodevil y comedia musical formada por James McIntyre y Thomas K. Heath. Mientras que Al Jolson representaba a un hombre de raza negra llamado Gus en muchas actuaciones maquillado con la cara negra en el Winter Garden Theater, cuando lo hacía McIntyre siempre se hacía llamar Alexander. En el vodevil y en los musicales *The Ham Tree* y *Hello, Alexander*, McIntyre y Heath emplearon el nombre *Alexander* como *running gag* (gag de repetición).

Un día de 1904, el compositor Harry von Tilzer oyó por casualidad a una mujer negra en el vestíbulo del Winter Garden comentar, «Don't you love your baby no more?» («¿Ya no quieres a tu nena?»). Añadió «Alexander» al comentario y encargó a su letrista, Andrew Sterling, que escribiera una canción *coon* con ese título. El nombre se asoció tanto a la raza negra que Irving Berlin lo utilizó en su canción de 1910, «Alexander And His Clarinet». Berlin utilizó esta letra de la canción como base para su «Alexander's Ragtime Band», escrita un año después.

Es interesante que, mientras *baby* se utilizaba ahora universalmente en la canción popular para referirse al amado o a la amada de cualquier raza y su etimología es desconocida para los que lo emplean, *Alexander* haya caído completamente en desuso.
Ken Bloom

Fecha de publicación 1904

Nacinalidad Estados Unidos

Compositores Harry von Tilzer, Andrew Sterling

Por qué es clave Aparece el nombre *Alexander* en la canción popular para referirse al hombre de raza negra.

Acontecimiento clave El primer millón de ejemplares vendidos de un disco

Aunque es muy discutible que este número de comedia de Arthur Collins fuera el primero en alcanzar el millón de ejemplares vendidos –nadie sabe realmente cuántas grabaciones o partituras se vendieron en aquella época– ha quedado de este modo en la historia.

No tanto porque la canción sea como para hacerle un homenaje, sino porque representa un indicador significativo de cómo la industria del sonido grabado había proliferado en pocos años. Ello señalaba el nivel máximo de *minstrelsy* en Estados Unidos, en que intérpretes blancos imitaban y parodiaban el argot y los estereotipos afroamericanos, precisamente porque la especialidad de Collins era la «canción *coon*», era conocido como un «cantante *coon*», aunque utilizaba otros dialectos en sus canciones cómicas, imitando a inmigrantes irlandeses y a provincianos del país.

Las canciones de Collins se editaron en prácticamente todas las compañías discográficas estadounidenses durante sus dos décadas de carrera y «The Preacher And The Bear» se grabó muchas veces en diversos sellos como era costumbre con las canciones de éxito en aquella época. La aparición de los cilindros de cuatro minutos permitió distribuir una versión más completa de la canción en 1908. La canción cuenta la historia de un clérigo que se enfrenta con un oso gris en una partida de caza y se produce un divertido diálogo entre el predicador trampero (al que en realidad se refieren en la letra como a un *coon*) y el animal: «¿Si te diera un solo mordisco suculento te irías?», gimotea el predicador.
Andre Millard

Fecha Junio de 1905

País Estados Unidos

Por qué es clave Un hito comercial en la incipiente industria discográfica.

Acontecimiento clave
Se publica *Variety*

L a revista *Variety*, especializada en la industria del entretenimiento de Estados Unidos se fundó en 1905 en Nueva York y fue un vehículo para que los artistas de vodevil lucharan por aumentar sus ingresos por venta de localidades y para que los compositores publicitaran sus canciones.

Aunque ahora pueda tener una aureola de institución, tuvo que resistir tiempos turbulentos en sus primeros días. Sime Silverman, su editor, ofendió a Edward Albee, del poderoso circuito del vodevil, y su publicación sufrió un boicot, lo que condujo a Silverman a publicar artículos sobre los bajos salarios que se pagaban a los intérpretes y compositores. Sin embargo, la revista contemporánea sobre el floreciente negocio del entretenimiento *The Talking Machine World* es la publicación que ha desaparecido de la memoria, no *Variety*.

Variety desempeñó un importante papel en el debate sobre los salarios de los compositores, hizo propaganda gratuita de las canciones y fomentó la creación de organizaciones como ASCAP (Sociedad Americana de Compositores, Autores y Editores.

El desarrollo del nuevo medio de comunicación de masas significó que los intereses de *Variety* fueran más allá de los negocios relacionados con la música en vivo, el vodevil y el circo que había tratado en un principio y aparecieron artículos sobre cine y radio de forma destacada. Es significativo que abriera una oficina en Los Ángeles. La revista vigilaba de cerca las ventas y publicaba estadísticas semanalmente, aunque las sospechas sobre números manipulados la llevaron a ocasionales caídas de popularidad de sus listas de éxitos semanales. Sin embargo, *Variety* permaneció como el principal árbitro del éxito de una canción y reportero influyente de las noticias y chismes de la cultura popular.

Andre Millard

Fecha 16 de diciembre de 1905

País Estados Unidos

Por qué es clave
El aumento de la tirada y la influencia de *Variety* reflejan la creciente fascinación del público por los entresijos de la industria del entretenimiento.

Canción clave «Give My Regards To Broadway» Billy Murray

B roadway es hoy en día el centro del teatro estadounidense, musical y no musical, el lugar donde un espectáculo ha de triunfar para ser considerado un verdadero éxito, lo que ya sucedía cien años atrás. Broadway tuvo su himno no oficial cuando «Give My Regards To Broadway» se escuchó por primera vez en el musical *Little Johnny Jones* (1904). Billy Murray, que ya había alcanzado el número uno de las listas de Estados Unidos con «Yankee Doodle Boy», volvió a aparecer en las listas el 17 de junio de 1905.

El compositor George M. Cohan había trabajado muchos años en el vodevil soñando con llegar a Broadway, lugar que veneraba. Sus obras están llenas de canciones y títulos que saludan a Broadway como el pináculo de toda la cultura estadounidense. Nada había más poderoso. En *Little Johnny Jones*, se acusa injustamente al jinete estadounidense de perder de forma deliberada en el Derby de Inglaterra por lo que debe permanecer para afrontar los cargos. Canta la canción a sus amigos que parten en barco de regreso a Nueva York sin él. Una vez libre de cargos, Johnny estalla en una canción jubilosa y baila la repetición del número.

«Give My Regards To Broadway» sigue siendo una de las más famosas canciones estadounidenses de todos los tiempos, tanto que Paul McCartney pudo jugar con su familiaridad en el título de su película *Give My Regards To Broad Street* (*Recuerdos a Broad Street*, 1984).

Thomas Hischak

Fecha de entrada en las listas de éxitos 17 de junio de 1905

Nacionalidad Estados Unidos

Compositor George M. Cohan

Por qué es clave
La canción que muestra que the Great White Way (Broadway) era ya lo bastante famoso como para tener su propia melodía.

Pág. anterior
George M. Cohan.

Acontecimiento clave **Primera transmisión musical por radio** Reginald Fessenden

Aunque Guglielmo Marconi está considerado el padre de la radiotecnología, era en realidad uno de los numerosos inventores que en Europa y Estados Unidos estaba experimentando con la generación y recepción de ondas electromagnéticas en la década de 1890. El primer nombre que se dio a la tecnología pone de manifiesto el objetivo de todos esos inventores: la telegrafía sin cables. La radio se veía como un método perfeccionado para enviar información.

Dos de los experimentadores norteamericanos más destacados vieron con mayor claridad las posibilidades de la radio. Lee de Forest y el canadiense Reginald Fessenden eran científicos que conocían el mundo de los negocios y ambos se dieron cuenta de sus posibilidades comerciales como entretenimiento. Fessenden se graduó en el famoso laboratorio de Thomas Edison en West Orange, Nueva Jersey, y después se dedicó a experimentar

con la telegrafía sin cables. Montó un laboratorio en Brant Rock, Massachusetts y el 24 de diciembre de 1906, consiguió transmitir música por primera vez. Fue una pieza modesta, el «0 Holy Night» interpretada al violín por él mismo y algún pasaje de la Biblia que sólo pudieron oír los barcos desde el mar. Sin embargo, el acontecimiento abrió nuevos horizontes, «un imperio invisible en el aire» (como lo visualizó De Forest) que transformaría el mundo del entretenimiento en el siglo xx. Cuatro años más tarde De Forest transmitió música desde la Metropolitan Opera a más de veinte estaciones receptoras en Nueva York. Aunque eran dos experimentos y no se explotaron comercialmente, se habían dado los primeros pasos en la radiodifusión de entretenimiento.
Andre Millard

Fecha 24 de diciembre de 1906

País Estados Unidos

Por qué es clave Un nuevo concepto: música que va a ti, no a la inversa.

Pág. siguiente
Reginald Fessenden.

Espectáculo clave *The Red Mill* teatro musical

Victor Herbert, el más famoso compositor estadounidense de entonces, vio a la pareja de cómicos Dave Montgomery y Fred Stone como el Hombre de Hojalata y el Espantapájaros en el musical *The wizard of Oz*. La brillantez de su actuación llevó a Herbert a encargar al letrista y libretista Henry Blossom que creara un nuevo espectáculo que la pareja pudiera protagonizar.

El resultado, *The Red Mill*, trascendió su propósito inicial de escaparate de los dos cómicos. El argumento giraba en torno a un par de artistas itinerantes de vodevil que, mientras atravesaban los países bajos, dejaron que sus tiernos corazones los involucraran en una intriga romántica. Estrenada el 24 de septiembre de 1906, fue un éxito excepcional en su época, pero cuando se reestrenó en 1945 se representó el doble de veces. Incluso ahora, aunque el libreto, hecho a medida del talento particular de Montgomery y Stone, está obviamente anticuado, la partitura es

una de las obras maestras del teatro musical estadounidense, y sus «Every Day Is Ladies Day With Me» y «The Streets Of New York» se han convertido en clásicos. *The Red Mill* se repone ocasionalmente, y aunque el libreto suele actualizarse, nunca deja de divertir y entretener gracias a sus bellas melodías.

Un interesante apunte sobre la producción original es que al productor se le ocurrió colocar una imagen eléctrica de un molino de viento en la fachada del teatro, creando así el primero de los letreros móviles de neón por los que hoy es famoso el distrito de Broadway.
Ken Bloom

Estreno 24 de septiembre de 1906

País Estados Unidos

Director Fred G. Latham

Reparto Dave Montgomery, Fred Stone, Augusta Greenleaf

Compositores Victor Herbert, Henry Blossom (una canción), Harry Williams, Egbert Van Alstyne

Por qué es clave El espectáculo de Broadway en que se elige el reparto antes de escribir la obra.

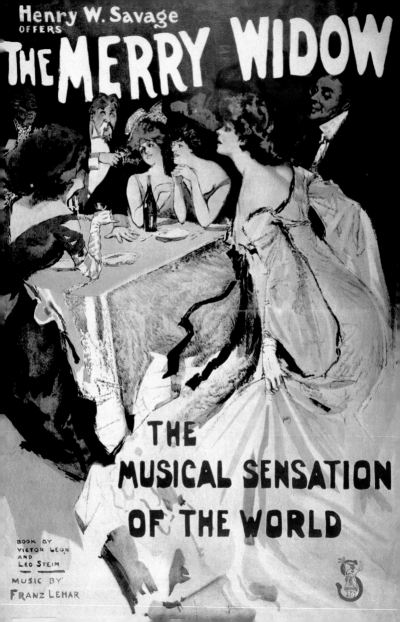

Canción clave «**We've Been Chums For Fifty Years**» R. J. Jose

Mientras las canciones de amor en la década de 1890 tendían a evitar la jerga y el lenguaje coloquial, el cambio de siglo trajo consigo una manera más informal e irreverente de declarar el amor. En parte lo propició el ragtime y el empleo de una línea musical menos predecible, pero incluso las baladas pasadas de moda empezaban a dejar de usar el *thee*[7] y otras palabras arcaicas; «We've Been Chums For Fifty Years», publicada en 1906, ilustra esta nueva tendencia. Thurland Chattaway escribió la balada que canta un cónyuge en unas bodas de plata en un lenguaje tierno e informal. La letra enfatiza la amistad que ha crecido con los años más que las declaraciones apasionadas o románticas que aparecen en la mayoría de las canciones de amor. La música de Chattaway es fluida y discreta, en concordancia con los años crepusculares. La canción fue escrita por R. J. Jose para ser cantada en una gira, y también la grabó, todo ello en 1906.

Los sentimientos de «We've Been Chums For Fifty Years» no eran completamente originales; la misma idea se popularizó en canciones del siglo anterior, en ejemplos tan queridos como «When You And I Were Young, Maggie» (1866) y «Silver Threads Among The Gold» (1873). No obstante, fue la balada de Chattaway la que incorporó la informalidad que permitía a la esposa llamar a su marido *chum* («compinche»).
Thomas Hischak

Fecha de publicación 1906

Nacionalidad Estados Unidos

Compositor Thurland Chattaway

Por qué es clave Muestra un nuevo tipo de canción de amor en Tin Pan Alley.

7. Forma arcaica del pronombre personal de segunda persona del singular.

Espectáculo clave *The Merry Widow* teatro musical

The Merry Widow (*La viuda alegre*) fue el punto álgido de la opereta importada de Europa, y una de las más exitosas en ese género de ópera ligera, que incluye tanto diálogo como música. Tras el enorme éxito cosechado en su Viena natal en 1905, una adaptación en inglés de esta obra del compositor Franz Lehár y de los libretistas Viktor Léon y Leo Stein se llevó a cabo de la mano de Britons Basil Hood y Adrian Ross. Tras triunfar en Londres, llegó a Nueva York el 21 de octubre de 1907 y, como lo expresó Leonard Bernstein, «conquistó al público de Broadway».

Basada en la obra de Henri Meilhac *L'attache d'ambassade* (1861), la opereta sigue las andanzas de una desconsolada pero rica mujer del desfavorecido país de Pontevedro (un Montenegro ficticio) que intenta encontrar un nuevo marido. El argumento contiene todos los ingredientes maravillosos propios del género –disputas amorosas, bailes, situaciones divertidas, champagne, frivolidad europea– e inspiró un nuevo estilo de musical en Estados Unidos.

Con su argumento y un decorado «Gay Paree», la música y la acción fueron inevitablemente vivaces, picantes y divertidas. El decorado parisino permitió bailar el cancán en el famoso Maxim's durante la canción «You'll Find Me At Maxim's» y el de la viuda del título sirvió para que la música pudiera cambiar a una alegre danza folclórica, como en la canción «Vilja».

The Merry widow provocó una fiebre de *merchandising* sorprendentemente moderna: sombreros, cigarros, cócteles, zapatos, perfumes, todos relacionados con el espectáculo.
Leila Regan-Porter

Estreno 21 de octubre de 1907

Nacionalidad Austria/Reino Unido

Director Viktor Léon

Reparto Mizzi Gunther, Louis Treumann

Compositores Franz Lehár, Viktor Léon, Leo Stein

Por qué es clave Adelantó la evolución del musical estadounidense con su estilo cómico y sus bailes desenfadados.

Pág. anterior *The Merry Widow*.

Acontecimiento clave **Ada Jones y Billy Murray, un exitoso y original dueto**

La carrera discográfica de la estrella del vodevil y la comedia musical Ada Jones no tuvo notoriedad hasta que colaboró con Billy Murray. El primer número uno que consiguieron fue «Let's Take An Old-Fashioned Walk», que llegó a las listas de éxitos de Estados Unidos el 9 de noviembre de 1907.

Lo que hacía que sus grabaciones fueran tan exitosas –y tan revolucionarias– era su manera de cantar a dúo. En lugar del estilo operístico que aportaban las grabaciones de grandes artistas como Caruso o el estilo puro y redondo de sopranos y barítonos que cantaban baladas sentimentales, Jones y Murray sonaban como gente corriente que canta (aunque con mayor nivel que el ciudadano medio que lo hace en la ducha). De hecho, muchos de sus duetos eran prácticamente hablados, más que cantados de una manera tradicional. Además, la simpatía con la que actuaban gustaba mucho a los oyentes. En muchas de sus grabaciones conjuntas adoptaban personajes para sus actuaciones, utilizando diferentes acentos y pronunciaciones regionales de las palabras. Entre sus otros duetos está «Wouldn't You Like To Have Me For A Sweetheart», «Cuddle Up A Little Closer, Lovey Mine», «Shine On Harvest Moon» y «Be My Little Baby Bumble Bee». La suya fue un nuevo tipo de música popular, completamente estadounidense, en su «sabor» y en sus ritmos.

La manera de cantar del dúo (ambos tuvieron carreras exitosas en solitario) influyó en muchos cantantes posteriores, como Bing Crosby, que adoptó e incrementó su naturalidad desenfadada, sentido del humor y personalidad genuinamente estadounidense.
Ken Bloom

Fecha 9 de noviembre de 1907

País Estados Unidos

Por qué es clave Un dueto cuyo estilo sintetiza el más exitoso tipo de música que ha visto el mundo.

38

Canción clave **«I Do Like To Be Beside The Seaside»**

A finales del siglo XIX, las ciudades costeras británicas como Blackpool y Brighton se convirtieron en imanes para veraneantes a consecuencia del crecimiento de la red ferroviaria y la instauración de las vacaciones.

John Glover-Kind (1881-1918) festejó este hecho con «I Do Like To Be Beside The Seaside» (Me gusta estar a la orilla del mar). Es su canción más famosa, y no es de extrañar. Esta obra maestra tiene un verso que concluye con una floritura onomatopéyica sensacional –«Where the brass bands play tiddly-on-pom-pom»–, y otro repleto de juegos de palabras y aliteraciones: «There are lots of girls, besides/That I'd like to be beside/Beside the seaside, beside the sea» (Hay muchas chicas, además/junto a las que me gustaría estar/junto a la orilla del mar, junto al mar). Siempre atento a las oportunidades, la partitura de Glover-Kind tiene letras tanto para Blackpool como para Brighton. La canción se hizo tan popular que Glover-Kind escribió una continuación (o quizás una réplica), «I Don't Like To Be Beside The Seaside» (No me gusta estar a la orilla del mar).

Sin embargo, esta deliciosa y divertida canción tenía un punto oscuro. En la época en que la clase trabajadora sufría opresión y una pobreza desmoralizadora a pesar de que su país era el más rico de la tierra, la Comisión de Aranceles de 1907 condenó su indolencia, lamentando que el trabajador «estuviera más interesado en el próximo partido de fútbol y en el *pub* más cercano que en su trabajo». Ante actitudes como ésta, es una pequeña maravilla que los trabajadores escaparan temporalmente con entusiasmo de su sórdida ciudad para saborear el pedazo de paraíso que para ellos representaba la costa.
Spencer Leigh

Fecha de publicación 1907

Nacionalidad Reino Unido

Compositor John A. Glover-Kind

Por qué es clave Muestra que una canción popular puede enmascarar la desolación de la vida real.

Canción clave
«On The Road To Mandalay»

El célebre poema de Rudyard Kipling «Mandalay» se publicó por primera vez en 1892 dentro de la colección *Barrack Room Ballads* en 1907. Oley Speaks, famoso por «The Shooting Of Dan McGrew», lo adaptó para una canción.

Además de una gran sensibilidad literaria, la canción expresaba una sensibilidad *cockney*,[8] rara para los oídos de los estadounidenses, pues el poema de Kipling estaba escrito en la lengua vernácula de un soldado londinense de clase trabajadora que había servido en Extremo Oriente. Añora a una joven birmana que toca el banjo llamada Supi-Yaw-Lat y sabe que ella también le echa de menos. El límite de tiempo de la industria musical en la época se ceñía a un par de minutos, por lo que Speaks debía destilar la esencia del poema y eligió fragmentarlo todo excepto la primera y la última de sus seis extensas estrofas. Aunque algo se perdía en el proceso, el resultado, «On The Road To Mandalay», aún tiene mayor ambientación exótica,

frases atmosféricas y riqueza cultural en el tiempo de que disponía que ninguna otra canción conocida.

Al sombrío tema se le da la lentitud adecuada, una melodía casi fatalista con un dramático acompañamiento. La melodía tiene un sentido natural, no como un arreglo en que el texto, inviolable, está puesto como con calzador. Esta «naturalidad» representa un logro sensacional.

Entre otros muchos, Frank Sinatra grabó en 1958 una versión de este lamento imperialista inglés por excelencia.
Ken Bloom

8. Propia de la clase popular de Londres.

Fecha de publicación 1907

Nacionalidad
Reino Unido/Estados Unidos

Compositores Oley Speaks, Rudyard Kipling

Por qué es clave
La canción que llevó una singular sensibilidad literaria al campo de la música popular en la primera década del siglo xx.

Personaje clave
Byron G. Harlan

El primer gran éxito de Byron G. Harlan (1861-1936), artista ambulante y cantante, fue «Please, Mr. Conductor, Don't Put Me Off the Train» de 1899, una obra sentimentaloide típica de la época. En 1903, Harlan grabó «Please Mother, Buy Me A Baby» y «The Vacant Chair», otras dos canciones narrativas cargadas de sentimientos profundos. Hubo excepciones como la jubilosa «Wait Till The Sun Shines, Nellie» y el himno bélico «Tramp! Tramp! Tramp!». La versión de tenor de «School Days» de Gus Edwards alcanzó las listas de Estados Unidos el 11 de mayo de 1907 y el éxito de esa grabación contribuyó a hacer de ella un estándar durante casi 100 años.

En sus grabaciones, Harlan solía asumir un determinado personaje cuando cantaba una canción. Una crítica entusiasta: «Se siente como en casa tanto si su personaje es un yanqui típico, un chulo o un cómico. Su éxito se debe en gran medida al modo

en que se revela su propia encantadora personalidad a través de sus grabaciones».

Harlan formó pareja más tarde con Arthur Collins, otra vieja estrella de las grabaciones. Los dos fueron anunciados como «Half-Ton Duo» (el dúo de media tonelada) a causa de su gordura. Parecía inevitable que acabasen cantando canciones cómicas como «Down Where The Wurzburger Flows», «The Right Church, But The Wrong Pew», «Oh How She Could Yacki Hacki Wicki Wacki Woo» o «Alexander's Ragtime Band», cuyo éxito demuestra la gran versatilidad del dúo.
Ken Bloom

Rol Artista de grabaciones

Fecha 1907

Nacionalidad Estados Unidos

Por qué es clave
Un pionero de las grabaciones que era tan buen imitador como cantante.

Canción clave «Maple Leaf Rag»
Scott Joplin

El primer y más influyente ragtime para piano de Scott Joplin, «Maple Leaf Rag», se escribió en 1899 cuando Joplin vivía en Sedalia, Misuri, y tocaba con su banda en el Maple Leaf Social Club. La composición era atrevida para su tiempo, pues la música se elaboró sobre cuatro temas distintos en los que el bajo rítmico de la mano izquierda contrastaba con el ritmo sincopado (o a contratiempo) y más agudo de la mano derecha. Ésta se convertiría en la estructura clásica del ragtime para piano. Cuando Joplin presentó la canción en el club social, inmediatamente llamó la atención. Poco después se publicó y fue el primer ragtime en vender más de un millón de partituras. Al grabarla la U.S. Marine Band en 1907, alcanzó las listas de éxitos por primera vez el 16 de marzo de 1907 y se convirtió en el ragtime más famoso de su época. También en 1907, Vess Ossman, apodado *el Rey del Banjo*, lo grabó y demostró la efectividad del ragtime con otros instrumentos además del piano. Otras grabaciones superventas de la canción a lo largo de los años fueron la de The New Orleans Feetwarmers (1932), Tommy Dorsey (1936), Art Hodes (1944) y Eddie London (1950).

El interés en Joplin y sus ragtimes se reavivó tras el estreno de la película *The Sting* (*El Golpe*, 1974) y «Maple Leaf Rag» vio muchas nuevas grabaciones.
Thomas Hischak

Fecha de publicación 1907

Nacionalidad Estados Unidos

Compositor Scott Joplin

Por qué es clave Es el modelo del que floreció el género del ragtime.

Acontecimiento clave La confusión de «Take Me Out To The Ball Game»

Una versión del himno del béisbol «Take Me Out To The Ball Game» (Llévame al partido de béisbol), que fue durante mucho tiempo atribuido a Billy Murray y al Hadyn Quartet, llegó el 24 de octubre de 1908 a las listas de éxitos de Estados Unidos y fue número uno. Su inmensa popularidad –oficialmente, el mayor de los muchísimos éxitos de Murray– hace que sea mucho más extraño que nadie notara que no era Murray quien cantaba la voz principal en la grabación, sino Harry MacDonough.

Quizás sea debido a que el error en los créditos venía de lejos. El sello original de la grabación no citaba a Murray, por lo que la grabación se atribuyó erróneamente a Murray y al Haydn Quartet –con el que algunas veces cantó como voz principal– debido a un error en un catálogo de 1911. En una época anterior a la creación del culto a la fama por parte del cine y la televisión, era más fácil que algo así pasara inadvertido. Resulta difícil comprender por qué los propios artistas no solucionaron el malentendido, pero como ambos tenían una docena o más de títulos en circulación por año bajo diversas identidades, eso difícilmente debía de ser una prioridad. El error no se corrigió hasta que los expertos en clásicos del sello Archeophone Records lo descubrieron en 2002.

Irónicamente, ninguno de los escritores de la canción, Jack Norworth y Albert Von Tilzer, fueron a ver ningún partido de béisbol; sin embargo, Murray era un gran aficionado.
Ken Bloom

Fecha 24 de octubre de 1908

País Estados Unidos

Por qué es clave Un error en los créditos que duró un siglo.

Pág. siguiente «Take Me Out To The Ball Game».

THE SENSATIONAL BASE BALL SONG

TAKE ME OUT TO THE BALL GAME

WORDS BY
JACK NORWORTH
MUSIC BY
ALBERT VON TILZER

TRIXIE FRIGANZA

5

THE YORK MUSIC CO
ALBERT VON TILZER, Mgr.
40 WEST 28TH ST. N.Y.

Canción clave «Mother Hasn't Spoken To Father Since» Billy Murray

Para la mayoría de la gente en 1908, el divorcio no era un tema divertido, «Mother Hasn't Spoken To Father Since» (Mamá no ha hablado con papá desde entonces»), de William Jerome (letra) y Jean Schwartz (música), publicado por primera vez ese mismo año, es un ejemplo ligeramente atrevido de una canción desenfadada sobre este problema doméstico.

También ilustra cómo ha cambiado la canción popular. Mientras que hoy en día no es usual escribir una canción sobre los padres de uno, antes de los prósperos Años Locos (década de 1920), era frecuente encontrar canciones sobre la familia; los padres en particular eran el tema favorito, tanto en una atmósfera cómica como trágica. En esta novedosa canción de siete estrofas se relatan una serie de disputas entre los dos padres que culminan en su divorcio. La canción nunca trata la ruptura con sentimentalismo y, hacia la última estrofa, la letra enumera sarcásticamente

títulos de canciones de amor famosas que tratan sobre la felicidad en el hogar. Vestra Victoria dio a conocer la canción en el vodevil y la grabó, igual que el cantante cómico Billy Murray y el grupo de Arthur Collins y Byron G. Harlan. Debido a su carácter satírico, la partitura no tuvo grandes ventas; no era el tipo de canción para ser cantada por la familia en torno al piano. No obstante, se disfrutó por un tiempo en el vodevil y en grabaciones. En la época en que Estados Unidos participó en la primera guerra mundial, las canciones «antidomésticas» estaban mal vistas, ya que las familias esperaban ansiosas el retorno de algún hijo en el frente.
Thomas Hischak

Fecha de publicación 1908

Nacionalidad Estados Unidos

Compositores Jean Schwartz (música), William Jerome (letra)

Por qué es clave Ilustra la capacidad de la canción popular de hacer sátira de un modo taimado sobre un tema muy serio en la época.

Canción clave «Cuddle Up A Little Closer, Lovey Mine» Ada Jones y Billy Murray

«Cuddle Up A Little Closer, Lovey Mine» fue escrita por el compositor Karl Hoschna y el letrista Otto Harbach para el musical *The Three Twins* estrenado el 15 de junio de 1908. Era la primera canción de éxito de Harbach, aunque como «Hauerbach», pues se cambió el apellido por uno menos germánico cuando Estados Unidos se involucró en la primera guerra mundial.

En 1908, Harbach estaba al comienzo de una notable carrera como el libretista y letrista más prolífico en el teatro musical estadounidense, pero la letra para «Cuddle Up A Little Closer, Lovey Mine» (Acurruquémonos un poquito más, vida mía) muestra poco del porqué de su futuro éxito. La letra habla sobre una pareja de novios que está en la playa. Cuando baja la temperatura y la joven piensa que es hora de irse, el chico no está preparado. Él le susurra el coro el estribillo de la canción que empieza con el verso del título. Declara que le encanta sentir sus

mejillas rosadas. Harbach procede a continuación a rimar alegremente *rosy* (rosado) con *comfy cozy* («cómodo y acogedor») antes de terminar con una floritura banal: «Cos I love from head to toesy lovey mine» (Pues te quiero de la cabeza a los deditos de los pies, mi vida). A continuación, repite el estribillo pero sin verso adicional.

Con todo, cuando Ada Jones y Billy Murray la grabaron a finales de 1908 , la canción fue número uno en Estados Unidos. En parte, era el tipo de melodía dulzona que se llevaba en la época, pero principalmente fue la interpretación encantadora, pícara y rebosante de personalidad de los dos cantantes la que hizo de esa letra indigerible algo realmente encantador.
Ken Bloom

Fecha de lanzamiento 1908

Nacionalidad Estados Unidos

Compositores Karl Hoschna, Otto Harbach

Por qué es clave Demuestra que a veces la clave está en el reparto.

Grupo clave
Hayden Quartet

Los cuartetos vocales fueron siempre muy populares cuando las grabaciones acústicas pasaron a ser un elemento importante del entretenimiento popular. A las compañías discográficas les gustaba su división en tenores, barítono y bajo, ya que daba a sus grabaciones riqueza vocal y cierta variedad (incluso si las frecuencias de la voz de tenor entraban apenas en el reducido rango de la grabación acústica). El Haydn Quartet empezó como cuarteto interino de la casa Edison y era conocido como el Edison Male Quartet (Cuarteto Masculino Edison). Sus dos tenores eran John Bieling y Harry MacDonough, el barítono S. H. Dudley y el bajo William Hooley. Se convirtieron en el Haydn Quartet para poder grabar con otras compañías. El nombre se puso en homenaje al compositor clásico, pero luego se modificó por el fonético Hayden.

Sus primeras grabaciones se remontan a 1898, cuando «She Was Bred In Old Kentucky» llegó a las listas de éxitos con el sello de la pionera compañía discográfica Berliner, fundada por el inventor del disco de vinilo. El repertorio que cantaba el Hayden Quartet era extremadamente sentimental, a menudo nostálgico y descaradamente comercial, como «Put On Your Old Gray Bonnet», que llegó a las listas de éxitos de Estados Unidos el 11 de diciembre de 1909 y fue su mayor éxito. Otros éxitos del Hayden Quartet fueron «Take Me Out To The Ball Game» y «By The Light Of The Silv'ry Moon», canciones que todavía resultan familiares hoy en día.

El grupo se disolvió en 1914.

Andre Millard

Rol Artistas de grabaciones

Fecha 11 de diciembre de 1909

Nacionalidad Estados Unidos

Por qué es clave Está entre los grupos vocales destacados de comienzos del siglo XX.

Personaje clave
Harry MacDonough

Nacido en Ontario en 1871, Harry MacDonough (su verdadero nombre era John MacDonald, pero en su primer cilindro se lo escribieron así y ya se lo apropió) era un polivalente pionero de la naciente industria musical. Se contaba entre los cantantes más populares durante el cambio de siglo y fue también director asistente de grabación y director de estudios de grabación.

MacDonough empezó su carrera antes de la década de 1900, cuando grababa para las máquinas de cilindros que funcionaban con monedas de la Michigan Electric Company; en 1898 grabó por primera vez para Edison, «Good-Bye, Sweet Dream, Good-Bye». Enseguida se convirtió en el artista más popular de la Edison, con 105 cilindros hacia 1905. Otros 250 hacia 1912, todos baladas famosas. Su mayor éxito fue «Shine On Harvest Moon», que entró en las listas de éxitos de Estados Unidos el 10 de abril de 1909. Como tenor también cantó en muchos grupos vocales, entre ellos el Schubert Trio y el Edison Quartet, también conocido como The Haydn/Hayden Quartet.

Durante el tiempo en que actuó sus grabaciones siguieron siendo populares. Pero cuando en 1912 dejó de cantar para dedicarse a temas administrativos con la compañía Victor, el número de grabaciones disponibles de MacDonough cayó rápidamente; en 1917 había 77 títulos en el mercado y sólo cuatro hacia 1927.

En 1923, MacDonough pasó a ser jefe de ventas a director de artistas y repertorio de la compañía Victor Talking Machine. Se fue a la Columbia en 1925 como director de sus estudios, puesto que ocupó hasta su muerte en 1931.

Ken Bloom

Rol Artista de grabaciones

Fecha 1909

País Canadá

Por qué es clave Fue uno de los primeros ídolos de la canción que cambió el micrófono por un despacho.

Canción clave «I Wonder Who's Kissing Her Now» Joe E. Howard

«I Wonder Who's Kissing Her Now» (Me pregunto quién la estará besando ahora) fue una de las canciones más famosas de Tin Pan Alley; se vendieron más de 3 millones de partituras tras su publicación en 1909 y siguió siendo una de las favoritas durante décadas. Joe E. Howard tuvo la idea para la canción al oír a un estudiante universitario de Chicago decir la frase del título a un amigo. Howard compuso la fluida melodía y Will H. Hough y Frank R. Adams escribieron la letra, la melancólica –aunque realista para los afectados estándares de la música popular de entonces– reflexión de un novio despechado sobre qué mentiras estará contando su ex novia, quién le comprará vino y qué labios estarán besando los suyos. Henry Woodruff presentó la balada en una producción en Chicago del musical *The Prince Of Tonight* (1909), pero fue el propio Howard quien la popularizó en la escena. In 1947, Harold Orlob, el arreglista musical de Howard, reclamó la autoría de la música, demandó a Howard y ganó. Orlob no recibió dinero, pero se añadió su nombre a la partitura a partir de entonces.

Henry Burr hizo una de las primeras grabaciones de la canción y en 1947 Perry Como reavivó el interés por ella con una celebrada grabación con la Ted Weems' Orchestra. Además de muchas otras grabaciones, la balada se cantó en varias películas, como *The Time, The Place And The Girl* (1929) y la película biográfica sobre Howard *I Wonder Who's Kissing Her Now* (1947).
Thomas Hischak

Fecha de publicación 1909

Nacionaldad Estados Unidos

Compositores Joe E. Howard, Will H. Hough, Frank R. Adams

Por qué es clave Es una de las primeras canciones tristes en que la letra utiliza un estilo más directo y realista que melodramático.

Acontecimiento clave Aparece el álbum musical *Suite del Cascanueces*

En los primeros años del siglo XX, el principal problema al que se enfrentaba la industria de la música grabada era conseguir comprimir más de cuatro minutos de música en una grabación. Ello impedía grabar música sinfónica y mantenía a las compañías fuera de la música clásica, un mercado prestigioso y con alto poder adquisitivo. Mientras los inventores buscaban desesperadamente el modo de aumentar el tiempo de grabación, las compañías se las arreglaban publicando colecciones de versiones abreviadas de sinfonías.

En Londres, la compañía HMV lanzó en 1903 *Ernani* de Verdi en una colección de 40 discos de una sola cara, un producto caro y engorroso. La compañía alemana Odeon hizo lo propio comercializando la colección de discos en un álbum forrado de cuero, muy parecido a los utilizados para las fotografías. Cuando lanzaron al mercado la *Suite del Casacnueces* de Tchaikovski en cuatro discos de doble cara en 1909, abrieron el camino para la grabación y comercialización de sinfonías completas. Las compañías discográficas también utilizaron el formato del álbum para comercializar colecciones de música clásica, como la Music Arts Library de Victor de 1924. Aunque la tecnología de la larga duración –y empaquetado– se transformó en la década de 1930 y la de 1940, el nombre *álbum* ya se había hecho familiar y cuando aparecieron los discos microsurco de larga duración en 1948, también se les llamó así.

El término se mantiene incluso en la era del CD y de las descargas, y aunque sería más apropiado llamarlo «larga duración» (*Long Playing*, LP), hace mucho que ha caído en desuso.
Andre Millard

Fecha Abril de 1909

País Alemania

Por qué es clave Música grabada que por fin puede escucharse durante más de un par de minutos cada vez.

Pág. anterior
Suite del Cascanueces.

Espectáculo clave *The Arcadians*
teatro musical

*T*he Arcadians (Los arcadianos) incorpora elementos románticos de la opereta, la sátira de Gilbert & Sullivan y el humor del teatro de variedades para configurar una de las primeras comedias musicales en el estilo moderno, con canciones relacionadas con el argumento.

Howard Talbot y Lionel Monckton, compositores de canciones de gran éxito de la época, y el letrista Arthur Wimperis crearon una partitura fascinante, y Mark Ambient y Alexander M. Thompson, un ingenioso libreto. *The Arcadians* resultó un tremendo éxito. Desde el 28 de abril de 1909 se representó un total de 809 veces en el Shaftesbury Theatre, un récord destacable en una época en la que 200 representaciones ya se consideraba todo un éxito.

Le siguió una producción estadounidense, así como montajes en Viena, Bombay, París y Melbourne, lo que convirtió al musical en el primer gran éxito internacional. La historia de un aviador extraviado que aterriza en el paraíso mítico de Arcadia, donde es instruido en la verdad, el honor y otros nobles ideales, emocionó a espectadores del mundo entero. Un hombre cambiado (imbuido del bien de la verdad como estaba) regresa con algunos arcadianos a Londres, donde intenta persuadir a la gente para que se conviertan en mejores personas. A pesar de canciones como «The Girl With The Brogue», «Arcady Is Always Young» y «All Down Piccadilly», los londinenses se muestran inmunes a pensamientos más elevados y los arcadianos regresan a su hogar, dejando atrás el ancho mundo.

Quizás deberían haber tenido en cuenta el mensaje de Arcadia: los horrores de la Gran Guerra estaban a la vuelta de la esquina.
Ken Bloom

Estreno 28 de abril de 1909

País Reino Unido

Director Desconocido

Reparto Phyllis Dare, Harry Helchman, Alfred Lester

Compositores Lionel Monckton, Howard Talbot, Arthur Wimperis

Por qué es clave Posiblemente se trata del primer éxito musical a nivel mundial.

Pág. siguiente *The Arcadians*.

Personaje clave
Billy Murray

*A*unque olvidado hoy en día, el nombre de Billy Murray (1877-1954) era conocido en cualquier parte donde hubiera interés por la música grabada durante las dos primeras décadas del siglo xx. Cuando «By The Light Of The Silvery Moon» entró en las listas de éxitos de Estados Unidos el 16 de abril de 1910 en su camino al número uno, estaba sólo en la mitad de sus años de apogeo. Acumuló la sorprendente cifra de 169 apariciones en el Top 30, sin contar los éxitos comerciales que consiguió con varios grupos vocales y duetos con cantantes como Ada Jones, con los que superaría el centenar.

A diferencia de muchos pioneros de las grabaciones que provenían del vodevil o del teatro musical, Billy Murray parecía surgir con el cilindro de Edison: era la primera estrella cuya reputación se cimentaba exclusivamente en las grabaciones. Nacido en Filadelfia y criado en Denver, era un tenor cuya característica distintiva era una declamación sonora y rápida. Muchas de las canciones que eligió estaban inspiradas por acontecimientos significativos de la época. «Meet Me In St. Louis, Louis», de 1904, conmemoraba la Exposición Universal de San Luis; «Come Take A Trip In My Air-Ship» (Ven a dar un paseo en mi aeronave) fue la primera canción en honor del vuelo de los hermanos Wright, y «In My Merry Oldsmobile» (En mi alegre Oldsmobile)[9] por la primera carrera automovilística transcontinental.

Resulta irónico que precisamente fuera la tecnología la que superó a Murray. Cuando el micrófono reemplazó a la bocina acústica, su estilo chillón empezó a parecer histriónico y pasado de moda; comenzaba la era del cantante melódico.
Ken Bloom

Rol Artista de grabaciones

Fecha 1910

Nacionalidad Estados Unidos

Por qué es clave La superestrella de la industria discográfica hasta 1920.

9. Marca de automóvil.

Personaje clave
Béla Bartók

Mientras sus paisanos músicos parecían contentarse con reconvertir su propio estilo, el pianista húngaro Béla Bartók (1881-1945) forjó su reputación por caminos más arriesgados. Conocido sobre todo por sus obras para piano, Bartók combinaba el folclore con melodías innovadoras. En consecuencia, se le considera uno de los fundadores de la etnomusicología o estudio de la música folclórica. También hay que reconocer su contribución a derribar barreras entre la música clásica «elitista» y la folclórica «común».

El ejemplo más célebre de ello son sus *Danzas folclóricas rumanas,* seis piezas breves para piano basadas en viejas melodías folclóricas magiares que Bartók y su colega, Zoltan Kodaly, recopilaron desde 1910 (y que fueron comercializadas en 1915). Sin embargo, mientras las piezas de Kodaly utilizaban esas melodías de un modo literal, Bartók se inspiraba en ellas para creaciones más personales.

Cuando los nazis llegaron al poder en Alemania, Bartók dejó de dar conciertos allí, pero sus puntos de vista chocarían inevitablemente con el conservadurismo en su propio país. En 1942, Bartók emigró de mala gana a Estados Unidos –donde era menos reconocido y su estilo ecléctico atraía poca atención–. Sin embargo, su suerte mejoró con el encargo del *Concierto para orquesta,* que alivió sus dificultades financieras y se convirtió en su obra más famosa. Cuando parecía renacer –Yehudi Menuhin le encargó su *Sonata para violín solo*–, su carrera se truncó en septiembre de 1945, al morir de leucemia.

Bartók permanece como una figura cumbre, hecho simbolizado por su segundo entierro en 1988 en una Hungría ya no comunista con funerales de Estado.
Ralph Heibutzki

Rol Compositor

Fecha 1910

Nacionalidad Hungría

Por qué es clave Es uno de los fundadores de la etnomusicología.

Canción clave **«Some of These Days»**
Sophie Tucker

El compositor afroamericano Shelton Brooks (1886-1975) nació en Canadá. Su familia se trasladó desde Ontario a Detroit en 1901 y él se ganó la vida como intérprete de vodevil y de la incipiente comedia musical además de escribir canciones. Con el tiempo, sus canciones –como «At The Darktown Strutters' Ball», «Swing That Thing», «There'll Come A Time» y «Walkin' The Dog»– lograron grandes éxitos, pero cuando escribió «Some Of These Days» era un desconocido.

Por este motivo, cuando en 1910 intentó ofrecérsela a la famosa cantante Sophie Tucker, ella no lo recibió. La doncella de Tucker, Mollie Elkins, la convenció para que le diera una oportunidad, reprochándola: «Eso no va contigo, andarse con rodeos con un chico amable como ése». Luego Tucker recordaba: «Cuando escuché «Some of These Days», podría haberme dado de bofetadas por casi perderla… Tenía algo… Le ha dado la vuelta, cantándola

de todas las maneras imaginables, como una canción dramática, como una pieza innovadora, como una balada sentimental, y al público siempre le ha encantado…». Tucker grabó la canción el 24 de febrero de 1911 en un cilindro de Edison y el verano siguiente fue un éxito.

Tucker predijo que la canción sería recordada durante años y años, como alguna de Stephen Foster. Y tenía razón; ella e innumerables cantantes la han grabado, reconociendo «Some Of These Days» como una de las grandes canciones sentimentales en la historia de Tin Pan Alley.
Ken Bloom

Fecha de publicación 1910

Nacionalidad Estados Unidos

Compositor Shelton Brooks

Por qué es clave El reproche de una doncella propicia la aparición de un clásico.

Acontecimiento clave
El apogeo de la venta de partituras

Mientras la venta de cilindros, rollos de pianola y discos primitivos se utilizaba para calibrar la popularidad de una canción, en 1910 la venta de partituras seguía siendo el modo favorito, más fiable y rentable de determinar su éxito. Ese año la venta de partituras en Estados Unidos alcanzó la enorme cifra de 2.000 millones de copias, en una época en que la población de Estados Unidos era sólo de 93,4 millones de habitantes. Era un síntoma de una época en que muchos hogares disponían de piano y de algún integrante de la familia que sabía tocarlo y de una era anterior a la radio y a la televisión en que la gente debía entretenerse por ella misma.

Además de los centenares de canciones ya impresas y comercializadas, 1910 vio la aparición de sonados éxitos como «Let Me Call You Sweetheart», «Ah, Sweet Mystery Of Life», «Some Of These Days», «Mother Machree», «Down By The Old Mill Stream», «I'm Falling in Love With Someone»,

«Put Your Arms Around Me, Honey», «Come Josephine In My Flying Machine», «The Stein Song», «Italian Street Song» y «Play That Barbershop Chord».

Después de 1910, el negocio de la música cambió gradualmente. Los días del piano del salón como centro de la música en el hogar tocaban a su fin y desde la década de 1920 la música impresa ya nunca sería el negocio que había sido. Las ventas de partituras se sustituirían finalmente por los discos, los aparatos de radio y demás maravillas tecnológicas.

Thomas Hischak

Fecha 1910

País Estados Unidos

Por qué es clave El principio del fin de un modo de medir la popularidad de la música.

Grupo clave
The American Quartet

Los cuartetos de *barbershop* habían sido populares en el siglo XIX, pero con la aparición del frenético ragtime a comienzos del siglo XX pasaron de moda por su armonización amanerada, compleja y exclusivamente vocal. Esto cambió con la llegada de las grabaciones, en particular con la irrupción en las listas de éxitos de Estados Unidos de la grabación de The American Quartet de «Casey Jones», el 18 de junio de 1910.

El grupo se formó en 1910 de la mano del tenor Billy Murray que, aunque era cantante solista de la compañía Victor Records, quería destacar también en esta formación vocal. Contrató al tenor John Bieling, al barítono Steve Porter y al bajo William F. Hooley. «Casey Jones» fue su primer éxito. Durante los siguientes catorce años, The American Quartet conseguiría estar 65 veces en el Top 10 de las listas de éxitos, con varios números uno como «Come Josephine In My Flying Machine», «Oh, You Beautiful

Doll», «Moonlight Bay», «Everybody Two-Step», «Call Me Up Some Rainy Afternoon», «Rebecca Of Sunnybrook Farm», «Chinatown, My Chinatown», «Oh Johnny, Oh!» y «Over There». Los miembros del grupo cambiaron durante sus catorce años de existencia. Birling se fue en 1914 y lo reemplazó John Young y cuando Hooley murió en 1918 ocupó su lugar Donald Chalmers. Cuando el grupo fue remozado en 1920, sólo quedó Murray al que acompañaban Albert Campbell, John Meyer y Frank Croxton. The American Quartet se disolvió en 1925, pero sus discos siguieron siendo populares durante décadas, manteniendo vivo el canto a cuatro voces mucho después de que el apogeo del *barbershop* hubiera pasado.

Thomas Hischak

Rol Artistas de grabaciones

Fecha 1911

Nacionalidad Estados Unidos

Por qué es clave Reavivó el interés del país por las canciones armonizadas a cuatro voces.

Grupo clave
The Peerless Quartet

The Peerless Quartet fue el cuarteto vocal más grabado del panorama popular estadounidense a comienzos del siglo XX y cuyas canciones armonizadas abarcaron todo tipo de estilos, desde himnos y música clásica hasta el repertorio tradicional.

Fundado a finales del siglo XIX para grabaciones de la Columbia Phonograph Company, The Columbia Male Quartet fue rebautizado en 1906 como The Peerless Quartet y continuó (con diferentes integrantes) hasta su disolución en 1928. Las figuras clave en su inicio fueron sus dos tenores Henry Burr y Albert Campbell, ambos intérpretes y empresarios. En 1906, Frank Stanley reemplazó a Tom Daniels como bajo y Stanley dirigió el grupo hasta su muerte en 1910, cuando Burr tomó las riendas como voz principal.

«Let Me Call You Sweetheart», que entró en las listas de éxitos el 4 de noviembre de 1911, fue su segundo número uno. Una melosa canción de amor con un tempo plácido poco exigente para las voces, era típica de los números corales del vodevil de la época; todavía se canta en los karaokes y es típica del día de San Valentín. En una fecha tan reciente como la Navidad de 2006, se utilizó una versión de Laurel y Hardy para una campaña de telefonía móvil en la televisión británica. La cima de la popularidad de The Peerless Quartet fue hacia la primera guerra mundial, cuando encadenaron una serie de éxitos como la canción protesta «I Didn't Raise My Boy To Be A Soldier» (No crié a mi hijo para ser soldado).
Andre Millard

Rol Artistas de grabaciones

Fecha 1911

Nacionalidad Estados Unidos

Por qué es clave Es uno de los grupos vocales estadounidenses más influyentes.

Personaje clave
Irving Berlin

Irving Berlin nació en Rusia el 11 de mayo de 1888 y murió en la ciudad de Nueva York el 22 de septiembre de 1989. Durante su larga vida escribió la música y la letra de más de 3.000 canciones, a pesar de que tenía un nivel muy elemental de lectura musical y sólo sabía tocar el piano en un tono. «Alexander's Ragtime Band» –publicada el 28 de marzo de 1911– fue un gran éxito en una época en que éste se determinaba principalmente a partir de las ventas de partituras. La vivaz y pegadiza cancioncilla alcanzó el Hit Parade[1] al vender más de un millón de copias en formato de partitura. Aunque la canción no es un ejemplo puro de ragtime, ayudó a popularizar el término. Además de canciones populares, compuso la música para 21 espectáculos de Broadway y para 17 películas. «God Bless America», «White Christmas», «Easter Parade», «Blue Skies», «There's No Business Like Show Business», «Puttin' On The Ritz», «Cheek To Cheek» y «Always» se encuentran entre las muchas canciones que escribió que se convirtieron en estándares. «Alexander's Ragtime Band» inspiró la película de 1938 del mismo título protagonizada por Alice Faye, Tyrone Power, Don Ameche y Ethel Merman. La canción también aparece de un modo destacado en la película There's No Business Like Show Business (Luces de candilejas, 1954), interpretada por Merman, Dan Dailey, Donald O'Connor, Mitzi Gaynor y ¡Johnnie Ray!
Michael Portantiere

Rol Compositor

Fecha 1911

Nacionalidad Estados Unidos

Por qué es clave Demuestra que la falta de conocimientos técnicos no impide a alguien ser posiblemente el mayor talento de su época escribiendo canciones.

1. Las listas de éxitos.

Pág. anterior **Irving Berlin**.

Canción clave
«Any Old Iron»

Harry Champion fue uno de los artistas británicos más queridos del *music hall*. Nació como William Crump en 1866 en el barrio de Shoreditch en Londres y las canciones que escogía (y a veces escribía) reflejaban la vida de la clase trabajadora *cockney*. A pesar de las condiciones míseras en las que vivía y trabajaba el proletariado, sus canciones eran optimistas y alegres e ideales para fiestas, especialmente «Any Old Iron». Escrita en colaboración entre Charles Collins, Fred Terry y E. A. Sheppard, se grabó por primera vez el 17 de octubre de 1911.

El narrador ha heredado un reloj y una cadena de su tío Bill. Piensa que es muy elegante, pero por donde quiera que va la gente se burla y le espeta: «Any old iron?» (¿Algo de metal viejo?), el estribillo de los comerciantes que van por el vecindario comprando chatarra. Como era habitual en Champion, interpretaba la canción casi ridículamente deprisa. Un análisis somero de la confusa letra revela sin embargo que

es decidamente buena, cargada de localismos: «He dashed up in a canter with a carriage and a pair» (Subió al trote con un carruaje y un par); e ingeniosas rimas «I began to wonder, when their dials began to crack/if by mistake I'd got my Sunday trousers front to back» (Empecé a maravillarme, cuando sus esferas empezaron a romperse/si por error llevaba mis pantalones del domingo del revés). Peter Sellers llegó al Top 20 en Gran Bretaña en 1957 con una versión skiffle[2] de «Any Old Iron».

Spencer Leigh

Fecha de Publicación 1911

Nacionalidad Reino Unido

Compositores Charles Collins, Fred Terry, E. A. Sheppard

Por qué es clave Un artista magistral hace un brillante retrato del proletariado.

2. Estilo folclórico con influencias de jazz, blues y country.

Canción clave
«The March Of The Women»

En Gran Bretaña se inició una campaña a favor del voto en 1872. Aumentó la militancia tras 1905 con las «sufragistas» –las defensoras más radicales del sufragio femenino– implicadas en protestas que a menudo conllevaban vandalismo público.

Una de las sufragistas destacadas era Emmeline Pankhurst, que fundó la Unión Social y Política de Mujeres (WSPU). En 1910, la compositora Ethel Smyth vio hablar a Pankhurst y, tras enamorarse de ella, se unió inmediatamente a la WSPU y dedicó los siguientes dos años de su vida a la causa sufragista. También escribió canciones para el movimiento, como «Laggard Dawn, 1910, A Medley» y «The March Of The Women», que se estrenaron en un mitin en el Albert Hall de Londres el 23 de marzo de 1911.

«The March Of The women» (La marcha de las mujeres) enseguida se hizo popular y se interpretó en mítines y manifestaciones. El texto, de Cecily Hamilton, no trata la cuestión de sufragio directamente,

pero apela a la necesidad de mantenerse firme durante la lucha: «Wide blows our banner and hope is waking» (Amplia ondea nuestra bandera y nuestra esperanza está alerta). Una de sus más famosas interpretaciones espontáneas tuvo lugar en 1912, cuando Smyth fue enviada a la prisión de Holloway por seguir una protesta sufragista: mientras las prisioneras se ejercitaban en el patio, Smyth se asomó por su ventana y dirigió la «marcha» con su cepillo de dientes.

En 1918, las mujeres mayores de 30 años obtuvieron finalmente el derecho a votar en Gran Bretaña, ampliándolo a las mayores de 21 en 1928.

Gillian G. Gaar

Fecha de publicación 1911

Nacionalidad Reino Unido

Compositoras Cecily Hamilton (letra), Ethel Smith (música)

Por qué es clave Se trata de la primera canción popular del movimiento feminista del siglo xx.

Pág. siguiente Marcha de sufragistas, Londres, 1911.

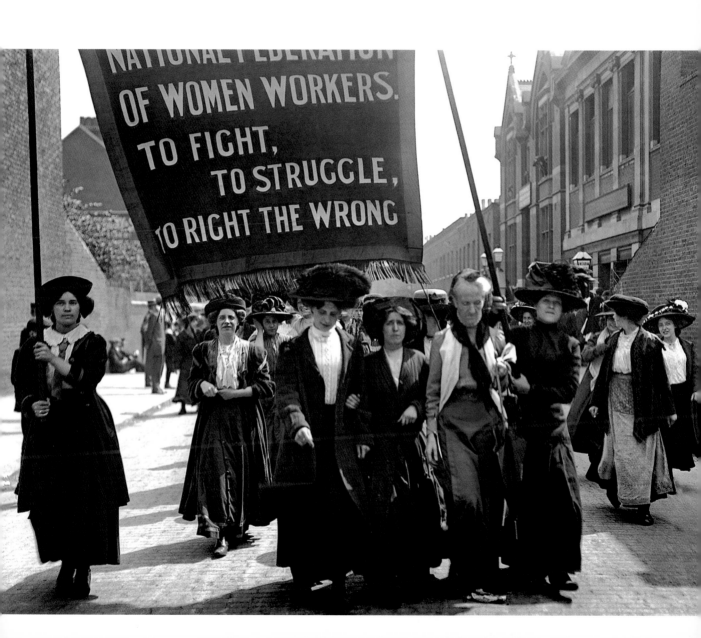

Canción clave
«It's A Long Way To Tipperary»

En enero de 1912, Jack Judge, un cantante de *music hall* originario de Oldbury, Worcestershire, aparecía en el Grand Theatre de Stalybridge. Apostó con algunos amigos cinco chelines (0,37€) a que podía componer una nueva canción e interpretarla la noche siguiente. Mientras caminaba hacia su alojamiento, escuchó que alguien preguntaba por una dirección y obtuvo por respuesta: «It's a long way» («Es un largo camino») Judge añadió el nombre de la ciudad irlandesa, Tipperary, y a la mañana siguiente terminó la canción en un pub de la localidad. Le pidió a Horace Vernon, el director de orquesta del teatro, que hiciera los arreglos, y como había prometido, la interpretó aquella misma noche. Aunque cinco chelines representaban el salario de un día en aquellos tiempos, la canción resultó ser más lucrativa que ganar dicha apuesta –y no sólo para Judge–. En tiempos difíciles, Judge había trabajado en un mercado de pescado y para pagar a uno de sus acreedores, Harry Williams, añadió

su nombre como compositor de la canción. «It's A Long Way To Tipperary» se convirtió en lo más destacado de la actuación de Judge. Algunas veces la interpretó con focas amaestradas marcando el ritmo con sus aletas. Se convirtió en una favorita cuando la cantó (sin aletas) la estrella de *music hall* Florrie Forde. La canción fue adoptada por los Connaughts, un regimiento irlandés de la armada británica, a quienes les atrajo su combinación de ritmo de marcha e historia sentimental sobre un amante deseoso de regresar al hogar, y la cantaron en las trincheras durante la primera guerra mundial.
Spencer Leigh

Fecha de composición Enero de 1912

Nacionalidad Reino Unido

Compositores Jack Judge, Horace Vernon

Por qué es clave Un clásico nacido de una apuesta.

Canción clave «The Elevator Man Going Up, Going Up, Going Up, Going Up!»

Aunque la rima romántica y simplona de *moon* (luna) y *June*[3] (junio) había llegado a ser casi un referente para Tin Pan Alley, la canción popular estadounidense no se circunscribía a los temas de amor. Los romances eran uno de los temas favoritos, pero las letras de las canciones populares pronto empezaron a tratar sobre acontecimientos notables y esporádicos: hacer propaganda en tiempos de guerra, apoyar candidaturas políticas e ilustrar las nuevas tecnologías.

La última categoría, al ser novedosa, proporcionaba una emoción extra a las canciones haciéndolas participar de la misma frescura que el invento sobre el que trataban. Cuando «The Elevator Man Going Up, Going Up, Going Up, Going Up!» (El ascensorista sube, sube, sube, ¡sube!) se publicó el 5 de julio de 1912, el uso generalizado del ascensor, que permitía construir edificios de más de seis plantas, era un fenómeno relativamente reciente. El epicentro del uso del ascensor

estaba, por supuesto, en la zona de rascacielos de Nueva York, a la que Irving Berlin, que residía allí, dedicó una divertida canción. Berlin aprovechó el hecho de que los ascensores solían contar con un ascensorista y los encuentros en espacios cerrados para crear una historia en la que surge el amor y el matrimonio, aunque con un giro inesperado cuando el protagonista es hallado en el ascensor en circunstancias comprometidas con otra mujer.

Aunque en la época las letras debían de parecer vanguardistas, se nota el paso del tiempo en expresiones como «funny coon» (negrito gracioso) y el heho de que el protagonista sea «Andy Gray, young and gay» (Andy Gray, joven y alegre/homosexual).
Ken Bloom

Fecha de publicación 5 de julio de 1912

País Estados Unidos

Compositor Irving Berlin

Por qué es clave Demuestra la incorporación de las novedades y de los avances tecnológicos a la canción popular.

3. En inglés riman fonéticamente.

Pág. anterior **Ascensorista.**

Canción clave
«My Melancholy Baby»

«My Melancholy Baby» era una pieza básica de los cantantes de vodevil con la que hacían llorar al público por la dulzura de su letra. Aunque los versos sobre nubes envueltas en plata, que esperan a que el sol las haga resplandecer y sonríen través de sus lágrimas suenen estereotipados a los oídos modernos, la letra tiene una frase que aún encandila: «Fears are foolish fancy» (Tus temores son imaginaciones absurdas).

La canción, titulada originariamente «Melancholy», tiene letra de la mujer del compositor Ernie Burnett, Maybelle E. Watson, y se publicó en Denver en 1911. El editor contrató a George A. Norton para que reescribiera la letra y reeditó la canción en 1912, y tanto Burnett como Norton cobraron por ello. En 1940, Maybelle Watson (divorciada de Ernie por esa época) puso una demanda. El jurado falló a favor de Watson y se le concedió el *copyright* además de una compensación por los *royalties* atrasados que le correspondían.

Pero ésa no es la historia completa. En 1965, murió el compositor de canciones Ben Light. Su hijo, Alan, alegó que Light y Norton escribieron la canción mientras Light trabajaba en un club nocturno de Denver y que Burnett plagió la canción y la registró con su propio nombre. Según el obituario de Light en el *The New York Times,* «Mr. Light fue incitado por sus amigos a reclamar la autoría y a comienzos de la década de 1940 fue a la radio con una orquesta, fue presentado como el autor y relató las circunstancias en que la había escrito». Light consiguió un acta notarial que atestiguaba su autoría, pero Norton había muerto y Light nunca pudo demostrar su postura.

Fecha de publicación 1912

Nacionalidad Estados Unidos

Compositores Ernie Burnett, George A. Norton, Maybelle E. Watson

Por qué es clave Una canción demasiado dulce para una historia demasiado retorcida.

Canción clave
«When Irish Eyes Are Smiling»

El retrato de personajes irlandeses y de la cultura de su país formó parte importante del entretenimiento popular a ambos lados del Atlántico a comienzos del siglo xx. La expresión *music hall Irish* (*music hall* irlandés) se refiere a los estereotipos habituales promovidos por los escritores de canciones y cómicos que el público de las ciudades consumía con avidez.

Chauncey Olcott, coautor de «When Irish Eyes Are Smiling», tuvo una exitosa carrera como cantante, actor y compositor en este género. Aunque nació en Estados Unidos, sus padres eran inmigrantes irlandeses que se instalaron en el estado de Nueva York. Como estrella internacional del *music hall* y de los teatros de Broadway, contribuyó a crear un mundo imaginario de personajes irlandeses que ignoraban la pobreza, la violencia y la desesperanza de la deprimida colonia británica.

«When Irish Eyes Are Smiling» se publicó por primera vez en 1912 y alcanzó las listas de éxitos de Estados Unidos de la mano de Olcott el 21 de junio de 1913, tras ser presentada en el musical de Broadway *Isle O' Dreams,* donde mostraba la típica visión de un irlandés feliz y optimista con una vida fascinante. La canción incluye palabras clave que se asociaban con el dialecto irlandés: «Sure, 'tis like the morn in spring» (Cierto, es como la mañana en primavera). Aunque este tipo de balada sentimental gustaba en todo el mundo, tenía una resonancia especial en Estados Unidos debido a la gran diáspora irlandesa que añoraba su patria a la que ahora veía de color de rosa. Fue el público estadounidense quien propició la popularidad de estas canciones y quien convirtió en superestrellas a tenores como Chauncey Olcott y John McCormack (un irlandés auténtico).
Andre Millard

Fecha de publicación 1912

Nacionalidad Estados Unidos

Compositores James Graff, Chauncey Olcott

Por qué es clave Es un elemento significativo en la difusión de estereotipos de la cultura irlandesa en el ámbito del entretenimiento popular.

Acontecimiento clave **Las primeras listas de éxitos de venta de discos**

Al darse cuenta a comienzos del siglo xx de la posibilidad de hacer negocio con las grabaciones de música popular, las compañías discográficas y las editoriales quisieron encontrar el modo de cuantificar los resultados.

A finales del siglo xix, las revistas *Edison Phonograph Monthly* y *The Phonoscope* publicaron listas de las obras más vendidas pero sin ordenarlas. En julio de 1913, la revista *Billboard* inauguró la era de las listas de éxitos cuando publicó un ranking de ventas de partituras registradas en establecimientos como Woolworth's y McCrory's, especializados en venta de productos a 5 y 10 centavos, así como en una selección de grandes almacenes y grandes tiendas con departamento de partituras. Aunque su precisión era un tanto dudosa, estas listas provocaron un importante cambio cultural, pues eran perfectas para hacerse eco de los éxitos tanto en las publicaciones como en los propios sitios de venta. De esta manera, afectaban a las decisiones de los consumidores, que cada vez más compraban en función del puesto que las canciones tenían en ellas.

En septiembre de 1914, la revista *Talking Machine World* publicó listas de los discos más vendidos. En 1934, *Billboard* y *Variety,* las publicaciones más importantes de la industria musical, empezaron a publicar listas de los diez más vendidos (Top 10). El 4 de enero de 1936, *Billboard* publicó su primer *hit parade* y cuatro años más tarde el primer Music Popularity Chart.

Durante mucho tiempo la lista de éxitos de la revista *Cash Box* compitió con la de *Billboard,* pero la de *Cash Box* desapareció en 1996, la lista Hot 100 (los 100 más candentes) de *Billboard,* como se la ha llamado desde agosto de 1958, ha imperado en Estados Unidos. Las emisiones por radio y televisión y las ventas determinan las posiciones, no las partituras, ahora relegadas a la historia junto con los encuestadores, reemplazados por los ordenadores.

Ken Bloom

Fecha julio de 1913

País Estados Unidos

Por qué es clave Nace la idea del *hit parade*.

1910-1919

57

Personaje clave **James Reese Europe**

El 29 de diciembre de 1913, la compañía Victor Talking Machine financió algunas grabaciones de James Reese Europe. Cuando al año siguiente se presentó la primera de ellas –«Castle House Rag»–, se convirtió en la primera grabación fonográfica realizada por un afroamericano disponible comercialmente.

Europe, director de orquesta y arreglista de la grabación, nació en Mobile, Alabama, en 1881, y tocaba el piano desde niño. En 1904, se trasladó a Nueva York y pronto se convirtió en uno de los directores de orquesta más respetados en su trabajo de arreglista para los espectáculos de revista musical de artistas afroamericanos. Hacia 1910, había formado su propia orquesta y abierto el Cleft Club, una institución dedicada a conseguir trabajo y préstamos a músicos negros. También en 1910, dirigió el musical de Broadway *Watch Your Step.*

Cuando estalló la primera guerra mundial, Europe se unió al ejército y desempeñó el cargo de director de la famosa 369th Light Infantry Band (Banda de Infantería Ligera), que realizó una gira por la nación en 1919 y realizó varias grabaciones. Ese mismo año, Europe murió apuñalado a causa de una disputa con uno de sus músicos.

Aunque trabajaba en la época del pleno declive del ragtime y antes de que el jazz se estableciera como tal, Europe fue el modelo e inspiración para los artistas que estaban al llegar como Eubie Blake, Noble Sissle, King Oliver y Louis Armstrong. También contribuyó a difundir el talento de los músicos afroamericanos.

Thomas Hischak

Rol Artista de grabaciones

Fecha 1913

Nacionalidad Estados Unidos

Por qué es clave Inspiró a una generación de músicos afroamericanos.

Acontecimiento clave **Estreno de *La consagración de la primavera*** Igor Stravinski

Parecía una propuesta muy civilizada: la escenificación de un ballet sobre culturas paganas primitivas con coreografía de una primera figura del ballet de la época, ejecutado por una reconocida compañía y dirigido a un público que comprendía lo más selecto de la élite cultural de París. No obstante, el estreno de *La consagración de la primavera* terminó con insultos, escándalo y violencia física.

Igor Stravinski, un joven compositor y director de orquesta, escribió la obra para el productor de ballets rusos Serguei Diaghilev. La partitura, rítmicamente compleja y agresivamente disonante, llevaba a la orquesta al límite, y la interpretación de la música que hizo Vaslav Nijinski exigía lo mismo de los bailarines. Creó pasos de danza que eran deliberadamente desgarbados y a menudo dolorosos. Los ensayos fueron un desastre debido a las continuas disputas entre el compositor, el coreógrafo y el productor, y los bailarines amenazaron con amotinarse.

El público se mostró dividido tras su estreno el 29 de mayo de 1913. Las sensibilidades menos progresistas se sintieron ofendidas. De los abucheos y pataleos se pasó a las discusiones, y estalló una verdadera lucha en el patio de butacas del Teatro des Champs-Elysees. Nijinski tuvo que levantarse de su asiento entre bastidores para gritar el ritmo a los bailarines, que apenas podían oír la música.

Las seis representaciones programadas se llevaron a cabo sin mayores complicaciones, mientras Diaghilev se regocijaba en silencio tras haber causado tanta sensación. La música sorprendentemente profética de Stravinski, que anticipaba la dinámica visceral del rock, habría de tener una gran influencia, desde Jim Steinman hasta Sonic Youth, pero no habría adquirido tintes de leyenda sin el escándalo que se formó en su estreno.

Angus Batey

Fecha 29 de mayo de 1913

País Francia

Por qué es clave Posiblemente fue la primera manifestación de música rock, que se recibió con el primer altercado «rock».

Pág. siguiente La consagración de la primavera.

58

Espectáculo clave ***Adele*** teatro musical

El espectáculo más misterioso en la rica historia de Broadway es el musical *Adele,* que se estrenó el 28 de agosto de 1913. La música era de Jean Briquet y Adolf Philipp, y las letras y el libreto, de Philipp y Edward Paulton.

El programa afirmaba que estaba basada en una obra francesa sin título de Briquet y Jean Herve, pero no hay constancia de ninguna obra escrita en colaboración entre ambos. La obra anterior de Briquet fue *Alma, Where Do You Live?,* de 1910, que en los créditos figuraba como basada en la obra del alemán Adolf Philipp, igual que *The Midnight Girl,* de 1914, y dos obras más de 1915, *The Girl Who Smiles* y *Two Is Company.* El problema surge cuando se intenta averiguar algo sobre ellos. Según algunas fuentes, Herve era uno de los seudónimos de Philipp, que aparentemente escribió y actuó en varias películas mudas y construyó el Bandbox Theater de Nueva York. Paul Herve también era supuestamente un seudónimo

y su nombre sólo aparece cuando Philipp hace constar que alguna de las obras es una adaptación de las suyas. Edward Paulton sí era una persona real; colaboró en 16 producciones de Broadway.

Al parecer, Philipp y Paulton se confabularon para crear una fuente falsa en la que basar sus obras, e inventaron los nombres de Herve y Briquet. ¿Querían tal vez crear un halo de misterio e intriga? Lo consiguieron: sus espectáculos tuvieron éxito en su época (*Adele* llegó a representarse en Londres), aunque hoy en día no se recuerda ni una de las canciones que les dieron la fama.

Ken Bloom

Estreno 28 de agosto de 1913

País Estados Unidos

Director Desconocido

Reparto Georgia Caine, Hal Forde, Grace Walton

Por qué es clave El mayor misterio de Broadway.

Canción clave «Trail Of The Lonesome Pine»
Henry Burr y Albert Campbell

Harry Carroll y Ballard MacDonald escribieron la balada romántica «Trail Of The Lonesome Pine». Describe las pintorescas montañas Blue Ridge de Virginia, en las que la amada del cantante vive en una cabaña de troncos. Henry Burr y Albert Campbell la llevaron a las listas de éxitos de Estados Unidos el 21 de junio de 1913 consiguiendo el número uno. A partir de entonces la canción languideció y habría sido olvidada de no ser por su inclusión fortuita en una popular comedia una generación después. Tras la aparición del cine sonoro, los principales estudios diversificaron la producción discográfica y adquirieron intereses en las editoriales de música para integrar sus operaciones musicales. El cine se convirtió en un excelente consumidor de sus propios cantantes y canciones. Los cómicos Laurel y Hardy no eran cantantes profesionales, pero su versión de esta canción, que interpretaron a dúo en su western *Way Out West* de 1937, demostró que al aparecer en

una película, una canción se puede revitalizarse y conectar con un nuevo mercado, incluso si pierde cierta calidad en el proceso. La interpretación que hicieron Laurel y Hardy de la letra fue cómica no sólo porque eran humoristas, sino porque su actitud devota quedaba pasada de moda e incitaba a la hilaridad. En 1975, una reedición británica de la versión de Laurel y Hardy llegó al número dos en las listas del Reino Unido.
Andre Millard

Fecha de lanzamiento 1913

Nacionalidad Estados Unidos

Compositores Harry Carroll, Ballard MacDonald

Por qué es clave Ilustra el modo en que una canción puede obtener un nuevo –y contrastante– impulso al reaparecer en un medio distinto.

Canción clave
«Danny Boy»

Aparentemente, el origen de la melodía de «Danny Boy» es una pieza anónima de un supuesto anciano músico irlandés que la tituló «Londonderry Air» por la localidad en la que vivía una mujer que dijo que la había oído tocar a un violinista, aunque hay quienes opinan que la escribió la propia mujer.

En 1912, Margaret Weatherley escuchó a los buscadores de oro en Colorado cantar dicha melodía y envió a su cuñado, el compositor Fred Weatherly, una copia de la música. Él ya había escrito una canción titulada «Danny Boy» y adaptó su letra a la melodía de los mineros. El resultado se publicó en 1913 y se grabó por primera vez en 1915. Con imágenes simbólicas como «The pipes are calling from glen to glen» (Las gaitas están llamando de valle en valle), demostró ser un himno irlandés no oficial. No obstante fue más popular en Estados Unidos que en Irlanda, a pesar de utilizarse como

himno de Irlanda del Norte en los Juegos de la Mancomunidad (Commonwealth Games).

Los intérpretes difieren en quién es el personaje que interpreta la canción. Muchos convienen en que se trata de una canción de amor de una mujer a un hombre, pero la letra es lo bastante ambigua como para poder interpretar que es un padre que se dirige a su hijo que se ha ido a la guerra. Según la propia Weatherly, se trata de una madre que se dirige a su hijo, pero en 1918 Fred Weatherly modificó la letra para que la pudieran cantar los hombres.

Esta flexibilidad parece de algún modo apropiada. Weatherly era inglés y nunca visitaría Irlanda.
Ken Bloom

Fecha de publicación 1913

Nacionalidad Reino Unido

Compositor Fred Weatherly sobre una canción tradicional

Por qué es clave Una canción que es todo para cualquier hombre.

Acontecimiento clave
Fundación de la ASCAP

Aunque a comienzos del siglo xx las leyes del *copyright* protegían a los compositores, letristas y editores de la impresión ilegal de sus partituras, ni los artistas ni los editores cobraban cuando las orquestas interpretaban sus obras en restaurantes, salones de baile y otros sitios públicos. En Europa no sucedía así, lo que propició la creación de la ASCAP.

El compositor Raymond Hubbell, el abogado Nathan Burke y el editor George Maxwell presentaron la idea al famoso compositor Victor Herbert con la intención de que el poderoso artista utilizara su influencia y popularidad para hacer funcionar el proyecto. El 13 de febrero de 1914, 22 editores y 170 compositores de canciones se reunieron en el Hotel Claridge de Manhattan y redactaron los estatutos de la ASCAP. La nueva organización anunció que cada vez que una obra de uno de sus artistas se interpretara, tendrían que pagar. Las orquestas ignoraron la orden hasta que se sentó jurisprudencia en 1915. ASCAP demandó al restaurante Shanley's por interpretar selecciones de la opereta *Sweethearts*, de Herbert, y el caso llegó hasta el Tribunal Supremo antes de que lo ganara la ASCAP.

Con la creciente popularidad de la radio y la invención de otros modos de difusión de la música, estos «*royalties* por interpretación» llegaron incluso a ser más importantes, especialmente por ser una fuente de ingresos más fiable que los «*royalties* mecánicos» que pagaban las compañías discográficas a sus artistas, que eran fácilmente objeto de «contabilidad creativa».
Thomas Hischak

Fecha 13 de febrero de 1914

País Estados Unidos

Por qué es clave
A partir de entonces, los compositores de canciones cobraron lo que merecían por su habilidad y su talento.

Canción clave
«Colonel Bogey March»

En 1914, el teniente Frederick Joseph Ricketts, director de la banda del segundo batallón británico, de los Highlanders de Argyll y Sutherland, quedó intrigado por un soldado que silbó un par de notas en lugar del tradicional «Fore!»[4] mientras jugaba al golf. Utilizó las notas al principio de cada verso de la nueva marcha que había escrito, que tituló «Colonel Bogey» (Coronel Bogey); *bogey* es un término golfista. Ricketts publicó ésta y muchas otras marchas bajo el seudónimo de Kenneth Alford, ya que el personal militar no podía tener oficialmente intereses fuera del ejército. La jovial tonada se convirtió rápidamente en una de las favoritas de las bandas de todas partes. Ricketts obtuvo el puesto de director musical de los Royal Marines y fue ascendido a mayor. Aunque murió en 1944, vivió lo bastante para poder oír una versión obscena de su letra durante la segunda gran guerra que vivió: «Hitler has only got one ball/The other is in the Albert Hall/Himmler has somewhat similar/But poor old Goebbels has no balls at all» (Hitler sólo tiene un testículo/el otro está en el Albert Hall/Himmler está en las mismas/pero el pobre viejo Goebbels no tiene).

El compositor Malcolm Arnold incorporó la marcha a su música para la película de 1957, *The Bridge on the River Kwai* (*El puente sobre el río Kwai*), protagonizada por Alec Guinness. Fue una canción de éxito en Estados Unidos de la mano de Mitch Miller y su orquesta. Otra de las marchas de Ricketts, «The Voices Of The Guns», aparece en la película *Lawrence of Arabia* (*Lawrence de Arabia*). «Colonel Bogey» aparece hoy en situaciones cómicas y basta aludir a su letra para echarse a reír.
Spencer Leigh

Fecha de publicación 1914

Nacionalidad Reino Unido

Compositor Kenneth Alford

Por qué es clave Se trata de una melodía popular de marcha más conocida en su versión no oficial.

4. Expresión del mundo del golf.

W.C. Handy's
SAINT LOUIS BLUES

City of
St. Louis
1872

HANDY BROTHERS MUSIC CO., Inc.
PUBLISHERS
" Genuine American Music "
1650 BROADWAY, NEW YORK, N. Y.

Canción clave
«St. Louis Blues»

En 1914, el compositor W. C. Handy (1873-1958), coautor de «The Memphis Blues» (1912), buscaba un tema para otro blues. Se acordó de una mujer que había visto en la famosa calle Beale de Memphis que intentaba sin éxito aliviar sus penas bebiendo. Murmuraba mientras daba bandazos a lo largo de la calle: «My man's got a heart like a rock cast in the sea» (Mi hombre tiene un corazón como una piedra lanzada al mar), lo que dio a Handy un verso memorable para el que sería su «St. Louis Blues» (El blues de San Luis). La referencia a San Louis era por una mujer de esa ciudad que había tratado de disuadir a la amante del narrador. «St. Louis Blues» estaba basado en parte en una sección instrumental de Handy, «Jogo Blues», escrita el año anterior.

Se grabó por primera vez en 1916 de la mano de Prince's Band, y la primera grabación vocal fue de Marion Hutton en 1920. La Original Dixieland Jass Band lanzó una versión en 1921 que tuvo un gran éxito.

Gran parte de la canción sigue la estructura clásica de 12 compases del blues. Sin embargo, no era un blues puro, ya que incorporaba ritmo de tango en otras secciones. Aun así, gran parte del público estadounidense no había escuchado nunca antes una variante del blues y «St. Louis Blues» no pudo tener más éxito al hacerlo: en los cincuenta años posteriores a su composición fue la canción estadounidense más grabada.
Ken Bloom

Fecha de publicación 1914

Nacionalidad Estados Unidos

Compositor W. C. Handy

Por qué es clave Se trata de la canción que llevó el blues a las masas de un modo espectacular.

Pág. anterior
«St. Louis Blues».

Acontecimiento clave **partitura de *Birth Of A Nation* (*El nacimiento de una nación*)**

Las películas mudas nunca fueron mudas porque siempre había un piano que acompañaba la acción. La compañía Edison empezó a distribuir sugerencias sobre el acompañamiento para esas películas a comienzos del siglo xx, cuando pasaron de exhibirse en el frontal de las tiendas a teatros especialmente diseñados para ello. Los distribuidores enseguida comprendieron la importancia de la música para crear la atmósfera adecuada y la continuidad narrativa en las películas. En aquellos días, esta importancia se vio subrayada por el hecho de que gran parte del público inmigrante no pudiera leer los intertítulos, pero incluso hoy, en el cine sonoro, es impensable una película sin banda sonora. Para la épica *Birth Of A Nation* (*El nacimiento de una nación*) de D. W. Griffith, se escribió una partitura especial que se coordinó cuidadosamente con la acción de la pantalla y que prescindía del simple pianista o de los pequeños grupos habituales en los grandes teatros en favor

de la orquesta sinfónica. Gran parte de la música se tomó de los clásicos, aunque Griffith utilizó también canciones folclóricas y populares para crear en el público asociaciones con la música.

La música para *El nacimiento de una nación* transformó el cine en un espectáculo realista que emocionó a los espectadores como nunca antes. Las películas debían ser el último grito pero la realización pronto se llevaría a cabo de modo que la buena música antigua no resultara redundante.
Andre Millard

Fecha 1914

País Estados Unidos

Por qué es clave Es la primera partitura orquestal escrita específicamente para una película.

Personaje clave
Jerome Kern

Jerome Kern nació en Nueva York en 1885 y abandonó la escuela en la adolescencia para dedicarse a la música. Hacia 1903, sus canciones se escuchaban en Londres y en Broadway. Su «They Didn't Believe Me», de 1914, está considerada la primera balada moderna y sentó las bases de las canciones para el teatro para las décadas siguientes. Los *Princess Musicals* (musicales de princesas) de la década de 1910 eran una serie de musicales contemporáneos de pequeño formato que evitaban la estructura más melodramática de la opereta. Con el *Princess Musical* inaugural de Kern, *Very Good Eddie* –que se estrenó el 23 de diciembre de 1915–, el sonido de Broadway empezó a mostrar una clara influencia del jazz. Tras varios musicales de éxito, como *Leave It To Jane*, *Sally*, y *Sunny*, Kern escribió la música para la legendaria *Show Boat* (1927), la primera obra escénica estadounidense que combinaba blues, folk, opereta y jazz.

Más tarde escribió tanto para Broadway como para Hollywood, en los cuales produjo muchos clásicos en colaboración con letristas como Oscar Hammerstein, Ira Gershwin y Dorothy Fields en obras como *Music in The Air* (1932), *Roberta* (1933), *Swing Time* (1936) y *Cover Girl* (*Las modelos*, 1944). Entre sus canciones inmortales están «Ol' Man River», «Smoke Gets in Your Eyes» y «The Way You Look Tonight». Murió repentinamente en 1945. La gran variedad de sus melodías y su continua experimentación con las formas musicales hacen de él uno de los pioneros más innovadores de la canción popular estadounidense.
Thomas Hischak

Rol Compositor

Fecha 1915

Nacionalidad Estados Unidos

Por qué es clave
Compositor que introdujo innovaciones en la balada, el jazz y otros estilos en la música de Broadway y Hollywood.

Canción clave «Pack Up Your Troubles In Your Old Kit Bag And Smile, Smile, Smile!»

«Pack Up Your Troubles In Your Old Kit Bag And Smile, Smile, Smile!» (Empaqueta tus problemas en tu vieja mochila y sonríe, sonríe, ¡sonríe!) fue una canción célebre de *music hall* escrita por el vocalista George Powell y su hermano pianista Felix, y publicada por Chappell and Co. La presentaron durante su residencia en el Bridge Pavilion de Ilkley, Yorkshire, Reino Unido. Trata sobre los animosos soldados rasos, que mantenían su sonrisa pese a las muchas adversidades de la guerra: todo lo que pide es fuego (Lucifer) para encender su pitillo (*fag*). Murray Johnson la grabó por primera vez en 1916, y fue la favorita de los soldados británicos durante la primera guerra mundial.

Pese a los horrores de la Gran Guerra, no hay motivos para creer que los soldados que se unían con entusiasmo al coro de la canción en las trincheras lo hicieran irónicamente. Algunas de las canciones más populares de la guerra aceptaban sin reparos las lamentables condiciones de los soldados. Sin embargo, «Pack Up Your Troubles [...]» es el producto de una época que claramente ha pasado para siempre. Esta obediencia ciega de los soldados rasos es algo con lo que las autoridades, desde la década de 1960, no volverían a contar nunca más.

La esencia de esa década se resumió en un intenso comentario de Bob Dylan sobre los conflictos armados en «Masters Of War» y en la mordaz «Universal Soldier», de Buffy St. Marie. Siguiendo su estela, las canciones más famosas sobre la guerra de Vietnam son inquisitivas más que patrioteras.
Spencer Leigh

Fecha de publicación 1915

Nacionalidad Gran Bretaña

Compositor George Powell, Felix Powell

Por qué es clave
Apreciada en su época pero impensable hoy en día.

Canción clave
«Jelly Roll Blues»

«Jelly Roll Blues» es obra de Ferdinand Morton, pianista y compositor que tenía reputación –en gran parte justificada pero parcialmente inventada por él mismo– como uno de los creadores del jazz.

Nació en Nueva Orleans alrededor del año 1890, como Ferdinand Joseph La Menthe (los hechos de su vida no se pueden distinguir del mito que inventó). Morton aprendió música en Storyville, el legendario distrito de las luces rojas de Nueva Orleans. Como muchos criollos, Morton era un músico consumado que absorbió muchas influencias europeas, pero «Jelly Roll Blues» tiene el tempo oscilante y el ataque rítmico que da al jazz su distintivo estilo afroamericano.

Esta canción, que probablemente se escribió en 1910, se grabó por primera vez en 1915, y representó una etapa importante en la evolución del jazz desde sus raíces en el ragtime y en los pasos de las marchas. Una pieza instrumental se apoyaba en la base rítmica de la mano izquierda mientras la derecha ejecutaba la melodía. Esta canción, como muchas del jazz primitivo, se reescribió y reinterpretó muchas veces, y apareció de muchas maneras diferentes, algunas con letra. Irónicamente, cuando Jelly Roll Morton (como se había rebautizado tras su creación) y sus Red Hot Peppers consiguieron un gran éxito con ella en 1927 tras grabarla para el sello Victor, se le cambió el título por «Original Jelly Roll Blues». Esta versión llegó a ser tan conocida que fue mencionada en otra famosa pieza de jazz, «Darktown Strutters' Ball».
Andre Millard

Fecha de lanzamiento 1915

Nacionalidad Estados Unidos

Compositor Ferdinand Lamothe [sic]

Por qué es clave Un elemento fundamental en la aparición del jazz.

Canción clave
«If You Were The Only Girl In The World»

La balada de Clifford Gray (letra) y Nat D. Ayer (música) «If You Were The Only Girl In The World» se presentó de la mano de George Robey y Violet Loraine en el espectáculo de revista londinense *The Bing Boys Are Here,* que se estrenó el 19 de abril 1916. Pronto fue una de las favoritas de los *music halls* británicos, pero pasó más de una década hasta que Estados Unidos la descubriera. Cantada como un dueto, la letra sitúa un acontecimiento contemporáneo en el Jardín del Edén: «If you were the only girl in the world/And I were the only boy/Nothing else would matter in the world today/We could go on loving in the same old way» (Si fueras la única chica en el mundo/ y yo fuera el único chico/nada más importaría hoy en el mundo./Podríamos seguir queriéndonos de la misma manera).

Cuando Rudy Vallee la cantó con los Yankees de Connecticut en la película *The Vagabond Lover* (*El amante vagabundo,* 1929), el público estadounidense la aceptó finalmente y la grabación de Vallee fue superventas. Como si fuera para compensar el retraso de la canción en atravesar el Atlántico, otro artista estadounidense, Perry Como, la convirtió en éxito después de un largo período, llevándola al *hit parade* en 1946. Doris Day y Gordon MacRae interpretaron la balada en la película musical *By The Light Of The Silvery Moon* (*Operación matrimonio,* 1952) y Ann Blyth (doblada por Gogie Grant) en *The Helen Morgan Story* (*Para ella un solo hombre,* 1957). La hiperbólica canción siguió siendo popular durante muchos años debido a su calidad nostálgica e inocente que fascinó a los oyentes nacidos mucho después de la época de la primera guerra mundial en que fue escrita.
Thomas Hischak

Fecha de lanzamiento 1916

Nacionalidad Reino Unido

Compositores Nat D. Ayer, Clifford Gray

Por qué es clave Demuestra que una canción puede triunfar en Estados Unidos incluso si inicialmente no consiguió cruzar el Atlántico.

Espectáculo clave
Chu Chin Chow teatro musical

EL público de Londres durante la primera guerra mundial quería evadirse. Las historias mágicas de lugares remotos eran el modo ideal para distraer una mente cansada y atormentada. El 31 de agosto de 1916, el remedio perfecto llegó en forma de un musical basado en la historia de Alí Babá y los cuarenta ladrones.

Después de ver la obra de teatro *Kismet,* inspirada en *Las mil y una noches,* el escritor Oscar Asche se puso en contacto con el compositor Frederic Norton para que le ayudara a crear su propia «huida al Este», aunque el personaje del título –un árabe disfrazado– parece más bien que provenga de Oriente. Para los tiempos que corrían de premura económica debido a la guerra, Chu Chin Chow tuvo una producción muy costosa. Costó 5.300 libras (7.700€, una gran cantidad de dinero para la época), con un reparto de 64 adultos y ocho niños, pero resultó más rentable de lo que nunca hubieran imaginado. Ni siquiera la intervención de lord Chamberlain sobre la escasa ropa que llevaban las esclavas pudo detener el éxito.

Estuvo cinco años en cartel –más del doble que cualquier otro musical anterior– y se representó 2.235 veces (un récord que tardaría casi 40 años en superarse). *Chu Chin Chow* proporcionaba a los exhaustos soldados y a los maltratados ciudadanos una muy bienvenida distracción de los horrores de la guerra. Decorados suntuosos y personajes exóticos bellamente ataviados transportaban al público a otro mundo, e incluso el sonido de canciones como «Any Time's Kissing Time» y «The Cobbler's Song» era reconfortantemente británico. Todas estas canciones permanecieron durante décadas en la mente de los ciudadanos de la época, a lo que ayudaron los cantantes que las incluyeron en sus repertorios.
Leila Regan-Porter

Estreno 31 de agosto de 1916

Nacionalidad Reino Unido

Director Oscar Asche

Reparto Oscar Asche, Frank Cochrane, Courtice Pounds

Compositores Frederic Norton

Por qué es clave Una alfombra mágica que transportaba a los ciudadanos de Londres lejos de la depresión de la guerra.

Pág. siguiente *Chu Chin Chow.*

Canción clave «What Do You Want To Make Those Eyes At Me For?»

«What Do You Want To Make Those Eyes At Me For (When They Don't Mean What They Say?)» de Howard Johnson, Joseph McCarthy y James V. Monaco se encontraba entre una serie de canciones «ópticas» (*eyes* significa «ojos») que aparecieron durante las primeras décadas del nuevo siglo como «I Just Can't Make My Eyes Behave» y «Tell Me What's The Matter, Loveable Eyes».

Los «ojos» del título, que pertenecen a una atractiva mujer, emocionan de alguna manera al cantante: le dan alegría, tristeza y «They make me want a lot of things that I never had» (Me hacen desear muchas cosas que nunca tuve). Sin embargo, se lamenta de que los ojos seductores sean engañosos. Todas estas ideas alteran el ánimo del cantante, y más cuando los ojos le advierten del peligro de que está jugando con dinamita.

La canción fue un éxito de la mano de Ada Jones y Billy Murray en 1917. Henry Lewis también la grabó en 1917. Es irónico que Hollywood, cuando quería evocar una época anterior, menos complicada, a menudo utilizaba «What Do You Want to Make Those Eyes At Me For?», dado que la canción había mostrado una sorprendente capacidad de perdurar, con gran variedad de cantantes y bandas. Llama la atención que llegase a ser número uno de las listas británicas en 1959 –cuarenta y tres años después de su publicación– con una grabación de Emile Ford y los Checkmates. Y aún más sorprendente resulta que Joe Meek la produjera, aunque no fuera una de las grabaciones más vanguardistas del genial productor. Ray Peterson la versionó en 1960 y The Librettos, en 1965.
Ken Bloom

Primera edición 1916

Nacionalidad Estados Unidos

Compositores Howard Johnson, Joseph McCarthy, James V. Monaco

Por qué es clave Los ojos tienen eso: sirven para varias generaciones.

- THREE NILE BEAUTIES -

Canción clave «O sole mio»
Enrico Caruso

Escrita en 1897 por el compositor Eduardo Di Capua y el poeta Giovanni Capurro para el Festival de Piedigrotta en Nápoles, «O sole mio» se ha convertido no sólo en un símbolo de la ciudad sino de toda Italia, un país amado en todo el mundo por sus atributos naturales, el mar y, especialmente, el sol: el título significa «mi sol».

El gran tenor Enrico Caruso tenía fama mundial por su profética decisión de hacer grabaciones. Aunque Caruso había ganado la fabulosa suma de 100 £ (146 €) en abril de 1902 por grabar diez arias de ópera, con cuatro años de diferencia, por lo que se había hecho famoso en el mundo entero, antes de decidir grabar «O sole mio», una canción que entonces sólo era famosa en Nápoles, en parte porque estaba en dialecto napolitano. La grabó el 5 de febrero de 1916 en un estudio de Nueva Jersey, Estados Unidos, con una orquesta dirigida por Walter B. Rogers. La versión comercializada fue su primera y única toma.

«O sole mio» tuvo inmediatamente un enorme éxito en Estados Unidos, donde todo lo italiano sonaba exótico y las peculiaridades idiomáticas autóctonas no importaban. Otra razón, por supuesto, era la magnífica voz de Caruso. Una sentencia de 2004 resolvió añadir el nombre de Alfredo Mazzucchi como coautor de la canción.

Inevitablemente, tuvo traducciones al inglés y para muchos ahora es conocida como «It's Now Or Never» por la versión de Elvis Presley de 1960.
Giancarlo Susanna

Fecha de lanzamiento 1916

Nacionalidad Italia

Compositores Eduardo Di Capua, Giovanni Capurro, Alfredo Mazzucchi

Por qué es clave
Una canción local que se ha convertido casi en el himno no oficial de Italia.

Espectáculo clave *The Bing Boys Are Here*
teatro musical

Durante la primera guerra mundial, una de las mejores distracciones de los londinenses fue *The Bing Boys Are Here,* un alegre musical repleto de travesuras que se estrenó el 19 de abril de 1916 en el West End.

El espectáculo, que se describe como «Un retrato de la vida de Londres, en un prólogo y seis escenas», estaba basado en un espectáculo francés, *Le Fils Touffe.* Aunque se trataba esencialmente de una revista musical, tenía un argumento que enlazaba los distintos episodios. Los Bing Boys –Oliver y el curiosamente denominado Lucifer– ansían abandonar Binghamton para ver mundo, concretamente Londres. Su cocinera, Emma, está enamorada de Lucifer y desea también probar suerte en Londres, donde acabará casándose con el duque de Dullwater con el título de Miss Fuschia de Valparaíso. Se convierte en artista de la escena con el seudónimo de Mary McGay. Como acompañamiento a tan cómica historia,

el espectáculo cuenta también con varias canciones y bailes alegres.

A pesar de la evasión que representaba de la primera guerra mundial, la obra, irónicamente, dio nombre a una famosa historieta de soldados llamados los Byng Boys por sir Julian Byng, comandante de los Canadian Corps del ejército canadiense.

Aunque su éxito dio lugar a dos secuelas, su recuerdo se pierde en la noche de los tiempos. Con una excepción: el público moderno en general que, habitualmente, nunca ha oído hablar de ella sí suele conocer la canción más famosa de la obra, «If You Were The Only Girl in The World».
Ken Bloom

Estreno 19 de abril de 1916

País Francia/Reino Unido

Director Gus Sohlke

Reparto George Robey, Alfred Lester, Violet Lorraine

Compositor Nat D. Ayer, Clifford Gray

Por qué es clave Fue un medio de evasión en tiempos de guerra, aunque también dio nombre a la imaginería bélica.

Canción clave «Livery Stable Blues»
Original Dixieland Jass Band

En la época anterior a los medios de comunicación de masas como la radio, los nuevos estilos musicales quedaban limitados a una región o incluso a un área urbana. Éste fue el caso del jazz, que estaba restringido a ciertas zonas de Nueva Orleans hasta que la Original Dixieland Jass Band (ODJB) lanzó su primer disco en 1917.

Jazz fue el nombre que se dio a la música afroamericana de tempo vivo basada en las formas del blues y en las cadencias de las marchas que evolucionaron hacia una música de baile, mucha de la cual era improvisada. El éxito clamoroso de «Livery Stable Blues» llevó el jazz a millones de oyentes en Estados Unidos y Europa. Abrió las puertas para que bandas de blancos como ODJB sacaran provecho del furor que despertaría en jazz en la década de 1920, mientras los músicos afroamericanos podían tocar para públicos más amplios e integrados.

El nombre de Original Dixieland Jass Band era inapropiado pues se trataba de un grupo de músicos blancos de Nueva Orleans que imitaban la música que oían tocar a los negros. La segregación en el Sur y la discriminación en el Norte mantuvo a los intérpretes originales de jazz fuera de los estudios de grabación y de los locales prestigiosos. La ODJB actuó en Chicago y luego en Nueva York antes de firmar por el sello Victor. «Livery Stable Blues» es más como un ragtime acelerado con muchos más efectos cómicos que el hot jazz que se asocia a la música de la *jazz Age*[5]. Aun así, debido a la atención que le dispensó la prensa, llevó a los hogares de los estadounidenses lo que sería un nuevo y excitante estilo musical.
Andre Millard

5. Término que designa la «era del jazz» (1918-1929).

Fecha de lanzamiento 1917

Nacionalidad Estados Unidos

Compositor Ray Lopez, Alcide Nunez, Marvin Lee

Por qué es clave Se graba la primera canción de jazz.

Acontecimiento clave Las patentes exclusivas de Victor, Columbia y Edison desaparecen

Como todos los hombres de negocios del siglo XIX, los inventores que sacaron adelante la industria fonográfica esperaban que la fuerza de su patente les permitiera mantener el control monopolístico.

El proceso básico de la grabación acústica no podía protegerse por patentes, pero los procesos de duplicación de grabaciones eran la clave para mantener a los intrusos alejados de este floreciente negocio. Cuando muchas de estas patentes expiraron alrededor de la época de la primera guerra mundial, las tres grandes compañías discográficas se enfrentaron a una extenuante competencia de multitud de pequeñas empresas recién creadas. Las cifras cuentan la historia: en 1914, había 18 establecimientos de la industria fonográfica en Estados Unidos y su producción estaba valorada en 27 millones de dólares. Hacia 1919, esa cifra aumentó hasta 166 establecimientos con una producción de 158 millones de dólares.

El efecto de este hecho pudo verse en la bajada de precios de reproductores y discos, que invadieron el mercado. Al mismo tiempo, la demanda de grabaciones sonoras se incrementó drásticamente a causa de la guerra: la música era un factor vital para mantener la moral en el frente y en casa. Hubo un *boom* de canciones patrióticas y baladas sentimentales que conectaban a la gente con las emociones de la guerra. La caída de los precios trajo consigo que hubiera un reproductor y un disco para cada bolsillo.
Andre Millard

Fecha 1917

País Estados Unidos

Por qué es clave
Un factor clave en la inmensa expansión de la industria discográfica.

Espectáculo clave *Oh, Boy!*
teatro musical

El nuevo equipo formado por Jerome Kern (música), P. G. Wodehouse y Guy Bolton (letras y libreto) creó un nuevo tipo de espectáculo teatral estadounidense con los musicales denominados *Princess Theatre*. El tercero de ellos, *Oh, Boy!*, estrenado el 20 de febrero de 1917, fue el tercero que más tiempo estuvo en cartel en su década.

Como otros musicales *Princess*, era un espectáculo simple y sin pretensiones –con un decorado para el primer acto y otro para el segundo– que evitaba las ambientaciones exóticas o lejanas de las operetas y situaba la acción en la actualidad y en Estados Unidos. Comedias costumbristas musicalizadas que representaban malentendidos matrimoniales, los musicales *Princess* eran también notables por el paso que daban en la integración entre historia y canción. Pese a ello, había sitio en el argumento para algún número extra. Los personajes a veces eran meras caricaturas, pero todos eran esencialmente buenas personas. El tono y estilo del espectáculo, evitaba cualquier exceso tanto en la sátira como en las emociones.

El libreto tenía destacables juegos de palabras y los giros argumentales aparecían con naturalidad, no forzados. Los creadores llegaron a un gran nivel de fascinación al diseñar una velada relajante en la que el público podía sentir algo superior a la simplona acción que se desarrollaba en el escenario y disfrutar de las canciones melódicas y líricamente ingeniosas aunque poco exigentes. Su canción más destacada fue también una de las más bellas y perdurables de Kern, «Till the Clouds Roll By».
Ken Bloom

Estreno 20 de febrero de 1917

País Estados Unidos

Director Edward Royce

Reparto Hal Forde, Anna Wheaton, Tom Powers

Compositores Jerome Kern, P. G. Wodehouse, Guy Bolton

Por qué es clave Representa el punto de transición entre los musicales del pasado, escritos sin orden ni concierto, y comedias musicales más planificadas.

Canción clave
«For Me And My Gal»

«For Me And My Gal», publicada en 1917, es una balada romántica sobre la felicidad conyugal, con una letra muy emotiva de Ray Goetz y Edgar Leslie, que habla de campanillas que repican y pájaros que cantan como dos tórtolas al salir de su boda. Sin embargo, la música de George W. Meyer es decididamente audaz. Tiene un ámbito de octava y una estructura tradicional de 32 compases que a veces va por direcciones sorprendentes, mostrando ya indicios de lo que más tarde se utilizaría en el jazz.

La canción se hizo popular en el vodevil por intérpretes tan queridos por el público como Van y Schenck, Sophie Tucker, Al Jolson, Eddie Cantor, Belle Baker y George Jessel. Se vendieron más de 3 millones de partituras hacia la década de 1920. Ninguna sala del piano estaba completa entonces sin un ejemplar de la canción. El interés en la composición se reavivó cuando Judy Garland y Gene Kelly la cantaron en la película *For Me And My Gal* (*Por mi chica y por mí*, 1942). De entre los muchos artistas que la grabaron destacan Bing Crosby, Cliff Edwards, Arthur Godfrey, Bob Grant, Dick Shannon y el His Society Sextet, Les Elgart, The Chordettes, Perry Como, The Cliff Adams Singers, Freddy Cannon, Tiny Tim y Harry Nilsson. Jolson, que había cantado la balada durante su carrera, dobló la canción para Larry Parks en la película *Jolson Sings Again* (*Jolson vuelve a cantar*, 1949).
Thomas Hischak

Fecha de publicación 1917

Nacionalidad Estados Unidos

Compositores George W. Meyer, Ray Goetz, Edgar Leslie

Por qué es clave El arreglo musical de la canción presagiaba la era del jazz.

Pág. anterior
«For Me And My Gal».

Canción clave
«Good-bye-ee!»

Los compositores innovadores Bob Weston y Bert Lee escribieron «Good-bye-ee!» durante la primera guerra mundial. La canción cuenta cómo Brother Bertie se prepara psicológicamente para la batalla fingiendo que se va de vacaciones. Explica de un modo memorable a su novia que aunque la separación es dura, «I'll be tickled to death to go!» (¡Me moriré de risa cuando me vaya!). La canción con un estribillo que ayudaba a marcar el paso se hizo favorita entre las tropas en 1917, pero hacia 1965 ya era una reliquia.

Debido al éxito de la famosa revista musical, *Beyond The Fringe,* dos de sus protagonistas, Peter Cook y Dudley Moore, crearon una comedia en dos actos. Moore era un destacado pianista de jazz, pero Cook no tenía oído musical. Buscando algo con qué terminar cada episodio de su serie de televisión para la BBC, *Not Only... But Also,* se sugirió –por motivos fatuos o humorísticos– que «Good-bye-ee!» sería apropiada. Moore la empezó a tocar al piano, pero como no sabía la letra improvisó algunos pasajes con «fa-ta-ta-ta…». El director Joe McGrath lo consideró bueno y quedó así, y Peter añadió un discurso sobre las despedidas. Le siguió un disco sencillo de Peter Cook. Hubo otra versión de éxito de la canción en Reino Unido en 1975.

Weston había muerto en 1936, pero sus canciones reaparecieron en la década de 1960: Val Doonican incorporó «Paddy McGinty's Goat» a su repertorio; Joe Brown y Herman's Hermits cantaron «I'm Henry VIII I Am» y Tommy Steele grabó «What A Mouth».
Spencer Leigh

Fecha 1917

Nacionalidad Reino Unido

Compositores Bob Weston, Bert Lee

Por qué es clave Se trata de un himno de la primera guerra mundial que tuvo un renacimiento impensable.

Acontecimiento clave
La era del vodevil

Surgidos de espectáculos de variedades tradicionales como la revista musical francesa, el *minstrel* estadounidense y el *music hall* inglés, el vodevil estadounidense se inició en la década de 1890. En un período de 20 años se expandió por todo Estados Unidos y su apogeo llegó en 1918. En una época anterior a las radios, el cine y la televisión, era el principal modo de entretenimiento, sobre todo para los pobres.

Debido a que el vodevil empleaba a miles de figurantes, cantantes, bailarines y actores, requería una gran cantidad de medios. La competencia era feroz entre cantantes deseosos de presentar nuevas canciones, y promotores musicales ansiosos de colocar sus canciones en los espectáculos de más renombre. Las funciones más destacadas disponían de los mejores medios y los protagonistas podían encontrar sus retratos en las portadas de las partituras precedidos por el subtítulo «introduced by» (presentado por). Dichos protagonistas encargaban a los compositores de moda que les escribieran canciones y obras expresamente para ellos. Los editores distribuían a bajo precio partituras a los directores de orquesta, productoras discográficas, artistas y agentes artísticos. «Regalos» y pagos al contado inducían a veces a los intérpretes a escoger determinadas canciones.

Con la llegada de la Gran Depresión, la aparición del piano de salón y las grabaciones en primer lugar y el cine sonoro después, ayudaron a «matar» el vodevil. Miles de músicos se quedaron sin trabajo y los teatros de vodevil se convirtieron en cines o se demolieron. Lo único que hoy en día queda son recuerdos fantasmagóricos de los nombres de los teatros famosos: The Palaces, Orpheums y Strands; y los grandes presentadores de vodevil: Proctor, Pantages, Keith-Albee y Orpheum, que pertenecían a ellos.
Ken Bloom

Fecha 1918

País Estados Unidos

Por qué es clave Cómo se escuchaba la música antes de los sistemas de entretenimiento domésticos.

Pág. anterior **Producción de vodevil** *A Modern Cinderella* (Una Cenicienta moderna).

Personaje clave
Henry Burr

Henry Burr era el maestro indiscutible de las canciones melódicas. Considerado el «decano de los cantantes de baladas» en las primeras décadas del siglo XX, cantaba las canciones nostálgicas de un modo único, bastante diferente de los *coon-shouters* (negros chillones) y los cantantes de voz fuerte y sonora de Broadway de la época. Sus grabaciones iniciales se encontraban entre las primeras superventas del género. Nació en Canadá en 1882 como Harry McClaskey y tomó su nombre artístico de una profesora de canto llamada Kate Stella Burr. Burr no pasó mucho tiempo en el vodevil antes de volcarse en la nueva tecnología de las grabaciones, y ya había producido varios cilindros a comienzos de la década de 1900. Tuvo éxitos con «I Wonder Who's Kissing Her Now» y «Meet Me Tonight In Dreamland», ambos en 1909. Con su pareja de vodevil, Albert Campbell, Burr popularizó «I'm Forever Blowing Bubbles» y «The Trail Of The Lonesome Pine» en espectáculos de variedades.

Su grabación «Just A Baby's Prayer At Twilight», de Sam Lewis y Joe Young (letra), y M. K. Jerome (música) –con la que llegó a las listas de éxitos de Estados Unidos el 18 de abril de 1918–, vendió más de un millón de discos; uno de los primeros cantantes en conseguir una cifra semejante. Además de su producción en solitario, grabó con The Peerless Quartet, del que incluso fue mánager desde 1912.

Burr fue un pionero de las emisiones radiofónicas. Cuando cantó a través del hilo telefónico desde California a Nueva York, a esto se le llamó la primera «emisión intercontinental». Burr murió en 1941.
Thomas Hischak

Rol Artista de grabaciones

Fecha 18 de abril de 1918

Nacionalidad Canadá

Por qué es clave
Popularizó un nuevo estilo de cantar baladas.

Canción clave
«I'm Always Chasing Rainbows»

El letrista Joe McCarthy y el compositor Harry Carroll escribieron «I'm Always Chasing Rainbows» para el espectáculo de Broadway *Oh Look!*, que se estrenó el 7 de marzo de 1918. Con una melodía basada en la «Fantasía impromptu en do menor», de Chopin, con un tempo lento y pesante una letra oscura y pesimista, fue un éxito inesperado. Eltenor Charles Harrison grabó de inmediato la canción, que vendió un millón de copias y alcanzó el número uno del *hit parade* en 1918. Pronto se lanzaron versiones de Harry Fox, Sam Ash y Charles Princes, convirtiéndose en una de la canciones más populares de 1918. En esa época, la primera guerra mundial había hecho estragos durante cuatro años y la desesperanza que expresaba la canción en su texto tocó la fibra de un público desalentado: «But my life is a race, a wild goose chase and all my dreams have been denied» (Pero mi vida es una carrera, una búsqueda en vano y todos mis sueños me han sido negados).

La canción fue versionada por una joven Judy Garland en plena segunda guerra mundial. Apareció en la película *Ziegfeld Girl* (La chica de Ziegfeld) en 1941, y aunque no fue un gran éxito renovó el interés por la canción. Varios artistas la grabaron después de la guerra: Helen Forrest, Dick Haymes y Harry James, pero fue Perry Como quien la hizo suya y la mantuvo viva en sus célebres espectáculos televisivos, que definían el mercado de la música comercial en las décadas de 1950 y 1960.
Andre Millard

Fecha de lanzamiento
Enero de 1918

Nacionalidad Estados Unidos

Compositores Joe McCarthy, Harry Carroll

Por qué es clave La canción pasa de ser un lamento de tiempos de guerra a un tema comercial de referencia.

Canción clave
«Swanee»

El letrista Irving Caesar tuvo una idea: escribir un *one-step*[6] en compás 2/4 como el éxito del momento, «Hindustan». La nueva canción sería una versión genuinamente estadounidense. Como era popular en la época, Caesar y su compositor de confianza, un joven desconocido de 21 años llamado George Gershwin, ambientaron la canción en el Sur. Empezaron a escribirla en un autobús de camino al edificio de apartamentos de Gershwin. Cuando llegaron, la letra ya estaba terminada. Quince minutos después, también la música. La letra emanaba referencias a tópicos sureños como tañidos de banjos y contenía alguna rima rebuscada aunque encantadora: «Among the folks in D-I-X-I-E - ven now my Mammy's waiting for me».[7]

La canción se insertó en una revista musical, *Demi-Tasse,* que se estrenó el 24 de octubre de 1919, pero fracasó y fue completamente ignorada por el público. Una tarde, en una fiesta para Al Jolson,

Gershwin se sentó al piano y tocó «Swanee». Jolson quedó extasiado y la insertó en la versión de *Sinbad* que estaba de gira y la grabó en el verano de 1920. El gran éxito de la grabación de Jolson reportó unas grandes ventas de partituras, de las que Gershwin obtuvo más de 10.000 dólares en concepto de *royalties* el primer año.

Gershwin abandonó su idea de convertirse en concertista de piano y se concentró en componer partituras completas, no sólo arreglos. El mundo nunca sabrá cuánto habría tardado Gershwin en hacerse famoso sin el buen oído de Jolson para reconocer una buena melodía.
Ken Bloom

6. Tipo de baile típico de Estados Unidos popular en la década de 1920.
7. Al deletrear Dixie la *e* final se pronuncia «i» igual que *me* y acentuada del mismo modo.

Fecha 1919

Nacionalidad Estados Unidos

Compositores Irving Caesar, George Gershwin

Por qué es clave
Un proyecto fallido finalmente dio lugar al fenómeno de George Gershwin.

Canción clave «Take Your Girlie To The Movies (If You Can't Make Love At Home)»

Suena tremendamente indecente para la época, pero «Take Your Girlie To The Movies (If You Can't Make Love At Home)» (Lleva a tu chica al cine [si no puedes hacer el amor en casa]) tenía un significado mucho más inocente cuando Billy Murray la llevó a las listas de éxitos el 27 de septiembre de 1919. Entonces, *making love* («hacer el amor») significaba simplemente «besuquearse».

En un período en que las mujeres solteras aún vivían con sus padres, eran necesarios sitios alternativos al sofá del salón y al columpio del porche para ciertas actividades. Cuando los parques estaban cerrados, el anfiteatro de una sala de cine igualmente servía para llevar a cabo lo que también se llamaba *spooning* («hacerse mimos»), como detallaron en esta canción los letristas Edgar Leslie y Bert Kalmar, sobre una melodía de Pete Wendling.

Siendo el cine un medio juvenil, la canción resultaba muy tópica. El tema tuvo mayor relevancia

por el hecho de que la letra se había escrito como réplica a las recomendaciones sobre los lugares para besarse por un lector de la columna de consejos sentimentales de la entonces famosa articulista Beatrice Fairfax. La canción incluye también referencias a la leyenda del celuloide Douglas Fairbanks y a la estrella del cine y del teatro Billie Burke. (Cuando Dean Martin la cantó tiempo después, reemplazó el nombre de Billie Burke por el del más famoso Tyrone Power). Miss Fairfax añadiría que el anfiteatro está «lejos del padre gruñón y del ojo avizor de la madre». En pocos años las jóvenes expresarían sus sentimientos de maneras diferentes y abandonarían el hogar para hacer su vida en la gran ciudad.
Ken Bloom

Fecha de publicación 1919

Nacionalidad Estados Unidos

Compositores Edgar Leslie, Bert Kalmar, Pete Wendling

Por qué es clave Una canción absolutamente de su tiempo, aunque de diferentes maneras.

Canción clave
«A Pretty Girl Is Like A Melody»

El productor Florenz Ziegfeld contrató a varios compositores para cada edición de sus suntuosas revistas musicales *Ziegfield Follies,* pero la edición de 1919 –que se estrenó el 16 de junio de 1919– fue enteramente compuesta por Irving Berlin, que presentó la mejor colección de canciones nunca oídas en las series. El número más famoso, «A Pretty Girl Is Like A Melody», es una encantadora balada que incluso hoy evoca visiones de bellas mujeres vestidas lujuriosamente bajando una escalera. En la producción original, John Steele cantó el peán a la belleza y las chicas del desfile iban vestidas del modo clásico. Durante la función la orquesta interpretó fragmentos de la «Humoresque», de Dvorak, la «Canción de primavera» de Mendelssohn, la «Serenata», de Schubert y otras piezas clásicas.

«A Pretty Girl Is Like A Melody» era muy diferente de las canciones que Berlin había escrito hasta entonces, pues alternaba números cómicos y baladas convencionales. Se las arregló para combinar el texto en lengua vernácula y una gran elegancia melódica. Gradualmente, se convirtió en el tipo de composición favorito de Berlin y el resto de los músicos le siguió: en la década de 1920 todos los compositores destacados escribían de ese modo. La Novelty Orchestra de Steele y Ben Selvin fue de las primeras en grabarla, y se convirtió en una pieza favorita en los espectáculos de moda y desfiles de modelos. El interés en la canción renació en la década de 1930, cuando se utilizó como tema principal de la película *The Great Ziegfeld* (*El gran Ziegfeld*, 1936).

Thomas Hischak

Fecha de publicación 1919

Nacionalidad Estados Unidos

Compositor Irving Berlin

Por qué es clave
Es un tema pionero de la canción lenta y elegante.

Canción clave
«I'm Forever Blowing Bubbles»

El musical de Broadway *The Passing Show Of 1918* (El espectáculo pasajero de 1918) fue exactamente eso: pasajero. Hoy está olvidado excepto una canción, el vals «I'm Forever Blowing Bubbles» (Siempre hago pompas de jabón). La canción –publicada por primera vez en 1919– tuvo un gran éxito y muchos artistas la grabaron, incluyendo la Novelty Orchestra de Ben Selvin y la Original Dixieland Jass Band, de Nueva Orleans. Sin embargo, su fama definitiva llegaría de forma inesperada.

El artista victoriano John Everett Millais pintó un almibarado retrato de un chico con el pelo rizado, Bubbles, que desde 1886 era un reclamo publicitario habitual. El resultado se utilizó para vender jabón de la marca Pear.[8] Un jugador del club londinense del West Ham United había ido a una escuela con un chico llamado Billy Murray, que se parecía al del cuadro. Por un intrincado camino, hacia la década de 1920, los hinchas del estadio de Upton Park cantaban «I'm Forever Blowing Bubbles» los días de partido; fue uno de los primeros himnos futbolísticos y muchas otras canciones populares siguieron ese camino, entre los que destaca «You'll Never Walk Alone» (Liverpool Football Club, Reino Unido). Sin embargo, aunque muchas de esas versiones tienen un tono jocoso o emotivo, pocas pueden igualarse al pathos melódico de los *Hammers*[9] *fans* (aficionados del West Ham United), que a plena voz declaran que sus pompas vuelan tan alto que casi alcanzan el cielo: «Then like my dreams, they fade and die» (Entonces, como mis sueños, se desvanecen y mueren).

La canción llegó a las listas de éxitos en Reino Unido cantada por el equipo del West Ham (1975) y por una banda punk de fans del West Ham, los Cockney Rejects (1980).

Spencer Leigh

Fecha de publicación 1919

Nacionalidad Reino Unido

Compositores John Kellette, Jaan Kenbrovin

Por qué es clave Una canción que se hace inmortal al ser adoptada por los aficionados al fútbol.

8. *Blowing bubbles* también significa «rizos» o «cabellos rizados».
9. *Hammer* significa «martillo».

Personaje clave
Mamie Smith

Mamie Smith (1883-1946), actriz, bailarina, cantante y pianista, pronto disfrutó de una carrera en el vodevil afroamericano. El empresario musical Perry Bradford contrató a Smith para su espectáculo *Made in Harlem,* de 1918, interpretado exclusivamente por artistas negros.

Cuando la cantante blanca Sophie Tucker se puso enferma y no pudo asistir a una sesión de grabación el día de San Valentín de 1920, Bradford le propuso a Fred Hager de Okeh Records que Smith ejecutara dos piezas de blues de Bradford: «That Thing Called Love» y «You Can't Keep A Good Man Down». La grabación de Smith, acompañada por una banda de blancos, fue un éxito.

Okeh Records le pidió de nuevo ese mismo año que grabara «Crazy Blues» y «It's Right Here for You, If You Don't Get it, 'Tain't No Fault Of Mine», de Bradford. Esas grabaciones, las primeras de blues cantado por un intérprete negro, fueron grandes éxitos y vendieron más de un millón de copias en un año. Ese mismo año Smith se convirtió en la primera cantante afroamericana en grabar con una banda negra de jazz (The Jazz Hounds). Los discos de Smith los compraba el público afroamericano, un mercado que las compañías discográficas aún no habían tenido en cuenta.

Anunciada como «la Reina del Blues», Smith grabó con Okeh y Victor y realizó giras por todo Estados Unidos y Europa. También apareció en la película de 1929 *Jail House Blues* (El blues de la cárcel). Smith se retiró en 1931, y volvió a actuar en 1939 en la película *Paradise in Harlem* (Paraíso en Harlem). Trabajó en cinco películas musicales más y se retiró definitivamente en 1943.
Ken Bloom

Rol Artista de grabaciones

Fecha 1920

Nacionalidad Estados Unidos

Por qué es clave
Smith demostró que la población afroamericana era un mercado para la industria discográfica.

Personaje clave
Ben Selvin

Aunque el violinista Ben Selvin (1898-1980) no es tan conocido como otros gigantes de la era de la *big band,* como Ellington o Dorsey, grabó más discos de 78 r. p. m. que ningún otro artista de su época; se estima que alrededor de 20.000 canciones diferentes. Su carrera empezó en 1919 cuando, con la denominada Selvin's Novelty Orchestra, triunfó con «I'm Forever Blowing Bubbles». Al año siguiente grabó «Dardanella», con la que, tras alcanzar las listas de éxitos de Estados Unidos el 24 de enero de 1920, se convirtió en el primer disco en vender, según estimaciones, los 5 millones de copias.

Durante toda la década de 1920 y la mayor parte de la de 1930 produjo varias canciones de éxito casi todos los años, y en algunos de ellos se las arregló para colocar diez o más discos en el Top 20. Aunque oficialmente grababa en exclusiva para Columbia desde 1924 , también lo hizo bajo diferentes nombres y con diferentes sellos discográficos. Su producción de canciones de éxito cubría espectáculos de Broadway, baladas románticas, piezas instrumentales, canciones humorísticas e incluso vestigios de espectáculos de *minstrel*.

Ben Selvin y su orquesta grabaron su último éxito en 1934, pero Selvin demostró ser una figura influyente en la industria discográfica durante varias décadas al dirigir la sección de A&R[1] para las compañías Columbia y Victor. En la década de 1950, supervisaba las grabaciones de artistas tan importantes como Frank Sinatra y Doris Day.
Andre Millard

Rol Artista de grabaciones

Fecha 1920

Nacionalidad Estados Unidos

Por qué es clave Se trata del director musical más prolífico de las décadas de 1920 y 1930.

1. *Artists and Repertoire,* sección de una compañía discográfica dedicada al descubrimiento y promoción de nuevos talentos.

Canción clave
«The Cuckoo Waltz»

En las primeras décadas del siglo XX, el vals y el *two-step*[2] dominaban las salas de baile y la canción popular. La música de vals se define por su elegante 1-2-3, pero comenzó a considerarse anticuado al empezar la década de 1920. «The Cuckoo Waltz» (El vals del cucú), de Jonasson y Stranks, publicado en 1920, fue uno de los últimos valses populares antes de la irrupción del *fox-trot* y otras danzas sincopadas más acordes con la frenética época de las *flappers*[3] y de los bares ilegales.

La letra de Stranks no es desde luego el motivo de su éxito. El verso inicial, «Cuckoo! Cuckoo! Let's waltz to the melody» (¡Cucú, cucú! ¡valseemos la melodía), es tan sofisticada como parece. Más bien, como en muchos valses, es la música lo que importa, y, «The Cuckoo Waltz», con sus repeticiones de la palabra *cuckoo*, da a la canción una estructura y un ritmo particulares que la hacen única y divertida. Ken Griffin llegó a las listas de éxitos con «The Cuckoo Waltz» en el verano de 1948, aun siendo tarde para que una canción anticuada llegara a las listas de éxitos sin alterar su música y su ritmo.

Hacia 1920, el *fox-trot* se hizo muy popular. El boletín de la compañía Victor de marzo de 1923 se hacía eco de ello: «Hoy el *fox-trot* es la danza de sociedad más importante del mundo, ha superado al vals, a la polka y al tango». Aun así, pese a pertenecer al siglo XIX, se puede decir que el vals tuvo sus grandes momentos.
Ken Bloom

Fecha de publicación 1920

Nacionalidad Estados Unidos

Compositores J. E. Jonasson, Alan Stranks

Por qué es clave Un modo nada malo de terminar efectivamente con el vals.

2. Baile en compás de 2/4.
3. Tipo de falda corta típica de los años veinte.

78

1920-1929

Canción clave «I'll Be With You In Apple Blossom Time» Nora Bayes

Aunque fue publicado en 1920, «I'll Be With You In Apple Blossom Time» era un vals tradicional, un ritmo fuertemente arraigado a comienzos del siglo XX. Nora Bayes, la famosa intérprete de vodevil y de espectáculos de Broadway, y compositora ocasional, presentó y grabó la canción. Un elogio nostálgico de una enamorada a su amado, la canción promete que la pareja se reunirá cuando los manzanos florezcan y luego se casarán.

El sentimiento nostálgico de la canción es lo que la hacía atractiva, por supuesto, no sólo la letra con rimas como *tree* con *me*, *May* y *say*, y rimas forzadas como *time* con *mine* y *vain* con *again*. No era el mejor momento del letrista Neville Fleeson.

Pero el tiempo y las circunstancias convirtieron lo banal en conmovedor. En 1941, la canción se relanzó de la mano de The Andrews Sisters. La cantaron en la película *Buck Privates* (Reclutas), de Abbott y Costello, aunque cambiaron el compás por un 3/4, modernizando así la melodía. La letra apenas se modificó, aunque la canción resurgió con un nuevo significado para miles de parejas separadas por la guerra que rezaban por reunirse «cuando florezcan los manzanos», algo que nunca llegaría en muchos casos.

La versión modernizada se hizo más popular que la original, con las Andrews Sisters repitiendo su actuación en la película *Follow the Boys* (Sueños de gloria) de 1944. Su interpretación jazzística ha persistido a través de los años, con grabaciones de Bill Haley And His Comets, Jo Stafford, Tab Hunter, Wayne Newton y otros.
Ken Bloom

Fecha de publicación 1920

Nacionalidad Estados Unidos

Compositores Neville Fleeso, Albert von Tilzer

Por qué es clave La canción pasada de moda se vuelve profunda por la angustia de la guerra.

Canción clave
«I Belong To Glasgow»

Will Fyffe, que nació en Durham en 1885, recorrió los *music halls* recitando a Shakespeare y reproduciendo monólogos cómicos sobre ingenieros, prometidos y parejas que esperan un hijo. Una noche hablaba sobre un borracho en una estación de tren de Glasgow, cuando le preguntaron si Fyffe pertenecía a Glasgow, a lo que él respondió: «The way I feel tonight, Glasgow belongs to me» (Esta noche siento que Glasgow me pertenece). Ello motivó a Fyffe a escribir «I Belong To Glasgow» (Pertenezco a Glasgow), un número que relata las juergas de un grupo de hombres que advierten al oyente de los beneficios de tomar uno o dos tragos, y que culmina cuando llegas a casa, «you don't give a hang for the wife!» (no muestras interés por tu mujer).

Fyffe ofreció la canción a una estrella de renombre: Harry Lauder. A Lauder le gustó, pero no le parecía adecuado cantar algo que hablara a favor del consumo excesivo de alcohol. Fyffe interpretó la canción él mismo y se hizo muy popular –aunque no necesariamente en Glasgow–. Un crítico apuntó cáusticamente que la única vez que escuchó «I Belong To Glasgow» cantado en la mencionada ciudad fue por intérpretes profesionales. Ello podría tener menos que ver con consideraciones estéticas que con la fama de bebedores de los habitantes de Glasgow que la canción ayudó a cimentar.

La falta de interés por la canción que han mostrado los habitantes de dicha ciudad ha sido más que compensada por su popularidad: la cantaron unos ciudadanos honorarios de Glasgow tan peculiares como Danny Kaye y Eartha Kitt.
Spencer Leigh

Fecha de publicación 1920

Nacionalidad Reino Unido

Compositor Will Fyffe

Por qué es clave El himno ciudadano que la ciudad no deseaba.

1920-1929

79

Canción clave «Ma! He's Makin' Eyes At Me» Eddie Cantor

Con Conrad (compositor) y Sidney Clare (letrista) estaban muy familiarizados con el talento del cantante cómico Eddie Cantor para interpretar números exclamatorios y con el modo en que podía mantener una nota mientras giraba sus ojos sugiriendo algo excitante o incluso lascivo. Escribieron «Ma! He's Makin' Eyes At Me» (¡Mami!, me está haciendo ojitos) para Cantor, dándole la palabra *Ma!* con signo de admiración para que llamara la atención del oyente y proceder seguidamente con una letra que anuncia estruendosa que un pretendiente la está mirando con detalle, luego comportándose con amabilidad, a continuación declarándose y finalmente besándola. La popularidad de una canción de amor llena de vulgarismos y tan poco sentimental a principios de la década de 1920 preparó el camino para un nuevo estilo de hacer canciones en Tin Pan Alley. Lo que hacía que la canción fuera única era la ambigüedad de la letra sobre si la narradora está presumiendo o quejándose a su madre sobre la atención que recibía.

A Cantor le gustó la canción enseguida y la insertó en su espectáculo de Broadway *The Midnight Rounders* (1921), y luego la grabó. A finales de año llegó a las listas de éxitos y años después sería muy popular en discos de Pearl Bailey, en la década de 1940, y de la cantante escocesa de 10 años Lena Zavaroni, en 1974. Tennessee Ernie Ford, Oscar Peterson y Leslie Uggams también realizaron grabaciones notables. La canción se pudo escuchar en las películas *Ma! He's Makin' Eyes At Me* (1940), *Singin' In The Corn* (1946) y *The Eddie Cantor Story* (1953), donde Cantor dobló a Keefe Braselle.
Thomas Hischak

Fecha de lanzamiento 1921

Nacionalidad Estados Unidos

Compositores Con Conrad, Sidney Clare

Por qué es clave Un sabio ejercicio de ambivalencia.

Canción clave «The Sheik of Araby»
The Club Royal Orchestra

Una pieza inicialmente llamada «My Rose Of Araby» alcanzó un nueva dimensión cuando el editor musical Harry Warren mencionó que la novela *The Sheik* había sido un éxito de ventas y le dio la idea para componer una canción sobre el mismo tema. Sólo unos días después de terminar la canción, se anunció que se iba a hacer una película sobre la novela.

La Club Royal Orchestra entró en las listas de éxitos de Estados Unidos con la canción, entonces conocida simplemente como «The Sheik», (el jeque), el 25 de marzo de 1921. El inmenso éxito de la película *The Sheik* (*El caid*) en 1921 desempeñó naturalmente un papel importante en la popularidad de la canción. Su protagonista, Rodolfo Valentino, conquistó Estados Unidos con su interpretación del jeque y la influencia que tuvo su retrato del sensual personaje exótico popularizó bailes nuevos como el tango. En la letra de la canción, interpretada con un claro acento extranjero y seductor, el narrador promete a la mujer a la que se dirige que cuando esté dormida por la noche, «Into your tent I'll creep» («entraré a rastras en tu tienda de campaña»).

Sin embargo, sorprendentemente deprisa, la sensualidad de Valentino empezó a parecer cómicamente afeminada y la canción producía risa. Spike Jones interpretó la canción –ahora titulada «The Sheik of Araby»– en clave cómica en una grabación de 1943. Versiones de la canción interpretadas en reuniones públicas añadieron texto al final de cada verso («With no pants on!» [¡Sin los pantalones!]) que la convirtió en una parodia.
Andre Millard

Fecha de lanzamiento
1921

Nacionalidad Estados Unidos

Compositores Henry B. Smith, Francis Wheeler, Ted Snyder.

Por qué es clave Se trata de una balada romántica que se transformó en una canción cómica por cambios en las actitudes.

Pág. anterior *El caid*.

Canción clave
«Way Down Yonder In New Orleans»

La publicación del clásico del jazz de Dixieland «Way Down Yonder In New Orleans» en 1922 dio a la ciudad de Louisiana su tema más memorable, que se grabó en más ocasiones que ninguna otra canción de Nueva Orleans a lo largo de los años.

J. Turner Layton compuso esta música palpitante que utiliza notas repetidas con tanta efectividad que se puede describir como un pataleo. Su compañero afroamericano Henry Creamer escribió la vibrante letra sobre el ansia de volver a la ciudad sureña, y su utilización de la expresión *Stop!* en sus versos acentúa la línea y da a la pieza una vitalidad que encanta a los músicos de jazz. En contraste, la ciudad se describe como en sueños como un lugar en que «Creole babies with flashin' eyes softly whisper with tender sighs» (Las chicas criollas de ojos centelleantes murmuran suavemente con tiernos suspiros).

La canción se escribió para la revista musical *Strut Miss Lizzy* (1922), interpretada íntegramente por afroamericanos, pero la retiraron antes del estreno, y Layton y Creamer la incorporaron a la revista de Broadway *Spice* (1922).

Fue Blossom Seeley quien popularizó la canción en el vodevil, en grabaciones y en sus actuaciones en clubs nocturnos durante años. El interés por la canción se reavivó en 1960 con la versión rock 'n' roll de Freddie Cannon, que fue superventas.

Entre los cientos de grabaciones que se hicieron destacan las de Louis Armstrong, Lester Young, Bix Beiderbecke, Buddy Clark, Fred Astaire, Pete Fountain, Dean Martin y Jan and Dean. La canción se pudo escuchar también en películas como *The Story Of Vernon And Irene Castle* (*La historia de Irene Castle*, 1931) y *Is Everybody Happy?* (1943).
Thomas Hischak

Fecha de publicación 1922

Nacionalidad Estados Unidos

Compositores Henry Creamer, J. Turner Layton

Por qué es clave La canción es una mezcla extravagante pero espléndida de frenesí y de cuento de hadas.

Canción clave
«My Buddy»

Walter Donaldson y su nuevo colaborador Gus Kahn tuvieron un gran éxito con la primera canción que escribieron juntos: «My Buddy» (Mi colega). Con su letra melancólica, la canción conectó con mucha gente que había perdido familiares y amigos en las guerras mundiales. De hecho, Donaldson escribió la música inspirado por la muerte de su prometida.

Aunque el género neutro del título sugiere una canción sobre la amistad, hay cierta ambigüedad en el verso: «Miss your voice, the touch of your hand» (Echo de menos tu voz, el tacto de tu mano). Es por tanto un poco sorprendente que haya llegado a ser considerada más un romance. La canción fue popular en todas las épocas, pero su estreno en 1922 –poco después de la primera guerra mundial– y la época posterior a la segunda guerra mundial fueron los períodos de mayor éxito. La canción fue utilizada por los músicos de los cines mudos durante las proyecciones de la película *Wings* (*Alas*), de 1927.

La melodía gustaba mucho a los músicos de jazz, y Chet Baker, Lionel Hampton, Benny Carter, Sonny Stitt y Stan Getz interpretaron destacadas versiones de ella. Las bandas *sweet* la incorporaron a su repertorio y conjuntos dirigidos por Jackie Gleason, Jerry Gray y Glenn Miller grabaron discos de éxito con la canción. Frank Sinatra también triunfó con «My Buddy» igual que su hija Nancy. Aunque la letra puede parecer demasiado lacrimógena para el gusto actual, intérpretes como Doctor John, Barry White y Jerry Jeff Walker han realizado versiones de ella.

Ken Bloom

Fecha de publicación 1922

Nacionalidad Estados Unidos

Compositores Walter Donaldson, Gus Kahn

Por qué es clave El dolor de un hombre afligido adquiere una resonancia inesperada.

Pág. siguiente **Hank Williams**.

Canción clave
«Lovesick blues»

«Lovesick Blues» era una canción de Tin Pan Alley escrita por Cliff Friend e Irving Mills. La versión de Emmett Miller (1925, regrabada en 1929) era típicamente vodeviliana. Miller era un cantante de country que incorporó influencias afroamericanas a su música y a sus actuaciones. Empezó su carrera en la tradición *minstrel* de cantantes que se pintaban la cara de negro. Igual que Jimmie Rodgers, Miller creció en el Sur profundo y estuvo en contacto con la cultura negra. Como miembro de compañías itinerantes de vodevil, Miller actuó por todo el país. Tenía la habilidad de cantar en falsete en mitad de la canción, algo parecido al *blue yodeling*[4] de Rodgers, y este efecto distintivo llamó la atención de otros intérpretes y de las compañías discográficas a comienzos de la década de 1920, en especial del sello Okeh, que tenía un considerable catálogo de discos de «raza» afroamericana.

Otros intérpretes, en especial Rex Griffin (1939), convirtieron «Lovesick Blues» en una canción country con un claro sabor a blues. Empleando el yodel al final de cada verso –«I got a feeling called the blues» (Siento algo llamado blues)–, Griffin mantenía la simetría de la canción mientras distorsionaba y estiraba la letra como un guitarrista de blues al añadir vibrato a una *blue note*. Muchos otros cantantes de country lo utilizarían por su efecto emocional, especialmente Hank Williams en su exitosa grabación de 1949. El tempo vivo y la letra pegadiza convirtieron la canción en un estándar de la música country durante casi todo el siglo xx.

Andre Millard

Fecha de publicación 1922

Nacionalidad Estados Unidos

Compositores Cliff Friend, Irving Mills

Por qué es clave Uno de los blues blancos más importantes de la música country.

4. Técnica vocal parecida al canto tirolés.

Canción clave
«Carolina In The Morning»

El primer gran éxito del compositor Walter Donaldson fue «How Ya Gonna Keep 'Em Down On The Farm After They've Seen Paree», con letra de Sam M. Lewis y Joe Young. También triunfó con «My Mammy», que Al Jolson popularizó. Jolson apoyó a Donaldson e introdujo varias de sus canciones en sus espectáculos de Broadway como «Carolina In The Morning», escrita con el letrista Gus Kahn y publicada en 1922.

«Carolina In The Morning» era una más de la larga lista de canciones pseudosureñas, como «Swanee» y «Waiting For The Robert E. Lee», normalmente escritas por judíos de Nueva York que nunca habían ido más allá de la Calle 14. Aun así, la letra de Kahn justificaba la propuesta de su estribillo de que «Nothing could be finer than to be in Carolina in the morning» (Nada hay mejor que estar en Carolina por la mañana), hablando con entusiasmo sobre flores de campanilla que crecen junto a la puerta, perlas de rocío y ranúnculos besucones.

La canción se abrió camino en la revista de Broadway *The Passing Show* (1922). Tras grabarla Jolson, se convirtió en un gran éxito, al que siguieron diversas grabaciones de la mano de Bing Crosby, Jimmy Durante, Danny Kaye y, en 1957, Bill Haley And His Comets realizaron una versión rock.

Ya que la canción no especifica si se trata de Carolina del Norte o del Sur el estado en cuestión, algún chistoso ha sugerido que la Carolina de la canción en la que nada hay mejor que estar en ella por la mañana, es en realidad una mujer.
Ken Bloom

Fecha de publicación 1922

Nacionalidad Estados Unidos

Compositores Walter Donaldson, Gus Kahn

Por qué es clave Homenaje al Sur... desde la lejana Costa Este.

Canción clave «Down Hearted Blues»
Bessie Smith

La histórica grabación de Mamie Smith de «Crazy Blues» puso en alerta a las compañías discográficas sobre el gran mercado de música de «raza» afroamericana, pero sus grabaciones posteriores no llegaron más allá del público negro. Ése fue el gran logro de Bessie Smith, la «Reina del Blues», que lo hizo apetecible para el público blanco y llevó una forma de blues comercial a millones de oyentes. Mientras otros artistas de blues grababan para pequeñas compañías y tenían que acceder al estudio por el montacargas, Bessie Smith era la intérprete estrella del gigantesco sello Columbia y las enormes ventas de sus grabaciones mantuvieron a la compañía a flote durante la década de 1920.

La historia de esta grabación –realizada el 16 de febrero de 1923– está rodeada de leyendas. Smith tenía una considerable experiencia en estudios de grabación. Aunque ninguna de sus primeras grabaciones había visto la luz, estaba lejos de ser una simple e inexperta cantante de blues; más bien era una artista de vodevil presentada a menudo como una «cómica». «Down Hearted Blues», una desconsolada pero desafiante canción sobre un amante traicionado, escrita por Lovie Austin y Alberta Hunter, muestra el poder y la intensidad de su voz, pero es una interpretación comedida con la que no desafió las convenciones de la música popular de la época. Las ventas del disco fueron asombrosas: 800.000 copias en seis meses, demostrando que la música afroamericana podía llegar a una amplia audiencia.
Andre Millard

Fecha de lanzamiento 1923

Nacionalidad Estados Unidos

Compositores Lovie Austin, Alberta Hunter

Por qué es clave Este disco lanzó la carrera de Bessie Smith y ayudó a la música «racial» a llegar a una audiencia más amplia.

Pareja clave
Bert Kalmar y Harry Ruby

Bert Kalmar (1884-1947) y Harry Ruhy (1895-1974) nacieron ambos en Nueva York y trabajaron en el vodevil. Ruby era un pianista que empezó a componer en 1917 y que tuvo cierto éxito con canciones como «Daddy Long Legs», pero cuando conoció a Bert Kalmar en 1920, encontró su complemento lírico perfecto. Entre sus primeros éxitos memorables está «Who's Sorry Now» y, aunque no era lo habitual, ellos escribieron la letra y una tercera persona, Ted Snyder, compuso la melodía. Isham Jones la llevó a las listas de éxitos de Estados Unidos el 11 de agosto de 1923. Otro éxito del famoso dúo de la década de 1920 fue «I Wanna Be Loved By You». También trabajaron mucho para Broadway.

Podían haberse quedado en Nueva York durante toda su carrera, como hicieron muchos otros compositores de éxito, pero en 1930 se trasladaron a Hollywood, donde la aparición del sonido sincronizado en 1926, el auge del cine musical y la inclusión de canciones en dramas y comedias hizo aumentar de repente la demanda de compositores. Kalmar y Ruby no sólo escribieron canciones para películas, también colaboraron en los guiones, donde destaca el clásico de los Hermanos Marx *Duck Soup* (*Sopa de ganso*, 1933). Resulta significativo que cuando Hollywood produjo una película sobre las tribulaciones de los compositores y letristas de canciones se basaran en Kalmar Ruby. El melodrama de 1950 protagonizado por Fred Astaire se tituló *Three Little Words* como su exitosa canción de 1930.
Andre Millard

Rol Compositores

Fecha 11 de agosto de 1923

Nacionalidad Estados Unidos

Por qué es clave
Se trata del equipo de escritores de canciones paradigma de la migración de los escenarios de Nueva York al celuloide de Hollywood.

Espectáculos clave *Earl Carroll Vanities*
teatro musical

Hubo tres grandes series de revistas que prestigiaron Broadway en los primeros años del siglo xx: *Ziegfeld Follies, George White's Scandals* y *Earl Carroll Vanities*. Cada una de las tres tenía sus propias características, un sello distintivo de sus productores titulares. Florenz Ziegfeld confió en grandes espectáculos con primeras figuras y con obras de los compositores estadounidenses más destacados. George White producía revistas coloristas y trepidantes con *flappers*[5] y jeques e insinuaciones obscenas. Earl Carroll, por otro lado, empleaba algunas primeras figuras pero al servicio de espectáculos de segunda categoría que superaban a sus competidores en vulgaridad, con imitaciones burlescas de personajes célebres y mucho destape.

Un famoso lema colgaba de la puerta de entrada al escenario de Carroll: «Por estas puertas pasan las mujeres más bellas del mundo». Era una provocación directa a Ziegfeld cuya ambición era «Dignificar a la joven estadounidense» («Glorifying the American Girl», uno de sus espectáculos se tituló así). Earl Carroll produjo 11 ediciones de *Vanities*, que se iniciaron el 5 de julio de 1923, y dos de *Sketchbooks*. Entre las estrellas que aparecieron en esas series estaban Patsy Kelly, W. C. Fields, Milton Berle, Ray Dooley, Jack Benny, Helen Broderick, Lillian Roth y Jimmy Savo.

Las obras que encargaba Carroll solían ser insustanciales. Él mismo escribió muchas de ellas y otras fueron obra de Morris Hamilton y Grace Henry. Sin embargo, al menos una de las canciones de sus *Vanities* perduró: «I Got a Right to Sing the Blues», de Harold Arlen y Ted Koehler.
Ken Bloom

Estreno
5 de julio de 1923

País Estados Unidos

Director William Collier

Reparto Joe Cook, Margaret Davies, Gertrude Lemmon

Compositor Earl Carroll, Roy Turk, William Daly, Russell J. Robinson

Por qué es clave
Revista musical anual que demuestra que la consideración de calidad musical no depende siempre del encanto de la «carne».

5. Mujeres jóvenes liberales que vestían faldas cortas sin corsé y que lucían un corte de pelo peculiar.

Acontecimiento clave
El furor del charlestón

La mayoría de los bailes de moda empiezan con una canción, pero ninguna provocó un fenómeno popular como «Charleston» de James P. Johnson y Cecil Mack en 1923. La música se basa en ráfagas breves y explosivas que marcan el paso del baile. La canción y el baile se presentaron en la revista musical *Runnin' Wild*, interpretada exclusivamente por afroamericanos, donde Elizabeth Welch se encargó del número del movimiento vertiginoso de los pies y golpeo de rodillas, aunque el baile en sí es mucho anterior, ya que se bailaba ya a comienzos de siglo por los habitantes de una isla cercana a Charleston, en Carolina. El baile y la música que la acompaña se asocian hoy inseparablemente a la década de 1920. Se bailaba en los clubs ilegales como un acto de desafío a los que apoyaban la prohibición y consideraban al charlestón decadente. Las bailarinas se denominaron *flappers* porque algunos de los movimientos del baile les hacían parecer pájaros.[6]

Tanto la canción como el baile resultaron muy pegadizos. Durante los siguientes cinco años el charlestón dominó las salas de baile de todo Estados Unidos y Europa. Se escribieron otras piezas de danza utilizando el mismo estilo y un repertorio completo de obras semejantes a «Charleston» inundó el mercado. Cuando una desconocida Joan Crawford bailó el charlestón en la película *Our Dancing Daughters* (*Vírgenes modernas*, 1928), se convirtió en una estrella.
Thomas Hischak

6. Flapper también significa «pajarito».

Fecha 1923

País Estados Unidos

Por qué es clave
El charlestón fue
el primer baile que
definió una generación.

Pág. anterior **El charlestón**.

Canción clave **«Yes, We Have No Bananas»**
Eddie Cantor

Los compositores Frank Silver e Irving Cohn tuvieron la idea para «Yes, We Have No Bananas» (Sí, no tenemos bananas) de un vendedor ambulante de fruta griego que utilizaba la expresión como reclamo. La idea contradictoria se desarrolló en una letra sin sentido, idea a la que se añadió una música brillante y enérgica. La música está llena de sutiles referencias a composiciones famosas como el coro del «Aleluya» de Händel, «My Bonnie» y «I Dreamed That I Dwelt In Marble Halls». La banda de Silver, The Music Masters, presentó la divertida canción en restaurantes y clubs, donde la escuchó Eddie Cantor y la insertó en su revista musical de Broadway *Make It Snappy*. Cantor y la canción ponían fin al espectáculo cada noche. La grabó poco después y llegó al número uno de las listas de éxitos de Estados Unidos. Irving Berlin colaboró con Silvers y Cohn en una versión paródica que cantó Al Jolson en la película *Mammy* (1930). También apareció cantada en su forma «convencional» en otras películas.

Hasta hoy, los escolares ingleses que nunca han oído ninguna de sus muchas grabaciones conocen el estribillo de la canción. Ello es consecuencia del hecho de que el título de la canción fue utilizado por los comerciantes durante la primera guerra mundial como un modo de confesar a su clientela que no tenían un determinado artículo cuando mantenían el *Blitz spirit*.[7] Silver y Cohn pretendían entretener pero poco imaginaban que su canción ayudaría a los británicos en sus días más oscuros.
Thomas Hischak

7. «Espíritu de Blitz», consistente en mantener la moral alta pese a los continuos bombardeos alemanes durante la segunda guerra mundial.

Fecha de lanzamiento
1923

Nacionalidad Estados
Unidos

Compositor Frank Silver,
Irving Cohn

Por qué es clave
Demuestra que una canción
popular que se propone
entretener puede lograr
beneficios más profundos
sin pretenderlo.

Canción clave «Nobody Knows You When You're Down And Out»

«Nobody Knows You When You're Down And Out» (Nadie te conoce cuando las cosas te van mal) fue escrita por el artista del vodevil Jimmie Cox y publicada en 1923. Se trata de una de las favoritas de los cantantes de blues desde que Bessie Smith la grabara con gran éxito de ventas en 1929. La solemne versión de Smith se convirtió en su canción de referencia y seguramente se pudo haber escrito específicamente para esta mujer con una vida llena de dificultades.

Sin embargo, aunque Smith aparentemente aprendió la canción del compositor cuando coincidió con él en el vodevil, cuando la interpretó Cox resultó ser una canción cómica. No en vano era conocido como el «Charlie Chaplin negro». Ésta era la tradición de muchos cantantes afroamericanos en los primeros años del siglo xx, que se negaban a interpretar estereotipos negros, y en su lugar creaban personajes que, aunque melancólicos, también eran humorísticos.

El más famoso de ellos era Bert Williams que interpretaba a un personaje desarrapado que cantaba «Nobody [...]» y otras canciones tristes, pero en un estilo que podría calificarse de tragicómico.

La canción de Cox tiene un narrador que una vez fue millonario e invitó a todos sus amigos a salir y compró para ellos alcohol de contrabando. Por supuesto, cuando cambió su suerte, sus amigos desaparecieron, por lo que explica el título de la canción sobre la naturaleza humana. La letra concluye que cuando finalmente te recuperas, «Everybody wants to be your long lost friend» (Todos quieren ser tu amigo largamente perdido).
Ken Bloom

Fecha de publicación 1923

Nacionalidad Estados Unidos

Compositor Jimmie Cox

Por qué es clave Se trata de un lamento de blues clásico que empezó de un modo nada serio.

Pág. siguiente Días de radio.

Acontecimiento clave
Radio Christmas

Los primeros aparatos de radio estuvieron disponibles para el público en 1920. Eran aparatos de poca potencia que funcionaban más con auriculares que con altavoces. El aparato de radio fue concebido como una «caja de música» por la Radio Corporation of America (RCA), que lo consideró un sustituto de las diversas «máquinas parlantes» domésticas que formaban parte de muchos hogares en Estados Unidos y Europa. Hacia 1921, había más de medio millón de aparatos de radio en Estados Unidos y 200 estaciones transmisoras, pero la industria de las máquinas parlantes no la consideraron una amenaza, pensando (erróneamente) que si no permitían utilizar sus artistas contratados ni sus grabaciones eliminarían todas las fuentes de programación; cuando la radio no ignoraba el edicto, utilizaban músicos locales o emitían programas sin contenido musical.

Hacia 1923, pareció que el inicial *radio boom* había muerto, ya que las ventas de receptores se estancaron

y las emisoras no evolucionaron y mantenían una pobre calidad de sonido. Pero la Navidad de 1924 fue un desastre para el negocio de las máquinas parlantes, ya que los consumidores compraron radios en lugar de gramófonos o fonógrafos. Las ventas cayeron al menos un 50 %, y algunas compañías sufrieron incluso más. Perfeccionaron los receptores con mayor volumen sonoro, bajaron los precios y también mejoraron la programación con más música en vivo y una estructura más profesional, lo que permitió que la radio dejara de ser el hobby de unos técnicos entusiastas y fuera el producto de masas que todo el mundo debía tener.
Andre Millard

Fecha Diciembre 1924

País Estados Unidos

Por qué es clave La radio se convierte en la fuerza dominante en el negocio de la música.

Concierto clave *Rhapsody In Blue*
jazz en concierto

Paul Whiteman, el director de banda más exitoso de su época, no estaba satisfecho con haber vendido un millón de discos, agotar las localidades en sus actuaciones en *nightclubs*, realizar giras internacionales y actuar en los musicales de Broadway. Deseaba dar a la música popular orquestal, que llamaba «jazz sinfónico», la respetabilidad de la música clásica. Con tal propósito, anunció una actuación en el Aeolian Hall de Nueva York el 12 de febrero de 1924 que anunció como «un experimento de música moderna», y para el que encargó piezas nuevas de concierto a compositores como Victor Herbert y George Gershwin, que eran más famosos por sus obras para el teatro musical. Whiteman conocía bien a Gershwin, ya que había cosechado éxitos con sus canciones «Do It Again!» y «(I'll Build A) Stairway To Paradise». El compositor estaba muy ocupado, como era habitual, escribiendo música para la escena (entre los cuatro musicales que iba a estrenar en Broadway o en el West End durante

1924 se encontraba el memorable *Lady, Be Good!*, que se estrenó el 1 de diciembre), pero eso no le impidió componer una obra maestra para Whiteman en el último momento; de hecho, él mismo acompañó a la orquesta de Whiteman en el escenario en su *Rhapsody in Blue,* improvisando al piano en los lugares donde no había escrito todavía la música.

La obra se convirtió en una de las más célebres composiciones de Gershwin y el punto álgido de la carrera de Whiteman. Ambos colaboraron en la grabación de un disco a doble cara que fue un éxito. Ésta fue la primera de muchas grabaciones de la *Rhapsody In Blue,* que cimentó la reputación de Gershwin como uno de los compositores estadounidenses más importantes.
William Ruhlmann

Fecha 12 de febrero de1924

Escenario Aeolian Hall, Nueva York, Estados Unidos

Nacionalidad Estados Unidos

Por qué es clave Señala la triunfal transición de Gershwin de la música para escena a la música clásica contemporánea.

Personaje clave
Irving Caesar

El letrista Irving Caesar vivió más de cien años (1895-1996) y escribió más de mil canciones. Su carrera empezó con el auge de la música popular estadounidense en la época de la primera guerra mundial y terminó cuando los creadores de canciones independientes, especialmente los letristas, perdieron importancia en la música popular.

Pasó toda su vida en la ciudad de Nueva York, el centro de la composición profesional de canciones y la sede de Tin Pan Alley. Su mayor éxito llegó en 1919 cuando colaboró con George Gershwin en «Swanee». Trabajó con Vincent Youmans en dos canciones que sacaron a flote el musical de Broadway *No No Nanette,* y le reportaron largo reconocimiento: «I Want to Be Happy» y «Tea for Two». Ambas se grabaron en 1924, se convirtieron en estándares estadounidenses y se han reinterpretado en numerosas ocasiones.

Irving Caesar siguió escribiendo para espectáculos de Broadway y musicales de Hollywood durante las

décadas de 1930 y 1940. Contribuyó a fundar la Songwriters Guild of America (Sociedad de Escritores de Canciones de Estados Unidos), desanimado por los cambios estructurales en los negocios de la música en la década de 1950 que gradualmente marginaban a los compositores y letristas que trabajaban juntos para crear canciones populares. Además de que los intérpretes empezaban a componer sus propias canciones estaba totalmente en contra de los nuevos aires que soplaban en la música. Caesar lamentaba que nadie quisiera escuchar ya buenas canciones y que una «delincuencia juvenil musical» se hubiese apropiado de la música popular estadounidense.
Andre Millard

Rol Compositor

Fecha 1924

Nacionalidad Estados Unidos

Por qué es clave Personifica el auge y la caída de Tin Pan Alley.

Canción clave
«It Had To Be You»

En 1924, mientras que Gus Kahn tenía ya una reputación como letrista con una serie de canciones que dio a conocer Al Jolson en sus espectáculos en el Winter Garden Theater, Isham Jones era sólo un popular director de banda.

El nuevo equipo formado por Gus Kahn e Isham Jones escribió tres de las más exitosas canciones de 1924, que se convirtieron en estándares, un récord destacable. Aún más destacable considerando «I'll See You in My Dreams», «The One I Love Belongs To Somebody Else» y «It Had to Be You» sólo composiciones de éxito de Jones. Y aún más: compuso las melodías en un piano de media cola que su mujer le acababa de regalar por su cumpleaños.

Las tres canciones son sorprendentemente sofisticadas en un período conocido por sus melodías pegadizas, con tempos y ritmos adecuados para bailarlos en estilo *fox-trot*. Hay quien considera que las canciones se escribieron en la década de 1940 por su sonoridad característica, ausencia de argot en sus letras y porque disfrutaron de una renovada popularidad es esa década. Además, la letra de Kahn de «It Had to Be You» tiene una complejidad que no era habitual en la música popular de la década de 1920. Sin dejarse cegar por las emociones, admite las ambigüedades y contradicciones del amor, resumidas en el verso: «With all your faults, I love you still» (Con todos tus defectos, te sigo amando).

Naturalmente, se han hecho numerosas versiones desde su publicación en 1924, entre las que destacan las de Doris Day y Frank Sinatra.
Ken Bloom

Fecha de publicación 1924

Nacionalidad Estados Unidos

Compositores Isham Jones, Gus Kahn

Por qué es clave
Se trata del producto de una exitosa colaboración, de al menos un año.

1920-1929

91

Canción clave
«California, Here I Come»

De todas las canciones escritas sobre los estados del Oeste, ninguna ha permanecido tan popular con el tiempo como «California, Here I Come» (¡Allá voy!, California), de 1924, incluso más que la canción oficial del estado de California «I Love You, California». B. G. DeSylva escribió la enunciativa letra de «California, Here I Come» sobre abandonar el frío y la nieve y regresar «right back where I started from» (allí de donde vengo), y Joseph W. Meyer compuso la enérgica música que tiene el impulso de un tren en marcha. La pieza suele asociarse a Al Jolson. Durante algún tiempo, se utilizó como una especie de tema para algún personaje de dibujos animados de la Warner Brothers que se iba precipitadamente.

Aunque su nombre apareció en la partitura como coletrista, es cuestionable que Jolson ayudara realmente a escribir la canción. Pero la popularizó en la escena y en discos, y pronto una frase musical de la canción evocaba en los oyentes la imagen de huida hacia la Costa Oeste. Esas palabras del título permanecieron en el lenguaje. Aunque retirado hace dos o tres generaciones, un anuncio sobre un individuo que va camino de Golden State utilizaba a menudo esas mismas palabras. Y aunque no fuera la intención, el anuncio con mucha frecuencia ponía de manifiesto una divertida interpretación del título del destinatario, que era frecuentemente premiado con gemidos.[8]
Thomas Hischak

Fecha de publicación 1924

Nacionalidad Estados Unidos

Compositores Joseph W. Meyer, B. G. DeSylva

Por qué es clave Demuestra que un alegato musical referido a un lugar sólo tiene una consecuencia.

8. Nuestro equivalente sería: «¡me viene!», «¡me voy!» o algo semejante.

Canción clave «**Does Your Chewing Gum Lose Its Flavor On The Bedpost Over Night?**»

La goma de mascar estaba mal vista por la gente mayor porque la consideraban poco cortés y mala para la salud, de modo que la compañía Spearmint estuvo encantada cuando triunfó la canción «Does The Spearment [sic] Lose Its Flavor On The Bedpost Over Night» (La hierbabuena pierde su sabor sobre un pilar de la cama a la mañana siguiente).

Ernest Breuer compuso la música bailable y Billy Rose y Marty Bloom escribieron la letra cómica que pregunta si «te lo tragas» cuando tu madre no te deja comer chicle. Harry Richman presentó la canción en concierto pero Ernest Hare y Billy Jones la grabaron y entró con fuerza en las listas de éxitos de Estados Unidos el 12 de julio de 1924. La canción se hizo tan popular que otros fabricantes de chicle se quejaron de la publicidad gratuita que recibía Spearmint cada vez que se oía por la radio de modo que cambiaron el título por el que se conoce hoy. Otras 20 canciones publicitaban determinados productos pero ninguna tuvo tanta popularidad como la de la goma de mascar.

El interés en la canción se reavivó en 1959 con una grabación del cantante *skiffle* inglés Lonnie Donegan que llegó al número tres de las listas de éxitos en el Reino Unido y –dos años después– al Top 5 de las listas de Estados Unidos. El éxito de Donegan en Gran Bretaña hubiera sido imposible sin el cambio de nombre, ya que las reglas de la BBC en materia de publicidad eran entonces tan estrictas que no hubiera permitido emitir la canción.

Thomas Hischak

Fecha de lanzamiento
1924

Nacionalidad Estados Unidos

Compositor Ernest Breuer, Billy Rose, Marty Bloom

Por qué es clave Madison Avenue y Tin Pan Alley se encontraron con una pieza que inventó accidentalmente la publicidad indirecta de productos en las canciones.

Pág. anterior **Lonnie Donegan.**

93

Acontecimiento clave
Primera grabación eléctrica

Cuando Bessie Smith llegó a los estudios de grabación de Columbia en Nueva York en 1925 se encontró con que ya no tenía que gritar dentro de una gran bocina acústica. En su lugar halló un micrófono, y el nuevo sistema de la Western Electric hizo el resto, amplificando electrónicamente la señal de su voz y grabando las ondas sonoras en el máster mediante un dispositivo electromagnético. El rango de frecuencias de las grabaciones se incrementó en más de dos octavas. La más importante innovación tecnológica del siglo xx en sonido grabado llevó la reproducción mecánica a un nuevo mundo lleno de posibilidades.

Irónicamente las tres compañías discográficas importantes –Edison, Victor y Columbia– no mostraron interés en el nuevo sistema que los laboratorios Western Electric les había presentado en 1924; pero la caída en las ventas y el auge de la radio les hizo cambiar de opinión. Una vez adoptado el nuevo sistema, vieron reforzadas sus estrategias mercantiles oligárquicas, que adquirieron mayor poder y eliminaron la multitud de pequeñas empresas competidoras. El control de las nuevas tecnologías como la grabación eléctrica reforzó la tendencia hacia la consolidación de las grandes compañías, que integraban las áreas industrial y artística, lo que aseguraba que el entretenimiento popular estuviese en manos de los principales agentes económicos.

Un proceso muy semejante tuvo lugar en la industria cinematográfica cuando la grabación eléctrica se utilizó para el cine sonoro. Los estudios más grandes superaron su inicial rechazo cuando pudieron constatar el gran éxito que tuvo la Warner Brothers con *The Jazz Singer* (El cantante de jazz). La era de la electricidad había llegado para quedarse.

Andre Millard

Fecha 1925

País Estados Unidos

Por qué es clave
Se trata del invento que cambió la calidad sonora de las grabaciones.

Pareja clave
Gus Kahn y Walter Donaldson

Walter Donaldson (1893-1947) había tenido ya notables éxitos con Sam M. Lewis y Joe Young cuando conoció a Gus Kahn (1886-1941), que había triunfado ya con «Memories», publicada en 1915. Ambos contribuyeron a la carrera de Al Jolson. Éste los presentó en su primer éxito, «Carolina In The Morning» en 1922, como una pareja y del mismo modo en su siguiente éxito ese mismo año con «My Buddy». Conforme avanzaba la década de 1920, siguieron escribiendo juntos canciones de éxito como «Beside A Babbling Brook» en 1923 y «Ukulele Lady» en 1925. Ese mismo año dos canciones de Donaldson y Kahn utilizaron la palabra *baby* en sus títulos, «I Wonder Where my Baby Is Tonight» y «Yes Sir! That's My Baby». Esta última, con la que Gene Austin llegó a las listas de éxitos de Estados Unidos el 1 de agosto de 1925, es quizás la canción que muestra mejor cómo se complementaban sus talentos: las melodías alegres y fáciles de recordar de Donaldson acompañaban perfectamente la letra brillantemente coloquial de Kahn.

En 1928, Donaldson y Kahn escribieron una comedia musical de gran éxito, *Whoopee,* llena de canciones que triunfaron enormemente, como «I'm Bringing a Red, Red Rose», «Love Me Or Leave Me», «Makin' Whoopee» y «My Baby Just Cares for Me». Se les pidió que adaptaran *Whoopee* para el cine. Escribieron otra película musical para Samuel Goldwyn, *Kid Millions* (*El chico millonario*), en 1934, que lanzó la canción «When My Ship Comes In».

La constelación de éxitos de la pareja llegó a su fin cuando Kahn murió en 1941.
Ken Bloom

Rol Compositores de canciones

Fecha 1925

Nacionalidad Estados Unidos

Por qué es clave La pareja que compuso algunos de los mayores éxitos de la década de 1920 y 1930.

94

Canción clave «If You Knew Susie»
Eddie Cantor

La «nueva mujer» de la era del jazz llevaba el cabello corto, fumaba, bebía y salía a bailar sin «carabina». Conocidas como *flappers*, se convirtieron en tema habitual de las canciones populares que personificaban el hedonismo de los locos años veinte.

Una de esas canciones, «If You Knew Susie», ponía de manifiesto el hecho de que a pesar de que las mujeres son madres y hermanas, también son seres sexuales. Que Susie es claramente el tipo de chica que estaría contenta de ser «conocida» de la manera en que la describe el narrador resulta espantoso y sorprendente para muchas personas, en particular porque claramente trata de una pareja que no ha recibido el sacramento del matrimonio. De Susie dice que tiene un buen «chasis», y de un modo aún más escandaloso el narrador admite que todos los que escuchan pueden «conocerla» también. Aunque las canciones afroamericanas a menudo mostraban agresividad sexual hacia las mujeres, semejante retrato no era habitual en Tin Pan Alley.

La canción ha quedado para siempre vinculada al cantante y comediante Eddie Cantor, cuya grabación para Columbia alcanzó las listas de éxitos de Estados Unidos el 18 de julio de 1925 en su camino al número uno y fue popular a ambos lados del Atlántico, donde se cantó en *music halls*, pubs y casas privadas. Su tempo frenético se adaptó perfectamente en la era del jazz y el énfasis en la palabra *Oh* del estribillo daba la oportunidad a las orquestas de *music hall* de introducir acentos cómicos.
Andre Millard

Fecha de lanzamiento 1925

Nacionalidad Estados Unidos

Compositores Buddy De Sylva, Joe Meyer

Por qué es clave Esta canción representa el cambio de rol de la mujer en la década de 1920.

Pág. siguiente Margaret Kerry interpreta a la hija de Eddie Cantor en la película *If You Knew Susie,* de 1948.

Canción clave «Sweet Georgia Brown»
Ben Bernie y su orquesta

Ben Bernie, Ken Casey (letra) y Maceo Pinkard (música) colaboraron en «Sweet Georgia Brown», una chispeante pieza sobre una chica nueva en la ciudad, procedente de Georgia, que molesta a las mujeres porque todos los hombres quedan encandilados por ella. La ingeniosa letra destaca que los únicos hombres que Georgia no puede conseguir son aquellos que «She ain't met yet» (Ella aún no ha conocido). La música brillante y marcada es sagaz, con acordes con todo tipo de cambios, y es realmente difícil cantarla correctamente. Este clásico de los principios del jazz anunciaba el sonido del swing, que llegaría una década más tarde, y fue una de las primeras canciones que se prestaban a la improvisación, convirtiéndola en una de las favoritas de los músicos de jazz.

Ben Bernie y su orquesta presentaron la canción en una grabación que llegó a las listas de éxitos de Estados Unidos el 27 de junio de 1925 e inmediatamente se hizo popular. Aunque fue objeto de docenas de grabaciones con los años, la pieza debería haberse olvidado como tantas otras al pasar de moda, al margen de su calidad. La música popular, sin embargo, traza curvas en el camino que le permiten preservarse. Hoy la melodía es familiar para todos los que han visto una exhibición de baloncesto de los Harlem Globetrotters: sus inimitables giros de balón se acompañan siempre con una sintonía: una versión silbada de «Sweet Georgia Brown».

Thomas Hischak

Fecha de lanzamiento
1925

Nacionalidad Estados Unidos

Compositores Ben Bernie, Ken Casey, Maceo Pinkard

Por qué es clave
Demuestra los imprevisibles motivos que pueden alargar la vida de una canción.

Personaje clave
Paul Whiteman

Los puristas menosprecian a Paul Whiteman (1890-1967) porque encuentran absurdo el sobrenombre que adoptó: El Rey del Jazz. Paul Whiteman y su orquesta nunca fueron una verdadera banda de jazz, pero Whiteman llevó la música popular a las masas de un modo aceptable en la era del jazz. Comprendió que la música popular debía cambiar y fomentó esos cambios contratando talentos emergentes (como Bing Crosby) y creando un escaparate para nuevos tipos de música (fue quien encargó *Rhapsody In Blue)*. Su importancia radica en la reestructuración de la *big band*.

Cuando «Valencia» llegó a las listas de éxitos de Estados Unidos el 26 de junio de 1926 de camino al número uno, ya había colocado algunas obras en las listas durante los seis años anteriores. Cosecharía éxitos durante veinte años más, incluyendo el número uno que obtendría enseguida con «The Birth Of The Blues». Gracias a su popularidad, Whiteman determinó los estándares para las bandas futuras y su formación de concierto. La suya fue la primera banda en contar con vocalistas femeninas (Mildred Bailey). Más tarde contrató al hermano de Bailey, Al Rinker, junto con Harry Barris y Bing Crosby, e incorporó la idea de un trío vocal. Con Ferde Grofe, Don Redman y Bill Challis en nómina, Whiteman fue el primero en utilizar arreglos escritos. Grofe y Whiteman añadieron a la formación de la banda secciones completas de instrumentos de caña y de metal. Para cumplir sus compromisos en el vodevil y poder ir de gira por Europa fundaron dos bandas más.

Ken Bloom

Rol Artista de grabaciones

Fecha 1926

Nacionalidad Estados Unidos

Por qué es clave
Whiteman estableció las reglas de la *big band*.

Espectáculo clave *Oh, Kay!*
Teatro musical

Cuando el escritor inglés P. G. Wodehouse recibió la llamada del libretista estadounidense Guy Bolton pidiéndole ayuda con el nuevo musical que éste estaba escribiendo con George e Ira Gershwin, Wodehouse se mostró reacio, a persar de que Bolton y él, junto al compositor Jerome Kern, habían colaborado escribiendo musicales como *Princess*. Wodehouse no era un simple libretista sino uno de los más solicitados. Con Ira y George como socios, ¿iba Wodehouse a poder desarrollar su trabajo adecuadamente?

Resutó que Bolton tenía un plan. Se había enamorado de la artista inglesa Gertrude Lawrence después de verla actuar en Londres en un vodevil y quería presentarla al público estadounidense. Estaba convencido, sin embargo, de que no debía trabajar en la revista musical, sino en un *book musical*[9] diseñado para ella. Convenció a sus productores para que llevaran a Wodehouse, considerado el hombre más ingenioso de Inglaterra, famoso por su comedia costumbrista

Jeeves and Wooster, para que escribiera un texto adecuado para su acento inglés.

Oh, Kay! Una comedia que incluye contrabando, bellezas en traje de baño y la epónima heroína que intenta encontrar a un hombre que ha conocido en un crucero oceánico, se convirtió en un éxito en todos los frentes, hizo de Lawrence una estrella en Estados Unidos y regaló a Wodehouse algunos de sus más felices recuerdos.

Entre las canciones de la partitura que llegaron a ser clásicos se encontraban «Do Do Do» y «Someone To Watch Over Me».
David Spencer

9. Espectáculo musical estadounidense de la época.

Estreno
8 de noviembre de 1926

País Estados Unidos

Director John Harwood

Reparto Gertrude Lawrence, Victor Moore, Oscar Shaw

Compositor George Gershwin, Ira Gershwin

Por qué es clave
Este musical convirtió a la celebridad británica Gertrude Lawrence en una estrella estadounidense.

Canción clave
«Are You Lonesome Tonight?»

La lastimera balada «Are You Lonesome Tonight?» (¿Estás solo/a y triste esta noche?) fue escrita por el equipo formado por el compositor Lou Handman y el letrista Roy Turk, de Tin Pan Alley. Una canción descaradamente sentimentaloide puesta en la voz de un amante despechado que se pregunta si su ex amante lamenta ahora su ruptura. Alcanza el clímax emocional en un pasaje hablado que conduce al suplicante estribillo final.

Publicada en 1926, «Are You Lonesome Tonight?» se presentó en grabaciones y en la radio de la mano de Vaughan DeLeath en 1927, pero su versión fue superada en ventas por la de su competidor Henry Burr, que sería uno de sus últimos éxitos. Al Jolson la cantó en los escenarios y otras grabaciones notables en sus inicios fueron las de Little Jack Little, Jacques Renard y su orquesta, cantada por Franklyn Baur, y Blue Barron y su orquesta (con narración a cargo del DJ John McCormick).

Jaye P. Morgan la volvió a llevar a las listas de éxitos en 1959.

La versión más inesperada fue la de Elvis Presley. Grabada en 1960 por sugerencia de su mánager Tom Parker, demostró que Presley, además de ser un portento del rock 'n' roll y de la escena cinematográfica, era un cantante genuinamente soberbio. Su bella versión fue un sonado éxito discográfico. La canción cosechó otro éxito en 1973 con una grabación de Donny Osmond que alcanzó el Top 20 en las listas de Estados Unidos, lo que hace de ella una de las canciones más populares del siglo xx.
William Ruhlmann

Fecha de publicación 1926

Nacionalidad Estados Unidos

Compositores Lou Handman, Roy Turk

Por qué es clave Esta canción ha permanecido viva a lo largo de las décadas para artistas de todo el espectro musical.

Canción clave «Baby Face»
Benny Davis

«Heaven save us/From Benny Davis» (El cielo nos libró de Benny Davis), comentó Howard Dietz en cierta ocasión. Dietz se burlaba de la propensión de su letrista Davis a escribir deprisa, lo que daba como resultado rimas forzadas –como *save us* con *Davis*. En la letra de «Baby Face» aparece algún «crimen» como la rima entre *jumpin'* y *something*; sin embargo, esa sensación de informalidad y familiaridad hacía que las letras de Davis resultaran tan simpáticas. La canción fue tan querida por el público que con ella triunfaron cuatro artistas distintos sólo en 1926.

«You got the prettiest little baby face» (Tienes la carita más hermosa) es en esencia la suma total de la idea implícita en una pieza escrita en el estilo de tradición inglesa del *music hall*. Aunque un examen detallado de la letra muestra que es ciertamente ingeniosa. La utilización de palabras como *jumpin'*, *somethin'* y *ev'ry*[10] dan cuenta del estilo jergal de la canción, mientras que el hecho de que casi toda la letra sea un torrente de monosílabos le proporciona un impulso que la hace divertida de escuchar y aún más divertida de cantar.

La primera grabación la realizó la orquesta de Jan Garber con el propio Benny Davis de vocalista. Tras alcanzar el número uno en las listas de Estados Unidos el 25 de septiembre de 1926 le siguieron muchísimas versiones. La canción se usó como efecto irónico en la película *Baby Face* (1933) protagonizada por Barbara Stanwyck, realizada antes de la entrada en vigor de Código Hays.
Ken Bloom

10. Son elisiones.

Fecha de publicación 1926

País Estados Unidos

Compositores Benny Davis, Harry Akst

Por qué es clave La canción típica de un letrista que se salta todas las reglas pero que consigue mejor resultado del esperado.

Personaje clave
Gene Austin

The Voice of the Southland (La voz de los estados del Sur), Gene Austin (1900-1972), tenor de voz melosa, fue uno de los cantantes punteros en las décadas de 1920 y 1930.

Tras regresar de la primera guerra mundial como corneta y habiendo cursado estudios de dentista y de leyes, Austin decidió probar suerte como cantante. Formó su propia banda y actuó en el vodevil y en la radio antes de hacer grabaciones. Austin era también un compositor de canciones competente y colaboró con su colega del vodevil Roy Bergere en éxitos como «How Come You Do Me Like You Do» y «When My Sugar Walks Down the Street». Su innovadora manera de cantar, dulce, relajada e íntima, preparó el terreno para los futuros cantantes melódicos (*crooners*) Bing Crosby, Nick Lucas y Russ Columbo.

Realizó sus primeras grabaciones para el sello Vocalion en 1924. Austin se pasó posteriormente a Victor, con quien vendió más de 90 millones de discos. Entre sus éxitos discográficos destacan «Bye, Bye, Blackbird», «My Melancholy Baby», «The Lonesome Road», «Girl Of My Dreams», «Ramona» (famosa por su singular instrumentación con un órgano de tubos) y «Carolina Moon».

Su mayor éxito fue su grabación de «My Blue Heaven», de Walter Donaldson y George Whiting, que vendió más de 12 millones de copias tras entrar en la lista de éxitos de Estados Unidos el 3 de diciembre de 1927; récord de ventas hasta el momento superado posteriormente por Bing Crosby con «White Christmas».

Apareció en ocho películas, incluyendo tres con su amiga Mae West, *Belle of the Nineties* (*No es pecado*, 1934), *Klondike Annie* (1936) y *My Little Chickadee* (1940). La última aparición de Austin en las listas de éxitos fue en 1957 con «Too Late».
Ken Bloom

Rol Artista de grabaciones

Fecha 1927

Nacionalidad Estados Unidos

Por qué es clave Austin fue el inventor del *crooning*.

Espectáculo clave *Show Boat*
teatro musical

Aunque muchos estudiosos señalarían a *Oklahoma!* (1944), de Rodgers y Hammerstein, como el primer *book musical*[11] «maduro» e integrado, de hecho, fue *Show Boat* de 1927 (¡producido originalmente por Flo Ziegfeld!) el que marcó el camino. (No es coincidencia que Oscar Hammerstein II fuera el libretista y letrista también aquí, y su compositor, el temible Jerome Kern.) Lo que sucedía era que los autores contemporáneos no estaban preparados para incorporar sus innovaciones.

Tal vez, aunque es comprensible por qué *Show Boat*, basada en la novela de Edna Ferber de 1926 y estrenada el 27 de diciembre de 1927, no encabezó de inmediato una tendencia más sofisticada, a pesar de contar con canciones famosas como «Bill» (con letra de P. G. Wodehouse), «Can't Help Lovin' Dat Man», «Make Believe» y la inmortal «Ol' Man River». Su ambiciosa estructura podía esconder la hoja de ruta que había que seguir: más que una historia central es una historia épica multiargumental y multigeneracional (que empieza en la década de 1880) que se extiende a lo largo de cuatro décadas de una familia del *show business* que actuaba en el circuito de espectáculos en barcos del río Misisipi (*show boat*). Sin embargo, más que una simple obra para ganar dinero, *Show Boat* plantea el tema del racismo, escenificando el mestizaje en una sociedad lo bastante intolerante como para prohibirlo.

Aunque condena claramente la intolerancia, el espectáculo es un producto de su época y por tanto suscita polémica desde entonces. Es significativo el hecho de que no ha habido dos producciones iguales; siempre que se ha reestrenado ha sido revisada y retocada, y se ha alterado el contenido de la partitura (utilizando los abundantes esbozos archivados) para adaptarlo a la sensibilidad del momento.
David Spencer

11. *Véase* nota 9 en la pág. 98.

Estreno
27 de diciembre de 1927

País Estados Unidos

Director Zeke Colvan, Oscar Hammerstein II

Reparto Helen Morgan, Jules Bledsoe, Howard Marsh

Compositores Oscar Hammerstein II y Jerome Kern. P. G. Wodehouse, Josepf E. Howard y Charles K. Harris aportaron una canción cada uno.

Por qué es clave
Musical en que argumento y canción se interrelacionan adecuadamente.

Pág. siguiente **Jerome Kern**.

Acontecimiento clave
El *big bang* de la música country

A finales de julio de 1927, Ralph Peer, el director de grabaciones de la compañía Victor Talking Machine Company, fue a Bristol, Tennessee, a grabar a alguno de los talentos locales. Las «Bristol Sessions» se conocen como el *big bang* del estilo country, ya que por medio de ellas salió de su medio rural y se incorporó a la cultura comercial estadounidense. Entre las grabaciones realizadas en Bristol destacan el Alcoa Quartet, los Teneva Ramblers, Henry Whitter y Uncle Eck Dunford. No obstante, de entre todos ellos sobresale el solista Jimmie Rodgers, alrededor del que se creó una industria. Para muchos, las sesiones del 31 de julio fueron las más importantes. Ese día, la familia Carter –el cantante A. R Carter, su esposa Sara (autoarpa) y su cuñada Maybelle Carter (guitarrista de talento)– llegaba de Maces Springs, Virginia. El trío, que no había grabado nunca antes, recibió 50 dólares por las seis tomas que registraron ese día y se convirtió en leyenda. Había habido éxitos de country anteriores a ellos como «Little Old Log Cabin In The Lane», de John Carson, y «The Sinking Of The Titanic», de Pop Stoneman, pero con lanzamientos como «Wabash Cannonball», «Will the Circle Be Unbroken», «Wildwood Flower», «Keep on The Sunny Side» y muchos otros que los Carter llevaron de los campos a las salas de estar de las ciudades, popularizaron la guitarra como instrumento principal y el uso de la púa, y posiblemente preservaron cientos de canciones de los Apalaches para la posteridad.

The Carter Family grabó durante décadas y fue el primer grupo en ingresar en el salón de la fama del country.
Bruce Eder

Fecha 31 de julio 1927

País Estados Unidos

Por qué es clave Señala el nacimiento a efectos prácticos de la música country.

Espectáculo clave *The Jazz Singer* (*El cantante de jazz*) la película

Contrariamente a lo que se cree, cuando se estrenó *The Jazz Singer* (El cantante de jazz) el 6 de octubre de 1927, no era la primera película con música y efectos sonoros (fue *Don Juan,* 1926) ni el primer largometraje hablado (un honor que pertenece a *Lights Of New York,* 1928). Aunque todavía usaba los intertítulos del cine mudo, fue el primer largometraje significativo con diálogo sincronizado. Significativo porque las seis canciones que canta Al Jolson y sus dos minutos de diálogo causaron sensación.

Aparte de *Dream Street* (1921) de D. W. Griffiths, la primera canción –«My Gal Sal», interpretada por Robert Gordon–, era la primera vez que un público extasiado había visto y oído al mismo tiempo a un ser humano en el celuloide. La primera canción de Jolson, «Dirty Hands, Dirty Face», y su modo de cantar con voz modulada y gorjeante aún les incitó a más. La gente que conocía a Jolson pero que nunca le había visto en escena quedó cautivada por su carisma y poderío.

La imagen icónica de la película será siempre la escena final en que Jolson con la cara pintada de negro canta arrodillado «My Mammy».

El mundo del cine cambia constantemente, por supuesto, pero *El cantante de jazz* fue particularmente importante para la música en ese medio: el fenómeno de la película musical: al año siguiente «Sonny Boy» (de Jolson) fue la primera grabación en convertirse en un éxito como consecuencia directa de su aparición en una película.

Ken Bloom

Estreno
6 de octubre de 1927

País Estados Unidos

Director Alan Crosland

Reparto Al Jolson, May McAvoy, Warner Oland

Compositor Louis Silvers

Por qué es clave El cine como medio para la proyección de la música.

Acontecimiento clave
Las primeras gramolas

Los primeros fonógrafos de cilindros iban equipados con numerosos auriculares para llevar sus sonidos a grupos de oyentes previo pago. Sin embargo, las máquinas parlantes que funcionaban con monedas no cobraron importancia hasta que un sonido lo bastante potente no fue posible, gracias a la grabación eléctrica, y hasta que no se desarrolló un sistema automatizado para cambiar de grabación, a comienzos de la década de 1920, que permitió disponer de los medios necesarios para almacenar y manipular una pila de discos.

La primera máquina en incorporar dichas innovaciones se presentó de la mano de Automatic Music Instrument Company en 1927. Pronto aparecieron otros fabricantes como Seeburg, Wurlitzer y Rockola. Tras abolirse la prohibición, los estadounidenses se reunían en los bares en los que una gramola (*juke box*) proporcionaba la música en lugar de intérpretes en directo. También se instalaron en restaurantes,

paradas de autobús, comercios y hoteles. Se podían encontrar por cualquier sitio en el Sur, donde bailar (*jooking,* en el argot de los negros) grabaciones en pequeños establecimientos de bebidas (*juke joints*) era habitual. Las gramolas no sólo desempeñaron un importante papel en la promoción de las canciones populares; hacia 1939, representaron un volumen de negocio de 13 millones de discos al año. La aparición del disco de 45 r. p. m., más pequeño, resulto ideal para las gramolas y las décadas de 1940 y 1950 fueron la época de máximo esplendor de esta tecnología.

Hoy en día, la manera más habitual de adquirir música es a través de Internet, pero a pesar de la gran cantidad opciones de elección que permite este medio, los diseños elaborados y modernos (de entonces) de Wurlitzers y Rockolas siempre tendrán probablemente un mayor encanto sensual y emotivo.

Andre Millard

Fecha 1927

País Estados Unidos

Por qué es clave Proporcionó mayor salida a la música popular.

Personajes clave
George e Ira Gershwin

Ira Gershwin (1896-1983) había empezado a tomar lecciones de piano, pero cuando su hermano menor, George (1898-1937), demostró poseer un gran talento para la música Ira se dedicó a escribir letras mientras George se ocupaba de componer. Hacia 1919, George consiguió un superventas con «Swanee», mientras Ira escribía letras para otros compositores en la sombra, utilizando el seudónimo de Arthur Francis para no capitalizar la fama de su hermano. Juntos escribieron su primera partitura para Broadway, *Lady, Be Good!* (1922) y desde ese momento trabajaron casi exclusivamente el uno para el otro.

Funny Face, estrenada el 22 de noviembre de 1927, era la quinta obra que hacían juntos y su mayor éxito hasta la fecha. Durante los siguientes diez años, los Gershwin se consolidarían como una de las parejas de compositores de canciones más innovadora y exitosa de Estados Unidos. Escribieron tanto para Broadway como para Hollywood clásicos como «I Got Rhythm», «'S Wonderful», «Embraceable You», «Summertime», «Someone To Watch Over Me», «Strike Up The Band», «Love Walked In», «It Ain't Necessarily So» y «Let's Call The Whole Thing Off». También colaboraron en la célebre sátira musical *Of Thee I Sing* (1931) y en la ópera-folk estadounidense *Porgy And Bess* (1935), hasta la prematura muerte de George en 1937. La reacción del novelista John O' Hara ilustra el cariño del público hacia su producción: «No he de creerlo si no quiero».

Thomas Hischak

Rol Compositores

Fecha 22 noviembre de 1927

Nacionalidad Estados Unidos

Por qué es clave Los hermanos cuyos talentos se complementaban a la perfección.

Canción clave «The Song is Ended (But The Melody Lingers On)»

Así como Irving Berlin escribió temas de referencia de la Navidad, la Pascua, el *show business* y de Estados Unidos, esta canción se puede considerar el tema de referencia de toda la música popular.

El clásico de Berlin, publicado en1927, tiene una melodía cautivadora que es casi fantasmal por sus efectos de eco. Su letra describe a un amante y la balada que era «su canción» (de la pareja) y declara que aunque no estén, no puede ser olvidada: «We sang a love song that ended too soon» (Cantamos una canción de amor que terminó demasiado pronto). La versión de Ruth Etting llegó a las listas de Estados Unidos en febrero de 1928 y enseguida se convirtió en una muestra del perdurable poder que una canción puede tener en la población. Entre las grabaciones más destacadas estuvo la de Nat «King» Cole, pero el disco que devolvió la canción al favor del público fue la de Nellie Lutcher de 1948. A los cantantes y bandas les gustaba colocar a veces «The Song Is Ended» al final de los conciertos o recitales, dejándola reverberar en la memoria del público, como sugiere su letra. La canción se utilizó en la película *Blue Skies* (*Cielo azul*, 1946), pero irónicamente sólo como música de fondo.

Mientras la canción por ella misma no ha perdurado excepto para los aficionados a los clásicos de Tin Pan Alley, su título sí. Cuando en 1992 el candidato demócrata a la presidencia Paul Tsongas se retiró, un admirado caricaturista inglés dibujó a un hombre caminando a lo largo de unos periódicos amontonados que llevaban el titular «Tsongas over» (Tsogas está acabado) y puntualizaba «But the melody lingers» (Pero la melodía permanece).

Thomas Hischak

Fecha de publicación 1927

Nacionalidad Estados Unidos

Compositor Irving Berlin

Por qué es clave Un gran tema de referencia de la música popular.

Acontecimiento clave **Un incendio casi interrumpe la carrera de Django Reinhardt**

Con sólo 18 años de edad, Django Reinhardt era ya un consumado guitarrista con un buen número de grabaciones a sus espaldas cuando un accidente cambió su vida y el destino del jazz. Dotado para el instrumento desde niño, el músico franco vivía en una caravana cuando a causa de una vela se incendió su vivienda. Reinhardt se quemó la mano izquierda y dos dedos le quedaron inservibles. Con su mano derecha también herida, el guitarrista estuvo postrado en la cama durante 18 meses. Sin embargo, pasó el tiempo sabiamente, utilizando su guitarra como terapia física y psicológica y perfeccionando su destreza.

Conforme su fama se extendía, Reinhardt aprendió a compensar su minusvalía y desarrolló un estilo rítmico particular que le comportó un amplio reconocimiento. Muchos historiadores lo consideran el primer músico europeo importante de jazz (y hasta hoy el más reconocido), así como uno de los guitarristas más influyentes en cualquier género. En 1934, Reinhardt formó un grupo de cuerda llamado Le Quintette du Hot Club de France, que incluía también al violinista Stephane Grappelli. El grupo gozó de gran popularidad, pero se disolvió al estallar la segunda guerra mundial. Reinhardt y Grappelli se reunían con frecuencia, pero la creciente fama de Reinhardt lo llevaría pronto a Estados Unidos, donde actuó con gigantes el jazz como Duke Ellington y Coleman Hawkins. También experimentó con la guitarra eléctrica.

Django Reinhardt tenía sólo 43 años cuando murió en Francia en 1953, pero su huella en la música permanece imborrable.
Jeff Tamarkin

Fecha 2 de noviembre de 1928

País Francia

Por qué es clave
Lejos de imposibilitar al guitarrista gitano, las lesiones posiblemente contribuyeron a su técnica singular.

Pág. anterior Django Reinhardt con Le Quintette du Hot Club de France.

Personaje clave
Jimmy McHugh

La primera canción publicada por Jimmy McHugh (1895-1969) fue «Emaline» (1921), con letra de George A. Little. McHugh obtuvo su primer éxito con «When My Sugar Walks Down The Street» (1925), escrita con Gene Austen e Irving Mills.

En 1926, McHugh formó equipo con la letrista Dorothy Fields. Su primer éxito juntos fue *Blackbirds of 1928* de Lew Leslie, que se estrenó el 9 de mayo de 1928. Además de clásicos como «I Must Have That Man» y «Diga Diga Do», destacaba «I Can't Give You Anything But Love». Fats Waller y Andy Razaf afirmaron que habían escrito esta última y se la habían vendido a McHugh. Waller grabó la canción y Razaf admitió en una ocasión que era la canción de la que estaba más orgulloso. Leslie produjo *The International Revue* (1930) y McHugh y Fields escribieron «On The Sunny side Of The Street» para incorporarla al espectáculo. Algunos han acusado a McHugh de comprársela a Waller y a Razaf. Nunca sabremos la verdad de esas denuncias, pero no deberían ensombrecer el gran trabajo de McHugh, que fue indiscutiblemente suyo, como sus subsiguientes colaboraciones con Fields, «I'm in the Mood for Love» y «I Feel a Song Comin' On», de la película *Every Night At Eight* (*A las ocho en punto,* 1935), y éxitos en colaboración con Harold Adamson como «Comin' In On A Wing And A Prayer», «I Couldn't Sleep A Wink Last Night», y «It's a Most Unusual Day».
Ken Bloom

Rol Compositor

Fecha 9 de mayo de 1928

País Estados Unidos

Por qué es clave McHugh es un compositor de talento cuya carrera se ha visto ensombrecida por acusaciones de haber hecho pasar por propias canciones de otros compositores.

Canción clave
«I Wanna Be Loved By You»

Sólo la década de 1920 podía haber producido un clásico tan extravagante como esta burlesca canción de Harry Ruby. Herbert Stothard (música) y Bert Kalmar (letra) la incluyeron en el musical de Broadway *Good Boy*, que se estrenó el 5 de septiembre de 1928. Helen Kane, con su voz chillona, la cantó con Dan Healy. Su «Boop-boop-a-doop» al final de cada estribillo era a la vez juvenil y sexy. La grabación de Kane triunfó de inmediato, convirtiéndose en la canción de referencia de su larga carrera y que llegó a etiquetarla como *boop-a-doop girl* (*chica boop-a-doop*). Mae Questral imitaría más tarde a Kane al ponerle voz al popular personaje de dibujos animados Betty Boop, llamado así deliberadamente.

Otros artistas como Lee Wiley, Ray Anthony, Barney Kessel y Annette Hanshaw también la grabaron. Para el cine la cantaron Carleton Carpenter y Debbie Reynolds (doblada por Kane) en *Three Little Words* (1950), Jane Russell, Rudy Vallee y Jeanne Crain (doblada por Anita Ellis) en *Gentlemen Marry Brunettes* (*Los caballeros se casan con las morenas*, 1955), Ann-Margaret en *The Swinger* (*Chicas sin barreras*, 1966), y, más recientemente, la actriz británica Jane Horrocks en *Little Voice* (1998). Esas interpretaciones iban desde lo pícaro hasta lo ingenuo e incluso lo lujurioso, ilustrando la ambigüedad de la canción.

La versión más perdurable de la canción es seguramente la de Marilyn Monroe en la película *Some Like it Hot* (*Con faldas y a lo loco*, 1959). Su versión en directo –que llega al clímax cuando sus cejas se unen al flequillo anunciando el «diddlee-dee-diddle-dee» final– es la perfecta definición del encanto.
Thomas Hischak

Fecha de lanzamiento
1928

Nacionalidad Estados Unidos

Compositores Harry Ruby, Herbert Stothard, Bert Kalmar

Por qué es clave
La composición que encarna a la perfección el furor por las canciones con voces aniñadas en la década de 1920.

Pag. siguiente **Marilyn Monroe** en *Some Like it Hot.*

Espectáculo clave *The Threepenny Opera*
teatro musical

A pesar de la conocida maldad de Mack the Knife, el antihéroe de *The Threepenny opera* (*La ópera de tres peniques*), no hace nada durante la obra sino perseguir a la fácilmente corruptible Polly Peachum y mostrarse orgulloso de sus crímenes pasados una vez borrados sus antecedentes penales. A duras penas se postula como heroico símbolo proletario.

¿Por qué entonces sigue fascinando esta obra, estrenada en Berlín el 31 de agosto de 1928, y se sigue representando con frecuencia? Primero, el libreto de Bertolt Brecht, lleno de personajes mordaces y pintorescos, es una crítica coherente y pertinente del mundo capitalista y rompe la «cuarta pared» para encararse directamente a la ética de su público, una muestra de su técnica del «efecto de alienación» (*Verfremdungseffekt*) que es la fascinante piedra angular de su imprimátur. Segundo, la partitura es la más memorable de Kurt Weill, y asimismo define la insistencia rítmica y el estilo angular con el que se le asocia, su fuerte influencia del jazz estadounidense pasada a través de un filtro germánico distintivo de ultraje que casi determina la actitud del vivaz protagonista.

Finalmente, uno no puede desestimar el poder de una melodía idiosincrásica de éxito. De toda la obra, «The Ballad Of Mack The Knife» (letra del éxito de Broadway de 1954 traducido por Marc Blitzstein, hasta la fecha la única producción de éxito de la obra en Nueva York), que presenta a nuestro desvergonzado héroe como una presencia sombría y un duro asesino, fue transformada por el cantante estadounidense Bobby Darin en un clásico del swing.
David Spencer

Estreno
31 de agosto de 1928

País Alemania

Director Erich Engel

Reparto Harold Paulsen, Roma Bahn, Lotte Lenya

Compositores Bertolt Brecht, Kurt Weill

Por qué es clave El único musical primitivo en lengua extranjera en incorporarse al repertorio estadounidense.

Personajes clave **Buddy DeSylva, Lew Brown y Ray Henderson**

El equipo formado por el letrista Buddy DeSylva (1895-1950), el también letrista Lew Brown (1893-1958) y el compositor Ray Henderson (1896-1970) tan sólo duró cinco años, pero sus canciones dominaron Broadway desde 1925 hasta 1930 y en muchas ocasiones se interpretan hoy en día.

Todos ellos habían trabajado en Tin Pan Alley antes de unirse y todos eran expertos en baladas nostálgicas y sentimentales. Trabajaron en *George White's Scandals,* de Broadway, de la década de 1920; su «Birth Of The Blues» pertenecía a su producción de 1926. A medida que su colaboración se estrechaba, las canciones que producían eran más sofisticadas, despreocupadas y sutiles. «You're The Cream in My Coffee» del musical de Broadway *Hold Everything,* estrenado el 10 de octubre de 1928, es un ejemplo magnífico de su destreza.

«Life Is Just A Bowl of Cherries» (La vida es un cuenco de cerezas), de Brown y Henderson (1931),

tiene un toque de humor sarcástico propio de la música de la era del jazz. Asimismo, tiene un título que se formó a partir de palabras del lenguaje coloquial, como en el caso de otro de sus éxitos: «The Best Things In Life Are Free» (Las mejores cosas de la vida son gratis).

Aunque tomaron caminos separados en la década de 1930, los tres dejaron su huella durante el apogeo de los musicales de Hollywood cuando las mejores canciones se escribían para el cine. Por el contrario, los otros maestros de Tin Pan Alley, DeSylva, Brown y Henderson evolucionaron con el tiempo y se adaptaron a los nuevos tipos de entretenimiento popular. DeSylva fue uno de los fundadores de Capitol Records en 1942.

Andre Millard

Rol Compositores

Fecha 1928

Nacionalidad Estados Unidos

Por qué es clave Su unión fue temporal pero su legado eterno.

Espectáculo clave
Broadway Melody la película

El cine sonoro era el paso definitivo para que los artistas de la escena brillaran en la gran pantalla. Ahora, por fin, las estrellas del vodevil que cantaban en teatros podían hacerlo para públicos de todo el mundo, no sólo en Broadway. *The Jazz Singer* (*El cantante de jazz*) ya había dejado su huella como la primera película hablada significativa, pero cuando llegaron las primeras grandes producciones de los escenarios de Nueva York, *Broadway Melody*, que vio la luz el 1 de febrero de 1929, fue la primera en pasar al celuloide.

Inspirada vagamente en las vidas y carreras de las artistas del vodevil The Duncan Sisters, la historia de jóvenes promesas que intentan triunfar está acompañada de la justa medida de problemas amorosos. La película puede parecer demasiado sentimental para los cánones actuales, pero en la época de las primeras películas habladas, las canciones dialogadas, el argumento y los números de baile eran innovadores.

Desde el número inicial, con el actor principal Charles King cantando las alabanzas de «The Great White Way» (El gran camino blanco), hasta la grandiosa «Wedding Of The Painted Doll», completado con una hilera de chicas fastuosamente vestidas y perfectamente sincronizadas, marcaba el inicio de la gran factoría de musicales de la MGM. También la primera producción totalmente hablada del estudio, y la primera de la categoría de cine sonoro en ganar un Óscar como mejor película. Las canciones –escritas por Arthur Freed y Nacio Herb Brown– iniciaron el reinado de Freed en los estudios de la MGM con su equipo de trabajo denominado Freed Unit (produjo películas de Judy Garland, Frank Sinatra y Fred Astaire).

Leila Regan-Porter

Estreno
1 de febrero de 1929

País Estados Unidos

Director Harry Beaumont

Reparto Charles King, Bessie Love, Anita Page

Compositores Arthur Freed, Nacio Herb Brown

Por qué es clave *Broadway Melody* es la primera película musical totalmente hablada.

Personaje clave
Leo Reisman

La década de 1920 fue testigo del nacimiento de las *big bands*. Esas bandas de baile se desarrollaron a partir de las tradicionales de Sousa, Creatore y otras bandas de instrumentos de metal que interpretaban música marcial. En la década de 1920, su popularidad se disparó con el desarrollo del ritmo del *fox-trot*.

Las bandas de afroamericanos lideradas por Duke Ellington, Cab Calloway y Count Basie empezaron a ser musicalmente influyentes. Las bandas destacadas de blancos de la década de 1920 eran las de Paul Whiteman, Coon-Sanders Nighthawks, George Olsen y Leo Reisman. Reisman (1897-1961), violinista y cantante, fundó su banda en 1919. Su primer número uno fue «The Wedding of the Painted Doll», que llegó a las listas de éxitos el 25 de mayo de 1929. Fue Reisman quien, en 1931, grabó uno de los primeros discos de 33 1/3, que contenía canciones de la revista musical *The Band Wagon* (*Melodías de Broadway*) de Dietz y Schwartz, y presentó a artistas como Fred y Adele Astaire.

El director de banda que unió los estilos de las dos razas fue admirado por los compositores de Broadway. Jerome Kern apodó a Leo Reisman y a su banda «El cuarteto de cuerda de las bandas de baile». Cole Porter era también un admirador; la grabación de Reisman en 1932 de «Night and Day» fue uno de los mayores éxitos del director de banda.

Reisman llegó a conseguir más de 80 éxitos, entre ellos «Paradise» (1932), «Stormy Weather» (1933) y «The Continental» (1934). El último de ellos fue «Bewitched», de 1941, nada menos que 20 años después de su debut en las listas de éxitos.

Ken Bloom

Rol Artista de grabaciones

Fecha 1929

Nacionalidad Estados Unidos

Por qué es clave El director de banda Leo Reisman anduvo a medio camino entre las coloristas bandas de negros y las dulces de los blancos y fue aclamado por varios músicos ilustres.

Personaje clave
Andy Razaf

El lanzamiento en 1929 de la canción «Ain't Misbehavin», que llegaría a ser un clásico, fue un éxito para uno de los mejores letristas de jazz, el afroamericano Andy Razaf, que colaboró con algunos de los más reputados compositores de las décadas de 1920 y 1930.

Nació como Andreamennentania Paul Razafinkeriefo en Washington, D. C. en 1895, sobrino de la reina Ranavalona III de Madagascar, y gran duque por nacimiento. Fue educado en escuelas públicas, pero estudió música de manera privada y empezó su carrera escribiendo para revistas musicales de clubs nocturnos en Nueva York y Chicago en la década de 1910. Hacia la década de 1920, Razaf colaboraba con importantes compositores negros como Thomas «Fats» Waller, Eubie Blake, Joe Garland y James P. Johnson, y asimismo en destacados espectáculos de Broadway como *Keep Shufflin'*, *Hot Chocolates* y *Blackbirds Of 1930*. Además de «Ain't Misbehavin» (música

de Waller), otros éxitos de Razaf en Tin Pan Alley fueron «Honeysuckle Rose», «Stompin' At The Savoy» y «In The Mood».

A pesar de su noble linaje, Razaf era un maestro utilizando el argot afroamericano y las frases hechas en sus letras, lo que daba a sus oyentes de raza blanca una visión del mundo afroamericano que de otro modo no tendrían. Mientras sus letras satíricas y melodías ligeras resultaban amigables, cuando el gánster Dutch Schultz le pidió que escribiera una canción, desde el punto de vista de una chica desdichada, sobre la suerte de las mujeres negras, Razaf respondió con la desasosegada y angustiosa «(What Did I Do To Be So) Black And Blue»[12] ([Qué hice para ser así] Negra y azul/triste).

Thomas Hischak

Rol Letrista

Fecha 1929

Nacionalidad Estados Unidos

Por qué es clave Andy Razaf llevó la sensibilidad afroamericana a la canción popular.

12. *Blue* también significa «triste».

Canción clave
«Star Dust»

«Star Dust» (Polvo de estrellas; a veces escrita «Stardust»), que figura entre las canciones más interpretadas y grabadas del siglo XX, se escribió como una obra instrumental de la mano de Hoagy Carmichael en una reunión de ex alumnos de la Universidad de Indiana en 1927. Carmichael la grabó ese mismo año como pieza de baile. También tocó en la primera grabación popular de la canción, con Irving Mills y su HotsyTotsy Band. Mills era el editor de Carmichael y fue el responsable en 1929 de una destacable revisión y adaptación actualizada de la composición encargándole al escritor Mitchell Parish, de su plantilla, una letra (Carmichael había previsto una con anterioridad pero abandonó la idea).

Las palabras de Parish eran quizás un poco excesivas para algunos, pero al público le encantó la riqueza de sus frases: en una de ellas, por ejemplo, un ruiseñor le habla a un hada «de un paraíso donde crecen las rosas» («of paradise where roses grew»).

Con todo, la versión que atrajo verdaderamente la atención fue la de Isham Jones, que disminuyó el tempo equiparándolo al de una balada; alcanzó el número uno en Estados Unidos en abril de 1931. La versión cantada por Bing Crosby se convirtió en un éxito a finales del verano de 1931. Louis Armstrong, Wayne King, Lee Sims y Benny Goodman, aunque la lista completa ocuparía varias páginas, versionaron la canción, lo que constata que la decisión de ponerle letra demostró ser enormemente lucrativa. «Star Dust» es la canción publicada grabada más veces entre 1890 y 1954.
William Ruhlmann

Fecha de publicación 1927 (melodía); 1929 (letra)

Nacionalidad Estados Unidos

Compositores Hoagy Carmichael, Mitchell Parish

Por qué es clave
Una animada melodía instrumental de jazz revive como balada.

Pág. anterior **Hoagy Carmichael.**

Canción clave
«Happy Days Are Here Again»

Algunas melodías tardan una eternidad en escribirse y otras parecen emerger de las plumas de los escritores completamente definidas. «Happy Days Are Here Again» es una de las últimas. En la última semana de producción del musical *Chasing Rainbows* (1930), el productor llamó al letrista Jack Yellen y le pidió que escribiera una canción para una escena en la que un grupo de soldados de la primera guerra mundial recibe noticias del armisticio. Yellen llamó a su antiguo colaborador Milton Ager y el compositor le visitó la tarde siguiente. Ager preguntó a Yellen si tenía pensado un título y espontáneamente sugirió: «Happy Days Are Here Again» (Los días felices han vuelto). Ager tocó las primeras notas que le vinieron a la mente y Yellen escribió lo que más tarde llamaría una «letra cursi» («The skies above are clear again» [El firmamento es claro de nuevo]). La única discusión que tuvieron fue cuando Ager opinó que la letra de la canción debía comenzar con el título y Yellen no estaba de acuerdo.

La composición se usó más tarde para la campaña presidencial demócrata de Franklin D. Roosevelt en 1932, en plena Depresión. Desde entonces los demócratas la han adoptado como propia. El libro del periodista Steven Neal sobre la convención demócrata de 1932 y sobre cómo Roosevelt se convirtió en presidente lleva por título *Happy Days Are Here Again*.

Leo Reisman grabó la canción en noviembre de 1929, y desde entonces ha aparecido en casi 100 álbumes. Una de las versiones más notables fue la de Barbra Streisand que, en 1963, disminuyó el tempo con resultados intrigantes.
Ken Bloom

Fecha de publicación Noviembre 1929

Nacionalidad Estados Unidos

Compositores Milton Ager, Jack Yellen

Por qué es clave La canción apolítica que llegó a ser asociada con un partido político.

Personaje clave
Dorothy Fields

«On The Sunny Side Of The Street», que Ted Lewis llevó a las listas de éxitos de Estados Unidos el 5 de abril 1930, es una de las canciones más recordadas de la libretista y letrista Dorothy Fields. En esos días era un cliché hablar de una mujer que se abría paso en un mundo de hombres, pero Fields (1905-1974) lo hizo realmente.

Dorothy Fields nació en el seno de una famosa familia del mundo del teatro. Empezó escribiendo letras de canciones cuando era estudiante y hacia 1928 sus canciones se escuchaban en clubs nocturnos y en revistas de Broadway. Para *The International Revue* (1930), Fields colaboró con el compositor Jimmy McHugh y escribió «On The Sunny Side Of The Street» (En el lado soleado de la calle), una de las primeras y mejores del aluvión de canciones alegres anti-Depresión de la década de 1930.

El particular talento de Fields hacía que sus letras fueran a la vez sofisticadas y realistas, lo que daba un enfoque refrescante a clichés y a expresiones cotidianas como: «If My Friends Could See Me Now» (Si mis amigos pudieran verme ahora), «What a set-up, holy cow!» (¡Vaya montaje, vaca sagrada!). Incluso a veces inventaba frases como «I don't pop my cork for every guy I see» (No descorcho mi botella por cada tipo que veo), en la irreverente «Big Spender». Fue la primera mujer en ganar un Óscar a la mejor canción por su colaboración con Jerome Kern en «The Way You Look Tonight». Fields era también una avezada libretista, coautora en musicales de Broadway como *Up In Central Park* (1945) y *Annie Get Your Gun* (1946). Siguió escribiendo letras para espectáculos de Broadway durante las décadas de 1960 y 1970, como *Sweet Charity* (1966) y *Seesaw* (1973).
Thomas Hischak

Rol Letrista

Fecha 1930

Nacionalidad Estados Unidos

Por qué es clave
Una inusual presencia femenina en la factura de canciones en Broadway y en Hollywood.

112

Espectáculo clave ***Der Blaue Engel*** (***El ángel azul***) la película

El director alemán Josef von Sternberg quería que su película *Der Blaue Engel* (*El ángel azul*) fuera un éxito internacional e intentó infructuosamente contar con Gloria Swanson y otras actrices de renombre. En su lugar, escogió a la alemana desconocida Marlene Dietrich, estudiante de la academia local de actores, y filmó la película en inglés y en alemán. Dietrich interpretaba a una cantante de un club nocturno llamada Lola que seduce, se casa, y luego destruye a Rath, un aburrido maestro de escuela (Emil Jennings).

Friedrich Hollander escribió un puñado de canciones originales para que Lola las cantara en el club, la más memorable es la pesimista «Ich Bin Von Kopf Bis Fuss Auf Liebe Eingstellt» (Fracasando de nuevo en el amor). Dietrich interpretó la canción con su voz grave y su articulación confusa, apoyada perezosamente en una silla, con aspecto aburrido pero también *sexy*.

La película –estrenada en Estados Unidos el 1 de abril de 1930– causó sensación en los dos continentes, en parte por ser una de las primeras películas habladas. Dietrich se incorporó rápidamente a Hollywood. La grabación de Dietrich de «Falling in Love Again» (con letra en inglés de Sammy Lerner) fue un gran éxito de ventas. La cantó a lo largo de su dilatada carrera como su canción de referencia, y su acento alemán aumentaba su sensualidad.

La decisión de contar con una joven nativa para la película demostró ser ciertamente afortunada: cualquier versión en inglés de «Falling In Love Again» suena de algún modo incorrecta si no se realiza con un acento que denote que el inglés es la segunda lengua de la cantante.
Thomas Hischak

Estreno 1 de abril de 1930

País Alemania

Título original *Der Blaue Engel*

Director Josef Von Sternberg

Reparto Marlene Dietrich, Emil Jannings, Kurt Gerron

Compositores Friedrich Hollander, Sammy Lerner

Por qué es clave Dio lugar a una famosa canción cuyas inflexiones foráneas le añadían atractivo.

Pág. siguiente **Marlene Dietrich** en *El ángel azul*.

Canción clave
«Georgia On My Mind»

La composición de «Georgia On My Mind» en 1930 lanzó una de las pocas canciones de Tin Pan Alley de la época en que éstas eran cantadas indistintamente por cantantes de blues, folk, jazz y música popular.

Alguien sugirió a Hoagy Carmichael que escribiera una canción sobre el estado de Georgia. Sin embargo, cuando él y el letrista Stuart Gorrell colaboraron en la pieza, la crearon pensando en la hermana de Carmichael, Georgia. El resultado fue una letra tan ambigua que la pieza puede considerarse tanto un lamento por la pérdida de una mujer amada llamada Georgia como una balada nostálgica sobre el estado sureño. Intencionado o no, tanto los ex residentes nostálgicos del estado como los que tenían una novia llamada Georgia tenían motivos para comprarlo, aunque en este último caso fuera un regalo poco imaginativo.

«Georgia On My Mind» es una pieza muy conversacional cuyos intérpretes a veces cantan hablando su sentida letra. Una grabación de 1931 de Frankie Trumbauer popularizó la canción y pronto se realizaron otras grabaciones destacadas de Mildred Bailey y Louis Armstrong, entre otros. El interés por la balada se reavivó a raíz de la versión que hizo Ray Charles en 1960 que fue número uno en Estados Unidos. Se la considera comúnmente la versión definitiva. Más recientemente, en 1990, Michael Bolton alcanzó el Top 40 con una nueva versión.

La cuestión sobre qué tema trata la canción se dirimió en 1979: ese año fue adoptada por Georgia como canción oficial del estado.

Thomas Hischak

Fecha de lanzamiento 1930

Nacionalidad Estados Unidos

Compositores Hoagy Carmichael, Stuart Gorrell

Por qué es clave Ilustra la doble viabilidad comercial generada por la ambigüedad.

Canción clave «Our Don Bradman»
Art Leonard

Aunque sea un enigma para casi todo el mundo, el críquet ejerce un poder casi religioso sobre sus devotos y en Australia, una tierra particularmente obsesionada por el juego, ningún nombre relacionado con el críquet es más venerado que el del difunto sir Donald Bradman. El Don está generalmente considerado como el mejor bateador que haya existido. Su marca de bateo en partidos internacionales, 99,94, aún sigue vigente.

Mil novecientos treinta fue el año en que la estrella de Bradman se volvió supernova, con un récord mundial gracias a una calificación de 334. Intuyendo el impacto que iba a provocar y destilando el momento en una canción, ese año el escritor Jack O'Hagan, a través del portavoz de Art Leonard, combinó las tradiciones del *music hall* y los principios de la música folk para crear un himno para la superestrella emergente.

Tras preguntar por las personas de las que se habla bien en Australia y a continuación sugerir que habría quienes dudarían entre la aviadora Amy Johnson o el personaje de dibujos animados Mickey Mouse, O'Hagan reveló: «No, sólo es un chico de pueblo quien provoca todo este delirio». Tal fatuidad cuasi lírica evidencia que su creación no era precisamente un hito artístico, lo que quedaba subrayado por la orquesta de hojalata y la cuidadosa enunciación. Pero la canción de Leonard mostró que la música popular podía hacer por las estrellas del deporte lo que la música folclórica hizo por los caballeros medievales: convertir a los héroes contemporáneos en leyendas inmortales.

Angus Batey

Fecha de lanzamiento 1930

Nacionalidad Australia

Compositor Jack O'Hagan

Por qué es clave
Una primitiva intersección entre dos grandes placeres del hombre corriente: la canción popular y el deporte.

Pág. anterior **Don Bradman**.

Personaje clave
Bing Crosby

En la época en que «Out of Nowhere» entró en las listas de éxitos de Estados Unidos, el 25 de abril de 1931 –de camino a su primer número uno–, Bing Crosby ya era un artista popular. Pero 1931 vio los primeros pasos que le llevarían a cosechar un éxito sin precedentes en la carrera de un cantante en solitario.

Crosby empezó su carrera profesional en la década de 1920, antes de que el estilo vocal popular dominante hubiera emergido del vodevil. Las estrellas en esa época, como Al Jolson, necesitaban esforzarse para proyectar sus voces hasta las últimas butacas de los teatros en los que actuaban. Pero el principio de la carrera de Crosby coincidió con el uso de los primeros micrófonos, tanto en las actuaciones en público como en los estudios de grabación (de un modo más sofisticado). Este avance tecnológico permitía a los cantantes interpretar de un modo más íntimo en las grabaciones; la melosa voz de barítono de Crosby se adaptaba perfectamente a la nueva tecnología, a la vez que su conocimiento de las obras contemporáneas de jazz le ayudaron a desarrollar un estilo distintivo, un modo de expresarse aparentemente informal. Este estilo sencillo pero sofisticado pronto se encarnó en un nuevo género vocal, el *crooning*.

El mismo año que «Out of Nowhere» llegó a lo más alto, Crosby inició su carrera como cantante solista, acompañado por la Carl Fenton Orchestra, en un programa de radio de la CBS. El *crooning* –que permite una conexión más personal entre el intérprete y el oyente– era ideal para la radio, y Crosby fue un gran hallazgo. La leyenda estaba lista y en marcha.
Robert Dimery

Fecha 1931

Nacionalidad Estados Unidos

Por qué es clave Crosby personificó un nuevo modo de cantar en las grabaciones.

Pág. siguiente **Bing Crosby.**

Canción clave «Minnie The Moocher»
Cab Calloway

Las canciones que permiten una respuesta o eco por parte del público se hicieron populares con este clásico del *scat*,[1] en el que incluso en las grabaciones algunos miembros de la banda ejecutaban las repeticiones.

La pieza siempre se asoció a Cab Calloway, que la escribió con Irving Mills y Clarence Gaskill. Calloway la presentó con su banda en el Cotton Club en Harlem, la grabó en el que sería su primer disco, hizo lo propio para la radio, en películas, en televisión y en conciertos durante más de 50 años. La canción es una pieza narrativa que cuenta la historia de Minnie «hoochie coocher»[2] de la que está enamorado Smokey, quien la lleva a fiestas en Chinatown y la llena de regalos. Pero la generosa Minnie acaba volviéndose loca, ingresa en un manicomio y muere. La tristeza de la historia contrasta con la música chispeante y la reiterada frase «Hi-de-hi-de-hi-de-hi», que el público no podía evitar pero que cantaba de fondo con júbilo. El anterior y otros sonidos *scat* le confieren un sabor primitivo y tribal a la canción. El disco de Calloway de 1931 llegó a las listas de éxitos de Estados Unidos el 21 de marzo de ese mismo año y a él se le conocía como el «Hi-De-Ho Man» (El hombre Hi-De-Ho). La pieza aparece a menudo catalogada como «The Hi-De-Ho Song» (La canción Hi-De-Ho).

Aunque siempre se consideró del dominio exclusivo de Calloway, «Minnie The Moocher» fue grabada por Adelaide Hall, la Mills Blue Rhythm Band, Duke Ellington e incluso Danny Kaye.

Larry Marshall interpretó a un joven Calloway que cantaba la canción en la película *The Cotton Club* (1984).
Thomas Hischak

1. Improvisación vocal propia del jazz.
2. Bailarina de una danza provocativa que se hizo popular a finales del siglo xix.

Fecha de lanzamiento Marzo de 1931

Nacionalidad Estados Unidos

Compositores Cab Calloway, Irving Mills, Clarence Gaskill

Por qué es clave La clásica pieza de «llamada y respuesta».

Personajes clave
Flanagan y Allen

Aunque eran principalmente comediantes, Bud Flanagan y Chesney Allen también hacían canciones de éxito, su música estaba imbuida de la vida de la clase trabajadora de Londres. Sin embargo, a pesar de su aparente provincianismo, traspasó fronteras. Durante la segunda guerra mundial, un DJ programó seis veces su grabación de «Underneath The Arches» y se convirtió en un éxito internacional.

Bud Flanagan fue coautor de «Underneath The Arches», en 1926, que trata sobre la amistad y la pobreza. Flanagan cantó la canción con Allen haciendo algo más que decir sus estrofas, como era característico. Se convirtió en una de sus canciones más famosas, junto a «Run Rabbit Run» y «Shine On Harvest Moon».

En noviembre de 1931, al empresario Val Parnell se le ocurrió reunir a Flanagan y a Allen con miembros del *music hall* popular británico como «Monsewer» Eddie Gray, Jimmy Nervo, Teddy Knox, Charlie Naughton y Jimmy Gold, presentándolos como la Crazy Gang

(La pandilla chiflada) para una revista musical en el London Palladium. El espectáculo fue un rotundo éxito y aunque siguieron trabajando por separado, los miembros de la Crazy Gang actuaron juntos durante más de 20 años.

Flanagan cantó tiempo después la canción para la comedia de la BBC sobre los tiempos de la guerra *Dad's Army,* una canción que suena como si hubiera sido escrita en homenaje al estilo optimista que Flanagan y Allen utilizaron en la pieza sobre la misma temática «We're Going To Hang Out The Washing On The Siegfried Line».

A Chip Hawkes, de los Tremeloes, le gustaba tanto el nombre de pila de Chesney Allen que se lo puso a su hijo; más tarde conseguiría también un número uno.
Spencer Leigh

Rol Artistas de grabaciones

Fecha 1931

Nacionalidad Reino Unido

Por qué es clave
Confirmó la validez de su propia cultura cuando las canciones de Estados Unidos se hacían omnipresentes.

1930–1939

118

Personaje clave
Howard Dietz

Howard Dietz (1896-1983) fue el principal letrista de 15 musicales representados en Broadway entre 1924 y 1963. Escribió esbozos y libretos para esos espectáculos y algunas veces también los dirigía. También produjo películas y óperas traducidas.

Dietz se ocupaba a jornada completa dirigiendo el departamento de publicidad de la compañía cinematográfica Metro-Goldwyn-Mayer. En este puesto, ideó el gruñido del león Leo como imagen corporativa, así como el lema *Ars Gratia Artis* (a grandes rasgos en latín: «El arte por el arte»).

Aunque colaboró con compositores como George Gershwin y Jerome Kern, Dietz fue más famoso por las revistas musicales que escribió con Arthur Schwartz, en especial *The Little Show* (1929), *Three's A Crowd* (1930), *The Band Wagon* (*Melodías de Broadway,* 1931), *Flying Colors* (1932), *At Home Abroad* (1935) e *Inside U.S.A.* (1948), que contenían canciones de éxito como «Moanin' Low», «I Guess I'll Have To Change My Plan»,

«Something To Remember You By» y «Dancing In The Dark». *The Band Wagon,* que se representó 260 veces (un número considerable a comienzos de la década de 1930) tras su estreno el 3 de junio de 1931, y fue la última de la pareja formada por Fred y Adele Astaire antes de que ella se retirara y él hiciera carrera en solitario. Treinta y dos años después, Fred Astaire protagonizó una exitosa adaptación al cine de *The Band Wagon* para la que Dietz y Schwartz escribieron otra canción que se convirtió en un clásico: «That's Entertainment».
William Ruhlmann

Rol Letrista

Fecha 1931

Nacionalidad Estados Unidos

Por qué es clave A pesar de que no se dedicaba a ello en exclusiva, Dietz fue un gran letrista.

Espectáculo clave *Cavalcade*
teatro musical

Noel Coward, el cronista urbano de la clase alta, era un inglés polifacético que destacó como dramaturgo, escritor de canciones e intérprete. Como compositor de canciones muchos lo han denominado el Cole Porter inglés.

Las obras de teatro de Coward eran comedias costumbristas ingeniosas y sofisticadas. Pocas de sus revistas musicales y espectáculos musicales humorísticos no cruzaron el Atlántico. Uno de sus mayores éxitos fue la ceremoniosa *Cavalcade*, estrenada el 13 de octubre de 1931. Se trataba un cuadro patriótico que incorporaba canciones tradicionales del *music hall*, así como una nueva canción de Coward, «Twentieth Century Blues» (Blues del siglo xx). El título de esta composición da una idea de su argumento, que retrata las vidas de dos familias, una acomodada y otra pobre desde el cambio de siglo hasta el (entonces) presente, con los hechos cotidianos vistos desde la perspectiva de los protagonistas, incluyendo la primera guerra mundial, la muerte de la reina Victoria y el hundimiento del *Titanic*.

Una versión cinematográfica de 1933 ganó el Óscar a la mejor película y es la versión destinada a ser recordada, ya que el despliegue y envergadura del espectáculo dificultan su reposición a gran escala. Sin embargo, no se puede negar el efecto que tuvo en su época. Se estrenó poco antes de las elecciones generales británicas y se dice que su tono patriótico contribuyó a que el Partido Conservador ganara varios escaños. *Cavalcade* también hizo perder algunos amigos a Coward, consternados al ver cómo alguien aparentemente iconoclasta y antibelicista retrataba a los trabajadores como personajes felizmente serviles.

Ken Bloom

Estreno 13 de octubre de 1931

País Reino Unido

Director Noel Coward

Reparto John Mills, Binnie Barnes, Arthur Macrae

Compositor Noel Coward

Por qué es clave El musical que ayudó a decidir unas elecciones generales.

1930-1939

Canción clave
«Goodnight Sweetheart»

Ray Noble, Jimmy Campbell y Reg Connelly colaboraron en este clásico donde el protagonista consuela a la amada, rogándole que no llore por su partida y prometiéndole que el sueño desterrará la tristeza («sleep will banish sorrow»). Tiene un aire de canción de cuna; no obstante, un continuo, incluso insistente patrón define una canción de *fox-trot*. Se presentó en el Reino Unido interpretada para la radio por la orquesta de la BBC, dirigida por Henry Hall, en 1931. Rudy Vallee la llevó al público estadounidense ese mismo año con una grabación que tuvo un gran éxito de ventas, y rápidamente se incluyó en la revista musical de Broadway *Earl Carroll's Vanities Of 1931*, cantada por Milton Watson y Woods Miller.

De las muchas grabaciones que siguieron, las que tuvieron mayor éxito fueron las de Al Bowlly y Guy Lombardo y los Royal Canadians. Entre las películas que incorporaron la canción están *Stardust On The Sage* (1942, cantada por Gene Autry) y *Stage Door Canteen* (*Tres días de amor y de fe*), de 1943, interpretada por Kenny Baker. Por motivos obvios, la canción fue escogida como número final en las sesiones vespertinas de salones de baile, clubs nocturnos y conciertos. El título de la canción fue utilizado por una popular comedia televisiva de la BBC que estuvo en antena desde 1993 hasta 1999 que describe a un viajero en el tiempo que vive vidas paralelas en la segunda guerra mundial y en el presente. Naturalmente, la canción se utilizó como tema para la serie.

Thomas Hischak

Fecha 1931

Nacionalidad Reino Unido

Compositores Ray Noble, Jimmy Campbell, Reg Connelly

Por qué es clave La simpatía del público por esta delicada canción de despedida contribuyó a convertir el tempo del *fox-trot* en el preferido para las canciones románticas en la década de 1930.

Personaje clave
Maurice Chevalier

El estreno de la película musical *Love Me Tonight* (*Ámame esta noche*) el 13 de agosto de 1932 cimentó la reputación del intérprete francés Maurice Chevalier. Chevalier era la quintaesencia del cantante parisino: su actitud era despreocupada, romántica e ingenua en todo lo que hacía, encarnada por el sombrero de paja que llevaba pese a vestir un traje formal.

Nació en la capital francesa en 1888 en una familia pobre y desempeñó varios trabajos antes de hacerse famoso como cantante cómico en el Folies-Bergère en 1909. Hacia 1929, se asentó en Hollywood tras aparecer en películas musicales como *Innocents Of Paris* (*La canción de París*, 1929). Era aparentemente consciente del poder de su encanto galo: dio instrucciones a los compositores de cine Whiting y Robin para que tuvieran presente su acento francés lo que les inspiró para el nombre, que se convertiría en el título de una de sus canciones de referencia, «Louise» igual que su acento se convertiría en el sello de su estilo interpretativo.

Ámame esta noche contenía otra de sus canciones de referencia, «Isn't It Romantic?». Si «Thank 'Eaven For Leetle Girls» de *Gigi* (1958) rozaba la autoparodia, se hizo a sabiendas y la canción fue suficientemente querida por los estadounidenses como para perdonarle su supuesto colaboracionismo durante la segunda guerra mundial.

Aunque tanto su técnica vocal como la interpretativa eran limitadas, Chevalier tenía un gran presencia escénica. Antes de su muerte, en 1972, tuvo el honor de cantar la canción de la cabecera de la película de Disney de 1970 *The Aristocats* (*Los Aristogatos*).
Thomas Hischak

Rol Artista de grabaciones

Fecha 13 de agosto de 1932

Nacionalidad Francia

Por qué es clave Chevalier aportó cierto encanto francés a la cultura popular.

Personaje clave
Ted Lewis

Uno de los intérpretes estadounidenses más queridos, Ted Lewis (1890-1971) se metía al público en el bolsillo cuando preguntaba, «Is everybody happy?» (¿Sois todos felices?). El autoproclamado Medicine Man for Your Blues (Curandero de Vuestras Penas) estaba especializado en las nuevas melodías sincopadas.

Aunque Lewis tocó el clarinete en la primera grabación de 1917 con la banda de jazz de Earl Fuller, el instrumento resultaba realmente tan accesorio como su maltrecho sombrero de copa. Lewis, reconocido sensiblero, quizás no era un gran clarinetista, pero sabía lo bastante como para contratar a los mejores clarinetistas, como Benny Goodman, Jimmy Dorsey y Don Murray. Sus credenciales como músico de jazz estaban avaladas también por el trompetista Muggsy Spanier, el pianista Fats Waller y el trombonista George Brunis. La canción de referencia de Lewis era «Me And My Shadow» y también popularizó «When My Baby Smiles at Me» (de la que fue coautor) y «I'm a Musical, Magical Man».

Lewis y la banda aparecieron en cientos de espectáculos de radio y televisión. Aunque los gustos musicales cambiaban, como muchos otros de su época, Ted Lewis mantuvo su popularidad durante décadas. Su «In A Shanty In Old Shanty Town», que alcanzó las listas de éxitos de Estados Unidos el 4 de junio de 1932, fue un éxito discográfico durante 10 semanas, 12 años después de su primer número uno. También actuaron en Las Vegas en la década de 1960. Se hicieron tres películas con o sobre Lewis entre 1929 y 1943. Todas tituladas *Is Everybody Happy?*
Ken Bloom

Rol Artista de grabaciones

Fecha 1932

Nacionalidad Estados Unidos

Por qué es clave Lewis fue un director de banda no demasiado virtuoso aunque gran conocedor de sus capacidades musicales.

Canción clave
«Brother Can You Spare A Dime?»

El letrista E. Y. Harburg había conocido la pobreza, pues se había criado en el Lower East Side[3] de Manhattan. Como decía: «Sé lo que es para un vecino venir a pedir un pedazo de pan». La Gran Depresión precipitada por el jueves negro de 1929 hizo la vida de los pobres aún más dura. Un día, durante esa época, cuando Harburg y su primer colaborador, Jay Gorney, atravesaban paseando el Central Park de Nueva York, un mendigo les abordó con estas palabras: «Buddy, can you spare a dime?» (Amigo, ¿te sobra un centavo?).

Sustituyendo la palabra *buddy* por *brother* («hermano») Harburg escribió una letra modélica en la que en el estribillo el narrador contraponía detalles de su anterior y duro trabajo («Once I built a railroad, now it's done» [Una vez construí un ferrocarril, ahora ya está terminado]) con la frase del título. Las referencias de Harburg a trajes de color caqui y a promesas sobre la construcción de sueños de paz y gloria dejaban claro su disgusto por la manera en que se había abandonado a aquellos que habían luchado por su país en la primera guerra mundial. Jay Gorney acompañó la dolorosa tristeza de la letra con una melodía lenta y mordaz.

La canción se presentó en la revista musical de Broadway *Americana*, estrenada el 5 de octubre de 1932. Rudy Vallee y Bing Crosby consiguieron sendos números uno con la canción. Al aparecer justo antes de la elección presidencial de Franklin Delano Roosevelt, la canción se convirtió en un grito de guerra para un cambio en el panorama político estadounidense.
Ken Bloom

3. Barrio de clase baja y trabajadora de Nueva York.

Fecha de lanzamiento
5 de octubre de 1932

Nacionalidad Estados Unidos

Compositores Jay Gorney, E. Y. Harburg

Por qué es clave
Prácticamente el himno oficial de la Depresión.

121

Canción clave
«The Teddy Bears' Picnic»

Hay muchos ejemplos en la historia de la música popular de piezas instrumentales a las que se les ha añadido la letra con posterioridad. No obstante, en pocas ocasiones el proceso fue tan inspirado como el que tuvo lugar con «The Teddy Bears' Picnic» (El picnic del osito de peluche).

El compositor de Broadway y Tin Pan Alley John W. Bratton (1867-1947), escribió la vivaz melodía, que se inspiró en el nombre de un cachorro de oso de peluche utilizado en 1902 por el caricaturista C. K. Berryman en referencia a la afición del presidente Theodore (Teddy) Roosevelt por la caza. El compositor de Witmark la publicó en 1907 y enseguida se hizo popular.

Por muy placentera y silbable que sea la melodía, no hay nada en ella que haga pensar en osos de peluche o picnics. Cuando en 1932 el letrista inglés James B. Kennedy (1902-1984) escribió una letra, logró la increíble proeza de hacerlo de un modo tan exento de artificios que las nuevas palabras sonaban como si siempre hubieran estado allí. Sus ingeniosos trucos como las rimas entre *there was* y *because* se desenvuelven deliciosamente en la melodía original y hábilmente evita poner con calzador el título cuando no funciona con naturalidad, de modo que el estribillo queda: «Today's the day the teddy bears have their picnic» (Hoy es el día en que los ositos de peluche van de picnic).

Henry Hall grabó una versión actualizada de «The Teddy Bears' Picnic», transformando una canción de 25 años en un clásico, de la que vendió 4 millones de discos.
William Ruhlmann

Fechas de publicación
1907 (música), 1932 (letra)

Nacionalidad Estados Unidos/Reino Unido

Compositores John W. Bratton, James B. Kennedy

Por qué es clave La canción cuya letra añadida sonaba como si siempre hubiese estado allí.

My Best wishes
To Doc Turner!
From
Louis Armstrong
3/30/33

Johnny Collins
presents
THE INTERNATIONAL
STAR
Louis Armstrong

Personaje clave
Louis Armstrong

Louis Armstrong revolucionó el jazz con un talento para la improvisación con la trompeta que no se había escuchado antes de su llegada a Chicago desde su Nueva Orleans natal en agosto de 1922 a la edad de 21 años. Comprometido para tocar con una banda dirigida por su mentor, King Oliver, Armstrong realizó sus primeras grabaciones con su propio nombre tres años más tarde, dirigiendo bandas que llamó Hot Five o Hot Seven. Esas grabaciones están entre las más reverenciadas de la historia del jazz.

Pero Armstrong no sólo era un gran instrumentista. Aunque no tenía una gran técnica vocal, interpretando era un portento de expresividad. Profunda y grave, su voz se correspondía con su manera de tocar la trompeta en sus fluctuaciones melódicas y en el juego con el fraseo, parodiando sutilmente la letra de las canciones que cantaba. También contribuían a su éxito su personalidad y su vis cómica, que hicieron de él una estrella más allá del campo del jazz. En una carrera que duró hasta su muerte, a los 69 años, en 1971, se convirtió en intérprete habitual en cine y en televisión y dejó gran cantidad de grabaciones célebres.

A los puristas del jazz no les gustaba la faceta cómica de Armstrong ni les entusiasmaban sus interpretaciones como su versión del clásico «All Of Me», pero eso no le impidió conseguir su primer número uno en Estados Unidos el 20 de febrero de 1932.
William Ruhlmann

Rol Artista de grabaciones

Fecha 1932

Nacionalidad Estados Unidos

Por qué es clave Armstrong es uno de los mejores vocalistas del siglo xx y muy posiblemente el músico de jazz más importante de todos los tiempos.

Pág. anterior **Louis Armstrong.**

Acontecimiento clave
La muerte de Jimmie Rodgers

La tuberculosis que acabó con la vida de Jimmie Rodgers, el 26 de mayo de 1933, tuvo su origen en los años que pasó trabajando en el ferrocarril. Esos ferrocarriles fueron el tema recurrente de sus canciones, lo que contribuyó a llevar la música country más allá del gueto en el que, tradicionalmente, sólo se abordaban asuntos cotidianos de las zonas de montaña.

Rodgers –nacido en 1897 y criado en Meridian, Misisipi– mezclaba canciones folk con blues, añadiendo como sello personal un ligero toque *yodel* (canto a la manera tirolesa). Apodado *The Singing Brakeman* (el Cantante Guardafrenos) por su fijación y mitificación de los ferrocarriles, empezó su carrera en el mundo de las grabaciones en 1927 cuando realizó una audición para Ralph Peer en la compañía Victor Records. Compositor prolífico, produjo varios éxitos imperecederos como «T For Texas, T For Tennessee», «Waiting For A Train» (más tarde versionada por Boz Scaggs con Duane Allman, quien, como Bob Dylan, era un admirador de Rodgers) y «In The Jailhouse Now» (versionada por Webb Pierce y Johnny Cash entre otros). Muchas de sus canciones utilizan el título de «Blue Yodel» seguido de un número –por ejemplo, «Mule Skinner Blues» era conocida como «Blue Yodel #8», y es comúnmente aceptado que si hubiera gozado de mejor salud, habría seguido apareciendo en las listas de éxitos de Estados Unidos, cosa que hizo en ocho ocasiones, entre ellas con «Blue Yodel» (también conocida como «T For Texas»), de 1928, de la que vendió un millón de copias.

Rodgers llegó a ser conocido tras su muerte como «el padre de la música country» e inspiró a las futuras estrellas de este estilo como Hank Snow, Ernest Tubb y Gene Autry.
John Tobler

Fecha 26 de mayo de 1933

País Estados Unidos

Por qué es clave Una muerte vinculada inextricablemente a las innovaciones del artista.

Personaje clave
Al Dubin

Al Dubin (nacido en 1891) nació en Zúrich, Suiza, y emigró a Estados Unidos a los dos años. Tras servir en la primera guerra mundial empezó a trabajar para editoriales musicales de Nueva York, aunque obtuvo mayor éxito en Hollywood, donde empezó a dedicarse al cine musical junto al compositor Joe Burke.

El colaborador más productivo de Dubin fue Harry Warren, con quien escribió canciones para Gold Diggers y otros musicales del período de la Depresión. Su canción más célebre de esa época fue «We're In The Money», que dio a conocer Ginger Rogers en *Gold Diggers Of 1933* (*Vampiresas de 1933*), estrenada el 27 de mayo de 1933. La pieza vivaz y casi ridículamente pegadiza que se jacta con ironía del poder adquisitivo en una época en que pocos lo tenían («We never see a headline about breadlines today» [Hoy no hemos visto ningún titular sobre la miseria]),

llamó inmediatamente la atención del público y es aún muy conocida.

Sus letras podían ser románticas, coloquiales, optimistas, sentimentales o absurdas, como certifican clásicos como «I Only Have Eyes For You», «Forty-Second Street», «You're Getting To Be A Habit With Me», «Tip Toe Through The Tulips», «Painting The Clouds With Sunshine», «With Plenty Of Money And You», «Shuffle Off To Buffalo» y «Lullaby Of Broadway», esta última ganaría un Óscar en 1935. Irónicamente, para alguien que fue capaz de sobreponerse a la Depresión gracias a su talento, Dubin sucumbió a los vicios a los que muchos recurrían para evadirse de sus desgracias: tras una vida de alcoholismo, excesos en la comida y abuso de las drogas, murió prematuramente en 1945.

Thomas Hischak

Rol Letrista

Fecha 1933

Nacionalidad Estados Unidos

Por qué es clave Letrista que se convirtió en portavoz oficioso de la música popular alienante de la década de 1930.

Pág. siguiente
Vampiresas de 1933.

124

Personaje clave
Otto Harbach

El letrista y libretista Otto Harbach (1873-1963) fue pionero en su afán de que las letras de los espectáculos de Broadway fueran cuidadosas y precisas. Aunque hoy es poco conocido, fue responsable de cincuenta musicales y el éxito de su todavía famosa balada «Smoke Gets In Your Eyes» le ha sobrevivido.

Nacido como Otto Hauerbach en Salt Lake City, empezó como profesor de universidad antes de ir a Nueva York en 1901 para trabajar en un doctorado en Columbia, pero se le acabó el dinero y con treinta y tantos años se dedicó a escribir guiones y letras de canciones para Broadway. Hacia 1910, tuvo un éxito notable con *Madame Sherry* (música de Karl Hoschna), que incluía la canción «Every Little Movement (Has A Meaning Of Its Own)». A causa de la corriente antigermana durante la primera guerra mundial, se cambió el apellido por Harbach y trabajó en musicales populares con Vincent Youmans, Jerome

Kern, Rudolf Friml y Sigmund Romberg. Según su joven pupilo Oscar Hammerstein, Harbach predicaba la importancia de razonar cuidadosamente las letras y la lógica de los libretos de modo que las canciones se integraran en el argumento. Sin embargo, mientras Hammerstein obtuvo una inmensa popularidad, Harbach difícilmente gozó de ella. Aunque el musical que realizó con Kern, *Roberta,* estrenado el 18 de noviembre de 1933, no fue bien acogido, la canción que contenía, «Smoke Gets In Your Eyes», fue un éxito inmediato en la radio y fue filmada con Astaire y Rogers en 1935. La canción ilustra lo mejor de Harbach: es poética, evocadora y sofisticada.

Thomas Hischak

Rol Letrista

Fecha 1933

Nacionalidad Estados Unidos

Por qué es clave El hombre que empezó a escribir canciones porque estaba arruinado.

Personaje clave
Ray Noble

El polifacético Ray Noble (1903-1978) fue un famoso director de banda, notable compositor, actor y arreglista. En su Reino Unido natal empezó como director de la New Mayfair Dance Orchestra, la banda de la HMV Records, cuyas grabaciones empezaron en 1929. Las colaboraciones de Noble con el cantante Al Bowlly contribuyeron a definir el sonido británico entre el público estadounidense y Noble pronto dirigió bandas diferentes en el Reino Unido y en Estados Unidos.

Su primer número uno en Estados Unidos fue «Love is The Sweetest Thing», que llegó a las listas de éxitos el 15 de julio de 1933. Fue escrito por Noble como otro gran éxito «Cherokee». Su gran clásico «The Very Thought of You» es probablemente la más célebre de sus composiciones. Anterior al éxito de esa canción, fue probablemente «Goodnight, Sweetheart». Entre sus grabaciones también destacan «The Touch of Your Lips» y «I Hadn't Anyone Til You».

Noble trabajó en varias películas inglesas y estadounidenses. Apareció con su orquesta en *The Big Broadcast of 1936, The Pride of the Yankees* (*El orgullo de los yanquis*, 1942) y *Lake Placid Serenade* (1944). Asimismo, tomó parte en la película musical de los hermanos Gershwin *Damsel in Distress* (*Señorita en desgracia*, 1937). Noble también actuó en la radio; aparecía con frecuencia en *The Burns and Allen Show*, donde también dirigía su banda. Noble era el director de banda habitual del espectáculo radiofónico de Edgar Bergen y Charlie McCarthy.
Ken Bloom

Rol Artista de grabaciones

Fecha 1933

Nacionalidad Estados Unidos

Por qué es clave Uno de los pocos directores de banda ingleses que triunfó al otro lado del Atlántico.

126

Espectáculo clave
42nd Street (Calle 42) la película

Basada libremente en la novela del otrora bailarín profesional Bradford Ropes, la película en blanco y negro *42nd Street* (*Calle 42*) contaba exactamente el tipo historias del paso de la pobreza a la riqueza que la gente de Estados Unidos deseaba durante la Depresión. Y si no define los arquetipos –el productor achacoso (Warner Baxter), la corista principiante (Ruby Keeler), la estrella incapacitada (Bebe Daniels), la corista vampiresa (Ginger Rogers) y el amante ricachón de dudosa reputación (Guy Kibbee)–, al menos los inmortaliza.

Aunque el guión estaba asignado originariamente a Mervyn LeRoy, éste enfermó y fue reemplazado por Lloyd Bacon, del director de *Footlight Parade* (*Desfile de candilejas*). Técnicamente menos experto que LeRoy, Bacon tenía sin embargo un entonces raro instinto para el ritmo cinematográfico y creó unos números musicales muy bien acabados. Irónicamente fue dirigida por Busby Berkeley con gran lujo

y ostentación; cándido y erótico, su uso de la cámara resultó tan imaginativo como la colosal geometría de sus coreografías.

La pareja formada por Al Dubin (letra) y Harry Warren (música) –que aparecen en un cameo en los papeles de, como no podía ser de otro modo, compositores de canciones acosados– creó piezas que permanecen en el recuerdo: «Shuffle Off To Buffalo», la enérgica «Young And Healthy», la adictiva «You're Getting To Be A Habit With Me» y la canción del título.

En 1980, *Calle 42* volvió a ponerse de moda en formato escénico en Broadway (el guión se adaptó para introducir canciones adicionales de Warren-Dubin) que realizó 3.486 representaciones.
David Spencer

Estreno 2 de febrero de 1933

País Estados Unidos

Director Lloyd Bacon

Reparto Warner Baxter, Ruby Keeler, Ginger Rogers, Guy Kibbee

Compositores Al Dubin, Harry Warren

Por qué es clave El musical que trata sobre lo que sucede entre bastidores que definió el género.

Canción clave «Stormy Weather»
Harold Arlen

Cuando uno piensa en «Stormy Weather», clásico lamento en estilo blues con música de Harold Arlen y letra de Ted Koehler, también piensa en Lena Home. Pero Arlen y Koehler escribieron «Stormy Weather» pensando en un intérprete completamente diferente. Habían previsto que la cantara Cab Calloway en la revista musical *The Cotton Club Revue* en la primavera de 1933. Estaba tan hecha a medida para él que empezaba con su expresión típica «Hi-de-ho», empleando aquí las palabras «Don't know why». La canción continúa con una inusual melodía de blues de 36 compases en la que el cantante relata su desengaño amoroso en un entorno totalmente depresivo («Gloom and mis'ry everywhere» [Tristeza y miseria por doquier]) así como unas condiciones climáticas inestables. Pero Calloway la quitó de la revista musical y Arlen presentó la canción él mismo como grabación; llegó a las listas de éxitos el 25 de marzo de 1933 y al número uno más tarde.

Guy Lombardo grabó una versión y fue incorporada a la revista musical *The Cotton Club Revue* cantada por Ethel Waters, que también consiguió un número uno en Estados Unidos y fue su canción de referencia durante algún tiempo, versiones de Duke Ellington y de Ted Lewis también llegaron a las listas de éxitos en 1933.

Lena Home quiso hacer de «Stormy Weather» su canción de referencia grabándola en 1941. Su deseo se consolidó al protagonizar en 1943 la película *Stormy Weather* (*Tiempo de tormenta*), donde la canta mientras la compañía de Katherine Dunham baila. Después de eso, Home cantó la canción regularmente, también en su triunfal revista musical de Broadway de 1981 *Lena Home: A Lady And Her Music.*
William Ruhlmann

Primer lanzamiento 1933

Nacionalidad Estados Unidos

Compositores Harold Arlen, Ted Koehler

Por qué es clave La pieza escrita para Cab Calloway que terminó siendo la canción de referencia de Lena Home.

Personaje clave
Cole Porter

Cole Porter (1891-1964), el refinado compositor y letrista mundano, era natural de Perú, Indiana. Era el arquetipo del ingenio y la elegancia en la década de 1930. Sus canciones solían destacar más por su alto nivel de sofisticación que por los argumentos de los espectáculos en que aparecía.

Porter nació en el seno de una familia acomodada, pero no quiso trabajar en la industria del carbón y de la madera como su abuelo. Hacia los diez años había aprendido a tocar el violín y el piano y escribía operetas. Aunque en un principio le obligaron a estudiar leyes, ya había escrito 300 canciones antes de matricularse en la Harvard Law School (Universidad de Derecho de Harvard) por lo que era quizás inevitable que cambiara a Artes y Ciencias.

Porter podía escribir sinuosas baladas («Night and Day», «Begin The Beguine», «Love For Sale») y deliciosas canciones «enumerativas» llenas de referencias a temas de actualidad y a veces con increíbles e impactantes dobles sentidos: «Let's Do It», «You're the Top», así como la melodía principal de *Anything Goes,* estrenada el 21 de noviembre de 1934, y que incluía otro de sus clásicos, «I Get A Kick Out Of You». Mientras estas canciones triunfaban, Porter sufrió una caída de un caballo y se rompió las dos piernas. Prácticamente discapacitado, sufrió un dolor crónico y más de treinta operaciones que finalmente le llevaron a la amputación en 1957.

Around the World (1946) fue un fracaso, pero tras dos años de ausencia en Broadway volvió con su obra más importante, *Kiss Me, Kate.*
Ken Bloom

Rol Compositor

Fecha 1934

Nacionalidad Estados Unidos

Por qué es clave El hombre que ayudó a evadirse a las víctimas de la Depresión con el *glamour,* la fantasía y la obscenidad de sus canciones.

Personaje clave
Duke Ellington

Cuando la grabación de Duke Ellington de la canción de Coslow-Johnston «Cocktails for Two» llegó a las listas de éxitos el 5 de mayo de 1934 fue una sorpresa, ya que el famoso artista afroamericano era sobre todo conocido por sus propias composiciones. Tal vez no debería ser tan sorprendente, pues Ellington era también lo bastante inteligente como para conocer los límites del compositor: creaba canciones que permitían a los miembros de su banda ejecutar sus solos característicos.

A finales de la década de 1920, Duke Ellington era un compositor, director de banda y pianista cuya variedad e innovaciones le hacían singular. Nació como Edward Kennedy en Washington D. C. en 1899 y empezó su carrera musical tocando el piano con grupos locales. Formó su propia banda en 1923 y pronto estaría tocando en clubs de Nueva York, entre los que destaca el Cotton Club de Harlem a partir de 1927. Fue allí donde desarrolló el sonido *jungle* aplicado al jazz, utilizando instrumentos con sordina y técnicas de emisión de sonidos guturales que creaban una mezcla ingeniosa y apasionada. La banda de Ellington debutó pronto en la radio, en Broadway –tocando música de Gershwin en *Show Girl* (1929)– y en las pantallas tocando en *Check And Double Check* (1930). Ese mismo año lanzó su célebre composición «Mood Indigo» seguida de «It Don't Mean a Thing If It Ain't Got That Swing», «Sophisticated Lady», «Take the A Train» y otros refinados clásicos el jazz.

Ellington, cuya banda siguió siendo popular en la década de 1960, murió en 1974. Su música fue homenajeada en la revista musical de Broadway *Sophisticated Ladies* (1981).

Thomas Hischak

Rol Artista de grabaciones

Fecha 1934

Nacionalidad Estados Unidos

Por qué es clave Ellington fue pionero en el desarrollo de un tipo de jazz más refinado.

Pág. anterior **Duke Ellington y su banda.**

Pareja clave
Rodgers y Hart

El compositor Richard Rodgers (1902-1979) formó primero equipo con el letrista Lorenz Hart (1895-1943) en 1920. La pareja saltó a la fama cuando su canción «Manhattan» apareció en la revista musical de Broadway *The Garrick Gaieties* (1925). Obtuvieron varios éxitos en el teatro en las décadas de 1920 y 1930 y aparecieron en varias películas. Eran conocidos por sus canciones innovadoras y animadas, que podían ser de tipo romántico, coloquial o de ambos a la vez. De los cientos de melodías que Rodgers y Hart escribieron para Broadway y Hollywood, su mayor éxito fue «Blue Moon», una balada sentimental con regusto de opereta, muy atípica de su trabajo. Apareció en la película *Manhattan Melodrama* (*El enemigo público número 1*), estrenada en 1934.

Otras canciones destacadas fueron «Mountain Greenery», «Ten Cents A Dance», «Dancing On The Ceiling», «The Most Beautiful Girl In The World», «My Funny Valentine», «The Lady Is A Tramp» y «Bewitched, Bothered And Bewildered».

Su relación laboral fue bastante tirante. Hart era corto de estatura, cuidadoso con su aspecto, y un homosexual desdichado que a menudo recurría al alcohol y las drogas. Hacia comienzos de la década de 1940, Hart se comportaba de un modo tan informal que Rodgers empezó a buscar un nuevo letrista. Hart murió a causa del alcoholismo en 1943, el mismo año que Rodgers empezó a colaborar con Oscar Hammerstein. Paradójicamente, la calidad de las letras de Hart no disminuyó a pesar de ello. La última letra que escribió, «To Keep My Love Alive», es tan magistral como cualquier otra de su catálogo.

Thomas Hischak

Rol Compositor (Rodgers) y letrista (Hart)

Fecha 1934

Nacionalidad Estados Unidos

Por qué es clave Una pareja que funcionaba a la las mil maravillas en lo profesional, aunque en privado no podían ni verse.

Canción clave
«Deep Purple»

Mitchell Parish fue capaz de convertir una pieza instrumental en una canción popular de éxito en más de una ocasión. Tras hacer de «Star Dust» una canción inmortal al añadir letra a una melodía existente, hizo lo propio una década después con este clásico.

El compositor Peter DeRose escribió «Deep Purple» como una pieza instrumental ligera en 1934 y fue presentada por la orquesta de Paul Whiteman con un éxito discreto. En 1939, Parish le añadió una letra sentimental sobre el espectáculo de un cielo que se vuelve púrpura y en el que aparecen las estrellas, todo ello recordando a un amor perdido que se le presenta en sueños de intenso color púrpura («deep purple dreams»). La nueva versión fue popularizada por la orquesta de Larry Clinton y durante los siguientes cuarenta años se repuso para los amantes de las canciones románticas. Triunfó en las décadas de 1940 (Bing Crosby), 1950 (Billy Ward y sus Dominoes),

1960 (Nino Tempo y April Stevens) y 1970 (Donny y Marie Osmond). De las otras muchas grabaciones que se realizaron, Doris Roberts la utilizó como sintonía de su programa radiofónico y se presentaba a sí misma como «Deep Purple Girl». La canción también fue una de las favoritas de la leyenda del béisbol Babe Ruth, para quien DeRose cantó la canción cada cumpleaños de los diez últimos años de la vida de Ruth.

Años más tarde, aunque poco tienen que ver con su repertorio, un grupo de heavy metal se haría llamar así por la canción.
Thomas Hischak

Fecha 1934

Nacionalidad Estados Unidos

Compositores Peter DeRose, Mitchell Parish

Por qué es clave El letrista llevó a cabo de nuevo su magia enriquecedora.

Canción clave
«On The Good Ship Lollipop»

Richard A. Whiting empezó su carrera como compositor en las décadas de 1910 y de 1920 escribiendo principalmente con Raymond B. Egan. Se marchó a Hollywood en 1929 y formó equipo con Leo Robin en la Paramount Pictures. En 1933, se fue a la Fox, en la que colaboró sobre todo con el letrista de su plantilla, Sidney Clare. En la Fox la pareja escribió para la estrella dominante del momento, Shirley Temple, la niña cuyas películas literalmente salvaron a la Fox de la bancarrota durante la Depresión.

Los dos fueron asignados para la película de Temple, *Bright Eyes*. En ella, el cumpleaños de la niña tiene lugar en un avión, en el que, mientras correteaba pretendía cantar una canción. Empeñados en encontrar una pieza para Temple, la inspiración le llegó a Whiting un día en que su hija entró en su habitación con una piruleta enorme y pegajosa. Se las arregló para pringar a su padre, su piano y su música. Mientras la reñía se detuvo de repente en medio

de la reprimenda y corrió al teléfono para anunciar a Clare: «¡Tengo el título!».

La canción resultante mostraba a miss Temple insistiendo en que cuando fuera mayor sería piloto y llevaría un avión llamado *Lollipop* («Piruleta»). En la letra ciertamente surrealista de Clare se la imagina viajando en un mundo donde todo está hecho de caramelo, la alegre melodía de Whiting contiene versos como: «On the sunny beach of Peppermint Bay» (En la playa soleada de la bahía de la Menta). La película –estrenada el 28 de diciembre de 1934– y la canción fueron grandes éxitos, «On The Good Ship Lollipop» se convirtió en la canción de referencia de Temple.
Ken Bloom

Fecha de lanzamiento 28 de diciembre de 1934

Nacionalidad Estados Unidos

Compositores A. Whiting, Sidney Clare

Por qué es clave Un clásico inspirado por una niña traviesa y pegajosa.

Pág. siguiente **Shirley Temple.**

Acontecimiento clave *Your Hit Parade*,[4] las listas de éxitos en la radio

En el primer tercio del siglo xx, la música popular se difundía a través de actuaciones en vivo, programas de radio, películas, grabaciones y partituras. Pero hasta la aparición de *Your Hit Parade*, el 20 de abril de 1935, no se mediría semanalmente la popularidad de las canciones a nivel nacional. El programa de radio, inicialmente emitido por la red de emisoras de la NBC y patrocinado por la marca de cigarrillos Lucky Strike, que se retransmitía los sábados a las 20:00 horas, ofrecía las canciones de mayor éxito, en una cuenta atrás, interpretadas por un elenco de cantantes acompañados por una orquesta dirigida inicialmente por Lennie Hayton.

¿Y cómo se determinaba el orden? La agencia de publicidad encargada del programa mantenía los detalles en secreto, pero decía que los criterios incluían las peticiones enviadas a los programas de radio, las ventas de partituras y las estadísticas de las gramolas. Las ventas de grabaciones también eran un factor, pero en 1935 eran tan bajas que no podían ser determinantes. Cabe destacar que *Your Hit Parade* medía la popularidad de las canciones y no una determinada grabación de esas canciones. En una época en que la industria discográfica se oponía a la reproducción de grabaciones por radio por miedo a reducir sus ventas, los programas de radio no promocionaban las interpretaciones individuales. Sin embargo, cuando la canción «Soon» consiguió el número uno la primera semana, mucha gente la asoció con la grabación de Bing Crosby.

Your Hit Parade fue desbancado por otras listas de éxitos, pero siguió emitiéndose por radio y posteriormente por televisión hasta 1959.
William Ruhlmann

4. «Vuestros éxitos favoritos».

Fecha 20 de abril de 1935

País Estados Unidos

Por qué es clave A partir de *Your Hit Parade* comenzó la obsesión por medir la popularidad de las canciones.

Espectáculo clave *Porgy And Bess* teatro musical

George Gershwin pensó inicialmente en componer una ópera basada en el clásico yiddish *The Dybbuk* (1914), pero cuando hubo problemas con los derechos volvió a la idea de una historia sobre la vida de los afroamericanos, para explorar los reinos del jazz, los espirituales y las canciones folclóricas que habían sido para él una influencia tan decisiva como el judaísmo. Tras leer la novela *Porgy*, de DeBose Heyward, y la subsiguiente obra de teatro, inspirándose en hechos reales y en el relato del autor de Carolina del Sur, Gershwin ya tenía su fuente de material.

Le llevó algún tiempo empezar –Heyward, que necesitaba dinero, llegó a considerar una versión con *blackface* (artistas blancos con la cara pintada de negro) que habría sido escrita por Al Jolson–, pero la colaboración entre Gershwin Heyward (como letrista y libretista), con letras también del hermano de George, Ira, finalmente les llevó a un territorio totalmente nuevo, en el que mezclaron las formas de la canción popular con las técnicas operísticas y con un reparto formado exclusivamente por afroamericanos. Destacan números como «I Got Plenty O' Nuttin», la delicada «Summertime» y el himno de los escépticos «It Ain't Necessarily So». La obra se estrenó con una controversia predecible: a los críticos populistas les encantaron las canciones, pero menospreciaron el recitativo y el clasicismo; los críticos legítimos sintieron lo contrario. Y muchos negros denunciaron el dialecto y los estereotipos que retrataba la obra.

La producción original se representó 124 veces (una cantidad decepcionante aunque superior al promedio en este tipo de obras), pero fue suficiente para establecer una presencia en la literatura, que ha llevado a realizar miles de representaciones más en todo el mundo y a su completa reivindicación artística y social.
David Spencer

Estreno 11 de octubre de 1935

País Estados Unidos

Director Robert Mamoulian

Compositor George Gershwin, Ira Gershwin, Dubose Heyward

Por qué es clave *Porgy and Bess* sintetizó la aplicación de las técnicas operísticas a la música popular para convertirse en la obra estadounidense por excelencia de la fusión musical.

Pág. anterior *Porgy And Bess*.

Acontecimiento clave
El nacimiento del DJ

En las primeras décadas de la historia de la radio, muchos programas emitían noticias en directo o transcritas y programas de entretenimiento. Las cosas empezaron a cambiar ligeramente cuando, en 1927, Christopher Stone incluyó conciertos grabados de música clásica en la BBC. Se llamó a sí mismo «presentador». En Estados Unidos, los locutores eran anónimos y daban detalles de la música que emitían sin personalidad ni explicaciones. A comienzos de la década de 1930, Al Jarvis creó el programa *Make Believe Ballroom* para la KFWB de Los Ángeles. El programa de Jarvis presentaba a una banda, con lo que creaba la ilusión de un verdadero salón de baile.

En 1935, en la WNEW de Nueva York, Martin Block decidió emitir grabaciones entre los boletines de noticias sobre el secuestro de Lindbergh, una extraña combinación. Entonces adoptó la idea y el título del programa de Jarvis y empezó su propio *Make Believe Ballroom* el 3 de febrero de 1935. La personalidad de Block brillaba en sus programas y el periodista Walter Winchell lo llamó *disc jockey* («jinete de discos»), la primera utilización del término. La innovación de Bock propició una tregua entre las antes beligerantes emisoras de radio y las compañías discográficas, al darse cuenta estas últimas de que la radio les hacía propaganda gratuita. El programa de Block se emitió a nivel nacional en 1940. Fue muy popular, en 1948 apareció en un cortometraje musical presentando el programa y en 1949 Columbia Pictures realizó una película musical titulada *Make Believe Ballroom*.

Block dejó el programa en 1954 por *The Martin Block Show* en la emisora ABC. *Make Believe Ballroom,* con diferentes presentadores, aún sigue en antena.
Ken Bloom

Fecha 3 de febrero de 1935

País Estados Unidos

Por qué es clave Una revolución en la manera de presentar la música a través de las ondas.

Pág. siguiente El nacimiento del DJ.

134

Canción clave **«Begin The Beguine»**
de *Jubilee*

En cierto sentido, «Begin The Beguine» de Cole Porter es una pieza novedosa, si la comparamos con las entonces populares danzas «rumberas», que dio al autor la oportunidad de pintar una ambientación exótica. Sin embargo, la canción fue realmente muy innovadora. Antes de «Begin The Beguine», 32 compases era la medida considerada estándar para una canción popular e ir más allá ponía en peligro su éxito. Pero esta queridísima balada tiene 108 compases, la canción popular prerrock más larga nunca escrita.

Porter contó una vez que utilizó para la pieza un acompañamiento musical tribal de una danza guerrera que había escuchado en Indonesia durante una vuelta al mundo que realizó con su escritor Moss Hart. No obstante, más tarde se retractó y explicó que se había inspirado en la música de unos nativos de Martinica que escuchó en un salón de baile parisino. Una cosa es cierta: June Knight la cantó por primera vez en la revista de Broadway *Jubilee,* que se estrenó el 12 de octubre de 1935, y la bailó entonces acompañada por Charles Walters. Además de por su duración, «Begin The Beguine» es única por otros motivos. La balada no tiene verso[5] y la melodía se desarrolla sin estrofas que clarifiquen su estructura, por lo que es la canción más difícil de cantar de Porter, circunstancia que no contribuyó de entrada a su popularidad. La canción no obtuvo la fama que se merecía hasta la versión de Artie Shaw de 1938. La versión de Eddy Heywood (1944) vendió más de un millón de copias.
Thomas Hischak

Primer lanzamiento Octubre de 1935

Nacionalidad Estados Unidos

Compositor Cole Porter

Por qué es clave Demostró que una canción popular podía captar la atención si era lo bastante buena.

5. Entendiéndolo como parte de la estructura verso-estribillo.

Canción clave
«It Ain't Necessarily So»

Aunque la primera producción de *Porgy And Bess,* de George Gershwin, no fue un éxito, varias de las canciones se convirtieron en clásicos. La más famosa es «It Ain't Necessarily So» (No es necesariamente así), que Leo Reisman llevó por primera vez a las listas de éxitos de Estados Unidos el 14 de diciembre de 1935 y cuyo planteamiento ateo/agnóstico la ha hecho tan perdurablemente popular que artistas actuales como Bronski Beat, Cher, The Moody Blues y Sting la han versionado.

El número musical lo canta el tahúr Sportin' Life, que cuestiona maliciosamente las historias de la Biblia a un grupo de feligreses en un pícnic. Ira ideó el título. Una vez que tuvo las rimas *li'ble/Bible* y *Goliath/dieth,* Ira supo que la canción no sólo era posible sino que sería un éxito. El tema musical de la pieza tiene forma de *limerick*,[6] adecuado para la métrica de la letra. John Bubbles, el brillante bailarín y cantante, representó el papel de Sportin' Life y contribuyó al éxito de la canción.

La canción se ha convertido en una de las favoritas de muchos cantantes, como Sammy Davis, Jr. en la versión cinematográfica de *Porgy And Bess* de 1959 y Cab Calloway, que apareció como antagonista de Leontyne Price y William Warfield en una gira patrocinada por el Estado. Cuando el espectáculo viajó a Rusia (donde se habían apropiado previamente de las canciones, sin pagar derechos de autor), se supo que los rusos habían traducido erróneamente «Li'l David was small but oh my...» por «Li'l David was impotent but oh my...». (*small*: pequeño/*impotent*: impotente). Ken Bloom

6. Poema humorístico inglés de cinco versos.

Fecha de lanzamiento 1935

Nacionalidad Estados Unidos

Compositores George Gershwin, Ira Gershwin

Por qué es clave Una canción de la década de 1930 que siguió teniendo relevancia para la generación del rock.

Personaje clave
Benny Goodman

Cuando la grabación de Benny Goodman de «Goody, Goody» alcanzó el número uno en Estados Unidos el 29 de febrero de 1936, se le apodó El Rey del Swing. Posiblemente el mejor clarinetista del siglo xx, Benny Goodman fue un director de banda y compositor innovador así como un músico reconocido y uno de los gigantes de la era de la *big band*.

Nació en Chicago en 1909 y a los doce años ya tocaba el clarinete profesionalmente . Cinco años después realizó su primera grabación y estuvo tocando en los principales salones de baile de Nueva York y Los Ángeles. Goodman creó su propia banda en 1934. Poco después de que el swing –un tipo de jazz con pegadizos *riffs*[7] que alternan con solos virtuosísticos– apareciera, Goodman se convirtió enseguida en uno de sus cabecillas. Además de su entonación clara y su inventiva en los solos con el clarinete, Goodman fue reconocido como director y arreglista de talento. Tocaba con músicos afroamericanos en sus conciertos cuando muchas orquestas practicaban la segregación. Muchos directores de banda famosos, como Harry James, Gene Krupa y Lionel Hampton, empezaron como instrumentistas en la banda de Goodman, que también ayudo a popularizar a muchas cantantes como Helen Ward, Mildred Bailey, Helen Forrest y Peggy Lee. El concierto de jazz de Goodman en el Carnegie Hall en 1938 fue un momento cumbre de su carrera, que también incluyó giras por todo el mundo, apariciones en películas y la composición de clásicos como «Swingtime In The Rockies» y «Stoppin' At The Savoy». Su grupo se disolvió en 1944. Goodman murió en 1986. Thomas Hischak

7. Motivos de dos o cuatro compases que se tocan repetidamente.

Rol Artista de grabaciones

Fecha 29 de febrero de 1936

Nacionalidad Estados Unidos

Por qué es clave Goodman estaba a la cabeza de la vanguardia del swing.

Pág. anterior **Benny Goodman.**

Personaje clave
Eddy Duchin

Pianista, compositor y director de banda, Eddy Duchin (1910-1951) nació en Cambridge, Massachusetts, y estudió Farmacia antes de dedicarse a la música al ser contratado como pianista en la orquesta de Leo Reisman en 1929. Al año siguiente Reisman tuvo un gran éxito con la grabación de «Body And Soul» con Duchin al piano. Duchin formó su propia banda en 1931 y desarrolló un estilo en el que una canción podía empezar con un piano solo, al que se añadían los instrumentos de la banda por partes antes de llegar al sonido de todo el grupo junto. Pronto Eddy Duchin y su orquesta grabaron con éxito «Ain't She Sweet», «It Had To Be You», «Easy Come, Easy Go», «Let's Fall In Love», «Moon Over Miami» y «Brazil». Donde quizás se pueda apreciar mejor su característica sonoridad es en su grabación de «I'll Sing You A Thousand Love Songs», que llegó a las listas de éxitos de Estados Unidos el 28 de noviembre de 1936. Esta pieza de Harry Warren y Al Dubin apareció en la película *Cain And Mabel* (1936), pero fue el número uno que consiguió Duchin en las listas de discos más vendidos en Estados Unidos lo que le dio popularidad.

Duchin ha sido infravalorado por algunos al considerarlo un precursor de Liberace, pero estaba bastante mejor orientado musicalmente que este último. También estuvo involucrado en un pequeño escándalo cuando en su grabación de «Old Man Mose» (1938) parecía que la vocalista Patricia Norman decía la expresión «Fuck it» (Joder) (de ser cierto, sería la primera vez que aparecía en una grabación) y fue prohibida en Gran Bretaña por ese motivo.
Thomas Hischak

Rol Artista de grabaciones

Fecha 1936

Nacionalidad Estados Unidos

Por qué es clave El intérprete que combinó la *big band* con el piano.

Pág. siguiente **Eddy Duchin** (izquierda).

138

Personaje clave
Johnny Burke

La facilidad de Johnny Burke (1908-1964) para escribir letras de canciones hizo de él uno de los letristas más solicitados durante las décadas de 1930 y 1940 en Hollywood.

Su primer éxito, con Joe Young y Harold Spina, fue «Annie Doesn't Live Here Anymore», de 1933. En la compañía Twentieth Century Fox, Burke formó pareja con el compositor James Van Heusen. El primero de los muchos clásicos que escribió para Bing Crosby fue «It's Always You». Entre sus otros éxitos destaca «Moonlight Becomes You», «It Could Happen To You» y «Swinging On A Star». Aunque sus espectáculos para Broadway fracasaron, exceptuando a Dubin y Warren, ninguna otra pareja de compositor y letrista escribió tal cantidad de buenas canciones para Hollywood como Burke y Van Heusen. Burke puso el texto a «Misty», de Erroll Garner, en 1954, y fue su mayor éxito. Sería su última canción.

La canción más conocida de Burke hoy en día es probablemente «Pennies From Heaven», escrita con su primer colaborador en musicales de Hollywood, Arthur Johnston. De las cuatro versiones que se hicieron en 1936 la de Bing Crosby fue la más celebrada, ya que llegó a las listas de éxitos el 28 de noviembre de ese mismo año. Sin embargo, debe su inmortalidad al hecho de dar título a la aclamada serie de televisión de la BBC de Dennis Potter y al subsiguiente largometraje protagonizado por Steve Martin más de cuarenta años después. La manera en que se utilizó creó una especie de estilo de referencia de la edad de oro de la canción estadounidense para los que no pudieron verlo en su momento.
Ken Bloom

Rol Letrista

Fecha 1936

Nacionalidad Estados Unidos

Por qué es clave Además de tener éxito en su época, Burke fue un letrista cuyo trabajo perduró hasta décadas más tarde.

Espectáculo clave *On Your Toes*
teatro musical

Fue concebida inicialmente para ser una película musical protagonizada por Fred Astaire. El compositor Richard Rodgers y el letrista habían ideado juntos una historia sobre un bailarín profesional con gafas convertido en profesor, en la que se mezcla el ballet ruso con algunos viejos gánsteres estadounidenses buenos, y aderezada con algunos enredos románticos: la novia de nuestro héroe –una chica corriente– está celosa de su relación con una primera bailarina trepa. Astaire no aceptó el papel, ya que la historia no le daba la oportunidad de aparecer con su «consustancial» frac y corbata blanca.

Se contrató al larguirucho, más cómico y rudo Ray Bolger y la película prevista se convirtió en un musical de Broadway. George Abbott se ocupó del libreto y de agilizar y clarificar el complejo argumento. Por la época en que apareció el musical, el 11 de abril de 1936, se realizó introduciendo su espectáculo dentro del otro: el controvertido debut de la compañía rusa en un ballet jazz estadounidense. El propio ballet contaba por sí mismo una historia oscura que culminaba con un disparo fatal. Y mientras se representa durante la noche del estreno, nuestro héroe (que por supuesto había asumido el papel protagonista) se da cuenta de que hay gánsteres de verdad entre bastidores esperándole para pegarle un tiro de verdad en el *crescendo*...

La hoy legendaria coreografía era de George Balanchine, que se desarrollaba sobre la funcional música del ballet y figuraban la canción del título y la tierna y clásica «There's a Small Hotel».
David Spencer

Estreno
11 de abril de 1936

País Estados Unidos

Director C. Worthington Miner

Reparto Ray Bolger, Doris Carson, Monty Wooly

Compositor Richard Rodgers, Lorenz Hart

Por qué es clave El musical que incorporó un ballet clásico entre sus números.

Canción clave
«I've Got You Under My Skin»

Cole Porter se inspiró para escribir «I've Got You Under My Skin» (Te llevo bajo mi piel) en una canción francesa, «Mon Homme», que empezaba con la frase: «I've got him so much in my skin». Igual que otras grandes canciones de Porter, tenía una estructura inusual, consistente en 56 compases en lugar de los 32 habituales, con cada una de las siete frases de ocho compases ligeramente diferente; su ritmo similar al del beguine[8] era también poco convencional. Aunque ello no le impidió servir para baile a Georges y Jalna en la película *Born to Dance* (*Nacida para la danza*), estrenada en noviembre de 1936, cantada por Virginia Bruce.

Incluso antes del estreno de la película, Hal Kemp y su orquesta con Skinnay Ennis como vocalista, llegaron a las listas de éxitos de Estados Unidos con la canción en noviembre de 1936. Pero Ray Noble y su orquesta con Al Bowlly a la voz, obtuvieron un éxito aún mayor. Tras su éxito inicial, «I've Got You Under My Skin» se convirtió en un éxito perenne, cantado en otras películas y grabado por muchos artistas como Ella Fitzgerald, Frank Sinatra y Perry Como. También volvió periódicamente a las listas de éxitos a veces en versiones descabelladas, como una novedosa versión de Stan Freberg en 1959 y una versión pop/rock de la banda The 4 Seasons en 1966 que la devolvió al Top 10 de Estados Unidos 30 años después. En 1993, Sinatra y Bono de U2 la cantaron para el álbum *Duets,* de Sinatra.
William Ruhlmann

Fecha de lanzamiento
1936

País Estados Unidos

Compositor Cole Porter

Por qué es clave El éxito de esta canción ha sido tal que músicos de todas las generaciones han sucumbido a sus encantos.

---

8. Danza sudamericana similar a la rumba pero más lenta.

Canción clave
«Let's Face The Music And Dance»

El escaparate para el lucimiento de Fred Astaire y Ginger Rogers *Follow The Fleet* (*Sigamos la flota*), estrenado el 20 de febrero de 1936, contó con una de las mejores partituras que Irving Berlin compuso para Hollywood.

Uno de sus números musicales, «Let's Face The Music And Dance», era una de las canciones menos convencionales de Berlin. La canción no tiene verso y cuenta con 66 compases. Cada una de sus cuatro secciones tiene un número diferente de compases e incluso las armonías son inusuales. Gracias a Astaire y a Rogers y a la maestría de los orquestadores, el público nunca notó la falta de simetría de la canción.

Para muchos la canción está inextricablemente entrelazada con el baile al que acompaña en la película, coreografiado por Astaire y Hermes Pan. Astaire y Rogers aparecen como esculturas *art déco* que cobran vida, posando de forma exagerada. La canción empieza lentamente, crece hacia un frenético clímax, y termina con los dos bailarines de nuevo inmóviles en su lugar. Es célebre, en el número, la toma en la que la manga del vestido de pedrería de Rogers golpea en la cara a su pareja.

Sin embargo, la fama de la canción no se debe sólo a su aparición en la película. La letra muestra el temor sobre un futuro incierto (primera frase: «There may be trouble ahead» [Puede que surjan problemas]»), que insta a una actitud de vivir el momento. Con el mundo abocado de un modo aparentemente inevitable a la guerra, los estadounidenses sentían ya una incertidumbre perfectamente expresada en la letra de Berlin.
Ken Bloom

Fecha de publicación 1936

Nacionalidad Estados Unidos

Escritor Irving Berlin

Por qué es clave La canción que expresa el deseo nacional de olvidar ante un destino funesto.

Personajes clave
Rainger y Robin

Rainger y Robin no llegaron a ser nombres familiares, pero sí lo fueron muchas de las canciones que escribieron juntos para el cine.

El compositor Ralph Rainger nació en Nueva York en 1901 y fue abogado practicante antes de dedicarse profesionalmente a la música. Hacia 1930 estuvo en Hollywood escribiendo música para películas. El letrista Leo Robin (1895-1984) nació en Pittsburgh y trabajó como periodista y actor antes de escribir canciones para espectáculos de Broadway en la década de 1920. Cuando la Depresión afectó a Broadway, Robin se marchó al oeste y colaboró con Rainger por primera vez en 1932. Durante los diez años siguientes colaboraron en 34 películas musicales, que incluyen algunas canciones destacables como «Love In Bloom», «June In January», «Blue Hawaii», «With Every Breath I Take» y «Please». Cuando se les encargó que compusieran una canción para Bob Hope y Shirley Ross para que se cantase en *The Big Broadcast Of 1938* (1937), escribieron la agridulce «Thanks For The Memory» (Gracias por el recuerdo), cuya música y letra tiene un trasfondo doloroso muy inusual en la época en las canciones que no eran para el teatro. Ganó el Óscar a la mejor canción. Hope la adoptó como canción de referencia de su larguísima carrera.

La relación profesional de Rainger y Robin terminó trágicamente por la muerte de Rainger en un accidente de avión en 1942, aunque Robin siguió colaborando con otros compositores durante otros 13 años.
Thomas Hischak

Rol Compositor (Rainger) y letrista (Robin)

Fecha 1937

Nacionalidad Estados Unidos

Por qué es clave Sus nombres no han quedado en el recuerdo del público; irónico si consideramos el título de la canción que escribieron.

Acontecimiento clave
El furor del jitterbug

Cuando 21.000 personas bailaron el jitterbug frenéticamente con la música de Benny Goodman y su orquesta el 3 de marzo de 1937, la primera noche que actuó en el Paramount Theater de Nueva York, Goodman fue declarado «Rey de Swing». Retrospectivamente, la velada fue muy significativa porque marcó la incorporación por parte de la comunidad blanca de Estados Unidos de un baile de masas originario de la clientela afroamericana del legendario salón de baile Savoy de Harlem.

El jitterbug era un baile salvaje, descuidado e improbablemente atlético denominado en principio Lindy Hop, en homenaje a la pionera travesía aérea del Atlántico llevada a cabo por Charles Lindberg. Los enloquecidos movimientos del baile recordaban a la agitación incontrolable de los alcohólicos, conocida en argot afroamericano como jitter. El nuevo nombre se estableció cuando el director de banda Cab Calloway grabó una pista llamada «Jitterbug» en 1934. Hacia junio de 1939, con estrellas de las grabaciones como Goodman y Ella Fitzgerald habiendo fomentado el baile, el Mayor Concurso Mundial de Jitterbug tuvo lugar en el Coliseum de Los Ángeles. En una pista de baile de más de 3.500 metros cuadrados, más de 1.000 concursantes bailaron desde las siete de la mañana hasta las seis de la tarde. Antes de terminar el año, otra canción titulada «Jitterbug» se convirtió en la primera pieza escrita para The Wizard Of Oz (El mago de Oz). Aunque finalmente fue eliminada del montaje final, el hecho de que los productores pensaran en meterla con calzador en esta película de fantasía, da testimonio de la atracción universal que ejercía dicho baile.

Johnny Black

Fecha 3 de marzo de 1937

País Estados Unidos

Por qué es clave
El jitterbug fue el baile de moda que unió a amantes de la música negros y blancos a una escala sin precedentes.

Pag. anterior El jitterbug.

143

Espectáculo clave *Snow White And The Seven Dwarfs (Blancanieves y los siete enanitos)*

Originariamente, *Snow White And The Seven Dwarfs* se llamó *Disney's Folly* (El disparate de Disney). Walt Disney tuvo que rehipotecar su casa para financiar los 1,4 millones de dólares de presupuesto por adaptar el cuento de hadas de los hermanos Grimm. Creyendo que un largometraje de dibujos animados podía ser más rentable que sus habituales cortometrajes, Disney decidió ampliar los horizontes de su estudio mientras forzaba las fronteras de las películas de dibujos animados. *Snow White And The Seven Dwarfs* (Blancanieves y los siete enanitos) fue el primer largometraje de dibujos animados en inglés, por no mencionar que fue la primera película que contó con un álbum de la banda sonora para ayudar a aumentar las ventas.

Aunque la exuberante belleza visual de la película es innegable, las canciones de Frank Churchill y Leigh Harline merecen ciertamente una vida aparte de la película. (Paul J. Smith fue responsable de la música incidental.) «Some Day My Prince Will Come», «Heigh-Ho» y «Whistle While You Work» se convirtieron en piezas obligadas del libro de canciones de cualquier niño. Además, se hizo una célebre adaptación de la última por las tropas aliadas durante la segunda guerra mundial para hacer comentarios groseros sobre Hitler y sus secuaces. Debido a que el lanzamiento de un disco de la banda sonora de una película no tenía precedentes, el estudio no contaba con una compañía de edición musical. De modo que confió en la Bourne Co., que controla las canciones de la película hasta el día de hoy. Estrenada el 21 de diciembre de 1937, *Blancanieves y los siete enanitos* se convirtió rápidamente en la película con la mayor recaudación hasta la fecha, preparando el camino para que la compañía Disney se convirtiera en un baluarte del cine y de los libros de canciones en Estados Unidos.

Leila Regan-Porter

Estreno
21 de diciembre de 1937

País Estados Unidos

Directores William Cottrell, Wilfred Jackson, Larry Morey, Perce Pearce, Ben Sharpsteen

Reparto Adriana Caselotti, Lucille La Verne, Roy Atwell

Compositores Frank Churchill, Leigh Harline

Por qué es clave Fue la primera película que salió acompañada con un álbum de su banda sonora.

Espectáculo clave *Me And My Girl*
teatro musical

B ill Snibson era el héroe de un musical llamado *Twenty To One,* de 1935. Interpretado por Lupino Lane, se hizo tan popular, que Lane encargó al libretista, L. Arthur Rose, que escribiera una nueva aventura para Snibson, en colaboración con el letrista Douglas Furber y el compositor Noel Gay.

Me And My Girl –que realizó una breve gira por Gran Bretaña antes de su estreno en el Victoria Palace de Londres el 16 de diciembre de 1937– era una especie de *My Fair Lady* con los géneros invertidos: el humilde y tosco Snibson hereda un condado, pero con la condición de que se vuelva más refinado. El leal Snibson se niega a abandonar a Sally –la chica del título– para hacerlo más fácil. La partitura contiene algunos números maravillosos, como la canción del título y «The Lambeth Walk», del que nació un baile y que dio título a la obra cuando fue filmada. Otras canciones por las que se recuerda el musical fueron en realidad añadidas en producciones posteriores: «The Sun Has Got His Hat On» y «Leaning On A Lamp Post».

El espectáculo fue un gran apoyo moral durante la segunda guerra mundial. Se interpretó dos veces cada noche y llegó a la astronómica cifra de 1.646 representaciones e incluso se hicieron muñecos de Lane-Snibson.

Durante décadas la obra se consideró demasiado británica como para dejar huella en Estados Unidos, pero una producción en el West End, de 1985, tuvo tal éxito que ella, su protagonista (Robert Lindsay) y su director (Mike Ockrent) fueron importados con éxito a Broadway un año después.
David Spencer

Estreno 16 de diciembre de 1937

País Reino Unido

Director Lupino Lane

Reparto Lupino Lane, George Graves, Teddie St. Dennis

Compositores Douglas Furber, Noel Gay

Por qué es clave El musical que encarna la comedia musical británica.

Pág. siguiente Me And My Girl.

1930-1939

144

Canción clave «Let's Call the Whole Thing Off» de *Shall We Dance*

«L et's Call the Whole Thing Off» se considera con frecuencia como una canción que compara la pronunciación del inglés entre estadounidenses e ingleses. Lo cual, de hecho, es erróneo, pues hay mayores variaciones dialectales entre las costas de Estados Unidos.

La canción fue escrita por George e Ira Gershwin para la película protagonizada por Fred Astaire y Ginger Rogers *Shall We Dance* (*Ritmo loco*), estrenada el 13 de mayo de 1937. Un día, mientras trabajaban en ella, Ira hablaba con su cuñado, el inglés Strunsky. Éste le contaba a Ira que los granjeros de Nueva Jersey no le entendían cuando decía «to-mah-to» (tomate) en lugar de la pronunciación habitual de Estados Unidos «tomay-to». Ira contestó que la hermana de Strunsky, Lenore, insistía en que la pronunciación adecuada de *either* (cualquiera) era «eye-ther» que Ira pronunciaba «ee-ther».

Ira se puso a trabajar e ideó una letra en la que el narrador empieza diciéndole a su pareja que está cansado de una relación amorosa que se ha vuelto insípida y que su incapacidad para llevarla más allá la ilustraba el hecho de que incluso pronunciaban las palabras de manera diferente. En mitad de ello, el narrador cambia de opinión, se da cuenta de que no quiere perder a su chica hasta el punto de prometerle que «llevará "perjammas" (pijamas) y dejará de llevar "pyajarmahs"», es decir, cambiará para adaptarse a los gustos de su chica para preservar la relación.

Pretenciosa o no, la pronunciación de Strunksy propició una de las mejores canciones del repertorio popular.
Ken Bloom

Publicación 13 de mayo de 1937

Nacionalidad Estados Unidos

Compositores George Gershwin, Ira Gershwin

Por qué es clave La canción que trata sobre un país –no dos– dividido por una lengua común.

Acontecimiento clave
La muerte de Robert Johnson

Un día, en agosto de 1938, Robert Johnson tocaba en un local de Three Forks, Misisipi; era un sábado por la noche ajetreado, en el transcurso del cual se le dio una jarra con alguna bebida alcohólica ilegal. Sin que lo supiera el mujeriego músico, a la bebida le habían echado veneno –posiblemente lejía– con seguridad algún marido celoso. Se sintió indispuesto y lo llevaron a una pensión donde permaneció enfermo varios días. Pudo vencer al veneno, pero desarrolló una neumonía y murió el 16 de agosto de 1938.

Johnson fue enterrado en una tumba sin nombre, un final típico para un *bluesman* vagabundo, aunque ésta fue la única cosa «típica» en la vida de este personaje. Durante los ocho años anteriores a su muerte, el mundo rural del blues había quedado deslumbrado por la dulzura con que tocaba Johnson, por su apasionada manera de cantar y por sus letras atormentadas (de las que un número desproporcionado parecen inspiradas por los demonios). Ya en su época corría un mito sobre él que decía que su rápida progresión con la guitarra se debía a que había vendido su alma al diablo, pero ahora el nombre de Johnson se asocia inmediatamente al mito aún mayor que generó su muerte temprana (27 años). Su pequeño e insignificante catálogo y sus paupérrimas ventas aparecen irrelevantes frente a la legión de discípulos atraídos por su aura legendaria, entre ellos muchos artistas de rock de más de una generación que llegaron a ser superestrellas, The Rolling Stones y Eric Clapton entre ellos.

Bruce Eder

Fecha 16 de agosto de 1938

País Estados Unidos

Por qué es clave Su muerte aglutinó un mito sobre otro.

146

Personaje clave
Tommy Dorsey

Aunque era un consumado trombonista, Tommy Dorsey destacó especialmente como director de *big band* en las décadas de 1930 y 1940. En la era del swing, Dorsey era –comercialmente hablando– el rey, pues definía mejor que cualquier otro director la manera de interpretar el estilo musical de entonces, incluso sin llegar a ser nunca personalmente tan popular como Benny Goodman o Glenn Miller.

La capacidad organizadora de Dorsey no se vio afectada por su notoria falta de paciencia, aunque le causara algún problema ocasional. Tenía mucha afinidad con su saxofonista, su hermano mayor, Jimmy, y los dos inicialmente codirigieron una banda, The Dorsey Brothers Orchestra, que empezó a tocar en 1934. Un año después, sin embargo, Tommy Dorsey abandonó la tarima airado tras una discusión y pronto estuvo a cargo de su propia banda.

Tommy Dorsey y su orquesta triunfaron inmediatamente gracias a la sabia mezcla de música enérgica y dulce de su director, ilustrada por «Music, Maestro, Please», su sexto número uno, que llegó a las listas de éxitos de Estados Unidos el 18 de junio de 1938. Incluso antes de que se cruzara con el joven cantante Frank Sinatra, Dorsey se encontraba en la cima del negocio de las *big bands*. Sinatra estuvo con él menos de tres años, pero era más de lo que habían estado muchos de los músicos que habían trabajado para el irascible director. En los últimos años, la moda del swing decayó, pero Dorsey persistió, y puede reivindicar el papel crucial que tuvo en la carrera de Elvis Presley al ofrecerle su primera aparición televisiva invitándolo a su programa.

William Ruhlmann

Rol Artista de grabaciones

Fecha 1938

Nacionalidad Estados Unidos

Por qué es clave Dorsey fue el tempestuoso sultán del swing.

Canción clave «**You Must Have Been A Beautiful Baby**» Dick Powell

ick Powell presentó «You Must Have Been A Beautiful Baby» (Has debido de ser un bebé precioso) en la película *Hard to Get,* estrenada en noviembre de 1938. Aunque la canción había sido escrita recientemente por Harry Warren (música) y Johnny Mercer (letra), que ya habían escrito canciones de éxito para Hollywood, la sencilla melodía tenía un aire como de décadas anteriores. Mercer escribió la letra una vez que estuvo compuesta la música.

El título se lo inspiró su mujer, Ginger, que lo dijo en una visita a su localidad natal al ver un retrato de él cuando era niño sobre una alfombra. La revelación de la orgullosa madre de Mercer de que había ganado el primer premio en un concurso de bebés se incorporó a la letra, aunque de un modo romántico: el narrador imagina a la protagonista desde la infancia hasta su momento de mayor atractivo, diciéndole que ella debía de haber sido un hermoso bebé: «'cause, baby, look at you now!» (porque, chica, ¡mírate ahora!). El texto, que utiliza rimas inusuales como *appreciate/super-great*, resultaba informal y coloquial, y se adecuaba perfectamente a una melodía llena de giros y tan vivaz que casi dejaba sin aliento.

Tommy Dorsey y su orquesta, con Edythe Wright como cantante, tuvo el primer éxito con ella y Bing Crosby, el más sonado. Hacia la década de 1960, uno puede pensar que había quedado obsoleta e incluso un poco afectada, pero eso no impidió que Bobby Darin o The Dave Clark Five la llevaran al Top 40 de Estados Unidos en esa década.
William Ruhlmann

Fecha de lanzamiento Noviembre de 1938

Nacionalidad Estados Unidos

Compositores Harry Warren, Johnny Mercer

Por qué es clave La belleza del propio letrista en su infancia inspira una canción romántica.

Personaje clave
Noel Gay

l público británico que apenas conocía el nombre de Noel Gay por la agencia de talentos Noel Gay Artists debió de sorprenderse al descubrir que el personaje que daba nombre a dicha organización había escrito o coescrito muchas canciones que le eran familiares.

Richard Armitage, que nació en Wakefield, Yorkshire, Reino Unido, en 1898, fue un niño prodigio: tocaba con maestría el órgano de la catedral. Estudió en el Royal College of Music y en la Universidad de Cambridge, al tiempo que trabajaba como director de coro y organista. Le aguardaba una exitosa carrera en la música litúrgica, pero se sintió atraído por la comedia musical y triunfó con la revista *Clowns In Clover*. Adoptó el nombre de Noel Gay para evitar situaciones embarazosas con las autoridades eclesiásticas por sus actividades extracurriculares.

En 1930, coescribió «The King's Horses» y durante los siguientes diez años, otras de sus canciones como «The Fleet's In Port Again», la informal «The Sun Has Got Its Hat On», la anticaza «Run Rabbit Run», «I Took My Harp To A Party» (Gracie Fields), y la canción de referencia de George Formby «Leaning On A Lamp Post». Su partitura para el espectáculo *Me And My Girl,* dejó una canción tan famosa que en octubre de 1938 el *London Times* publicó un editorial en homenaje a «The Lambeth Walk», que decía: «Mientras los dictadores se enfurecen y los estadistas hablan, toda Europa baila el Lambeth Walk».

Tras la segunda guerra mundial, Gay luchó contra la sordera y murió en 1954. Su hijo, Richard, transformó su legado en Noel Gay Artists, una de las agencias de espectáculos más importantes del Reino Unido.
Spencer Leigh

Rol Compositor

Fecha 1938

Nacionalidad Reino Unido

Por qué es clave Un personaje real y de talento tras un nombre famoso.

Personaje clave
Harry Warren

Cuando Louis Armstrong llegó a las listas de éxitos de Estados Unidos el 4 de febrero de 1939 con «Jeepers Creepers», el relativamente desconocido compositor Harry Warren obtuvo uno de los mayores éxitos de su larga carrera. Aunque nunca llegó a ser un nombre popular como sus contemporáneos Cole Porter o Irving Berlin, Warren fue el compositor de Hollywood por excelencia. Compuso música para más de 60 películas musicales en el transcurso de 30 años, adaptándose a los cambiantes estilos de la música popular.

Nació como Salvatore Guaragna en Brooklyn en 1893. Warren aprendió a tocar el piano de modo autodidacta así como otros nueve instrumentos. Trabajó como pianista comercial en Tin Pan Alley, donde tuvo un sorprendente éxito con su primera composición, «Rose Of The Rio Grande», en 1920. Warren se trasladó a California en 1931 y, en colaboración con el letrista Al Dubin, compuso muchos musicales para Warner Brothers durante la Depresión, como *42nd Street* (*Calle 42*, 1933), *Footlight Parade* (*Desfile de candilejas*, 1933), *Dames* (*Música y mujeres*, 1934) y cuatro películas sobre buscadores de oro. Permaneció en Hollywood en la década de 1960 trabajando con letristas como Johnny Mercer, Ira Gershwin y Mack Gordon. Entre sus composiciones inmortales están «The More I See You», «I Only Have Eyes For You» y «September In The Rain». Aunque rara vez escribió directamente para Tin Pan Alley, Warren vio varias de sus canciones para el cine en las listas de ventas de partituras. Se retiró en la década de 1960, aunque el interés por sus canciones se reavivó gracias a la versión de *42nd Street* para Broadway (1980). Murió al año siguiente.

Thomas Hischak

Rol Compositor

Fecha 1939

Nacionalidad Estados Unidos

Por qué es clave
La trayectoria de Warren ilustra la manera en la que cambian los compositores con el tiempo.

149

Canción clave **«Strange Fruit»**
Billie Holiday

Escrita por el maestro de escuela judío Abel Meeropol bajo el seudónimo de Lewis Allan, la canción «Strange Fruit» se inspiró en el linchamiento del que fueron víctimas dos hombres negros en Indiana en 1930, Thomas Shipp y Abram Smith. Meeropol había visto fotografías del suceso y escribió un poema expresando su horror, que explica que los árboles del Sur dan extraños frutos: «The bulging eyes and the twisted mouth» (Los ojos saltones y la boca torcida). Más tarde le puso música y fue interpretado en el Madison Square Garden por la cantante negra Laura Duncan, lo que llamó la atención de la diva negra del jazz Billie Holiday.

Aunque Holiday la defendió con una gran determinación, su sello discográfico, Columbia, se negó a que la grabara debido a su contenido controvertido, lo que la llevó a hacerlo con el más modesto sello Commodore. Alcanzó el número 16 tras llegar a las listas de éxitos de Estados Unidos el 22 de julio de 1939, aunque no fue ni mucho menos su mayor éxito de ese período (había alcanzado el número uno en Estados Unidos con «Carelessly» en 1937). Pero con el tiempo fue la canción que se asociaba más fácilmente a la cantante. En efecto, ella sentía pasión por su contenido; el acompañante de Holiday, Bobby Tucker, afirmó que Billie a menudo se venía abajo después de interpretar la escalofriante creación de Meeropol.

Pronto el himno del movimiento antilinchamiento, «Strange Fruit» se grabó de la mano del *bluesman* Josh White en 1944 y fue su versión Decca/Brunswick la que introdujo la canción en el Reino Unido. Desde entonces, Nina Simone, Sting, Tori Amos, Robert Wyatt y muchos otros la han grabado.

Fred Dellar

Fecha 22 de julio de 1939

Nacionalidad Estados Unidos

Compositor Lewis Allan

Por qué es clave Prototipo de la canción protesta.

Pág. anterior **Billie Holiday.**

Personaje clave
Ivor Novello

Los escritores británicos contemporáneos que han recibido el premio Ivor Novello son generalmente desconocidos, pero el personaje que da nombre a dichos premios era una superestrella polifacética.

Ivor Novello nació en el seno de una familia de músicos de Cardiff, Gales, en 1893. Escribió la exaltadora canción para la primera guerra mundial «Keep The Home Fires Burning» (1914) y sirvió en el ejército. Desde 1919, apareció en películas, entre ellas, la que le permitió interpretar el papel de sospechoso de Jack el Destripador en *The Lodger* (*El enemigo de las rubias*, 1926), de Alfred Hitchcock. El apuesto Novello se convirtió en una estrella de cine en Hollywood y en un rompecorazones idolatrado por las fans, que confundieron su soltería con disponibilidad, en realidad, cuando era un homosexual atormentado que había tenido una relación con el poeta Siegfried Sassoon.

Como comediógrafo tuvo un gran éxito con el musical *Glamorous Night* (1935), que trata sobre un hombre, interpretado por Novello, que inventa la televisión y es sobornado por ejecutivos de la radio para desaparecer. Novello solía escribir las canciones con el letrista Christopher Hassell como en *The Dancing Years,* estrenada el 23 de marzo de 1939 y que se convirtió en el mayor éxito musical de Londres durante los años de la guerra. Su exitoso musical *Perchance To Dream* (1945), del que Novello escribió música y letra, contiene la que es quizá su canción más famosa, la pieza de reencuentro «We'll Gather Lilacs».

Novello murió en 1951. Su música sentimental no ha perdurado tanto como su nombre: los premios Ivors se llaman así por la excelente labor que hizo Novello por los compositores ingleses al fundar la British Academy Of Songwriters, Composers And Authors, que los concede.
Spencer Leigh

Rol compositor de canciones

Fecha 1939

Nacionalidad Reino Unido

Por qué es clave El hombre que dio nombre a uno de los principales galardones para autores de canciones.

1930-1939

150

Espectáculo clave *The Wizard Of Oz (El mago de Oz)* la película

Sorprendentemente, hubo al menos media docena de películas basadas en *Wizard Of Oz* (*El mago de Oz*) antes de 1939. Todas ellas han sido, por supuesto, completamente olvidadas, eclipsadas por la deslumbrante majestuosidad de la versión protagonizada por Judy Garland, estrenada el 25 de agosto de 1939.

Dichas versiones se basaron en la novela de L. Frank Baum *The Wonderful Wizard Of Oz* (1900) que tras ver la película deja una sensación bastante sosa, pero como no había competencia cinematográfica en aquellos días y los lectores quedaron tan extasiados, dio lugar a trece secuelas. Incluso se hizo una versión para la escena musical en 1902, aunque la partitura de esta versión no fue utilizada para la película. En cambio se encargó a Harold Arlen (melodías) y a «Yip» Harburg (letras) que crearan un conjunto de canciones totalmente nuevas. El resultado fue una partitura memorable salpicada de canciones destinadas de inmediato a ser tan icónicas como las zapatillas mágicas de color rubí de la protagonista Dorothy: «Ding Dong The Witch Is Dead», «You're Off To See The Wizard», «If I Only Had A Brain» y, la más icónica de todas, «Over The Rainbow», el ansioso lamento de la adorable Dorothy.

La película no consiguió ser rentable en sus primeros diez años. Sin embargo, subsiguientes reestrenos y su estatus de imprescindible en Navidad en las televisiones de Estados Unidos e Inglaterra contribuyeron gradualmente a hacerla inmortal. Con todo, los miembros de la Academia cumplieron: ganó el Óscar a la mejor canción original («Over The Rainbow») y a la mejor banda sonora.
Sean Egan

Estreno 25 de agosto de 1939

País Estados Unidos

Director Victor Fleming

Reparto Judy Garland, Frank Morgan, Ray Bolger

Compositores Harold Arlen, «Yip» Harburg

Por qué es clave El musical que fracasó en sus inicios pero que con el paso del tiempo pasó a ser inmortal.

Pág. siguiente *El mago de Oz*.

Personaje clave
Hoagy Carmichael

Hoagy Carmichael (1899-1981) procedía de Bloomington, Indiana. El compositor Bix Beiderbecke lo instó a demostrar su talento y su primera pieza, «Riverboat Shuffle», se convirtió también en su primera composición, grabación y partitura publicada.

Beiderbecke se unió al grupo de Paul Whiteman pero no olvidó a Hoagy. En noviembre de 1927, Whiteman grabó sus «Washboard Blues» con Carmichael al piano y con las letras de Fred B. Callahan. Ese mismo año fue lanzada la composición más exitosa de Carmichael: «Star Dust». Ahora sus éxitos llegaban deprisa y con furia: «Rockin' Chair», grabada con Louis Armstrong, «Georgia On My Mind», con letra de Stuart Gorell, y «Lazy River». El 1 de octubre de 1938, la versión de Larry Clinton de «Heart And Soul» llegó a las listas de éxitos de Estados Unidos, la más exitosa de las tres versiones de la pieza escrita por Carmichael con Frank Loesser que llegó a las listas aquel año.

A comienzos de la década de 1930, Carmichael empezó a escribir de un modo más próximo a las directrices de Tin Pan Alley, lejos de sus raíces del jazz. En 1936, dejó Nueva York y se trasladó a Hollywood. Apareció en la película *To Have And Have Not (Tener y no tener)*, donde cantó «How Little We Know», y «The Best Years Of Our Lives» entre otras, y grabó para Decca. Su voz tenía un distinguido sonido vibrante y un toque irónico. En una época en que los rostros de los compositores no eran muy conocidos, el escritor Ian Fleming dio a conocer el de Carmichael entre el público cuando describió a su héroe James Bond como parecido a él.

Ken Bloom

Fecha 1939

Nacionalidad Estados Unidos

Rol Compositor de canciones

Por qué es clave Probablemente sea el compositor de canciones estadounidense más identificable.

152

Canción clave
«Three Little Fishes»

Saxie Dowell escribió esta canción ostensiblemente bobalicona (la letra contiene frases absurdas como «Dit dit ditty») y pegadiza sobre una madre pez y sus hijos que nadan en un embalse. La canción salió a la luz en una exitosa grabación de Hal Kemp y su orquesta con Dowell y The Smoothies en la voz, que llegó a las listas de éxitos de Estados Unidos el 22 de abril de 1939. Aún más popular fue un disco de Kay Kyser (cantado por Ish Kabibble) que vendió un millón de copias.

La pieza fue una de las favoritas en los hogares durante toda la década de 1940 y más allá. Otros que grabaron «Three Little Fishes» (Los tres pececitos) fueron Paul Whiteman (cantada por The Modernaires), Spike Jones, The Hoosier Hot Shots, Glenn Miller, Ambrose y su orquesta, Guy Lombardo, Red Norvo, Bebe Daniels, Maurice Denham y Shelley Duvall. Las más impensables figuras llevaron la canción de nuevo a las listas de éxitos en 1967: la banda

de rock Mitch Ryder y los Detroit Wheels combinaron la pieza con «Too Many Fish In The Sea» llegando al número 24 de las listas de éxitos de Estados Unidos A pesar de su título gramaticalmente incorrecto, la canción fue la favorita de guarderías y escuelas durante varios años, y está aún bastante extendida, quizá porque tiene moraleja: por no hacer caso de las advertencias de su madre de que no nadara demasiado lejos, el trío de peces se encuentra con un tiburón y comprenden las ventajas de su «Itty bitty pool» (estanque chiquitito), al que regresan a toda prisa.

Thomas Hischak

Fecha de lanzamiento 1939

Nacionalidad Estados Unidos

Compositor Saxie Dowell

Por qué es clave Una nueva canción sin contenido. ¿O no?

Espectáculo clave *Pal Joey*
teatro musical

El desvergonzado y de hablar atropellado Joey Evans de John O'Hara empezó como la estrella de las historias cortas en forma de cartas del *New Yorker*, firmadas por «Pal Joey». Como tenía que ser, fue una carta de O'Hara a Richard Rodgers (compositor) y a Lorenz Hart (letrista), preguntándoles si estarían interesados en un musical sobre Joey, lo que puso la máquina en marcha. O'Hara mismo ideó el sórdido y apasionado libreto.

La historia de Broadway lamenta que el espectáculo, protagonizado por Gene Kelly, no fuera un éxito ya en su estreno el 25 de diciembre de 1940. El público, se cuenta, simplemente no estaba preparado para que un antihéroe complejo fuera el protagonista de un musical. Posiblemente el público se ha vuelto más sofisticado con los años, aunque eso no explica claramente por qué las reposiciones desde la bastante exitosa de 1952 remontaron el fracaso inicial.

La razón más probable es sutil. La obra fue concebida antes de que los musicales empezaran a adoptar lo que ahora consideramos verdadera integración de guión y música, lo que incluye además de la estructura, elementos de estilo y sonoridad. Pal Joey nunca consiguió del todo el adecuado equilibrio debido a que los elementos que los determinan tenían todavía que desarrollarse. Joey no sólo tenía un protagonista adelantado a su tiempo, sino que presentaba una idea cuyo desarrollo requería una técnica que no estaba todavía disponible, y un reestreno muestra esa disparidad.

Sin embargo, no se puede negar el poder sugerente de la partitura cuyas canciones más destacadas muestran un delicado encanto en «I Could Write a Book», pasión desvalida en «Bewitched, Bothered and Bewildered» e impúdica sugestividad en «Zip».
David Spencer

Estreno 25 de diciembre de 1940

País Estados Unidos

Director George Abbott

Reparto Gene Kelly, Vivienne Segal, June Havoc

Compositores Richard Rodgers, Lorenz Hart

Por qué es clave
El primer musical de referencia genuinamente oscuro con el primer antihéroe auténtico como protagonista de un musical.

153

Acontecimiento clave
La creación del BMI

Hacia 1939, la ASCAP tenía la licencia de cerca del 90% de la música que se interpretaba, grababa o emitía por radio en Estados Unidos. Con semejante poder, la organización podía imponer exigencias extremas a las emisoras de radio. Como represalia, éstas crearon la Broadcast Music, Incorporated (BMI) el 1 de abril de 1940 como alternativa para los autores de canciones.

A pesar del conflicto de intereses, esta organización atrajo a muchos compositores al abrir sus puertas a músicos de country, rhythm and blues (R&B) y otros géneros ignorados por la ASCAP. La ASCAP se declaró en huelga en enero de 1941 en un intento de elevar el porcentaje de ingresos por publicidad que recibían de las emisoras de radio en un 50%. Éstas compitieron por las canciones para cubrir sus horas de emisión. Además, la red de emisoras de radio encargó nuevos arreglos de canciones de compositores anteriores al *copyright*

como Stephen Foster y promocionaron a los nuevos compositores afiliados a la BMI.

Incluso después de acabada la huelga en 1943, el catálogo de canciones de la BMI siguió aumentando en calidad y en número. Además, por primera vez, la música country, los sonidos afroamericanos y otros géneros menos conocidos empezaron a emitirse en toda la nación. La audiencia de este tipo de música creció –algunos incluso sugieren que el rock 'n' roll no hubiera arrancado con tanta fuerza si las viejas canciones de Tin Pan Alley hubieran estado tanto tiempo fuera del mercado– y el panorama musical estadounidense se hizo más diverso. Hoy la BMI representa a más de 300.000 compositores y tiene 6,5 millones de canciones en su catálogo.
Thomas Hischak

Fecha 1 de abril de 1940

Nacionalidad Estados Unidos

Por qué es clave
Una nueva organización musical que ofrecía una selección de canciones más populista.

Álbum clave *Dust Bowl Ballads*
Woody Guthrie

Woody Guthrie cantaba música folk en la lengua propia de las víctimas de la sociedad, dando a sus historias sobre sufrimiento, perseverancia y emigración una auténtica resonancia.

Hacer comentarios sobre acontecimientos y condiciones sociales de la época era una tradición centenaria de la música folk cuando Guthrie, nativo de Oklahoma, grabó *Dust Bowl Ballads* el 26 de abril de 1940. Lo peor de la Depresión parecía haber pasado, pero sus réplicas seguían acechando a la clase obrera estadounidense y a los pobres, especialmente a aquellos que habían sido desplazados de sus granjas a causa de las tormentas de arena *(dust bowl storms)* de 1930. Las referencias al tema fueron habituales en las grabaciones de música folk, e incluso de música popular, que la industria discográfica había eliminado en la primera parte del siglo xx. Sin embargo, con este material Guthrie ponía una voz al servicio de los desahuciados de un modo especialmente unificado y articulado, como si fuera su himno.

La compañía RCA Victor presentó *Dust Bowl Ballads* en dos volúmenes en julio de 1940 y su impacto comercial y social fue inicialmente modesto. No obstante, pronto se consideró un documento clave de la floreciente música folk de la comunidad urbana, fundamental para el auge de este tipo de música en la década de 1950 y comienzos de la década de 1960. Bob Dylan quedó tan fascinado por las *Dust Bowl Ballads* que adoptó el estilo de Guthrie como propio en los inicios de su carrera. La temática de Guthrie, que apelaba a la conciencia social, se puede escuchar aún hoy en día en la obra de cantautores como Bruce Springsteen y Billy Bragg.

Richie Unterberger

Fecha de lanzamiento
Julio de 1940

Nacionalidad Estados Unidos

Lista de temas The Great Dust Storm (Dust Storm Disaster), I Ain't Got No Home, Talking Dust Bowl Blues, Vigilante Man, Dust Can't Kill Me, Dust Pneumonia Blues, Pretty Boy Floyd, Blowin' Down The Road (I Ain't Going To Be Treated This Way), Tom Joad - Part 1, Tom Joad - Part 2, Dust Bowl Refugee, Do Re Mi, Dust Bowl Blues, Dusty Old Dust (So Long It's Been Good To Know Yuh)

Por qué es clave Inventó la canción protesta moderna.

Pág. anterior Woody Guthrie.

Canción clave «**When You Wish Upon A Star**» de *Pinocchio* (*Pinocho*)

Las películas de dibujos animados de Disney se han presentado muchas canciones a lo largo de las décadas, pero ninguna ha tenido tanta promoción como «When You Wish Upon A Star».

Apareció por primera vez en la película *Pinocchio* (*Pinocho*), estrenada el 7 de febrero de 1940. El personaje de Pepito Grillo, con la voz de Cliff Edwards, se sentaba sobre el hombro del muñeco de madera que se convierte en el niño real del título y actuaba como su conciencia. Era él quien cantaba esta especie de arrullo ensoñador sobre deseos que se convertirán en realidad si se cree con firmeza en ello («Anything your heart desires will come to you» [Todo lo que tu corazón desee lo tendrás]») escrita por Ned Washington (letra) y Leigh Harline (música).

La pieza ganó el Óscar a la mejor canción y subsistió representando a la compañía Walt Disney. Los cinéfilos adoptaron la balada inmediatamente y fue una de las favoritas de las *big bands* en la década de 1940, como la de Harry James (con la voz de Dick Haimes) y Glenn Miller. El interés en la balada renació cuando Disney la utilizó como sintonía para el programa semanal de televisión que inició en la década de 1950. Incluso cuando la naturaleza del programa cambió, y cuando después Disney tuvo su propia cadena de televisión, la canción permaneció y el solo sonido de sus siete primeras notas llegó a representar el mundo de Disney, desde películas hasta transatlánticos. En la década de 1990, cantantes pop como Ringo Starr, Johnny Mathis, Billy Joel y Linda Ronstadt grabaron sus versiones de esta melodía imperecedera.

Thomas Hischak

Estreno 7 de febrero de 1940

Nacionalidad Estados Unidos

Compositor Ned Washington, Leigh Harline

Por qué es clave La balada popular que se convirtió en la sintonía de un imperio corporativo.

Personaje clave
Burton Lane

Cuando Burton Lane obtuvo su primer éxito en la escena con *Hold On To Your Hats,* estrenada el 11 de septiembre de 1940, se estableció definitivamente en Broadway como compositor de reputación. Más joven y menos conocido que sus colegas Cole Porter, Irving Berlin, Arthur Schwartz y Dorothy Fields, Lane fue no obstante responsable de composiciones inmortales.

Nació como Burton Levy en Nueva York en 1912 y cuando tenía 18 años sus canciones ya sonaban en las revistas musicales de Broadway. Hacia 1933, estuvo en Hollywood componiendo para películas musicales con los letristas Harold Adamson y Frank Loesser. Colaboró con el letrista E. Y. Harburg en *Hold On to Your Hats,* obra popular para el lucimiento de Al Jolson en Broadway. Lane y Harburg trabajaron juntos de nuevo en su más memorable obra escénica, *Finian's Rainbow* (1947), que contenía las canciones «How Are Things In Glocca Morra?», «If This Isn't Love»

y «Old Devil Moon». Con el letrista Alan Jay Lerner, Lane escribió la música para la película *Royal Wedding* (*Bodas reales*, 1951) y el musical de Broadway *On A Clear Day You Can See Forever* (1965). La edad de oro de la música de Hollywood empezó a decaer cuando Burton se hallaba en su apogeo y muchas de las extraordinarias canciones que escribió están enterradas en películas de segunda categoría. Burton murió en 1996. Tenía un talento especial para escribir música romántica y atmosférica con una pulsación vivaz e insistente como en «Everything I Have Is Yours», «The World in My Arms» y «How About You?»
Thomas Hischak

Rol Compositor

Fecha 1940

Nacionalidad Estados Unidos

Por qué es clave
Lane fue uno de los mejores compositores de Broadway y Hollywood que nunca llegó a ser tan famoso como sus canciones.

Canción clave «Boogie Woogie Bugle Boy»
The Andrews Sisters

Don Raye y Hughie Prince escribieron «Boogie Woogie Bugle Boy», que es similar a su otro éxito «Beat Me Daddy, Eight to the Bar». La alegre canción trata sobre un trompetista que vive en Chicago, al que llaman a filas y se deprime porque ya no puede practicar más. Un capitán compasivo forma una banda para que pueda tocar, el resultado es que ahora la compañía se levanta cuando él toca diana («now the company jumps when he plays reveille»).

La inconfundible acometida a tres bandas de la versión de The Andrews Sisters de «Boogie Woogie Bugle Boy» llegó a las listas de éxitos de Estados Unidos el 1 de marzo de 1941. Sin embargo, cuando este país entró en la segunda guerra mundial a final de año, la canción tomó un nuevo enfoque, ya que los hombres tenían que afrontar la realidad de enfrentarse a la vida en el ejército. Con todo, Bette Midler fue capaz de llevarla al Top 10 de Estados Unidos en 1973, presumiblemente por compradores

de una nueva generación. Otra generación después, el grupo femenino En Vogue la versionó en 1990. En 2000, las Puppini Sisters también la grabaron. El año 2007 vio una especie de resurgimiento con el lanzamiento de «Candyman», de Cristina Aguilera. El homenaje de Aguilera a «Boogie Woogie Bugle Boy» incluye la aparición de un grupo vocal formado por tres mujeres vestidas de uniforme en un videoclip. Sin embargo, The Andrews Sisters nunca hubieran contemplado una frase como la que dice la canción: que aquello que fascina a Aguilera hace que se le «caigan las bragas» («panties drop»).
Ken Bloom

Fecha de lanzamiento 1941

Nacionalidad Estados Unidos

Compositores Don Raye, Hughie Prince

Por qué es clave
Una canción que tuvo resonancia en tiempos de guerra y mostró una sorprendente perdurabilidad.

Pág. siguiente
The Andrews Sisters.

Personaje clave
Glenn Miller

Trombonista, compositor y director de banda, Glenn Miller nació en 1904 en Clarinda, Iowa, y acudió a la Universidad de Colorado durante un tiempo antes de dejarla para tocar en bandas dirigidas, entre otros, por Benny Goodman, los Dorsey Brothers y Ray Noble. Formó su propia banda en 1938 y pronto desarrolló un estilo distintivo colocando un clarinete solista por encima de la sección de saxofones. El estimulante y romántico arreglo contribuyó a catapultar a Glenn Miller y a su orquesta a la cima.

Miller era famoso por promocionar a muchos cantantes excelentes, como Ray Eberle y Marion Hutton. Sin embargo, sus canciones de referencia son instrumentales, «In the Mood» y «Tuxedo Junction». Apareció en un puñado de películas junto a su banda, la más memorable *Sun Valley Serenade* (*Tú serás mi marido*, 1941), en la que presentó «Chattanooga Choo-Choo». Harry Warren (música) y Mack David

(letra) escribieron esta rítmica pieza y que fue interpretada por Miller y su banda con Tex Beneke, Paula Kelly y los Modernaires en la parte vocal. La versión de Miller de «Chattanooga Choo-Choo», grabada el 7 de mayo de 1941, se convirtió finalmente en el primer disco de oro, es decir, logró vender un millón de copias.

Desde 1939, Miller dominó la música en Estados Unidos. A los músicos que concebían el jazz de un modo más improvisado no les debía de gustar mucho su enfoque formal, pero al público le encantan las grabaciones como «Stairway ToThe Stars», «Careless», «That Old Black Magic» y «Pennsylvania 6-5000.»

Animador de las tropas en tiempos de guerra, Miller murió en 1944 cuando el avión en el que viajaba hacia París se estrelló en el canal de la Mancha.
Thomas Hischak

Rol Artista de grabaciones

Fecha 1941

Nacionalidad Estados Unidos

Por qué es clave
El director de la banda más popular durante la era del swing.

Acontecimiento clave **La invención de la guitarra eléctrica de cuerpo sólido**

El desafío de incrementar el volumen sonoro de la guitarra empezó en la época de la *big band* en la década de 1930, ya que era difícil de escuchar y estaba relegada a la sección rítmica. Añadiendo una pastilla (transceptor) a la guitarra acústica de caja hueca los guitarristas de jazz conseguían el volumen suficiente para que se les oyera, pero ese aumento de volumen provocaba una resonancia no deseada y malsonante.

Les Paul era sobre todo un guitarrista virtuoso pero también un inventor de talento (desarrolló el sistema de grabación multipista aún en uso hoy en día). Experimentando con pastillas eléctricas en 1941, Paul colocó una a un trozo macizo de madera de pino de 10,16 x 10,16 cm al que había enganchado un diapasón. Llegó a tocar con ese aparato en sus actuaciones pero el público quedaba tan extrañado por su aspecto que Paul pegó dos mitades de una guitarra Epiphone a cada lado del «tronco».

El tronco de Les Paul no llegó a fabricarse, pero ayudó a disipar los recelos sobre el uso de un cuerpo sólido para una guitarra eléctrica. A causa de su insistencia, la compañía Gibson desarrolló una guitarra eléctrica de cuerpo sólido con unos niveles de volumen y de duración del sonido sin precedentes. Hacia 1952, esas guitarras se presentaron junto con las de Leo Fender basadas en la misma idea. Aunque el término *rock 'n' roll* aún no había sido acuñado, la disponibilidad de esos instrumentos más baratos y manejables desempeñó un importante papel en su desarrollo. Irónicamente, el famoso modelo Les Paul, que ha mantenido vivo su nombre, fue en gran medida obra del equipo de diseñadores de Gibson.
Andre Millard

Fecha 1941

País Estados Unidos

Por qué es clave Este invento trajo consigo el sonido primordial del rock 'n' roll.

Canción clave «When I See An Elephant Fly» de *Dumbo*

En la película musical de Disney *Dumbo*, estrenada el 3 de octubre de 1941, el orejudo elefante del título y su amigo el ratón Timothy (Timoteo) despiertan posados misteriosamente en las ramas de un árbol después de haber bebido alcohol accidentalmente. Un grupo de cuervos se perturba al encontrar invadido su hábitat natural. A continuación discuten cómo ha podido Dumbo llegar allí arriba. El leal Timothy insiste en que lo hizo volando. Los cuervos –un grupo de personajes insolentes– hacen burla de ello. En esta pieza deliciosa llena de juegos de palabras de Ned Washington (letra) y Oliver Wallace: (música), los cuervos sostienen que, si bien han visto volar una mosca común (*house fly*: «casa voladora»), a una libélula (*dragon fly*: «dragón volador»), un puesto de cacahuetes, un bate de béisbol, etc. «I be done seen about everything when I see an elephant fly!» (Ya lo habré visto todo si veo un elefante volar).

El argot afroamericano que contiene la pieza da una idea del problema que algunos tuvieron con la canción. El crítico Richard Schickel opinó que la letra era «de mal gusto» y se quejó de que los cuervos eran «caricaturas de negros». El también crítico Leonard Maltin respondió que los cuervos eran «personajes negros, no estereotipos de negros», y sobre su modo de hablar dijo: «si se siente ofendido al oír a un negro llamar a otro "hermano" (*brother*), el espectador simplemente es sensible a la literalidad».

Excepto la voz del líder, Jim Crow, las voces de los cuervos fueron interpretadas por el Hall Johnson Choir, un innovador grupo vocal de espirituales negros, un casting que apenas llevaba implícitos motivos siniestros por parte de los responsables de la compañía Disney.

Sean Egan

Estreno
23 de octubre de 1941

Nacionalidad Estados Unidos

Compositor Ned Washington, Oliver Wallace

Por qué es clave Rara vez una canción ha sido tratada tan injustamente.

Canción clave «The White Cliffs Of Dover» Vera Lynn

La enaltecedora canción «The White Cliffs Of Dover» (Los acantilados blancos de Dover) se encontraba entre las canciones más famosas de la segunda guerra mundial e, interpretada por la novia de las fuerzas armadas Vera Lynn, hizo mucho por elevar la moral de las tropas británicas.

Sin embargo, la composición era obra de dos autores de Brill Building que eran totalmente estadounidenses, Nat Burton y Walter Kent. Burton, el letrista, nunca había estado en el Reino Unido pero sabía lo pintorescos que eran los acantilados blancos del título, que podían ser la primera señal de Gran Bretaña para alguien que regresa a su hogar. No sabía si había pájaros azulejos volando sobre los blancos acantilados de Dover (no hay), pero su inclusión en la letra explotó la misma sensiblería que en «pretty little bluebirds» (hermosos azulejitos) volando en «Over The Rainbow». Sensiblería semejante a la que desprende el pasaje

en que declara que el futuro depara paz para siempre («peace ever after»). Si bien es fácil burlarse del conflicto desde la ventaja que da el punto de vista actual, no puede subestimarse que tal retórica habría entristecido a los soldados prolongando la dolorosa tristeza de la separación de los seres queridos y el terror ante la posibilidad de morir en cualquier momento.

La grabación original fue a cargo del director de banda estadounidense Kay Kyser con la voz de Harry Babbitt; y hubo otras versiones también de Estados Unidos, como la de Glenn Miller, antes de que Vera Lynn la hiciera suya en 1941. La canción se recuperó de la mano de los Righteous Brothers (1966) y Robson y Jerome (1995).

Spencer Leigh

Fecha de lanzamiento 1941

País Estados Unidos

Autores Nat Burton, Walter Kent

Por qué es clave Un himno patriótico británico escrito por estadounidenses.

Acontecimiento clave
Los músicos se declaran en huelga

Cuando las gramolas empezaron a hacerse cada vez más populares en los locales de menor capacidad, los grupos pequeños y los músicos que actuaban solos, que eran sustituidos a menudo, empezaron a percibir las grabaciones como la principal amenaza para su continuidad laboral.

Además, las radios ofrecían más horas de emisión de música grabada. Era más barato y menos problemático que tener a las *big bands* en directo, normalmente desde lugares al aire libre. Finalmente la Federación Americana de Músicos (American Federation Of Musicians) decidió que la situación estaba fuera de control. A los músicos se les pagaba una retribución exigua por las sesiones de grabación. Observaron las enormes ventas logradas por muchas grabaciones que habían ayudado a poner de moda y pidieron que se les pagara unas regalías además de las propias sesiones. Cuando las compañías discográficas se negaron a aceptarlo, el dirigente de la

asociación, James Petri Ho convocó una huelga el 1 de agosto de 1942, declarando que ningún músico volvería a grabar hasta que alcanzaran un acuerdo.

La huelga duró dos años, durante los cuales sólo los cantantes hicieron grabaciones, estrellas como Bing Crosby se vieron obligadas a grabar acompañadas de coros o grupos vocales. En consecuencia, disminuyó la popularidad de las bandas de baile y de swing, y los vocalistas, que siguieron produciendo discos de éxito para promocionar su talento, incrementaron su hegemonía. (Por suerte para Nat «King» Cole, había grabado la exitosa «Nature Boy» justo antes de la fecha de la huelga con una orquesta). Finalmente, no obstante, los músicos obtuvieron justicia: un año después Decca capituló y en noviembre de 1944 RCA y Columbia también firmaron un acuerdo según los términos de la AFM. Se aprobó la ley de «derechos de ejecución».

Fred Dellar

Fecha 1 de agosto de 1942

País Estados Unidos

Por qué es clave
Los músicos consiguen mayor reconocimiento y remuneración.

Personaje clave
Kay Kyser

Nacido como James King Kern Kyser en Rocky Mountain, Carolina del Norte, Kay Kyser (1906-1985) formó su primera banda como estudiante de la Universidad de Carolina del Norte, y hacia la década de 1920 dirigía profesionalmente. Kyser solía emplear a un vocalistas al principio de la canción para luego dejar que la banda asumiera el protagonismo y que se unieran en el estribillo final. Hacia 1936, tenía su propio programa de radio y dos años después presentó su popular programa *Lucky Strike Kollege of Musical Knowledge*, una combinación de concurso y espectáculo musical. Kay Kyser y su orquesta aparecieron en películas de la década de 1940 y fue tal la fama de Kyser que una vez apareció en forma de caricatura en un cómic de Batman. En febrero de 1941, Kyser se convirtió en el primer artista en actuar en una base militar, adelantándose así a las aventuras de Bob Hope.

Kyser tenía una personalidad escénica imponente y estrafalaria. Su enfoque lúdico del sonido de la banda se aprecia mejor en las interpretaciones de piezas ligeras novedosas como «(I've Got Spurs That) Jingle, Jangle, Jungle», que llegó a las listas de éxitos de Estados Unidos el 4 de julio de 1942, canción que imitaba el sonido de un caballo, escrita por Joseph J. Lilley (música) y Frank Loesser (letra) y que vendió un millón de copias. Su *Kollege* se trasladó a la televisión en 1949. Cuando dos temporadas más tarde se dejó de emitir, Kyser –que algunas veces había hablado de jubilarse– decidió abandonar prematuramente el negocio del espectáculo para dedicarse a intereses religiosos y filantrópicos. Nunca regresó.

Thomas Hischak

Rol Artista de grabaciones

Fecha 1942

Nacionalidad Estados Unidos

Por qué es clave Kay Kyser fue un director de banda enormemente popular que abandonó la música.

Pág. anterior **Kay Kyser.**

Acontecimiento clave **Frank Sinatra rompe su abusivo contrato con Tommy Dorsey**

En los tiempos de la *big band*, nadie se pensaría dos veces el hecho de que los directores de banda eran quienes atraían al consumidor a los conciertos, programas de radio y discos. Sin embargo, las cosas empezaron a adquirir una lógica diferente con Frank Sinatra.

El increíble carisma personal y vocal de Sinatra garantizaba una proyección inusual a las grabaciones de la Tommy Dorsey Orchestra, en lugar de ser considerado una simple atracción acústica más. El propio Sinatra empezó a ser consciente de su poder de atracción, llegaba la era del cantante-líder. En 1941, le dijo a Dorsey que quería hacer carrera en solitario. Dorsey, apenas empezó a hablar con él le soltó sin preámbulos que iba a mantener su contrato, que éste se había firmado en la ignorancia y con prisas, y que estipulaba que tras separarse en septiembre de 1942, Sinatra debía dar a Dorsey un tercio de sus futuras ganancias, además de un 10% para el agente de Dorsey.

Finalmente, Dorsey liberó a Sinatra de su contrato. Cómo le persuadió ha sido durante mucho tiempo objeto de conjeturas tremebundas. El italoestadounidense Sinatra se relacionó toda su vida con personajes de la mafia y circuló el rumor de que Dorsey firmó la rescisión del contrato por un dólar con la pistola de alguien en su boca. Las pruebas de que ello sucediera realmente así son contradictorias. Sin embargo, aunque no hubiera sucedido de ese modo, la ironía es que a Sinatra –a quien le encantaba lo que él consideraba el *glamour* de la mafia– probablemente le gustaba que la gente pensara que había sucedido de esa manera.
Sean Egan

Fecha Septiembre de 1942

País Estados Unidos

Por qué es clave
Una parte esencial de la mitología de Sinatra.

Pág. siguiente Frank Sinatra.

Canción clave **«That Old Black Magic»**

«That Old Black Magic» (Esa vieja magia negra) fue escrita por Harold Arlen y Johnny Mercer para la película de 1942 *Star-Spangled Rhythm*, donde se interpretó con una danza lánguida de Vera Zorina.

Mercer reveló más tarde que se había inspirado en una canción de Cole Porter. Dicha canción, «You Do Something To Me» contenía una frase que decía: «Do do that voo-doo that you do so well» (Haz ese vudú que haces tan bien). «El tema del vudú debió impactarme, ya que lo parafraseé en "Old Black Magic"», dijo Mercer. Arlen, siempre caballeroso, dio la mayor parte del mérito a la letra de Mercer, que habla de un hombre hechizado por los encantos de su amada y al saberlo habla de «dedos gélidos a lo largo de mi columna vertebral», con una frase final que clarifica que la vieja magia negra en cuestión es el amor. Arlen dijo: «Las palabras mantienen tu interés, dan sentido, contienen frases memorables y cuentan una historia». «Sin la letra

la canción sería otra canción.» Era demasiado modesto: la sensual excelencia de su creación envuelve en un hechizo al oyente por méritos propios.

La canción se encuentra entre los clásicos más versionados. Destacan las grabaciones de Frank Sinatra, Margaret Whiting, Sammy Davis, Jr. y Glenn Miller y su orquesta, cuya versión de 1943 llegó al número número uno en las listas de éxitos de la cartelera de espectáculos (*Billboard*).
Ken Bloom

Fecha de lanzamiento
1942

País Estados Unidos

Compositores
Harold Arlen,
Johnny Mercer

Por qué es clave
La canción que demostró que fagocitar el pasado puede traer consigo nuevas obras maravillosas.

Espectáculo clave *Holiday Inn*
la película

Desde su estreno el 4 de agosto de 1942 en el Paramount de Nueva York, *Holiday Inn* fue un éxito tanto de público (se convirtió en la película musical con mayor recaudación hasta la fecha) como de crítica («El mejor musical dramático del año», expresó con entusiasmo *The New York Post*). La clave del éxito radicaba en la canción situada en el corazón de la película.

Los protagonistas del largometraje, Bing Crosby, Fred Astaire y Marjorie Reynolds, un triángulo amoroso cuyo desenlace tiene lugar en el hotel del título, al que el personaje interpretado por Crosby se ha retirado prematuramente del mundo del espectáculo persuadido por el personaje interpretado por Astaire. Abundan los números musicales y de baile como es de esperar en una película en la que coinciden el mejor cantante y el mejor bailarín del momento, pero la canción por la que se la conoce principalmente es una interpretada por un hombre solo al piano: Crosby canta «White Christmas» (Blanca Navidad) en presencia únicamente de Reynolds.

La calidez melancólica del sentimiento de la celebración de la Navidad de Irving Berlin y la melosa interpretación de Crosby mostraron una perdurabilidad cautivadora y excepcional: regresó a las listas de éxitos durante los 20 años siguientes. «White Christmas» pasó a convertirse en el disco sencillo más vendido, con 50 millones de copias hasta la fecha.

Berlin supo inmediatamente que había dado con algo especial: después de escribir «White Christmas» a comienzos de 1940, le dijo a su ayudante: «Coge el lápiz y apunta esta canción. Es la mejor que he escrito nunca. ¡Demonios!, acabo de escribir la mejor canción que se haya escrito jamás!».
Robert Dimery

Estreno 4 de agosto de 1942

Nacionalidad Estados Unidos

Director Mark Sandrich

Reparto Bing Crosby, Fred Astaire, Marjorie Reynolds

Musica Irving Berlin

Por qué es clave La película olvidada hace tiempo que nos dejó una canción inolvidable.

1940-1949

Personajes clave
Rodgers y Hammerstein

Pocos podían prever el 31 de marzo de 1943 cuando se alzó el telón de *Oklahoma!* que empezaba una nueva era para los musicales de Broadway. El compositor Richard Rodgers (1902-1979) y el libretista y letrista Oscar Hammerstein (1895-1960) habían disfrutado de exitosas carreras en Broadway, pero cuando colaboraron por primera vez en *Oklahoma!* no sólo iniciaron la más célebre asociación de la historia de los musicales de Broadway, sino también un cambio de dirección del musical en Estados Unidos. Fue el primer espectáculo de este género plenamente integrado en que canciones, bailes e historia estaban entretejidos de un modo lógico y artístico, en lugar de unidos de manera artificiosa; y todos los musicales que le siguieron se vieron influidos por él.

Hammerstein pertenecía a una famosa familia del mundo del teatro y empezó a escribir letras de canciones y libretos para Broadway en la década de 1920. Trabajando con compositores como Jerome Kern y Sigmund Romberg, se hizo famoso por musicales como *Rose-Marie* (1924), *The Desert Song* (1926) y *Show Boat* (1927). Rodgers formó equipo con el letrista Lorenz Hart en la década de 1920 y triunfaron con una serie de comedias musicales en la década de 1940. Cuando terminó su colaboración con Hart parecía imposible que Rodgers pudiera desarrollar la misma química con otro letrista, pero *Oklahoma!* fue sólo el arranque de una asociación aún más exitosa que seguiría abriendo nuevos caminos con obras imperecederas como *Carousel, Allegro, South Pacific, The King And I* y *The Sound of Music,* y creando una larga lista de canciones clásicas inolvidables.
Thomas Hischak

Fecha 1943

Rol Compositor (Rodgers) y letrista (Hammerstein)

Nacionalidad Estados Unidos

Por qué es clave Con ellos cambió la cara del musical.

Pág. anterior **Richard Rodgers y Oscar Hammerstein.**

Personaje clave
Fats Waller

La muerte prematura el 15 de diciembre de 1943 del pianista de jazz, compositor y actor Thomas «Fats» Waller a la edad de 39 años mientras viajaba en el tren *Santa Fe Chief* truncó una notable carrera de un talento único.

Waller nació en 1904 en Waverly, Nueva York, hijo de un reverendo baptista. El joven Waller aprendió a tocar el órgano en la iglesia de su padre en Harlem y en la década de 1920 se ganaba la vida como pianista en cines de Washington, D. C., antes de triunfar en el vodevil y más tarde en los principales teatros de Chicago y Nueva York. Su manera despreocupada de cantar e improvisar enseguida llamó la atención, y sus grabaciones de canciones propias y de otros autores se hicieron populares.

Waller había empezado a componer música en la década de 1920 y, trabajando con letristas como Andy Razaf, escribió muchos estándares de jazz como «Ain't Misbehavin», «Honeysuckle Rose»,

«Joint Is Jumpin», «I've Got A Feeling I'm Falling» y «Keeping Out of Mischief Now».

Compuso la música para dos revistas musicales interpretadas por afroamericanos para Broadway, *Keep Shufflin'* (1928) y *Hot Chocolates* (1929), e interpretó sus canciones en películas de Hollywood. El empleo de la técnica del *stride*[1] podía ser sorprendente; sin embargo, algunos admiradores sentían que su escenificación casi caricaturesca ensombrecía su talento.

Waller llevaba una vida de excesos, y por trágico que fuera, a pocos sorprendió su muerte. El interés por las obras de Waller se reavivó con la revista musical de Broadway *Ain't Misbehavin'* (1978) que estuvo largo tiempo en cartel.

Thomas Hischak

1 *Stride*: zancada. Técnica pianística que requiere grandes saltos de la mano izquierda.

Rol Artista de grabaciones

Fecha 15 de diciembre de 1943

Nacionalidad Estados Unidos

Por qué es clave Un hombre cuyas bufonadas ocultaban su inmenso talento.

Álbum clave *Oklahoma!*
grabación con el reparto original

Oklahoma! suele considerarse el primer álbum que se grabó con las canciones y el reparto originales de un musical (*cast album*) de Broadway. Hubo algunos precedentes, y muchas grabaciones de canciones sueltas de los espectáculos con arreglos en estilo popular antes de 1943, pero ésta es la primera grabación de la mayor parte de la partitura del musical tal y como el reparto original en Broadway lo interpretó, con el mismo director y las mismas orquestaciones que en el teatro. Es interesante señalar que, aunque el espectáculo se estrenó en el St. James Theater el 31 de marzo de 1943, el *cast album* no se grabó hasta el 20 y el 25 de octubre de ese mismo año y no salió a la venta hasta el 2 de diciembre de 1943. El lote con varios discos de 78 r. p. m. –literalmente un «álbum», como era entonces el formato estándar– incluía canciones como «Oh, What A Beautiful Mornin», «The Surrey With The Fringe On Top», «Kansas City»,

«I Cain't Say No», «People Will Say We're In Love» y la pieza del título. A Howard da Silva, que interpretaba a Judy Fry, sólo se le puede escuchar en el dueto «Pore Jud Is Daid» (con Drake); su solo «Lonely Room» no se grabó para esta colección. El 24 de mayo de 1944 se grabó un volumen suplementario que incluía tres canciones que se habían omitido en el primero y salió al mercado en enero de 1945 –aunque «Lonely Room» la canta Drake, no Da Silva–. El álbum *Oklahoma!* creó un género de grabaciones que fue muy popular durante la era prerrock y, en menor grado, posteriormente.

Michael Portantiere

Fecha de lanzamiento 2 de diciembre de 1943 (Volumen I); 3 de enero de 1945 (Volumen II)

Nacionalidad Estados Unidos

Lista de temas Overture, Oh, What A Beautiful Mornin', The Surrey With The Fringe On Top, Kansas City, I Cain't Say No, Many A New Day, It's A Scandal! It's A Outrage!, People Will Say We're In Love, Pore Jud Is Daid, Lonely Room, Out Of My Dreams, The Farmer And The Cowman, All Er Nuthin', Oklahoma!, Finale

Por qué es clave El álbum del que nació una industria.

Pág. siguiente Oklahoma!.

Acontecimiento clave
Muddy Waters se traslada a Chicago

En su tierra natal en Luisiana sólo era otro músico más de blues del Delta, pero cuando McKinley Morganfield –más conocido ya entonces como Muddy Waters– se dirigió al norte en 1943 para intentar convertirse en músico profesional, cambió el curso de la música popular para bien.

Tuvieron que pasar cinco años antes de que Chicago (Windy City [Ciudad de Viento]) viera una grabación de Waters, pero demostró ser el pararrayos que daría vida a uno de los monstruos más poderosos del siglo xx. Fue crucial el hecho de que en algún momento de esos cinco años Waters se hiciera con su primera guitarra eléctrica.

Su primer éxito fue el clásico «I Can't Be Satisfied» (No puedo estar satisfecho; irónicamente una revisión de «I Be's Troubled» [Estoy preocupado], que el historiador del blues Alan Lomax había grabado a Waters antes de que éste se mudase a Chicago) y el éxito de su sencillo de 78 r. p. m. creó un modelo que

su sello, Chess, utilizaría durante las tres décadas siguientes. La adopción y popularización de instrumentos eléctricos por parte de Waters cambió el formato rústico del blues por algo con una sonoridad más moderna y estimulante. Se convirtió en la piedra angular de una lista de nombres que incluye Howlin' Wolf, Bo Diddley y Chuck Berry. El sonido del blues eléctrico de Chicago formaría los cimientos del rock 'n' roll de la década de 1950, de la eclosión del R&B y del beat en la de 1960 (The Rolling Stones tomaron su nombre de una de las canciones de Waters) y del heavy metal de la de 1970.
Angus Batey

Fecha 1943

País Estados Unidos

Por qué es clave
Un cambio de lugar lleva consigo uno de los estilos musicales estadounidenses más influyentes de todos los tiempos.

Pág. anterior **Muddy Waters.**

Acontecimiento clave
Charles Trenet escribe «La mer»

La segunda guerra mundial no fue buena para Charles Trenet. Aunque la exuberante estrella del *music hall* apodada El Cantante Loco era conocido en tiempos más felices por su sombrero de fieltro blanco, sus angelicales rizos rubios, sus centelleantes ojos azules, su voz clara de barítono y su poética manera de expresarse, no fue más inmune que el resto de la población francesa a los horrores de la ocupación nazi. Durante el conflicto tuvo la desgracia de ser declarado muerto y sospechoso de ser judío y colaboracionista.

Sin embargo, durante ese mismo período, en un viaje en tren a lo largo de la costa con sus amigos Roland Gerbaud y Léo Chauliac, su pianista acompañante, escribieron la más tranquila de las canciones. La balada romántica «La mer» (El mar) –que compusieron Trenet y Chauliac en sólo 20 minutos– en homenaje a la reluciente belleza del Mediterráneo antes de que tuvieran que marcharse. Trenet encontró

inicialmente la canción «demasiado solemne», pero cuando la grabó al terminar la guerra, captó el estado de ánimo de la nación francesa y se convirtió en su canción más célebre.

Trenet (1913-2001) hizo también un llamamiento a los francófilos de todo el mundo y siguió los pasos de Maurice Chevalier, que fue el primero en cantar «Y'a d'la joie», otra composición de Trenet, en 1937. La grabó cientos de veces y en docenas de idiomas, «La mer» se adoptó al inglés de la mano de Jack Lawrence y se convirtió en «Beyond The Sea» (Más allá del mar), el mayor éxito de Bobby Darin en 1960.
Pierre Perrone

Fecha 1943

País Francia

Por qué es clave
Esta canción demuestra que ni los nazis pudieron suprimir el impulso artístico.

Personaje clave
Kate Smith

Kate Smith (1907-1986) poseía una voz potente, rica y profunda y un físico acorde, que hicieron de ella una de las cantantes más populares de la primera mitad del siglo xx. Smith sabía exactamente cómo controlar la potencia de su voz y se aseguró de no depender únicamente de su sonido, ello y su perfecta dicción la convirtieron en una excelente intérprete. Se concentró en las canciones que eran atractivas para el gran público: la gente corriente de la calle o del campo.

Dio sus primeros pasos en espectáculos como *Honeymoon Lane, Hit the Deck* y *Flying High*. En 1926, empezó a grabar. Diecinueve de sus discos vendieron más de un millón de copias. En 1931, tuvo su propio programa de radio y «When The Moon Comes Over The Mountain» se convirtió en su canción de referencia, a cuya letra había contribuido. Simultáneamente, el programa de entrevistas y noticias que presentaba, la convirtió en la mujer más exitosa de la radio.

El 14 de agosto de 1943, cantó «God Bless America» de Irving Berlin en la película *This Is The Army*, que se convertiría en su nuevo tema de referencia, un éxito con el que triunfó consecutivamente en tres ocasiones; el equipo de hockey Philadelphia Flyers lo adoptó y ocasionalmente lo emiten en vídeo antes de los partidos. Smith fue votada como una de las tres mujeres más populares de Estados Unidos junto a Helen Hayes y a Eleanor Roosevelt. En 1950, hizo del medio televisivo otra de sus conquistas.
Ken Bloom

Rol Artista de grabaciones

Fecha 1943

Nacionalidad Estados Unidos

Por qué es clave
Conocida, incluso por los no iniciados, como la mujer «God Bless America».

Canción clave
«Bésame mucho»

Durante la segunda guerra mundial la industria del ocio incluía historias, canciones, intérpretes y temas latinoamericanos. Esta pieza mexicana se convirtió en una de las canciones de amor más populares de su tiempo.

Consuelo Velázquez escribió la apasionada letra en castellano y la música rítmica y palpitante antes de cumplir los 16 años, y tuvo tal éxito en México que se le encargó a Sunny Skylar que escribiera una letra en inglés sobre una ferviente declaración de amor y mantuvo el título en castellano. Jimmy Dorsey y su orquesta (con voces a cargo de Kitty Kallen y Bob Eberle) presentaron la canción a finales de 1943 y fue número uno en las listas de Estados Unidos al año siguiente. A ésta le siguió pronto otra versión, también exitosa, de Abe Lyman y su orquesta. Andy Russell realizó una prueba de grabación con la orquesta de George Siravo, se consideró digna de salir al mercado y vendió un millón de copias.

«Bésame mucho» siguió siendo una de las canciones favoritas incluso mucho después de la guerra. Russell la grabó de nuevo en 1957, igual que otros artistas como Josephine Baker, Xavier Cugat, The Flamingos, Nat King Cole, Mantovanni y su orquesta, Sammy Davis, Jr., Steve Lawrence con Eydie Gorme, Charo, Charlie Byrd, los Ray Conniff Singers, Dave Brubeck, Diana Krall y Richard Clayderman. La más lucrativa de todas fue la incluida en el álbum *Anthology 1* de The Beatles (1995), a pesar de que fue una de las canciones con las que los Fab Four (sobrenombre de The Beatles) fracasaron en su intento de impresionar a la discográfica Decca Records en 1962.
Thomas Hischak

Fecha de lanzamiento 1943

Nacionalidad México/Estados Unidos

Compositora Consuelo Velázquez

Por qué es clave
El sonido latino, mucho antes de Ricky Martin.

Espectáculo clave *Cover Girl* *(Las modelos)* la película

Rita Hayworth no cantaba sus canciones, pero pudo hacerlo en *Cover Girl (Las modelos)* gracias a Martha Meers, aunque la cara y los movimientos eran suyos. Impulsadas por la genial coreografía de Gene Kelly, las piernas de Hayworth se reivindicaron como las que mejor se movían en Hollywood.

La película convirtió también a Gene Kelly en una estrella –como actor y coreógrafo– que valía su peso en zapatos de claqué. Los productores dieron a Kelly el control total sobre los aspectos creativos de la película, dándole la oportunidad de probar nuevos trucos, como bailar consigo mismo en «Alter Ego», una maravilla tecnológica y artística para una película de 1944.

Las modelos no sólo sirvió para catapultar a sus estrellas a lo más alto, sino también preparó el terreno para los nuevos musicales estadounidenses. Quedaron atrás los días del azar, de los suntuosos números escénicos a merced de una estrella del vodevil o del éxito comercial de una canción popular; aunque hay que admitir que cuando los protagonistas de la historia son bailarines que luchan por triunfar, todo resulta más fácil. Diversas canciones de Gershwin y Kern –como la adorable «Long Ago And Far Away»– y las cómicas payasadas de Phil Silvers complementan las pinceladas dramáticas de Hayworth y los movimientos magistrales de Kelly. La película fue nominada a cinco Óscars y ganó el de la mejor música para una película musical.
Leila Regan-Porter

Fecha 1944

Nacionalidad Estados Unidos

Director Charles Vidor

Reparto Rita Hayworth, Gene Kelly, Phil Silvers

Compositores Jerome Kern, Ira Gershwin

Por qué es clave
Ahora las canciones de los musicales formaban parte del argumento, y los números de baile reflejaban la acción en lugar de distraerse de ella.

Canción clave «Ac-cent-tchu-ate the Positive» de *Here Come The Waves*

El compositor Harold Arlen y el letrista Johnny Mercer escribieron el musical sobre los tiempos de la guerra en la marina *Here Come The Waves* (Aquí llegan las olas), estrenado el 18 de diciembre de1944. Entre las canciones destacadas se incluía «Ac-cent-tchu-ate The Positive» (A-cen-tú-a lo positivo), cantada en la película por Bing Crosby.

Mercer y Arlen se dirigían a casa desde el estudio tras una charla sobre cómo componer una canción para los marineros en la película. Arlen empezó a cantar una melodía para esa canción. Durante el minuto en que lo hizo algo pasó en la mente de Mercer «como si marcara un número de teléfono». En 1939, Mercer había estado trabajando con Benny Goodman y recordó una conversación con un agente publicitario que le dijo que había ido a escuchar el sermón de un líder religioso. A Mercer le hizo gracia el tema de su sermón: «Acentúa lo positivo y elimina lo negativo». «Sonaba tan sureño y divertido que lo apunté en un trozo de papel», recordó Mercer. También admitió, «realmente no encaja. La acentuación es distinta. Me parece que hay una especie de destino en ella».

El público no pareció compartir la sensación de Mercer de que la frase había sido colocada con calzador en la melodía. La propia grabación de Mercer fue un éxito igual que la de Crosby y la de las Andrews Sisters. Muchos años después la canción se utilizó como número final en la obra de teatro *Legends!* (1986) protagonizada por Mary Martin y Carol Channing.
Ken Bloom

Estreno
18 de diciembre de 1944

País Estados Unidos

Autores Harold Arlen, Johnny Mercer

Por qué es clave
Un sermón planta una semilla que germina cinco años después.

Espectáculo clave *Meet Me In St. Louis (Cita en San Luis)* la película

En *Meet Me in St. Louis* (*Cita en San Luis*) no se desarrolla un gran conflicto dramático: una saga familiar sobre gente amable que intenta ser amable con otras personas amables. En la equilibrada historia sólo hay un percance: en la última parte el novio de la joven heroína dice que, lamentablemente, no la puede llevar al gran baile porque su esmoquin se ha quedado encerrado en la sastrería y no sabe cómo ponerse en contacto con el propietario. Pero su estreno, el 28 de noviembre de 1944, tuvo lugar dos años antes del final de la segunda guerra mundial, y la ambientación de la película musical en tiempos más sencillos en una pequeña localidad proporcionaba exactamente la evasión que Estados Unidos deseaba. Una joven Judy Garland protagonizó la película, que estaba basada en unos cuentos populares de Sally (Junior Miss) Benson, que con el tiempo formaron la base de una colección de tapa dura (llamada así deliberadamente por la película, por entonces en fase de producción,

para beneficiarse de su estreno). Las canciones de Hugh Martin/Ralph Blaine que canta en la película son: «The Trolley Song» (que fue de referencia en su carrera) y la ahora universalmente conocida «Have Yourself A Merry Little Christmas». Otras, menos destacadas, fueron la del título y «Under The Bamboo Tree».

Cita en San Luis fue también una de las primeras películas del director Vincente Minelli, donde muestra ya su estilo, como en la escalofriante secuencia de Halloween, y algunas auténticas y excepcionales para haberlas hecho en un momento en que el rodaje al aire libre era una rareza. Durante la filmación, Minelli conocería a su futura esposa Garland, madre de su futura hija, Liza con *z*.

David Spencer

Estreno 28 de noviembre de 1944

Nacionalidad Estados Unidos

Director Vincente Minelli

Reparto Judy Garland, Margaret O'Brien, Mary Astor

Compositor Hugh Martin, Ralph Blaine

Por qué es clave
Esta canción consoló a Estados Unidos durante la guerra, y auspició un matrimonio en el mundo del espectáculo.

Pág. siguiente *Cita en San Luis.*

Canción clave «Swinging On A Star» Bing Crosby

Cuando el compositor James Van Heusen y el letrista Johnny Burke escribieron canciones para la película de Bing Crosby *Going My Way* (*Siguiendo mi camino*), estrenada el 3 de mayo de 1944, la balada del título destacó mucho en la película: llegó a cantarla tres veces con la esperanza de ganar un Óscar. Irónicamente, fue la novedosa canción «Swinging On A Star» la que llamó la atención de los cinéfilos, ganó el Óscar a la mejor canción y pasó a la historia.

Es una divertida pieza con una melodía pegadiza y rítmica y una letra ingeniosa que utiliza diferentes animales para ilustrar algunos de los siete pecados capitales y dar una lección de un modo desenfadado. La cantó en la película Crosby y el coro Robert Mitchell Boys en el escenario del Metropolitan Opera House, como parte de una audición para un editor musical. Burke tuvo la idea para la letra después de oír a Crosby regañar a uno de sus hijos por «comportarse como

una mula». Escribió la irónica letra en la que un nombre de animal termina de un modo discordante y finaliza cada párrafo sin rima. La grabación de Crosby con los Williams Brothers vendió más de un millón de copias, igual que la de John Scott Trotter Orchestra. El número volvió a aparecer en películas como *Duffy's Tavern* (1945, en una versión paródica por Crosby y otros) y *The Joker is Wild* (*La máscara del dolor*, 1957), Frank Sinatra, con letra revisada por Harry Harris. La canción aún fue más allá y también triunfó en una grabación del cantante folk Burl Ives.

Thomas Hischak

Fecha de lanzamiento Febrero de 1944

Nacionalidad Estados Unidos

Compositores James Van Heusen, Johnny Burke

Por qué es clave
Demuestra que no siempre es la canción obvia la que se convierte en un clásico.

Personaje clave
Perry Como

Cuando su grabación de «Till The End Of Time» alcanzó las listas de éxitos de Estados Unidos el 18 de agosto de 1945, Como (1912-2001), anteriormente cantante de banda, se convirtió por méritos propios en uno de los cantantes con mayor éxito de ventas de los años de la postguerra.

Nacido como Pierino Roland Como en Canonsburg, Pensilvania, empezó como peluquero a los quince años –aunque cantaba en cuartetos de *barbershop*–. Hacia la década de 1930, empezó a cantar profesionalmente y recibió cierto reconocimiento como vocalista de la Ted Weems Orchestra en 1936. Se fue por su cuenta a comienzos de la década de 1940 y grabó cinco singles antes de hacer saltar la banca con «Till The End Of Time», una ferviente balada de amor que Buddy Kaye y Ted Mossman adaptaron de la «Polonesa en la bemol menor», de Chopin. El estilo *crooning* suave y cálido de Como propició que 11 singles llegaran al millón

de copias vendidas durante la década de 1950. «Hot Diggity», «Round And Round» y «Catch A Falling Star» fueron sus tres números uno en Estados Unidos. Desde 1955 hasta 1963, tuvo un popular programa de televisión y apareció en cuatro películas.

El *crooning* relajado de Como de su canción de referencia «Dream Along With Me» era la antítesis del floreciente sonido del rock 'n' roll de la década de 1950 y sus éxitos menguaron con el final de la década. Sin embargo, mantuvo una audiencia fiel a lo largo de su vida y dos de sus grabaciones más conocidas aparecieron en la década de 1970, «It's Impossible» y «And I Love You So».
Thomas Hischak

Rol Artista de grabaciones

Fecha 1945

Nacionalidad Estados Unidos

Por qué es clave
El peluquero que llegó a ser uno de los *crooners* más queridos del mundo.

Acontecimiento clave **Charlie Parker lidera «The Greatest Jazz Session Ever»**

Nacido en Kansas City, Charlie Parker, conocido como *Yardbird* o simplemente *Bird*, fue el saxofonista de jazz más influyente de todos los tiempos. Aunque podía, y solía hacerlo, tocar a gran velocidad, cada línea melódica era lógica, una joya de creatividad. En tándem con el trompetista Dizzy Gillespie, está considerado el creador del bebop, el nuevo estilo de jazz que desdeña una estructura rígida y ritmos majestuosos en favor de la improvisación a un tempo rápido.

La sesión de grabación para la Savoy Records que tuvo lugar el 26 de noviembre de 1945 –la primera en que consta el saxofonista Parker como líder– representó un hito en la corta carrera de Parker, que murió a los 35 años, y para el desarrollo del jazz moderno (aunque el lema «the greatest jazz session ever» [La sesión de jazz más importante de todos los tiempos] con el que fue vendido fuera exagerado), y contó

con una formación de superestrellas: un joven Miles Davis se ocupó de casi todas las partes de trompeta mientras Dizzy Gillespie rellenaba básicamente con el piano. Curly Russell tocaba el bajo y Max Roach, la percusión. El material interpretado, todo escrito por Parker, incluía «Billie's Bounce», «Ko Ko», «Thrivin' On A Riff», «Meandering», y «Now's The Time» (este último apareció como el éxito de R&B de 1949 «The Hucklebuck», aunque Bird no apareció en los créditos como compositor). Es asombrosa la interpretación de Parker en «Ko Ko», una melodía basada en los acordes de «Cherokee», de Ray Noble, que está considerada como una clase magistral para cualquier músico innovador; su estribillo final ha sido aclamado como una historia condensada del bebop.
Fred Dellar

Fecha 26 de noviembre de 1945

País Estados Unidos

Por qué es clave
La sesión que confirmó que el mundo del jazz había cambiado para siempre.

Pág. anterior **Charlie Parker**.

Personaje clave
Mack Gordon

El enormemente prolífico letrista Mack Gordon (que algunas veces también componía) tuvo una de las carreras más admirables como escritor de música para el cine, con nueve nominaciones a los Óscar, incluyendo seis de manera sucesiva de 1940 a 1945, aunque ganó sólo uno con «You'll Never Know» (1943).

Nacido como Morris Gittler en Polonia en 1904, escribió sus primeros números para la escena en 1925, y triunfó finalmente con la canción «Time On My Hands», en el espectáculo de 1930 *Smiles*. Gordon formó equipo con el inglés Harry Revel en 1931 y fueron a Hollywood en 1933. Entre sus canciones destacan «Did You Ever See A Dream Walking?», «Stay As Sweet As You Are», «You Hit the Spot» y «There's A Lull In My Life». Se separaron en 1939 y Gordon se asoció con Harry Warren. Escribieron *Sun valley Serenade* (1941) y *Orchestra Wives* (1942) para la orquesta de Glenn Miller. La última

contenía «I Got A Gal In Kalamazoo», «I Had The Craziest Dream», «There Will Never Be Another You» y «Chattanooga Choo Choo».

Otros de sus éxitos fueron «You'll Never Know» y «The More I See You». Esta última, con la que Harry James llegó a las listas de éxitos de Estados Unidos el 26 de mayo de 1945, está entre las canciones más famosas de Gordon y una versión de Chris Montez llegó a las listas de éxitos en 1966.

Gordon murió en 1959. Teniendo en cuenta su pobre historial en los Óscar, resulta irónico que la ASCAP haya reconocido oficialmente a la muy querida «Chattanooga Choo Choo» de Gordon como la canción más interpretada en televisión.
Ken Bloom

Rol Letrista

Nacionalidad Estados Unidos

Por qué es clave
Uno de los mejores letristas de Hollywood, aunque la *glamourosa* ciudad parecía incapaz de reconocerlo.

176

Espectáculo clave *Carousel*
teatro musical

Desde su argumento entrelazado sin fisuras, su música y su coreografía hasta su argumento trágico, *Carousel* rompió las reglas del teatro musical y lo hizo avanzar decididamente. Ya desde la primera escena –poco más que una obertura– un público podría decir que *Carousel* no iba a ser como otros musicales. Toda la exposición se explica en una sección previa sin palabras ni canciones: un complejo ballet que tiene lugar en un parque de atracciones de Nueva Inglaterra cuenta al público todo lo que necesita saber sobre los personajes y el argumento.

La historia de los jóvenes amantes Billy Bigelow (John Raitt) y Julie Jordan (Jan Clayton) y su desastroso romance se explica en *Carousel* mediante la combinación de las palabras de Oscar Hammerstein, la música de Richard Rodgers, y la coreografía de Agnes de Mille. Nunca se habían utilizado todos los elementos del teatro musical para explicar una historia como aquí. Bigelow encarna al más desagradable de los héroes,

que muestra sus verdaderos sentimientos en raras ocasiones como en la épica canción «Soliloquy», que dura ocho minutos, en la que reflexiona sobre la paternidad con una completa variedad de emociones.

Basada en la obra de teatro húngara *Liliom*, de Ferenc Molonar, *Carousel* no tenía un final feliz, otra novedad para un musical. Pero mediante un sutil cambio respecto a la obra original de Molonar, Rodgers y Hammerstein dieron a los personajes una cierta paz de espíritu al final. De hecho, la canción más famosa del musical es el reconfortante himno «You'll Never Walk Alone» (Nunca caminarás solo).
Leila Regan-Porter

Estreno 19 de abril de 1945

País Estados Unidos

Director Rouben Mamoulian

Reparto John Raitt, Jan Clayton, Jean Darling

Compositores Oscar Hammerstein, Richard Rogers

Por qué es clave
Violencia doméstica, madres solteras, crimen, suicidio… no eran temas habituales en Broadway.

Canción clave «Let It Snow! Let It Snow! Let It Snow!»

Los autores Jule Styne (música) y Sammy Cahn (letra), originarios de Nueva York, pasaron la mayor parte de la década de 1940 en California trabajando para películas musicales; parece que fue en parte a causa de su nostalgia por los inviernos de la Costa Este lo que inspiró esta canción animada pero romántica sobre la alegría al contemplar la nieve que cae mientras uno está a gusto y calentito con su amada junto al fuego: se escribió después de que Cahn sugiriera en un día muy caluroso que fueran a la playa y Styne respondiera proponiendo que en su lugar escribieran una canción sobre el invierno.

Una grabación de Vaughn Monroe y su orquesta popularizó la confortable canción en 1945. Tras llegar a las listas de éxitos el 22 de diciembre de ese mismo año permaneció en *Your Hit Parade* durante trece semanas. Tres exitosos discos aparecieron pronto de la mano de Boswell Sisters, Woody Herman y Russ Morgan (con la voz de Connee Boswell).

Esta inmortal canción navideña es única, ya que no trata sobre la Navidad ni sobre las vacaciones navideñas, sino sobre el clima en invierno.

Sin embargo, como la pieza se ha considerado como una canción navideña, se ha incluido en centenares de álbumes temáticos y ha aparecido en muchos programas especiales navideños de televisión. Entre los diversos artistas que han realizado grabaciones destacables están Dick Haymes, Rosemary Clooney, Dean Martin, The Temptations, Doris Day, Oscar Peterson, Judy Collins, Elaine Stritch, The Carpenters, Richochet, Boyz II Men y Garth Brooks. Además, debido a su letra conversacional, la canción se ha prestado a muchas grabaciones exitosas en forma de dueto.

Thomas Hischak

Fecha de lanzamiento 1945

Nacionalidad Estados Unidos

Compositor Jule Styne, Sammy Cahn

Por qué es clave La canción conmemorativa de la Navidad que en realidad no lo es.

Acontecimiento clave
El fin de la era de la *big band*

Las *big bands* dominaron la escena musical durante muchos años. La fiesta del sábado por la noche en la sala de baile local era indispensable para la gente corriente. Los de «sociedad» preferían el *fox-trot* en grandes hoteles y restaurantes. Algunos de los programas de radio más importantes incluían retransmisiones en directo desde lugares distantes. En Gran Bretaña, por ejemplo, Ambrose desde el Mayfair y Lew Stone desde el Monseigneur, en Estados Unidos, Glenn Miller podía emitir desde el Meadowbrook, Nueva Jersey, y discos como los de Artie Shaw, Woody Herman y Count Basie se vendían por millones.

Las bandas de baile demostraron ser un atajo al éxito. Prácticamente todos los cantantes de primera línea empezaron como vocalistas de banda: Frank Sinatra con Harry James, Billy Eckstine y Sarah Vaughan con Earl Hines, Ella Fitzgerald con Chick Webb, Bing Crosby con Paul Whiteman. Pero en diciembre de 1946, la situación cambió radicalmente cuando

ocho de las principales bandas, incluidas las dirigidas por Tommy Dorsey, Les Brown y Benny Goodman, cesaron en su actividad durante unas pocas semanas. Su final se había visto acelerado por las huelgas de la AFM y los elevados costes de las giras. Muchas de ellas en realidad se reconstituyeron mientras otras, como la de Stan Kenton y la de Ted Heath, siguieron funcionando, más a menudo en conciertos que en bailes. Pero la era del swing pasó esencialmente a ser historia cuando el DJ se hizo cargo de la radio y las gramolas empezaron a sustituir a las pequeñas agrupaciones instrumentales en clubs y cafés.

Fred Dellar

Fecha Diciembre de 1946

País Reino Unido/Estados Unidos

Por qué es clave Cuando de repente el mundo se quedó sin swing.

Acontecimiento clave
George Formby distinguido con la OBE

George Formby fue distinguido con la OBE (Orden del Imperio Británico) durante la celebración del cumpleaños de Jorge VI, como reconocimiento por su trabajo durante la segunda guerra mundial con partituras para obras de caridad, giras en ciudades bombardeadas, actuaciones para las tropas en el frente y canciones como «I Did What I Could With My Gas Mask» (Hice lo que pude con mi máscara de gas).

Pocos estaban mejor cualificados para mantener alta la moral de la nación. Hijo de una estrella del *music hall*, Formby (1904-1961) comenzó interpretando el material de su difunto padre antes de que incorporara el ukelele, que lo llevaría a desarrollar su propio estilo. Éste estaba basado en el sinsentido (nació con los dientes de arriba hacia fuera, algo muy adecuado para la comedia) y en una inocencia claramente norteña que, sin embargo, no le impedía cantar canciones llenas de insinuaciones como «When I'm Cleaning Windows», que componían para él, entre otros, Noel Gay. Llevó su personaje al cine y a finales de la década de 1930 ganaba la cifra de 100.000 libras (125.000 €) al año. Entre sus películas destacan *Let George Do It* (1940) y *Turned Out Nice Again* (Se volvió agradable de nuevo, 1941; el título se convirtió en su lema).

En privado, Formby se sintió ofendido porque su mujer había sido ignorada en la lista de invitados, en parte debido a que había hecho mucho para apoyarle en sus actividades durante la guerra (incluso si se trataba, sobre todo, de asegurarse de que Formby fuera más importante que su competidor Gracie Fields) y en parte porque no era divertido vivir con una Beryl desairada, un tema de «calzonazos» que podría extraerse de una de sus películas.
Spencer Leigh

Fecha 24 de junio de 1946

País Reino Unido

Por qué es clave
Se volvió agradable, hasta cierto punto.

Personaje clave
Al Jolson

Al Jolson (1886-1950) está considerado como el mejor intérprete de todos los tiempos por aquellos que tuvieron la suerte de verle, y no precisamente porque su enorme vanidad le diera el aplomo para convencer al público de la naturaleza monumental de sus aptitudes.

Empezó en espectáculos de *minstrel* y ascendió hasta el teatro musical. Jolson marcaba la pauta en el Winter Garden Theater, de Broadway, en una serie de exitosas revistas y espectáculos musicales. Sus credenciales eran la cara pintada de negro, el diálogo con el público y su actuación con una rodilla apoyada en el suelo y los brazos extendidos. Su dinámica personalidad se mantiene viva en sus actuaciones cinematográficas. Pero aunque Jolson disfrutó pronto del éxito en el cine sonoro, *The Jazz Singer* (*El cantante de jazz*, 1927) y *The Singing Fool* (*El loco cantor*, 1928), la mayor máquina de hacer dinero en la historia de Hollywood hasta *Gone With The Wind* (*Lo que el viento se llevó*), parecía más a gusto con la interacción con el público en el escenario.

Una vez que abandonó las películas (o viceversa) actuó en clubs nocturnos, en grabaciones y en la radio, pero su estilo parecía cada vez más anacrónico. No obstante, con el lanzamiento de la película biográfica *The Jolson Story* el 10 de octubre de 1946, fue redescubierto por toda una nueva generación y su carrera resurgió.

Con la excepción de Bing Crosby, Jolson lanzó más canciones de éxito que cualquier otro intérprete, entre ellas «My Mammy», «Sonny Boy» y «April Showers». Una medida de las diversas cualidades de este complejo talento es que mientras aparecía en los créditos como compositor de muchos de sus éxitos, es dudoso que alguna vez hubiera escrito música o letra alguna.
Ken Bloom

Rol Artista de grabaciones

Fecha 1946

País Estados Unidos

Por qué es clave
Se presentaba a sí mismo como «El mejor intérprete del mundo». Muchos lo suscriben.

Pág. siguiente **Al Jolson.**

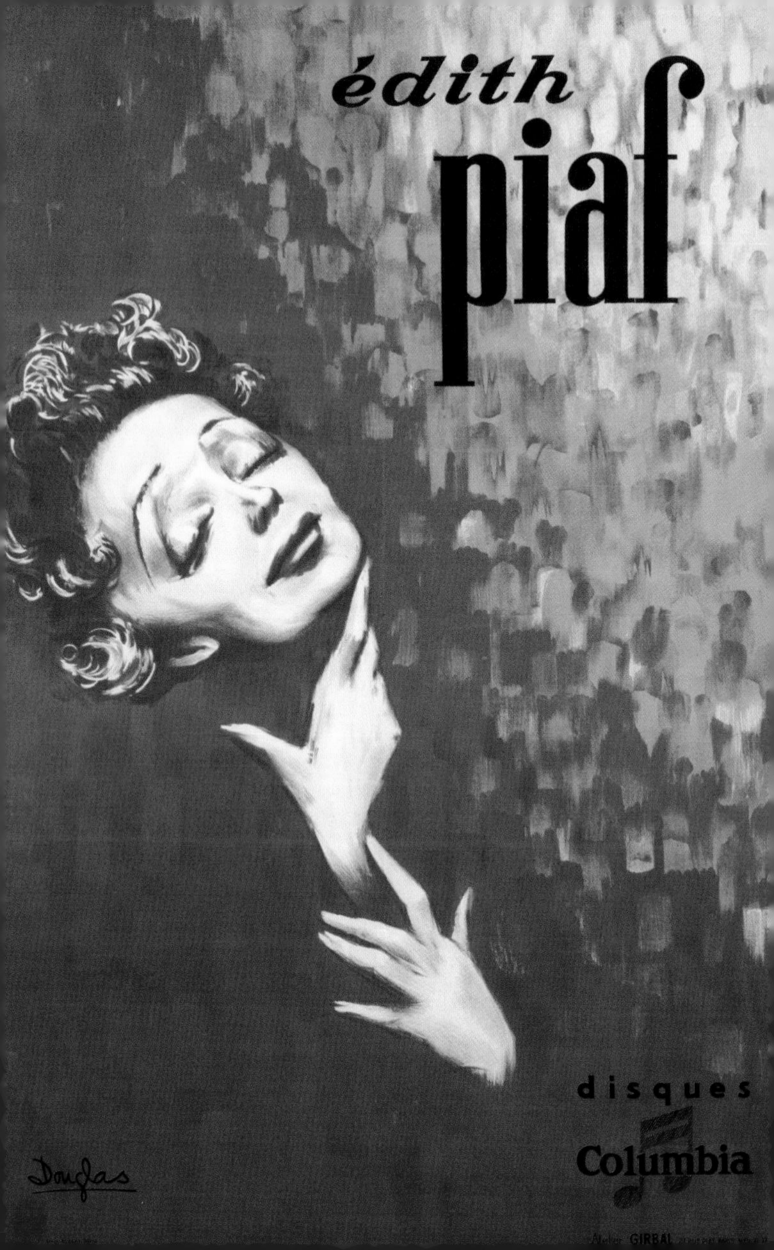
édith
piaf
disques
Columbia
Douglas
Atelier GIRBAL

Personaje clave
Edith Piaf

Cuando grabó «La vie en rose» en 1946, el Pequeño Gorrión, nacida Edith Gassion, había estado cantando en su nativo París la mayor parte de sus 31 años. Pasó parte de su infancia en un burdel regentado por su madre y su temática melodramática a menudo trataba sobre el trágico destino de las prostitutas y se inspiraba en su propia tumultuosa vida personal, que incluye la pérdida de un hijo, tres accidentes de coche, su adicción a la morfina y al alcohol y numerosas relaciones sentimentales, la más destacada con el cantante Yves Montand. En 1936, Piaf grabó «Les Momes De La Cloche», su primer 78 r. p. m., y sobrecogió al mundo con la poderosa voz y el dramático *vibrato* que emanaba de su pequeña figura.

Piaf escribió la letra de «La vie en rose» y Louis Gugliemi la música en 1945, pero, ignorando el potencial de la canción, no la grabó hasta el año siguiente. La icónica intérprete, también famosa por «L'hymne a l'amour» y «Non, je ne regrette rien» (especie de precursora de «My Way»), fue la primera cantante francesa en actuar en el Carnegie Hall de Nueva York. Piaf fue mentora de Charles Aznavour, Gilbert Becaud y del grupo vocal Les Compagnons De La Chanson, pero «La vie en rose» siguió siendo su canción de referencia y se adaptó al inglés de la mano del letrista Mack David. Asimismo, Louis Armstrong, Marlene Dietrich, Madeleine Peyroux la versionaron, e incluso Grace Jones y Donna Summer se atrevieron con ella en estilo disco. Piaf murió de cáncer en octubre de 1963.
Pierre Perrone

Rol Artista de grabaciones

Fecha 1946

País Francia

Por qué es clave
Piaf fue una excelente embajadora de la música francesa, a la que no le faltaba la sabiduría de la calle.

Pág. anterior **Edith Piaf.**

Canción clave **«There's No Business Like Show Business»**

Escrita por Irving Berlin para el musical *Annie Get Your Gun,* basado en la vida de la diestra tiradora Annie Oakley y estrenada el 16 de mayo de 1946, «There's No Business Like Show Business» (No hay negocio como el del espectáculo) es un apasionado elogio «del vestuario, el decorado, el maquillaje, el atrezzo y el público que te mantiene firme cuando te sientes hundido». Berlin la compuso junto con el resto de las canciones en una semana, a pesar de no estar habituado a escribir siguiendo un argumento. Ignoró alegremente la ambientación rústica que exigía la obra objetando que trataba sobre el negocio del espectáculo y no sobre «temas pueblerinos». La pieza en realidad es ajena al argumento de la obra, aunque sí hace alarde de la cualidad de crear un recuerdo instantáneo que posee gran parte de la música popular. La sincopada melodía hace convincente la deliciosa frase circular del título, dejando al oyente tan aturdido y sin aliento como una corista bien entrenada.

Irónicamente, aunque la canción se asocia con la protagonista de *Annie Get Your Gun*, Ethel Merman, más que con cualquier otro intérprete, el reparto original de Broadway que grabó selecciones del espectáculo no incluyó su versión de la canción. Sin embargo, Merman la cantó en la película del mismo título de 1954, en que aparecían muchos éxitos de Berlin, e interpretó y grabó la canción muchas veces a lo largo de su carrera, la más inusual la versión de su álbum *disco* de 1977. En la versión cinematográfica de 1950 de *Annie Get Your Gun*, cantan el himno Betty Hutton, Keenan Wynn, Howard Keel y Louis Calhern.
Michael Portantiere

Fecha de lanzamiento 1946

Nacionalidad Estados Unidos

Compositor Irving Berlin

Por qué es clave Trajo consigo un himno para la industria del espectáculo.

Canción clave **«Zip-A-Dee-Doo-Dah»** de *Song Of The South* (*La canción del sur*)

En 1947, «Zip-A-Dee-I Doo-Dah», de Allie Wrubel y Ray Gilbert, incluida en la película de Walt Disney *Song Of The South* (*La canción del sur*), estrenada el 12 de noviembre de 1946) ganó el Óscar a la mejor canción. Doris Day, Bing Crosby, Dionne Warwick e incluso The Jackson Five hicieron versiones de ella.

Sin embargo, en estos momentos no es posible apreciarla en su contexto original. Se puede escuchar en el álbum de la banda sonora disponible comercialmente y pueden verla los que disponen de los viejos vídeos en formato VHS, pero la compañía Walt Disney retiró la película en 2001 y no ha permitido su distribución en vídeo o laser disc en Estados Unidos.

La canción del sur es la película de Disney de la que se avergüenza la compañía. Una adaptación de los cuentos de Br'er Rabbit de Joel Chandler Harris a la que se acusó de transmitir estereotipos peyorativos de los afroamericanos e incluso de presentar la esclavitud de un modo romántico.

En la película, el personaje de Uncle Remus interpreta la canción mientras pasea por un bosque (escena que citan los defensores de su libre circulación para refutar la hipótesis del esclavismo). Mientras canta, pájaros y mariposas dibujados revolotean a su alrededor, una maravilla tecnológica para la época. La canción es una bella afirmación de la vida; su melodía se regocija en una hermosa mañana y presagia «un camino repleto de la luz del sol» («plenty of sunshine comin' my way»).

Irónicamente, es una pieza icónica de los programas de Disney, que aún se puede ver con frecuencia en programas recopilatorios.
Ken Bloom

Estreno 12 de noviembre de 1946

Nacionalidad Estados Unidos

Compositores Allie Wrubel, Ray Gilbert

Por qué es clave La canción clásica de Disney retirada debido a su trasfondo.

Canción clave **«There But For You Go I»** David Brooks

La producción de Broadway *Brigadoon* se estrenó el 13 de marzo de 1947. La partitura de Loewe/Lerner incluía futuros clásicos como «Heather On The Hill», «Come To Me, Bend To Me», «From This Day On» y «There But For You Go I». Sorprendentemente, todos los éxitos de la partitura eran baladas. Interpretando al personaje de Tommy, David Brooks cantó «There But For You Go I» Marion Bell interpretó a Fiona, una joven del pueblo mítico del título, situado en las Tierras Altas de Escocia, que sólo aparece una vez cada cien años y de la que se enamora el protagonista. En la letra, Tommy describe a todos los hombres solitarios que ha visto (en su mente, pues sus ojos están cerrados): uno cabizbajo («His heart had no place to go» [Su corazón no tiene a dónde ir]), otro junto a la orilla del mar, otro que nunca conoció el amor; en todos los casos Tommy llega a la conclusión de la frase del título (Allí, pero por ti yo iría). La apasionada interpretación de Brooks

en la grabación para la RCA con el reparto original de Broadway ayudó a hacer de la canción un éxito y propició muchas versiones, la más famosa de las cuales fue la de Frank Sinatra.

Hubo tres reposiciones de *Brigadoon* en Broadway, en 1957, en 1963 y en 1980. Se realizó también una versión cinematográfica en 1954 protagonizada por Gene Kelly. Sin embargo, varias canciones, entre ellas «There But For You Go I» de manera sorprendente, no aparecieron en el montaje final. Los productores consideraron que la voz de Kelly no sonaba muy bien en ella.
Ken Bloom

Fecha de lanzamiento 1947

Nacionalidad Estados Unidos

Compositores Frederick Loewe, Alan Jay Lerner

Por qué es clave Canción famosa de la escena que finalmente fue prescindible.

Personaje clave
E. Y. «Yip» Harburg

El estreno en Broadway de *Finian's Rainbow* fue un triunfo para el libretista y letrista E. Y Harburg, que abordó ideas controvertidas y experimentales en sus musicales a la vez que era un maestro de la fantasía, la sátira y los sueños apasionados.

Nació en Nueva York en 1896, hijo de inmigrantes rusos, y siendo estudiante empezó a escribir poesía, que firmaba como «Yip» y consiguió publicarla en varios periódicos. Cuando estalló la Depresión, Harburg se dedicó a escribir canciones y pronto tuvo éxito con «Brother Can You Spare a Dime?» (música de Jay Gorney) que se convirtió en el himno no oficial de los años de la Depresión. Escribió los textos de varios espectáculos de Broadway y películas musicales en la década de 1930 y obtuvo su mayor éxito con el clásico *The Wizard Of Oz* (*El mago de Oz*, 1939), con el compositor Harold Arlen. Harburg abordó temas como el feminismo, la guerra, la esclavitud, la caza de brujas del comunismo y la bomba atómica

en obras posteriores de Broadway como *Bloomer Girl* (1944), *Flahooley* (1951) y *Jamaica* (1957), pero su mayor éxito fue *Finian's Rainbow,* una fantasía sobre la avaricia, el racismo y la pobreza. A pesar de la seriedad de sus temas, los musicales de Harburg eran siempre comedias con un tono fantasioso pero mordaz. Mientras «Over the Rainbow» sigue siendo su canción más famosa, consiguió llevar a las listas de éxitos otras como «How Are Things in Glocca Morra?», «April in Paris», «Old Devil Moon» y «Happiness Is A Thing Called Joe». Harburg siguió siendo franco y liberal hasta su muerte, en 1981.
Thomas Hischak

Rol Letrista

Fecha 1947

Nacionalidad Estados Unidos

Por qué es clave
Harburg fue un letrista cuyo talento abarcaba la evasión y el realismo.

Canción clave **«The Gentleman Is a Dope»** de *Allegro*

Hacia 1947, los autores Rodgers y Hammerstein eran tan populares que podían lanzar una canción de éxito incluso en un espectáculo fallido, como ocurrió con esta canción de amor de *Allegro.*

Cuando se estrenó *Allegro* en Broadway el 10 de octubre de 1947, la venta anticipada fue fenomenal debido a que los dos musicales anteriores de Rodgers y Hammerstein, *Oklahoma!* (1943) y *Carousel* (1945), fueron no sólo éxitos sino hitos en el desarrollo del musical estadounidense. *Allegro* fue también una especie de hito pero no tuvo la misma clase de éxito. El espectáculo, muy experimental, tuvo unas críticas mayoritariamente negativas por parte de la prensa y sólo la venta anticipada permitió que estuviera nueve meses en cartel. Sin embargo, incluso los críticos y los aficionados al teatro que consideraban la obra aburrida se animaron cerca del final del segundo acto cuando Lisa Kirk cantaba «The Gentleman Is a Dope»,

una sarcástica canción de amor. En ella se habla de un hombre que tiene muchos defectos, «A clumsy Joe who wouldn't know a Rhumba from a Waltz» (Un tipejo que no distinguiría una rumba de un vals). Pero la letra de Hammerstein da un giro y el hombre al que ella se refiere, su jefe, es de hecho de quien está enamorada, pero éste es demasiado estúpido para darse cuenta de lo que ella siente. La pieza convirtió a Kirk en una estrella de Broadway y la canción apareció en varias grabaciones y en las listas de éxitos; uno de los primeros discos de Jo Stafford fue la más popular.

Fue favorita de clubs nocturnos y conciertos durante mucho tiempo y grabada entre otros por Dinah Shore, Portia Nelson y Bernadette Peters.
Thomas Hischak

Fecha de lanzamiento
Octubre de 1947

Nacionalidad Estados Unidos

Compositores
Richard Rodgers, Oscar Hammerstein

Por qué es clave Una margarita entre los cerdos.

Pareja clave
Jule Styne y Sammy Cahn

En la era prerrock, antes de que las bandas se formaran entre amigos y antes de desaparecer la delimitación de papeles entre letrista y compositor, escribir canciones era casi una asociación mercantil, en la que uno prosperaba con un colaborador sin descartar otras asociaciones. Un ejemplo de este modelo es la pareja de autores de canciones para el cine y para Tin Pan Alley formada por Styne y Cahn, cuyo período en colaboración marcó sólo una de varias asociaciones creativas que la pareja tuvo a lo largo de los años.

El compositor Jule Styne (1905-1994) nació en Londres y de niño se trasladó a Estados Unidos donde fue concertista de piano a la edad de ocho años, y con la Orquesta Sinfónica de Chicago un año después. Pero Styne perdió interés en la música clásica y formó su propia banda en 1931, y acabó en Hollywood primero como profesor de canto de Alice Faye y a continuación como compositor de canciones para películas en la década de 1940: son las más memorables, *Anchors Aweigh* (*Levando anclas*, 1945) y *Romance on the High Seas* (*Romanza en alta mar*, 1948). El letrista para ambas películas fue Sammy Cahn (1913-1993), nacido en Nueva York y que escribió para Tin Pan Alley y para Hollywood.

Ambos quisieron componer para la escena y el éxito de la comedia musical *High Button Shoes*, estrenada el 9 de octubre de 1947, les abrió las puertas; otras colaboraciones famosas fueron «Saturday Night is The Loneliest Night Of The Week», «Let it Snow! Let it Snow! Let it Snow!» y la ganadora de un Óscar, «Three Coins In A Fountain».
Thomas Hischak

Rol Compositor (Styne) y letrista (Cahn)

Fecha 1947

Nacionalidad Estados Unidos

Por qué es clave
La pareja que ilustra que escribir canciones puede tener a veces una naturaleza práctica.

Pág. siguiente **Jules Styne**.

Acontecimiento clave
CBS presenta el Long Player (LP)

Desde los primeros días del sonido grabado, los inventores habían buscado la manera de incrementar el tiempo de reproducción. La lastimosa duración original de tres minutos venía determinada por factores tecnológicos como la anchura de los surcos en el disco y la resistencia del propio medio de grabación. Ello limitó a la industria discográfica a producir breves canciones populares y monólogos cómicos, haciendo imposible grabar música clásica sin fragmentarla. Muchas canciones populares omitían secciones para que cupieran en una grabación, y esas versiones modificadas, absurdamente, se convirtieron en las versiones genuinas para el público.

En la década de 1930, se habían desarrollado discos de larga duración para dictáfonos y bandas sonoras de cine. La compañía Columbia incorporó estos avances a un disco de vinilo de 30 centímetros de diámetro con unos surcos mucho más finos (microsurcos), que se presentó el 21 de junio de 1948. El Dr. Peter Goldmark dirigió la investigación para mejorar todos los aspectos del sistema, desde la aguja fonográfica que recorría el surco al motor que hacía girar el disco a 33 1/3 revoluciones por minuto.

Cuando la Columbia introdujo el Long Player (así se llamó), apiló sus nuevos discos junto a los viejos de 78 r. p. m. Una pila de discos de 78 r. p. m. de 2,43 metros contenía la misma duración que una de LP de sólo 38 cm. El LP tuvo un efecto significativo en la música popular y en los medios de comunicación de masas. El principal fue que liberó a los artistas del encorsetamiento de 180 segundos de tiempo de grabación.
Andre Millard

Fecha 21 de junio de 1948

País Estados Unidos

Por qué es clave
El invento que permitió poder escuchar música más que en pequeños fragmentos.

Personaje clave
Doris Day

Nacida Doris von Kappelhoff en Cincinnati en 1924, Doris Day se preparaba para hacer carrera de bailarina hasta que un accidente de coche la obligó a dedicarse al canto. Fue vocalista de las bandas de Les Brown y Bob Crosby a comienzos de la década de 1940 y a mediados de ésta tenía una exitosa carrera discográfica. El disco de Day de la canción de Joan Whitney-Alex Kramer «Love Somebody» con la Buddy Clark's Orchestra llegó a las listas de éxitos de Estados Unidos el 29 de mayo de 1948, y llegó al número uno cuando el público la escuchó cantar «It's Magic» en *Romance on the High Seas* (*Romanza en alta mar*, 1948), un papel cinematográfico que consiguió en el último momento sustituyendo a Betty Hutton.

A partir de ese momento, Day siguió grabando música popular y protagonizando muchas películas musicales, como *Calamity Jane* (*Doris Day en el Oeste*, 1953) y *The Pajama Game* (1957),

películas que la llevaron gradualmente a asumir la imagen de «niña bien» estadounidense que sin duda sorprendería a los que recordaban su manera sensual de cantar cuando lo hacía con *big bands* a los 17 años.

Day cantaba cada vez menos al final de su carrera, pues condujo ésta hacia películas no musicales y televisión en las décadas de 1960 y 1970. Se retiró del mundo del espectáculo a finales de la década de 1980. La manera de cantar de Day se caracterizaba por su voz clara y pura, como un gorjeo –se puede apreciar muy bien en su canción de referencia «Qué será, será»,– pero podía cantar también una canción de amor con poderío y convicción.
Thomas Hischak

Rol Artista de grabaciones

Fecha 1948

Nacionalidad Estados Unidos

Por qué es clave La mujer que con los años se volvía más recatada.

Pág. anterior **Doris Day**.

Personaje clave
Frank Loesser

Cuesta creerlo, dada su prodigiosa producción, pero Frank Loesser, nacido en junio de 1910, murió a los 59 años. De joven Loesser aprendió piano, y en clara rebelión contra la presión familiar de concentrarse en la música clásica, se convirtió finalmente en letrista contribuyendo a una fallida revista musical de Broadway en 1936. Sin embargo, ello le reportó varios contratos en Hollywood por los que colaboró con compositores como Jule Styne, Hoagy Carmichael y Burton Lane, produciendo docenas de clásicos como «Two Sleepy People» y la oscarizada «Baby, It's Cold Outside». Para su marcha patriótica de la segunda guerra mundial «Praise The Lord And Pass the Ammunition», Loesser compuso también la melodía. Como el título podría sugerir, el hogar espiritual de Loesser era Broadway, a donde regresó para escribir musicales. El primero se estrenó el 11 de octubre de 1948: *Where's Charley?*, cuyo costumbrismo estadounidense aparecía representado por la incidental

«Once In Love With Amy». A continuación, la fundamental *Guys And Dolls,* de 1950, con grandes apostadores y damas arrogantes en el dialecto de la Nueva York runyonesca,[2] la música con sabor a ritmo y a jazz. *The Most Happy Fella* (1956) fue otro éxito, aunque lo único exitoso de su especie de cuento folclórico *Greenwillow* (1960) fue la canción «Never Will I Marry». No obstante, el *grand finale* de Loesser fue *How To Succeed In Business Without Really Trying*, de 1961, virtualmente una opereta ligera (su canción más representativa «I Believe in You» era cantada originariamente por el héroe para sí mismo), que ganó un premio Tony y un Pulitzer.
David Spencer

Rol Autor de canciones

Fecha 1948

Nacionalidad Estados Unidos

Por qué es clave El letrista con el don para combinar ironía y emoción con el coloquialismo estadounidense.

2. De Damon Runyon.

Acontecimiento clave **«Kiss Me Kate»**
teatro musical

Después de que en 1937 Cole Porter sufriera un accidente mientras montaba a caballo que le dejó incapacitado su éxito con los musicales pareció correr la misma suerte. Mientras sus contemporáneos Rodgers y Hammerstein seguían traspasando fronteras con musicales altamente elogiados, Porter escribía canciones estrafalarias aquí y allá, ensombrecido y celoso por el talento de otros. Tras presenciar la interpretación del musical «integrado» *Carousel* de la citada pareja, Porter estaba ansioso por hacer lo mismo, pero mejor. Cuando los escritores Bella y Samuel Spewack propusieron a Porter la idea de realizar una obra basada en *Taming Of The Shrew* (La fierecilla domada), de Shakespeare, al compositor le preocupó que el tema fuera demasiado intelectual antes de aceptar escribir la letra y la música.

La idea de retratar a una pareja divorciada y atormentada interpretando a Katharina y Petruchio en una producción de *Taming Of The Shrew* se

adecuaba perfectamente a las canciones turbulentas y atrevidas de Porter.

La pícara vivacidad de «Brush Up Your Shakespeare» hizo revivir la literatura clásica, mientras la depresiva «Why Can't You Behave?» y la apasionada y turbadora «So In Love» conferían emociones genuinas a los personajes de Fred (Petruchio, interpretado por Alfred Drake) y Lilli (Kate, interpretada por Patricia Morison).

El espectáculo original de Broadway, estrenado el 30 de diciembre de 1948, fue un gran éxito de público y de crítica. Ese mismo año la grabación por parte del reparto original fue la primera en lanzarse en el nuevo formato de LP de 33 1/3, con el espacio justo para toda la partitura.
Leila Regan-Porter

Estreno 30 de diciembre de 1948

País Estados Unidos

Director John C. Wilson

Reparto Alfred Drake, Patricia Morison, Lisa Kirk

Compositor Cole Porter

Por qué es clave Un Cole Porter supuestamente fracasado realiza un espectacular regreso adaptando a Shakespeare.

Canción clave **«'A' – You're Adorable (The Alphabet Long)»**

Publicada en 1948, «'A' –You're Adorable [...]» es un acercamiento conceptual a las canciones cuya peculiaridad consiste en deletrear sus palabras como «M-l-S-S-l-S-S-l-P-l», «C-O-N-S-T-A-N-T-l-N-O-P-L-E» y «I'll See You In C-U-B-A». Ésta, sin embargo, lleva la idea un paso más allá.

Cuando el compositor Sid Lippman y los letristas Buddy Kaye y Fred Wise se pusieron a trabajar juntos, se debían contar mutuamente los últimos chistes de moda. Uno de ellos trataba sobre un hombre que había recomendado a un amigo para un trabajo y enumeraba sus atributos alfabéticamente: A, es amable; B, es benevolente, etc. De este modo, había nacido una idea para una canción.

La primera sección pone en antecedentes sobre la historia de una joven pareja que coincidió en la escuela primaria. Así queda establecida la sección alfabética que ocupa el resto de la canción. Los adverbios son una de las claves en la construcción

de una letra, pero en este caso la canción está enteramente formada por adjetivos y descripciones, *adorable, beautiful* («bonita»), *cutie full of charms* («queridita llena de encantos»), hasta *kissable* («besable») y *lovelight in your eyes* («luz de amor en tus ojos»). Ya fuera por la limitación del tiempo de la canción, por la pereza o porque la vanidad ya iba a baja, para la F sólo se les ocurrió decir que la chica era una pluma (*feather*) en los brazos del joven, Kaye y Wise no se molestaron en buscar referencias entre las letras M y T ni entre la W y la Z.

No obstante, la idea funcionó con belleza y simplicidad en una canción que llevó a Perry Como al número uno en Estados Unidos en 1949 y que aún hoy es conocida.
Ken Bloom

Fecha de publicación 1948

Nacionalidad Estados Unidos

Compositores Sid Lippman, Buddy Kaye, Fred Wise

Por qué es clave Una canción hecha de adjetivos de la A a la Z. Bueno, más o menos...

Acontecimiento clave
Primer disco a 45 r. p. m. de 17,78 cm

A lo largo de las décadas de 1930 y 1940, las grandes compañías discográficas buscaron una nueva tecnología para reemplazar el disco lacado estándar de 78 r. p. m. Éste se fue encareciendo y el peso y la fragilidad del material dificultaban y encarecían su almacenamiento y transporte. El vinilo fue el recambio ideal y permitía surcos más pequeños en el disco. Mientras la compañía Columbia desarrollaba sus discos de larga duración a 33 1/3 r. p. m. de 30 centímetros de diámetro, su mayor competidora, RCA, trabajaba en uno mucho menor de 17,78 centímetros que giraba a 45 r. p. m. La menor anchura de los surcos permitía contener mucha más música que los viejos discos a 78 r. p. m. (inicialmente alrededor de tres minutos), a la vez que su reducido tamaño permitía a los diseñadores producir reproductores de menor tamaño. El disco de 45 r. p. m., que apareció en 1949, era muy ligero y sólo podía romperse con esfuerzo.

Fue básica para el nuevo disco de la RCA la introducción de autocargadores en los tocadiscos en que se apilaban varios discos sobre un eje y caían de uno en uno sobre el plato. Para facilitar el mecanismo, el disco de 45 r. p. m. tenía el agujero central mucho más grande.

Aunque la RCA esperaba que su nuevo disco se utilizase para todo tipo de música, se convirtió en el formato favorito para la música popular –en que las canciones individuales eran cortas– y el LP se empleó inicialmente para la música clásica. Nadie, por supuesto, se refería a él como al disco de 45 r. p. m.: era el *single* (sencillo).

Andre Millard

Fecha 1949

País Estados Unidos

Por qué es clave
Se convirtió en el medio corriente de la música popular en las décadas de 1950 y 1960.

Personaje clave
Johnny Mercer

Johnny Mercer tuvo su primer éxito en Broadway con *Texas, Li'l Darlin'*, un musical que se estrenó el 25 de noviembre de 1949 en el que se mostraba claramente su talento para las expresiones coloquiales regionales y una perspectiva sureña poética. Recordado hoy principalmente como letrista de películas, Mercer fue también un cantante competente, compositor ocasional y un visionario del negocio de la música que cofundó la compañía Capitol Records.

Nació en Savannah, Georgia, en 1909. Cuando se trasladó a Nueva York en 1930, lo rechazaron para trabajar como cantante pero lo contrataron para escribir letras para una revista musical. No obstante, Mercer fue finalmente contratado como vocalista en la orquesta de Paul Whiteman, donde conoció al compositor Hoagy Carmichael. Ambos colaboraron en la exitosa canción «Lazybones» en 1933 y dos años después Mercer fue a Hollywood a trabajar con compositores como Richard A. Whiting, Harold Arlen,

Jerome Kern y otros, para los que escribió clásicos como «You Must Have Been a Beautiful Baby», «Jeepers Creepers», «Blues in the Night», «That Old Black Magic» y «Ac-Cent-Tchu-Ate the Positive». Mientras seguía intentando triunfar en su carrera como cantante en la radio y en discos, Mercer trabajó en siete musicales de Broadway, entre ellos en el innovador *St. Louis Woman* (1946) y el satírico *L'il Abner* (1956). En ocasiones escribió o coescribió la música de sus canciones («I'm An Old Cowhand», «Something's Gotta Give»). Antes de morir, en 1976, Mercer se concentró en escribir letras para películas no musicales, creando clásicos como «Laura», «The Days Of Wine And Roses» y «Moon River».

Thomas Hischak

Rol Autor de canciones

Fecha 1949

Nacionalidad Estados Unidos

Por qué es clave
Mercer sobresalió como letrista, cantante y empresario musical.

Espectáculo clave *South Pacific*
teatro musical

El musical *South Pacific*, ganador de un premio Pulitzer, estaba basado en dos de las historias cortas de James Michener que escribió al principio de su carrera: *Fo' Dolla* (sobre un apuesto oficial de la marina estadounidense y la joven originaria de la isla que se enamora de él) y *Our Heroine* (sobre un romance entre personas de edades dispares, un terrateniente francés de mediana edad y una joven enfermera estadounidense). Ambas derivan a su vez de la colección con la que Michener ganó a su vez el premio Pulitzer, *Tales Of The South Pacific,* y ambas abordan el tema de los prejuicios raciales. Debido a la adaptación tan escenificada del tema en la localización exótica del espectáculo y a la partitura evocadora de los trópicos, *South Pacific* es a menudo citada como uno de los mejores musicales de la historia.

Que el colaborador del compositor Richard Rodgers, el letrista y libretista Oscar Hammerstein, se sintiera cautivado por el tema tratado era tal vez inevitable, ya que la cuestión racial había inspirado su trabajo años atrás con *Show Boat* (1927). En *South Pacific,* sin embargo, sería incluso más punzante, con una canción que declara que uno no acepta la intolerancia de una manera natural sino que ha de educarse con esmero («Carefully Taught»).

Esta intensa lección en el corazón de una historia cuyas canciones complementarias te arrastran («Bali H'ai»), te fascinan («Cockeyed Optimist», «I'm Gonna Wash That Man Right Outta My Hair») te divierten («There is Nothing Like A Dame», «Happy Talk») y directamente te elevan («Some Enchanted Evening») infundió una mezcla alquímica que la llevó a permanecer cinco años en Broadway, desde su estreno el 7 de abril de 1949, a producir dos películas, varias grabaciones llevadas a cabo por primeras figuras y más de 25.000 subsiguientes producciones por todo el mundo.
David Spencer

Estreno 7 de abril de 1949

País Estados Unidos

Director Joshua Logan

Reparto Mary Martin, Ezio Pinza, Juanita Hall

Compositores Richard Rodgers, Oscar Hammerstein

Por qué es clave El musical clásico que pasó el testigo del Pulitzer de su fuente a su adaptación.

Pág. siguiente *South Pacific.*

Canción clave **«Rudolph The Red Nosed Reindeer»** Gene Autry

En 1939, los grandes almacenes Montgomery Ward pidieron al encargado de publicidad Robert L. May que escribiera una historia con que obsequiar a los clientes como regalo de Navidad. May escribió un cuento en verso titulado «Rudolph The Red-Nosed Reindeer» (Rudolph, el reno de la nariz roja). Denver Gillen, del departamento de arte de Ward lo ilustró y el libro tuvo tal éxito que más de 6 millones de copias se regalaron hacia 1949. Ward se quedó el *copyright,* pero, en un destacable ejemplo de generosidad empresarial, se lo cedió a May en enero de 1947.

Casualmente May era cuñado del autor de canciones Johnny Marks y en 1947 pidió a éste que convirtiera su historia en una canción. Marks dio al poema aliterativo de los renos de May una melodía apropiada y agradable, modificando el texto como él hizo. Gene Autry grabó el resultado y su versión –que llegó a las listas de éxitos de Estados Unidos el 3 de diciembre de 1949– vendió más de 30 millones de copias, haciendo de ella la segunda grabación más exitosa del mundo después de «White Christmas».

Una vez hubo triunfado con «Rudolph [...]», Marks dedicó gran parte del resto de su carrera a intentar igualar ese éxito navideño. Sus canciones de Navidad más conocidas son «I Heard The Bells On Christmas Day», «Rockin' Around The Christmas Tree» y «The Most Wonderful Day Of The Year».

Sin embargo, «Rudolph [...]» es la que ha conseguido un estatus casi mítico, tanto que mucha gente cree que se trata de una canción folclórica en lugar de una producción de Tin Pan Alley.
Ken Bloom

Fecha de lanzamiento 1949

Nacionalidad Estados Unidos

Compositor Johnny Marks

Por qué es clave La canción cuya composición convirtió a su escritor en un especialista en canciones de Navidad.

Canción clave «The Fat Man»
Fats Domino

La grabación de «The Fat Man» (El gordo) por Fats Domino en Imperial Records tuvo como consecuencia –¡ejem!– una caída del dominó en el punto clave de una cadena. Más de dos años atrás, el fundador de Imperial Records, Lewis Chudd había visto al director de banda y compositor Dave Bartholomew actuando en Houston y le ofreció grabarla. La siguiente vez que se encontraron fue a finales de noviembre de 1949 en Nueva Orleans. Pocos días después, Bartholomew llevó a Chudd a ver a un nuevo amigo y socio suyo que atraía a las multitudes llamado Antoine «Fats» Domino, un hombre negro voluminoso y alegre con una extraordinaria técnica pianística que ejecutaba con pachorra. Diez días después Domino fue contratado por Imperial y realizó su primera sesión de grabación con una canción llamada «The Fat Man», que Bartholomew había escrito a partir de una pieza tradicional llamada «The Junker Blues». Terminó la letra mientras escribía

con Domino, y pensando en el apodo del cantante y pianista y en un popular programa de radio llamado *The Fat Man*.

La idea parecía encajar a la perfección, ya que resultó tanto para Bartholomew y Domino como para el público en general. Lanzado en enero de 1950, el single vendió más de un millón de copias. Debido a sus marcadas síncopas, al arrollador acompañamiento pianístico y a la personalidad pomposa de Domino, «The Fat Man» fue un serio candidato a ser el primer disco de rock 'n' roll, además de convertirse en la canción de referencia para una carrera de seis décadas.
Bruce Eder

Fecha de lanzamiento
10 de diciembre de 1949

Nacionalidad Estados Unidos

Compositor Dave Bartholomew

Por qué es clave El disco que posiblemente inició la revolución del rock.

Pág. anterior Fats Domino.

Personaje clave
Nat «King» Cole

Nacido como Nathaniel Adams Coles [sic] en Montgomery, Alabama, Nat Cole (1919-1965) de joven tocaba el órgano en la iglesia de la que su padre era pastor y el piano en competiciones. Formó su propia banda de jazz, el King Cole Trio (una referencia al personaje Old King Cole del poema infantil), que tocaba en clubs y empezó a grabar en 1941. Cole empezó a complementar su exquisita técnica pianística cantando como parte de las interpretaciones del trío en sus actuaciones en directo.

Los autores de canciones Jay Livingston y Ray Evans intentaron sin éxito interesar a cantantes como Frank Sinatra y Perry Como para que grabaran su balada «Mona Lisa». El disco de Cole llegó a las listas de éxitos de Estados Unidos el 10 de junio de 1950 y vendió 3 millones de copias. Su reputación pasó de pianista de jazz y autor a estrella de la canción. Siguieron muchas otras grabaciones de éxito, las más memorables *Stardust*, *Nature Boy*, *Smile*, *Route 66*

y *Unforgettable*. En 1955 se convirtió en el primer cantante en tener seis discos al mismo tiempo en las listas de éxitos. Su cambio de estilo y de público causó cierta controversia entre sus viejos colegas del mundo del jazz, que consideraban comercial su nueva carrera más popular. Eran algunas de esas mismas personas las que pensaban que el elegante Cole era un Tío Tom.[3] Sus defensores argumentaban que el estatus de Cole como uno de los primeros afroamericanos en tener su propia serie de televisión le hacían lo suficientemente revolucionario aun sin tener en cuenta el hecho de que demandó a los hoteles que le habían negado sus habitaciones.

Cole murió de cáncer de pulmón a la edad de 46 años.
Thomas Hischak

Rol Artista de grabaciones

Fecha 1950

Nacionalidad Estados Unidos

Por qué es clave Nat «King» Cole pasó del jazz a la música popular pero siguió siendo sublime.

3. Estereotipo peyorativo de afroamericano.

Acontecimiento clave
La aparición del Dansette

El tocadiscos Dansette se convirtió en un aparato icónico de la cultura juvenil de las décadas de 1950 y 1960, y su nombre en un término genérico para muchos tipos diferentes de tocadiscos pequeños, como Hoover en el caso de las aspiradoras.

Un tocadiscos pequeño y portátil se hizo muy popular en tiempos de la primera guerra mundial: su plato giratorio con motor de resorte y su bocina acústica encajaban en una maleta. La introducción de la grabación electrónica y la reproducción con altavoces ataron el reproductor a una toma de corriente, y su estatus como pieza del mobiliario llevó al diseño de máquinas más grandes y ornamentadas que lucían orgullosas en los salones de los hogares.

En 1950, la compañía inglesa Morris Margolin volvió al primitivo formato de reproductor compacto insertado en una maleta (con un asa incluida), con el altavoz incorporado en la tapa. Lo llamaron Dansette. El plato giratorio tenía tres velocidades –78,45 y 33 1/3 r. p. m.– para poder reproducir todos los discos disponibles, pero la creciente popularidad del de 17,78 cm a 45 r. p. m. y la inclusión del autocargador hicieron del Dansette la elección de los jóvenes que querían escuchar sus singles en la intimidad de sus habitaciones. El forro de cuero sintético estaba disponible en diversos colores brillantes que lo hacían especialmente atractivo para las jóvenes, y algunos modelos incluían radio transistor. Millones de esas máquinas se fabricaron por toda Europa y Estados Unidos bajo diferentes denominaciones, pero el nombre Dansette conserva el aura de la década de 1960.
Andre Millard

Fecha 1950

País Reino Unido

Por qué es clave
Permitía el placer prohibido de disfrutar de la música popular en el propio dormitorio.

194

1950-1959

Espectáculo clave *Guys And Dolls*
teatro musical

En las décadas de 1930 y 1940, los variopintos personajes de Nueva York del escritor Damon Runyon tuvieron muchos seguidores. Sus cualidades épicas y exuberantes y su dialecto peculiar hacían de estas historias cortas un material perfecto para un musical (lamentablemente póstumo).

Sus productores concibieron *Guys And Dolls* originariamente como un romance serio: escenificaron la relación entre el jugador Sky Masterson y la oficial del ejército de salvación Sarah Brown con una historia de confrontación de clases semejante a *South Pacific*. El espectáculo pasó por 11 escritores en busca del tono adecuado (el penúltimo, Jo Swerling, apareció por contrato en los créditos) antes de decidirse por Abe Burrows, que la remodeló como una comedia en Times Square, incorporando profusamente elementos de las historias de Runyon «The Idyll Of Miss Sarah Brown» y «Blood Pressure» y otros adicionales de «Pick The Winner». Aunque paradójicamente Burrows no mantuvo ni una frase del texto de Runyon, en su brillante adaptación, sus ritmos característicos y el estilo de locución de su diálogo original crearon la ilusión del auténtico Runyon.

En la época en que Burrows estuvo enfrascado, en la remodelación del espectáculo, el compositor y letrista Frank Loesser ya había dado forma a la mayor parte de la partitura, incluyendo la canción del título, «If I Were a Bell», «Sit Down, You're Rockin' the Boat» y la imperecedera «Luck Be a Lady». De un modo que normalmente desafiaría la gestación saludable de un libreto, lo creó a partir de las canciones existentes. El resultado, estrenado el 24 de noviembre de 1950, demostró ser una de las comedias musicales más imperecederas de la historia, tan infalible en el auditorio de un colegio como en un escenario profesional.
David Spencer

Estreno 24 de noviembre de 1950

País Estados Unidos

Director
George S. Kaufman

Reparto Robert Alda, Isabel Bigley, Sam Levene

Compositor Frank Loesser

Por qué es clave
Una génesis semiabsurda da lugar a un musical inmortal.

Pareja clave
Leiber y Stoller

La pareja tuvo un discreto inicio con «That's What The Good Book Says», un single para Bobby Nunn y los Robbins, en febrero de 1951, aunque entonces aún eran adolescentes. Durante la siguiente década, sin embargo, el letrista Leiber y el compositor Stoller fueron los dominadores, aportando ingenio, sátira y temática social a un número extraordinario de discos vitales y vibrantes para muchos de los cuales ellos mismos organizaron la grabación y seleccionaron a los músicos. Fueron los autores de bastantes de las principales canciones del grupo vocal negro The Coasters, como «Poison Ivy», «Yakety Yak» y «Searchin», mientras que «Love Potion n.º 9» (The Clovers) y «Kansas City» (Wilbert Harrison y literalmente cientos de otros) se cuentan entre otras de sus primeras composiciones. Una asociación con The Drifters dio lugar a una serie de temas innovadores e influyentes como «There Goes My Baby» y el formidable «On Broadway» (coescrito con Mann y Weil), por su lado «Stand By Me» tuvo una interpretación lúgubre por parte del primer vocalista de la banda, Ben E. King.

Tras versionar «Hound Dog» (escrita por Big Mama Thornton), Elvis Presley grabó más de 20 canciones del tándem Leiber-Stoller, entre ellas «King Creole» y la humorística «Jailhouse Rock». A mediados de la década de 1960, sin embargo, el dúo redujo paulatinamente sus actividades, aunque una obra maestra posterior vio la luz cuando Peggy Lee grabó la deliciosamente sarcástica «Is That All There Is?» en 1969.

David Wells

Rol Autor de canciones (Leiber) y productor (Stoller)

Fecha Febrero de 1951

Nacionalidad Estados Unidos

Por qué es clave Como productores fueron los primeros, como autores de canciones estuvieron entre los mejores.

Canción clave «Rocket 88»
Jackie Brenston And His Delta Rhythm Boys

Ike Turner, nacido en 1931 en Clarksdale, Misisipi, fue guitarrista, pianista, director de banda y ex DJ dotado de un gran oído. Había escuchado «Cadillac Boogie», de Joe Liggins', en 1947. Dos años después, actualizó la canción y la reescribió y pasó a llamarse «Rocket 88», como un nuevo modelo de Oldsmobile, uno de los coches de la posguerra más publicitados y vendidos. (Apenas se habían fabricado coches en Estados Unidos desde 1941.) Turner tomó la reputación de poderío del 88 y le añadió masculinidad y cierta insinuación sexual.

Grabada a comienzos de marzo de 1951 con el productor Sam Phillips, «Rocket 88» incorporó cinco nuevos atributos: el piano martilleante de Turner, el potente ritmo sincopado del batería Willie Sims, la crudeza del saxo tenor a cargo de Raymond Hill, la guitarra sobreamplificada y distorsionada de Willie Kizart y la voz de Jackie Brenston. Para la presentación de la canción, el grupo de Turner, Kings of Rhythm, se rebautizó como Jackie Brenston And His Delta Rhythm Boys, y por motivos económicos el nombre de Brenston reemplazó al de Turner como compositor. El single llegó a lo más alto de la lista de éxitos del *Billboard* R&B el 9 de junio de 1951 y fue el segundo single de R&B más vendido del año.

Más que eso, su mezcla de fanfarronería sexual, referencias automovilísticas y emociones, la soberbia música de que hace gala merecen mayores elogios. Durante décadas ha perdurado el debate sobre qué canción dio inicio al rock 'n' roll, pero en los últimos años parece que se está llegando gradualmente al consenso, «Rocket 88» es ahora casi universalmente reconocida como la primera canción de rock 'n' roll de todos los tiempos.

Bruce Eder

Rol Artistas de grabaciones

Fecha 1951

Nacionalidad Estados Unidos

Por qué es clave ¿Ha recibido esta canción el controvertido honor de ser la primera grabación de rock 'n' roll de todos los tiempos?

Acontecimiento clave **Debut del *Moondog Rock 'n' Roll Party* de Alan Freed**

Alan Freed formaba parte de un círculo de DJ que trabajaban en el mayor mercado de Ohio, Cleveland. Llegó allí en 1949, cuando ya era un experto en jazz y música popular. Eso cambió en 1951 tras un encuentro con Leo Mintz, quien frecuentaba el mismo bar que Freed y pertenecía a Record Rendezvous, un establecimiento que hacía grandes negocios con discos de R&B, y donde los adolescentes blancos empezaban a sumarse a la clientela afroamericana. Leo Mintz puso a Freed en el engranaje de la popularidad del R&B y el 11 de julio de 1951 el DJ dio un paso decisivo con un programa de radio dedicado a la música. Aquella noche Freed tuvo cierta suerte con un disco llamado *Moondog Symphony* y la reacción del público fue tan entusiasta que adoptó el nombre radiofónico de Moondog. El programa se convirtió en *Moondog's Rock 'n' Roll Party*. Irónicamente, mientras *rock 'n' roll* fue un coloquialismo elegido por Freed para evitar el más recargado *rhythm and blues*, *rock 'n' roll*

era ya una expresión de uso común entre la comunidad negra para referirse al sexo.

Pero lo realmente importante era la música. Freed se negó a poner las versiones blancas más «blandas» de discos de R&B que preferían muchos DJ blancos. Los adolescentes escuchaban su programa para nutrirse de música real, con lo que obtenía una gran audiencia y dominaba las ondas. En un hecho sin precedentes, también dividió a las familias en sectores generacionales en un proceso que pronto se extendió por el país, junto con la música rebautizada.
Bruce Eder

Fecha 11 de julio de 1951

País Estados Unidos

Por qué es clave Medio del legendario DJ que puso de moda el R&B y dio nombre al rock 'n' roll.

Pág. siguiente **Alan Freed**.

Personaje clave
Johnnie Ray

En una era dominada por la hermandad *crooner*, Johnnie Ray, nacido en Oregón en 1927, era tan sensacional, tan poco convencional, que Columbia Records lanzó su primer disco con el sello Okeh dedicado al R&B, dando la impresión de que el cantante era negro. Al hacerlo apareció el primer artista de importancia que atravesó la línea que dividía la música blanca de la negra.

«Cry», su segundo lanzamiento, proporcionó el toque de gracia. Lleno de angustia y rebosante de sollozos teatrales, llegó a las listas de éxitos de Estados Unidos el 24 de noviembre de 1951 en su camino al número uno. También proporcionó una base para el «Nabob of Sob».

Cuando un mundo adolescente recurrió a Ray en busca de inspiración y para ampliar sus horizontes musicales, los medios de comunicación lo acosaron. Homosexual y con un audífono, era un blanco fácil. Incluso admitió que no era un auténtico cantante:

«Cuando hablamos de cantantes de verdad, hablamos de Tony Bennett, Vic Damone, Andy Williams, gente como ésa», dijo. «Había cantantes que actuaban de pie. Yo revolucioné todo eso». Y lo hizo, dando bandazos por el escenario, agarrando fuertemente los micrófonos como si los odiara, aporreando el piano, retorciéndose y llorando, siempre provocando excitación, clamor y emoción desbordante.

Cuando Elvis Presley hizo su aparición, ya había un público preparado para el tipo de cambios emocionales que ofrecía con su música; irónicamente, fueron las figuras del rock 'n' roll de las que fue precursor las que le hicieron pasar de moda, acelerando su declive comercial.
Fred Dellar

Rol Artista de grabaciones

Fecha 1951

Nacionalidad Estados Unidos

Por qué es clave El hombre que hizo posible a Elvis Presley.

Personaje clave
Jo Stafford

Cuando la grabación de la vocalista Jo Stafford de «You Belong to Me» entró en las listas de éxitos de Estados Unidos el 9 de agosto de 1952 camino de vender más de 2 millones de copias, confirmó su posición como una de las estrellas de la canción más populares de Estados Unidos en la época posterior a la segunda guerra mundial.

Nació en Coalinga, California, en 1920 y actuó para la radio local como cantante adolescente con sus hermanas. En 1939 se unió a los Pied Pipers, una única mujer con siete hombres, y cuando el grupo se redujo a un cuarteto en 1942, cantó para la radio y grabó con la orquesta de Tommy Dorsey, Bob Crosby, Johnny Mercer y Frank Sinatra. Stafford se estableció por su cuenta en 1944 y tuvo su propio programa de radio durante un tiempo en 1946. Entre sus muchos éxitos superventas están «I've Got The World On A String», «Day By Day», «Dearie», «Shrimp Boats», «Ragtime Cowboy Joe», «'A' You're Adorable» (con Gordon MacRae) y «Make Love To Me». Stafford tuvo su propio programa de televisión en 1954.

A lo largo de la década de 1950, actuó con frecuencia en la radio con su segundo marido, Paul Weston, y su orquesta. Weston y ella grabaron como Jonathan y Darlene Edwards, un espantoso dúo de salón cuya cantante no podía cantar y cuyo pianista no tenía oído musical. Stafford nunca ganó ningún premio importante con su propio nombre, pero el álbum de los Edwards *In Paris* obtuvo un Grammy al mejor álbum de comedia.

Stafford se retiró del negocio del espectáculo en la década de 1960 para dedicarse a causas benéficas.
Thomas Hischak

Rol Artista de grabaciones

Fecha 1952

Nacionalidad Estados Unidos

Por qué es clave Jo Staffor fue una cantante que tuvo una peculiar carrera paralela.

Acontecimiento clave *Singin' In The Rain,* (*Cantando bajo la lluvia*)

Antes de 1952, Gene Kelly, Stanley Donan y Arthur Freed habían realizado algunas películas importantes. Kelly dejó huella con su coreografía de «hombre corriente» en *An American In Paris* (*Un americano en París*); Donan codirigió *On The Town* (*Un día en Nueva York*) con Kelly; y Freed había producido *The Wizard Of Oz* (*El mago de Oz*), entre otras. Pero fue *Singin' in The Rain* (*Cantando bajo la lluvia*), estrenada el 27 de marzo de 1952, la que unió sus talentos individuales, incluyendo la casi olvidada pericia de Freed como autor de canciones que había brillado en los primeros tiempos del cine, y los convirtió en leyendas. *Cantando bajo la lluvia,* cuyo argumento gira en torno a la dolorosa transición al cine sonoro, demostró que se puede lograr un gran éxito con piezas recicladas. La banda sonora estaba compuesta en su mayor parte por canciones en otras películas musicales de la MGM que se remontaban hasta 1929, incluida la pieza inmortal del título. Hoy en día poca gente sabe que no se escribieron especialmente para la película, que contenía canciones de Freed de películas de las décadas de 1920 y 1930 como las de *The Broadway Melody*. Todo ello ilustra cómo las canciones resistieron el paso del tiempo. La película también cimentó la credibilidad de Kelly y Donan como directores al mostrar las nuevas coreografías de Kelly.

La película también lanzó la carrera de una joven Debbie Reynolds; con sólo 18 años entonces y sin preparación para la danza, se vio perfecta para el papel de estrella emergente. Más adelante comentaron: «Era una chica tan joven e inexperta como se ve en la pantalla». Practicó durante horas, a veces hasta que le sangraban los pies, para seguir el ritmo de Kelly y de Donald O'Connor. Reynolds no fue la única que sufrió incomodidades. Cuando grababan la escena del título, Kelly tenía 39,5 grados de fiebre. ¿La solución? Calentar el agua. El resultado fue la coreografía cinematográfica más adorada e icónica de todos los tiempos.
Leila Regan-Porter

Estreno 27 de marzo de 1952

Nacionalidad Estados Unidos

Director Gene Kelly, Stanley Donan

Reparto Gene Kelly, Debbie Reynolds, Donald O'Connor, Jean Hagen

Compositor Arthur Freed

Por qué es clave El clásico ejemplo de una canción recuperada que produce una partitura clásica.

Pág. anterior
Cantando bajo la lluvia.

Personaje clave
Paul Robeson

El cantante afroamericano Paul Robeson (1898-1976) vivió con el coraje de sus convicciones. Magnífico barítono-bajo, fue posiblemente el mejor vocalista de su generación y una estrella de Broadway y del West End. Sin embargo, eso interesaba a las autoridades menos que el hecho de que hubiera sido uno de los fundadores de la American Crusade Against Lynching (Cruzada Americana Contra el Linchamiento) y un destacado defensor de los derechos civiles. Ello, y el apoyo de Robeson a las prácticas no discriminatorias de la Unión Soviética hacia los negros, le crearon problemas con el Gobierno. En 1950 revocaron el pasaporte a Robeson cuando se negó a firmar una declaración jurada que aseguraba que no era comunista. En 1952, la Federación Canadiense de Mineros le pidió que diera un discurso para su convención de Vancouver. Aunque no necesitaba pasaporte, la patrulla fronteriza le amenazó con una sentencia de cinco años de cárcel y una multa de 10.000 dólares, apelando a una oscura ley aprobada por el Congreso durante la primera guerra mundial. Robeson se dirigió a los asistentes de la convención, pero por teléfono.

El 18 de mayo de 1952, esquivó de un modo ingenioso los intentos de las autoridades por impedir su comunicación artística y política con gente de fuera de su propio país. Desde una plataforma que remolcaba un camión aparcado en los límites del estado de Washington, cantaba espirituales a la gente a través de la frontera con Vancouver, Columbia Británica. Treinta mil canadienses acudieron a escucharle para mostrarle su solidaridad.

Esos conciertos se convirtieron en acontecimientos anuales hasta 1955. Aunque le devolvieron el pasaporte en 1958, sus grabaciones y películas se incluyeron en la lista negra.
Ken Bloom

Fecha 18 de mayo de 1952

País Estados Unidos/Canadá

Por qué es clave Un cantante considerado un comunista peligroso que pensaba un paso por delante de sus opresores.

200

Personaje clave **Liberace debuta en su propio programa de televisión**

En la primavera de 1952, Estados Unidos vivía un apasionado romance con la televisión, volcado en masa con el nuevo medio y dejando los cines casi vacíos por las noches durante la semana. En medio de este *boom*, el 1 de julio de 1952, el pianista cantante Wladziu Valentino Liberace hizo su debut en su propio programa de televisión. Pronto conseguiría una gran audiencia.

Visto desde la perspectiva actual, llama la atención que en la conservadora década de 1950 un personaje tan llamativo, extravagante y, sí, afeminado pudiera ser tan popular. Pero su manera de expresarse y sus gestos desinhibidos eran sin duda las cualidades que el público adoraba; hasta ese momento muchos intérpretes musicales parecían, en el mejor de los casos, rígidos e incómodos y ajenos al público que los veía. Liberace, por el contrario, se sentía tan cómodo con la cámara que incluso parecía disfrutar con su presencia y, por extensión, con la audiencia al otro lado de las lentes. Su gesto característico era guiñar el ojo directamente al espectador.

A lo largo de su carrera, Liberace interpretó música que era una mezcla de canciones populares y clásica ligera. A pesar de sus ventas multimillonarias y del hecho de que fuera un pianista de talento, su música no sobrevivió a su muerte, relacionada con el sida, en 1987, más que las novelas de Barbara Cartland a la suya propia: todo emanaba de su formidable personalidad.
Bruce Eder

Rol Artista de grabaciones

Fecha 1 de julio de 1952

Nacionalidad Estados Unidos

Por qué es clave La primera gran estrella de la música que se adaptó plenamente al medio televisivo. También fue de los primeros en explotar el concepto de estrella musical sensual y afectada.

1950-1959

Canción clave «Takes Two To Tango»
Pearl Bailey

El tango es un estilo de baile originario de Argentina que se introdujo en Occidente durante las primeras décadas del siglo XX. Llegada la década de 1950, había dejado de ser la música romántica, melancólica y exótica de antaño para dar paso a canciones de amor más alegres, como la irónica «Takes Two To Tango».

Compuesta por Al Hoffman y Dick Manning, la canción combina una ligera base de tango y una letra pícara que enumera todo lo que uno puede hacer estando solo: desde salir a navegar hasta endeudarse o echarse a perder. No obstante, concluye que es necesario ser dos para «bailar el baile del amor».

Su intranscendente y desenfadada letra fue maravillosamente interpretada por Pearl Bailey, cuya grabación con la Don Redman's Orchestra alcanzó las listas de éxitos de Estados Unidos el 27 de septiembre de 1952. Louis Armstrong echó mano de su estilo fresco y personal y la utilizó en la que fuera una de sus primeras grabaciones, que también irrumpió en las listas de éxitos.

El éxito de la canción, también titulada a veces «It Takes Two To Tango», llevó a la aparición, en la década de 1950, de otros tangos peculiares, como «Hernando's Hideaway», «Whatever Lola Wants», «Just in Time» y «The Rain in Spain». No obstante, lo más significativo de todo es su influencia en el lenguaje popular inglés. La frase *it takes two to tango*, todavía muy extendida, se utiliza para expresar que, en el esfuerzo, es necesaria la cooperación, o que ambas partes son igualmente responsables cuando algo ocurre.
Thomas Hischak

Fecha 27 de septiembre de 1952

País Estados Unidos

Compositores Al Hoffman y Dick Manning

Por qué es clave
Canción cuyo título se ha introducido en el lenguaje.

Película clave *High Noon* (*Solo ante el peligro*) banda sonora

En la primavera de 1952, el productor cinematográfico Stanley Kramer debía solventar un problema de la película *High Noon* (*Solo ante el peligro*).

El western –una alegoría anti-McCarthy– contenía largas escenas en las que su estrella, Gary Cooper, caminaba por las calles desiertas de una ciudad. Las pruebas de público realizadas calificaron las secuencias de interminables.

Para resolverlo, el compositor Dimitri Tiomkin propuso acompañar las imágenes de una canción, por lo que él y el letrista Ned Washington crearon la balada «High Noon (Do Not Forsake Me)», cantada por Tex Ritter, que satisfizo a los espectadores del preestreno. Tiomkin compuso una banda sonora elegante que distinguiría al filme. En varios momentos de la película, sonaba la melodía con trompas, violonchelos, contrabajos y percusión, y otras veces, sobre una partitura orquestal romántica de textura densa similar a Tchaikovski (o incluso más densa), una de las más ambiciosas escuchadas en un western hasta el momento. La canción sonaba repetidamente a lo largo de la película.

La película se estrenó el 7 de julio de 1952 y alcanzó un tremendo éxito gracias, en parte, a la presencia de dos versiones de la banda sonora en las listas de éxitos, una de Ritter y otra de Frankie Laine. La versión del primero carecía del siniestro son del tambor que destacaba en las de Laine y la película, y sólo llegó al número 12 en las listas de Estados Unidos, mientras que la del segundo alcanzó el puesto número cinco. La canción ganó un Óscar.

La propuesta de Tiomkin había sido bastante radical, en un momento en el que, muy pocas películas dramáticas incluían canciones en su banda sonora, pero a partir de entonces los beneficios obvios de la promoción mutua entre medios de comunicación hicieron que se convirtiera en algo frecuente, sobre todo en el western.
Bruce Eder

Estreno 7 de julio de 1952

País Estados Unidos

Por qué es clave Inicio de un nuevo papel de la música en el cine.

Acontecimiento clave
Muerte de Hank Williams

Nadie sabe con certeza cuándo y dónde exactamente murió Hiram King «Hank» Williams. El día de Nochevieja de 1952, el cantante y guitarrista iba en un coche que le llevaba desde Montgomery, Alabama, hasta Canton, Ohio, donde estaba previsto que actuara en el concierto de Año Nuevo. En algún momento del trayecto pereció en el asiento trasero por un fallo cardíaco. Apenas tenía 29 años.

Acababa de lanzar la tristemente profética «I'll Never Get Out Of This World Alive» (Nunca saldré con vida de este mundo), que se convertiría en su octavo número uno en las listas de éxitos de Estados Unidos en menos de tres años. Era alcohólico y toxicómano y tenía el aspecto de un hombre dos veces mayor. Lo único que le avalaba era su talento. Intérprete de lo que probablemente hoy en día llamaríamos «hermosos himnos de perdedor», se había convertido en la primera superestrella del country, y de algún modo –debido a su espíritu iconoclasta y anárquico– en la primera estrella del rock, en un momento en que el rock aún no existía.

Por supuesto, su principal legado ha sido como intérprete y compositor de un amplio catálogo de clásicos, como «Hey Good Lookin», «Your Cheatin Heart» y «Jambalaya». Sin embargo, su atribulada vida y su triste y prematura muerte también han servido como modelo malsano para otras almas atormentadas del mundo de la música, tanto talentosas (Jim Morrison, Janis Joplin), como mediocres (Sid Vicious). La repercusión de la carrera musical de Williams en el country se ha comparado con la de Marilyn Monroe en Hollywood. O quizás deberíamos decir con la de James Dean.
John Tobler

Fecha 31 de diciembre de 1952

País Estados Unidos

Por qué es clave Primera tragedia «*cool*» de la música popular.

Página siguiente
Hank Williams y familia.

Canción clave **«Doggie In The Window»**
Patti Page

También titulada «How Much Is That Doggie In The Window», esta canción, cuya letra pregunta el precio de un perrito expuesto en el escaparate de una tienda de mascotas, fue escrita por Bob Merrill, letrista que decidió componer sus propias melodías a pesar de no tener ni idea de solfeo. Tras componerla a toda prisa en un piano de juguete, envió el resultado a Patti Page, quién la grabó pensando que a los niños les gustaría.

Ciertamente, su letra y su melodía sencillas y monótonas le dan un aire de nana antigua al estilo de «Baa-Baa Black Sheep», o de canción folk tradicional estadounidense. Se convirtió probablemente en el tema más simple e infantil que jamás haya alcanzado el primer puesto de la lista de éxitos estadounidense, en la que entró el 31 de enero de 1953. En el Reino Unido, la versión de Lita Roza se convirtió igualmente en un éxito de ventas. También la grabaron Homer y Jethro, The Persuasions y Wylie Gustufson, entre otros.

Una peculiar característica en la mayoría de las versiones es la inclusión de efectos sonoros al final de cada verso (normalmente, ladridos y gruñidos), y cuando se cantaba en conciertos o programas de televisión a menudo se hacía participar al público. En cuanto a Merrill, llegó a componer bandas sonoras para Broadway (*Carnival*, *New girl in town*, *Take me along*, etc.) de cierta complejidad, si bien nunca llegó a aprender solfeo.
Thomas Hischak

Fecha 1953

País Estados Unidos

Por qué es clave Canción que parece más antigua que Matusalén pero que, en realidad, se compuso en la era nuclear.

Personaje clave
James Van Heusen

Hacía ya un par de años que el compositor James Van Heusen (1913-1990) venía creando temas de éxito cuando en 1940 se mudó a Hollywood y se asoció con el letrista Johnny Burke. Ambos se convirtieron en los compositores más importantes de Paramount y en los favoritos de Bing Crosby, para quien concibieron la mayoría de las bandas sonoras. No obstante, a pesar de las docenas de éxitos creados para ellos, el dúo intentó conquistar Broadway sin éxito dos veces, primero con *Nellie Bly*, en 1946, y luego con *Carnival In Flanders*. El estreno de este último, el 8 de septiembre de 1953, fue un fracaso, aunque al menos el musical dejó como legado la célebre canción «Here's That Rainy Day».

Tras separarse de Burke en 1953, Van Heusen permaneció en California, y en 1955 se unió a otro letrista, Sammy Cahn. A mediados de la década de 1950, Hollywood había cambiado y las películas musicales ya no estaban de moda, por lo que Cahn y Van Heusen se dedicaron a componer también para otro tipo de películas. Además, se convirtieron en el equipo predilecto de Frank Sinatra, para quien concibieron las memorables «Come Fly With Me» y «It's Nice To Go Travellin». Ambos supieron capturar a la perfección el nuevo estilo «ring-a-ding-ding» de Sinatra, y de hecho, ayudaron a definirlo. También soñaron con triunfar en Broadway, pero apenas tuvieron una buena racha con *Skyscraper*, en 1965, y *Walking happy*, en 1966. Otras canciones entrañables a cuyas melodías contribuyó Van Heusen son «Call Me Irresponsible», «High Hopes», «Polka Dots And Moonbeams», y «Swingin' On a Star».

Ken Bloom

Rol Compositor

Fecha 1953

Nacionalidad Estados Unidos

Por qué es clave El compositor a quien le resultó fácil conquistar la pantalla y las listas de éxitos, pero se le resistieron los escenarios de los musicales.

Película clave *Gentlemen Prefer Blondes* # (*Los caballeros las prefieren rubias*)

Norma Jean Mortensen dio el salto como la rubia explosiva conocida como Marilyn Monroe en 1953. Aunque anteriormente ya había interpretado muchos papeles secundarios y un papel principal en la tórrida película de suspense *Niágara*, su proyección internacional llegó con el lanzamiento de *Gentlemen Prefer Blondes* (*Los caballeros las prefieren rubias*), el 18 de julio de 1953, donde también participaba la hermosa Jane Russell.

La actriz y cantante Carol Channing había representado a la adorable cazafortunas Lorelei Lee en la obra original de Broadway en 1949, pero la interpretación de Marilyn Monroe se convirtió en la versión icónica. En ella, aparecía acicalada en *glamourosos* conjuntos de lentejuelas (rozando el mal gusto), como el vestido de seda rosa del legendario número «Diamonds Are A Girl's Best Friend». La canción era obra de Jule Styne y Leo Robin (con la colaboración de Hoagy Carmichael y Harry Adamson).

La actitud de mujer fatal y la determinación de mujer liberal de Lee y Shaw respectivamente hacen que la película sea considerada por algunos como la precursora de la liberación de la mujer, si bien el objetivo principal de ambas era atraer a los hombres. Lo que muy probablemente se vio como un cambio drástico fue la picante escena donde aparece Jane Russell completamente vestida bailando alrededor de un nadador del equipo olímpico estadounidense ligero de ropa (normalmente, era la mujer quien se encontraba medio desnuda y expuesta). Al final, su encanto y simpatía eclipsan cualquier escándalo subyacente, y ambas mujeres resplandecen.

Desde el mismo instante en que Monroe apareció en el escenario al lado de Russell con aquel vestido de lentejuelas rojo, fuera o no de mal gusto, el concepto de belleza nunca más volvería a ser el mismo.

Leila Regan-Porter

Estreno 18 de julio de 1953

País Estados Unidos

Director Howard Hawks

Reparto Marilyn Monroe, Jane Russell, Charles Coburn

Compositores Jule Styne, Leo Robin, Hoagy Carmichael, Harry Adamson

Por qué es clave Primera expresión del feminismo en un musical... quizás.

Pág. anterior *Los caballeros las prefieren rubias*.

Canción clave **«That's Amore»**
Dean Martin

La balada seudoitaliana «That's Amore» se convirtió en la canción más popular de las muchas películas del dúo formado por Jerry Lewis y Dean Martin, lo que demostró que los estadounidenses prefieren las canciones con aires extranjeros cuando están hechas en casa.

Del mismo modo que las canciones irlandesas más populares no provenían realmente de Irlanda, en Estados Unidos muchas de las canciones italianas preferidas del público estaban escritas por compositores estadounidenses, que más que mediterráneos solían ser judíos. Harry Warren compuso la música y Jack Brooks la letra de «That's Amore» para la película de Lewis y Martin *The Caddy* (*¡Qué par de golfantes!*), 1953. La cadencia de la música sube y baja como una melodía de concertina, y la irónica letra describe los infortunios del amor con una artificiosa –y a veces absurda– imaginería de la gastronomía italiana, como la Luna golpeándote

en la cara como una pizza o las estrellas haciéndote babear como los *fagioli*. No obstante, era evidente que la canción no pretendía ser seria: en la película, Martin empieza a cantar y Lewis repite con voz nasal hasta que los comensales del restaurante italiano donde se encuentran se unen al espectáculo cantando a coro. De hecho, al inicio Martin se mostró reacio a interpretar el número porque le parecía que ridiculizaba sus orígenes étnicos, por lo que tuvieron que convencerlo.

Aunque la canción es una especie de sátira de las baladas italoamericanas, el solo de Martin se aceptó ampliamente como una verdadera canción de amor y se convirtió en un éxito de ventas. El 14 de noviembre de 1953 entró en la lista de éxitos de Estados Unidos. La versión se utilizó con habilidad en la banda sonora de la película *Moonstruck* (*Hechizo de luna*, 1988).
Thomas Hischak

Fecha de lanzamiento
Junio de 1953

País Estados Unidos

Compositores Harry Warren, Jack Brooks

Por qué es clave
Un himno italiano de acordes estadounidenses.

206

Acontecimiento clave **Elvis Presley**
graba «That's Alright (Mama)»

La canción «That's Alright (Mama)» fue compuesta y grabada por primera vez por el cantante de blues Arthur «Big Boy» Crudup en 1946. Aunque en un principio la tituló «I Don't Know It», en 1949 volvió a grabarla bajo el título definitivo.

Al joven de Memphis Elvis Presley le gustó la canción y durante una pausa en su primera sesión para la discográfica Memphis' Sun Records, el 5 de julio de 1954, la utilizó como base en una improvisación con el guitarrista Scotty Moore y el batería Bill Black. El trío había grabado «Harbor Lights» y «I Love You Because», pero lo que acababa de sonar era algo totalmente distinto. La versión original de Crudup era algo más lenta y tranquila que la animada improvisación con tintes country del trío. El productor y propietario de la discográfica, Sam Phillips, quedó asombrado de que Elvis conociera una canción de Crudup y le encantó lo que había escuchado, por lo que les pidió que repitieran la interpretación, que luego se convertiría

en el primer single de Elvis (aunque atribuido, como todas sus grabaciones de Sun Records, a «Elvis, Scotty y Bill»).

Hay muchas candidatas a primera grabación del rock'n'roll. Si bien el disco *That's Alright (Mama)* no fue el primero en unir el visceral R&B con el más alegre estilo country, ciertamente fue el más influyente, ya que asentó la primera piedra en el camino hacia el superestrellato del que fuera el primer icono importante del rock'n'roll. El DJ local Dewey Phillips pinchó el single 14 veces en su programa. En dos años, el mundo entero se rindió de igual forma a Elvis y su sonido.
Fred Dellar

Fecha 5 de julio de 1954

País Estados Unidos

Por qué es clave
Probablemente, la grabación más importante de la posguerra.

Canción clave «Mr. Sandman»
The Chordettes

En la década de 1950, los más tradicionalistas echaban humo por la simplicidad que estaba adquiriendo la música popular. «Mr. Sandman», con su rima AABB (y con la falsa rima entre *dream* y *seen*), ejemplificó el declive de la edad de oro de las canciones populares, pero su melodía pegadiza y su arreglo único la acabaron convirtiendo en un estándar de su época.

El cuarteto femenino The Chordettes captó la atención del público por primera vez en 1949 cuando apareció en el programa *Talent Scouts*, de Arthur Godfrey, el equivalente al actual *American Idol*. En 1953, el director musical de Godfrey, Archie Bleyer, fundó Cadence Records y contrató a las chicas. Su primer y mayor éxito para la discográfica fue «Mr. Sandman», que alcanzó el número uno en las listas de éxitos de Estados Unidos el 4 de diciembre de 1954. Blyer, casado entonces con la Chordette Janet Ertel, apostó por un acompañamiento lo más sencillo posible –en algunas partes, simplemente con el sonido de unos cachetes en los muslos–, ideal para mostrar la armonía de las voces de las chicas, como esos célebres «bongs» ascendentes.

La letra, escrita por Pat Ballard, destaca por su atrevida banalidad y su rima artificiosa: sugiere que el hombre de los sueños de las mujeres habría de ser un corazón solitario como Pagliacci (signifique lo que signifique esto), pero que ellas también anhelan a un hombre de pelo en pecho ¡como Liberace!

En el Reino Unido, el éxito de The Chordettes llegó al número 11, y las versiones de The Four Aces y Max Bygraves también alcanzaron las listas de éxitos en Inglaterra. Además, en 1978, el trío formado por Emmylou Harris, Dolly Parton y Linda Ronstadt grabó una versión particularmente entrañable de la canción.

Quizás la calidad no sea su punto fuerte, ¡pero es bien graciosa!
Ken Bloom

Fecha del lanzamiento
1954

País Estados Unidos

Compositor Pat Ballard

Por qué es clave
La canción que ilustró un nuevo estilo pop menos sofisticado de música popular.

1950-1959

207

Acontecimiento clave
Muerte de Johnny Ace

En la década de 1954 fue memorable para el R&B y el rock'n roll; y John Marshall Alexander, alias *Johnny Ace*, estaba teniendo un año tan bueno como el que más. Después de iniciar la década como pianista de la banda de B. B. King, pasó a ser el vocalista, se apoderó del liderazgo del grupo a la salida del líder, y empezó a hacerse un nombre como Johnny Ace tras firmar en 1952 para la discográfica Duke bajo sus propias condiciones. Desde el inicio había ocupado los primeros puestos de las listas del R&B con «My Song» y otros ocho éxitos consecutivos, que le llevaron a actuar en Houston para Nochebuena. Ace, que en ese momento contaba con 24 años, acababa de tocar en el City Auditorium de dicha ciudad y había vuelto al *backstage*.

En su camerino, se puso a jugar con un revólver del calibre 22, apuntando a su novia y a una amiga; la pistola tenía cargada una sola bala. Luego, se apuntó a sí mismo y la bala le alcanzó la cabeza, matándolo en el acto. Ésta es la versión oficial. Sin embargo, abundan los rumores que apuntan a que Ace fue asesinado por el jefe de la discográfica Duke Records, D. Robey, con quien había tenido una discusión. Por aquel entonces, investigar la muerte de un hombre negro no era una prioridad.

El público catapultó la última grabación de Ace, «Pledging My Love», al número uno de la lista de éxitos del R&B y, por primera vez, a la lista del pop, donde alcanzó el puesto 17. Poco después llegó otro número uno para la nueva música, *The Johnny Ace Memorial Album*.
Bruce Eder

Fecha 24 de diciembre de 1954

País Estados Unidos

Por qué es clave
Primera muerte de una estrella importante del R&B y el rock'n'roll.

Acontecimiento clave
Sale a la venta la Fender Stratocaster

La Fender Stratocaster (o *Strat*) no fue la primera guitarra eléctrica, puesto que las guitarras hawaianas y las *lap steel* ya contenían pastillas eléctricas. La casa Gibson ya estaba produciendo su propio diseño de semiacústica, y la primera guitarra española de cuerpo sólido comercializada fue la Fender Telecaster, más sencilla, fabricada desde 1950. No obstante, la Stratocaster, que salió al mercado por primera vez en 1954, fue un importante paso adelante en diseño, y se convirtió tanto en el instrumento clásico de su época como en el modelo en que se habrían de inspirar las futuras guitarras eléctricas.

En la década de 1950, el futuro se observaba a través de las lentes de la ciencia ficción, algo que se ve reflejado en el diseño futurista de la Strat. Su nombre evocaba un moderno avión militar, como el Boeing-52 Stratofortress. Sus compactas pastillas, el diseño aerodinámico de la palanca de vibrato y los apreciados *cutaways* del cuerpo de madera se combinaron para hacer de esta Fender el modelo de guitarra eléctrica más cómodo e innovador que se había visto jamás.

Uno de los primeros en utilizarla fue Buddy Holly y también ha sido la guitarra de muchos artistas célebres presentes en el salón de la fama del rock'n'roll, entre los cuales hallamos a Hank Marvin, Jimi Hendrix, Buddy Guy, George Harrison, Eric Clapton, David Gilmour, Mark Knopfler y Stevie Ray Vaughn. A veces la Strat puede sonar demasiado suave y, a pesar de los cambios de diseño que ha experimentado a lo largo de los años, muchos guitarristas han buscado sonidos más pesados o duros en otras marcas. No obstante, la adaptabilidad, innovación y longevidad de la Strat le otorga un puesto clave en la historia del rock y el pop, estilos en los que la guitarra es parte esencial.
Hugh Barker

Fecha Otoño de 1954

País Estados Unidos

Por qué es clave La Strat fue la guitarra más *cool* nunca vista.

208

Acontecimiento clave
Invención del radio transistor

El transistor reemplazó al aparatoso y poco fiable tubo catódico en los amplificadores. No sólo funcionaba mejor, sino que también era mucho más pequeño, lo que hizo posible disminuir drásticamente el tamaño de radios y tocadiscos. Además, permitió reducir notablemente el uso de energía, por lo que las pilas se convirtieron en una opción factible como fuente energética. Aunque los primeros transistores se utilizaron en calculadoras, enseguida se aplicaron a las radios. El radio transistor se anunció el 18 de octubre de 1954, si bien no se comercializó hasta 1955.

Quizás no tenía la calidad de sonido de los modelos de mesa, de mayor tamaño, pero era transportable y más económica. Resultaba especialmente atractiva a los jóvenes y se convirtió en parte esencial de la cultura adolescente de finales de la década de 1950 y comienzos de la de 1960. Los transistores también se utilizaban en las radios de los coches y en pequeños radiocasetes, lo que permitió a la gente llevar consigo el entretenimiento allá donde fuera.

Ahora que ya no era necesario quedarse sentado en casa para disfrutar de la música, muchos jóvenes oyeron por primera vez las canciones populares en transistores (y la radio AM, mientras paseaban en sus coches). El radio transistor fue la herramienta más importante de difusión del rock'n'roll y del R&B. De hecho, en la década de 1960, las compañías discográficas más importantes, como Motown, y fabricantes de éxitos, como Phil Spector, mezclaron sus grabaciones para ajustarlas a la baja fidelidad de estas máquinas y así hacerlas más atractivas a los jóvenes .
Andre Millard

Fecha 18 de octubre de 1954

País Estados Unidos

Por qué es clave Tuvo un profundo impacto en la electrónica de consumo y en la forma en que la gente escuchaba música.

Pág. siguiente
El radio transistor.

Canción clave «(We're Gonna) Rock Around The Clock» Bill Haley And His Comets

Si bien determinar cuál fue realmente la primera canción rock'n'roll viene siendo tema de debate desde hace largo tiempo, no hay duda de cuál fue la que llevó el género a las masas: «We're Gonna Rock Around The Clock», compuesta por Max C. Freedman y Jimmy DeKnight en 1952.

El primero en grabar la canción fue el grupo de Filadelfia Sunny Dae & The Knights en 1953, y más tarde, el 10 de mayo de 1954, fue lanzada como cara B por el grupo de western swing, Bill Haley And His Comets. Muchos piensan que si la canción alcanzó el número uno en Estados Unidos y el Reino Unido fue gracias a su aparición en la banda sonora de la película *Blackboard Jungle* (*Semilla de maldad*).

Tras dos golpes de batería, Haley empieza a cantar sobre lo divertido de bailar alrededor del reloj durante dos marchosos, casi frenéticos, minutos. Aunque la expresión *rock'n'roll* se utilizaba desde hacía tiempo en el blues para referirse al acto sexual, la voz alegre y jubilosa de Haley le dio un giro a la canción, que parecía más una oda al baile y a la fiesta nocturna, lo que contribuyó a su éxito.

Haley describía de este modo el nuevo estilo musical por el que había abandonado el western swing: «Si pudiera tomar, digamos, una melodía dixieland, y atenuar el primer y el tercer tiempo, enfatizar el segundo y el cuarto, y añadir un ritmo sobre el que quienes escuchan pudiesen dar palmas además de bailar, esto podría ser lo que estaban buscando». Ciertamente, lo era. El rock'n'roll dejó de estar confinado a las emisoras de R&B para pasar a ocupar el centro del escenario. Y de ahí a dominar el mundo.
Gillian G. Gaar

Fecha de lanzamiento
10 de mayo de 1954

País Estados Unidos

Compositores
Max C. Freedman,
Jimmy DeKnight

Por qué es clave El primer gran éxito del rock'n'roll.

Pág. anterior
Bill Haley And His Comets.

1950-1959

Canción clave «Riot In Cell Block n.º 9» The Robins

Cuando Jerry Leiber y Mike Stoller compusieron «Riot In Cell Block n.º 9» (Revuelta en la celda n.º 9), la canción resultó novedosa y divertida a pesar de su dramático título y de estar localizada en una prisión. Se había inspirado en un programa de radio llamado *Gangbusters* que abría con el sonido de una ametralladora, efecto sonoro que se utilizó en su grabación. Lanzada por la banda vocal de artistas negros The Robins en junio de 1954, «Riot In Cell Block n.º 9», con la voz grave de Richard Berry, vendió 100.000 copias en el área de Los Ángeles, pero no consiguió alcanzar las listas de éxitos del R&B.

Dos décadas más tarde, el significado de la canción dio un giro. Cuando la guardia nacional estadounidense mató de un disparo a cuatro estudiantes de la Universidad Kent State durante una manifestación contra la guerra de Vietnam, Mike Love, de los Beach Boys, le dio a la alegre canción de Leiber y Stoller una nueva letra, mucho más solemne y llena de rabia, y la rebautizó como «Student Demonstration Time» (Es la hora de la demostración estudiantil). La nueva versión apareció en el álbum del grupo *Surf's Up*, en 1971. Si bien la furia de Love era auténtica, algunas personas encontraron la canción jactanciosa, incluso ofensiva. No obstante, lo cierto es que fue un ejemplo fascinante de canción reinventada.

Al fin y al cabo, el estribillo «there's a riot going on» (Una revuelta en marcha) –que en la canción conduce a la frase del título– parece haber entrado en el lenguaje. Y si no, que se lo pregunten a Sly Stone, quien, cuando decidió hacer de su álbum de 1971 una respuesta *What's Going On?* (¿Qué ocurre?) –la pregunta que da título al álbum de Marvin Gaye–, se le ocurrió el título *There's a Riot Goin' On?*.
Fred Dellar

Fecha de lanzamiento
Abril de 1954

Compositores Jerry Leiber, Mike Stoller

País Estados Unidos

Por qué es clave Canción a la que le cambiaron el significado.

Canción clave «Shake, Rattle, And Roll»
Bill Haley And His Comets

Cuando el *blues shouter* de Kansas, Big Joe Turner, grabó «Shake, Rattle, And Roll» en 1954, nadie podía imaginar que una canción tan subida de tono acabaría convirtiéndose en un clásico de las fiestas familiares.

Escrita por Jesse Stone bajo el seudónimo de Charles E. Calhoun, era un estándar de blues de doce compases que, como muchos otros, estaba salpicado de referencias sexuales. Empezando por el verso «get out of that bed and wash your face and hands» (sal de esa cama y lávate la cara y las manos), la letra daba a entender que una pareja había pasado la noche junta. No obstante, cuando el músico blanco Bill Haley la grabó, el 7 de junio de 1954, la acción se transformó y la mujer de la historia pasó de estar en la cama a quedar simplemente desterrada en la cocina preparando el desayuno al hombre de su vida. Los ardides para conseguir canciones «políticamente correctas» se utilizarían cada vez más a medida que los artistas blancos acudían a las listas de éxitos de la música negra en busca de material que pudiera transformarse en una forma de rock'n'roll atractiva para los adolescentes blancos. Así se popularizó el estilo. Curiosamente, Haley mantuvo el obsceno verso «I'm like a "one-eyed cat" peeping [expresión que hace referencia al pene] in the sea food [marisco] store» (soy como un gato tuerto asomándose a la pescadería), en el que nadie reparó cuando se convirtió en un éxito de masas.

Elvis Presley grabó la canción dos veces y la versión de Arthur Conley fue un éxito en 1968. Aunque Haley fue menospreciado muchas veces por haber arrebatado la canción a Turner, este último agradeció al roquero haberla grabado, ya que le aportó una gran publicidad y nuevos seguidores. Ambos se hicieron amigos e incluso se fueron de gira juntos por Australia en 1957.
Fred Dellar

Fecha del primer lanzamiento 7 de junio de 1954

País Estados Unidos

Por qué es clave El picante blues empieza a evolucionar hacia el rock familiar.

Grupo clave
The Ames Brothers

The Naughty Lady Of Shady Lane fue un éxito de la banda vocal The Ames Brothers, que entró en el Top 40 de la revista *Billboard* el 20 de noviembre de 1954. La canción era un claro ejemplo del carácter escrupuloso de los artistas: si bien la letra parecía hablar de una prostituta de la ciudad, acababa explicitando que se trataba de una niña.

The Ames Brothers, un grupo de barítonos que cantaban en *Close-Harmony*,[1] estaba formado por Joe, Gene, Vic y Ed Ames. Nacieron en la década de 1920 en Malden, Massachusetts, de padres inmigrantes judíos rusos, y fue en la escuela donde cantaron juntos por primera vez. Lo que tenía que ser una única actuación en un refinado club nocturno de Boston se convirtió en un contrato para varios meses, y esto animó a los hermanos a probar suerte en Nueva York. Allí los fichó una discográfica tras ser descubiertos cantando en una tienda de música. En 1949, su grabación de «You, You, You (Are The One)» se convirtió en un éxito, y el año siguiente el disco *Rag Mop* vendió un millón de copias. A pesar de los éxitos conseguidos en Estados Unidos, «The Naughty Lady Of Shady Lane» fue la única canción del grupo que también entró en las listas del Reino Unido. Los hermanos aparecieron muchas veces en televisión y protagonizaron su propio espectáculo de variedades en 1955.

En 1958, lanzaron el álbum *Destination Moon*, que contenía canciones exclusivamente relacionadas con las estrellas y el espacio. En la cubierta, se les ve vestidos de esmoquin sobre la superficie lunar.

El intento de sugerir modernidad los condenó: su música y su imagen de chicos sanos no estaba hecha para la nueva era del rock'n'roll, sino más bien para la Edad de Piedra.
Thomas Hischak

Rol Artistas de grabaciones

Fecha 1954

País Estados Unidos

Por qué es clave El último baluarte de los anticuados «grupos» o «conjuntos» vocales.

1. Literalmente «armonía cerrada»: los acordes que se forman entre las voces presentan una disposición estrecha o «cerrada» debido a que al pertenecer a una misma tesitura su extensión es limitada.

Acontecimiento clave **Pete Seeger se enfrenta al Comité de Actividades Antiamericanas**

La comparecencia de Pete Seeger ante el Comité de Actividades Antiamericanas el 18 de agosto de 1955 se intuía desde hacía tiempo.

Seeger, hijo del musicólogo Charles Seeger, tenía 36 años cuando se enfrentó al Comité, y es que, desde que en 1938 abandonara la Universidad de Harvard a los 19, había estado involucrado en la música folk y en el activismo radical, intentando mezclar ambas cosas. En 1940, actuaba en mítines laboristas junto con otros compatriotas, como Woody Guthrie, y en 1941, él, este último y otros músicos formaron el grupo de folk de tendencia izquierdista The Almanac Singers.

El éxito de Almanac se vio obstaculizado por sus vínculos políticos, pero el siguiente grupo de Seeger, The Weavers, formado en 1949, se las arregló para parecer apolítico al principio, el tiempo suficiente para triunfar con «Goodnight Irene» en 1950. No obstante, en un par de años, a medida que la caza de brujas anticomunista del senador McCarthy y el Comité de Actividades Antiamericanas se intensificaba, se vieron forzados a disolverse.

Cuando el Comité lo interpeló, Seeger se negó a dar nombres y a responder, por principios, a la pregunta «¿Es usted en la actualidad o ha sido alguna vez comunista?», por lo que fue acusado de desacato y condenado a prisión. Si bien acabaron por revocar la condena, sus efectos se prolongaron largo tiempo, tanto de forma personal para Seeger, como para el movimiento folk del que fue abanderado.
William Ruhlmann

Fecha 18 de agosto de 1955

País Estados Unidos

Por qué es clave
Su valentía inspiró a toda una generación de músicos folk activistas, que lo tomaron como ejemplo en la década de 1960.

Canción clave **«Love Is A Many-Splendored Thing»** The Four Aces

Cuando se encargó a Sammy Fain (música) y Paul Francis Webster (letra) componer la banda sonora de la película titulada *Love Is A Many-Splendored Thing* (*La colina del adiós*) –un título seudopoético–, crearon una canción meliflua y rimbombante en consonancia con la película. La intensidad de la música va aumentando hasta llegar a parecer un aria de ópera, mientras la empalagosa letra describe un paseo por Hong Kong buscando la respuesta a la pregunta «¿dónde está el amor?». El estribillo responde a la cuestión definiendo el amor como un asunto multifacético que puede encontrarse tanto en la naturaleza como en el beso matutino de dos enamorados.

La productora cinematográfica quería que la banda sonora de la película la interpretara una gran estrella, pero Tony Martin, Eddie Fisher, Doris Day, Nat «King» Cole y otros nombres célebres rechazaron la propuesta alegando que la balada era demasiado recargada y anticuada. Finalmente el grupo vocal masculino The Four Aces aceptó, y el 8 de octubre de 1955 su grabación alcanzó el número uno en Estados Unidos. Posteriormente la canción apareció en docenas de discos, algunos de ellos de importantes artistas, como el compositor Sammy Fain, Kate Smith, Don Cornell, David Rose, The Platters, Roger Williams, Mantovanni's Orchestra, Dinah Washington, Woody Herman, The Lettermen, Jerry Vale, Little Anthony and The Imperials y Kenny Rogers. También en la banda sonora de *Grease* (1978) apareció una versión coral de la canción, utilizada de forma satírica para enfatizar su presuntuosidad.

Un último apunte: «Love Is A Many-Splendored Thing» ganó un premio de la Academia a la mejor canción.
Thomas Hischak

Fecha 1955

País Estados Unidos

Compositores Sammy Fain, Paul Francis Webster

Por qué es clave
Una canción considerada demasiado cursi por los grandes artistas acaba vendiendo un millón de copias.

Personaje clave
Guy Mitchell

Albert Cernik (1927-1999) grabó para King Records bajo el nombre de *Al Grant*, pero al firmar para Columbia Records, el presidente de la discográfica, Mitch Miller, lo rebautizó con el que sería finalmente su nombre artístico: Guy Mitchell. El cantante se dio a conocer cuando Columbia Records le ofreció grabar «My Heart Cries For You» y «The Roving Kind», canciones que Frank Sinatra había rechazado. Ambas se convirtieron en pequeños éxitos, y la discográfica hizo de él una pequeña estrella del pop. Algunas de sus grabaciones posteriores fueron «My Truly Truly Fair» y «Ninety Nine Years (Dead Or Alive)». También apareció en varias películas.

Cuando llegó el rock'n'roll, Mitchell fue astuto y se subió al carro. Si bien a Miller no le gustaba demasiado el nuevo estilo, supo reconocer su potencial comercial y permitió al cantante grabar nuevas versiones de estándares del rock. Así pues, éste rebajó el elemento country de la canción «Singing The Blues», grabada anteriormente por Marty Robbins, y consiguió su primer número uno en Estados Unidos. Sin ningún tipo de reparo, Mitchell empleó la misma táctica con «Knee Deep In The Blues», también grabada previamente por Robbins, y aunque no tuvo tanto éxito, alcanzó un respetable número 16, entrando en el Top 40 de Estados Unidos el 2 de febrero de 1957. Otra muestra de respeto por el rock por parte de Mitchell fue la grabación de la canción «Rock-A-Billy», que entró en el Top 10 de Estados Unidos en 1957. El mismo año consiguió su propio programa televisivo. Además, fue muy popular en el Reino Unido, donde obtuvo cuatro números uno. Mitchell consiguió otro primer puesto en Estados Unidos con «Heartaches By The Number» (1959). A mediados de la década de 1960, se retiró, aunque más tarde volvió al circuito nostálgico.
Gillian G. Gaar

Rol Artista de grabaciones

Fecha 1955

Nacionalidad Estados Unidos

Por qué es clave Cantante de música popular revitalizado por la era del rock.

214

Personaje clave
Pat Boone

A mediados de la década de 1950, Randy Wood, de Dot Records, quien había editado algunos discos de R&B, afirmó que algunas canciones de rock'n'roll estaban muy bien, pero que nunca se pincharían en emisoras de radio cuya programación se destinase a un público de clase media que consideraba el estilo poco culto.

Wood vio en la voz y el aspecto de universitario modoso de Pat Boone una oportunidad para vender esas canciones a un público que, de otra forma, nunca las habría escuchado. El chico era estudiante de la North Texas State University y su contrato con Dot Records apareció en un anuncio en la revista *Billboard*, donde se presentó como «una nueva gran voz». En un principio, Boone se mostró reticente a cantar rock, pero cuando su versión de «Two Hearts» del grupo The Charms eclipsó por completo a la original en las listas de venta, y lo mismo ocurriera con su interpretación de «Ain't That A Shame», de Fats Domino (número uno en Estados Unidos), el cantante entendió el punto de vista de Wood. La instrumentación sencilla de sus canciones y su manera de cantar totalmente diferente a la de los originales eran casi la antítesis del fervor del rock, pero esto no pareció importar a quienes compraban sus discos.

Boone tuvo una larga carrera que incluyó muchas apariciones en las listas de éxitos de Estados Unidos y el Reino Unido. «Love Letters In The Sand» y «Speedy Gonzales» son algunas de sus canciones más célebres, que nunca llegaron a ser ni remotamente rock'n'roll. El cantante abandonó este género al poco de saltar al estrellato. Es difícil saber quién salió más beneficiado de su flirteo con el rock, si el rock o él, pero lo que es innegable es que ambos sacaron partido de ello.
Bruce Eder

Rol Artista de grabaciones

Fecha 1955

Nacionalidad Estados Unidos

Por qué es clave Posiblemente, el redentor del rock'n'roll. No, el redentor.

Pág. siguiente **Pat Boone**.

Canción clave «The Yellow Rose Of Texas»
Mitch Miller

Cuando el rock'n'roll empezó a dominar las radios a mediados de 1955, la reacción contraria se materializó en forma de resurrección de una canción cuyos valores eran muy distintos a los del espíritu libre y rebelde de este género.

La alegre versión de la tradicional «The Yellow Rose Of Texas», adaptada por el compositor Don George y grabada por Mitch Miller & His Orchestra And Chorus, podía estar impregnada de ese anticuado heroísmo que tan cursi parecía a los jóvenes seguidores de James Dean y Little Richard, pero lo cierto es que aún había millones de estadounidenses a quienes les encantaba. Lanzada en julio de 1955, su ascenso en las listas de éxitos de Estados Unidos fue tan imparable como lo era su marcha con las flautas a la cabeza. El 3 de septiembre del mismo año alcanzó el número uno.

La grabación de Mitch Miller supuso el redescubrimiento de una canción que había sido menospreciada durante más de un siglo. Sus orígenes se encuentran en 1836, en la batalla de San Jacinto, en la guerra de la Independencia de Texas, por aquel entonces parte de México. La letra original hacía referencia a la leyenda de Emily West, quien, según cuentan, distrajo al general mexicano Santa Anna, lo que permitió a los tejanos ganar la batalla. Durante la guerra civil se convirtió en la canción favorita de los soldados de la Confederación. Don George modificó la letra del original para adaptarla a la nueva melodía, disminuyendo su tradicionalismo y procurando que reflejara valores más modernos y tolerantes: frases como «No other darkie knows her» (Ningún otro negro la conoce) se eliminaron.

Bruce Eder

Fecha de lanzamiento
Julio de 1955

País Estados Unidos

Compositor Don George (adaptación de una canción folk tradicional)

Por qué es clave
Esta canción demostró que, en la cultura popular, como en la física, toda acción provoca una reacción.

Pag. anterior **Mitch Miller.**

Álbum clave *Shake, Rattle and Roll*
Bill Haley And His Comets

Bill Haley And His Comets habían estado ganándose al público adolescente durante años tocando versiones de canciones de R&B previamente asociadas a artistas negros. A finales de 1954, alcanzaron definitivamente el éxito con el single de su versión de «Shake, Rattle And Roll». Había llegado el momento de hacer algo que nadie había hecho antes con esta música: recopilarla en un álbum. En ese momento, los álbumes estaban en una fase tan primeriza que el LP *Shake, Rattle and Roll*, lanzado el 23 de mayo de 1955, era apenas un disco de 25,4 centímetros con ocho pistas (aunque más tarde se sustituyó por otro de 30,48 centímetros, titulado *Rock Around The Clock*, con cuatro pistas más).

Ni siquiera estaba claro que los adolescentes que habían llevado el single «Shake, Rattle And Roll» al Top 10 y que habían comprado 75.000 copias del anterior, «Thirteen Women», se fijasen en un LP. Fue la mayor serie de canciones rock'n'roll ofrecidas al público en el mismo momento y en el mismo lugar, y casi todas eran clásicos, como «Dim, Dim The Lights» y la entonces poco conocida «Rock Around The Clock». El caso es que no se vendió bien, ya que los jóvenes de 1955 estaban acostumbrados a recibir las canciones de una en una. No obstante, con casi media hora de buena música bailable y mucha actitud, la sola existencia del álbum demostró, tanto a los fans adolescentes como a los adultos escépticos, cuán lejos podía llegar este nuevo género.

Bruce Eder

Fecha de lanzamiento
23 de mayo de 1955

País Estados Unidos

Lista de temas (We're Gonna) Rock Around The Clock, Thirteen Women, Shake, Rattle And Roll, ABC Boogie, Happy Baby, Dim, Dim The Lights (I Want Some Atmosphere), Birth Of The Boogie, Mambo Rock

Por qué es clave El primer álbum de rock'n'roll.

Canción clave «I'm A Man»
Bo Diddley

A inicios de 1955, el rock'n'roll apenas empezaba a despuntar y compartía espacio en las listas de éxitos con piezas populares y novedosas. Estaba en el aire, pero no era omnipresente, y todavía costaba venderlo en muchos lugares. En mayo de 1955, cuando el guitarrista y cantante Bo Diddley y su banda –Jerome Green en las maracas, Roosevelt Jackson en el bajo y Clifton James en la batería– firmaron para Chess Records, sus perspectivas no eran demasiado buenas: ya los había rechazado Vee Jay Records y Chess todavía era una discográfica de blues.

No obstante, las dos caras del single de Bo grabadas ese día –ambas canciones igual de brillantes, icónicas e influyentes, y por tanto, imposibles de separar por cuestiones de producción– llevaron a la discográfica Chess a centrar sus prioridades en el rock'n'roll. Algunos incluso afirman que el single resultante es el mejor de todos los tiempos. Una cara contenía la canción «Bo Diddley», con 2 minutos y 43 segundos

cargados de brillantes trémolos de guitarra, un frenético ritmo *shave-and-a-haircut*[2] y varias capas de percusión. La otra desplegaba el osado megalo-pavoneo de «I'm A Man». El single, lanzado en mayo, hizo que Bo Diddley hombre y «Bo Diddley» canción captaran la atención de millones de jóvenes, tanto negros como blancos. El disco irrumpió en el primer puesto de las listas de éxitos de R&B, y en noviembre, Diddley tocó en *The Ed Sullivan Show*, convirtiéndose en el primer artista afroamericano en actuar en el programa y el primer roquero en aparecer en una cadena de televisión nacional.
Bruce Eder

2. Ritmo recurrente (♪♫♫ ♪ ♫♫).

Fecha de lanzamiento
Mayo de 1955

País Estados Unidos

Compositor Ellas McDaniel

Por qué es clave
¿El mejor single de todos los tiempos?

Pág. siguiente Bo Diddley.

1950-1959

Personaje clave
George Jones

George Jones empezó su prodigiosa e influyente carrera musical a comienzos de 1954 grabando «No Money In This Deal». Si bien esta canción resultó un fracaso, acabó dándose a conocer con «Why, Baby, Why», que entró en las listas de éxitos de Estados Unidos el 29 de octubre de 1955 y alcanzó finalmente el Top 5. Tras un breve flirteo con el rockabilly, participó en el programa musical de radio *Grand Old Opry*, donde presentó sus primeros éxitos grabados en Nashville, y en 1959 consiguió su primer número uno nacional con «White Lightning».

Aunque como compositor se ha hecho cada vez menos prolífico, es innegable que ha sido bendecido con una soberbia voz. Frank Sinatra lo describió una vez como «la segunda mejor voz blanca masculina». A medida que se iba inclinando por las baladas, tocó con la gracia de su voz clásicos como «She Thinks I Still Care», «The Race Is On», «Walk Through This World With Me» y «A Good Year For The Roses».

Tras dos fracasos matrimoniales, se casó en 1969 con su compañera y superestrella del country Tammy Wynette. La pareja grabó junta bajo los consejos del productor Billy Sherrill, pero su divorcio en 1975 agravó un estilo de vida malsano que incluía adicciones al alcohol y la cocaína. En 1980, sin embargo, su carrera se revitalizó tras vender por primera vez un millón de copias del single «He Stopped Living Her Today».

Si bien sus peores días parecen haber quedado atrás, Jones sigue siendo el arquetipo de la música country: el desenfrenado y maltrecho superviviente.
David Wells

Rol Artista de grabaciones

Fecha 1955

Nacionalidad Estados Unidos

Por qué es clave
La superestrella del country cuyo estilo contrastaba tristemente con su turbulenta vida privada.

Película clave *Blackboard Jungle* (*Semilla de maldad*)

Cuando MGM hizo un trato con el editor Jimmy Myers para utilizar un tema de Bill Haley And His Comets, «(We're Gonna) Rock Around The Clock», en su siguiente película *Blackboard Jungle* (*Semilla de maldad*), la canción no era muy conocida, ya que apenas había sido la cara B del modestamente exitoso single de Haley, «Thirteen Women», la primavera anterior. La película presentaba como estrella principal a Glenn Ford y trataba sobre la delincuencia juvenil en los colegios estadounidenses, un tema muy novedoso en ese momento.

El impacto que causó *Semilla de maldad* cuando se estrenó fue brutal. Aunque, con los parámetros actuales, parecería un cuento infantil, en aquella época los adultos se escandalizaron al ver lo desobedientes que eran sus adolescentes. Las reacciones de los espectadores más jóvenes fueron muy dispares: en algunos cines, si no se ponían a bailar en los pasillos, destrozaban las sillas y se comportaban de forma abominable, llevados hasta el frenesí por la acción de la pantalla, que transcurría tras escucharse «Rock Around The Clock» en los créditos. Semejantes reacciones se repitieron con incluso mayor violencia al estrenarse la película en Gran Bretaña, donde se retiró de algunos cines debido al comportamiento salvaje de algunos *Teddy Boys*. La película provocó la aparición de muchos titulares sobre el rock 'n' roll en la prensa, lo que pareció que establecía una conexión entre el nuevo género musical y la rebelión juvenil. Pero nada de esto perjudicó en absoluto a la canción: relanzada en junio de 1955, irrumpió en el número uno de las listas de éxitos de Estados Unidos, convirtiéndose en la primera grabación rock'n'roll en alcanzar dicho puesto.
Bruce Eder

Estreno 19 de marzo de 1955

País Estados Unidos

Director Richard Brooks

Reparto Glenn Ford, Vic Morrow, Sidney Poitier

Compositor Willis Holman

Por qué es clave Estableció la conexión entre el rock y la rebelión.

Pág. anterior
Semilla de maldad.

221

Película clave *Artists And Models* (*Artistas y modelos*)

Artists And Models (*Artistas y modelos*) fue la decimocuarta de 16 películas que presentaban como protagonista al espectacularmente exitoso dúo musical y cómico formado por Dean Martin y Jerry Lewis. La película apareció en una época en que la relación entre ambos, quienes llevaban casi diez años actuando juntos en locales nocturnos, programas de radio y televisión y películas, no pasaba por un gran momento. El tontorrón de Lewis siempre había acaparado la atención del público, pero parecía que finalmente Martin estaba siendo reconocido por sus canciones, lo que le animó a iniciar una carrera como solista.

Basada en la obra *Rock-a-Bye Baby!*, la película *Artistas y modelos* abordaba los conflictos de dos artistas que comparten piso. La banda sonora, compuesta por Harry Warren y el letrista Jack Brooks, se creó pensando en el talento de Martin como cantante de baladas italianas. La canción destacada era «Innamorata», que Martin cantaba con su característico estilo legato. Aunque hacía ya tiempo que su faceta como cantante había quedado en segundo plano ante las payasadas de Lewis, Martin empezó a destacar gracias al éxito nacional «That's Amore», lanzado dos años antes, y cuando *Artistas y modelos* se estrenó en los cines el 25 de agosto de 1955; su «Memories are made of this», de estilo folk, fue camino de la cima en las listas de éxitos. Tras conseguir otro éxito con «Innamorata», que entró en el Top 40 a comienzos de 1956, Martin se dio cuenta de que era un fabricante de éxitos consistente y que no necesitaba quedarse anclado en un dúo humorístico en el que se sentía cada vez más incómodo. Los compromisos contractuales entre Martin y Lewis terminaron a mediados de 1956, momento en que el primero se lanzó a una exitosa carrera como cantante, actor y personaje público.
William Ruhlmann

Estreno 25 de agosto de 1955

País Estados Unidos

Director Frank Tashlin

Reparto Jerry Lewis, Dean Martin, Shirley MacLaine

Compositores Harry Warren, Jack Brooks

Por qué es clave Dean Martin empieza a liberarse.

Canción clave «Cry Me A River»
Julie London

Aunque al inicio de su carrera Julie London ejercía de actriz, interrumpió su carrera durante su primer matrimonio. Su segundo marido, el compositor y líder de una banda musical, Bobby Troup, la animó a cantar. Empezó a actuar en locales nocturnos, y en 1955 lanzó su primer álbum, *Julie Is Her Name*, producido por Troup.

«Cry Me A River», escrita por Arthur Hamilton (compañero de instituto de la artista), fue el primer single del álbum y la canción que más rápidamente se asocia con Julie. La letra es una muestra de desprecio hacia un antiguo amante que ahora quiere reconciliarse. Como en otras ocasiones, su voz no mostraba un gran registro, pero era notablemente expresiva: profunda y sensual (ella la describió en la revista *Life* como «la voz de alguien que fuma demasiado»; y la presentación del álbum la alababa por «su voz áspera»). El efecto se conseguía haciendo que London cantara muy cerca del micrófono

en el estudio. Para que resultará más intimista, Troup decidió que la cantante estuviera acompañada exclusivamente por dos músicos: una débil guitarra y un bajo. La interpretación de London hizo que «Cry Me A River» mostrara un punto mordaz y a la vez un deje de lamento. Otro elemento llamativo de la canción era la rima única entre *plebian* y *through with me, and*.

A menudo se ha hecho referencia al tema como una canción de amor no correspondido. Esto no es estrictamente cierto, ya que una canción de amor no correspondido es un género en que el cantante expresa un afecto duradero por un amante ausente o inalcanzable. Sea como sea, el 3 de diciembre de 1955 la grabación de London entró en las listas de éxitos y acabó alcanzando el número nueve, ofreciendo un momento de calma en medio de la creciente tormenta rockera.
Gillian G. Gaar

Fecha de lanzamiento
1955

País Estados Unidos

Compositor Arthur Hamilton

Por qué es clave
La canción de amor no correspondido que en realidad no lo era.

Pág. siguiente Julie London.

Canción clave «Only You (And You Alone)»
The Platters

Aunque la dulce y melosa balada «Only You (And You Alone)» se atribuyó en un primer momento a Buck Ram y Ande Rand, en realidad fue sólo el primero quien lo compuso: «He firmado con otros nombres algunas cosas. He escrito bajo el nombre de Ande Rand, Lynn Paul y algún otro». Curiosamente, al inicio Ram tuvo problemas para encontrar a alguien que quisiera grabar su refinada canción, pero a Tony Williams, líder de la banda vocal The Platters, cuyo mánager era el mismo Ram, le encantó el tema tras leerlo de la partitura en su piano.

The Platters realizaron una interpretación dulce y romántica de la canción, evitando subidas repentinas o rasgos de R&B más allá del característico «uh uh» de Williams. El resultado recordaba el estilo de la banda de la década de 1940 The Ink Spots. Al público le encantó y el single entró en el Top 40 de Estados Unidos el 1 de octubre de 1955. Su éxito fue desafiado por el de la versión de The Hilltoppers, un cuarteto

vocal de artistas blancos de Kentucky. A Ram no le importó lo más mínimo: recibió *royalties* tanto por ésta como por otras versiones de Billy Eckstine, Louis Armstrong, The Cues, Ringo Star y otros.

The Platters siguieron en el Top 20 de Estados Unidos hasta 1967, gracias en parte a otras composiciones de Buck Ram, como «The Great Pretender», «(You've Got) The Magic Touch» y «Enchanted».
Fred Dellar

**Fecha de entrada
en la lista de éxitos**
1 de octubre de 1955

País Estados Unidos

Compositor Buck Ram

Por qué es clave
Una canción de tinte anticuado reactiva la carrera de la banda vocal de artistas negros de mayor éxito en la temprana era del rock.

Canción clave **«Sixteen Tons»**
Ernie Ford

En 1955, Tennessee Ernie Ford ya llevaba seis años consecutivos cosechando éxitos, pero fue «Sixteen Tons» la canción que le dio un nombre como parte integrante de la cultura popular. Ocupó el número uno en las listas de éxitos de Estados Unidos desde 1955 hasta 1956, por lo que se convirtió, el 1 de enero de 1956, en el primer tema de la historia en mantenerse en el primer puesto durante un cambio de año. Fue un éxito poco predecible para una canción que inicialmente apenas había sido la cara B de «You Don't Have To Be A Baby To Cry».

«Sixteen Tons» apareció por primera vez en un álbum de 1947 llamado *Folksongs Of The Hills*, del compositor Merle Travis. Éste escribió la canción inspirándose en los recuerdos que su padre tenía de su trabajo en las cuencas mineras de Kentucky, y utilizó el comentario que había hecho sobre «deber su alma a la empresa» y una frase que su hermano John había escrito en una carta.

El estribillo se preguntaba «qué conseguía uno después de cargar 16 toneladas», y respondía la memorable: «Un día más viejo y más sumido en las deudas». El álbum funcionó bien, pero en 1955 se olvidó y se convirtió en una reliquia. No obstante, Travis siguió tocando la canción, y Ford la añadió a su repertorio. Cuando tiempo después se recuperó, no sólo se convirtió en un nuevo hito de la música popular, sino que su denuncia social llevó a debate la cuestión de las injusticias laborales.

Si Merle Travis tenía alguna deuda, acabó subsanándola con una tonelada de *royalties*.
Bruce Eder

Fecha de lanzamiento
1955

País Estados Unidos

Compositor Merle Travis

Por qué es clave
Curiosamente, aparece un himno obrero en la apolítica década de 1950.

Personaje clave
Little Richard

Little Richard fue el creador, emancipador y arquitecto del rock'n'roll. No lo dice quien escribe estas líneas, lo dijo él mismo. Su «Long Tall Sally», un hito de los inicios del rock que entró en el Top 40 de la revista *Billboard* el 7 de abril de 1956, fue un modelo para muchos artistas posteriores, como The Beatles.

Su verdadero nombre es Richard Penniman. Su carácter distintivo era un estilo cargado de letras disparatadas, a menudo pícaras y obscenas, una instrumentación frenética y una voz alocada. De entre sus abundantes éxitos podemos destacar «Tutti Fruitti», «Rip It Up», «Lucille», «Jenny, Jenny» y «Good Golly Miss Molly». La mayoría de ellos lo compuso él mismo y en la actualidad son clásicos.

Al igual que su homólogo, el pianista de rock 'n' roll blanco Jerry Lee Lewis, Richard creyó a los detractores del rock que consideraban el nuevo género la música del diablo, con el añadido de que él, además, parecía culparlo de su homosexualidad –por la que también se

sintió atormentado–. Todo esto hizo que se retirase del rock y se pasase al góspel en 1957, lo que le acarreó consecuencias comerciales desastrosas. Posteriormente acabó entrando en el circuito nostálgico y rechazando el potencial dañino del rock'n'roll, con una única maravillosa excepción: en 1964, lanzó su single de reaparición «Bama Lama Lama Loo», que lejos de ser un débil reflejo de sus glorias pasadas, como era fácil esperar, fue una canción que sacó a relucir una vez más la deliciosamente alocada fórmula Little Richard elevada la enésima potencia.
Sean Egan

Rol Artista de grabaciones

Fecha 7 de abril de 1956

Nacionalidad Estados Unidos

Por qué es clave
Uno de los fundadores del rock, aunque sea él mismo quien lo diga.

Acontecimiento clave **Primera emisión de *Rock And Roll Dance Party***

En febrero de 1956, el rock'n'roll y su más acérrimo defensor, Alan Freed, dieron un paso de gigante con la primera emisión, en la cadena estadounidense CBS, de *Rock And Roll Dance Party*, el primer programa regular que se emitía en toda la nación dedicado por completo al rock'n'roll.

Oficialmente, se llamaba *Camel Rock And Roll Dance Party*, debido al patrocinio de esta marca de tabaco, una señal más de que el nuevo género estaba alcanzando la mayoría de edad. Camel fue una de las compañías importantes que tuvieron visión de futuro y supieron reconocer que el rock estaba haciéndose tan popular que valía la pena invertir en él, por lo que decidió llevar la nueva música –y su mayor exponente en el presentador Alan Freed– a un público nacional con el propósito de ver aumentados sus beneficios. También era significativo, por supuesto, el hecho de que una de las radios más importantes del país quisiera proporcionar a Freed y a su música un espacio en su programación.

Las actuaciones del programa se hacían en directo y se retransmitían en 100 emisoras de la cadena CBS por discos de vinilo y a bases militares de todo el mundo, dando al nuevo género una difusión nunca vista. Y aunque en ese momento ni lo pensaron, esos discos de vinilo han dejado como legado –por descuido o por hacer caso omiso de los requisitos contractuales sobre su destrucción tras el uso– unas de las más tempranas retransmisiones en vivo de rock'n'roll que se conservan.

Bruce Eder

Fecha Febrero de 1956

País Estados Unidos

Por qué es clave
El programa que proporcionó una amplísima difusión del rock 'n' roll.

1950-1959

225

Canción clave **«Singin' The Blues»** Guy Mitchell

La canción «Singin' The Blues» (Cantar blues) ni es blues por género ni triste por naturaleza, sino más bien un tema alegre y animado que ha irrumpido en las listas de éxitos repetidas veces durante el transcurso de medio siglo.

Escrita por Melvin Endsley, un compositor de Arkansas confinado a una silla de ruedas a causa de la polio, la canción le decía a una mujer que el narrador nunca había tenido tantas ganas de cantar blues como en ese momento, ya que había perdido el amor de ella. Lo curioso era que, en realidad, no estaba cantando un blues sino una despreocupada canción country-pop. Marty Robbins la grabó para Columbia Records, y Guy Mitchell, otra estrella de Columbia, convenció al jefe de ésta, Mitch Mitchell, para que dirigiese una versión del original con el líder de orquesta Ray Conniff. La grabación resultante alcanzó la cima de la lista de éxitos estadounidense en diciembre de 1956. Además, se mantuvo dos semanas en el número uno del Reino Unido, y sólo por otra versión de la misma canción la pudo desbancar, esta vez de Tommy Steele, un cantante británico de Bermondsey con aires de niño bueno, influido no obstante por Elvis –como demuestra al arrastrar las palabras del primer verso.

En 1980, Dave Edmunds volvió a encumbrar el tema en el número uno; en 1990, Status Quo lo incluyó como parte de su recopilatorio *Anniversary Waltz – Part Two*; y en 1994, el irlandés Daniel O'Donnell lo convirtió una vez más en éxito, devolviéndole sus raíces country originales.

Fred Dellar

Fecha de lanzamiento
Diciembre de 1956

País Estados Unidos

Compositor Melvin Endsley

Por qué es clave
«Singin'n The...» bueno, cantando algo.

Acontecimiento clave
La locura de la música skiffle

El skiffle es un tipo de música folk-blues, dura pero generalmente alegre, conocida en la década de 1920 como *spasm music*. Podía tocarse casi con cualquier cosa que le cayera a uno en las manos: la guitarra más barata, una tabla de lavar como percusión, un peine o un papel como instrumento de viento, o una caja para el té desechada como contrabajo. No se precisaba tener dinero, ni siquiera talento, tan sólo entusiasmo y ganas de divertir al personal.

El cantante y guitarrista Lonnie Donegan fue el catalizador de la locura británica del skiffle a finales de la década de 1950. Grabó una versión frenética de «Rock Island Line», de Leadbelly, con la banda de skiffle de Chris Barber, e hizo estallar todo un género cuando el tema se convirtió en un inesperado éxito mundial, que entró por primera vez en el Top 40 del Reino Unido el 6 de enero de 1956.

Otros músicos, como Chas McDevitt con Nancy Whiskey, The Vipers, y los Blue Grass Boys de Johnny Duncan, se apuntaron al nuevo estilo y crearon discos de éxito. Y lo más importante: el país entero se les unió, generando varios miles de skifflers, centenares de clubs de skiffle e incluso concursos nacionales, lo que estimuló la formación de jóvenes músicos como Van Morrison, Jimmy Page, Keith Richards, John Lennon, Paul McCartney, George Harrison, Mick Jagger, Gerry Marsden y Graham Nash, entre muchas otras superestrellas. Este ímpetu por obtener y tocar instrumentos por medios extremamente limitados fue de vital importancia para aquellos que vivían en un país empobrecido.

Aunque a partir de entonces el rock'n'roll rápidamente consolidó los logros del skiffle, éste había allanado el terreno para la explosión del pop británico de la década de 1960.
Fred Dellar

Fecha 6 de enero de 1956

País Reino Unido

Por qué es clave
La música que dijo a los jóvenes británicos: vosotros también podéis hacerlo.

Canción clave «Be Bop A Lula»
Gene Vincent

A comienzos de 1955, el cantante y guitarrista Vincent Eugene Craddock se estaba reponiendo de un accidente de moto en el Hospital de Virginia, y mientras esperaba a que se le curara la pierna, coescribió el tema «Be-Bop-A-Lula». Aunque algunas fuentes afirman que la letra la concibió otro paciente del hospital llamado Don Graves, Sheriff Tex Davis, un DJ que se convirtió en el manager de Craddock, obtuvo los lucrativos beneficios de la coautoría.

Fuera como fuere, cuando Craddock y su banda The Virginians entraron en el estudio de grabación en mayo de 1956, «Be-Bop-A-Lula» fue uno de los temas que sonaron. En un primer momento, se había decidido que el single de presentación de Gene Vincent (nombre que la discográfica dio a Craddock) y los Blue Caps (Gorras Azules, nombre dado a The Virginians por sus gorras de golf) sería «Woman Love», otra canción grabada ese día; sin embargo, era demasiado atrevida para la época, y finalmente se optó por «Be-Bop-A-Lula». Aunque en la todavía corta historia del rock ya era normal que las canciones tuvieran letras sin demasiado sentido, este disco lo justificó de una vez por todas gracias al indiscutible sentimiento que derrochaba la imperecedera voz de Craddock, a la que la repetición en eco le dio un encanto adicional. La música era frenética y contenía inflamantes punteos de guitarra de Cliff Gallup. El éxtasis que la canción producía en el público no era distinto al experimentado en el estudio de grabación: en un momento dado, el batería Dickie Harrell había soltado un grito de emoción. A Vincent le gustó, y decidió mantenerlo. El tema entró en el Top 40 de la revista *Billboard* el 23 de junio de 1956.
Sean Egan

Fecha de lanzamiento
Junio de 1956

País Estados Unidos

Compositores Tex Davis, Gene Vincent

Por qué es clave La canción que justificó las letras sin sentido de las canciones de rock.

Pág. anterior **Gene Vincent**.

Acontecimiento clave
Carl Perkins sufre un accidente de coche

Cuando en 1956 el propietario de Sun Records, Sam Phillips, traspasó el contrato de Elvis Presley a RCA por 35.000 dolares, estaba convencido de que tenía el recambio apropiado esperando tras el escenario en la figura de Carl Perkins. Sus expectativas parecieron confirmarse cuando el tema de Perkins «Blue Suede Shoes» entró en las listas de éxitos el mismo día que «Heartbreak Hotel» de Elvis, tanto más cuanto que, a diferencia de éste, aquél componía sus propias canciones.

Que Perkins tenía más talento que Elvis es algo que ya no se pone en duda, pero todavía hay fans de Perkins que reivindican que su ídolo habría sido una estrella mayor que el joven de Memphis de no ser por el desgraciado accidente que sufrió el 22 de marzo de 1956. De camino a Nueva York para aparecer en un programa de televisión, su coche chocó contra una camioneta y tuvo que ser hospitalizado, dando fin a sus actividades promocionales.

Mientras se estaba recuperando, Perkins vio a Presley interpretando «Blue Suede Shoes» en la televisión. El tema llevaba implícita su agudeza compositiva y reflejaba la vanidad recién adquirida por unos jóvenes de éxito sin precedentes sobre un vibrante y animado acompañamiento musical. La canción alcanzó el número tres de las listas de Estados Unidos y vendió un millón de copias, pero cuando Perkins se hubo recuperado, parecía que se le había escapado el tren. Fue su última aparición en la lista de *Billboard*.

No obstante, el músico siguió siendo muy valorado por otros compañeros de profesión. El mismo John Lennon dijo una vez que el único álbum que le había gustado desde la primera a la última canción era el LP de debut de Perkins.
John Tobler

Fecha 22 de marzo de 1956

País Estados Unidos

Por qué es clave
Impidió un universo musical alternativo donde el Rey podría haber sido Perkins.

Álbum clave *Elvis Presley*
Elvis Presley

El álbum *Elvis Presley* (conocido como *Rock'n'roll* en el Reino Unido, donde presentaba un repertorio de canciones ligeramente distinto) se confeccionó como quien realiza un *collage*. La discográfica RAC había contratado a Elvis, pero no esperaba que su popularidad perdurara, por lo que Steve Sholes, uno de sus ejecutivos, seleccionó sin ton ni son cuanto material tenía a su alcance –siete grabaciones de RCA y otras cinco grabadas anteriormente para Sun Records– y lo lanzó, o mejor dicho, lo precipitó, al mercado de Estados Unidos el 23 de marzo de 1956.

A pesar de ello, el disco funcionó estupendamente no sólo en cuanto a ventas –se convirtió en el primer álbum de rock en alcanzar la cima de las listas de éxitos de Estados Unidos y el primer álbum en vender un millón de copias–, sino también en términos de calidad y ambición musical. Contenía brillantes versiones de clásicos del rock como «Blue Suede Shoes», de Carl Perkins, «I Got A

Woman» de Ray Charles o «Tutti Fruitti» de Little Richards, y culminaba con una enérgica interpretación del éxito de The Drifters, «Money Honey», canción que Buddy Holly había enseñado a Elvis cuando ambos actuaban juntos en Texas durante 1955. Además, también incluía canciones de otros estilos, como country, música popular, e incluso el célebre «Blue Moon», de Rodgers and Hart, lo que podía hacer pensar que Elvis sería un artista polifacético apto para cualquier tipo de público. No obstante, el álbum ha pasado a la historia como uno de los mejores discos del rock.

La célebre carátula, con la foto en blanco y negro de un escenario donde contrasta un letrero gigante fosforescente, se ha plagiado muchas veces.
Fred Dellar

Fecha de lanzamiento
Estados Unidos: marzo de 1956; Reino Unido: noviembre de 1956

País Estados Unidos

Lista de temas (Estados Unidos)
Blue Suede Shoes, I'm Counting On You, I Got A Woman, One-sided Love Affair, I Love You Because, Tutti Fruitti, Trying To Get To You, I'm Gonna Sit Right Down And Cry (Over You), I'll Never Let You Go (Little Darlin'), Blue Moon, Money Honey

Por qué es clave El primer álbum importante de rock'n'roll.

Pág. siguiente **Elvis Presley**.

Espectáculo clave *Festival de la Canción de Eurovisión* programa de televisión

En 1955, al director de televisión suizo Marcel Bezençon se le ocurrió proteger el patrimonio cultural de Europa occidental de las amenazas del dominio soviético y del rock'n'roll estadounidense aprovechando las nuevas tecnologías del momento, que permitían retransmitir simultáneamente en varios países. En realidad, la propuesta de Bezençon era un concurso para «artistas *amateurs* de variedades», pero, por fortuna, sus colegas, inspirados por el entonces ya popular Festival de la Canción de San Remo, en Italia, tuvieron una idea mejor.

El I Festival de la Canción de Eurovisión, realizado en Lugano el 24 de mayo de 1956, fue un acontecimiento solemne, muy alejado del concurso demencial y absurdo tan querido (y odiado) de la actualidad. Cada país participante –Países bajos, Suiza, Bélgica, Alemania, Francia, Luxemburgo e Italia– presentaba un par de cantantes y canciones. Los votos eran secretos y las papeletas supuestamente se destruían tras la votación. ¿El ganador? «Refrain», de la suiza Lys Assia. Luxemburgo no había enviado jueces y había pedido al anfitrión que votara en su nombre, lo que provocó el primero de muchos escándalos del festival en cuanto a las votaciones. Apenas la canción del alemán Freddy Quinn, «So Geht Das Jede Yacht», se acercaba algo al sonido del emergente rock'n'roll. Al espectáculo le sobraron 10 minutos, lo cual sentó el precedente que continúa en la actualidad.

Más de 50 años después, el concurso se ha ampliado enormemente y tiene tal índice de audiencia que la cadena estadounidense NBC está planeando una adaptación. A propósito, a pesar de la creencia popular, ningún presentador del concurso ha pronunciado jamás la frase francesa gramaticalmente incorrecta *nul points*.
Steve Jelbert

Fecha 24 de mayo de 1956

País Suiza

Por qué es clave
La inauguración del espectáculo musical de televisión más duradero del mundo.

230

Álbum clave *My Fair Lady* grabación con el reparto original

My Fair Lady fue una adaptación musical de la obra *Pygmalion* (1912), de Bernard Shaw, en la que el profesor Henry Higgins decide probar como experimento si puede enseñar buenos modales a Eliza Doolittle, una muchacha de los barrios obreros de Londres. Alan Jay Lerner escribió el libreto y Frederick Loewe compuso la música del espectáculo, estrenado en Broadway en marzo de 1956.

La CBS financió la producción a cambio de los derechos exclusivos de la grabación de los temas del musical. Y les salió a cuenta. El álbum –que llegó al número uno de Estados Unidos el 14 de julio de 1956– estaba repleto de temas destacados. *My Fair Lady* dio la oportunidad a la recién llegada a Broadway Julie Andrews de brillar como Eliza Doolittle. Su voz clara como el agua en «I Could Have Danced All Night», contrastaba con el encantador y a la vez auténtico tono de voz de los barrios bajos de Londres en «Wouldn't It Be Loverly». Un Rex Harrison (Higgins) inexperto en musicales interpretaba canciones creadas especialmente para él de la mano de Lerner y Loewe, recitando al ritmo de la música temas como el brillante «I'm An Ordinary Man».

Además, hubo un epílogo. Aunque es cierto que *My Fair Lady* estuvo 480 semanas en las listas de *Billboard*, estas estadísticas hacen referencia a dos álbumes conjuntos. En 1959 se volvió a representar el musical en Londres y se hizo una nueva grabación de éste, esta vez en estéreo, que era lo último del momento. Andrews estuvo contenta de ello porque la versión en mono se había grabado en un solo día. La artista considera la versión en estéreo muy superior a la primera.
Leila Regan-Porter

Fecha de lanzamiento
Abril de 1956

País Estados Unidos

Lista de temas Overture (Orquesta, Why Can't The English?), Wouldn't It Be Loverly?, With A Little Bit Of Luck, I'm An Ordinary Man, Just You Wait, The Rain In Spain, I Could Have Danced All Night, Ascot Gavotte, On The Street Where You Live, You Did It, Show Me, Get Me To The Church In Time, A Himn To Him, Without You, I've Grown Accustomed To Her Face

Por qué es clave El *cast album* alcanzó un tremendo éxito que acabó como un ensayo general.

Álbum clave *Calypso*
Harry Belafonte

Hoy en día que un disco venda un millón de copias no deja pasmado a nadie, pero en 1956, cuando *Calypso*, de Herry Belafonte, se convirtió en el primer álbum de un solista en hacerlo, resultó todo un logro, si cabe aún más destacable por el hecho de que Belafonte era negro. El álbum acabó pasando 31 semanas no consecutivas en la lista de *Billboard*, donde entró el 8 de septiembre de 1956. Nunca antes un artista afroamericano había seducido de semejante forma el mercado de la música popular, ni mucho menos con un género musical prácticamente desconocido para el público estadounidense: la canción tradicional caribeña.

La música calypso se originó en Trinidad a comienzos del siglo XX, como una evolución de las canciones de los esclavos africanos. Muy pocos artistas de calipso, y entre ellos de forma especial Lord Kitchener, habían acumulado un público considerable fuera de las islas, y fue tarea de Belafonte presentar el género a las masas. Para grabar *Calypso*, su tercer álbum para RCA Victor, Belafonte, de 29 años y nacido en Harlem de padres inmigrantes caribeños, acudió en busca de material a Irving Burgie (alias Lord Burgess), compositor y cantante de clubs nocturnos de Brooklyn que también reivindicaba su herencia cultural caribeña. A Burgie se le atribuye la coautoría de 8 de las 11 canciones de *Calypso*, entre ellas la que abre el disco, «Day-O (Banana Boat Song)», un éxito que alcanzó el Top 5 y ha pasado a ser un clásico, y «Jamaica Farewell».

Calypso se convirtió en un fenómeno e hizo de Belafonte una estrella cuyo alcance, en décadas posteriores, se extendió al mundo del teatro, el cine, los derechos civiles y las causas humanitarias, además de a otros géneros musicales.
Jeff Tamarkin

Fecha de lanzamiento
1956

País Estados Unidos

Lista de temas Day-O (Banana Boat Song), I Do Adore Her, Jamaica Farewell, Will His Love Be Like His Rum?, Dolly Dawn, Star-O, The Jack-Ass Song, Hosanna, Come Back Liza, Brown Skin Girl, Man Smart (Woman Smarter)

Por qué es clave Un disco de tremendo éxito en un momento en que el artista afroamericano lo tenía crudo para triunfar.

Personaje clave
Victor Young

El compositor, violinista y director de orquesta Victor Young (1900-1956) nació en Chicago, y de niño ya tenía semejante talento tocando el violín que lo enviaron a estudiar al Conservatorio de Varsovia, en Polonia, donde hizo su debut profesional con la orquesta filarmónica de la ciudad. De adulto, Young dirigió orquestas en Broadway, en giras y en la radio, y más tarde, a mediados de la década de 1930, trabajó en Hollywood.

Durante los 20 años siguientes, arreglaría, compondría y dirigiría la música de más de 350 películas, creando célebres bandas sonoras para películas como *Golden Boy* (*Sueño dorado*, 1939), *Reap The Wild Wind* (*Piratas del mar Caribe*, 1942), *The Emperor Waltz* (*El vals del emperador*, 1948), *Three Coins In The Fountain* (*Creemos en el amor*, 1952) y *Around The World In Eighty Days* (*La vuelta al mundo en ochenta días*, 1956). Al prolífico Young no se lo consideraba un escritor de canciones de éxito, sino más bien un compositor de bandas sonoras famosas. Sin embargo, su mayor legado lo forman las músicas de un par canciones: «Love Letters», el tema de una película de 1945 que más tarde versionaron artistas como Elvis Presley y Alison Moyet; y la grandilocuente balada «When I Fall In Love», con letra de Edward Heyman, para la película *One Minute To Zero* (*Corea, hora cero*, 1952). Cuando se estrenó la película, Doris Day grabó la canción y obtuvo mucho éxito, pero la versión del álbum de Nat «King» Cole –grabado el 28 de diciembre de 1956, año de la muerte de Young– es actualmente el más conocido.
Thomas Hischak

Rol Compositor

Fecha 1956

Nacionalidad Estados Unidos

Por qué es clave
Un consumado compositor de bandas sonoras que hoy en día, curiosamente, es más conocido por un par de éxitos poco representativos de su trabajo.

Película clave *The King And I* (*El rey y yo*)

E l éxito de la película musical *The King And I* (*El rey y yo*) –estrenada en junio de 1956 y basada en la versión original para teatro de 1951– ha hecho que su protagonista, Anna Leonowens, sea célebre en todo el mundo como la institutriz de la Corte de Siam. El libreto fue obra de Oscar Hammerstein II, y la música, de tintes orientales pero compuesta para ser cantada en una lengua occidental, de Richard Rodgers. En el musical, la profesora Anna llega a Siam (actual Tailandia) alrededor de 1860, decidida a llevar las costumbres «civilizadas» al noble pero bárbaro monarca y a sus abundantes hijos de sus abundantes esposas.

Anna (encarnada por Deborah Kerr y con la voz de Marni Nixon) silbaba una melodía alegre, «Whistle A Happy Tune» para ocultar el miedo y decía a sus alumnos en «Getting To Know You» que «las cosas se harían a su manera, pero que sería agradable». El público se divertía y se escandalizaba con las travesuras del rey (Yul Brynner, reinterpretando el papel que en 1951 le valiera un premio Tony), desconcertado por las costumbres modernas. Con canciones como «March Of The Siamese Children» o la alegre «Shall We Dance?», que sonaba en una escena romántica entre Anna y el rey, la película *El rey y yo* presenta de forma brillante un episodio de la historia musicalizado en CinemaScope.

El problema es que, en realidad, no era historia. La Leonowens real no era institutriz ni cortesana (sus memorias están en su mayoría falseadas), y el rey Mongkut hablaba un inglés muy fluido y era partidario de la tecnología. El filme denigraba tanto a los tailandeses que se prohibió en su país por distorsión histórica y cultural. Pero ¿para qué dejar que la verdad se interponga en una historia tan sensacional?
David Spencer

Fecha Junio de 1956

País Estados Unidos

Director Walter Lang

Reparto Deborah Kerr (con Marni Nixon), Yul Brynner

Compositores Oscar Hammerstein II, Richard Rodgers

Por qué es clave El musical que reescribió la historia.

1950-1959

233

Actuación clave **Elvis Presley aparece de cintura para arriba en *The Ed Sullivan Show***

C uando Elvis Presley apareció por primera vez en televisión en enero de 1956 en el programa de los hermanos Dorsey, ninguno de sus álbumes había entrado aún en las listas de éxitos de Estados Unidos. Desde ese momento, su música y sus actuaciones en televisión demostrarían ser una combinación explosiva. Los discos de Elvis por sí solos ya eran bastante provocativos teniendo en cuenta que era un hombre blanco que tocaba una música asociada a artistas negros, pero la imagen de su trepidante movimiento de caderas mientras cantaba era algo que nunca antes había entrado en los hogares de los espectadores.

Todo parecía indicar que la carrera televisiva de Presley tenía los días contados y sobre todo tras sus dos primeras apariciones en *The Ed Sullivan Show*. El artista actuó en el programa en 1956 a pesar de que Sullivan había prometido no llevarlo nunca. No obstante, a comienzos de 1957, Elvis seguía siendo el más grande y era impensable que el mayor empresario de televisión pudiera ignorarlo. Presley y su mánager, el «Coronel» Tom Parker, tenían algo que demostrar al público: que ni sus aparatos de televisión ni sus almas arderían eternamente en el infierno por ver una actuación «adecentada» de Elvis Presley. Y es que, el 6 de enero de 1957, el cantante volvió al programa de Sullivan, y éste y la CBS encontraron la forma de presentarlo al público sin que sus mayores detractores se escandalizaran: de cintura para arriba. Así se establecieron las reglas que les permitirían convivir. La corriente social, no obstante, estaba a favor de Elvis.
Bruce Eder

Fecha 6 de enero de 1957

País Estados Unidos

Por qué es clave Demostró cómo el poder establecido intentó poner trabas al emergente poder del rock.

Pág. anterior **Elvis Presley** en *The Ed Sullivan Show*.

Acontecimiento clave **Paul McCartney y John Lennon se conocen**

Junto con la exposición de un perro policía y la coronación de la «Rose Queen» del año, la actuación de la banda de skiffle Quarry Man era una de las atracciones de la fiesta que tuvo lugar en los jardines de la iglesia parroquial de San Pedro, en Woolton, Liverpool, el sábado 6 de julio de 1957. El grupo Quarry Man, formado en marzo, estaba liderado por el vocalista y guitarrista de 16 años, John Lennon. Los demás miembros eran Rod Davis (banjo) Eric Griffiths (guitarra), Colin Hanton (batería) y Pete Shotton (*washboard* «tabla de lavar»). Para la actuación, habían seleccionado canciones del repertorio de Lonnie Donegan y algún que otro tema de Elvis. John añadió a las letras versos sobre sus profesores de colegio, el Quarry Bank School, e interpretó una versión libre de «Come Go With Me», de Dell-Vikings, probablemente porque no se sabía la letra. Aunque Lennon y Paul McCartney, de 15 años, aún no se conocían, tenían un amigo en común, Ivan Vaughan,

quien reconoció los intereses similares de ambos. Antes de la actuación de la noche, McCartney se presentó a Lennon. El músico recuerda: «Yo era un colegial gordo, y mientras él me ponía el brazo en la espalda, me di cuenta de que estaba borracho». Lennon no estaba tan borracho como para pasar por alto el talento de Paul. Su habilidad con la guitarra le impresionó –Lennon sólo utilizaba cuatro cuerdas porque había aprendido los acordes del banjo de su madre–, así como el hecho de que se supiera la letra de «Twenty Flight Rock», de Eddie Cochran.

Se acababa de trazar el inicio del camino que conduciría a la creación de The Beatles. El resto es histeria.

Spencer Leigh

Fecha 6 de julio de 1957

País Reino Unido

Por qué es clave
El encuentro más trascendental de la historia de la música popular.

Pág. siguiente **Paul McCartney y John Lennon.**

Personaje clave
Larry Williams

Larry Williams nació en 1935 y formó su primera banda a la edad de 16 años. Cuando ésta se disolvió, trabajó para Lloyd Price y Fats Domino, y luego firmó para la discográfica Specialty Records, de Art Rupe. Tras grabar una versión de «Just Because», de Price, presentó un tema original para su segundo single, «Short Fat Fannie» (La gorda y baja Fannie), en la que el cantante celebraba su amor por la tal Fannie sobre un vivo acompañamiento de rock de la mano del grupo de Little Richard. Williams tocaba el piano y emitía unos gritos exuberantes que rivalizaban con los del mismo Richard. El single entró en el Top 40 de *Billboard* el 8 de julio de 1957 y alcanzó el número cinco.

«Bony Moronie» (alta y delgada, en contraste con las características de Fanny) alcanzó el número 14 de Estados Unidos, pero fue el último éxito de Williams en entrar en el Top 40. No obstante, la calidad de su trabajo extendió su nombre más allá del ojo de los

observadores de las listas de éxitos. The Beatles, en particular, tenían una clara predilección por su banda de divertido pero osado R&B, como demuestra el hecho de que versionaran nada menos que tres de sus canciones, lo que aportó abundantes y bienvenidos ingresos al artista: «Dizzy Miss Lizzy» (una variante más de las composiciones dedicadas a las siempre desafortunadas y afligidas musas de Williams), la impertinente «Slow Down», y el himno de los adolescentes rebeldes «Bad Boy».

Cuando no estaba en la cárcel por consumo de drogas, Williams continuaba grabando, actuando y produciendo. Su último álbum, *Here's Larry Williams*, lanzado en 1978, presentaba la versión de moda de «Bony Moronie (Disco Queen)». Lo hallaron muerto en su casa en 1980 por heridas de bala autoinfligidas.

Gillian G. Gaar

Rol Artista de grabaciones

Fecha 8 de julio de 1957

Nacionalidad Estados Unidos

Por qué es clave
Un hombre al que no se le resistía el R&B.

Canción clave «Whole Lotta Shakin' Goin' On» Jerry Lee Lewis

A las madres, Elvis les parecía un chico muy mono, pero cuando el 15 de julio de 1957 el tema «Whole Lotta Shakin' Goin' On» entró en el Top 40 de Estados Unidos, quedó claro que el rubio sureño que lo cantaba con lasciva desenvoltura y atacando el piano con descontrolado furor se llevaría la palma.

Jerry Lee Lewis, alias *The Killer* («el asesino»), tenía un ego tan grande como su talento como pianista. Nacido en 1935, en Ferriday, Luisiana, personificó el tormento sureño: la fe religiosa impuesta, constantemente rota por los pecados de la carne y el alcohol. Alternaba su búsqueda de salvación con los excesos de los placeres mundanos. Ninguna otra canción refleja mejor esta contradicción que «Whole Lotta Shakin' Goin' On». Compuesta por el pianista de country blanco Roy Hall y el cantante negro Dave Williams, se había grabado anteriormente de la mano de Hall y el cantante de R&B Big Maybelle. No obstante, cuando Lewis la grabó en los estudios de Sun Records, en Memphis, sin bajo, apenas con su piano, una batería y una guitarra, la transformó en un boggie implacable y erotizante de ritmo perverso, haciéndola suya para siempre. El 28 de julio el cantante hizo una aparición estelar en el programa *Seven Allen Show* y el país entero fue testigo de los fuertes latidos de su piano y sus irreverentes patadas en el taburete. A finales de agosto, a pesar de que algunas emisoras de radio la prohibieron, la canción alcanzó el número uno tanto en las listas nacionales como en las del R&B. Impulsado por cápsulas de anfetaminas y un febril deseo de vivir al máximo, el niño devoto se había llevado a su público en un excitante viaje al infierno.
Ignacio Julià

Fecha de entrada en la lista de éxitos
15 de julio de 1957

País Estados Unidos

Compositores Roy Hall, Dave Williams

Por qué es clave
Mostró el potencial dañino del rock'n'roll.

Canción clave «Bye Bye Love» The Everly Brothers

D on y Phil Everly iniciaron sus carreras tocando country junto con sus padres, lo que explica la fuerte influencia de dicho género en su música cuando empezaron a trabajar como dúo en 1955.

Su primer single fue un fracaso, pero el segundo, «Bye Bye Love», escrito por el matrimonio Bryant (Boudleaux y Felice), entró en el Top 40 de la revista *Billboard* el 27 de mayo de 1957: fue el primero de sus 27 éxitos en hacerlo. Finalmente fue escalando puestos hasta llegar al número dos. La canción era un lamento autocompasivo sobre el final de una relación amorosa, y muchos artistas la habían rechazado antes de que Archie Bleyer, quien contrató a los Everly para su discográfica Cadence, se la propusiera a los hermanos.

Los Everly le añadieron un toque mágico a la canción gracias a la armonía de sus voces, y es que siempre existe una sincronización especial, casi misteriosa, entre hermanos, algo no presente en cantantes que no tienen lazos de sangre. Su estrecha armonía era particularmente notable porque ambas voces podían destacar de igual modo, lo que daba a sus trabajos un poder excepcional. Un estilo algo tosco combinado con unos arreglos musicales de ritmo rápido, más moderno, dieron como resultado una canción que era un verdadero híbrido en pleno desarrollo del rock'n'roll, ya que mezclaba country y rock de una forma inédita en esa época. Tanto, que la gente apenas sabía como clasificarla: se incluyó en las listas de éxitos de música popular, alcanzó el número uno en las de country, y el cinco en las de R&B.
Gillian G. Gaar

Fecha de lanzamiento
Marzo de 1957

País Estados Unidos

Compositores Boudleaux Bryant, Felice Bryant

Por qué es clave
Construyó un puente entre el country y el rock'n'roll.

1950-1959

Personaje clave
Dalida

En la época de «Bambino», su tercer lanzamiento en el mercado francés, Dalida personificaba todo el misterio de Egipto, país en el que había nacido en enero de 1933. Sin embargo, aunque fue coronada Miss Egipto en 1954, tenía sangre italiana (su auténtico nombre era Yolanda Christina Gigliotti) y vivía en Francia (se había trasladado a París para irrumpir en el mundo del espectáculo). Había cantado en cabarets y aparecido en alguna que otra película antes de actuar en la sala Olympia como una de las «estrellas promesa» representadas por el empresario Bruno Coquatrix. A Dalila la descubrieron Eddie Barclay, quien la contrató para su discográfica, y Lucien Morisse, de la emisora de radio Europe 1, quien incluyó sus canciones en la programación y se convirtió en su amante. Con semejante apoyo, la artista no podía fracasar y en 1956 protagonizó animados números en la sala Olympia.

«Bambino», la versión de un pegadizo éxito italiano que interpretaba con su característico y atractivo francés con acento italiano, consiguió vender 300.000 copias y le valió el primero de sus muchos discos de oro el 19 de septiembre de 1957. Dalida se convirtió en una gran estrella en toda Europa continental, Oriente Próximo y Asia, y llegó a cantar en más lenguas que ningún otro artista. En la década de 1970 se reinventó a ella misma como *glamourosa* diva de la música disco.

Personaje trágico al estilo de María Callas durante sus 30 años de carrera en los escenarios, pareció ser maldecida por los suicidios de Luigi Tenco, su prometido, Morisse, su mentor, y Richard Chanfray, su amante, ya que también ella se quitó la vida en mayo de 1987.
Pierre Perrone

Rol Artista de grabaciones

Fecha 19 de septiembre de 1957

Nacionalidad Egipto

Por qué es clave Demostró que el éxito no siempre lleva a la felicidad.

Espectáculo clave *West side story*
el musical

Aunque hoy en día sea difícil de creer, el musical *West side story*, estrenado el 26 de septiembre de 1957, tuvo muchas dificultades para encontrar patrocinadores. La mayoría de los productores no quería apoyar un proyecto cuyo tema era la violencia y los asesinatos entre bandas. No era una comedia musical, era una tragedia musical, basada en la mayor tragedia nunca escrita: *Romeo y Julieta*, de Shakespeare.

No obstante, los miembros del equipo creador eran muy profesionales. El compositor Leonard Bernstein había compuesto temas de jazz y amaba los clásicos; el director y coreógrafo Jerome Robbins había trabajado en ballets; y el escritor Arthur Laurents había publicado obras importantes. Juntos crearon una obra maestra sin igual.

El musical aborda las diferencias raciales de las pandillas de Nueva York –originariamente, católicos contra judíos, pero actualizada a portorriqueños contra blancos–, pintando un vívido retrato de la sociedad

que sigue vigente hoy en día. La música de Bernstein se distanciaba de las típicas composiciones de musical, optando por sabores étnicos y jazz para conducir hacia lo más profundo de los corazones del público las emociones expresadas por las letras de Stephen Sondheim. La canción «María» es tierna y mágica; «Rumble», dura e intensa; y la inflamante «America», cantada a voz en grito por una electrizante Chita Rivera, suena con sabor latino. A la popularidad de la vibrante «I Feel Pretty» sólo la precede la de «America».

La película de 1961, basada en el espectáculo, presentaba a Natalie Wood y llevó el musical al público juvenil para el que estaba pensado. Consiguió un récord ganando 10 estatuillas de la Academia y confirmó de una vez por todas que los musicales no tenían por qué ser comedias, sino que podían tratar temas reales y crudos de la sociedad contemporánea.
Leila Regan-Porter

Fecha 26 de septiembre de 1957

País Estado Unidos

Director Jerome Robbins

Reparto Larry Kent, Carol Lawrence, Chita Rivera

Compositores Leonard Bernstein, Stephen Sondheim

Por qué es clave El primer musical callejero.

Personaje clave
Kay Starr

La enormemente versátil Kay Starr (nacida en 1922) inició su carrera en la radio cuando apenas era una adolescente. Grabó sus primeros trabajos con la banda de Glenn Miller y en 1943 se integró a la Wingy Manone's New Orleans Jazz Band, al lado de Charlie Barnet. Junto con éste, grabó para V-Discs y Decca Records, hasta que en 1945 una neumonía la obligó a dejar de cantar y hablar durante seis meses.

En 1947, con la voz algo más ronca, firmó para Capitol, con quien lanzaría éxitos como «I'm The Lonesomest Gal In Town», «Hoop-Dee-Doo», y «Bonaparte's Retreat». Su repertorio empezó a teñirse de country, y el 17 de enero de 1952 grabó «Wheel Of Fortune», el mayor éxito de su carrera. Se pasó a la discográfica RCA en 1955 y al año siguiente grabó, como adivinando el futuro, «The Rock And Roll Waltz». Volvió a Capitol en 1959, donde editó su primer LP junto con una serie de canciones de jazz. En 1966, Capitol la despidió y se dedicó a cantar en clubs nocturnos, en conciertos, y en Las Vegas.

En 1968 realizó un álbum junto a Count Basie y algunos más con pequeñas discográficas. Fue de gira con sus compañeras Helen O'Connell y Margaret Whiting a finales de la década de 1980 y siguió actuando en la de 1990.

Podría decirse que lo más destacado de su legado artístico es, en lo que respecta a álbumes, *Losers, Weepers*, de 1957, y en lo que respecta a canciones, «Wheel Of Fortune» y «The Rock And Roll Waltz». En sus últimos temas, mostró una forma de cantar potente y unas emociones templadas que tenían momentos de impulso y un ligero toque temerario.
Ken Bloom

Rol Artista de grabaciones

Fecha 1957

Nacionalidad Estados Unidos

Por qué es clave
Una de las pocas cantantes femeninas que establecieron un puente entre el mundo del jazz y el del rock'n'roll.

239

Álbum clave *A Swingin' Affair!*
Frank Sinatra

Desde 1954, Frank Sinatra y el director de orquesta Nelson Riddle habían creado cuatro brillantes álbumes conceptuales que abarcaban desde baladas de jazz (*Songs For Swinging' Lovers*) hasta baladas de introversión y soledad (*In The Wee Small Hours*). Estos trabajos no sólo demostraron que Sinatra era un hábil artista a la hora de adaptar cada tema a su estilo personal, sino que su cohesivo repertorio de canciones que reflejaban un mismo estado de ánimo era algo realmente innovador.

Cualquiera de estos excelentes álbumes podría haberse elegido para el presente libro. No obstante, *A Swingin' Affair!* probablemente sea el más notable de esta etapa de Sinatra, ya que su éxito puso de manifiesto que «Ol' blue eyes» iba a poder sobrevivir en la nueva era del rock. Especialmente en 1957, el año de su lanzamiento, el rock'n'roll dominaba el mundo, pero Sinatra reafirmó la validez del swing, esa variante del jazz, más ligera y divertida, que él practicaba.

Los arreglos de Riddle se habían convertido en el buque más seguro en el que la sensacional voz de Sinatra pudiera navegar, una voz que a esas alturas ya había madurado hasta convertirse en el instrumento de un adulto hecho y derecho, y había dejado de ser la herramienta del adolescente seguro pero inexperto que había sido. Aunque muchos consideran *A Swingin' Affair!* una especie de *Songs For Swingin' Lovers* «2», sus interpretaciones de clásicos como «Night And Day», de Cole Porter, y «Nice Work If You Can Get It», de Gershwisn, son más fuertes y jazzísisticas, lo que allanaba el camino del sonido que se convertiría en la carta de presentación de Sinatra durante la década de 1960.
Leila Regan-Porter

Fecha de lanzamiento
Mayo de 1957

País Estados Unidos

Lista de temas Night And Day, I Wish I Were In Love Again, I Got Plenty O' Nuttin, I Guess I'll Have To Change My Plans, Nice Work If You Can Get It, Stars Fell On Alabama, No One Ever Tells You, I Won't Dance, Lonesome Road, At Long Last Love, You'd Be So Nice To Come Home To, I Got It Bad (And That Ain't Good), From This Momento On, If I Had You, Oh! Look At Me Now

Por qué es clave Sinatra demostró con este álbum que el swing aun estaba vivo.

Pág. anterior Frank Sinatra.

Álbum clave *Blue Train*
John Coltrane

En 1957 la carrera de John Coltrane estaba en una encrucijada. Su adicción a la heroína había obligado al trompetista Miles Davis a echar al saxofón tenor de su quinteto. Por dos veces. Coltrane pasó a ganarse la vida realizando un montón de sesiones de bebop como *sideman* (músico acompañante) para la discográfica Prestige. Pero apenas tenía 30 años, y sabía que el bebop estaba en auge cuando una vida tormentosa acabó con Charlie Parker en 1955. Así pues, dejó atrás los malos hábitos y entró en el cuarteto del pianista Thelonius Monk. Intentó realizar sus primeros pasos como solista en su álbum de debut, *Coltrane*, y más tarde, en diciembre, lanzó *Blue Train* con la prestigiosa discográfica Blue Note.

Éste fue el primer disco en que el saxofonista demostraba ser más que un simple *sideman* potencialmente prolífico. Liderando el elenco formado por Lee Morgan (trompeta), Curtis Fuller (trombón), Kenny Drew (piano), Paul Chambers (bajo) y «Philly» Joe Jones (batería), Coltrane demostró su maestría puliendo baladas clásicas («I'm Old Fashioned»); aunque más importantes fueron sus composiciones originales, que incluían blues espiritual («Blue Train»), estupendas improvisaciones («Locomotion»), hard bop evolucionado («Lazy Bird») y pieza de referencia de Trane,[3] «Sheets Of Sound».

Sus álbumes posteriores serían más complejos técnicamente (*Giant Steps*, 1959), de mayor éxito comercial (*My Favorite Things*, 1960) y mejor valorados por la crítica (*A Love Supreme*, 1964), u olvidados para siempre (*Interstellar Space*, 1967). No obstante, fue el espiritual momento de autenticidad que resuena en *Blue Train* lo que inspiraría a generaciones de músicos de jazz.
Miles Keylock

3. Como también era conocido Coltrane.

Fecha de lanzamiento
Diciembre de 1957

País Estados Unidos

Lista de temas Blue Train, Moment's Notice, Locomotion, I'm Old Fashioned, Lazy Bird

Por qué es clave
Saxofonista que le da puertazo a las drogas e impulsa su carrera como solista.

Pág. siguiente John Coltrane.

Espectáculo clave *The Music Man*
musical

El músico adolescente de Mason City, Iowa, Meredith Willson (1902-1984) dejó su hogar para estudiar flauta en la prestigiosa Juilliard School, donde la banda de John Phillip Sousa y, más tarde, la Filarmónica de Nueva York lo contrataron. Tuvo buena estrella y pronto se convirtió en director musical de varios programas de radio y compuso las bandas sonoras de *The Little Foxes* (*La loba*) y *The Great Dictator* (*El gran dictador*, 1940), la primera película musicalizada de Chaplin. Siempre contaba historietas sobre su querido pueblo natal, y muchos, incluido el compositor Frank Loesser, lo animaban a escribir un musical sobre él. En principio se opuso a la idea (como explica en su propia «Iowa Stubborn»), hasta que finalmente decidió intentarlo (Iowa Arrogance).

Aunque Willson ya había compuesto éxitos como «Iowa (It's A Beautiful Name)», realizar la banda sonora de un musical para teatro le tomó tiempo. Él y Franklin Lacey crearon una historia original que, estrenada el 19 de diciembre de 1957, echó raíces en Broadway con 1.375 representaciones y dos reposiciones. En la obra, el vendedor ambulante Harold Hill llega a River City, Iowa, para vender instrumentos y uniformes para formar una banda, pero decide marcharse antes de que se descubra que es una estafa; finalmente, se queda porque el amor verdadero que siente por la bibliotecaria del pueblo lo reforma. El musical consolidó a Robert Preston Hill como auténtica estrella, quien repitió su papel en la fiel película de 1962, dirigida también por el mismo Morton da Costa.

La banda sonora incluye la espectacular marcha «Seventy-Six Trombones», la rápida y esencial «Ya Got Trouble» y la dulce balada «Till There Was You», posteriormente versionada por The Beatles.
David Spencer

Estreno 19 de diciembre de 1957

País Estados Unidos

Director Morton da Costa

Reparto Robert Preston Hill, Morton da Costa

Compositor Meredith Willson

Por qué es clave
El musical representativo de la América rural.

Canción clave «At the hop»
The Juniors

Incluso antes de que se popularizara el término *rock 'n' roll*, los adolescentes y jóvenes afroamericanos ya se reunían en las esquinas de sus barrios para cantar el armónico R&B que acabaría dándose a conocer como *doo wop*. Que en apenas un par de años también proliferaran los grupos de *doo wop* de adolescentes blancos –principalmente de origen italoamericano– es una muestra de la rápida extensión de la popularidad del rock'n'roll a mediados de la década de 1950. Uno de los pioneros fue el grupo de Filadelfia Danny And The Juniors –formado por Danny Rapp, Dave White, Frank Maffei y Joe Terranova–, cuyo tema «At The Hop» alcanzó el número uno en Estados Unidos el 11 de enero de 1958.

Aunque su tono fuera innegablemente más modoso y adolescente que la mayoría de los clásicos de la primera ola del rock'n'roll, el gancho ascendente de la canción, los fuertes golpes de piano y la impecable evocación del baile de instituto tenían una fuerza arquetípica que no podía negarse. Ayudó, claro está, que uno de los promotores clave de la canción fuera el presentador de *American Bandstand*, Dick Clark, quien no sólo le hizo propaganda en su programa de televisión emitido desde Filadelfia, sino que incluso sugirió que se cambiara la letra antes de que se grabara para que ésta hiciera referencia a los *record hops*, los bailes informales organizados en los institutos tras la explosión del rock'n'roll.

Aunque técnicamente no era rock 'n' roll, «At The Hop» estaba poseída por su espíritu. The Juniors volvieron a triunfar con otra canción de David White, «Rock'n'Roll Is Here To Stay» (el rock'n'roll está aquí para quedarse). Que este título sea cierto se debe en gran parte a la excelencia de grabaciones como «At The Hop».
Richie Unterberger

Fecha de lanzamiento
1957

País Estados Unidos

Compositores John Madara, Arthur Singer, David White

Por qué es clave El *doo wop* se extiende desde sus orígenes en los barrios de afroamericanos hasta llegar a los adolescentes blancos.

242

Canción clave «That'll Be The Day»
Buddy Holly

La carrera artística de Charles Hardin Holley –conocido como Buddy Holly– duró apenas tres años antes de que muriera prematuramente, pero dejó como legado clásicos que medio siglo después siguen venerándose.

Ninguno lo es más que su primer éxito, «That'll Be The Day», un clásico indiscutible de los inicios del rock'n'roll. Lo compusieron Holly y Jerry Allison, el baterista de The Crickets, el grupo con el que Holly lanzó el tema en mayo de 1957. De hecho, Holly había grabado anteriormente una versión para Decca Records en 1956, pero la discográfica la rechazó. Sinceramente, esta primera versión, cuyo título proviene de la lacónica frase pronunciada por John Wayne en la película *The Searchers* (*Centauros del desierto*, 1956), no era en absoluto tan fantástica como la brillante interpretación de The Crickets, lanzada al año siguiente bajo los auspicios de Norman Petty, un productor oriundo de su población natal, Lubbock, Texas (si bien esto no justifica que se hiciera con la coautoría de la canción). La introducción serpenteante y descendiente de la guitarra, la peculiar forma de cantar de Holly, el ambiente sofocante y la pícara letra, en que el narrador desafía a su amante a abandonarlo, contribuyen a que, a diferencia de otros clásicos del rock'n'roll, «That'll Be The Day» suene tan vibrante y moderna hoy en día como cuando entró por primera vez en el Top 40 de *Billboard* el 19 de agosto de 1957.
Sean Egan

Fecha de lanzamiento
Mayo de 1957

País Estados Unidos

Compositores Jerry Allison, Buddy Holly, Norman Petty

Por qué es clave Canción que en un año pasó de ser mediocre a inmortal.

1950-1959

Canción clave «Summertime Blues»
Eddie Cochran

A pesar de su implícito tono de rebelión adolescente al inicio, rara vez el rock'n'roll atacaba directamente a los símbolos de la autoridad, como un jefe intimidante o unos padres cascarrabias. El tema «Summertime Blues», de la estrella del rockabilly Eddie Cochran, sí lo hizo, apuntando hábilmente con el dedo a ambas adustas figuras de la vida de los jóvenes. El tema entró en el Top 40 de *Billboard* el 25 de agosto de 1958.

Su nivel de empatía aumentó gracias a un lenguaje auténtico, y porque supo conectar con los conflictos cotidianos de los jóvenes, como tener que trabajar todo el verano en un empleo sin futuro o no poder utilizar el coche de la familia. El verso final, sin embargo, lleva las cosas aún más lejos. En él, Eddie presenta sus quejas a un miembro del Congreso, quien inmediatamente le niega su ayuda porque aún no tiene edad de votar. Visto en perspectiva, el tema fue un anticipo de la rebelión que acabaría reflejándose en la música y los disturbios de la década de 1960, cuando se envió a centenares de miles de jóvenes estadounidenses a luchar en una guerra contra Vietnam, que el Congreso no había ni siquiera declarado oficialmente.

El disco no habría tenido tal trascendencia, claro está, sin los poderosos y densos acordes de Cochran. Éstos ejercieron una enorme influencia en los Beach Boys, quienes versionaron la canción en su primer álbum, y en The Who, quienes aumentaron su voltaje e hicieron de ella uno de sus temas esenciales en sus conciertos de finales de la década de 1960. La banda Blue Cheer todavía le dio más caña en su versión de 1968.
Richie Unterberger

Fecha de lanzamiento
Junio de 1958

País Estados Unidos

Compositores Jerry Capehart, Eddie Cochran

Por qué es clave
Una de las primeras canciones protesta sobre los problemas que afectaban a los jóvenes blancos de origen humilde.

Interpretación clave *Aladdin*
serie de televisión

«Encuentro muy emocionante componer para nuestro medio de entretenimiento más nuevo, el televisor», dijo el legendario compositor Cole Porter antes de la emisión en la CBS, el 21 de febrero de 1958, de *Aladdin*. Como su introducción dejaba bien claro, el televisor ofrecía un nuevo y fascinante mercado para artistas como él, acostumbrados a ver sus obras en el cine o los escenarios.

Aladdin se produjo para emitirse como serie dentro del programa *DuPond Show of the Month*. El libreto de esta versión del clásico cuento árabe lo firmó el humorista S. J. Perleman. Sal Mineo interpretaba el papel de Aladdin, y Anna Maria Alberghetti, el de la princesa que se enamora de él. Cyril Richard representaba a un malvado mago y Basil Rathbone, al emperador. Dennis King, una estrella de operetas y musicales, hizo su última aparición interpretando a un astrólogo que animaba a Aladdin a confiar su destino a una estrella (en la canción «Trust Your Destiny To a Star»).

La maravillosa banda sonora también incluía la balada «I Adore You» y una de las canciones más célebres de Cole Porter, «Come To The Supermarket In Old Pekin». Esta última obtuvo cierto reconocimiento aparte del especial de televisión cuando Barbra Streisand la versionó en uno de sus álbumes.

Analizado con la perspectiva que da el tiempo, parece que Porter intentaba decirnos algo con este musical. Su enfermedad hacía prever que éste sería su último encargo, pero antes de abandonar los escenarios demostró que su genialidad podía trasladarse al medio que, en gran parte, reemplazaría al teatro, mundo al que con tanto éxito se había dedicado.
Ken Bloom

Fecha 21 de febrero de 1958

País Estados Unidos

Por qué es clave
Un maestro de la composición de canciones para musicales demuestra que también puede conquistar otro medio de entretenimiento.

Personaje clave
Otis Blackwell

«Fever» entró en el Top 40 de la revista *Billboard* en 1958 y se convirtió en el mayor éxito de la cantante y compositora Peggy Lee. No obstante, su importancia fue tal vez mayor para su coautor: esta canción elegante y sensual supuso el primer gran éxito de los muchos que cosecharía Otis Blackwell.

El tema dio un vuelco a la carrera de un hombre quien, en Nochebuena de 1955, había vendido los derechos de seis de sus canciones por un adelanto de apenas 150 dólares americanos. Una de ellas era «Don't Be Cruel», que más tarde se convertiría en un célebre exitazo de Elvis Presley. «Recuerden que, en ese momento, él estaba más que contento de cobrar algo por esas composiciones», explicó más tarde su amigo íntimo Michael Campbell. «Estaba ganando dinero por algo que le había salido tan fácilmente.» Otras canciones de Blackwell que el Rey versionaría son «Return To Sender» (compuesta en colaboración con Winfield Scott) y «All Shook Up». Algunos reivindican una influencia aún mayor de Blackwell sobre Elvis: se dice que el estilo sensual y pícaro que éste adoptó en ese momento era simplemente una imitación de la forma de cantar de Blackwell en sus demos.

Otras de sus composiciones más célebres fueron «Great Balls Of Fire» y «Breathless» (cantadas por Jerry Lee Lewis), «Hey Little Girl» (Dee Clark), «Handy Man» (Jimmy Jones) y «Nine Times Out Of Ten» (Cliff Richard). Elvis también versionó el tema de Blackwell «Paralysed» (Paralizado). Como una terrible ironía del destino, el compositor quedó en este estado –e incapaz de hablar– tras sufrir un derrame cerebral en 1991. Murió en 2002.
Sean Egan

Rol Compositor

Fecha 1958

Nacionalidad Estados Unidos

Por qué es clave Un gran compositor que profetizó su triste destino.

Álbum clave *Buddy Holly*
Buddy Holly

Aunque el álbum *Buddy Holly*, lanzado en marzo de 1958, era técnicamente el LP de debut del cantante y guitarrista, fácilmente podría haberse atribuido a The Crickets, el grupo que éste lideraba, formado por el batería Jerry Allison, el bajista Joe B. Mauldin y (hasta tres meses antes de su lanzamiento) el guitarrista rítmico Niki Sullivan. Sólo habían pasado cuatro meses del lanzamiento del también brillante álbum de debut del grupo, The «Chirping» Crickets, pero eran compositores tan prolíficos (especialmente Buddy Holly) que el productor Norman Petty no desperdiciaba tiempo a la hora de grabar más canciones (el nombre de Petty en la autoría de las canciones no refleja de forma fiel su colaboración).

El 25% del álbum estaba formado por versiones de éxitos del momento: «Baby I Don't Care», de Elvis, «Ready Teddy», de Little Richard, y «Valley Of Tears», de Fats Domino. Aunque todas las canciones del álbum son buenas, la clave está en las originales.

En él se incluyeron ambas caras del single de presentación de Buddy Holly, que resumen la amplitud de la genialidad de este artista: la alegre *joie de vivre* y el brutal solo de guitarra de «Peggy Sue» contrastan maravillosamente con la vulnerabilidad y delicadeza musical de «Everyday». La roquera «I'm Gonna Love You Too» y las baladas «Listen To Me» y «Word Of Love» son otros temas originales que se convirtieron en clásicos. La feroz versión de «Rave On» hizo que Buddy Holly la hiciera suya sin esfuerzo.

Se trataba de rock'n'roll con una nueva y lograda capa de barniz. The Beatles basaron casi todo su sonido inicial en The Crickets. Quizás el único aspecto negativo de esta inmortal obra maestra sea que apenas dura 25 minutos.
John Tobler

Fecha de lanzamiento Marzo de 1958

País Estados Unidos

Lista de temas I'm Gonna Love You Too, Peggy Sue, Look At Me, Listen To Me, Valley Of Tears, Ready Teddy, Everyday, Mailman, Bring Me No More Blues, Words Of Love, (You're So Square) Baby I Don't Care, Rave On, Little Baby

Por qué es clave El patrón de los Fab Fours (los cuatro fabulosos), como se conoce a The Beatles.

Pág. anterior Buddy Holly.

Canción clave «**Rumble**»
Link Wray

Wray y sus Wraymen crearon el tema «Rumble» mientras daban un concierto en la zona de Washington. Algunos jóvenes del público les pidieron la canción «The Stroll», popularizada por The Diamonds, pero como Wray no se la sabía, empezó a improvisar este osado, atronador, magnífico y distorsionado tema instrumental. Meses después grabaron una demo, que en un principio titularon «Oddball», y se la dieron a Archie Bleyer, de Cadence Records. Bleyer era de la vieja escuela y poco conocedor del innovador sonido de Wray, pero como a su hija adolescente le chifló el tema salió al mercado y aportó a Cadence uno de sus mayores éxitos. En abril de 1958 irrumpió en el Top 40 de Estados Unidos, y acabó alcanzando el número 16. No obstante, a pesar de su popularidad, se prohibió en muchas emisoras de radio.

Nadie habría imaginado que una canción instrumental sin letra alguna pudiera ofender a alguien; pero en una época en que el rock'n'roll todavía se asociaba a la violencia entre bandas, su combinación de amenazantes acordes y un título que en jerga callejera significa «luchar» hizo que algunos la consideraran potencialmente depravadora.

En la actualidad, algunos consideran la canción como uno de los puntos de partida del heavy metal. Un currículum vítae nada malo para un sonido que, según se dice, Wray creó cuando éste, enfadado porque un amplificador no funcionaba bien, agujereó de una patada un bafle y le gustó el sonido distorsionado que salía del equipo dañado.
Fred Dellar

Fecha de lanzamiento Abril de 1958

País Estados Unidos

Compositores Milt Grant, Link Wray

Por qué es clave Censura inexplicable sobre un sonido sin precedentes.

246

Acontecimiento clave **La desastrosa gira por el Reino Unido de Jerry Lee Lewis**

Desde su explosión en 1956, todas las semanas aparecían noticias de salvajadas inmorales aparentemente cometidas en nombre del rock'n'roll. Los jóvenes a quienes les gustaba esta nueva música se reían del miedo que suscitaba en las generaciones mayores. Sin embargo, la llegada al Reino Unido de Jerry Lee Lewis para su primera gira en el país, el 22 de mayo de 1958 hizo reflexionar incluso a los rockers más entusiastas.

El pianista de Misisipi iba a realizar cerca de 40 actuaciones. Entre su séquito había una joven de 13 años llamada Myra, su prima hermana, y pronto salió a la luz la noticia de que estaban casados. Además, el artista se había casado antes de completar definitivamente los trámites de divorcio de su anterior matrimonio. Para cuando la gira se abrió en Edmonton, y a pesar de dejar al público maravillado con su actuación, Lewis ya era un personaje vilipendiado. La noche siguiente, cuando iba a tocar en el barrio londinense de Tooting, lo abuchearon con gritos de «Vete a casa, secuestrador de niños». Los organizadores de la gira, preocupados por el efecto que podría tener la mala publicidad, mandaron a Lewis para casa inmediatamente y mantuvieron las actuaciones de la banda que hacía de telonero, The Treniers, y otros actos para completar la gira.

Un miembro del Parlamento británico afirmó: «Tenemos más que suficientes artistas de rock'n'roll en casa como para tener que importarlos del extranjero», y por una vez, los fans del rock'n'roll no estuvieron tan seguros de que sólo fuera la opinión de un carroza.
Fred Dellar

Fecha 22 de mayo de 1958

País Reino Unido

Por qué es clave Demostró que, aunque el rock era un medio de rebelión, había límites que el público no toleraría a sus estrellas.

Pág. siguiente **Jerry Lee Lewis**.

Álbum clave *One Dozen Berrys*
Chuck Berry

Cuando Chuck Berry lanzó su segundo álbum en marzo de 1958, fue simplemente otro producto de rock'n'roll destinado al creciente mercado adolescente. En la actualidad, sin embargo, se considera un punto de inflexión en el género.

Mientras que la mayoría de los primeros cantantes de rock interpretaban canciones de otros, Berry insistía en grabar sus propios temas, cuya potencia e idiosincrasia alteró el modo de plantear la música y la letra. Convirtió los desarticulados ritmos del rockabilly en el ahora clásico compás 4/4; y como letrista, supo jugar hábilmente con las palabras, creando un argot con el que los adolescentes podían identificarse, un retrato fiel de sus impulsos y problemas. Fue además un guitarrista único cuyos líquidos *riffs* inspirarían tanto a The Beatles como a The Rolling Stones. Berry le dio al rock'n'roll su vocabulario y su gramática emocional con temas como «Sweet Little Sixteen», inspirado en una chica que había visto pidiendo autógrafos y le dio

a él, que tenía 30 años, su *grown-up blues* (blues o tristeza de adulto); y «Rock And Roll Music», el mítico tema que definió el género, con una letra que resumía para siempre cada aspecto de ese sonido estridente, de afirmación de la vida. El álbum incluía otros clásicos, como «Oh Baby Doll», un retorno al ritmo del célebre éxito de Berry «Maybellene»; y «Reelin' And Rockin'», inspirado en una actuación de Big Joe Turner en un club de Chicago. En estas estampas de una época encontramos, como es habitual, una mezcla de blues y country, baladas y temas instrumentales: un derroche de frescura y sabiduría del rock'n'roll en pleno desarrollo.

Ignacio Julià

Fecha de lanzamiento
Marzo de 1958

País Estados Unidos

Lista de temas Sweet Little Sixteen, Blue Feeling, La Jaunda, Rockin' At The Philharmonic, Oh Baby Doll, Guitar Boogie, Reelin' And Rockin', In-Go, Rock'N'roll Music, How You've Changed, Low Feeling, It Don't Take But A Few Minutes

Por qué es clave El álbum definitivo del hombre de quien John Lennon dijo que había definido el rock'n'roll.

Acontecimiento clave **Lanzamiento del primer LP de «grandes éxitos» de la historia**

Cuando el cantante Johnny Mathis se centró en la producción de material más comercial y orientado al público adulto, no tardó en consolidarse como un nuevo e importante talento, y su suave voz de barítono, le valió el nombre de la Voz de Terciopelo. En 1957 su popularidad iba en aumento, ya había aparecido en dos películas y era un rostro familiar de la televisión estadounidense. Ese año obtuvo cinco éxitos en Estados Unidos, incluido «The Twelfth Of Never» y el popularísimo «Chances Are». Su fama pronto rivalizó con la de otras estrellas más consolidadas, como Frank Sinatra.

En 1958, tras obtener varios éxitos en Gran Bretaña («A Certain Smile» y «Winter Wonderland», entre otros), lanzó *Johnny's Greatest Hits*, que alcanzó la cima de la lista de mejores álbumes de la revista *Billboard*. Fue la primera compilación de grandes éxitos de la historia, y se mantuvo la pasmosa cifra de 490 semanas –casi 10 años– en las listas de Estados Unidos. Curiosamente, hasta entonces Mathis no había producido demasiados

éxitos musicales, ya que apenas había alcanzado el Top 5 de *Billboard* un par de veces. Y lo que es aún más curioso, el nuevo formato *greatest hits* se creó, en parte, por necesidad: el artista en ese momento no podía grabar un álbum con material nuevo, por lo que su mánager compiló el LP con 12 lanzamientos anteriores. Hoy en día, el formato de álbum *greatest hits* o *best of* no sólo es un producto básico de la industria musical, sino una miniindustria en sí mismo.

El tono cálido y relajado de Mathis (el presentador de televisión Johnny Carson dijo una vez que era «El mejor cantante de baladas del mundo») y su apertura a un amplio abanico de géneros –incluidos pop, jazz, música latina, clásicos de Broadway y disco– le han valido increíbles recompensas comerciales desde entonces. Con tres premios Grammy, 60 álbumes en las listas de *Billboard* y más de 180 millones de ventas, es uno de los músicos de mayor éxito de todos los tiempos.

Robert Dimery

Fecha de lanzamiento
1958

País Estados Unidos

Por qué es clave Tras firmar para la discográfica Columbia en 1956, el cantante de 19 años Johnny Mathis realizó su primer trabajo importante: *Johnny Mathis: A New Sound In Popular Song*, un álbum de jazz que ofrece un resumen de lo mejor de la carrera musical del baladista en los dos años que siguieron, durante los que estableció una nueva forma de lanzar álbumes.

Acontecimiento clave
Introducción del sonido estéreo

La búsqueda de la reproducción de sonido perfecta empezó en el momento en que Thomas Edison inventó su fonógrafo de papel aluminio, a través del que escuchó por primera vez palabras grabadas. Aunque en esa época se dieron pasos de gigante, la reproducción de los fonógrafos resultaría casi ininteligible para los oídos modernos, acostumbrados al sonido digital. El proceso de grabación eléctrico introducido en 1925 aumentó enormemente la fidelidad de las grabaciones, pero el sonido seguía procediendo de un solo canal. Más tarde, la invención del sonido estereofónico permitió reproducir música en dos canales, dando al sonido una calidad espacial que percibimos como más real, porque nuestros oídos recogen los sonidos desde varias fuentes.

La introducción de los discos de vinilo en la década de 1940 fue la base de los experimentos para grabar sonido en dos canales –cada lado de la ranura en forma de V estaba inscrito con una pista de audio separada–. RCA introdujo los LP y los 45 r. p. m. estereofónicos

en 1958, y pronto el resto de la industria la siguió. El establecimiento de un conjunto de pautas comunes era importante en la lenta introducción del nuevo formato, aunque el alto coste que suponía doblar el sistema de reproducción hizo que el disco monofónico no desapareciera hasta muchos años más tarde.

La calidad superior de la reproducción en estéreo permitió a las discográficas justificar el aumento de precio de sus productos. La Alta Fidelidad fue la herramienta de marketing de la década de 1960 y desarrolló un nuevo mercado de «audiófilos». El estéreo también ayudó a producir los efectos del rock psicodélico de la década de 1960, felizmente practicado por aquellos quienes querían recrear mediante la música un viaje con LSD.
Andre Millard

Fecha 1958

País Estados Unidos

Por qué es clave
Un avance tecnológico de primer orden que mejoró la calidad de la experiencia auditiva.

249

Grupo clave
The Coasters

El tema «Yakety Yak», que irrumpió en el número uno de la lista de *Billboard* el 21 de julio de 1958, marcó la cúspide de la exitosa carrera de The Coasters. Carl Gardner, Leon Hughes, Billy Guy y Bobby Nunn se juntaron en 1955. Cargados de material y compromisos productivos por parte de Leiber y Stoller, generaron una serie de éxitos de R&B de tinte cómico, como «Searchin» y «Young Blood», que con la difusión de diferentes timbres resultaron encantadoramente divertidos al público. Nunn y Hughes se sustituyeron por Will «Dub» Jones y Cornell Gunter a finales de 1957. En la primavera de 1958, el grupo apostó claramente por el sentido del humor con «Yakety Yak», un tema de ritmo frenético, con un denso solo de saxo de King Curtis y la coletilla con voz grave de Jones «don't talk back». Entre líneas, no obstante, estaban hablando directamente a los jóvenes, identificándose con sus enfados contra unos padres cascarrabias.

En la década de 1960, The Coasters tuvieron una serie de singles en las listas de éxitos, de entre los que destacan «Along Came Jones», «Poison Ivy» y «Little Egypt». Gunther fue sustituido en 1961 por el ex Cadillac, Earl «Speedo» Carroll. En 1963, Leiber y Stoller pasaron a centrarse en otros proyectos y las ventas del grupo disminuyeron, pero su influencia se sintió durante la invasión británica: The Rolling Stones versionaron su «Poison Ivy», los Downliners Sect, «Little Egypt», y The Move, «Zing! Went The Springs Of My Heart». El último disco de The Coasters, lanzado cuando Gardner todavía se mantenía como único miembro original, apareció en 1976. Después, varios grupos relacionados con distintos ex miembros utilizaron el mismo nombre y empezaron a actuar en el circuito nostálgico.
Bruce Eder

Rol Artistas de grabaciones

Fecha 21 de julio de 1958

Nacionalidad Estados Unidos

Por qué es clave
El grupo de R&B que tocaba para divertir al público.

Personaje clave
Miles Davis

«Primero lo tocaré y luego le diré qué es», soltó el trompetista y compositor Miles Davis cuando un crítico le pidió que le definiera el jazz. Casi podría haber dicho que el jazz era cualquier cosa que él estuviera haciendo, ya que durante cinco décadas Davis estuvo en la vanguardia de prácticamente todas las innovaciones estilísticas del género.

El álbum *Milestones*, lanzado en 1958 con su sexteto de estrellas, incluía un tema homónimo que sentaría las bases del desarrollo del jazz «modal», un género que acabaría de definir en el álbum *Kind Of Blue* (1959). Sin embargo, se rompieron barreras tanto antes como después. Cuando el bebop estaba en su apogeo, las melodías de trompa con sordina en el álbum de Davis de 1949-1950, *The Birth Of The Cool*, cuestionaron la complejidad de la cadencia de los acordes de Charlie Parker y Dizzy Gillespie. Fue Davis quien incorporó la música clásica europea en el seno de una *big band* en *Miles Ahead* (1957), la primera de varias colaboraciones con el arreglista de orquestas Gil Evans. Y es que a él siempre le había gustado experimentar con el jazz. Los álbumes *In A Silent Way* (1969), *Bitches Brew* (1969) y *On The Corner* (1972) hicieron añicos el manual de reglas del jazz, experimentando con funk-rock psicodélico y la disonancia clásica vanguardista para crear fusión, mientras que su álbum de estudio final, *Doo-Boop*, lanzado en 1992, un año después de su muerte, abrazó el hip-hop para definir el anteproyecto del acid-jazz. Este impulso por mezclar géneros para retarse constantemente a sí mismo, a sus colaboradores y a su público es lo que convirtió a Miles Davis en el rey de los iconoclastas del jazz.
Miles Keylock

Rol Artista de grabaciones

Fecha 1958

Nacionalidad Estados Unidos

Por qué es clave
El Flautista de Hamelin del jazz.

Pág. anterior **Miles Davis.**

251

Espectáculo clave *Irma La Douce*
teatro musical

Según Julian More, una de las adaptadoras de la obra, la inclusión de palabras como *poule*, *mec* y *grisbi*, sin traducir, en el texto inglés de *Irma la douce*, fue lo que aportó la clave para crear un equivalente lingüístico del original francés, sin recurrir al lenguaje idiomático popular inglés o a los acentos regionales. Las palabras significan, respectivamente, «prostituta», «proxeneta» y «dinero», y dan una idea de la temática del musical, estrenado en el West End londinense el 17 de julio de 1958.

La farsa romántica *Irma La Douce* narra la historia de una popular prostituta con gran corazón, de quien el joven estudiante de derecho Néstor se enamora tan desesperadamente que se hace pasar por un hombre rico que la compra a base de regalos caros y se acaba convirtiendo en su único cliente. No obstante, en su verdadera identidad, le cuesta tanto mantener a la muchacha que finalmente «mata» a su álter ego y es acusado de su propio asesinato.

El espectáculo se estrenó por primera vez en París, pero la versión inglesa –que llegó a Estados Unidos con sus estrellas originales en 1960– se haría incluso más popular a nivel internacional que la francesa.

La música fue obra de Marguerite Monnot, más conocida por haber compuesto muchas de las canciones de Edith Piaf. El libreto y las canciones originales francesas de Alexandre Breffort se reemplazaron por un libreto y canciones en inglés de More, David Heneker y Monty Norman. Por lo general, el musical tiene un tono alegre. De la banda sonora destacan «Dis Donc-Dis Donc» y «Our Language Of Love».
David Spencer

Estreno 17 de julio de 1958

País Francia/Reino Unido

Director Peter Brook

Reparto Keith Michell, Elizabeth Seal, Clive Revill

Compositores Marguerite Monnot, Alexandre Breffort, Julian More, David Heneker, Monty Norman

Por qué es clave El primer musical de éxito adaptado de un original francés.

Espectáculo clave *Gigi* la película

A comienzos del siglo XX, en París, el joven Gastón (Louis Jourdan), un donjuán aburrido de sus amantes, sólo valora el tiempo que pasa con su tío (Maurice Chevalier), la amiga de éste, Madame Alvarez (Hermione Gingold), y la nieta de ésta, Gigi, a quien se le enseña a ser una célebre cortesana. Gastón considera ser su primer bienhechor, pero poco a poco se da cuenta de que está enamorado de ella. Hoy en día, esta historia, inspirada en la novela de la escritora francesa Colette, parecería de mal gusto, pero en aquel momento, la transformación de una niña en cortesana y luego en esposa de un donjuán era lo bastante encantadora como para valerle a la película un premio de la Academia por mejor película.

El productor de musicales de la Metro Goldwyn Mayer, Arthur Freed, seleccionó al equipo de *My Fair Lady,* de Alan Jay Lerne, para el guión y las letras de las canciones, y al compositor Frederick Loewe para la música. En un principio, este último se mostró reticente, ya que nunca antes había escrito directamente para la pantalla. Curiosamente, la clave de la película estuvo en la «artesanía» del teatro: unos personajes muy bien definidos y unas canciones muy logradas completaban el elegante ambiente de época, recreado de forma maravillosa por Cecil Beaton (quien ya había participado en *My Fair Lady* y aceptó el nuevo encargo tras la insistencia de Lerner). Los entendidos en películas musicales afirman que ésta marcó el final de una era en el género.

Son célebres las canciones «Thank Heaven For Little Girls»; el dulce vals de recuerdos idealizados, «I Remember It Well»; la acertadamente efervescente «The Night They Invented Champagne»; y la apasionada canción homónima del musical, en que Gastón revela de una vez por todas lo que ya sabíamos desde el inicio.
David Spencer

Estreno 15 de mayo de 1958

País Estados Unidos

Director Vincente Minnelli

Reparto Leslie Caron, Louis Jourdan, Maurice Chevalier, Hermione Gingold

Compositores Alan Jay Lerner, Frederick Loewe

Por qué es clave Considerado por muchos el último gran musical.

Pág. siguiente *Gigi.*

Canción clave «**Move it**» Cliff Richard & The Shadows

Desde el éxito de Bill Haley en 1955, Gran Bretaña había estado bajo el hechizo del rock 'n' roll, pero, a pesar de varios burdos intentos, sería el lanzamiento de la brillante «Move It,» una canción creada en el Reino Unido, el ejemplo del género capaz de competir en calidad con las joyas del rock estadounidense.

Más tarde, el guitarrista Ian Samwell recordaría que había compuesto la canción en un autobús de camino a casa de Cliff Richard, donde The Drifters, la banda de Richard, de quien Samwell era miembro, estaba ensayando. Un día de 1958, Samwell y el baterista Terry Smart entraron en el estudio 2 de EMI, en Abbey Road, Londres, para grabar «Schoolboy Crush», el que tenía que ser el single de debut de Cliff, y allí decidieron que «Move It» sería la cara B. Para aumentar la calidad musical del disco, el productor Norrie Paramor reclutó a dos músicos de renombre, el bajista Frank Clarke y el guitarrista Ernie Shear. Este último aportó los solos de guitarra improvisados que dieron al disco una identidad única. Además, el técnico de sonido Malcolm Addey optó por grabar la sesión a un volumen más alto del que normalmente estaba permitido en los anticuados estudios de EMI, un ardid que le aseguró una potencia añadida a la canción. Tras escuchar una copia promocional, Jack Good alabó de tal manera el potencial de «Move It» en la revista *Disc* («¡Cuando uno piensa que éste es el producto de un chico de 17 años de Cheshunt, alucina!») que se le dio la vuelta al disco y «Move It» se convirtió en la cara A. Entró en la lista de éxitos del Reino Unido el 12 de septiembre de 1958. Había nacido el primer gran éxito británico del rock.
Fred Dellar

Fecha de lanzamiento Julio de 1958

País Reino Unido

Compositor Ian Samwell

Por qué es clave El primer single británico de auténtico rock'n'roll.

Acontecimiento clave **Se estrella el avión del Winter Dance Party**

«Espero que el avión se estrelle», le dijo Waylon Jennings a Buddy Holly en una amistosa pero terriblemente profética broma, cuando este último y sus compañeros, las también estrellas Ritchie Valens y Big Bopper, se preparaban para tomar un avión privado que los llevaría a su siguiente concierto de la gira Winter Dance Party.

La gira llevaba a los citados artistas, además de a Frankie Sardo y Dion & The Belmonts, por la Costa Oeste de Estados Unidos. Las condiciones de la organización eran tan pésimas que algunos sufrieron hipotermia en el autobús que los transportaba. Valens era el más popular de los tres artistas que habían alquilado el avión para llegar antes al siguiente concierto y poder poner la ropa a lavar. La balada «Donna», escrita por él mismo, había alcanzado recientemente el número dos de las listas de *Billboard*, y era la cara A de la canción tradicional cantada en español, «La bamba». Big Bopper era famoso por su lujurioso tema «Chantilly Lace», que

el otoño anterior había sido un Top 10 en Estados Unidos. El menos popular era Holly, quien estaba desconcertado por su incapacidad de alcanzar el Top 20 de Estados Unidos desde el mes de marzo anterior.

Cuando el joven piloto Roger Peterson despegó, las condiciones meteorológicas eran terribles y en unos minutos la nieve y la niebla hicieron que el aparato se estrellara contra un campo de trigo. Murieron los cuatro pasajeros. El entonces adolescente Dion, afirmó: «La noche anterior parecía que estábamos en la cima del mundo… No imaginaba que la vida fuera tan frágil».

Algunos momentos son claves por razones negativas. El acontecimiento sesgó las vidas de tres importantes estrellas, y en el caso particular de Buddy Holly, casi seguro que impidió que el más importante iconoclasta del rock aportara más innovaciones al género.
Sean Egan

Fecha 3 de febrero de 1959

País Estados Unidos

Por qué es clave
La primera gran tragedia del rock'n'roll.

Canción clave **«Dream Lover»** Bobby Darin

El tema «Dream Lover» entró en el Top 40 de *Billboard* el 4 de julio de 1959 y más tarde alcanzó el número dos en las listas de Estados Unidos. Lejos de ser un exitazo más, supuso un verdadero triunfo personal para Bobby Darin.

Antes de «Dream Lover», Darin solo había hecho rock'n'roll malo, porque eso era lo que su discográfica quería. Se había anotado su primer millón de ventas co-componiendo y grabando «Splish Splash», una tonta pero innovadora y pegadiza canción sobre un hombre al que se interrumpe mientras toma un baño.

Sin embargo, Darin se consideraba a sí mismo un rival de Frank Sinatra más que de Bill Haley o Chuck Berry, y «Dream Lover» supuso tanto la justificación de este punto de vista como la demostración de que podía aportar algo al rock'n'roll. La letra sobre un hombre que imagina a una mujer de ensueño era bastante típica, pero sobre una encantadora melodía y la percusión contundente enlazando las pausas del

texto («Because I want… a girl… to call… my own»), resultaba sublime.

Su éxito demostró a los directivos de la discográfica que la gente pagaría por oírle cantar de ese modo.

Además, la canción de Darin no sólo vendió varios millones de copias, sino que muchos otros artistas la versionaron (incluido su rival nacido en el Bronx, Dion). Fue una señal de que algunos de estos jóvenes roqueros eran prodigiosos talentos musicales en potencia, y no sólo como cantantes.

Tras este éxito, Darin fue imparable. Posteriormente, grabó ni más ni menos que el tema «Mack The Knife», del musical *The Threepenny Opera*, con el que alcanzó el número uno en Estados Unidos.
Bruce Eder

Fecha de lanzamiento
Marzo de 1959

País Estados Unidos

Compositor Bobby Darin

Por qué es clave Un artista se libera de la camisa de fuerza que lo mantenía atado.

Pág. anterior **Bobby Darin**.

Canción clave «There Goes My Baby»
The Drifters

Cuando esta canción entró por primera vez en el Top 40 de la revista *Billboard*, el 29 de junio de 1959, Leiber y Stoller ya habían compuesto muchos éxitos para algunos de los mayores artistas del momento. Sin embargo, aunque sus discos de Elvis eran espléndidos y los de The Coasters increíblemente ingeniosos, lo cierto es que no estaban dejando huella en la época. Con The Drifters –una banda vocal de artistas negros para quienes componían muy de vez en cuando, ya que solían crear ellos mismos sus discos– ingeniaron un single que cambió el R&B para siempre.

El tema contenía elementos que nunca antes se había ni siquiera pensado que podrían estar presentes en el R&B. El primer elemento supuestamente incongruente era un ritmo latino, inspirado en algunas de las canciones compuestas para Silvana Mangano para la película *Anna* (*Ana*, 1951). Este enfoque rítmico fue, dicho sea de paso, enormemente influyente en las posteriores producciones de su colega y protegido

compositor y productor, Burt Bacharach. La otra innovación fue la inclusión de instrumentos de cuerda de música clásica, cuyo empleo en el osado R&B era un concepto ridículo hasta que la pareja no lo puso en práctica. Tras el fenomenal éxito de «There Goes My Baby» –alcanzó el número dos de Estados Unidos–, el uso de instrumentos de cuerda en el pop negro pasó de ser impensable a indispensable.

Sin embargo, algunos elementos de este hito del R&B nacieron de la casualidad y no de la inspiración. Aunque los instrumentos de cuerda aportaban dulzura al tema, en él había una peculiar dureza subyacente. Y es que, como más tarde explicó Leiber, «el que tocaba los timbales, que en realidad era batería, no se aclaraba con los pedales, por lo que acabó saliéndose del tono. Esto aportó ese interesante toque de brusquedad a la canción».

Sean Egan

Fecha de lanzamiento
Mayo de 1959

País Estados Unidos

Compositores Jerry Leiber, Mike Stoller

Por qué es clave
La canción que cambió el R&B, en dos aspectos.

Canción clave «Shout»
The Isley Brothers

La esencia de «Shout» es puramente «eclesiástica». Nació sobre un escenario cuando Ronald Isley cantaba la canción «Lonely Teardrops» de Jackie Wilson; y sus hermanos O'Kelly y Randolph respondieron a su actuación de góspel, exclamando «You make me wanna shout», recordando los momentos en la iglesia de su infancia en Cincinnati, Ohio, y su exitoso grupo familiar de góspel.

RCA contrató al grupo en virtud de la manía rítmica y desenfrenada de «Shout», a la que le falta poco para ser un don de lenguas de éxtasis místico. Otros habían interpretado canciones laicas basadas en clásicos del góspel, pero los Isley actuaban explícitamente como predicadores, con una forma de cantar que desde entonces copiaron las generaciones de cantantes de rock. El tema, lanzado el 21 de septiembre de 1959, acelera, ralentiza, introduce una dinámica alto/bajo e incluye un fragmento con órgano de iglesia (prestado por el teclista de la iglesia de su infancia, el profesor

Herman Stephens), que se acompaña con unas palmadas congregacionales y respuestas en tono extasiado, si bien la letra habla sobre un amor nada sagrado.

La canción resulta más familiar a los residentes del Reino Unido, ya que la cantante Lulu lanzó una versión que alcanzó el Top 10 de ese país en 1964, algo maravillosamente audaz para una niña de 15 años. Aunque desde 1959 el original de The Isley Brothers ha vendido un millón de copias, en ese momento se estancó en el 47 de la lista de éxitos del pop y nunca entró en la del R&B. Aunque los Isleys permanecen infravalorados como arquitectos de la música moderna, la perdurable fama de «Shout» supera a otros hitos importantes del R&B del momento, como el «What'd I Say», de Ray Charles.

Chris Goodman

Fecha de lanzamiento
21 de septiembre de 1959

País Estados Unidos

Compositores Rudolph Isley, Ronald Isley, O'Kelly Isley

Por qué es clave Si bien muchas canciones de R&B pueden adjudicarse haber facilitado la existencia del rock y el soul, pocas son, como «Shout», estandartes de ambos géneros.

Pág. siguiente
The Isley Brothers.

Álbum clave *Time Out*
The Dave Brubeck Quartet

Aunque su álbum *Time Out*, lanzado en 1959, se convirtió en un gran éxito mayor de lo que nadie esperaba, en realidad, hacía años que Dave Brubeck no era un extraño en las listas de éxitos. De hecho, sólo en 1955 había entrado tres veces en el Top 10 de la lista de álbumes de *Billboard*. Tampoco le temblaba el pulso a la hora de incorporar sesudos arreglos a su banda de cool jazz, empleando elementos de la música clásica, movimientos armónicos complejos y complicados compases poco frecuentes en discos creados para el gran público, ya fueran de jazz u otros géneros. *Time Out* no fue una excepción en cuanto a esto, puesto que empleaba el compás de 5/4 (esto es, un compás de cinco tiempos) en la canción «Take Five», un compás de 9/8 en «Blue Rondo A La Turk», y otros ritmos exóticos en las demás.

Aunque Brubeck era el pianista y líder del cuarteto y compuso la mayor parte del material del LP, fue su saxofón alto, Paul Desmond, el compositor de la canción homónima del álbum. En la actualidad, este tema no sólo es el más conocido de Brubeck, sino uno de los más célebres del jazz: su insinuante melodía en modo menor se ha convertido en uno de los estandartes del género más populares del mundo. Ayudó al cool jazz a dar el salto a los hogares y las residencias de estudiantes, que aún no conocían un compás de 5/4 marcado por los platillos. El álbum alcanzó el número dos de las listas del pop y permaneció en el Top 40 de Estados Unidos durante 86 semanas. El tema «Take Five» incluso se convirtió en un single de éxito transatlántico.

Richie Unterberger

Fecha de lanzamiento
1959

País Estados Unidos

Lista de temas Blue Rondo A La Turk, Strange Meadowlark, Take Five, Three To Get Ready, Kathy's Waltz, Everybody's Jumpin', Pick Up Sticks

Por qué es clave
Llevó el jazz intelectual a las masas y a los campus universitarios.

259

Álbum clave *The Amazing Nina Simone*
Nina Simone

En su autobiografía, Nina Simone escribió que, para ella, la música «era parte de la vida diaria, algo tan automático como respirar». En realidad, desde pequeña soñaba con ser pianista clásica, y sólo empezó a cantar en locales nocturnos para poderse pagar las clases de piano. No obstante, tuvo tanto éxito que le ofrecieron un contrato discográfico.

Simone (nombre artístico de Eunice Waymon; 1933-2003) había desarrollado un extenso repertorio a lo largo de sus años como cantante en bares de copas, versatilidad que quedó ampliamente plasmada en su segundo álbum *The Amazing Nina Simone*, lanzado en 1959. En él había canciones folk («Tomorrow»), tradicionales afroamericanas («Children Go Where I Send You»), célebres temas de musicales («It Might As Well Be Spring», del musical de Rodgers y Hammerstein *State Fair*), R&B («You've Been Gone Too Long»), el tema de la película *In The Middle Of The Night* (*En la mitad de la noche*), y swing (Stompin' At The Savoy). El álbum demostraba que era imposible –e innecesario– clasificar a la artista.

El trabajo de Simone en el piano no se puso de relieve. El acompañamiento musical del álbum lo realizó la orquesta de Bob Mersey. No obstante, como se había hecho evidente desde su primer disco, la voz de Simone era lo que realmente acaparaba todas las atenciones, algo aún más destacable teniendo en cuenta que su formación musical nunca había incluido el canto (sólo empezó a cantar porque los propietarios de los clubs nocturnos le insistían en que sus espectáculos no podían ser sólo instrumentales). Fue bendecida con una voz velada y felina que daba a todo lo que cantaba una calidad única.

Gillian G. Gaar

Fecha de lanzamiento
1959

País Estados Unidos

Lista de temas Blue Prelude, Children Go Where I Send You, Tomorrow (We Will Meet Once More), Stompin' At The Savoy, It Might As Well Be Spring, You've Been Gone Too Long, That's Him Over There, Chilly Winds Don't Blow, Theme From Middle Of The Night, Can't Get Out Of This Mood, Willow Weep For Me, Solitaire

Por qué es clave Clase magistral de canto de una cantante que no quería serlo.

Pág. anterior Nina Simone.

Álbum clave *Let's All Sing With The Chipmunks* The Chipmunks

Muchos años antes de que la banda musical de dibujos animados The Archies apareciera en las pantallas de televisión estadounidenses, The Chipmunks habían sido el primer contacto con la música pop de incontables jóvenes roqueros.

Esta banda musical de ficción fue producto del ingenio del compositor y productor Ross Bagdasarian, que ya había conseguido un número uno en Estados Unidos con «The Witch Doctor» bajo el seudónimo de David Seville. Formada por los personajes Alvin, Simon y Theodore (llamados como tres de los jefes de la discográfica de Bagdasarian, Liberty Records), alcanzó la cima de la lista de éxitos con la inmortal «Chipmunk Song (Christmas Don't Be Late)», en 1958. Bagdasarian hacía las tres voces, que mediante la aceleración de la velocidad de la grabación sonaban agudas, como alteradas por helio. Era un efecto tan asombroso para la época que al siguiente álbum, *Let's All Sing With The Chipmunks*, lanzado en marzo, le valió un Grammy.

Además, éste contaba con otro elemento poco frecuente: se presentaba en un vinilo de color rojo vivo. El álbum engendró varios LP de éxito consecutivos (los muy recomendables *The Chipmunks Sing The Beatles's Hits*, *Urban Chipmunk*, y el más que clásico *Chipmunk Punk*), e incluso se hizo una franquicia de dibujos animados donde puede verse al variopinto trío vivito y coleando.

El innovador éxito de Bagdasaria a finales de la década de 1950 fue una brillante reacción a –y/o parodia de– todo el fenómeno *Sing Along With Mitch Miller*. No obstante, analizado con la perspectiva que da el tiempo, el carnaval de frenéticas voces y las discusiones fingidas en el estudio entre Seville y Alvin (el Chipmunk del «entusiasmo sin límites y desespero sin fondo», según su biografía oficial) forman sin duda alguna uno de los discos más ingeniosos y divertidos de su época.
Gary Pig Gold

Fecha de lanzamiento
Marzo de 1959

País Estados Unidos

Lista de temas Yankee Doodle, Chipmunk Fun, The Little Dog, Old MacDonald Cha Cha Cha, Three Blind(-Folded) Mice, Alvin's Harmonica, Good Morning Song, Whistle While You Work, If You Love Me (Alouette), Ragtime Cowboy Joe, Pop Goes The Weasel, The Chipmunk Song (Christmas Don't Be Late)

Por qué es clave La banda precursora del concepto de artistas de ficción.

Álbum clave *The Genius Of Ray Charles* Ray Charles

Al inicio de su carrera, Ray Charles era considerado un artista de singles, pero el álbum de 1959, apropiadamente titulado *The Genius Of Ray Charles*, demostró que su talento podía trasladarse al formato LP.

El disco se dividía en dos partes estilísticamente distintas. En la primera cara, Charles estaba acompañado por varios *sidemen* de Count Basie y Duke Ellington, que aportaron su vibrante jazz de *big band* a las interpretaciones del artista, alegres y cargadas de su emotiva voz. Éste aportaba una nueva y emotiva vitalidad a los temas arreglados por Quincy Jones, mientras que la *big band* proporcionaba un atractivo extra a las canciones tradicionales más animadas (como «Alexander's Ragtime Band», de Irving Berlin y el éxito de Louis Jordan, «Let The Good Times Roll»). En la segunda cara, encontramos a un Charles en su faceta de baladista, acompañado de una exuberante orquesta de cuerdas dirigida por Ralph Burns. Aunque los instrumentos de cuerda enmudecían el piano

de Charles, su siempre expresiva voz destacaba frente al micrófono. La elegantísima orquestación aumenta el impacto emocional de clásicos tan populares como «Am I Blue», «Don't Let The Sun Catch You Crying», y la que algunos consideran la versión definitiva de «Come Rain Or Come Shine», un tema asociado a Frank Sinatra que bajo la voz de Charles sonó inolvidablemente cautivadora.

Este álbum de referencia mostró de nuevo al maestro expandiendo su abanico musical más allá del R&B y el soul que la gente esperaba de él. *The Genius of Ray Charles* ilustró una vez más que la única cosa que cabía esperar de Charles era música maravillosa y ricamente expresiva.
Tierney Smith

Fecha de lanzamiento
Noviembre de 1959

País Estados Unidos

Lista de temas Let The Good Times Roll, It Had To Be You, Alexander's Ragtime Band, Two Years Of Torture, When Your Lover Has Gone, Deed I Do, Just For A Thrill, You Won't Let Me Go, Tell Me You'll Wait For Me, Don't Let The Sun Catch You Cryin', Am I Blue, Come Rain Or Come Shine

Por qué es clave Un artista innovador sorprende al público una vez más.

Acontecimiento clave **Se funda la discográfica Motown Records**

Berry Gordy era un ex boxeador de Detroit y había regentado una tienda de discos de jazz que acabó yendo a pique. En la década de 1950, compuso grandes éxitos de R&B, como «Reet Petite» de Jackie Wilson. No obstante, la incertidumbre de estar a merced del pago de las discográficas le llevó a fundar la suya propia, Tamla Records, que más tarde, con un préstamo familiar de 800 dólares, se convirtió en Motown Records.

Motown se constituyó el 12 de enero de 1959 y se instaló en una casa en el 2.648 de West Grand Boulevard, Detroit. Su primer lanzamiento fue «Way Over There», de The Miracles, una banda liderada por el vicepresidente de la discográfica, el compositor y productor William «Smokey» Robinson. Lo que siguió fue una extraordinaria línea productora de éxitos de calidad rigurosamente controlada, de talentos como Marvin Gaye, Stevie Wonder y The Supremes. Motown acabó siendo la única competencia autóctona real

al dominio de The Beatles en las listas de éxitos estadounidenses a comienzos de la década de 1960.

Esto podría haber sido más que suficiente para la discográfica, pero en el contexto de Estados Unidos durante el naciente movimiento de los derechos civiles, una empresa dirigida por personas de color era un concepto nuevo e inspirador en la música. Motown se convirtió en el negocio afroamericano más poderoso de Estados Unidos, y aunque sus canciones no solían tratar abiertamente temas políticos, su éxito «aglutinador» –resultado de evitar un estilo de soul demasiado duro, para que tanto negros como blancos pudieran identificarse con él– era radical en sí mismo. El lema de la compañía podía ser jactancioso, pero es que Motown realmente era el «sonido de la joven América» que se autoproclamaba.
Chris Goodman

Fecha 12 de enero de 1959

País Estados Unidos

Por qué es clave
Un negocio afroamericano de tremendo éxito fue el abanderado perfecto del movimiento de los derechos civiles en Estados Unidos.

1950-1959

261

Personaje clave **Marty Robbins**

Marty Robbins, nombre artístico de Martin Robertson, nacido en Arizona en 1925, estuvo a caballo entre los mundos de la música popular y el country. Con su estilo sosegado e idiosincrásico, fue un verdadero revolucionario.

Él grabó «Singing The Blues» antes de que Guy Mitchell lo convirtiera en un éxito. Su primer gran éxito en música popular fue el tema compuesto por él mismo «A White Sport Coat (And A Pink Carnation)», de 1957, con el que trabajó junto al director de orquesta Ray Connif. También fue aplaudida su versión del alegre tema de Bacharach y David, «The Story Of My Life».

Su determinación en fusionar la elegancia clásica que emanaba de la colaboración de Connif y una canción de cowboy inspirada en programas de televisión como «Gunsmoke» y las historias del Lejano Oeste de su abuelo materno, le llevó a crear lo que se convertiría en su canción más célebre, «El Paso», incluida en el aclamado álbum *Gunfighter*

Ballads And Trail Songs (1959). Tras ganar una batalla con su A&R para conseguir que la discográfica lanzara como single la canción de 4,12 minutos en una época en que la radio rechazaba cualquier tema de más de tres, Robbins pudo demostrar que era un hábil transgresor: el tema entró en el Top 40 de la revista *Billboard* el 30 de noviembre de 1959, y alcanzó el número uno de Estados Unidos.

Sacó provecho de esta libertad creativa ganada a pulso grabando la primera canción country con una guitarra con distorsión *box* («Don't Worry», 1961), e incluso obtuvo un éxito con una canción en estilo calipso («Devil Woman», 1962). Entró en el Country Music Hall of Fame pocas semanas antes de morir, en diciembre de 1982.
Angus Batey

Rol Artista de grabaciones

Fecha 1959

Nacionalidad Estados Unidos

Por qué es clave
Un ecléctico pionero redefine los límites del country.

Personaje clave
Ornette Coleman

La influencia ejercida por Ornette Coleman ha sido sorprendentemente grande para un artista cuya música se considera «difícil». Aunque hoy en día el iconoclasta tejano, nacido en 1930, es citado como fuente de inspiración por músicos del jazz, el hip-hop, el rock y la música clásica, al inicio su personalísimo estilo provocó reacciones muy diversas.

Coleman era una figura poco conocida, hasta que su debut en el Five Spot de Nueva York, el 17 de noviembre de 1959, lo convirtió en un controvertido fenómeno de la noche a la mañana. Los expertos en jazz de la Gran Manzana se mostraban divididos. El bombo y platillo que se le había dado hizo que este advenedizo y su saxofón de plástico fueran recibidos con gran recelo: su música rompía todas las reglas del bebop, y algunos denunciaron que su extravagante improvisación demostraba que no sabía lo que estaba haciendo. Lo que unos veían como idiosincrasias tonales otros lo consideraban una muestra de pocos conocimientos. La crítica estaba encendida, pero un enigmático Miles Davis afirmó que la música de Coleman evidenciaba que estaba «echado a perder por dentro». El batería Max Roach fue más directo: le dio un puñetazo en la cara.

No obstante, los discos que él y su cuarteto empezaron a grabar para Atlantic, como la declaración de intenciones *The Shape Of Jazz To Come* (1959) y el totalmente improvisado *Free Jazz* (1960), grabado con ocho músicos, se acabaron considerando hitos del jazz más transgresor. Coleman compartió estudio con Pat Metheny, Jerry García y Lou Reed, y compuso la banda sonora de una película de David Cronenberg. En la actualidad, sigue dando giras y grabando, y su complicada teoría de la interacción de la armonía, la melodía y el ritmo –que ha dado en llamar *harmolodics*– continúa frustrando y fascinando.

Angus Batey

Rol Artista de grabaciones

Fecha 1959

Nacionalidad Estados Unidos

Por qué es clave
El hombre cuyas innovaciones le valieron tanto admiración como puñetazos.

Pág. siguiente
Ornette Coleman.

Espectáculo clave *Gypsy*
teatro musical

Al inicio, Stephen Sondheim tenía que encargarse tanto de la letra como de la música de esta adaptación libre de las memorias de la célebre *stripper* Gypsy Rose Lee, una mujer que creció en la calle al lado de una autoritaria madre que la quería hacer triunfar a toda costa como artista. Sin embargo, cuando Ethel Merman aceptó el papel de la mamá Rose, quien empuja a sus hijas a actuar en espectáculos de variedades para vivir indirectamente a través de ellas sus sueños frustrados, la actriz se negó a ponerse en manos de un compositor novato. Sondheim, que aún no tenía 30 años, sólo era conocido como letrista (en *West Side Story*), pero hizo caso del consejo de su mentor, Oscar Hammerstein II, quien le dijo que la experiencia de componer para una estrella no tenía precio.

La aquiescencia de Sondheim fue el catalizador de un trabajo clásico, y sus excelentes letras dieron forma a la creación de melodías donde se pone de manifiesto la impecable mano de un viejo maestro. El libretista Arthur Laurents sentía una atracción poco común para explorar los temas oscuros del musical, y el director y coreógrafo Jerome Robbins mezcló de forma magistral el entorno y la estructura de la narrativa con el subyacente tema dramático para ofrecer al público la velada más espléndida, cohesiva y resonante posible.

Con excepción de los temas de *West Side Story*, los de *Gypsy* son las composiciones para musical de Sondheim que más se han grabado fuera del contexto dramático, como «Together», «Wherever We Go», «You'll Never Get Away From Me», y el clamoroso éxito «Everything's Coming Up Roses».

David Spencer

Estreno 21 de mayo de 1959

País Estados Unidos

Director Jerome Robbins

Reparto Ethel Merman

Compositores Stephen Sondheim, Jule Styne

Por qué es clave
Interesantísima colaboración única entre la sensibilidad de la nueva generación del letrista Stephen Sondheim y el vigor de los instrumentos de viento del compositor de Broadway y Hollywood Jule Styne.

Canción clave «What'd I Say»
Ray Charles

Ray Charles ya había creado el anteproyecto del soul con su «I Got A Woman» (1954), una canción inspirada en el éxito religioso «It Must Be Jesus», que por primera vez mezclaba el góspel con el erotismo del blues. Sin embargo, el tema nunca entró en la lista de éxitos de la música popular de la revista *Billboard*, por lo que su nuevo estilo quedó confinado al circuito «Chitlin» de los artistas negros y a las listas del R&B. Hasta que, el 13 de julio de 1959, «What'd I Say» entró en el Top 40 de *Billboard*.

El tema, una exaltación del descaro, se concibió en un local nocturno cerca de Pittsburg, cuando Charles, alargando un poco más la actuación antes de despedirse del público, improvisaba un *riff* de piano e interactuaba con el coro femenino que le acompañaba, The Raeletts, quienes respondían a su llamada con lascivia y frenesí. Aunque Atlantic Records suprimió los versos más atrevidos, mantuvo los gemidos y buena parte de la letra, que incluía expresiones como *shake that thing*

(«menéalo»), en un momento en que la presencia de una canción tan subida de tono en el *hit parade* todavía era algo fuera de lo común. Alcanzó el número seis, Charles se hizo muy popular, y las hasta entonces pudorosas listas de éxitos de la música popular, más acostumbradas a ídolos blancos adolescentes y *big bands*, se convirtieron en una oportunidad para los artistas negros, una puerta abierta que aprovecharon los sellos discográficos Motown y Stax, y artistas como James Brown y Sam Cooke. «What'd I Say» se convirtió en una referencia para las primeras bandas de R&B de la década de 1960.

El éxito le valió a Charles un contrato con la discográfica ABC, lo que lo convertiría en un artista importante del espectáculo. En 1961, tenía el poder de rechazar actuaciones en espectáculos restringidos a determinadas razas, un potente ejemplo del floreciente movimiento de los derechos civiles de Estados Unidos.
Chris Goodman

Fecha de lanzamiento
Julio de 1959

País Estados Unidos

Compositor Ray Charles

Por qué es clave
El atrevido R&B se abre camino en las modosas listas de éxitos de la música popular.

Pág. anterior **Ray Charles.**

Canción clave «The Twist»
Chubby Checker

La canción «The Twist» se escribió y se grabó por primera vez de la mano de Hank Ballard en 1958. Al año siguiente, éste consiguió, no sin esfuerzo, lanzar comercialmente una versión del tema, pero sólo como cara B de un single. Pronto los adolescentes le dieron la vuelta al disco. En una discoteca de Filadelfia, donde el propietario había prohibido a los clientes que se tocaran mientras bailaban, los chicos quedaron fascinados por el ritmo de la canción y empezaron a reproducir los provocativos movimientos a que incitaba la letra. El tema pasó a ser un éxito local.

El presentador del programa *American Bandstand*, Dick Clark, tomó nota del atrevido gancho de la canción, e insistió a la discográfica local, Cameo-Parkway, en que grabara una versión. Se la propusieron a Ernest Evans, un cantante con un don para las imitaciones y mucho amor por la música, que anteriormente había obtenido cierto éxito con el single «The Class», lanzado bajo su nuevo nombre artístico, Chubby Checker.

«The Twist», lanzada en julio de 1960, creó una revolución cuando Checker apareció en programas de televisión moviéndose como sugería su título. De repente, los adolescentes de todo el país bailaban sin tocarse, pero sus movimientos seguían siendo salvajemente provocativos, meneando las caderas de tal forma que escandalizó a una generación todavía en fase de recuperación por el similar movimiento de pelvis de Elvis Presley pocos años antes.

El tema alcanzó el número uno de Estados Unidos el 19 de septiembre de 1960, y una vez más el 13 de enero de 1962. Inició una revolución en la forma de bailar que continúa vigente hasta hoy, puesto que desde entonces los jóvenes ya no bailan en pareja en las discotecas.
Bruce Eder

Fecha del primer lanzamiento 1959

País Estados Unidos

Compositor Hank Ballard

Por qué es clave El inicio del cambio cultural que supuso dejar de bailar en pareja.

Álbum clave *Elvis Is Back!*
Elvis Presley

Cuando Elvis Presley fue reclutado por el ejército estadounidense el 14 de marzo de 1958, todo hacía pensar que su carrera se vería truncada tras dos años destinado en la República Democrática de Alemania. «Ojos que no ven, corazón que no siente» era la –posiblemente razonable– suposición de la industria musical, que creía que el veleidoso público se pasaría al siguiente artista de moda.

No obstante, el representante de Elvis y su sello discográfico, RCA Victor, se las arreglaron para seguir lanzando discos del cantante, que consistían principalmente en recopilatorios. Además, durante un fin de semana de permiso, en junio de 1958, éste volvió a entrar en un estudio para grabar los éxitos «One Night» y «A Fool Such As I».

A pesar de todo, la reacción a su retorno en 1960 seguía siendo incierta, sobre todo porque, durante ese tiempo, la música popular había cambiado y estaba más orientada hacia el pop. El lanzamiento del single

«Stuck On You» hizo pensar que lo mismo le había pasado a él. No obstante, *Elvis Is Back!* (El regreso de Elvis), lanzado el 8 de abril de 1960, ampliaba su abanico estilístico, incluyendo desde canciones de rock y blues a baladas, algo que agradó no sólo a los que se inclinaban por el pop, sino a aquellos que le admiraban por haber adoptado los más osados estilos de la música negra. El tema destacado era una versión extraordinariamente sensual de «Reconsider Baby», de Lowell Fulsom, en el que se permitió al saxofonista Boots Randolph recrearse en un largo solo.

La respuesta del público, que mantuvo el LP en las listas de éxitos de Estados Unidos durante más de un año, confirmaba que el título del álbum no se equivocaba.
William Ruhlmann

Fecha de lanzamiento
8 de abril de 1960

País Estados Unidos

Lista de temas Make Me Know It, Fever, The Girl Of My Best Friend, I Will Be Home Again, Dirty, Dirty Feeling, The Thrill Of Your Love, Soldier Boy, Such A Night, It Feels So Right, The Girl Next Door Went A'Walking, Like A Baby, Reconsider Baby

Por qué es clave Demostró que los artistas podían regresar con éxito de tierras lejanas si llevaban un buen álbum bajo el brazo.

Personaje clave
Eddie Cochran

El 17 de abril de 1960, Eddie Cochran junto con su novia y compositora, Sharon Sheeley, el músico Gene Vincent y un representante de su gira llamado Patrick Thompkins se dirigían en taxi al aeropuerto londinense de Heathrow. Aunque dejaban Gran Bretaña –Vincent debía atender compromisos en París y Cochran estaba planeando algunas grabaciones de estudio–, ambos roqueros tenían la intención de volver. El legendario productor de televisión Jack Good les había llevado hasta allí para aparecer en su último programa *Boy Meets Girl*, y el dúo había triunfado en un país donde ya eran más populares que en su Estados Unidos natal.En la gira conjunta, cada uno ganó más de 1.000 dólares americanos a la semana.

Thompkins llamó la atención al conductor porque había tomado una calle equivocada. El conductor, que viajaba a gran velocidad probablemente sólo porque le dijeron que lo hiciera, hizo una maniobra para cambiar de dirección y perdió el control

del vehículo, que se estrelló contra una farola. Cochran murió a las 16.10 horas con apenas 21 años. Todos los demás sobrevivieron, pero de qué manera: Sheeley estaba, evidentemente, consternada; Vincent sufrió una lesión permanente en su ya dañada pierna izquierda y el chófer fue condenado por conducción temeraria.

Fue un final trágico para la historia de amor entre Cochran y el Reino Unido; un amor sellado por la ascensión al número uno en junio de ese año de su single, de espeluznante título, «Three Steps To Heaven» (Tres pasos hasta el cielo).
Bruce Eder

Rol Artista de grabaciones

Fecha 1960

Nacionalidad Estados Unidos

País Reino Unido

Por qué es clave La primera muerte de un artista importante del rock'n'roll en el Reino Unido.

Canción clave **«Shakin' All Over»**
Johnny Kidd & The Pirates

Todos y cada uno de los elementos de «Shakin' All Over», de Johnny Kidd & The Pirates, rezuma una brillantez primitiva que lo convierte en uno de los pocos temas perfectos del rock.

La introducción, una sombría frase de guitarra concebida e interpretada por el *session man* Joe Moretti, marcaba un ritmo reconocible al instante, y la voz de Kidd, también magnífica, sonaba cansina pero con una fuerza estremecedora. La importancia de la canción no sólo recae en el hecho de ser una de las mejores creaciones del rock, sino en que elevó el listón e influyó en incontables bandas del momento. Y lo más notorio fue que eran británicos y aun así carecían de ese toque de pastiche que siempre había estado presente incluso en los mejores intentos anteriores del Reino Unido por recrear esta forma de arte estadounidense.

Kidd, siempre con su parche en el ojo a lo pirata, había liderado anteriormente varios grupos londinenses bajo su verdadero nombre, Freddie Heath. Cuando entró en los estudios de Abbey Road para grabar una versión del clásico «Yes Sir That's My Baby», el tema «Shakin' All Over», compuesto el día anterior en una cafetería del Soho, no iba a ser más que un «relleno» para la cara B. No la habían ensayado, apenas le dieron un breve repaso en acústico en casa de Kidd, pero en la sesión de grabación quedó claro que tenía algo mágico. El tema se convirtió en un clásico de la noche a la mañana, como reconoció el productor Jack Gordon, quien promocionó su lanzamiento en su programa de televisión *Wham!* El resultado fue la obtención del número uno en el Reino Unido, el 4 de agosto de 1960.

Posteriormente se han hecho algunas versiones, como la de The Guess Who, que fue un *hit* en Estados Unidos en 1965, o la de The Who en *Live At Leeds* (1970).
Fred Dellar

Fecha de lanzamiento
Junio de 1960

País Reino Unido

Compositor Johnny Kidd

Por qué es clave Un hito del rock británico.

Acontecimiento clave
Los juicios por el caso payola

El 8 de febrero de 1960, el subcomité del Gobierno de Estados Unidos inició una audiencia pública por el caso «payola». El término hacía referencia a las prácticas ilegales de algunas discográficas que pagaban para que sus temas sonaran en las emisoras de radio.

Muchos pensaban que el escándalo de la payola era una artimaña más para poner trabas a la ascensión del rock, y la revista *Billboard* publicó un artículo donde afirmaba que ésta era una práctica común en la industria musical desde hacía largo tiempo, y que venía dándose incluso desde antes del fenómeno de las bandas de culto. El argumento resultaba creíble, sobre todo porque los juicios venían motivados por las demandas de la ASCAP, cuya música tradicionalista estaba perdiendo cuota de antena en relación al R&B y el rock'n'roll, representado mayormente por su rival, BMI.

Aunque al inicio se formularon cargos contra 106 personas, la lista disminuyó a una mera docena de DJ y mánager de proyectos, hasta que finalmente la atención recayó en apenas dos DJ: Alan Freed, de Cleveland, cuyas emisiones en el programa *Moondog Matinee* fueron decisivas en la introducción del rock'n'roll en la adolescente América, y Dick Clark. Este último evitó que se le siguiera investigando vendiendo sus acciones a una discográfica y cooperando con las autoridades. Finalmente, se declaró a Freed culpable de aceptar sobornos, pero lo dejaron en libertad tras pagar una multa de 500 dólares americanos.

El rock'n'roll sobrevivió a este escándalo; sin embargo, el caso arruinó la carrera de Freed, quien murió en la miseria en 1965, a los 43 años. Muchos afirman que el hombre que recibía el apodo de Mr. Rock'n'Roll murió de pena.
Fred Dellar

Fecha 8 de febrero de 1960

País Estados Unidos

Por qué es clave
El escándalo que acabó con Alan Freed.

Álbum clave *The Sound Of Fury*
Billy Fury

The Sound Of Fury fue lanzado por Decca en formato de 25,4 cm, algo inusual que parecía anunciar la singularidad del álbum. Con este trabajo, Billy Fury (nombre artístico de Ronald Wycherley) aportó el álbum de referencia para el verdadero rock hecho en el Reino Unido, y además había compuesto él mismo todas las canciones, algo muy poco frecuente en ese momento.

Como en las primeras grabaciones de Elvis Presley, el presupuesto se había reducido al máximo, por lo que el acompañamiento de las canciones era el mínimo indispensable para una buena banda –Joe Brown (guitarra), Reg Guest (piano), Alan Weighell (bajo eléctrico), Bill Stark (slap) y Andy White (batería). El único elemento de gran producción que se permitieron fue la colaboración del grupo vocal The Four Jays, que aportó un toque a lo The Jordanaires. Más tarde, Joe Brown revelaría que tanto el cantante como el productor, Jack Good, querían reproducir el estilo rockabilly de Elvis y que la consigna que le habían dado a él era

que sonara lo más similar posible a Scotty Moore. En cuanto al género de las canciones, si bien el disco mantenía en todo momento el carácter del rockabilly, a la vez era increíblemente heterogéneo. La balbuceante «Turn My Back On You» era música bailable, «Phone Call» tenía sus orígenes en el blues, y «That's Love», el single del álbum que entró en el Top 20, era country, aunque con un ritmo pesado. El álbum entró en la lista de éxitos del Reino Unido en mayo de 1960, con lo que Fury demostró que su insistencia en grabar su propio material había valido la pena. Su prematura muerte, a los 42 años, fue conmemorada con una estatua de bronce en su ciudad natal, Liverpool.
Fred Dellar

Fecha de lanzamiento
Mayo de 1960

País Reino Unido

Lista de temas That's Love, My Advice, Phone Call, You Don't Know, Turn My Back On You, Don't Say It's Over, Since You've Been Gone, It's You I Need, Alright Goodbye, Don't Leave Me This Way

Por qué es clave
El primer álbum británico de auténtico rock.

Pág. siguiente Billy Fury.

Personaje clave
Connie Francis

Concetta Rosa Maria Franconero, alias *Connie Francis*, empezó a grabar para MGM Records en 1955, a la edad de 16 años, pero no interpretó su primer gran éxito hasta 1958, con una versión de la imponente y vengativa canción de 1923, «Who's Sorry Now».

Francis, natural de Newark, Nueva Jersey, empezó como artista infantil tocando el acordeón en un programa de televisión local. Su potente voz, su atractivo físico y un padre autoritario que la quería hacer triunfar a toda costa consiguieron que captara la atención de las compañías discográficas. Tras otra aparición en televisión, en el espectáculo de baile infantil de las tardes presentado por el DJ Dick Clark, *American Bandstand*, se convirtió en una estrella. Ella estaba tan sorprendida como cualquiera cuando Clarck tocó «Who's Sorry Now», una canción que su padre había insistido en que grabara.

Sin embargo, le habían dado una oportunidad y Francis la aprovechó. En 1959, era la cantante

de singles de pop de mayor éxito de Estados Unidos. El 21 de junio del año siguiente alcanzó la cima de las listas de éxitos por primera vez con «Everybody's Somebody's Fool». Era la primera vez que una solista femenina alcanzaba el número uno desde que lo hiciera Debbie Reynolds tres años antes con el tema «Tammy». Tres meses más tarde, Francis volvió al primer puesto con «My Heart Has A Mind Of Its Own».

Otras de sus canciones más destacables son el tributo a JFK «In The Summer Of His Years» (1963), cuyos beneficios se donaron a la familia del policía muerto de un disparo, e irónicamente, «Where The Boys Are».
William Ruhlmann

Rol Artista de grabaciones

Fecha 1960

Nacionalidad Estados Unidos

Por qué es clave
Connie Francis allanó el camino de las cantantes pop femeninas.

Canción clave **«Apache»**
The Shadows

El cuarteto The Shadows apenas era la banda que acompañaba al ídolo del pop del Reino Unido Cliff Richard, hasta poco después de que el compositor Jerry Jordan les tocara el tema instrumental «Apache» con su ukelele durante una gira por el Reino Unido, en la primavera de 1960. Lordan les avisó de que el virtuoso guitarrista Bert Weedon ya la había grabado.

The Shads (como también se conocería al grupo) interpretaron una versión del tema potenciada con su Fender Stratocaster y la rematarón con la imagen de Cliff machacando unos tambores chinos. Cuando Weedom lo supo, llamó a su discográfica, Top Rank, pidiéndoles que lanzaran inmediatamente su versión, y empezó a aparecer en la radio y la televisión para promocionarla. Para desgracia suya, le salió el tiro por la culata. Top Rank aún no había distribuido el single en las tiendas de discos, por lo que, como más tarde él mismo dijo furioso, «estaba haciendo publicidad de «Apache»; a todos los que pedían la canción en las tiendas de discos ¡les daban la versión de The Shadows!». El 25 de agosto, The Shadows sacó a su «superior», Cliff, de la cima de la lista de éxitos del Reino Unido. Para la banda, fue el primero de una docena de *hits*, todos instrumentales, lo que demostró que un grupo de rock podía mantener su carrera musical con un tipo de discos normalmente asociado al mercado minoritario.

«Apache» motivó a incontables maestros de la guitarra, como Eric Clapton y Mark Knopfler, a ahorrar dinero para una Fender Stratocaster. Además, el tema pasó a asociarse tanto con los nativos americanos, que el retumbante *riff* del guitarrista principal de The Shadows, Hank B. Marvin, fue posteriormente citado por Adam And The Ants cuando buscaban una referencia musical para referirse a los pieles rojas en el álbum *Kings Of The Wild Frontier* (1980).
Gavin Michie

Fecha de lanzamiento Julio de 1960

País Estados Unidos

Compositor Jerry Lordan

Por qué es clave El álbum que inspiró a incontables guitarristas y popularizó la Fender Stratocaster.

Acontecimiento clave **The Kingston Trio y sus cuatro álbumes en el Top 10 de *Billboard***

The Kingston Trio nunca se ha subido al carro de la moda. Sus impolutas camisas a rayas, su aspecto modoso y su cándido (aunque impecablemente armónico) folk comercial han sido satirizados como el subproducto de una época cursilona. En realidad, son los grandes olvidados. El 12 de diciembre de 1960, tenían, a la vez, cuatro álbumes en el Top 10 de *Billboard*, y todos alcanzaron el número uno en algún momento. Esto significa un nivel de ventas tan alto como el provocado por la beatlemanía, y aunque nadie pueda afirmar que fueran ni de lejos tan innovadores como los cuatro fabulosos, lo cierto es que conectaron con un enorme segmento de público, sobre todo en los campus universitarios.

Además, las habilidades musicales de los tres guitarristas y vocalistas –Nick Reynolds, Bob Shane y Dave Guard– no eran nada despreciables. Puede que sus canciones fueran melosas y sofisticadas, pero gracias a ellos la música tradicional estadounidense llegó a un público más amplio que nunca, como demostró la ascensión al número uno de su single «Tom Dooley», la adaptación de una balada de los Apalaches. También obtuvieron éxitos con canciones de Pete Seeger y Hoyt Axton, además de con su propio material. Por otro lado, tampoco les faltó conciencia social, ya que se negaban a tocar en actuaciones restringidas a público de una determinada raza. Si bien otros cantautores menos pudorosos que siguieron su estela fueron mucho más creativos y duraderos, The Kingston Trio fue crucial para formar la base de público de los artistas que los reemplazaron, incluido un tal Dylan.
Richie Unterberger

Fecha 12 de diciembre de 1960

País Estados Unidos

Por qué es clave La cumbre de su influencia masiva en la revitalización del folk en Estados Unidos.

Pág. anterior The Kingston Trio.

Canción clave «The Battle Hymm Of The Republic» Coro del Tabernáculo Mormón

Julia Ward Howe escribió la letra de «The Battle Himm Of The Republic» para una melodía creada en 1855 por William Steffe, a la que durante ese tiempo se le había dado varias letras. La marcha de Howe, que llamaba a la unión entre los soldados que luchaban para acabar con la esclavitud con su enardecedor estribillo «Glory, Glory Hallelujah», se publicó por primera vez en la portada de *The Atlantic Monthly* en febrero de 1862.

La nueva versión fue un éxito instantáneo y ha permanecido durante un siglo como uno de los himnos patrióticos más populares de Estados Unidos. El Partido Republicano se hizo suya la canción, y el reverendo Martin Luther King a menudo la citaba en sus discursos y sermones. Sus últimas palabras en público corresponden al primer verso: «Mine eyes have seen the glory of the coming of the Lord» (Mis ojos han visto la gloria de la venida del Señor), pronunciadas en un sermón en Memphis la noche anterior a su asesinato.

En 1959, el Coro del Tabernáculo Mormón, integrado por 375 cantores, grabó la canción, con la que llegó al Top 20 en Estados Unidos y obtuvo el premio Grammy de 1960 a la mejor Interpretación de un grupo vocal o coro. Se ha sugerido que su enorme éxito tiene que ver con la exaltación del sentimiento patriótico del país tras la elección de John F. Kennedy. Como reflejando el nuevo optimismo de «Camelot», la versión del coro reemplazó el verso «Let us die to make men free» por «Let us live to make men free».

Ken Bloom

Fecha de lanzamiento
1960

País Estados Unidos

Compositores William Steffe, Julia Ward Howe

Por qué es clave
El resurgimiento de un conmovedor himno de la guerra civil estadounidense en un nuevo período de optimismo patriótico.

Álbum clave *The Explosive Freddy Cannon* Freddy Cannon

El primer éxito de Freddy Cannon, «Tallahassee Lassie» (1959), escandalizó por su carga erótica, tratada de forma natural pero un tanto vulgar. No obstante, su siguiente lanzamiento no alcanzó el Top 40, por lo que Bernie Binnick, de Swan Records, propuso que el cantante relanzara el tema relativamente antiguo «Way Down Yonder In New Orleans», idea que se le ocurrió tras ver a Al Jolson interpretarlo en una película. Adaptada como canción de rock'n'roll, alcanzó el número tres de Estados Unidos, sacando al cantante del saco de artistas de un solo éxito.

Ya desde los inicios del rock, sus intérpretes a veces habían buscado material en estándares de otros géneros, versionando incluso grandes *hits*, como hizo The Flamingos con el clásico «I Only Have Eyes For You». Sin embargo, llenar todo un LP con grandes versiones, como hizo *The Explosive Freddy Cannon*, ya no era algo tan normal, sobre todo teniendo

en cuenta que Cannon apenas era un adolescente. «Sweet Georgia Brown», «St. Louis Blues», «California Here I Come», «Deep In The Heart Of Texas» y «Chattanooga Shoe Shine Boy» (single que siguió a «Way Down Younder...») vieron su carga roquera aumentada, lo que le valió al cantante el apodo de Freddy «Boom-Boom» Cannon.

El álbum, lanzado en 1960, no entró en el Top 40 de Estados Unidos, pero, sorprendentemente, en el Reino Unido fue directo al número uno. Durante algún tiempo, Cannon jugó con la idea de pasarse a otros estilos con menos gancho, pero cuando su adaptación de «Muskrat Ramble» se estancó en el número 54, volvió al rock'n'roll de ídolo para adolescentes con «Palisades Park», que se convirtió en un exitazo en 1962.

Richie Unterberger

Fecha de lanzamiento
1960

País Estados Unidos

Lista de temas Boston My Home Town, Kansas City, Sweet Georgia Brown, Way Down Yonder In New Orleans, St. Louis Blues, Indiana, Chattanooga Shoe Shine Boy, Deep In The Heart Of Texas, California Here I Come, Okefenokee, Carolina In The Morning, Tallahassiee Lassie

Por qué es clave LP formado casi enteramente por arreglos rock'n'roll de éxitos de la música popular.

Personaje clave
Miriam Makeba

Tal vez no sea tan conocida internacionalmente como, por ejemplo, Madonna, pero durante más de cinco décadas de carrera, la cantante, y a veces compositora, actriz y activista política Miriam Makeba actuó para John F. Kennedy, Fidel Castro, Haile Selassie y Nelson Mandela. Incluso fue recibida por el Papa en audiencia privada tres veces.

Makeba nació en 1932. Tras sus primeros éxitos en la década de 1950 con los pioneros del *doo wop* sudafricanos, The Manhattan Brothers, y con su propio grupo femenino, The Skylarks, pudo seguir promoviendo su carrera artística en el exilio gracias a papeles principales en el musical de artistas negros *King Kong* y el documental anti-*apartheid Come Back Africa*. En 1960, lanzó su álbum de debut homónimo. El «exótico» timbre de su cautivadora letra en xhosa[1] en *hits* del afro-pop-jazz como «The Click Song» le valió los elogios de la revista *Time*, que la describió como la «más fascinante y talentosa voz en muchos

años». En 1966, lanzójunto a Harry Belafonte el álbum *An Evening With Belafonte/Makeba* (1965), con el que se convirtió en la primera artista africana en ganar un Grammy. Pero no fue sólo su música lo que le valió el estatus de «Mamá África», sino también su compromiso político. Tras casarse con el activista de Black Panther, Stokely Carmichael, en 1968, entró en la lista negra de Estados Unidos, pero esto no la disuadió de dedicar los siguientes 22 años de su vida a defender la causa de la liberación africana como representante de Guinea en la ONU y como miembro de la gira mundial de Paul Simon, *Graceland*, en 1987-1988. En 1990, regresó triunfante a su Sudáfrica natal, liberada ya del *apartheid*. Murió en 2008, en Italia, después de un concierto.

Miles Keylock

1. Lengua de la República de Sudáfrica.

Rol Artista de grabaciones

Fecha 1960

Nacionalidad Sudáfrica

Por qué es clave La diva africana más influyente del siglo xx.

Personaje clave
Joan Baez

El retorno del folk estadounidense ya estaba ganando impulso en el momento en que Joan Baez lanzó su álbum de debut en 1960, sobre todo en ciudades liberales y campus universitarios. Sin embargo, ella fue la primera estrella del movimiento por el retorno del género realmente representativa de la multitud de jóvenes seguidores de la contracultura que se reunían en las cafeterías para escuchar folk. El pelo largo y suelto, la omnipresente guitarra acústica y la ropa informal la identificaban como «una de los nuestros». Aunque al inicio su lista de temas era tradicional –y raramente componía–, cantaba esas canciones intemporales con una reverencia angélica pero austera; imprimió en su generación una honestidad y autenticidad que no había generado el grupo folk de armonías melosas, The Kingston Trio.

Al mismo tiempo, cosechó un notable éxito comercial, ya que sus seis primeros álbumes alcanzaron el Top 15, e incluso apareció en la portada de la revista

Time. Su repercusión fue más allá del mundo de la música cuando empezó a interpretar canciones de contenido político y social y promovió a un compositor de canciones protesta en ciernes llamado Bob Dylan. Baez apoyaba sus palabras con acciones, lanzándose en defensa de los derechos civiles y el activismo pacifista, y se involucró en esas causas incluso con más fuerza cuando escuchó las letras comprometidas y apasionadas de Dylan. No es exagerado afirmar que Baez influyó en centenares de artistas que, siguiendo su ejemplo, escribieron e interpretaron canciones protesta y de concienciación social.

Richie Unterberger

Rol Artista de grabaciones

Fecha 1960

Nacionalidad Estados Unidos

Por qué es clave Una carrera musical que animó a muchas personas a luchar por lo que creían.

Canción clave «**Runaway**»
Del Shannon

Un viernes por la noche de octubre de 1960, Del Shannon y su banda estaban actuando en el Hi-Lo Club de Battle Ground, Míchigan, cuando el teclista Max Crook empezó a improvisar en el piano y el resto enseguida se le unió. A la mañana siguiente, Shannon compuso una canción partiendo del *riff* principal improvisado, y por la noche, la estrenaron en el mismo local. Tres meses después, él y Crook se dirigían a Nueva York para grabarla. El 24 de abril de 1961, el tema «Runaway» era número uno en Estados Unidos, y también alcanzó la cima de la lista del Reino Unido.

La canción hablaba sobre el recuerdo melancólico de una relación fracasada. Había dos elementos por los que destacaba: la voz de Shannon y el trabajo al teclado de Crook. Shannon fue uno de los primeros cantantes blancos en cantar en falsete, inspirado por artistas como The Ink Spots o Dion & The Belmonts. Además, su voz se aceleraba, dándole una mayor sensación de apremio, sobre todo en el inmortal estribillo, ese ruego en descenso, «wah-wah-wah-wah-wonder». Estaba acompañado por el extraordinario sonido del teclado de Crook, creado mediante lo que él llamó el «Musitron», un sintetizador rudimentario construido con un clavioline al que le había añadido cables de televisión, piezas de electrodomésticos y otros utensilios. Era la primera vez que se utilizaba un aparato así en un disco de pop, e hizo que «Runaway» sonara como nada parecido en ese momento en las listas de éxitos. Era el sonido del futuro.
Gillian G. Gaar

Fecha de lanzamiento
Febrero de 1961

País Estados Unidos

Compositores
Del Shannon, Ma Crook

Por qué es clave
Por primera vez se introducen los sintetizadores en el rock'n'roll.

Canción clave «**Wimoweh (The Lion Sleeps Tonight)**»

Cuando The Tokens llevaron el tema «The Lion Sleeps Tonight» a la cima de las listas de éxitos de Estados Unidos el 18 de diciembre de 1961, la canción ya arrastraba tras de sí una larga historia. Originalmente, se titulaba «Mbube», y era una canción zulú compuesta por Solomon Linda. Se grabó por primera vez en 1939 y Solomon y su grupo The Evening Birds la popularizaron en Sudáfrica, donde fue un *hit*. Años más tarde, el etnomusicólogo estadounidense Alan Lomax la escuchó y la mostró a The Weavers.

La versión de The Weavers, lanzada bajo el título «Wimoweh» y acompañada por unos sensacionales arreglos orquestales de Gordon Jenkins, alcanzó el Top 20 de Estados Unidos en 1952. El exotismo de la canción, con su cántico tribal y su letra sobre los animales de la selva, atrajo a los estadounidenses. Mayor éxito si cabe obtuvo la versión, modernizada y rebautizada, de The Tokens, donde destacaba la extraordinaria voz aguda de Jay Siegel. Parecía que la propagación de la canción no tenía fin. Un año después, de nuevo bajo el título «Wimoweh», cruzó el atlántico, cuando Scot Karl Denver la convirtió en un éxito Top 10 en el Reino Unido. Posteriormente, ya fuera como «Wimoweh» o como «The Lion Sleeps Tonight», volvió a aportar éxitos a Dave Newman (Reino Unido), Tight Fit (Reino Unido), Robert John (Estados Unidos) y finalmente a The Tokens otra vez en 1994, cuando la canción volvió a escalar en el Hot 100 de Estados Unidos tras aparecer en la banda sonora de la película *The Lion King* (*El rey león*).

Solomon Linda no sacó partido de tanto éxito. Murió en la ruina en 1962 y fue enterrado en una tumba sin lápida.
Fred Dellar

Fecha de entrada al nº. 1 en Estados Unidos
18 de diciembre de 1961

Primer lanzamiento 1952

Nacionalidad Sudáfrica

Compositores Hugo Peretti, Albert Stanton, Luigi Creatore, Paul Campbell, George Weiss, Roy Ilene

Por qué es clave
Llevó el sabor de África a Occidente.

Pág. siguiente **The Weavers.**

Acontecimiento clave
Disparan a Jackie Wilson

Cuando una de las presuntas amantes de Jackie Wilson, Juanita Jones, disparó al cantante y músico el 15 de febrero de 1961, el hecho fue, de algún modo, símbolo de la carrera de un hombre que poseía todo el talento del mundo pero a quien, injustamente, la suerte no sonreía.

Wilson, nacido en 1934, empezó reemplazando a Clyde McPhatter, pero pronto desarrolló su propio estilo como vocalista y músico. El talento de este artista se muestra en todo su esplendor en el single de 1956, «Reet Petite», en el que hacía vibrar la *r* de forma impresionante. Más tarde, lo repetía en todas sus actuaciones, donde bailaba extasiado con movimientos imposibles y empapado de sudor. No obstante, Wilson no escribía sus canciones, por lo que su material dependía del trabajo de otros, y probablemente fue por esto por lo que, para desgracia suya, su contemporáneo Sam Cooke obtuvo mayor prestigio, si bien ambos introdujeron la pasión por el góspel en el R&B, y fueron, por tanto, los precursores de la creación del soul.

Lanzó otros discos de calidad considerable, de entre los que destaca *I Get The Sweetest Feeling*, pero más tarde, el caso del disparo se complicó cuando el IRS le embargó la casa y asesinaron su hijo adolescente.

«Reet Petite» llegó tardíamente a la cima de la lista de éxitos de Gran Bretaña, en 1986, tras sonar en un anuncio de televisión; pero Wilson ya no estaba en condiciones de saborear el triunfo: tras caer de un escenario en 1975 quedó en estado vegetativo. Murió en 1984.
Sean Egan

Fecha 15 de febrero de 1961

País Estados Unidos

Por qué es clave
Jackie Wilson fue uno de los creadores del soul.

Pág. anterior **Jackie Wilson.**

Personajes clave
Gerry Goffin y Carole King

Gerry Goffin y Carole King se conocieron en la universidad en 1958 y al año siguiente se casaron. King, aunque también era cantante, prefirió centrarse en componer. Si bien ambos trabajaban con otros colaboradores, una magia indescriptible surgía cuando se juntaban. En 1960, la pareja compuso «Will You Love Me Tomorrow», y se la propusieron a Johnny Mathis. Sin embargo, el mensaje subyacente de «¿me respetarás igual por la mañana?» la hacía ideal para una voz femenina, y cuando la cantó el grupo femenino The Shirelles, aportó al matrimonio Goffin-King su primer número uno en Estados Unidos, el 30 de enero de 1961.

Sus talentos se complementaban a la perfección (Gerry con sus delicadas letras y Carole con su don y maestría para componer), lo que hizo del dúo una combinación inmejorable que ayudó a definir la era del Brill Building con sus incontables *hits*, como «Take A Good Care Of My Baby» (un exitazo de Bobby Vee en Estados Unidos y el Reino Unido), «Halfway To Paradise» (Tony Orlando, Billy Fury), «Up On The Roof» (The Drifters), «One Fine Day» (The Chiffons), «I'm Into Something Good» (Earl-Jean, Herman's Hermits) y «Chains» (The Cookies, aunque también la grabaron The Beatles, grandes admiradores de la pareja). Incluso compusieron para la canguro de su hijo, Little Eva, el tema «The Loco-Motion», que alcanzó el número uno en Estados Unidos. La propia King lanzó el éxito «It Might As Well Rain Until September», que al principio tenía que interpretar Bobby Vee.

Su controvertido trabajo posterior, como «Goin' Back» (Dusty Springfield, The Byrds) y «Pleasant Valley Sunday» (The Monkees), demostró su capacidad de adaptarse a los nuevos tiempos, aunque finalmente esto resultó irrelevante tras la ruptura de su relación personal y profesional en 1968.
David Wells

Rol Letrista (Goffin), Compositora (King)

Fecha 1961

Nacionalidad Estados Unidos

Por qué es clave
La dicha matrimonial lleva al éxtasis creativo y comercial.

Álbum clave *Judy At Carnegie Hall*
Judy Garland

El 18 de noviembre de 1959, Judy Garland ingresó en el Doctor's Hospital de Nueva York tras diagnosticársele una hepatitis. Al finalizar el largo tratamiento, el médico le dijo que se relajara y no volviera a trabajar nunca más en su vida. Sin embargo, tras seis meses apartada de los escenarios, la recién divorciada Garland inició la siguiente etapa de su carrera y de su vida. Tras actuar en Europa, dio una gira por Norteamérica. La última parada era el Carnegie Hall de Nueva York, el 23 de abril de 1961.

Cuando la menuda Garland salió al escenario, el público dedicó tal ovación a la recientemente afligida cantante y actriz que, como informó *Variety*, «la gala musical tuvo que interrumpirse durante unos momentos». Y es que la actuación merecía semejante acogida y más. Con un auténtico afecto emanando tanto del escenario como del público, la dicharachera Garland maravilló a sus fans, que cayeron rendidos a sus pies. Canciones antiguas («The Trolley Song»,

«Over The Rainbow») y nuevas («How Long Was This Been Going On?»), sonaron en el abarrotado patio de butacas, demostrando que su voz estaba en plena forma y que su carrera, a pesar de lo que se había dicho, no estaba acabada.

El 10 de julio de ese año, Capitol lanzó la grabación del espectáculo con un doble álbum. *Judy At Carnegie Hall* se mantuvo en el número uno durante 13 semanas. Ganó cinco premios Grammy, incluidos el de mejor actuación de una voz femenina y, por primera vez para una mujer, el album del año.
Leila Regan-Porter

Fecha 10 de julio de 1961

País Estados Unidos

Lista de temas When You're Smiling, Do It Again, You Go To My Head, Alone Together, Who Cares?, Puttin' On The Ritz, How Long Has This Been Going On, Just You Just Me, The Man That Got Away, San Francisco, That's Entertainment!, I Can't Give You Anything But Love, Come Rain Or Come Shine, You're Nearer, A Foggy Day, If Love Were All, Zing!, Went The Strings Of My Heart, Stormy Weather, Rock-a-bye Your Baby With A Dixie Melody, Over The Rainbow, Swanee, After You've Gone, Chicago (plus medleys)

Por qué es clave Demostró que Judy todavía era capaz de cautivar al público.

Pág. siguiente Judy Garland.

Canción clave «**Quarter To Three**»
Gary «U.S.» Bonds

Gary «U.S.» Bonds (nombre artístico de Gary Anderson) cosechó una serie de éxitos en Estados Unidos, la mayoría locales, entre 1960 y 1964. Todos eran versiones convincentes y accesibles de lo que puede llamarse más apropiadamente *party rock*, que en su caso era una variante muy enérgica del sonido de Nueva Orleans. De ellos, sólo «Quarter To Three» alcanzó el número uno.

El tema era una convergencia única entre creatividad y técnica productiva. The Church Street Five, la banda de la casa empleada por el productor de Bonds, Frank Guida, había compuesto un tema instrumental llamado «A Nite With Daddy G», «Daddy G» haciendo referencia al saxofón tenor, Gene Barge. Bonds le puso letra, y bajo la propuesta productiva de Guida –quien combinó fragmentos vocales e instrumentales con la recreación de un ambiente de fiesta capa a capa en una grabación monoaural, perdiendo algo de calidad con cada adición pero dejando la voz

de Bonds y el saxo de Barge en lo alto de la mezcla– consiguieron que la grabación sonara como si fuera actuación en vivo.

El single, lanzado por la discográfica de Guida, Legrand, en la primavera de 1961, alcanzó el número uno en Estados Unidos el 26 de junio. Ese verano inundó todas las radios, y siguió sonando durante años incluso tras la llegada de la invasión británica, que cogió por sorpresa a los músicos estadounidenses al poco de su lanzamiento. Formó parte del lista de temas de centenares de bandas universitarias, y en la década de 1970, Bruce Springsteen le dio un nuevo empujón cuando empezó a tocarla regularmente en sus conciertos. Más tarde, éste produjo dos álbumes para el que fuera su ídolo de infancia.
Bruce Eder

Fecha de lanzamiento 1961

País Estados Unidos

Compositores Frank J. Guida, Joseph F. Royster, Gene Barge, Gary L. Anderson

Por qué es clave El más importante artista de party rock crea su álbum por excelencia con una fiesta fingida.

Personaje clave
Willie Nelson

Aunque su polifacética carrera abarca el activismo político, la interpretación e incluso algunos hitos del pop (el álbum de gran éxito, *Stardust*, de 1978), es su enorme contribución al panorama de la música country lo que da a Willie Nelson el estatus de leyenda.

Nacido en Texas en 1933, lanzó su primer single, autofinanciado, en 1956, pero no dio el paso definitivo en su carrera hasta que compuso para Claude Gray el éxito de 1960 «Family Bible». Se mudó a Nashville, donde creó una serie de clásicos con los que triunfaron otros artistas: «Night Life» (Ray Price), «Funny How Time Slips Away» (Billy Walker), «Pretty Paper» (Roy Orbison) y «Hello Walls» (Faron Young). El 6 de noviembre de 1961, Patsy Cline llevó al Top 40 de *Billboard* la que quizá sea su más célebre composición, la inmortal «Crazy». Relanzó su carrera en solitario, pero hacia 1970 un Nelson desilusionado se retiró para administrar una granja de cerdos.

De vuelta a la contracultura de Texas, volvió a interesarse por la música, y como muestra de rechazo al asfixiante conservadurismo de Nashville, adoptó una imagen rebelde de hippy de pelo largo. Desarrolló un tipo de country que incluía rock, folk y western swing, y a mediados de la década de 1970, estaba al frente del movimiento contracultural del género. Compuso su primer número uno nacional, «Blue Eyes Crying In The Rain»; y su álbum *Wanted! The Outlaws* (1976) –un hábil lanzamiento al mercado de antiguas grabaciones de Nelson y su alma gemela, Waylon Jennings– se convirtió en el primer disco del género en vender un millón de copias. Tras dos décadas en la industria musical, finalmente el iconoclasta e imperecedero Nelson alcanzó la fama.
David Wells

Rol Artista de grabaciones

Fecha 1961

Nacionalidad Estados Unidos

Por qué es clave
La superestrella hippy del country.

Pág. anterior **Willie Nelson.**

Acontecimiento clave
El reencuentro de Mick Jagger y Keith Richards en Dartford

En la mañana en que se reencontraron por casualidad en la estación de trenes de Dartford, en octubre de 1961, Mick Jagger y Keith Richards se dirigían a sus respectivos centros de enseñanza superior donde estudiaban: Jagger a la prestigiosa London School of Economics y Richards al Sidcup Art College. Habían nacido en el mismo hospital en 1943 y de niños habían sido vecinos hasta que la familia de Richards se mudó cuando éste tenía once años.

Como muchos músicos británicos de su generación, Richards sólo iba a la escuela de arte para aprovechar las subvenciones del Estado, que le había proporcionado un estudio donde podía practicar con la guitarra. Fue una agradable sorpresa para él ver que, bajo el brazo, su compañero de juegos de la infancia sujetaba varios álbumes de Chuck Berry, Little Walters y Muddy Waters. Al entablar conversación, Jagger no sólo le confirmó que compartía su pasión

por el R&B, sino que le explicó que cantaba en un grupo amateur de R&B llamado Little Boy Blue & The Blue Boys. Richards no tardó en unírseles.

Al hacerlo, la madre de Jagger empezó a preocuparse, porque en ese momento se dio cuenta de que su hijo comenzaba a pensar en tocar la música que amaba, no como mera afición, sino de forma profesional. Quién le hubiera dicho a la mujer que ese par acabaría formando el eje compositivo de una de las mayores bandas de rock de la historia, The Rolling Stones.
Sean Egan

Fecha Octubre de 1961

País Reino Unido

Por qué es clave
El resurgimiento de una amistad lleva al nacimiento de la segunda pareja de compositores más importante de la década de 1960.

Álbum clave *Showcase*
Patsy Cline

En 1961, el único éxito nacional de la cantante de country Patsy Cline, «Walkin' After Midnight», quedaba lejos de la memoria de la gente, y su contrato discográfico había vencido. Le tocaba renovarse.

Con el que desde hacía tiempo era su productor, Owen Bradley, reinventó su estilo, y el primer fruto de este cambio fue el single «I Fall To Pieces», lanzado por Decca tras un nuevo contrato. El tema alcanzó la cima de las listas de éxitos de Estados Unidos en agosto de 1961. Para la grabación, Bradley contrató a The Jordanaires, el coro de acompañamiento conocido por su notable trabajo con Elvis Presley. Además, ralentizó el tempo y optó por el empleo de instrumentos de cuerda normalmente más asociados a las orquestas de pop que a la música de las fiestas country. En septiembre de 1961, tras «I Fall To Pieces», Cline lanzó el álbum *Showcase*, grabado del mismo modo que el single anterior y con una nueva versión de «Walkin' After Midnight» y «Crazy», el *hit* compuesto por Willie Nelson que se acabaría convirtiendo en la canción más popular de la cantante.

Showcase fue un elemento esencial de la historia de lo que acabaría dándose a conocer como «el sonido de Nashville», del mismo modo que fue para consolidar la formidable reputación de Cline. Con los años, el meloso estilo country del que ella y Bradley fueron abanderados se convertiría en sinónimo de country malo, y en la década de 1980 fue tan absolutamente ridiculizado que tuvo que inventarse el llamado *new country* para revitalizar un género atascado en la sensiblería de las cuerdas.

No debería olvidarse que Cline no fue responsable del mal uso de su estilo y que *Showcase* es realmente un álbum excelente.

Angus Batey

Fecha de lanzamiento Septiembre de 1961

País Estados Unidos

Lista de temas I Fall To Pieces, Foolin' Around, The Wayward Wind, South Of The Border, I Love You So Much It Hurts, Seven Lonely Days, Crazy, San Antonio Rose, True Love, Walkin' After Midnight, A Poor Man's Roses (Or a Rich Man's Gold), Have You Ever Been Lonely (Have You Ever Been Blue)

Por qué es clave Crucial para la aparición del sonido de Nashville.

1960-1969

Personaje clave
Dion

Dion DiMucci (nacido en 1939) provenía de un barrio marginal de Nueva York, pero cuando era niño, cantar en las esquinas era algo frecuente, y gracias a esto desarrolló su técnica vocal. Laurie Records lo contrató cuando tenía 18 años, y acompañado por la banda vocal The Belmonts, alcanzó el Top 40 de Estados Unidos siete veces entre 1958 y 1960, notablemente con «I Wonder Why» y «A Teenager In Love».

DiMucci se hartó del estilo ingenuo de los discos de The Belmonts y, como recordaría más tarde, empezó «a componer sobre lo que conocía; la gente de mi barrio, gente que parecía más grande que la vida: Donna la Prima Donna, y Runaround Sue». Este último personaje, una mujer infiel, inspiró la canción homónima compuesta por DiMucci y Ernie Maresca, que se convirtió en el segundo gran éxito de DiMucci bajo su nuevo nombre artístico, Dion, y alcanzó un merecido número uno en Estados Unidos el 23 de octubre de 1961. El siguiente tema de Maresca, «The Wanderer», sólo llegó al número dos, pero fue si cabe más significativo: una muestra de fanfarronería consumada por la sorprendente frase «With my two fists of iron, I'm going nowhere» (con mis dos puños de hierro, no voy a ningún lado).

A pesar del éxito alcanzado, DiMucci pasó los años centrales de la década de 1960 en lo que él llamaba el «infierno sobre la tierra», debido al empeoramiento de su estado tras un largo período de consumo de drogas. Posteriormente, reemplazó la heroína por Dios y cambió su imagen (o imágenes) por la de un típico artista folk, y lanzó el controvertido himno de mártires de 1968, «Abraham, Martin, And John», su último éxito hasta la fecha.

Sean Egan

Rol Artista de grabaciones

Fecha 1961

País Estados Unidos

Por qué es clave La estrella que se reinventó dos veces.

Pág. siguiente Dion.

Canción clave «Stranger On The Shore»
Acker Bilk

La creencia popular afirma que el relajante y cautivador tema instrumental «Stranger On The Shore», de Acker Bilk, se compuso para la banda sonora de una exitosa serie de la BBC y que fue su reiterada exposición al público lo que la catapultó al número uno del Reino Unido.

Bilk ya hacía largo tiempo que era un reconocido artista del trad jazz británico. En realidad, el tema se le ocurrió en la parte trasera de un taxi londinense, y en un principio lo tituló «Jenny», como una de sus hijas. Cuando la BBC le propuso utilizar la melodía para una serie que iba a estrenar próximamente, aceptó y le cambió el título. No fue la televisión quien lo llevó a la cima de las listas de éxitos. De hecho, la serie sólo tenía cinco capítulos y a mediados de octubre, seis semanas antes de que la sublime melodía entrara en las posiciones más bajas de la lista de éxitos británica, ya había terminado de emitirse. Al contrario de lo que se cree, fue la acertada retransmisión de una radio que no se subía al carro de la moda y la capacidad de la audiencia en reconocer una buena canción, lo que mandó a Mr. Acker Bilk With The Leon Young String Chorale, como se les anunciaba, al número dos de las listas.

«Stranger On The Shore» fue un éxito todavía mayor en Estados Unidos (donde la serie nunca se emitió). Alcanzó el número uno de *Billboard* el 26 de mayo de 1962, y situó en el candelero una serie de versiones casi olvidadas del tema. Fue el mayor logro de Bilk. No obstante, a pesar de su característico bombín y su llamativo chaleco, el artista careció del carisma de los grupos de música beat británicos que pronto aparecerían en escena, y el hecho de haber sido el primer británico en alcanzar el número uno de las listas estadounidenses pareció no tener mayor trascendencia.
Johnny Black

Fecha de lanzamiento
Noviembre de 1961

País Reino Unido

Compositor Bernard «Acker» Bilk

Por qué es clave
La creencia popular alrededor del tema es un mito, pero lo que logró es bien auténtico.

Pág. anterior **Acker Bilk**.

Personaje clave
Joe Meek

Cuando el tema «Telstar», de Tornadoes, alcanzó la cima de la lista de *Billboard* el 22 de diciembre de 1962, el por entonces poco frecuente éxito transatlántico de un disco británico puso de relieve las extraordinarias habilidades del hombre que lo había producido, Joe Meek, el equivalente inglés de Phil Spector.

Meek, nacido en 1929, se licenció en la universidad y pasó de ser técnico de radio de la Royal Air Force a ingeniero de sonido de los estudios londinenses IBC y, más tarde, de los estudios Lansdowne. Perfeccionó su oficio trabajando para nada más y nada menos que Frankie Vaughan, Petula Clark y Lonnie Donegan. Cuando en 1960 fundó RGM Sound, su propio estudio de grabación, produjo para artistas de menor popularidad, pero la excepcional calidad sonora que confería a sus discos aseguraban triunfos en el *hit parade*. El tema «Johnny Remember Me» –cantado por la estrella de telenovelas John Leyton– era una novedad, pero su atmósfera surrealista y jadeante le otorgó el estatus de clásico. «Telstar» era un tema instrumental que –por cortesía de algún pionero en la manipulación de cintas magnetofónicas– sonaba tan futurista como el satélite de comunicaciones inaugural, lanzado en julio de 1962. De forma sorprendente, semejantes experimentos sonoros –así como innovaciones de Meek en overdub, eco y reverberación– se producían en el propio piso de Meek, cuyas paredes estaban cubiertas de equipos y habitaciones siempre disponibles para albergar a los músicos que tocaban. Curiosamente, la casera, que vivía abajo, se quejaba del ruido.

Atormentado por su homosexualidad y la falta de éxitos, Meek se suicidó en 1967 tras matar a la casera.
Sean Egan

Rol Productor

Fecha 1962

Nacionalidad Reino Unido

Por qué es clave Un genio de la creación de efectos sonoros sin igual en la industria discográfica.

Canción clave
«The Stripper»

Si quieres evocar en la mente de alguien el ambiente del circo, de un baile tradicional o de una misa, tienes varias músicas a las que recurrir; sin embargo, si tu objetivo es que piense en un *striptease*, sólo tienes una: el tema «The Stripper», de David Rose.

Rose, nacido en 1910, obtuvo un éxito considerable como compositor, arreglista y director de orquesta. Su currículum incluye temas como «Holiday For Springs», «Calypso Melody» y bandas sonoras para series de televisión como *Bonanza* y *Little House On The Prairie* (*La casa de la pradera*). También fue el director musical de *The Red Skelton Show*. «The Stripper», compuesta originalmente en 1958 para el programa de televisión *Burlesque*, se acabó lanzando comercialmente sólo porque MGM necesitaba un tema para la cara B del single «Ebb Tide». El 7 de julio de 1962, la cara B alcanzó el número uno de Estados Unidos.

Con su retumbante melodía y orquestación jazzísticas –la parte central de los instrumentos de metal parece casi lasciva–, esta maravillosa e impía pieza instrumental se ha convertido en acompañamiento musical por excelencia del arte del que se desnuda frente a otro, eclipsando a «Let Me Entertain You» (de Gypsy) y manteniendo a distancia sin esfuerzo la competencia posterior de «You Can Leave Your Hat On», que en cualquier caso es una canción de *striptease* masculino. «The Stripper» se ha utilizado en incontables películas, programas de televisión, dibujos animados y anuncios, y es la primera y única verdadera opción de cualquier editor que necesite la atmósfera musical para un voluptuoso personaje femenino o, simplemente, para una vulgar escena erótica.

Michael Portantiere

Fecha de entrada al n.º 1 en Estados Unidos 7 de julio de 1962

País Estados Unidos

Compositor David Rose

Por qué es clave Ningún otro tema musical se asocia tanto con un acto concreto.

Espectáculo clave
James Brown actúa en el Apollo Theatre

James Brown fue elegido por primera vez estrella número uno del R&B de Estados Unidos en 1962. El artista no se durmió en los laureles, y el 24 de octubre del mismo año saltó al escenario del Teatro Apollo, en Harlem, dispuesto a demostrar que los elogios eran merecidos. Supo ganarse hábilmente al público, demostrándole que, en un concierto, es tan importante como el artista y que no es necesario que éste sea un ídolo de masas para dejarse la piel en el escenario. Optó por intensificar sus gritos de soul antes de caer en los alaridos aterciopelados y llevaba continuamente al público al éxtasis, sobre todo a las mujeres, quienes estallaban en gritos y respondían frenéticas a las llamadas del cantante. La interpretación de 11 minutos de «Lost Someone» fue aumentando gradualmente la temperatura del espectáculo y, acto seguido, la banda de Brown, The Famous Flames, sonó atronadora en el suplicante *hit* «Please, Please, Please», desatando el delirio descontrolado del público.

Fue la cúspide del espectáculo teatral del góspel en el soul sureño realizado en un recinto secular.

Por suerte para los que no estábamos allí, el acontecimiento se grabó para la posteridad. Pocos artistas habían realizado antes álbumes en vivo, y mucho menos de R&B, género del que ni siquiera se vendían demasiados álbumes de estudio. Las limitaciones tecnológicas y la percepción de falta de demanda hicieron que Brown tuviera que financiarse él mismo la grabación.

El hecho de que *James Brown Live At The Apollo* alcanzara el número dos de la lista de *Billboard* y se mantuviera durante 14 meses en la lista de éxitos del pop convenció a la industria de que los álbumes en vivo y los LP de R&B sí tenían futuro.

Chris Goodman

Fecha 24 de octubre de 1962

Recinto Apollo Theatre, Nueva York

País Estados Unidos

Por qué es clave El espectáculo que dejó claro por qué James Brown era la mayor atracción en vivo del soul.

Pág. siguiente
Fans de James Brown.

Personaje clave
Ray Charles

Dado que Ray Charles (1930-2004) creció escuchando un abanico de géneros musicales que incluía el góspel, el blues, el jazz, el country y las *big bands*, no sorprende que su carrera artística se caracterizara por una gran habilidad en plasmar su estilo personal e inimitable en cualquiera de los géneros que abordara.

Sin embargo, no fue así desde el inicio, ya que, en los primeros discos, Charles quiso imitar el estilo popular más modoso de su ídolo Nat «King» Cole. Su contrato con la discográfica Atlantic, en 1952, coincidió con el desarrollo de lo que acabaría siendo su estilo distintivo, lo que él llamó una vez «esta música espiritual y eclesiástica, religiosa o de evangelio». Fundiendo el secular R&B con el fervor del góspel, creó un nuevo sonido lleno de fuerza: el soul. No obstante, su carrera estuvo marcada por un gran eclecticismo. En la década de 1950, hizo incursiones en el jazz, que culminaron en el aclamado disco de 1961, *Genius + Soul = Jazz*, con arreglos de Quincy Jones.

Por su gran versatilidad, Charles sorprendió a casi todo el mundo aportando una carga de soul al idioma del country en al álbum esencial *Modern Sounds In Country And Western Music* (1962), un superventas que aportaba su toque galvanizante a clásicos del country como «I Can't Stop Loving You» y «You Don't Know Me».

Después de la década de 1960, decepcionó a muchos por su giro hacia un pop más suave, y consternó todavía más cuando dejó de componer para cantar versiones de otros; pero, a pesar de todo, siempre será recordado como un auténtico revolucionario de la música.
Tierney Smith

Rol Artista de grabaciones

Fecha 1962

Nacionalidad Estados Unidos

Por qué es clave
El hombre que revolucionó el R&B (entre otras cosas).

Personaje clave
Phil Spector

Aunque Phil Spector empezara como compositor, estaba destinado a convertirse en el mejor productor de la década de 1960, y quizás de la historia. Cuando formaba parte de la banda Teddy Bears, el joven prodigio judío ya había compuesto el número uno en Estados Unidos «To Know Him Is To Love Him» (1958). No obstante, su primer tema importante como productor fue «He's Rebel», interpretado por el grupo femenino The Crystals. El 3 de noviembre de 1962, la canción alcanzó el número uno en Estados Unidos y anunció la llegada del apasionado y espectacular sonido para adolescentes que, por su monumental presencia, el genio llamaría «the Wall of Sound».

Esta nueva técnica de producción de sonido –cuyo primer ejemplo perfecto es el demencial pero, en cierto modo, elegante éxito de The Crystals de 1963, «Da Doo Ron Ron»– se desarrolló de forma obsesiva en los estudios Goldstar de Hollywood, con músicos de sesión que tocaban guitarras dobladas, instrumentos

de cuerda, trompas y percusión, en una original y dramática orquestación que contrastaba con la letra simplista a la que acompañaba. En Philles, su propio sello discográfico, Spector promocionó a grupos femeninos como The Ronettes («Be My Baby», 1963) y su predilecto dúo de soul The Righteous Brothers («You've Lost That Lovin' Feelin'», 1964). Estos grandes éxitos internacionales motivaron una oleada de grabaciones de versiones que lo mantuvieron en lo más alto como el productor estrella hasta 1966. Ese año el fracaso de lo que él consideraba su obra maestra, «River Deep, Mountain High», interpretado por Ike y Tina Turner, acentuó el lado excéntrico del genio, y le envió a una reclusión que sólo abandonaría para colaborar en los últimos discos de The Beatles; una interrupción en su carrera de la que nunca se ha llegado a recuperar.
Ignacio Julià

Rol Productor

Fecha 1962

Nacionalidad Estados Unidos

Por qué es clave
Impulsó el rock'n'roll más allá de cualquier límite.

Personajes clave
Barry Mann y Cynthia Weil

Barry Mann y Cynthia Weil se conocieron mientras ambos trabajaban para los editores musicales Aldon. Se casaron en agosto de 1961, justo cuando el tema «Bless You», interpretado por Tony Orlando, les aportaba su primer éxito conjunto.

Le siguieron una serie de obras maestras del pop comercial, como la descomunalmente neurótica, «You've Lost That Lovin' Feelin'», compuesta para The Righteous Brothers en colaboración con Phil Spector y otro compositor de éxito. Si bien el dúo tenía un don para componer canciones de amor excepcionales, a veces las letras de Weil llevaban la conciencia social y el realismo urbano al mercado del pop adolescente. Notable ejemplo de ello es «Uptown» (The Crystals), que habla sobre las humillaciones que tiene que soportar un trabajador no cualificado. El tema entró en el Top 40 de *Billboard* el 28 de abril de 1962. Su estilo osado y espabilado dio también como resultado un clásico de las bandas de garage rock,

el aleccionador cuento antidroga «Kicks» (Paul Revere & The Raiders), y el igualmente disuasorio «We've Gotta Get Out Of This Place» (The Animals). También colaboraron con Leiber y Stoller en la composición de «On Broadway», de The Drifters.

A diferencia de muchos otros compositores de la década de 1960, el equipo Mann/Weil también prosperaría en las décadas subsiguientes: «Here You Come Again» (1977) llevó a la superestrella del country Dolly Parton a la corriente dominante del pop; «Don't Know Much» (1989) reactivó las carreras de Aaron Neville y Linda Ronstadt; y la banda sonora de *An American Tail* (*Fievel y el nuevo mundo*, 1987), «Somewhere Out There», ganó dos premios Grammy. En 1997, el dúo demostró su solidez y versatilidad una vez más componiendo el single Top 10 en Estados Unidos «I Will Come To You», interpretada por el grupo de ídolos adolescentes Hanson.
David Wells

Rol Compositores

Fecha 1962

Nacionalidad Estados Unidos

Por qué es clave
El pop Brill Building toma conciencia sociopolítica.

Acontecimiento clave
Apertura del Ealing Club

«Había tanta humedad que tuvieron que cubrir la carpa con una horrible sábana para que las gotas causadas por la condensación no te cayeran encima», recordó una vez Mick Jagger sobre el Ealing Club de West London, que abrió sus puertas a los socios entusiastas del blues y el R&B el 17 de marzo de 1962. Aunque era difícil que su promoción del género tuviera repercusiones reales, la influencia que el club acabó ejerciendo sobre la explosión del R&B a comienzos de la década de 1960 en el Reino Unido, y por extensión, del rock de la década de 1960, es inmensurable.

Su fundador fue el guitarrista y cantante Alexis Korner, quien, junto con el también cantante e intérprete de armónica Cyril Davies, dirigía Blues Incorporated. Apenas un mes después de la apertura del club, Korner presentó a Brian Jomes a Mick Jagger, un acontecimiento que llevó a la formación de The Rollings Stones. Este solo hecho ya daría suficiente importancia a la sala de conciertos, pero es que la lista de artistas que acabaron

siendo superestrellas del rock de la década de 1960 y que tuvieron su primera gran oportunidad y/o posibilidad de perfeccionar su arte en el Ealing no termina aquí: Ginger Baker y Jack Bruce (ambos de la banda Cream), Eric Burdon (The Animals), Paul Jones (Manfred Mann) y Rod Stewart, entre otros. Los Stones tocaban en el club regularmente, y su última aparición allí tuvo lugar en marzo de 1963. Otros nombres menos célebres que sin embargo también han sido muy influyentes en esta importante escena del blues británico y que eran regulares del Ealing Club son, por ejemplo, Graham Bond y Long John Baldry.

En la actualidad, la sala de conciertos es un club llamado The Red Room.
Fred Dellar

Fecha 17 de marzo de 1962

País Reino Unido

Por qué es clave La sala de conciertos que fue el campo de entrenamiento de las estrellas del rock de la década de 1960.

Canción clave «Wipe Out»
The Surfaris

En la década de 1960, no había nada que pudiera unir de igual modo a un comedor repleto de estudiantes de primaria locos por la radio como un grupo de preadolescentes aporreando al unísono el ritmo tribal de «Wipe Out» de The Surfaris sobre la superficie más cercana que tuvieran a mano. El rock'n'roll siempre había encendido los ánimos de generaciones mayores y más conservadoras por su incitación a la rebelión, pero pocos habrían imaginado que un tema instrumental se consideraría subversivo.

Esta demencial perla, que junto con «Louie, Louie», de The Kingsmen, se convertiría en una de las piezas clave del garage rock estadounidense, se compuso y grabó en apenas 10 minutos de la mano de los jóvenes The Surfaris, que necesitaban una cara B de relleno para su tema principal, «Surfer Joe». Sorprendentemente, sin embargo, fue «Wipe Out» y no «Surfer Joe» el que entró en el Top 40 de *Billboard* el 6 de julio de 1963, y unas semanas más tarde alcanzó los primeros puestos del Top 5 justo por detrás de «Fingertips».

El tema era un «percusivo» tributo a la banda de pasacalles del instituto del batería del grupo, Ron Wilson, adornado, tras una perversa carcajada, con un entusiasta *riff* punteado de guitarra. La fuerza de este primitivo tema hizo que reapareciera en el Top 20 de 1966, dominado por The Beatles y Motown; además, en 1987 dio a los Fat Boys y a los Beach Boys un éxito conjunto sin igual, y ha sido aclamado por nada menos que Daniel Lanois como la razón por la que decidió ser productor musical. Pero lo quequizás sea más revelador es que, la canción que décadas atrás revolucionara a los rebeldes escolares se convirtió en el único tema instrumental de la lista «Canciones con letras inapropiadas» que Clear Channel Communications realizó tras el 11-S.
Gary Pig Gold

Fecha de lanzamiento
Diciembre de 1962

País Estados Unidos

Compositores
Bob Berryhill, Patrick Connolly, Jim Fuller, Ron Wilson

Por qué es clave
A pesar de no tener letra, se ha considerado una incitación a la rebelión.

Canción clave «Green Onions»
Booker T & The M.G.s

«Green Onions» es quizás el éxito instrumental más famoso de todos los tiempos. Booker T & The M.G.s eran la banda de la casa de la discográfica Stax, de Memphis, el homólogo osado de la más precavida Motown. «Green Onions» era la cara B de otro tema instrumental, «Behave Yourself», grabado un domingo que el cantante de rockabilly Billy Lee Riley no se presentó a la sesión. De forma unánime, los DJ de la radio favorecieron la cara B, un irresistible blues boogie basado en la fresca melodía de órgano de Booker T. Jones y el punteo de guitarra de Steve Cropper.

Entró en el Top 40 de *Billboard* el 1 de septiembre de 1962 y alcanzó el número tres. En 1979, también se convertiría en un tardío Top 10 en el Reino Unido tras formar parte de la banda sonora de la película *Quadrophenia*.

En unos estados sureños donde todavía existía la segregación racial, la naturaleza de M.G.s (Memphis Group) era una verdadera declaración de intenciones: Jones, el bajista Lewis Steinberg y el batería Al Jackson eran negros, mientras que Cropper era blanco. Más tarde, cuando Donald «Duck» Dunn reemplazó a Steinberg, el hecho de que la banda estuviera formada por dos músicos negros y dos blancos aumentó todavía más su carga simbólica.

La discográfica y Cropper ya habían obtenido un éxito instrumental pop en 1961 con «Last Night», de Mar-Keys, pero en ese momento el sello se llamaba Satellite. «Green Onions» fue, por tanto, el primer gran éxito de la rebautizada Stax, consolidándola y allanándole el camino para trabajar con Otis Redding, Sam y Dave y otros grandes nombres del soul, muchos de los cuales estuvieron acompañados por Boker T & The M.G.s.
Chris Goodman

Fecha de lanzamiento
Agosto de 1962

País Estados Unidos

Compositores Steve Cropper, Al Jackson, Jr. Booker T Jones, Lewis Steinberg

Por qué es clave Fue una muestra de cooperación interracial a través de la música, y además demostró la viabilidad de los temas instrumentales al público del rock y el soul.

Álbum clave *Let's Face The Music*
Shirley Bassey

Shirley Bassey ya era una artista consolidada por haber interpretado con su potente voz temas como «Kiss Me, Honey, Honey, Kiss Me» y «As Long As He Needs Me», cuando en 1962 se embarcó en una gira británica de diez días en compañía del prestigioso arreglista y director de orquesta estadounidense Nelson Riddle. Famoso por sus trabajos con Judy Garland, Nat «King» Cole y, notablemente, Frank Sinatra, Riddle estaba disponible para Bassey porque Sinatra había abandonado la discográfica Capitol, con la que él trabajaba, y se había pasado a Reprise, lo que significaba que el cantante y el arreglista ya no podían continuar colaborando juntos.

A Bassey y Riddle les fue tan bien que enseguida trazaron planes para una colaboración en estudio: días después de acabar la gira empezaron a grabar el álbum *Let's Face The Music*. A pesar de la rapidez con la que trabajaron (Riddle concibió los arreglos de «What Now My Love?» la misma mañana de la grabación y algunos fragmentos de la orquesta

se le ocurrieron en medio de la sesión), la parca instrumentación «a la americana» sacó lo mejor de la cantante, quien descubrió una nueva sutileza vocal con la que interpretó magistralmente clásicos como «Let's Fall In Love», «I Get A Kick Out Of You», y la canción que da el título al álbum. *Let's face the music* se lanzó en diciembre de 1962, tras el single Top 5 «What Now My Love?», y se convirtió en un enorme éxito que todavía se mantiene como el mayor éxito de la larga carrera de Bassey.
David Wells

Fecha de lanzamiento
Diciembre de 1962

País Reino Unido

Lista de temas Let's Face The Music And Dance, I Should Care, Let's Fall In Love, Second Time Around, Imagination, All The Things You Are, I Get A Kick Out Of You, Everything I Have Is Yours, Spring Is Here, All Of Me, I Can't Get You Out Of My Mind, What Now My Love?

Por qué es clave La diva galesa debe la actuación de su vida al arreglista de Sinatra.

Álbum clave *Howlin' Wolf*
Howlin' Wolf

Aunque, de hecho, se trataba de una recopilación de singles de 1957 a 1961, el LP *Howlin' Wolf* –también conocido como «the rocking chair album» por la ilustración de la portada– está considerado por muchos el álbum definitivo del electric blues de Chicago. Gran parte de su brutal potencia se debía a la imponente voz ronca de Wolf (nombre artístico de Chester Burnett). No obstante, igual mérito tenían los impetuosos acordes de la guitarra, que le dieron un nuevo toque intimidante, incluso atemorizante, al formato clásico del electric blues de Chicago de la década de 1950. La discográfica Chess lo lanzó como un álbum de blues, pero el trabajo tenía una calidad intrépida y temeraria. Tal vez inconscientemente, era una mezcla de rock y blues en un momento en que el término blues-rock aún no se había inventado.

Aunque ninguno de sus temas fueron éxitos (ni siquiera en las listas del R&B), sus creadores no podían haber previsto la influencia que ejerció el LP.

Al otro lado del Atlántico, el disco cautivó a los jóvenes grupos británicos que creaban un electric blues haciendo virguerías con guitarras amplificadas. Dos de sus temas se acabaron convirtiendo en estándares gracias a la aparición de sendas versiones de gran éxito. En primer lugar, «The Red Rooster», que The Rolling Stones, con el escalofriante slide de guitarra de Brian Jones, llevaron a la cima de las listas británicas en 1964 (bajo el título «Little Red Rooster»). De igual modo, la banda Cream llevó el tema «Spoonful» al público internacional. En la revista *Guitar Player*, Eric Clapton colmó de elogios de forma especial al guitarrista de Wolf, Hubert Sumlin: «Hacía cosas que me hacían alucinar… Es realmente increíble».
Richie Unterberger

Fecha de lanzamiento
1962

País Estados Unidos

Lista de temas Shake For Me, The Red Rooster, You'll Be Mine, Who's Been Talkin', Wang Wang Doodle, Little Baby, Spoonful, Going Down Slow, Down In The Bottom, Back Door Man, Howlin' For My Baby, Tell Me

Por qué es clave
El álbum del blues de Chicago cuyo contenido tuvo inesperadas repercusiones al otro lado del Atlántico.

Espectáculo clave *Ready Steady Go!* programa de televisión

El programa de música pop de la televisión británica *Ready Steady Go!* se emitió por primera vez la noche del viernes día 9 de agosto de 1963. Su lema era «El fin de semana empieza aquí», y para muchos, la frase no era una promoción exagerada.

Originalmente sólo se veía en el área de Londres, pero a partir de 1964 pasó a emitirse a nivel nacional. Su enfoque informal reflejaba la nueva generación de jóvenes modernos y dio al programa un verdadero impulso: el público, en vez de estar sentado, bailaba. El desafío a las buenas costumbres por el que apostaron los productores quedó ilustrado por la queja de un espectador, quien dijo refiriéndose a los bailarines: «¡Uno de ellos incluso llevaba gorra!». En consonancia con la audiencia objetivo, la presentadora era la adolescente Cathy McGowan, seleccionada a través de anuncios en revistas. La acompañaba el presentador Keith Fordyce, más convencional y quien llevaba el timón.El programa rezumó vitalidad desde la primera actuación, en que Manfred Mann interpretó el tema «5-4-3-2-1».

Aunque el 23 de diciembre de 1966 dejó de emitirse, víctima de formatos más avanzados, en sus buenos tiempos fue el programa más de moda, superando de lejos a sus rivales, como *Top Of The Pops*. No obstante, llegado 1965, en el programa se echaban de menos grandes talentos (como Donovan o Jimi Hendrix), las canciones se tocaban de principio a fin y ni siquiera se permitía a los artistas cantar en *playback*.

El programa simbolizó el Swinging Britain y se convirtió en el escenario en que todo el que valiera la pena tenía que subir –The Beatles, The Rolling Stones, Dusty Springfield y James Brown, entre muchos otros–. Pero, como dijo Brian Poole, de The Tremoloes, «Lo más importante de *Ready Steady Go!* era siempre el público. Nosotros simplemente éramos un elemento más».

Fred Dellar

Fecha 9 de agosto de 1963

País Reino Unido

Por qué es clave El programa televisivo de música pop más importante de la década de 1960 en el Reino Unido.

1960-1969

293

Canción clave «She Loves You» The Beatles

En el verano de 1963, The Beatles habían acumulado tres singles de éxito compuestos por ellos mismos, una imagen única (la longitud de sus cabelleras era sorprendente para la época), cierta innovación (la melodía de «From Me To You») y un buen álbum de debut. Sin embargo, hasta ese momento, nada hacía prever su potencial como fenómeno musical y sociológico, más allá de ser una simple banda de pop de calidad. «She Loves You» fue la clave del cambio.

Era su cuarto single en el Reino Unido, un maravilloso cóctel que parecía casi hecho a medida del grupo para resumir las cualidades de su peculiar atractivo: desde las voces al unísono de John Lennon y Paul McCartney a la forma como el incesante chisporroteo del *hi-hat* del batería Ringo Starr llevaba a la cámara a realizar tomas en primer plano de su rostro balanceándose sonriente, o el alegre «Whooh!» con el que McCartney y el guitarrista George Harrison adornaban el punto álgido de cada verso. Pero era mucho más que eso, ya que la canción poseía un espíritu jubiloso, un ritmo trepidante y un tono informal (el padre de McCartney se sintió algo ofendido porque el estribillo fuera «Yeah, yeah, yeah!» en vez de «Yes, yes, yes»), lo que reflejaba a la perfección una generación impaciente por crear un nuevo mundo más osado. La novedad de que el narrador hablara en segunda persona –la letra pedía a un amigo que se disculpara con su novia por haberse portado mal con ella– personificó la transgresión de la Gestalt.

Aunque en el debate sobre las canciones que resumen la década de 1960 raramente se menciona este tema, lo cierto es que casi todo en él sintetiza el espíritu joven, fresco, optimista e insurgente de esa agitada década.

Sean Egan

Fecha de lanzamiento Agosto de 1963

País Reino Unido

Compositores John Lennon, Paul McCartney

Por qué es clave El tema que realmente resume la década de 1960.

Pág. anterior George Harrison, Paul McCartney y John Lennon.

Acontecimiento clave **Folk en el discurso de Luther King «I have a dream»**

La marcha sobre Washington del 28 de agosto de 1963 marcó el extraordinario apogeo del Movimiento por los Derechos Civiles de Estados Unidos, con 250.000 personas manifestándose en la capital de la nación contra la segregación racial y por la igualdad. Probablemente, la frase más citada del acontecimiento que tuvo lugar ese día sea «I have a dream», de Martin Luther King, que no sólo da nombre a uno de los discursos más célebres de la historia del Movimiento por los Derechos Civiles, sino que es una de las declaraciones más famosas del siglo xx. Analizado en retrospectiva, el día también marcó el momento álgido de la implicación del resurgimiento del folk en el movimiento, que venía intensificándose desde la elección del presidente John F. Kennedy a comienzos de la década. Las tres actuaciones de folk más populares e influyentes de la época tuvieron lugar durante la marcha: la de la solista más querida (Joan Baez), la del grupo de mayor éxito comercial (Peter, Paul & Mary) y la del cantautor de temas de contenido social más admirado (Bob Dylan).

Pero si los tiempos estaban cambiando, también ellos pronto cambiarían. Aunque Baez y Peter, Paul & Mary continuarían defendiendo las causas sociales, su popularidad fue apagándose gradualmente; las reivindicaciones de los afroamericanos por los derechos civiles tomarían un rumbo más militante, y sus organizaciones se alejarían de las acomodadas simpatías de los blancos; Dylan abandonó la canción protesta y apostó por un sonido más eléctrico que disparó su popularidad. Pero, a pesar de todo, se había sentado un precedente en la defensa de las causas liberales y progresistas por parte de los músicos populares, lo que allanaría el camino para acontecimientos como el Live Aid e innumerables conciertos benéficos en décadas posteriores.
Richie Unterberger

Fecha 28 de agosto de 1963

País Estados Unidos

Por qué es clave
El momento culminante de la interrelación entre la música folk y el activismo político.

Pág. siguiente
Bob Dylan y Joan Baez.

1960-1969

294

Álbum clave *The Barbra Streisand Album*
Barbra Streisand

Teniendo en cuenta todos los esfuerzos que hizo la artista para conseguir un contrato con Columbia Records –cuyo primer fruto fue *The Barbra Streisand Album*– resulta increíble que, por lo que parece, iniciara su carrera de cantante sólo como trampolín para sus otras carreras de actriz y directora.

Aunque ya llamaba la atención cuando actuaba sobre los escenarios y en locales nocturnos, al principio, el presidente de Columbia, Goddard Lieberson, creía que era «demasiado especial» para vender álbumes. Finalmente, sin embargo, cedió y fue una sabia decisión. Peter Matz arregló y dirigió la composición, que incluía algunos de los temas más destacados de actuaciones de Streisand en locales nocturnos, como su versión lenta del himno de la Gran Depresión «Happy Days Are Here Again», su acertada adaptación de la canción más popular de Julie London, «Cry Me A River», y su seductora interpretación de «A Sleepin' Bee», del musical *House Of Flowers*. La voz de Streisand sonaba hermosa, clara, potente y versátil en todo el álbum. El LP irrumpió en el Top 10 de Estados Unidos, se mantuvo en las listas de éxitos cerca de dos años, consiguió el disco de oro y ganó el premio Grammy al álbum del año. En el momento en que fue lanzado, Streisand todavía no había cumplido 21 años, pero a juzgar por su posterior carrera, ya tenía en mente dedicarse a otras disciplinas, en las que, con todo, no sobresalió tanto como en la de cantante.
William Ruhlmann

Fecha de lanzamiento
25 de febrero de 1963

País Estados Unidos

Lista de temas Cry Me A River, My Honey's Lovin' Arms, I'll Tell The Man In The Street, A Taste Of Honey, Who's Afraid Of The Big Bad Wolf?, Soon It's Gonna Rain, Happy Days Are Here Again, Keepin' Out Of Mischief Now, Much More, Come To The Supermarket In Old Peking, A Sleepin' Bee

Por qué es clave
Demostró que un artista no necesariamente sabe en qué tiene talento.

Acontecimiento clave
La muerte de Patsy Cline

Las muertes de Brian Jones, Jimi Hendrix, Jim Morrison y Tupac Shakur se vieron envueltas en tantos rumores y teorías de la conspiración, que la idea de que una estrella del pop pudiese morir en un simple accidente pasó a ser algo extraño. Sin embargo, esta forma de pensar aún era poco frecuente cuando el 5 de marzo de 1963 Patsy Cline perdió la vida en una catástrofe aérea.

Tras sufrir un accidente de moto casi fatal en 1961, la cantante había comentado a sus amigos que temía una muerte cercana. Esto fue más que suficiente para que muchos pensaran que su fallecimiento estaba envuelto en un halo de misterio , una idea que se reforzó cuando la estrella del country Jack Anglin murió en un accidente de coche mientras se dirigía al funeral de Cline. En años posteriores, el mito se extendió. En la década de 1990, la adolescente LeAnn Rimes grabó el tema «Blue», que Cline tenía que haber cantado en la que

habría sido su siguiente sesión de estudio si no hubiera muerto. La voz de Rime guardaba un asombroso parecido con la de la cantante fallecida, y al extenderse el rumor de que «la canción perdida de Cline» estaba maldita, otros artistas evitaron grabarla. Sin embargo, al menos tres cantantes más la grabaron antes que Rimes, y tampoco se sabe con absoluta certeza que Cline tuviera previsto grabarla.

La verdadera pena de esta leyenda es que parece olvidar que un gran talento pereció en la flor de la vida, con tan sólo 30 años y con lo mejor de su carrera musical probablemente aún por llegar.
Angus Batey

Fecha 5 de marzo de 1963

País Estados Unidos

Por qué es clave
Una de las primeras muertes de un artista famoso en crear un mito popular.

Grupo clave
The 4 Seasons

Por muchos «Woo!» de Little Richard, mucho cante agudo y apasionado de Gene Chandler en «Duke Of Earl» o mucha melodía surfera de The Beach Boys, nadie, absolutamente nadie, tenía una voz tan aguda y melodramática como Frankie Valli, de The Four Seasons. Para muchos detractores, su falsete cruzaba la línea entre lo agudo y lo estridente, y el hecho de que cantara «Walk Like A Man» (andar como un hombre) como una mujer, provocaba carcajadas. Sin embargo, muchos oyentes soportaban su falsete con placer: «Walk Like A Man» alcanzó el número uno de Estados Unidos el 2 de marzo de 1963 y se convirtió en el tercer gran éxito en las listas de la banda, tras «Sherry» y «Big Girls Don't Cry» (1962).

Aunque, a veces, algunos tachaban de artificio el falsete de Valli, era una de las características principales de The 4 Seasons, cuyas canciones, normalmente compuestas por el miembro del grupo Bob Gaudio y el productor Bob Crewe, también

empleaban amables melodías de acompañamiento, optimistas y sumamente pegadizas, y arreglos musicales espléndidos y originales. Al menos durante un par de años, ni siquiera la invasión británica pudo poner trabas a su imparable carrera, ya que entre 1964 y 1965 tuvieron en el número uno o cerca de él grandes éxitos como «Rag Doll», «Dawn» y «Let's Hang On».

No obstante, aunque intentaron mantenerse al nivel de los subsiguientes pasos evolutivos musicales liderados por The Beatles, al parecer, su público quería que siguieran siendo un simple grupo comercial: su osado álbum conceptual *Genuine Imitation Life Gazette* no tuvo éxito.
Richie Unterberger

Rol Artistas de grabaciones

Fecha 1963

Nacionalidad Estados Unidos

Por qué es clave
Hizo alarde del falsete más agudo y operístico nunca antes oído en la música pop.

Canción clave «Can't Get Used To Losing You» Andy Williams

El primer tema de Andy Williams en alcanzar el número uno de Estados Unidos fue «Butterfly», animada canción roquera al estilo de Elvis Presley, en 1956, durante el apogeo del rock'n'roll. Una vez que esta estrategia le hubo servido para tener presencia en las listas de éxitos, pronto volvió a un estilo más comúnmente aceptado y apropiado a su forma de cantar melosa y sus considerables dotes interpretativas. Ejemplo de ello fue «Can't Get Used To Losing You», que entró en el Top 40 de *Billboard* el 23 de marzo de 1963 y fue escalando puestos hasta llegar al número dos. Fue un éxito sorprendente para un artista más orientado a los álbumes que a los singles.

Este clásico de la música ligera, escrito por el legendario equipo de compositores Doc Pomus y Mort Shuman, es un encantador himno triunfal al amor perdido, caracterizado por una letra melancólica y a la vez irónica (Williams afirma que encontrará a alguien a quien amar, y luego añade: «¿A quién quiero engañar?

Sólo a mí mismo»). Williams empleó la técnica del *doubletracking* en su voz (fue uno de los primeros en hacerlo), armonizándola con su propia línea melódica en el coro. El *pizzicato* a contratiempo con la letra enfatiza el característico gancho de las pausas de la canción, mientras que el coro presenta una combinación de voces de acompañamiento femeninas y suaves instrumentos de cuerda.

Al inicio, Williams consideró «tonta» la canción, y se mostró reacio a interpretarla en su popular programa de televisión. No obstante, su encanto nostálgico ha atraído a diferentes artistas durante décadas, como muestran las versiones de Percy Faith y Bobby Darin, entre otros. Sorprendentemente, el grupo del Reino Unido The (English) Beat tomó el elemento subyacente ska del *riff* sincopado, que es el signo distintivo de la canción, para componer su mayor éxito, un número tres en el Reino Unido en 1983.

Robert Dimery

Fecha de lanzamiento
Marzo de 1963

País Estados Unidos

Compositores Doc Pomus, Mort Shuman

Por qué es clave
Uno de los mayores clásicos de la música lounge.

Personajes Clave

Ellie Greenwich y Jeff Barry

Jeff Barry había iniciado una carrera como cantante por méritos propios antes de que su éxito como compositor (Ricky Valance alcanzó la cima de las listas de éxitos del Reino Unido con su «Tell Laura I Love Her») le llevara a un cambio de prioridades en su carrera. En octubre de 1962 se casó con Ellie Greenwich, una cantante y compositora con la que había colaborado anteriormente, y la pareja decidió centrarse exclusivamente en su trabajo conjunto como compositores.

Aunque formaron el grupo The Raindrops y también lanzaron singles en solitario, fue su trabajo en la sombra para otros artistas lo que los consolidó como uno de los puntos de referencia de la legendaria escena del Brill Building de Nueva York: el término que hacía referencia a la proliferación de compositores autónomos de éxito que trabajaban para editores musicales cuyas oficinas se situaban dentro y alrededor de este edificio de Nueva York a comienzos de la década de 1960.

Con la colaboración de Phil Spector, definieron el sonido de los grupos femeninos gracias a creaciones tan magníficas como «Da Doo Ron Ron» (que el 11 de mayo de 1963 se convirtió en el primer Top 40 de *Billboard* de la pareja), «Then He Kissed Me», «Be My Baby» y «Baby I Love You». Además, Leiber y Stoller los contrataron como compositores y productores para la discográfica Red Bird, y fruto de esta asociación apareció otra hornada de clásicos, como la dulce «Chapel Of Love» (The Dixie Cups), y la melodramática y por entonces escandalosa «Leader Of The Pack» (The Shangri-Las).

Se divorciaron a finales de 1965, pero continuaron componiendo juntos durante algún tiempo. De esta época traumática salieron clásicos como «River Deep, Mountain High» y «I Can Hear Music». Sin embargo, la tensión entre ellos se hizo demasiado evidente y el equipo de compositores Greenwich-Barry se disolvió.
David Wells

Rol Compositores

Fecha 1963

Nacionalidad Estados Unidos

Por qué es clave El equipo que personificó el pop Brill Building y definió el estilo de los grupos femeninos.

Canción clave «Louie, Louie»
The Kingsmen

«Louie, Louie» apenas es, a primera vista, el tema más popular de una banda de garage rock y la canción por excelencia de las fiestas de la década de 1960. No obstante, el FCC y el FBI lo veían como algo más siniestro.

Al inicio se lanzó como cara B de un disco de Richard Berry & The Pharoahs en 1957. Sus acordes fáciles y su ritmo primitivo la hacían perfecta como práctica para las bandas de músicos inexpertos, por lo que más de 300 artistas la grabaron, la mayoría del noroeste de Estados Unidos, que en la década de 1960 era el bastión de las discográficas independientes y las bandas de garage rock (grupos *amateurs* que se formaron por influencia de The Beatles). La tremenda versión de The Kingsmen, de Portland, Oregón, que entró en el Top 40 de *Billboard* el 30 de noviembre de 1963, era la mejor a pesar de la mala calidad de la grabación, que hizo que la letra de la canción que cantaba Jack Ely resultara aún más ininteligible (su falta de familiaridad con el vocabulario y el dialecto jamaicano en que curiosamente estaba escrita era el primer obstáculo para los oyentes).

La joven audiencia, como estaba acostumbrada, imaginaba mensajes depravadores en la historia cantada de un hombre que le dice al camarero, cuyo nombre da título a la canción, cuánto está deseando ver a su mujer. Es imposible saber exactamente cuántas horas pasaron los agentes del FED dándole vueltas al disco antes de llegar a la conclusión de que era imposible discernir obscenidad alguna, pero tardaron unos 31 meses en darse cuenta.

Andre Millard

Fecha de lanzamiento
1963

País Estados Unidos

Compositores
Richard Berry

Por qué es clave
La canción que llamó la atención de miles de bandas de garage rock; y de las autoridades.

Álbum clave *The Freewheelin' Bob Dylan*
Bob Dylan

En abril de 1962, Dylan inició las sesiones de grabación de su segundo álbum (cuyo título provisional era *Bob Dylan's Blues*) y cuando en diciembre de ese año se fue a Inglaterra, lo había dado por acabado. Sin embargo, el contacto del artista con la escena de los clubs de folk británico le inspiró a componer «Girl From The North Country» y «Bob Dylan's Dream», basadas respectivamente en los arreglos de las canciones tradicionales inglesas «Scarborough Fair» y «Lady Franklin's Lament», del guitarrista y cantante Martin Carthy.

A su regreso a casa, Dylan consideró que algunas de las canciones que había grabado para el álbum se le habían quedado pequeñas tras la experiencia, y lo renovó para incorporarle nuevo material. Las sesiones de grabación finalizaron en abril de 1963, y *The Freewheelin' Bob Dylan* (como finalmente se tituló) se lanzó al mes siguiente. El álbum representó un avance artístico asombroso en relación al discreto debut del artista, que sólo incluía un par de canciones propias, pero lo más importante es que mostraba un crecimiento espiritual. En vez de canciones del año catapún, presentaba temas que trataban sobre preocupaciones de una época cada vez más agitada. Alrededor de esas piedras angulares épicas como son «Masters Of War», la apocalíptica «A Hard Rain's A-Gonna Fall» y «Blowin' In The Wind» –canción que uno o dos meses más tarde, Peter, Paul and Mary convirtieron en un *hit* del pop, y que, más que cualquier otra, hizo célebre a su compositor– *The Freewheelin' Bob Dylan* reveló la existencia de una nueva gran voz de lo que se dio a conocer como canción protesta. Dylan estaba a punto de convertirse en el portavoz de una generación.

David Wells

Fecha de lanzamiento
Mayo de 1963

País Estados Unidos

Lista de temas Blowin' In The Wind, Girl From The North Country, Masters Of War, Down The Highway, Bob Dylan's Blues, A Hard Rain's A-gonna Fall, Don't Think Trice It's Alright, Bob Dylan's Dream, Oxford Town, Talkin' World War III Blues, Corrina Corrina, Honey Just Allow Me One More Chance, I Shall Be Free

Por qué es clave Abordó cuestiones de jóvenes.

Pág. anterior **Bob Dylan**.

Álbum clave *Night Beat*
Sam Cooke

Llegado 1963, Sam Cooke había consolidado una carrera como artista de grandes éxitos, llevando su singular mezcla de góspel, R&B y pop a los primeros puestos de las listas de éxitos, con temas como «You Send Me», «Cupid» y «Twistin' The Night Away». Sin embargo, el cantante y compositor era capaz de demostrar una profundidad mayor, más allá de las simples fórmulas ordenadas por el *hit parade*, y en septiembre de 1963, poco más de un año antes de su violenta e inesperada muerte, lo demostró con *Night Beat*.

Aunque en realidad este álbum no es tan conceptual como a veces se ha afirmado, sus canciones presentan cierta uniformidad, pues envuelven al oyente en un ambiente nocturno, a excepción del último tema, la versión blues de «Shake, Rattle, And Roll». Es también uno de los pocos álbumes de los inicios del soul elaborado como un LP consistente y no como una amalgama chapucera construida alrededor

de uno o dos singles de éxito. Aunque se grabó en apenas tres noches, en febrero de 1963, *Night Beat* resultó ser un trabajo sólido y aclamado.

Cooke pareció aprovechar la oportunidad para centrarse en un material que sonaba más a blues y en arreglos más basados en el teclado que anteriormente. También hizo un repaso a sus raíces góspel, con «Mean Old World» y «You Gotta Move». Sin embargo, el mejor tema fue el que acabó convirtiéndose en un single de éxito: su interpretación rebosante de chulería de la canción de Howlin' Wolf «Little Red Rooster», con un deleitoso groove *midtempo* y el órgano diabólico de un adolescente Billy Preston.
Richie Unterberger

Fecha de lanzamiento
Septiembre de 1963

País Estados Unidos

Lista de temas Nobody Knows The Trouble I've Seen, Lost And Lookin', Mean Old World, Please Don't Drive Me Away, I Lost Everything, Get Yourself Another Fool, Little Red Rooster, Laughin' And Clownin, Trouble Blues, You Gotta Move, Fool's Paradise, Shake, Rattle, And Roll

Por qué es clave
Uno de los primeros álbumes de soul de calidad.

Álbum clave *Little Deuce Coupe*
The Beach Boys

El bajista y compositor de The Beach Boys, Brian Wilson, de 21 años, compuso solo o en colaboración, arregló, interpretó y produjo nada más y nada menos que tres álbumes completos en apenas un año, 1963; un volumen de trabajo que para muchas bandas supone la carrera entera, y aún encontró tiempo para participar en siete giras y componer para sus colegas Jan & Dean un disco número uno en las listas de éxitos.

Por suerte, el joven prodigio pudo permitirse un respiro cuando la discográfica Capitol pidió sólo ocho originales nuevos para llenar el primero de muchos LP de Navidades de The Beach Boys. *Little Deuce Coupe* incluía cuatro temas viejos junto a una nueva hornada de canciones inéditas. Las letras de estas últimas abordaban cuestiones relacionadas con el mundo del motor, en un hábil intento de enganchar a ese sector de público que vivía en el interior y no podía ni practicar surf ni relacionarse con chicas surferas ni

pasear por la costa, y que, por tanto, no podía sentirse identificado con anteriores éxitos de la banda.

El álbum estaba integrado por odas algo lacrimógenas a automóviles destartalados y a chicas guapas locas por los coches, además de un tributo a capela al mayor conductor de bólidos adolescente de Estados Unidos, el fallecido James Dean. Todo esto dio a *Little Deuce Couple* un aire melancólico. El álbum alcanzó el Top 5. La banda pronto refinó su fórmula a cuatro ruedas y consiguió éxitos aún mayores con «I Get Around» y «Fun Fun Fun», pero incluso entonces Wilson, siempre incansable, ya tenía la vista puesta en territorios artísticos más profundos.
Gary Pig Gold

Fecha de lanzamiento
21 de octubre de 1963

País Estados Unidos

Lista de temas Little Deuce Coupe, Ballad Of Ole's Betsy, Be True To Your School, Car Crazy Cutie, Cherry Cherry Coupe, 409, Shut Down, Spirit Of America, Our Car Club, No-Go Showboat, A Young Man Is Gone, Custom Machine

Por qué es clave
The Beach Boys se sacan la etiqueta de banda surfera.

Pág. siguiente The Beach Boys.

Espectáculo clave *Half A Sixpence*
teatro musical

En la década de 1950, Larry Parnes era el mayor empresario de la industria británica del rock'n'roll y dirigía las carreras artísticas de nada más y nada menos que Tommy Steele, Marty Wilde, Vince Eager y Billy Fury, entre otros. No obstante, Parnes temía que el rock tuviera los días contados y su ambición era transformar a sus mejores músicos en artistas versátiles.

En 1962, el compositor David Heneker, que había compuesto el musical del West End *Expresso Bongo* (1958), le dijo a Parnes que estaba adaptando la novela de 1905 *Kipps, The Story Of A Simple Soul*, de H. G. Wells, para convertirla en un musical y quería que Steele fuera el protagonista. Steele, que era la primera estrella británica del rock'n'roll gracias al tema, bastante pésimo, «Rock With The Caveman» (1956), ya había empezado a aceptar el cambio de rumbo de su carrera propuesto por Parnes actuando en la película de 1959 *Tommy The Toreador*. Wells sabía

que *Half A Sixpence* era ideal para él. La obra narraba la historia de un intrépido chaval de clase obrera que parte en busca de fortuna pero acaba dándose cuenta de que la verdadera riqueza está al lado de los suyos. Se estrenó con gran expectación en el Cambridge Theatre el 21 de marzo de 1963. La estrella femenina era Marti Webb, con quien Steele mantenía un romance en la ficción. La banda sonora incluía la encantadora canción que da título a la obra, además de «If The Rain's Got To Far» y la largamente ovacionada «Flash, Bang, Wallop». El musical –junto con Steele– se trasladó a Broadway y a la gran pantalla.

Ciertamente, Steele acabó convirtiéndose en el artista «sano» de espectáculo familiar que su brillante sonrisa siempre había parecido predecir. En cambio, la desaparición del rock que Parnes temía, digamos que, de momento, aún no parece próxima.
Spencer Leigh

Estreno 21 de marzo de 1963

País Reino Unido

Directores Bob Weston, Bert Lee

Reparto Tommy Steele, Marti Webb, Anna Barry

Compositor David Heneker

Por qué es clave El musical por el que la primera estrella británica del rock'n'roll cambió una carrera supuestamente poco segura.

Acontecimiento clave **Gerry & The Pacemakers**
consiguen un triplete histórico

Al inicio, el cuarteto Gerry & The Pacemakers, liderado por el alegre Gerry Marsden, superaba a The Beatles en cada lanzamiento. Aunque el mánager Brian Epstein los contrató a ellos después que a estos últimos, se anotaron un número uno en el Reino Unido con «How Do You Do It» antes de que The Beatles alcanzaran la cima con «From Me To You». Su segundo single, «I Like It», les valió la inclusión en los libros de récords como la primera banda de la historia del pop en alcanzar el primer puesto de las listas de éxitos con los dos primeros lanzamientos. «You'll Never Walk Alone», una sensiblera canción compuesta por Rodgers y Hammerstein para el musical *Carousel*, de 1945, parecía una elección poco apropiada para su tercer single, pero cuando también alcanzó la cima el 2 de noviembre de 1963, la posición de Pacemakers como los reyes de Liverpool era irrebatible.

Unos años más tarde, el publicista Tony Barrow afirmó que «lo que empezó como una rivalidad artística

sana antes de 1963, se fue encarnizando a medida que pasaba el tiempo». The Beatles estaban tan celosos de Gerry como él lo estaba de ellos. Por desgracia, The Pacemakers carecían del carisma de The Beatles y no tenían un prolífico equipo compositivo interno como Lennon y McCartney. Al cabo de poco tiempo, mientras que el éxito de Pacemakers iba decayendo, el de The Beatles aumentaba.

No obstante, el récord que supuso haber alcanzado tres números uno con sus tres primeros singles no sería igualado hasta que otra banda de Liverpool, Frankie Goes To Hollywood, lograra lo mismo en 1984 con «Relax», «Two Tribes» y «The Power Of Love».
Johnny Black

Fecha 2 de noviembre de 1963

País Reino Unido

Por qué es clave La banda vecina de Liverpool da dolores de cabeza a sus paisanos The Beatles, haciendo historia dos veces en la lista de éxitos en tan sólo unos meses.

Acontecimiento clave **The Beatles ocupan los cinco primeros puestos de *Billboard***

Durante los tres primeros meses de 1964, The Beatles dominaron la cobertura mediática del rock'n'roll en Estados Unidos, aunque la mayoría de los artículos apenas hablaba del frenesí que despertaban en las adolescentes. No obstante, el 4 de abril de 1964, las repercusiones del grupo en la cultura popular estadounidense pasaron a analizarse hasta la saciedad. El Top 5 de las 100 mejores canciones según la revista *Billboard* era el siguiente: número cinco: «Please Please Me»; número cuatro: «I Want To Hold Your Hand»; número tres: «She Loves You»; número dos: «Twist And Shout»; número uno: «Can't Buy My Love». Todas eran de The Beatles, que también tenían otros siete singles en el Top 100, más los dos primeros puestos de mejor LP. Ni siquiera Bing Crosby, Frank Sinatra o Elvis Presley habían alcanzado ni de lejos semejante logro.

Lo más curioso de todo es que no fue algo planeado –de hecho, de haber sido por la discográfica estadounidense de The Beatles, Capitol Records, solo «I Want To Hold Your Hand» y «Can't Buy My Love» habrían figurado en la lista. No obstante, Capitol tenía tan poco interés por la banda inglesa en 1963, que dio los derechos de los otros tres singles a las discográficas Swan y Vee Jay, que en ese momento estaban inundando el mercado –y satisfaciendo una demanda que Capitol no había previsto.

En las notas de presentación de *Beatles For Sale*, el álbum de The Beatles lanzado en diciembre de ese mismo año en el Reino Unido, Derek Taylor describió a la banda como «la mayor atracción nunca vista en el mundo». Las estadísticas citadas sobre estas líneas –que seguro que nunca se van a repetir– le dan toda la razón.

Bruce Eder

Fecha 4 de abril de 1964

País Estados Unidos

Por qué es clave
Cifras de ventas y dominio cultural nunca vistos, ni antes ni después.

Grupo clave
The Supremes

Tres años después de firmar para la discográfica Motown en 1961, el grupo vocal de artistas negras The Supremes obtuvo un pequeño éxito en listas de Estados Unidos. Hasta que sus compañeras de discográfica The Marvelettes no rechazaron la canción «Where Did Our Love Go?» por «infantil», el trío no cosechó el primero de una serie de grandes éxitos. Su versión fue número uno en Estados Unidos el 22 de agosto de 1964. Era el primero de los diez números uno que el grupo obtendría en cuatro años.

The Supremes –Florence Ballard, Mary Wilson y Diane Ross (más tarde, Diana Ross)– generaron una sucesión de hitos de la música. El mismo año, con «Baby Love», se convirtieron en el primer grupo integrado exclusivamente por mujeres en alcanzar la cima de las listas en el Reino Unido, y al volver a casa, se convirtieron en el primer grupo de la historia de *Billboard* en lograr tres éxitos número uno en un mismo álbum.

Con sus elegantes vestidos y meticulosas coreografías, The Supremes fueron la personificación del *glamour*. La asombrosa voz cristalina de la cantante líder, Diana Ross, demostró ser ideal para las canciones compuestas y producidas por el principal equipo de producción de Motown, Holland-Dozier-Holland; clásicos *hits* como «Come See About Me», «Stop! In The Name Of Love» y «You Can't Hurry Love» mezclaban el pop con el soul y el *doo wop*, lo que mantuvo al grupo en las listas de éxitos durante toda la década de 1960. Finalmente, la cantante líder del grupo, cuya exigencia y ambición eran conocidas, se estableció de cabecilla indiscutible: a comienzos de 1967, la banda se rebautizó oficialmente como Diana Ross & The Supremes. El mismo año sustituyeron a Ballard por Cindy Birdsong, un recambio sobre el que posteriormente hubo mucha controversia. Ross abandonó el grupo para iniciar su carrera en solitario en 1970.

Melissa Blease

Rol Artistas de grabaciones

Fecha 1964

País Estados Unidos

Por qué es clave
El grupo femenino de mayor éxito y más emblemático de la historia.

Espectáculo clave **The Beatles actúan en el programa de televisión** *The Ed Sullivan Show*

En noviembre de 1963, mientras la beatlemanía arrasaba en Gran Bretaña, el mánager de la banda, Brian Epstein, llegó a un acuerdo con el canal CBS-TV estadounidense para que, en febrero del año siguiente, ésta apareciera tres veces en *The Ed Sullivan Show*, el programa de entretenimiento emitido en horario de mayor audiencia.

El 1 de febrero, el tema «I Want To Hold Your Hand», de The Beatles, coronaba el número uno de Estados Unidos, pero sólo se había emitido en la televisión de este país un corto videoclip de una actuación en Inglaterra; para ver a la banda por primera vez, el día 9 de ese mes se tenía que sintonizar el programa de Sullivan. La cuota de pantalla indicó que lo habían visto 73.700.000 personas, el mayor índice de audiencia de la televisión hasta la fecha, y con diferencia, ya que representaba uno de cada tres de los 191 millones de habitantes del país.

En 13,5 minutos Estados Unidos escuchó cinco canciones. Pero, como más tarde afirmaría McCartney, lo realmente importante fue que, mientras tanto, el público contemplaba a cuatro chicos con unas greñas increíbles para la época, que todavía eran más sorprendentes sobre sus elegantes trajes, un moderno logo con una T descendente, una puesta en escena simétrica (el bajo de Paul, que era zurdo, apuntando hacia fuera en un extremo, y la guitarra de Lennon, diestro, hacia el otro lado), por encima de ellos, sentado un su plataforma, un sonriente Ringo y un afectuoso saludo conjunto al público. Toda la escena resultaba deliciosamente exótica, exuberante y fresca.

Tras el asesinato del presidente Kennedy, el noviembre anterior, el dolor había dado paso a un deseo nacional de recuperar la alegría. Esta emisión demostró, tanto a adolescentes como a adultos, que The Beatles eran exactamente el tónico juvenil, peculiar pero exuberantemente proamericano, que el país necesitaba.

Mat Snow

Fecha 9 de febrero de 1964

País Estados Unidos

Por qué es clave
La retransmisión de televisión que hizo que The Beatles pasaran de ser una banda de pop más a un fenómeno generacional.

Pág. anterior The Beatles en *The Ed Sullivan Show.*

Espectáculo clave **Se emite por primera vez el programa de televisión** *Top Of The Pops*

El productor Tony Visconti hizo una vez una dura crítica sobre el poder del programa semanal de la BBC *Top Of The Pops* en la que afirmaba que podía frustrar la carrera de nuevos y prometedores artistas en el Reino Unido por el simple hecho de no dejarles aparecer en su espacio.

En favor de los productores del programa, retransmitido por primera vez el 1 de enero de 1964 desde una antigua iglesia de Mánchester, hay que decir que *Top Of The Pops* hacía simple y exactamente lo que anunciaba: permitía a los espectadores ponerse al día sobre los temas y las bandas presentes en las listas de éxitos y retransmitía actuaciones de aquellos que subían posiciones, o al menos de aquellos que se adecuaban a sus normas (no todos los vídeos promocionales se permitían). Los puristas criticaron el programa por permitir en *playback*, pero la mayoría de los artistas no querían que su meticuloso trabajo de estudio se arruinara por las imperfecciones de una actuación en vivo. A los jóvenes espectadores, mientras tanto, todo esto les traía sin cuidado. El apogeo del programa se dio a comienzos de la década de 1970, cuando un índice demográfico dominado por la población joven, las sensuales bailarinas de Pan's People y las estrafalarias actuaciones del glam rock lo convirtieron en el programa preferido del público familiar.

El monopolio que le confería su poder único fue engullido poco a poco por la aparición de la MTV, la proliferación de emisoras de radio de música pop nacionales y la tecnología de Internet, que ha dejado atrás el tener que esperar una semana para ponerse al día de las listas de éxitos. En junio de 2006, apenas dos años después de la celebración de su cuarenta aniversario, el programa anunció su supresión.

Aunque fuera criticado, es innegable que *Top Of The Pops* ocupa un importante lugar en la memoria de varias generaciones de jóvenes británicos.

Sean Egan

Fecha 1 de enero de 1964

País Reino Unido

Por qué es clave El programa que tuvo el poder de encumbrar o hacer desaparecer a artistas de éxito.

Espectáculo clave *A Hard Day's Night*
la película

La primera película de The Beatles, *A Hard Day's Night*, titulada así por una frase mal construida que Ringo había soltado un día, se estrenó muy rápido porque United Artists creía que la beatlemanía no duraría demasiado. Curiosamente, su naturaleza acelerada, sus imágenes en blanco y negro y el estilo realista de esta película, rodada con poco presupuesto, le dio una atractiva sensación de volatilidad. Sus imágenes editadas al ritmo de la música y las secuencias de exterior, como la de «Can't Buy My Love», pueden considerarse como las precursoras de los modernos videoclips de pop. Su éxito de taquilla llevó a los directivos de U.S. TV a encargar una serie para la pequeña pantalla sobre las locas aventuras de otra banda similar, The Monkees.

No obstante, quizás lo más importante sea que la película ilustraba la capacidad natural de The Beatles de innovar en cualquier cosa que hiciesen. *A Hard Day's Night* mostraba un día de la cada vez más surrealista vida sin privacidad de The Beatles, lo que daba a la película un aspecto de falso documental en que se ponían de manifiesto las personalidades individuales y avispadas de cada uno. Las críticas fueron ampliamente favorables, y el *Village Voice* de Nueva York la describió como «El Ciudadano Kane de los musicales de la sinfonola». The Beatles estaban arropados por un competente equipo: el ingenioso guionista Alun Owen, el director Richard Lester y un buen elenco de actores secundarios británicos (Wilfrid Brambell, Norman Rossington, John Junkin, Victor Spinetti).

Se esperaba que la vibrante canción que da título a la película o la conmovedora «I Should Have Known Better» ganaran el Óscar a la mejor canción, pero finalmente el premio fue para el tema «Chim Chim Cheree...» de *Mary Poppins*.
David Wells

Estreno 6 de julio de 1964

País Reino Unido

Director Richard Lester

Reparto The Beatles, Wilfrid Brambell, Norman Rossington

Compositores John Lennon, Paul McCartney

Por qué es clave
Los cuatro fabulosos revolucionan el cine rock igual como hicieron con la música rock.

306

Canción clave **«The House Of The Rising Sun»**
The Animals

En la década de 1960, «The House Of The Rising Sun» –en la que una mujer cuenta su descenso al mundo de la prostitución en Nueva Orleans– era una canción «tradicional», es decir, tan antigua que su autor se desconoce.

Se grabó por primera vez en la década de 1930, y posteriormente el cantante de folk neoyorquino Dave Van Ronk la grabó con unos arreglos nuevos. Un joven Bob Dylan, recién llegado al panorama musical, grabó la versión de Van Ronk para su álbum de debut de 1962, y cuando el conjunto británico de R&B The Animals la escuchó, le gustó tanto que decidió grabarla como su segundo single. La versión de la banda era, no obstante, completamente original, con hipnóticos arpegios de guitarra y un deslumbrante trabajo en el órgano. Además, hicieron algunos cambios en el escabroso tema para tener más salida en antena. No sólo crearon un clásico y un número uno en el otro lado del Atlántico –en el Reino Unido lo había alcanzado el 11 de julio de 1964–, sino que la forma en que emplearon el acompañamiento eléctrico para aportar un sabor tradicional a la versión fue, casi seguro, lo que convenció al mismo Dylan de que podía pasar de ser un cantante de folk a un artista de rock, una transformación que tuvo grandes consecuencias. Como recordó el batería de The Animals, John Steel, «él [Dylan] dijo que estaba solo yendo a casa en coche y cuando "The House [...]" sonó en la radio, se detuvo en el arcén para escucharla, saltó fuera del coche y golpeó el capó. Ahí se le despertó algo...».
Sean Egan

Fecha de lanzamiento
Junio de 1964

País Estados Unidos /Reino Unido

Compositor
Alan Price versiona un tema tradicional

Por qué es clave
Una gran canción que sacudió el mundo de la música.

Pág. siguiente Eric Burdon de The Animals.

Personaje clave
Jim Reeves

«Gentleman» Jim Reeves fue una de las primeras y más célebres estrellas de la música country en lograr un gran éxito como artista pop. Un día de 1952, Hank Williams no se presentó al programa *Louisiana Hayride* y este hecho aportó a Reeves su golpe de suerte. Tras una aclamada actuación, enseguida fue contratado por Abbot Records, y pronto se apuntó un número uno en las listas del country con «Mexican Joe» –el primero de 40 éxitos country.

Reeves firmó para RCA, y su primer éxito con ellos fue el tema compuesto por él mismo «Yonder Comes A Sucker», en 1955. Con el nuevo contrato nació un nuevo sonido y con ayuda del productor Chet Atkins eliminaron las *steel guitars* y los violines típicos del country, e introdujeron suntuosos arreglos orquestales (el «sonido de Nashville») que ayudaron a llevar el country a un público más amplio. Reeves abandonó el estilo vocal áspero hasta entonces característico del género para cantar con voz íntima y con un registro dulce de barítono –que le valió el mote de Gentleman–, lo que dio a la naturaleza melancólica del country una calidez más comercial. El resultado fue una serie de baladas de éxito de country-pop, como «Four Walls» (1957) y «He'll Have To Go» (1960), que alcanzaron el número uno de las listas de éxitos.

El 31 de julio de 1964, Reeves murió cuando el ultraligero que pilotaba se estrelló en medio de una tormenta cerca de Nashville. Ni siquiera la muerte pudo poner freno a su éxito de ventas. «Distant Drums» alcanzó la cima de las listas de singles del Reino Unido en 1966, y el fallecido artista se anotó otros seis números uno del country en Estados Unidos (más de lo que había conseguido en vida). Sorprendentemente, sus temas no dejaron de entrar en las listas de éxitos hasta bien entrada la década de 1980.
Robert Dimery

Rol Artista de grabaciones

Fecha 1964

País Estados Unidos

Por qué es clave El hombre cuyo sofisticado estilo ayudó a que la música country se cambiara de bando.

Espectáculo clave *Mary Poppins*
la película

A pesar del éxito y la buena reputación de Walt Disney Corporation, la escritora P. L. Travers rechazó durante más veinte años las ofertas de la productora por obtener los derechos de sus relatos. Finalmente, aceptó adaptar su popular cuento infantil *Mary Poppins* a la gran pantalla, bajo la condición de revisar previamente el guión.

En ese momento, Disney ya había empezado a mezclar secuencias y personajes reales con dibujos animados, y el primer ejemplo notable de ello fue *Song Of The South* (*La canción del sur*). No obstante, *Mary Poppins* fue la película que demostró que esta técnica podía tener el mismo encanto y la misma fenomenal aceptación por parte del público que los dibujos animados. Julie Andrews, la estrella de la versión para teatro de *My Fair Lady*, era la actriz perfecta para el papel de la niñera inglesa por excelencia Mary Poppins, aunque en cierto modo tuviera un aspecto más angelical que el personaje del libro. Dick Van Dyke era por aquel entonces la estrella más querida del público televisivo de Estados Unidos, y su papel como Bert, el limpiachimeneas amigo de Poppins, fue una astuta técnica comercial para ganarse al público estadounidense, aunque su acento londinense de clase obrera era terrible. Los hermanos Sherman compusieron la banda sonora, que posiblemente sea la primera realmente importante de su espectacular carrera con Disney, en una película sorprendentemente izquierdista (defensora del voto femenino y la clase obrera). Algunas de las canciones más memorables y entrañables del musical son «A Spoonful Of Sugar», en la que Poppins trata de convencer a las niñas de que se tomen una asquerosa medicina, «Supercalifragilisticexpialidolious», y el tema de Bert, «Chim Chim Cher-ee», que ganó un Óscar. Julie Andrews también obtuvo el Óscar a la mejor actriz.
Sean Egan

Estreno 26 de junio de 1964

País Estados Unidos

Director Robert Stevenson

Reparto Julie Andrews, Dick Van Dyke, David Tomlinson

Compositores Robert B. Sherman, Richard M. Sherman

Por qué es clave La película que demostró que la magia de los dibujos de Disney podía trasladarse a las películas.

Pág. anterior Julie Andrews en *Mary Poppins*.

Canción clave «Walk On By»
Dionne Warwick

El imperecedero tema de Burt Bacharach y Hal David, «Walk On By» (Pasa de largo) debe ser cantado por una mujer, y ninguna lo ha hecho con mayor expresividad emocional que la musa preferida de sus compositores y la artista que lo convirtió en un éxito por primera vez, Dionne Warwick. Su versión, que entró en el *hit parade* de Estados Unidos el 9 de mayo de 1964, es la definitiva, la que convierte en una verdadera joya esta muestra de estoicismo que es la canción. Es solemne, delicada e intimista. La brevedad de un contacto visual. Las lágrimas escondidas. El «no vuelvas la mirada». Los arreglos de los instrumentos de cuerda crean un tumulto, olas de dolor, e incluso el fiscorno suena melancólico. Es triste, pero con un punto de orgullo. Y es femenina.

Otras versiones de artistas aclamados como Isaac Hayes (1969) y The Stranglers (1978) han echado a perder la canción por su inoportuna masculinidad. La libidinosa versión soul de Isaac Hayes, con sus retumbantes instrumentos de metal, carece del sentimiento de reticencia del narrador, que más que intentar pasar desapercibido frente al ex amante al cruzárselo en el camino, parece que va dando zancadas ante él, 12 largos minutos tan discretos como una procesión de carnaval. Asimismo, la versión punk psicodélico de The Stranglers muestra un transfondo de venganza, puesto que uno diría que el narrador merodea con malas intenciones al otro lado de la calle, con cara de pocos amigos y esperando enfrentarse con el ex amante.

Quizás esto ha servido para que el público se haya dado cuenta de la calidad de la versión de Warwick. Para cerrar uno de los episodios del programa de guiñoles del Reino Unido *Spitting Image* (1984-1996), se utilizó la canción como metáfora de la difícil situación que viven los sintecho, los más afortunados de los cuales, «Walk On By» (pasan de largo). Fue una reinvención que, inesperadamente, causó una experiencia cautivadora.
Kevin Maidment

Fecha Abril de 1964

País Estados Unidos

Compositores
Burt Bacharach, Hal David

Por qué es clave
Un clásico de Bacharach y David. Muy versionado. A menudo mal interpretado. Nunca igualado.

Pág. siguiente **Dionne Warwick**.

Personaje clave
Roy Orbison

El tejano Roy Orbison estaba destinado al melodrama, tanto en la música como en la vida real. Empezó como cantante de rockabilly en la discográfica Sun Records, a donde llegó de la escena de Memphis. En 1960 su éxito «Only The Lonely» fue el primero de una serie de quince grandes éxitos Top 40 en Estados Unidos. La mayoría eran «minióperas» abrumadoras y obsesivas que, con su voz de registros extremos y su teatralidad, llevaron la clásica balada lacrimógena a un nuevo nivel emocional. Con canciones como la paranoica «Running Scared», número uno en Estados Unidos; la obsesiva «In Dreams» y la autoexplicativa «Crying», este cantante de aspecto estrafalario y espectáculo oscuro adoptó el papel de perdedor. Estos dramas quedaban compensados por temas de estilo más cercano al blues, como «Candy Man» y la inmortal «Oh! Pretty Woman», que el 26 de septiembre de 1964 le llevó otra vez a la cima de las listas de éxitos de Estados Unidos. Esta última canción mostraba algo de su habitual melancolía, pero tenía un ritmo alegre y un toque felino –culminado por su tan imitado aullido– y en sus diez primeros días vendió, merecidamente, más copias que ningún otro formato de 45 r. p. m. de la historia. No obstante, la carrera de Orbison decaería tras dejar la discográfica Monument por MGM en 1965. El año siguiente, todo el peso de la cruda realidad se le cayó encima cuando su esposa, Claudette, murió en un accidente de motocicleta. Dos años después, perdió a dos de sus hijos cuando su casa se incendió mientras él estaba de gira.

Un ataque al corazón sesgó su vida en diciembre de 1988, el mismo año en que se había unido a Bob Dylan, George Harrison, Jeff Lynne y Tom Petty en el supergrupo The Traveling Wilburys.
Ignacio Julia

Rol Artista de grabaciones

Fecha 1964

Nacionalidad Estados Unidos

Por qué es clave Orbison impregnó el rock de una atmósfera oscura.

Álbum clave *A Love Supreme*
John Coltrane

Pregunten cuál es el primer álbum conceptual de la historia y probablemente la mayoría de la gente les citará *Sgt. Pepper's Lonely Hearts Club Band*, de The Beatles, o *Tommy*, de The Who. No obstante, aunque *A Love Supreme*, de John Coltrane –grabado el 9 de diciembre de 1964 y lanzado bastante antes que cualquiera de estos dos discos– es ampliamente reconocido como un clásico del jazz moderno, poca gente sabe o recuerda que, de algún modo, fue un trabajo conceptual. La causa de ello es que, a excepción de la canción del título, que tiene algo de letra, se trata de un álbum instrumental.

Sin embargo, el mismo Coltrane dejó entrever el marcado elemento conceptual en sus notas de presentación del álbum, donde afirma que *A Love Supreme* es una «humilde ofrenda» a un Dios responsable de su despertar espiritual. Esto queda reflejado en la organización del disco en cuatro partes que trazan el viaje hacia ese despertar:

«Acknowledgment» (Agradecimiento), «Resolution» (Resolución), «Pursuance» (Búsqueda) y «A Love Supreme» (Supremo amor). Aunque alguien pueda considerar un poco forzado ver esto como un álbum conceptual o su precursor, lo cierto es que la evocación instrumental de una progresión metafísica interpretada por el cuarteto de Coltrane ejerció una gran influencia sobre otros músicos de jazz y rock: Dick Taylor, de The Pretty Things, dijo una vez que este álbum le había inspirado a grabar el LP temático *Sorrow*.

En cualquier caso, *A Love Supreme* es un trabajo espléndido, rico y desafiante.

Richie Unterberger

Fecha de lanzamiento
Febrero de 1965

País Estados Unidos

Lista de temas
Parte I: Acknowledgment; Parte II: Resolution; Parte III: Pursuance; Parte IV: Psalm

Por qué es clave
Un clásico del jazz que también fue uno de los primeros ejemplos de álbum conceptual de todos los géneros.

1960–1969

313

Grupo clave
The Hollies

Los amantes de la música normalmente se quedan pasmados al saber que la respuesta a la pregunta «¿Qué grupo británico de la década de 1960 tuvo más *hits* en las listas de éxitos después de The Beatles?», no es The Rolling Stones, sino The Hollies.

No obstante, que esta banda de Mánchester ostentara semejante título no debería sorprender a nadie. Su segundo álbum, *In The Hollies Style*, lanzado en noviembre de 1964, fue en gran parte compuesto por su cantante Allan Clarke y sus guitarristas Tony Hicks y Graham Nash (bajo el seudónimo colectivo L. Ransford), en un momento en que sólo The Beatles eran tan autosuficientes. La imagen de la banda, se resintió porque nunca fueron «guays» ni pioneros de nada, y porque siempre estuvieron igual de dispuestos a lanzar tanto sus propias canciones como versiones de otros artistas. Como dijo Hicks una vez, «siempre estábamos contentos de grabar las mejores canciones del momento, tanto si eran nuestras como de otro».

Sus canciones incluían desde el pop extenuante de «Just One Look» y «I'm Alive», hasta el surrealismo de «Stop! Stop! Stop!» y «King Midas In Reverse», la majestuosidad de «He Ain't Heavy, He's My Brother», la sensualidad de «The Air That I Breathe», o el rock de matón de «Long Cool Woman In A Black Dress». A pesar de los cambios en los integrantes del grupo, éste siempre se caracterizó por sus brillantes armonías a tres voces.

Aunque Clarke se retiró y Carl Wayne falleció, la banda sigue en activo.

Sean Egan

Rol Artistas de grabaciones

Fecha Noviembre de 1964

País Reino Unido

Por qué es clave
La banda que se anotó una sensacional racha de éxitos mientras nadie se daba cuenta.

Pág. anterior The Hollies.

Canción clave «You've Lost That Lovin' Feelin»
The Righteous Brothers

El aclamado dúo de compositores Barry Mann y Cynthia Weil empezaron a escribir el tema «You've Lost That Lovin' Feelin», que narra la angustiosa historia de un hombre que presiente el fin de su relación amorosa. No obstante, a mitad del proceso se les unió Phil Spector, quien convirtió la apasionada balada en algo todavía más espectacular: aplicó sus efectos de mezcla denominados *wall of sound* y dirigió a los músicos de sesión, los arreglos de los instrumentos de cuerda de Jack Nitzsche y Gene Page, y las voces de los «hermanos» Righteous para crear un cóctel embriagador.

Y por si esto no fuera suficiente, la cálida voz de barítono de Bill Medley y la aguda voz de tenor de Bobby Hatfield iniciaron una revolución por sí mismas, lo que los críticos definieron como *blue-eyed soul*: R&B y soul tocado y cantado por músicos blancos. Aunque a Mann y a Weil les sorprendió esta definición, reconocieron que la canción estaba inspirada en

«Baby I Need Your Loving», un éxito reciente del grupo vocal de artistas negros The Four Tops. Spector se unió a los trabajos de composición cuando el dúo había concebido dos versos y el estribillo. Entre las añadiduras importantes del productor encontramos el inolvidable «Gone, gone, gone –whoa-oh-ohhh» que culmina cada estribillo. Otro fragmento inolvidable es la frase de introducción de Mann: «You never close your eyes anymore when I kiss your lips».

La canción alcanzó el número uno tanto en el Reino Unido como en Estados Unidos el 6 de febrero de 1965. Fue oficialmente la canción más emitida en los medios en el siglo xx.
Giancarlo Susanna

Fecha de lanzamiento
Noviembre de 1964

País Estados Unidos

Compositores Barry Mann, Cynthia Weil, Phil Spector

Por qué es clave
La canción que originó el blue-eyed soul.

314

Acontecimiento clave
Se lanza al mercado el primer melotrón

El melotrón es una máquina que simula el sonido de otros instrumentos mediante cintas pregrabadas que se activan con un teclado –en esencia, fue el primer sámpler analógico–. Su invención siguió a la introducción de la cinta magnetofónica en la década de 1940 y a la capacidad de almacenar varios sonidos distintos de forma compacta y práctica. El inventor estadounidese Harry Chamberlin fue el primero en construir este instrumento, que básicamente almacenaba y recuperaba una pequeña cantidad de *loops* de percusión. En 1960, empezó a vender las primeras unidades, pero no tuvo demasiado éxito hasta que se asoció con una discográfica que desarrolló sus capacidades y le dio su nombre comercial.

Leslie Bradley y sus hermanos aumentaron la cantidad de sonidos que el melotrón era capaz de reproducir, convirtiéndolo en un instrumento práctico que los músicos podían utilizar cuando tocaban. La máquina se componía de dos teclados,

uno para los sonidos principales, como los instrumentos de cuerda y la trompa, y otro para ritmos rudimentarios. Perfeccionaron su producción en masa y lo lanzaron con éxito al mercado de la música rock. Por aquel entonces, Mike Pinder era un empleado de fábrica de Birmingham, puesto que abandonó para unirse a Moody Blues, que utilizó el melotrón en varios de sus éxitos. Cuando The Beatles lo utilizaron (el sonido de flauta en «Strawberry Fields Forever»), su futuro quedó asegurado y durante la década siguiente muchos músicos de rock lo proveerían de sonidos de viento, de instrumentos de metal o de orquesta, que por limitación de sus habilidades o de su presupuesto no podían reproducir ellos mismos.
Andre Millard

Fecha 1964

País Reino Unido

Por qué es clave
Abrió nuevos horizontes a los músicos de rock.

Espectáculo clave *Hello, Dolly!*
teatro musical

En un intimidante encuentro, el productor David Merrick expresó sus dudas a Jerry Herman sobre si era lo bastante americano para trabajar en un musical basado en la farsa romántica de Thornton Wilder, *La Casamentera*. Para demostrar lo contrario, el compositor se retiró al minúsculo apartamento del edificio sin ascensor del número 10 de East Street donde vivía a pesar de su modesto éxito en Broadway con *Milk And Honey*, para sumergirse en un intenso fin de semana de trabajo. Armado con material mimeografiado del libretista Michael Stewart, Herman concibió tres temas que no sólo le servirían de aval para ocupar el puesto, sino que se incluirían en el musical: la canción en que Dolly Levi reafirma su carácter entrometido, «I Put My Hand In»; la canción que cantan diferentes personajes cuando deciden tomar el tren hacia Nueva York, «Put On Your Sunday Clothes», y el vals «Dancing».

Hello, Dolly!, que se estrenó el 16 de enero de 1964 y acabó siendo una de las comedias musicales de mayor éxito de la historia, trataba sobre los enredos románticos del Nueva York de 1890, hábilmente sorteados por el personaje principal, papel que se convertiría en un camino seguro al éxito para muchas actrices. Las «Dollies» de Broadway incluyen a Ginger Rogers, Betty Grable, Dorothy Lamour y Ethel Merman, aunque muchos consideran que ninguna mejoró a la primera, Carol Channing.

La canción del título ilustraba la magnificencia de la salida en escena de las estrellas del musical, y *Before The Parade Passes By* se convirtió en el himno de las segundas oportunidades en la vida. Con sus 2.844 representaciones, *Hello, Dolly!* logró el récord del musical de Broadway con más noches en cartelera.
David Spencer

Estreno 16 de enero de 1964

País Estados Unidos

Director Gower Champion

Reparto Carol Channing, David Burns, Eileen Brennan

Compositor Jerry Herman

Por qué es clave
El musical propulsado por un joven compositor deseoso de demostrar su valía.

Canción clave **«The Leader Of The Pack»**
The Shangri-Las

Las canciones sobre muertes trágicas estaban de moda en el rock'n'roll de finales de la década de 1950 y comienzos de 1960, cuando temas lacrimógenos como «Endless Sleep», de Jody Reynolds, «Teen Angel» de Mark Dinning y «Tell Laura I Love Her», de Ray Peterson, se convirtieron en exitazos. Incluso a finales de 1964, historias ridículamente artificiosas sobre muertes de adolescentes seguían triunfando de vez en cuando, como hizo «Last Kiss», de J. Frank Wilson. Pronto le seguiría una canción que, al menos, demostraría que los tiempos estaban cambiando, ya que no era un adiós elegíaco, sino una explicación detallada de la truculenta muerte en carretera de un conductor suicida, culminada con gritos de «Look out, look out!», y chirridos de neumáticos y cristales rotos.

La historia que contaba «Leader Of The Pack», de Shangri-Las, que llegó al número uno de Estados Unidos el 28 de noviembre de 1964, parecía la peor pesadilla de los padres: su querida hija se quedaba prendada del más vil líder de la pandilla del barrio (si bien el trágico final justificaba sus temerosas advertencias). Sin embargo, los adolescentes no se asustaron: las ventas fueron masivas, a lo que ayudó la imagen bastante auténtica de chicas de barriada de Nueva York de las Shangri-Las. También ayudó que la canción estuviera compuesta por Jeff Barry, Ellie Greenwich, unos de los más prestigiosos compositores del Brill Building, y Shadow Morton. Este último (cuya afición a las motos inspiró la canción) y Barry coprodujeron el tema tiñéndolo de un acertado dramatismo.
Richie Unterberger

Fecha de lanzamiento 1964

País Estados Unidos

Compositores Jeff Barry, Ellie Greenwich, Shadow Morton

Por qué es clave
El *hit* que con más detalle recreaba la muerte violenta de un adolescente.

Canción clave «In The Midnight Hour»
Wilson Pickett

El cazatalentos de Atlantic Records Jerry Wexler contrató a Wilson Pickett en 1964, cuando éste ya había compuesto el hito del soul «If You Need Me» (Solomon Burke).

Tras varios primeros fracasos, Wexler envió a Pickett a Stax Records, una joven y prometedora discográfica de Memphis relacionada con Atlantic. Steve Cropper, el guitarrista de la banda de la casa M.G.s, había escuchado el tema de debut de Pickett con Atlantic, «I'm Gonna Cry», en el que éste pronunciaba la frase «late in the midnight hour». Le gustó, y sugirió escribir una canción con este título. En el Motel Lorraine, frente a las oficinas de Stax, y armados de una botella de whisky Jack Daniels, Cropper y Pickett compusieron la canción en un par de horas. Wexler les había aconsejado que basaran el ritmo en el popular estilo de baile jerk, del que les hizo una demostración en el mismo estudio, diciéndoles que acentuaran el segundo tiempo y retrasaran el cuarto. La visita de Wexler y

Dowd pulió el sonido de Stax, dejando claro a los de Memphis cómo hacer un gran éxito de su instintivo R&B. El tema entró en el Top 40 de *Billboard* el 15 de agosto de 1965. Aunque sólo llegó al número 21 (el 12 en el Reino Unido), acabó considerándose un verdadero clásico del soul.

Más tarde, Pickett, conocido por su carácter imprevisible, reivindicó que él había sido el único compositor de la canción, algo que Cropper niega rotundamente. Su éxito, no obstante, convenció a Wexler de enviar a otros artistas a Stax, como hizo en diciembre de ese año con el dúo de Florida Sam & Dave, consolidando en las listas de éxitos del pop el estilo góspel duro del soul sureño.
Chris Goodman

Fecha de lanzamiento
Julio de 1965

País Estados Unidos

Compositores Steve Cropper, Wilson Pickett

Por qué es clave
Consolidó a la discográfica Stax como fábrica de éxitos del soul.

316

Espectáculo clave
The Beatles en el Shea Stadium

Los primeros conciertos de The Beatles en Estados Unidos los promocionó el empresario de la industria musical Sid Bernstein. Fue él quien tuvo la novedosa idea de organizar el concierto de la banda en el estadio William A. Shea, la casa del equipo de béisbol New York Mets, en Queens, para dar cabida a la masiva cantidad de público que había comprado entradas. Con sus 55.000 asistentes y unos precios de venta de tiques sobre los 5 dólares americanos, la magnitud del concierto no tuvo precedentes.

Los cuatro músicos, vestidos con chaquetas color beis de corte militar, viajaron en helicóptero, aterrizaron en un tejado cercano y recorrieron el camino hasta el estadio en una camioneta de seguridad. Tras media docena de teloneros, Ed Sullivan presentó a The Beatles, que empezaron tocando «Twist And Shout». John Lennon parecía no caber de gozo por la emoción del evento: cantaba extasiado frente al micrófono y prácticamente asaltaba los teclados. Mientras Paul

anunciaba la última canción de la noche, «I'm Down», echó un vistazo al reloj como si se hiciera tarde, pero en realidad sólo habían tocado media hora. La calidad del sonido era muy mala si lo analizamos con los parámetros actuales, pero a pocos les importaba: la multitud estaba exultante, lo que demostró hasta dónde podía llegar la beatlemanía. En marzo de 1966, la BBC emitió un especial del concierto, para el que tuvo que utilizarse la técnica del *overdub* en algunas canciones a causa de la intensidad de los gritos. The Beatles se llevaron a casa 160.000 dólares. George Harrison prometió que volverían al año siguiente, y así fue.
Spencer Leigh

Fecha 15 de agosto de 1965

País Estados Unidos

Lugar Estadio William A. Shea, Nueva York, Estados Unidos

Por qué es clave
El acontecimiento que redefinió los parámetros de los conciertos de rock.

Pág. siguiente **Fans de The Beatles en el Shea Stadium.**

Acontecimiento clave
La explosión del folk-rock

Cuando The Turtles entraron en el Top 40 de *Billboard* el 21 de agosto de 1965 con una alegre versión pop del éxito de Bob Dylan «It Ain't Me Baby», y luego alcanzaron el Top 10, se confirmó una revolución que se había estado gestando a lo largo de todo ese año: la unión de dos géneros hasta el momento juzgados irreconciliables.

En 1963, el folk se consideraba la música auténtica, de adultos, y el rock, una diversión de adolescentes. No obstante, llegado 1965 ambos estilos se fusionaron para dar lugar a algo que ninguno de los dos por separado podría haber originado. A mediados de ese año, The Byrds despertaron la locura del folk-rock mezclando el estilo de The Beatles y el de Bob Dylan, con su exitosa versión del enigmático tema de este último «Mr. Tambourine Man». A partir de entonces, muchos artistas folk se pasaron al sonido eléctrico de la noche a la mañana, aunque ello significara añadir guitarras eléctricas y batería a temas lanzados previamente en acústico, como hizo el productor Tom Wilson para el introspectivo tema de Simon & Garfunkel «The Sound Of Silence». El mismo Dylan apostó por el sonido eléctrico, primero en el estudio y luego en directo, haciendo saltar chispas de indignación entre los puristas, que no querían que su folk estuviera «contaminado». Durante un breve período a finales de 1965, las canciones de Dylan, actualmente un icono pop, se versionaron tanto como las de Lennon y McCartney.

Sin embargo, el legado más importante del folk-rock fue la introducción de un nuevo tipo de letras más profundas y sofisticadas en la música rock, tanto en temas de contenido social como surrealistas o introspectivos. Pronto estas características se extenderían más allá del folk-rock a toda la música rock, atrayendo de esta forma al público adulto.
Richie Unterberger

Fecha 21 de agosto de 1965

País Estados Unidos

Por qué es clave El folk y el rock se fusionan y crean un nuevo género.

Pág. anterior **The Turtles.**

Álbum clave *Highway 61 Revisited*
Bob Dylan

Cuando ya había cruzado la frontera del folk acústico al rock amplificado, Bob Dylan grabó *Highway 61 Revisited*, uno de sus álbumes más aclamados a lo largo del tiempo. Lanzado por la discográfica Columbia, le aportó su primer single Top 10 en Estados Unidos. El tema «Like A Rolling Stone» alcanzó el número dos y el número cuatro en las listas de su país y del Reino Unido respectivamente, y el álbum llegó al número tres y al cuatro en cada caso.

No obstante, las repercusiones culturales de *Highway 61 Revisited* fueron mucho mayores que las de un simple éxito en las listas. Dylan convirtió la inspiración recopilada durante un viaje por carretera hacia el corazón de Estados Unidos en un álbum que amalgamaba composiciones inquietantes con ritmos carnavalescos, apócrifos bíblicos con canciones populares y diatribas anticapitalistas con operetas de vodevil. La música era a ratos bella y a ratos fulgurante, pero el elemento clave eran las letras: poéticas, intelectuales y penetrantes como sólo podían serlo las de un ex cantante de folk, pero aún por encima de las mejores letras de folk nunca escritas. Ahora sus álbumes los compraban los fans de The Beatles y de The Rolling Stones (y los menospreciaban la mayoría de los de Woody Guthrie y Pete Seeger). Uno tan sólo puede hacerse una idea de lo que estos nuevos seguidores pensaron del tema de 11 minutos, totalmente fascinante, que cierra el álbum: «Desolation Row», la metáfora que, en su disección de la condición humana, aborda todo lo trascendental.

El mismo Dylan había afirmado un año antes que los tiempos estaban cambiando. *Highway 61 Revisited* fue el representante de un cambio nunca antes imaginado en la música pop.
Melissa Blease

Fecha de lanzamiento 30 de agosto de 1965

País Estados Unidos

Lista de temas Like A Rolling Stone, Tombstone Blues, It Takes A Lot To Laugh It Takes A Train To Cry, From A Buick 6, Ballad Of A Thin Man, Queen Jane Approximately, Highway 61 Revisited, Just Like Tom Thumb's Blues, Desolation Row

Por qué es clave Consolidó la función de crítica sociopolítica en la música popular; «popular» como oposición a «folk».

Espectáculo clave *The Sound Of Music (Sonrisas y lágrimas)* la película

El filme musical *The Sound Of Music* (*Sonrisas y lágrimas*), estrenado el 2 de marzo de 1965, fue un éxito masivo y de hecho, tenía que serlo si quería evitar que la popularidad de la versión original para teatro lo eclipsara. La obra empezó a concebirse cuando la leyenda del teatro Mary Martin vio una película alemana basada en la autobiografía de Maria von Trapp, sobre la historia de una joven novicia austríaca a quien su convento envía como institutriz de los hijos del capitán Von Trapp, antes de que la anexión de Austria a Alemania por parte de los nazis fuerce a la familia a huir a su tierra natal.

Martin encargó la banda sonora al mejor equipo de compositores de Broadway: Richard Rodgers y Oscar Hammerstein. Seis años después del estreno del musical en Broadway, que estuvo en cartelera 1.443 noches, llegó la película. Canciones como «My Favorite Things», «Do-Re-Mi», y la que da el título a la película (con la mítica imagen de Julie Andrews dando vueltas en un paisaje de montaña) derrochaban ingenuidad, pero tenían un gran encanto. La fascinación del público hizo que la película superara el récord histórico de *Gone With The Wind* (*Lo que el viento se llevó*) en recaudación de taquilla.

De todo esto, Hollywood dedujo que el público aún quería ver películas musicales pomposas, por lo que empezaron a producirse muchos de gran presupuesto. En realidad, *Sonrisas y lágrimas* fue el último éxito de este tipo de entretenimiento. Los grandes filmes musicales que le siguieron perdieron cuantiosas sumas de dinero, y en gran parte las ventas de álbumes de bandas sonoras disminuyeron considerablemente.

William Ruhlmann

Estreno 2 de marzo de 1965

País Estados Unidos

Director Robert Wise

Reparto Julie Andrews, Christopher Plummer, Eleanor Parker

Compositores Richard Rodgers, Oscar Hammerstein

Por qué es clave
Un hito de la historia de las películas musicales, aunque el significado de este hito se malinterpretara en su momento.

Canción clave **«Downtown»** Petula Clark

«Downtown» es el tributo que el compositor británico Tony Hatch dedicó a la ciudad de Nueva York tras visitarla por primera vez. Más que una tema rock, parecía la banda sonora de un espectáculo de Broadway. El 23 de enero de 1965 se convirtió en la primera canción interpretada por una artista femenina británica en llegar al número uno de Estados Unidos.

Todos sus elementos –la voz de Petula Clark acompañada por un alegre *riff* de piano que se eleva junto con grandes *crescendi* orquestales, una letra que hace referencia a la «gentle bossa nova», y el sonido de instrumentos de metal jazzísticos– eran reminiscencias de la era del Brill Builiding de finales de la década de 1950 y comienzos de la de 1960. La canción sonaba con la ostentación del esplendor de la industria del espectáculo y reservaba un espacio para el *glamour* en el nuevo e irreverente panorama del rock. En un primer momento, Hatch había pensado en The Drifters para interpretarla, pero Clark la escuchó antes de que estuviera acabada y le insistió para que escribiera la letra para ella. En 1964 fue un exitazo en Europa. Su éxito en Estados Unidos al año siguiente convirtió a Clark en la primera mujer británica en triunfar en ese país.

La elegancia de la canción contrastaba con el pop ligero que Hatch componía para The Searchers («Sugar And Spice») y sus últimas melodías para las series de televisión *Crossroads* y *Neighbours*. Clark ocupó puestos en las listas de éxitos durante medio siglo. También compuso bandas sonoras y produjo y protagonizó varias palículas.

Curiosamente, «Downtown» ganó un Grammy por mejor tema rock'n'roll, una muestra más de cómo la industria estadounidense todavía desconfiaba del auténtico rock en 1965.

Chris Goodman

Fecha de entrada al n.º 1 en Estados Unidos 23 de enero de 1965

País Reino Unido

Compositor Tony Hatch

Por qué es clave
Petula Clark lideró la presencia de féminas británicas en el panorama musical de Estados Unidos.

Canción clave **«(I Can't Get No) Satisfaction»** The Rolling Stones

The Rolling Stones ya se habían anotado un par de éxitos Top 10 en Estados Unidos con «Time Is On My Side» y «The Last Time», pero fue «(I Can't Get No) Satisfaction» el que por primera vez les llevó a destacar de entre sus compatriotas de la invasión británica. El tema se mantuvo en la cima de las listas de éxitos durante cuatro semanas desde el 10 de julio de 1965. «(I Can't Get No) Satisfaction», que en el Reino Unido no se lanzó hasta finales de agosto, se concibió, completó y grabó durante la tercera gira estadounidense de la banda. Keith Richards ideó el brutal *riff* de guitarra y el título de la canción, un tanto subido de tono para la época, durante una noche, y aunque dudaba de si la melodía era demasiado similar a la del *hit* de Martha & The Vandellas, «Dancing In The Street», en la siguiente sesión de grabación se la tocó al resto del grupo.

Después de que Mick Jagger escribiera una letra llena de rabia y alienación sobre el sinfín de frustraciones y el omnipresente comercialismo de la vida moderna, el grupo grabó una versión semiacústica en los estudios Chess de Chicago el 10 de mayo de 1965. Durante los dos días siguientes, le hicieron varios retoques en los estudios RCA de Hollywood e incluyeron el *riff* de Richards con su recién adquirido pedal de distorsión fuzzbox Gibson Maestro. Lanzada el 27 de mayo, «(I Can't Get No) Satisfaction» elevó a la banda al estatus de superestrella. Su sonido lleno de furia y su letra impertinente cantada a voz en grito pareció compendiar su imagen rebelde. Como afirmó Jagger una vez, «fue la canción que realmente hizo de The Rolling Stones lo que son. Con ella pasamos de ser una simple banda más a ser una banda grande, gigantesca».

David Wells

Fecha de lanzamiento
27 de mayo de 1965

País Reino Unido

Compositores Mick Jagger, Keith Richards

Por qué es clave
La canción que convirtió a los Stones en leyenda.

Actuación clave **Bob Dylan en el Festival de Folk de Newport**

El 25 de julio de 1965, el venerado Bob Dylan era uno de los artistas imprescindibles del Festival de Folk de Newport. Sin embargo, apenas cuatro días antes de hacer su tercera aparición en el evento, había lanzado el tema roquero «Like A Rolling Stone», que lo único que tenía de folk era la perspicacia de la letra.

Lo que ocurrió ese día ha pasado a formar parte de la memoria colectiva –aunque el suceso estuviera envuelto en cierta confusión–. Dylan, vestido con una chaqueta de cuero, salió al escenario y empezó a tocar «Maggie's Farm», a lo que el público respondió con abucheos. Todavía no está claro si semejante reacción vino motivada por la banda de rock que sorprendentemente le acompañaba, por la mala calidad del sonido o porque el maestro de ceremonias, Peter Yarrow, había anunciado que el músico sólo traía una lista corta de temas; pero, tras tocar un par de canciones más con su banda, un Dylan gravemente alterado abandonó el escenario, y sólo volvió a él para tocar en solitario las versiones de «It's All Over Now Baby Blue» y «Mr. Tambourine Man». Puede que el acompañamiento eléctrico fuera, o no, el motivo de los abucheos, pero lo que sin duda provocó fue la furia de los acérrimos defensores del folk más puro, como Ewan MacColl, quien, indignado por la «traición» de Dylan al pasarse de la «música auténtica» a la supuesta «moda vacía» que era el rock'n'roll, escribió: «sólo a un público acrítico, nutrido por la papilla acuosa de la música pop, le podría haber gustado semejante sarta de sandeces». Por su retórica, se hacía evidente que se había llegado a una encrucijada. La historia ha demostrado que Dylan tomó el camino correcto, mientras que sus detractores entraron en un callejón sin salida.

David Wells

Fecha 25 de julio de1965

Lugar Festival de Folk de Newport, Newport, Rhode Island, Estados Unidos

País Estados Unidos

Por qué es clave El suceso que puso de manifiesto –e hizo más profundas– las fisuras entre el folk y el rock.

Personaje clave
Sonny y Cher

El compositor Salvatore «Sonny» Bono y su novia de 19 años Cherilyn «Cher» Sarkisian alcanzaron el número uno de las listas de éxitos de *Billboard* el 14 de agosto de 1965 con «I Got You Babe». Bono debió tomar la coletilla de moda «babe» de la canción de Bob Dylan «It Ain't Me, Babe», que recientemente The Turtles había versionado con gran éxito; pero sus canciones eran baladas *midtempo*, y Sonny y Cher se convirtieron en la imagen comúnmente aceptada de la cultura hippy. Sus greñas, pantalones a rayas y boas aún eran motivo de inadmisibilidad en los restaurantes a mediados de la década de 1960. Tenían el lenguaje, el estilo y la lírica de «paz y amor», pero carecían del anarquismo asociado a los *freaks* de la época y de épocas pasadas recientes, como Ken Kesey y Timothy Leary. El hecho de que Bono tuviera ya 30 años y de que fueran una pareja casada que cantaba canciones de amor tradicionales ayudó a que el establishment los considerara poco «peligrosos».

A partir de 1967, el éxito de la pareja menguó, hasta que protagonizaron su propio espectáculo de variedades en televisión en 1972. Sus actuaciones sobre el escenario se adaptaron perfectamente a la pantalla: Cher hacía el papel de la intelectual perspicaz y Sonny el de víctima de sus burlas. Los éxitos volvieron, y la carrera en solitario paralela de Cher logró ser tan popular como la del dúo. Tras divorciarse en 1975, volvieron incluso a realizar su programa de televisión durante un corto período.

Cher mantuvo una carrera de 40 años como superestrella del pop y el cine y Bono se dedicó a la política hasta que un accidente de esquí le sesgara la vida en 1998.

Chris Goodman

Rol Artistas de grabaciones

Fecha 14 de agosto de 1965

País Estados Unidos

Por qué es clave Llevó a los hippies y los *freaks* al primer plano de Estados Unidos.

Acontecimiento clave **Multan a tres Stones por «comportamiento indebido»**

El mismo día en que el cosmonauta ruso Alexei Leonov paseó durante 20 minutos por el espacio, tres iconos culturales británicos hacían historia de otra manera.

Entonces, The Rolling Stones ya eran polémicos artistas de éxito y se estaban ganando muy rápido la fama de gamberros tanto dentro como fuera de los escenarios. Los titulares de los tabloides reflejaban la indignación por sus vestimentas informales (insólitas en el mundo del espectáculo), greñas y comportamiento extravagante, con frases como «¿Dejaría que su hija se casara con un Rolling Stone?». Cada vez más seguidores de la banda imitaban su comportamiento, cuya rebeldía se consideraba tóxica en una sociedad conservadora y esnob. Su música no era distinta: una mezcla de amenazante blues y rock en el que Mick Jagger, más que cantar, bramaba.

Él, el guitarrista Brian Jones y el bajista Bill Wyman fueron denunciados por orinar en la pared de una gasolinera de Londres y decirle al empleado, que les había impedido utilizar los servicios, «nosotros nos meamos donde nos da la gana, tío», una retórica muy poco frecuente en las celebridades de la época.

El leve cargo de comportamiento indebido (por el que el 18 de marzo de 1965 se les imputó una multa de 5 libras a cada uno) resultó irrelevante comparado con los delitos menores por los que los Stones llenarían titulares más adelante, pero el incidente confirmó la imagen de «proscritos modernos» de la primera banda de indomables del rock'n'roll.

Melissa Blease

Fecha 18 de marzo de 1965

País Reino Unido

Por qué es clave Les valió a los Stones su primera medalla oficial al deshonor, lo que confirmó su fama de rebeldes y estableció el «código de mala conducta» característico del rock'n'roll.

Pág. siguiente
The Rolling Stones.

1960-1969

Canción clave «Yesterday»
The Beatles

The Beatles ya eran un fenómeno de la cultura pop sin precedentes a nivel mundial antes de grabar «Yesterday» en junio de 1965, pero este tema elevó todavía más su éxito comercial y artístico.

Paul McCartney lo había compuesto el año anterior como una oda dedicada a su novia Jane Asher y provisionalmente lo había titulado «Scrambled Eggs». El músico estuvo dando vueltas a la melodía durante meses, hasta el punto de obsesionarse con ella, y martirizaba a sus compañeros de grupo tocándola constantemente cada vez que tenía un piano a mano. Harrison llegó a comentar que Paul empezaba a creerse que era Beethoven. Cuando el productor George Martin hizo la novedosa propuesta de que un cuarteto de cámara clásico acompañara a la banda, «Yesterday» resultó ser la balada perfecta para The Beatles: triste y melancólica, pero no oscura y lacrimógena.

La evocadora sencillez de su letra y de su música la convirtió en la canción más versionada de The Beatles por parte de todo tipo de artistas de todo tipo de estilos. Con alrededor de 3.000 versiones, se ha convertido en el tema más grabado de la historia. McCartney la cantaba y tocaba sin el resto del grupo, acompañado por los suaves instrumentos de cuerda del cuarteto, que emergían en el segundo verso. Apareció en el álbum *Help!* (1965), en la cara de temas no incluidos en la banda sonora de la película del mismo nombre, como si fuera simplemente de relleno. En Estados Unidos, no obstante, la discográfica Capitol lo lanzó como un single y el 9 de octubre de 1965 alcanzó el número uno, puesto en el que se mantuvo durante un mes. Aunque McCartney compuso baladas que tal vez puedan considerarse mejores, como «Here, There And Everywhere» o «Eleanor Rigby», ninguna otra composición de The Beatles ha logrado semejante resonancia universal.
Ignacio Julia

Fecha 1965

País Reino Unido

Compositores John Lennon, Paul McCartney

Por qué es clave
Llevó la música de cámara al *mainsbreans* del pop.

Acontecimiento clave El encuentro fortuito entre Jim Morrison y Ray Manzarek

Jim Morrison y Ray Manzarek se habían conocido cuando ambos estudiaban cine en la Universidad de California, pero el teclista no tenía ni idea de que Morrison, que no tocaba ningún instrumento, albergara ambiciones musicales. Se encontraron un día por casualidad en Venice Beach, Los Ángeles, a mediados de agosto de 1965, poco después de que Morrison se graduara. Cuando Ray le preguntó cuáles eran sus planes, Morrison admitió que había escrito canciones inspiradas por los efectos del LSD, y tras la insistencia del primero acabó cantándole un par de pareados de «Moonlight Drive».

Manzarek, que ya había grabado algunos temas poco conocidos con la banda Rick & The Ravens, afirmó más tarde: «Cuando me cantó esos versos: "Let's swim to the moon/let's climb through the tide/Penetrate the evening/That the city sleeps to hide" [Nademos hasta la luna/escalemos la marea/accedamos a la noche/que la ciudad duerme para que nos escondamos]; me dije, eso es». Instantáneamente, concluyó que si él y Morrison formaban un grupo, se harían de oro, y no sólo porque la belleza escultural del desgreñado Morrison evocaba al David de Miguel Ángel.

Necesitaban aún algunos componentes y cuando el batería John Densmore y el guitarrista Robby Krieger se les unieron, formaron The Doors. El tímido Morrison no sólo acabaría cantando a voz en grito historias de sexo, misticismo y confrontación psicológica, sino que se convertiría en el mayor *sex symbol* del rock estadounidense. Un agitado recorrido de cinco años hacia el estrellato dio como resultado clásicos como «Light My Fire», «Pople Are Strange» y «Riders On The Storm», pero acabó con la misteriosa muerte de Morrison a la edad de 27 años.
Richie Unterberger

Fecha Agosto de 1965

País Estados Unidos

Por qué es clave
Un encuentro casual lleva a la creación de una de las bandas estadounidenses más controvertidas y celebradas.

Pág. anterior **The Doors.**

Álbum clave *September Of My Years*
Frank Sinatra

A las puertas de su 50 cumpleaños, Frank Sinatra se deshizo de la imagen de galán despreocupado con un álbum que apostaba fuertemente por temas sobre el otoño, el vino viejo y la soledad. A diferencia de los anteriores álbumes conceptuales, éste no incluía elementos teatrales en la interpretación.

La colaboración del arreglista y compositor Gordon Jenkins, con quien Sinatra había trabajado más de una década atrás, le iba como anillo al dedo dada la temática sombría del álbum. Las orquestaciones de Jenkins, con preponderancia de los instrumentos de cuerda y su aire melancólico, eran el acompañamiento ideal para las mordaces letras de amores perdidos y juventud desperdiciada de los temas del álbum. *September Of My Years* fue la primera vez que Sinatra confiaba lo suficiente en un arreglista como para interpretar dos canciones compuestas por él: la reflexiva «How Old Am I», y «This Is All I Ask», de un peculiar romanticismo. De forma extraña, al menos

tomando en consideración su amor por los clásicos, el cantante eligió como tema principal *It Was A Very Good Year*, anteriormente interpretada por el grupo de folk The Kingston Trio. No obstante, el álbum contiene una maravillosa mezcla de baladas románticas tradicionales y canciones folk contemporáneas, a las que el desespero de Sinatra, que por lo visto no era fingido, les aporta un baño de sinceridad, haciendo de *September Of My Years* uno de los trabajos más oscuros de su carrera. La discográfica Reprise lo lanzó en agosto de 1965.

Sinatra pudo sufrir la crisis de la mediana edad, pero lo cierto es que la melancolía de hombre maduro que emanaba el álbum es lo que lo convirtió en un hito y lo que volvió a situar al artista en lo alto del panorama musical. Ganó dos premios Grammy por mejor álbum y mejor solista vocal.

Leila Regan-Porter

Fecha de lanzamiento
Agosto de 1965

País Estados Unidos

Lista de temas The September Of My Years, How Old Am I?, Don't Wait Too Long, It Gets Lonely Early, This Is All I Ask, Last Night When We Were Young, The Man In The Looking Glass, It Was A Very Good Year, When The Wind Was Green, Hello Young Lovers, I See It Now, Once Upon A Time, September Song

Por qué es clave Sinatra se reinventa bajo el papel de hombre maduro.

Personaje clave
Graham Gouldman

G racias al tema «For Your Love», que entró en el Top 75 del Reino Unido el 18 de marzo de 1965, The Yardbirds pasó de ser una banda de bar a un fenómeno en las listas de éxitos. Para su compositor, Graham Gouldman, las repercusiones no fueron menos espectaculares.

Gouldman trabajaba en una tienda de Mánchester, su ciudad natal, y por las noches y los fines de semana lideraba la banda semiprofesional The Mockingbirds. Al firmar para EMI, grabó su *For Your Love* como single de debut, pero la discográfica lo rechazó. Fue entonces cuando un editor consiguió colocar la canción a The Yardbirds.

Su éxito en el Top 3 del Reino Unido provocó una situación extraña. Mientras que The Mockingbirds luchaban por hacerse un lugar en el panorama musical, su líder disfrutaba de un período de oro como compositor autónomo, creador de varios éxitos para The Yardbirds («Heart Full Of Soul», «Evil Hearted

You»), The Hollies («Bus Stop», «Look Through Any Window»), Herman's Hermits («Listen People», «No Milk Today», «East West») y Wayne Fontana («Pamela Pamela»). Sorprendentemente, muchas de estas canciones, como «Four Your Love», ejercían una poderosa atracción en el *hit parade*. Gouldman solía emplear acordes menores, algo que él atribuía a su educación judía y al tipo de música que de niño escuchaba en la sinagoga. Después de que en el verano de 1967 Jeff Beck se colara en el Top 30 con «Tallyman», los éxitos se terminaron. No obstante, cinco años después Gouldman disfrutaría de una segunda etapa de éxito como miembro del aclamado grupo 10cc.

David Wells

Rol Compositor

Fecha 1965

Nacionalidad Reino Unido

Por qué es clave
El compositor cuya peculiar música revelaba su origen judío.

Acontecimiento clave **Prohíben la entrada a Estados Unidos a The Kinks**

La primera gira estadounidense de The Kinks fue un absoluto desastre. Su concierto de debut en Estados Unidos, cuyo cartel los presentaba como «The Kings», estableció el precedente de tres semanas de caos total. Los desacuerdos entre la banda y los promotores por cuestiones de dinero llevaron al grupo a reducir el tiempo de algunas actuaciones y a cancelar otras, por lo que fueron denunciados ante la Federación Americana de Músicos. No menos perjudicial para su imagen fue lo que ocurrió unos días después, el 2 de julio de 1965. Tras rechazar la firma de un acuerdo sindical, se liaron a puñetazos en los camerinos contra un funcionario de la Federación de Artistas de Radio y Televisión Americanas, que supuestamente los amenazó con prohibirles actuar en Estados Unidos.

Aunque no recibieron notificación oficial alguna, sus posteriores peticiones de visado se denegaron, y la banda no volvería al país hasta octubre de 1969. Davies sacó provecho de la rabia que sentía por la injusticia de que habían sido objeto: encontró su personal estilo creativo. Sus composiciones empezaron a explorar a fondo la identidad y el patrimonio culturales londinenses. Con su característica combinación de ingenio agudo, crítica social, nostalgia y carácter, Davies compuso un notorio repertorio de canciones sobre temas tan poco frecuentes en el rock'n'roll como los puentes de Londres, los dandis de Carnaby Street, los extensos parques de la ciudad y los jardineros reumáticos. Cuando los estadounidenses volvieron a permitir la entrada al país a la banda, su intenso sabor británico les cautivó todavía más.
David Wells

Fecha 2 de julio de 1965

País Reino Unido

Por qué es clave
Aportó a Ray Davies su ímpetu para componer canciones únicas de intenso carácter británico.

Acontecimiento clave **Los hechos que inspiraron «My Generation»**

Aunque la última Reina Madre de Inglaterra no fuera especialmente conocida por inspirar clásicos del rock, sí motivó la canción que situó a Pete Townshend, de The Who, al lado de compositores contemporáneos de la talla de Lennon, McCartney o Bob Dylan, además de resumir el descontento de una generación.

Se trataba, sobre todo, del descontento de los jóvenes británicos de origen humilde, que tenían que ver cómo el sistema se empeñaba en mantenerlos en su lugar. Cuando, un día de 1965, la Reina Madre hizo uso de su autoridad para mandar retirar de la vía pública el Packard Hearse que Townshend tenía aparcado frente a la puerta de su casa, en Chesham Place, cerca del palacio de Buckingham, el guitarrista y compositor se propuso subrayar la naturaleza jerárquica de la sociedad británica. Más tarde, hablando sobre los motivos de la reina, Townshend explicó: «Su esposo había sido sepultado en un coche similar y verlo le recordaba a él». La sangre de Townshend también tuvo razones para hervir cuando un día que iba conduciendo, una mujer estirada que viajaba en el vehículo de al lado le preguntó si ése era el coche de «su mamaíta». El joven guitarrista descargó su rencor por estos dos incidentes en una canción cuyo primer verso llega al punto culminante con la frase «Hope I die before I get old!» (Espero morirme antes de hacerme mayor). En una sociedad en que los estratos más bajos se habían acostumbrado a acallar sus quejas, no era muy habitual escuchar en público semejante rabia y resentimiento.
Sean Egan

Fecha 1965

País Reino Unido

Por qué es clave
Demostró cómo la rabia puede dar lugar a buena música.

Canción clave
«Gloria»

Van Morrison compuso «Gloria» cuando todavía cantaba en el grupo de R&B de Belfast Them. La influencia blues del tema se hace patente en la versión del grupo, sobre todo por su intimidante pulso y el descaro de su letra. El tempo empieza lento pero va acelerando gradualmente, hasta llegar al punto culminante en que el cantante deletrea a voz en grito el nombre de su amada. Eso, junto con el sublime *riff* de guitarra, dio a la canción un gran carácter teatral y de excitación sexual.

De hecho, la versión de Them fue apenas una cara B en el Reino Unido, pero en Estados Unidos es mucho más conocida. Su estructura sobre tres únicos acordes era fácil de aprender y su poder para galvanizar al público pronto hizo de ella uno de los temas favoritos de las bandas de garage rock, casi al mismo nivel que «Louie Louie». La banda de garage rock The Gants, por aquel entonces poco conocida, fue la primera de tantas otras en versionarla. La versión de The Shadows of Knight, aunque floja comparada con la original, alcanzó el Top 40 de *Billboard* el 16 de abril de 1966 y llegó hasta el número 10. La versión en vivo de The Doors, lanzada póstumamente en *Alive She Cried* (1983), era mucho más cercana al original: «Gloria» era un tipo de canción que se ajustaba a la perfección a la temática sexual y de confrontación psicológica tan característica de los temas de Jim Morrison. Patti Smith la reescribió para convertirla en un himno del lesbianismo en *Horses* (1975), demostrando que es posible inyectar una nueva vida a una canción versionada tantas veces que cualquiera habría dicho que ya no daba más de sí.

Andre Millard

Fecha de entrada en las listas de Estados Unidos
16 de abril de 1966

País Reino Unido

Compositor Van Morrison

Por qué es clave
La cara B que se versionó miles de veces.

Canción clave «Eight Miles High»
The Byrds

Mezclando el revival del nuevo movimiento folk y los recientes híbridos pop/rock que dominaban las listas de éxitos, los primeros temas de The Byrds, como «Mr. Tambourine Man» y «Turn! Turn! Turn!», parecían una variante más lenta y estridente del sonido de The Beatles.

No obstante, cuando el quinto single de la banda de Los Ángeles entró en el Top 40 de *Billboard* el 30 de abril de 1966, se abrió un nuevo capítulo del rock'n'roll. Con «Eight Miles High», The Byrds ofrecían un sonido que desafiaba cualquier definición: la etérea temática del tema se combinaba con el extraordinariamente fluido trabajo en la guitarra de doce cuerdas de Jim McGuinn, la retumbante línea de bajo de Chris Hillman, los impecables acordes rítmicos de la guitarra de David Crosby, la amplias exploraciones de la percusión y las cautivadoras armonías vocales del grupo. Algunos intentaron sin éxito colgarle la etiqueta de «jazz-rock», especialmente cuando se supo que McGuinn intentaba imitar (sorprendentemente bien) a un saxofón con su Rickenbacker. Lo llamaran como lo llamaran, a partir de entonces, el tema dio luz verde a la experimentación a todos los artistas del mundo.

Muchos han malinterpretado «Eigh Miles High» considerándolo una exaltación del consumo de drogas; pero en realidad estaba inspirado en el primer viaje de The Byrds a Londres en 1965. Originalmente, el principal letrista de la canción, Gene Clark, la había titulado «Six Miles High», refiriéndose a la altitud a la que volaba el avión, pero finalmente la banda decidió que *eight* sonaba más poético. Curiosamente, Clark dejó The Byrds poco después del éxito del single, alegando el miedo a volar como la razón de su marcha.

Melissa Blease

Fecha de lanzamiento
Marzo de 1966

País Estados Unidos

Compositores Gene Clark, David Crosby, Jim McGuinn

Por qué es clave
Nunca antes el pop había sonado tan experimental ni sobrenatural.

Pág. siguiente **The Byrds**.

Álbum clave *Aftermath*
The Rolling Stones

Cuando The Rolling Stones se formaron en 1962, sólo pretendían ser una banda de blues que interpretaba versiones de artistas estadounidenses. No obstante, su mánager, Andrew Loog Oldham, pensó que tendrían que ofrecer material nuevo si querían disfrutar de una carrera musical larga y logró convencer a Mick Jagger y Keith Richards para que compusieran juntos. Un año más tarde, habían creado el clásico «Satisfaction».

El primer LP de los Stones en contener únicamente canciones compuestas por Jagger y Richards fue *Aftermath*, lanzado por Decca en el Reino Unido el 15 de abril de 1966. El álbum, grabado en siete días en los estudios RCA de Hollywood con el ingeniero de sonido predilecto del grupo, Dave Hassinger, era una colección de temas brillantes, con las excelentes melodías y solos de Richards rematadas por las perspicaces letras de Jagger. Muchas de éstas estaban influidas por Dylan («Mother's Little Helper», «Stupid Girl», «Under My thumb»), lo que afianzó la imagen de los Stones como la versión rebelde de los más respetuosos Beatles. Aun así, el álbum también ofrecía una balada trovadoresca, como «Lady Jane». La inclusión de «Goin' home», una improvisación de blues de 11 minutos, parecía arriesgada. Aunque cada vez más aislados, el bajista Bill Wyman y el batería Charlie Watts continuaron demostrando que eran, probablemente, la mejor sección rítmica de todos los tiempos y el multiinstrumentista Brain Jones aumentó el interés de algunas canciones con su exótico acompañamiento (marimbas, salterio, cítaras).

Como era práctica común en la época, la versión estadounidense del álbum se recortó y se alteró la lista de temas, pero todas las canciones siguieron siendo originales. La calidad del álbum y su éxito internacional aseguraron el futuro de los Stones.
William Ruhlmann

Fecha de lanzamiento
15 de abril de 1966

País Reino Unido

Lista de temas (Reino Unido) Mother's Little Helper, Stupid Girl, Lady Jane, Under My Thumb, Doncha Bother Me, Goin' Home, Flight 505, High And Dry, Out Of Time, It's Not Easy, I Am Waiting, Take It Or Leave It, Think, What To Do

Por qué es clave
Acaba valiendo la pena tener un mánager testarudo; y mucho.

Personaje clave
Herb Alpert

Aunque popularmente se cree que el panorama musical de mediados de la década de 1960 estuvo dominado por el rock, lo cierto es que también se dio un *boom* de la música ligera. La prueba de ello es que en 1966 el trompetista y líder de Tijuana Brass, Herb Alpert, oriundo de Los Ángeles, vendió el doble de álbumes que The Beatles y dominó el número uno de la listas de álbumes de *Billboard* durante nada más y nada menos que 18 semanas. De hecho, el 2 de abril de 1966, Alpert tenía simultáneamente la asombrosa cifra de cuatro álbumes en el Top 10 de *Billboard*.

Alpert ya había coproducido el primer gran éxito de Jan & Dean, «Baby Talk», y colaborado en la composición de «Wonderful World», para Sam Cooke, cuando, en 1962, oyó una banda de mariachis en una corrida de toros en Tijuana, México, que le inspiró el tema «The Lonely Bull». Era su primer lanzamiento con A&M, la discográfica que había fundado él mismo con su socio Jerry Moss, y alcanzó el Top 10 en Estados Unidos. Le siguieron una serie de singles y álbumes de gran éxito comercial con su banda Tijuana Brass, como *Whipped Cream And Other Delights* (1965) y *Going Places* (1965), que incluía el tema «Spanish Flea», un single Top 3 en el Reino Unido. El melódico sonido latino de la banda inspiró a muchos artistas y repercutió incluso en la creación del clásico de Love, *Forever Changes* (1967). No obstante, el single de mayor éxito de Alpert fue una peculiar interpretación vocal de la balada de Bacharach y David «This Guy's In Love With You», que alcanzó la cima de las listas de éxito de Estados Unidos durante cuatro semanas, y en el Reino Unido alcanzó el Top 3. Luego, la banda se disolvió y Alpert consiguió otro primer puesto en su país en 1979 con el tema instrumental «Rise», que el rapero Notorious B.I.G. utilizó más tarde como sámpler.
David Wells

Rol Artista de grabaciones

Fecha 1966

País Estados Unidos

Por qué es clave
Introdujo la música latina en la corriente principal del pop-rock.

Pág. anterior **Herb Alpert y Jerry Moss.**

Grupo clave
Cream

La palabra *supergrupo* todavía no se había acuñado, pero Cream la habría merecido. Sus tres miembros, Eric Clapton, Jack Bruce y Ginger Baker, eran virtuosos sin igual en sus respectivos campos. Clapton era el rey supremo de la guitarra en el Reino Unido. La opinión de los entendidos acerca de su asombroso trabajo blues-rock en The Yardbirds y los Bluesbreakers de John Mayall fue célebremente aireada en una pared de la estación de metro londinense The Angel, en el barrio de Islington, en el fotografiadísimo grafiti «Clapton es Dios». Y sentado a la derecha de Dios en la nueva trinidad del rock, estaba Jack Bruce, talentoso compositor y vocalista cuyas interpretaciones con el bajo habían sido un elemento esencial de dos bandas de blues pioneras en el Reino Unido: Organisation, de Graham Bond, y Blues Incorporated, de Alexis Korner, ambas con la fuerza de la percusión de Baker. Baker, que no tenía igual en la elite británica del blues, perfeccionó su estilo incorporando elementos de jazz y música africana. Después de que éste sustituyera a otro músico en un concierto de Bluesbreakers en el verano de 1966, él y Clapton empezaron a trazar el esquema para formar su propia banda, y el elegido para el bajo no podía ser otro que Bruce. Dieron su primer concierto el 29 de julio de 1966. En un principio, según Clapton, se consideraban «Una Banda dadá... experimental y divertida», pero pronto evolucionaron a un trío de blues, y finalmente a la primera banda de rock que compuso, interpretó e improvisó con el virtuosismo de unos venerados maestros del blues y el jazz, lo que dejó a sus contemporáneos con la boca abierta de admiración. Como recuerda Nick Mason, de Pink Floyd, «Cream era un enfoque totalmente nuevo sobre lo que se creía posible... un verdadero punto de inflexión».
Johnny Black

Rol Artistas de grabaciones

Fecha 1966

País Reino Unido

Por qué es clave
Una banda cuyo nombre no pecaba de falsa modestia.

Espectáculo clave *On The Slip Side*
programa de televisión

ABC Stage 67 era un programa de televisión semanal que emitía espectáculos de una hora de duración, tanto originales como adaptados. Uno de ellos fue *On The Slip Side*, una sátira sobre el mundo de la industria musical escrita por Robert Emmett y emitida el día 7 de diciembre de 1966. La obra presentaba la historia de un ídolo de adolescentes llamado Carlos O'Connor, a quien un grupo de ángeles le ayuda a salir del mal momento por el que pasa su carrera artística: se toma un respiro del «Big Pearly» (cielo) y lo llevan de nuevo a la cima de las listas de éxitos terrenales. El papel de Carlos lo interpretaba un antiguo ídolo de adolescentes real: Rick Nelson (antes, Ricky Nelson).

Por poco verosímil que pareciese la historia, el proyecto presentó un nuevo concepto: la propuesta de un argumento para una canción de rock o pop –algo inédito en todo el mundo, tanto en la pantalla como en los álbumes.

Los productores dieron un golpe maestro cuando encargaron la música de su ópera rock a Bacharach y David. El aclamado dúo de compositores de éxitos concibieron varios temas para el espectáculo, como el pesimista «It Doesn't Matter Anymore», la satírica «Fender Mender», «The Celestials» (donde el narrador imagina cómo es la vida de una estrella de rock), «Juanita's Place» (el homenaje a una tienda de moda) y «They're Gonna Love It» (con un narrador que intenta persuadir al interlocutor de que vista a la moda).

Desde su estreno, el espectáculo no ha vuelto a emitirse demasiadas veces en televisión, pero se comercializó el álbum de la banda sonora, que al menos se mantiene como el testamento de las reivindicaciones de Bacharach y David de un reconocimiento que siempre se ha dado a The Who, The Pretty Things y otros artistas.
Gillian G. Gaar

Fecha 7 de diciembre de 1966

País Estados Unidos

Por qué es clave
Nació la ópera rock, aunque muchos ni se dieran cuenta.

Acontecimiento clave
Jimmy Page se une a The Yardbirds

Cuando el bajista de The Yardbirds, Paul Samwell-Smith, abandonó a sus compañeros en la primavera de 1966, nadie esperaba que fuera Jimmy Page quien lo reemplazara. Page, que era uno de los guitarristas de sesión más ocupados del país, ya había rechazado la oferta previa de la banda para sustituir a Eric Clapton en 1965, y en aquella ocasión les había recomendado a su mejor amigo, Jeff Beck, quien ocupó el puesto. No obstante, dos años después, se pirraba por volver a tocar en un grupo y el 18 de junio de 1966 él mismo se ofreció a The Yardbirds. Al inicio, fue como bajista, pero al cabo de poco, como segundo guitarra.

El resultado fue impresionante, ya que dos de los mejores guitarristas del país unían sus fuerzas para dar rienda suelta a una descarga de sonido totalmente distinto al que producía cualquier otra banda del mundo. El cineasta Michelangelo Antonioni quedó deslumbrado y contrató al dúo Page-Beck para que tocara en su siguiente película, *Blow Up* (*Deseo de una mañana de verano*), por lo que consiguió una de las actuaciones más incendiarias del celuloide. También el público enloquecía con el nuevo equipo de guitarristas, aunque éstos estaban demasiado adelantados a su tiempo para que los más convencionales los apreciaran: la revista *NME* se quejó de que su «extravagante cacofonía [...] ahogaba la voz de Keith Relf».

La banda grabaría apenas un single más antes de la salida de Beck: la delirante combinación de «Happenings Ten Years Time Ago» y «Psycho Daisies», que también resonó con la atronadora potencia de Page y Beck. Una potencia que Page –solo con su guitarra, pero rodeado de la mejor tecnología punta de estudio– volvería a demostrar con Led Zeppelin, apenas dos años después.
Dave Thompson

Fecha 18 de junio de 1966

País Reino Unido

Por qué es clave
El ensayo general de lo que más tarde sería el sonido de Led Zeppelin.

1960-1969

333

Canción clave «These Boots Are Made For Walkin» Nancy Sinatra

Aunque Nancy Sinatra venía cantando en televisión desde 1957 y ya tenía un contrato discográfico, a mediados de la década de 1960 seguía siendo simplemente la hija de Frank Sinatra. Incluso debía a su padre el contrato con Reprise Records, y es que algo tuvo que ver el hecho de que él fuera el propietario. Había cosechado casi una docena de fracasos cuando el productor y compositor Lee Hazlewood aseguró que en una sola sesión le crearía un tema de gran éxito.

El primer intento, «So Long, Baby», no tuvo demasiado éxito pero el siguiente, «These Boots Are Made For Walkin», hizo de Nancy Sinatra una estrella y un *sex symbol*. Irrumpió en el número uno de las listas de éxitos del Reino Unido el 19 de febrero de 1966, y una semana después consiguió la misma hazaña en su país.

Hazlewood quiso que la artista cantase la canción «como una niña de dieciséis años que ha estado saliendo con un hombre de cuarenta». El tema –y sobre todo su inmortal frase «One of these days these boots are gonna walk all over you!»– dio a Nancy una nueva imagen. La artista lo interpretaba vestida con una atrevida minifalda y unas modernas botas *go-go*, que le aportaban un aire de mujer atractiva y con carácter. De hecho, su imagen era tan actual y el tema tuvo tanto éxito que se dice que fue esto lo que llevó a Sinatra a renovarse.

Le siguió su álbum de debut *Boots*, que consiguió el disco de oro, consolidó la fama internacional de Nancy y potenció la carrera profesional de un Lee Hazlewood entonces desconocido.
Leila Regan-Porter

Fecha de lanzamiento
Febrero de 1966

País Estados Unidos

Compositor
Lee Hazlewood

Por qué es clave
Una artista deja de ser «la hija de».

Espectáculo clave **Jimi Hendrix en el Café Wha?**

A los 23 años, el guitarrista Jimi Hendrix vivía en el barrio neoyorquino de Greenwich Village, y él y su banda, The Blue Flames, tocaban regularmente en el Café Wha? por 60 dólares a repartir entre cuatro.

Hendrix no tenía grandes ambiciones, pero la suerte se le presentó en forma de la modelo británica Linda Keith, con quien inició una relación. Cautivada por sus habilidades, Linda se propuso darlo a conocer. No obstante, el mánager de los Stones, Andrew Loog Oldham, no quedó demasiado impresionado cuando ésta lo llevó a ver a Hendrix, ni tampoco lo hizo el productor Seymour Stein más tarde, en junio de 1966. Pero a la tercera va la vencida, y fue Chas Chandler, bajista de The Animals, que en ese momento estaban a punto de disolverse, quien quiso ser su productor.

Cuando Linda llevó a Chandler a ver a Hendrix al Café Wha?, el integrante de The Animals quedó maravillado, como lo había hecho ella, por su asombrosa habilidad con la guitarra y su actitud sobre el escenario. Además, la suerte quiso que esa noche Hendrix iniciara la actuación con una versión del intimidante tema de Tim Rose, «Hey Joe», uno de los preferidos de Chandler, que ya había pensado en producir una versión de éxito en el Reino Unido.

«Me pareció fantástico», afirmó Chandler más tarde. «Debe de haber alguna pega. ¿Cómo es posible que aún no lo haya descubierto nadie?» Chandler se convirtió en el productor y mánager de Hendrix, se lo llevó a Inglaterra y lo rebautizó como Jimi. En cuestión de meses, Hendrix revolucionaría para siempre el mundo del rock y de la guitarra con temas como «Purple Haze».
Mat Snow

Fecha 5 de julio de 1966

País Estados Unidos

Por qué es clave La suerte trabaja horas extra para allanar el camino de un guitarrista de asombroso talento.

Pág. siguiente **Jimi Hendrix**.

334

Personaje clave **Chip Taylor**

C hip Taylor era el nombre artístico de James Wesley Voight, nacido en 1940. En un primer momento, quiso ser golfista (de ahí su nombre, Chip), pero también se dedicó desde muy temprano a la música: grabó un disco con su banda cuando apenas tenía 15 años (por lo que le dieron el nombre de Taylor, supuestamente más adecuado). Una lesión en la muñeca resolvió su dilema, y cuando Chet Atkins escuchó sus canciones –por aquel entonces, country en su mayoría–, quedó maravillado y el joven empezó a llamar la atención de las discográficas. Taylor comenzó cosechando pequeños éxitos country y obtuvo un par de puestos en las listas del pop del Reino Unido, con la versión de Cliff Richard de su «On My Word», y la de The Hollies de su cocomposición «I Can't Let Go». Sin embargo, fue el éxito transatlántico de «Wild Thing», interpretado por The Troggs, el que, citando al mismo Taylor, «lo cambió todo». Era un tema cargado de erotismo, en el que sonaba un duro *riff* que contrastaba con un suave fragmento de ocarina. Alcanzó el número uno de Estados Unidos el 30 de julio de 1966.

En los años siguientes, Taylor compuso varios temas que serían clásicos, como las versionadísimas «Angel Of The Morning», «Any Way That You Want Me» (The Troggs), y «Try (Just A Little Bit Harder)», esta última, convertida en un emotivo éxito por Janis Joplin. Él mismo también se lanzó a los estudios de grabación.

No obstante, el descontento de Taylor con la política de la compañía discográfica le llevó a retirarse de la música durante 15 años desde 1980, época en que pasó a ganarse la vida como jugador de apuestas. Desde entonces, ha vuelto a la industria musical y ha disfrutado de una segunda oportunidad dedicándose a las actuaciones en vivo que antes había desdeñado.
Sean Egan

Fecha 1966

Nacionalidad Estados Unidos

Por qué es clave Un aspirante a golfista, jugador de apuestas a tiempo parcial, pero sobre todo, un gran compositor.

1960-1969

Álbum clave *Freak Out!*
The Mothers Of Invention

El compositor de temas tanto clásicos como de rock de vanguardia Frank Zappa posiblemente no habría conseguido un contrato discográfico si el sello de jazz Verve Records no se hubiera pasado al rock contratando al productor del célebre Bob Dylan, Tom Wilson, quien inmediatamente descubrió dos insólitas bandas que de algún modo podían pasar por folk-rock, The Velvet Underground y The Mothers of Invention.

Zappa era un músico sofisticado, cuyos gustos eléctricos incluían desde Edgard Varèse hasta *doo wop*, y satisfacía todos esos intereses en The Mothers (nombre original del grupo que lideraba). Wilson se fijó en ellos cuando interpretaban una canción del estilo de Dylan llamada «Trouble Every Day». El productor llevó a Zappa al estudio y le dio libertad total para que hiciese lo que quisiera. El resultado fue el impresionante *Freak Out!*, un doble LP de debut lanzado en un momento en que sólo Dylan, en el recién *Blonde On Blonde*, se había permitido extenderse en un doble

disco. Zappa había realizado su primera declaración de intenciones musical importante, una combinación de composiciones contemporáneas serias y un peculiar humor. Contenía un argot callejero nada frecuente en los discos de la época y hacía alarde de temas como «Go Cry On Somebody Else's Shoulder», que parecía verdadero *doo wop*, aunque considerando el áspero tono de Zappa parecía mejor suponer que estaba siendo sarcástico. Tras un melódico primer disco venía un osado segundo. Algunos opinan que su contenido, como el tema «The Return Of The Son Of Monster Magnet», es una ofensa para los oídos. No obstante, el álbum dejó huella. Una vez, McCartney describió *Sgt Pepper's Lonely Hearts Club Band* como «nuestro *Freak Out!*»

William Ruhlman

Fecha de lanzamiento
Julio de 1966

País Estados Unidos

Lista de temas Hungry Freaks Daddy, I Ain't Got No Heart, Who Are The Brain Police?, Go Cry On Somebody Else's Shoulder, Motherly Love, How Could I Be Such A Fool?, Wowie Zowie, You Didn't Tru To Call Me, Any Way The Wind Blows, I'm Not Satisfied, You're Probably Wondering Why I'm Here, Trouble Every Day, Help I'm A Rock, It Can't Happen Here, The Return Of The Son Of Monster Magnet

Por qué es clave La sátira llega al pop.

1960-1969

337

Acontecimiento clave **George Harrison conoce a Ravi Shankar**

Rubber Soul (1965) fue el álbum que confirmó de una vez por todas que The Beatles estaban creciendo como músicos y compositores. Probablemente, ninguna de sus canciones sea mayor prueba de ello que «Norwegian Wood», de John Lennon. Como de costumbre, la instrumentación principal corría a cargo de George Harrison, pero esta vez el músico no tocaba la guitarra, sino el sitar hindú. Fue la primera aparición de este instrumento de múltiples cuerdas en un disco de rock. Harrison ya había tenido un primer contacto con él cuando se incluyó como parte del atrezzo de *Help!*, la película protagonizada por la banda. Poco después, David Crosby, de The Byrds, mostró a Harrison la música de Ravi Shankar, el reputado maestro del sitar, y fue entonces cuando Harrison se enamoró del instrumento y se prometió a sí mismo estudiarlo a fondo.

Al inicio, Harrison no quiso forzar ningún encuentro con Shankar porque temía que el músico se sintiera

abrumado, pero cuando un conocido de ambos le propuso que organizara una comida en su casa en junio de 1966, el Beatle no desaprovechó la oportunidad. Más tarde se fue a la India, donde pasó seis semanas estudiando con Shankar, y al regresar aplicó lo que había aprendido en temas como «Within You, Without You» y «The Inner Light». Aunque acabó abandonando el sitar al darse cuenta de que le tomaría una vida entera dominarlo, consiguió que los ojos y los oídos occidentales reconocieran el instrumento. Éste pasó a ser una característica de muchos álbumes de rock y singles de pop de la década de 1960 y hasta se creó un subgénero conocido como raga-rock.

Jeff Tamarkin

Fecha Junio de 1966

País Reino Unido

Por qué es clave El encuentro que introdujo la música oriental en Occidente.

Pág. anterior **George Harrison y Ravi Shankar.**

Acontecimiento clave **John Lennon declara a The Beatles más populares que Jesucristo**

A comienzos de 1966, la periodista Maureen Cleave escribió una serie de artículos sobre The Beatles para el tabloide londinense *Evening Standard*. Maureen era amiga personal de John Lennon, con quien mantuvo una conversación muy abierta en su casa de Weybridge. Influido por la lectura de la controvertida obra *The Passover Plot*, en que Hugh Schonfield desacredita a Jesucristo, el músico afirmó: «El cristianismo pasará. Disminuirá y desaparecerá. Ahora nosotros somos más populares que Jesucristo. No sé qué se irá primero, si el rock'n'roll o el cristianismo. Jesús estaba bien, pero su disciplina era dura y ordinaria». En el Reino Unido, las muestras de indignación por sus comentarios, publicados el 4 de marzo de 1966, se limitaron a anécdotas tales como una ilustración de la revista satírica *Private Eye*, donde Lennon aparecía como Jesús. Esta falta de arrebato no sólo se debió al típico carácter reservado de los británicos, sino también a que los comentarios de

Lennon quizás no estaban tan lejos de la realidad. Como la misma Cleave afirmó en el artículo, «la fama de The Beatles es incuestionable [...] Son tan famosos como la reina».

Lo que pasó en Estados Unidos fue harina de otro costal. En agosto de 1966, la revista juvenil *Datebook* publicó fragmentos de la entrevista poniendo énfasis en la frase «más populares que Jesucristo». Los estados más conservadores pusieron el grito en el cielo y se destruyeron públicamente discos de la banda. Brian Epstein se planteó cancelar su inminente gira estadounidense, pero tras una media disculpa por parte de Lennon, ésta pudo celebrarse. No obstante, fue la primera vez que los chicos experimentaban qué era ser blanco de las pasiones de la gente, algo que fue en aumento y finalmente los llevó a dejar de tocar en vivo.
Spencer Leigh

Fecha 4 de marzo de 1966

País Reino Unido

Por qué es clave
The Beatles descubren que la adoración internacional que despiertan no es incondicional.

338

Canción clave **«The Sun Ain't Gonna Shine Anymore»** The Walker Brothers

Puede que Frankie Valli fuese la voz inconfundible de The Four Seasons, pero los cerebros que estaban detrás de cada proyecto eran el productor Bob Crewe y el miembro del grupo Bob Gaudio, quienes compusieron grandes éxitos como «Big Girls Don't Cry», «Walk Like A Man» y «Rag Doll». En 1965, intentaron lanzar a Valli como solista aprovechando el éxito de la banda. Para él crearon un tema mucho más solemne que los habituales: «The Sun Ain't Gonna Shine Anymore», una balada de tinte épico y exuberantes arreglos musicales que el cantante supo interpretar con su acostumbrada excelencia, pero ni siquiera entró en el Top 100 de *Billboard*.

Aunque el esfuerzo de Valli ni siquiera le valió el lanzamiento del tema en el Reino Unido, la canción atrajo la atención de los estadounidenses expatriados The Walker Brothers, que recientemente habían alcanzado la cima de las listas de éxitos británicas con la también magistral «Make It Easy On Yourself».

El productor Johnny Franz y el arreglista Ivor Raymonde le dieron un toque al estilo *wall of sound* de Phil Spector, pero si el tema alcanzó el estatus de clásico fue gracias a Scott Walker, cuya naturaleza introspectiva y desasosegada y potente voz de barítono parecían hechas a medida para la profundidad y la majestuosa melancolía de versos como «Loneliness is the cloak you wear» (La soledad es la capa que llevas). El 19 de marzo de 1966, la versión de The Walker Broters alcanzó el primer puesto de las listas de éxitos del Reino Unido, donde se mantuvo cuatro semanas. En Estados Unidos también llegó al Top 20.

En 1991, el tema tantas veces versionado «The Sun Ain't Gonna Shine Anymore» tuvo un lugar destacado en la película británica *Truly Madly Deeply*, y Cher lo volvió a convertir en un éxito del Top 30 en 1996.
David Wells

Fecha de entrada al n.° 1 en el Reino Unido 19 de marzo de 1996

País Estados Unidos

Compositor Bob Crewe, Bob Gaudio

Por qué es clave
Un tema que fracasa en Estados Unidos se importa al Reino Unido y se convierte en un clásico del pop.

1960-1969

Álbum clave *Pet sounds*
The Beach Boys

El líder y productor de The Beach Boys, Brian Wilson, ya había abandonando la música surfera en favor del pop sinfónico cuando empezó a trabajar en *Pet Sounds*. Inspirado por los éxitos de The Beatles, fue la primera vez que intentaba crear un álbum que funcionara como un todo consistente en carácter, tono y calidad estética, en vez de producir una simple colección de temas, magníficos, buenos o regulares. El resultado fue un pop de orquestación exuberante al mismo nivel del de productores de la talla de Phil Spector, que llevó el homogéneo rock de California a un estado de esplendor casi neoclásico. Las letras hablaban sobre los típicos desengaños del amor, pero la música era tan meticulosa, estratificada, armónicamente sofisticada y matizada como la de los grandes compositores clásicos. *Pet Sounds* fue un gran paso adelante en la transformación del rock de música juvenil en auténtico arte.

La excelencia de *Pet Sounds* fue reconocida de inmediato en el Reino Unido, donde el álbum se convirtió en un éxito de ventas; Paul McCartney designó su hermoso tema «God Only knows» como la mejor canción nunca escrita. Eric Clapton se mostró igual de impresionado y lo cosideró «uno de los mejores LP de pop jamás comercializados». Por desgracia, el álbum no tuvo ni de lejos el mismo éxito en la tierra nataldel grupo, Estados Unidos, donde apenas ocupó el número diez durante una semana. Con el tiempo, sin embargo, se ha reconocido su valor como una de las principales obras maestras del rock y en décadas subsiguientes ha sido muy imitada por otros artistas en busca del tema perfecto del pop «de autor».
Richie Unterberger

Fecha de lanzamiento Mayo de 1966

País Estados Unidos

Lista de temas Wouldn't It Be Nice, You Still Believe In Me, That's Not Me, Don't Talk (Put Your Head On My Shoulder), I'm Waiting For The Day, Let's Go Away For A While, Sloop John B, God Only Knows, I Know There's An Answer, Here Today, I Just Wasn't Made For These Times, Pet Sounds, Caroline No

Por qué es clave Las tablas de surf y los bólidos dan paso a la melancolía y el esplendor en esta joya.

Canción clave «**When A Man Loves A Woman**» Percy Sledge

«When A Man Loves A Woman» fue el único éxito de las listas del pop de Percy Sledge, un camillero de hospital de Alabama y estrella a tiempo parcial de la escena local de R&B. La canción, grabada con músicos y productores de los reputados Fame Studios de Muscle Shoals,pero en Quinvy, un estudio satélite local, estaba inspirada en el tema del propio Sledge, «Why Did You Leave Me?» Le cambiaron la letra y el tema se transfirió a Rick Hall, propietario de Fame, quien luego aconsejó a Jerry Wexler, de la legendaria Atlantic Records de Nueva York, para que contratara a Sledge. La canción alcanzó la cima de las listas de éxitos de Estados Unidos el 28 de mayo de 1966.

La voz suplicante y apasionada de Sledge, el lúgubre sonido del órgano del teclista de Fame, Spooner Oldham, y el acompañamiento a modo de coro de iglesia eran sublimes. Todos estos elementos góspel y la retumbante sección de instrumentos de metal se habían desarrollado anteriormente en Stax Records, en Memphis, de la mano de James Brown o en el mismo Muscle Shoals. Sin embargo, ninguno había llegado tan alto, y esta canción llevó el soul más puro al gran público.

Wexler, que anteriormente había enviado a sus artistas a desarrollar su sonido al sur, en Memphis, se fue a la ciudad de Muscle Shoals para trabajar en Fame Studios. El primer éxito fue Wilson Pickett, aunque más significativo fue el hecho de que Aretha Franklin grabara en Fame su primer álbum con Atlantic, *I Never Loved A Man (The Way I Love You)*, en el que fue el inicio de otro hito de la historia musical.
Chris Goodman

Fecha de lanzamiento Marzo de 1966

País Estados Unidos

Compositores Calvin Lewis, Andrew Wright

Por qué es clave El primer álbum del soul sureño en convertirse en un número uno en las listas del pop estadounidenses.

Canción clave «Reach Out I'll Be There»
The Four Tops

Levi Stubbs, Abdul «Duke» Fakir, Lawrence Payton y Renaldo «Obie» Benson ya eran músicos curtidos cuando firmaron para Motown Records en 1963, y estuvieron un tiempo realizando los coros de los primeros grandes éxitos de la discográfica hasta que se unieron al equipo de compositores Holland-Dozier-Holland. Su primer *hit* como The Four Tops les llegó en 1964 con «Baby, I Need Your Loving» y su correcto pero estándar patrón soul les aportó algunos otros éxitos. Sin embargo, con «Reach Out I'll Be There», The Tops y H-D-H sacaron lo mejor de ellos mismos. La voz ronca y suplicante de Stubbs, a medio camino entre el canto y el grito, en lucha contra una vorágine de estrepitosa percusión, armonías épicas, un oboe y una flauta, creando una tormenta resonante sobre la que el cantante se dirige a su amor, respaldado por una parte de la Orquesta Sinfónica de Detroit.

En una visita de control de calidad de Motown, un empleado de la compañía dijo que el tema no se vendería bien porque era «demasiado diferente». No obstante, el jefe del sello, Berry Gordy, afirmó que esa diferencia era lo que le gustaba de él y aprobó su lanzamiento. La canción, que quizás fuera el punto culminante de la carrera de las estrellas más duraderas de Motown, de su más exitoso equipo de compositores, y de la propia discográfica, alcanzó la cima de las listas de éxitos de Estados Unidos el 15 de octubre de 1966 y también llegó al número uno en el Reino Unido. Su éxito hizo que Motown pasara a ser algo más que una discográfica de pop bailable. El mayor cumplido a la excelencia del tema fue la declaración del mismo productor del Wall of Sound, Phil Spector, que la calificó de «Dylan negro».
Chris Goodman

Fecha de lanzamiento
Agosto de 1966

País Estados Unidos

Compositores Lamont Dozier, Brian Holland, Eddie Holland

Por qué es clave Motown se pasa al barroco.

Pág. siguiente The Four Tops.

340

Canción clave «96 Tears»
«?», & The Mysterians

El monótono órgano Vox que introduce «96 Tears» dio una nueva dimensión a la escena del rock'n'roll de la década de 1960, dominada por la guitarra, haciendo que el tema sonara como de otro mundo. Este hecho le vino como anillo al dedo a su compositor, «?», el cantante líder de The Mysterians, quien había querido dar un toque de ciencia ficción a su banda afirmando haber nacido en Marte. Aunque hay dudas sobre la verdadera identidad del misterioso «?», probablemente fuese Rudy Martinez, el fundador de este grupo de tejanos de origen mexicano, quienes grabaron la canción tras mudarse a Míchigan. El logro de la banda al alcanzar la cima de las listas de éxitos de Estados Unidos el 29 de octubre de 1966 habría sido un hito del rock latino si hubieran hecho público su origen.

La canción es descaradamente sencilla y tonta, desde sus arreglos rudimentarios a la aparentemente arbitraria elección del número de lágrimas que el narrador hará llorar a su ex novia cuando logre vengarse de ella. La voz áspera de aficionado y el peculiar sonido de «96 Tears» atrajeron la atención del new wave y establecieron el modelo de rock que adoptaría la música punk de la década de 1970 y la de 1980, manteniendo viva la canción y dando a The Mysterians una oportunidad para su reaparición. Los críticos han colgado mil etiquetas al tema, como la de proto-punk o postmoderno, lo que asegura que nunca será menospreciado como un simple éxito aislado de una desconocida banda de garage rock.
Andre Millard

Fecha de lanzamiento
Agosto de 1966

País Estados Unidos

Compositor Rudy Martinez

Por qué es clave
Una prueba más de que, aunque la mayoría de las bandas de garage rock apenas producían una buena canción, ésta a menudo se transformaba en un clásico.

Álbum clave *Complete And Unbelieveable: The Otis Redding Dictionary Of Soul*

Otis Redding inició su carrera musical como un imitador más de Little Richard, pero en 1962 tuvo la oportunidad de grabar el sensual «These Arms Of Mine». En un par de años, se había convertido en el representante del soul sureño.

A pesar de su título, el álbum *Complete and unbelieveable* [...], lanzado el 15 de octubre de 1966, se apartaba de su colección de grandes éxitos del soul, como «Mr. Pitiful» y «Respect», y demostraba que el cantante ya tenía el ojo puesto en el mercado del pop antes de su aparición definitiva en el Festival del Pop de Monterrey de 1967. Era su quinto álbum de estudio y el último que completaría antes de su prematura muerte.

Su voz ronca y su forma de cantar apasionada, junto con el sonido tosco pero épico de las secciones rítmicas de los M.G.s y los arreglos de metal de The Memphis Horns, se unieron como nunca para crear este estimulante cóctel. Aunque en ese momento sus aspiraciones en relación al mercado del pop se limitaban a versionar, no a componer, su enfoque era tan emocional y descaradamente personal que todo en este álbum suena incuestionablemente a Otis Redding. Sus composiciones –«Fa-Fa-Fa-Fa-Fa (Sad Song)», «My Lover's Prayer», «She Pout The Hurt On Me»– hacían alarde del soul elegante característico de Redding, pero también demostraron que un cantante negro –o al menos uno con su talento y dedicación– era capaz de crear una melodía country («Tennessee Waltz»), un single al estilo de The Beatles («Day Tripper») o un clásico de Tin Pan Alley («Try A Little Tenderness»). Y todo con un estilo inconfundiblemente personal. Este álbum es el que mejor ilustra la capacidad de Redding de atraer a todo tipo de público.
Ignacio Julià

Fecha de lanzamiento 15 de octubre de 1966

País Estados Unidos

Lista de temas Fa-Fa-Fa-Fa-Fa (Sad Song), I'm Sick Y'all, Tennessee Waltz, Sweet Lorene, Try A Little Tenderness, Day Tripper, My Lover's Prayer, She Put The Hurt On Me, Ton Of Joy, You're Still My Baby, Hawg For You, Love Have Mercy

Por qué es clave Un álbum transicional que resultó ser el último de Otis Redding.

Espectáculo clave *The Monkees* programa de televisión

¡Locura!», prometía el anuncio de la audición publicado en la revista *Variety*. Aunque forma parte del mito de The Monkees, sólo uno de los integrantes definitivos de la banda se presentó a esta llamada, con la que se pretendía seleccionar a un grupo de cuatro jóvenes irreverentes. La palabra describía de forma exacta la naturaleza del proyecto: una serie de televisión estadounidense inspirada en la película de The Beatles *A Hard Day's Night* (1964), en que el vertiginoso pop se alterna con la vida de cuatro músicos tarambanas.

Por difícil de creer que resulte hoy en día, en aquella época éste era un concepto radical. Como más tarde observó el Monkee Micky Dolenz, «la única vez que veías chicos con greñas (en televisión) era cuando estaban siendo arrestados». Dolenz era uno de los greñudos del cuarteto finalmente elegido para saltar de inmediato al estrellato. Sus colegas eran Davy Jones, Mike Nesmith y Peter Tork. Aunque los dos últimos tenían formación en música y Dolenz había estudiado batería, las canciones que sonaban en la serie las interpretaban músicos de sesión y las concebían compositores autónomos del más alto nivel.

La serie *The Monkees*, emitida por primera vez el 12 de septiembre de 1966, pasó bastante desapercibida al inicio, pero se acabó convirtiendo en un éxito de audiencia debido en parte a la fenomenal interpretación de las canciones que aparecían en ella. El hecho de que al principio los chicos no tocaran los temas ellos mismos hizo que los amantes de la música con conocimientos los menospreciaran; pero The Monkees obtendrían el mejor respaldo posible: a John Lennon le gustaba tanto su humor al estilo de los hermanos Marx que dio permiso para utilizar la canción de The Beatles «Good Morning, Good Morning» en un episodio, algo completamente inédito.
Sean Egan

Fecha 12 de septiembre de 1966

País Estados Unidos

Por qué es clave Los habitantes de la América profunda se encuentran con greñudos en el salón de sus casas.

Pág. anterior Mick Dolenz, Davy Jones y Mike Nesmith, de The Monkees.

Grupo clave
The Association

The Association nunca se cita al lado de grupos como The Byrds o The Beach Boys, otras dos bandas de Los Ángeles cuya característica distintiva estaba en el uso de sofisticadas armonías de asombrosa belleza. Sin embargo, durante un breve período de tiempo, entre 1966 y 1967, The Association vendió más discos que The Byrds, The Beach Boys y, de hecho, que casi cualquiera. Tras irrumpir en el número uno de Estados Unidos el 24 de septiembre de 1966, ese otoño «Cherish» coronó la cima de las listas durante las tres primeras semanas que siguieron a su lanzamiento; y el verano siguiente «Windy» ostentó la primera posición durante casi todo el mes de julio. Más tarde, en 1967, «Never My Love» se estancó en el número dos. Tanto esta última como «Cherish» son dos de las canciones más versionadas del siglo xx.

Los integrantes del sexteto (que más tarde aumentó a septeto) tenían la imagen de chicos sanos y esto, junto con sus armonías delicadas y los hermosos toques decorativos de los instrumentos de viento, los convirtió en un fenómeno en los estados conservadores de la América rural. A la vez, no obstante, también eran bastante modernos: mucha gente sospechó que su primer gran éxito, «Along Comes Mary», contenía referencias a la marihuana, y en junio de 1967 abrieron el Festival del Pop de Monterrey, el evento contracultural por excelencia.

La calidad de sus álbumes era bastante irregular y después de 1968 dejaron de generar singles de éxito, pero fueron, o estuvieron cerca de ser, la cumbre de lo que actualmente llamamos el sonido *sunshine pop* de la California de la década de 1960.

Richie Unterberger

Rol Artistas de grabaciones

Fecha 1966

Nacionalidad Estados Unidos

Por qué es clave Con sus grandes *hits* del pop-rock, The Association elaboró magníficas melodías que parecían medievales y a la vez modernas.

Película clave *Il buono, il brutto, il cattivo (El bueno, el feo y el malo)*

En la década de 1960, la producción de películas al más puro estilo de musical americano en otros países no se limitaba a historias sobre grupos de pop británicos. En Italia, el compositor Ennio Morricone también escribía bandas sonoras para los llamados *espagueti-western* de Sergio Leone.

Al inicio, dichos filmes parecían un tanto cómicos a causa del doblaje al inglés, pero estaban muy bien realizados. La música de Morricone adornaba la a menudo insípida acción de la pantalla con un sonido genuinamente exótico, que tomaba como base el prototipo de banda sonora de western –sombrías guitarras rasgueadas– y lo embellecía con cautivadores coros de voces, una orquestación exuberante y espectaculares arreglos. También incluía una guitarra eléctrica retumbante que, manteniendo los motivos del western, tomaba un carácter distintivo inspirado en las primeras estrellas del rock instrumental, como Duane Eddy, The Shadows y The Ventures.

De hecho, Morricone ya venía componiendo para espagueti-westerns desde hacía algunos años antes de realizar la banda sonora de *Il buono, il brutto, il cattivo (El bueno, el feo y el malo)* en 1966. La película era la última entrega de una trilogía en la que podía verse a Clint Eastwood cubierto con un poncho haciendo de pistolero, y su música contenía el sonido de las típicas guitarras punteadas junto con una efectiva yuxtaposición de estilos inconexos que aportaba un toque casi psicodélico. El tema principal, que representó un gran paso adelante en el reconocimiento internacional de su compositor, contenía el inolvidable sonido de un silbido melancólico, espeluznantes voces como de coyotes huyendo entre los cardos, toques de trompetas entre disparos y adornos de amenazantes galopes. Hugo Montenegro llevó una versión más rimbombante del mismo tema al número dos de Estados Unidos.

Richie Unterberger

Fecha de estreno 1966

País Italia

Director Sergio Leone

Reparto Clint Eastwood, Eli Wallach, Lee Van Cleef

Compositor Ennio Morricone

Por qué es clave Aportó un toque rock a las habitualmente sobrias bandas sonoras del western.

Espectáculo clave *Blow-Up (Deseo de una mañana de verano)* la película

La inclusión del tema «Rock Around The Clock» en la banda sonora de la película de 1955, *The Blackboard Jungle (Semilla de maldad)*, que abordaba la problemática de las diferencias generacionales, demostró a la industria del entretenimiento el espectacular aumento de taquilla y venta de discos que podía aportar la unión entre el cine y la música de moda para adolescentes. Esto dio pie a la realización de un sinfín de películas juveniles de bajo presupuesto generosamente salpicadas de rock'n'roll políticamente correcto. No obstante, *Blow-Up (Deseo de una mañana de verano)*, dirigida por el cineasta italiano Michaelangelo Antonioni y estrenada el 14 de diciembre de 1966, se apartaba de esta definición. El protagonista era David Hemmings y la acción transcurría alrededor del mundo de la alta costura londinense, pero su enigmática trama de asesinato, su ambiente onírico y la exploración del anestesiante terremoto juvenil de la década de 1960 representó un cambio espectacular en el patrón de las películas juveniles. La mayor parte de la banda sonora está compuesta por el jazz siempre estupendo, oscuro y melancólico del teclista Herbie Hancock, más conocido en ese momento por ser un *sideman* de Miles Davis. Sin embargo, el toque de genialidad fue la inclusión de una actuación de The Yardbirds, durante el fugaz período en que la formación contaba con Jeff Beck y Jimmy Page a la vez. Al inicio, Antonioni quería a The Who, por lo que, en una meticulosa recreación en los Elstree Studios del famoso Rieky Tick club de Windsor, The Yardbyrds ejecutaron una actuación espectacular al más puro estilo Townshend. Antonioni también quería que tocaran «Train Kept A-Rolling», pero por problemas de *copyright*, The Yardbyrds tuvieron que recomponerla y rebautizarla como Stroll On. No fue la versión más acertada, pero hizo que una buena banda sonora pasara a ser esencial, pionera de una época en que la música podía rivalizar en importancia con la película a la que acompañaba.

Johnny Black

Fecha de estreno
14 de diciembre de 1966

País Reino Unido

Director Michaelangelo Antonioni

Reparto David Hemmings, Vanessa Redgrave, Sarah Miles

Compositores Herbie Hancock, Jeff Beck, Chris Dreja, Jim McCarty, Jimmy Page, Keith Relf

Por qué es clave
La primera película juvenil realmente estupenda.

1960-1969

345

Acontecimiento clave **El escándalo de drogas que afectó a The Lovin' Spoonful**

En la década de 1960, el consumo de drogas no sólo se consideraba algo novedoso y arriesgado, sino también algo que otorgaba el estatus de moderno. A veces, sin embargo, podía jugarte malas pasadas, como descubrieron The Lovin' Spoonful cuando el guitarrista Zal Yanovsky y el bajista Steve Boone fueron arrestados por posesión de marihuana el 19 de mayo de 1966.

Yanovsky se enfrentaba a una posible deportación a su Canadá natal, por lo que terminó soplando el nombre del camello a las autoridades. Los músicos evitaron tener que cumplir un período de servicios a la comunidad, pero el resultado final de todo el suceso fue casi peor que eso. Cuando al año siguiente el caso llegó a los titulares de los periódicos, la credibilidad de la banda ante el mismo movimiento contracultural que la había ayudado a mantenerse en el estrellato del folk-rock cayó en picado. Lillian Roxon escribió en su *Rock Encyclopedia* que «en San Francisco, en 1967, su nombre [de la banda] fue difamado, sus álbumes se usaron como felpudos, y se pidió a sus admiradoras que se alejaran de ellos». Jerry Yester, amigo de la banda y futuro integrante de ésta, afirmó más tarde que su abogado había tenido la intención de representar al hombre que las autoridades habían cazado. A mediados de la década de 1980, el principal cantante y compositor de los Spoonful, John Sebastian, aún estaba resentido por lo ocurrido y afirmó al escritor Edward Kersh: «la contracultura simplemente nos abandonó... los fans se creyeron lo peor demasiado rápido».

El ambiente nunca volvió a ser el mismo dentro de la banda. Yanovsky dejó el grupo, Sebastian le siguió al cabo de poco y la formación original acabó disolviéndose. Por reflejar las acciones de su propio público, la banda pagó un precio muy alto.

Richie Unterberger

Fecha 19 de mayo de 1966

País Estados Unidos

Por qué es clave
Demostró que flirtear con la ley podía tener un efecto bumerán contra las bandas de pop y rock que se reían del establishment.

Canción clave «**Sweet Soul Music**»
Arthur Conley

Basado en «Yeah Man» de Sam Cooke, y adaptado por Otis Redding y Arthur Conley (cantante de Jotis, el sello propiedad del mismo Redding), el tema «Sweet Soul Music» es un manual del usuario del soul.

El productor de la mayoría de las más grandes estrellas del R&B y el soul Jerry Wexler, de Atlantic Records, consideraba ambos géneros la misma cosa, cuando el segundo era una simple evolución del primero. Esta canción pone de relieve dicha progresión. Retiene la esencia del R&B como «blues con una pulsación de fondo rítmica y repetitiva», pero con el énfasis del soul en la emoción, algo que Conley subraya entonando la frase «I got to get the feeling» (Necesito experimentar el sentimiento) con un fervor de predicador evangélico, situando claramente las raíces del soul en el góspel eclesiástico. El R&B había sido siempre una búsqueda distintivamente tosca en la tradición del blues.

La canción va avanzando con una tensión al borde del abismo que nunca acaba desbordándose, a diferencia del R&B, representado por músicos como Little Richard, donde los gritos rara vez aminoran. La sección de instrumentos de metal entra bruscamente al ritmo de la música, algo también típico del soul sureño y que tan bien se hizo en los Stax Studios de Memphis. La letra enumera los principales cantantes de la escena del soul de la década de 1960 –Lou Rawls, Sam & Dave, Wilson Pickett, el mismo Redding y James Brown («El rey de todos ellos», como reza la canción)–. Todos eran oriundos del sur de Estados Unidos, la cuna del soul aunque algunos de sus artistas ya no vivieran allí.

La canción entró en la lista del pop de *Billboard* el 1 de abril de 1967, donde alcanzó el número dos, y fue un Top 10 en Europa, lo que demostró el alcance de la atracción que despertaba el soul llegado 1967.
Chris Goodman

Fecha de lanzamiento
Marzo de 1967

País Estados Unidos

Compositores Arthur Conley, Sam Cooke, Otis Redding

Por qué es clave
«Sweet Soul Music» codificó la esencia del soul.

Acontecimiento clave
Fallece Otis Redding

Hasta su trágica muerte a los 26 años, ninguno de los singles de Otis Redding había superado el puesto 21 en la lista del pop de *Billboard*, a pesar de que los amantes del soul lo consideraban la pieza central del sello Stax por su interpretación de apasionados himnos del género, como «I've Been Loving You Too Long» y «Respect», compuestos por él mismo.

Su aparición en el Festival del Pop de Monterrey, en junio de 1967, dejó pasmado al «el gentío del amor» –como llamó al público asistente– e inspiró una nueva dirección en su estilo, materializada en «(Sittin' On) The Dock Of The Bay». Esta triste balada atraería al gran público como ninguno de sus anteriores temas. Terminó la composición de la canción el 7 de diciembre en los estudios Stax, y el sábado 9 se dirigió a Cleveland, donde tomó un avión hacia Madison, Wisconsin, para dar un concierto el domingo 10.

Por causas que aún se desconocen, su avión bimotor se estrelló justo en las afueras de Madison, en el lago Monona. Ese día había tormenta y el único superviviente, el músico Ben Cauley, recuerda haberse despertado al oír a su compañero de banda Phalon exclamar «Oh, no!». Cauley se desabrochó el cinturón de seguridad, lo que le permitió salir a la superficie del frío lago, mientras que Redding y los otros seis ocupantes de la aeronave quedaron atrapados y murieron.

Alrededor de 4.500 personas asistieron al funeral de Redding, entre ellas un sinfín de estrellas del soul, desde James Brown a Solomon Burke. A comienzos de 1968, la subida al número uno de «(Sitting On) The Dock Of The Bay» puso más que nunca de manifiesto que la carrera estelar de un gran artista se había truncado demasiado pronto.
Chris Goodman

Fecha 10 de diciembre de 1967

País Estados Unidos

Por qué es clave La mayor estrella del soul fallece justo cuando está a punto de llegar al gran público.

Pág. siguiente **Otis Redding**.

Personaje clave
Aretha Franklin

El popular reverendo C. L. Franklin educó a su hija, Aretha, según los valores sagrados desde que naciera en 1942, y cuando ésta firmó para Columbia Records en 1960, la futura Dama del Soul luchó por lanzar 12 álbumes cuya falta de osadía parecía insinuar que, si se soltaba la melena y se desinhibía en su música, se cometería un sacrilegio. De hecho, probablemente esto se debía a que la discográfica la veía como una artista para el público familiar.

Sin embargo, en 1966, el A&R de Atlantic Records, Jerry Wexler, la contrató y se empeñó en extraer de ella su soul más profundo. El sublime álbum *I Never Loved A Man (The Way I Love You)*, compuesto en buena parte por la propia Aretha, dio el resultado esperado. El tema principal, «Respect», grabado el 14 de febrero de 1967, era una versión de un *hit* de Otis Redding donde una mujer pide un poco de respeto por parte de su amante.

La versión de Franklin convertía la petición en un clamoroso reclamo, posiblemente influida por su turbulento matrimonio, por lo que el público lo interpretó como un himno feminista y pro derechos civiles. Irrumpió en el número uno de la lista de éxitos del pop de *Billboard* y convirtió a Franklin en una estrella internacional y en el símbolo del orgullo de la América negra. La revista *Ebony* declaró 1967 el año de «Retha», «Rap y Revolt». Le siguieron una avalancha de grandes éxitos como el hermoso «A Natural Woman» y el emotivo «I Say A Little Prayer».

Su carrera posterior ha sido irregular, pero ha mantenido siempre su inconfundible estilo. Su voz, tanto haciendo alarde de su dominio del góspel como haciendo dueto con George Michael en la década de 1980, ha resonado como la primera expresión femenina de la música soul.
Chris Goodman

Rol Artista de grabaciones

Fecha 1967

Nacionalidad Estados Unidos

Por qué es clave
La primera dama del soul.

Canción clave «For What It's Worth (Stop, Hey What's That Sound)» Buffalo Springfield

El 12 de noviembre de 1966 se produjeron disturbios en el barrio de Crescent Heights de Los Ángeles, más concretamente en Sunset Strip. En esta zona comercial convivían, por un lado, boutiques de prestigio y locales nocturnos para una clientela adulta y conservadora, y, por el otro, nuevos clubs como el Pandora's Box dirigidos a los jóvenes, quienes por la noche abarrotaban las calles y entorpecían el tráfico. La policía, que sentía antipatía por unos chicos cuyas cabelleras identificaban con el comunismo, la homosexualidad, o ambas cosas, no tuvo reparos en emplear la fuerza para hacer cumplir un toque de queda. La violenta confrontación que tuvo lugar inspiró la canción de Buffalo Springfield, «For What It's Worth (Stop Hey What's That Sound)» (Para lo que vale [Espera, qué es ese sonido]).

La banda de Los Ángeles se encontraba de gira en San Francisco la noche de los hechos, pero su compositor Stephen Stills enseguida oyó hablar sobre lo ocurrido a unos amigos. La letra de la canción se ponía en la piel de uno de los jóvenes, pero evitando entrar en polémica y en una posición más de observación de la confusión y el conflicto que brotaba entre generaciones. Lejos de ser un tema estruendoso, la atmósfera general la crean los acordes de una penetrante guitarra, y el estribillo «Stop, hey, what's that sound?» suena más a disculpa que a arranque de rabia.

La canción entró en el Top 40 de *Billboard* el 18 de febrero de 1967 y acabó en el número siete. Se ha convertido en el himno de una época, muy utilizado en películas para recrear la atmósfera, que vivía Estados Unidos en ese agitado período de su historia.
William Ruhlmann

Fecha de lanzamiento
Enero de 1967

País Estados Unidos

Compositor Stephen Stills

Por qué es clave Demostró que una canción popular puede hacer las veces de discurso político.

Pág. anterior
Buffalo Springfield.

Canción clave «I Had Too Much To Dream (Last Night)» The Electric Prunes

En la Costa Oeste de Estados Unidos se estaba llevando a cabo una gran experimentación musical, pero aunque los discos se vendían, no sonaban en la radio ni el gran público los conocía. Hasta entonces, ninguna banda había llevado a las masas el salto del rock familiar al llamado «rock psicodélico», una etiqueta que engloba toda la música que recrea mediante efectos surrealistas un viaje de LSD, el estimulante de los hippies de la época.

Cuando «I Had Too Much To Dream (Last night)», de The Electric Prunes, irrumpió en el Top 40 de *Billboard* el 21 de enero de 1967, se convirtió en el primer tema en sacar a la luz la psicodelia. La canción era un estado intermedio entre el duro bombardeo del garage rock y el viaje hippy, lo cual aportó a la industria musical algo en cierto grado familiar que conectaba con lo más insólito. Había nacido un nuevo género.

A pesar de la amplia credibilidad que obtuvo entre el público joven más moderno, los orígenes de la canción eran similares a los de la mayoría de los temas de pop, puesto que la concibieron compositores externos a la banda, más concretamente, las versátiles y eclécticas Annette Tucker y Nancie Mantz. De forma intencionada o no, su título y su ambiente surrealista capturaron a la perfección el paisaje de ojo de pez por el que muchos jóvenes occidentales modernos se paseaban, y esto gracias también a los efectos del productor Dave Hassinger. El tema llegó al número once de Estados Unidos.

Por desgracia, debido a cambios en la formación original de la banda y a sus discutibles incursiones en la música clásica, los álbumes posteriores de The Electric Prunes sonaron pomposos y anticuados. Sin embargo, sus primeros lanzamientos siguen sirviendo como análisis de una época.
Leila Regan-Porter

Fecha de entrada en la lista de éxitos 21 de enero de 1967

País Estados Unidos

Compositor Nancie Mantz, Annette Tucker

Por qué es clave La música psicodélica llega al gran público.

Espectáculo clave Los videoclips de «Penny Lane» y «Strawberry Fields Forever», The Beatles

Hasta 1967, los videoclips promocionales presentaban a los artistas cantando en *playback* sobre el escenario, normalmente con los instrumentos desenchufados. No obstante, el director sueco Peter Goldmann concibió un guión gráfico para los temas «Penny Lane» y «Strawberry Fields Forever», del single de doble cara de The Beatles, en que las diferentes secuencias capturaban la atmósfera de las canciones e incluso la realzaban, sin apenas mostrar la imagen de los músicos cantando y tocando.

El vídeo promocional de «Strawberry Fields Forever» era totalmente surrealista, con efectos visuales desorientadores como *jump-cuts*, simulación de rayos X y *tape reverse*. No se filmó en el parque de la casa de acogida infantil Strawberry Field, de Liverpool, donde Lennon había jugado de niño, sino en Knole Park, Sevenoaks, Kent, con The Beatles vistiendo coloridos trajes y un piano destartalado al lado de un árbol. De igual modo, The Beatles no quisieron ir hasta el Penny Lane real, en Allerton, Liverpool, por lo que Goldmann tomó algunas secuencias de la barbería y «el asilo de la esquina» que se citan en la canción. En el vídeo, se veía a John Lennon caminando por Angel Lane, Stratford, Londres, donde se reunía con los demás Beatles para dar un paseo a caballo. La innovación tanto de los vídeos como de las canciones venía completada por el hecho de que por primera vez podía verse a The Beatles con sus nuevos bigotes en un producto oficial de la banda.

Muchos piensan que los videoclips del pop empezaron con «Bohemian Rhapsody», de Queen, pero, una vez más, fueron The Beatles los verdaderos pioneros.
Spencer Leigh

Fecha 13 de febrero de 1967

País Reino Unido

Por qué es clave The Beatles: pioneros de los videoclips promocionales.

Álbum clave *Sgt. Pepper's Lonely Hearts Club Band* The Beatles

Sgt. Pepper's Lonely Hearts Club Band, lanzado el 1 de junio de 1967, fue el primer álbum que grabaron The Beatles tras decidir no dar más giras. Este disco lleva la experimentación de su anterior *Revolver* (1966) a una nueva dimensión. Se trata de un trabajo de innovación deslumbrante e increíblemente ambicioso, que consolidó definitivamente el LP como una forma de arte. También estableció nuevas pautas en la parte gráfica y la producción de discos, inspiró un mar de álbumes conceptuales (se presentó como la actuación de la banda ficticia del título), popularizó el formato de carátula desplegable y llevó las influencias de vanguardia a la corriente dominante de la música popular.

El reputado crítico y dramaturgo Kenneth Tynan capturó involuntariamente el bombo y platillo de su lanzamiento afirmando que era «un momento decisivo en la historia de la civilización occidental». Sin embargo, 40 años más tarde, la opinión sobre los méritos del álbum está más dividida. Aunque en 2003 la revista *Rolling Stone* lo declaró el mejor álbum de todos los tiempos, los más escépticos lo consideran el triunfo de la forma sobre el fondo, y muy lejos de ser si quiera el mejor LP de The Beatles. A pesar de todo, pocos dudan de que el emotivo tema que cierra el álbum, «A Day In The Life», sea uno de los mejores de la banda, y para muchos admiradores, este trabajo de The Beatles no sólo supone la cumbre de la era psicodélica, sino del propio rock. Además, su título ha entrado en el lenguaje para hacer referencia al trabajo más ambicioso y decisivo de una banda.

David Wells

Fecha de lanzamiento
1 de junio de 1967

País Reino Unido

Lista de temas Sgt. Pepper's Lonely Hearts Club Band, With A Little Help From My Friends, Lucy In The Sky With Diamonds, Getting Better, Fixing A Hole, She's Leaving Home, Being For The Benefit Of Mr. Kite!, Within You Without You, When I'm Sixty-Four, Lovely Rita, Good Morning Good Morning, Sgt. Pepper's Lonely Hearts Club Band, A Day In The Life

Por qué es clave
Posiblemente, el mejor álbum de todos los tiempos.

Canción clave «**White Rabbit**» Jefferson Airplane

Las canciones de jazz y blues venían incluyendo alusiones a las drogas desde hacía tiempo, pero cuando en la década de 1960 empezó a sospecharse que las letras de artistas con seguidores mucho más jóvenes también lo hacían, se desató el infierno.

Canciones tan inocentes como «Puff The Magic Dragon» se analizaron con lupa por posibles mensajes escondidos. El tema «Eight Miles High», de The Byrds, se censuró, aunque sólo hablaba del vuelo de un avión. El tema «My Friend Jack», de The Smoke, lanzado en 1967, hizo más «méritos» para ser blanco de inspecciones, y la BBC lo prohibió por la frase «My friend Jack eats sugar lumps», que hacía referencia a una forma de consumir LSD. Lo mismo le ocurrió a «Lucy In The Sky With Diamonds», de The Beatles, porque su título podía reducirse al acrónimo LSD. No obstante, lo que realmente llevó a esta caza de brujas fue la admisión por parte de McCarthy de que consumía ácido.

Curiosamente, cuando el tema ambiental con tintes de bolero «White Rabbit», de Jefferson Airplane, entró en la lista de éxitos de Estados Unidos el 1 de julio de 1967, sus alusiones al LSD («una pastilla te hace más grande y una pastilla te hace pequeño») eran evidentes, pero no se censuró. Probablemente, esto se debió a que todas las referencias de su letra procedían directamente del popular clásico infantil *Alicia en el país de las maravillas*: todo lo que se cantaba en «White Rabbit» también se leía a millones de niños. «Alicia toma setas», afirmó con picardía Grace Slick, la líder de este grupo de San Francisco y compositora de la canción, «fuma narguile, muerde algo que tengas a mano, como una gran pastilla».

Johnny Black

Fecha de lanzamiento
Junio de 1967

País Estados Unidos

Compositor Grace Slick

Por qué es clave El primer gran éxito Top 10 que incluía referencias explícitas al consumo de drogas.

Canción clave «A Whiter Shade Of Pale»
Procul Harum

Con su enigmática lírica y el sonido del órgano Hammond, influencia de Bach, «A Whiter Shade Of Pale» puede adjudicarse el título de la canción que inventó el pop clásico. El tema alcanzó el número uno de las listas del Reino Unido el 10 de junio de 1967. Era realmente un tema perfecto para el verano del amor (primera asamblea del Love Crowd) y su coronación de la cima de las listas de éxitos tuvo lugar casi simultáneamente al lanzamiento del álbum *Sgt. Pepper's* [...], de The Beatles, por el que los críticos también tuvieron que reconocer (algunos a regañadientes, otros extasiados) que la música popular post-Elvis podía aspirar a la misma calidad melódica e intelectual de Beethoven o Mozart.

El sexteto Procul Harum grabó «A Whiter Shade Of Pale» en la primavera de 1967. La deslumbrante letra de Keith Reid –letrista de la banda, aunque no actuaba en ella– hacía referencia a olvidar el ligero fandango, molineros cuentacuentos y dieciséis vírgenes castas.

La frase del título, sin embargo, tenía connotaciones más prosaicas, ya que en Inglaterra se utiliza para referirse al estado de embriaguez. El tinte surrealista de la canción queda realzado por la majestuosa melodía del vocalista y pianista Gary Brooker, que usó el «Aria sobre la cuarta cuerda», de Bach como gancho. El tema también llegó al Top 5 de Estados Unidos.

Aunque nunca se ha puesto en duda que el cautivador trabajo en el órgano de Matthew Fisher fue clave en la excelencia del tema, pocos esperaban el pleito que interpuso décadas después a Gary Brooker y su editor, en el que reivindicaba su colaboración en la composición del tema. En diciembre de 2006, se otorgó a Fisher el 40 % de los derechos de autor, pero se le negaron los *royalties* anteriores.

Giancarlo Susanna

Fecha de lanzamiento Mayo de 1967

País Reino Unido

Compositores Gary Brooker, Keith Reid, Matthew Fisher

Por qué es clave Un himno del verano del amor cuya historia acabó en enemistad.

Pág. siguiente **Gary Brooker** de Procul Harum.

Acontecimiento clave El Festival
Internacional del Pop de Monterrey

Aunque el crítico de rock Robert Christgau lo resumió como «el primer *pow wow* del Love Crowd», el Festival del Pop de Monterrey no fue el primer festival de música y ni siquiera el primer festival de rock. Le habían precedido, para nombrar algunos, el Festival de Folk de Newport, el Festival de Jazz y Blues de Windsor, y, por supuesto, el Festival de Jazz de Monterrey. Más cercano en espíritu a éste había sido, sin embargo, el Fantasy Faire and Magic Mountain Music Fest, donde actuaron, entre otros, Jefferson Airplane, The Doors, Smokey Robinson y The Byrds, y había atraído recientemente a 15.000 fiesteros *flower-powers* a Mount Tamalpais, al norte de San Francisco.

Organizado en buena parte por John Phillips, de The Mamas & The Papas, y el productor y magnate Lou Adler, el acontecimiento de tres días empezó el 16 de junio de 1967 y se diferenció de los demás por pensar globalmente. En primer lugar, presentaba a artistas de todo el mundo –Otis Redding y Janis Joplin de Estados Unidos, The Jimi Hendrix Experience y The Who del Reino Unido, Ravi Shankar de la India y Hugh Masekela de Sudáfrica. Y en segundo lugar, mezclaba estilos musicales, como rock, pop, blues, soul, folk y muchos más, representados por las actuaciones de bandas como Simon & Garfunkel, Booker T, The Byrds, Lou Rawls, The Association, Canned Heat, Buffalo Springfield y Butterfield Blues Band. Todos actuaron gratis. Además, se lanzó al mercado un vídeo sobre el evento (originalmente pensado como un especial de televisión), que llevó la leyenda a las masas. Monterrey sirvió de modelo para el total desarrollo de festivales como Woodstock, Glastonbury y todos los demás, incluyendo definitivamente este tipo de eventos en el mapa musical internacional.

Johnny Black

Fecha 16 de junio de 1967

País Estados Unidos

Por qué es clave El primer festival de música popular según el concepto actual.

Canción clave «Society's Child (Baby I've Been Thinking)» Janis Ian

«Society's Child (Baby I've Been Thinking)» es la crítica feroz de una adolescente con problemas contra lo que considera la hipocresía y el racismo estadounidenses. Durante el verano del amor, se convirtió en un éxito Top 20 en Estados Unidos.

Janis Ian compuso la canción a los 15 años mientras esperaba para entrevistarse con su tutor de la escuela. Su grabación la financió el sello especializado en música negra Atlantic Records, pero por lo visto no tuvieron suficiente paciencia y devolvieron el máster a la joven. Finalmente, «Society's Child», producida por el mentor de Shangri-Las y maestro del melodrama George «Shadow» Morton, se lanzó a mediados de 1966 de la mano de Verve Forecast. Fracasó, pero el sello creyó que tenía un gran tema entre las manos y volvió a lanzarlo un par de veces.

Cuando Leonard Bernstein presentó «Society's Child» en su programa de televisión *Inside Pop: The Rock Revolution*, en abril de 1967, el chocante tema central de su letra (una relación interracial prohibida por la madre de la chica blanca y mal vista por sus amigos y profesores) causó sensación. Entró en el Top 40 de Estados Unidos el 17 de junio de 1967, donde alcanzó el número 14, pero muchas emisoras de radio la censuraron por subversiva, en una época en que los disturbios causados por el movimiento por los derechos civiles eran frecuentes. Los DJ que la emitían corrían el riesgo de ser criticados o atacados por miembros escandalizados del público: de hecho, un DJ de Luisiana supuestamente fue asesinado tras emitirla. La canción no consiguió causar el mismo furor en el Reino Unido, donde Spooky Tooth le dio un potente toque hard rock al estilo de Vanilla Fudge.

David Wells

Fecha de lanzamiento
Agosto de 1966

País Estados Unidos

Compositor Janis Ian

Por qué es clave
Una adolescente lanza una feroz crítica a los adultos.

Acontecimiento clave Prisión para varios miembros de The Rolling Stones

El 5 de febrero de 1967, el periódico británico *The News of the World* publicó que uno de sus periodistas había visto a Mick Jagger consumiendo LSD en una fiesta (el periodista, que obviamente no era fan de The Rolling Stones, había confundido a Brian Jones por Jagger). El cantante de los Stones enseguida negó la historia e hizo pública su intención de denunciar al periódico por difamación –una decisión poco sabia, teniendo en cuenta que no era precisamente un abanderado contra el consumo de sustancias prohibidas. Una semana después, tras un chivatazo del periódico, la brigada antidroga se presentó en la casa de campo de Keith Richards. Se acusó a Jagger de posesión de cuatro pastillas estimulantes y a Richards de permitir el consumo de drogas ilegales en su casa.

El juicio empezó a finales de junio. Como era de esperar, ambos fueron declarados culpables, pero la severidad de las sentencias –12 meses de prisión para Richards y 3 para Jagger– levantó una protesta popular. Semejante abuso flagrante por parte del sistema judicial sorprendió incluso a los mayores defensores del establishment. *The Times* publicó el ya legendario titular «Who breaks a butterfly on a wheel?» (¿Quién destruye una mariposa bajo una rueda?), que no era resultado de ningún ácido cegador, sino una cita del poeta del siglo XVIII Alexander Pope. Se presentó una apelación y el 31 de julio la sentencia de Jagger se redujo a libertad condicional y la de Richards quedó anulada. Ese mismo año, otro Stone, Brian Jones, también pasó una noche en prisión por una sentencia por posesión de drogas que acabó anulándose. No obstante, el acoso a la banda –considerados unos nuevos ricos con ansias de llamar la atención– no terminaría aquí.

David Wells

Fecha 29 de junio de 1967

País Reino Unido

Por qué es clave La ley luchó contra el rock'n'roll, y el rock'n'roll ganó.

Pág. anterior Mick Jagger.

Personaje clave
Engelbert Humperdinck

Aunque hoy en día poco se ponga en duda la doble genialidad del single de The Beatles «Penny Lane» / «Strawberry Fields Forever», lanzado en febrero de 1967, lo cierto es que en ese momento a algunos seguidores de la banda les fue difícil entender su peculiaridad, por lo que se convirtió en el primer single de The Beatles en no llegar al número uno del Reino Unido en cuatro años. Cuando el 4 de marzo de 1967 «Release Me», de Engelbert Humperdinck, coronó el primer puesto de las listas de éxitos, pareció confirmar las opiniones de los que creían que The Beatles habían ido demasiado lejos.

El verdadero nombre de Engelbert Humperdinck era Arnold George Dorsey, pero su mánager, Gordon Mills, lo rebautizó con el nombre del compositor alemán. A este cantante anglohindú nacido en Madras en 1936 y formado en los clubs de Leicester, Inglaterra, la suerte no le había acompañado hasta ese momento. Sin embargo, «Release Me» –en que el narrador pide la separación a su pareja– fue la quintaesencia de su estilo, anticuado pero popular. También en Estados Unidos alcanzó el número cuatro de las listas de éxitos. La afectada versión al estilo Johnnie Ray de un éxito de la década de 1950 de Esther Phillips se convirtió en el mayor single del Reino Unido en 1967, año que actualmente recordamos como el del verano del amor de los hippies, la psicoldelia y el *Sgt. Pepper's Lonely Hearts Club Band*. Pero el éxito de Humperdinck se basaba en el gusto de las amas de casa por las baladas emotivas y la masculinidad tradicional, no en la moderna cultura de los jóvenes. Le siguieron otros siete grandes éxitos Top 5, pero luego se concentró en sus giras altamente rentables. Llamado el Rey del Romance, conquistó Las Vegas al lado de sus amigos Elvis Presley y Tom Jones. Aunque sea conocido por su exceso de cursilería, hasta la fecha ha vendido más de 130 millones de álbumes.
Chris Goodman

Rol Artista de grabaciones

Fecha 1967

Nacionalidad India y Reino Unido

Por qué es clave
El hombre que ganó a The Beatles.

Álbum clave *The Velvet Underground and Nico* The Velvet Underground and Nico

Aunque cuando se lanzó en marzo de 1967, *The Velvet Underground and Nico* pasó sin pena ni gloria, es uno de los álbumes más influyentes de la historia. En ese momento, se vio como un producto extraño más de Andy Warhol –el artista produjo el álbum bajo su nombre junto con Tom Wilson y diseñó la banana fálica de la carátula–, pero lo cierto es que su esencia continúa sintiéndose en la música popular.

La música del álbum, producto de un fulcro creativo antagónico –el compositor y guitarrista Lou Reed y el intérprete de viola y explorador de sonidos John Cale–, yuxtapona el rock'n'roll con la vanguardia, las raíces americanas y la tradición europea (Reed era de Nueva York, Cale de Gales). A su vez, las letras de Reed abordaban temas insólitos en el rock. La gélida voz de la modelo alemana Nico (incluida tras la insistencia de Warhol) ampliaba la textura del sonido en tres temas. Maureen Tucker tocaba la batería y Sterling Morrison, la guitarra rítmica.

Era evidente que un álbum que empezaba con la sensación de resaca de «Sunday Morning», y acababa con la épica y distorsionada «European Son» no conocía límites. Exploraba el lado más oscuro de la vida, tanto en el terreno de la drogadicción («I'm Waiting For The Man», «Heroin»), como de la misoginia («There She Goes Again», «Femme Fatale»), o el sadomasoquismo («Venus In Furs»). Incluso Dylan había cubierto su extensión de los límites del rock bajo el símil y la metáfora. En cambio, *The Velvet Underground and Nico* contaba las cosas tal y como eran, sin tapujos ni rodeos, anunciando de este modo que el rock podía ser una expresión artística tan preocupada por las contradicciones humanas como la literatura, el teatro o el cine.
Ignacio Julià

Fecha de lanzamiento
Marzo de 1967

País Estados Unidos

Lista de temas Sunday Morning, I'm Waiting For The Man, Femme Fatale, Venus In Furs, Run Run Run, All Tomorrow's Parties, Heroin, There She Goes Again, I'll Be Your Mirror, The Black Angel's Death Song, European Son

Por qué es clave Aportó una nueva profundidad al rock.

Pág. siguiente **Nico**.

Canción clave «Painter Man»
The Creation

The Creation había conseguido dos modestas entradas en las listas de éxitos de su Reino Unido natal antes de su declive. Uno imagina que este currículum no puede ser el de una banda que tuvo un impacto real en el panorama musical, pero es que The Creation es notable por la extraordinaria influencia póstuma de su pequeño catálogo de álbumes.

Los miembros de la banda eran superestrellas en República Federal de Alemania, el único país que en ese momento reconoció su brillante calidad: el 15 de mayo de 1967 «Painter Man» llegó a su máxima posición en el número dos de la lista de éxitos germana. Kenny Pickett (voz), Eddie Phillips (guitarra), Bob Garner (bajo) y Jack Jones (batería) debutaron en junio de 1966 con la feroz «Making Time», un himno de la lucha de clases con la característica distintiva de Phillips: la guitarra eléctrica tocada con arco. «Painter Man», el lamento de un graduado sin trabajo, era incluso mejor. Mientras Pickett se quejaba preguntándose

«Who would be a painter man?» (¿Quién sería pintor?), Phillips atacaba las cuerdas de su guitarra con total abandono, produciendo con el arco un sonido como de sierra eléctrica. El tema no consiguió llegar al Top 20 del Reino Unido, pero su ritmo empático atrajo al gusto germánico por el sonido duro.

A pesar de los cambios en su formación, la banda crearía temas con una mezcla de pop y vanguardia incluso más extraordinaria, hasta su disolución en 1968. Pickett se dedicó a montar escenarios para bandas de rock y Phillips se hizo conductor de autobús. El productor alemán Frank Farian aportó un final de cuento de hadas a la historia cuando sus superestrellas Boney M versionaron «Painter Man» en 1978.
Sean Egan

Fecha 15 de mayo de 1967

País Reino Unido

Compositores Kenny Pickett, Eddie Phillips

Por qué es clave Un clásico innovador, aunque sólo tuvo éxito en Alemania.

Personaje clave
Jacques Brel

El cantante y compositor Jacques Brel nunca colocó un álbum en las listas de éxitos de Estados Unidos, pero sus canciones se versionaron de la mano de incontables artistas de distintos estilos, desde Frank Sinatra hasta Joan Baez, pasando por Scott Walker y David Bowie (cuya versión de «Amsterdam» fue la cara B de su éxito británico «Sorrow»). Brel nació en Bélgica en 1929, pero no empezó a caminar con paso firme hacia el estrellato hasta que se mudó a París en 1954, ciudad en la que se ganó su reputación en los cabarets. Irrumpió en el panorama musical en 1956, cuando su canción «Quand on n'a pas que l'amour» se convirtió en un gran éxito.

A comienzos de la década de 1960, Brel ya era un compositor y cantante de reconocimiento internacional, a pesar de componer y cantar exclusivamente en francés. Su éxito en Estados Unidos, sin embargo, se debió en gran parte a que otros cantantes interpretaron su música.

De entre ellos, fue notable la versión traducida de Terry Jack de «Le moribond», convertida en «Seasons In The Sun». Muchos seguidores de Brel, no obstante, consideran las traducciones al inglés de sus canciones ridículamente prosaicas comparadas con el esplendor poético de los originales.

Cuando dio el que insistió que sería su último concierto el 16 de mayo de 1967, sus seguidores se mostraron conmocionados, y la producción del musical *Jacques Brel Is Alive And Living In Paris* (1968), representado durante largo tiempo en el circuito alternativo de los musicales de Nueva York, llevó al cantante a reconsiderar su abandono. El musical presentaba nuevas traducciones de muchas de sus canciones. Continuó grabando esporádicamente y trabajó en cine y teatro, hasta que murió de cáncer en 1978.
Jeff Tamarkin

Rol Artista de grabaciones

Fecha 1967

Nacionalidad Bélgica

Por qué es clave Uno de los músicos más populares y creativos que Bélgica y Francia han dado nunca.

Pág. anterior **Jacques Brel**.

Grupo clave
The Rascals

*B*lue-eyed-soul era el término utilizado para referirse a las bandas de músicos blancos cuyas voces imitaban la intensidad emocional y los trucos estilísticos de los cantantes negros. Aunque a mediados de la década de 1960 brotaron un sinfín de ellas, The Rascals fueron de lejos los más significativos.

El primer éxito del teclista Felix Cavaliere, el guitarrista Gene Cornish, el vocalista Eddie Brigati y el batería Dino Danelli, fue la frenética versión de «Good Lovin», lanzada, como todos sus primeros temas, bajo el nombre de The Young Rascals. Pronto empezaron a componer sus propios singles.

Cuando el tema «Groovin» –una espléndida y sosegada oda a la felicidad de hacer el amor en una tarde de verano– alcanzó el número uno de Estados Unidos el 20 de mayo de 1967, se convirtió en el primer tema compuesto por la banda en llegar a la cima de las listas de éxitos. Otros de sus *hits* fueron «How Can I Be Sure» (un tema sobre las inseguridades de un hombre enamorado, que David Cassidy versionó y llevó al primer puesto de las listas del Reino Unido en 1972) y la hermosa «It's A Beautiful Morning». Sin embargo, la canción que probablemente mejor resume la lucha espiritual y musical de la banda contra la división racial (se negaban a tocar en espectáculos segregados) fue «People Got To Be Free», un llamamiento a la unión de la humanidad con tintes de himno.

Éste fue su segundo single lanzado bajo el nombre acortado The Rascals. Su deseo de ser vistos como un grupo más maduro se reflejó en el carácter más adulto y personal de algunos de los temas de sus álbumes, en canciones de título pretencioso como «Freedom Suite» (1969), que, la verdad sea dicha, mostraba un desarrollo algo tedioso. Su corazón, sin embargo, se mantuvo siempre en el lugar adecuado.
Sean Egan

Rol Artistas de grabaciones

Fecha 1967

País Estados Unidos

Por qué es clave
Los pioneros del
blue-eyed-soul.

Pág. siguiente The Rascals.

Acontecimiento clave **El lanzamiento de la revista *Rolling Stone***

*D*esde que la música demostrara ser lo bastante importante como para llenar artículos, había existido el periodismo especializado en rock'n'roll. Sin embargo, los escritores y editores no solían ser seguidores del género y en muchos casos incluso sentían desprecio por él. A mediados de la década de 1960, llegaron las revistas para fans del rock y el pop, pero trataban los temas de forma frívola y a menudo sólo incluían cotilleos, algo que, probablemente, complacía a los músicos de la época.

Llegado 1967, no obstante, los músicos de rock estaban hechos de otra pasta, no sólo por su implicación social, sino porque eran conscientes de su poder a la hora de modelar las percepciones de su joven, pero no tonto, público. La música y sus fans habían crecido. Fue en este momento en que Jann Wenner y Ralph J. Gleason lanzaron la revista *Rolling Stone*, que recibió su nombre en parte por una canción de Bob Dylan, pero también por The Rolling Stones y por el tema de Muddy Waters. Se publicó por primera vez el 9 de noviembre de 1967. Aunque surgía del movimiento hippy de San Francisco, aplicó estándares serios de periodismo en la escritura y la edición. La revista mantuvo a distancia las discográficas y su formato original ni siquiera admitía publicidad. Cubría noticias de rock de la misma forma en que las mejores publicaciones de jazz abordaban el jazz, con la ventaja extra de que el rock tenía una relevancia social de la que el jazz carecía, de ahí la inclusión de artículos sobre cuestiones políticas que se consideraban relacionadas con el rock.

Definitivamente, había llegado la cultura juvenil.
Bruce Eder

Fecha 9 de noviembre de 1967

País Estados Unidos

Por qué es clave
La primera publicación que intentaba explicar el cómo y el porqué de la música rock y su público.

Álbum clave *Forever Changes*
Love

Lanzado en noviembre de 1967, el álbum *Forever Changes*, con sus exuberantes arreglos de cuerda y oscuras canciones de temática incómoda, es la obra maestra de la banda Love. El grupo del sur de California se había ganado la reputación de retumbante banda eléctrica y, aunque el álbum esté construido alrededor de instrumentos acústicos, prevalece una dureza subyacente (una vez se describió como «punk con cuerdas»).

El tema que abre el álbum es «Alone Again Or», que con sus tintes de flamenco y sus distintivas trompetas de mariachi, establece una atmósfera aparentemente ligera que de inmediato se disipa con «A House Is Not A Motel» (la letra original rezaba: «The bells from the school of war will be ringing»), una reflexión cáustica sobre el malestar civil, acompañada por un diabólico solo de guitarra. Una sensación de amenaza creciente recorre todo el álbum («The Red Telephone» hace referencia al teléfono rojo de la era de la guerra fría entre Estados Unidos y la URSS), obra del compositor principal, Arthur Lee; si bien la hábil orquestación del álbum –y las conmovedoras y más tranquilas canciones compuestas por el guitarrista Bryan MacLean– aportan un respiro temporal. En aquel momento, Lee estaba convencido de que moriría pronto (en realidad, vivió hasta 2006), y aunque los instrumentos de metal de «You Set The Scene» ofrecen una coda alegre, sus reflexiones más oscuras son las que definen la atmósfera general de la obra.

Aunque sólo llegó al puesto 154 de *Billboard* (en el Reino Unido alcanzó el 24), este álbum, subestimado, cuidadosamente elaborado y hermosamente interpretado, ha sido uno de los favoritos de los críticos durante décadas, una inquietante joya psicodélica, una obra maestra, y la prueba definitiva del talento de Lee.
Robert Dimery

Fecha de lanzamiento
Noviembre de 1967

País Estados Unidos

Lista de temas Alone Again Or, A House Is Not A Motel, Andmoreagain, The Daily Planet, Old Man, The Red Telephone, Maybe The People Would Be The Times Or Between Clark And Hilldale, Live And Let Live, The Good Humor Man He Sees Everything Like This, Brummer In The Summer, You Set The Scene

Por qué es clave Un álbum que aborda los conflictos e incertidumbres subyacentes en la alegre década de 1960.

Acontecimiento clave
The Move *versus* Harold Wilson

Cuando en 1965, el primer ministro británico Harold Wilson nombró a The Beatles miembros de la Orden del Imperio Británico por sus servicios a la industria del país, no hay duda de que estaba dorando la píldora a los votantes jóvenes.

Sin embargo, en 1967, Wilson aprendió que las estrellas del pop no eran marionetas fácilmente manipulables. Hacía tiempo que en el país corrían rumores de que él y su formidable secretaria, Marcia Falkender, tenían una aventura sentimental. En agosto de ese año, el grupo de pop The Move –una formación cuyo estilo podía definirse como hard-pop con influencias de música clásica, y cuyo director creativo era el futuro líder de Wizzard, Roy Wood (el futuro líder de ELO, Jeff Lynne, se uniría más tarde a la banda)– lanzó su tercer single, «Flowers In The Rain». Para promocionarlo, produjeron una postal con un dibujo de Wilson y Falkender juntos en la cama. Wilson los demandó. Hoy en día la banda seguramente habría apelado la orden judicial, pero en 1967 llevar al gobierno de un país a los tribunales era algo impensable. El 11 de octubre los abogados de The Move se disculparon por la calumnia. Se obligó a la banda a pagar las costas del juicio y a dar todos los *royalties* del tema (un número dos en el Reino Unido) a organizaciones benéficas que Wilson eligiera. Aunque los miembros de The Move aparecieron cabizbajos y vencidos, el caso supuso una buena lección para Wilson y todos los demás políticos que pensaban que el pop era una bestia fácil de domar en pro de su beneficio. Desde entonces, el pop, lejos de sentirse intimidado por este hecho, se volvería aún más irreverente y contrario al establishment.
Sean Egan

Fecha 11 de octubre de 1967

País Reino Unido

Por qué es clave El pop se enfrenta al establishment y pierde... por el momento.

Espectáculo clave *Hair*
teatro musical

En 1967, la parafernalia de Broadway y la realidad de los modernos jóvenes greñudos y ataviados con abalorios eran mundos aparte. De ahí el rechazo inicial que experimentaron los creadores de *Hair* –libreto de James Rado y Jerome Ragni, y música de Galt MacDermot– cuando emprendieron el proyecto que pretendía salvar esta distancia.

Hair, un musical sobre los hippies que se resistían a ser mandados a Vietnam, llegó a Broadway en el momento más oportuno. Aunque se había estrenado por primera vez en la escena alternativa de los musicales de Nueva York el 17 de octubre de 1967, a finales del año del verano del amor, cuando, en abril del año siguiente llegó a Broadway una versión extendida y revisada (primera prueba de su calidad), Estados Unidos no había estado tan dividido desde la guerra civil.

Los creadores no suavizaron el espectáculo, que presentaba el primer desnudo frontal del teatro y un vocabulario poco frecuente en Broadway. La temática de las canciones también era deliberadamente atrevida («Colored Spade», «Hashish», «Sodomy»). El proyecto habría sido un fracaso de no haber sido por la fuerza del argumento (con un final sorprendentemente realista y pesimista) y de las canciones (inusualmente abundantes). Las más famosas son la que da el título al musical, «Aquarius», en referencia al Zodíaco, y «Ain't Got No», un tema con tintes de letanía (y gran éxito de Nina Simone).

Las reposiciones y giras posteriores del musical han demostrado el interés que despierta en aquellas generaciones que no pueden recordar la época en que llevar el cabello largo era símbolo de rebeldía simplemente porque no la vivieron.

Sean Egan

Estreno 17 de octubre de 1967

País Estados Unidos

Director Tom O'Horgan

Reparto James Rado, Gerome Ragni, Shelly Plimpton

Compositores Galt MacDermont, James Rado, Gerome Ragni

Por qué es clave La voz de la contracultura llega al teatro musical del gran público.

Espectáculo clave *El libro de la selva*
la película

The Jungle Book (*El libro de la selva*) es una adaptación libre de las historias escritas por Rudyard Kipling sobre Mowgli, un niño que crece en la selva. En la película, una loba lo cría como su hijo, pero al cabo de unos años, regresa al lugar un feroz tigre devorahombres, y los animales amigos de Mowgli se proponen llevarlo hasta el pueblo de los humanos donde él y los de su especie puedan estar a salvo. No obstante, al pequeño juguetón le gusta demasiado la selva y se escapa de sus guardianes, lo que desencadena complicaciones cómicas y llenas de suspense.

Al inicio, se encargó la banda sonora al compositor Terry Gilkyson, que ya había trabajado para muchas obras de Disney (notoriamente, para el programa de televisión *The Wonderful World Of Disney*), pero tras entregar varios temas acabados Walt Disney los consideró demasiado oscuros y pegados al texto original. Fue entonces cuando se pidió la colaboración de los hermanos Sherman, compositores de la alegre banda sonora de *Mary Poppins*, quienes se encargaron del proyecto bajo la condición de no leerse el libro de Kipling. La película de dibujos animados *El libro de la selva* se estrenó el 18 de octubre de 1967, y curiosamente, la canción nominada al Óscar fue la única de Gilkyson que no había sido descartada. Se trataba del animado tema «The Bare Necessities» («Busca lo más vital»), que cantaba el amistoso oso Baloo. Otros temas populares del filme son «Trust in me («Confía en mí»), de la serpiente Kaa; «That's What Friends Are For» («Amistad»), cantado a capela por los cuatro buitres, y el tema del orangután, «I Wanna Be Like You» («Quiero ser como tú»).

David Spencer

Fecha del estreno 18 de octubre de 1967

País Estados Unidos

Director Wolfgang Reitherman

Reparto Voces del original en inglés de Phil Harris, Sebastian Cabot y Louis Prima

Compositores Richard M. Sherman, Robert B. Sherman, Terry Gilkyson

Por qué es clave Un proceso creativo que se alejó de la obra original con resultados maravillosos.

Álbum clave *Born Under A Bad Sign*
Albert King

El blues y el soul se habían fusionado alguna vez desde que este último empezara realmente a tomar forma a comienzos de la década de 1960. Los cócteles blues-soul de los tres «reyes», B. B. King, Freddie King y Albert King, fueron los más influyentes, si bien esta influencia se ejerció fundamentalmente sobre la corriente principal del rock gracias al sonido de sus guitarras, que tuvieron un gran impacto en el género. Quizás Albert King no fuera tan popular como B. B. King, pero lo cierto es que tuvo grandísimas repercusiones no sólo sobre el R&B sino también sobre la escena del rock británico, en especial con el material de su álbum de 1967 *Born Under A Bad Sign*. Su éxito comercial fue modesto, pero el acertado acompañamiento de la banda de la casa de Stax Records, Booker T. & The M.G.s, y de los instrumentos de metal de Memphis Horn construyó un puente entre géneros.

De hecho, los temas del LP no se habían creado especialmente para un álbum, sino que eran una recopilación de material grabado en cinco sesiones entre marzo de 1966 y junio de 1967 (algunas canciones se habían lanzado anteriormente como singles). No obstante, *Born Under A Bad Sign* resultó ser un trabajo cohesivo, y el punzante sonido de la guitarra de King y la seguridad que derrochaba su estilo vocal encontraron oídos especialmente receptivos entre los grupos de rock británicos. La banda Cream, concretamente, adoptó el estilo del álbum, y de entre ellos sobre todo Eric Clapton, cuya guitarra le debe mucho a las abrasantes notas mantenidas de King. Menos populares, los Bluesbreakers de John Mayall (con un joven Mick Taylor en la guitarra principal) pronto versionaron el tema del LP, «Oh, Pretty Woman». La banda Free, por su parte, versionó «The Hunter», y Santana, «As The Years Go Passing By».

Richie Unterberger

Fecha de lanzamiento
1967

País Estados Unidos

Lista de temas Born Under A Bad Sign, Crosscut Saw, Kansas City, Oh Pretty Woman, Down Don't Bother Me, The Hunter, I Almost Lost My Mind, Personal Manager, Laundromat Blues, As The Years Go Passing By, The Very Thought Of You

Por qué es clave El álbum de referencia que allanó el camino por el gusto de la fusión soul-blues-rock.

Acontecimiento clave **Country Joe McDonald es atacado por veteranos de Vietnam**

La Convención Nacional Demócrata de 1968 fue considerada por muchos de los elementos más radicales de la izquierda estadounidense como una oportunidad para hacer oír su voz de una vez por todas. La guerra de Vietnam estaba siendo cruenta y no se daban pasos firmes hacia la paz y la justicia social. El Partido Internacional de la Juventud (los *yippies*), encabezado por Abbie Hoffman y Jerry Rubin, tenía la esperanza de que centenares de miles de personas acudieran a la manifestación de Chicago para protestar contra las políticas de la Administración Demócrata que en esos momentos gobernaba, y creían que el evento incluso podría influir en los resultados de su plataforma electoral. Además, se esperaba que las actuaciones de las mejores bandas de rock durante la manifestación atrajeran a mayor cantidad de personas.

Finalmente, sin embargo, sólo se desplazaron hasta allí unos pocos centenares de manifestantes, que fueron acosados por un gran dispositivo policial que no tuvo reparos en aporrearles ante las cámaras de la televisión nacional. Temerosos de ser objetivo de la policía, la mayoría de las bandas de rock se mantuvieron al margen de los hechos, si bien algunos de los grupos más involucrados en el movimiento contracultural –como Phil Ochs, The Fugs y The MC5– sí actuaron. El 24 de agosto de 1968, Country Joe McDonald, líder de Country Joe & The Fish, fue atacado por algunos veteranos de la misma guerra contra la que protestaba. Extrañamente, se mostraron impasibles ante su «I Feel Like I'm Fixin' To Die», considerado por muchos el himno rock contra la guerra de Vietnam por excelencia. Los enfrentamientos que tuvieron lugar durante la convención propinaron golpes aún más fuertes al idealismo del movimiento por la paz y la fe en la no violencia, lo que propició un verdadero cambio social tanto dentro como fuera de la comunidad musical.

Richie Unterberger

Fecha 24 de agosto de 1968

País Estados Unidos

Por qué es clave Demostró que la conciencia social de los artistas de rock no siempre era apreciada por aquellos a quienes intentaban ayudar.

Pág. anterior
Country Joe McDonald.

Canción clave «Hey Jude»
The Beatles

«Hey Jude», lanzada en el Reino Unido el 6 de agosto de 1968, constituyó el correspondiente poético de «She Loves You», el tema más representativo de los inicios de The Beatles. Al igual que ésta, «Hey Jude» también se narra en tercera persona, dirigida a un amigo que no lucha lo suficiente por la mujer a quien ama. La canción empieza con el célebre «Hey Jules», un intento de McCartney de confortar a Julian Lennon, hijo de John, tras la separación de sus padres, aunque éste no sea el tema de la canción. El contraste total entre todos los demás elementos de ambas canciones hacía patente, no obstante, que The Beatles habían crecido tremendamente desde el lanzamiento de «She Loves You», apenas cinco años atrás.

Se mantuvieron las tres voces características del grupo, pero mesuradas, a diferencia del arrebato de «She Loves You». Además, los estrechos patrones pop de la anterior no aparecen por ninguna parte en esta canción de letra compleja, de más de siete minutos de duración y una coda más larga que la parte principal.

Fue el lanzamiento inaugural de la compañía discográfica de The Beatles, Apple Records, y el producto más vendido de la banda hasta la fecha. Este single casi vanguardista es la muestra de cómo las maravillosas e inmortales obras de arte de los Fab Four eran capaces de cautivar al mundo y hacerlo avanzar con cada una de sus innovaciones.
Sean Egan

Fecha de lanzamiento
26 de agosto de 1968

País Reino Unido

Compositores John Lennon, Paul McCartney

Por qué es clave
La medida del rápido y extraordinario desarrollo artístico que experimentaron The Beatles a lo largo de su carrera.

Canción clave «Born To Be Wild»
Steppenwolf

En 1968, el sonido del rock'n'roll se endurecía, reflejando las incertidumbres y los peligros de la época. El tema «Born To Be Wild», de Steppenwolf, entró en el Top 40 de *Billboard* el 20 de julio de 1968, y con sus estruendosos *riffs* de guitarra, su densa batería y sus provocativas letras, supuso el legado de la banda a los anales de una contracultura furiosa.

El segundo verso de este tema compuesto por Mars Bonfire (alias *Dennis Edmonton*) hace referencia a «heavy metal thunder», la primera vez que el término *heavy metal* aparece en una canción. Éste ya había sido utilizado anteriormente de forma coloquial por los poetas de la generación Beat Herman Hesse y William S. Burroughs, y su uso por parte de Steppenwolf acuñó el nombre del nuevo género emergente, que dominó las listas de éxitos estadounidenses durante la década de 1970.

El cantante de Steppenwolf comentó una vez: «Nuestra filosofía era darle fuerte, expresar claramente nuestras ideas e ir avanzando». Con sus agresivos *riffs* de guitarra y unas letras que desafiaban tanto los valores del establishment como los de la contracultura al tiempo que preconizaban la libertad individual por encima de todo, «Born To Be Wild» (1968) allanó el camino para la aparición de bandas como Led Zeppelin y Black Sabbath, e incluso de grupos actuales, como HIM. El tema se incluyó en la banda sonora de *Easy Rider* (*Easy Rider [En busca de mi destino]*, 1969), la película de culto de Dennis Hopper y Peter Fonda.
Sara Farr

Fecha de lanzamiento
Julio de 1968

País Estados Unidos

Compositor Mars Bonfire

Por qué es clave
La canción que dio el nombre al heavy metal.

Pág. siguiente **Steppenwolf**.

Canción clave «I Heard It Through The Grapevine» Marvin Gaye

En 1967, el compositor Barrett Strong y el productor de Motown, Norman Whitfield habían logrado una difícil hazaña colocando en el número dos de las listas de éxitos estadounidenses la interpretación de Gladys Knight and The Pips de «I Heard It Through The Grapevine». A diferencia de ésta, la excelente versión de Marvin Gaye irrumpió en el puesto número uno el 14 de diciembre de 1968.

Este melodrama en modo menor, con un tenebroso sonido de bajo de la mano de la leyenda de Motown James Jamerson contrasta con la interpretación más rimbombante de Knight. El narrador de la canción sufre porque su novia ha vuelto con su ex pareja, y lo peor: se ha enterado por los cotilleos de la gente. Se grabó justo un tono por encima del registro de Gaye, cuyos intentos de alcanzar las notas más altas crean una angustia constante, equilibrada por las amables voces del coro femenino. Los bongos y el piano eléctrico parecen mofarse del cantante, que se encuentra atrapado en un mundo de paranoia. Su voz se asemeja a la de un hombre intentando mantener desesperadamente bajo control sus emociones, con alguna que otra angustiosa subida del tono antes de resignarse a su destino. Tras esta cautivadora interpretación, Gaye hizo para siempre suya la canción. El crítico de rock Dave Marsh, en su libro de 1989, no dudó en declararla el mejor single de la historia.

En 1969, el tema alcanzó el número uno en Gran Bretaña, donde actualmente es más conocida por aparecer en un célebre anuncio de 1985 de la marca de tejanos Levis, en el que la modelo Nick Kamen se desnuda en una lavandería. El anunció volvió a colocar la canción en el Top 10 del Reino Unido.
Chris Goodman

Fecha de entrada al n.° 1 en Estados Unidos 14 de diciembre de 1968

País Estados Unidos

Compositores Barrett Strong, Norman Whitfield

Por qué es clave Demostró que un artista puede apropiarse para siempre una canción (con su magistral versión).

Álbum clave *Ogden's Nut Gone Flake* The Small Faces

El grupo de soul-pop The Small Faces había compuesto muchos grandes éxitos en el Reino Unido, como «Sha La La La Lee» o «All Or Nothing», que se situó en el número uno de las listas de éxitos; pero, llegado 1966, la banda se sentía cada vez más insatisfecha con su imagen de producto para adolescentes. Ansiando una nueva libertad artística y el respeto de los críticos, dejaron Decca y se pusieron en manos de la discográfica Immediate, más moderna, propiedad del mánager de The Rolling Stones, Andrew Oldham. Puesto que disponían de tiempo ilimitado en el estudio, armaron el álbum *Ogden's Nut Gone Flake*, cuya segunda cara giraba en torno a la historia de Happiness Stan y su búsqueda de la mitad «perdida» de la Luna. El argumento era muy sencillo –o, si se prefiere, una alegoría ligera– pero fue el primero del rock.

Ogden's Nut Gone Flake sorteó felizmente todas las trampas de la época creando un magnífico guiso musical amorfo, con *riffs* de protoheavy metal («Song Of A Baker», «Rolling' Over») y el pastiche del *music hall* («Happydaystotown» y la picante «Rene») coexistiendo uno al lado de otro. Reforzado por una gran campaña de marketing, la verborrea característica del humorista Stanley Unwin (que aludió a la historia de la segunda cara del álbum) y el atractivo y premiado diseño circular de la carátula (inspirado en una cajita de tabaco rectangular de la era victoriana), el álbum fue aclamado como la obra maestra de la banda, y alcanzó la cima de las listas de éxitos del Reino Unido el 29 de junio de 1968. Además, aportó un single que se convirtió en un importante *hit*, el rebelde tema cantado con acento de clase obrera «Lazy Sunday». Curiosamente, el álbum fue el último de la banda, puesto que se disolvió a comienzos del año siguiente.
David Wells

Fecha de entrada al n.° 1 en el Reino Unido 29 de junio de 1968

País Reino Unido

Lista de temas Ogden's Nut Gone Flake, Afterglow, Long Agos And Worlds Apart, Rene, Song Of A Baker, Lazy Sunday, Happiness Stan, Rollin' Over, The Hungry Intruder, The Journey, Mad John, Happydaystotown

Por qué es clave El primer álbum en que las canciones estaban conectadas por un hilo argumental.

Álbum clave *In-A-Gadda-Da-Vida*
Iron Butterfly

Los primeros fueron The Animals, quienes llevaron «The House Of The Rising Sun» a la plusmarca de cinco minutos. Dylan dejó esto en nada con «Like A Rolling Stone», y los Stones batieron este rédord con el épico «Goin' Home», de 10 minutos. Dylan reclamó su corona con «Desolation Row». Luego, tanto Love como él ocuparon una cara entera de LP con «Revelation» y «Sad Eyed Lady Of The Lowlands» respectivamente. Sólo cuando mirabas el reloj, te dabas cuenta de lo corta que era la cara del LP de Dylan: 11 minutos y 20 segundos.

Entró en competición Iron Butterfly, un cuarteto de Los Ángeles cuyo álbum de debut, *Heavy*, ya los había situado entre las bandas más estruendosas y duras del panorama musical. Ahora también iban a la caza del récord siguiendo al cabeza de pelotón, Dylan, por lo que dedicaron una cara entera de su segundo álbum, lanzado en julio de 1968 por Atco, a la canción homónima.

Cinco temas roqueros más cortos antecedían al monstruo. «Termination», «My Mirage» y los otros eran estupendos, nada nuevo en Butterfly. Hoy en día, sin embargo, no están en boca de nadie excepto de sus fans. No fueron más que un aperitivo. El tema «In-A-Gadda-Da-Vida» era un embrujo místico que duraba y duraba y duraba... a través de movimientos cambiantes y convulsiones monstruosas, a veces con *riffs*, a veces con alaridos, pero siempre regresando a ese gruñido a media voz que, según se cree, era el canturreo mal pronunciado del título que tendría que haber tenido el álbum: «In The Garden Of Eden».

Tras 17 minutos y 5 segundos, finalmente terminaba. Incluso en aquel momento, nadie reclamaba brillantez estética en un tema de acid-rock que empezó a quedar anticuado tan rápido como fue compuesto. Eso sí, aseguró a Iron Butterfly un lugar en la historia como pioneros de las canciones interminables.

Dave Thompson

Fecha de lanzamiento
Julio de 1968

País Estados Unidos

Lista de temas Most Anything You Want, Flowers And Beads, My Mirage, Termination, Are You Happy, In A Gadda Da Vida

Por qué es clave
Adiós a las canciones pop o rock de tres minutos.

Grupo clave
Family

Una oveja en celo. Un gato torturado. Una diva de la ópera ahogándose. Todo el que salía de ver un concierto de Family se había hecho su propia imagen mental de qué parecía el canto de Roger Chapman, pero todos coincidían en un punto: Chapman sonaba diferente.

Lo mismo hacían los demás miembros de Family. El quinteto de Leicester había dado conciertos por la zona durante un par de años, hasta que se aventuraron a bajar a Londres y bombardearon las neuronas de la capital con una música y una letra que eran una intensa mezcla de ultraviolencia pre-*Naranja mecánica* y momentos de cautivadora calma y hechizante fragilidad. Incluso los menos convencidos admitían que Family era una de las bandas más originales del panorama musical.

Lanzaron su primer álbum, *Music In A Doll's House*, en julio de 1968. Fue un *hit* del Top 40 y, aunque se considera la obra maestra de la banda, fue sólo el principio. Durante los cinco años posteriores, antes de disolverse en 1973, Family fue fiel a su ansia de experimentación, haciendo que cada álbum sonara diferente del anterior. Además, eran inclasificables: nadie estaba seguro de catalogarlos como hard rock o como rock progresivo. A diferencia de Dylan, quien pudo superar sus puntos flacos echando veneno («Like A Rolling Stone») o con calidez («Lay Lady Lay»), Chapman nunca consiguió que su voz se acercara a la ortodoxia, pero esto no impidió a su banda crear varios singles de éxito. Ellos, y su cantante, seguían teniendo un sonido único en la Tierra.

Dave Thompson

Rol Artistas de grabaciones

Fecha Julio de 1968

Nacionalidad Reino Unido

Por qué es clave
El vocalista Roger Chapman demostró que tener una voz convencional ya no era requisito indispensable para el éxito.

Espectáculo clave **El regreso de Elvis**
programa de televisión

Es difícil imaginar un tiempo en que Elvis fuera considerado algo distinto a un icono de la cultura popular. A finales de 1968, sin embargo, tanto sus resultados comerciales como las críticas que recibía pasaban por el peor momento. No se situaba en el Top 20 de Estados Unidos desde hacía más de dos años y había desgastado su imagen con películas malas durante tanto tiempo que sus fans ni siquiera acudían a verlo a los conciertos. Aunque de vez en cuando lanzaba algún que otro tema bueno, en general sus trabajos estaban desfasados y por debajo de su potencial.

Incluso los más incondicionales creían que el especial de televisión del 3 de diciembre de 1968, emitido en la NBC, no era más que una banal campaña de Navidad. Pero el milagro ocurrió y vieron al Elvis que querían ver: un roquero con chupa de cuero cantando con una convicción real y una intensidad visceral e incluso tocando algunas canciones con un par de músicos (el guitarrista Scotty Moore y el batería D. J. Fontana) que habían colaborado con él en sus primeros temas de la década de 1950, los que le hicieron a él, y al rock, ser lo que eran.

Aunque oficialmente se titulara *Elvis*, es muy significativo que el programa haya pasado a ser conocido simplemente como el «Especial regreso». Dio a la carrera de Elvis una bocanada de aire fresco, y los posteriores singles de gran éxito y álbumes de gran calidad del músico demostraron su retorno a las raíces. Además, abandonó el cine para volver a los escenarios. Con todo, ayudó a restaurar los orígenes del rock'n'roll favoreciendo las críticas positivas, algo que desde entonces ya no ha vuelto a cambiar.
Richie Unterberger

Fecha 3 de diciembre de 1968

País Estados Unidos

Por qué es clave La mayor estrella del rock'n'roll deja atrás el olvido al que le tenían confinado y vuelve a la primera línea del panorama musical con tan sólo aparecer en un programa de televisión.

Pág. anterior **Elvis Presley**.

Canción clave **«Cinderella Rockefella»**
Esther Abi Ofarim

Sin duda, habrá israelíes que se sientan avergonzados porque el primer éxito internacional importante del pop de su país fuera «Cinderella Rockefella». Semejante sentimiento de vergüenza nacional está completamente fuera de lugar.

El compositor tejano Mason Williams con la colaboración de Nancy Ames compuso «Cinderella Rockefella» en 1966. Ambos la cantaron en el programa de televisión del dúo humorístico Smothers Brothers, en 1967. Estos últimos dieron una gira conjunta con el grupo de Esther y Abi Ofarim y fue entonces cuando el matrimonio decidió versionar la canción. The Ofarims –que ya habían cosechado éxitos en la República Demócrata de Alemania e Israel– fueron los primeros en grabarla y convertirla en un éxito internacional.

Interpretaron la canción haciendo un gag sobre una adorable pareja que cantaba a dúo. La letra se basaba en dos elementos cómicos, uno bueno (la entonación de la frase «you're the lady» como un canto tirolés) y otro bastante flojo (que «you're the fella that rocks me» puede convertirse en una alusión al entonces famoso, ahora olvidado, magnate estadounidense del petróleo y filántropo D. Rockefeller).

El tema, salpicado por el ocasional sonido de una tuba, era una deliberada reminiscencia del estilo de los antiguos duetos de los tiempos de Tin Pan Alley. La letra era banal, pero cantada con tanta gracia, que la canción se situó en la cima de las listas de éxitos del Reino Unido el 2 de marzo de 1968, donde se mantuvo durante tres semanas.
Sean Egan

Fecha de entrada al n.° 1 en el Reino Unido 2 de marzo de 1968

País Israel

Compositores Mason Williams, Nancy Ames

Por qué es clave Demostró que Oriente Próximo podía aportar temas de éxito deliciosamente banales tan buenos como los que podía ofrecer Occidente.

Personaje clave
Joey Levine

Mientras «Yummy Yummy Yummy» de Ohio Express entraba en el Top 40 de *Billboard* el 18 de mayo de 1968 e iba escalando puestos hasta llegar al número cuatro de la lista de éxitos estadounidense, nadie parecía darse cuenta de que, en vivo, el cantante del grupo, Doug Grassel, tenía una voz completamente distinta a la del tema grabado. Esto se debía a que en realidad en la grabación cantaba Joey Levine, su compositor. La monótona canción estaba pensada para que gustara a los niños, el público más joven al que se había dirigido nunca el pop. Tras decidir que a ellos no iba a importarles quién cantaba o dejaba de cantar, ni el hecho de que fueran músicos de sesión quienes tocaran los instrumentos, los productores de Levine, Kasenetz y Katz, inventaron un nuevo género: la música *bubblegum* (música «chicle»).

Levine, nacido en Long Island en 1947, solía componer en colaboración con el consolidado compositor Art Resnick y su esposa, Kris, y explotó la nueva fórmula rematándola con expresiones como «Chewy chewy» y «sweeter than sugar». Sin embargo, el tema roquero «Gimme Gimme Good Lovin'», atribuido a la banda de ficción Crazy Elephant, demostró que Levine era capaz de tener cierta profundidad musical, como hizo también con la alegre «Montego Bay», un *hit* de Bobby Bloom compuesto por él y Resnick.

Cuando se truncó la amistad entre Levine y Art Resnick, la carrera del primero experimentó una pequeña crisis. No obstante, ésta se resolvió cuando un publicista le encargó componer temas pegadizos para sus anuncios, profesión que continúa desempeñando con éxito en la actualidad. Algunos pueden afirmar que las canciones *bubblegum* de Levine parecen canciones publicitarias, pero, como un buen compositor de dichas melodías, consigue que una vez oídas, no hay quien se las quite de la cabeza.
Sean Egan

Rol Compositor

Fecha 18 de mayo de 1968

Nacionalidad Estados Unidos

Por qué es clave
El compositor de la música chicle.

372

Personaje clave
Jimmy Webb

Jimmy Webb, nacido en Oklahoma en 1964, se mudó a California cuando apenas era un adolescente y allí trabajó durante un breve período de tiempo en la filial de Motown, Jobete Music. Fue entonces cuando llamó la atención de Johnny Rivers, quien lo emparejó con el grupo vocal The Fifth Dimension. La alegre «Up, Up, And Away», compuesta por él mismo, le aportó su primer gran éxito, pero cuando Glen Campbell grabó una soberbia versión de un tema que él había compuesto para Rivers, «By The Time I Get To Phoenix», se dio cuenta de que había encontrado al más notable intérprete de sus canciones.

El tema se considera parte de una maravillosa trilogía surgida de la unión entre Campbell y Webb, completada por «Wichita Lineman» (que entró en el Top 40 de Estados Unidos el 16 de noviembre de 1968), y «Galveston». La pareja también aportó la original obra maestra del pop «Where's The Playground Susie», aunque el trabajo más notable de este período de oro del compositor llegó con la peculiar imaginería y los arreglos épicos de «MacArthur Park», un *hit* Top 5 en el Reino Unido y Estados Unidos interpretado por el actor Richard Harris. Varios meses más tarde le siguió el single de siete minutos «Hey Jude».

Aunque Webb no volvería a alcanzar semejante nivel, esporádicamente entró en los estudios de grabación, y también compuso y arregló varios temas para álbumes, en gran parte excelentes, de Glen Campbell (*Watermark*, de 1978, que incluía el espléndido «Crying In My Sleep»). En la década de 1990 fue redescubierto por una nueva generación de admiradores, como REM, quienes se inspiraron en el compositor para crear «All The Way To Reno (You're Gonna Be A Star)».
David Wells

Rol Compositor

Fecha 16 de noviembre de 1968

Nacionalidad Estados Unidos

Por qué es clave
El hombre que en un periquete componía grandes éxitos, que a la vez no tenían nada de *hit* convencional.

Pág. siguiente **Jimmy Webb**.

Espectáculo clave *Zorbà*
teatro musical

La adaptación musical de la novela *Zorba, el griego*, de Nikos Kazantzakis, fue idea de la estrella Herschel Bernardi. Tras interpretar el personaje de Tevye, protagonista del musical de Broadway *Fiddler On The Roof*, empezó a buscar un papel hecho a su medida, e impulsado por la popular adaptación al cine de *Zorbà* en 1964, involucró en su nuevo proyecto al libretista de *Fiddler On The Roof*, Joseph Stein. Juntos propusieron la dirección del musical al también productor del anterior, Harold Prince.

Al inicio, Prince dudó en aceptar la propuesta. Aunque se sentía atraído por la filosofía de la obra de «abraza la vida, a pesar de su desolación», se preguntaba si una versión musical podría adoptar una identidad propia que la distinguiera de la taquillera película. No obstante, en un viaje a Grecia encontró la inspiración al ver a un coro contando el cuento en un café. Habiendo encontrado su manera única

de abordarlo, se decidió y contrató a John Kander (música) y Fred Ebb (letra), el aclamado equipo de compositores que ya había trabajado con él en *Cabaret*, otro musical de similar técnica narrativa.

A pesar de su enardecedora banda sonora y del aplauso de la crítica, parecía que el público no estaba preparado para el carácter oscuro del espectáculo, estrenado en el Imperial Theater el 17 de noviembre de 1968. La escasez de público hizo que se redujeran las representaciones a 305. En 1983, se estrenó un revival de tono más ligero (en la canción «Life Is What You Do», que abre el espectáculo, se cambió la letra de «while you're waiting to die» a «til the moment you die» [«mientras esperas a morir» a «hasta que mueras»]). Registró mayor taquillaje que la anterior tanto en Broadway como en la gira, aunque su gancho comercial era la presencia de las estrellas originales del filme, Anthony Quinn y Lila Kedrova.
David Spencer

Estreno 17 de noviembre de 1968

País Estados Unidos

Director Harold Prince

Reparto Herschel Bernardi, Maria Karnilova, John Cunningham

Compositores John Kander, Fred Ebb

Por qué es clave El musical cuyo carácter oscuro no agradó al público.

Álbum clave *Astral weeks*
Van Morrison

Tuvieron que transcurrir 33 años desde su lanzamiento en noviembre de 1968 para que el primer álbum en solitario de Van Morrison vendiera las copias suficientes para obtener el disco de oro, pero entonces ya hacía mucho tiempo que este trabajo era merecidamente considerado una de las mayores obras maestras del rock, al lado de otros clásicos de artistas como The Beatles, The Beach Boys o Bob Dylan.

Astral Weeks presenta una serie de ocho canciones que se unen para formar un todo de intensidad visionaria sin igual. De entre ellas, cabe destacar «Madame George» (posiblemente sobre un travestido) y «Ballerina». Y a pesar de la calidad del álbum, su proceso de creación estuvo envuelto en una serie de problemas y soluciones experimentales que no podrían haberse supuesto del espíritu libre del trabajo artesanal del músico –una mezcla de la voz y la guitarra de Morrison, contrabajo, vibráfono, flauta, batería y el *overdub* de instrumentos

de cuerda, metales, y percusión ocasional– y su carácter trascendente, sereno pero extático.

Van Morrison, instruido músico y cantante de R&B de clase obrera nacido en Belfast, Irlanda del Norte, había alcanzado el éxito con Them, pero se separó de la banda para iniciar una carrera en solitario. En 1968 se encontraba inmerso en una batalla legal con un editor musical, por la que finalmente se vio obligado a incluir dos antiguas canciones en su siguiente álbum. Además, por órdenes de su discográfica tenía que realizarlo con un productor y unos músicos de la escena del jazz neoyorquina sobre los que nunca había oído hablar. Ni siquiera ellos de él. Y por si fuera poco, tenían tres días para hacer el álbum. A pesar de este cúmulo de adversidades y de tener que trabajar bajo una presión extrema, todos los elementos cuajaron, con lo que se creó una sensación de perfecto equilibrio entre fervor y tranquilidad capaz de detener el tiempo.
Mat Snow

Fecha de lanzamiento Noviembre de 1968

País Irlanda

Lista de temas Astral Weeks, Beside You, Sweet Thing, Cyprus Avenue, The Way Young Lovers Do, Madame George, Ballerina, Slim Slow Slider

Por qué es clave La poesía, el folk, el jazz y el blue-eyed-soul se fusionan para crear una obra innovadora y extática.

Personajes clave
Holland Dozier Holland

Cuando el trío de compositores Holland-Dozier-Holland decidió abandonar Motown y la discográfica los llevó a juicio por incumplimiento de contrato el 2 de octubre de 1968, el hecho fue indicativo de lo esencial que había sido su talento para el sello a lo largo de la década de 1960.

Lamont Dozier (nacido en 1941) conoció al fundador de Motown, Berry Gordy, a finales de la década de 1950, cuando el sello de la hermana de éste, Anna Records, lanzó su primer single de un artista en solitario. Los hermanos Edward y Brian Holland (nacidos en 1939 y 1941 respectivamente) habían cosechado pequeños éxitos en las listas interpretando sus propias creaciones, pero hasta 1962 –cuando Gordy incorporó al trío a su original «máquina de hacer *hits*»– no se convirtieron en un elemento crucial del sonido de Motown.

Dozier y Brian componían y producían las canciones mientras que Eddie se concentraba en las letras y los arreglos vocales. Algunos de sus eternos clásicos fueron interpretados por The Supremes («Where Did Our Love Go?» y «Baby Love»), The Four Tops («I Can't Help Myself»), y Marvin Gaye («How Sweet It Is»), y resumen las características melodías despreocupadas, exuberantes coros y elegantes voces que el talentoso trío tan a menudo creaba colocando sus temas en las listas de éxitos. Su sofisticada técnica era en sí misma un microcosmos del método de Motown. Curiosamente, les llamaron Holland-Dozier-Holland, y más tarde, H-D-H, pero la familiaridad que el mote adquirió por su presencia en las discográficas de incontables grandes éxitos pronto lo hizo parecer natural.

El encarnizado juicio –H-D-H contrademandó a Motown– se llevó finalmente fuera de los juzgados. Ni Motown ni H-D-H (quienes pronto se separarían) volvieron a ser los mismos.
Melissa Blease

Roles Letrista (Eddie Holland), compositores, productores (Brian Holland y Lamont Dozier

Fecha 1968

Nacionalidad Estados Unidos

Por qué es clave Una fábrica de éxitos dentro de otra fábrica de éxitos.

Canción clave «On The Road Again»
Canned Heat

Aunque el blues se originara en Estados Unidos y hubiera alguna que otra banda blues-rock estadounidense de calidad (como los primeros The Paul Butterfield Blues Band y Captain Beefheart), el género estaba dominado por estrellas británicas, como The Rolling Stones, Cream, Fleetwood Mac y Jeff Beck Group. No obstante, el 7 de septiembre de 1968, cuando éstas se encontraban en su apogeo, Canned Heat irrumpió en el Top 40 con «On The Road Again», una versión de un tema poco conocido de Floyd Jones.

Establecidos al sur de California, lejos de la zona sureña del Delta, cuna del blues, Canned Heat demostró con este single que una banda de estadounidenses blancos y jóvenes podía tocar buen blues y a la vez añadirle suficiente rock psicodélico como para destacar en el panorama musical de finales de la década de 1960. El toque moderno lo aportaron el sólido ritmo rock y un bordón de tambura pseudooriental, si bien la estremecedora voz aguda de Wilson parece de otro mundo. Canned Heat también eran consagrados coleccionistas de álbumes y folcloristas además de músicos; Wilson incluso había ayudado a enseñar al legendario bluesman del Delta Son House a tocar de nuevo la guitarra cuando éste hizo una reaparición en el circuito folk de la década de 1960. Por eso no sorprendió a nadie cuando echaron la vista atrás, hasta década de 1920, en su siguiente gran éxito «Going Up The Country», que adaptaba elementos del tema «Bull Doze Blues» del cantante de country blues Henry Thomas.
Richie Unterberger

Fecha de lanzamiento 1968

País Estados Unidos

Compositores Floyd Jones, Alan Wilson

Por qué es clave Llevó el blues-rock estadounidense a las radios y televisiones en un momento en que el género estaba dominado por bandas británicas.

Álbum clave *Switched-On Bach*
Walter Carlos

Switched-On Bach fue el primer álbum que realmente exploró y popularizó los sintetizadores. Se trata de una selección de obras de música clásica de Johann Sebastian Bach reproducidas mediante un sintetizador Moog Modular. En aquella época no existía la tecnología MIDI ni los secuenciadores, por lo que las contramelodías notoriamente complejas y superpuestas de Bach se trasladaron y trataron cuidadosamente con *overdub* en un magnetofón Ampex de ocho pistas. En aquel momento, el funcionamiento de los sintetizadores era mucho más complicado que el de los modelos posteriores, y Carlos consiguió algo asombroso, pues creó con ellos una versión de Bach producida de forma artificial no sólo digna, sino agradable.

Algunos lo encontraron cursi, otros, irreverente o simplemente novedoso, pero lo cierto es que el lanzamiento de este álbum de música clásica barroca electrónica influyó mucho en los contemporáneos de Carlos. Fue un gran paso adelante y otros músicos lo imitarían grabando pop y rock de mejor calidad empleando sintetizadores. El álbum, lanzado por Columbia en 1968, entró en el Top 40 de *Billboard* el 1 de marzo de 1969, y acabó siendo disco de platino (el primer álbum de música clásica en conseguirlo).

Walter Carlos cambió de sexo en 1972 y sus futuros lanzamientos vendrían bajo el nombre de Wendy Carlos. Trabajó en nuevas reinterpretaciones de música clásica así como en bandas sonoras, como la de *A Clockwork Orange* (*La naranja mecánica*, para la que grabó el famoso tema «Beethoven's Ninth») y para Disney en la película *Tron*. Aunque sus trabajos posteriores siguieron siendo pioneros en el uso de sintetizadores, fue *Switched-On Bach* el que le valió su reputación y la reputación del sintetizador como instrumento de música viable.

Hugh Barker

Fecha de lanzamiento 1968

País Estados Unidos

Lista de temas Sinfonia To Cantata No. 29, Air On A G String, Orchestral Suite No. 3, Two-Part Invention In F Major/B Flat Major, Two-Part Invention In D Minor, Jesu, Joy Of Man's Desiring, Prelude And Fugure No.7 In E Flat Major, Prelude And Fulgure No. 2 In C Minor, Chorale Prelude, Wachet Auf, Brandenburg Concerto No. 3 In G Major –Allegro/Adagio/Allegro

Por qué es clave Mostró al mundo los sintetizadores.

Pág. anterior Walter Carlos.

Acontecimiento clave **Jeff Beck llora ante la nueva banda de Jimmy Page**

Jeff Beck Group había estado tocando el tema «You Shook Me» de Willie Dixon durante un año antes de grabarlo en su LP de debut, *Truth*. Reestructurada y con los decibelios aumentados, la antigua canción de blues familiar se convirtió en algo completamente distinto. En años posteriores, los críticos atribuirían a Jeff Beck la invención del heavy metal, y «You Shook Me» estaba al frente del nuevo invento.

Pero fue Led Zeppelin quien perfeccionó el sonido recién nacido. Beck confesó haber derramado «lágrimas de rabia» la primera vez que escuchó una demo de la canción, que destacaría en el álbum de debut de Led Zeppelin, lanzado en noviembre de 1968, y confirmaría la maestría del grupo en el género: «Lo miré [a Jimmy Page] y le dije "Jim... ¿qué?" Y derramé lágrimas de rabia. Pensé, "me está tomando el pelo, no puede ser". Es que, aún estaba *Truth* dando vueltas en todos los tocadiscos... Luego me di cuenta de que iba en serio». Page reivindicaba su inocencia, incluso después de que le recordaran que John Paul Jones, miembro del mismo Zeppelin, tocaba el órgano en la versión de Beck. «Sólo fue un accidente curioso, insistió él. Probablemente [Jones] ni sabía que era el mismo tema.»

El mismo Beck insiste en que el presunto robo probablemente fue para bien. El músico, de gustos volátiles, no dado a la repetición, admite que nunca habría podido desarrollar el nuevo género con la resolución que mostró Led Zeppelin; que habiéndolo hecho una vez, no habría vuelto a hacerlo de nuevo. Page y compañía sí lo hicieron, repetidamente, y se convirtieron en la banda de la década de 1970.

Dave Thompson

Fecha Finales de 1968

País Reino Unido

Por qué es clave
El acusador dice que le robaron su sonido; el acusado dice que sólo fue su «zumbido».

Acontecimiento clave **Crosby, Stills y Nash cantan juntos por primera vez**

El rock'n'roll tiene muchas leyendas. Prueba de ello es que la voz del ex miembro de The Byrds, David Crosby, del ex miembro de Buffalo Springfield, Stephen Stills, y del que todavía era miembro de The Hollies, Graham Nash, se juntaron por primera vez en una sala de estar en Laurel Canyon, en verano de 1968.

Pero ¿en qué sala de estar? Crosby siempre ha afirmado que fue en casa de Joni Mitchell. Stills primero dijo que era la de John Sebastian, pero luego rectificó y dijo que la de Cass Elliott. Nash vaciló entre la de Elliott y la de Mitchell, y luego decidió que había sido en la de Elliott. El productor Paul Rothchild dice que fue en la de Sebastian. El compositor Bill Chadwick, en la del propietario de un local nocturno, Doug Weston. Al mánager de Mitchell, Elliott Roberts, le parece recordar que fue en la de Mitchell. ¿Quién tiene razón? Enigmáticamente, Joni Mitchell afirma: «Todos tienen razón». Fuera donde fuese, parece que Crosby y Stills cantaron juntos en compañía de Nash, Mitchell, Elliott, Sebastian, Chadwick y Rothchild. Mientras Crosby y Still entonaban la canción de este último, «You Don't Have To Cry», Nash escuchaba silenciosamente. Luego les pidió que la volvieran a cantar. Y otra vez. A la tercera, se les unió con una voz aguda que armonizaba a la perfección con la de los otros dos. En el coche, de camino a casa, Crosby y Still suplicaron a Nash que formaran una banda. Nash les dijo que sí y no sólo abandonó a The Hollies, sino también Inglaterra. Fue el nacimiento de un gran trío, Crosby, Stills y Nash, probablemente la única formación que realmente haya merecido nunca la etiqueta de «supergrupo».
Giancarlo Susanna

Fecha Verano de 1968

País Estados Unidos

Por qué es clave
Una estimulante sesión de canto da como resultado la creación de uno de los mayores grupos de la década de 1970.

Personaje clave
Donovan

Cuando «Goo Goo Barabajagal (Love Is Hot)» entró en el Top 40 británico el 9 de julio de 1969, marcó el final de una serie de grandes éxitos que habían motivado un cambio gradual en la percepción pública del cantante y guitarrista Donovan: el que fuera una vez encasillado como un imitador oportunista de Bob Dylan ahora era un artista con quien un peso pesado como Jeff Beck Group –sus colaboradores en la grabación del tema– estaba encantado de trabajar.

Donovan Leitch, nacido en 1946, siempre había albergado mayor profundidad de la que sugerían sus primeros *hits* pegadizos de folk-pop, como «Catch The Wind». La contribución más importante de Donovan a la música fue su síntesis de folk acústico bohemio, letras poéticas y fondos inyectados de jazz (con el apoyo fundamental del productor Mickie Most y el arreglista John Cameron). Pero, por impresionantes e innovadoras que fueran, las creaciones de folk psicodélico como «Sunshine Superman», la inusualmente visceral «Hurdy Gurdy Man», y la mística «Atlantis» fueron, ante todo, producto de una época. Y a medida que la década de 1960 terminaba, Donovan se iba encontrando con un mundo menos receptivo a una música impregnada de la sensibilidad descrita en el título del tema de su doble LP de 1968, «A Gift From A Flower To A Garden».

Durante un breve período, en 1973, pareció intuirse un nuevo renacimiento artístico del cantante, con su impresionante *Cosmic Wheels* (en el que volvió a trabajar con Mickie Most, algo quizás significativo), pero pronto volvió a recaer en la autoindulgencia y la irrelevancia. Desde entonces, ha habido breves reposiciones, como *Sutras* (1996), supervisado por el productor Rick Rubin, o la sorprendente modernidad de su elegante álbum *Beat Café*, de 2004.
David Wells

Rol Artista de grabaciones

Fecha 1969

Nacionalidad Reino Unido

Por qué es clave El artista que evolucionó y pasó rápidamente de ser un mero imitador a todo un innovador.

Pág. siguiente **Donovan**.

Espectáculo clave *Oliver!* (*Oliver Twist*) la película

La historia de Charles Dickens sobre la vida de un grupo de huérfanos de la época victoriana ya había sido objeto de muchas adaptaciones dramáticas desde que se publicara en 1838. Sin embargo, el triunfo de la versión de Carol Reed fue demostrar que una temática tan funesta podía trasladarse al género musical sin perder dramatismo.

Lionel Bart compuso toda la banda sonora de *Oliver!* (*Oliver Twist*), y el guión se basó en su trabajo. Bart ya había saboreado el éxito en el West End en 1960 con *Fings Ain't Wot They Used T'Be* (donde también se escucha el inglés característico de la clase obrera londinense), y había compuesto algunos grandes éxitos para las estrellas del pop británicas Cliff Richard y Tommy Steele. El trabajo de casting fue excelente –sobre todo en el caso de Jack Wild como el travieso Artful Dodger, Ron Moody como Fagin, y Oliver Reed como el malvado Bill Sikes–, pero no menos lo fue la música. El filme está repleto de canciones célebres: Oliver («Never before/Has a boy asked for more!», le dicen furiosos los trabajadores del orfanato al joven protagonista); «Food Glorious Food»; el himno de iniciación cantado por Dodger, «Consider Yourself»; el manifiesto de Fagin, «You've Got To Pick A Pocket Or Two»; la alentadora «It's A Fine Life»; la muestra de lealtad, «I'd Do Anything»; la de la taberna, «Oom-Pah-Pah»; la celebración de una bonita mañana en que los trabajadores se ponen a bailar, «Who Will Buy?»; y el final de Fagin, «Reviewing The Situation». Hay pocos musicales en que sea tan fácil hacer una lista inmediata de temas reconocibles por el público como en el caso de *Oliver Twist*.
Sean Egan

Fecha de estreno
26 de septiembre de 1968

País Reino Unido

Director Carol Reed

Reparto Mark Lester, Jack Wild, Ron Moody

Compositor Lionel Bart

Por qué es clave
Una temática de pobreza, robos, violencia, muerte... pero que, ante todo, te hace disfrutar.

Acontecimiento clave **The Pretty Things explican *S.F. Sorrow* a EMI**

The Pretty Things habían empezado como una banda líder del R&B, pero pronto evolucionaron. Aunque en este libro se ha reconocido el mérito del programa de televisión *On The Flip Side*, y a pesar de que el lanzamiento de *Tommy*, de The Who, era inminente, en 1968 la banda acababa de completar lo que podría considerarse el primer álbum cuyas canciones tejen el hilo argumental de una misma historia.

S.F. Sorrow narraba la vida del hombre homónimo a través de distintos episodios de su vida, desde el nacimiento hasta la solitaria vejez, abordando la masturbación en la adolescencia, el primer amor, las experiencias con las drogas y todas las penurias del camino. El punto culminante de esta obra rica y potente era el espectacular escenario de desastre aéreo del tema «This Ballon Burning».

El vocalista de The Pretty Things, Phil May, afirmó más tarde: «Cuando lo hicimos, sabíamos que no había nada igual. [El álbum] Necesitaba algo más que un simple lanzamiento. Necesitaba marketing». Conscientes de que su discográfica, EMI, necesitaría explicaciones, la banda y su productor, Norman Smith, prepararon una demostración a finales de 1968. May recordó: «Acompañamos la grabación con un espectáculo de luces y Norman paraba y leía la siguiente parte de la historia [...]. Les hicimos todos los temas. Estaban todos allí sentados, y cuando las luces se encendieron, los vimos nerviosos, con cara de desconcierto. Ya sabes, dijeron [con voz pija]: "muy interesante, chicos"».

Los mandamases de la discográfica, con cara de no tenerlo demasiado claro, lo lanzaron como un mero trabajo más de la banda y no como la obra maestra pionera que era, por lo que *S.F. Sorrow* no logró entrar en las listas de éxitos y The Pretty Things tuvieron que ver cómo se daba a The Who el título de creadores de la ópera rock.
Sean Egan

Fecha Noviembre de 1968

País Reino Unido

Por qué es clave Claro ejemplo de cuando el potencial de una obra maestra es destruido por unos convencionales mandamases.

Acontecimiento clave
El concierto gratis de Altamont

Las vibraciones de paz y amor que emanaban de los grandes festivales de música, como el de Monterrey o Woodstock, parecían resumir el espíritu de la década de 1960. En 1969, The Rolling Stones decidieron rematar su gira estadounidense de «regreso» organizando un festival gratuito con un extenso cartel. El evento tuvo lugar en el aeródromo de Altamont el 6 de diciembre de 1969, y además de los Stones, contaba con la participación de Flying Burrito Brothers, The Grateful Dead, Santana, Jefferson Airplane y Crosby, Stills, Nash & Young. Lo tenía todo para ser un acontecimiento magnífico y el capítulo final perfecto que cerrara la década.

Sin embargo, la decisión de encargar la seguridad a la pandilla de moteros de los Hell's Angels (Ángeles del Infierno) truncó estas expectativas, si bien éste no fue el único motivo del caos que siguió. Tan pronto como llegó, Mick Jagger recibió un puñetazo en la cara por parte de un espectador, y los Grateful Dead,

sintiendo las malas vibraciones del ambiente, prefirieron retirarse del evento. El malestar del público empeoró por la deficiencia de las instalaciones y el último concierto de los Stones. Al final del evento, cuatro personas habían muerto, una de ellas apuñalada por los Hell's Angels, supuestamente en defensa propia. Ese día, también algo empezó a morir lentamente: la idea de que la generación del *baby boom* era una nueva raza de seres humanos, capaces de superar las pequeñas diferencias en su búsqueda de una sociedad más justa.

Quizás, después de todo, éste fuera el mejor capítulo final de la década.
Sean Egan

Fecha 6 de diciembre de 1969

País Estados Unidos

Por qué es clave El sueño de la década de 1960 termina en pesadilla.

Álbum clave *Liege & Lief*
Fairport Convention

Con su predilección por el sexo, la violencia y lo sobrenatural, la antigua música folclórica británica encarnaba el espíritu del rock'n'roll siglos antes de que se inventara el género. Fairport Convention fueron los primeros en darse cuenta. Tras el accidente de coche que sesgara la vida del batería Martin Lamble, los restantes miembros de la banda –el cantante Sandy Denny, los guitarristas Richard Thompson y Simon Nicol y el bajista Ashley Hutchings, junto con los recién llegados Dave Swarbrick, en el violín, y Dave Mattacks, en la batería– volvieron a juntarse en una mansión alquilada, en Hampshire, para encontrar una forma de reactivar «los tiempos pasados» en su cuarto álbum, *Liege & Lief*, lanzado en diciembre de 1969. El amor de Denny por la música tradicional británica llevó al bajista Ashley Hutchings a emprender una laboriosa búsqueda entre material folclórico antiguo, lo que permitió a la banda explorar nuevos terrenos con su modernización de la salaz

leyenda escocesa «Tam Lin» y del clásico británico del crimen pasional «Matty Groves», a la vez que embellecía el nuevo canon folk-rock con *reels* tradicionales escoceses amplificados y temas originales como la invocadora «Come All Ye» o la enigmática composición de Thompson y «Swarbrick Crazy Man Michael».

Liege & Lief, tachado de blasfemo por algunos amantes de las raíces, rescató del olvido la música tradicional y la presentó como algo moderno. En 2006, el público lo eligió el álbum de folk más influyente de todos los tiempos en los Folk Awards de la BBC Radio 2.
Kevin Maidment

Fecha de lanzamiento Diciembre de 1969

País Reino Unido

Lista de temas Come All Ye, Reynardine, Matty Groves, Farewell Farewell, The Deserter, Medley: The Lark In The Morning/Rakish Paddy/Foxhunter's Jig/Toss The Feathers, Tam Lin, Crazy Man Michael

Por qué es clave Un álbum que ha pasado a ser tan venerado como el legado cultural en el que se inspiró.

Grupo clave
Jethro Tull

Antes de hacerse un nombre en el circuito de locales nocturnos y en el ambiente universitario del Reino Unido, la banda Jethro Tull, llamada así por un célebre agrónomo del siglo XVIII, grabó un gran single que desgraciadamente apareció bajo el nombre de «Jethro Toe». Su excelente álbum de debut de 1968, *This Was*, incorporaba rock, blues, folk y elementos de jazz, y se situó en el Top 10 del Reino Unido. Su segundo trabajo, *Stand Up*, lanzado el 1 de agosto de 1969, fue el único en alcanzar la cima de las listas de éxitos británicas. El contagioso «Living In The Past» fue un éxito en ambos lados del Atlántico.

Jethro Tull, firmemente instalado en el frente de la creciente escena del rock progresivo, fue la primera banda de rock en otorgar a la flauta un papel principal en su sonido. Y al contrario de lo que esto pueda sugerir, tenían la imagen de banda pesada gracias a las travesuras sobre el escenario de su líder, cantante, compositor principal y flautista, Ian Anderson, cuya personalidad podría describirse como la de un inquieto vagabundo de ojos saltones. En parte, esto queda plasmado en el lanzamiento de *Aqualung* en 1971. A medida que avanzaba la década de 1970, los Tull irían haciéndose más populares en Estados Unidos que en su casa, y *Thick As A Brick* (1972) y *A Passion Play* (1973) alcanzarían la cima de la lista de álbumes de éxito estadounidense.

Banda errática, deliberadamente irreverente, Jethro Tull también abrazó el folk rock, hard rock, y el world music en las diferentes etapas de su larga carrera. De hecho, este rechazo a ser catalogados les valió un triunfo sin igual a finales de la década de 1980, cuando su álbum *Crest Of A Knave* venció a Metallica en la consecución del Grammy al mejor espectáculo hard rock/metal.

David Wells

Rol Artistas de grabaciones

Fecha 1969

País Reino Unido

Por qué es clave Banda iconoclasta que introdujo la flauta en el rock'n'roll.

Pag. anterior **Jethro Tull**.

Acontecimiento clave
MC5 publica un anuncio incendiario

Los revolucionarios del rock MC5 fueron contratados por la discográfica Elektra después de que ésta visitara Detroit a mediados de 1968 en busca de talentos, y debutaron en 1969 con el álbum en vivo *Kick Out The Jams*. Tan pronto como se lanzó, sin embargo, se vio envuelto en problemas. El grito de «Kick out the jams, motherfuckers!» (Disfrutadlo, hijos de puta) se cambió por el menos controvertido «Kick out the jams, brothers and sisters!» (Disfrutadlo, hermanos y hermanas), pero aun así los grandes almacenes Hudson de Detroit se negaron a venderlo por obsceno. La banda, indignada, y su mánager, John Sinclair, publicaron anuncios a toda página en las revistas *Ann Arbor Argus* y *Fifth Estate* el 13 de febrero de 1969, con el enardecedor mensaje «Fuck Hudson!» (Que te jodan, Hudson) al lado de una reproducción no autorizada del logotipo de Elektra. Hudson no solo dejó de vender el álbum de MC5, sino todos los productos de Elektra. Mientras tanto, Sinclair echaba sal a la herida enviando la factura del anuncio a la discográfica.

Los ejecutivos del sello, furiosos, rescindieron el contrato de la banda y este hecho junto con el posterior encarcelamiento de Sinclair por posesión de drogas obligó a MC5 a reconsiderar las cosas. Firmaron para Atlantic y se unieron al crítico de rock convertido en productor Jon Landau, con quien crearon su segundo álbum, *Back In The USA* (1970). La banda perfeccionó su sonido, fusionando la dureza del proto-punk con la sensibilidad del rock'n'roll clásico en una serie de temas duros, cortos y sucintos, que constituyeron uno de los álbumes más esenciales e influyentes del rock a comienzos de la década de 1970, sobre todo en el punk (The Clash lo tomaron deliberadamente como su plantilla). A fin de cuentas, el incidente con Hudson, en vez de hundirlos, sirvió para dar un nuevo empujón a la banda.

David Wells

Fecha 13 de febrero de 1969

País Estados Unidos

Por qué es clave Un anuncio publicitario provocador que acabó aportando a sus creadores grandes dividendos.

Acontecimiento clave **Johnny Cash da un concierto en la prisión de San Quentin**

Johnny Cash había tocado en prisiones desde 1957 y en 1968 dio un concierto en Folsom Prison del que salió un álbum en vivo. Sin embargo, el que ha tenido mayor resonancia cultural fue el concierto de la prisión de San Quentin, el 24 de febrero de 1969, en parte porque este penal californiano era de los que tenían peor reputación y en parte porque un equipo de rodaje de la televisión británica lo grabó.

Cash fue rumbo al oeste con la banda que habitualmente le acompañaba en sus giras: Marshall Grant (bajo), W. S. Holland (batería), Carl Perkins y Bob Wootton (guitarras) y Carter Family. Entre los internos, había agresores sexuales, asesinos y todo tipo de malhechores. En aquel momento, George Jackson, del los Pantera Negra, era uno de los prisioneros, junto con la futura estrella del country, Merle Haggard, que cumplía condena por atraco con arma. Cash se situó firmemente del lado de los prisioneros: vestía del mismo color que ellos, bromeaba con los guardianes y fue célebre su interpretación de una canción nueva sobre el penal que incluía la empática frase «San Quentin, I hate every inch of you» (San Quentin, odio cada una de tus pulgadas). Otros temas que mostraban sensibilidad con la situación de los reclusos fueron «Wanted Man», «Starkville City Jail» y «Folsom Prison Blues». También tocó sus canciones más míticas, «I walk the line» y «Ring of fire».

El LP original del concierto contenía sólo la mitad de los temas que tocó ese día, aunque ediciones posteriores muestran más momentos del espectáculo e incluso convirtieron inesperadamente uno de sus temas, «A Boy Named Sue», en un single de éxito.
Rob Jovanovic

Fecha 24 de febrero de 1969

País Estados Unidos

Por qué es clave El concierto que consolidó la imagen antisistema del Hombre de Negro.

384

Álbum clave *Dusty In Memphis* Dusty Springfield

Desde hacía tiempo, la británica Dusty Springfield era admiradora de las bandas de Motown y de otros artistas de soul y R&B, por lo que, tras cosechar una serie de 14 y siete éxitos en el Top 40 del Reino Unido y Estados Unidos respectivamente, estuvo encantada de firmar para Atlantic Records, la casa de otra de sus favoritas, Aretha Franklin. Su primer álbum con el sello fue *Dusty In Memphis*. Curiosamente, aunque la cantante realizaba las sesiones en los American Studios de Memphis, su voz final se grababa en Nueva York.

Muchas de las canciones del álbum eran obra de reputados compositores (Goffin y King, Bacharach y David, Mann y Weil, Randy Newman), pero el tema que obtuvo mayor éxito fue «Son Of A Preacher Man», la contribución de los menos conocidos John Hurley y Ronnie Wilkins. Esta canción funky sobre una aventura amorosa con el hijo de un predicador se había ofrecido a Aretha Franklin, quien la rechazó. La versión de Dusty, sin embargo, irrumpió en el Top 10 de Estados Unidos. Una atmósfera de sencillez emanaba de temas como «Just A Little Lovin» y «Breakfast In Bed»; otros, como «Don't Forget About Me», eran canciones pop cantadas con voz soul; mientras que otro material, como «The Windmills Of Your Mind», eran baladas pop altamente sofisticadas.

El álbum *Dusty in Memphis* se lanzó el 13 de enero de 1969 y sorprendentemente, considerando su reputación como obra maestra y clásico, sólo llegó al puesto 99 de la lista de éxitos estadounidense. Una de las razones que justifican su buena reputación a lo largo del tiempo es la sensualidad y emotividad que derrocha la interpretación de la cantante. Como afirmó el coproductor Arif Mardin en las notas de presentación del relanzamiento del álbum en CD, «Su voz contiene la esencia del soul».
Gillian G. Gaar

Fecha de lanzamiento 13 de enero de 1969

País Reino Unido

Lista de temas Just A Little Lovin', So Much Love, Son Of A Preacher Man, I Don't Want To Hear It Anymore, Don't Forget About Me, Breakfast In Bed, Just One Smile, The Windmills Of Your Mind, In The Land Of Make Believe, No Easy Way Down, I Can't Make It Alone

Por qué es clave El mejor álbum de todos los tiempos de una cantante de soul femenina blanca.

Pág. siguiente Dusty Springfield.

Canción clave «Something In The Air» Thunderclap Newman

Cuando Thunderclap Newman se situó en el número uno de las listas de éxitos británicas el 5 de julio de 1969, durante el último verano de la década de 1960, su canción «Something In The Air» parecía casi una oda al espíritu revolucionario de la década. En el año 2000, su compositor, John «Speedy» Keen, consintió el uso de la canción de una forma que habría horrorizado al joven idealista que la compuso en 1969: como fondo musical para un anuncio de la gran aerolínea British Airways.

El trío que formaba Thunderclap Newman –el batería y vocalista Keen, el pianista de boogie-woogie de aspecto conservador Andy Newman, y un precoz guitarrista de 15 años llamado Jimmy McCulloch– fueron originalmente reclutados por Pete Townshend, de The Who, para la banda sonora de una película. Que este grupo ad hoc fue una unión poco acertada quedó ilustrado por el hecho de que su único álbum *Hollywood Dream* (1969),

contenía algunas canciones buenas que, en conjunto, nunca parecieron cuajar. Incluso en «Something In The Air», la melodía etérea y flotante de Keen se veía interrumpida por el incoherente piano *honky-tonk* de Newman. Sin embargo, al menos este tema funcionó, y la voz quejumbrosa y aguda de Keen alertando de que la revolución era inminente y entonando el entusiasta estribillo «We have got to get it together – now!» sonó en todas las radios tras su lanzamiento.

Poco imaginaban Keen y sus colegas que la canción era el último acto de rebeldía de su generación, antes de que sus ideales se desvanecieran con el inicio de una nueva década más pesimista.
Sean Egan

Fecha de lanzamiento
Junio de 1969

País Reino Unido

Compositor John «Speedy» Keen

Por qué es clave
Subrayó la forma en que el rock pasó de ser una fuerza revolucionaria a un producto comercial.

Canción clave «In The Year 2525 (Exordium And Terminus)» Zager & Evans

Denny Zager llevaba años tocando desde que formara su primera banda en Nebraska a comienzos de la década de 1960. Él y Rick Evans habían trabajado juntos a mediados de la década, luego separaron sus caminos y en 1968 volvieron a unirse como dúo folk-pop.

De la noche a la mañana, obtuvieron un gran éxito cuando Evans desenterró un tema que había compuesto cuatro años antes: «In The Year 2525», una canción que alertaba sobre el futuro de la humanidad con un tono implacable pero convincente. Aunque a Zager no le gustaba, el público respondió mejor que nunca a sus reflexiones sobre comida en cápsulas y bebés probeta. La pareja se hizo con 1.000 copias para venderlas en los conciertos y enviarlas a emisoras de radio. Uno de estos singles llegó a RCA Records, que contrató al dúo. El 12 de julio de 1969, «In The Year 2525» alcanzó la cima de la lista de éxitos estadounidense (también se situó en

el número uno del Reino Unido). En un ejemplo de perfecta sincronía, la atmósfera de ciencia ficción de la canción encajó con el espíritu de la época, ya que una semana después de su lanzamiento la humanidad caminó por primera vez sobre la Luna. Cinco millones de copias más tarde, Zager & Evans se incrustaron en la memoria colectiva del público.

No obstante, nunca fueron capaces de dar a su éxito una continuación con nada ni remotamente tan popular, ni con *Mr. Turnkey* ni con nada que intentaran. En un año, Zager abandonó el dúo y aseguró de esta manera su estatus permanente de artista de un solo éxito.
Bruce Eder

Fecha de lanzamiento
Junio de 1969

País Estados Unidos

Compositor Rick Evans

Por qué es clave
La canción que estuvo en consonancia perfecta con los tiempos que corrían, aunque sus creadores nunca fueron capaces de volver a captar de tal forma el espíritu de la época.

Espectáculo clave
Blind Faith toca en Hyde Park

Cuando a mediados de 1969 se unieron Eric Clapton, Steve Winwood (ex miembro de Spencer Davis Group y ex cantante y teclista de Traffic), Ginger Baker (ex batería de Cream) y Ric Grech (ex bajista de Family) para crear Blind Faith, sólo una palabra podía definir a esta banda compuesta por aclamados músicos: supergrupo. Se había creado tanta expectación a su alrededor, que ni más ni menos que 100.000 personas acudieron a su concierto de debut en Hyde Park, Londres, el 7 de junio de 1969. Eso sí, hay que reconocer que la entrada era libre.

Soportando un calor abrasador, los músicos intentaron concentrarse en exhibir su nuevo material, como la melancólica «Can't Find My Way Home», de Winwood, y la elegíaca «Presence Of The Lord», de Clapton, además de las versiones de Buddy Holly («Well, All Right»); de The Rolling Stones («Under My Thumb»); y el bluesman de Misisipi, Sam Myers («Sleeping In The Ground»). De algún modo, sin embargo, el concierto nunca acabó de arrancar de verdad. El sistema de amplificación era insuficiente y todos estaban nerviosos. Baker estaba desconcertado por la floja actuación de Clapton en la guitarra, algo que debía de estar relacionado con el deseo de éste –desgraciadamente no expresado– de que la banda fuera un proyecto de menor envergadura que Cream. Clapton afirmó más tarde: «Me bajé del escenario temblando como una hoja porque sentía que... que había decepcionado a la gente».

Blind Faith continuó dando conciertos en estadios de todo Estados Unidos y lanzó un álbum que sin esfuerzo alguno fue número uno en ambos lados del Atlántico. Pero nadie se estaba engañando: a pesar de su plantilla estelar, la banda, simplemente, no funcionaba. Llegado octubre de 1969, ya eran historia.
Pierre Perrone

Fecha 7 de junio de 1969

País Reino Unido

Por qué es clave
El concierto de debut que sólo fue bueno porque lo daba el supergrupo por excelencia.

Acontecimiento clave
El Festival de Woodstock

Woodstock no se planeó como el mayor acontecimiento musical nunca organizado, como lo conocemos hoy en día. Cuando el 15 de agosto de 1969 empezó este festival de rock de tres días, sólo pretendía ser uno más de los tantos que se habían realizado por todo Estados Unidos y el Reino Unido durante la década de 1960.

Medio millón de jóvenes, una cantidad sin precedentes, se reunieron en ese enclave del estado de Nueva York, y sin embargo los titulares de todo el mundo ponían énfasis en los atascos kilométricos creados y las peligrosas tormentas torrenciales del lugar. A pesar de los malos augurios, el fin de semana transcurrió sin grandes problemas y Woodstock se convirtió en un símbolo del espíritu de hermandad de la generación del «paz y amor».

Además, hubo muy buena música en Woodstock. El cartel del festival era tan brillante que casi podía considerarse el mejor festival de rock nunca organizado. Actuaron The Who, Janis Joplin, The Band, Creedence Clearwater Revival, Crosby, Stills, Nash And Young, Santana, Jefferson Airplane, Sly And The Family Stone y, cerrando el evento, justo al amanecer, Jimi Hendrix. Este último aportó una profanación desgarradora del orgullo nacional, con el tema sobre la guerra de Vietnam «The Star Spangled Banner». La poética letra de la canción fue de lo más acertada para un evento que en el futuro se consideraría la encarnación de la disidencia de la década de 1960, de la que la guerra era la piedra angular. Gran parte de lo mejor de los conciertos se conservó en el álbum y el documental del festival, que mantienen viva y fuerte su mística años después.
Richie Unterberger

Fecha 15 de agosto de 1969

País Estados Unidos

Por qué es clave El festival de la década de 1960 por excelencia y la esencia del espíritu de la década.

Grupo clave
Creedence Clearwater Revival

La música de Creedence Clearwater Revival –una vigorosa mezcla de R&B y rock'n'roll con una pizca de soul– fue siempre desaliñada, funesta, implícitamente (y luego explícitamente) proletaria, y rara vez romántica. Semejante arte despojado de *glamour* no suele ser del tipo que llenan las listas de éxitos, pero cuando el 8 de febrero de 1969 la banda entró por primera vez en el Top 40 de *Billboard* con «Proud Mary», un single compuesto por ellos mismos, fue el pistoletazo de salida de una buena racha que los llevaría a anotarse una docena de *hits* en el Top 40 en Estados Unidos, incluyendo cinco segundos puestos.

Semejante éxito, sin embargo, fue resultado del poder visceral de la banda y de sus letras empapadas de realidad. «Proud Mary» fue un gran ejemplo de lo último. La letra del compositor, guitarrista y vocalista John Fogerty cuenta de forma emotiva la historia de un hombre que cambia su aniquilante trabajo en la ciudad por los placeres sencillos de la vida en un buque de vapor y sus amables gentes.

Si Fogerty y su cohorte de músicos –su hermano Tom en la guitarra rítmica, Stu Cook en el bajo, y Dough Clifford en la batería– hicieron algo mal, fue la proliferación de sus trabajos (solo en 1969 lanzaron tres álbumes), puesto que podrían haber aprovechado mejor el tiempo perfeccionando lo que a veces sonaba como material poco ensayado.

El grupo se disolvió en octubre de 1972, porque –según el resto– John Fogerty insistió inexplicablemente en que sus compañeros contribuyeron en igual medida al álbum *Mardi Gras*, que obtuvo una crítica predeciblemente desastrosa.

Sean Egan

Rol Artistas de grabaciones

Fecha 1969

Nacionalidad Estados Unidos

Por qué es clave Llevó una falta de artificio poco común al *hit parade*.

Canción clave «Je t'aime… moi non plus»
Serge Gainsbourg

La erótica «Je t'aime… moi non plus» no fue la primera canción prohibida por la BBC. Este honor probablemente lo tenga el insinuante single de 1956 de Lonnie Donegan, «Digging My Potatoes». Sin embargo, el caso de «Je t'aime… moi non plus» fue especialmente significativo, porque por primera vez la prohibición de un tema por parte de esta cadena sirvió para propulsarlo a la cima de las listas de éxitos.

La grabación original de esta tórrida canción del compositor, cantante, director y actor francés, Serge Gainsbourg contenía los gemidos de la que entonces era su amante, Brigitte Bardot, pero consciente de que el erotismo de la canción podría molestar a su nuevo marido, la actriz francesa le pidió a Gainsbourg que los eliminara. Fue entonces cuando éste convenció a la joven actriz británica Jane Birkin para que aportara su voz suspirante e ingenua a lo que él declaró «la canción de amor definitiva». Sobre un despliegue de música de fondo pop bastante acertado, donde destaca el sonido de un órgano, la letra en francés derrocha una intensidad casi cómica. La traducción al inglés reveló a los angloparlantes frases tan subidas de tono como «voy y vengo entre tus riñones». Además, la canción se construye sobre un *crescendo* de gemidos orgásmicos. A medida que la relación amorosa entre Birkin y Gainsbourg florecía, también lo hacían los rumores de que los jadeos y suspiros estaban grabados mientras la pareja hacía el amor en la vida real.

El tema escandalizó al establishment y fue prohibido en las radios de siete países Europeos. Incluso el Vaticano denunció públicamente el single. Por todo ello, la canción se empapó de un *glamour* rebelde y concupiscente, y el 11 de octubre de 1969 le dio a Gainsbourg su único número uno en la lista de éxitos británica.

David McNamee

Fecha de entrada al n.º 1 en el Reino Unido 11 de octubre de 1969

País Francia

Compositores Jane Birkin y Serge Gainsbourg

Por qué es clave El primer tema prohibido por la BBC en alcanzar el primer puesto de la lista de éxitos británica.

Pág. anterior **Serge Gainsbourg y Jane Birkin.**

Canción clave «Is That All There Is?»
Peggy Lee

Aunque la cantante y compositora Peggy Lee ya había cosechado un éxito considerable cuando grabó «Is That All There Is?», no dejó de ser sorprendente que este tema sobre una mujer harta de la vida cantado por una artista de casi 50 años irrumpiera con fuerza en 1969, el año del Woodstock, del álbum *Abbey Road* y del tema «Honky Tonk Woman».

El legendario equipo de compositores Leiber y Stoller se inspiró en la versión inglesa de la novela corta *Decepción*, del escritor alemán Thomas Mann. La letra de Leiber era narrada por una mujer que recordaba los distintos acontecimientos de su vida –un incendio en casa, un día en el circo, el enamoramiento– y mostraba su decepción porque ninguno cumplió sus expectativas. Se siente tan harta de la vida, que incluso sospecha que la muerte no sea tan mala como dicen. Siendo este el caso, concluye con resignación, «Let's break out the booze and have a ball» (vamos a empinar el codo y disfrutar).

Lee se identificó mucho con la canción, que grabó en enero de 1969. Su voz se movía con facilidad entre los versos recitados y la parte cantada, creando con maestría una atmósfera agridulce y conmovedora. Al inicio, no obstante, el sello de Lee se mostró reticente a su lanzamiento. Quizás sea comprensible: era la voz de la vejez en un tiempo en que parecía que la juventud lo era todo. Y aunque podía parecer fuera de lugar al lado del resto de los temas del Top 40 estadounidense, entró en la lista de éxitos el 11 de octubre de 1969 y alcanzó el número 11, lo que demostró que una obra bien elaborada puede ser más poderosa que el espíritu de una época.
Gillian G. Gaar

Fecha de lanzamiento
Septiembre de 1969

País Estados Unidos

Compositores Jerry Leiber, Mike Stoller

Por qué es clave
Inesperadamente, el hastío encuentra un lugar en las listas de éxito.

390

Personaje clave
Burt Bacharach y Hal David

El pop sofisticado, a menudo elegante, del legendario equipo de compositores Burt Bacharach y Hal David (quienes se conocieron en el célebre Brill Building), fue un elemento omnipresente en las emisoras de radio de pop en la década de 1960 y comienzos de la década de 1970. Su estilo parecía una reminiscencia de la música popular de la era anterior al rock, que florecía en un panorama musical dominado por la Invasión Británica, la psicodelia y el folk-rock.

Las originales melodías de Bacharach, caracterizadas por el uso de compases insólitos, ingeniosos cambios de acordes y espectaculares patrones rítmicos, encajaban a la perfección con el elocuente romanticismo de las poéticas letras de Hal David. Aunque a menudo los críticos han tachado de irrelevante el trabajo de este último, el suyo fue el típico caso de sinergia perfecta entre letrista y compositor musical. David, describiendo su técnica narrativa, una vez afirmó: «Busco verosimilitud, simplicidad e impacto emocional».

Dionne Warwick se convertiría en la más aclamada intérprete de la obra de Bacharach y David, aunque el dúo también compuso grandes éxitos para nada más y nada menos que Jackie DeShannon («What The World Needs Now Is Love»), Dusty Springfield («Wishin' And Hopin'»), Tom Jones («What's New, Pussycat?»), Herb Alpert («This Guy's In Love With You»), y B. J. Thomas (el tema premiado con un Óscar, «Raindrops Keep Falling On My Head», del western *Butch Cassidy And The Sundance Kid* (*Dos hombres y un destino*), lanzado el 24 de septiembre de 1969).

La tensión creada tras el desastroso fracaso de su filme musical de 1972 *Lost Horizon* (*Horizontes perdidos*) finalmente los alejó de la primera línea del panorama musical, pero el tiempo los ha puesto en su lugar, y son recordados por la calidad de sus canciones, que destacaron por su emotividad durante la edad de oro de las emisoras AM dominadas por el rock.
Tierney Smith

Rol Compositor (Bacharach), Letrista (David)

Fecha 1969

Nacionalidad Estados Unidos

Por qué es clave
Demostraron que el éxito en las listas del pop no excluía originales y sofisticados intervalos, frases y ritmos.

Pág. siguiente **Burt Bacharach y Hal David**.

Álbum clave *In The Court Of The Crimson King* King Crimson

King Crimson presentaba una plantilla espectacular surgida de los restos del trío de folk psicodélico Giles, Giles and Fripp. Desde el momento en que la banda subió al escenario del Speakeasy Club, el 9 de abril de 1969, se puso en el bolsillo a algunos de los nombres más influyentes del rock y del periodismo especializado en el género.

Sus músicos albergaban una mezcla de amor por lo clásico y gusto por lo duro. Ese año la banda estuvo en boca de todos. No obstante, *In The Court Of The Crimson King*, lanzado por Island Records, incluso superaba las expectativas: poesía pura envuelta en arte y una marcada atmósfera, música trazada desde el intelecto, no desde las entrañas, pero con el poder de engullirte y arrastrarte como si nada. El acierto de no recargar de temas el álbum fue la guinda en el pastel.

«Epitaph» embrujaba, el tema del título desconcertaba, y «21st Century Schizoid Man» atemorizaba. Dos años después de ELP, Greg Lake cantaba con una voz oscura y trémula, mientras la flauta y los timbales danzaban alrededor del melotrón. Una reseña comparó el álbum «a rayos de luz filtrándose a través de los ventanales de una catedral gótica», y semejante descripción sigue siendo acertada, incluso después de que tres décadas de *frippertronics* hayan demostrado que, en ese momento, King Crimson sólo estaba dando pasos de bebé. Otros álbumes de la banda son, por las letras y por la música, mucho más espectaculares, pero ninguno vuelve a capturar la delicia sísmica de este innovador trabajo.
Dave Thompson

Fecha de lanzamiento Octubre de 1969

País Reino Unido

Lista de temas 21st Century Schizoid Man, I Talk To The Wind, Epitaph, Moonchild, In The Court Of The Crimson King

Por qué es clave El álbum que sacó a la luz una extraña raza de músico: la de los virtuosos que no sienten la necesidad de demostrar sus habilidades en cada nota que tocan.

Álbum clave *The Band* The Band

Lanzado el 22 de septiembre de 1969, el segundo álbum homónimo de The Band es todavía mejor y más trascendental que el primero, *Music From Big Pink*, y consolidó su estatus como leyenda musical.

Este grupo formado en mayor parte por canadienses, excepto el batería Levon Helm, de Arkansas, se propuso rescatar el antiguo sur, el soul olvidado de la América auténtica, de las desdeñosas manos de la contracultura. Curtida por años de trabajo acompañando al roquero Ronnie Hawkins, e introducida al folk, y al folclore, de la mano de su segundo jefe, Bob Dylan, The Band fue una banda moderna de rock'n'roll que logró personificar la sabiduría y la mística de lo antiguo. El guitarrista principal, Robbie Robertson, componía la mayoría de los temas, pero todos los miembros –Helm, el bajista Rick Danko y el teclista Richard Manuel– colaboraban en el proceso creativo y dejaban su huella en el producto final, una majestuosa mezcla con sabor antiguo de folk, blues, góspel, R&B, rock'n'roll y música clásica (el teclista Garth Hudson tenía formación clásica), que diferenciaba su sonido en una época de psicodelia desenfrenada y rock pretencioso. Canciones como «King Harvest (Has Surely Come)», la versionadísima «The Night They Drove Old Dixie Down» (compuesta desde la perspectiva de un Confederado), «Rag Mama Rag» y «Up On Cripple Creek», son referentes del rock, tanto del se hacía entonces como del que se hace ahora. Aunque sus trabajos fueron muy constantes hasta su disolución en 1976, The Band nunca volvería a capturar la excelencia de este álbum intemporal.
Ignacio Julià

Fecha de lanzamiento 22 de septiembre de 1969

País Estados Unidos

Lista de temas Across The Great Divide, Rag Mama Rag, The Night They Drove Old Dixie Down, When You Awake, Up On Cripple Creek, Whispering Pines, Jemima Surrender, Rockin' Chair, Look Out Cleveland, Jawbone, The Unfaithful Servant, King Harvest (Has Surely Come)

Por qué es clave *The Band* encarna a la perfección el sonido norteamericano.

Álbum clave *Led Zeppelin II*
Led Zeppelin

Tras el éxito de crítica y ventas de su álbum de debut homónimo lanzado en enero de 1969, Led Zeppelin perfeccionó su fórmula en el siguiente, *Led Zeppelin II*, lanzado el 22 de octubre del mismo año. No obstante, aunque pocos dudan de la calidad artística de este trabajo, su estatus como uno de los álbumes más influyentes del rock no está exento de controversia.

Es cierto que los potentes *riffs* de guitarra de Jimmy Page, los largos fragmentos instrumentales y la voz orgásmica del cantante principal Robert Plant en el tema «Whole Lotta Love», que alcanzó el Top 5 de Estados Unidos, no era precisamente de lo más normalito que podía encontrarse en las listas de éxitos. Pero qué me dicen sobre el hecho de que la letra, la melodía y el *riff* principal tan laureado sean tan similares a la versión de Muddy Waters del tema de Willie Dixon, «You Need Love»? ¿O que la introducción y la coda de «Bring It On Home» reproduzcan una canción de Dixon titulada igual, grabada por Sonny Boy Williamson? ¿O que «The Lemon Song» tome claramente prestado su descaro sexual, al más puro estilo blues, del tema «Killing Floor» de Howlin' Wolf?

Tras ser denunciada por infringir el *copyright*, la banda se vio obligada a descubrir el pastel. A comienzos de la década de 1970, llegaron a un acuerdo económico con los editores de Wolf, y finalmente, en 1985 dieron a Dixon la suma y el reconocimiento que le pertenecían.

Al público, después de todo, estos asuntos no podían traerle más sin cuidado. *Led Zeppelin II* alcanzó la cima de las listas de éxitos en ambos lados del Atlántico. Su descarada revisión heavy del blues acabó influyendo en incontables bandas futuras de hard rock, desde Deep Purple y Guns'N'Roses hasta The White Stripes o The Mars Volta.
Miles Keylock

Fecha de lanzamiento
22 de octubre de 1969

País Reino Unido

Lista de temas Whole Lotta Love, What Is And What Should Never Be, The Lemon Song, Thank You, Heartbreaker, Living Living Maid (She's Just A Woman), Ramble On, Moby Dick, Bring It On Home

Por qué es clave
Un álbum que fue innovador, pero no precisamente original.

Acontecimiento clave
El tercer Festival Isle of Wight

El Festival Isle of Wight hizo algo que ni el de Monterrey ni el de Woodstock habían logrado: consolidarse como el primer festival de rock anual. El primer año se organizó solamente para recaudar fondos para la asociación de la piscina de la isla, y encabezaba el cartel Jefferson Airplane. En la edición de 1969, la presencia de Bob Dylan fue un golpe maestro para potenciar el perfil internacional del evento. No obstante, la más recordada fue la tercera edición del festival, que abrió las puertas el 26 de agosto de 1970 con un cartel que dejó pasmado a todo el mundo: Jimi Hendrix, The Who, The Doors y Joni Mitchell, entre otros.

Por todo esto, lógicamente, parecía que Isle de Wight se convertiría en el acontecimiento musical más importante del futuro… pero no fue así. Ardieron camionetas, se saquearon tenderetes y en las cercanías se organizó un festival alternativo que reclamaba que el oficial fuese gratis. Joni Mitchell, Joan Baez y Kris Kristofferson fueron recibidos con abucheos. Más tarde, Ian Anderson, de Jethro Tull, afirmó sobre el movimiento hippy: «Ahí fue donde explotó todo». Cuando los que protestaban empezaron a derribar las vallas protectoras, el organizador, Rikki Farr, capituló y declaró gratuito el festival. Además, aunque probablemente no estuviera relacionado con los hechos, fue significativo que Hendrix marcara el punto álgido de la última noche subiendo al escenario borracho y deprimido para hacer una de las peores actuaciones de su vida. Mary Drysdale, una asistente al festival, lo resumió diciendo: «Podría haber escuchar mejor música en mi estéreo. No había amabilidad ni cooperación ni amor en este festival. Fue frío, tío».
Johnny Black

Fecha 26 de agosto de 1970

País Reino Unido

Por qué es clave
El fin del ideal hippy.

Acontecimiento clave
The Beatles se separan

Señalar el día exacto en que se disolvieron The Beatles no es fácil. Podría decirse que fue en una reunión de negocios el 20 de septiembre de 1969, cuando Lennon anunció ante sus boquiabiertos colegas que dejaba la banda, aunque le persuadieron de que lo mantuviera callado mientras renegociaban el trato por los *royalties*. Quizás fue el día en que Lennon conoció a Yoko Ono. O el 10 de abril de 1970, cuando Paul McCartney anunció que abandonaba el grupo. Muchos expertos en el tema, sin embargo, situarían el día en el 31 de diciembre de 1970, cuando McCartney presentó una demanda judicial ante el Alto Tribunal de Londres para disolver la sociedad. Ese día se inició formalmente el proceso que llevaría a la disolución de The Beatles como entidad legal.

Una generación entera había crecido con la banda, viendo cómo transformaban la música popular moderna de un mero y frívolo producto para adolescentes en verdadero arte. The Beatles habían reflejado las inquietudes y los valores culturales de los jóvenes de la década de 1960 y, gracias a su popularidad internacional sin precedentes, incluso los moldearon. Pero, de repente, el mundo se enfrentaba al rígido e implacable proceso formal que desmantelaría una corporación de alcance mundial; y las verdades y valores de la generación del lema «paz, amor y hermandad» parecían cubrirse de polvo mientras la humanidad entraba en una nueva década más sombría.

El divorcio público de The Beatles empezó en el Alto Tribunal el 19 de enero de 1971. Sería largo, turbio, humillante y definitivo. The Beatles eran los mejores amigos que habíamos conocido nunca, y ahora se habían ido.
Johnny Black

Fecha 31 de diciembre de 1970

País Reino Unido

Por qué es clave
El sueño se terminó.

Espectáculo clave
The Who tocan en Leeds

Con el objetivo de grabar un álbum en vivo, The Who dieron dos conciertos, uno en la Universidad de Leeds, el 14 de febrero de 1970, y otro en Hull City Hall, al día siguiente. En el transcurso del segundo, un fallo técnico dejó inservibles las cintas, por lo que las del día de San Valentín fueron las únicas que pudieron utilizarse para dar testimonio futuro de lo que probablemente fuera el punto álgido de la carrera de la banda.

El comedor de la Universidad de Leeds aportó un escenario más íntimo, al que más tarde The Who se acostumbrarían, pero no por eso dejaron de dar todo de sí mismos ante los más de 2.000 espectadores presentes: Pete Townshend botando, moviendo el brazo cual aspa de molino y dándole fuerte a la guitarra; Roger Daltrey, con chaqueta de ante, haciendo girar los cables del micrófono y meneando su cabellera dorada; y Keith Moon hinchando los mofletes mientras tocaba con incendiaria perfección su gigantesca batería.

Y a pesar de la atención que pusieron en los aspectos visuales, la cinta resultante fue un hard rock impresionante e incendiario, repleto de fluidos y espectaculares solos de guitarra de Townshend. Esta capacidad por mezclar espectáculo y buen rock es lo que convirtió a The Who en, probablemente, la mejor banda en vivo de la historia de la música. John Entwistle representaba la calma en el ojo de este huracán, tocando con cara inexpresiva algunos de los más innovadores e interesantes fragmentos de bajo del rock.

Sólo algunos de los 33 temas que The Who tocaron ese día pudieron incluirse en el LP (su actuación en su ópera rock *Tommy* fue un sacrificio), pero el resultante *Live At Leeds* enseguida se convirtió en el álbum en vivo definitivo.
Sean Egan

Fecha 14 de febrero de 1970

País Reino Unido

Por qué es clave
El mejor concierto en vivo de la historia de la música por su espectacularidad.

Pág. anterior
Pete Townshend.

Canción clave «Spirit In The Sky»
Norman Greenbaum

Norman Greenbaum se anotó un exitazo internacional con este peculiar tema pop, una sorprendente reflexión sobre la muerte y el más allá a ritmo de rock. La letra tiene un tono religioso más típico del góspel («Gonna go to the place that's the best [...] I have a friend in Jesus»: Voy a ir al mejor sitio [...] tengo un amigo en Jesús) y nada frecuente en las listas de éxitos de la radical década de 1970. (Greenbaum, que es judío, afirmó que quería que la canción fuera una declaración de fe amplia y general y no una alusión al cristianismo en particular.) Pero, combinado con elementos hard rock (el sonido blues del *riff* principal, fragmentos de guitarra distorsionada que se abaten sobre cada verso como un ave de presa, y un vibrante solo), se creó un encantador híbrido que vendió 2 millones de copias. Lanzado a finales de 1969, se situó en lo alto de las listas de éxitos británicas el 2 de mayo del año siguiente (en Estados Unidos alcanzó el número tres). Esos días, en una entrevista para *Rolling Stone*, el ex

Beatle John Lennon citó la canción como una de sus «actuales favoritas», elogiando su sencillez.

Puede que Greenbaum sea un artista de un solo éxito puntual, pero este *hit* resiste al paso del tiempo. En 1986, una versión de Dr And The Medics volvió a llevar la canción al número uno del Reino Unido (una hazaña que se repitió cuando fue lanzada como single para una causa benéfica en 2003); también se ha incluido en la banda sonora de muchas películas (como *Apollo 13* y *Miami Blues*), y en un anuncio de Nike, lo que ha garantizado a su autor modestos ingresos hasta la fecha.
Robert Dimery

Fecha de entrada al n.º 1 en el Reino Unido 2 de mayo de 1970

País Estados Unidos

Compositor Norman Greenbaum

Por qué es clave Hábil combinación de religión y hard rock que da como resultado uno de los *hits* más originales del rock.

Álbum clave *Bridge Over Troubled Water*
Simon & Garfunkel

Durante la década de 1960, cada álbum que lanzaba Simon & Garfunkel –incluido el mediocre inicial– se vendía más que cualquiera de The Rolling Stones, un hecho asombroso, teniendo en cuenta que Jagger y compañía personificaban el espíritu de los hedonistas y antiautoritarios de la década de 1960. Simon & Garfunkel tenían puntos de vista parecidos a los de los Stones, pero carecían de su carisma y chulería. El menudo compositor Paul Simon y el vocalista de pelo afro Art Garfunkel tenían un aire serio. Además, su música podía llegar a ser sublime.

Las melodías de Simon eran maravillosas, el dúo armonizaba de forma espléndida y su falta de prisas a la hora de grabar álbumes, algo inusual en aquella época, aseguraban trabajos brillantes. *Bridge Over Troubled Water*, el quinto álbum del dúo, lanzado en enero de 1970, parecía la cumbre de este método de trabajo. No sólo fue su mejor álbum, sino que estaba lleno de canciones que han quedado grabadas en la

memoria colectiva: «El condor pasa» fue su primera incursión en las músicas del mundo; «Cecilia», «Baby Driver» y «Why Don't You Write Me», eran ligeras y divertidas; «The Only Living Boy In New York», el gozo de la sensualidad, y la elegante balada homónima del álbum, un clásico instantáneo.

Los hogares de la América rural, donde no entraban los álbumes de los Stones pero se daba la bienvenida a Simon & Garfunkel, adoraron el álbum, que vendió la pasmosa cifra de 5 millones de copias. Aunque la acertada exclusión por parte de Garfunkel del tema «Cuba sí, Nixon no» lo convirtió en uno de los pocos álbumes de Simon & Garfunkel en carecer de temas de compromiso social, su éxito seguía asegurando que el punto de vista alternativo de la pareja se filtrara en lugares donde la pandilla de Jagger no podía llegar. Este álbum marcó el momento en que la contracultura entró en la corriente dominante.
Sean Egan

Fecha de lanzamiento Enero de 1970

País Estados Unidos

Lista de temas Bridge Over A Troubled Water, El Condor Pasa (If I Could), Cecilia, Keep The Customer Satisfied, So Long, Frank Lloyd Wright, The Boxer, Baby Driver, The Only Living Boy In New York, Why Don't You Write Me, Bye Bye Love, Song For The Asking

Por qué es clave La contracultura entra en la corriente dominante.

Pág. siguiente
Simon & Garfunkel.

Acontecimiento clave
Sale a la venta el sintetizador minimoog

Los sintetizadores de Robert Moog empleaban osciladores modulados electrónicamente para producir un amplio abanico de sonidos artificiales. Eran aparatos grandes y extremamente complejos, manipulados por investigadores universitarios o compositores de música experimental. Sin embargo, la introducción en el mercado del minimoog, el 24 de enero de 1970, llevó esta tecnología a los músicos por un precio asequible y en un formato cómodo que permitía llevarlo a los conciertos.

El sintetizador de Moog empleaba una multitud de componentes electrónicos que tenían que montarse para conseguir el sonido deseado. El minimoog, no obstante, se vendía como una unidad compacta, con un teclado y módulos electrónicos incorporados que reemplazaban la multitud de cables y otros componentes. A la izquierda del teclado había *pitch wheel*, que permitía la inflexión de tono y la modulación. Estas «ruedas» eran el único elemento

que se granjeaba el cariño de los músicos, especialmente los de rock progresivo de la década de 1970, quienes se precipitaron a las tiendas. El éxito del Minimoog hizo que los sintetizadores pasaran a ser un elemento esencial de la música popular de la década de 1980, y muchas marcas (notablemente Roland y Korg) los fabricaron. El sonido del sintetizador estaba por todas partes, tanto que los tradicionalistas del rock iniciaron un movimiento que preconizaba la vuelta al sonido auténtico de los instrumentos reales. Fue en vano. A comienzos de la década de 1980, la guitarra lidiaba una batalla perdida para mantenerse como el instrumento preferido de los músicos de música popular, y el propio concepto de grupo musical pareció no tener sentido cuando un sintetizador podía producir todos los instrumentos de una banda.
Andre Millard

Fecha 24 de enero de 1970

País Estados Unidos

Por qué es clave El sintetizador que cambió el sonido del pop y el formato de sus artistas.

Álbum clave ***Workingman's Dead***
The Grateful Dead

La banda de San Francisco The Grateful Dead, tras casi cinco años de existencia, prácticamente había inventado el jam psicodélico; pero el auge del *acid* estaba disminuyendo. El guitarrista principal, Jerry Garcia, solidificando su equipo de compositores con Robert Hunter, miembro de la banda que no tocaba en los conciertos, compuso nuevo material más directamente procedente de las raíces estadounidenses clásicas: country, folk y blues. La introducción de guitarras *pedal steel* y acústicas, la nueva obsesión de Garcia y la puesta en práctica de los consejos de sus amigos Crosby, Stills & Nash, otorgaron mayor importancia a la estructura vocal.

El álbum *Workingman's Dead*, cuyo título se inspiraba en el tema «Workingman's Blues» de la estrella del country Merle Haggard, marcó el momento en que esta consumada banda en vivo aprendió a hacer un buen uso del estudio de grabación. Eliminaron las largas improvisaciones que habían caracterizado

sus dos anteriores álbumes de estudio y se centraron en ofrecer canciones concisas y marcadas por un carácter fuerte, algunas con temática más bien oscura. Aún había mucho sonido eléctrico («Easy Wind», «Casey Jones», la historia inspirada en los hechos de Altamont «New Speedway Bogie»), pero la esencia del álbum recaía en sus sencillos temas acústicos («Uncle John's Band», «High Time», «Black Peter», «Dire Wolf»). El tema de estilo *bluegrass*, «Cumberland Blues», presentaba en la guitarra a David Nelson, de la banda de country-rock que compartía miembros con The Grateful Dead y New Riders Of The Purple Sage.

Con *Workingman's Dead* y el similar trabajo que le siguió, *American Beauty* (1970), la banda le tomó el gusto a la experimentación: demostraron que una banda podía cambiar completamente (aunque por período limitado) su naturaleza sonora y a la vez mantener intacta su base de fans.
Jeff Tamarkin

Fecha de lanzamiento Junio de 1970

País Estados Unidos

Lista de temas Uncle John's Band, High Time, Dire Wolf New Speedway Boogie, Cumberland Blues, Black Peter, Easy Wind, Casey Jones

Por qué es clave *Workingman's Dead* aportó una sensibilidad country al rock psicodélico.

Canción clave «(They Long To Be) Close To You» The Carpenters

El exquisito tema de The Carpenters, «(They Long To Be) Close To You», se convirtió en su primer número uno en Estados Unidos, y demostró que había espacio para la calma tras el bullicio de la década de 1960.

La canción, compuesta por Bacharach y David, la habían grabado anteriormente sin éxito el actor Richard Chamberlain y Dionne Warwick. En 1970, también la grabó el trompetista Herb Alpert, aportándole su peculiar voz. No obstante, decidió no lanzarla, y en cambio, la ofreció a una banda que el año anterior había sido contratada por su discográfica, A&M: The Carpenters.

Karen y Richard Carpenter eran hermanos. Él era el pianista, vocalista y arreglista del grupo, mientras que Karen era la vocalista principal y, en ese momento, batería. Richard dio nuevos arreglos a la canción, introduciéndola con un solo de piano y llegando al momento culminante con una cascada estratificada de las voces de ambos.

Pero lo que dio a The Carpenters su sonido característico fue la cálida voz de contralto de Karen, de una calidad cautivadora que daba incluso al material más alegre un toque de melancolía; –como en el caso de «Close To You». Aunque, ostensiblemente, era una canción de amor, una escucha más minuciosa revela que el deseo de la cantante no es correspondido; todo lo que anhela es estar «cerca» de él. Un recurrente y hermoso tresillo ejecutado por el piano servía para distraer la atención de la ambigüedad.

Un anuncio de prensa resumió a la perfección el rock suave para adultos del dúo, afirmando: «traen de vuelta las tres haches», refiriéndose a «hope, happiness, and harmony» (esperanza, felicidad y armonía).

Gillian G. Gaar

Fecha de lanzamiento
Mayo de 1970

País Estados Unidos

Compositores Burt Bacharach, Hal David

Por qué es clave
Demostró que había un lugar en las listas de éxitos para un rayo de sol.

Acontecimiento clave Se lanza el primer maxi single, «In The Summertime»

El carismático líder y compositor de Mungo Jerry, Ray Dorset, aún trabajaba en una fábrica de Timex cuando su animado tema al estilo de las jug-bands, «In The Summertime», irrumpió inesperadamente en las listas de éxitos. El músico recuerda: «Tuve que pedirle a mi jefe si podía faltar por la tarde para ir al *Top of the pops*» (célebre programa musical emitido en el Reino Unido). La banda, prácticamente desconocida, había sido la gran revelación del Festival Hollywood Rock del Reino Unido, donde eclipsó a cabezas de cartel como The Grateful Dead y Black Sabbath. Cuatro días después, la canción entró en el Top 20 británico, y alcanzó el número uno el 13 de junio de 1970.

El tema es todo un clásico del rock más alegre y despreocupado. Sus buenas vibraciones de sabor a raíces antiguas y vida rural sencilla, conducidas por el sonido de un banjo, aportaban un bienvenido alivio al rock progresivo sofisticado y el pop prefabricado. Sin embargo, no siempre los grandes temas son

importantes *hits*. «In The Summertime» fue propulsado por enorme cantidad de asistentes al Festival Hollywood Rock, que lo compraron en masa. Dawn Records también ayudó con una táctica comercial: lanzó el primer maxi single, que ofrecía tres temas por el precio de dos. Los que iban a las tiendas de discos específicamente para comprar «In The Summertime» no necesitaban este incentivo extra, pero la oferta hizo inclinar la balanza a muchos que, de otro modo, habrían comprado el que entonces era número uno, «Yellow River», de Christie. La industria musical tomó nota, y «In The Summertime» inauguró una nueva tendencia de marketing que hacía más atractivo el producto añadiéndole temas extra, vinilos de colores, discos con ilustraciones, ediciones limitadas y demás, en un momento en que la tradicional payola o los sobornos de la industria musical ya no eran suficiente.

Johnny Black

Fecha 13 de junio de 1970

País Reino Unido

Por qué es clave
Un hito de las estratagemas de marketing.

Álbum clave *Paranoid*
Black Sabbath

La respuesta de Black Sabbath ante el reto de intentar sacar provecho del éxito de su primer álbum fue la banda sonora para una pesadilla urbana. Los Sabbath (Terry «Geezer» Butler, bajo; Tony Iommi, guitarra; Bill Ward, batería; y John «Ozzy» Osbourne, vocalista) se especializaron en oscuros acordes de blues y una inexorable sensación de perdición. Puede que esto sea moneda corriente entre los roqueros heavys de hoy en día, pero para el público de entonces, que luchaba por superar el deceso de The Beatles, resultaba algo parecido, como mínimo, a la música favorita del diablo.

El heavy de los Sabbath era diferente del de Led Zeppelin. La música de estos últimos giraba en torno al sexo. Sabbath hablaba de otras cosas. En *Paranoid* se tocaban temas sobre el militarismo («War Pigs»), el abuso de heroína («Hand of Doom»), reminiscencias de comics («Iron Man») o las consecuencias de la guerra nuclear («Electric Funeral»). Sin embargo, para muchos de los consumidores de música, los números más relevantes de *Paranoid* evocaban horrores mucho más próximos. Pudiera ser que, en la canción que da título al álbum, la banda –reñida con sus promotores y todavía tambaleándose después de una agotadora gira– se expresara con el corazón en la mano. También pudiera ser que estuvieran fingiendo. En cualquier caso, la canción –un single que constituyó un inesperado éxito y que estaba escrita en un tempo tan rápido como para hacerle pensar a uno que pertenecía a sus rivales en el metal Deep Purple, más proclives a la velocidad– ha quedado como una de las más conmovedoras descripciones de la angustia mental de la historia del rock («People think I'm insane because I am frowning all the time» [La gente piensa que estoy loco porque siempre frunzo el ceño]).

En su sonado debut, durante el febrero anterior, se creó el álbum que para muchos fue el pistoletazo de salida de todo el género del heavy metal. *Paranoid* es, simplemente, la obra maestra de Black Sabbath.
Ralph Heibutzki

Fecha de publicación
18 de septiembre de 1970

Nacionalidad Reino Unido

Lista de temas War Pigs (incluye Luck's Wall), Paranoid, Planet Caravan, Iron Man, Electric Funeral, Hand of Doom, Rat Salad, Fairies Wear Boots (incluye Jack The Stripper)

Por qué es clave
Black Sabbath es auténtico heavy metal.

1970-1979

401

Canción clave «Love Grows (Where My Rosemary Goes)» Edison Lighthouse

Esta grabación del compositor de canciones Tony Macaulay iba a ser un éxito con toda seguridad. A finales de 1969, varias discográficas, incluyendo Motown, cortejaron a su autor. Éste se decidió finalmente por Bell Records, que le ofreció la suma de un millón de dólares, a pagar en cuatro años.

Un día, mientras trabajaba en una balada junto con su colega y también compositor Barry Mason, Tony Macaulay –que tenía buen olfato para éxitos potenciales– decidió abandonar el proceso cuando se dio cuenta de que lo que estaban elaborando no entraría en las listas. Una hora mas tarde, habían completado una vertiginosa canción de devoción romántica titulada «Love Grows (Where My Rosemary Goes)». «Estaba completamente seguro de que era un número uno», declaró Macaulay.

Como era nuevo en Bell, Macaulay no disponía del marco apropiado en el que ubicar la canción. Alquiló a un grupo llamado Greenfield Hammer y a una orquesta. La mañana de la grabación en estudio, mientras se afeitaba, le vino a la cabeza un vibrante *riff* de guitarra que utilizaría para el inicio de la pieza. Se completaron dos tomas de la canción antes de que el tiempo estipulado se agotara. Un cantante de refuerzo llamado Tony Burrows sobresalía por encima de la línea vocal principal. El nombre que apareció en la grabación fue el de Edison Lighthouse. El 31 de enero de 1970, saltó al número uno en el Reino Unido y también al número cinco en Estados Unidos. Aunque otras grabaciones se atribuyeron a esta banda ficticia, Macaulay no formó parte de ninguna de ellas. Abandonó para no manchar la magia de su canción. La suma de un millón de dólares, por cierto, fue percibida sólo gracias a «[...] Rosemary [...]».
Sean Egan

Fecha de publicación 1970

Nacionalidad Reino Unido

Compositores Tony Macaulay, Barry Mason

Por qué es clave La canción que produjo un millón de dólares en una hora.

Pag. anterior Black Sabbath.

Personaje clave
Janis Joplin

La llama de Janis Joplin iluminó la revolución cultural de la década de 1960, presentando un nuevo y liberado arquetipo femenino a las masas. Pero su afán por las drogas extinguió el fuego antes de tiempo.

Nacida en Port Arthur, Texas, en 1943, Janis Lyn Joplin era una chica tímida y no muy guapa que sufrió el rechazo de sus compañeras de clase y que encontró refugio en la pintura y en las grabaciones de las grandes del blues Bessie Smith y Big Mama Thornton. En 1963, siendo ya un personaje rebelde –con la imagen que adoptó, inspirada en sus heroínas del blues–, dejó Texas y se fue a San Francisco. El nuevo entorno, empapado en estimulantes, motivó un incremento en su consumo de drogas y alcohol. Éste era el medio para superar su inseguridad –aunque también lo fue para obtener su poderosa y rasgada voz–. En 1966, entró a formar parte de la banda de Haight-Ashbury Big Brother And The Holding Company. Después de un exitoso primer álbum en 1967 y de una interpretación espectacular

en el Festival de Pop de Monterrey, Joplin se convirtió en una estrella internacional. Un segundo y aclamado álbum *Cheap Thrills* (1968) incluía el doloroso éxito «Piece Of My Heart». Su carrera en solitario empezó con *I Got Dem Ol' Kozmic Blues Again Mama!* (1969).

Y aunque su personaje fuera más grande que su propia persona, estaba condenada de antemano. Janis Joplin murió el 4 de octubre de 1970, a la edad de 27 años, de una sobredosis de whisky y heroína, mientras grababa un nuevo álbum en Los Ángeles. *Pearl* (1970), publicado póstumamente, fue su álbum más célebre, con los éxitos «Me And Bobby McGee» y el caprichoso «Mercedes Benz» a capela.
Ignacio Julià

Rol Artista de grabaciones

Fecha 1970

Nacionalidad Estados Unidos

Por qué es clave
Un verdadero icono de la liberación femenina, una voz inolvidable.

Pág. siguiente Janis Joplin y la Full Tilt Boogey Band, su última banda.

Acontecimiento clave
El doble golpe de Kris Kristofferson

Dada la naturaleza conservadora del establishment de la música Nashville a finales de la década de 1960, era sólo cuestión de tiempo que alguien fuera en contra del sistema. Kris Kristofferson, ex alumno de Rhodes y Oxford, fue esa persona. Tomando parte de su inspiración de poetas de Greenwich Village, Kristofferson aportó una nueva profundidad lírica y sinceridad sexual a la música country, además de un cierto liberalismo político, contenido en su espectral denuncia «Blame It On The Stones».

La entrada en la década de 1970 fue testigo de la composición de dos notables canciones. «For The Good Times» era todo lo mordaz que la música country podía ser en la descripción de la última noche de dos amantes que se separan, con su desgarradora súplica «Make believe you love me one more time» (Hazme creer que me amas una vez más). «Sunday Morning Coming Down» desató cierta polémica por su referencia a las

drogas, aunque su reflexión sobre la pérdida de la inocencia sea mucho más conmovedora. Su alienado protagonista contempla cómo pasan ante él idílicas escenas de domingo mientras suspira por los «disappearing dreams of yesterday» (desaparecidos sueños del ayer).

A pesar de lo conservador que era el establishment del country, no pudo negar el talento de Kristofferson. En 1970, «For The Good Times» (grabado por Ray Price) consiguió ser la canción del año de la Academia de Música Country. Más tarde, ese mismo año, la versión que hizo de ella Johnny Cash de «Sunday Morning Coming Down» recibió el mismo reconocimiento de la Asociación de Música Country. Este doble éxito todavía no se ha superado hoy en día.

Más de 30 años después de ese triunfo inicial, las composiciones de Kristofferson todavía representan para el country su parte más firmemente auténtica.
Tierney Smith

Fecha 1970

País Estados Unidos

Por qué es clave
La música country conformista abre los brazos sin dudarlo a alguien de fuera del establishment.

Acontecimiento clave
El primer Festival de Glastonbury

En junio de 1970, un granjero del oeste de Inglaterra y su mujer se colaron a través de un seto en el Festival de Blues y Rock Progresivo de Bath. «Nos encantó la idea», recuerda el fundador de Glastonbury, Michael Eavis. Sólo tres meses después, Eavis ya había montado el Festival de Pop, Folk y Blues de Pilton y había convencido a unos 1.500 entusiastas para que participaran a razón de una libra cada uno. Esta suma principesca les daba derecho a sentarse en un campo mientras el dinosaurio centelleante Al Steward y estrellas menguantes como Steamhammer o Quintessence, actuaban en un escenario de madera contrachapada sobre un andamio construido por un carpintero local. «El precio de la entrada incluía leche fresca de la granja», señalaba Eavis, que un año después rebautizó el evento como Glastonbury Fayre.

Después de una ausencia de seis años, volvió en 1977, y se convirtió finalmente en el Festival de Glastonbury en 1981. A pesar de diversos altibajos, que incluyen conatos de violencia en 1990 y el derrumbe del famoso escenario piramidal en 1994, el evento creció exponencialmente. Casi todo artista del rock importante del planeta ha tocado en Glastonbury, y las entradas están agotadas incluso antes de anunciar el cartel. En 2005, el festival ocupó más de 3.500 km^2 y emocionó a 150.000 acólitos con más de 385 actuaciones en vivo que incluyeron danza, comedia, teatro y circo, así como música. Su denominación oficial fue Festival de Artes Escénicas Contemporáneas de Glastonbury, pero para aquellos enamorados de su informalidad perseverante y de su conciencia social, sigue siendo «Glasto».

Johnny Black

Fecha 19 de septiembre de 1970

País Reino Unido

Por qué es clave
Un acontecimiento que se ha convertido en algo más significativo que las actuaciones que acoge.

Espectáculo clave *Company*
teatro musical

Cuando *Company* se estrenó por vez primera, el público se encontró ante un musical moderno e impactante, y a la vez suficientemente perspicaz y algo mórbido. Su argumento explora, de una manera que es tanto agria como cordial, los juegos, odios, soledades y transgresiones en las relaciones de finales del siglo XX.

Company es en realidad un «revusical», esto es, una sucesión de escenas no lineales en torno a un único tema. Howard Dietz inventó el concepto con sus producciones *At Home Abroad* (1935) y *Inside USA* (1948), unos espectáculos que desarrollaban un tema y tenían personajes sólidos, que, a su vez, eran revistas. La primera vez que saltó a la escena, *Company* resultó revolucionario por su actitud sin concesiones. No tenía coros. No había coristas de largas piernas (salvo el «Tick Tock» de Donna McKechnie). Ciertamente, no resultaba una cura para los cansados hombres de negocios. De lo único que podía alardear era de la brillante y metropolitana partitura de Stephen Sondheim, de la orquestación metálica incomparable de Jonathan Tunick, de la antiséptica escenografía urbana de Boris Aronson, del revelador y atrayente libreto de George Furth, y de la justa e inteligente dirección de escena de Hal Prince.

Company (la primera partitura real de Sondheim) fue el espectáculo que nos presentó al equipo Sondheim/Prince/Aronson/Tunick, que, sin duda, cambiaría el curso del teatro musical y provocaría la aparición de centenares de imitaciones de segunda fila por parte de presuntos emuladores de Sondheim. Gracias a la electricidad y al sonido enervante y ultramoderno de *Company*, Sondheim se embarcó, con posterioridad, con Hal Prince en una odisea de espectáculos que incluyeron *Follies* (1971), *A Little Night Music* (1973), *Pacific Obertures* (1976) y *Sweeney Todd* (1979). Estos no constituyeron grandes logros comerciales, pero, aun así, se pueden catalogar como éxitos.

Ken Bloom

Estreno 26 de abril de 1970

País Estados Unidos

Director Harold Prince

Reparto Dean Jones, Elaine Stritch, Donna McKechnie

Compositor Stephen Sondheim

Por qué es clave Presentó el «revusical» ante el público moderno.

Canción clave «**Knock Three Times**» Dawn presentando a Tony Orlando

Desde que Tchaikovski introdujera cañones reales en el final de su *Overtura 1812*, ningún sonido percutido había estimulado la imaginación popular tanto como lo hizo el inmortal y repetitivo «ting ting» que acompaña las palabras «twice on the pipe» (dos veces en la tubería) en «Knock Three Times» de Tony Orlando.

Tony Orlando era esencialmente un vocalista de grabaciones de demostración que poseía una clásica y adecuada voz de soul. Consiguió su primer estrellato cuando su muestra de1961 «Halfway To Paradise» se consideró suficientemente buena como para ser publicada, asegurándole un éxito en el Top 40 de *Billboard*. Un año después, sin embargo, se le consideró acabado. Trabajó como mánager general para CBS Records hasta 1970, cuando le pidieron que doblara la voz principal en la canción «Candida», que interpretaba Dawn, un grupo inexistente. A esa canción –un éxito que vendió un millón de copias– siguió «Knock Three Times», que continuaba el estilo refrescante y ligero

de pop-dance de «Candida» con el añadido de una picante historia de deseo en un bloque de pisos. En un esfuerzo por seducir a su solitaria vecina de abajo, un hombre sugiere un código de sexo: tres golpes en el techo si ella está receptiva, dos en la tubería si no.

Lo que hace que a la gente le guste una canción lo suficiente como para propulsarla al número uno –cosa que «Knock Three Times» consiguió el 23 de enero de 1971 en Estados Unidos– nunca resulta del todo claro, aunque un ingrediente mágico, en este caso, era que ese doble ruido metálico tenía en muchos, muchos hogares su propio equivalente en forma de «ting ting», un sonido que fue llamada y respuesta a nivel mundial.
Johnny Black

Fecha de publicación
Noviembre de 1971

Nacionalidad Estados Unidos

Por qué es clave
Confirmó que los efectos de sonido pueden ser un poderoso gancho tanto para la letra como para la música.

Canción clave «**I'd Like To Teach The World To Sing**» The New Seekers

Cuando alcanzó el número uno en el Reino Unido el 8 de enero de 1972, «I'd Like To Teach The World To Sing» –que también estuvo entre los 10 primeros en Estados Unidos– todavía era conocida popularmente como «I'd Like To Buy The World A Coke». La referencia equivocada era consecuencia de cómo la gente había entrado en contacto con la canción con anterioridad, y también el testimonio de la poderosa y multicultural promoción con la que se toparon sus creadores.

La canción no se concibió originalmente para nada que no fuera una nueva manera de lanzar la última frase pegadiza de Coca-Cola: «It's the real thing» (Es la auténtica). Después de algunos problemas durante un vuelo, el publicista Bill Backer quedó impresionado cuando vio que algunas de las personas que habían compartido la experiencia con él se reían de un chiste sobre botellas de Coca-Cola. Así, dio con la idea de mostrar la bebida como «un pequeño elemento en común entre todos los pueblos». Cuando

ya tenía la última frase «I'd like to buy the world a Coke and keep it company» (Me gustaría comprarle al mundo una Coca-Cola y mantenerlo unido), terminó de montar la canción con sus colegas compositores Billy Davis, Rogers Cook y Greenaway. Lo que en un primer momento parecía un pretencioso signo de amistad entre países se convirtió en algo poderoso cuando 500 niños y niñas lo cantaron desde una colina italiana y se convirtió en uno de los anuncios de televisión más vistos de la historia. El público pidió enseguida a las emisoras de radio que emitieran esa melodía optimista que oían varias veces cada noche. The New Seekers grabó la canción sin las referencias a Coca-Cola, seguros de saber lo que pocos artistas saben de una grabación antes de su publicación: que tenía garantizado el éxito en las listas.
Sean Egan

Fecha de publicación
1971

Nacionalidad Reino Unido

Compositores William Backer, Roger Cook, B. B. Davis, Roger Greenaway

Por qué es clave La máxima multiculturalización de los medios de comunicación.

Grupo clave
Sly y la familia Stone

Sly y la familia Stone lo representaba todo acerca de la unidad. El grupo lo formó Sylvester «Sly Stone» Steward, un DJ, compositor de canciones y productor de la bahía de San Francisco. Sus miembros eran negros, blancos, hombres y mujeres, profesionales y expertos en pop, soul, rock y jazz. Ofrecieron al público negro una puerta de entrada al rock y a la audiencia blanca un medio para descubrir el funk. Su influencia se extendió mucho más allá de su inmenso éxito comercial.

Sus éxitos eran cantos a la vida. «Dance To The Music», «Everyday People» y «Hot Fun In The Summertime» son algunos de ellos. El cenit en la carrera de la familia Stone se alcanzó con la publicación en 1967 del magnífico álbum *Stand!*, y su actuación en Woodstock. Era una música que fundía estilos, alegría e innovación en una explosión de sonido eufórica y revolucionaria que conectaba directamente con los corazones y las mentes de su dispar audiencia.

El canto del cisne de la banda fue el álbum *There's A Riot Goin' On* (1971). También fue un clásico, pero la música difería del estilo del grupo –era oscura y meditativa– y lo compuso Steward, que entonces vivía recluido en solitario en una mansión de Los Ángeles, abatido por la química y la paranoia.

El hecho de que este álbum que trataba «asuntos de familia» –la voz rasgada, rota de Stone glosando el fin del grupo– fuera el último de sus tres números uno en Estados Unidos el 4 de diciembre de 1971 tiene pleno sentido, aunque desde el primer compás, su carácter había ensombrecido la alegría y esperanza que caracterizaron el grueso de su producción.
Angus Batey

Rol Artistas de grabaciones

Fecha 1971

Nacionalidad Estados Unidos

Por qué es clave
Una banda cuyos estilos híbridos y estética tipo «nación arco iris» resonaron perfectamente con la vibración de amor, paz y convivencia de finales de la década de 1960.

Acontecimiento clave **Incendio en el Casino de Montreux**

El grupo heavy Deep Purple llegó al Casino de Montreux, en Suiza, con la intención de grabar el álbum *Machine Head* en su sala de conciertos. La víspera de la sesión de grabación, Frank Zappa And The Mothers Of Invention actuaban precisamente allí, y uno de los asistentes al concierto –calificado más tarde como «algún estúpido» en «Smoke On The Water»– tiró una bengala que fue el origen del incendio que destruyó el casino hasta sus cimientos.

El incendio, al principio, no parecía importante, pero cuando, más tarde, parte del techo se derrumbó, Zappa ordenó al público que saliera de la sala. En una entrevista posterior recordaba: «El auditorio se llenó de humo y, poco después, la banda tuvo que escapar a través de un túnel situado detrás del escenario. La caldera de la calefacción explotó, y lanzó a mucha gente a través de la ventana». Aunque no hubo víctimas mortales, los Deep Purple se vieron obligados a buscar un lugar alternativo para la grabación. Claude Nobs

les ayudó. Era uno de los fundadores del Festival de Montreux y uno de los héroes de la noche del incendio, pues había salvado a varios chicos del fuego que destruyó por completo el equipo de Zappa y dejó el local fuera de servicio hasta 1975.

«Smoke On The Water», de Deep Purple, que describe los acontecimientos de aquella noche, «vino a mi en un sueño una o dos mañanas después del incendio», dijo un vez Roger Glover, el bajista del grupo. Al mismo tiempo, el guitarrista Ritchie Blackmore hizo justicia al dramatismo del suceso adornando la lírica con un amenazador toque de blues de cuatro notas que, hoy por hoy, es uno de los más famosos *riffs* de la historia del rock duro.
Sara Farr

Fecha 4 de diciembre de 1971

País Suiza

Por qué es clave
El incendio que produjo un clásico del rock heavy.

Pág. anterior Ian Gillan de Deep Purple.

Grupo clave
Paul Revere And The Raiders

Muchos pensarían por su nombre –y por el peinado estilo fregona de su cantante Mark Lindsay– que esta banda no era más que una respuesta oportunista al éxito que The Beatles y otros compatriotas suyos tenían en Estados Unidos. Pero, aunque Paul Revere sea considerado un icono en la guerra americana contra los británicos, la cosa no es tan simple: esas dos palabras constituían, de hecho, el nombre propio del fundador de la banda, el teclista Paul Revere Dick. Además, años antes, en 1961, ya habían publicado un single titulado de manera premonitoria «Like Long Hair» (Como el pelo largo).

No podemos decir que no se aprovecharan del patriotismo cuando –después de la pausa que siguió a ese primer conato de actividad, motivada porque Dick se declaró objetor de conciencia cuando lo reclutaron– refundaron el grupo, precisamente en un momento en que la invasión británica se hallaba en pleno auge. Su imagen se basaba en trajes del estilo de los de la guerra de la Independencia. Sin embargo, la música con la que pretendían repeler a los invasores no era fingida en absoluto: éxitos como «Kicks», «(I'm Not Your) Stepping Stone», «Good Thing» y «Him Or Me – What's It Gonna Be?» son toda una referencia, así como la tendencia de sus letras (hoy en día pasadas de moda, pero bastante atrevidas entonces) a gruñir a las señoras.

A pesar de su evolución artística, su imagen ligera les perjudicó a medida que discurría la década de 1960. En 1970, acortaron su nombre a The Raiders. El 24 de julio de 1971 tuvieron su último contacto con la gloria cuando el single «Indian Reservation», que se mostraba solidario con el pueblo indoamericano, alcanzó el número uno en Estados Unidos.
Sean Egan

Rol Artistas de grabaciones

Fecha 1971

País Estados Unidos

Por qué es clave
Una banda estadounidense que se aprovechó de una imagen que sugería que estaban repeliendo la invasión británica.

Personaje clave
Melanie

Fue muy apropiado que el arquetipo de la chica hippy –Melanie Safka, nacida en 1947– encontrara el camino hacia el gran público por medio de su aparición en el festival hippy por excelencia, Woodstock. Puede que Carole King fuera la cantautora de mayor éxito comercial del momento, pero provenía del pop Brill Building de comienzos de la década de 1960 y, en realidad, era ya demasiado mayor para encajar en el perfil. Joni Mitchell era amable, alocada, antisistema, ecologista... ella sí encajaba, pero Melanie –que poseía esas mismas características– parecía ir siempre un paso por delante. Quizás de manera significativa, Mitchell escribió el himno del festival Woodstock, aunque, de hecho, ella no actuó allí. El «Lay Down (Candles In The Rain)» de Melanie fue un documento mucho más personal y se basó en su experiencia en el festival cuando tocó durante una tormenta.

Melanie, licenciada en folk en Greenwich Village, era la representante natural de la imagen liberada de collares y brazaletes que lo hippy lleva asociada. Aun así, sus composiciones resultaban atractivas para un público más amplio. Su éxito de 1971 «What Have They Done To My Song Ma?» fue una puñalada contra los manipuladores del negocio de la música, quienes –según ella– la habían engañado. De todas maneras, ese sentimiento no le impedía aparecer con regularidad en los programas de variedades. Al mismo tiempo, su irresistiblemente contagioso y cargado de insinuaciones «Brand New Key» –que fue número uno en Estados Unidos el 25 de diciembre de 1971– reveló que, a pesar de su aparente inocencia, Melanie podía ser tan depredadora como cualquier hombre.
Johnny Black

Rol Artista de grabaciones

Fecha 1971

Nacionalidad Estados Unidos

Por qué es clave Hubo chicas hippies antes que ella y las hubo después, pero Melanie Safka fue la primera en abanderar la imagen de hippy perfecta.

Pág. siguiente Melanie.

Personajes clave
La familia Osmond

Cuando los Osmond fueron número uno en Estados Unidos el 13 de febrero de 1971 con «One Bad Apple», empezó el mayor fenómeno en torno a una familia que la música popular había vivido hasta entonces. Durante dos años, este clan mormón de Utah –en diferentes configuraciones– dominó las listas de todo el mundo. Fue tan grande su éxito que incluso tenían su propia serie de dibujos animados. Con todo y a pesar de sus fans incondicionales –en su mayoría chicas adolescentes y preadolescentes–, su nombre se convirtió en sinónimo de lo anodino y artísticamente indigno.

Quizás esta opinión no es del todo justa o precisa. Los Osmond aparecieron por primera vez en 1962, en *El Show de Andy Williams,* donde participaban con regularidad, vestidos de cantantes preadolescentes en una barbería. Fue precisamente Williams quien sugirió a los chicos que debían aprender a tocar algún instrumento musical. Así lo hicieron. También el recién llegado Donny, que se convirtió en un experto pianista. Los Osmond, además, fueron capaces de generar su propio material; Alan, Merrill y Wayne colaboraban generalmente en la composición, incluso en el magnífico e impactante éxito de 1972 «Crazy Horses». Aun así, las genuinas aptitudes familiares se arruinaron por las carreras en solitario de algunos de sus miembros. Donny, a los 13 años, era tan encantador que parecía lógico que le ofrecieran participar en grabaciones, aunque números como su pretenciosa versión de «Puppy Love», de Paul Anka, no concedieron mucho crédito a la familia en la calle. El corpulento Jimmy, el miembro más joven del clan, fue número uno en el Reino Unido en 1972 con «Long Haired Lover From Liverpool», lo que cimentó el hecho de que su familia sea conocida como uno de los fenómenos más insustanciales de la historia del pop.
Sean Egan

Rol Artistas de grabaciones

Fecha 1971

País Estados Unidos

Por qué es clave Una familia musical que fue catapultada por su propia explosividad.

Pág. anterior Alan, Wayne, Merrill, Jay y Donny Osmond.

411

Álbum clave *The Concert For Bangla Desh*
George Harrison y amigos

Es lógico suponer que en 1971 muchos de los fans del rock sabían muy poco o nada en absoluto sobre los problemas en Bangladesh, un país del norte de la India, densamente poblado y mayoritariamente musulmán. Quizás George Harrison tampoco sabía nada. Pero cuando el maestro del sitar, el bengalí Ravi Shankar recurrió a su amigo ex Beatle con el fin de ayudar a los refugiados que huían de su país destrozado, Harrison se apuntó a la causa. En este proceso, se inventó el moderno concierto benéfico a gran escala, expandido más tarde por Live Aid, Farm Aid, y muchos otros.

Por supuesto, otros artistas habían actuado con fines humanitarios con anterioridad, pero ninguno había provocado nunca una conmoción tan grande a escala mundial. Harrison, a pesar de haber publicado en 1970 el tremendamente popular álbum en solitario *All Things Must Pass*, no había actuado en público desde la última aparición de The Beatles en 1966.

Las expectativas ya eran de por sí muy altas para los dos conciertos que programó en el Madison Square Garden de Nueva York el 1 de agosto de 1971, pero los fans obtuvieron mucho más de lo que esperaban a cambio del precio de la entrada cuando Harrison reclutó a unos colegas de la talla Bob Dylan (por aquel entonces medio recluido), Leon Russell, Eric Clapton, Billy Preston, Badfinger, su ex compañero Ringo Starr y, naturalmente, Shankar, para unirse a él en ese acontecimiento único.

Las dos actuaciones –una por la tarde y otra por la noche– se grabaron y filmaron para la posteridad, y el álbum resultante, *The Concert For Bangla Desh*, que se publicó el siguiente mes de diciembre, obtuvo un éxito enorme. No sólo se encaramó hasta el número dos de las listas, sino que recaudó 250.000 dólares para la causa.
Jeff Tamarkin

Fecha de publicación
Diciembre de 1971

País Estados Unidos

Lista de temas Introduction, Bangla Dhun, Wah-Wah, My Sweet Lord, Awaiting On You All, That's The Way God Planned It, It Don't Come Easy, Beware Of Darkness, Band Introduction, While My Guitar Gently Weeps, Medley: Jumpin' Jack Flash/ Youngblood, Here Comes The Sun, A Hard Rain's Gonna Fall, It Takes A Lot To Laugh It Takes a Train To Cry, Blowin' In The Wind, Mr. Tambourine Man, Just Like A Woman, Something, Bangla Desh

Por qué es clave El rock se vistió de gala para salvar vidas.

Álbum clave *Who's Next*
The Who

*W*ho's Next tenía que haber sido un desastre, ya que eso exactamente era lo que las personas que había detrás del proyecto opinaban de él a medida que éste avanzaba.

El álbum de estudio que debía seguir a la ópera rock de The Who *Tommy* (obra que marcó toda una época) se pensó originariamente como la banda sonora de una película titulada *Lifehouse*. Las ideas del líder de The Who, Pete Townshend, para el guión de la película eran ambiguas y complicadas, además de confusas –según el resto de los miembros de la banda y Kit Lambert, cománager del grupo–. Lambert no hizo más que sabotear el proyecto. La película se derrumbó cuando el dinero prometido para la producción no pudo materializarse. Las sesiones para completar la música en el estudio de Nueva York fueron un fracaso debido a que Lambert era un errático adicto a la heroína.

Townshend, muy afectado, pidió al productor Glyn Johns que mezclara las cintas de Nueva York. Cuando una de las sesiones de John dio como resultado el magnífico «Won't Get Fooled Again», decidieron tomar en consideración la sugerencia de John y empezar de nuevo desde cero.

Cuando *Who's Next* se materializó el 31 de julio de 1971, no era más que una versión fragmentaria de *Lifehouse*: la mitad de las canciones estaban cortadas y los temas se ordenaron por razones estéticas, no narrativas. Nada de ello importó en absoluto, simplemente a causa de la brillantez de la música: rock atronador y majestuoso como «Baba O'Riley» y «Bargain» se alternaba con bellas y elegantes baladas como «Getting in Tune» y «Love Ain't For Keeping», interpretadas por los miembros de la banda en su máximo esplendor desde el punto de vista técnico, creando lo que es, por unanimidad, uno de los doce mejores álbumes que se hayan publicado nunca.
Sean Egan

Fecha de publicación 27 de agosto de 1971 (Reino Unido); 14 de agosto de 1971 (Estados Unidos)

Nacionalidad Reino Unido

Lista de temas Baba O'Riley/ Bargain/I Love Ain't For Keeping/ My Wife/Song Is Over/Getting In Tune/Going Mobile/Behind Blue Eyes/Won't Get Fooled Again

Productores The Who/ Glyn Johns

Sello original Decca (Estados Unidos)/Track (Reino Unido)

Por qué es clave El álbum clásico de The Who tuvo una génesis absolutamente tortuosa.

Álbum clave *Blue*
Joni Mitchell

*E*n el momento de la publicación de *Blue* –su cuarto álbum– en junio de 1971, la canadiense de 27 años Joni Mitchell ya había dejado su huella como autora y como intérprete: Judy Collins logró colocar en el Top 10 de Estados Unidos «Both Sides Now», así como Crosby, Stills, Nash And Young alcanzaron el Top 20 con «Woodstock» –dos temas escritos por Mitchell–, a la vez que ganaba el Premio Grammy por la mejor interpretación folk de 1969 por su segundo álbum *Clouds*.

Su escritura siempre había tenido un tono personal, introspectivo y aparentemente autobiográfico, pero las canciones de *Blue* llevaron esa tendencia hasta el extremo. Mitchell utilizó un fondo musical austero (el rasgueo de su propia cítara acompañado de vez en cuando por el bajo, la guitarra, la guitarra *pedal steel* y la batería) para la canción que seguía al tema introductorio, «All I Want», como si estuviera transitando por una carretera solitaria. Después, relata los altibajos de sus citas románticas en diferentes locales, describiéndolos en términos específicos e ingenuos. Todo termina con el agonizante «The Last Time I Saw Richard», donde la cantante declara con valentía que superará sus problemas al igual que una mariposa escapa de su capullo.

Blue se convirtió en el álbum de Mitchell más aclamado y respetado por la crítica. Quizás fue un honor, incluso mayor que el de estar situado entre los 30 mejores álbumes de todos los tiempos según la revista *Rolling Stone* en 2003, el hecho de que Bob Dylan declarara que su canción «Tangled Up In Blue» se había inspirado, en parte, en el álbum de Mitchell.
William Ruhlmann

Fecha de publicación Junio de 1971

Nacionalidad Canadá

Lista de temas All I Want, My Old Man, Little Green, Carey, Blue, California, This Flight Tonight, River, A Case Of You, The Last Time I Saw Richard

Por qué es clave *Blue* elevó el listón para los cantautores confesionales.

Pág. siguiente Joni Mitchell.

Interpretación clave **Marc Bolan inventa el glam rock en *Top Of The Pops***

En marzo de 1971, Marc Bolan estaba en la cima, en lo más alto de las listas. Justo tres meses después de que el «Ride A White Swan», de su banda T Rex, se quedara de manera frustrante en el número dos, su último single, «Hot Love», alcanzó el número uno y la banda volvió a *Top Of The Pops* para interpretar su éxito ante todo el país.

Mark lucía bien aquella tarde. Se había puesto una chaqueta con motivos plateados y la combinó con unos pantalones blancos apretados de la cintura. Pero, cuando cogió su guitarra para dirigirse al escenario, notó una mano en su brazo. Se volvió y era Chelita Secunda, una amiga publicista de June, la mujer de Bolan. «Una cosa más, antes de que salgas...» Chelita pintó hábilmente su cara con un poco de sombra de ojos, y luego puso algo de brillo en sus mejillas, unas pequeñas lágrimas que relucían con la iluminación. Es cierto que los músicos se habían maquillado para salir al escenario con anterioridad,

pero esto era algo nuevo, algo atrevido. Ahora, Bolan aparecía *glamouroso*, aunque, sorprendentemente, *glamouroso* a la manera de una mujer, cosa que acentuaban sus tirabuzones, que siempre recordaban sospechosamente a una permanente femenina. No importó en absoluto que las cámaras no se acercaran al rostro de Bolan hasta el coro final de la interpretación, el «La la la» que perseguía a «Hot Love» hasta su extinción. Una mirada rápida –un centelleo cegador bajo las luces del estudio– fue todo lo que hizo falta para activar el glam rock (rock *glamouroso*), un estilo que dominó las listas del Reino Unido durante los años siguientes.
Dave Thompson

Fecha 24 de marzo de 1971

País Reino Unido

Por qué es clave
Una acción espontánea activa un movimiento completamente nuevo.

Pág. anterior **Marc Bolan.**

1970-1979

415

Acontecimiento clave **Grand Funk Railroad llena el Shea Stadium**

Grand Funk Railroad, formado en los campos de coches a las afueras de Flint, Michigan, debía su éxito, en gran medida, a los esfuerzos de su mánager Terry Knight.

La parte más poderosa del trío era su música, con raíces en las actuaciones de Cream y de Link Wray, junto con su imagen patriótica y poco sofisticada, conectada con la clase trabajadora. Sin embargo, nada de esto puede explicar, ni por asomo, por qué, durante un período de doce meses, fueron lo más grande. Knight, manipulando los medios de comunicación por medio de hábiles tácticas comerciales –como el cartel publicitario gigante en Times Square–, convirtió en virtud la aproximación sin tapujos de Grand Funk al rock duro. La autoproclamada «banda más ruidosa del mundo» alcanzó un hito comercial en 1970, cuando cuatro de sus álbumes fueron discos de oro. La gira subsiguiente batió varios récords. El más significativo de ellos llegó en junio de 1971. Tocar en el Shea

Stadium era un acto que, de manera inevitable, motivaba la comparación con The Beatles, a causa de la naturaleza histórica de la primera aparición allí de los Cuatro Fantásticos. Ciertamente, provocar comparaciones con el mayor fenómeno de la historia de la música sería considerado, en general, un acto imprudente. Aun así, la manera en que Grand Funk Railroad parecía siempre ser capaz de volar por encima de sus posibilidades les hizo emerger triunfantes del reto –enfureciendo, claro está, a sus detractores–. Las entradas para su concierto del 9 de julio de 1971 se vendieron en 71 horas, superando el récord de The Beatles. Todavía no ha sido batido.
Sara Fan

Fecha Junio de 1971

País Estados Unidos

Por qué es clave Demostró que la audacia, de vez en cuando, puede triunfar.

Álbum clave *Brian Jones presenta The Pipes Of Pan At Joujouka*

El miembro de The Rolling Stones Brian Jones ya había fallecido cuando una de sus más importantes aportaciones hizo su aparición. Un año antes de morir en su propia piscina, en julio de 1969, el cofundador de The Rolling Stones grabó a una agrupación de músicos de trance tradicional en la remota aldea de Joujouka, en las montañas del Rif del sur de Marruecos. Jones había visitado Marruecos con anterioridad y había sido presentado a los músicos por medio del escritor y pintor canadiense Brion Gysin y del pintor marroquí Mohamed Hamri. Seducido por esa música exótica e hipnótica, desconocida en el mundo exterior, Jones se consagró a la captura de su sonido espiritual y reparador, y a presentarlo a Occidente. Con una grabadora portátil registró horas de cintas: torrentes de voces mágicas, cornamusas ultraterrenales y percusiones frenéticas e infinitas.

En 1971, extractos de esas oscuras grabaciones –ni siquiera los mismos músicos habían escuchado nunca con anterioridad su propia música reproducida en un aparato electrónico– se publicaron en el nuevo sello discográfico –que llevaba su propio nombre– de The Rolling Stones. Aquello era, en honor a la verdad, completamente distinto a todo lo que habían grabado anteriormente. Y, aun así, conectó con un segmento del público de los Stones abierto a experimentar con algo tan antiguo que, de hecho, parecía totalmente nuevo.

El álbum de Joujouka marcó el nacimiento de la *World music* («música del mundo»). Aunque el concepto World music sea, quizás, excesivo –un título que abarca de manera presuntuosa toda la música que tenga sus orígenes más allá de Occidente–, contribuyó, sin embargo, de manera innegable a generar curiosidad por la música étnica, lo que abrió un poco más la puerta por la que entró el subsiguiente diluvio.
Jeff Tamarkin

Fecha de publicación Octubre de 1971

Nacionalidad Reino Unido/Marruecos

Lista de temas 55, War Song, Standing + One Half, Take Me With You Darling Take Me With You, Your Eyes Are Like A Cup Of Tea, I Am Calling Out, Your Eyes Are Like A Cup Of Tea (Reprise)

Por qué es clave La World music –sea lo que sea– empieza ahí.

Canción clave «**Stairway To Heaven**» Led Zeppelin

Si los pases por la FM en Estados Unidos, las ventas de partituras y las encuestas de las revistas sirven de guía, «Stairway To Heaven» es la canción del rock más popular que se haya grabado jamás. El hecho de que nunca se haya publicado como single y, por tanto, de que nunca se haya visto mancillada a causa de una exposición pública masiva, la convierte en algo doblemente valorado por los fans.

A finales de 1970, sus dos primeros álbumes de rock duro revestido de blues, más un tercero, temperado por toques de folk, habían hecho ganar a Led Zeppelin un público enorme. La canción que se convirtió en buque insignia del cuarto –el título del cual incluye cuatro símbolos que no se pueden encontrar en un teclado y que se publicó el 8 de noviembre de 1971– contenía los contrastes entre luz y sombras, entre madera y electricidad, entre un folk amable y la brutalidad visceral de los megadecibelios que, precisamente, eran la razón de ser de la banda desde el principio. Escrita junto al fuego, en un chalet del País de Gales, y bajo la influencia del libro de Lewis Spence *Magic Arts In Celtic Britain* (*Artes mágicas en la Gran Bretaña céltica*), la lírica meditativa de Robert Plant fluía hacia y en torno a la melodía en la menor de Jimmy Page. La introducción recuerda la pieza instrumental de 1968 «Taurus», del grupo de Los Ángeles Spirit, que había realizado giras junto con los Zeppelin. La banda desarrolló la canción hasta alcanzar unos ocho minutos espectaculares; una obra maestra de la variedad musical y atmosférica.

Una canción tan específica del estilo característico de una banda debiera haber quedado libre de la interpretación por parte de otros artistas. Aun así, Tiny Tim, Frank Zappa, el Coro del Ejército Ruso, Dolly Parton, Pat Boone y Rolf Harris se cuentan entre los que degradaron este coloso del rock por motivos banales o, simplemente, para obtener un rápido éxito comercial.
Mat Snow

Fecha de publicación Noviembre de 1971

Nacionalidad Reino Unido

Compositores Jimmy Page, Robert Plant

Por qué es clave La épica mística que se convirtió en la canción de rock favorita de los fans por y para siempre.

Acontecimiento clave
Yes graba *Fragile*

The Beatles fueron los precursores: se encerraron en un estudio durante meses mientras perfeccionaban sin descanso su último opus. A finales de la década de 1960, ninguna banda que se preciara tenía una inclinación al perfeccionismo similar, ninguna aparte de los miembros del movimiento del *progressive rock* (rock progresivo).

Yes, a lo largo de sus tres primeros LP, se había ganado, ciertamente, una reputación por su finura impecable y la llegada a sus filas del virtuoso del teclado Rick Wakeman, a finales del verano de 1971, no podía más que reafirmarla incluso con más convicción. Ante esas expectativas, el siguiente álbum de la banda, *Fragile,* resultó ser un duro golpe cuando se publicó el 26 de noviembre de 1971.

Con posterioridad, los Yes admitieron que lo habían hecho por dinero –el equipo que Wakeman necesitaba no era barato, así pues, de manera absurda, sacaron un nuevo álbum para financiar su arsenal–. Escrito sobre la marcha y grabado en directo en el estudio, *Fragile,* dijo Wakeman, era «un rompecabezas gigante, donde se enlazaban las ideas de todo el mundo». Sorprendentemente, el álbum resultó ser muy bueno. No sólo no sonaba precipitado, sino que algunos de los logros de los que los Yes podían sentirse más orgullosos, incluyendo «Roundabout», «Long Distance Runaround» y «Heart Of The Sunrise», surgieron de esas sesiones. La única tragedia fue que nunca más volvieron a grabar bajo semejante presión. Si lo hubieran hecho, su carrera podía haber resultado ser incluso más brillante de lo que fue.
Dave Thompson

Fecha de publicación
Finales de verano de 1971

País Reino Unido

Por qué es clave
La prisa con la que el álbum se grabó eleva los orígenes del éxito del rock hasta nuevos niveles de farsa, sin tener en cuenta el mérito intrínseco de la grabación.

Acontecimiento clave
Rod Stewart triunfa en Estados Unidos y el Reino Unido

Durante la década de 1960, The Beatles habían encabezado las listas de álbumes y de singles simultáneamente en el Reino Unido y en Estados Unidos, aunque, técnicamente, nunca con el mismo producto. Fue Rod Stewart quien logró lo que ni siquiera los poderosos Cuatro Fantásticos habían conseguido con anterioridad.

Siendo aún la cara visible de The Faces –aunque cada vez era más y más conocido por sus álbumes en solitario–, Stewart grabó en 1971 su obra maestra en LP, *Every Picture Tells A Story.* Como de costumbre, estaba construido a base de una mezcla bastante infrecuente de folk, soul y rock, una versión épica de «(I Know) I'm Losing You» codo con codo con «Mandolin Wind», una bella y rústica evocación, por parte de Stewart, de la vida en la frontera. También incluía una colaboración entre Stewart y el guitarrista clásico Martin Quittenton acerca de la primera conquista sexual del artista.

A pesar del argumento picante y de la melodía pegadiza y discordante que alterna con un notable solo de mandolina, todo ello conducido a puerto por la voz única, rasgada y emocional de Stewart, Mercury Records no creyó que la canción fuera material para un éxito, y lo relegó a la cara B. «Reason To Believe» se puso en su lugar como single del álbum. Pero el destino, en forma de la opinión de un DJ, intervino, y «Maggie May» finalmente se emitió por la radio como se merecía; el 9 de octubre de 1971, la canción encabezaba las listas de singles en el Reino Unido. Alcanzó el primer puesto en Estados Unidos el 2 de octubre, el mismo día en que el álbum lideraba las listas de álbumes, también en Estados Unidos. Cuando el álbum se instaló en el número uno en el Reino Unido, dio un doble golpe sin precedentes.
Melissa Blease

Fecha 9 de octubre de 1971

País Reino Unido

Por qué es clave Rod Stewart definió un nuevo estándar para el éxito comercial transatlántico.

Espectáculos clave *Jesus Christ Superstar* y *Godspell* teatro musical

*G*odspell y *Jesus Christ Superstar* (*Jesucristo Superstar*) vieron la vida en 1970, en forma de gran proyecto de tesis y de álbum comercializado, respectivamente. Ambas descripciones posmodernas de la vida de Cristo llegaron finalmente a Broadway en 1971, aunque abordaban el mismo material de base con profundas diferencias por lo que al tratamiento respecta.

Jesus Christ Superstar, de Andrew Lloyd Webber (música) y Tim Rice (letra), es una ópera rock extravagante sobre las últimas semanas de la vida de Cristo. Su partitura incluye desde el afligido «I Don't Know How To Love Him» de María Magdalena, o la «King Herod's Song», un pavoneo de *music hall*, hasta la canción (himno) que da título a la obra. El lenguaje utilizado por Rice (muy impactante, entonces) es, en gran medida, coloquial. Por el contrario, *Godspell,* de Stephen Schwartz (letra y música) y John Michael Tebelak

(argumento), resulta notable por su economía de medios. Basada específicamente en el Evangelio de San Mateo, su narrativa se centra, principalmente, en una sucesión de lecciones y parábolas contadas por Jesús a sus apóstoles.

Hay, además, una *trouppe* de payasos en un patio de juegos que asumen personajes bíblicos. Aunque se trata de pop-rock, las canciones contienen tintes de himno, incluido el enardecedor «Prepare Ye The Way Of The Lord», el seductor «Turn Back, O Man» y el éxito del espectáculo, el amable góspel «Day By Day». En última instancia, sin embargo, las dos creaciones tienen más elementos comunes que diferencias. A pesar de utilizar el lenguaje de la calle y ser parte de la cultura pop, los dos musicales, sorprendentemente, no tienen nada de sacrílego y tratan con respeto a un icono tan a la moda que la cultura hippy imperante no pudo perdérselo.
David Spencer

Fecha 1971

País Reino Unido/Estados Unidos

Godspell
Director John-Michael Tebelak

Reparto Stephen Nathan, Peggy Gordon

Autor Stephen Schwartz

Jesus Christ Superstar (pág. siguiente)
Director Jim Sharman

Reparto Paul Nicholas, Stephen Tate

Autores Andrew-Lloyd-Webber, Tim Rice

Por qué es clave El Nuevo Testamento se casó con la música y la danza. Dos veces.

Acontecimiento clave
The London Rock 'n' Roll Show

*E*l 5 de agosto de 1972, el estadio de Wembley de Londres se llenó con un público que aclamaba a unos artistas que hacía ya 15 años que habían dejado atrás el cenit de sus carreras. Con las estrellas Chuck Berry, Little Richard, Jerry Lee Lewis, Bo Diddley y Bill Haley And His Comets en el cartel, junto con caras nuevas que, supuestamente, compartían la estética de la década de 1950 (The MC5, Alice Cooper y Roy Wood), The London Rock 'n' Roll Show representó un día completo de grandes éxitos que atrajo por igual a eduardianos recalcitrantes y a curiosos de pelo largo.

Su subtítulo –«Legends Of The '50s»– lo convirtió en uno de los primeros espectáculos de rock que comercializaba la nostalgia de manera explícita. Anteriormente, se había pensado que las carreras de las estrellas del rock 'n' roll morían en cuanto la edad de su público aumentaba. Aunque, tanto su fama como sus logros del pasado siempre les garantizaban una cierta afluencia de público en algún que otro lugar,

la presencia original de los roqueros en las listas, de hecho, ya no existía, y se convertían básicamente en viejas glorias que vivían en condiciones precarias.

Fue entonces cuando ocurrió algo inesperado. Los fans del rock originales, ahora adultos con ingresos a su disposición, sintieron nostalgia por los ídolos de su juventud. Nadie pensó que la rebeldía de la música de aquéllos podía llegar a sonar con un sentimentalismo tal. En 1969, los Sha Na Na, rescatadores del *doo wop*, fueron un éxito en Woodstock. También en 1969, John Lennon apareció en el mismo cartel que Little Richard, Jerry Lee Lewis, Bo Diddley y Chuck Berry en un concierto rock 'n' revival en Toronto.

Tres meses después del show de Wembley, Chuck Berry obtendría el mayor éxito de su carrera con «My Ding-A-Ling». El calificativo de «caducado», aplicado a las estrellas del rock, se convertiría pronto en algo obsoleto.
Mat Snow

Fecha 5 de agosto de 1972

País Reino Unido

Por qué es clave El comienzo de la industria del *revival*.

Personaje clave
Alice Cooper

Así como Vincent Furnier, de Detroit, Michigan, nunca pudo obtener un solo éxito con un single, Alice Cooper –reina sexualmente ambigua del *grand guignol*– catapultó al shock rock en una carrera que llenó su vida de discos de platino.

La banda de rock duro de Cooper –conocida como Alice Cooper desde el principio– se mostró relativamente comedida hasta el Festival de Rock 'n' Roll de Toronto de septiembre de 1969. Un fan lanzó un pollo vivo al escenario y, sin dejar de tocar, Alice lo lanzó de vuelta al público. Al día siguiente, los medios de comunicación informaban de una desenfrenada orgía gore dirigida por Cooper. Furnier, nacido en 1948, era demasiado astuto como para negar una historia que estaba proporcionando el mayor impulso que su carrera había tenido hasta entonces. Empezó a lucir un maquillaje pensado para que pareciera que sus ojos lloraban sangre negra e incorporó guillotinas, sillas eléctricas y serpientes vivas a su espectáculo.

La cifra de gente que acudía a sus conciertos se disparó, y el 12 de agosto de 1972 pulverizó los récords de ventas cuando «School's Out» –que incitaba de manera implacable a la rebelión adolescente– llegó al número uno en el Reino Unido, a pesar de que el juego de palabras «We got no principals» (No tenemos director) no significaba nada en las escuelas británicas, en las que la máxima autoridad es el *headmaster*.

Otros himnos como «Eighteen» fueron grandes éxitos. En 1974, Furnier había reclamado el nombre de Alice Cooper para sí mismo. Su himno cuasi feminista «Only Women Bleed» no inauguró una deriva más sensible, y los años subsiguientes fueron testigos de una personificación por su parte de la versión shock rock de Alice Cooper. Una línea que posteriormente adoptaron Twisted Sister, Ozzy Osbourne y –en su ejemplo más flagrante– Marilyn Manson.

Johnny Black

Rol Artista de grabaciones

Fecha 1972

Nacionalidad Estados Unidos

Por qué es clave Nuevos niveles de provocación en el rock.

Pág. anterior **Alice Cooper**.

421

Personaje clave
Al Green

Al Green, nacido en 1946, creó una nueva manera de venderse al gran público al utilizar un falsete a lo Sam Cooke, con un toque del doliente y recogido *hit* póstumo de Otis Redding «(Sittin' On) The Dock Of The Bay».

En 1967, cuando todavía se arrastraba por el circuito de los clubs, Green conoció a Willie Mitchell, productor de Hi Records en Memphis. Mitchell se gastó 1.500 dólares para saldar las deudas de Green en su ciudad –Flint, Míchigan– y el cantante se trasladó a Memphis en 1968. Utilizó su falsete por vez primera en un cover de «I Can't Get Next To You», de The Temptations, en 1970. Después, vendió un millón de copias de «Tired Of Being Alone» (que escribió él mismo), una seductora visión musical del hombre solitario. «Let's Stay Together» fue su primer número uno en ventas el 12 de febrero de 1972, a pesar de que Green había descartado, de entrada, grabar su propia aportación, porque pensaba que era demasiado

endeble para la voz de un hombre. Pero, finalmente, ese sonido llegó a definirle y Green se llegó a vender como ningún otro artista soul de principios de la década de 1970.

Abusó de las drogas y gustó mucho de las mujeres. El hecho de que su antigua novia Mary Woodson entrara por la fuerza en su casa de Memphis, en octubre de 1974, y lo abrasara con sémola hirviendo antes de dispararse, le guió por el camino espiritual. En 1980, cambió el soul por el ministerio. Desde entonces y hasta el día de hoy, preside su propia iglesia (la Memphis Church of the Full Gospel Tabernacle). Los álbumes de góspel han reemplazado a los de soul, ese mismo soul que él trató de revestir con un tacto suave y sedoso.

Chris Goodman

Rol Artista de grabaciones

Fecha 1972

Nacionalidad Estados Unidos

Por qué es clave Definió una nueva clase de estrella del soul.

Canción clave **«Without You»**
Harry Nilsson

Badfinger tuvo la suerte de contar en sus filas con personas tan dotadas para escribir e interpretar canciones como Pete Ham y Tom Evans. Aun así, la versión de Badfinger de «Without You» no estuvo a la altura: «No pude llegar a cantarla realmente convencido», confesó Evans más tarde. «Era una melodía tan sensiblera...»

El cantautor estadounidense Harry Nilsson no estuvo de acuerdo. Obsesionado con la canción, formó equipo con el importante productor de pop Richard Perry para convertirla en un gran éxito, aunque lastimero, su verso clave «I can't live if living is without you» (No puedo vivir si la vida es sin ti), cantando con absoluta y emotiva sinceridad. «La versión de Nilsson mostró realmente hasta dónde puede llegar una canción si se cuenta con una producción acertada y un buen cantante», admitió Evans. «Me estalló en las manos y me dejó al margen.» «Without You» fue número uno en Estados Unidos el 19 de febrero

de 1972 y también llegó a serlo en el Reino Unido. Proporcionó a Nilsson un Grammy (mejor canción pop masculina), y a los autores, dos premios Ivor Novello (mejor canción y *hit* internacional del año).

En 1994, el *cover* de la canción que interpretó la diva del pop Mariah Carey –basada en la de Nilsson– superó al propio Nilsson en cifras de ventas (irónicamente, éste murió el día que se publicó: el 24 de enero). De nuevo se nominó a «Without You» para el Premio Ivor Novello a la mejor canción. En ese momento, la disputa legal que había contribuido a la desaparición de Badfinger (y a los suicidios de Ham y de Evans) atribuía la canción a cinco autores. Hoy en día, vuelve a ser de Ham y Evans. Y la de Nilsson sigue siendo la versión definitiva.
Robert Dimery

Fecha de entrada al n.º 1 en Estados Unidos 19 de febrero de 1972

Nacionalidad Reino Unido/Estados Unidos

Autores Pete Ham, Tom Evans

Por qué es clave Un ligero toque de Nilsson convierte una buena canción en un clásico del pop lacrimógeno.

Canción clave **«Give Ireland Back To The Irish»** Wings

1972 fue el año en que tanto John Lennon como Paul McCartney se interesaron por la política.

El álbum de Lennon de junio de ese mismo año, *Some Time In New York City,* subrayó su transformación en cantante protesta. Dos de las canciones que contenía –«Sunday Bloody Sunday» y «The Luck Of The Irish»– se inspiraban en la masacre del Domingo Sangriento de Belfast, el 30 de enero de 1972, durante el que las tropas británicas abatieron a trece católicos aparentemente desarmados. Sin embargo y por una vez, el revuelo de las declaraciones musicales de Lennon se vio superado por su ex colega de The Beatles, más cauto en general y por lo que a la política respecta. McCartney estaba tan horrorizado ante los hechos del Domingo Sangriento que escribió, a toda prisa, una respuesta en forma de himno que suplicaba al Reino Unido que abandonara la provincia. Se publicó el 25 de febrero de 1972. Quedaba claro, desde el primer verso, que McCartney no hablaba desde el punto de

vista de un radical: «Great Britain you are tremendous» (Gran Bretaña, eres formidable), pero fue precisamente esa misma falta de dogma la que otorgó a la canción tanto poder. Ciertamente, infundió miedo a los mandatarios del momento: no sólo se prohibió su emisión en el Reino Unido sino que no se podía, ni siquiera, pronunciar su título. En una época de monopolios nacionales en los medios de comunicación y de falta de canales alternativos de difusión –como Internet–, esa prohibición significaba que, en realidad, el público no podría escucharla, lo cual hace más destacable el hecho de que, a pesar de todo, la grabación alcanzara un puesto en el Top 20 en el Reino Unido. En la República de Irlanda se elevó hasta el número uno.
Sean Egan

Fecha de publicación 25 de febrero de 1972

Nacionalidad Reino Unido

Autores Paul McCartney, Linda McCartney

Por qué es clave McCartney, sorprendentemente, supera a Lennon en radicalismo.

Canción clave «American Pie»
Don McLean

El 15 de enero de 1972, el lamento épico «American Pie» –repartido entre las dos caras de un single– fue número uno en Estados Unidos y catapultó al hasta entonces, desconocido cantante folk Don McLean al estrellato internacional. La elaborada y claramente alegórica letra de la canción suscitó, de inmediato, un intenso debate, y se acosó a McLean constantemente con preguntas sobre qué significaba en realidad. «Significa que nunca más tendré que volver a trabajar», acostumbraba a responder.

Aunque su autor nunca ha ofrecido un análisis verso por verso, los temas centrales de «American Pie» van más allá de cualquier disputa razonable. Con referencias veladas a, entre otros, The Beatles («the sergeants»), The Rolling Stones («Jack Flash»), Bob Dylan («the jester») y The Byrds, McLean describió la evolución de la música popular y su impacto cultural en Estados Unidos desde «el día en que murió la música» (el 3 de febrero de 1959,

cuando Buddy Holly, Ritchie Valens y el Big Bopper fallecieron en un accidente aéreo) hasta Woodstock y los horrores de Altamont. De todas maneras, aunque la canción dibujó de forma brillante la pérdida de la inocencia de toda una generación, también es cierto que reflejó la odisea personal de McLean en la década de 1960, ya que él mismo tuvo que realizar un viaje semejante desde una adolescencia sin nadie que cuidara de él (tenía 13 años cuando Holly murió) hasta el cinismo y la alienación de lo que describió como «las más oscuras realidades de la vida adulta». Todo esto, naturalmente, no significaría mucho si la letra no hubiera existido –como así fue– sobre una música espléndida y con un estribillo estimulante.

McLean, además, cantó de maravilla, algo que hizo que el *remake* de pista de baile y desprovisto de pasión que grabó Madonna en el año 2000, sonara aún más execrable.
David Wells

Fecha de entrada al n.º 1 en Estados Unidos 15 de enero de 1972

Nacionalidad Estados Unidos

Autor Don McLean

Por qué es clave
La historia del rock 'n' roll en unos fascinantes ocho minutos y medio.

Grupo clave
Uriah Heep

Pocos grupos han acumulado tanto escarnio por parte de la crítica como Uriah Heep. El estilo de esta veterana banda británica incluye elementos de rock progresivo, jazz e incluso country, pero su naturaleza esencial se resume perfectamente en el título de su primer álbum en el Reino Unido: *Very 'Eavy, Very 'Umble* (1970). El álbum fue un escándalo en Estados Unidos, lo que llevó a Melissa Mills de *Rolling Stone* a hacer la famosa declaración: «Si este grupo triunfa, tendré que suicidarme». Otros escritores habían ridiculizado a Uriah Heep describiéndolos como «la peor música que he oído en mi vida» y los comparaban con un olor nauseabundo.

Sin embargo, Heep –el nombre provenía de un personaje de *David Copperfield,* de Charles Dickens– realmente triunfó, particularmente con el álbum *Demons And Wizards,* publicado en mayo de 1972 y considerado su obra maestra por aquellos cuyas narices no eran tan sensibles. *Innocent Victim* apareció

en 1977, una época que vio cómo la banda moderaba sus extravagancias e incluso se acercaba al pop –lo que no impidió a otro periodista opinar: «Nunca los soporté, y pensé que [...] *Innocent Victim* [...] fue el punto más bajo de su indigna carrera».

Aunque fueron relegados a la categoría de culto en Estados Unidos y el Reino Unido, la banda siguió siendo popular en Europa, Japón e incluso Rusia, donde gustan de acudir a los estadios para ver grandes conciertos. Ni todas esas palabras desalentadoras, ni los innumerables cambios en su plantilla –el guitarrista Mick Box ha sido el único miembro fijo– han frenado a una banda cuya existencia se debe, quizás, a ese dicho comercial: «La mala publicidad no hace daño a nadie».
Ralph Heibutzki

Rol Artistas de grabaciones

Fecha 1972

Nacionalidad Reino Unido

Por qué es clave
Posiblemente, la banda de rock más odiada de todos los tiempos que logró alcanzar el éxito.

Grupo clave
Hawkwind

Así como, por mucho tiempo, la literatura legítima ha contemplado a la ciencia ficción como si fuera su hijo bastardo retardado, también el rock 'n' roll ha tendido siempre a percibir todo lo extraterrestre como si de una broma se tratara. Éxitos como «Martian Hop» de The Ran-Dells, o «Mr. Spaceman», de The Byrds, no fueron más que discos novedosos, y no fue hasta finales de la década de 1960 cuando materiales como «Interstellar Overdrive», de Pink Floyd, «Dark Star», de The Grateful Dead y *Blows Against The Empire,* de Jefferson Starship, empezaron a pensar seriamente en la ciencia ficción como fuente de ideas para la música rock. A comienzos de 1972, «Rocket Man», de Elton John, el álbum de David Bowie *...ZiggyStardust...* dieron a entender que los cantautores también buscaban inspiración más allá de las fronteras terrestres, pero ninguna banda de rock hizo más por ello que Hawkwind.

Aunque, en un primer momento se les vio como una «banda popular» –que, con asiduidad, tocaba gratis en conciertos y festivales–, Hawkwind fue el primer grupo en comprometerse total y permanentemente con el tema de la ciencia ficción, con una música envuelta en sonidos de sintetizadores «espaciales» y con álbumes que llevaban títulos como *In Search Of Space* (En busca del espacio) y *Space Ritual* (Ritual espacial). Las letras de Hawkwind estaban salpicadas aquí y allá por androides, máquinas del tiempo y extraterrestres; así pues, no es de extrañar que mantuvieran una larga colaboración profesional con el escritor de ciencia ficción y fantasía Michael Moorcock. A pesar de que muchos podían considerar que ese precio era prohibitivo, con todo, tuvieron su momento de total accesibilidad, cuando su himno a la nave espacial «Silver Machine» –que entró en las listas británicas el 1 de julio de 1972– se elevó hasta el número tres.
Gavin Michie

Rol Artistas de grabaciones

Fecha 1972

Nacionalidad Reino Unido

Por qué es clave
Estableció que la ciencia ficción podía ser un medio de expresión legítimo para artistas serios del rock.

424

Acontecimiento clave
David Bowie se declara gay

A comienzos de 1972, David Bowie había agotado su ingenio. Habían pasado más de dos años desde que «Space Oddity» le proporcionara su único éxito en single que le haría ser recordado como alguien que maravilló a todos una única vez.

Los medios de comunicación adoraban las grabaciones de Bowie, y éstas se emitían con frecuencia. Pero el público las ignoraba, y Bowie sabía que si quería llegar a ser alguien importante algún día, primero tenía que organizar un gran revuelo.

Un año antes, había despertado un cierto interés cuando apareció con un vestido de mujer en su álbum *The Man Who Sold The World*. Ese tipo de androginia era toda una rareza por aquel entonces. Así pues, cuando el hombre de *Melody Maker,* Michael Watts, le hizo una entrevista, la conversación derivó inevitablemente hacia el sexo... y Bowie soltó la bomba. «Soy gay y siempre lo he sido», declaró, sin permitir que el hecho de que estuviera casado y de que tuviera un hijo se interpusiera en su revelación.

Unos días antes de que la historia se publicara, el 22 de enero de 1972, Bowie predijo: «se va a liberar todo el puto infierno».

Tenía razón. Pero, mientras que la prensa dejaba marcado un sendero hasta su puerta, un público fascinado transitaba por un camino más ancho hacia las tiendas. En una época en la que los jóvenes pensaban que el rock ya no podía escandalizar a nadie, éstos se encontraron ante una estrella que repudiaba a sus padres y se regocijaron en ello comprando sus discos. Tres meses más tarde, Bowie alcanzó ese segundo éxito tan anhelado, «Starman», y esta vez no tuvo ningún problema en darle continuidad.
Dave Thompson

Fecha 22 de enero de 1972

País Reino Unido

Por qué es clave Un artista explota la máquina de la publicidad en beneficio propio.

Pág. siguiente **David Bowie**.

Pareja clave
Roger Cook y Roger Greenaway

Roger Cook y Roger Greenaway eran miembros de un desconocido grupo vocal de *close harmony* llamado The Kestrels. Empezaron a escribir juntos en 1965, cuando firmaron «You've Got Your Troubles», un éxito que dio el número dos en el Reino Unido a The Fortunes. Después de otra canción que fue casi igual de exitosa, «Here It Comes Again», el dúo empezó a grabar como David And Jonathan: irónicamente, su primer éxito fue una versión (la canción «Michelle», de Lennon/McCartney), aunque la tremendamente pegadiza «Lovers Of The World Unite» era una composición original.

En 1968, abandonaron David And Jonathan para concentrarse en escribir, aunque continuaron grabando junto con otros: Cook como cantante principal de Blue Mink, mientras que Greenaway y otro ex Kestrel, Tony Burrows –como The Pipkins– lograron un gran éxito por la novedosa «Gimme Dat Ding». Pero la sociedad creativa Cook-Greenaway seguía trabajando sin pausa:

formaron equipo con Tony Macaulay para escribir la balada «Home Lovin' Man» para Andy Williams, y reelaboraron rápidamente el *jingle* que habían escrito para Coca-Cola como «I'd Like To Teach The World To Sing», un formidable éxito a nivel mundial para los New Seekers. También trabajaron mucho, a comienzos de la década de 1970, con The Hollies, escribiendo «Gasoline Alley Bred» y junto con el cantante principal de la banda, Allan Clarke, «Long Cool Woman (In A Black Dress)», un magnífico rock retro en el estilo de Creedence Clearwater Revival que entró en el Top 40 el 8 de julio de 1972 y alcanzó el número dos. La sociedad Cook-Greenaway se disolvió en 1975, cuando Cook, desilusionado, se mudó a Nashville, donde se convirtió en un exitoso autor de música country.
David Wells

Rol Escritores de canciones

Fecha 1972

Nacionalidad Reino Unido

Por qué es clave
Unos cantantes de *Close Harmony* fracasados se reinventan a sí mismos como autores.

Personaje clave
Neil Young

Nacido en 1945, el músico canadiense Neil Young abandonó Buffalo Springfield en 1968 y se dedicó a forjar una carrera casi tan aclamada como la del propio Bob Dylan. Ha tenido una gran influencia sobre cantantes y autores, y es citado por igual –a diferencia de Dylan– por el punk, el grunge o el shoegazing –entre otras tendencias del rock– y por artistas country, como su referente principal.

Young publicó dos álbumes en solitario antes de sumarse a un trío ya famoso para crear Crosby, Stills, Nash And Young. Sus proyectos en solitario se movían entre el folk rock teñido de country y la tormenta eléctrica. *After The Gold Rush* (1971) mostraba ambos estilos pero *Harvest* (1972) certificó su estrellato; un álbum accesible, que incluía el desesperado y dylanesco «Heart Of Gold», que demostró que su voz nasal y aguda (sin llegar a ser penetrante) podía sonar hermosa, ya que llegó al número uno en Estados Unidos el 18 de marzo de 1972.

Siempre rebelde, sus siguientes álbumes fueron bautizados por la crítica como la «trilogía maldita», ya que se apartaban de lo que se esperaba de una estrella «corriente». Uno de ellos, *Tonight's The Night*, de 1975, era una visceral expresión de dolor después de las sobredosis de heroína que sufrieron dos de sus amigos (el guitarrista de Crazy Horse, Danny Whitten, y Bruce Berry), y se reconoce como precursor del punk rock. Young siguió moviéndose entre la luz y la oscuridad, desde el rock con raíces al synth pop, hasta el punto de que, en la década de 1980, el jefe de su compañía, David Geffen, lo demandó por publicar música «no representativa» de su estilo. Su capacidad para sorprender es infinita. Después de un breve flirteo con políticos de la década de 1980 pertenecientes al ala dura de la derecha, publicó el antiempresarial «This Note's For You» y la centelleante canción de protesta «Rockin' In The Free World».
Chris Goodman

Rol Artista de grabaciones

Fecha 1972

Nacionalidad
Estados Unidos

Por qué es clave
Posiblemente el más subversivo hijo de... que llegó a ser una gran estrella.

Pág. anterior **Neil Young**.

Acontecimiento clave
Mott The Hoople se separan

El 26 de marzo de 1972, Ian Hunter, cantante principal y guitarrista rítmico en la banda de rock británica Mott The Hoople, se sentó a escribir una letra que expresara su angustia ante el hecho de que los Hoople hubieran decidido separarse. A pesar de tener un futuro de fama y diversión a la vista y cuatro bien considerados –aunque inconsistentes– álbumes, finalmente acabaron por separarse. «Rock 'n' roll's a loser's game» (El rock'n'roll es un juego de perdedores) decía el mordaz estribillo de la composición en cuestión, «The Ballad Of Mott The Hoople».

Entonces ocurrió un milagro. Un fan se enteró de la ruptura y decidió intentar ayudarles. Ese fan resultó ser David Bowie, a punto de convertirse en una de las más grandes estrellas del mundo con su álbum ...Ziggy Stardust.... Les regaló una canción para grabar –«All The Young Dudes»–, que finalmente resultó ser un verdadero éxito para ellos.

Este hecho, además, pareció centrar sus mentes. Muchas de sus propias canciones siguieron desde entonces el modelo de «[...] Dudes», mitificando el rock a la manera en que lo hacía la canción de Bowie aunque sin tanto *glamour*–. Su álbum clásico de 1973, *Mott*, se dedicó casi en exclusividad al tema de las pruebas y tribulaciones derivadas de pertenecer a una banda de rock combativa. La pieza central fue el grito de desesperación «The Ballad Of Mott The Hoople».

Hunter tenía cogido el tranquillo a las despedidas. La siguiente ocasión en que los Hoople se separaron –esta vez en 1974 y para siempre– escribió «Saturday Gigs», una emocionante despedida y muestra de agradecimiento a los fans de los Hoople.
Sean Egan

Fecha 26 de marzo de1972

País Reino Unido

Por qué es clave Una banda salvada por un hada madrina.

Álbum clave *The Rise And Fall Of Ziggy Stardust And The Spiders From Mars* David Bowie

El quinto álbum de David Bowie prometía mucho, especialmente desde que, a comienzos de año, confesara a la revista *Melody Maker* que era gay. Una serie de apariciones llamativas en la radio y la televisión subieron la temperatura, especialmente una destacada actuación en *Top Of The Pops*, en la cual interpretó «Starman». *Ziggy* [...], un álbum nacido de un solo padre y publicado en junio de 1972, hizo el resto.

Era una grabación soberbia, mayoritariamente de rock 'n' roll austero. Muchos de sus temas hablaban de un alienígena andrógino que llegaba a una tierra decadente y se convertía en una estrella del rock antes de ser destruido por su banda, The Spiders From Mars (Las arañas de Marte). El hecho de que la banda de Bowie tuviera el mismo nombre, de que él mismo pareciera medio hombre, medio mujer, de que se vistiera en escena de Ziggy, todo ello sirvió para crear el primer «papel» del rock, un papel que difuminaba las distinciones entre intérprete e interpretación, y que fue el diseño base de la fama que seguiría al camaleónico Bowie durante muchos años.

Quizás no era cierto que al mundo sólo le quedaran cinco años para poder llorar en él, como presumía la canción inicial. Aun así, Bowie ya preveía, como lo declara la canción «Ziggy Stardust», que los hijos matarían al padre, y que tendría que romper con la banda. Casi todo lo que Bowie conseguiría en los doce meses siguientes, se apoyaba en la carrera de Ziggy Stardust –la persona ficticia– tal y como se relata en el álbum. Una vez terminado el ciclo de canciones, David Bowie –la persona real– simplemente creó otro personaje para reemplazarlo.
Dave Thompson

Fecha de publicación Junio de 1972

Nacionalidad Reino Unido

Lista de temas Five Years, Soul Love, Moonage Daydream, Starman, It Ain't Easy, Lady Stardust, Star, Ziggy Stardust, Suffragette City, Rock 'n' Roll Suicide

Productores David Bowie, Ken Scott

Sello original RCA

Por qué es clave El álbum que fue pionero en la idea de mostrar al artista como un lienzo.

Espectáculo clave *Cabaret* la película

Con el director Harold Prince llegó la era de los «musicales conceptuales»: producciones que giraban en torno a un tema. El primero fue *Cabaret* (1966), basado en *Berlin Stories* (1946), de Christopher Isherwood, y en la adaptación de *I Am A Camera* (*Soy una cámara*, 1955), de John van Druten, que versa sobre la difícil relación entre un joven escritor y una expatriada británica que cantaba en un club nocturno en Alemania cuando los nazis accedieron al poder. La estimulante partitura de los formidables autores de *Chicago* John Kander (música) y Fred Ebb (letra) alternaba números «de libro», que seguían la acción; y comentarios influidos por Brecht y Weill, cantados en el Kit Kat Klub por un decadente maestro de ceremonias.

Aunque de una manera atrevidamente ambigua, se retrató al escritor estrictamente como heterosexual y se suavizaron algunas referencias antisemíticas. La película, sin embargo, abordó esos temas sin reservas. Bob Fosse la dirigió y coreografió, y se presentó en octubre de 1972. Sorprendentemente, se prescindió de los números de libro, y en efecto, de buena parte del libreto de Joseph Stein en favor de la versión del guionista Jay Presson Allen. La partitura se convirtió en un escaparate para Joel Grey (el maestro de ceremonias) y Liza Minelli (la cantante, ahora estadounidense). Se añadieron más números Kit Kat al engañoso «Wilkommen» y a la festiva canción del título, incluyendo el ávido «Money, Money» (referido habitualmente como «El dinero hace girar el mundo») y la ardiente «Maybe This Time» («Quizás esta vez»). Esta multioscarizada película produjo tal impacto que, por vez primera en la historia, una película musical tuvo una influencia retrospectiva en su antepasado escénico. Posteriores representaciones en todo el mundo absorbieron algunas de las novedades de la película, tanto en la ambientación como en la partitura.
David Spencer

Estreno Octubre de 1972

País Estados Unidos

Director Bob Fosse

Reparto Joel Grey, Liza Minelli, Michael York

Autores John Kander, Fred Ebb

Porqué es clave La película musical que volvió más atrevida su fuente escénica.

1970-1979

429

Canción clave «Nights In White Satin» The Moody Blues

El majestuoso «Nights In White Satin» (Noches de blanco satén) se presentó originalmente a finales de 1967, cuando The Moody Blues intentó un relanzamiento de su carrera por medio del pop sinfónico. No sólo consolidó a la banda como líderes del mercado con un nuevo subgénero que fundía el rock con los clásicos, sino que se convirtió en una canción de amor intemporal. En un primer momento, sin embargo, fue sólo un tema más de su último álbum *Days Of Future Passed* (1967), que se grabó con la colaboración del director de orquesta Peter Knight.

«Nights In White Satin» era una etérea balada de amor que, a la manera de «A Whiter Shade Of Pale», de Procul Harum, fundía un contemporáneo y psicodélico sentido pop de ruptura con una sensación neoclásica. Se inspiraba principalmente en la angustia emocional de Justin Hayward cuando dos de sus amantes descubrieron su juego. De hecho, el título de la canción era prosaicamente literal, admitió su autor: «¡Alguien de verdad me regaló sábanas de satén blanco! Eran completamente inútiles...».

«Nights In White Satin» encabezó las listas de éxitos en Francia durante varias semanas cuando se publicó como single. En marzo de 1968 se convirtió en el primer éxito de The Moody Blues en el Top 20 del Reino Unido desde «Go Now» (1964). Aun así, no se publicó en formato de 45 r. p. m. en Estados Unidos, donde otro tema de *Days Of Future Passed*, «Tuesday Afternoon», obtuvo un éxito menor. A pesar de ello, en 1972, el seguimiento de la banda en Estados Unidos era masivo, y «Nights In White Satin» (publicado de nuevo simultáneamente en el Reino Unido, donde alcanzó el número nueve) se publicó tardíamente como single en Estados Unidos, y entró en el Top 40 de ventas el 2 de septiembre de 1972 y finalmente alcanzó el número dos.
David Wells

Fecha de entrada en las listas en Estados Unidos 2 de septiembre de 1972

Nacionalidad Reino Unido

Compositor Justin Hayward

Por qué es clave Una canción que marcó la pauta del rock orquestal.

Álbum clave *Fog On The Tyne*
Lindisfarne

Si preguntáramos qué álbum fue el más vendido en el Reino Unido en 1972, muchos darían por hecho que las obras de nombres como David Bowie, Don McLean o los Stones saldrían en la foto. Pero muy pocos acertarían la respuesta correcta: *Fog On The Tyne,* del definitivamente menos famoso cuarteto Lindisfarne.

Publicado en octubre de 1971, fue el segundo álbum de la banda, que tenía su base en Newcastle--upon-Tyne, en el nordeste de Inglaterra. Titulado a partir de una canción mordaz que hace referencia al río de la ciudad –escrita por el líder Alan Hull–, *Fog On The Tyne* mezclaba, de manera brillante, melodías tristes, armonías ásperas y una visión lírica que, en canciones como la que da título al álbum, en «City Song» y en «Together Forever» –cedida por Rab Noakes–, ponía al día la más antigua de las tradiciones del folk: la vida y la época de los hombres jóvenes, desempleados y provincianos. Todo ello presentado en geordie, el dialecto local.

En el Reino Unido de comienzos de la década de 1970, sumido en la recesión, los temas del álbum fueron magnificados hasta ser considerados asuntos de interés nacional. Con la ayuda de «Meet Me On The Corner», *Fog On The Tyne* estuvo un año entero en las listas de álbumes, incluyendo cuatro semanas como número uno. Sus ventas motivaron que se prestara atención, a posteriori, a su álbum de presentación *Nicely Out Of Tune* y al single que éste incluye, «Lady Eleanor».

Aun así, apartado de sus raíces de clase trabajadora e incapaz de escribir más, Hull sufrió un enorme parón. La banda volvería, pero *Fog On The Tyne* ha quedado para siempre como el hito que marcó el máximo esplendor de la banda.
David Wells

Fecha 1972

Nacionalidad Reino Unido

Lista de temas Meet Me On The Corner, Alright On The Night, Uncle Sam, Together Forever, January Song, Peter Brophy Don't Care, City Song, Passing Ghosts, Train In G Major, Fog On The Tyne

Por qué es clave El rock británico incorpora lo provinciano y produce inesperados dividendos.

Canción clave «*I Am Woman*»
Helen Reddy

«I Am Woman» se publicó por primera vez en 1971 como uno de los temas que formaban parte del álbum de presentación de Helen Reddy *I Don't Know How To Love Him.* Aunque Reddy, que escribió la canción junto con Ray Burton, la consideraba «mi declaración personal como feminista», no pensó que su canción de autoafirmación pudiera llegar a ser un himno –o un *hit*–. Pero cuando, al año siguiente, el número se publicó como parte de la banda sonora del documental feminista *Stand Up And Be Counted*, Reddy añadió otra estrofa, volvió a grabar la canción y la publicó como single en mayo de1972.

A pesar de empezar con el poderoso verso «I am woman, hear me roar» (Soy una mujer, oye mi rugido) la música era pop ligero y melódico, lo cual facilitaba que el mensaje calara con facilidad. Pero la canción, en un primer momento, se emitió poco, debido a las reticencias por parte de los programadores de radio, que no querían ser vistos como partidarios

de los «defensores de los derechos de la mujer». Además, algunos críticos se burlaron abiertamente, y encontraron que la canción «no era efectiva, ni como propaganda, ni siquiera como mercancía barata». En respuesta, Reddy apareció en tantos espectáculos de variedades de televisión como pudo, y las peticiones de los oyentes, principalmente de mujeres, ayudaron a la canción a subir en las listas. El 9 de diciembre de 1972, la grabación se convirtió en el primer número uno en single en Estados Unidos de Reddy.

Más tarde, la canción ganó el Grammy por la mejor interpretación vocal pop femenina contemporánea, y se creó una cierta controversia cuando Reddy, en el momento de aceptar el premio, dio gracias a Dios «porque Ella hace que todo sea posible».
Gillian G. Gaar

Fecha de publicación Mayo de 1972

Nacionalidad Estados Unidos

Autores Helen Reddy, Ray Burton

Por qué es clave La primera canción feminista que rompió con lo establecido.

Pág. siguiente **Helen Reddy.**

Espectáculo clave *The Harder They Come* (*Caiga quien caiga*) la película

Aunque a comienzos de la década de 1970 había habido algún que otro gran éxito reggae en Gran Bretaña y Estados Unidos, en aquel momento, esta música de ritmo cadente, balanceante e hipnótico contaba con un público muy reducido y específico. La película de 1972, *The Harder They Come* (*Caiga quien caiga*), tuvo una importancia crucial a la hora de cambiar esta realidad, y no sólo porque su banda sonora estuviera cargada de temas reggae, sino también porque, con su osado retrato de la vida callejera de Kingston y la carismática interpretación del protagonista (y estrella del reggae) Jimmy Cliff, dio a conocer la cultura jamaicana, de donde procedía el género.

Cliff y otros músicos aparecen tocando en la película, una combinación de argumento policíaco y buena música con la que se retrata sin tapujos los trapos sucios de la industria musical jamaicana, así como la pobreza desesperante que lleva a muchos a formar parte de ella a costa de ser explotados. Aunque al inicio sus ventas fueron modestas, el LP de la banda sonora (con canciones de Cliff y otras estrellas del género, como Desmond Dekker y The Maytals) se convirtió en la principal carta de presentación del reggae en el mundo y, al igual que la película, enseguida críticos no jamaicanos alabaron su calidad. El LP fue un éxito comercial y sus ventas se han mantenido constantes durante décadas, y cines de arte y ensayo siguen haciendo pases de la película. Pronto Bob Marley irrumpiría en el panorama musical internacional, y el reggae nunca más volvería a ser un género minoritario.

Richie Unterberger

Estreno 1972

País Jamaica

Director Perry Henzell

Reparto Jimmy Cliff, Janet Barkley, Basil Keane

Compositor Jimmy Cliff

Por qué es clave Extendió la popularidad del reggae a escala internacional.

Canción clave «Tie A Yellow Ribbon Around The Old Oak Tree» Dawn

Siempre ha habido canciones dedicadas a los soldados que arriesgan la integridad física y la vida por su país en tierras lejanas, desde «We'll Meet Again» de Vera Lynn (segunda guerra mundial) a *Dedicated To The One I Love* de The Shirelles (guerra de Vietnam). Sin embargo, quizá sea la pegadiza «Tie A Yellow Ribbon Around The Old Oak Tree» –cuya letra, curiosamente, no menciona en ningún momento la palabra *guerra*– la que, más que ninguna otra canción, haya llegado directamente a los corazones maltrechos por los conflictos bélicos.

Tony Orlando no imaginaba que la canción sería un gran éxito cuando la grabó con su grupo Dawn, pero el 21 de abril de 1972 esta historia de un hombre que regresa a casa tras pasar un tiempo recluido se situó en las listas de éxitos tanto de Estados Unidos como del Reino Unido. El protagonista de la letra le dice a su amada que no se bajará del bus a menos que ella le muestre que todavía lo quiere atando una cinta amarilla. Hacía tiempo que atar cintas alrededor de los árboles para dar la bienvenida a los seres queridos era una tradición en el país. En 1981, cuando 52 rehenes estadounidenses regresaron sanos y salvos de Irán tras 444 días recluidos como prisioneros políticos, todo Estados Unidos se engalanó con cintas amarillas. El tema volvió a ser un éxito, y desde entonces se ha utilizado este símbolo para mostrar apoyo a las tropas, como en la guerra del Golfo y en la invasión de Irak. Con más de 1.000 versiones, «Tie A Yellow Ribbon Around The Old Oak Tree» es la segunda canción más versionada de todos los tiempos.

Gavin Michie

Fecha de lanzamiento Febrero de 1973

País Estados Unidos

Compositores Larry Brown, Irwine Levine

Por qué es clave Un exitazo pop aparentemente simplista se convierte en un símbolo internacional de la esperanza.

Pág. anterior
Tony Orlando y Dawn.

Grupo clave
Slade

En esta época en que proliferan las *boybands*, sorprende darse cuenta de que muchos éxitos de Slade –también ídolos de adolescentes en su día– se cuentan entre los singles más estridentes nunca lanzados: melodías propias de himno, efectos rítmicos repentinos y la voz retumbante del vocalista Noddy Holder, todo combinado para crear un efecto exquisitamente ensordecedor, ejemplificado por temas como «Cum On Feel The Noize», que el 23 de febrero de 1973 se convirtió en el cuarto de sus seis números uno británicos.

Casi todos los 17 éxitos Top 20 que Slade obtuvo en su país natal entre 1971 y 1976 los compusieron Holder y el bajista Jim Lea. Su imagen, sin embargo, ofrecía un contraste total con su estruendo sonoro, sobre todo la estrafalaria ropa del guitarrista principal, Dave Hill, quien debía de pensar que su flequillo alto y sus dientes de conejo no eran suficientemente impactantes. El momento culminante de su éxito se alcanzó con el tema de 1973, «Merry Xmas everybody», una estampa navideña a la que aportaron su toque característico y acabó alcanzando la cima de las listas de éxitos.

Sus fortunas empezaron a menguar con el lanzamiento de la banda sonora de su película *Flame* (1974), que les vio prescindir de su fórmula al tiempo que añadían instrumentos de metal, una producción artificiosa y un tono reflexivo. Aunque fue un buen álbum, pareció desconcertar a sus jóvenes seguidores. Por otro lado, sus frecuentes ausencias del país mientras intentaban en vano triunfar en Estados Unidos motivó el sarcástico título de su álbum de 1977: *Whatever Happened To Slade?* (¿Qué le ha pasado a Slade?), una frase que se oía mucho en esos tiempos en Gran Bretaña.

Hill y el batería Don Powell siguen dando conciertos como Slade.
Sean Egan

Rol Artistas de grabaciones

Fecha 1973

País Reino Unido

Por qué es clave
La sensación de las listas, con ventaja.

Pág. siguiente
Dave Hill de Slade.

434

1970-1979

Canción clave «Send In The Clowns»
A Little Night Music

La suerte y la desgracia del compositor de musicales Stephen Sondheim es que sus canciones están tan hechas a medida para un contexto dramático específico que raramente se convierten en éxitos comerciales. Además, su reciente inclinación por evitar un enfoque populista en sus composiciones lo ha alejado todavía más del *hit parade*. No obstante, la emotiva y melancólica «Send in the clowns», de *A Little Night Music*, se ha convertido en uno de esos temas que conocen incluso los que no ven musicales.

Como es habitual en él, Sondheim no tuvo intención alguna de crear un *hit* de masas, y el éxito de la canción fue fruto de la casualidad. Cerca del final de la obra (ambientada en Suecia a comienzos del siglo xx), la relación de la pareja de enamorados que la protagoniza, la actriz Desiree y el abogado Frederick, ha llegado a un punto muerto, lo que desencadena una escena dramática. Sondheim se ajustó a la consigna del director, Harold Prince, quien quiso que el tema lo cantara Desiree. El compositor tenía que escribir una de las canciones más importantes del musical para una estrella –Glynnis Johns– con un registro vocal limitado, por lo que optó por mantenerlo en una octava y emplear frases cortas y sencillas con suficiente espacio en medio. Así, como Sondheim afirmó en un programa de televisión, se las ingenió para que la canción (compuesta de la noche a la mañana), fuera: «Isn't it rich? –pausa, pausa– Isn't it queer? –pausa, pausa– Losing my timing this late in my career –pausa, pausa– Send in the clowns». De este modo, la cadencia resultante fue mucho más emotiva.
David Spencer

Estreno 25 de febrero de 1973

País Estados Unidos

Compositor Stephen Sondheim

Por qué es clave Peculiar *hit* actual de un compositor célebre por sus «difíciles» composiciones.

Personaje clave
Eric Clapton

El concierto de «regreso» de Eric Clapton en el Rainbow Theatre de Londres, organizado por Pete Townshend el 13 de enero de 1973, supuso la vuelta a primera línea del panorama musical del guitarrista más venerado del rock británico.

Clapton, purista del blues apodado God (Dios) por sus reconocidas habilidades con la guitarra desde que tocara con The Yardbirds, prefirió abandonar el grupo cuando éste inició un giro hacia el pop, con el tema «For Your Love». Tras un breve pero significativo período con los Bluesbreakers de John Mayall, en 1966 formó parte del influyente y legendario trío de blues psicodélico Cream. Cuando sus miembros se separaron a finales de 1968, Clapton formó el supergrupo Blind Faith, que también acabó disolviéndose tras lanzar un único álbum. Regularmente, tocó como músico de sesión para amigos, como en la célebre colaboración con The Beatles en el tema «While My Guitar Gently Weeps».

El siguiente trabajo más importante de Clapton fue el doble LP lanzado en diciembre de 1970, *Layla And Other Assorted Love Songs* (con Derek and The Dominos), un álbum que, tras algunas dificultades iniciales, hoy en día nadie duda en catalogar como un clásico.

Después de una larga y difícil lucha contra la adicción a la heroína, en 1974 regresó a los escenarios con el magnífico *461 Ocean Boulevard*, que reducía el protagonismo de la guitarra en favor de un enfoque más dulce y con más importancia de la melodía. Aunque ha mantenido su fuerza creativa, su carrera se ha visto interrumpida por sus propios demonios internos y la tragedia personal. El músico dedicó el triste tema «Tears in Heaven» a su hijo Conor, fallecido a los cuatro años. A comienzos de 1992, la canción se convirtió en su mayor éxito en una década. También se incluyó en *Unplugged*, una maravillosa recopilación que ese mismo año alcanzó la cima de la lista de mejores álbumes en Estados Unidos.
David Wells

Rol Artista de grabaciones

Fecha 13 de enero de 1973

Nacionalidad Reino Unido

Por qué es clave
El mayor genio británico de la guitarra.

Pág. anterior **Eric Clapton**.

1970-1979

437

Canción clave **«Hocus Pocus»**
Focus

Cuando, a finales de 1970, Mike Vernon contrató a la banda holandesa Focus, nadie le dio demasiada importancia. Los europeos no podían hacer buen rock. O eso creía la gente. No obstante, la banda demostró que era capaz de ofrecer un rock tan duro como el que más.

Prueba de ello fue «Hocus Pocus», una vertiginosa combinación de canto tirolés y acordes de guitarra retumbantes que conforma uno de los temas más peculiares nunca compuestos y que trazó la conexión, desconocida por todos, entre el rock progresivo más intransigente y la innovación pop.

Al inicio, el guitarrista Jan Akkerman quería lidiar un duelo entre el sonido de las gaitas y el estruendo de su guitarra, pero finalmente la banda decidió que el yodel tirolés –cantado de forma soberbia por el teclista Thijs van Leer– aportaría un resultado todavía más extraño. También fue efectivo: el single entró en el Top 40 de *Billboard* el 21 de abril de 1973 y escaló

hasta el Top 10. Inmediatamente, el resto de material de la banda irrumpió con fuerza en las listas de éxitos. En el Reino Unido, dos de sus álbumes entraron de la noche a la mañana en el Top 10, y dos vinilos 45 r. p. m. se situaron simultáneamente en la lista de singles de éxito.

Lo más curioso es que el tema que demostró que Países Bajos era capaz de hacer buen rock pretendía ser una parodia del género, como afirmó más tarde Van Leer. El músico explicó: «Hicimos la canción porque no teníamos ningún tema totalmente rock en el álbum. Hay yodel y risas en él, e incluso el sonido de la ovación del público. Queríamos que fuera cómico por la gran falta de humor que hay en el rock. Nos gusta la actitud de la música clásica y el jazz».
Dave Thompson

Fecha de lanzamiento
Enero de 1973

País Países Bajos

Compositores Thijs Van Leer, Jan Akkerman

Por qué es clave
Una banda de rock holandesa alcanza el esplendor artístico y comercial.

Pareja clave
Nicky Chinn & Mike Chapman

Una vez Mike Chapman resumió su filosofía con la escueta frase: «Si quieres estar en la industria musical, tendrás que hacer temas de éxito». Él (nacido en Queensland en 1947) y Nicky Chinn (nacido en Londres en 1945) se mantuvieron fieles a ella durante toda la década de 1970, cuando se asociaron para formar un prodigioso equipo de compositores y productores que tuvo la sartén por el mango en el panorama musical del pop británico de la época.

El primer éxito del dúo fue el aliterativo «Funny Funny», un single lanzado en enero de 1971 por la banda Sweet, que hasta ese momento sólo había cosechado fracasos. Sweet se convirtió en el intérprete principal de sus composiciones. Chinnichap (como enseguida los apodaron) crearon para ellos una serie de éxitos que cada vez dejaban más atrás el pop *bubblegum* al estilo de The Archies en favor del hard rock («Blockbuster» se convirtió en el primer número uno para ambas partes el 27 de enero de 1973). Posteriormente, satisficieron los anhelos de la banda de ser «tomados en serio» con el épico «The Six Teens». Aunque el glam era esencialmente imagen, la unión de Chinnichap y Sweet se definió como glam rock; un sello que el dúo también estampó sobre los temas de la roquera hombruna Suzi Quatro y el cuarteto Mud. Más tarde, en 1974, compusieron el alegre «Tiger feet», que se situó en el número uno del Reino Unido y quizá sea su composición más célebre. No obstante, Chinnichap eran polivalentes: crearon canciones *campfire songs* (canciones de hoguera) para New World, sensuales baladas para Exile y temas de rock suave como «If You Think You Know How To Love Me», de Smokie.

Chinnichap compusieron unos 30 singles Top 10 en el Reino Unido, incluidos cinco números uno. Sin embargo, a finales de la década de 1970, Chapman se distanció cada vez más de su socio, y produjo por su cuenta algunos álbumes, como *Parallel Lines* (1978), de Blondie, y *Get The Knack,* de The Knack (1979).
David Wells

Rol Compositores

Fecha 1973

Nacionalidad Reino Unido/Australia

Por qué es clave
El principal equipo de compositores del glam rock.

Álbum clave *The Dark Side Of The Moon*
Pink Floyd

Los británicos Pink Floyd ya eran una banda consolidada dentro del panorama del rock psicodélico espacial cuando lanzaron en el Reino Unido su sexto álbum (sin contar bandas sonoras ni recopilaciones), *The Dark Side Of The Moon*. Tras la marcha de su primer líder, Syd Barrett, quien compuso gran parte del primer material del grupo en un estilo pop psicodélico, Pink Floyd se volvió todavía más experimental, lo que dio como resultado largas composiciones instrumentales al tiempo que mantenían un público fiel mediante las giras.

Atom Heart Mother, su cuarto álbum, se situó en el número uno de las listas de éxitos, y *Meddle*, el quinto, alcanzó el Top 3. *The Dark Side Of The Moon*, no obstante, dejó en nada el éxito de los trabajos anteriores. En su país, se mantuvo en las listas durante 367 semanas, y en Estados Unidos, donde vendió 15 millones de copias, alcanzó el número uno y batió un récord permaneciendo en las listas durante 741 semanas (probablemente seguiría allí si *Billboard* no hubiera cambiado las normas para los lanzamientos más antiguos).

¿Por qué funcionó tan bien? Pink Floyd consiguió tomar lo que había aprendido de sus experimentaciones e incorporarlo en estructuras típicas del pop, canciones relativamente cortas y pegadizas, con curiosos sonidos como el repiqueteo de las campanas de un reloj en «Time» o el tintineo de monedas en «Money». Además, el letrista Roger Waters compuso letras que reflexionaban sobre la vida moderna y con las que su público se identificó. En consecuencia, lo que había sido un género marginal dio el salto al gran público, y Pink Floyd, una de las bandas de rock más esotéricas, fue aclamada en todo el mundo.
William Ruhlmann

Fecha de lanzamiento
24 de marzo de 1973

País Reino Unido

Lista de temas Speak To Me, Breathe, On The Run, Time, The Great Gig In The Sky, Money, Us And Them, Any Colour You Like, Brain Damage, Eclipse

Por qué es clave
Un álbum de éxito masivo consolida el rock progresivo como género musical de primer orden.

Pág. siguiente **Pink Floyd.**

Acontecimiento clave **The Everly Brothers se separan en público**

Desde que en 1957 lanzaran «Bye Bye Love», Don y Phil Everly disfrutaron de siete años de grandes éxitos comerciales, pero a mediados de la década de 1960 perdieron popularidad. No obstante, incluso cuando sus días de esplendor quedaban lejos, se negaron a entrar en el circuito nostálgico, como hicieron algunos contemporáneos suyos, como Fats Domino y Chuck Berry, y se dedicaron a hacer música incluso mejor y más osada, sobre todo en álbumes como *Two Yanks In England* (1966), de influencia británica; *Roots* (1968), de tendencia más country; o *Stories We Could Tell* (1972), orientado hacia el rock moderno. Al público, sin embargo, le traía sin cuidado el nuevo trabajo del dúo; la gente quería escuchar «Bye Bye Love», «Wake Up Little Susie», «All I Have To Do Is Dream», «Bird Dog», «(Till) I Kissed You» y el resto de sus clásicos cantados con voz dulce.

Para el público, The Everly Brothers permanecían congelados en el tiempo, como cuando sus seguidores eran jóvenes. Entonces, comenzó su frustración. En 1973, los hermanos sentían que el tiempo en que su unión valía la pena había llegado a su fin, y cada uno tenía sus propios objetivos musicales en mente. Un concierto catastrófico en Knott's Berry Farm, California, el 14 de julio de ese año, les hizo tocar fondo. El organizador del evento se indignó tanto por lo que consideró una mala actuación de Don, que paró el concierto. Phil hizo pedazos su guitarra y se bajó ofendido del escenario. Tendrían que pasar 18 años antes de que volvieran a actuar juntos.

Bruce Eder

Fecha 14 de julio de 1973

País Estados Unidos

Por qué es clave Un grupo de rock clásico se disuelve por culpa de su ambición artística.

Personaje clave
Sweet

Tras anotarse varios primeros éxitos con singles descaradamente dirigidos al público adolescente, como «Funny Funny» y «Co-Co» (del prolífico y exitoso dúo de compositores Nicky Chinn y Mike Chapman), Sweet dio un giro a su estilo con el tema de *riffs* heavy «Wig-Wam Bam», que entró en el Top 75 del Reino Unido el 9 de septiembre de 1972. Sus posteriores entradas en el Top 10 seguirían siendo obra del dúo Chinnichap, pero mostrarían un cambio hacia el rock duro, aunque empapado de una frivolidad esencialmente pop («Blockbuster», «Hellraiser», «Ballroom Blitz», «Teenage Rampage»). Al mismo tiempo, los míticos integrantes de Sweet, Brian Connolly (voz), Andy Scott (guitarra), Steve Priest (bajo) y Mick Tucker (batería), no se quedaban cortos en su incesante búsqueda de vestuario llamativo, explorando todas las posibilidades en peinados extravagantes, lentejuelas, maquillaje, monos y plumas, por no mencionar su afición por las botas altas plateadas. Este afán de ir más allá que otros grupos, como T Rex, Slade o el resto, les valió el reconocimiento de la banda, que llevó la imagen del glam rock a sus límites más extremos.

Semejante honor demostró ser un arma de doble filo, ya que muchos críticos los tacharon de ser poco más que pasto de poca calidad para adolescentes. Visto con la perspectiva que da el tiempo, sin embargo, no se puede negar que la expresiva voz de Connolly, la imaginativa y enérgica percusión de Tucker y el sonido polivalente de Scott, les diferenciaban de sus competidores. Además, cuando Scott sustituyó a Chinnichap como compositor de la banda, aportó joyas como «Fox On The Run» y «Love Is Like Oxygen», que ganó el premio Ivor Novello.

Gavin Michie

Rol Artistas de grabaciones

Fecha 1973

Nacionalidad Reino Unido

Por qué es clave Lo más alto –¿o lo más bajo?– del glam rock.

Acontecimiento clave **Dr. Hook aparece en la portada de *Rolling Stone***

Dr. Hook And The Medicine Show era una antigua banda de bar de Nueva Jersey que tocaba lo que podría clasificarse como country rock humorístico. Estaba formada por el cantante principal y bajista Dennis Loccorriere, el guitarrista Ray Sawyer (el Dr. Hook con parche en el ojo), el intérprete de guitarra *steel* George Cummings, el teclista Bill Francis y el batería Jay David. En 1972 se anotaron un *hit* en ambos lados del Atlántico con un tema que era una parodia de las canciones empalagosas y lacrimógenas para adolescentes, «Sylvia's mother», compuesto por Shel Silverstein. La mayoría de los que compraron el álbum, no obstante, parecieron no percatarse del lado cómico de la canción.

«The Cover Of Rolling Stone» (1972), también de Silverstein, fue un caso distinto. Se trataba de una alegre y pícara parodia sobre los excesos de las estrellas de rock, y mencionaba todos los tópicos del manual del buen roquero, como el abuso de pastillas, las admiradoras adolescentes bonitas, las limusinas y un gurú hindú,

pero se lamentaba de una cosa: a pesar del éxito de la banda de la canción, sus integrantes no conseguían que sus rostros sonrientes aparecieran en la portada de la revista *Rolling Stone*. Silverstein, que era compositor, humorista, caricaturista y vividor, también compuso el tema de Johnny Cash «A Boy Named Sue». Dr. Hook interpretó con su característico y encantador salero la canción, que fue un éxito Top 10 en Estados Unidos. Además, le dio a *Rolling Stone*, que entonces tenía cinco años de vida, mucha publicidad gratis, lo que probablemente llevó a la revista a devolverles el cumplido, cuando el 29 de marzo de 1973 sacaron a la banda en portada, aunque en una caricatura, obra de Gerry Gersten. Francamente, no obstante, esto también debió de ser motivado por los puntos que se marcaba la todavía «alternativa» *Rolling Stone* relacionándose con un grupo cuyos miembros tenían una imagen de borrachos alocados.

Tierney Smith

Fecha 29 de marzo de 1973

País Estados Unidos

Por qué es clave Un buen favor...

1970-1979

441

Álbum clave ***Paris 1919*** John Cale

Un álbum llamado como una célebre conferencia de paz y en el que hay referencias a Shakespeare, Graham Greene y Dylan Thomas infunde respeto, sobre todo si su autor es el intérprete de viola ex miembro de The Velvet Underground, John Cale. No obstante, *Paris 1919*, lanzado en marzo de 1973, demostró que Cale tenía más que mostrar de lo que se suponía.

Paris 1919 fue un álbum de distinguida belleza. También fue el más aclamado de su carrera. Como afirmó el músico un día, «todo lo que he hecho antes ha sido improvisado, pero para *Paris 1919*, he entrado en el estudio con temas acabados». Toda esta preparación le aportó grandes recompensas. Realmente, el álbum tenía temas para todos los gustos, desde las influencias españolas de «Andalucía», al casi glam rock de «Macbeth», pasando por las cuerdas y trompas al estilo The Beatles de «Paris 1919» o el sabor reggae de «Graham Greene». Cale demostró que había recorrido

un largo camino desde que lo oyéramos tocar la viola en la década de 1960, y que tenía un lado suave que anteriormente sólo había sacado a la luz mediante los trabajos de producción que realizó para artistas de la talla de Nico. Se sirvió de los roqueros de influencia blues y country Little Feat como banda de acompañamiento, y empleó la Orquesta Sinfónica de UCLA para las secciones de cuerda, que suavizaron la atmósfera del álbum.

John Cale demostró ser uno de los artistas más versátiles y sorprendentes de finales del siglo xx. Con *Paris 1919*, añadió un atractivo toque popular a su impresionante repertorio vanguardista y clásico.

Rob Jovanovic

Fecha de lanzamiento Marzo de 1973

País Reino Unido

Lista de temas Child's Christmas In Wales, Hanky Panky Nohow, The Needles Plain Of Fortune, Andalucia, Macbeth, Paris 1919, Graham Greene, Half Past France, Antarctica Starts Here

Por qué es clave Un notable artista funde con éxito sus gustos roqueros, vanguardistas, clásicos y literarios.

Álbum clave *Tubular Bells*
Mike Oldfield

Mike Oldfield recordó una vez: «Siempre escuchaba sinfonías y conciertos de piano, y me pregunté si yo podría hacer mi propia sinfonía utilizando los instrumentos que sé tocar». Los máximos exponentes de pericia técnica en cualquier estilo musical en ciernes siempre han intentado llevar más allá los límites de su música. El compositor de ragtime Scott Joplin compuso una ópera ragtime, *Treemonisha*, en 1911, y el grande del jazz, Duke Ellington, compuso ambiciosas suites orquestales en sus últimos años. Aunque la larga improvisación de Grateful Dead «Dark Star» (1969) y la suite de piano de 18 minutos del compositor vanguardista Terry Riley «A Rainbow In Curved Air» (también de 1969) fueron piezas muy creativas que obtuvieron cierta popularidad entre los seguidores del rock, los amantes de este género, no obstante, tendrían que esperar hasta 1973, año en que se lanzó *Tubular Bells*.

Tubular Bells dio el paso definitivo. El álbum, con preponderancia de la guitarra, fue realizado por un Mike todavía adolescente y ya prodigio de dicho instrumento. Empezaba con un tema que luego se desarrollaba en una serie de variaciones que conformaban lo que fue, efectivamente, la primera sinfonía rock. La voz del músico cómico Vivian Stanshall que anunciaba cada instrumento debilitaba cualquier indicio de pomposidad. La inclusión del tema que abre el disco en la banda sonora de la película del momento, *The Exorcist* (*El exorcista*), dio al álbum popularidad entre los jóvenes.

En un primer momento, el propietario de Virgin Records, Richard Branson, se mostró reacio a lanzarlo, y el álbum necesitó más de un año para alcanzar el número uno de la lista de álbumes de éxito británica. Finalmente, sin embargo, *Tubular Bells* hizo de Branson y de Virgin lo que son en la actualidad. Además, el disco posiblemente inventó el género new age.

Johnny Black

Fecha de lanzamiento Mayo de 1973

País Reino Unido

Lista de temas Tubular bells (Part 1), Tubular bells (Part 2)

Por qué es clave Adoptó las técnicas compositivas de la música clásica para crear la primera suite instrumental del rock de éxito comercial.

443

Espectáculo clave **Los New York Dolls** en *The Old Grey Whistle Test*

Cuando los New York Dolls finalizaron su actuación, el presentador del programa, Bob Harris, se rió y dijo con desdén: «Caricatura de rock». Poco indicaba semejante reacción que la impresionante actuación que acababa de tener lugar marcaría una época.

La fecha fue 27 de noviembre de 1973, y el programa, *The Old Grey Whistle Test*, de la BBC, que cuando se estrenó en 1971 resultó bastante innovador por enfocar el rock de una forma más adulta. Sin embargo, sin pretenderlo, la emisión empezó a ser el escenario del patético panorama musical de comienzos de la década de 1970, que satisfacía a unos artistas cada vez más mediocres y autocomplacientes.

Los Dolls –una especie de Rolling Stones más jóvenes, callejeros y extravagantes– fueron al programa a cantar en *playback* dos de los temas más destacados de su álbum de debut homónimo, «Jet Boy» y «Looking For A Kiss». Mientras cantaban, se retocaban el pelo y hacían muecas, sobre todo el andrógino cantante y letrista David Johansen y el guitarrista Johnny Thunders. El contraste entre su energía y frescura y el tedio que provocaba Harris y la música de la época era total. La futura estrella de The Smiths, Morrissey, fue uno de los que quedaron fascinados por el espectáculo. Igual que Steve Jones, que pronto se daría a conocer como miembro de otra banda todavía más irreverente, The Sex Pistols, y quien más tarde afirmó: «Me quedé jodidamente fuera de mí al verlos».

Los Dolls se desplomaron después de dos álbumes, pero con apenas esta actuación aportaron las reglas básicas para al menos dos generaciones de músicos.

Sean Egan

Fecha 27 de noviembre de 1973

País Reino Unido

Por qué es clave El momento que, en retrospectiva, demostró por qué el punk tenía que surgir.

Pág. anterior New York Dolls.

Álbum clave *Goodbye Yellow Brick Road*
Elton John

Goodbye Yellow Brick Road, el octavo álbum de estudio del genio del piano y cantante de voz melosa Elton John, fue descrito por el propio artista como su «White Album». Aunque no alcanza la calidad del citado trabajo de The Beatles, se trata de un extenso y pintoresco doble álbum que une afectación y pop, y un éxito de ventas que se mantuvo en la cima de las listas estadounidenses durante ocho semanas.

La asociación entre Elton John y el letrista Bernie Taupin había madurado a lo largo de álbumes tan cohesivos como *Tumbleweed Connection* (1970) y tan bien elaborados como *Honky Chateau* (1972). Ahora, había llegado el momento de construir una gran gramola para las masas. *Goodbye Yellow Brick Road* se grabó durante tres días en Jamaica, en un momento de conflictos políticos en el país. Contenía suntuosas baladas, como la encantadora canción que da nombre al álbum y el tributo a Marilyn Monroe, «Candle In The Wind»; rock potente (el tema al estilo Rollings «Saturday Night's Alright For Fighting»), parodias glam («Bennie And The Jets»), rimbombantes epopeyas rock con sintetizador moog (el tema de 11 minutos que abre el álbum, «Funeral For A Friend [Love Lies Bleeding]») y temas country con nombre de estrella del celuloide («Roy Rogers»). También incluía descaradamente canciones de relleno, aunque es excusable el caso de «Jamaica Jerk Off» por su innovación, y «I've Seen That Movie Too», porque queremos a Elton. El diseño del la magnífica carátula del álbum fue obra de Ian Beck. Los temas, la sólida musicalidad del grupo y la brillante producción de Gus Dudgeon, hacen de este trabajo la obra más espléndida de la larga carrera de Elton John.
Ignacio Julià

Fecha de lanzamiento
5 de octubre de 1973
País Reino Unido
Lista de temas Funeral For A Friend (Love Lies Bleeding), Candle In The Wind, Bennie And The Jets, Goodbye Yellow Brick Road, This Song Has No Title, Grey Seal, Jamaica Jerk Off, I've Seen That Movie Too, Sweet Painted Lady, The Ballad Of Danny Bailey, Dirty Little Girl, All The Girls Love Alice, Your Sister Can't Twist (But She Can Rock'n'roll), Saturday Night's Alright For Fighting, Roy Rogers, Social Disease, Harmony

Por qué es clave Suntuosa respuesta a su éxito.

Pág. siguiente Elton John.

Acontecimiento clave **Víctor Jara**
es asesinado por agentes del Estado

El popular cantautor, poeta y activista político chileno Víctor Jara era partidario del presidente socialista electo de Chile Salvador Allende. El 11 de septiembre de 1973, el general Augusto Pinochet dio un golpe de Estado apoyado por Estados Unidos, y Allende fue asesinado. Jara fue uno de los miles de chilenos llevados al Estadio Chile, donde lo torturaron (le rompieron las manos y las costillas). No obstante, desafió a sus captores cantando hasta que un tiro acabó con su vida.

Jara, nacido en 1932, había sido actor de teatro antes de dedicarse a la música folk en la década de 1960. Lanzó su primer álbum en 1966, y a comienzos de la década de 1970 había consolidado su carrera y era considerado el fundador del movimiento de la Nueva Canción chilena. Sus canciones protesta le llevaron a ser objetivo principal de los líderes del golpe de Estado. Su cuerpo, con 34 heridas de bala, fue abandonado al borde de un camino.

Su muerte no hizo más que alimentar la leyenda. Sus temas han sido versionados por artistas de la talla de Arlo Guthrie, y se le menciona en canciones de Pete Seeger y The Clash. Aunque muchas grabaciones originales de Jara se destruyeron tras su fallecimiento, su esposa Joan, a escondidas, logró pasar algunas de ellas fuera del país, y de este modo pudieron salir a la luz.

En 2003, el Estadio Chile pasó a llamarse oficialmente Estadio Víctor Jara.
Jeff Tamarkin

Fecha 15 de septiembre de 1973

País Chile

Por qué es clave
A algunos artistas les gusta afirmar que morirían por su arte. Víctor Jara lo hizo.

Acontecimiento clave
Fallece Gram Parsons

Con sus trabajos con The Byrds y The Flying Burrito Brothers, y sus dos lanzamientos en solitario, *GP* (1972) y el póstumo *Grievous Angel* (1973), Gram Parsons aportó una moderna sensibilidad rock a la música country. Sus esfuerzos pioneros inspiraron a The Eagles, Wilco y muchos otros. Si Parsons no hubiera muerto a los 26 años víctima de una sobredosis en Joshua Tree Inn, en el sur de California, el 19 de septiembre de 1973, muy probablemente seguiría siendo considerado un pionero de la música, pero quizás no se habría convertido en leyenda.

A ello también ayudó la emotividad desgarradora de su voz, su atractivo de estrella de rock, sus llamativos conjuntos Nudie confeccionados a medida y el hecho de que fuera buen amigo del Stone Keith Richards. No obstante, su estatus de icono quedó asegurado por las extrañas circunstancias que rodearon los momentos posteriores a su muerte. Parsons había expresado su voluntad de ser incinerado y de que sus cenizas se esparcieran en el desierto de Joshua Tree. Resueltos a cumplir este deseo, su mánager, Phil Kaufman, y su amigo Michael Martin alquilaron un coche fúnebre y robaron el cuerpo cuando éste ya se encontraba en el Aeropuerto Internacional de Los Ángeles. Luego, condujeron hasta el desierto, y allí prendieron fuego al ataúd. El romántico gesto acabó siendo en vano, puesto que la acaudalada familia del músico, que vivía en el sur del país, recuperó los restos y los enterró en Nueva Orleans. Sin duda alguna, el gesto de sus compañeros habría sido apreciado por Parsons, un hombre que, casándose con dos estilos musicales considerados antagónicos, convirtió su vida en un acto de rebeldía.
Tierney Smith

Fecha 19 de septiembre de 1973

País Estados Unidos

Por qué es clave
El pacto macabro que hizo que un artista pasara de ser un músico más a todo un mito.

446

Álbum clave *Jonathan Livingston Seagull*
Neil Diamond

La novela *Juan Salvador Gaviota*, de Richard Bach, fue una biblia hippy de la contracultura, un libro que, a comienzos de la década de 1970, tuvo el honor de compartir las estanterías de los estudiantes con *El libro tibetano de los muertos* y *Zen y el arte del mantenimiento de la motocicleta*. En esta novela corta, las experiencias de una gaviota son una alegoría del aprendizaje de la vida. Su gran éxito de ventas motivó la adaptación de la película.

Sin embargo, la realización de un filme de ficción centrado exclusivamente en las peripecias de un pájaro resultó presentar muchos problemas técnicos. Las críticas fueron nefastas y el taquillaje, pésimo. Sin embargo, la banda sonora de Neil Diamond ganó un Globo de Oro y obtuvo un gran éxito de ventas, con lo que logró milagrosamente apartarse del estigma ligado al proyecto. En Estados Unidos, el tema «Be» del álbum se convirtió en un pequeño *hit*.

Aunque, sin duda, los más leales seguidores de Diamond compraron el álbum, es difícil imaginar que este tipo de música, en gran parte instrumental e impresionista, atrajese al público habitual del elegante material más pop del artista. Diamond ha pasado buena parte de su carrera intentando ser percibido como un peso pesado del rock, pero por mucho que se dejara crecer la cabellera y por muy ambiciosos que fueran sus álbumes desde el punto de vista artístico, de algún modo sus intentos de resultar «creíble» nunca han surtido verdadero efecto. Tenía demasiado aspecto de chico sano para parecer alternativo, y su música, aunque estaba excelentemente elaborada, nunca tuvo osadía, ni siquiera verdaderos tempos rápidos. Con esta banda sonora se ganó, finalmente aunque por poco tiempo, al tipo de público universitario que tanto buscaba.
Sean Egan

Fecha de lanzamiento 1973

País Estados Unidos

Lista de temas Prologue, Be, Flight Of The Gull, Dear Father, Skybird, Lonely Looking Sky, The Odyssey: Be/Lonely Looking Sky/ Dear Father, Anthem, Be, Skybird, Dear Father, Be

Por qué es clave Demostró que las recaudaciones de una película y de su banda sonora no tienen por qué estar relacionadas.

Espectáculo clave *The Rocky Horror Show*
teatro musical

Era evidente que el fin de la censura en el teatro británico a finales de la década de 1960 provocaría algunos cambios, pero ¿quién iba a imaginar que éstos llegarían en forma del «dulce travesti del planeta Transexual de la galaxia Transilvania»? La interpretación de Tim Curry del encorsetado y sexualmente omnívoro Frank 'N' Furter, quien recibía la visita de una desprevenida e inocente pareja de jóvenes, sin que nadie lo esperara, causó sensación en Londres.

Los musicales de rock *Hair* (1967) y *Godspell* (1971) demostraron a Broadway que las guitarras tenían su lugar en el Great White Way, pero aquéllas se quedaron en nada cuando llegó el turno de *The Rocky Horror Show*, de Richard O'Brien. Tras estrenarse en el londinense Royal Court Theatre Upstairs, el 19 de junio de1973, se mantuvo en cartelera durante 2.358 noches; luego se llevó a Chelsea, y más tarde, al Comedy Theatre del West End, donde se representó durante 600 noches más. O'Brien, creador y compositor del musical, pensaba

que el espectáculo sólo se representaría durante las cinco semanas previstas, y afirmó que, llegado ese momento, se habría «agotado nuestro público potencial». Probablemente, no contaba con la tradicional atracción que genera la buena música, y es que las canciones del espectáculo, como «Time Warp» y «Damn It Janet», le ponen a uno a bailar a pesar de la estrafalaria escenografía.

La producción estadounidense fue un fracaso, como lo fue el filme de 1975, *The Rocky Horror Picture Show*. La película no se convirtió en el fenómeno de culto que es en la actualidad hasta que pequeños cines de arte y ensayo de todo Estados Unidos –el primero del que se tiene constancia fue el Waverly Theatre de Nueva York– hicieron proyecciones golfas en que el público participaba.

Leila Regan-Porter

Estreno 19 de junio de 1973

País Reino Unido

Director Jim Sharman

Reparto Christopher Malcolm, Julie Covington, Tim Curry

Compositor Richard O'Brien

Por qué es clave Una obra que innovó en materia de musicales y estableció los estándares del personaje andrógino.

1970-1979

447

Personaje clave
Ry Cooder

Ry Cooder ya había demostrado ser un músico de sesión sin igual con Captain Beefheart, Taj Mahal y The Rolling Stones, cuando en 1971 lanzó su álbum de debut en solitario, *Ry Cooder*, con el que revolucionó la técnica del *slide* y con ello consolidó su estatus de virtuoso de la guitarra.

Los siguientes lanzamientos de este guitarrista siempre interesado por la música tradicional estadounidense, reinterpretaron el patrimonio musical folclórico de su país, hasta que, con la llegada del álbum *Paradise And Lunch*, demostró ser el maestro indiscutible del folk-blues hecho por blancos. Otros contemporáneos suyos, como Taj Mahal o Leon Redbone, también exploraron y revitalizaron el blues acústico y el ragtime, pero Cooder los hizo accesibles a las masas. Además de su virtuosismo sin igual, sentía un deseo insaciable de aprender músicas exóticas, lo que le llevó a flirtear con estilos como el Tex-Mex, la música hawaiana, el rock, el blues acústico y muchos otros.

Sus composiciones sencillas y evocadoras aportaron un toque de intriga y autenticidad a las películas *Paris, Texas* (*París, Texas*, 1984), *The Long Riders* (*Forajidos de leyenda*, 1980) y *Geronimo* (*Gerónimo, un leyenda*, 1993). Su colaboración con las dos primeras lo convirtió en la elección perfecta para interpretar el acompañamiento de guitarra *slide* de la banda sonora de *Crossroads* (*Cruce de caminos*, 1986), una biografía de la leyenda del blues Robert Johnson. No obstante, fue su fascinación por la música cubana lo que le aportó su mayor éxito, cuando realizó la producción del documental nominado por la Academia, *Buena Vista Social Club* (1997). Desde que se iniciara el nuevo milenio, Cooder, quizás buscando retos mayores, ha lanzado dos fantásticos trabajos conceptuales, *Chavez Ravine* (2005) y *My Name Is Buddy* (2006), así como los álbumes *I, Flathead* y *The Ry Cooder Anthology: The Ufo Has Landed*, ambos de 2008.

Johnny Black

Rol Artista de grabaciones

Fecha 1974

Nacionalidad Estados Unidos

Por qué es clave Supo mezclar como nadie la música tradicional estadounidense con el rock de las masas, con lo que obtuvo un híbrido nuevo y popular.

Canción clave **«Waterloo»**
ABBA

A comienzos de la década de 1970, el rock y el pop eran una forma de arte estrictamente anglo-estadounidense. El resto de Europa estaba resignado a presentar canciones folclóricas de sus respectivos países en el Festival de Eurovisión. No obstante, en 1973, los compositores suecos Benny Andersson y Björn Ulvaeus, junto con su mánager Stig Anderson, intentaron presentar en dicho concurso «Ring Ring», un tema pop grabado empleando las técnicas productivas del célebre Phil Spector. Aunque fue todo un éxito en el viejo continente, no consiguió representar a Suecia en el festival.

Andersson, Anderson y Ulvaeus hicieron un segundo intento con otra canción y un nuevo nombre: ABBA, el acrónimo de los nombres de los artistas Björn Ulvaeus, Benny Andersson, Agnetha Faltskog y Anni-Frid Lyngstad. «Waterloo» era una canción que, casi de forma absurda, comparaba la rendición de un hombre a los encantos de su amante con la caída de Napoleón

de 1815, pero el gancho de su melodía y una sección rítmica parecida a la estampida de una manada de elefantes convencieron a todos los que la escucharon, jueces incluidos.

A diferencia de la mofa que habitualmente provocaban los temas presentados en el concurso, «Waterloo» fue un éxito e incluso obtuvo el aplauso de la crítica estadounidense. El *Washington Post* escuchó un tema de «alegre espíritu mordaz y desenfrenado [...] un trabajo cargado con el encanto de la niñez: *hula hoops*, una tienda de caramelos, King Kong, besuqueos en el recreo, todo el encanto despreocupado envuelto en un mismo y gracioso paquete».

El tema venció en Eurovisión y alcanzó el número uno en el Reino Unido y el seis en Estados Unidos, convirtiéndose en la canción más reconocida de ABBA en la conciencia pop. Mayor gloria, sin embargo, estaba por llegar.

David McNamee

Fecha de lanzamiento
Marzo de 1974

País Suecia

Compositores Benny Andersson, Stig Anderson, Björn Ulvaeus

Por qué es clave
La canción que logró la proeza de ganar Eurovisión y a la vez ser considerada un peso pesado artístico.

Pág. anterior **ABBA**.

Personaje clave
Paul Anka

A diferencia de muchos ídolos de adolescentes, Paul Anka no era un talento prefabricado. El artista apenas tenía 15 años –edad similar a la de su público objetivo– cuando en 1957 lanzó el tema «Diana», compuesto por él mismo. A su éxito en ambos lados del Atlántico (número uno en el Reino Unido y dos en Estados Unidos) le siguió una serie de grandes éxitos llenos de angustia, también compuestos por él: «Lonely Boy», «Put Your Head On My Shoulder» y «Puppy Love». Además, entregó «It Doesn't Matter Anymore» a Buddy Holly, con quien hacía poco tiempo había ido de gira.

A comienzos de la década de 1960, Anka dejó de cosechar *hits*, pero alejado del punto de mira, siguió progresando. Además de componer la música del tema de Johnny Carson, «Tonight Show», dio a Tom Jones «She's A Lady» y concibió la letra en inglés de un tema francés entonces poco conocido: «My Way». Grabada por infinidad de artistas, desde Elvis Presley hasta Sid Vicious, de Sex Pistols, esta canción de despedida

fue adoptada por Frank Sinatra como su tema más característico, aunque el tono de su letra, triunfante y vanaglorioso, era en cierto modo reprobable.

En 1974, compuso y cantó «(You're) Having My Baby», que se convirtió en su primer número uno estadounidense desde «Lonely Boy», lanzada 15 años atrás. Tanto esta canción como su siguiente Top 10, «One Man Woman, One Woman Man», cuya letra abordaba el adulterio, demostró que, al igual que el propio Anka, su público original había madurado y estaba intentando gobernar la miríada de complejidades de la vida adulta. Estas canciones podían ayudarles a hacerlo, y demostraron que el pop de las listas de éxitos había evolucionado mucho desde «Diana», lanzado cuando Anka era apenas un adolescente.

David Wells

Rol Artista de grabaciones y compositor

Fecha 1974

Nacionalidad Estados Unidos

Por qué es clave El compositor que creció ante el público, y lo reflejó en su trabajo.

Grupo clave
Emerson, Lake And Palmer

El festival California Jam, celebrado en el autódromo de Ontario el 6 de abril de 1974, ha pasado a los anales de la historia: un enclave magnífico, un cartel espléndido y la presencia de un trío de superestrellas, cada una capaz de llenar el recinto por sí sola.

Todos dieron el máximo de sí mismos. Black Sabbath realizó un espectáculo increíble y Deep Purple estuvieron imparables con un concierto impresionante. Por su parte, el teclista Keith Emerson, el bajista Greg Lake y el batería Carl Palmer –conocidos como Emerson, Lake And Palmer por sus millones y millones de fans– dieron el que, según sigue insistiendo Palmer, fue el mejor concierto de sus vidas.

Este trío de virtuosos hacían alarde de su técnica y mezclaban rock y música clásica. El órgano se batía en duelo con la percusión, las guitarras y las voces etéreas en el campo de batalla; ELP estaban en su esplendor. Su actuación podría definirse como perfección musical, y ella sola hubiera asegurado la inmortalidad del evento. También visualmente, ELP eran impresionantes, ¿quién podría eclipsar la imagen de Keith Emerson agarrado a un gran piano, levitando por encima del suelo, y luego, sin dejar de tocar, dando una sucesión de volteretas?

En los años siguientes, estuvo de moda tachar a ELP de pretenciosos por su cóctel algebraico de improvisaciones explosivas y letras extravagantes. Sea como fuere, ellos definieron el rock progresivo, el género musical que dominó la primera mitad de la década de 1970, y álbumes como *Tarkus* (1971) y *Brain Salad Surgery* (1973) no sólo pusieron música a las vidas de un sinfín de personas durante esos días, sino que perduran como monumentos a su rechazo del concepto de límites musicales.

Dave Thompson

Rol Artistas de grabaciones

Fecha 1974

Nacionalidad Reino Unido

Por qué es clave Son los líderes indiscutibles del rock progresivo.

Pág. siguiente **Carl Palmer.**

450

Acontecimiento clave
El workshop de *A Chorus Line*

El director y coreógrafo Michael Bennett quiso crear algún tipo de espectáculo teatral sobre la figura de los bailarines, unos personajes normalmente anónimos y no reconocidos por el teatro, que depende de ellos.

Al principio, sin embargo, ni él ni sus colaboradores originales, Michon Peacock y Tony Stevens, tenían una idea precisa del proyecto. Bennet quiso ser cauto, y a mediados de enero de 1974, dio el primer paso organizando un encuentro con 18 bailarines en un centro de ensayo de Manhattan. Allí les preguntaron simplemente por qué empezaron a bailar y se grabaron algunas de las respuestas. Salieron a la luz historias de infancias problemáticas, ambiciones obsesivas y dudas de identidad sexual. La grabación de la segunda reunión se llevó a cabo en febrero. Bennett consiguió que el Shakespeare Festival de Nueva York se interesara lo bastante en el proyecto como para subvencionarlo con unos míseros 100 dólares americanos a la semana, para los bailarines, el espacio de ensayo y el personal del Public Theatre. No se pusieron fechas límite ni presiones. Algunos podrían pensar que esta peculiar forma de trabajar tan relajada iba irremediablemente ligada a la aparición de problemas, o al menos, de autoindulgencia por parte de los artistas. En cambio, dio como resultado un espectáculo que se convertiría en el musical de mayor éxito de la historia: *A Chorus Line*. La bailarina Baayork Lee recordó: «Cuando eres un peregrino y un pionero, sólo pones un pie frente a otro. No sabíamos lo que estábamos haciendo… Ni siquiera teníamos el título». Un nuevo término se añadiría a la jerga teatral como consecuencia de esta obra pionera: había nacido el *workshop*.

Sean Egan

Fecha Enero de 1974

País Estados Unidos

Por qué es clave Una nueva forma de realizar musicales.

Canción clave **«Seasons in the sun»**
Terry Jacks

El 2 de marzo de 1974, este tema se situó en la cima de las listas de éxitos estadounidenses e iba camino de alcanzar los 6 millones de copias vendidas en todo el mundo. Era la culminación de un largo e insólito trayecto para el original de Jacques Brel de 1961 *Le Moribond*. Traducido al inglés por el escritor Rod McKuen, ya lo había versionado The Kingston Trio y Nana Mouskouri. El propio Jacks produjo una versión demo de la canción para The Beach Boys, pero sólo decidió lanzarla con su propia discográfica después de que un vendedor de periódicos oyera por casualidad el máster de grabación.

En consonancia con el tono ligero de la versión de Jacks, su letra revisada hizo que el suicidio del narrador, sugerido pero no explícito en la versión de Brel, quedara todavía menos claro, mientras que las referencias a la infidelidad de su mujer se eliminaron por completo. En cuanto a la música, el encanto fatalista del original dejó paso a un tema casi alegre. McKuen quedó desconcertado por todo ello, pero se conformó comprando un nuevo tejado para su casa con los *royalties*. Posteriormente Jacks quedó estancado en el estatus de artista de un solo éxito.

Los críticos a menudo apuntan a los sensibleros cambios de «Seasons In The Sun» como la razón de por qué se adapta a menudo como cántico de futbol. Es posible; pero su encanto ha emocionado a muchos: artistas tan dispares como la banda de chicos Westlife (quienes se situaron en la cima de las listas de éxitos británicas) y Nirvana lo adaptaron. De hecho, fue el primer disco que Kurt Cobain compró en su vida.
Alex Ogg

Fecha de lanzamiento
Febrero de 1974

País Francia/Estados Unidos

Compositores Jacques Brel, Rod McKuen

Por qué es clave
Se restablece el pop empalagoso tras años de creciente solemnidad en el panorama musical.

Acontecimiento clave
Television actúa en CBGBs

A finales de 1973, el ex cantante de ópera Hilly Kristal inauguró el local de conciertos CBGBs en el degradado barrio neoyorquino de Bowery, pretendiendo que fuera una plataforma de lanzamiento para artistas locales de country, bluegrass y blues. De ahí el acrónimo que da nombre al establecimiento.

Sin embargo, a comienzos de 1974, «tres tipos desaliñados con tejanos y camisetas desgarradas» le comentaron a Kristal que buscaban un lugar donde tocar. La banda se llamaba Television. El 31 de marzo de 1974, Tom Verlaine (voz y guitarra principal), Richard Hell (bajo), Billy Ficca (batería) y Richard Lloyd (guitarra), actuaron por primera vez en CBGBs. Aunque más tarde Kristal recordó el debut como «terrible» y «demencial», se convirtieron en banda residente del local durante largo tiempo.

Para abril de ese año, artistas como Lenny Kaye y la «poetisa del punk», Patty Smith, se contaban entre el admirado público de Television. Además de Patty Smith, otros teloneros de la banda en el local fueron Blondie, los pioneros Angel And The Snake, The Modern Lovers, Talking Heads y The Ramones. Grupos como The Dead Boys, The Dictators y The Voidoids también se convirtieron en habituales de CBGBs.

El estilo de estos grupos iba desde pop al rock más abrasivo o la vanguardia, pero todos tenían en común un carácter diferencial. Aunque empapados en la tradición popular del rock, también parecían conscientes de su sonambulismo y sentían el deber de infundir una nueva energía al género. Este espíritu puede resumirse, y se resumiría, en una palabra: *punk*.
Kevin Maidment

Fecha 31 de marzo de 1974

País Estados Unidos

Por qué es clave
El nacimiento de un local de conciertos legendario y de un movimiento.

Álbum clave *Pretzel Logic*
Steely Dan

Pocas bandas de rock que han alcanzado el éxito comercial han conseguido mantener la reputación de ser tan subversivas como Steely Dan; y si ésta lo ha logrado, no es sólo porque se apropiara del nombre de un consolador de la novela de William Burroughs, *El almuerzo desnudo*.

Después de que su segundo álbum, dominado por el jazz, *Countdown To Ecstasy* (1973), no alcanzara el éxito del anterior, tanto el público como la crítica esperaban que la banda regresara al boogie centrado en la guitarra de su debut, *Can't Buy A Thrill* (1972). Sin embargo, no fue así. En *Pretzel Logic*, lanzado en marzo de 1974, los miembros principales del grupo, Walter Becker (bajo) y Donald Fagen (voz y teclado), empezaron a elaborar canciones pop impecablemente melosas e incongruentemente atiborradas de caprichosas fusiones musicales y crípticos juegos de palabras. Escuchen el single Top 5 en Estados Unidos «Rikki Don't Lose That Number» y fácilmente percibirán

un cóctel de samba sincopada y un motivo bop prestado del tema «Song For My Father», de Horace Silver. Observen el sarcasmo telegrafiado en el título de «Any Major Dude Will Tell You», una balada cuya dura y cínica letra sobre la vida se acompaña de un sensible piano eléctrico en modo menor doblado con la guitarra acústica. O el igualmente sobrio piano en estilo pop de «Barrytown», que en realidad esconde una despectiva crítica a la vida de los pequeños pueblos con el quejido aparentemente simpático de Fagen y una melodía vocal que reproduce abiertamente la de «Tell Me What You See» de The Beatles.

Fue esta sedición pop lo que convirtió a *Pretzel Logic* en un álbum de culto y lo que llevó a reputados críticos como Robert Christgau a afirmar que «el álbum resume su implacable perversidad tan acertadamente como el título».

Miles Keylock

Fecha de lanzamiento
Marzo de 1974

País Estados Unidos

Lista de temas Rikki Don't Lose That Number, Night By Night, Any Major Dude Will Tell You, Barrytown, East St. Louis Toodle-Oo, Parker's Band, Through With Buzz, Pretzel Logic, With A Gun, Charlie Freak, Monkey In Your Soul

Por qué es clave
Un álbum repleto de guiños de complicidad y grandes temas.

453

Canción clave «This Town Ain't Big Enough For Both Of Us» Sparks

Nadie diría que los hermanos Mael, líderes del grupo Sparks, son miembros de una misma banda, ni mucho menos hermanos, pero lo cierto es que el dúo formado por el inexpresivo y bigotudo teclista Ron y el enclenque, alocado y greñudo cantante Russell forma una de las imágenes más memorables del pop. Nacidos y criados en el sur de California, su fascinación por el sonido britpop original les llevó a trasladarse a Inglaterra a comienzos de la década de 1970, donde abandonaron la convencional formación de rock para convertirse en uno de los primeros dúos de pop electrónico.

El primer single de Sparks, «This Town Ain't Big Enough For Both Of Us» –que al principio iba a tratar de forma irónica y mordaz los clichés de los guiones cinematográficos– entró en el Top 75 británico el 4 de mayo de 1974. Esta canción, que abre el álbum *Kimono My House* (1974), combina el potente e histérico falsete de Russell, con un frenético ritmo electrónico casi

a doble tempo, efectos de disparos y oberturas glam rock, para crear un melodrama de tres minutos. El conjunto suena casi ridículo, pero también es innegablemente pegadizo. Sobre el falsete, Ron Mael afirmó más tarde: «"This Town Ain't Big Enough For Both Of Us" fue compuesta en *la*, y por Dios que se cantará en *la*... Si escuchas la mayor parte de la música, tienes una idea de hasta dónde llega. Y ningún cantante cambiará mi opinión».

El tema alcanzó el número dos británico y allanó el camino hacia el éxito de los temas de estilo similar «Amateur Hour» y «Something For The Girl With Everything».

Melissa Blease

Fecha de lanzamiento
Marzo de 1974

País Estados Unidos

Compositor Ron Mael

Por qué es clave
Un excéntrico dúo de pioneros del pop electrónico redefine el glam rock y posiblemente el propio pop.

Álbum clave *Journey To The Centre Of The Earth* Rick Wakeman

Rick Wakeman, pianista de formación clásica y solicitado músico de sesión, había sido miembro del grupo de folk The Strawbs antes de unirse a la potente banda de rock progresivo Yes en 1971. El álbum *The six Wives Of Henry VIII* lo consolidó como solista a comienzos de 1973, pero fue su posterior trabajo, *Journey To The Centre Of The Earth* (Viaje al centro de la Tierra), el que le aportó su mayor éxito comercial y se convirtió en una obra fundamental del género del rock sinfónico.

Para adaptar musicalmente la célebre novela de ciencia ficción de Julio Verne, Wakeman necesitaba a un elenco formado por miles de artistas. Pidió la participación de la Orquesta Sinfónica de Londres y de David Hemmings, la estrella del filme *Blow-Up* (*Deseo de una mañana de verano*), para que hiciera de narrador. Sin embargo, a la filial británica de la discográfica de Wakeman, A&M, no le convencía la idea y le concedió un presupuesto tan escaso que le fue imposible afrontar los costes de la grabación. Determinado a seguir adelante con el proyecto, el músico embargó su casa y de este modo consiguió suficiente dinero para, finalmente, grabar el tema en vivo en el Royal Festival Hall de Londres, el 18 de enero de 1974 (el mismo día en que recibía una denuncia de la lechería de donde vivía por no pagar las cuentas).

El enorme riesgo financiero valió la pena. Aunque A&M UK se había mostrado reacia a lanzar el álbum, *Journey To The Centre Of The Earth* –una acertada combinación épica de la pompa del rock progresivo y arreglos de música clásica, con el virtuoso trabajo de Wakeman en el sintetizador– alcanzó la cima de la lista de éxitos británica el 25 de mayo y se situó en el número tres de Estados Unidos, donde pronto consiguió el disco de oro.

David Wells

Fecha de lanzamiento Mayo de 1974

País Reino Unido

Lista de temas The Journey-Recollection, The Battle-The Forest

Por qué es clave Artista 1-Discográfica 0

Pág. anterior **Rick Wakeman.**

1970-1979

455

Personaje clave
Nick Drake

Aunque en 2004 la BBC emitiera un documental radiofónico sobre el tema, narrado por la estrella de Hollywood Brad Pitt, la muerte de Nick Drake por sobredosis de antidepresivos había pasado bastante desapercibida tres décadas atrás. Después de todo, cuando ocurrió, habían pasado casi tres años desde que lanzara el último de sus tres álbumes, y ninguno de ellos había vendido más de unos pocos miles de copias. Además, era poco dado a conceder entrevistas y a actuar en vivo, algo que perjudicó su popularidad.

Drake, ex alumno de la Universidad de Cambridge, fue contratado por Island en 1969. Los álbumes *Five Leaves Left* (1969) y *Bryter Layter* (1970), realizados con la colaboración del arreglista Robert Kirby y su productor y mentor Joe Boyd, eran impresionantes exhibiciones de su música intimista y melancólica, pero las críticas que recibieron no fueron demasiado efusivas. Cuando Boyd regresó a Estados Unidos, Drake se encerró todavía más en sí mismo, hasta que en octubre de 1971 grabó su tercer álbum: *Pink Moon*, un trabajo austero y sombrío que vendió todavía menos copias que sus antecesores. Cuando finalmente volvió a los estudios de grabación en julio de 1974, su deterioro físico y artístico sorprendió a Boyd, quien recientemente había regresado a Inglaterra. La muerte de Drake a los 26 años, el 25 de noviembre de 1974, se registró oficialmente como suicidio, aunque algunos miembros de su familia niegan que fuera así.

Durante muchos años, Drake fue el niño olvidado de la escena británica de cantautores folk. *Fruit Tree*, un recopilatorio póstumo lanzado en 1979, no se vendió demasiado, pero presentó al artista a una nueva generación de músicos. Cuando el tema que da título al álbum *Pink Moon* se utilizó en un anuncio de televisión en 2000, las revistas mensuales de retro-rock y los suplementos del domingo aseguraron que el culto póstumo a Nick Drake se mantuviera vivo.

David Wells

Rol Artista de grabaciones

Fecha 1974

País Reino Unido

Por qué es clave Un cantautor ignorado en vida se convierte en una leyenda años después de su muerte.

Canción clave **«Autobahn»**
Kraftwerk

Quizás fuera el hecho de que se trataba de un himno a la carretera lo que hizo que *Autobahn* («autopista» en alemán) atrajera a una nación destetada de los himnos al motor de Chuck Berry y The Beach Boys. Aun así, seguía siendo muy sorprendente que un tema de un grupo prácticamente desconocido fuera de los círculos de la vanguardia europea, cantado en alemán, ni rock ni funk ni country y recortado a 4 minutos de los de 22 originales pudiese, tras su entrada en la entonces conservadora lista de singles de *Billboard* el 12 de abril de 1975, acabar alcanzando el número 25 en Estados Unidos (y el 11 en Gran Bretaña).

Autobahn, el quinto álbum de Florian Schneider y Ralf Hütter, y el tercero lanzado bajo el nombre de la banda, Kraftwerk («central eléctrica»), fue el último que sería producido en su estudio de Colonia por el productor e ingeniero de sonido Konrad «Conny» Plank, una figura clave del llamado movimiento Krautrock. Los sintetizadores y el tratamiento electrónico de la grabación, llevada a cabo durante el verano de 1974, fijaron el sonido característico de la banda. En el éxito que da nombre al álbum, puede oírse una batería electrónica tocada por Wolfgang Flür, miniMoog que se reproduce la línea del bajo con un eco analógico añadido y voces tratadas con un *vocoder*.

Autobahn, como las posteriores canciones de Kraftwerk que abordaron temas de la vida moderna, muestra cierta ambigüedad, celebrando por un lado la potencia y el ocio que la tecnología proporciona, y expresando por otro una sensación de ligera inquietud mediante la repetición y la pérdida de control, esta última subrayada por el monótono canto de un ser no humano.

Mat Snow

Fecha de lanzamiento
Septiembre de 1974

País Alemania

Compositores Florian Schneider, Ralf Hütter, Emil Schult

Por qué es clave *Hit* motorístico en Estados Unidos que anunció la llegada del rock de vanguardia alemán al escenario internacional.

Pág. siguiente **Kraftwerk**.

Álbum clave *The Snow Goose*
Camel

El camino recorrido por los álbumes conceptuales había sido largo pero poco pintoresco desde que *SF Sorrow* (cuestionablemente) marcara el inicio del género en 1968. Extensas y vanidosas obras con títulos grandilocuentes eran ahora la norma, pronósticos épicos que sacrificaban todas las virtudes que uno espera encontrar en un álbum –melodías pegadizas, letras cantables, gancho– en favor de conceptos impenetrables, múltiples cambios de acordes y letras extraídas de un tesauro sánscrito.

Pero en las sórdidas esferas que giraban en torno a la vanidad del concepto siempre quedaba espacio para la creatividad y el artificio. Ray Davies y The Kinks lo consiguieron una o dos veces, y *Quadrophenia* (1973), de The Who, fue simplemente una asombrosa hazaña. Fue Camel, sin embargo, quien realmente reordenó la bestia, superando todos y cada uno de los hábitos más arraigados del género y presentando su historia sin apenas letra.

Camel, la banda creada por el ex teclista de Shotgun Express, Pete Bardens, se encontraba a medio camino entre Emerson, Lake And Palmer y The Moody Blues. Era perfectamente capaz de ofrecer un vasto alegato sinfónico, pero con un ojo atento a la creatividad y a la forma. Reordenar la obra *Snow Goose* del novelista Paul Gallico en un álbum, lanzado en abril de 1975, no sólo fue su pronunciamiento más ambicioso, sino también su trabajo más aclamado; una serie de movimientos y texturas sin palabra que traslada las temáticas de la novela a hermosas melodías. Tanto si uno ha leído la obra como si no, actualmente siguen llenando a quien las escucha.

Dave Thompson

Fecha de lanzamiento
Abril de 1975

País Reino Unido

Lista de temas The Great Marsh, Rhayader, Rhayader Goes To Town, Sanctuary, Fritha, The Snow Goose, Friendship, Migration, Rhayader Alone, Flight Of The Snow Goose, Preparation, Dunkirk, Epitaph, Fritha Alone, La Princesse Perdue, The Great Marsh

Por qué es clave Quizá no fuera el primer álbum conceptual del rock basado en una historia de ficción, pero sin duda, fue el primero exclusivamente instrumental.

Canción clave «Love To Love You Baby»
Donna Summer

La entrada de «Love To Love You Baby» en el Top 40 de *Billboard* el 20 de diciembre de 1975 confirmó el potencial comercial del emergente fenómeno de la música disco, un estilo cuyo máximo objetivo es poner a la gente a bailar. Donna Summer, una experimentada vocalista de apoyo, conoció a los productores Giorgio Moroder y Pete Bellotte en Alemania. Tras triunfar en Europa, en el verano de 1975, la cantante mostró a sus productores la base de una canción titulada «Love To Love You». Moroder y Bellotte produjeron el tema con una insistente y estratificada coda realizada con sintetizador, y propusieron a Summer que cantara la letra de una forma abiertamente sexual. La artista se resistió a la idea, pero estuvo de acuerdo en grabar una demo para otra cantante.

La grabación se llevó a cabo en la más absoluta oscuridad, y Summer «imaginaba lo que haría Marilyn Monroe» mientras improvisaba la letra. Fascinado por el orgásmico resultado, Moroder persuadió a Summer de lanzar el tema bajo su propio nombre. El presidente de Casablanca Records, Neil Bogart, pidió una remezcla extendida, lo que dio como resultado la versión de 17 minutos que se convirtió en un tema esencial de la cultura disco en todo el mundo. El single alcanzó el número dos en las listas de éxitos estadounidenses en febrero de 1976, a pesar de la prohibición por parte de los programadores de radio conservadores. Además de lanzar la carrera de Summer como una de las primeras «divas de la música disco», estableció la moda de «remezclas extendidas» en singles de 12 pulgadas. Asimismo, el empleo de sintetizadores y cajas de ritmos por parte de Moroder y Bellotte se considera una de las innovaciones clave del desarrollo de la música dance electrónica.

Alex Ogg

Fecha de lanzamiento
Noviembre de 1975

País Estados Unidos

Compositores Donna Summer, Pete Bellotte, Georgio Moroder

Por qué es clave
El planeta Tierra descubre la música disco.

459

Álbum clave *Blood On The Tracks*
Bob Dylan

La versión original de *Blood On The Tracks*, de Bob Dylan, se grabó en menos de una semana en Nueva York, en septiembre de 1974. Se realizaron primeras pruebas para el lanzamiento previsto para diciembre, pero a última hora el artista decidió regrabar cinco canciones del álbum en Mineápolis con músicos locales.

Aunque el propio Dylan ha mantenido que *Blood On The Tracks*, lanzado finalmente el 17 de enero del año siguiente, no es una obra autobiográfica, se cree que sus temáticas profundamente personales y la borrosa línea que dibuja entre el amor y el odio están inspiradas en el distanciamiento entre él y su esposa, Sara (el matrimonio se divorciaría en 1977). Dejando atrás los lamentos inoportunos y los surrealistas juegos de palabras de la adolescencia para afrontar crudamente los traumas domésticos del inicio de la mediana edad, el lenguaje y el estado anímico de Dylan aportaron una nueva madurez a la música rock. Por supuesto, el efecto de todo eso se suavizó con estupendos arreglos (la mayoría acústicos), melodías, canto y armónica. Canciones esenciales del álbum son la furiosa «Idiot Wind», la pícara «Tangled Up In Blue», y la nostálgica «You're Gonna Make Me Lonesome When You Go». Quizá fueran los años de decepción suscitados por el supuesto «regreso de Dylan» lo que hizo que *Blood On The Tracks* fuera inicialmente acogido de forma poco entusiasta por algunos críticos, como el colaborador de la revista *Rolling Stone*, Jon Landau, quien afirmó: «Es efímero». Sin embargo, el álbum enseguida se situó en la cima de la lista de álbumes de éxito de *Billboard*, y a posteriori ha llegado a considerarse una obra maestra de la madurez humana.

David Wells

Fecha de lanzamiento
17 de enero de 1975

País Estados Unidos

Lista de temas Tangled Up In Blue, Simple Twist Of Fate, You're Gonna Make Me Lonesome When You Go, Meet Me In The Morning, Lily, Rosemary, And The Jack Of Hearts, If You See Her Say Hello, Shelter From The Storm, Buckets Of Rain

Por qué es clave El rock madura con el primer álbum de divorcio.

Pág. anterior Bob Dylan.

Grupo clave
Bay City Rollers

«Bye Bye Baby», de Bay City Rollers, se situó en el número uno del Reino Unido el 22 de marzo de 1975 y fue el single británico más vendido del año. En esos días, The Rollers estaban en todas partes, y además de anotarse otros dos grandes éxitos con «Give A Little Love» y «Money Honey», inauguraron su propio programa de televisión, *Shang-A-Lang*, que presentaban rodeados de jóvenes histéricas.

The Rollers («oleadas», en referencia a las olas que se ven desde la ciudad de City Bay, en Michigan), sacaron partido a su origen escocés vistiendo con tartanes, algo que sus fans imitaban poniéndose bufandas con el tradicional estampado a cuadros. «Bye Bye Baby» –una versión del tema de The Four Seasons– fue el primero de sus seis *hits* en los que se les permitió tocar, y marcó el momento en que prescindieron de los compositores Martin y Coulter, si bien los temas escritos por ellos mismos nunca igualaron a sus anteriores exitazos. Hay que reconocer, no obstante,

que parte del atractivo de The Rollers era su genuino encanto de jóvenes vivarachos.

Aunque la táctica de su mánager, Tam Paton, de afirmar que se trataba de la mejor banda desde The Beatles era un claro disparate, la rollermanía cruzó el Atlántico como lo hiciera la beatlemanía: en 1976, colocaron «Saturday Night» en el número uno de Estados Unidos, y para 1978 ya tenían su propia serie de televisión en ese país.

Lamentablemente, su historia terminó mal. Tras separarse, los miembros de la banda no consiguieron cobrar los millones perdidos tras un laberinto de manipulación financiera.
Sean Egan

Rol Artistas de grabaciones

Fecha de entrada al n.º 1 del Reino Unido 22 de marzo de 1975

Nacionalidad Reino Unido

Por qué es clave Demostraron que las estrellas del pop pueden exportar su patriotismo a otros países.

Pág. siguiente **Bay City Rollers**.

Canción clave «I'm Not In Love»
10cc

Una vez, el batería de 10cc, Kevin Godley, soltó: «No te fíes de dos tipos que escriben una canción de amor». Ciertamente, la costumbre de esta banda de componer por parejas hizo que sus intentos ocasionales de escribir una balada romántica tradicional acabaran siempre con ambos compositores muriéndose de un ataque de risa.

Siguiendo su línea habitual, 10cc superaron el problema con una muestra de intencionada incongruencia: los miembros de la banda Eric Stewart y Graham Gouldman se las ingeniaron para escribir lo que debe de haber sido la primera canción de amor pop hábilmente disfrazada de canción de desamor. El primer intento de grabar «I'm Not In Love» (No estoy enamorado), sin embargo, fue un absoluto desastre. Stewart, el vocalista del grupo, afirmó que el resultado sonaba como «una samba de Brasil'66 de Sergio Mendes». Pero perseveraron, y fueron dándole forma al tema gradualmente con la incomparable habilidad

del grupo de utilizar el estudio de grabación como un instrumento más.

Con tan sólo un piano eléctrico y una guitarra rítmica, el gancho de la canción se conseguía mediante celestiales voces de apoyo que, con un acertado uso de *loops* grabados en cintas de audio, finalmente compusieron un exuberante coro «virtual» de 256 voces. El sublime «I'm Not In Love» quedó completado tras un genial toque final: un fragmento en mitad de la canción en que la recepcionista del estudio de grabación susurra el estribillo «Be quiet… big boys don't cry» de forma mecánica y escalofriante, como si se tratara de una pesadilla. Incluido en el álbum *The Original Soundtrack* (1975), el tema fue acogido inmediatamente como un clásico, alcanzó la cima de las listas de éxitos británicas el 28 de junio de 1975 y dio a la banda su primera entrada en el Top 50 de Estados Unidos.
David Wells

Fecha de lanzamiento Marzo de 1975

País Reino Unido

Compositores Graham Gouldman, Eric Stewart

Por qué es clave Un tema irónico da lugar a una gran canción de amor.

1970-1979

Canción clave «Black Water»
The Doobie Brothers

El tema «Black Water», originalmente lanzado en mayo de 1974 como cara B de «Another Park, Another Sunday», un single no demasiado exitoso de The Doobie Brothers, fue rescatado del olvido por un DJ del sur de Estados Unidos, quien lo pinchaba a menudo porque le encantaban sus vibraciones. El productor Ted Templeman confesó una vez: «Nunca pensamos que fuera un single. La radio hizo de ella lo que acabó siendo».

«Black Water», compuesta por Pat Simmons, guitarrista de The Doobies, aportaba una bocanada de aire fresco a la fórmula de Creedence Clearwater Revival, caracterizada por el swamp-rock y las letras evocadoras del espíritu de un lugar especial –en este caso, el río Misisipi–. Curiosamente, el punto culminante de la canción no aparece hasta el minuto tres, cuando la instrumentación cesa y los vocalistas cantan un marchoso fragmento a capella. Según Templeman, éste está inspirado en una versión

de «Feelin' Groovy» de Simon & Garfunkel, grabada por su anterior banda, Harper's Bizarre. Templeman afirmó: «El productor Lenny Waronker [...] decidió prescindir de la canción [...] así que yo robé la idea». Grandes éxitos internacionales como «Listen To The Music», «Long Train Running» y «China Grove» ya habían consolidado la carrera artística de The Doobie Brothers, pero el lanzamiento de «Another Park, Another Sunday» pareció anunciar un retroceso en su popularidad, hasta que en diciembre de 1974 se le dio la vuelta al single y la cara B resultó un éxito. El 15 de marzo de 1975, «Black Water» dio a The Doobies su primer número uno en Estados Unidos, erigiéndolos como los reyes del Album Oriented Rock para el resto de la década.

Johnny Black

Fecha de entrada al n.º 1 en Estados Unidos 15 de marzo de 1975

País Estados Unidos

Compositor Patrick Simmons

Por qué es clave Modernizó y dio un nuevo aire al sonido Creedence Clearwater Revival para una nueva década de grandes logros.

Acontecimiento clave Bruce Springsteen irrumpe en las portadas de las revistas

El 27 de octubre de 1975, poco después del lanzamiento de su álbum más aclamado, *Born To Run*, Bruce Springsteen apareció simultáneamente en las portadas de *Newsweek* («Making of a Rock Star») y *Time* («Rock's New Sensation»), en lo que acabó resultando un arma de doble filo. Por un lado, el artista estaba recibiendo un honor normalmente reservado a políticos de renombre internacional, por lo que su imagen se afianzaba así en la mente del público. Por otro lado, desafortunadamente, este hecho hizo que su nombre pasara a ser sinónimo de «bombo y platillo». El columnista del *Chicago Sun-Times* Bob Greene clamó al cielo: «¿Qué demonios hace un chico casi desconocido, que ni siquiera es una verdadera estrella, apareciendo en las portadas de *Time* y *Newsweek* a la vez?»

Los artículos, no obstante, presentaban perspectivas muy distintas: mientras que el de *Time* era un elogio incondicional, la periodista de *Newsweek*, Maureen

Orth, expresaba su inquietud por la campaña de promoción que rodeaba al músico. Aparentemente, Springsteen se había mostrado reacio a aparecer en revistas, y aún más en ambas a la vez. En la entrevista que le hizo en su casa de Nueva Jersey, Orth descubrió que Bruce se iba a Manhattan a tomarse la foto para *Time*, e intentó disuadirle, argumentando que el exceso de atención crearía una reacción contraria. Le dijo: «Aún no eres lo bastante grande para aparecer en ambas portadas, y esto se volverá contra ti». El talento de Springsteen era real, por lo que el artista salió victorioso del asunto, pero el episodio dejó huella. Molesta por pensar que la maquinaria publicitaria del rock se había quedado atrapada en el bombo y platillo, el recelo de *Newsweek* hacia ésta influyó en su forma de cubrir las noticias musicales durante años.

David Wells

Fecha 27 de octubre de 1975

País Estados Unidos

Por qué es clave La primera estrella del rock en aparecer simultáneamente en las portadas de *Newsweek* y *Time*.

Pág. anterior
Bruce Springsteen.

Álbum clave *Horses*
Patti Smith

*H*orses, el álbum de debut de Patti Smith, marcó un verdadero antes y después en la historia del rock. Un ex miembro de Velvet Underground, John Cale la produjo; colaboraron los músicos Lenny Kaye (guitarra), Richard Sohl (piano), Ivan Kral (bajo) y Jay Dee Daugherty (batería); y el líder de la banda Television y habitual del CBGBs, Tom Verlain, tuvo una participación especial y colaboró en la composición del tema «Break It Up». Smith recurrió a sus dispares inspiraciones –Blake, Baudelaire, la poesía de la generación beat, Dylan, Hendrix, The Doors– para crear una poesía punk salvaje y medio improvisada. El resultado fue asombroso: visceral pero sagaz, osado y purgativo.

Horses, lanzado a finales de 1975, partió la década en dos, volviendo obsoleta la complacencia del interés comercial y las aspiraciones aristocráticas del rock de inicios de la década de 1970, y marcando el comienzo de un nuevo estado del bienestar callejero para lo que Smith consideraba «el arte del pueblo». La foto monocroma de la clásica carátula, de Robert Mapplethorpe, capturaba a una Smith intemporal y andrógina.

Horses salvó al rock de la fosilización. El fragmento de «Land» en que la artista elucida el nacimiento de la cultura juvenil mediante eufóricos llamamientos de «Horses, horses!» es pura revelación. A su vez, la frase «Jesus died for somebody's sins but not mine» (Jesús murió por los pecados de alguien, pero no por los míos), incluida en su versión del clásico tema de garage rock «Gloria», era doble sacrilegio e igualmente intoxicante. Smith también liberó al rock de su tradicional sexismo, garantizando a las artistas de rock femeninas el derecho a la autodeterminación artística. Como afirmó el escritor Legs Mcneil, «Fue la primera mujer del rock'n'roll a la que los chicos querían imitar».
Kevin Maidment

Fecha de lanzamiento
Noviembre de 1975

País Estados Unidos

Lista de temas
Gloria, Redondo Beach, Birdland, Free Money, Kimberly, Break It Up, Land: Horses/Land Of A Thousand Dances/La Mer(De), Elegie

Por qué es clave
La sinergia de tres acordes y «el poder de la palabra» inventan la poesía punk.

464

Acontecimiento clave
Peter Gabriel abandona Genesis

*E*n 1974, Genesis se anotó su primer *hit* británico con el peculiar single «I Know What I Like (In Your Wardrobe)». Semejante éxito comercial de uno de los líderes del rock progresivo fue algo inesperado. No obstante, al cabo de un año, el extraordinario líder de la banda, Peter Gabriel, anunció que dejaba el grupo, que él mismo había formado en 1967 con sus compañeros del colegio Charterhouse, Tony Banks (teclado) y Mike Rutherford (guitarra).

Las tensiones aumentaban entre Gabriel y el director de Hollywood William Friedkin por sus diferencias sobre las ideas de un guión. Mientras tanto, la banda se enfrentaba a problemas creativos durante la grabación del doble álbum conceptual llamado *The Lamb Lies Down On Broadway*. Durante la mezcla de audio, el guitarrista Steve Hackett hizo pedazos un vaso con la mano y se rompió un tendón del pulgar, lo que retrasó las fechas previstas para la promoción del disco. El 18 de agosto de 1975, al final de una larga gira de seis meses, Gabriel lanzó su carrera en solitario.

La separación de los miembros de una banda a menudo ha llevado al éxito de las distintas partes, pero nunca con un cambio tan radical de estilo. En abril de 1977, Gabriel alcanzó las listas de éxitos con el soberbio, confesional y conciso «Solsbury Hill» –cantando «I walked right out of the machinery» (Salí directo de la máquina), en referencia a su libertad–. En 1986, alcanzó la cima de las listas de éxito con «Sledgehammer», un tema soul. También sus antiguos colegas experimentaron un cambio artístico total. Phil Collins, el actor precoz convertido en batería, pasó de ser voz de apoyo a voz principal y consiguió llenar estadios enteros dando un giro pop a la banda, con exitazos como «Follow You Follow Me» y «That's All».
Pierre Perrone

Fecha 18 de agosto de 1975

País Reino Unido

Por qué es clave Un líder deja su banda y ambas partes experimentan un profundo cambio.

Álbum clave *Another Green World*
Eno

Con *Another Green World*, Brian Eno produjo el álbum ambiental más influyente de la década de 1970. El elenco de artistas del que se rodeó para satisfacer sus ambiciosas visiones estaba formado por algunos de sus célebres amigos. Entre los ilustres músicos invitados se encontraban John Cale (viola), Phil Collins (batería), Robert Fripp (guitarra) y Percy Jones (bajo). El mismo Eno tocaba prácticamente todo lo demás: sintetizador, bajo, guitarra, piano, órgano y caja de ritmos. También cantó y produjo el álbum.

Las canciones presentaban una estructura original que permitía a Eno jugar con paisajes sonoros expresivos, explorar melodías discordantes, y en algunos temas, incluso canturrear. De hecho, sólo 5 de las 14 canciones tenían letra, y la instrumentación fluía con mayor y menor intensidad, dibujando con su estela repetitivos cambios anímicos. En «Sky Saw», la interacción inicial de bajo y percusión se corona con el zumbido de un *lick* de guitarra que bien podría ser el «saw» (sierra) del título de la canción. «Sombre Reptiles» presenta un ritmo étnico de percusión entrelazado con el sonido occidental de los sintetizadores. «Golden Hours» se acerca al Krautrock y da claves del camino que más tarde seguiría el músico al producir los álbumes de Berlín de David Bowie. «Becalmed» era una tranquila nana con sintetizadores acompañados de un teclado y «Everything Merges With The Night» y «Spirits Drifting» aportaban un ambiente nocturno al final del álbum.

Con este trabajo, Eno consiguió la difícil hazaña de crear música impresionista, pero con gancho. El tema que da nombre al álbum se usó más tarde como *jingle* del programa de arte de la BBC, *Arena*.
Rob Jovanovic

Fecha de lanzamiento
Noviembre de 1975

País Reino Unido

Lista de temas Sky Saw, Over Fire Island, St. Elmo's Fire, In Dark Trees, The Big Ship, I'll Come Running, Another Green World, Sombre Reptiles, Little Fishes, Golden Hours, Becalmed, Zawinul-lava, Everything Merges With The Night, Spirits Drifting

Por qué es clave
Estableció las pautas de la música ambiental.

Actuación clave

El primer concierto de Sex Pistols

«Sólo tocamos tres o cuatro temas y hubo un marrón y desenchufaron todo», dijo el bajista de Sex Pistols, Glen Matlock sobre el primer concierto en público de la historia de la banda, realizado el 6 de noviembre de 1975.

Para sus detractores, los follones y la violencia que solían acompañar sus conciertos hacían que su presencia no se viese con buenos ojos. Para los admiradores, sin embargo, era precisamente esto lo que ilustraba el estímulo que el grupo representaba ante el agonizante escenario musical. Stuart Goddard (más tarde, Adam Ant), de Bazooka Joe, que aquel día era la banda principal, quedó impresionado por su vitalidad y su tono desafiante. Esto le hizo darse cuenta de que el revival de la década de 1950 de su grupo no llevaba a ningún lado, y lo abandonó para formar otro nuevo a imitación de los Sex Pistols. Muchos músicos harían lo mismo. Las bandas que surgieron como resultado de esto –más muchas ya existentes que se metamorfosearon– finalmente constituyeron un movimiento que recibiría el nombre de *punk*.

Si los Pistols consiguieron actuar ese día fue sólo porque a la secretaria de la facultad donde tocaron le había gustado su nombre. Otro hecho igualmente fortuito le dio a la banda su singularidad: el vocalista Johnny Rotten consiguió el puesto porque a Matlock, al guitarrista Steve Jones y al batería Paul Cook les gustó su imagen, y además Rotten parecía tener un don especial por las letras escabrosas. El gallinero parecía estar allanando deliberadamente el camino para que la banda se convirtiera en el sonido que definiría la época.
Sean Egan

Fecha 6 de noviembre de 1975

Lugar Facultad de Arte y Diseño San Martins, Londres

País Reino Unido

Por qué es clave
Los Sex Pistols empiezan como pretendían continuar: extendiendo la anarquía y la creatividad.

Espectáculo clave *Bohemian Rhapsody*
el videoclip

En 1975, los videoclips de rock no eran ninguna novedad. A mediados de la década de 1960, The Beatles y The Rolling Stones ya habían grabado en vídeo las interpretaciones de sus singles para emitirlos en programas de televisión, y cada vez más estas grabaciones se enfocaban como obras de arte y no simplemente como «vídeos promocionales» (como se les llamaba en ese momento).

Así pues, cuando Queen y el director Bruce Gowers decidieron realizar uno para el single «Bohemian Rhapsody», el 31 de octubre de 1975, no lo concibieron como un proyecto innovador. De hecho, ni siquiera se hubieran molestado en hacerlo si la canción no hubiera sido tan compleja, puesto que no había forma de poder reproducirla fielmente en un estudio de televisión, al menos, no con todos los *overdubs* y voces, ni siquiera haciendo *playback*. Por otro lado, un vídeo les permitía presentar la canción en todo su esplendor operístico... y además, les evitaría tener que pegarse la caminata semanal hasta el programa musical de televisión *Top of the Pops*. Por supuesto, una canción ambiciosa requería un vídeo ambicioso, y fue esto –junto con el enorme éxito del propio single, que le dio una difusión sin precedentes– lo que hizo destacar a *Bohemian Rhapsody* por encima del resto de humildes vídeos promocionales. Se emplearon efectos de fantasía como sombras, rostros apilados, *zooms* y resplandores. El vídeo promocional –actualmente llamado «videoclip»– se convirtió en una buena herramienta que utilizaron todas las bandas. *Bohemian Rhapsody* sería citado como el pistoletazo de salida. Aunque en términos históricos, no lo fue, culturalmente, sí sirvió para propulsarlos.

Dave Thompson

Fecha 31 de octubre de 1975

País Reino Unido

Director Bruce Gowers

Por qué es clave
El «vídeo promocional» se convierte en el «videoclip».

Personaje clave
Glen Campbell

En la década de 1960, cuando la figura del músico de sesión era mucho más importante de lo que es actualmente, el guitarrista Glen Campbell era uno de los más solicitados. Prestó su talento a gran cantidad de temas pop, desde «I'm A Believer», de The Monkees, hasta «Strangers In The Night», de Frank Sinatra, y colaboró en el legendario álbum de The Beach Boys de 1966, *Pet Sounds*. Aunque también lanzó temas bajo su propio nombre, Capitol Records estuvo a punto de prescindir de él cuando se unió al productor Al DeLory en el dulce tema compuesto por John Hartford, «Gentle On My Mind», que acabó convirtiéndose en el single de presentación de su carrera en 1967. Le siguió el trío de temas ya clásicos compuestos por Jimmy Webb, un programa de televisión, y uno de los papeles principales al lado de John Wayne en el filme de 1969, *True grit* (*Valor de ley*).

Su encantadora versión de la canción de Larry Weiss «Rhinestone Cowboy» se convirtió en su primer single número uno en Estados Unidos el 6 de septiembre de 1975. Esto haría de Campbell toda una superestrella en el country, le aportó su tema más reconocible y dio una bocanada de aire fresco a su carrera. En la década de 1980, obtendría varios éxitos en las listas del country, y en 2005 se le dio un lugar en el Salón de la Fama del Country. Más tarde, abrió su propio teatro en Branson, Misuri. Volviendo la mirada a sus anteriores épocas como músico de sesión, Campbell afirmó: «Todos los músicos con quienes trabajé [aún] están haciendo básicamente lo mismo». A Campbell, el destino le deparaba mayores retos.

Tierney Smith

Rol Artista de grabaciones

Fecha 1975

Nacionalidad
Estados Unidos

Por qué es clave
Pasó de ser un músico de sesión anónimo a una superestrella, un logro muy poco habitual en los anales de la historia del pop.

466

1970–1979

Pág. siguiente Glen Campbell.

Acontecimiento clave
El fenómeno Bollywood

Aunque Bollywood sea un neologismo formado por las palabras *Bombay* (ahora Mumbái) y *Hollywood*, la popular industria del cine hindú, hablado en hindi y con sede en Mumbái, no es, como buena parte del público occidental pueda imaginar, una simple imitación de los musicales de Hollywood en el Tercer Mundo.

Ciertamente, las pautas básicas de las películas de Bollywood también incluyen números pegadizos de canto y baile a menudo unidos por un guión de telenovela. No obstante, la innovadora y taquillera *Sholay*, lanzada el 15 de agosto de 1975, demostró con su inconfundible «curry» de *Shichinin no samurai* (*Los siete samuráis*), de Akira Kurosawa, y el espagueti-western de Sergio Leone, *C'era una volta il West* (*Hasta que llegó su hora*), que Bollywood es una mezcla cinematográfica de especias de sabor exótico, más que una industria similar a Hollywood. Mientras que el marketing de esta última obliga a centrar cada película en un género concreto, en aquélla se incluye todo: coexisten comedia, tragedia, acción y romance, mezclados en un hondo crisol. Estos saltos de género hicieron que, al inicio, Bollywood fuera un fenómeno cinematográfico exclusivamente asiático, pero gracias a la gran diáspora hindú a países anglófonos durante la década de 1980, su popularidad internacional creció de forma continuada.

El filme de Mira Nair *Salaam Bombay* (1988) transcurría en un gueto de esta ciudad hindú y aportó un influyente y osado realismo social a Bollywood, si bien mantenía las convenciones de los musicales «masala». *Roja* (1992) presentaba la típica temática de terrorismo, pero la banda sonora del compositor A. R. Rahman, apodado el *Mozart de Madras*, era un impresionante cóctel de raga, reggae y orquestación de Broadway. Para *Rangeela* (1995), la historia de una bailarina que sueña con triunfar en el cine, Rahman concibió una innovadora banda sonora techno-pop, no mucho después de que MTV llegara al subcontinente.
Miles Keylock

Fecha 15 de agosto de 1975

País India

Por qué es clave
La industria cinematográfica hindú, que genera billones de dólares, se basa en una amalgama musical.

Pág. anterior El suntuoso espectáculo de Bollywood.

Espectáculo clave *Chicago*
teatro musical

En 1975 era por todos conocido que el coreógrafo Bob Fosse y los compositores John Kander y Fred Ebb formaban un buen equipo. El estilo característico de las coreografías de Fosse –jazzísticas, con hombros encorvados, rodillas hacia adentro y bombines– y las canciones cínicas y divertidísimas de Kander & Ebb, ya habían hecho furor en una ocasión, en *Cabaret*. El equipo se volvió a unir para *Chicago*, un relato dramático sobre dos bailarinas de jazz enfrentadas, que Maurine Watkins ya había llevado a Broadway en la obra del mismo título representada en 1926.

Las canciones se compusieron expresamente para reproducir otros números célebres o aludir a artistas famosos. A pesar de sus objetivos postmodernos, la banda sonora incluía al menos un clásico, el provocativo «All That Jazz». El musical se estrenó cerca del final de la carrera de Fosse, quien tuvo un amago de ataque al corazón dos semanas después de iniciar los ensayos. Tras una operación para colocarle un baipás, los cambios en su dirección fueron notables, lo que resultó en escenas más oscuras y crudas que las de los movimientos alegres y llamativos que solía concebir. El musical también rompió en cierto modo las barreras entre artistas y público, puesto que los actores se dirigían a la gente sentada en el patio de butacas. Este hecho resultaba innovador en Broadway, al igual que el enfoque burlón que la obra popularizó. Fosse se arriesgó mucho dando este gran paso adelante en los hasta entonces inocuos musicales, algo por lo que el coreógrafo pagó con críticas muy divididas por parte de la prensa y el público. Al fin y al cabo, ser innovador nunca ha dado como resultado una aprobación unánime.
Leila Regan-Porter

Estreno 3 de junio de 1975

País Estados Unidos

Director Bob Fosse

Reparto Gwen Verdon, Jerry Orbach, Chita Rivera

Compositores John Kander, Fred Ebb

Por qué es clave
El musical que rompió con muchas tradiciones en el teatro musical.

Canción clave **«Rufus Is A Tit Man»**
Loudon Wainwright

El irónico cantautor Loudon Wainwright III es el patriarca de una de las sagas más notables de la música popular. Tras casarse con Kate McGarrigle, del dúo de folk canadiense reconocido internacionalmente, Kate & Anna McGarrigle, en 1973 fue padre de Rufus Wainwright. Sin saber que algún día su niño sería considerado por Elton John «el mejor compositor del planeta», Loudon lo presentó al mundo en el tema «Rufus Is A Tit Man», incluido en su álbum de 1975, *Unrequited*. La canción aborda con humor el comprensible apetito del recién nacido por la leche materna. De adulto, Rufus recordó que, cuando la gente le preguntaba si este análisis público de su amamantamiento le había traumatizado, contestaba divertido que se acordaba de cantarla como canción infantil cuando era jovencito.

Kate también escribió sobre Rufus en su tema «First Born Son», de 1977. Cuando en 1976 vino al mundo su hija Martha, que más tarde también

alcanzaría el éxito internacional, Loudon le dio la bienvenida dedicándole «Pretty Little Martha» (Pequeña linda Martha). Después de que Kate se divorciara de Loudon en 1977, éste tuvo otra hija, Lucy, con la cantante del trío de folk The Roches, Suzzy Roches. Lucy es cantante profesional y su padre ha compuesto para ella algunas canciones, como «Your Mother And I» y «Screaming Issue». No obstante, algunos temas también han sacado a relucir los trapos sucios. «Bloody Mother-Fucking Asshole» (Maldito gilipollas hijo de puta) fue compuesto por la pequeña linda Martha especialmente para su papá, mientras que Rufus irrumpió de nuevo con el relativamente comedido «Dinner At Eight» (Cena a las ocho).
Gavin Michie

Fecha de lanzamiento
1975

País Estados Unidos

Compositor Loudon Wainwright

Por qué es clave
Magníficas conversaciones públicas en forma de canciones entre los miembros de una familia de extraordinario talento.

Acontecimiento clave
Se funda Stiff Records

En el momento en que se fundó, Stiff Records era una propuesta comercial casi desconocida en Gran Bretaña: una discográfica independiente. Lanzó su primer single, «So It Goes», de Nick Lowe, en agosto de 1976.

El sello, creado por los mánager musicales Jake Riviera y Dave Robinson con un préstamo de 400 libras, lanzó tres temas esenciales del punk a finales de 1977: «New Rose» (The Damned), «One Chord Wonders» (The Adverts) y «Blank Generation» (Richard Hell). No obstante, Stiff enseguida demostró que iba un paso por delante contratando a artistas que, aunque nunca habrían existido sin la falta de pretensión del punk, musicalmente aspiraban a más: Ian Dury, Madness y el compositor de deslumbrante talento Elvis Costello, quienes cosecharon grandes éxitos al tiempo que exploraban terrenos de la música popular que ni siquiera se sabía que existían.

Como si se tratara de cualquier gran discográfica, Stiff se dio el gustazo de lanzar temas innovadores, como el estrafalario «Lucky Number», de Lene Lovich, o el pacifista «Stop The Calvary», de Joana Lewie. Su catálogo de peculiares temas («Buy 1»), el diseño de sus carátulas (con fotos, poco frecuente en aquella época), y su eslogan «If it ain't Stiff it ain't worth a fuck» (Si no está tieso, no vale una mierda), aumentaron la sensación de que estaban haciendo las cosas de forma distinta y estimulante.

Sin embargo, fue precisamente este rechazo del convencionalismo lo que llevó a su desaparición. Lanzar discos por amor al arte pudo levantar esperanzas anticorporativas, pero la proporción entre éxitos y fracasos se hizo insostenible, y finalmente ZTT compró el sello.
Sean Egan

Fecha Agosto de 1976

País Reino Unido

Por qué es clave
La discográfica que rompió las normas y acabó desapareciendo.

Grupo clave
Can

Cuando, el 28 de agosto de 1976, «I Want More» entró en el Top 40 británico, se convirtió en el único *hit* de Can fuera de su Alemania natal, pero la influencia de la banda se extendería mucho más de lo que este éxito aislado parecía indicar.

La columna vertebral de este grupo formado en Colonia en 1968 eran el bajista (y experimentalista sonoro) Holger Czukay, el teclista Irmin Schmidt, el guitarrista Michael Karoli y el batería Jaki Liebezeit. Esta formación creó un sonido extraordinario e incendiario acompañado de las voces excéntricas y potentes del estadounidense Malcolm Mooney, y más tarde del japonés Damo Suzuki. Su música era en mayor parte improvisada, construida a partir de los envolventes patrones de percusión de Liebezeit y el peculiar bajo de Czukay. Sus canciones se alargaban tanto como la banda pudiera continuar modificando y dando forma a un patrón básico. «You Doo Right», uno de sus primeros temas, ocupó una cara entera de vinilo, y no era más que la versión acortada de una improvisación que duró horas. Su mejor álbum fue el clásico de 1971, *Tago Mago*, aunque otros trabajos de comienzos de la década de 1970 también contenían canciones notables y sorprendentes.

La naturaleza repetitiva y anárquica de su música hizo que fueran encasillados como krautrock, al lado de bandas como Neu y Tangerine Dream. No obstante, Can ha sabido mantenerse mejor que aquellos con quienes compartieron dicha etiqueta, en un primer momento despectiva y actualmente todo un elogio. El grupo Kraftwerk también fue claramente influido por la fluidez compositiva de sus canciones. Can dio un giro gradual hacia un estilo más ambiental e incluso «pop», especialmente tras la salida de Suzuki en 1973. La banda, siempre dispuesta a abordar cualquier género, incluso flirteó con la música disco en el tema «I want more».

Hugh Barker

Rol Artistas de grabaciones

Fecha 1976

Nacionalidad Alemania

Por qué es clave
Los reyes del krautrock.

Acontecimiento clave **Los Pistols insultan y asustan a la clase media**

Una vez le preguntaron a Glen Matlock si creía que la historia de Sex Pistols habría sido la misma si no les hubieran entrevistado en el programa de la televisión local de Londres, *Today*, el 1 de diciembre de 1976. Respondió: «Creo que, simplemente, habríamos sido una banda más».

Los Pistols habían demostrado estar a la altura del bombo y platillo con el estruendoso manifiesto «Anarchy In The UK», su single de debut lanzado un mes antes. Ya habían aparecido un par de veces en televisión cuando les informaron en el último momento de que tenían que acudir al programa *Today* a sustituir a Queen, otra banda de EMI que había cancelado la entrevista. Inmediatamente, Bill Grundy, el presentador conservador de mediana edad, mostró su menosprecio por el grupo, pero, la verdad sea dicha, los comentarios irónicos e irreverentes con que contraatacaron los Pistols les dejaron retratados. Sobre el anticipo de la discográfica, Jones dijo con descaro: «Joder, ya nos lo hemos gastado, ¿no?» Cuando Johnny Rotten soltó «Mierda», Grundy le dijo severamente que lo repitiera, y Rotten lo hizo con el rubor de un escolar. Steve Jones se despidió del programa con la frase «Vaya jodido miserable», que mezclaba de forma extraña y absurda la explicitud de los tiempos modernos con el eufemismo arcaico. Sin embargo, en 1976 no era demasiado difícil que te consideraran un rebelde o un degenerado, y su lenguaje –muy poco frecuente en esa época en el Reino Unido– llenó las portadas de los periódicos nacionales al día siguiente. Los Pistols y el punk estaban de repente en boca de todos. Su aparición en televisión, completamente fortuita, hizo que Sex Pistols pasara de ser una banda de culto a un fenómeno sociológico conocido por las masas.

Sean Egan

Fecha 1 de diciembre de 1976

País Reino Unido

Por qué es clave
El rock'n'roll se considera un peligro una vez más.

Personaje clave
Bob Marley

El 3 de diciembre de 1976 intentaron asesinar a Bob Marley en su Jamaica natal. Que un simple músico pudiera ser blanco de intereses políticos por su influencia real sobre la sociedad fue una gran muestra del poder de su música. Marley, nacido en 1945, había empezado a dedicarse profesionalmente a la música en 1962, con el lanzamiento de su single de debut «Judge Not». Al año siguiente formó el célebre grupo The Wailers, pero a pesar de su éxito local, no llevaron el reggae al público internacional hasta 1973, cuando firmaron para Island Records.

Su primer álbum con Island fue *Catch A Fire* (1973). Algunas composiciones de Marley, como «Concrete Jungle» y «Slave Driver», eran protestas implacables, de ningún modo sujetas a acusaciones de afectación: tenían sus raíces en las experiencias reales de ser pobre y negro en un país del Tercer Mundo. El tema «Stir It Up», que se alejaba de esta cruda temática, fue versionado por Johnny Nash, quien lo convirtió en un éxito en ambos lados del Atlántico. Posteriormente, Eric Clapton llevó al número uno de Estados Unidos su versión de «I Shot The Sheriff», incluida en el siguiente álbum de The Wailers, *Burnin'*.

En 1974, los miembros de The Wailers Peter Tosh y Bunny Livingston abandonaron el grupo, y el mismo año Marley ofreció el que probablemente sea el mejor álbum de su carrera, *Natty Dread*, que incluía el clásico «No Woman, No Cry». Tras el intento de asesinato, huyó de Jamaica por un tiempo, pero comercialmente, no hizo más que crecer.

Murió de cáncer en 1981, convertido en un icono tan grande como Elvis, Bob Dylan o The Beatles.
Sean Egan

Fecha 3 de diciembre de 1976

País Jamaica

Por qué es clave
La primera superestrella del Tercer Mundo.

Pág. siguiente **Bob Marley**.

Pareja clave
Bill Martin y Phil Coulter

Cuando la melancólica «Forever And Ever», interpretada por Slik, alcanzó las listas de éxitos británicas el día de San Valentín de 1976, para sus compositores, Bill Martin y Phil Coulter, supuso la coronación de 10 años en lo más alto. Sus canciones de Eurovisión, «Puppet On A String», de Sandie Shaw, y «Congratulations», de Cliff Richards, se habían situado en la cima de las listas de éxitos del Reino Unido, al igual que ese tema que sirvió de himno oficial del equipo nacional de futbol de Inglaterra, «Back Home». Otros éxitos menores fueron «Surround Yourself With Sorrow» (Cilla Black) y «My Boy» (Elvis Presley).

Llegado 1974, el dúo dirigía claramente sus composiciones al público adolescente. Con *hits* como «Shang-A-Lang» y «Saturday night», transformaron a los entonces desconocidos Bay City Rollers en un fenómeno cultural (el último alcanzó el número uno en Estados Unidos). Aunque el talento de ambos fuera innegable, su estrategia acabó llevando el cinismo hasta límites insospechables, intercambiando temas entre las diferentes bandas para las que componían. Cuando un vocalista irlandés llamado Kenny, con quien habían cosechado varios éxitos sonados, decidió retirarse, simplemente dieron sus canciones a otro grupo cuyos lanzamientos también aparecieron bajo el apodo de Kenny. Uno de estos lanzamientos –el innovador «The Bump»– había sido una cara B de los Rollers. «Forever And Ever», su último número uno el Reino Unido, había sido previamente el tema de un álbum de Kenny. Al cantante de Slik, Midge Ure (más tarde de Ultravox), le sorprendió darse cuenta de que tenía que cantar encima de un tema pregrabado. Sobre su triunfo en las listas de éxitos, afirmó más tarde: «Yo sonreía, pero a la vez me mostraba distante porque no era mío. No tenía en absoluto nada que ver conmigo.
David Wells

Rol Compositores

Fecha 1976

Nacionalidad Reino Unido

Por qué es clave
Un dúo de compositores tan talentoso como calculador.

Álbum clave *Mothership Connection*
Parliament

Chocolate City, el doble LP de Parliament lanzado en 1975, abordaba el sueño de una administración gubernamental integrada exclusivamente por personas de color. *Mothership Connection* lo superó.

George Clinton, líder y vocalista de esta banda formada por un batallón de músicos (que también grabó bajo el nombre de Funkadelic), afirmó más tarde que *Mothership Connection* combinaba su afición por las series de ciencia ficción como *Star Trek* con «temáticas callejeras y jerga de gueto». Para realizar este sueño, Clinton abandonó las raíces R&B más convencionales del álbum *Chocolate City* por extensas improvisaciones, potenciadas por la incorporación en el grupo de los intrumentistas de metal Maceo Parkery Fred Wesley, que acababan de desertar de la banda de James Brown.

Como siempre, Clinton demostró su habilidad por combinar los géneros más dispares; de ahí, la inclusión en la canción homónima del álbum de algunos versos del cántico espiritual de los esclavos negros «Swing Low, Sweet Chariot», aludir a un carro que recorre la galaxia de la Chocolate Milky Way (algo así como «la Vía Láctea chocolateada»), vigilada por Starchild («You have overcome, for I am here»).

Los juegos de palabras tan característicos del grupo alcanzaban su máximo esplendor también de forma destacada en el tema «Unfunky UFO», sobre unos extraterrestres que intentan robar algo de *funk* (palabra que, además de referirse al género musical, también significa «miedo» o «depresión»), y en el *hit* del álbum, «Give Up The Funk».

Mothership Connection, lanzado en febrero de 1976, marcó el inicio de una serie de álbumes en que Clinton exploraba los límites de su imaginación. El conjunto dejaba un poco alelado al público, pero –cuando las trabajos mostraban un enfoque tan claro como *Mothership connection*– a los fans de Parliament no les importaba.

Ralph Heibutzki

Fecha de lanzamiento Febrero de 1976

País Estados Unidos

Lista de temas P-Funk (Wants To Get Funked Up), Mothership Connection (Star Child), Unfunky Ufo, Supergroovalisticprosifunkstication, Handcuffs, Give Up The Funk (Tear The Roof Off The Sucker), Night Of The Thumpasorus Peoples

Por qué es clave Un disco único: un álbum conceptual sobre negros en el espacio sideral.

Álbum clave *Frampton Comes Alive!*
Peter Frampton

La aparición de *Frampton Comes Alive!* desconcertó a muchos críticos. La revista *Rolling Stone* se mostró perpleja: «¿Por qué Peter Frampton, quien tras una década se encuentra tan cercano al estrellato, lanzaría un álbum doble en vivo sin haber consolidado un público extenso?»

No obstante, en la aparente locura había estrategia. Dee Anthony, el mánager del guitarrista, ya había empleado el formato de álbum en vivo para potenciar las carreras de J. Geils Band y los antiguos compañeros de grupo de Frampton, Humble Pie. Según afirmó, estaba convencido de que *Frampton Comes Alive!* era la mejor manera de reunir lo mejor de los cuatro álbumes post-Pie del artista y al mismo tiempo aprovechar la potencia y el entusiasmo de sus actuaciones en vivo. Además de sus mejores canciones –notablemente, «Baby I Love Your Way», «Show Me The Way», y una extensa versión de 14 minutos de «Do You Feel Like We Do?»–, el doble álbum también exhibía su potencial como cantante de voz atractiva y excepcional intérprete de guitarra melódica. Por otro lado, su uso del *talkbox* enseguida puso de moda el aparato. El fenomenal éxito de *Frampton Comes Alive!* cogió a todo el mundo por sorpresa: alcanzó rápidamente la cima de la lista de éxitos de *Billboard*, en unas semanas había conseguido el oro y, posteriormente, el platino seis veces. Además de allanar el camino del llamado «rock de estadio», tuvo grandes repercusiones en la industria: convirtió el doble álbum en el formato estándar de las grabaciones de conciertos durante el resto de los años en que el vinilo fue el soporte principal.

David Wells

Fecha de lanzamiento 6 de enero de 1976

País Reino Unido

Lista de temas Something's Happening, Doobie Wah, Show Me The Way, It's A Plain Shame, All I Want To Be (Is By Your Side), Wind Of Change, Baby I Love Your Way, I Wanna Go To The Sun, Penny For Your Thoughts, (I'll Give You) Money, Shine On, Jumping Jack Flash, Lines On My Face, Do You Feel Like We Do?

Por qué es clave Popularizó el formato del doble álbum en vivo.

Pág. anterior Peter Frampton.

Álbum clave *Oxygene*
Jean Michel Jarre

El gurú del sintetizador Jean Michel Jarre empezó a curtirse en este campo trabajando con *loops* grabados en cintas de audio, radios y aparatos electrónicos, bajo el mando del creador de la música concreta, Pierre Schaeffer. Fue él quien le mostró a Jarre un sintetizador por primera vez en 1968, y en 1972, este músico de formación clásica lanzaba su propia música electrónica embrionaria.

Jarre lanzó el álbum *Oxygene* en Francia en noviembre de 1976, en un momento en que –tras la aparición de la banda sonora de *A Clockwork Orange* (*La naranja mecánica*), de Walter Carlos– el mundo le había tomado simpatía al sonido exótico y futurista de los sintetizadores. La odisea en seis partes de Jarre conectaba maravillosamente con el espíritu de la época. En este trabajo, el músico pareció sacar el máximo partido de lo que había aprendido de su padre, el compositor de bandas sonoras Maurice Jarre e inventó un envolvente paisaje electrónico por fases con oberturas clásicas, que sigue impresionando bastante hoy en día, a pesar de que la tecnología empleada haya mejorado desde entonces.

A diferencia de *Tangerine Dream*, Jarre no estaba interesado en la textura pura y cambiante, y *Oxygene* contenía algunos momentos sumamente accesibles, como en el tema «Oxygene (Part IV)», un peculiar pero melódico jingle ambiental que se convirtió inesperadamente en un gran éxito y que incluso en la actualidad puede escucharse en todas partes, desde juegos arcade a anuncios de televisión. El álbum se lanzó fuera de Francia de la mano de Polydor Records en 1977, e irrumpió en la cima de las listas de éxitos de Europa.

En 1997, Jarre realizó una continuación del álbum más famoso, grabando siete movimientos más para su sinfonía electrónica.
David McNamee

Fecha de lanzamiento
Noviembre de 1976

País Francia

Lista de temas Oxygene (Part I), Oxygene (Part II), Oxygene (Part III), Oxygene (Part IV), Oxygene (Part V), Oxygene (Part VI)

Por qué es clave
Un álbum exclusivamente instrumental y electrónico que se vendió como si fuera puro pop.

476

Canción clave **«Save Your Kisses For Me»**
Brotherhood Of Man

Tras lanzar «United We Stand», el éxito que los consolidó en 1970, el grupo vocal Brotherhood Of Man reformó su formación y finalmente quedó integrado por Nicky Stevens, Sandra Stevens (no eran familiar), Martin Lee y Lee Sheriden. El cuarteto se ajustaba al modelo de ABBA de dos chicas (una rubia y otra morena) y dos chicos (uno de ellos con barba), que se había convertido en la imagen dominante del Europop de la década de 1970. Probablemente por este motivo se convirtieron en los representantes británicos del Festival de Eurovisión de 1976.

Lee y Sheriden colaboraron en la composición del tema presentado a concurso «Save Your Kisses For Me», una canción pop con tintes country con un giro similar a la de «Memphis Tennessee», de Chuck Berry (la «nena» a la que se hace referencia a lo largo de la canción es en realidad una niña). La noche del 3 de abril de 1976, en Den Haag, Países Bajos, el grupo la interpretó bailando de forma increíblemente cursi, sacudiendo los codos y despegando las rodillas. No obstante, mucho antes del recuento total de votos, ya habían ganado, y acabaron con 164 puntos de los 204 posibles. El tema alcanzó la cima de las listas de éxitos en más de 30 países, incluido el Reino Unido.

En realidad, la canción le debía más a «Tie A Yellow Ribbon Round The Old Oak Tree» que a Abba, pero el cuarteto se mantuvo en lo alto y cosechó otros dos números uno en el Reino Unido, uno de los cuales («Angelo») se parecía tanto a «Fernando», del cuarteto sueco, que ni siquiera requería análisis de ADN. La formación que ganó Eurovisión continúa actuando hasta la fecha.
Steve Jelbert

Fecha de lanzamiento
Marzo de 1976

País Reino Unido

Compositores Tony Hiller, Martin Lee, Lee Sheriden

Por qué es clave
ABBA x Chuck Berry = exitazo internacional.

Canción clave «The Boys Are Back In Town» Thin Lizzy

Aunque el guitarrista Rory Gallagher ya hubiera dado a conocer internacionalmente la música irlandesa moderna, de algún modo siempre pareció demasiado enraizado en el blues como para ser percibido como un verdadero artista de rock. Fue Thin Lizzy la banda que demostró que Irlanda podía producir su propia marca de rock'n'roll de alto voltaje y, de hecho, sus canciones estaban repletas de referencias a su tierra natal, como si subrayaran su papel de pioneros (como «Whiskey In The Jar», el tema de electric-folk que en 1973 fue un exitazo en el Reino Unido).

Realmente, sin embargo, Thin Lizzy nunca pareció cuajar como banda hasta que en 1974 hubo un cambio en su formación e incorporó a Brian Robertson y Scott Gorham. El característico arrebato armónico desarrollado por estos dos excelentes guitarristas dio como resultado el tipo de himnos potentes que engendran el sentimiento de comunidad y la sensación de solidaridad con el que el rock se crece. Esto

y el afinado sentido melódico del bajista y vocalista Phil Lynott se combinaron en «The Boys Are Back In Town», un himno de chico malo que entró en las listas de éxitos británicas el 29 de mayo de 1976 y se encaminó hacia su posición máxima en el número ocho.

La canción reproducía una atmósfera roquera, motera, de joven que se come el mundo, al más puro estilo Springsteen; y es que, curiosamente, su inmortal *riff* de guitarra se basaba en la progresión de la sección de metal del tema «Kitty's Back», del segundo álbum del Boss. La naturaleza única del estribillo –la frase del título repetida una y otra vez como un efecto llamada y respuesta– era la guinda del pastel de un tema brillante.
Sean Egan

Fecha de lanzamiento
Marzo de 1976
(en *Jailbreak*)

País Irlanda

Compositor Phil Lynott

Por qué es clave El primer himno del rock irlandés.

Álbum clave *A New World Record* Electric Light Orchestra

En 1977, la *Encyclopedia of Rock* publicada por la revista musical británica *NME* afirmó sobre Electric Light Orchestra: «Son una formación extremadamente versátil y creativa».

En el momento en que salió el ejemplar, la llegada del punk había hecho que lo mejor de anteriores pasiones se resumiera en unos tipos con gafas de sol de aviador, barba, rizos al estilo afro, una orquestación masiva y un diseño de carátulas anónimo. Si alguien sospechaba que se trataba meramente de la afectación de un periodista musical, una encuesta realizada a comienzos de la década de 1980 a vendedores de discos de segunda mano reveló que el material de ELO se encontraba entre los artículos más difíciles de quitar de la sección de ofertas.

A New World Record, lanzado en el Reino Unido en noviembre de 1976, fue el álbum que aportó el éxito comercial a ELO. Era natural que una banda formada por el compositor, cantante y multiinstrumentista

Jeff Lynne retomara las cosas donde The Beatles las habían dejado con el tema «I Am The Walrus» y añadiera suntuosos arreglos orquestarles a las canciones de rock. El resultado fue majestuoso en temas como «Mission», a lo que ayudó la habilidad de Lynne por crear melodías maravillosas. «Livin' Thing» y «Telephone Line» eran canciones sobre separación exquisitamente emotivas, y «Do Ya» demostró que el ritmo potente no excluía los instrumentos de cuerda.

Una generación más tarde, los álbumes de vinilo han quedado relegados al olvido y la discografía de ELO se ha remasterizado en CD. La posición de año cero del punk asume que la historia es una necesidad repugnante. Ahora se le puede decir a *NME*: también lo fuiste tú.
Sean Egan

Fecha de lanzamiento
Noviembre de 1976

País Reino Unido

Lista de temas Tightrope, Telephone Line, Rockaria!, Mission (A World Record), So Fine, Livin' Thing, Above The Clouds, Do Ya, Shangri-La

Por qué es clave
El ejemplo de la fluctuante opinión del público.

Grupo clave
Boston

El rock elegante y sofisticado de Boston se mantiene en primera línea a pesar de que la banda –cuyo miembro principal es el licenciado en ingeniería y guitarrista Tom Scholz– haya lanzado apenas seis álbumes en 31 años.

Boston (1976), grabado en su mayor parte en el estudio de la casa de Scholz, contenía la canción más célebre del grupo, «More Than A Feeling», que entró en la lista de Billboard el 16 de octubre de 1976 y acabó alcanzando el puesto número cinco en Estados Unidos. Boston era una nueva especie de banda de rock: aunque la voz etérea de Brad Delp era muy característica, prácticamente se desconocía a los integrantes de la formación, y sus carátulas no contenían fotografías, sino dibujos (algo que se convertiría en uno de sus elementos distintivos).

Su siguiente lanzamiento fue Don't Look Back, en 1978. El perfeccionismo de Scholz deterioró las relaciones entre éste y su discográfica, Epic Records,

que lo demandó por pasarse demasiado tiempo en el estudio. Epic no se salió con la suya y cuando los problemas legales finalmente terminaron, Scholz y Delp lanzaron solos Third Stage (1986), un álbum conceptual sobre los albores de la mediana edad. El vocalista no participó en Walk On (1994), álbum que Scholz terminó más o menos sin ayuda y que sus fans de toda la vida acogieron con frialdad.

Delp volvió en Corporate America (2002) y reavivó el entusiasmo del público y de los críticos, que alabaron el álbum como un «clásico» de la banda. Los planes del grupo se vinieron abajo con el suicidio de Delp por intoxicación de monóxido de carbono, el 9 de marzo de 2007.

Boston, aunque suele inspirar más admiración que pasión, probablemente haya influido a más artistas de lo que se cree. «Smells Like Teen Spirit», de Nirvana, tomó claramente como modelo el tema «More Than A Feeling».
Ralph Heibutzki

Rol Artistas de grabaciones

Fecha 1976

Nacionalidad Estados Unidos

Por qué es clave
La primera banda «anónima» del rock.

Pág. siguiente **Boston**.

Canción clave «New Rose»
The Damned

«Primero» no es sinónimo de «mejor», pero, por fortuna, el primer single británico del punk, «New Rose», también resultó ser un gran tema. The Damned llamaron la atención del jefe de la discográfica Stiff, Jake Riviera, mientras tocaban frente a varios incondicionales del pub-rock en el Primer Festival Europeo de Punk Rock, realizado en la localidad francesa de Mont-de-Marsan, en agosto de 1976. Cuatro semanas después, Riviera y el productor Nick Lowe guiaron al entusiasmado cuarteto hasta los diminutos estudios Pathway de Londres. El batería Rat Scabies recordó: «Empezamos por la mañana y a la hora de comer habíamos terminado. Simplemente, tocamos hasta que Nick nos dijo que podíamos ir a la sala de control para escuchar [...]»

«New Rose» era un trepidante tema de menos de tres minutos cargado de adrenalina, que el guitarrista y líder de la banda Brian James había compuesto hacía poco en el sótano donde vivía, en Kilburn, al norte de Londres. El tema, repleto de riffs y altamente

contagioso, confirmaba un elemento esencial del punk –«Kick out the jams» (aparta el tipo de música jam)– pero negaba otro –el «año cero»–. Tomaba ingeniosamente prestada su frase de apertura «Is she really going out with him?» de la obra maestra de Shangri-Las, «Leader Of The Pack». El single no entró en las listas de éxitos, aunque en gran parte fue culpa de la incapacidad de la inexperta Stiff de conectar con la demanda. Aun así, «New Rose» hizo bien su trabajo. «Fue guapo pasar por delante a los Pistols», afirmó orgulloso Scabies, consciente de haber escrito una parte de la historia.
David Wells

Fecha de lanzamiento
22 de octubre de 1976

País Reino Unido

Compositor Brian James

Por qué es clave
El primer single británico de punk rock.

Grupo clave
Blue Öyster Cult

El heavy metal es, por naturaleza, rimbombante, machista e individualista. Blue Öyster Cult es una banda de heavy metal que ha intentado con cierto éxito aportar algo de credibilidad intelectual a su música.

El grupo, establecido en Nueva York, se llamaba originalmente Soft White Underbelly, pero fue rebautizado y reformado por el crítico de rock Sandy Pearlman –el hombre que aplicó por primera vez el término *heavy metal* a la música–. Pearlman produjo sus discos, escribió sus letras e incluso les aconsejó que pusieran la diéresis sobre la O en Oyster. La mayoría de las bandas de metal ofrecen pesados *riffs* ahogados en distorsión. B.O.C., además de esto, también podía ser agudo y rápido, con letras que, aunque a menudo eran incomprensibles, tenían cierta sensibilidad intelectual.

Una ojeada a algunas de sus canciones revela una banda que frecuentemente andaba a caballo entre dos estilos, o más. «Godzilla» contenía una rimbombancia latente, mientras que «In Thee» era pop melódico acústico, «Cities On Flame With Rock And Roll» era machismo absurdo, y «The Red And The Black», un apasionante tema punky. «Joan Crawford» (en que la estrella de comienzos de siglo se levanta de la tumba para aterrorizar a los vivos) era una divertidísima comedia.

La banda es conocida principalmente por una exhibición de su lado más elegante: «Don't Fear The Reaper», de su cuarto álbum, *Agents Of Fortune*. La críptica letra de este tema, mucho más calmado que el resto, abordaba la aceptación y la inevitabilidad de la muerte y ofrecía un contrapunto oscuro a sus suaves acordes al estilo de The Byrds. Entró en las listas de éxitos estadounidenses el 4 de septiembre de 1976 y alcanzó el número doce.

Johnny Black

Rol Artistas de grabaciones

Fecha 1976

Nacionalidad Estados Unidos

Por qué es clave Confirió cierta sensibilidad intelectual al heavy metal.

Personaje clave
Demis Roussos

En la década de 1970 era fácil burlarse de Demis Roussos, y un sinfín de cómicos –y punks– lo hicieron. *The Roussos Phenomenon EP*, un álbum compuesto por cuatro canciones, alcanzó el número uno en el Reino Unido el 17 de julio de 1976. Su tema principal, «Forever And Ever», era la máxima expresión del sentimentalismo (la característica voz aguda y suplicante de Roussos lo hacía sonar todavía más quejumbroso), mientras que su imagen (entradas, frondosa barba y una considerable curva bajo el caftán) era como la metáfora de una escena rock que había envejecido y engordado.

No obstante, los temas de Roussos tenían mucho gancho, y su personalidad avispada y simpática atraía a las mujeres.

Aunque era de origen griego, Roussos nació en África, y tomó contacto con la ópera en Alejandría, Egipto. Curiosamente, antes de su éxito en solitario con *Ladies Choice*, había cantado y tocado el bajo con la banda griega de rock progresivo de culto Aphrodite's Child, al lado del teclista Vangelis, con quien continuó grabando en la década de 1970 cuando el grupo se disolvió tras lanzar su último álbum, *666*, basado en el Apocalipsis. Posiblemente, su primer gran éxito en el Reino Unido, «Happy To Be On An Island In The Sun» (1975), sugería de forma subliminal a sus compradores que no sólo estaban adquiriendo un disco, sino el carné de un estilo de vida.

Aunque su novedoso éxito en el mundo anglófono no durara demasiado, Roussos demostró que el pop griego tenía algo que enseñar a los profesionales británicos sobre cómo entrar en las listas de éxitos. Posteriormente, ha seguido triunfando en la Europa continental cantando en varias lenguas europeas.

Mat Snow

Rol Artista de grabaciones

Fecha 1976

Nacionalidad Grecia

Por qué es clave Grecia demuestra que también puede hacer pop, con una implicación del clima cálido que otros países no pueden igualar.

Pág. anterior **Demis Roussos**.

Espectáculo clave *Bugsy Malone*
la película

El musical de Alan Parker de 1976 hacía un retrato de la época de la Ley Seca de Estados Unidos, con una serie de personajes que incluía el rudo pero honrado Bugsy Malone, con traje de botonadura doble, Fat Sam, propietario de una taberna clandestina, Tallulah, su bonita pero implacable compañera, y Blousey, una dulce chica de pueblo que sueña en convertirse en leyenda de Hollywood.

Los elementos de la película conformarían un buen homenaje al género de gánsteres de comienzos de siglo, tan tópicas que llegan a resultar soporíferas, salvo por dos cosas. La primera es que todos los papeles están interpretados por niños, con las correspondientes modificaciones de guión (por ejemplo, las pistolas disparan nata en vez de balas). No obstante, lo que realmente hace especial a este musical son sus canciones.

Paul Williams ya había compuesto la banda sonora de la película musical *Phantom Of The Paradise*

(*El fantasma del paraíso*, 1974), de Brian DePalma, pero era más conocido por componer o colaborar en la composición de los *hits* de Three Dog Night y The Carpenters. En aquél momento, su popularidad estaba en auge por haber escrito la letra del tema «Evergreen», que había ganado un Óscar. La mayor pretensión de la banda sonora de *Bugsy Malone* era ser acertada para la época que recreaba el filme, pero aun así fue soberbia. Incluía una canción de espectáculo de variedades cantada en un lujoso local nocturno («My Name Is Tallulah»), un lamento de quiero y no puedo («Tomorrow»), canciones que le ponen a uno a silbar al instante («Fat Sam's Grand Slam», «Down And Out») una encantadora balada («I'm Feeling Fine»), y la alegre y maravillosa canción que cierra el espectáculo («We Could Have Been Anything»). El resultado es tan encantador como se esperaba.
Sean Egan

Estreno 1976

País Reino Unido

Director Alan Parker

Reparto Scott Baio, Jodie Foster, Florrie Dugger

Compositor Paul Williams

Por qué es clave
Un musical de niños. En sentido literal.

Espectáculo clave *Pacific Overtures*
teatro musical

Pacific Overtures posee un enfoque claramente oriental. La obra aborda la extinción gradual de la cultura medieval japonesa a partir del momento en que el almirante estadounidense Matthew Perry invadió el país. El libretista John Weidman, el director Harold Prince, y el compositor y letrista Stephen Sondheim, empezaron a trabajar en el espectáculo, enfocándolo como si lo realizara un escritor japonés que hubiera estudiado teatro musical en Estados Unidos y luego hubiera regresado a su país para componer su propia obra.

La estructura, formada por una serie de escenas en que se dramatizan conflictos personales y políticos, toma muchos elementos prestados del teatro tradicional japonés. Incluye la figura de un narrador subjetivo y el argumento gira en torno a una típica historia de un samurái de bajo nivel y un navegante enamorado de Occidente, cuyas lealtades varían a lo largo de los años.

La música clásica japonesa auténtica no puede adaptarse de forma precisa, ya que depende de tonos aproximados e instrumentos que no están bien temperados. Por este motivo, Sondheim encontró un equivalente filosófico occidental para usar como modelo armónico: la música del compositor español Manuel de Falla, quien compuso piezas en modos menores extensas y rítmicas que mantenían una tonalidad mucho tiempo, con leves variaciones cromáticas. Sondheim explicó: «Simplemente, empecé a imitarlo. Tomé la escala pentatónica y agrupé los acordes hasta que se parecieron a ese maravilloso sonido de guitarra. Y, de repente, tenía una atmósfera occidental española y al mismo tiempo oriental».
David Spencer

Estreno 11 de enero de 1976

País Estados Unidos

Director Harold Prince

Reparto Mako, Soon Tek Oh, Sab Shimono

Compositor Stephen Sondheim

Por qué es clave Llevó un sabor oriental único a Broadway.

Álbum clave *Joan Armatrading*
Joan Armatrading

En agosto de 1976, el productor Glyn Johns afirmó que *Joan Armatrading* era el mejor álbum en que había trabajado. Sus palabras llamaron la atención de la gente, y no era para menos, puesto que se trataba de un gran elogio por parte de un hombre que había colaborado con The Beatles, The Rolling Stones, The Who, Eric Clapton y Led Zeppelin.

Armatrading, nacida en el Caribe pero criada en Inglaterra, ya había lanzado un par de trabajos folk poco destacados, pero fue su tercer álbum el que la catapultó al estrellato. Llevaba su nombre y era la primera vez que la artista se unía a John. Su éxito se debió en parte al trabajo de este productor, quien pulió el álbum y le confirió un toque comercial, además de aportar la colaboración de The Faces y Fairport Convention para reforzar el sonido delicado e introvertido de la artista. Sin embargo, el éxito de *Joan Armatrading* se debió ante todo a la calidad de las canciones. Las letras

y melodías de «Down To Zero» y la balada intimista «Save Me» ejemplificaban a la perfección el estilo personal de la cantante. No obstante, fue «Love And Affection», el single principal del álbum, el que la elevó a las alturas. Con su irónica frase inicial, «I am not in love... but I'm open to persuasion», y su ambiental solo de saxo, este melancólico tema consiguió el estatus de clásico al instante, y su entrada en el Top 10 supuso el primer logro importante de la artista. El álbum permaneció en las listas de éxitos durante seis semanas, y también entró en las listas estadounidenses. Para muchos admiradores, sigue siendo el trabajo más consistente de la silenciosa pero impresionante carrera de Armatrading.

David Wells

Fecha de lanzamiento Agosto de 1976

País Reino Unido

Lista de temas Down To Zero, Help Yourself, Water With The Wine, Love And Affection, Save Me, Joint He Boys, People, Somebody Who Loves You, Like Fire, Talk In The Saddle

Por qué es clave La primera entrada en las listas de éxitos de una cantautora británica de raza negra.

Grupo clave
Wings

«She Loves You» fue el single británico más vendido de todos los tiempos hasta 1977, cuando el propio Paul McCartney se apoderó de este récord con «Mull Of Kintyre», una oda a un bonito enclave escocés, adornada con el sonido de la gaita. Lo grabó con Wings, el grupo que formó tras separarse de The Beatles, y llegó al número uno de las listas británicas el 3 de diciembre de 1977. Su éxito fue un logro inesperado.

El hecho de que su esposa, Linda, una talentosa fotógrafa pero teclista sin formación, fuera parte integrante de la banda, condenó al grupo a no ser tomado en serio, por mucho que su cambiante alineación incluyera, en diferentes períodos, a músicos de prestigio como Jimmy McCulloch, Joe English y Denny Laine (este último guitarrista fue el único miembro fijo además del matrimonio McCartney). McCartney podría haber contado con cualquier músico del mundo que deseara para su nuevo proyecto después de que The Beatles se separaran,

pero argumentaba que quería evitar a toda costa el síndrome del supergrupo.

El álbum de debut de Wings, *Wild Life*, lanzado en 1971, no obtuvo buenas críticas y su primera gira fue un simple paseo por algunas universidades británicas en 1972. En 1973, no obstante, *Red Rose Speedway* se situó en la cima de las listas de éxitos estadounidenses, y en 1976, la banda llenaba estadios.

Tras «Mull Of Kintyre», Wings lanzó apenas dos álbumes más antes de disolverse a causa del arresto de McCartney en Japón, en 1980, por posesión de drogas. El brillante álbum *Band On The Run* (1973) se considera la obra maestra del grupo, mientras que el roquero «Hi, Hi, Hi» (1972) probablemente sea su mejor single.

Gillian G. Gaar

Rol Artistas de grabaciones

Fecha 1977

Nacionalidad Reino Unido

Por qué es clave La banda que estuvo siempre acompañada por el invencible fantasma de The Beatles.

Acontecimiento clave
Fallece Elvis Presley

En 1977, el programa especial del regreso de Elvis Presley, emitido en televisión en 1968, parecía prehistoria. Sus álbumes habían perdido calidad, su comportamiento era preocupantemente excéntrico y errático, y físicamente apenas parecía una caricatura hinchada de lo que había sido. Sin embargo, a sus 42 años aún era un hombre relativamente joven, por lo que su muerte en la mansión de Graceland, en Memphis, el 16 de agosto de 1977, causó un gran impacto. Las sórdidas circunstancias y la drogodependencia relacionadas con su ignominioso final no se esclarecerían del todo hasta pasado un tiempo.

Ningún artista de la música popular de la talla de Elvis había fallecido hasta entonces. Casi inmediatamente, su muerte se convirtió en un negocio que incluía visitas a Graceland, un batallón de imitadores y un mar de relanzamientos que parecía no tener fin. Sin embargo, en este desalentador escenario había algo positivo.

De repente, su música volvía a sonar en las radios y abundaban sus biografías; la gente no podía hacer otra cosa que hablar y pensar en él. Muchos de los que nunca habían escuchado su música se convirtieron en fans. Otros que habían comprado sus discos pero los tenían acumulando polvo, volvieron a escucharlo y a enamorarse de él. La niebla empezó a desvanecerse, y la opinión general sobre Elvis tomó forma, para nunca más, ahora ya es seguro, volver a cambiar: por irregular que hubiera sido su carrera, es innegablemente uno de los iconos más importantes de todos los tiempos, y aunque pudiera haber tenido sus defectos, su persona marcó una época. Como dijo una vez John Lennon, «antes de Elvis no había nada».
Richie Unterberger

Fecha 16 de agosto de 1977

País Estados Unidos

Por qué es clave La pérdida más trascendental que ha sufrido nunca el rock.

Pág. siguiente **Elvis Presley.**

1970-1979

484

Grupo clave
Fleetwood Mac

El álbum de debut de Fleetwood Mac fue el más vendido del año en el Reino Unido en 1968, y por aquel entonces, la idea de que la banda pudiera sobrevivir a la deserción de su líder creativo y genial guitarrista Peter Green –compositor de clásicos como «Black Magic Woman» y «Albatros»– habría parecido de risa. Sin embargo, aunque un Green deteriorado por las drogas acabara dejando la banda en 1970, Fleetwood Mac consiguió prosperar.

El bajista John McVie y el batería Mick Fleetwood son los únicos miembros del grupo que han estado presentes en todas sus etapas desde que se creara en 1967. Junto con la esposa de McVie, la cantante y teclista Christine McVie, el cantante Stevie Nicks, y la cantante y guitarrista Lindsey Buckingham, grabaron el álbum homónimo de la banda, que alcanzó la cima de las listas de éxitos en 1975.

El nuevo Fleetwood Mac, en que destacaban los consistentes arreglos pop y rock de Buckingham en las canciones compuestas por ella, Nicks y Christie McVie, tenía poco que ver con el blues-rock de la época de Green: lo único que no cambió fue la calidad del material. Mantener el éxito de Fleetwood Mac se convirtió en todo un reto. Tanto los McVie como la pareja de novios Buckingham y Nicks rompieron sus relaciones personales, que no profesionales, durante los preparativos finales de *Rumours*, lanzado en Estados Unidos el 4 de febrero de 1977.

En vez de sumergir al grupo en otra fase de cambios en su formación, los descalabros emocionales dieron lugar a una serie de canciones de tremendo éxito: quienes las escuchaban se deleitaban con todas y cada una de las composiciones, que parecían anotaciones de un diario personal musical. Al igual que el debut de la primera formación, *Rumours* fue el álbum más vendido del año.
William Ruhlmann

Rol Artistas de grabaciones

Fecha 1977

Nacionalidad Reino Unido /Estados Unidos

Por qué es clave Demostró que una banda puede reinventarse a sí misma completamente.

Canción clave **«Peaches»**
The Stranglers

ado que el tema «God Save The Queen», de Sex Pistols, debía escucharse casi en la clandestinidad, la canción de 1977 que pasó a formar parte de la memoria colectiva del público fue «Peaches», una lujuriosa oda a núbiles comiéndose con los ojos al lado del mar, concebida por una irreverente pandilla de volátiles ex vendedores de helados de Guilford. El álbum de debut de The Stranglers, *Rattus Norvegicus*, penetraba en los instintos humanos de procreación y autoconservación, aportando al rock un concentrado sin precedentes de sexo, inmoralidad, desafío y una melodía pop deliciosamente estridente. El single destacado del álbum era «Peaches», un tema que ejemplificaba a la perfección esta sórdida sofisticación, y que entró en las listas de éxitos británicas el 21 de mayo de 1977.

«Peaches», el primer tema rock en incluir la palabra *clítoris* (aunque una versión para la radio la sustituía por *bikini*), contiene el *riff* de bajo más reconocible y brutal de la historia del rock, de la mano de J. J. Burnel, brillantemente compensado por el espeluznante sonido del teclado de Dave Greenfield y la parsimoniosa percusión de Jet Black. Durante el interludio, la potente voz del guitarrista y vocalista Hugh Cornwell se reduce a gemidos carnales. Las feministas se mostraron indignadas, y los amantes de la música, maravillados. Aunque los intelectuales del *new age* consideraban a The Stranglers unos intrusos –quienes compartían poco de su preocupación socioeconómica y nada de la rebeldía de la juventud de sus coetáneos–, la actitud rebelde de los miembros de la banda, fieramente ilustrada en «Peaches», les valió la etiqueta de «banda punk» en la memoria colectiva del país.
Kevin Maidment

Fecha de lanzamiento
Abril de 1977 (en *Rattus Norvegicus*)

País Reino Unido

Compositores Jet Black, Jean-Jacques Burnel, Hugh Cornwell, Dave Greenfield

Por qué es clave Un tema obsceno y desafiante como ninguno, y la mayor indignación del feminismo.

Pág. anterior **The Stranglers.**

Canción clave **«Roadrunner»**
Jonathan Richman & The Modern Lovers

oadrunner» es un himno a la carretera compuesto por Jonathan Richman e inspirado en los incontables viajes en coche que éste hacía de adolescente con su padre, que era comerciante.

Richman ya había interpretado «Roadrunner» en solitario en sus actuaciones en un parque público de Boston, su ciudad natal, a finales de la década de 1960. El músico era un gran amante de Velvet Underground y adaptó el *riff* de «Sister Ray» para su acción. A mediados de la década de 1970 formó los Modern Lovers, y la buena fama de sus conciertos enseguida provocó una guerra de ofertas por parte de las discográficas. En marzo de 1972, entraron en un estudio para grabar varias demos con el Velvet John Cale (incluida la de «Roadrunner», el frenético tema de banda de garaje que se convirtió en su carta de presentación).

Tras la separación de los originales Modern Lovers, Matthew «King» Kaufmann, seguidor y compañero de la banda desde hacía tiempo, compró las cintas y contrató a Richman para su nuevo sello, Beserkley Records. El sámpler de julio de 1975, con el divertido título «Beserkley Chartbusters Volumen One», incluía una versión revisada por Jonathan de «Roadrunner», con el acompañamiento de las bandas Earthquake y Greg Kihn, también del entorno de Kaufmann. El tema, lanzado en agosto como single en el Reino Unido, se vendió poco pero atrajo buenas críticas e incluso lo versionaron los Sex Pistols.

En 1977, la obra maestra de Richman –rebautizada como «Roadrunner (Once)» para distinguirla de la demo original de 1972, que aparecía en la cara B como «Roadrunner (Twice)»– se convirtió finalmente en su primer gran éxito, entrando en las listas de éxitos británicas el 16 de julio de 1977, donde llegó a alcanzar el puesto once. De este modo, llevó a las masas la potencia caótica del garage rock y el sonido monótono de Velvet Underground.
David Wells

Fecha de entrada en las listas de éxitos
Julio de 1977

País Estados Unidos

Compositor Jonathan Richman

Por qué es clave
La canción que llevó el underground a las masas.

Canción clave «Chanson d'amour»
Manhattan Transfer

«Chanson d'amour», escrita por el compositor estadounidense Wayne Shanklin, era un tema sensual y jazzístico cuya escasa letra se cantaba, aproximadamente, mitad en inglés y mitad en francés. Fue un hit en Estados Unidos en 1958, cuando las versiones de Fontane Sisters y Art And Dotty Todd entraron en el Top 20.

En 1969, Tim Hauster creó el grupo vocal Manhattan Transfer con Laurel Masse, Alan Paul y Janis Siegel, con quienes procuró recrear el estilo de las antiguas bandas vocales, persiguiendo el espectro de la música popular tradicional desde los clásicos de la década de 1920 hasta el sonido del *doo wop*. El resultado fue bastante logrado. El revival de «Chanson d'amour», con su pegadizo y repetitivo «Ra da da da da», era una propuesta atractiva para Hauser y sus colegas, y les permitió triunfar en las listas de éxitos –algo que, a esas alturas, sólo habían conseguido en Estados Unidos con *Operator*. Curiosamente, su versión de «Chanson d'amour», nunca tuvo éxito en su casa, pero en el Reino Unido les hizo muy populares. Además, su vínculo con este país se reforzó con su participación regular en el programa de televisión *The Two Ronnies*. El 12 de marzo de 1977 el tema se situó en el número uno británico.

Wayne Shanklin no pudo disfrutar de la nueva versión de su ligera pero pegadiza canción, puesto que murió en 1970. No obstante, el compositor ha dejado un legado de *hits*, en el que también se incluyen «Jezebel», un exitazo de ventas interpretado por Frankie Laine, y «The Big Hurt», cantado por Toni Fisher.
Fred Dellar

Fecha de entrada al n.° 1 en el Reino Unido 12 de marzo de 1977

País Estados Unidos

Compositor Wayne Shanklin

Por qué es clave
Una canción en francés compuesta en Estados Unidos.

Canción clave «Hotel California»
The Eagles

Para celebrar el 200 aniversario de la Declaración de Independencia de Estados Unidos, The Eagles decidió lanzar un álbum que, en palabras del batería Don Henley, sería «una pequeña conmemoración del bicentenario utilizando California como microcosmos de todo Estados Unidos, o de todo el mundo, si se quiere». Salió a la venta en diciembre de 1976 con el título *Hotel California*. Sobresalían claramente dos de sus temas: el último, «The Last Resort», y el que daba nombre al álbum.

La canción «Hotel California» fue el mayor ejemplo de la gradual transformación de The Eagles, que pasaron de ser una banda de country-rock a superestrellas del Album Oriented Rock. Aparentemente, «Hotel California» era un maravilloso cuento de hadas de más de seis minutos, en que un fatigado viajero seducido por voces de sirena deja atrás la carretera para descansar en un hotel, donde queda atrapado con otras almas condenadas («You can check out anytime you like, but you can never leave» [Puedes facturar la salida cada vez que quieras, pero no puedes marchar jamás]). Aunque era claramente alegórico, a qué hacía referencia exactamente su kafkiana letra ha sido un tema muy debatido. Las teorías incluyen drogadicción, satanismo e ingresos en el psiquiátrico, pero los miembros de la banda han afirmado que, básicamente, «Hotel California» –cuyo título provisional era «Mexican Reggae»– hacía referencia al cebo insidioso y destructivo del decadente estilo de vida de Los Ángeles a mediados de la década de 1970. Compuesta de forma soberbia (aunque las progresiones de acordes son claramente similares al las del tema de Jethro Tull de 1969, «We Used To Know») e interpretada a la perfección (el largo fragmento a dos guitarras que cierra la canción está considerado por algunos el mejor solo del rock), el 7 de mayo de 1977 alcanzó el primer puesto de la lista de éxitos estadounidense.
David Wells

Fecha de entrada al n.° 1 en Estados Unidos 7 de mayo de 1977

País Estados Unidos

Compositores Don Felder, Don Henley, Glenn Frey

Por qué es clave
Una alegoría épica que consolidó a The Eagles como gigantes del rock suave.

Acontecimiento clave **Un concierto de Pink Floyd inspira *The Wall***

En 1977, Pink Floyd era tan popular que llenaba estadios, y sus espectaculares conciertos incluían gigantescos atrezos y pantallas de vídeo. El arquitecto de este colosal e impersonal enfoque para proveer música era Roger Waters, uno de los vocalistas, además de bajo y compositor principal de la banda. No obstante, el músico se sentía cada vez más desilusionado con todo ello.

Dicha desilusión culminó con el concierto final de una de sus giras, realizado en el Estadio Olímpico de Montreal, Canadá, en julio de 1977. Waters, que ya estaba de mal humor porque alguien había hecho estallar un petardo, acabó de perder la paciencia cuando un adolescente intentó subirse al escenario, a lo que respondió escupiéndole en la cara. Decepcionado tanto consigo mismo como con el proceso por el que el rock podía convertirse en algo tan descomunal y hacer sentir a los músicos tan aislados, Waters volcó sus sentimientos en un ciclo de canciones llamado *The Wall* (El muro), haciendo referencia a la barrera existente entre una estrella de rock y su público.

De forma sorprendente, dada su temática, *The Wall*, lanzado por Pink Floyd como doble LP en noviembre de 1979 y promocionado por apenas unos pocos conciertos en que un muro de ladrillos de cartón se erigía poco a poco frente al escenario, se convirtió, junto con *The Dark Side Of The Moon*, en su álbum de mayor éxito. Ante esta lastimera descripción de la insatisfacción de un músico de rock (y ante canciones con tanto gancho como «Another Brick In The Wall (Part 2)», single número uno en el Reino Unido), quienes escucharon el álbum se identificaron con el artista y le respondieron dándole una calurosa acogida.

William Ruhlmann

Fecha 6 de julio de 1977

País Canadá

Por qué es clave El primer alegato artístico importante realizado por un músico de rock sobre su relación con el público.

Personaje clave **John Williams**

Aunque el compositor de bandas sonoras John Williams haya escrito temas para algunas de las películas de mayor éxito de la historia, no es la popularidad de dichos filmes lo que ha hecho que su trabajo sea reconocido en todo el mundo. El músico tiene la infalible habilidad de componer temas tan pegadizos, que es uno de los pocos compositores que ha cosechado varios *hits* en las listas de éxitos.

Williams empezó su carrera como pianista de jazz en Nueva York, y con el tiempo se convirtió en arreglista y líder de una banda. Más tarde se trasladó a Los Ángeles y trabajó como arreglista para películas y pianista de sesión. A finales de la década de 1950, empezó a componer para cine y televisión, y a comienzos de la década de 1970 su nombre ya había aparecido en gran cantidad de créditos.

En 1974, empezó a colaborar con Steven Spielberg, componiendo la banda sonora de *The Sugarland Express* (*Loca evasión*) Luego, compuso para *Jaws* (*Tiburón*, 1975), creando el célebre y escalofriante tema que acompaña las secuencias de los ataques del animal, y que fue galardonado con un Óscar. También concibió la igualmente famosa banda sonora de la película de Spielberg de 1978, *Close Encounters Of The Third Kind (Encuentros en la tercera fase)*. El cineasta presentó a Williams a George Lucas, para quien el compositor creó la música de *Star Wars (La guerra de las galaxias)*. La sinfónica banda sonora de Williams otorgaba un dramático esplendor a los combates siderales, y ganó un Óscar y tres Grammys. Dos versiones del tema de *La guerra de las galaxias* irrumpieron en el Top 40 de Estados Unidos el mismo mes, la de Williams, el 13 de agosto de 1977, y una adaptación disco de Meco, que se situó en el número uno. Desde entonces, Williams ha compuesto las bandas sonoras de muchas películas, incluidas *Superman*, *Indiana Jones* y *Harry Potter*.

Gillian G. Gaar

Rol Compositor

Fecha 1977

Nacionalidad Estados Unidos

Por qué es clave El hombre que componía bandas sonoras tan pegadizas como las canciones pop.

Grupo clave
Status Quo

La banda Status Quo a menudo ha sido menospreciada y ridiculizada. No obstante, quien ríe el último ríe mejor: después de cuatro décadas, se han anotado más de 50 entradas en el Top 40 británico. Sólo el guitarrista Rick Parfitt y el guitarrista y cantante principal Francis Rossi han sido miembros permanentes de la formación.

Empezaron como banda de rock psicodélico, cuando su excelente «Pictures Of Matchstick Men» (1967) les valió su único *hit* en el Top 40 en Estados Unidos. Pronto, sin embargo, el grupo empezó a desgastar sus camisetas de cachemira. Con el álbum *Ma Kelly's Greasy Spoon* (1970) confirmaron su nueva dirección: nada de boogie. Fue un camino del que nunca se desviarían, y el estilo del grupo se resumiría en la imagen de sus miembros atacando con fuerza la guitarra con las cabezas agachadas (una pose icónica que apareció en la carátula de su álbum de 1972, *Piledriver*) y por el tono de su único número uno en el Reino Unido, «Down Down» (1974).

Con el paso del tiempo, sin embargo, su música se tiñó poco a poco de un extraño toque country y pop, en la que encontramos su mordaz «Living On An Island» (1979), un tema sobre el exilio en una isla desierta.

Aunque compusieron ellos mismos gran parte de su material, la canción más distintiva del grupo es la versión de «Rockin' All Over The World», de John Fogerty, que entró en las listas de éxitos del Reino Unido el 8 de octubre de 1977. Este estruendoso homenaje al rock fue considerado por Bob Geldof la mejor forma de abrir el Live Aid de 1985, hecho que aseguró la inmortalidad de la banda. Dicha inmortalidad, sin embargo, se consolidó todavía más con su récord de banda británica con más entradas en las listas de éxitos del Reino Unido.
Ralph Heibutzki

Rol Artistas de grabaciones

Fecha 1977

Nacionalidad Reino Unido

Por qué es clave Banda que alargó su fecha de caducidad aparentemente de forma permanente cambiando las flores por pantalones acampanados.

490

Acontecimiento clave
Lynyrd Skynyrd sufre un accidente aéreo

Ningún momento puede considerarse «bueno» para morir en un accidente aéreo, pero la fatal casualidad que llevó a la muerte a algunos de los miembros de Lynyrd Skynyrd el 20 de octubre de 1977 hizo sentir especialmente culpables a los que sobrevivieron.

A finales de 1977, Lynyrd Skynyrd se estaba recuperando de un mal bache. Aunque un par de años antes habían cosechado varios *hits* con el abiertamente provinciano «Sweet Home Alabama» y su antagónico «Freebird», esta banda de rock sureña había sufrido un mal año por varias deserciones en su formación. Sin embargo, recientemente había tomado un nuevo impulso con la incorporación del guitarrista Steve Gaines. Su hermana formaba parte The Honkettes, el grupo vocal de acompañamiento de Lynyrd Skynyrd. Durante la gira, Gaines se había ido colando sigilosamente hasta ocupar el puesto de una de las tres guitarras principales del grupo, e incluso colaboró en la composición de varias canciones del nuevo álbum,

Street Survivors, lanzado la misma semana del accidente.

La banda se encontraba en la gira de promoción del álbum. Ese día, el avión chárter que tenía que llevarlos desde Greenville, Carolina del Sur, hasta Baton Rouge, Luisiana, empezó a experimentar problemas en el motor y se quedó sin combustible cuando sobrevolaba McComb, Misisipi, donde acabó estrellándose. Gaines, su hermana Cassie, el cantante principal Ronnie Van Zant, los dos pilotos y el mánager de la gira murieron. Todos los demás resultaron heridos graves.

Sobrevivieron suficientes miembros del grupo para que a la larga pudiesen continuar con el proyecto, y han pasado de ser la principal banda de rock sureña a la «banda de rock fantasma» definitiva.
Bruce Eder

Fecha 20 de octubre de 1977

País Estados Unidos

Por qué es clave La fatalidad destruye una banda que se estaba recobrando de un mal bache.

Pág. siguiente **Lynyrd Skynyrd.**

Álbum clave *Bat Out Of Hell*
Meat Loaf

Todo en Meat Loaf es ridículo, desde el delirio de grandeza que emana del diseño de sus carátulas hasta sus pretenciosos solos de guitarra o sus solemnes letras cantadas con absoluta convicción por un tipo obeso conocido como Meat Loaf («pastel de carne»). Sorprendentemente, no obstante, a pesar de su pompa, *Bat Out Of Hell* fue capaz de conectar con el público.

El álbum fue producto de la imaginación hiperactiva del compositor Jim Steinman, quien combinó la fantástica sensibilidad gótica de la ópera wagneriana con la osada ampulosidad del heavy metal. Producido por Todd Rundgren (responsable de la mayoría de los solos de guitarra), *Bat Out Of Hell* contenía canciones tan pegadizas como «Two Out Of Three Ain't Bad», «You Took The Words Right Out Of My Mouth» y «Paradise By The Dashboard Light», y abordaba esos amores y pasiones a priori embarazosos, cuando todo era «muy importante y nadie lo entendía», dándole una capa brillante de mitología americana. Resultaba claramente

evocador para la generación a la que se dirigían sus canciones, y se mantuvo en las listas de éxitos del Reino Unido y Estados Unidos durante algunos años. Es evidente que, quienes compraban el álbum, no lo encontraban en absoluto ridículo.

Aunque posteriormente se lanzaran otros dos álbumes oficiales que completaron una trilogía, nada ha superado el trabajo resultante de esta colaboración entre Meat Loaf y Steinman. Además, allanó el camino para la aparición de bandas como Evanescence. Nunca se ha vuelto a capturar de semejante forma la nobleza del heroísmo sin sentido, invocada por una de las estrellas de rock más peculiares.
Sara Farr

Fecha de lanzamiento
21 de octubre de 1977

País Estados Unidos

Lista de temas Bat Out Of Hell, You Took The Words Right Out Of My Mouth (Hot Summer Night), Heaven Can Wait, All Revved Up With No Place To Go, Two Out Of Three Ain't Bad, Paradise By The Dashboard Light, For Crying Out Loud

Por qué es clave
Demostró que ningún álbum es demasiado absurdo para no ser tomado en serio.

Pág. anterior Meat Loaf.

493

Álbum clave *Never Mind The Bollocks Here's The Sex Pistols* Sex Pistols

El concepto de un álbum de Sex Pistols siempre resultó extraño. Menospreciaban tan abiertamente la tradición del rock y sus predecesores musicales, que realizar algo tan ortodoxo y ambicioso como lanzar un álbum parecía una contradicción. Pero ¿qué otra cosa hacen las bandas?

Never Mind The Bollocks Here's The Sex Pistols, lanzado el 28 de octubre de 1977, contenía sus cuatro singles más brillantes: el incendiario manifiesto de su debut, «Anarchy In The UK», el irreverente tema que escandalizó por su antimonarquismo y ofendió a la nación alcanzando el número uno en algunas listas de éxitos durante la semana de las bodas de plata del reinado de Isabel II, «God Save The Queen (She Ain't No Human Being) (Dios salve a la reina [Ella no es un ser humano])», la burlona proapatía «Pretty Vacant», y «Holidays In The Sun», un agresivo discurso mal desarrollado pero enardecedor cuya introducción evocaba el sonido de unas botas militares pisando

fuerte. El álbum sufría de un exceso de *overdubs* de guitarra y de la ausencia del bajista Glen Matlock, al que habían sustituido por la mediocre pero icónica figura del punk, Sid Vicious. Además de los citados singles, también contenía extraordinarios temas, como el mordaz «New York», el ambiental «Submission», y la muestra de desprecio por la industria musical «EMI».

A pesar de todo, la calidad era lo de menos. Sex Pistols habían pasado de ser una gran banda de rock a los herederos de la rebeldía de The Rolling Stones. El título del álbum, con la palabra *bollocks* («cojones»), era su ofensa final.

La llama de Sex Pistols estuvo siempre destinada a arder de forma intensa pero efímera. Casi como si reconocieran que ya no quedaba lugar para mayor escándalo, al cabo de tres meses dejaron de existir.
Sean Egan

Fecha de lanzamiento
28 de octubre de 1977

País Reino Unido

Lista de temas Holidays In The Sun, Bodies, No Feelings, Liar, God Save The Queen, Problems, Seventeen, Anarchy In The U.K., Submission, Pretty Vacant, New York, Emi (Unlimited edition)

Por qué es clave
El esplendor del estatus de proscritos de los Sex Pistols.

Espectáculo clave *ABBA* la película

En 1965, The Beatles atrajeron una multitud de 55.600 espectadores a su concierto en el Shea Stadium, de Nueva York, pero un año antes, una muchedumbre formada por más de cuatro veces esta cantidad se apiñó en Adelaida, Australia, sólo para ver pasar la caravana de automóviles que trasladaba al grupo desde el aeropuerto. Semejante era el fervor de los fans del pop de las antípodas, que incluso The Monkees –olvidados en su país natal– atrajeron casi el mismo gentío que la banda de Liverpool en su gira Down Under, en 1968.

El cuarteto sueco no sólo sacó provecho del gigante durmiente que era el mercado australiano del rock, sino que lo documentó en su propio *A Hard Day's Night*. La película *ABBA: The Movie*, lanzada el 26 de diciembre de 1977, podía carecer de creatividad cinematográfica, pero este hecho quedaba compensado por su argumento secundario, casi propio de serie infantil. El desventurado Ashley, locutor de un programa musical de radio, debe conseguir una entrevista con ABBA si no quiere perder su trabajo, pero se encuentra con un montón de adversidades, y cuando consigue entrar en los camerinos, los miembros de la banda lo esquivan, con lo que tiene que conformarse entrevistando a los emocionados fans. Mientras tanto, el grupo actúa ante una enorme cantidad de fieles embelesados. La prensa demuestra especial fascinación por el trasero de una de las estrellas, y cuando un periodista le pregunta a Agnetha sobre su «culo sexy», la cantante contesta «¿Cómo puedo responder a esto?... ¡No lo he visto!».

Por cierto, al final, Ashley no sólo consigue su entrevista, sino que las propias Frida y Agnetha cantan especialmente para él «The Name Of The Game» en una espectacular secuencia con efectos especiales. Si Australia recibe el apodo de «el país de la suerte», debe de ser por algo.
Gary Pig Gold

Estreno 26 de diciembre de 1977

País Suecia

Director Lasse Hallström

Reparto ABBA, Robert Hughes, Tom Oliver

Compositores Benny Andersson, Stig Anderson, Björn Ulvaeus

Por qué es clave Demostró la importancia del mercado australiano, a menudo olvidado.

494

Espectáculo clave *Saturday Nigth Fever (Fiebre del sábado noche)* la película

Cuando uno piensa en *Saturday Night Fever* (*Fiebre del sábado noche*), estrenada el 7 de diciembre de 1977, las imágenes que le vienen inmediatamente a la cabeza son las del póster (John Travolta, con traje blanco y el dedo en alto) y la de los peludos Bee Gees cantando en falsete con muecas de dolor.

Estos recuerdos simplistas no le hacen justicia ni a Travolta (actualmente reconocido como un buen actor), ni a la película (que es mucho más osada y profunda de lo que estas imágenes ligeras sugieren), ni a la banda sonora en la que colaboraron los Bee Gees.

El argumento del filme se basa en un artículo de Nick Cohn (en realidad, ficticio), sobre los chicos de clase obrera de Bay Ridge, cuyas vidas son tan vacías que sólo esperan la llegada de la noche del sábado. Tony Manero (Travolta) trabaja en una tienda de pinturas, pero en las discotecas su estilo y su deslumbrante forma de bailar lo convierten en un dios local. Sus movimientos en la pista de baile, iluminada por destellantes bolas de espejos de colores, se acompañan con las canciones de los Bee Gees «Stayin' Alive», «How Deep Is Your Love» y «Night Fever», que en realidad estaban previstas para el siguiente álbum de la banda, pero cuyo ritmo las hacía perfectas para el proyecto.

Aunque *Fiebre del sábado noche* fue posterior a la primera oleada de la cultura disco –de hecho, cuando se estrenó, algunos ya la consideraron anticuada–, lo cierto es que la popularizó de forma masiva. Si bien primero fue adoptada por negros y homosexuales, la película hizo que la abrazaran también los blancos y los heterosexuales. La banda sonora –un doble álbum al que los Bee Gees contribuyeron con seis canciones– se convirtió durante un tiempo en el álbum más vendido de la historia.
Sean Egan

Estreno 7 de diciembre de 1977

País Estados Unidos

Director John Badham

Reparto John Travolta, Karen Gorney, Barry Miller

Canciones originales Barry Gibb, Maurice Gibb, Robin Gibb, Barry Robin

Por qué es clave Convirtió la música disco en el género musical dominante del planeta.

Pág. siguiente **John Travolta**.

Álbum clave *The Stranger*
Billy Joel

El neoyorquino Billy Joel consiguió un puesto número 25 en la lista de éxitos estadounidense en 1974 con «Piano Man». Aunque posteriormente lanzó un par de álbumes de considerable calidad, no logró sacar verdadero partido de este primer pequeño *hit*. Más tarde, llegó *The Stranger*, un álbum lanzado en septiembre de 1977 que consiguió lo que parecía imposible: vender más copias que *Bridge Over Troubled Water*, de Simon And Garfunkel, el mayor éxito de ventas hasta el momento de su discográfica, Columbia Records.

Con este trabajo, obtuvo cuatro grandes éxitos en Estados Unidos en una época en que los álbumes generaban apenas uno o dos. Dos de ellos –«Just The Way You Are» y «She's Always A Woman»– eran hermosas baladas que sus detractores, que siguen siendo muchos, tacharon de demasiado empalagosas. En un libro de Jimmy Guterman y Owen O'Donnell titulado *The Worst Rock'n'roll Records Of All Time* (1991),

se cita a Billy Joel como el peor artista de rock. No obstante, el tema más destacado de este álbum, la espectacular «Scenes From An Italian Restaurant», demuestra que esta afirmación es una flagrante equivocación. En él, Joel retrata de forma impecablemente realista la historia de Brenda y Eddie, un joven matrimonio que decide separarse. Si Bruce Springsteen hubiera compuesto la canción, se habría acogido como una hábil representación de las experiencias de la clase media estadounidense. Después de todo, a pesar de tener una carrera repleta de grandes éxitos, quizás no sea de extrañar que Joel haya abandonado el pop por la música clásica.
Sean Egan

Fecha de lanzamiento Septiembre de 1977

País Estados Unidos

Lista de temas Movin' Out (Anthony's Song), The Stranger, Just The Way You Are, Scnes From An Italian Restaurant, Vienna, Only The Good Die Young, She's Always A Woman, Get It Right The First Time, Everybody Has A Dream

Por qué es clave El álbum que demostró que el éxito comercial y de crítica no siempre van de la mano.

Pág. siguiente **Billy Joel**.

Espectáculo clave *Annie*
teatro musical

El letrista Martin Charnin encontró la inspiración de su mejor obra en una colección de tiras cómicas de *Little Orphan Annie*, del dibujante de cómics, Harold Gray. Lo que le fascinó de la historia y acabó venciendo la renuencia inicial de los colaboradores a quienes propuso el proyecto –el libretista Thomas Meehan y el compositor Charles Strouse– fue la fuerza del personaje de Annie como metáfora de la esperanza y el espíritu americano a la hora de enfrentar las adversidades. En ese momento, la esperanza era algo realmente necesario en el país: Nixon gobernaba la Casa Blanca y acababa de salir a la luz el caso Watergate.

La historia giraba en torno a la indomable Annie, una niña huérfana que, en el escenario de la Gran Depresión, le roba el corazón al implacable financiero Daddy Warbucks y triunfa sobre la despiadada dueña del orfanato, Miss Hannigan, logrando rescatar a sus pequeñas compañeras, adoptar un perro llamado Sandy, y de paso, encontrar un hogar.

En el momento que *Annie* se estrenó, el 21 de abril de 1977, Nixon había abandonado el Gobierno y Carter era el flamante presidente. La esperanza estaba en el aire, y el espectáculo pudo celebrar y consolidar el nuevo espíritu. Lo hizo en Broadway, durante cinco años, y tras incontables representaciones de distintas compañías y dos adaptaciones cinematográficas, se convirtió en uno de los musicales favoritos de los niños de todo el mundo.

Aunque la música de Strouse y las letras de Charnin eran bastante simplistas, no se puede negar el gancho de canciones como la chovinista «NYC», la rítmica «Hard Knock Life» y, por supuesto, el himno a la esperanza de Annie, el tema de rock suave, «Tomorrow».
David Spencer

Estreno 21 de abril de 1977

País Estados Unidos

Director Martin Charnin

Reparto Andrea McArdle, Reid Shelton, Dorothy Loudon

Compositores Charles Strouse, Martin Charnin

Por qué es clave El musical que levantó los ánimos a un país que pasaba por un mal momento.

Grupo clave
Siouxsie & The Banshees

A comienzos del año 1978, en los edificios de todas las discográficas británicas aparecían grafitis como «Sign The Banshees Now!» (¡Contratad a Banshees ya!), un claro recordatorio de que, tras 18 meses de vida del punk-rock, una de las bandas creadoras del género aún no había lanzado ningún disco.

A lo largo de 1977, Siouxsie & The Banshees elaboraron un lista de temas único que rebosaba minimalismo tras los aullidos de la vocalista Siouxsie Sioux, como Velvet Underground tocando la música de la escena de la ducha de *Psicosis*. Ninguna discográfica había osado contratarles, ahuyentados por su temprano (y sobrevalorado) flirteo con el simbolismo nazi, y aterrorizados por el crudo realismo de sus angustiosos paisajes sonoros urbanos. La BBC tenía planeado lanzar un single de la primera grabación que la banda realizó para el programa de radio de John Peel. Sin embargo, también ellos se echaron atrás. Finalmente, Polydor

resolvió probar suerte, y en agosto de 1978, casi dos años después de su primer concierto, Banshees pudo dar rienda suelta a toda esta ambición reprimida en el soberbio single de debut «Hong Kong Garden». Entró en las listas de éxitos británicas el 26 de agosto de 1978 y fue Top 10. La banda, lejos de ser el último reducto del punk, asumió el liderazgo de todo un nuevo género musical y estilístico: el gótico.

Dos generaciones de lúgubres jóvenes han imitado el estilo siniestro de Sioux, y muchos de ellos han formando bandas que inspiran su música en temas de Banshees tan oscuros como «Playground Twist», «Israel» o «Spellbound». Para haber sido los pequeñines de la camada, no está nada mal.
Dave Thompson

Rol Artistas de grabaciones

Fecha 1978

Nacionalidad Reino Unido

Por qué es clave
Nunca una banda ha pasado de ser el hazmerreír a líder de todo un movimiento de semejante forma.

Pág. anterior Siouxsie Sioux.

Espectáculo clave *The Black And White Minstrel Show* programa de televisión

Los *minstrel shows* eran espectáculos en que actores blancos con la cara pintada de negro, cantaban, bailaban y contaban chistes, en clave caricaturesca . Fueron populares en Estados Unidos a mediados del s. xix, pero en la década de 1930 la sociedad había evolucionado y ese tipo de espectáculos desaparecieron.

De forma sorprendente, la BBC los rescató en junio de 1958, en el programa de variedades emitido la noche de los sábados, The Black And White Minstrel Show. Su mezcla de comedia y música antigua lograba grandes índices de audiencia, los álbumes con los temas del *show* alcanzaban las listas de éxitos, y una versión para teatro en 1969 consiguió un récord de asistencia. Semejante popularidad puede explicarse por sus ingeniosos números, que le valieron el premio Rosa de Oro de Montreux, en 1961, por mejor espectáculo de entretenimiento.

Desde el inicio, en una especie de universo paralelo, el programa tuvo que afrontar un montón de críticas. En enero de 1963, el magacín de actualidad On The Braden Beat lo atacó por tratar de forma ofensiva y paternalista a los negros, y en mayo de 1967 la Campaña Contra la Discriminación Racial exigió su suspensión. En una aparición en la televisión británica, The Supremes se negaron a salir al escenario si los otros invitados, los *minstrels* –ansiosos por ver al grupo de chicas– no lo abandonaban.

Aunque en los círculos progresistas la reputación del programa era pésima, el público general seguía considerándolo un inofensivo espectáculo de entretenimiento. No fue hasta el 1 de julio de 1978, cuando, vencida por dos décadas de presiones políticas, la BBC dejó de emitirlo.
Johnny Black

Última emisión
1 de julio de 1978

País Reino Unido

Por qué es clave El programa de televisión que se vio vencido por una evolución en la mentalidad del público.

Espectáculo clave *Grease* la película

Aunque el rock'n'roll ya se había colado en Broadway a través de musicales como *Godspell* y *Hair*, el cine todavía no habían abordado dicho género, con excepción del fracaso (aunque posteriormente convertido en filme de culto) de *Rocky Horror Picture Show*. No obstante, cuando *Grease* dio el salto del escenario a la gran pantalla en una superproducción con Olivia Newton-John y John Travolta, el resultado fue un tremendo éxito.

Además, la película transformó a sus dos protagonistas de estrellas a superestrellas. Travolta –el rompecorazones del momento gracias a *Fiebre del sábado noche*, y había actuado en la producción de *Grease* en el teatro– pasó a ser omnipresente. La australiana Newton-John, reconocida por su estilo dulce y recatado a la hora de cantar, había interpretado algunos papeles, pero éste la consolidó como estrella. La apuesta valió la pena. La banda sonora también fue un enorme éxito, que se mantuvo en el número uno del Reino Unido durante 13 semanas consecutivas, y sus singles «You're The One That I Want» y «Summer Nights» se situaron en la cima de las listas de éxito de dicho país.

El tono picante del argumento de la obra –que transcurre a comienzos de la década de 1960– tuvo que rebajarse radicalmente en la adaptación cinematográfica. Sin embargo, ésta mantenía algunas insinuaciones sexuales y el susto de un embarazo no deseado, lo cual demostraba claramente que se alejaba de las típicas películas playeras de la década de 1960 que supuestamente imitaba –de hecho, Newton-John tenía que convertirse en una chica mala para conseguir a Danny (Travolta)–. Con todo, *Grease* dejaba claro que, aunque fuera un tributo al pasado, era un verdadero producto de la década de 1970.
Leila Regan-Porter

Estreno 1978

País Estados Unidos

Director Randal Kleiser

Reparto John Travolta, Olivia Newton-John, Stockard Channing

Compositores Barry Gibb, John Farrar, Louis St. Louis, Scott J. Simon, Jim Jacobs, Warren Casey, David White, Sylvester Bradford, Al Lewis

Por qué es clave Demostró que el rock tenía su lugar en los filmes musicales.

500

Canción clave «Copacabana (At the Copa)» Barry Manilow

El tema «Copacabana», de Barry Manilow, entró en el Top 40 de *Billboard* el 8 de julio de 1978. Aunque se trate de un alegre cóctel de sentimentalismo disco y melodía ligera, esta canción aparentemente banal contiene mayor profundidad de lo que uno pueda imaginarse.

Actualmente, Manilow vive en Los Ángeles y a menudo actúa en Las Vegas, pero sus raíces hay que buscarlas en Williamsburg, Brooklyn. Inició su carrera como pianista de Bette Midler en el Continental Baths, un bar de copas frecuentado por homosexuales, y también compuso y cantó *jingles*. Cuando finalmente decidió lanzarse en solitario, no tuvo ningún reparo en dedicarse a la música más comercial, y fue recompensado con un enorme éxito. No todas las canciones más conocidas de Manilow, convertido ya en un artista consolidado y popular, las compuso él mismo (por ejemplo, «Mandy» y «I Write The Songs»), pero sí concibió «Copacabana», junto con Jack Feldman y Bruce Sussman.

Lanzó el tema cuando la música disco se encontraba cerca de su cénit, por lo que su estilo discotequero conectó a la perfección con el espíritu de la época. En esencia, la letra aborda el desdichado romance entre la corista Lola y el barman Tony, en una historia típicamente neoyorquina, con el telón de fondo de un club nocturno de la ciudad. El brío y el sentimentalismo disfrazan una letra triste y sórdida, y más que el estruendo de la melodía y sus suntuosos arreglos, fue la tensión entre los dos protagonistas lo que convirtió la canción en un gran éxito.
Hugh Barker

Fecha de lanzamiento 1978

País Estados Unidos

Compositores Jack Feldman, Barry Manilow, Bruce Sussman

Por qué es clave El cabaret y la música disco coinciden en una canción de mayor profundidad de lo que la gente cree.

Álbum clave *Some Girls*
The Rolling Stones

A mediados de la década de 1970, The Rolling Stones eran prácticamente los reyes indiscutibles del rock, pero a medida que la década avanzaba, la banda se dio cuenta de que la longevidad y las glorias pasadas no otorgan ni la inmortalidad ni la gratitud eterna del público. Los músicos más jóvenes –punks– empezaron a hacer lo que hasta entonces se creía imposible y a menospreciar al grupo que desde hacía tiempo había personificado la rebeldía del rock, considerándolo irrelevante y parte del establishment. Sólo este hecho ya era lo bastante inquietante, pero, cuando en febrero de 1977, arrestaron a Keith Richards en Canadá y afrontó una condena por supuesto tráfico de drogas, el propio futuro del los Stones se puso en riesgo.

Con estos ignominiosos antecedentes como telón de fondo, en octubre de ese año la banda entró en los estudios Pathe Marconi de París e intentó concebir nuevo material de calidad. Mick Jagger, que había perfeccionado sus habilidades con la guitarra, quería apostar por temas rápidos, al estilo imperante del *new wave*, pero a Richards no le convencía la idea. Finalmente, el resultado no fue unidireccional, sino que abarcó el country, el rock característico de los Stones, el R&B, e incluso la música disco –en el sublime exitazo internacional «Miss You»–. El álbum, titulado *Some Girls*, desprendía una sensación de vitalidad y frescura que desde hacía años había estado ausente en el material de los Stones. No sólo fue un triunfo artístico, sino también comercial, ya que se convirtió en el álbum más vendido de la banda hasta el momento.

Los aburridos vejestorios reafirmaron su valía.
Sean Egan

Fecha de lanzamiento
16 de junio de 1978

País Reino Unido

Lista de temas Miss You, When The Whip Comes Down, Just My Imagination (Running Away With Me), Some Girls, Lies, Far Away Eyes, Respectable, Before They Make Me Run, Beast Of Burden, Shattered

Por qué es clave Los dioses del rock, abatidos y magullados, reaparecen triunfantes.

Grupo clave
Joy Division

U n concierto de Sex Pistols realizado en 1976 en el Free Trade Hall motivó la creación de la banda de Mánchester, Joy Division. Unas semanas después de asistir al evento, Bernard Sumner (guitarra), Peter Hook (bajo) e Ian Curtis (voz) se reunieron para formar un grupo que llamaron Stiff Kittens. En el momento de dar su primer concierto, en mayo de 1977, se habían cambiado el nombre por Warsaw. Con su segundo batería, la banda grabó cuatro temas derivados del punk. A finales de 1977, Warsaw incorporó a su tercer batería, el brillante Stephen Morris, y se rebautizó como Joy Division, en referencia a los sectores de los campos de concentración nazi donde se forzaba a las mujeres a prostituirse.

En junio de 1978, Joy Division lanzó las demos de Warsaw en formato EP bajo el título *An Ideal For Living*, que incluía el clásico «Leaders Of Man». En 1979, le siguió el magnífico álbum de debut, *Unknown Pleasures*, lanzado por el sello independiente Factory Records. Su potente línea de bajo, los incendiarios *riffs* de guitarra, la monótona percusión y la enfermiza voz de barítono de Curtis recitando sus lúgubres y siniestras letras eran producto de los miembros de una generación cuya percepción del rock había sido filtrada por el enfoque casi escéptico del punk. Este rechazo de los clichés del rock y esta perspectiva alternativa se dio en llamar *post-punk*.

Considerando que un álbum anterior a *Ideal For Living* fue descartado por la banda cuando sus miembros se dieron cuenta de que el ingeniero de sonido le había añadido sintetizadores, es curioso que su obra maestra –el segundo y último álbum, *Closer* (1980)– debiera su irreverente potencia al uso de sintetizadores.
Ignacio Julià

Rol Artistas de grabaciones

Fecha 1978

Nacionalidad Reino Unido

Por qué es clave
Un sonido sombrío pero encantador que fue el máximo exponente del «post-punk».

Canción clave «**Wuthering Heights**»
Kate Bush

Apoyada por Dave Gilmour, de Pink Floyd, la adolescente Kate Bush consiguió que le dieran un tiempo para perfeccionar su arte tras ser contratada por la discográfica EMI. Durante este paréntesis, compuso una medianoche de marzo de 1977 la que sigue siendo su canción más célebre. Tenía 18 años. El tema estaba inspirado en la novela de Emily Brontë, *Wuthering Heights* (*Cumbres borrascosas*), o más concretamente, en su final, que era todo lo que la artista conocía de la historia. Había alcanzado a verlo por casualidad en televisión, en una adaptación del relato a la pequeña pantalla. Sobre el momento en que compuso la canción, Bush afirmó: «Había luna llena y las cortinas estaban corridas. Cada vez que levantaba la mirada buscando ideas, miraba la Luna».

Ese mismo año, grabó el tema con Jon Kelley en AIR Studios y lo incluyó en su álbum de debut *The Kick Inside*. Ian Bairnson le dio el toque final con un solo de guitarra medio improvisado pero memorable.

Por sí solos, el tono literario de la canción y sus dramáticos arreglos dominados por el piano ya resultaban inusuales, pero la voz aguda de Bush, que a veces incluso daba alaridos, dio como resultado un hipnótico tema pop que sonaba distinto a todo lo que el público había escuchado antes.

En sus actuaciones en televisión aparecía como una hechicera vestida con túnica blanca e interpretaba expresivos números de baile entre niebla artificial, lo que intensificaba todavía más el aura misteriosa que rodeaba a la artista. Aunque Bush iba a contracorriente musical y visualmente, la calidad de la canción la propulsó hacia la cima de las listas de éxitos, cuyo puesto número uno alcanzó el 11 de marzo de 1978.

Rob Jovanovic

Fecha de lanzamiento
Enero de 1978

País Reino Unido

Por qué es clave Un tema misterioso, para algunos disonante, pero que fue un rotundo éxito entre el público.

Pág. siguiente **Kate Bush**.

Grupo clave
The Three Degrees

El trío vocal femenino The Three Degrees –que ha visto alterada muchas veces su formación– había actuado en los escenarios de Filadelfia desde 1964, siempre a la sombra de The Supremes, de la discográfica Motown, hasta que colaboraron en el exitazo número uno en Estados Unidos «TSOP», incluido en el MFSB de 1974. Esto las llevó a firmar para Philadelphia International Records, una joven discográfica de música negra dirigida por el prolífico equipo compositivo y productivo Kenny Gamble y Leon Huff. Con el declive de The Supremes, Gamble & Huff reprodujeron de forma brillante su química con The Three Degrees, y antes de que acabara el año las chicas habían lanzado el gran *hit* internacional «When Will I See You Again?»

Aunque éste fuera su último éxito en Estados Unidos, el trío fue muy popular en el Reino Unido, con grandes éxitos como «Take Good Care Of Yourself» y «Woman In Love». Sin embargo, posiblemente estarían destinadas a caer en el olvido –o a ser recordadas

como las «Supremes frustradas»– si no hubieran atraído la atención del príncipe Carlos de Inglaterra, quien las adoraba. El 15 de noviembre de 1978, las invitó a actuar en la fiesta de su 30 cumpleaños, donde la vocalista principal, Sheila Ferguson, se dio cuenta de que su voz no era lo único que le gustaba al príncipe. «Me dejó muy claros sus sentimientos por mí de una forma muy educada», afirmó Ferguson años después. «Si le hubiera dicho que sí» [el príncipe], no lo hubiera dudado ni un segundo». A finales de la década, los días de esplendor de The Three Degrees quedaban atrás, pero su línea directa con la realeza hizo que su nombre se recordara por siempre jamás.

Gavin Michie

Fecha 15 de noviembre de 1978

País Reino Unido

Por qué es clave La admiración de la realeza británica confiere instantáneamente la inmortalidad a una banda vocal.

Personaje clave
Tony Macaulay

Tony Macaulay recibió su segundo premio Ivor Novello por compositor del año el 12 de mayo de 1978, una década después de recibir el primero. El galardón casi parecía un reconocimiento por haber mantenido vivo el arte del compositor «al gusto del cliente», en una época en que, supuestamente, predominaba la música de autor.

El verdadero nombre de Macaulay, nacido en 1944, es Anthony Instone. Empezó su carrera como pianista en Essex Publishing, y luego se pasó a la producción trabajando para la discográfica Pye. Apasionado fan del soul y de Motown, compuso y produjo «Baby Now That I've Found You», una mezcla altamente comercial de *tamla* y *bubblegum*, que llevó a The Foundations a la cima de las listas de éxitos británicas. A finales de noviembre de 1967, esta canción fue destronada por otra también suya, la sentimental balada «Let The Heartaches Begin» (Long John Baldry), lo que confirmó a Macaulay como un nuevo gran talento del panorama musical.

Además de compositor versátil, también sabía trabajar en equipo. Al mismo tiempo que trabajaba con su socio habitual, John MacLeod, colaboró en la composición de temas como «Build Me Up Buttercup», con el cantante de Manfred Mann, Mike D'Abo; «Love Grows (Where My Rosemary Goes)», con Barry Manson, y «Home Lovin' Man», con el equipo Cook-Greenaway. Continuó cosechando grandes éxitos a intervalos regulares hasta finales de la década de 1970 como «You Won't Find Another Fool Like Me» (The New Seekers), «Don't Give Up On Us» y «Silver Lady» (ambas del actor David Soul). Éstos son apenas tres de una docena de temas de Macaulay que alcanzaron el número uno de las listas de éxitos británicas y estadounidenses, en una carrera que le vio vender más de 50 millones de discos.
David Wells

Rol Compositor

Fecha 1978

Nacionalidad Reino Unido

Por qué es clave Un gran compositor autónomo en un momento en que serlo no estaba de moda.

505

Grupo clave
Boney M

El 13 de mayo de 1978, la versión de Boney M del tema de reggae religioso «Rivers Of Babylon» alcanzó el número uno de las listas británicas. Cuando empezó a perder posiciones, los DJ de las radios pincharon la otra cara del disco, «Brown Girl In The Ring», un tema que casi parece una canción infantil y que también se convirtió en un éxito. Fue el disco más vendido del año en el Reino Unido.

Bonny M, un grupo vocal formado por tres mujeres y un hombre, Marcia Barrett, Liz Mitchell, Maizie Williams y Bobby Farrell, fue creado por el productor alemán Frank Farian. Antes de «Rivers Of Babylon», ya habían alcanzado el Top 10 en el Reino Unido con «Daddy Cool», «Sunny», «Ma Baker» y «Belfast», todas en el espacio de un año. En su Alemania natal, estos singles se situaron en el número uno.

Su increíble éxito era inexplicable. Aunque sus discos eran bastante buenos para su estilo –un híbrido de *bubblegum* y música disco–, Boney M era un grupo desprovisto de carácter. No tocaban ningún instrumento, no compusieron ninguna de sus canciones y grababan temas que eran una sarta de incongruencias. Tenían un aire estúpido, especialmente el exaltado Farrell.

Aunque es innegable que millones de personas acudían a las tiendas de discos a comprar su material (seguirían cosechando grandes éxitos con «Rasputin» y «Mary's Boy Child – Oh My Lord», que fue número uno en el Reino Unido en la Navidad de 1978), lo cierto es que era imposible imaginar a Boney M inspirando fervor entre su público: eran el arquetipo de artistas que uno no imagina «encajando» en las vidas de sus fans.
Sean Egan

Rol Artistas de grabaciones

Fecha 1978

Nacionalidad Alemania

Por qué es clave El fenomenal éxito de un grupo que, aparentemente, no tenía un sector de público definido.

Pág. anterior **Boney M.**

Canción clave «**Baker Street**»
Gerry Rafferty

A los que no son de Londres, el nombre de Baker Street les evoca agradables imágenes, pero para todo el que la atraviesa, y especialmente en verano, esta calle larga y ancha no tiene en absoluto el encanto que se le supone por ser el hogar de Sherlock Holmes, sino que es más bien fea y sin atractivo.

Éste parece ser el ambiente que Gerry Rafferty intentó transmitir en su canción titulada como la calle, que entró en el Top 40 de *Billboard* el 13 de mayo de 1978 (fue número dos en Estados Unidos y tres en el Reino Unido). Anteriormente, Rafferty ya había alcanzado el éxito con el grupo de folk-rock Stealer's Wheel, con el tema «Stuck In The Middle With You», aunque su extraña similitud con el estilo y la forma de cantar de Bob Dylan le dio cierto tufo a pastiche. En cambio, «Baker Street» poseía tal realismo, que no cabía duda de que se trataba de la visión única y personal del artista.

La sublime letra de Rafferty expresa la soledad de un hombre que ha perdido sus raíces y ve sus ambiciones insatisfechas, con la frase estremecedoramente conmovedora «One more year and then you'll be happy». El artista dijo más tarde: «No es tanto una buena canción como una buena grabación». Esta afirmación peca de modesta, pero probablemente se refiera a la intensidad añadida en la grabación por el trabajo en el saxofón del músico de sesión Raphael Ravenscroft.

La guinda del pastel de este tema perfecto son los glissandos de celesta que, intencionadamente o no, evocan los rayos de sol filtrándose por una ventana –como las de Baker street– en un día bochornoso.
Sean Egan

Fecha de lanzamiento
Enero de 1978

País Reino Unido

Compositor Gerry Rafferty

Por qué es clave Una canción tan encantadora como terrible es la calle de su título.

Álbum clave *Parallel Lines*
Blondie

A unque tocaron en el legendario local de punk CBGBs junto con Television y Talking Heads, los instintos pop de Blondie siempre saltaron a la vista. Dichos instintos, no obstante, nunca salieron a la luz de forma tan estupenda como en su tercer álbum, *Parallel Lines*, lanzado el 23 de septiembre de 1978.

Su éxito, tanto artístico como comercial (número uno en el Reino Unido y seis en Estados Unidos), se debió en gran parte al trabajo de producción de Mike Chapman, quien a esas alturas empezaba a forjarse una carrera como productor aparte del equipo compositivo que formaba con Nicky Chinn, aunque pensó en ofrecer a Blondie la canción compuesta por ambos «Some Girls» (más tarde Racey la convirtió en un *hit* en el Reino Unido). Chapman perfeccionó el atractivo pop-punk de Blondie, dándole potentes arreglos, armonías y gancho, que crearon un magnífico híbrido de *new wave* y pop de la década de 1960.

La letrista, cantante e icono sexual de toda una generación, Debbie Harry, el guitarrista Chris Stein y el teclista Jimmy Destri formaban un grupo deslumbrante, y el álbum produjo cuatro maravillosos singles *new wave*: «Hanging On The Telephone» (pop osado, número cinco en el Reino Unido), «Picture This» (pop de romanticismo callejero), «Sunday Girl» (pop dulzón, número uno en el Reino Unido) y el potente «Heart Of Glass». Este último formaba parte del lista de temas de Blondie desde hacía tres años, bajo el título «The Disco Song». Chapman dio al tema un ritmo *four-to-the-floor* con una caja de ritmos Roland CompuRhythm CR-78, y lo convirtió en un número uno internacional.

Una vez Patti Smith dijo con desdén a Blondie: «Joder, apártate del rock'n'roll». Con *Parallel Lines*, Blondie le dejó a Smith las migas del pastel.
Robert Dimery

Fecha de lanzamiento
23 de septiembre de 1978

País Estados Unidos

Lista de temas Hanging On The Telephone, One Way Or Another, Picture This, Fade Away And Radiate, Pretty Baby, I Know But I Don't Know, 11:59, Will Anything Happen?, Sunday Girl, Heart Of Glass, Gonna Love You Too, Just Go Away

Por qué es clave
Los pequeñines del CBGBs alcanzan el éxito internacional.

Álbum clave *The Gambler*
Kenny Rogers

Kenny Rogers no era un extraño de las listas de éxitos de su país, puesto que se anotó varios *hits* con First Edition. Cuando esta banda se separó en 1976, el artista cultivó un estilo que combinaba pop y country. Algunos de sus singles country ya habían alcanzado el número uno antes del lanzamiento del álbum *The Gambler*, que lo catapultó como superestrella de este género. Lanzado en noviembre de 1978, *The Gambler* era un trabajo conceptual basado esencialmente en los encuentros personales de un músico ambulante. Fue uno de sus álbumes más osados: «Makin' Music For Money» era una crítica abierta contra los dictados de la industria musical y «She Believes In Me», una balada con predominio de instrumentos de cuerda, donde daba la matrícula de honor a una paciente esposa que soporta con estoicismo la dedicación de su marido a la música a pesar del coste personal. Rogers incluyó un tema compuesto por él mismo, «Morgana Jones».

Auque la mayoría eran canciones suaves, el tema que da el título al álbum era una metáfora de la vida con un tono más audaz, con su reconocido estribillo, «You got to know when to hold'em, know when to fold'em». Aunque la canción, compuesta por Don Schlitz, no fue el éxito más internacional de Rogers, elevó su caché de forma completamente inesperada: en 1980 inspiró una película para la pequeña pantalla que obtuvo grandes índices de audiencia, y más tarde se hicieron cuatro secuelas, todas protagonizadas por Rogers, lo que hizo que su nombre fuera reconocido también fuera de los círculos country. En muchos lugares fuera de Estados Unidos, Rogers es conocido como The Gambler, algo que recuerda la confusión de si Ziggy Stardust era el artista o el álbum.
Tierney Smith

Fecha de lanzamiento
Noviembre de 1978

País Estados Unidos

Lista de temas The Gambler, I Wish That I Could Hurt That Way Again/King Of Oak Street, Makin' Music For Money, Hoodooin' Of Miss Fannie Deberry, She Believes In Me, Tennessee Bottle, Sleep Tight, Goodnight Man, Little More Like Me (The Crucifixion), San Francisco Mabel Joy, Morgana Jones

Por qué es clave ¿El Ziggy Stardust del country?

1970-1979

507

Acontecimiento clave **Dos bandas gays reciben respuestas diferentes del público**

El single «YMCA» fue un efusivo himno de música disco lanzado por The Village People en 1978, que celebraba la proliferación de bares de copas para homosexuales en Estados Unidos. Los miembros de este grupo vocal estadounidense hablaban abiertamente sobre sus inclinaciones sexuales en las entrevistas e iban disfrazados de personajes esenciales de las fantasías eróticas homosexuales (motociclista, obrero, *cowboy*, indio americano, navegante y policía). Por todo ello, el ascenso de este tema a la cima de las listas de éxitos británicas en enero de 1979 fue una encomiable muestra del cambio de mentalidad del público y de los medios de comunicación.

Sin embargo, mientras que Village People era una banda tan alegre que parecía inofensiva –y las insinuaciones de «YMCA» pasaron bastante desapercibidas por el público– el mismo año de su lanzamiento, «Glad To Be Gay» (Me alegro de ser gay) de The Tom Robinson Band, un grupo británico

al estilo de The Clash, resultó más incómoda. Era el tema principal del EP *Rising Free* (también lanzado en 1978), y probablemente fue la primera canción protesta en favor de los gays. Abordaba de forma contundente el acoso y las humillaciones que tenía que sufrir la comunidad homosexual y menospreciaba los prejuicios de la gente hablando de ella sin tapujos («The buggers are legal now: what more are they after?»). Al igual que «YMCA», tenía un estribillo muy reconocible y pegadizo, pero tuvo que hacer frente a una censura no oficial de la BBC y el EP donde se incluía se estancó en el número 18.

Un par de curiosidades. Se cree que la mayoría de los integrantes de Village People no eran gays, pero que se mantuvo en secreto para atraer a este sector de público. Por su parte, Tom Robinson es heterosexual.
Sean Egan

Fecha 1978

País Reino Unido

Por qué es clave Las listas de éxitos británicas lanzan un peculiar mensaje a los defensores de los derechos de los homosexuales.

Espectáculo clave *Thank God It's Friday (Por fin es viernes)* la película

Sobre *Thank God it's Friday (Por fin es viernes)*, el *New York Times* afirmó: «Se ha realizado por las presiones de las discográficas Motown y Casablanca, coproductoras de la película». Era completamente cierto. Este filme de bajo presupuesto se produjo para aprovechar la locura de la música disco, y tras el éxito sin precedentes de la banda sonora de *Saturday Night Fever (Fiebre del sábado noche)*, se proyectó exclusivamente como herramienta promocional de artistas de ambos sellos, en particular, Donna Summer y The Commodores. Summers formaba parte del reparto interpretando el papel de una chica que anhela ser cantante y espera saltar al estrellato con una actuación en The Zoo, una discoteca de Hollywood, mientras que The Commodores eran una banda que debía hacer frente a un sinfín de adversidades para llegar al local y tocar en la final de un concurso organizado por la discoteca.

Se estrenó en Nueva York el 19 de mayo de 1978, y como no era de extrañar, su taquillaje fue pésimo.

No obstante, el álbum fue uno de los más vendidos del año (más de 1,5 millones de copias). No era sorprendente, teniendo en cuenta que la banda sonora contaba con 32 temas de Cameo, Thelma Houston, Diana Ross, Meco, Paul Jabara, The Village People, Pattie Brooks, Syreeta y G. C. Cameron, repartidos en dos LP y un bonus single. El álbum demostró el potencial comercial de la música disco.

Como curiosidad final, cabe añadir que esta película ligera ganó un Óscar a la mejor canción por el tema de Paul Jabara interpretado por Donna Summer, «The Last Dance».
Fred Dellar

Estreno 19 de mayo de 1978

País Estados Unidos

Director Robert Klane

Reparto Donna Summer, The Commodores, Debra Winger

Compositores Varios

Por qué es clave
La película realizada específicamente para vender una banda sonora.

508

Espectáculo clave *Evita* teatro musical

Es imposible sobreestimar el impacto internacional que el compositor Andrew Lloyd y el letrista y libretista Tim Rice generaron remodelando la imagen del controvertido personaje de Eva Perón, la primera dama de Argentina en la década de 1940, a quien sus partidarios llamaban con cariño Evita.

La actriz convertida en instigadora política luchó por mejorar las condiciones de vida de la clase trabajadora de su país, pero su nombre se empañó por su supuesta relación con el fascismo. Esto, no obstante, importa poco en el musical. Originalmente, fue un álbum conceptual lanzado en 1978, y acabó estrenándose en el West End el 21 de junio de 1978. Se trata de una alegoría sobre el culto a la celebridad y la manipulación de la imagen pública, contada con gran elocuencia mediante canciones (no hay diálogo). En el musical, Evita es una mujer ambiciosa que llega a las altas esferas y utiliza su poder para favorecer económicamente

a los desamparados, aportando a la vez una imagen *glamurosa* a un régimen político dictatorial.

La obra resulta convincente gracias a su hábil simplificación, presentando a Juan Perón como un líder mediocre, e incluyendo la figura de Che Guevara como una especie de narrador que comenta las maquinaciones de Eva. El director Harold Prince supo plasmar perfectamente el tono de propaganda política. A pesar de todo, el espectáculo resulta tan entretenido por un elemento clásico: Eva es una heroína ambiciosa que conduce la narrativa de forma clara, audaz y melódica. El espectáculo se trasladó a Broadway en 1979, y en 1996 se adaptó a la gran pantalla con Madonna en el papel principal. Tanto en un caso como en otro, el plato fuerte del musical es el tema «Don't Cry For Me Argentina».
David Spencer

Estreno 21 de junio de 1978

País Reino Unido

Director Harold Prince

Reparto Patti Lupone, Mandy Patinkin, Bob Gunton

Compositores Andrew Lloyd Webber, Tim Rice

Por qué es clave Cambió la percepción pública mundial de un personaje histórico.

Pág. siguiente **Evita**.

Álbum clave *Breakfast In America*
Supertramp

Supertramp se formó en 1969 con la voluntad de hacer música rock que se apartara del público adolescente, y se acabó convirtiendo en una banda de pop, en todo menos en la imagen. Su combinación de anonimato y éxito comercial sólo era posible antes de la era de MTV.

El teclista Rick Davies y el guitarrista Roger Hodgson componían y cantaban los temas. Desde que lanzaran *Crime Of The Century* en 1974, su base de fans y sus expectativas de éxito comercial fueron creciendo, y el talento de Hodgson a la hora de crear melodías de lo más peculiares hizo que acabara tomando el control de la banda. La popularidad del grupo aumentó con *Crisis? What Crisis?* (1975) y *Even In The Quietest Moments* (1977), y el grupo se trasladó a Estados Unidos, donde grabó *Breakfast In America* (1979) en Los Ángeles. Al no explotar su imagen de estrellas, el diseño de las carátulas de sus discos –que también aparecían en anuncios de prensa y vallas publicitarias– era muy importante para el grupo. La de *Breakfast In America* era tan explícita como divertida: una ilustración en clave de humor de Manhattan, con rascacielos hechos de paquetes de cereales y una camarera que representaba la estatua de la Libertad. La música iba en consonancia: los singles «The Logical Song» (un tema deslumbrante y pegadizo donde riman varias palabras terminadas en –*al*), «Take The Long Way Home», «Goodbye Stranger» y «Breakfast In America», propulsaron el álbum al número uno de las listas de Estados Unidos el 19 de mayo de 1979, donde se mantuvo durante seis semanas.

Mat Snow

Fecha de lanzamiento Marzo de 1979

País Reino Unido

Lista de temas Gone Hollywood, The Logical Song, Goodbye Stranger, Breakfast In America, Oh Darling, Take The Long Way Home, Lord Is It Mine, Just Another Nervous Wreck, Casual Conversations, Child Of Vision

Por qué es clave Prosperaron en la década de 1970 siendo fieles a sus principios fundacionales.

511

Álbum clave *London Calling*
The Clash

London Calling, la obra maestra de The Clash, enseguida fue alabada por los críticos como el esplendor de la generación punk. Con este álbum, Joe Strummer (voz y guitarra rítmica), Mick Jones (voz y guitarra principal), Paul Simonon (bajo) y Topper Headon (batería) demostraron sus conocimientos intuitivos sobre las distintas tradiciones musicales y empaparon estas influencias a la vida londinense contemporánea. Echaron mano de una amplia gama de géneros musicales, desde jazz a funk, surf pop, reggae o el revival del rock'n'roll, filtrándolos a través de una lírica de conciencia social que la escena del punk británica había incrustado en todos sus participantes. Los compositores principales, Strummer y Jones, crearon canciones de calidad, como si fueran el Brill Building del punk. La revista *Rolling Stone* lo consideraría el mejor álbum de la década de 1980, pasando por alto que en el Reino Unido se lanzó en 1979.

London Calling fue una sorpresa para los tradicionales detractores del punk, que vieron como The Clash hacía una transición desde el primitivismo del punk a un verdadero grupo de rock –algunos creen que ésta fue siempre su verdadera ambición–. Charles Shaar Murray, quien les había atacado durante anteriores reseñas, se convirtió en uno de los mayores defensores del álbum. La foto de la cubierta, de Pennie Smith, donde puede verse a Simonon destruyendo su bajo sobre el escenario, es una de las imágenes más simbólicas del rock. *London Calling* dio la popularidad a The Clash en Estados Unidos –algo extraordinario teniendo en cuenta que insistían en cantar con su peculiar acento– y les convirtió en la banda más querida de su generación.

Alex Ogg

Fecha de lanzamiento 14 de diciembre de 1979

País Reino Unido

Lista de temas London Calling, Brand New Cadillac, Jimmy Jazz, Hateful, Rudie Can't Fail, Spanish Bombs, The Right Profile, Lost In The Supermarket, Clampdown, The Guns Of Brixton, Wrong 'Em Boyo, Death Of Glory, Koka Kola, The Card Cheat, Lover's Rock, Four Horsemen, I'm Not Down, Revolution Rock, Train In Vain

Por qué es clave *London Calling* despliega el esplendor y la madurez del punk.

Pág. anterior The Clash.

Canción clave «Bela Lugosi's Dead»
Bauhaus

Toma un antiguo *riff* de Gary Glitter, ralentízalo, y luego mezcla los acordes. Concibe un estribillo que pudiera acompañar la muerte del mayor Drácula de Hollywood. Succiona para dentro las mejillas, e interprétala como si te fuera la vida.

Guitarras que suenan como el chirrido de la tapa de un ataúd, percusión como los latidos del corazón, gemidos crípticos; y el vocalista de Bauhaus, Peter Murphy, repitiendo insistentemente «Bela Lugosi's Dead» (Bela Lugosi ha muerto). El single de 12 pulgadas con el que Bauhaus se dio a conocer en agosto de 1979 pretendía ser una parodia. No obstante, creó todo un género musical –y un estilo de vida– que sigue bien vivo hasta hoy.

«Rock gótico» es uno de esos conceptos musicales que ninguna banda reconoce haber creado. Podría mencionarse a Banshees, pero, como ocurrió con Led Zeppelin cuando se les atribuyó el estatus de reyes del heavy metal, insisten en que les dieron una corona que no les acaba de encajar. Theatre of Hate y Killing Joke también son firmes candidatos. No obstante, fue Bauhaus, un cuarteto de Northampton, Inglaterra, con una seria fijación con David Bowie, quienes fusionaron todos los elementos sombríos en su tema «Bela Lugosi's Dead». En su música, las temáticas que desde hacía tiempo florecían en los reinados de la artificiosidad (Screamin' Jay Hawkins, Dave Vanian de Damned) finalmente se apartaron del objeto de culto para convertirse en un estilo musical permanente e identificable.

Tras separarse a comienzos de la década de 1980, Bauhaus se volvió a formar a finales de la de 1990 para retomar las cosas donde las habían dejado. «Bela Lugosi's Dead» aún se lleva la mayor ovación de los conciertos por parte de un lúgubre público que no existiría sin él. Dave Thompson

Fecha de lanzamiento
Agosto de 1979

País Reino Unido

Compositores
Peter Murphy, David J.,
Daniel Ash, Kevin Haskins

Por qué es clave
Posiblemente, el primer tema gótico.

Canción clave «My Sharona»
The Knack

Un tema calculadoramente cínico y novedoso que nunca admitió serlo, o un devastador grito de guerra que dio una bocanada de aire fresco al panorama musical en pleno verano de la música disco? El debate sigue abierto alrededor de «My Sharona», si bien nadie puede negar el impacto económico de este maravilloso tema al más puro estilo Beatles. Incluso Capitol Records, la discográfica que recientemente había contratado a la banda, parecía tan sorprendida como cualquiera cuando el single de debut de The Knack se mantuvo seis semanas en la cima de la lista Top 100 de *Billboard*, desde el 25 de agosto de 1979. «My Sharona» –de un estilo pop cargado de un tono rebajado de Led Zeppelin y un arranque de *new wave*– se convirtió en el gran éxito de 1979. Al mismo tiempo, sin embargo, el rechazo del cuarteto de Los Ángeles a relacionarse con los medios de comunicación motivó una campaña de desprestigio de la banda por parte de éstos, el llamado «Knuke the Knack» (Destruir a The Knack). El líder de la banda, Doug Fieger, se quejó: «The Beatles nunca tocaron en *Saturday Night Live*».

Para cuando lanzaron su aclamado álbum *Round Trip* en 1981, The Knack ya se habían separado –la primera vez de las muchas que vendrían– y su repercusión en la historia del rock no parecía mayor que la de Rick Dees (Rick ¿qué? Exacto). Sin embargo, esta banda humilde y sin demasiado presupuesto ayudó a la industria discográfica a dejar atrás las indulgencias de su era *Rumours*, y hasta hoy, ningún músico de power-pop del siglo XXI que se precie ostenta una guitarra Rickenbacker o una corbata delgada sin que, al menos inconscientemente, rinda tributo a «My Sharona» y a sus cinco minutos de gloria. Gary Pig Gold

Fecha de lanzamiento
Junio de 1979

País Estados Unidos

Compositores Berton
Averre, Dough Fieger

Por qué es clave
La canción que motivó la pregunta: ¿cómo puede una banda tan popular ser, al mismo tiempo, tan impopular?

Personaje clave
Suzi Quatro

A comienzos de la década de 1970, la imagen de Suzi Quatro agarrada a su bajo, vestida de cuero y cantando a voz en grito sus éxitos, llamaba la atención de una forma que sólo los que fueron jóvenes en aquella época pueden comprender: fue la primera artista femenina en alcanzar el éxito comercial con una imagen y un estilo entonces asociado exclusivamente a los artistas de rock masculinos.

Quatro, nacida en Detroit en 1950, inició su carrera tocando en bandas locales de su ciudad. En 1971, el productor Mickie Most la llevó a Inglaterra para lanzar su carrera en solitario. En 1973, su segundo single, el retumbante «Can The Can», se situó en el número uno de las listas de éxitos británicas, y tras éste, cosechó una serie de *hits* estruendosos y épicos, la mayoría compuestos por Chinn & Chapman. Entre 1977 y 1979, se hizo popular en Estados Unidos por su personaje de Leather Tuscadero en la comedia *Happy Days*, ambientada en la década de 1950,

pero no fue hasta que «Stumblin' In» entró en el Top 40 de *Billboard* el 24 de febrero de 1979 y alcanzó el número cinco, que finalmente fue un gran éxito en su país natal. «Stumblin' In» era un tema más suave que los anteriores, cantado en dúo con Chris Norman, de Smokie, otra banda de Chinnichap.

Quatro temió que la encasillaran y, quizás de forma imprudente, rechazó la propuesta de dar un concierto con los temas del personaje Leather Tuscadero cuando sus *hits* empezaron a menguar. No obstante, aunque su popularidad decayó, la influencia de Quatro puede verse en la generación subsiguiente de chicas duras del rock, como The Runaways, Joan Jett y Chrissie Hynde.
Gillian G. Gaar

Rol Artista de grabaciones

Fecha 1979

Nacionalidad Estados Unidos

Por qué es clave
La roquera hombruna que abrió las puertas a las mujeres que no quieren tocar la guitarra acústica.

Acontecimiento clave
Sham 69 en Middlesex Polytechnic

C omo muchos músicos del movimiento punk, el cantante de Sham 69, Jimmy Pursey, era un idealista de clase obrera pacífico, pero, aunque su banda participara en la campaña Rock Contra el Racismo, había algo en la estruendosa angustia de temas como «Borstal Breakout» y «Red London», compuestos por él y el guitarrista Dave Parsons, que atraía a los jóvenes violentos de la extrema derecha. Los altercados en sus conciertos se convirtieron en algo cada vez más habitual.

Éstos alcanzaron su punto álgido el 26 de enero de 1979. Tocar en el Middlesex Polytechnic el tema «Land And Hope And Glory» fue una imprudencia. Mientras Pursey entonaba a gritos la frase «the National Front, the Communists are all a pile of shit» (el Frente Nacional, los comunistas son todos un montón de mierda) en la canción «What Have We Got?», se inició una pelea entre el público –que un equipo de grabación de la BBC registró–, y durante «Angels With Dirty

Faces», varios cabezas rapadas furiosos irrumpieron en el escenario, propinaron puntapiés al público de forma indiscriminada y se metieron con un asistente por su supuesta homosexualidad. Pursey, atónito y desconsolado, levantó al aire el culo de una botella de cerveza rota y, para mostrar su vergüenza y disgusto, hizo además de cortarse el cuello con el cristal, simulando su suicidio. Otros conciertos posteriores se suspendieron por el miedo de los propietarios de los locales. Cuando Sham tocó en Aylesbury el 31 de enero, Pursey tomó la decisión: no volverían a actuar en vivo. Incluso el concierto de despedida en el Rainbow Theatre de Londres acabó mal, con una nueva invasión de cabezas rapadas en el escenario y más violencia.
Kevin Maidment

Fecha 26 de enero de 1979

País Reino Unido

Por qué es clave
La violencia del público asociada al movimiento punk acaba con su primera banda.

Grupo clave
The B–52's

Este grupo formado en 1976 en el microcosmos musical de Athens, Georgia, rechazó la violencia del punk y el *new wave* en favor del buen rollo, y haciéndolo todo al revés, le salieron las cosas estupendamente bien.

Originalmente tocaban sobre guitarras y batería pregrabadas, y ofrecían una fiesta retro de alta tecnología única, con letras banales y despreocupadas sobre comida rápida y películas de terror de serie B. Mientras sus contemporáneos se ataviaban con imperdibles y camisetas rasgadas, ellos se bautizaron con el nombre de un tipo de peinado de la década de 1950, que lucían sus dos atractivas integrantes femeninas, Kate Pierson (órgano y voz) y Cindy Wilson (guitarra y voz), vestidas con minifaldas y botas altas. La banda tocaba instrumentos de juguete y sus miembros bailaban divertidas coreografías. Sus animados conciertos en vivo les aportaron una enorme base de fans en las discotecas y universidades, y tras agotar las existencias de su single de debut autofinanciado, «Rock Lobster», Island Records los contrató. A pesar de tener una presencia mínima en la radio, vendieron medio millón de copias de su primer álbum homónimo, lanzado el 7 de julio de 1979.

The B-52's rompían el molde en casi todo. Sorprendentemente, tras la muerte del guitarrista y fundador del grupo, Ricky Wilson, cosecharon un éxito aun mayor con el *hit* internacional «Love Shack», en 1989. Estos reyes y reinas de la música fiestera eran el grupo ideal para interpretar la banda sonora de la película *The Flintstons (Los Picapiedra* 1994), bajo el nombre BC-52s.

Johnny Black

Rol Artistas de grabaciones

Fecha 1979

Nacionalidad Estados Unidos

Por qué es clave
La banda del *new wave* que cosechó un tremendo éxito apartándose de los estereotipos del punk de mediados de la década de 1970.

Pág. siguiente **The B-52's.**

Acontecimiento clave **La noche en que la música disco ardió en la hoguera**

En el verano de 1979, la cultura disco había alcanzado su punto álgido en cuanto a ventas y popularidad. Sin embargo, este tipo de música también era víctima del menosprecio de muchos, en parte por su simplismo, pero probablemente también por la forma como fusionaba la cultura negra, la homosexual y las minoritarias. En los coches abundaban pegatinas con la frase «Odio la música disco», y el DJ de radio de Chicago Steve Dahl era apenas uno de los muchos que la criticaban por desprestigiar la «verdadera música».

Tras la guerra de Vietnam y la crisis económica de la década de 1970, la autoestima de Estados Unidos no pasaba por un buen momento. Para algunos, el béisbol era un refugio para el entretenimiento masculino, la antítesis total de la afeminada cultura disco. La estrella del equipo White Sox, Michael Veeck, se unió a Dahl para organizar el Disco Demolition Derby. El 12 de julio de 1979, los hinchas acudieron al estadio Comiskey Park de Chicago con álbumes de música disco, y pudieron ver el partido por una entrada reducida de 0,98 dólares. Los tickets se agotaron. En el descanso, Dahl entró en el campo para encender una pira funeraria donde quemaron los miles de discos.

El acto se convirtió en una batalla campal cuando los hinchas invadieron el terreno de juego y prendieron más hogueras. Fue un momento de anarquía que materializó e hizo público el sentimiento antidisco. La hegemonía de este género era tal que se había anotado todos los números uno de las listas de éxitos en 1979. En agosto, «My Sharona», de The Knack, remplazó a «Chic» en el número uno. A partir de entonces, sólo unos cuantos temas disco alcanzaron la cima de las listas de éxitos. Aunque finalmente fue asimilada por la cultura dance, esa noche la música disco sufrió una muerte súbita.

Hugh Barker

Fecha 12 de julio de 1979

País Estados Unidos

Por qué es clave
Los disturbios que probablemente acabaron con la música disco.

Grupo clave
The Slits

Si el punk permitió que las mujeres participaran en el panorama musical en términos de igualdad, algo que hoy en día no se discute, la banda The Slits fue la benefactora más simbólica. No sólo abrazó el espíritu «hazlo tú mismo» del punk, sino que personificó el principio de ideas por encima de técnica y de creatividad liberada de convencionalismo.

Cuando lanzaron *Cut*, su álbum de debut, en septiembre de 1979, la batería original, Palmolive, había sido sustituida por el futuro miembro de Banshees, Budgie –Palmolive no estaba de acuerdo con la foto propuesta para la carátula del álbum, donde el trío (Viv Albertine, Tessa Pollitt, Ari Up) aparece en *topless* como indígenas del Amazonas–, pero el mordaz tema «Typical Girls» indicaba que no iban a explotar el modelo de chicas guapas y tontas. *Cut*, producido por el músico y productor de reggae Dennis Bovell, dejaba atrás el anterior sonido recargado de la banda en favor de un estilo más sobrio, con una atmósfera dominada por el *dub*. Las líneas de bajo de Pollitt se acentuaron, y en vez del caos anterior, había largos fragmentos puramente rítmicos. De hecho, para algunos puristas del punk, el sonido de *Cut* era excesivamente limpio y estaba demasiado producido, y carecía del característico estruendo habitual de los conciertos de la banda y de las dos sesiones que grabó para el programa de radio de John Peel.

Sin embargo, The Slits habían realizado uno de los álbumes esenciales del punk, y no sonaba en absoluto a punk. Se disolvió tras el pequeño fracaso de su segundo álbum *Return Of The Giant Slits* (1981), pero sigue siendo una de las bandas de referencia para las artistas femeninas, así como un símbolo del triunfo del punk más amplio y sus posibilidades.
Alex Ogg

Rol Artistas de grabaciones

Fecha 1979

Nacionalidad Reino Unido

Por qué es clave
Personificó el espíritu «cualquiera puede hacerlo» del punk.

Personaje clave
Gary Numan

Gary Numan es un bicho raro de la historia del pop británico. Fue la primera estrella del género en utilizar sintetizadores, y en sus buenos tiempos gozó de gran popularidad. No obstante, incluso en el cénit de su carrera, no fue un artista bien considerado, en especial por la prensa musical británica, que tendía a menospreciar sus logros en vez de celebrarlos.

Numan era el nombre artístico de Gary Webb, nacido en 1958. Era un hombre solitario que vivía en casa de sus padres. Le fascinaban los coches, los aviones y el dinero; y su imagen distante y andrógina sobre el escenario era muy controvertida (actualmente, el artista cree que sus extrañas actitudes eran síntoma de un moderado trastorno de Asperger). A pesar de todo, se granjeó la admiración de un batallón de fieles seguidores (los «numanoides»), y cosechó varios *hits* y álbumes de éxito entre 1979 y 1981.

Algunos consideraban a Numan un «nuevo romántico», pero de hecho inició su carrera en el *new wave*. Sin embargo, la popularidad del artista llegó a su esplendor con temas como «Are 'Friends' Electric?» y «Cars», donde empleó sintetizadores (a menudo mediante pedales de efectos para guitarra baratos) para crear un sonido distópico que encajaba con sus letras de alienación y ciencia ficción, pero poseía el tipo de gancho que sería un elemento característico del synth-pop, un género posterior más ligero. «Are 'Friends' Electric?» fue el primer gran éxito de Numan. Alcanzó el número uno del Reino Unido el 30 de junio de 1979 bajo el nombre de la banda imaginaria Tubeway Army.

Tras un retiro temporal en 1981, su carrera fue irregular, pero finalmente ha sido reconocido como una figura influyente en artistas tan variopintos como Nine Inch Nails, Basement Jaxx y Afrika Bambaataa.
Hugh Barker

Rol Artista de grabaciones

Fecha 1979

Nacionalidad Reino Unido

Por qué es clave
El eslabón perdido entre Kraftwerk y el electropop.

Pàg. anterior Gary Numan.

Canción clave «I Will Survive»
Gloria Gaynor

Algunos la han cantado en el karaoke tras sufrir un desengaño amoroso, otros la han entonado como himno del poder de las mujeres, del orgullo gay, o de la lucha contra el sida. Las veces que alguien ha encontrado consuelo o ha tenido un encuentro catártico con «I Will Survive» son incontables.

Gloria Gaynor cosechó cierto éxito con Soul Satisfiers en la década de 1960, y grabó su primer single en solitario en 1965. No obstante, la música disco acabaría definiendo su carrera, primero con el álbum «Never Can Say goodbye» en 1975, y luego con la inmortal «I Will Survive». La canción ganó un premio Grammy en 1980 por mejor tema disco (una categoría premiada sólo ese año, luego se eliminó por el declive del género). Freddie Perren, quien anteriormente había escrito temas de éxito como miembro del equipo compositivo The Corporation (responsable de los primeros grandes éxitos de Jackson 5, entre otros), la compuso junto con Dino Fekaris. Su letra dramática pero optimista trata sobre una mujer hundida por el final de su relación sentimental, pero lo bastante fuerte para darle un portazo en las narices a su ex pareja. Expresiones tan coloquiales como «I shoulda changed that stupid lock, I shoulda made you leave your key» (Tenía que haber cambiado esa estúpida cerradura; tenía que haberte obligado a dejar la llave) añadieron fuerza a la canción.

Sorprendentemente, al inicio la apasionada interpretación de Gaynor se grabó en la cara B de «Substitute» (más tarde, un *hit* de Clout). No obstante, la demanda de un público que veía sus experiencias personales reflejadas en la canción hizo que la discográfica le diera la vuelta. «I Will Survive» alcanzó merecidamente el número uno de las listas de éxitos estadounidenses el 10 de marzo de 1979.
Hugh Barker

Fecha de lanzamiento
Enero de 1979

País Estados Unidos

Compositores Dino Fekaris, Frederick J. Perren

Por qué es clave
La canción que demostró que la música disco sí tenía algo que decir.

Canción clave «Pop Muzik»
M

Robin Scott es un artista multifacético que ha lanzado temas tanto en solitario como con bandas, pero si por algo se le recuerda, es sobre todo por «Pop Muzik».

Se trata de una canción extremadamente pegadiza que satiriza los intereses comerciales de la industria musical. En parte se inspiró en las relaciones que Scott mantuvo con Muzak Corporation, una empresa estadounidense que creaba música para lugares de trabajo y otros espacios públicos mediante técnicas precisas y bien estudiadas. Scott, como ya le había ocurrido anteriormente a Brian Eno y Kraftwerk, quedó fascinado por el concepto de pop con sintetizadores creado con métodos pseudorrobóticos. No obstante, «Pop Muzik» era mucho más comercial que la mayoría de los trabajos de los sus ilustres predecesores: el tema contiene un *riff* de sintetizador rudimentario pero inolvidable, y la forma onomatopéyica como el artista pronuncia *pop* convirtió el título de la canción en la frase de moda de los recreos. Colaboraron varios músicos: su hermano Julian Scott en el bajo, Wally Badarou en los teclados, el programador de sintetizadores John Lewis y la cantante Brigit Novak en los coros.

Scott lanzó la canción bajo el nombre de M. Obtuvo un enorme éxito y alcanzó el número uno de Estados Unidos el 3 de noviembre de 1979. Aunque Scott abordó otros proyectos, tanto fuera como dentro de M, éste fue con diferencia su mayor éxito, un tema ingenioso y divertido, que se ríe de sí mismo, pero no se avergüenza de su estilo pop superficial. La canción fue precursora del synth-pop, que surgiría durante la década de 1980.
Hugh Barker

Fecha de lanzamiento
Abril de 1979

País Estados Unidos

Compositor Robin Scott

Por qué es clave
Un puente fundamental entre el trabajo experimental de Brian Eno y Kraftwerk y el synth-pop más comercial de la década de 1980.

Álbum clave *Metal Box*
Public Image Ltd.

«Aún digo muchas veces que este álbum es sólo zumbido», afirmó el cantante Kim Wilde sobre *Metal Box*, un par de años después de su lanzamiento. En el desafío subyacente en sus palabras, reconocía de forma implícita la buena opinión que muchos tenían del álbum, mientras que la esencia de su afirmación ilustraba con claridad la disparidad de opiniones sobre él.

Ciertamente, el segundo álbum de la banda de John Lydon –antes Jonny Rotten–, Public Image Ltd., no era fácil de escuchar. La palabra *metal* del título se materializaba en el sonido de las guitarras de aluminio que Keith Levene utilizó para conseguir un estilo único. El tema que abre el álbum, «Albatross», contenía más de 10 minutos de bajo de Jah Wobble; «Poptones» trataba sobre una víctima de violación, y «Graveyard» era un tema disco instrumental de otro planeta.

Sus detractores sostenían que *Metal box* era un álbum sobrevalorado porque la elaborada presentación de su carátula impresionaba al público, pero no era cierto, aun si el diseño del fotógrafo del rock Dennis Morris, una caja de hojalata para películas de 16 mm con tres discos de 12 pulgadas en el interior, era extraordinario.

La carrera post-Pistols de Lydon ya había cogido a muchos por sorpresa, y junto con Levene, Wobble y un lista de temas cambiante de bateristas, realizó un disco repleto de influencias étnicas, con un contundente bajo *dub* funk, ska y sonidos orientales. No hay duda de que, en algunos casos, el «zumbido» dio resultado, pero explorar los límites a menudo acarrea consecuencias negativas.

En 1980, *Metal Box* se lanzó como un doble álbum con carátula desplegable, titulado *Second Edition*.
Rob Jovanovic

Fecha de lanzamiento
Noviembre de 1979

País Reino Unido

Lista de temas Albatross, Memories, Swan Lake, Poptones, Careering, No Birds, Graveyard, The Suit, Bad Baby, Socialist, Chant, Radio 4

Por qué es clave
Un ex miembro de Sex Pistols ofrece una propuesta admirada por algunos y menospreciada por otros.

Canción clave «Video Killed The Radio Star»
Buggles

Es fácil reírse de Buggles, ya sea por las estrafalarias gafas de Trevor Horn o por los gráficos de ordenador del diseño de sus carátulas, que dejan mucho que desear. Sin embargo, aunque su estilo giraba en torno a una imaginería futurista ya anticuada, su single de debut, que alcanzó el número uno de las listas del Reino Unido el 20 de octubre de 1979, era todo lo contrario: totalmente profético.

Era el inicio de los vídeos promocionales, que estaban tan o más elaborados que las propias canciones que presentaban. El guitarrista Horn detectó que «una era estaba a punto de quedar atrás», algo que confirmó tras leer la historia de J. G. Ballard «The Sound Sweep», y compuso la canción con el teclista Geoff Downes y uno de los primeros miembros de Buggles, Bruce Woolley. Algunos han comparado la melodía de este tema con una serie de *jingles*, pero lo cierto es que, más que sencilla, trata de ser conceptual, y su letra –sobre un ex músico hundido por un mundo que prefiere la pantalla al sonido («Pictures came and broke your heart»)– presenta un dramatismo real.

El vídeo no «mató» a la estrella de la radio. Más probablemente, el peligro se encuentre en el posterior invento de Internet. Sin embargo, la inquietud de Buggles porque la irracional primacía de la imagen sobre el sonido se engendró en la música popular mediante los vídeos promocionales, tenía razón de ser: a menudo ha llevado a una situación en que la cola menea al perro. Como una vez lamentó el célebre compositor Jerry Leiber, «la dimensión de la escritura lírica se ha reducido… Cuando tienes imágenes en movimiento ya no necesitas realmente las imágenes que evocan las palabras».
Sean Egan

Fecha de lanzamiento
Octubre de 1979

País Reino Unido

Compositores Geoff Downes, Trevor Horn, Bruce Woolley

Por qué es clave
Predijo que las imágenes visuales se apoderarían de la música.

Canción clave **«Boys Don't Cry»**
The Cure

Aunque la música rock siempre ha girado en torno a canciones de amor, ir más allá de eso no siempre ha estado bien considerado. Además, hay algo en la rebeldía intrínseca del rock como medio de expresión que a menudo impide mostrar un lado más suave, y no sólo en los hombres. El nihilismo del punk empeoró las cosas.

El panorama musical británico todavía sentía la resaca del punk cuando The Cure lanzó su segundo single, «Boys Don't Cry», lo que hizo que sus confesiones emocionales sin complejos resultaran aún más fascinantes.

Este tema, de estructura rigurosa, económica y descaradamente comercial, traquetea como un tren descarrilado, potenciado por un *lick* de guitarra ululante pero melódico. El coautor y vocalista de The Cure, Robert Smith, canta una letra totalmente opuesta a dichos elementos, que revela las angustias escondidas del adolescente que no logra expresarle a su novia lo que realmente siente antes de que ésta se marche. Cuando debería estar confesándole su amor, opta por «laugh about it, hiding the tears in my eyes» (reírme, escondiendo las lágrimas en mis ojos).

El elemento lacrimógeno ha sido esencial en *hits* pop como «Raining My Heart, de Buddy Holly, «Crying In The Rain, de The Everly Brothers, y muchos otros, pero aunque eran buenas canciones, no se mostraban como verdaderas heridas abiertas. En cambio, «Boys Don't Cry» era emoción pura y al desnudo, y por este motivo, liberadora y catártica.

Johnny Black

Fecha de lanzamiento
12 de junio de 1979

País Reino Unido

Compositores Robert Smith, Michael Dempsey y Lol Tolhurst

Por qué es clave
La canción cuya cautivadora honestidad y vulnerabilidad derrumbó algunas inhibiciones masculinas del rock.

Pág. siguiente **Robert Smith.**

Acontecimiento clave
El primer disco de rap

A finales de 1979, la prensa empezaba a fijarse en el arte callejero del barrio del Bronx de Nueva York, donde estaba surgiendo un nuevo género musical. La tradición jamaicana de recitar letras improvisadas de forma rítmica acompañando un fondo reggae se mezcló con la jerga de los DJ de la radio y fragmentos de antiguos discos de funk: en ese momento, el nuevo estilo aún se conocía simplemente como «rapear».

De forma sorprendente, los antiguos Fatback Band se convirtieron en pioneros de este nuevo sonido. Se trataba de un grupo de funk de Nueva York que, como muchos de sus contemporáneos, tuvo que buscar alternativas al declive de la música disco. Conocedores del panorama del rap, Fatback (abreviaron su nombre en 1978) decidió introducir una pizca de este estilo en su álbum *XII*, y para ello reclutaron a Tim Washington, un nativo de Harlem relacionado con Spring Records, su sello discográfico.

El resultado fue «King Tim III (Personality Jock)». Apareció en la cara B de su «You're My Candy Sweet» en noviembre de 1979, avanzándose unas semanas en las tiendas a «Rapper's Delight» de Sugarhill Gang (el tema que empezaba con las sílabas *hip hop* y le dio al género su nombre). El rap de Washington –ligero, alegre y vivaz– construyó un puente entre el panorama musical de las altas esferas y el gancho de los DJ (de ahí «Personality Jock»). Aunque este estilo en concreto se mantuvo poco tiempo, el lugar de Washington y Fatback en la historia musical quedó asegurado.

Angus Batey

Fecha Noviembre de 1979

País Estados Unidos

Por qué es clave El primer ejemplo comercializado de un género cuyo desarrollo acabaría dominando la música popular.

Espectáculo clave *All that jazz* (*Empieza el espectáculo*) la película

En 1973, el cineasta y coreógrafo Bob Fosse ganó un premio Tony por *Pippin*, el Óscar al mejor director por *Cabaret*, y un Premio Emmy por el especial de televisión *Liza With A «Z»*. No obstante, *All That Jazz* (*Empieza el espectáculo*) analizaba su éxito con un ojo cáustico.

Él fue el director, coreógrafo y uno de los guionistas, junto con Robert Alan Arthur, de la película. En ella, Fosse se esconde bajo el personaje de Joe Gideon (Roy Scheider), un director adicto al trabajo que realiza un musical protagonizado por su ex esposa (como había ocurrido con el éxito de Broadway de Fosse, *Chicago*), al mismo tiempo que edita un filme sobre la vida de un cómico (inspirado en la experiencia de Fosse dirigiendo *Lenny*, sobre Lenny Bruce). Gideon lleva una vida frenética y su salud se resiente por ello, pero no se cuida lo suficiente y muere de un ataque al corazón –como el propio Fosse en 1987–. Ninguna película musical presentaba la relación amor-odio de un hombre con la industria del espectáculo con tantos detalles autobiográficos.

Argumento aparte, Fosse también reformuló ciertos elementos de los musicales. A diferencia de los musicales tradicionales, donde las canciones anticipan la narración, aquí los temas se presentan en escenarios naturales («On Broadway», de George Benson, se interpreta durante una audición, y la única canción original; «Take Off With Us», durante escenas de ensayo), o en secuencias oníricas (sus ex parejas cantan antiguos *hits* como «Who's Sorry Now» y «After You've Gone», y Gideon canta un tema más contemporáneo, «Bye Bye Love», adaptado como «Bye Bye Life», en el momento de su muerte).

A propósito, la canción de *Chicago* «All That Jazz», no aparece en la película.
Gillian G. Gaar

Estreno 20 de diciembre de 1979

País Estados Unidos

Director Bob Fosse

Reparto Roy Schieder, Jessica Lange, Ben Vereen

Compositores Stanley Lebowsky, Fred Tobias

Por qué es clave Redefinió la forma de presentar las canciones en los musicales.

Pág. anterior
Empieza el espectáculo.

Acontecimiento clave
El asesinato de John Lennon

El single de John Lennon «(Just like) Starting Over» alcanzó el Top 10 tanto en Estados Unidos como en el Reino Unido, y el nuevo álbum que grabó con su esposa Yoko Ono, *Double Fantasy*, obtuvo un éxito similar. A algunos les sorprendió la domesticidad impregnada en el nuevo material del artista tras su anterior causticidad, pero prácticamente todo el mundo se alegraba de volver a tener al ex miembro de The Beatles grabando nuevo material tras más de cinco años de ausencia. El 8 de diciembre de 1980, la pareja tenía mucho que hacer: asistieron a una sesión de fotos para *Rolling Stone*, grabaron una entrevista para la radio y fueron al estudio para grabar «Walking On Thin Ice», de Ono.

Al volver a su apartamento del edificio Dakota, en el Upper West Side de Nueva York, Lennon fue abordado por un hombre de 25 años llamado Mark David Chapman, un ex guarda de seguridad de Honolulu. Eran las 22.50 horas. Unas horas antes, el artista le había firmado un autógrafo sobre un ejemplar de *Double Fantasy*. Chapman llamó a Lennon, extrajo una pistola y le asestó cinco disparos. Aunque lo llevaron inmediatamente al hospital, fue declarado muerto a las 23.15 horas. A Chapman lo arrestaron en la escena del crimen y lo condenaron a 20 años de cárcel.

Lennon tenía previsto volver a los escenarios al año siguiente. Su muerte consternó al mundo entero y en consecuencia las ventas de sus discos se dispararon. Probablemente, los rumores sobre una posible reaparición de The Beatles nunca se hubieran materializado, pero ahora era literalmente imposible. Su pérdida prematura marcó realmente el final de una era.
Gilliam G. Gaar

Fecha 8 de diciembre de 1980

País Estados Unidos

Por qué es clave El primer asesinato de uno de los mayores iconos del rock.

Canción clave **«Enola Gay»**
Orchestral Manoeuvres In The Dark

Quizás se debió a que Andy McCluskey fuera un excelente bajista lo que hizo de Orchestral Manoeuvres In The Dark, el dúo que empleaba el sintetizador, y del que era una de las mitades, algo tan excepcional. El suyo era un electropop único: no robótico y frío, sino con el movimiento, el flujo y el alma del rock.

McCluskey y su colega Paul Humphreys debutaron con su álbum epónimo en 1980. Ese álbum tenía ciertos aires pop, pero en su secuela *Organisation* (también en 1980), introdujeron un talante más sombrío, en parte debido a la influencia de sus antiguos compañeros en la discográfica Factory Records, Joy Division. El single que precedió al nuevo álbum fue «Enola Gay», que entró en las listas del Reino Unido el 4 de octubre de 1980, hasta llegar a ocupar el número ocho. Un poco atractivo sonido de sintetizador que emulaba un tambor da inicio al tema, pero de repente nos adentramos en un ámbito sonoro de elegancia absoluta: dos cautivadores estribillos contrapunteados y –en contraste con un ritmo relativamente dinámico– la voz apesadumbrada, sutilmente tratada con eco de McCluskey. La canción resulta aún más conmovedora cuando uno se da cuenta del motivo de ésa, ya que «Enola Gay» no es la heroína habitual de las canciones pop que ha roto el corazón de nuestro narrador. En realidad, es el nombre del avión que tiró la primera bomba atómica en una guerra. «Debiste haberte quedado en casa ayer», entona McCluskey con una completa ausencia de dogmatismo, pero con una profunda y conmovedora tristeza.

El disco destacó sobre otros productos de los contemporáneos electrónicos de OMD tanto en términos de inteligencia como en emoción.
Sean Egan

Fecha de lanzamiento Septiembre de 1980

Nacionalidad Reino Unido

Compositor Andy McCluskey

Por qué es clave Se trata de una elegía de la era espacial dedicada a las víctimas de Hiroshima.

524

Acontecimiento clave
Muerte de Tim Hardin

Sólo tres semanas después de la discutida muerte de John Lennon, la defunción de un compositor contemporáneo pasó prácticamente inadvertida a los medios. Al igual que Lennon, Tim Hardin había desaparecido del mundo musical durante la segunda mitad de la década de 1970. Sin embargo, a diferencia de Lennon, su retiro no fue tan sólo un tema de elección personal, sino la culminación de un descenso tanto en lo personal como en lo artístico.

En 1966 y 1967, Hardin había sido uno de los más prometedores cantautores emergentes del folk-rock, con su «If I Were A Carpenter», que Bobby Darin llevó hasta los Top 10. Otras composiciones de Hardin de esa época como «Misty Roses», «Reason To Believe» y «How Can We Hang On To A Dream» casi se convirtieron en estándares, al combinar folk, rock, pop y un poco de jazz y blues junto con un toque de tierno romanticismo mundano. Pero a pesar de que sus canciones llegaban a los oídos de millones gracias a los coetáneos de Darin y Rod Stewart, y a que influyó en docenas de otros cantautores folk-rock como John Sebastian (quien tocaba en los primeros discos de Hardin), Hardin desaprovechó muchas oportunidades y se distanció de sus asociados más allegados debido al abuso de las drogas. Nunca volvió a capturar a la musa que inspiró sus dos primeros álbumes a mediados de la década de 1960, y no había editado ningún tipo de música durante unos seis años cuando murió de una sobredosis de heroína en un apartamento de Los Ángeles. Irónicamente, la canción más famosa que había escrito sobre la heroína, «Red Balloon», era realmente hermosa.
Richie Unterberger

Fecha 29 de diciembre de 1980

País Estados Unidos

Por qué es clave Demuestra cómo la sordidez de la muerte de un artista puede contrastar con la belleza de su música.

Canción clave «Brass In Pocket»
The Pretenders

Chrissie Hynde se trasladó a Inglaterra a comienzos de la década de 1970, en busca de la magia que la invasión británica había prometido a una chica indiferente en Akron, Ohio. Lo que encontró fue el punk, en el que se sumergió. Cuando en 1978 fundó The Pretenders con tres muchachos de Hereford –el guitarrista James Honeyman-Scott, el bajista Pete Farndon y el baterista Martin Chambers– nació algo muy especial –por emplear una frase de esta canción–, una banda de rock con actitud punk y arreglos pop.

El título provino de una expresión típica del norte de Inglaterra para designar que se lleva dinero encima, aunque la canción se refiere a asuntos carnales más que financieros. En la letra y la voz de Hynde, adopta una actitud depredadora masculina, anunciando «There's nobody else here, no one like me» (No hay nadie más aquí, nadie como yo), aunque deja ver una sombra de vulnerabilidad en la manera que el coro se alza con una insistencia indignante reclamando la atención de alguna de sus presas.

La canción –de la que Hynde llegó a decir a su productor Chris Thomas que únicamente se lanzaría sobre su cadáver– fue el primer número uno de la década de 1980 en el Reino Unido el 19 de enero de 1980, a lo que contribuyeron el ritmo de fondo sensual, el limpio sonido de las guitarras, la voz ronca aunque aterciopelada de Hynde, y el revuelo que causó cuando nadie fue capaz de discernir en su letanía de lo que haría para conseguir a su hombre, cuando cantaba «Gonna use my arms» (Utilizaré mis brazos) o «arse» (culo).
Ignacio Julià

Fecha de lanzamiento
Enero de 1980

Nacionalidad Reino Unido/Estados Unidos

Compositores James Honeyman-Scott, Chrissie Hynde

Por qué es clave
La emoción de la persecución, invirtiendo los roles tradicionales de cada género.

Canción clave «Food For Thought»
UB40

«Food For Thought», de UB40, entró en los Top 75 del Reino Unido el 8 de marzo de 1980, y este hecho constituyó un nuevo hito en la domesticación británica de la tradición reggae que arraigó después de que la primera oleada de inmigrantes jamaicanos llegara en la década de 1950. Este grupo se formó alrededor de un núcleo de amigos de Birmingham que hacían alarde de sus orígenes irlandeses, yemeníes y jamaicanos, además de británicos, y su nombre derivó del formulario que deben rellenar los solicitantes de la prestación de desempleo, situación en la que se encontraban en aquel entonces.

«Food For Thought» era uno de los títulos del single con el que debutaron, siendo el otro «King» (tributo a Martin Luther King), y alcanzó el número cuatro en las listas del Reino Unido. Como denuncia a los políticos «que negocian con vidas de bebés», definió la agenda de UB40 tanto musical como líricamente. Un híbrido entre el *dub* y el ska, basado en su exposición a las fiestas de blues en la zona del Balsall Heath de Birmingham a las que asistieron en su juventud, quedó adornada con un sintetizador analógico primitivo y una estética «pop» sin arrepentimientos que daba lugar a una melodía con ritmo y un seductor trabajo de saxo. Las letras atacaban los estragos del capitalismo global, y a la relación específica entre el concepto occidental de la Navidad y la hambruna en África, como presagio al single que habría de editar Band Aid cuatro años después.

Algunos puristas del reggae criticaron duramente a la banda, pero esto no los detuvo, ya que UB40 se convirtió en una poderosa fuerza comercial en la década siguiente. Y llevar al reggae autóctono hasta los Top 10, supuso un impulso en las fortunas de los artistas jamaicanos nativos al despertar el interés y la conciencia por el reggae.
Alex Ogg

Fecha de lanzamiento
Febrero de 1980

Nacionalidad Reino Unido

Compositores Stephen Brown, Alistair Campbell, Robin Campbell, Norman Hassan, Brian Travers, Earl Falconer, Michael Virtue, Oswald Wilson

Por qué es clave
Constató el surgimiento del reggae en una Gran Bretaña crecientemente multicultural.

Acontecimiento clave
Muerte de Ian Curtis

Un alma sensible que escribió canciones sobre el dolor emocional en una era oscura de decadencia urbana e inhumanidad fría, Ian Curtis sufría de epilepsia y, según relatan sus compañeros, tenía el deseo de morir joven. Las presiones de las giras y los problemas con su mujer, Deborah –quien había descubierto su relación con una mujer belga–, condujeron a Curtis a un estado de depresión que le llevó a un primer intento de suicidio por sobredosis de su medicación para la epilepsia.

Se dice que el guitarrista de Joy Division, Bernard Sumner, le llevó a un cementerio con la intención de evitar nuevos incidentes. Pero no funcionó y el 18 de mayo de 1980, días antes de que el grupo comenzara su primera gira por Estados Unidos, Curtis se ahorcó en la cocina de su casa de Macclesfield. Había estado viendo *Stroszek*, de Werner Herzog, en la televisión y escuchando uno de sus álbumes favoritos, *The Idiot*, de Iggy Pop.

Para muchos, la muerte parecía algo inevitable: con seguridad el suplicio contenido en los surcos de los productos de Joy Division, aunque eran estéticamente irresistibles, también eran emocionalmente insolubles. Como es natural, la muerte de Curtis convirtió a Joy Division –a partir de entonces siempre joven y genial (o glacial)– en una leyenda.

Curtis fue incinerado y sus cenizas se enterraron bajo una lápida conmemorativa en la que se puede leer «Love Will Tear Us Apart» (El amor nos destrozará), el tema más conocido de Joy Division. El resto del grupo, bajo el nombre New Order, finalmente llegó a Estados Unidos, comenzando una carrera de gran éxito.
Ignacio Julià

Fecha 18 de mayo de 1980

País Reino Unido

Por qué es clave Ilustra cómo el mismo suplicio que motiva el suicidio de una persona puede ser lo mismo que le impulsó a crear una pieza de arte.

1980-1989

526

Álbum clave *The River*
Bruce Springsteen

The River y *London Calling*, de The Clash, fueron álbumes asombrosos como sujetalibros: ambos LP dobles contenidos en una única funda, contenían un rock magnífico y bullicioso con letras dirigidas a las tribulaciones de los pobres y los oprimidos, y ambos hacían gala de una felicidad de espíritu subyacente en sus desalentadores temas. Joe Strummer, de The Clash, era de la opinión que su discográfica CBS/Columbia se había inspirado en *London Calling* (lanzado 11 meses antes que *The River*) para crear su equivalente estadunidense –ciertamente en materia de *packaging* lo era– y bromeaba con el hecho de que The Clash se había vengado editando el álbum *Sandinista!* (1980) en 3 discos.

Si la insinuación es cierta, de ninguna manera le quita méritos al triunfo artístico de *The River*, la obra maestra no reconocida de Springsteen. Mientras que los aplausos generados por *Born To Run* (1975) y otros

trabajos en este estilo son comprensibles, no toman en consideración el hecho de que detrás del brillo superficial (y más tarde, un desaliño artificioso), frecuentemente no suenan auténticos. *The River* es el álbum en el que Springsteen prescindió de la mitología tipo *West Side Story* para inconscientemente contar la verdad. La hilarante viñeta de «Sherry Darling» solicitando asistencia social, el relato del matrimonio proletario roto «Hungry Heart», y la escalofriante historia sobre un matrimonio forzoso del tema que da título al álbum son canciones de extrema verosimilitud. Conforme el mundo se adentraba en la egoísta década de 1980, Springsteen proporcionó lo mejor de sí mismo: un álbum con gran éxito de ventas que retrataba la cara oscura del sueño americano.
Sean Egan

Fecha de lanzamiento 10 de octubre de 1980

Nacionalidad Estados Unidos

Lista de temas The Ties That Bind, Sherry Darling, Jackson Cage, Two Hearts, Independence Day, Hungry Heart, Out In The Street, Crush on You, You Can Look (But You Better Not Touch), I Wanna Marry You, The River, Point Blank, Cadillac Ranch, I'm A Rocker, Fade Away, Stolen Car, Ramrod, The Price You Pay, Drive All Night, Wreck On The Highway

Por qué es clave El álbum que parecía ser el gemelo de otro.

Pág. siguiente Bruce Springsteen.

Grupo clave
Madness

La carrera de Madness vivió un momento icónico cuando «Baggy Trousers» entró en las listas del Top 40 del Reino Unido el 13 de septiembre de 1980. Llamó la atención con el resurgimiento del ska, y sus primeras canciones (incluyendo «Night Boat To Cairo») pusieron de relieve su fascinación por la cultura jamaicana y el humor caricaturesco, pero con el recuerdo de los días de escuela en «Baggy Trousers» Madness realmente encontró su voz.

El punk, que contribuyó a inspirarles, había generado la posibilidad, o incluso la obligación para las bandas de clases trabajadoras del Reino Unido, de hablar sobre su propia cultura, aunque casi siempre de manera negativa. Madness manifestó una contrastada y bienhumorada fascinación por la vida proletaria británica, escribiendo canciones divertidas, creíbles y sobre todo afectuosamente positivas sobre el mundo que conocían, todas ellas presentadas por el vocalista Suggs con su acento natural del norte de Londres. Las callejuelas, los pubs y los salones de su «territorio» cobraron vida en gloriosas composiciones como «My Girl», «Our House», «Driving in My Car», «House of Fun» y «Embarrassment». Los absurdos vídeos y bailes que acompañaban a estos discos los convirtió en los «Nutty Boys» (Chicos chiflados).

Las letras de las canciones provenían de toda la alineación clásica –Suggs, Mike Barson, Chas Smash, Lee Thompson, Chris Foreman, Mark Bedford y Daniel Woodgate–, aunque la sutileza musical del teclista Barson junto con las hábiles producciones de Langer y Winstanley fueron cruciales para su desarrollo. Después de años de éxitos, los intentos de crear un material «más maduro» fueron infructuosos aunque fascinantes.

Las increíblemente exitosas reuniones «Madstock» muestran lo cercanos que están de los corazones de toda una generación.
Hugh Barker

Rol Artistas de grabaciones

Fecha 1980

Nacionalidad Reino Unido

Por qué es clave La banda que trató la vida cotidiana de manera divertida.

Pág. anterior **Madness.**

1980-1989

529

Personaje clave
Olivia Newton-John

«Si el pan blanco pudiera cantar, sonaría como Olivia Newton-John», comentaba sarcásticamente una crítica de comienzos de la década de 1970, pero la cantante fue la última en reír y, por tanto, mejor.

Sólo tenía cinco años cuando su familia abandonó Inglaterra para instalarse en Australia, y cantó en la televisión y radio locales antes de volver al Reino Unido a la edad de 16 años. Finalizó la década de 1960 como parte de *Toomorrow* [sic], una rareza del creador de los Monkees/Archies, Don Kirshner, pero una aparición regular en el programa semanal de televisión de Cliff Richard convirtió las anodinas versiones de Dylan «If Not For You» y la tradicional «Banks Of The Ohio» en auténticos éxitos.

Con una popularidad creciente en Estados Unidos después de su éxito de 1973 «Let Me Be There», Newton-John obtuvo su primer número uno en aquel país al año siguiente con la balada intimista «I Honestly Love You». Se trasladó a Estados Unidos, aunque su estilo «country» (que le vio ganar el premio a la vocalista femenina del año de la Country Music Association) no impresionó a los más puristas de Nashville. Su carrera sufrió una transformación dramática en 1977 cuando protagonizó *Grease*. Su siguiente papel en la gran pantalla fue en la película *Xanadu* (*Xanadú*), estrenada el 8 de agosto de 1980. El filme fue un fracaso, pero dio a Newton-John el privilegio de trabajar con Gene Kelly en su última película como protagonista.

Newton-John adoptó posteriormente una imagen más provocativa en sus álbumes *Totally Hot* (1978) y el single de 1981 «Physical», el cual llegó a la cima de las listas del *Billboard* con la ayuda de un erótico vídeo protagonizado por musculosos hombres semidesnudos.
David Wells

Rol Artista de grabaciones

Fecha 1980

Nacionalidad Reino Unido

Por qué es clave La primera artista inglesa en llegar a la cima de las listas musicales del country americano.

Canción clave «He Stopped Loving Her Today» George Jones

La leyenda de la música country George Jones afirmó una vez que él no creía que «He Stopped Loving Her Today» se vendiera «porque es condenadamente triste» e incluso llegó a cerrar una apuesta con el productor Billy Sherrill al respecto. Con todo, la canción se convertiría en el mayor éxito de Jones y alcanzaría los mayores puestos en las listas de la crítica.

Sherrill llevó la canción a Jones después de insistir a los compositores Bobby Braddock y Curly Putnam en que reescribieran la melodía para aumentar el factor de angustia. Tardaron 18 meses en grabar la canción, debido principalmente al frecuente estado de ebriedad de Jones (las cuatro líneas habladas requirieron muchas tomas, pues arrastraba las palabras). Tampoco contribuyó el hecho de que Jones confundiera frecuentemente la melodía de la canción con la de Kris Kristofferson «Help Me Make It Through The Night». Pero cuando se lanzó en marzo de 1980, «He Stopped Loving Her Today»

fue pura magia. Con coros de Millie Kickham and The Jordanaires y un discreto acompañamiento de cuerdas, cuenta la historia de un hombre que vive el resto de su vida llorando a la mujer que le abandona, su agonizante devoción a su memoria que únicamente termina con su propia muerte. Y el toque maestro: el objeto de su inquebrantable devoción asiste a su funeral.

Sobre esta canción del año en 1980 y 1981 para la Country Music Asociation, Jones diría en su autobiografía de 1996: «Una carrera de cuatro décadas había sido salvada por una canción de tres minutos».

Tierney Smith

Fecha de lanzamiento Marzo 1980

Nacionalidad Estados Unidos

Compositores Bobby Braddock, Curly Putnam

Por qué es clave Ampliamente considerada como la mejor canción country jamás grabada.

Espectáculo clave *Barnum* Teatro musical

Barnum, un musical biográfico sobre el empresario Phineas Taylor *Barnum*, tenía un libreto demasiado ligero y superficial para influir sobre la forma, y una partitura que, aunque entretenida y melodiosa, no era pionera en su estilo. Y a pesar de ello se mantuvo en cartel durante dos temporadas de Broadway –a partir del 30 de abril de 1980– y con una producción en Londres (protagonizada por Michael Crawford) gracias a la extravagancia de la estrella que accedió a caminar sobre la cuerda floja y hacer malabares a la vez que bailaba y cantaba –y a ser en realidad un experimento escénico camuflado.

Barnum sugería el circo a la vez que lo escenificaba, empleando un escenario parcial (diseñado por David Mitchell) que hacía intuir un todo más grande. La puesta en escena del director-coreógrafo Joe Layton hizo más que sugerir emociones viscerales, extendiendo el espectáculo más allá del escenario hacia la audiencia: malabaristas y payasos actuaban en los pasillos;

acróbatas intrépidos caminaban sobre los respaldos de los asientos y sobre el pretil del balcón del segundo piso. La orquesta también aparecía fuera del escenario, y sus diferentes secciones se distribuían por todo el teatro. Este enfoque no era muy profundo, pero se trató de una metáfora maestra de bobadas de naturaleza bondadosa, lo que se convirtió en un reflejo de P. T. Barnum durante toda la representación.

La partitura de Coleman y Stewart no contenía ningún estándar auténtico, pero la canción sobre el «primo» proporcionó un argumento entrañable –«The Colors of My Life» (Los colores de mi vida) acompañado dulcemente por un arco iris de pañuelos– y «Join the Circus» (Ven al circo) fue toda una canción de reclutamiento muy difícil de resistir.

David Spencer

Estreno 30 de abril de 1980

Nacionalidad Estados Unidos

Compositores Cy Coleman/Michael Stewart

Director Joe Layton

Reparto Jim Dale, Glenn Close, Terrence Mann

Por qué es clave El espectáculo que evitó con audacia los límites tradicionales del escenario

Espectáculo clave *Fame (Fama)* la película

La vida en la década de 1970 era relativamente fácil para la generación «YO». Por consiguiente, los musicales como *Grease* transmitían una sensación de bienestar. Cuando apareció *Fame*, la idea de lo que era un musical moderno dio un giro.

Lo que también dio un giro fue el fundamento mismo del musical. Las audiencias siempre habían accedido a superar su incredulidad cuando en los musicales escénicos o en el cine, los personajes cantaban una canción improvisada para expresar sus emociones, respaldados por una banda u orquesta invisibles. Aunque no fue precisamente realista en este aspecto, *Fame (Fama)* ofrecía una explicación medianamente plausible para estas ocurrencias milagrosas. Con su trama centrada en torno a una escuela superior de artes escénicas de Nueva York (se filmó en una escuela auténtica de arte dramático, música y danza), los personajes tienen todos los motivos para bailar en la calle (la energética canción titular) o para celebrar en la cafetería (en «Hot Lunch Jam»).

La película se centra en algunos de los estudiantes y en su evolución desde la de la década de 1970. La homosexualidad, los sintecho, el analfabetismo y otros problemas de los adolescentes conformaron un entramado sorprendentemente valiente. *Fama* desencadenó la producción de otras películas dedicadas a la gloria de la actuación: *Flashdance* (1983), *Dirty Dancing* (1987), *Footloose* (1984), que al igual que *Fama* tocaban temas de adultos, como el aborto y los bailes exóticos.

La película dio origen a una exitosa serie de televisión protagonizada por cuatro de los actores originales.
Leila Regan-Porter

Estreno 16 de mayo de 1980

País Estados Unidos

Director Alan Parker

Reparto Irene Cara, Debbie Allen, Maureen Teffy

Compositores Michael Gore, Anthony Evans, Paul McCrane, Dean Pitchford, Lesley Gore, Robert F. Colesberry

Por qué es clave No se trata de una película musical con canciones y baile, sino una película acerca de las canciones y el baile.

1980–1989

531

Espectáculo clave *The Jazz Singer (El cantor de jazz)* la película

Una vez conquistada la música, Neil Diamond intentó adentrarse en el cine. Su elección para su primer papel fue muy peculiar, una nueva versión de *The Jazz Singer*, estrenada el 19 de diciembre de 1980.

La primera «película sonora» ya se había versionado en 1952, y en 1959 para la televisión. Todas las películas tenían el mismo hilo argumental: un conflicto entre un cantor judío ortodoxo que quiere que su hijo también lo sea, y el hijo que está más interesado en una carrera en el mundo del espectáculo. Diamond personifica a Yussel Rabinovitch, que estudia para convertirse en cantor a la vez que escribe canciones a escondidas, y que finalmente se traslada a Los Ángeles y encuentra el éxito como «Jess Robin». Sir Laurence Olivier fue un coprotagonista poco habitual en el papel del agobiado padre. La actuación de Diamond fue rígida y el comportamiento rebelde de su personaje, a la vista de la ortodoxia de su padre en la ficción, simplemente vergonzoso, considerando su obvia edad real. Diamond fue nombrado «peor actor» en los primeros Premios Razzie y aún actuaría en otra película.

Sin embargo, la banda sonora que produjo fue simplemente excepcional. Incluía la autocompasiva «Love On The Rocks», la devocional «Hello Again» y el épico himno a los inmigrantes «America»; todos ellos lograron entrar en los Top 10 estadounidenses. Las secuencias musicales de la película son las más intensas, y en las que obviamente Diamond se siente más cómodo. A pesar de ello, el título de la película fue totalmente inapropiado. «El cantante de rock con orientación adulta» habría sido más preciso, aunque ni siquiera el cambio de título u otra acción habrían evitado que esta iniciativa fuese un fiasco.
Gillian G. Gaar

Estreno 19 de diciembre de 1980

País Estados Unidos

Director Robert Fleischer

Reparto Neil Diamond, Laurence Olivier, Lucie Arnaz

Por qué es clave ¿No podían haber producido la banda sonora sin la película?

Personaje clave
Dolly Parton

Componente de un dueto famoso con Porter Wagoner desde 1967, Dolly Parton –nacida en 1946– se separó de Wagoner en 1974 para comenzar su carrera en solitario. Logró su primer número uno en música country antes de cumplir los 30, aunque siempre supo que podía llegar a una audiencia aún mayor.

Comenzó a conectar con esa audiencia con su brillante single de 1974 «Jolene», una canción en la que también hacía gala de su habilidad con la guitarra. En 1976 se posicionó entre los Top 10 del Reino Unido. En 1977 se aseguró su primer Top 10 –de hecho, su primer éxito en las listas de música pop– en su Estados Unidos natal con «Here You Come Again», una balada encantadora con un fondo de piano escrito por Mann y Weil. Sin embargo, sólo pareció que se le hizo justicia cuando Parton finalmente aseguró su primer número uno en Estados Unidos el 21 de febrero de 1981 con una de sus composiciones. «9 to 5» era la canción que da título a una película en la que Parton compartía el protagonismo con Jane Fonda, y el éxito tanto de la canción como de la película dieron a conocer a Parton más allá de los confines de su país.

El mensaje feminista de la película fue irónico considerando la casi caricaturesca visión de feminidad de la que Parton hace gala, con su intenso maquillaje y el aumento de su ya generoso pecho, aunque siempre se ha mostrado reacia a comentar estos temas. ¿Y por qué debería hacerlo? Ahora es probablemente la artista de música country más conocida del mundo, con mayores ventas que otros veteranos como Johnny Cash y Merle Haggard y disfruta de una presencia cultural con la que soñaría el líder en ventas Garth Brooks.
Brude Eder

Rol Artista de grabaciones

Fecha 21 de febrero de 1981

País Estados Unidos

Por qué es clave El icono country al que adoran incluso los no aficionados al country.

Pág. siguiente Dolly Parton.

532

Álbum clave *Mistaken Identity*
Kim Carnes

Después de casi una década de carrera en solitario, la cantautora Kim Carnes finalmente se colocó entre los Top 10 de Estados Unidos en 1980 con «Don't Fall In Love With A Dreamer», un dúo con Kenny Rogers, y con una versión de la canción de Smokey Robinson And The Miracles «More Love». A este éxito tardío le siguió el LP *Mistaken Identity* en abril de 1981. Una colección ecléctica de poderosas baladas y temas roqueros con buena acogida en la radio que cubría la mayoría de los estilos musicales y en el que la habilidosa mano de la productora de Val Garay los unificó. Esa impecabilidad contrastaba con la asombrosa voz ronca de Carnes, que las cantantes femeninas negras siempre habían tenido, pero que de alguna manera parecía impropio de una mujer blanca.

Mistaken Identity estaba dominado por el principal single, «Bette Davis Eyes», un ingenioso tributo a la legendaria actriz que el compositor Jackie DeShannon había incluido en su álbum de 1975 *New Arrangement*. La versión original de DeShannon incluía unos arreglos poco favorecedores de los metales. Después de una renovación fulgurante en synth-pop, «Bette Davis Eyes» catapultó al estrellato a Carnes, con nueve semanas en el número uno en Estados Unidos y convirtiéndose en el single más vendido de 1981.

Gracias a este éxito clamoroso, las ventas de *Mistaken Identity* alcanzaron los 8 millones, y dieron lugar a dos singles de éxito más, la taciturna «Draw Of The Cards» (número 28) y el que da título al álbum (número 60). Aunque posteriormente quedó reconocida como importante cantautora country, *Mistaken Identity* continúa siendo, extrañamente, el primer y único álbum de los Top 40 estadounidenses.
David Wells

Fecha de lanzamiento Abril de 1981

Nacionalidad Estados Unidos

Lista de temas Bette Davis Eyes, Hit And Run, Mistaken Identity, When I'm Away From You, Draw of The Cards, Break The Rules Tonite (Out Of School), Still Hold On, Don't Call It Love, Miss You Tonight, My Old Pals

Por qué es clave El álbum que demostró que una mujer blanca con una voz rasgada también era comercialmente viable.

Grupo clave
Cabaret Voltaire

Cabaret Voltaire, un trío de estudiantes de clase media de Sheffield, Inglaterra, fueron la chispa que desató la revolución «industrial» de la década de 1980. «Fue accidental […] no podíamos tocar, así que nos limitamos a hacer ruido», explicaba Richard Kirk (guitarra, sintetizador) acerca de su innovador trabajo en el género ya mencionado de la electrónica experimental. Stephen Mallinder (bajo) y Christopher Watkins (pletinas) completaban Cabaret Voltaire, fundado en 1973.

La banda tomó su nombre del club fundado por el movimiento artístico del dadaísmo en Zúrich durante la primera guerra mundial, y también abrazó la misión de los dadaístas de hacer «arte por el arte». Fusionaron influencias tan diversas como Stockhausen, Kraftwerk, Roxy Music, y James Brown en *collages* ruidosos experimentales que también incluían la técnica compositora del escritor *beat* William Burroughs conocida como *cut-up* que integraba bucles grabados y porciones, de mensajes de medios de comunicación de masas (sámplers) en sus grabaciones como comentario sociopolítico irónico.

No fue, pues, sorprendente, que Cabaret Voltaire fuese rechazado por la escena punk de finales de la década de 1970 como la paja artística de clase media. Los críticos no comenzaron a tomarlos en serio hasta que lanzaron su inquietante y electrónico *Red Mecca* con la discográfica Rough Trade Records. Un cambio a Virgin Records y un cóctel punk-funk-electro más comercial permitieron que *The Crackdown* (1983) alcanzara el número 31 de las listas del Reino Unido. Los singles «Sensoria» y «James Brown» de su siguiente disco *Micro-phonies* (1984) se convirtieron en éxitos de las listas independientes gracias a su orientación a la danza beat-heavy que evolucionaría hacia las renovaciones house y techno de *Groovy, Laidback And Nasty* (1990) y *Plasticity* (1993).

Miles Keylock

Rol Artistas de grabaciones

Fecha 1981

Por qué es clave Pioneros del sonido industrial, techno y el sampling.

Espectáculo clave **«Prince Charming»**
el vídeo

Adam Ant mismo admitió que «Prince Charming», que alcanzó el número uno en el Reino Unido el 19 de septiembre de 1981, había visto el primer single que no podía entenderse correctamente sin haber visto el vídeo.

Para muchos, este hecho únicamente sirvió para subrayar la impresión de que la música de Adam And The Ants era esencialmente superficial. Irónicamente, la carrera de Ant hasta el momento había quedado marcada por su integridad y buenos discos. No sólo había renunciado al grupo retro Bazooka Joe para formar su propia banda inspirándose en Sex Pistols, sino que había compuesto un pop poco convencional y conmovedor como «Dog Eat Dog» y «Kings Of The Wild Frontier» a partir de influencias tan dispares como los tambores de Burundi, la mitología nativa americana y la guitarra al estilo de The Shadows.

Con «Prince Charming», su visión única abarcó los cuentos de hadas. El protagonista de la canción era un pobre andrajoso al que una hada madrina había convertido en un dandi y que –de forma anacrónica– le había regalado un coche nuevo. Nada de esto se adivina en la canción, una letanía de frases del tipo «Ridicule is nothing to be scared of» (No hay que tener miedo al ridículo). Al final del disco parecen escucharse unos redobles de tambor aparentemente sin sentido. En el vídeo resultan ser el dramático acompañamiento de Ant disfrazado de Clint Eastwood o Rodolfo Valentino, por ejemplo. De ser un recurso dedicado a la mera promoción de una canción, el vídeo había llegado al punto en el que podía –y a partir de ahora a menudo debía– completar el cuadro únicamente sugerido por la música.

Sean Egan

Fecha 19 de septiembre de 1981

Nacionalidad Reino Unido

Directores Mike Mansfield, Adam Ant

Por qué es clave Cuando el pop cruzó el Rubicón audiovisual.

Pág. anterior **Adam Ant.**

En el momento de su debut el 1 de agosto de 1981, MTV únicamente parecía revolucionaria por ser la primera cadena de televisión en dar a la música un permanente punto de apoyo en su programación. Algunos artistas producían vídeos promocionales bastante elaborados en la década de 1970, pero cuando llegó la televisión por cable, junto con Viacom y su lanzamiento de MTV (Music Television), de repente estos videoclips tuvieron un hogar: su propio canal.

El canal también motivó una transformación de la manera en la que las actuaciones podían distribuirse, logrando con un único vídeo emitido de forma «intensa» lo que había requerido meses o años de gira por clubs y salas de baile de Estados Unidos. Los nuevos artistas como Madonna («Like a Virgin») y Cyndi Lauper («Girls Just Want To Have Fun») se formaron gracias a MTV. Además, otros artistas más maduros –como The Moody Blues («Your Wildest Dreams»)– resurgieron gracias a esta cadena.

Sin embargo, resultó profético que el primer videoclip emitido en MTV fuese el «Video Killed The Radio Star» (El video mató a la estrella de radio), de The Buggles. Debido a la importancia de este canal cada vez más popular, después de cuatro años, resultó esencial tener un buen vídeo para irrumpir en la escena del rock, casi más que una buena canción. Esto tuvo un impacto negativo en el trabajo casi artesanal de los letristas y condujo a las discográficas a inclinarse por los más fotogénicos en lugar de por los más dotados de talento. Sin embargo, ya no hay vuelta atrás y para bien o para mal, MTV ha cambiado el mundo de la música.
Bruce Eder

Fecha 1 de agosto de 1981

País Estados Unidos

Por qué es clave
El canal de televisión que produjo una alteración fundamental en la manera de vender la música y, finalmente, de grabarla.

Declarar a artistas como la nueva versión de una luminaria previa es un juego que los medios han utilizado desde siempre. Aunque generalmente suele ser inofensivo, cuando el 17 de septiembre de 1981, la prestigiosa revista *Rolling Stone* afirmó sobre los autores Chris Difford y Glenn Tilbrook del grupo Squeeze: «La *new wave* británica ha encontrado finalmente a su propio John Lennon y Paul McCartney», pudo haber sido el primer ejemplo registado de que una comparación bien intencionada resultase completamente nefasta. De hecho, Squeeze nunca estuvo a la altura del potencial –artístico o comercial– que parecían tener en ese momento.

El aclamado *East Side Story* era el cuarto álbum de Squeeze. Su tema central era «Labelled With Love», y su pathos y encanto recordaban a «Eleanor Rigby» de The Beatles. Quizás fue este hecho el que impulsó al periodista David Fricke de *Rolling Stone* a escribir esa cita en su repaso

del álbum, a pesar de que la asociación entre Difford y Tilbrook tampoco era comparable a la de John y Paul ni en lo que se refiere a la mecánica (a diferencia con los últimos, los papeles estaban divididos, y Difford escribía las letras y Tilbrook las melodías) ni en la calidad. A pesar de ello, la discográfica de la banda publicitó la cita con gran deleite.

«Nuestras letras se volvieron muy afectadas [...] alrededor de esa época», se ha lamentado Tilbrook. «Comenzamos a pensar: "Oh! Somos grandes letristas, deberíamos escribir grandes canciones". En el momento que comienzas a pensar en escribir lo que a otras personas les podría gustar es cuando pierdes el corazón y el alma de lo que haces.»
Sean Egan

Fecha 17 de septiembre de 1981

Nacionalidad Reino Unido

Por qué es clave
Los mayores halagos conducen al beso de la muerte.

Canción clave «Keep On Loving You»
REO Speedwagon

REO Speedwagon comenzó su andadura musical como banda de heavy rock en 1968. Su seguimiento masivo en la región central de Estados Unidos se debió a una serie de éxitos en las listas de popularidad. Pero con *Hi Infidelity* (1980) y su mayor éxito «Keep On Loving You», suavizaron su música, refinaron su estilo y desempeñaron su papel en una época en la que las baladas tuvieron su importancia.

El cambio de dirección parece haber tenido dos causas. Una de ellas fue que consiguieron salir de la rutina de un-álbum-por-año. El vocalista Kevin Cronin afirmaría más tarde: «Disponíamos de nueve meses más de tiempo, lo que me dio la oportunidad de pensar y escribir». Una de las cosas en las que pensaba era en la perspectiva femenina de un romance, ya que los miembros de la banda se encontraban en situaciones domésticas «traumáticas», de ahí su sensible «Keep On Loving You», lanzada en noviembre de 1980.

Aunque podría parecer fácil mofarse de las sencillas letras románticas, los platillos estrepitosos, la dramática guitarra eléctrica (con un solo pretencioso y obligado), un elevado registro vocal, y un piano melancólico, el obvio corazón roto de la canción, aunque melodramáticamente agotado, hizo reconsiderar la postura machista de estos exponentes del heavy metal.

Fue probablemente esa misma sensibilidad lo que convirtió a esta canción en un éxito de Speedwagon en el Reino Unido, donde el público, no solía apostar por bandas estadounidenses «desconocidas» como Speedwagon, Journey y Styx porque, ¿quién envió a esta canción hasta el número siete?
Chris Goodman

Fecha de entrada al n.º 1 en Estados Unidos 21 de marzo de 1981

Nacionalidad Estados Unidos

Compositor Kevin Cronin

Por qué es clave Mirar al mundo desde el lado de los quehaceres femeninos condujo a un cambio de dirección.

Canción clave «Ghost Town»
The Specials

Aunque escribía canciones protesta, el teclista y líder de The Specials, Jerry Dammers evitó las diatribas contra individuos o partidos específicos y adoptó en cambio un amplio enfoque humanista en canciones como la antirracista «Doesn't Make It Alright».

Un buen ejemplo de ello es que Dammers escribió la crítica musical definitiva del thatcherismo –sin mencionarla a ella o a su Partido Conservador. A comienzos de la década de 1980, el desempleo en el Reino Unido había llegado a sus niveles más altos, y supuestamente se mantenía así deliberadamente para favorecer el temor a perder el empleo y reducir las exigencias por un aumento de sueldo. Las opiniones son dispares en cuanto a si se trataba de una manera ingeniosa o cruel de eliminar la inflación que había azotado al Reino Unido en los últimos años. Dammers respondió con un tema cargado de emoción. Su pueblo natal de Coventry estaba plagado de fábricas y tiendas cerradas, y la violencia parecía hervir entre

una generación de jóvenes que tenía la sensación de haber sido abandonada antes de que sus vidas comenzaran. Como afirmaba en «Ghost Town», los clubs estaban cerrando porque las bandas rechazaban actuar en ellos: «Demasiadas peleas en la pista de baile». Las ciudades del Reino Unido se estaban convirtiendo en pueblos fantasma.

Los colegas de Dammers idearon un acompañamiento adecuadamente siniestro para una canción que debía evocar una desolación espiritual y física, y su habitualmente animado ska se sustituyó por una sonoridad más tenue, liderado por instrumentos de viento y vagamente oriental.

Cuando el disco alcanzó el número uno en el Reino Unido el 11 de julio de 1981, las calles británicas fueron escenario de grandes tumultos protagonizados por los frustrados jóvenes desempleados a los que se refería la canción.
Sean Egan

Fecha de lanzamiento 1981

Nacionalidad Reino Unido

Compositor Jerry Dammers

Por qué es clave Un éxito a tono con los tiempos.

Álbum clave *For Those About To Rock (We Salute You)* AC/DC

Aun cierto nivel, la salva de cañonazos que señala el inicio de «For those About To Rock (We Salute You)» no tiene otro significado que marcar su estatus de canción cuya fuerza la destinó a ser un eterno vis en el repertorio de AC/DC. Sin embargo, para la banda la canción representó un álbum del mismo nombre, lanzado el 23 de noviembre de 1981 y que resolvió una situación concluyente: habiendo capeado la muerte de su vocalista Bon Scott, ¿sobrevivirían con Brian Johnson al frente?

La calidad del disco dijo «sí». Como solía ser habitual, las guitarras respingonas de Angus y Malcolm Young rugían, apuntaladas por la producción meticulosa y a múltiples niveles de Robert «Mutt» Lange. Al igual que sus predecesores, *For Those About To Rock* [...] contenía tanto fuertes insinuaciones («Let's Get It Up», «I Put The Finger On You») como himnos («Breaking The Rules»). AC/DC siempre han fallado en ganarse el afecto indulgente que los críticos sienten por los mercaderes metálicos sin sentido como Motorhead y que están orgullosos de llamarse a sí mismos «profundos y absurdos», aunque una sorprendente madurez emergió en «Inject The Venom», acerca de las ejecuciones con inyección letal. «Night Of The Long Knives» y «Evil Walks» ahondaron en las mentes de los asesinos en serie, un tema que la banda lamentaría haber tocado después de que el asesino múltiple Richard Ramírez se declarara el mayor fan de AC/DC a mediados de la década de 1980.

A pesar de ello, *For Those About To Rock* [...] cumplió su cometido, asegurando el desarrollo de AC/DC para convertirse en un fenómeno global.
Ralph Heibutzki

Fecha de lanzamiento 23 de noviembre de 1981

Nacionalidad Australia

Lista de temas For Those About To Rock (We Salute You), Put The Finger On You, Let's Get It Up, Inject The Venom, Snowballed, Evil Walks, C.O.D., Breaking The Rules, Night Of The Long Knives, Spellbound

Por qué es clave Consagró al quinteto australiano de rock duro como atracción internacional.

Pág. siguiente Angus Young.

538

Álbum clave *Tin Drum* Japan

En la cúspide del punk, el cuarteto Japan tenía más aspecto de glam rock y fueron abucheados. En 1981, parecían positivamente proféticos, completando su transición camaleónica de una barata iconografía de los New York Dolls a algo que recordaba más a un caballero explorador. Su elegante sentido del vestir, un maquillaje andrógino, y en particular el peinado a lo princesa Diana de Sylvian encajaban perfectamente en la era de Duran Duran y de Spandau Ballet, aunque a la vez se situaba en un plano superior al del *new romantic*.

Lo mismo puede afirmarse sobre su música en comparación con la de otros que también exploraban las fronteras del nuevo synth. *Tin Drum*, lanzado el 28 de noviembre de 1981, se trataba de un sinofunk básicamente libre de guitarras que sonaba como una sofisticada mezcla de los primeros éxitos de Orchestral Manoeuvres In The Dark o The Human League, con el influyente trío intelectual japonés Yellow Magic Orchestra. Su gama de registros auditivos finamente entretejidos era muy rica en detalles innovadores, aunque quizás lo más evidente fuera la voz perdida y misteriosa de Sylvian cantando sus artísticas y enigmáticas letras. Más allá de esto, se encontraban los elegantes graves que caían en picado de Mick Karn, las delicadas texturas del sintetizador de Richard Barbieri, y los toques orientales de la percusión decorativa de Steve Jansen. El álbum logró tres éxitos que colocó en el Top 40 del Reino Unido, incluyendo «Ghosts», cuyas referencias de Stockhausen lo convirtió con seguridad en la entrada más ambiciosa de la década en el Top 5.

Casi como si presintieran que este único logro podría ser imposible de superar, Japan se disolvió y se retiró sabiamente en la cúspide de su carrera.
Gavin Michie

Fecha de lanzamiento 28 de noviembre de 1981

Nacionalidad Reino Unido

Lista de temas The Art of Parties, Talking Drum, Ghosts, Canton, Still Life In Mobile Homes, Visions of China, Sons Of Pioneers, Cantonese Boy

Por qué es clave Confirió estilo, carisma y credibilidad a los movimientos *new romantic* y synth pop.

Grupo clave
Soft Cell

«Tainted Love» de Soft Cell, llegó al número uno en las listas del Reino Unido el 5 de septiembre de 1981, llegaría a ser número uno en 17 países y a estar entre los Top 10 de Estados Unidos; sus distintivos *bleeps* aún se escuchan regularmente hoy en día. Este hecho supuso un enorme giro en las fortunas de sus componentes Mark Almond (vocal) y David Ball (teclados), quienes habían estado a punto de ser abandonados por su compañía discográfica.

Su versión del tema de Gloria Jones, un clásico soul puesto a la venta en 1964, lanzó a Soft Cell al estrellato. Prototipo de dúo synth-pop, también se los asoció con los movimientos *new romantic* y *gothic*. Su carrera no se vio exenta de controversia: su material era recargadamente romántico, a la vez que tocaba temas tan diversos como el sexo en cierto sentido perverso, el travestismo, la pornografía y el asesinato. Como resultado, el vídeo del tema «Sex Dwarf» fue confiscado y censurado por la policía. Pero el hecho más notable en este sentido fue, sin duda, la manera en la que afrontaron la abierta homosexualidad de Mark Almond y su imagen de chapero (de alguna manera insinuando en la primera palabra de «Tainted Love»).

Con frecuencia el pop se asociaba a la homosexualidad y se conocían muchos músicos abiertamente gays. Almond cambió el paisaje del pop gay con su forma natural y abierta de llevar su homosexualidad. El hecho de que a las chicas adolescentes no les preocupara en absoluto quién dormía con él convirtió a Soft Cell en asiduos de las listas de popularidad, hecho que resultó a la vez inesperado y liberador.
Hugh Barker

Rol Artistas de grabaciones

Fecha 5 de septiembre de 1981

Nacionalidad Reino Unido

Por qué es clave Trasladó la cultura pop gay a un nuevo nivel de aceptación.

Grupo clave
Depeche Mode

Depeche Mode comenzó como un grupo de chicos guapos de Essex dedicados al synth pop, pero finalmente conquistaron el corazón de los estadounidenses.

La composición original, con el vocalista Dave Gahan, los teclistas Vince Clarke y Andrew Fletcher, y el teclista-guitarrista Martin Gore, lanzó su primer single, «Dreaming of Me», el 20 de febrero de 1981. Clarke fue responsable de joyas del pop como «New Life» y «Just Can't Get Enough». Sin embargo, el éxito del grupo lo incomodó y lo abandonó para formar otros como Yazoo y Erasure, dejando que Alan Wilder le sustituyera y que Gore le relevara como letrista principal.

Sin embargo, el desarrollo de un material más siniestro, más serio, acercó gradualmente a la banda a una audiencia muy diferente gracias a su aparición en las emisoras de radio de rock moderno, con lo que a sus fans se sumaron las multitudes goth y alternativas. Álbumes como *Black Celebration* (1986) y *Violator* (1990) consolidaron su reinvención, y los convirtieron en un producto de masas, capaces de llenar estadios en todo el mundo. Al mismo tiempo, los problemas internos de la banda se incrementaron por una serie de razones, incluyendo la adicción a las drogas de Gahan, aunque debe decirse que la transformación de este último de un jovencito de Basildon en un yonqui desgreñado únicamente aumentó su reputación.

Depeche Mode hace un guiño a su época de quinceañeros recordando «Just Can't Get Enough» en sus conciertos.
Hugh Barker

Rol Artistas de grabaciones

Fecha 20 de febrero de 1981

Por qué es clave Una banda que realizó un recorrido bastante increíble.

Pág. anterior **Depeche Mode.**

Canción clave «Don't You Want Me»
The Human League

The Human League comenzó como un grupo de experimentalistas electrónicos con influencias de Kraftwerk, y una de sus características eran los sonidos discordantes para acompañar las letras distópicas de Phil Oakey. Después de que la primera alineación de la banda se desintegrara, el fichaje de las coristas Susanne Sulley y Joanne Catherall (completando la alineación con Adrian Wright, Ian Burden y Jo Callis) simbolizó un nuevo deseo de lograr un éxito mayoritario. A esto contribuyó el brillante trabajo del productor Martin Rushent en 1981 con *Dare!*, un álbum con el que comenzaron su andadura más populista.

Nada hacía presagiar el enorme éxito de «Don't You Want Me». Basado en una historia de fotonovela cómica, Wright y Callis crearon originalmente una melodía más dura para este sofisticado relato de celos y explotación sexual. Rushent la reescribió para darle un tinte más popular, a lo que Oakey accedió a regañadientes.

Cuando Virgin Records solicitó un cuarto single de *Dare!* –poco habitual en aquella época–, la banda lo rechazó en un primer momento, pero después insistió en que se regalase un póster con el single para apaciguar al público que pudiera sentirse engañado. También se encargó un costoso vídeo, cuyo cursi pastiche de cine negro encabezó la primera oleada de la nueva época MTV.

A pesar de sus reservas, la canción era una genialidad del pop, un dúo melodramático aunque convincente con Sulley y Oakley dando versiones distintas y crispadas de un hecho amargo. El 6 de diciembre de 1981, llegó directamente al número uno en el Reino Unido y alcanzó el estatus de clásico al instante.
Hugh Barker

Primer lanzamiento
Octubre de 1981
(en *Dare!*)

Nacionalidad Reino Unido

Compositores Jo Callis,
Phil Oakey, Adrian Wright

Por qué es clave
El accidental éxito
aplastante en las
listas del electropop.

Acontecimiento clave
The Jam se separan

The Police estuvieron cerca pero mancharon su reputación editando un *remake* de baja calidad de su «Don't Stand So Close To Me» antes de separarse. Moo The Hoople editó el maravilloso single de despedida «Saturday Gigs», pero el hecho de que el disco fracasara significó que sólo abandonarían el éxito artístico y no el comercial. La desaparición de The Beatles, mientras tanto, fue demasiado enrevesada y rencorosa para ostentar la distinción de partida digna, a pesar de la gran calidad de sus discos.

Únicamente The Jam ha logrado la hazaña de terminar de una manera limpia y decorosa, dejando al público a la espera de más música. Esto lo lograron únicamente siendo fieles a la naturaleza de su arte. A finales de la década de 1970 y comienzos de la de 1980 alcanzaron el estatus de artistas de lista favoritos en Gran Bretaña a pesar de producir canciones que impávidamente examinaban la naturaleza valiente aunque sombría de la vida de su audiencia. El que

estas canciones estuviesen envueltas en las brillantes melodías del vocalista-guitarrista Paul Weller, e impulsadas por la potente sección de ritmos del percusionista Rick Buckler y el bajista Bruce Foxton, sin duda, contribuyó a ello, aunque aún resultaba increíble que consiguieran nueve éxitos consecutivos en los Top 10 del Reino Unido, incluyendo la feroz «Going Underground».

Después de anunciar su ruptura a raíz de la decisión de Weller de no poder continuar, se embarcaron en una serie de conciertos de despedida, la mayoría en la Wembley Arena de Londres, y el último en Brighton el 11 de diciembre de 1982. Emitieron un último maxi-single, encabezado por la alegre «Beat Surrender». Como era de esperar, alcanzó rápidamente el número uno en el Reino Unido.
Sean Egan

Fecha 11 de diciembre
de 1982

País Reino Unido

Por qué es clave La única
banda de éxito que se
retiró en la cúspide de
su carrera.

Espectáculo clave *Cats*
teatro musical

Después de *Evita*, Andrew Lloyd Webber se separó de su colaborador de toda la vida, Tim Rice, y eligió asociarse con un artífice de la palabra inesperado –el difunto poeta T. S.Eliot–. El texto que atrajo a Webber fue un favorito de la infancia: *Old Possum's Book of Practical Cats* (1939).

Aunque existe un fino hilo argumental en este musical ambientado en un desguace –una tribu de gatos se reúne cada año para elegir cuál de sus miembros debe reencarnarse–, proporciona en su mayoría una construcción programática dentro de una revista de canciones y danzas gatunas. La intención de *Cats* era únicamente presentar un ciclo de canciones, hasta que la viuda de Eliot le proporcionó material no publicado en el que se sugería una historia.

La naturaleza ecléctica de Webber, tan extrema como un maullido asilvestrado, produjo una partitura que rebotaba incontrolablemente de un estilo a otro. Un tratado sobre los gatos Jellicle en clave de rock, una grandiosa ópera de gatos, un teatro gatuno canta una canción con reminiscencias melancólicas, un homenaje a Mick Jagger (Rum-Tum-Tugger) es de un pavoneo extravagante. Y todo conduce estupendamente a que la desaliñada aunque digna Grizabella cante la desgarradora canción de amor «Memory» (letra del director de escena original Trevor Nunn, basada en un poema de Eliot no relacionado con la obra, «Rhapsody On A Windy Night»).

Cats dio pie a incontables giras oficiales y compañías internacionales (además de álbumes internacionales del elenco original), y aunque se estrenó en Londres, se convirtió en el musical con más representaciones en Broadway el 19 de junio de 1997, hasta que fue desbancado en primer lugar por *Les Misérables* y después por *The Phantom Of The Opera* del mismo Webber.

David Spencer

Estreno 11 de mayo de 1981

Nacionalidad Reino Unido

Compositor Andrew Lloyd Webber

Por qué es clave
El compositor de musicales de mayor éxito en los tiempos modernos, que enterró la frase *formar equipo* y batió récords.

Álbum clave *Thriller*
Michael Jackson

Michael Jackson ya había disfrutado de una carrera de éxito, tanto como miembro de los Jackson 5 como en solitario. Pero el lanzamiento de su sexto álbum en solitario *Thriller,* el 1 de diciembre de 1982, dejó todos sus restantes logros a la altura del betún; el disco fue número uno en las listas de Estados Unidos durante 37 semanas, dio lugar a siete singles de éxito, rompió la barrera del color en MTV y vendió más de 104 millones de copias en todo el mundo.

Jackson coprodujo el álbum con Quincy Jones, quien había trabajado en su álbum previo *Off The Wall* (1979). Su introducción no fue precisamente favorable: el primer single era «The Girl Is Mine», un dúo anodino con Paul McCartney. Pero cuando apareció la tensa «Billy Jean» que ponía los pelos de punta y alcanzó el número uno en Estados Unidos (inspirada en una carta de una aficionada que afirmaba que Jackson era el padre de su hijo), las cosas comenzaron a cambiar. El álbum resultó tener garra, ritmo y emoción.

La espasmódica «Beat It» alcanzó el número uno con la participación estelar de un solo de guitarra de Eddie Van Halen, y cuatro temas más del álbum llegaron a los Top 10 de Estados unidos, creando una irresistible marea de popularidad que obligó a MTV a abandonar su programación orientada hacia el rock blanco.

El propietario de Sun Records, Sam Phillips, afirmó en una ocasión que si pudiera encontrar a un chico blanco que pudiera cantar como un negro, haría una fortuna. Dejaba entrever cómo había evolucionado la sociedad en las tres décadas precedentes para que un hombre negro, con este álbum, consiguiera las mejores ventas de un LP no recopilatorio en la historia de la música.

Gillian G. Gaar

Fecha de lanzamiento 1 de diciembre de 1982

Nacionalidad Estados Unidos

Lista de temas Wanna Be Startin' Somethin', Baby Be Mine, The Girl Is Mine, Thriller, Beat It, Billie Jean, Human Nature, P.Y.T. (Pretty Young Thing), The Lady In My Life

Por qué es clave
Un álbum, cuyo éxito de ventas rompió récords, que demostró hasta dónde había llegado la sociedad.

Personaje clave
Ozzy Osbourne

Ozzy Osbourne comenzó joven su andadura. A la edad de 11 años, el chico nacido y criado en Birmingham, Inglaterra, apuñaló al gato de su tía con un cuchillo de cocina. Después de abandonar la escuela, trabajó en un matadero, donde sus compañeros le tachaban de loco porque disfrutaba mucho con su trabajo.

Claramente bien cualificado para cantar en una banda de heavy metal satánico, formó la exitosa e influyente Black Sabbath. Despedido en 1979 por su comportamiento errático, emprendió una carrera en solitario que cayó a plomo en la decadencia. En 1981, arrancó a mordiscos la cabeza de una paloma viva durante una reunión con unos ejecutivos de la discográfica L.A. en la que se estaba aburriendo. El 20 de enero de 1982, en un concierto en Des Moines, Iowa, un miembro del público lanzó un murciélago muerto al escenario. Osbourne –en referencia a lo ocurrido con la paloma– le

arrancó la cabeza de un mordisco. Para mitigar el incidente, explicaría más tarde que pensaba que se trataba de un juguete de goma, «pero en cuanto mordí su cabeza, me di cuenta». Osbourne terminó sometiéndose a un tratamiento antirrábico, y al mismo tiempo, fue arrestado en Texas por orinar en El Álamo, mientras llevaba un vestido.

Pero Osbourne tiene otra cara. Un crítico de uno de sus álbumes de la década de 1980 destacó que el supuesto «cerdo» del rock no podía ser sexista en sus canciones. Adicionalmente, el programa de televisión *The Osbournes* reveló que, a su manera, era un amante esposo y padre ejemplar.
Johnny Black

Rol Artista de grabaciones

Fecha 1982

Nacionalidad Reino Unido

Por qué es clave El hombre que llevó el comportamiento escandaloso de las estrellas de rock a un nuevo nivel.

Canción clave «Centerfold»
The J. Geils Band

A pesar de sus casi 15 años de constante gira, los *blues rockers* estadounidenses, The J. Geils Band, no lograron el reconocimiento hasta 1982, posiblemente debido a que el grupo tenía algunos problemas para capturar la energía de su sonido en vivo en un estudio de grabación.

Formado en 1967 por el cantante y guitarrista Jerome Geils, el vocalista Peter Wolf, el arpista de boca Richard Salwitz, el bajista Daniel Klein y el percusionista Stephen Bladd (con el teclista Seth Justman que completaría la alineación al año siguiente), The J. Geils Band disfrutó de una producción creativa constante, pero únicamente alcanzó en una ocasión los Top 20 estadounidenses con su single de 1974 «Must Of Got Lost». Pero cuando MTV emitió el vídeo promocional de su single «Centerfold» en 1982, se creó un nuevo movimiento de seguidores de la banda. La canción describe cómo un chico descubre que el dulce e inocente objeto de sus deseos de instituto

aparece desnuda en las páginas centrales de una revista. Inevitablemente, el vídeo muestra *glamourosas* modelos vestidas como sensuales colegialas, «ángeles» ligeros de ropa y animadoras que muestran su ropa interior. Sería poco justo sugerir que éste fuese el único motivo del éxito de la canción. El sarcasmo en el relato del tema estaba incluido hábilmente, y éste disponía de un pegadizo coro «na-na-na» al estilo de las canciones de patio. Sea cual fuera la razón, «Centerfold» llegó al número uno de las listas del *Billboard* el 6 de febrero de 1982 y permaneció allí durante seis semanas; también alcanzó el número tres en el Reino Unido.

A pesar de la llegada de este éxito largamente esperado, la banda –aduciendo «diferencias de rumbo profesional»– se separó en 1985.
Melissa Blease

Fecha 6 de febrero de 1982

Nacionalidad Estados Unidos

Compositor Seth Justman

Por qué es clave MTV otorga a esta banda estadounidense de larga trayectoria en el R&B una plataforma internacional.

Pág. siguiente The J. Geils Band.

Grupo clave
Iron Maiden

Constituida en 1975 en el este de Londres, por el bajista y letrista principal Steve Harris, Iron Maiden ya había atravesado varios cambios en su composición así como una breve interrupción antes de lanzar su primer álbum en 1980; con él comenzaría un flujo que continuaría a lo largo de su larga y turbulenta carrera.

Junto con otros grupos similares como Judas Priest, Def Leppard, Motorhead y Saxon, Iron Maiden tipificó la New Wave of British Heavy Metal (NWOBHM), llenando la brecha dejada por el declive y desaparición de los grandes grupos de heavy rock de la década de 1970 como Led Zepelin, Black Sabbath y Deep Purple. Con un énfasis en su imagen de macho de clase trabajadora, con cabello largo, cuero y tejanos, y liderados por el ultraagresivo vocalista Paul Di'Anno, con un ligero sonido punk, los implacables *riffs* y la intensa teatralidad de Maiden se ganaron inmediatamente a los aficionados al rock. Con esta entrada alcanzaron el número cuatro en el Reino Unido.

Di'Anno abandonó el grupo después de dos álbumes, aduciendo un comportamiento errático y problemas de drogas, y el operístico Bruce Dickinson lo sustituyó. Tanto con el sonido y la mitología como con las letras obsesionadas con la guerra de Steve Harris –quien tenía una licenciatura en Historia– alcanzaron nuevas cimas en su melodramatización, y en la identidad visual de la banda gracias a su mascota zombi, Eddie, una de las más reconocidas del rock. Así, se lanzaron a la conquista de Estados Unidos y de muchos otros mercados. Dickinson abandonaría el grupo en 1993, pero volvió en 2000.

Mientras que en 2007 Maiden disfrutaba de las mayores ventas de su historia, su obra maestra continúa siendo *The Number Of The Beast,* lanzada el 29 de marzo de 1982.
Joe Muggs

Rol Artistas de grabaciones

Fecha 29 de marzo de 1982

Nacionalidad Reino Unido

Por qué es clave La banda que ha definido el heavy metal durante un cuarto de siglo.

Pág. anterior **Iron Maiden.**

547

Acontecimiento clave **El cuento de hadas de «I Love Rock 'N' Roll»**

En 1981, nada parecía sugerir que la historia de la banda Arrows no fuese acabar en tragedia. Un trío compuesto por los neoyorkinos Alan Merrill (bajo-vocal) y Jake Hooker (guitarra) y el inglés Paul Varley (batería), Arrows tuvo un primer éxito en el Reino Unido a mediados de 1974, un tema de Chinn y Chapman, «A Touch Too Much», y aseguró su propia serie en la televisión británica. Sin embargo, fueron incapaces de capitalizar la inestimable publicidad de esta última, ya que por motivos legales no se podía lanzar ningún disco de Arrows durante su tiempo de emisión.

Con su quinto single, Merrill y Hooker –hasta el momento limitados a escribir las caras B– escribieron un himno para los amantes del pop, «I Love Rock 'N' Roll», pero no tuvo éxito. A pesar de sus siguientes fracasos –esta vez proporcionados por los habitualmente triunfadores Martin y Coulter–, Arrows logró una nueva serie de televisión. Pero, de manera exasperante,

los nuevos lanzamientos volvieron a ser bloqueados durante su emisión. No fue de extrañar que se separaran en 1977 y que se dedicaran a sus carreras de oficiales musicales.

Sin embargo, una joven llamada Joan Jett –que había pertenecido a The Runaways– adoraba «I Love Rock 'N' Roll». En 1982, lo convirtió en tema principal de su tercer álbum en solitario. Lanzada como single, la canción llegó al número uno en Estados Unidos el 20 de marzo de 1982. Incluso más lucrativo para sus compositores, en el momento de redactar este artículo, la versión de Jett es la canción que ocupa el número 24 de las canciones más escuchadas en la historia de la radio de Estados Unidos. Como si esa bendición de la diosa Fortuna no hubiese sido suficiente, también la ha cantado Britney Spears. La tragedia se había convertido en un cuento de hadas.
Sean Egan

Fecha 20 de marzo de 1982

País Reino Unido/Estados Unidos

Por qué es clave La definitiva historia con final feliz.

Grupo clave
The Birthday Party

The Boys Next Door surgieron de los suburbios de Melbourne. Después de trasladarse al Reino Unido, el quinteto que lideraba el casi demoníaco Nick Cave se rebautizó a sí mismo como The Birthday Party, y causaron estragos con sus espectáculos en vivo, en los que corría la sangre, y con sus lanzamientos impregnados de una ira bíblica. *Prayers On fire* (1981) fue su primer álbum internacional.

En 1982, la afición del grupo por la heroína y los altercados los había enfrentado con su audiencia, a la prensa musical y entre ellos mismos. The Birthday Party fue incluso vetado en el estudio de Melbourne donde se había grabado su definitivo álbum *Junkyard* por escribir en las paredes con jeringas llenas de sangre. «Teníamos una firme determinación por hacer algo realmente espantoso», afirmó el productor del álbum que finalmente lanzaron en julio de 1982–. «Creo que lo logramos.»

Concebido con resentimiento por el repentino éxito comercial de su single «Release The Bats», *Junkyard* estaba plagado de música realmente espantosa, acompañada de una letra desagradable. El sonido estruendoso de láminas de metal y la bravuconería del aullido de Cave lo convirtieron en una obra maestra del psico-rock sangriento. Sin embargo, los componentes de la banda se estaban comenzando a cansar de su notoriedad, y *Junkyard* sería el último álbum completo de The Birthday Party.

Cave se volcó en una carrera en solitario exitosa y en la escritura de ficción. También se convirtió en el último amigo que esperarías que tuviera Kylie Minogue. Para entonces, The Birthday Party ya había convertido en un hábito manchar la limpia imagen musical de Australia.

David McNamee

Rol Artistas de grabaciones

Fecha 1982

Nacionalidad Australia

Por qué es clave
Iconoclastas de las antípodas que reescribieron la imagen de su país, así como las reglas de la música.

1980-1989

548

Canción clave «Up Where We Belong»
Joe Cocker y Jennifer Warnes

La perdurable imagen de un oficial de la marina apuesto y joven (Richard Gere) que lleva en brazos a su enamorada, una trabajadora en una fábrica (Debra Winger), con toda la dicha romántica del clásico de 1982 *An Officer And A Gentleman* (*Oficial y caballero*) resulta inseparable del lacrimógeno tema inmortal «Up Where We Belong».

Fue compuesto por el productor y en su día colaborador de The Rolling Stones, Jack Nitzsche en colaboración con su futura esposa, la sincera compositora-letrista-artista visual Buffy Sainte-Marie y su letra fue concebida por Will Jennings. Pero lo que realmente dio vida a esta composición fue la insólita combinación de voces del veterano de Woodstock Joe Cocker, áspera y melancólica, junto con la de Jennifer Warnes –que en su día trabajó con Leonard Cohen– más folclórica y angelical.

El productor de la película, Don Simpson, solicitó sin resultados que la canción se eliminara de la banda sonora aduciendo que «no se trataba de un éxito». Otros podían haber estado más preocupados por el hecho de que resultaba innegable que Cocker siempre tenía un aspecto tan desaliñado como el que implicaba su voz, lo que resultaba cómico junto a la fragante Warnes. No obstante, lanzada como single por Island Records, la canción se mantuvo en el número uno en las listas del *Billboard* durante tres semanas a partir del 6 de noviembre de 1982. A continuación, recibió un Óscar, un Globo de Oro y un BAFTA (todos por mejor canción original) y el dúo formado por Cocker y Warnes ganó un Grammy por mejor actuación pop. Mientras tanto, el perenne himno de creciente pretensión amorosa continúa influyendo en los viejos románticos de todo el mundo.

Melissa Blease

Fecha de lanzamiento Septiembre de 1982

Nacionalidad Estados Unidos

Compositores Jack Nitzsche, Buffy Sainte-Marie, Will Jennings

Por qué es clave
La más insólita combinación de cantantes desafía las predicciones más pesimistas y crea un éxito merecedor de todos los premios.

Espectáculo clave **«Rio»**
el vídeo

Mirando hacia el pasado sobre el *boom* de los vídeos a comienzos de la década de 1980, John Taylor de Duran Duran explicaba: «Si MTV hubiera hecho todo a su manera, simplemente habrían reflejado el formato más popular de la radio, que era el rock. Pero no podían hacerlo porque los vídeos no existían».

Así que otras bandas llenaron ese vacío visual, con los nuevos románticos Duran Duran a la cabeza. Produjeron toda una sarta de vídeos para acompañar su logrado pop con toques de funk, que se hicieron cada vez más ambiciosos, más costosos, con salidas muy frescas y que dieron pie –o permiso– a sus contemporáneos para hacer lo mismo.

Uno de ellos, «Girls On Film», los colocaba en una habitación llena de chicas Penthouse desnudas. Otro, «Hungry Like The Wolf», los envió a Sri Lanka para retozar con los elefantes. Sin embargo, el vídeo de «Rio» –un single lanzado el 1 de noviembre de 1982– se convertiría en el más emblemático, lo filmaron en Brasil a bordo de un velero, y bebieron champán, montaron a caballo y retozaron con una hermosa modelo en bikini en una playa soleada.

Algunos en su país natal encontraron el contenido del disco bastante obsceno a la vista del creciente desempleo y las huelgas de los mineros de ese momento. Otros, los más codiciosos de la época thatcheriana, cuando emergía la cultura yuppie, no sólo admiraban la decadencia de Duran Duran, sino que aspiraban a emularla. No es pues de extrañar que el componente de la banda Nick Rhodes confesara más tarde: «Algunos de nuestros vídeos [...] documentan la década de 1980 de una manera muy directa».
Dave Thompson

Fecha 1 de noviembre de 1982

Nacionalidad Reino Unido

Director Russell Mulcahey

Por qué es clave
El vídeo pop del que Gordon Gekko habría estado orgulloso.

Espectáculo clave *Little Shop Of Horrors*
teatro musical

La ciencia ficción ya había llegado al género musical gracias al increíblemente barato *Rocky Horror Show*, que quedó algo oscurecido por indulgentes temas de sexo y travestismo. Cuando *Little Shop Of Horrors* (*La tienda de los horrores*) se estrenó fuera de Broadway el 27 de julio de 1982, llevó esta mezcla a otro nivel, con todo un musical centrado en un alienígena hábilmente disfrazado de planta de interior.

Basado en la comedia negra de Roger Corman de 1960 *The Little Shop Of Horrors*, fue creada por el compositor Alan Menken y el escritor Howard Ashman. Ambientada en una floristería en Skid Row, el musical contaba con una gama fantástica de personajes y un grupo aún más diverso canciones. Desde el grupo de chicas de la calle/coro griego hasta la despistada Audrey (papel que asume la espectacular Ellen Greene) pasando por el pazguato héroe Seymor y la gigantesca planta carnívora Audrey II, los actores se convirtieron tanto en caricaturas como en reflejos leales del comportamiento humano –o no humano–. La música cambiaba rápidamente y sin esfuerzo para adecuarse a ellos, desde el sonido de soul Motown de la década de 1960 para las chicas y la planta alienígena («Feed Me») hasta las audaces baladas broadwayescas para Seymour y Audrey.

En lugar de llevarlo a Broadway el musical pasó directamente a película, con Levi Stubbs de The Four Tops en la voz de Audrey II y el siempre aburrido Rick Moranis como Seymour. Resulta inverosímil que Menken y Ashman trabajaran para Disney en películas como *The Little Mermaid* (*La sirenita*, 1989).
Leila Regan-Porter

Fecha 27 de julio de 1982

Nacionalidad Estados Unidos

Director Howard Ashman

Reparto Lee Wilkof, Ellen Greene, Ron Taylor

Compositores Alan Menken, Howard Ashman

Por qué es clave El único musical con una planta carnívora gigante del espacio como protagonista.

Álbum clave *Kissing To Be Clever*
Culture Club

En 1982, los elementos de travestismo y vestuario se habían vuelto normativos en el pop británico, ya que las estrellas emergían de la escena polisexual del *new romantic*. A pesar de ello, pocos estaban preparados para la llegada de Boy George y su banda Culture Club. Sus antecedentes como habituales en el escandaloso Taboo Club de Londres, y George (su nombre real era George O'Dowd) había trabajado brevemente como vocalista en el grupo post-punk Bow Wow Wow, pero el sonido más accesible de Culture Club llevó su imagen andrógina –el saber que llevaba un vestido sencillamente dejaba a uno boquiabierto– a una audiencia mucho mayor.

Los dos primeros singles de la banda, «White Boy» y «I'm Afraid Of Me» tuvieron un éxito relativamente pequeño, pero el tercero, el cadencioso «Do You really Want To Hurt Me» fue número uno en el Reino Unido y lo más destacado de su siguiente álbum *Kissing To Be Clever* que entró en las listas de álbumes del Reino Unido el 16 de octubre de 1982. Los ritmos reggae y R&B de las canciones de este álbum, junto con la profunda, melodiosa y muy masculina voz de George contrastaban fascinantemente con la imagen sexualmente ambigua de la banda. Canciones como «I'll Tumble 4 Ya» agradaban por igual a los clubs de soul, las multitudes gay y la audiencia pop, dándoles una de las mayores audiencias posibles; *Kissing To Be Clever* se convirtió en un álbum de éxito global, e impulsó a la banda a una gran popularidad a lo largo de la década de 1980.

Las drogas y las fricciones internas marcarían su desaparición, pero con *Kissing To Be Clever*, Culture Club se subieron a lo más alto.
Joe Muggs

Fecha de lanzamiento
16 de octubre de 1982

Nacionalidad Reino Unido

Lista de temas White Boy (Dance Mix), You Know I'm Not Crazy, I'll Tumble 4 Ya, Take Control, Love Twist (Featuring Captain Crucial), Boy Boy (I'm The Boy), I'm Afraid Of Me (Remix), White Boys Can't Control it, Do You Really Want To Hurt Me?

Por qué es clave
La estrella del pop más andrógina hasta la fecha lleva el escenario de los clubs extravagantes al público mayoritario.

Pág. siguiente Culture Club.

550

Acontecimiento clave
El disco compacto sale a la venta

Después de la invención de la grabación eléctrica, el disco compacto (CD por sus siglas en inglés) representa la innovación tecnológica más importante en la historia de la grabación sonora. Aportó nuevos niveles de fidelidad y durabilidad a las grabaciones, convirtiéndolas en reproducciones casi perfectas del original, y prácticamente indestructibles. Esta innovación fue el resultado de los avances en las técnicas de codificación digital desarrolladas para la grabación de vídeos. En lugar de una aguja que se desplaza por los surcos, se accede al sonido del CD por medio de un lector óptico que emplea un rayo láser para leer el código binario impreso en el disco. En aquel momento estas tecnologías eran tan novedosas que únicamente los gigantes de la industria de la electrónica podían permitirse investigarlas. El CD fue resultado de una empresa conjunta de Sony, de Japón, y Philips, de los Países Bajos.

La tecnología ya estaba disponible en 1981, pero las grandes empresas discográficas eran reacias a adoptarla hasta que las decrecientes ventas de discos y las crecientes copias ilegales en cintas de casete les obligaron a ello. El CD se lanzó el 1 de octubre de 1982. En 1988, las ventas ya habían superado a las de los discos de vinilo. Con un tiempo máximo de grabación de 74 minutos (frente a los 40 minutos óptimos de un disco de vinilo) y un diámetro de únicamente 12,2 cm (frente a los 30,5 cm del álbum de vinilo) también revolucionó la manera de hacer música popular, permitiendo a los artistas ofrecer más temas. Mientras tanto los «catálogos atrasados» aún sufrieron un impulso mayor, ya que el público no sólo sustituía sus discos viejos por la versión en CD, sino que el tiempo adicional de grabación había permitido el fenómeno de las recopilaciones retrospectivas.
Andre Millard

Fecha 1 de octubre de 1982

País Japón/Países Bajos

Por qué es clave
Un salto tecnológico en la calidad del sonido grabado que impulsó las ventas de discos.

Canción clave «Jack And Diane»
John Cougar

En 1974, el cantautor nacido en Indiana John Mellencamp, bajo la protección de su mánager, Tony DeFries, lanzó su primer álbum, *Chestnut Street Incident,* con el nombre artístico John Cougar –un cambio que Mellencamp afirma que DeFries hizo sin su consentimiento–. El álbum no atrajo la suficiente atención; sin embargo el siguiente, *John Cougar* (1979), entró en el Top 40 estadounidense de la mano de «I Need A Lover», y para cuando lanzó *American Fool* en 1982, Mellencamp atraía los elogios de la crítica nacional por sus letras de concienciación social.

El segundo single del álbum ayudó a asegurar el mayor éxito comercial de Mellencamp hasta la fecha. Por su valor nominal, «Jack & Diane» elogia a los «chicos americanos» tradicionales y rinde homenaje a los valores de los obreros. Pero un examen más minucioso de la letra revela algo mucho más profundo. Aunque Mellencamp está orgulloso de sus orígenes, una frase terriblemente triste destaca que la vida continúa «mucho después de que la ilusión por vivir haya desaparecido». ¿Podría tratarse de una expresión de ambivalencia acerca de la existencia rutinaria de la clase trabajadora y la validez del sueño americano? Al mismo tiempo, el disco suena como un himno, algo que contribuyó a que se alzase con el número uno el 2 de octubre de 1982.

Una vez que se hubo demostrado a sí mismo que era comercialmente viable, Mellencamp insistió en trabajar como John Cougar Mellencamp, llegando incluso a obviar el «Cougar». Defensor de las causas liberales, cofundó Farm Aid con Willie Nelson en 1985 y desde entonces ha atraído regularmente la controversia por su destacada posición anti Bush.
Melissa Blease

Fecha de lanzamiento Junio 1982 (en *American Fool*)

Nacionalidad Estados Unidos

Compositor John Mellencamp

Por qué es clave Estados Unidos abraza lo que puede ser un caballo de Troya.

Pág. anterior John Mellencamp.

553

Canción clave «Come On Eileen»
Dexys Midnight Runners

Los Dexys Midnight Runners de 1980 eran unos iracundos insurgentes jóvenes vestidos con un uniforme de estibador al estilo de *Mean Streets* (*Malas calles*) y asimismo una variante británica de Stax con más énfasis en los instrumentos de viento.

En los dos años siguientes, el líder de los Dexys, el excéntrico y cada vez más controlador Kevin Rowland, despediría y sustituiría a los miembros de su banda continuamente. Conforme se iban incorporando los nuevos Dexys, el aspecto y el sonido del grupo cambió de forma drástica. Donde en su día hubo una sección de metal, ahora había violines, mandolinas, banjos y un piano preparado. El estilo ya no era el de un soul dolido e iracundo, sino un pop celta romántico. Y el aspecto de los nuevos Dexys «cíngaros chics» –un poco desaliñados, descalzos, con pantalones de peto y un pañuelo al cuello– hizo que la prensa musical se desternillara de risa. «No se trata de ser caprichoso», explicaba Rowland acerca de los cambios. «Es una cuestión de desarrollo.»

Inicialmente, el público estaba desconcertado por la nueva dirección. Después de todo, ¿por qué los «jóvenes rebeldes del soul» que habían llevado su música hasta aquí habrían de estar interesados en lo que ellos mismos considerarían como música «de mierda»? Los recuerdos de los primeros fracasos comerciales de esta nueva plantilla quedarían olvidados con «Come On Eileen». Una alegre oda vertiginosa, todo un himno al deseo y al amor –con un respiro para cantar a coro con fuerza–, el single alcanzó el número uno no sólo en el Reino Unido, sino –el 23 de abril de 1983– también en Estados Unidos, demostrando que, siempre y cuando perdure la calidad del material, el artista podía abandonar su demografía y no sólo sobrevivir, sino incluso triunfar, en las mayores glorias comerciales.
David McNamee

Fecha de entrada al n.º 1 en Estados Unidos 23 de abril de 1983

Nacionalidad Reino Unido

Compositor Kevin Adams, Jimmy Paterson, Kevin Rowland

Por qué es clave Una banda realiza un giro estilístico de 180°, y tiene más éxito que nunca.

Espectáculo clave **«Thriller»**
el vídeo

El lanzamiento del tema titular del álbum de Michael Jackson *Thriller* marcó el final de la línea: el séptimo single de un álbum de sólo nueve temas. «Thriller» necesitaba algo especial para atraer la atención –y su inevitable corolario, las ventas–. La promoción lo logró, y lo que es más, por medio de un gasto sin precedentes y de una longitud poco lógica.

Dirigida por el productor de Hollywood John Landis, con más de un guiño hacia su película de 1981 *An American Werewolf in London* (*Hombre lobo americano en Londres*), el vídeo, de 14 minutos de duración sobre una canción de 6 minutos, ofrecía un enfoque deconstruccionista al número –la dramatización con diálogo pone el colofón a su actuación–, una composición adicional del compositor ganador de un Óscar Elmer Bernstein, un giro en el relato, y más zombis, hombres lobo y demonios necrófagos que los que nunca se habían reunido fuera de una película de Hammer. Su presupuesto no confirmado de 800.000 dólares lo convirtió en el vídeo musical más caro hasta ese momento. Para compensarlo, se lanzó comercialmente en videocasete, junto con un documental sobre cómo se filmó. Lo cierto es que se convirtió en el vídeo musical de gran formato por excelencia de todos los tiempos. Mientras tanto, el single entró en el Top 40 del *Billboard* el 11 de febrero de 1983 y llegó al número cuatro.

Jackson superaría más tarde el vídeo de «Thriller» tanto en longitud («Ghosts» duraba más de media hora) como en presupuesto (se dice que «Scream» costó 7 millones de dólares), pero «Thriller» se convirtió en un hito por su exceso y por hacer que la música fuese algo secundario a la acción en la pantalla.
Angus Batey

Fecha 1983

Nacionalidad Estados Unidos

Director John Landis

Por qué es clave El vídeo que empujó los límites de los medios hacia el punto de ruptura.

Pág. siguiente **Michael Jackson**.

Canción clave **«Only You»**
Yazoo

«Only You» fue el single con el que debutó Yazoo (que se llamaban Yaz en Estados unidos), el nuevo proyecto de Vince Clarke después de abandonar Depeche Mode. Se le unió la «llenita» aunque hermosa vocalista Alison Moyet. La nueva banda mezcló el inconfundible sonido synth-pop futurista de Clarke con la conmovedora voz tradicionalista de Moyet, creando un potente cóctel pop poco usual. Una balada agridulce lanzada en abril de 1982, «Only You» llegó al número dos en las listas del Reino Unido. Clarke y Moyet lograrían más éxitos, tanto con Yazoo como en solitario tras su separación después del segundo álbum.

El estatus de clásico de «Only You» quedó consolidado por el éxito de una nueva versión lanzada inesperadamente al año siguiente. Los Flying Pickets eran un grupo de actores que se vestían de forma llamativa, liderados por Brian Hibbard, y que cantaban sin música en un teatro alternativo canciones sobre la huelga de los mineros en el Reino Unido (lo que inspiró su nombre derivado de la acción industrial). Su encantadora versión de «Only You» –incongruentemente hermosa a juzgar por sus caras cansadas– tuvo mucho éxito, incluso más que Yazoo, y alcanzó el número uno en el Reino Unido el 10 de diciembre de 1983, puesto que mantuvieron durante las navidades, lo que les fue de maravilla a sus bolsillos.

Los Flying Pickets no estaban destinados a una carrera pop de éxito como la de los miembros de Yazoo, aunque lograron otro éxito más. Ambas versiones han sido utilizadas en las bandas sonoras en televisión y cine, y nadie puede decidir cuál es la definitiva.
Hugh Barker

Fecha de entrada al n.º 1 en el Reino Unido 10 de diciembre de 1983

Nacionalidad Reino Unido

Compositor Vince Clarke

Por qué es clave La canción cuya nueva versión instantánea eclipsó el éxito del original.

Grupo clave
The Police

Contemporáneos del movimiento punk de 1977 en el Reino Unido y de estética de escritura y actuación concisa, The Police estaba compuesto en realidad por veteranos con las más variadas raíces: el bajista, vocalista y principal letrista Sting (Gordon Sumner) había sido profesor de lengua inglesa y era un amante del jazz; el guitarrista Andy Summers era un veterano del rock británico; y el percusionista Stewart Copeland un estadounidense cuyo padre trabajaba para la CIA.

Desde su primer éxito, The Police trabajó duro para lograr un enorme éxito comercial, aunque nunca lo lograron sin esfuerzo. «Roxanne» (1978) versaba sobre una prostituta, e incorporaron valientemente a su cristalino pop de guitarras de ritmo trotón, los espaciosos paisajes sonoros, y los suplicantes coros de reggae. Tuvieron un masivo éxito en el Reino Unido con singles sublimes como «Can't Stand Losing You», «Message In A Bottle» y «Walking On The Moon».

Con su cuarto álbum *Ghost In The Machine* (1981) dejaron atrás los elementos más ligeros de una imagen que los vio convertirse en ídolos de los adolescentes y las alusiones a Irlanda del Norte en el vídeo a su «Invisible Sun», single que les supuso un veto por parte de la BBC, incluso a pesar de que «Every Little Thing She Does Is Magic» sólo fuese un número pop de lo más contagioso.

Su primer número uno en Estados Unidos llegó el 9 de julio de 1983 con «Every Breath You Take». Inteligente y con varias lecturas, la canción aparentaba ser una caricia íntima cuando en realidad se trataba de la amenaza de un amante despechado, tema que reflejaba la resquebrajada unidad de la banda: el álbum *Synchronicity* sería el último antes de la sorpresa que dieran en 2007.
Mat Snow

Rol Artistas de grabaciones

Fecha 1983

Nacionalidad Reino Unido/Estados Unidos

Por qué es clave La banda que introdujo el reggae en el pop.

Pág. anterior **The Police**.

Álbum clave *Metal Health*
Quiet Riot

Después de trabajar arduamente durante casi 10 años en una relativa oscuridad, más conocidos como la banda en la que se formó el guitarrista de Ozzy Osbourne, Randy Rhodes, que por sus dos lanzamientos únicamente en Japón, a Quiet Riot le tocó la lotería cuando lanzaron su tercer álbum, *Metal Health.*

Cuando desbancó a *Synchronicity* de The Police de lo más alto de las listas de Estados Unidos –con lo que lograron una posición que ni siquiera los más poderosos como Deep Purple o Black Sabbath habían conseguido–, el hecho marcó el comienzo de una carrera imparable hacia el gran público del heavy metal, que dominaría las ondas durante el resto de la década de 1980. Cabe destacar que aunque muchos los consideran inventores del género, la música de Led Zeppelin –quien sí tuvo álbumes en el número uno del *Billboard*– se considera en la actualidad demasiado vaga para meterla en el saco del género metal, cuyas fronteras se han estrechado en los últimos años.

Pero este mismo estrechamiento convirtió el éxito de esta música no comprometida en algo mucho más destacable. Desde la cubierta del álbum, a lo Hannibal Lecter, hasta su versión del «Cum On Feel The Noize», de Slade (que llegó al Top 5 en Estados Unidos), *Metal Health,* de Quiet Riot, proporcionó un grito de guerra a las bandas que luchaban por abrirse camino en el Sunset Strip y una exhortación subida de tono a las chicas del mundo para «bailar» con sus chicos. Los singles del álbum, incluyendo la firma de la banda «Metal Health (Bang Your Head)» fueron homenajes para cantar a coro que reflejaron –o establecieron– la atmósfera decadente de la década.
Sara Farr

Fecha de lanzamiento 11 de marzo de 1983

Nacionalidad Estados unidos

Lista de temas Metal Health, Cum On Feel The Noize, Don't Wanna Let You Go, Slick Black Cadillac, Love's A Bitch, Breathless, Run For Cover, Battle Axe, Let's Get Crazy, Thunderbird

Por qué es clave Primer álbum heavy metal en llegar al número uno en las listas de *Billboard*.

Grupo clave
Badfinger

El cuarteto galés/inglés The Iveys fueron los primeros que firmaron con la nueva marca de The Beatles, Apple, en 1968. La banda se rebautizó como Badfinger y Paul McCartney les regaló una preciosa canción nueva llamada «Come And Get It», con la que tuvieron un éxito en los Top 10 de Estados Unidos a comienzos de 1970. Rápidamente demostraron que podían generar sus propios éxitos cuando «No Matter What» tuvo la misma respuesta tanto en Estados Unidos como en el Reino Unido. La banda generó posteriormente más éxitos a ambos lados del Atlántico, incluyendo «Without You» (que más tarde se convertiría en un «éxito» para Harry Nilsson), compuesto por el guitarrista Pete Ham y el bajista Tom Evans. (El guitarrista Joey Molland y el percusionista Mike Gibbins también componían.) Asimismo, tuvieron el privilegio de ser músicos de refuerzo para el histórico Concierto por Bangladesh.

Sin embargo, Apple Records iba de mal en peor. A un cambio ostensiblemente lucrativo a Warner Bros.

le siguió un descenso en su suerte en las listas, cambios personales y el rechazo de la compañía a editar su álbum *Head First* en 1975 porque Warners estaba en litigio con su mánager, Stan Polley, por un asunto de dinero que supuestamente había desaparecido. La banda se encontró sin dinero, sin producto y sin forma de trabajar. Ham se suicidó en abril de 1975, dejando una nota en la que afirmaba que «Stan Polley es un bastardo desalmado». El 19 de noviembre de 1983, Evans se suicidaría de la misma manera que su colega: ahorcándose.

Badfinger dejó muchos ejemplos finos (aunque a menudo carentes de originalidad) de rock melódico y pop potente aunque, por desgracia, serán recordados principalmente como ejemplo de las horribles dificultades con las que a menudo se encuentran los grupos en la industria de la música.
Sean Egan

Rol Artistas de grabaciones

Nacionalidad Reino Unido

Fecha 1983

Por qué es clave La tragedia más grande del rock.

Pág. siguiente **Badfinger**.

558

Acontecimiento clave «Blue Monday» y el maxi single

Sin relación alguna con el éxito del mismo nombre de Fats Domino, «Blue Monday» fue grabado durante las sesiones para el álbum *Power, Corruption and Lies* (1983), de New Order, y entró en las listas del Reino Unido el 19 de marzo de 1983. Una fusión única de post-punk y lo que llegaría a ser conocido como electrónica, sus hipnóticos y vibrantes *riffs* de sintetizadores, hábiles efectos de batería, y una voz amenazante y monótona dieron al grupo su primer gran éxito.

Mientras los fanáticos de New Order se escandalizaban al ver cómo sus ídolos se convertían en estrellas del pop, la industria británica de la música lo estaba aún más cuando vio que los Top 10 se abrían a un disco que únicamente estaba disponible como un single con formato de LP (maxi single), y se vendía por lo tanto a casi el doble que el convencional sencillo. Las emisoras de radio se vieron obligadas a emitir

un disco de siete minutos, el doble de un éxito medio. Los maxi singles se convirtieron en un nuevo concepto, y en una época antes de que dominara claramente el CD, parecía ser el formato del futuro.

Sin embargo, en contraste con sus contemporáneos, que los empleaban para editar mezclas artificialmente extendidas, New Order empleó este formato con un propósito honestamente estético. «Blue Monday» alcanzó finalmente el número nueve británico, y podría haber llegado aún más alto si hubiesen accedido a las sugerencias de que lo redujeran a la mitad y editaran un sencillo. Se negaron: la canción se había concebido como un maxi y así se quedaría. Y si las leyes del éxito en las listas se venían abajo en el proceso, peor para ellas.
Dave Thompson

Fecha Marzo de 1983

País Reino Unido

Por qué es clave Un maxi single que realmente necesitaba este formato.

Álbum clave *Pyromania*
Def Leppard

Si algún álbum mereciera ser aclamado como la Piedra de Rosetta de un productor, éste sería *Pyromania,* lanzado el 20 de enero de 1983. El empleo innovador de los métodos de grabación multipista de Robert John «Mutt» Lange esculpieron las influyentes capas de armonías vocales, guitarra y batería procesadas intensamente de *Pyromania*.

La atención obsesivo-compulsiva por el detalle en el estudio de Lange se convirtió en un martirio. Grabó a los guitarristas Steve Clark, Phil Collen y Pete Willis tocando los acordes nota a nota en múltiples pistas separadas, durante semanas, para lograr la claridad y la fuerza del sonido de un sinfín de guitarras rítmicas que estaba buscando. ¿Y qué si terminaba sonando como una montaña de sintetizadores? Def Lepard no se quejaban de que *Pyromania* fuese el álbum que supondría su permanencia o su muerte en el mundo musical, y eligieron secundar la opción que les permitiría evitar quedar

encasillados como una reliquia de la NWOBHM (New Wave Of British Heavy Metal) de comienzos de la década de 1980. Atrás quedaron los *riffs* estilo hard rock con toques de glam de clase trabajadora de *On Trough The Night* (1980) y *High Ann Dry* (1981). En su lugar se encontraron himnos sólidos, brillantes, con gran gancho, una mezcla de poderosas guitarras, la característica percusión de Rick Allen y el aullido estratosférico del vocalista Joe Elliott. *Hysteria* (1987) llevaría la fórmula de los excesos en el estudio y lo más pulido en los estadios a una altura aún más impresionante, pero fue *Pyromania* la que aseguró que el pop metal perdurara a lo largo de la década de 1980.

Miles Keylock

Fecha de lanzamiento 1983

Nacionalidad Estados Unidos

Lista de temas Rock! Rock! (Till You Drop), Photograph, Stagefright, Too Late For Love, Die Hard The Hunter, Foolin', Rock Of Ages, Comin' Under Fire, Action! Not Words, Billy's Got A Gun

Por qué es clave Un sonido hard rock muy esmaltado que se convirtió en modelo que seguir para los álbumes de pop metal que se editarían a partir de entonces.

Acontecimiento clave *A Chorus Line,* el espectáculo con más representaciones en Broadway

A *Chorus Line* ya era una sensación antes de la primera representación oficial. Los preestrenos del espectáculo en el New York Public Theater en abril de 1975 crearon un revuelo que hizo que todo el mundo se acercara a este pequeño local, intrigados por la increíble manera en que se corrió la voz sobre el nuevo espectáculo.

Marvin Hamlish había sido contratado para escribir las melodías y Edward Kleban, para las letras de los números de un musical que acompañaría a un libreto que exploraba la inherente tristeza en la vida del bailarín escénico medio: el hecho inexorable de que la carrera que amaban se acabaría cuando cumplieran la treintena, sin haber alcanzado la fama. Acercar el punto de mira en estos personajes anónimos en el contexto de un musical fue una idea rompedora, pero el público disfrutó con las pruebas, las tribulaciones y las humillaciones de estos bailarines.

Prácticamente todo lo demás relacionado con este espectáculo también era poco usual: no había una estrella o personaje principal, como en las obras convencionales, no había vestuario (llevaban la ropa que emplean los bailarines para ensayar), no había escenarios fastuosos (sólo espejos y una línea blanca), ni intermedio ni segundo acto formal. Los creadores del espectáculo demostraron triunfalmente que nada de eso hacía falta con una historia atractiva y buenas canciones.

Tres meses más tarde, *A Chorus Line* se trasladó a un entorno más grande, el Schubert Theater, en Broadway. El 29 de septiembre de 1983, aún seguía allí, día en que rompió el récord de representaciones para Broadway.

Sean Egan

Fecha 29 de septiembre de 1983

País Estados unidos

Por qué es clave Elevó el punto de referencia para la longevidad de una obra en Broadway.

Canción clave «Come Dancing»
The Kinks

En 1983, los días de gloria como letrista del líder de The Kinks, Ray Davies, parecían haber terminado. The Kinks aún contaban con sus seguidores más leales, pero probablemente era su profuso catálogo lo que atraía a la gente a sus actuaciones más que el hard rock más bien pedestre que la banda continuaba tocando. El dulce, nostálgico pero optimista «Come Dancing» sería interpretado por la audiencia estadounidense como una sencilla invitación a divertirse, pero generaciones de británicos lo asocian con un show de televisión sobre bailes de salón que estuvo largo tiempo en antena. Las alusiones de la letra al Palais de Dance, una sala de baile de los suburbios de Londres, muy popular en las décadas de 1940 y 1950, y la mención a una hermana que vivía en una «vivienda de protección oficial». Pero a pesar de estas referencias culturales específicas, «Come Dancing» entró al Top 40 del *Billboard* el 28 de mayo de 1983, donde llegaría a alcanzar

el número seis. En su Gran Bretaña natal The Kinks lograrían un éxito similar, aunque tres meses más tarde. Irónicamente, el país que en su día vetó al grupo –porque posiblemente no entendía parte de la letra– les dio una segunda oportunidad.
Melissa Blease

Fecha 28 de mayo de 1983

Nacionalidad Reino Unido

Compositor Ray Davies

Por qué es clave The Kinks revivieron sus días de gloria con un disco que, sin esperarlo, creó un puente cultural.

Espectáculo clave *La cage aux folles* (*La jaula de las locas*) teatro musical

La comedia francesa de Jean Poiret *La cage aux folles* (*La jaula de las locas*) versa sobre una pareja gay «casada» desde hace tiempo y que dirige un popular club nocturno de travestis, cuya relación es puesta a prueba por su hijo semiadoptado cuando anuncia su compromiso con la hija de un notable político conservador. Los productores encargaron inicialmente el libreto a Jay Presson Allen y la composición a Maury Yeston, pero después de que su sensibilidad no concordara con el material requerido, Allen y Yeston abandonaron, y buscaron al legendario compositor de Broadway Jerry Herman, quien se lamentaba de no haber solicitado antes los derechos y quedó más que contento con el ofrecimiento.

Aunque él –y sus colaboradores, el libretista Harvey Fierstein y el director Arthur Laurents– eligiera no pronunciarse políticamente sobre el espectáculo y se limitase a decir que había creado un espectáculo que casualmente versaba sobre una historia de amor

gay, el relato manifestaba a las claras sus tendencias políticas, no sólo porque su estreno el 21 de agosto de 1983 ocurrió cuando el sida comenzaba a aparecer en los grandes titulares. Pero el sencillo planteamiento sentimental de los personajes, junto con el escenario en St. Tropez con su «faaaabuloso» club nocturno, fue del agrado general. Tampoco supuso un problema el que las estrellas originales, los reconocidamente heterosexuales George Hearn y Gene Barry, aceptaran estos papeles sin arrepentimiento alguno.

La cage aux folles, la obra mejor y más sincera de Herman, incluye la agitada «Look Over There» sobre el amor de un padre, la entusiasta «The Best Of Times», y el más valiente y determinado manifiesto humanista, el catártico «I Am What I Am».
David Spencer

Estreno 21 de agosto de 1983

Nacionalidad Francia/Estados Unidos

Director Arthur Laurents

Reparto George Hearn, Gene Barry, John Weiner

Compositor Jerry Herman

Por qué es clave El primer musical abiertamente gay para el gran público de Broadway.

Álbum clave *Can't Slow Down*
Lionel Richie

En el día del lanzamiento en Estados Unidos, el segundo álbum en solitario de Lionel Richie comenzó su ascenso hasta lo más alto de las listas estadounidenses. Aseguró al antiguo cantante de The Commodores un lugar en la primera fila de artistas soul, ganando un Grammy al álbum del año.

Aunque Richie disfrutaría posteriormente de una popularidad global, principalmente en África y Oriente Próximo (es un nombre muy conocido en Iraq y Libia), para muchos críticos sus reminiscencias del clásico R&B y su estilo soul eran una mala y pálida imitación de los vibrantes catálogos de la Motown y la Stax. Para esos críticos continúa siendo el líder totémico de una escuela de intérpretes anémicos que carecen del fuego y del azufre de los grandes del soul. Sin embargo, esta variante del soul llegó a áreas del mercado que nunca se habían conquistado.

Había demostrado su capacidad de adaptar la balada romántica soul, una proeza que volvió a repetir aquí con «Hello» y «Penny Lover». Pero fue la relativa facilidad con la que abordaba trabajos más bailables, con más ritmo y muy comerciales, lo que convirtió a *Can't Slow Down* en un disco muy lucrativo, tanto para los clubs nocturnos como para la radio diurna. El más destacado de estos temas fue «All Night Long (All Night)», con aires caribeños, un éxito que llegaría al número uno del *Billboard* respaldado por un espléndido vídeo, dirigido por el ex Monkee, Michael Nesmith. El vídeo promocional de «Hello», por otra parte, es un relato sobre una estudiante ciega que esculpe un busto de Richie, y es uno de los más recordados y frecuentemente parodiados, vídeos de la década de 1980.
Alex Ogg

Fecha de lanzamiento
11 de octubre de 1983

Nacionalidad Estados Unidos

Lista de temas Can't Slow Down, All Night Long (All Night), Penny Lover, Stuck On You, Love Will Find A Way, Only One, Running With The Night, Hello

Por qué es clave
Quizás sea un soul «descafeinado», pero ciertamente abrió nuevos mercados.

Pág. anterior Lionel Richie.

1980-1989

563

Canción clave «99 Luftballons»
Nena

Con su entrada en el Top 40 del *Billboard* el 21 de enero de 1984, «99 Luftballons» –un single del grupo *new wave* teutón Nena y cantado en su totalidad en su propio idioma– puso la música popular alemana en el mapa musical. Al llegar al número dos se convirtió en la primera canción pop en lengua extranjera en acariciar la cúspide de las listas estadounidenses.

Un disco de esta naturaleza era lo más adecuado para la época. A comienzos y mediados de la década de 1980, Estados Unidos estaba dividido entre el nacionalismo de puño en alto de la superpotencia de Ronald Reagan y una nación asustada que observaba cómo su gobierno se acercaba al desencadenamiento de una guerra global termonuclear. «99 Luftballons» era una canción de protesta antinuclear. Aunque la letra –sobre las naciones que disparan sus armas nucleares después de confundir una flotilla de inocentes globos rojos con una aeronave enemiga– puede parecer trivial, es posible que el mensaje de la canción llegara a lo más profundo de los corazones ciudadanos en el contexto del panorama político de ese año. En noviembre de 1983, la URSS activó sus armas nucleares después de malinterpretar el ejercicio Able Archer de la OTAN como acto de agresión. En enero de 1984, Estados Unidos respondió desplegando sus misiles Pershing II en la República Federal de Alemania. Este período es probablemente lo más cerca que la humanidad ha estado nunca de la guerra nuclear.

Nena encargó a un letrista inglés –Kevin McAlea– la verión inglesa de la canción. Aunque el «99 Red Ballons» que resultó del encargo fue un éxito internacional –y un número uno en el Reino Unido–, la canción original, escrita para Nena por el guitarrista Carlos Karges, se considera más satírica, política y precisa que la traducción de McAlea.
David McNamee

Primer lanzamiento 12 de marzo de 1983

Nacionalidad Alemania

Compositores Joem Fahrenkrog-Peterson, Carlos Karges

Por qué es clave Una canción alemana rompe las defensas de las listas estadounidenses.

Personaje clave
Brenda Fassie

La revista *Time* declaró a Brenda Fassie «la Madonna de los Tugurios» en 2001, lo que confirmó el estatus de la diva sudafricana como icono pop global.

Al igual que Madonna, Fassie –nacida en 1964– fue una revolucionaria musical y social. Su primer éxito en 1983, «Weekend Special» –escrito por un miembro de su banda, Desmond Molotana, y un tal M. Matthews– resultó ser una poderosa mezcla de pop disco con una letra surgida de los tugurios con una intensa carga sexual, que desafiaba a los roles tradicionales de cada género. Después de convertirse en el disco más rápidamente vendido en Sudáfrica, «Weekend Special» dio lugar a un remix que llegó a lo más alto de las listas de los Top Black Singles de *Billboard*.

En las dos décadas subsiguientes, Fassie continuó desafiando a los estereotipos del pop con sus canciones, de que solía ser coautora. Se convirtió al mismo tiempo en una hábil estrella del kwaito («Nomakanjani», 1999), una reina del góspel de voz dorada («Vul'indela», 2000) y una orgullosa luchadora por la libertad panafricana («Black President», 1990).

Fue todo un símbolo sexual y una defensora de los derechos gays, madre y estrella de los tabloides, una admirable modelo y una desdichada drogadicta (murió a causa de una sobredosis en 2004). Lo que resulta aún más significativo, Fassie hizo añicos las fronteras entre su vida pública y privada. Si la carrera de Madonna es todo un estudio de cálculo, capturando la confianza del pop contemporáneo occidental con toda la sangre fría de sus registros expertos e irónicos, la de Fassie era puro impulso. En su vida y en su música, rechazó presentar una imagen cuidadosamente construida para los medios, y en su lugar ofreció una sensación real de espontaneidad, que era todo un elogio a la libertad personal sobre todo lo demás.
Miles Keylock

Rol Artista de grabaciones

Fecha 1983

Nacionalidad Sudáfrica

Por qué es clave El primer ídolo pop negro auténticamente africano.

Acontecimiento clave **Frankie Goes To**
Hollywood se hacen con el sistema y ganan

El lanzamiento inicial del primer single de Frankie Goes To Hollywood, rimbombante y orgiástico, no tuvo el efecto de una bomba atómica en la escena del pop británico como habría sugerido la historia. Aún tuvieron que pasar unos cuantos meses después de su lanzamiento para que sus vigorosos acordes llegaran al Top 40. El 22 de enero de 1984, no obstante, el DJ Mike Read, de la cadena BBC Radio One expresó públicamente su indignación por las connotaciones sexuales de «Relax» («Relax, don't do it, when you want to come» [Relájate, no lo hagas, cuando te quieras correr]) y anunció en antena que se negaba a emitir el single. Sus superiores se vieron obligados a respaldarle ordenando un veto en todas las emisoras. Como consecuencia casi inevitable, antes de una quincena, «Relax» se había colocado en el número uno en el Reino Unido.

El publicista de Frankie, Paul Morley, aprovechó el enfrentamiento para vender a la banda como una especie de Sex Pistols a la generación Hi-NRG, y Frankie se convirtió en sensación del momento, desenfrenada y rebelde. Las camisetas con la frase «Frankie Say: Relax» (Frankie dice: «Relájate») crearon furor esa temporada. El siguiente single –el antinuclear «Two Tribes»– entró directamente al número uno, puesto en el que se mantuvo nueve semanas. Durante este tiempo –vergonzosamente para la BBC– la aún prohibida «Relax» volvió a subir en las listas hasta que el 2 de julio de 1984, la pareja de discos de Frankie ocupó los dos primeros lugares en un espectacular e histórico mensaje musical para el sistema: Nunca deberían volver a prohibir algo.
David McNamee

Fecha 7 de julio de 1984

Nacionalidad Reino Unido

Por qué es clave
La BBC demuestra la veracidad de la ecuación: prohibición = aumento exponencial de publicidad y éxito.

Pág. siguiente
Frankie Goes To Hollywood.

Canción clave «Do They Know It's Christmas» Band Aid

En 1984, Bob Geldof, líder de The Boomtown Rats, pertenecientes a la corriente de la música rock *new wave*, vio un reportaje en televisión sobre la hambruna en Etiopía. Enfurecido por una sensación de impotencia, colaboró con su amigo Midge Ure, vocalista de los electropop Ultravox, en algo que esperaban que fuera lanzado como un single benéfico. La contribución de Geldof fue básicamente lírica, y la de Ure, melódica. Ambos construyeron una canción de manera muy calculada, incluyendo una buena dosis de chantaje emocional (la letra contrastaba el inminente festín navideño con el hambre en el Tercer Mundo), un toque navideño y un final para cantar a coro («Feed the world» [alimenta al mundo]).

«No debería haber funcionado» diría Ure más tarde, «pero lo hizo... gracias a las personas que aportaron su talento, gracias a la exposición a los medios». El golpe de gracia fue conseguir que la flor y nata del pop británico tocara o cantara un fragmento vocal en la canción. U2, Phil Collins, Spandau Ballet, Duran Duran, Bananarama, Paul Weller, George Michael, Culture Club, Sting y muchos otros lo hicieron. Todos contribuyeron sin percibir remuneración alguna, al igual que los fabricantes, distribuidores y minoristas, convencidos e incluso intimidados por la apasionada retórica de Geldof.

«Es basura», dijo Ure más tarde sobre «Do They Know It's Christmas». «No se acerca siquiera a la mejor canción que haya escrito.» Pero incluso si fuese cierto, el público no se dio cuenta, y puso dinero de su bolsillo para una causa indiscutiblemente buena. El disco saltó al número uno el 15 de diciembre de 1984 y se convirtió con rapidez en el Reino Unido en el single más vendido de todos los tiempos.
Sean Egan

Fecha 15 de diciembre de 1984

Nacionalidad Reino Unido

Compositores Bob Geldof, Midge Ure

Por qué es clave La canción cuya calidad fue considerada irrelevante por una buena causa.

566

Espectáculo clave *This Is Spiñal Tap* la película

This Is Spiñal Tap no tuvo gran éxito cuando se estrenó el 3 de febrero de 1984, debido en parte a que algunos pensaron que se trataba de un «rockumental» auténtico sobre una actuación musical con, por emplear uno de los eslóganes de la película, «this much talent» (tal cantidad de talento).

No obstante, cuando la archisátira del heavy metal del director Rob Reiner apareció en vídeo, comenzó a llegar a su público objetivo –los expertos en hip-rock–. La reputación de la película se extendió de viva voz y pronto estuvo en boca de todos, desde Squatney hasta Scranton, en gran medida porque era terriblemente verosímil. El encargo por error de la miniatura de Stonehenge por parte de The Tap se inspiró en un escenario real de Black Sabbath, y la ahora inmortal entrevista a Nigel Tufnel sobre su inmensa colección de guitarras es incómodamente similar a una escena de la pretenciosa biografía cinematográfica sobre Led Zeppelin *The Song Remains The Same*. Incluso la diéresis sobre la n en *Spiñal* es un malicioso guiño al logo de Blue Öyster Club.

El hecho de que la película hiciera reflexionar a todas las estrellas de rock del mundo que se atrevían a quejarse sobre nimiedades o a alardear sobre su música, y que temían recibir una denigrante respuesta del tipo: «Eres tan Spiñal Trap» quedó resumido en la visita respetuosa que U2 hizo a la tumba de Elvis Presley y en la que Bono se vio impulsado a afirmar avergonzado: «Ahora es cuando Spiñal Tap nos obliga a bajar la vista».
Johnny Black

Estreno 3 de febrero de 1984

Nacionalidad Estados Unidos

Director Rob Reiner

Reparto Christopher Guest, Harry Shearer, Michael McKean

Compositores Christopher Guest, Michael McKean, Harry Shearer, Rob Reiner

Por qué es clave La película que hizo imposible que las estrellas del rock volviesen a ser naturales.

Grupo clave
The Smiths

The Smiths, establecidos en Manchester, lo componían el vocalista Steven Patrick Morrissey (alias *Morrissey*), el guitarrista jefe John Maher (alias *Johnny Marr*), Mike Joyce (batería), y Andy Rourke (bajo). Produjeron cuatro álbumes entre 1984 y 1987, que se ajustaban a las dinámicas musicales de proporciones épicas del rock clásico, aunque revestidas con una hasta entonces nunca vista rara modestia y mentalidad provinciana en las letras, aunque presentadas de forma poética.

Su primer álbum del mismo nombre se lanzó el 20 de febrero de 1984, e inmediatamente agitó las aguas con temas como «What Difference Does It Make?», en el que se escuchaba el canto de Morrissey, en ocasiones teatral y siempre mordaz, y el estilo resonante de la guitarra de Marrs. El álbum alcanzó el número dos en las listas del Reino Unido. Su cubierta continuaba con la tradición de The Smiths de emplear personajes culturales de la década de 1960 en sus portadas. *Meat is Murder* (1985) continuó con la producción de joyas del pop guitarrístico y llegó a lo más alto de las listas. *The Queen is Dead* (1986) se considera la obra maestra de la banda, más rica en sonido que otros álbumes y con temas exquisitos como «The Boy With The Thorn In His Side». Su esfuerzo final *Strangeways Here We Come* (1987) fue una decepción, pero aún contenía temas excelentes como «Girlfriend In A Coma».

La banda se separó en una nube de disputas enconadas. Tristemente, para la cantidad de personas que los consideran la banda británica más importante de la década de 1980, las probabilidades de una reunificación son más remotas que nunca.
Rob Jovanovic

Rol Artistas de grabaciones

Fecha 1984

Nacionalidad Reino Unido

Por qué es clave La banda que combinó el rock glam con el severo sentido de la observación de la gente del norte.

Canción clave **«Jump»**
Van Halen

Oficialmente lanzado la noche de fin de año de 1983, el álbum de Van Halen *1984* fue prácticamente un clásico instantáneo, ya que contenía algunas de las canciones más populares de la banda, incluyendo «Panama», «Hot For Teacher» y «I'll Wait». Pero si hay una canción que definió el álbum *1984* ésa fue «Jump».

El ritmo lleno de vitalidad y los agudos *riffs* de los sintetizadores en «Jump» fueron una novedad impactante que se alejaba de las costumbres establecidas de Van Halen, definidas principalmente por los solos devastadores del guitarrista Eddie Van Halen y el *glamour* escénico y la vocalización desbordante de David Lee Roth. Desde las primeras 11 notas, instantáneamente reconocibles, tocadas por un Eddie Van halen en un Oberheim OB-Xa, hasta el intrincado estallido de guitarras, «Jump» fue la mezcla perfecta de synth pop, arena rock y hair metal –los estilos principales que dominaron en las emisoras de radio de Estados Unidos durante gran parte de la década.

«Jump» llegó al número uno en Estados Unidos el 25 de febrero de 1984 y fue la única canción de Van Halen que llegó a esa posición. (*1984* llegó al número dos). Pero aunque la canción convirtió a Van Halen en una de las mayores bandas de la época, fue un punto de contención. Van Halen destacó en una ocasión que cuando compró la canción a Roth y al ejecutivo de la Warner Bros, Ted Templemen, ésta no gustaba a ninguno de ellos. Roth ni siquiera se tranquilizó un poco con su éxito: la canción condujo a su salida del grupo alrededor de un año después del lanzamiento de *1984*.
Sara Farr

Fecha de lanzamiento Febrero de 1984

Nacionalidad Estados Unidos

Compositores Edward Van Halen, Alex Van Halen, Michael Anthony, David Lee Roth

Por qué es clave Rompió la fórmula basada en las guitarras, tanto para Van Halen como para el heavy metal.

Álbum clave *Purple Rain*
Prince and The Revolution

Antes de 1984, Prince Nelson Rogers, profesionalmente conocido por su primer nombre, había atraído la atención de manera moderada, y una parte de ello se debía a su travestismo escénico. Su salto al estrellato con *Purple Rain* fue inesperado, aunque no para Prince, de quien se rumorea que calculó el proyecto cuidadosamente.

Aunque el álbum *Purple Rain* (lanzado el 25 de junio de 1984) es nominalmente la banda sonora de la película semiautobiográfica del mismo nombre, su intoxicante mezcla de rock, funk y pop continúa siendo el mayor logro artístico de Prince. Las canciones, las voces, la guitarra, el bajo y los teclados fueron respaldados por The Revolution, su banda compuesta por la guitarrista Wendy Melvoin, los teclistas Lisa Coleman y Dr. Fink, el bajo Brown Mark y el batería Bobby Z. Las canciones abarcaban tanto pop ligero («Take Me With You», un dúo con la coestrella en la película *Purple Rain*, Apollonia), animado rock con un explosivo *riff* al más puro estilo Hendrix, toda una característica de este disco («Let's Go Crazy») y emocionantes baladas, como «The Beautiful Ones», «Purple Rain» y el éxito hipnótico del funk *new wave* «When Doves Cry». El intenso elemento espiritual del álbum coexistía junto a otros temas más lascivos como «Darlin Nikki», denunciado por el Parents Music Research Center.

En detrimento de su faceta artística, Prince se distanciaría del sonido rock de *Purple Rain* y el álbum continuaría proyectando su sombra sobre sus trabajos posteriores.
Tierney Smith

Fecha de lanzamiento 25 de junio de 1984

Nacionalidad Estados Unidos

Lista de temas Let's Go Crazy, Take Me With U, The Beautiful Ones, Computer Blue, Darling Nikki, When Doves Cry, I Would Die 4 U, Baby I'm A Star, Purple Rain

Por qué es clave Una obra maestra –y una pesada carga.

Pág. anterior Prince.

569

Acontecimiento clave
Muerte de Marvin Gaye

Con las posibles excepciones del asesinato de John Lennon a manos de un admirador trastornado en 1980, y del espantoso suicidio de Kurt Cobain en 1994, ninguna otra muerte de un artista del soul o del rock fue tan dramática y perturbadora como la de Marvin Gaye.

Para la mayoría de sus admiradores más fervientes, se encontraba en la cresta de la ola de su gran retorno: tanto el álbum de 1982 *Midnight Love* como el single «Sexual Healing» eran éxitos de ventas. Sin embargo, la realidad es que estaba sumido en una depresión, en parte debido al abuso de las drogas y a una cuantiosa deuda fiscal, a lo que hay que sumar las frecuentes discusiones con su padre sobre asuntos de negocios. Una de estas discusiones llevó a Marvin Gaye padre a disparar a su hijo, ocasionándole la muerte el 1 de abril de 1984.

Aunque pocos eran conscientes de ello en el momento de la muerte de Gaye, padre e hijo llevaban mucho tiempo enfrentados, y Gaye había sufrido abusos por parte de su padre en la infancia. Su muerte fue aún más asombrosa ya que durante gran parte de su vida como artista de éxito, Gaye había proyectado la imagen de un cantante de soul urbano, sensual, confiado, en la que las dificultades familiares y personales resultaban invisibles. Canciones clásicas como «What's Going On» y «Let's Get It On» enmascararon unos demonios internos que ni el éxito ni el dinero podrían haber aplacado.

Gaye padre se salvó de una condena por asesinato cuando le descubrieron un tumor cerebral. Finalmente fue condenado a seis años de libertad condicional por homicidio.
Richie Unterberger

Fecha 1 de abril de 1984

País Estados Unidos

Por qué es clave Una de las tragedias más violentas y tristes de la música popular.

Álbum clave *Like A Virgin*
Madonna

Like A Virgin, el segundo álbum de Madonna Ciccone, conocida universalmente por su primer nombre, la transformó de artista con éxito moderado en icono internacional.

El álbum, lanzado el 14 de noviembre de 1984, fue producido por Nile Rodgers, de Chic, quien dio al disco un sonido más pulido que el de su predecesor sincopado. El estilo imperante era un dance rock sincopado, aunque todas las canciones (cinco de las cuales estaban escritas o coescritas por Madonna) tenían un fuerte gancho pop. Aunque el primer álbum no tenía una temática abiertamente sexual –incluía canciones y baladas de amor sencillas–, abrió la puerta a Madonna a la exploración de la relación entre el sexo y el poder. Ésta resultó especialmente notoria en sus dos primeros singles: el coqueto tema que da título al álbum y «Material Girl», que no sólo se convirtieron en exitazos transatlánticos (el primero fue número uno en Estados Unidos), sino que también

definieron la imagen de Madonna como la de una mujer determinada y sin temor a emplear su sexualidad si le suponía una ventaja.

Esta declaración de intenciones no gustó demasiado a las feministas en aquella época, en parte debido a la accidentada presentación de la canción titular del álbum en los MTV Video Music Awards, en la cual la cantante aparecía con un cinturón en el que rezaba «Boy Toy» (juguete para chico) y bailando sobre un pastel de boda. Y por otra parte porque el mensaje de «Material Girl» y su evidente cinismo podían interpretarse como la personificación no de la actitud sensata de una liberadora de la mujer, sino más bien de la desalmada postura de alguien totalmente sintonizado con la década de «la codicia como virtud».
Gillian G. Gaar

Fecha de lanzamiento 14 de noviembre de 1984

Nacionalidad Estados Unidos

Lista de temas Material Girl, Angel, Like A Virgin, Over And Over, Love Don't Live Here Anymore, Dress You Up, Shoo-Bee-Doo, Pretender, Stay

Por qué es clave
Captó a la perfección el espíritu de la época de la codiciosa década de 1980.

Pág. siguiente **Madonna**.

Espectáculo clave *Starlight Express*
teatro musical

A pesar de su impacto global, un número asombroso de profesionales y aficionados del teatro estadounidense sencillamente ignoraron *Starlight Express*.

No se trató de una reacción contra el compositor Andrew Lloyd Webber y su «usurpación» durante 15 años de la escena del teatro musical estadounidense. Simplemente se trató de una sensación tácita de no tener que estar allí porque ya se había estado allí. *Song And Dance*, su espectáculo anterior, un concierto--ciclo de danza a pequeña escala (para él), dio la sensación de ser un programa de televisión participativo; *Cats* aún cumplía su siniestra promesa de estar «now and forever» (ahora y por siempre).

De hecho, la partitura para esta historia al estilo de Cenicienta, era la habitual revista musical disfrazada de Webber, un batiburrillo de estilos pop para representar a cada uno de los arquetipos familiares «antropomorfizados» (el tren héroe, la

novia tren, el tren adversario, etc.), pero sus canciones continuaban siendo iguales. La poca repercusión de su estreno en Broadway (que comenzó en marzo de 1987) vino de la asombrosa metedura de pata de John Napier en la entrega de los Tony, cuando lo aceptó por *Les Misérables* y protestó porque no se había tenido en cuenta a *Starlight Express* en la categoría de mejor decorado.

En contraste, el éxito surrealista de *Starlight Express* en su nativo Reino Unido –llegó hasta las 7.406 representaciones, sin contar los reestrenos, después de su estreno en marzo de 1984– y en el comercio turístico permitió que la compañía neoyorquina trabajase durante 20 meses, pero *Starlight Express* fue la primera en una persistente ristra de musicales de Webber que no lograron un éxito económico –o en el caso de *Whistle Down The Wind* incluso entrar– en Nueva York.
Mike Princeton

Estreno 27 de marzo de 1984

País Reino Unido

Director Trevor Nunn

Reparto P. P. Arnold, Stephanie Lawrence, Frances Ruffelle

Compositores Andrew Lloyd Webber, Richard Stilgoe, Peter Reeves

Por qué es clave El espectáculo que rompió la racha de Andrew Lloyd Weber arrasando en los escenarios de Broadway.

Personaje clave
Tina Turner

Una vez que hubo abandonado a su marido maltratador, Ike Turner, en julio de 1976, la vida parecía sombría para Tina Turner, quien sólo contaba con 36 céntimos y una tarjeta de crédito de Mobil a su nombre.

Antes que autocompadecerse, la cantante (nacida en 1939) se dedicó a reconstruir su carrera lejos del pionero del R&B que había conocido en San Louis, Misuri, en 1956, cuando sólo era Anna Mae Bullock. La pareja había cosechado enormes éxitos como «A Fool In Love», «River Deep, Mountain High», «Proud Mary» y el homenaje a su ciudad natal «Nutbush City Limits», pero a mediados de la década de 1970, a pesar de su aparición como la Acid Queen (Reina del Ácido) en la película *Tommy*, Turner era más conocida por haber dado a su vida un nuevo rumbo que como artista de relevancia continuada.

En 1979, conoció al australiano Roger Davies, quien se convirtió en su mánager y revisó su interpretación para adecuarla a un público más joven. Con la British Electric Foundation –la moderna producción del dúo formado por Ian Craig Marsh y Martyn Ware– hizo una nueva versión de «Ball Of Confusion» de The Temptations en 1981, y después grabó una versión del «Let's Stay Together», de Al Green, un éxito europeo en 1983. Aunque se realizó en sólo dos semanas, el álbum *Private Dancer*, lanzado el 25 de junio de 1984, incluía material de primera fila, como el tema del título, escrito por Mark Knopfler, de Dire Straits, y vendió 20 millones de copias en todo el mundo. Turner disfrutaba de un éxito indiscutible y más inesperado que nunca. En todos los ámbitos: en el año 1985 fue protagonista, y con un efecto sorprendente, en la película *Mad Max: Beyond Thunderdome* (*Más allá de la cúpula del trueno*).
Pierre Perrone

Rol Artista de grabaciones

Fecha 1984

Nacionalidad Estados Unidos

Por qué es clave
No importa cuán bajo hayas caído, un retorno siempre es posible.

572

Álbum clave *1100 Bel Air Place*
Julio Iglesias

A finales de la década de 1970, el intérprete de canción ligera nacido en España, Julio Iglesias, era una estrella consolidada en Europa y Latinoamérica. Sin embargo, no fue hasta que se publicó *1100 Bel Air Place* en agosto de 1984, que Estados Unidos finalmente sucumbió a sus encantos.

La voz tranquila de Iglesias, gracias a la producción de Richard Perry, se moduló aquí acorde a los cánones que imperaban en la década de 1980, aunque a los que la escuchen hoy en día, ese sonido suave, intensamente sintetizado, puede resultarles crispante. Para maximizar las probabilidades de cruzar las fronteras, el cantante cantó a dúo con varios artistas de fama en Estados Unidos, incluyendo a The Beach Boys (en una versión de «The Air That I Breathe») y Willie Nelson. Fue con este último con quien Iglesias arrasó con su single «To All The Girls I've Loved Before», que se convirtió en un éxito global. Otras versiones destacables incluyeron «All Of You»,

de Cole Porter, cantada junto con Diana Ross, otro gran éxito.

Se trataba de material dudosamente novedoso, pero la foto cursi en la cubierta de un sonriente Iglesias vestido de esmoquin advertía inequívocamente de que no se trataba de un artista de estética o música precisamente significativa. El álbum logró su objetivo en el mercado angloparlante, en parte gracias al gracioso acento latino de Iglesias, que ayudó a digerir la música sentimental de su estilo característico. Resultado: un quinto puesto en las listas de Estados Unidos, y ventas de más de 3 millones, y lo que es más importante, la irrupción desde un mercado que desdeñosa y deliberadamente se conoce como «el resto del mundo» en el negocio de la música.
Robert Dimery

Fecha de lanzamiento
Agosto 1984

Nacionalidad España

Lista de temas All Of You, Two Lovers, Bambou Medley, The Air That I Breathe, The Last Time, Moonlight Lady, When I Fall In Love, Me va, me va, If (e poi), To All The Girls I've Loved Before

Por qué es clave
Un rompecorazones hispano demuestra finalmente que puede triunfar también en Estados Unidos.

Canción clave «**We Are The World**»
USA For Africa

«We Are The World» nació cuando Harry Belafonte, el reconocido cantante de calipso, actor y activista, vio el éxito del disco de Band Aid contra el hambre en 1984 «Do They Know It's Christmas». Con Etiopía arrasada por una hambruna tremenda, Belafonte vio la oportunidad de que los músicos estadounidenses pusieran a trabajar sus talentos por una buena causa. En cierta manera, la canción también fue la reacción del mundo de la música rock a la afirmación de que en la era de los «reagonomics», el liberalismo había muerto. Aquí estaba Belafonte, un liberal cuyas credenciales se remontaban a la década de 1950, juntando a personas tan dispares como Michael Jackson y Lionel Richie (quienes escribieron juntos la canción), Kenny Rogers, Tina Turner, Dan Aykroyd, Bette Midler, Bruce Springsteen, Bob Dylan, Quincy Jones y Willie Nelson para afirmar que los cantantes podían hacer algo por los que sufrían.

Trabajaron como «USA For Africa» (United Support of Artists for Africa) y lo convirtieron en un auténtico evento de masas. La canción no llegaría a ser clásico, pero era tan emotiva y efusiva que los protagonistas de la Band Aid británica, habrían sentido avergonzados, aunque estaba bien lograda y sus productores estaban seguros de que quienes la criticaran serían tachados de tacaños.

«We Are The World» se lanzó el 2 de marzo de 1985, y el 5 de abril, Viernes Santo, unas 5.000 estaciones de radio la emitieron simultáneamente. Llegó al número uno de Estados Unidos el 12 de abril y en este país vendió 7,5 millones de discos. Esta canción y un álbum derivado indirectamente de ella, recaudaron 50 millones de dólares para la lucha contra el hambre.
Bruce Eder

Fecha de lanzamiento
7 de marzo de 1985

Nacionalidad Estados Unidos

Autores Michael Jackson, Lionel Richie

Por qué es clave
La primera ocasión que un single de música pop con un tema de crítica social llegaba a lo más alto de las listas de Estados Unidos.

Espectáculo clave
Wham! actúan en China

A pesar de encontrarse en plena guerra fría, la música pop occidental rompió el telón de acero cuando Elton John actuó en Moscú en 1979. No obstante, la hermética y reservada China resultó ser mucho más resistente a cualquier manifestación del capitalismo. Sin embargo, no sólo su población de mil millones de personas representaba un mercado potencial muy apetitoso, sino que el golpe publicitario que suponía ser el primero en tener éxito en el país era incalculable.

Así que en 1983, el mánager Simon Napier-Bell se embarcó con la idea de asegurar a sus representados, Wham! –el dúo soul-pop formado por George Michael y Andrew Ridgeley– un concierto en Beijing (entonces conocido como Pekín). Fue una jugada audaz: aunque Wham! ya eran famosos en el Reino Unido y en Europa, aún debían asegurar el primero de sus siete Top 10 en Estados Unidos cuando comenzó las negociaciones. El espectáculo, cuando finalmente se llevó a cabo en el Peking People's Gymnasium el 7 de abril de 1985,

tuvo un éxito relativo. Los 15.000 adolescentes chinos congregados no podían abandonar sus asientos, y según Napier-Bell, la atmósfera era incómoda. Sin embargo, la cobertura global fue la que esperaban, y combinada con una actuación de Live Aid poco después, convirtió a Wham! en el grupo más famoso del mundo. No obstante, este éxito duraría poco: Michael y Ridgeley se separaron en 1986.
Joe Muggs

Fecha 7 de abril de 1985

Emplazamiento Peking People's Gymnasium

Nacionalidad Reino Unido

Por qué es clave
El primer grupo occidental importante que actuó tras el «telón de bambú».

Grupo clave
Foreigner

Constituido en la ciudad de Nueva York en 1976 por el guitarrista de origen británico Mick Jones (no el de The Clash) y el fundador de King Crimson, Ian McDonald, los pulidos roqueros Foreigner lanzaron su muy aclamado y homónimo álbum de debut en 1977, que incluía su éxito «Cold As Ice». Las ventas de este álbum y el del año siguiente, *Double Vision*, confirmaron que Foreigner había encontrado un sonido característico y lucrativo.

Pero el incombustible Jones y su inseparable letrista estadounidense Lou Gramm (vocalista) no se durmieron en los laureles. En 1979, un retorno a lo básico en su álbum *Head Games* condujo a los primeros enfrentamientos artísticos y a la primera de varias reorganizaciones en la plantilla de Foreigner. Como consecuencia, su cuarto álbum, *4*, llegó al número uno en las listas de *Billboard* en 1981. Contenía un single de éxito con un estilo inesperado: «Waiting For A Girl Like You». Su combinación de delicadeza lírica

y ampulosidad musical roquera es un estilo que hoy en día aún es un cliché y se conoce como una balada rock, que entonces no era nada común. Su álbum de 1984, *Agent Provocateur* supuso el mayor éxito transatlántico de Foreigner hasta la fecha: «I Want To know What Love Is» –un himno épico y emotivo, de inspiración góspel escrito por Jones– llegó hasta el número uno en el Reino Unido y mantuvo la misma posición en las listas de *Billboard* de Estados Unidos durante dos semanas a partir del 2 de febrero de 1985, confirmando la posición de Foreigner como maestros de la balada rock.

A pesar de las numerosas sagas plenas de enfrentamientos, proyectos en solitario, disoluciones y reorganizaciones, continúan conmoviéndonos en la actualidad.
Melissa Blease

Rol Artistas de grabaciones

Fecha 2 de febrero de 1985

Nacionalidad Reino Unido/Estados Unidos

Por qué es clave Una prolífica banda de rock, pioneros de la balada rock.

Acontecimiento clave
Live Aid

Aunque el disco «Do They know It's Christmas» fue el single de mayor venta en la historia de las listas del Reino Unido, asombrosamente resultó ser un preámbulo a la siguiente fase de la misión de Bob Geldof y Midge Ure por salvar a Etiopía de la hambruna. El 13 de julio de 1985, la pareja tuvo la idea de que las estrellas del rock trabajaran gratis para ayudar a aquellos incapaces de ayudarse a sí mismos con Live Aid: conciertos maratonianos simultáneos plagados de estrellas para recaudar fondos en los estadios de Wembley en Londres y en el JFK de Filadelfia.

Geldof suplicó e intimidó a casi todas las grandes estrellas del rock, incluyendo a David Bowie, Bob Dylan, Paul McCartney, U2, Elton John y Mick Jagger, para que se unieran a sus compatriotas de Band Aid en un concierto de un día de duración y televisado globalmente con una audiencia de 1.500 millones. The Who y Led Zeppelin volvieron a reunirse

para este espectáculo. El concierto empezó, debido a la insistencia de Geldof, con el «Rockin' All Over The World» de Status Quo, y no es precisamente recordado por tener actuaciones estelares. El que cada artista dispusiera de 15 minutos antes de que el destello de una luz le indicara que debía abandonar el escenario hizo que el espectáculo pareciera una sesión de desinfección de ovejas en cadena. Sin embargo, el sol brillaba, la causa era buena y por lo menos Queen hizo una actuación digna. La actuación caótica de Dylan en Filadelfia fue vergonzosa, pero el final en Wembley con docenas de estrellas juntas en el escenario resultó totalmente conmovedor.

Por supuesto, las consideraciones estéticas nunca fueron tema de debate. Live Aid recaudó más de 70 millones de dólares para víveres de emergencia y para proyectos de desarrollo a largo plazo en el Tercer Mundo.
Johnny Black

Fecha 13 de julio de 1985

Nacionalidad Reino Unido/Estados Unidos

Por qué es clave Un grupo de roqueros demagogos provocan la vergüenza de los gobiernos mundiales al recaudar millones contra el hambre en África.

Pág. anterior Live Aid.

Álbum clave *Be Yourself Tonight*
Eurythmics

La vocalista Annie Lennox y el guitarrista-teclista Dave Stewart habían grabado tres álbumes como Eurythmics antes de *Be Yourself Tonight*. Después del fracaso de su primer álbum *In The Garden* (1981), al enorme éxito de *Sweet Dreams (Are Made Of This)* (1983) y *Touch* (1983) le seguiría la banda sonora *1984 (For The Love Of Big Brother)*, un álbum más problemático debido a los desacuerdos con los productores de la adaptación al cine de la obra de Orwell.

Con *Be Yourself Tonight*, Lennox y Stewart se apartaron de la electrónica pura de sus primeros trabajos para lograr un sonido más basado en una banda. Grabado en París, prescindía de sus asombrosos aunque glaciales paisajes sonoros para adentrarse en sonidos más cálidos a partir de instrumentos tradicionales, incluyendo un excelente trabajo de guitarra de Stewart, al igual que los metales, bajos y batería. El álbum, que entró en las listas de álbumes del Reino Unido el 11 de mayo de 1985, también afianzó el ascenso de Eurythmics a la realeza del pop, colaborando con apreciados músicos entre los que se encontraban Elvis Costello, Aretha Franklin, Stevie Wonder y miembros de los Heartbreakers de Tom Petty.

Fue la milagrosa actuación a la armónica de Wonder la que apuntaló el destacado tema (y primer número uno de Eurythmics en el Reino Unido) «There Must Be An Angel (Playing With My Heart)». Franklin y Lennox cantaron a dúo la alegre y feminista «Sisters Are Doin' It For Themselves». «It's Alright (Baby's Coming Back)» y «Better To Have Lost In Love (Than Never To Have Loved At All)» fueron baladas maravillosas, mientras que «Would I Lie To You» era de un desprecio brutal.

Con *Be Yourself Tonight*, Eurythmics demostró que eran más que unos grandes creadores de singles y que hacían algo más que juguetear con la tecnología.
Hugh Barker

Fecha de lanzamiento Abril de 1985

Nacionalidad Reino Unido

Lista de temas Would I Lie To You?, There Must Be An Angel (Playing With My Heart), I Love You Like A Ball And Chain, Sisters Are Doin' It For Themselves, Conditioned Soul, Adrian, It's Alright (Baby's Coming Back), Here Comes That Sinking Feeling, Better To Have Lost In Love (Than Never To Have Loved At All)

Por qué es clave Acercamiento del synth pop al rock.

Página siguiente **The Eurythmics.**

Acontecimiento clave
Farm Aid

Convertida en una tradición desde hace dos décadas, los conciertos de Farm Aid tuvieron uno de los inicios más insospechados: un comentario espontáneo de Bob Dylan durante su concierto de 1985 contra el hambre en Etiopía, Live Aid. Dylan utilizó su escenario acústico con Keith Richards y Ronnie Wood de The Rolling Stones para preguntar si los organizadores podían reservar «uno o dos millones, quizás» de los beneficios de Live Aid para ayudar a los agricultores estadounidenses.

Algunos encontraron estos comentarios inadecuados. Aunque el problema de las granjas familiares forzadas al cierre debido a la creciente mecanización de la agricultura era un tema de debate en la época en su país natal, para muchos no tenía comparación con la gente que moría de hambre en África. Sin embargo, los comentarios de Dylan llegaron a sus colegas musicales, las estrellas John Mellencamp, Willie Nelson y Neil Young, quienes organizaron el espectáculo benéfico Farm Aid el 22 de septiembre de 1985 en Champaign, Illinois.

Al igual que Live Aid, el formato contaba con una alineación de estrellas, que iban desde el country (Alabama), al pop clásico de la década de 1960 (The Beach Boys), pasando por el folk (Arlo Guthrie), el rock alternativo (Lou Reed, X) y el heavy metal (Sammy Hagar).

Como resultado de Farm Aid lograron declarar frente al Congreso de Estados Unidos y obtuvieron una legislación más beneficiosa para los granjeros. Hoy en día, los conciertos continúan siendo su baza más fuerte, pero Farm Aid también se ha convertido en un grupo de apoyo; Mellencamp, Nelson y Young aún forman parte de su junta directiva y en los últimos años Dave Matthews se ha unido a ellos, reforzando nuevamente la idea de que la caridad debe comenzar en casa.
Ralph Heibutzki

Fecha 22 de septiembre de 1985

País Estados Unidos

Por qué es clave Dio nueva vida a la idea de que la caridad debe comenzar en casa.

Grupo clave
Stryper

Stryper –o Salvation Through Redemption Yielding Peace, Encouragement, (and) Righteousness, (Salvación a través de la redención [que] produce paz, ánimo [y] rectitud)– se constituyó en Orange County, California, en 1983, cuando los hermanos Michael (vocalista, guitarra) y Robert Sweet (batería) pidieron a Oz Fox (guitarra) y a Tim Gaines (bajo) que se unieran a su banda de hard rock cristiano.

A pesar de la contradicción obvia entre la asociación histórica del heavy metal con los temas ocultos y satánicos y el mensaje y las creencias cristianas de Stryper, el primer lanzamiento del grupo, *Soldiers Under Command* (1985), vendió medio millón de copias. El siguiente álbum de Stryper, *To Hell With The Devil* (1986), se vendió aún mejor y logró un disco de platino.

Aunque las baladas sentimentales de Stryper –incluyendo la comercialmente exitosa y relativamente bien recibida por la crítica, «Honestly»– junto con sus solos de guitarra pop metal se asemejan más bien a Poison, Bon Jovi o Ratt, nunca tuvieron el elemento «peligroso» que era de esperar del género en el que tocaban. Stryper era la banda que los padres esperaban que escucharan sus hijos. Como reacción, Stryper lanzó el controvertido *Against The Law* (1990), enterrando su imagen glam y sustituyéndola por unos pantalones de piel negra más tradicionalmente metal. Sus seguidores de toda la vida quedaron desconcertados por su cristianismo menos explícito, pues preferían a los Stryper que lanzaban biblias a las multitudes en sus conciertos, incluso si el álbum incluía el tema contra el sexo ocasional «Not That Kind Of Guy».

Después de este disco, Stryper nunca volvió a encontrar su equilibrio. Poco después, el nuevo sonido grunge de Seattle los desplazó, y se han reunido únicamente de forma esporádica desde entonces.
Sara Farr

Rol Artistas de grabaciones

Fecha 15 de mayo de 1985

Nacionalidad Estados Unidos

Por qué es clave
Una de las anomalías más extrañas en el mundo del heavy metal.

578

Canción clave **«Everybody Wants to Rule The World»** Tears For Fears

«Everybody Wants To Rule The World» logró abarcar lo nuevo y lo viejo. En el estilo de Tears For Fears se escondía una musicalidad que se remontaba a la época dorada del pop, por lo que los valores tradicionales en la escritura de canciones los distanciaba de algunos de sus coetáneos más artificiosos. Demostraron que el synth pop no tenía por qué sonar únicamente como un golpeteo metálico, sino que podía llegar mucho más alto.

Coescrita por Roland Orzabal y cantada por su otra mitad en Tears For Fears, Curt Smith, el tema estaba incluido en su segundo álbum de gran éxito *Songs From The Big Chair* (1985). Con su memorable y boyante coro de un solo verso «Everybody Wants To Rule The World», se convirtió en el éxito emblemático del grupo, en particular debido a su vídeo, en el que Smith conducía un antiguo coche deportivo en el valle Coachella del sur de California. La letra, que trata claramente sobre control por parte de las empresas y los medios, no fue obstáculo para su éxito comercial. Aunque «tan sólo» llegó al número dos en las listas del Reino Unido detrás del single benéfico de USA For Africa, llegó al número uno en las listas de *Billboard* el 8 de junio de 1985. Se incluyó en la película de Val Kilmer *Real Genius* (*Escuela de genios*) en 1985, y posteriormente apareció en las películas *Peter's Friends* (*Los amigos de Peter*, 1992), *Felix The Cat* (*El gato Félix: La película*, 1991) y *Click* (2006), así como en varias producciones televisivas.

La canción se rebautizó como «Everybody Wants To Run The World» en 1986 con motivo de la cruzada benéfica de Sport Aids «Race Against Time». Su empleo se inspiró a causa del desacuerdo de la banda por la frecuente aparición de Bob Geldof en Live Aid, pero también fue un testimonio de la permanencia de la canción en la imaginación del público.
Alex Ogg

Fecha de lanzamiento
Marzo 1985

Nacionalidad Reino Unido

Compositores Roland Orzabal, Ian Stanley, Christopher Hughes

Por qué es clave
La canción que demostró que el sintetizador no siempre es sinónimo de sonido metálico.

Álbum clave *Brothers In Arms*
Dire Straits

Brothers in Arms, lanzado el 1 de mayo de 1985, fue el quinto álbum de estudio de Dire Straits y la grabación de mayor venta de sus carreras. Con una plantilla formada por el guitarrista y cantante Mark Knopfler, el bajista John Illsley, los teclistas Alan Clark y Guy Fletcher y el batería Omar Hakim, el álbum destacaba en varios frentes. Musicalmente, aportaba una experiencia auditiva muy gratificante, reforzada por los fluidos acordes de guitarra de Knopfler (en la melancólica «So Far Away», el efecto es absolutamente hipnótico) y sus sabias letras, que tocan las fibras de nuestra conciencia.

Abundan las melodías llamativas, desde el alegre pastiche a lo Bruce Springsteen «Walk Of Life», hasta el inquietante tema del título, una meditación conmovedora sobre la inutilidad de la guerra (una de las cuatro canciones que comparten tema). El tema más famoso del álbum es el satírico «Money For Nothing» cuyo vídeo promocional es tema de otro artículo en este libro. Mientras que la canción tenía por objeto abastecer de música a un nuevo medio (o al menos darle un nuevo uso), la totalidad del álbum se dirigía a un formato aún más novedoso. Fue famoso por ser uno de los primeros álbumes grabados con el formato de mayor duración en CD. Dado que el tiempo de grabación en el CD era de 54 minutos, la versión en vinilo se presentó con versiones ligeramente más cortas. El nuevo formato demostró ser el ganador. *Brothers In Arms* es el primer CD en vender un millón de copias.

Tierney Smith

Fecha de lanzamiento
1 de mayo de 1985

Nacionalidad Reino Unido

Lista de temas
So Far Away, Money For Nothing, Walk Of Life, Your Latest Trick, Why Worry, Ride Across The River, The Man's Too Strong, One World, Brothers in Arms

Por qué es clave
El álbum que realmente fue concebido para la era de los CD.

1980-1989

579

Canción clave **«Sun City»**
Artists United Against Apartheid

A mediados de la década de 1980, resurgió el interés por los temas tópicos de la música popular, al menos si se trataba de grabaciones con fines benéficos. La espoleta de esta tendencia la puso, por supuesto, el «Do They Know It's Christmas?» de los británicos Band Aid, seguido por la empresa estadounidense de estrellas «We Are The World» a comienzos de 1985. Más tarde, ese mismo año llegarían Live Aid y Farm Aid.

Todos estos esfuerzos tenían la intención principal de recaudar dinero por una buena causa. El single benéfico «Sun City», de Little Steven, también conocido como el guitarrista-cantante Steven Van Zandt, que había pertenecido a la E Street Band de Bruce Springsteen, y el productor Arthur Baker, al tiempo que tenía la intención de recaudar fondos, era diferente porque quería pronunciarse políticamente. Sun City era un complejo hotelero en Sudáfrica que atraía a los artistas internacionales, pero que también suscitaba controversia debido a que muchos pensaban que actuar allí era sinónimo de dar apoyo al *apartheid* en el país. La canción de Van Zandt resolvía la preocupación directamente con su coro, «I ain't gonna play Sun City» (No voy a tocar en Sun City) y el nombre elegido por el grupo que lo grabó, Artists United Against Apartheid (Artistas unidos contra el *apartheid*) era igualmente explícito.

Van Zandt y Baker consiguieron atraer a 49 artistas, entre ellos Springsteen, Bob Dylan, Bono, Peter Gabriel, Jackson Browne, Keith Richards y Pete Townshend. El disco se publicó en Estados Unidos el 25 de octubre de 1985, y aunque su mensaje político limitó su difusión, consiguió llegar a los Top 40 tanto allí como en el Reino Unido.

William Ruhlmann

Fecha de lanzamiento
25 de octubre de 1985

Nacionalidad Estados Unidos/Reino Unido

Compositor Steven Van Zandt

Por qué es clave Demostró que la música popular aún podía utilizarse para realizar una declaración política abierta.

Actuación clave «**Money For Nothing**»
vídeo musical

El líder de los Dire Straits, Mark Knopfler, ha descrito el irreverente single de 1985 «Money For nothing» como basado en un hecho de la vida real. Después de oír por casualidad a un empleado de una tienda de electrodomésticos denigrando a los músicos superficiales que lograban grandes ganancias con aparentemente poco esfuerzo en el canal de vídeos musicales de MTV, Knopfler compuso la canción allí mismo empleando algunas de las expresiones tajantes del trabajador.

Naturalmente, y como ya era habitual en ese momento, el single requirió un vídeo promocional de gran presupuesto. El vídeo en sí mismo era muy novedoso, ya que estaba elaborado con imágenes de animación por ordenador en 3D. Dirigido por Steve Barron, también mostraba porciones de conciertos de la banda y un personaje fornido que observaba las imágenes de MTV con disgusto mientras él y sus compañeros cargaban los electrodomésticos. La canción se convertiría en el single de mayor éxito en Estados Unidos –llegó al número uno el 21 de septiembre de 1985– y ganó un Grammy al mejor vídeo ese mismo año.

El único hecho más irónico que el enorme impulso que supuso el vídeo para la carrera de Dire Straits fue que la cadena de televisión por cable adoptara la canción como himno. Su lema «I want my MTV» cantado por Sting, fue adoptado por MTV para su campaña promocional, aparentemente ajena al hecho de que «Money For Nothing» se burlaba del mismo hecho de lograr el estrellato más a través de un vídeo que de la música que tenía la intención de promocionar, un proceso que MTV, intencionadamente o no, se había esforzado en lograr.

Tierney Smith

Fecha 21 de septiembre de 1985

Nacionalidad Reino Unido

Director Steve Barron

Por qué es clave El vídeo pop que se convierte en una referencia en sí mismo.

Pág. anterior **Mark Knopfler**.

Espectáculo clave *Les misérables*
teatro musical

Al ser el primer musical europeo cuyo autor no era Andrew Lloyd Webber, *Les misérables* virtualmente codificó el género. El fervorosamente sincero letrista francés Alan Boublil y el compositor Claude-Michel Schöenberg estaban interesados en el drama humano de la extensa obra de Victor Hugo y en el entrelazamiento de sus argumentos más que en el montaje. Jean Valjean se encuentra en el centro de la trama, escapando del inspector Javert, a la vez que hace honor a su promesa a la desventurada prostituta Fantine de criar a su hija Cosette como si fuese la suya propia, y todo ello con el volátil telón de fondo de una revolución a escala nacional. Con sus colaboradores en lengua inglesa, los codirectores y adaptadores Trevor Nunn y John Caird y el letrista Herbert Kretzmer, Boublil y Schöenberg llevaron la dolorosamente apasionada y grandiosa ópera al teatro musical. Se trataba de una buena adaptación a la obra y su experimentación con un nuevo lenguaje, auténticamente valeroso, era todo un reto.

Y aun así, el planteamiento continuamente cantado, sin diálogos hablados, a menudo rimbombante, cercano al melodrama, sin mensaje ni sutileza, de ámbito limitado, y que obvia décadas de experiencia de teatro musical más maduro, se convirtió posteriormente en una firma de estilo propio y falso modelo que, de ser emulado, conduciría a un fracaso estrepitoso. Es posible entender la tentación de replicar números como «I Dreamed A Dream», «Bring Him Home» y «When Tomorrow Comes», pero no se evidenció hasta mucho más tarde que, a pesar de su fenomenal éxito, *Les misérables* no aportó ninguna innovación que perdurase en el futuro, sino que sólo fue una dorada casualidad que confluyeran los elementos adecuados en un momento dado.

David Spencer

Estreno 8 de octubre de 1985

País Francia/Reino Unido

Directores Trevor Nunn, John Caird

Reparto Colm Wilkinson, Roger Allam, Patti LuPone

Compositores Claude-Michel Schöenberg, Alain Boublil, Herbert Kretzmer

Por qué es clave Un musical maravilloso pero involuntariamente dañino.

Álbum clave *Heart*
Heart

Después de sus primeros éxitos como grupo de hard rock con temas como «Crazy On You» y «Magic Man», Heart sufrió un período de estancamiento a comienzos de la década de 1980. La música heavy estaba cambiando, tomando como referencia el pop, y las hermanas Ann y Nancy Wilson –corazón, si puede decirse, del grupo (*heart* es «corazón» en inglés)– se enfrentaron al peligro de ser consideradas irrelevantes. Con el lanzamiento de su álbum epónimo el 6 de julio de 1985, se reinventaron y restablecieron a sí mismas.

El primer single de *Heart* , «What About Love?», dejó claro que la banda había relevado su antiguo sonido característico por algo más brillante. Este concepto quedó reforzado por los siguientes singles del álbum, incluyendo «These Dreams» escrito por Bernie Taupin y Martin Page, y originalmente ofrecido a Stevie Nicks; «Never», uno de los temas más roqueros del álbum; y «Nothin' At All», sobre un hombre del que es fácil enamorarse. Astutamente, a pesar de la renovación y el pulido diseñado para atraer a una nueva generación, el nuevo material era suficientemente estridente como para gustar a los admiradores de los primeros trabajos de Heart. El que estas mujeres también estuviesen bendecidas con miradas fotogénicas en una época en la que MTV ocupaba un lugar preponderante también supuso una gran ayuda, y no dudaron en capitalizar su aspecto de vampiresas, mostrando sus labios brillantes y escotes profundos en los nuevos vídeos.

Las hermanas Wilson habían realizado una jugada que les reportó un gran beneficio de muchas maneras. Heart estuvo 92 semanas en las listas de Estados Unidos.
Sara Farr

Fecha de lanzamiento
6 de julio de 1985

Nacionalidad Estados Unidos

Lista de temas
If Looks Could Kill, What About Love?, Never, These Dreams, The Wolf, All Eyes, Nobody Home, Nothin' At All, What He Don't Know, Shell Shock

Por qué es clave El álbum con el que una banda pasó del hard rock al hard pop.

582

Acontecimiento clave
Dead Kennedys a juicio

En abril de 1986, los abogados de la acusación formularon cargos contra la banda Dead Kennedys y su discográfica, Alternative Tentacles, por distribuir material pernicioso a menores. Los cargos se basaban en un póster con nueve penes en plena cópula del artista suizo H. R.Giger incluido en su último álbum, *Frankenchrist* (1985).

La obra de arte fue censurada por la Parents Music Resource Center, fundada el año anterior por Tipper Gore, quien con 37 años y casada con el político liberal Al Gore, no parecía ser una defensora obvia de la censura. La franqueza sobre la irreverencia en el rock de Dead Kennedys ya había obligado a marcar sus álbumes como de contenido «ofensivo». Irónicamente, la banda –roqueros punk intensos y humanitarios, principalmente conocidos por su soberbio single antimilitarista de 1980 «Holiday in Cambodia»– ya había decidido separarse, aunque no emitieron un anuncio oficial hasta diciembre de 1986.

Mientras se llevaban a cabo los trámites preliminares al juicio, se retiraron los cargos contra dos distribuidoras y el dueño de la empresa fabricante de los discos por falta de evidencias. Tras estas acciones, Jello Biafra y el gerente de la discográfica Michael Bonnano fueron a juicio en agosto de 1987, donde el jurado votó 7-5 a favor de absolverlos. La corte rápidamente denegó las mociones para un nuevo juicio, acción que salvó a todos los implicados del riesgo de multas o encarcelamiento.

Sin embargo, los defensores tuvieron que hacerse cargo de las enormes costas legales. Un resentido líder de Dead Kennedys, Jello Biafra, afirmaría en una confrontación televisiva con Gore: «Te acuso de intentar destruirmi carrera y de arruinar mi derecho a ganarme la vida».
Ralph Heibutzki

Fecha Abril de 1986

País Estados Unidos

Por qué es clave Demostró que el rock aún tenía enemigos, incluso entre aquellos que nacieron en la década de 1960 y se criaron con él.

Pág. siguiente **Jello Biafra**.

Personaje clave
Nana Mouskouri

Cuando Nana Mouskouri cosechó un enorme éxito internacional en 1986, lo sorprendente fue que no hubiera ocurrido años antes. Mouskouri había comenzado su carrera cantando jazz en el Zaki Club de Atenas en 1957. Dos años después, la chica de aspecto intelectual con sus gafas de montura gruesa a lo Buddy Holly ganó el Festival de la Canción Griega. Al llegar 1962, ya gozaba de éxito internacional, y había llegado a lo más alto de las listas de singles alemanas con «White Roses From Athens», que atrajo la atención del joven productor musical Quincy Jones, quien la invitó a Nueva York para grabar su primer álbum en lengua inglesa, *The Girl From Greece Sings*. Con el mundo a sus pies, grabó en varios idiomas. En el año 1963, representó a Luxemburgo en el Festival de la Canción de Eurovisión.

Las entradas para sus conciertos siempre se agotaban y sus álbumes tenían el suficiente éxito internacional como para asegurarle una fructuosa serie de televisión en la BBC en la década de 1970. Al finalizar esa década, Mouskouri fue declarada «la voz más querida» en Francia, su hogar adoptivo desde 1963. Para poner el broche final, únicamente necesitó un single simbólico en lengua inglesa: «Only Love» entró en las listas del Reino Unido el 11 de enero de 1986 y llegó hasta el número dos.

Puede que Mouskouri no fuera el prototipo de megaestrella al que estamos acostumbrados, pero con más de 300 millones de discos vendidos, se encuentra en el mismo club exclusivo al que pertenecen Madonna, Michael Jackson y The Beatles.
Gavin Michie

Rol Artista de grabaciones

Fecha 11 de enero de 1986

Nacionalidad Grecia

Por qué es clave La personificación del pop griego finalmente se lleva una buena tajada del enorme mercado internacional a su país natal.

584

Álbum clave *Graceland*
Paul Simon

A mediados de la década de 1980, la carrera de Paul Simon iba a la deriva. Por supuesto, la reunión de Simon y Garfunkel en su *Concert In Central Park* (1981) llenó temporalmente sus arcas, pero después del fracaso comercial de *Hearts And Bones* (1983), Simon se dio cuenta de que su receta de soft rock estaba caducada. Entonces escuchó una recopilación de canciones de inmigrantes sudafricanos titulada *Gumboots: Accordion Jive Hits No. 2* y redescubrió a su musa en sus sincopados ritmos mbaqanga Simon.

Después de un viaje cultural de las Naciones Unidas para romper el boicot a Sudáfrica para tocar y grabar con la flor y nata de la música negra del país, produjo su innovadora fusión de folk rock estadounidense y ritmos tradicionales sudafricanos, *Graceland*, el 12 de agosto de 1986. Las colaboraciones con el coarreglista Ray Phiri (guitarra) y las reinas de la canción a *cappella* Ladysmith Black Mambazo resultó ser una panacea creativa. En la *iscathamiya* («caminar suavemente de puntillas») celestial de estas vocalistas, Simon encontró la inspiración para cambiar su estilo rígido y experimentar con observaciones asociativas libres sobre el mundo moderno con cancioncillas pop pegadizas como «Diamonds On The Soles Of Her Shoes», «The Boy In The Bubble» y el éxito transatlántico «You Can Call Me Al».

¿Se trató *Graceland,* como algunos críticos afirman, de una mera forma de explotación cultural? Únicamente si se ignora la generosa paga que Simon dio a los músicos con los que colaboró y el gran interés en la música sudafricana que despertó en el mundo, con todos los beneficios financieros que ello supuso.
Miles Keylock

Fecha de lanzamiento Agosto de 1986

Nacionalidad Estados Unidos

Lista de temas The Boy In The Bubble, Graceland, I Know What I Know, Gumboots, Diamonds On The Soles Of Her Shoes, You Can Call Me Al, Under African Skies, Homeless, Crazy Love Vol II, That Was Your Mother, All Around The World Or The Myth Of Fingerprints

Por qué es clave Introdujo a las audiencias occidentales en la riqueza de la música sudafricana.

Personaje clave
Alex Chilton

Alex Chilton disfrutó de una carrera a la inversa. Comenzó con un single número uno y luego se sumió en el olvido antes de remontar el vuelo hacia el éxito.

Como adolescente, Chilton había logrado el mayor éxito en su carrera con su primera sesión de grabación con su banda The Box Tops. En 1967, su apasionada declaración de amor «The Letter» –notable por la desesperada articulación de la frase «Get me a ticket on an aeroplane! (¡Consígueme un billete de avión!)– llegó a lo más alto en las listas estadounidenses. Pero a pesar de un par de éxitos menores, la banda se separó a finales de la década. Chilton formó entonces Big Star, pioneros del power-pop, que lanzaron tres álbumes de gran consideración, escritos principalmente por Chilton. Debido a una serie de circunstancias, ninguno de ellos se vendió bien, y Chilton se alejó gradualmente de la industria musical. Llegó a trabajar como friegaplatos en Nueva Orleans y en 1984 intentó volver a la senda musical. Para entonces, una serie de músicos jóvenes habían comenzado a considerar a Chilton y a Big Star como influyentes en su música. La banda femenina de California, The Bangles incluyó «September Gurls», una gloriosa y resonante canción escrita por Chilton en sus días de Big Star, en su álbum *Different Light*, lanzado en enero de 1986 y que alcanzó el número dos en la lista de álbumes estadounidense.

Con su nombre una vez más en circulación, Chilton continúa publicando álbumes en solitario de manera esporádica, y aparece ocasionalmente en público con Big Star, que se reunió en 1993.
Rob Jovanovic

Rol Artista de grabaciones

Fecha Enero de 1986

Nacionalidad Estados Unidos

Por qué es clave
Una leyenda que finalmente dejó huella gracias a que otros versionaron su mejor canción.

Personaje clave
Steve Winwood

Steve Winwood es un músico ecléctico. Su público le ha visto dominar una amplia variedad de estilos musicales y muestra de ello es que sus habilidades al teclado han sido empleadas por grupos y artistas tan diversos como Jimi Hendrix o Howlin'Wolf, superestrellas del reggae como Toots and the Maytals, y en 2006, Christina Aguilera.

A los 17 años era ya un cantante de soul soberbio, de ojos azules y prodigioso talento, además de organista con los británicos del R&B, The Spencer Davis Group, que llegaron a lo más alto de las listas de singles en el Reino Unido con «Keep On Running» y «Somebody Help Me». Fue cuestión de tiempo que sobrepasara a sus colegas y en abril de 1967 los abandonó para formar el grupo de pop psicodélico Traffic, que fueron conocidos por «Paper Sun» y «Hole In My Shoe», en la que predominaba el sonido de una cítara, antes de desaparecer. Winwood participó en bandas como Blind Faith y Ginger Baker's Airforce antes de que Traffic se reuniera para grabar álbumes como *John Barleycorn Must Die* (1970), en el que era evidente su madurez musical así como su confiada síntesis de elementos del jazz, folk y R&B.

En 1977, Winwood lanzó su primer álbum en solitario, que, en el pleno auge del punk, los Young Turk de la prensa musical británica lo consideraron como los desvaríos de otra irrelevante y aburrida vieja gloria (aún no había cumplido los treinta en esa época). Encontró mayor aceptación en Estados Unidos, donde su exuberante tema synth-pop «Higher Love» llegó hasta el número uno el 30 de agosto de 1986 –un hecho que repitió dos años después con el álbum *Roll With it* y su single titular.
David Wells

Rol Artista de grabaciones

Fecha 30 de agosto de 1986

Nacionalidad Reino Unido

Por qué es clave
Un artista que se reinventa a sí mismo regularmente y a la perfección según van cambiando los tiempos en la música.

Álbum clave *Slippery When Wet*
Bon Jovi

Antes de que Van Halen lanzase *1984*, los teclados estaban absolutamente prohibidos en el metal, pero después de que «Jump» allanara el camino para que este estilo de música fuese más amplio y se renovase, Bon Jovi –otro grupo de chicos con largas melenas de la clase obrera de Nueva Jersey– llevó el hair metal a nuevas alturas con el lanzamiento de su tercer álbum, *Slippery When Wet*, hasta la fecha el sexto álbum hard rock/heavy metal de mayor venta en la historia.

Un tema tras otro fueron aterrizando en los Top 10 de Estados Unidos: el stonesco «You Give Love A Bad Name», el himno de esperanza proletaria «Livin' On A Prayer» (ambos números uno), la canción de los bandidos «Wanted Dead Or Alive», y la sensible balada «Never Say Goodbye». Con *Slippery When Wet*, Bon Jovi se convirtió en la primera banda de hard rock en lograr simultáneamente el número uno en las listas de singles y de álbumes, y los primeros en lograr tres éxitos Top 10 consecutivos (cinco canciones de su siguiente álbum de 1988, *New Jersey*, llegarían a las listas).

Con su trabajo junto al letrista Desmond Child, Bon Jovi conservó su sencilla fórmula ganadora –grandes temas con gancho, melodías directas, que permitían acompañarles a los coros, y solos de guitarra rock. Mientras que Van Halen eran más atractivos para los jóvenes, Bon Jovi gustaba a las chicas: el cantante Jon Bon Jovi era insólitamente atractivo. Las canciones de Bon Jovi conformaron la banda sonora de los adolescentes que crecían en las antiguas ciudades industriales, como lo fue John Mellencamp para los chicos de las poblaciones rurales en la región central de Estados Unidos.
Sara Farr

Fecha de lanzamiento
18 de agosto de 1986

Nacionalidad Estados Unidos

Lista de temas Let It Rock, You Give Love A Bad Name, Livin' On A Prayer, Social Disease, Wanted Dead Or Alive, Raise Your Hands, Without Love, I'd Die For You, Never Say Goodbye, Wild In The Streets

Por qué es clave Demostró que una banda de heavy metal podía hacer buena música.

Pág. anterior Bon Jovi.

587

Acontecimiento clave **El Salón de la Fama del Rock And Roll abre sus puertas**

El 23 de enero de 1986, el Salón de la Fama del Rock And Roll (Rock And Roll Hall Of Fame) –uno de cuyos fundadores fue el presidente de Atlantic Records, Ahmet Ertegun, y que se situó en la bahía de North Coast en Cleveland– comenzó a consagrar a algunos de los artistas más influyentes del rock.

La idea de que esta rebelde y antiautoritaria forma de expresión musical debería consagrarse en un museo resulta controvertida para algunos. Pero no ha sido el único desacuerdo en la historia de esta institución. Abundan las acusaciones de esnobismo; la exclusión de algunos artistas parece basada en otras razones distintas a la falta de mérito musical. (¿Neil Diamond es demasiado cursi?) Entonces sólo queda la cuestión de quién debe participar (el último bajista de los Ramones, C. J., no fue invitado a la admisión de esa banda en 2002).

En la parte positiva, la exposición, ya sea el uniforme de niño explorador de Jim Morrison, o la letra manuscrita de «School Days» de Chuck Berry, resulta en general fascinante, y el evento que se celebra en el Grand Ballroom del Waldorf-Astoria siempre ha sido una gran fiesta, comenzando con ese primer año que fue testigo de la inclusión de los primeros fundadores del rock 'n' roll en la década de 1950, incluyendo a Chuck Berry, Little Richard, Elvis Presley y Jerry Lee Lewis.

También contribuyen a la diversión ocasionales momentos dramáticos: en 2006, los Sex Pistols boicotearon su admisión y John Lydon rechazó con desprecio la invitación calificando al Salón del Rock como una «mancha de orina», en una nota leída en voz alta por el vicepresidente Jann Wenner –aunque fue difícil saber si lo que le molestó fue el hedor corporativo o el hecho de que los Sex Pistols hubieran sido rechazados tres años antes.
Tierney Smith

Fecha 23 de enero de 1986

País Estados Unidos

Por qué es clave El rock 'n' roll crea su propio santuario.

Canción clave **«Stand By Me»**
Ben E. King

Quizás fue la nostalgia, quizás el reflejo de ranciedad en la escena del pop comercial, o quizás un símbolo del creciente poder de los medios, pero a mediados de la década de 1980 más y más viejos éxitos musicales recibían una segunda vida al usarse en bandas sonoras y anuncios comerciales.

En 1961, el una vez vagabundo Ben E. King llevó a Jerry Leiber un fragmento de una canción con un cierto toque eclesial. Al no ser escritor, no conseguía pasar de los cuatro o cinco acordes y aceptó con alegría la oferta de Leiber de terminarla juntos. El compañero musical de Leiber, Mike Stoller, contribuyó escribiendo lo que Leiber describiría como la «guinda» del tema, su memorable ritmo de fondo. El resultado fue una canción de amor que tenía el aire de súplica de un número de góspel. Llegó al número cuatro de Estados Unidos en 1961.

En una época en la que la caducidad de los artistas, a excepción de Elvis, era de unos cuantos años, la idea de que el mismo disco volviese a ser un éxito un cuarto de siglo después habría sido absurda, pero el 1 de noviembre de 1986, «Stand By Me» volvió a entrar en los Top 40 estadounidenses y llegó al número nueve en el Reino Unido –donde apenas había llegado a los Top 30 en 1961–, además de recibir un impulso adicional por formar parte de un anuncio comercial en televisión para Levi's debido al cual llegó al número uno a comienzos de 1987.

Richie Unterberger

Fecha de entrada en las listas de éxito de Estados Unidos 1 de noviembre de 1986

Nacionalidad Estados Unidos

Compositores Ben E. King, Jerry Leiber, Mike Stoller

Por qué es clave Un destacado ejemplo del fenómeno de las canciones que vuelven a la popularidad gracias a otros medios.

Pág. siguiente Ben E. King.

588

Espectáculo clave **«Addicted To Love»**
vídeo musical

Todos creen saber por qué los cantantes masculinos emplean chicas sexis para acompañar los coros vocales en las representaciones. Durante mucho tiempo persistió la broma en el mundo musical, por ejemplo, de que las cantantes que acompañaban a Ray Charles se denominaban The Raelettes por aquello de «si quieres ser una Raelette, debes dejar a Ray». Robert Palmer se convirtió entonces en la envidia de cualquier hombre que lo veía actuar en su vídeo musical del single «Addicted To Love» con cinco de las modelos más sexys y con las mejores piernas del momento.

Lo que los espectadores desconocían originalmente, es que Palmer ni siquiera había llegado a conocer a esas mujeres. El director del vídeo, el fotógrafo de moda Terence Donovan, había filmado a Palmer cantando solo en el escenario contra una pantalla azul. «Lo terminé en veinte minutos», explicaría Palmer más tarde. «Poco después, recibí una copia del vídeo por correo.» Para su asombro, Donovan había utilizado la más novedosa tecnología de sobreposición de imágenes para añadir al quinteto tocando los instrumentos con sus estrechos minivestidos negros una vez que él se hubo marchado. Sorprendido y sin duda decepcionado por lo que se había perdido, Palmer apreció, no obstante, que el vídeo de Donovan era de una indudable genialidad comercial y, con toda seguridad, le ayudaría a ascender de figura a estrella, cuando el tema llegara al número uno de Estados Unidos el 3 de mayo de 1986.

El vídeo ha sido frecuentemente parodiado desde entonces, y uno prácticamente idéntico, invirtiendo los roles de género, ayudó a Shania Twain con su «Man! I Feel Like A Woman» a convertirse en el número cinco transatlántico en 1999.

Johnny Black

Fecha 3 de mayo de 1986

Nacionalidad Reino Unido

Director Terence Donovan

Por qué es clave Mostró cómo la nueva tecnología de vídeo podía transformar una actuación básica en una sensación.

Espectáculo clave **«Open Your Heart»** vídeo musical

El vídeo promocional de «Open Your Heart», el tercer single del álbum de Madonna *True Blue* lanzado el 12 de noviembre de 1986 enfrenta al espectador con una serie de contradicciones.

Un chico joven, inocente y de rostro infantil intenta entrar en un sórdido espectáculo pornográfico. La canción está empapada de desesperación, aunque le dan un toque de optimismo sus poderosos y apasionados acordes. Una Madonna de mirada perdida baila para unos clientes emanando desprecio y desdén de cada uno de sus aburridos movimientos. El mensaje del vídeo se centra en fustigar a aquellos que la consideran sólo por su cuerpo, incluso aunque les parezca atractiva a pesar de su obscenidad (cuando Madonna se inclina, el traje se asemeja peligrosamente a una correa). No obstante, todo el tema es una contradicción que refleja completamente la perenne determinación de Madonna de utilizar su sexualidad para avanzar en su carrera, aunque al mismo tiempo insiste en que ella es algo más que una mujer objeto.

Pero como siempre, la historia no acaba aquí. El espectáculo termina; Madonna encuentra al chico disfrutando no de su lascivia, sino de unos maravillosos movimientos de danza que él mismo ha inventado. Ella le aprueba con un beso, el momento más tierno en el vídeo y ambos danzan –una danza alegre, desinhibida, de intenso contraste con la anterior– y se alejan felizmente hacia el ocaso. ¿Un retorno a la inocencia para Madonna, o la corrupción de la pureza del chico? Ambas cosas, por supuesto.
Alex Macpherson

Fecha 1986

Nacionalidad Estados Unidos

Director Jean-Baptiste Mondino

Por qué es clave
El vídeo que resumió la dicotomía de Madonna.

Espectáculo clave *The Singing Detective* serie de televisión

«Cada uno de los episodios [...] es mejor que *Ciudadano Kane*», escribió un crítico cuando la obra dramática en seis episodios de Dennis Potter se emitió por primera vez en Estados Unidos.

Para los espectadores británicos, *The Singing Detective* –cuyo primer episodio se emitió el 16 de noviembre de 1986– era en cierto sentido anticuado, ya que se trataba de la enésima vez que el autor combinaba y contrastaba el drama con las canciones de la década de 1940. Había empleado este truco con gran efectividad en otra serie de la BBC, *Pennies From Heaven*. En ella, las interjecciones musicales al menos tenían sentido: el protagonista era el propietario de una tienda de discos. Aunque Potter otorga a su protagonista en *The Singing Detective* un trabajo como vocalista de una banda, y una razón plausible para justificar la manera en la que el reparto se separa en el escenario y canta en *playback* los éxitos de antaño –su personaje (o su álter ego postrado en cama) sufre una enfermedad de la piel que le provoca intensas alucinaciones debidas a la fiebre–, hoy en día resulta obvio que a Potter le gustaba incluir sus preferencias personales en su trabajo.

¿Y por qué no? El pastiche funcionó a la perfección. La serie tuvo un éxito asombroso, con el psoriático (¡ejem!) Philip Marlow sufriendo una epifanía desde su almohada como imaginario detective cantor mientras un reparto de figuras grotescas despotricaban contra sus neurosis inducidas por la culpabilidad en su cabeza despellejada. La brillantez de la serie predisponía al espectador a intentar descifrar el contenido de la banda sonora.
Sean Egan

Fecha 16 de noviembre de 1986

País Reino Unido

Por qué es clave
Presentó las canciones populares de antaño a una generación que de otra manera no hubiese accedido a ellas.

Espectáculo clave *The Phantom Of The Opera* (*El fantasma de la ópera*) teatro musical

El compositor Andrew Lloyd Webber se inspiró y adaptó la novela de escasa calidad de Gaston Leroux de 1910 después de ver una adaptación musical menor de Ken Hill en 1984. El fantasma titular es un genio deforme y asesino enmascarado que aterroriza la Ópera de París. El papel principal correspondió a Michel Crawford, con la entonces esposa de Webber, Sarah Brightman, en el papel de la soprano Christine Daäe, en su estreno en el West End.

La letra se encargó Charles Har, y el libreto y las letras adicionales, a Richard Stilgoe, formando equipo con el director Harold Prince (quien había estado al mando de *Evita* junto con Tim Rice) para crear un espectáculo teatral, que incluía la caída de una araña de luces y largas y suntuosas melodías románticas, entre las que se encontraban la suplicante y a la vez amenazante «All I Ask Of You» del fantasma, la sinuosa «The Music Of The Night», que define su oscura aunque apasionada sensibilidad musical, y la rítmica y extravagante «Masquerade», que destaca por su vestuario y boato.

Después de su asombroso éxito mundial, *The Phantom Of The Opera* fue testigo de un fenómeno único en el mundo. Como la historia original de Leroux era demasiado antigua no le afectaban los derechos de autor, por lo que para los productores tenía un coste relativamente reducido. Proliferaron entonces las adaptaciones, tanto en versión teatral como musical, escritas antes que la de Webber o simultáneamente, entre las que destaca una aclamada versión de Maury Yeston y Arthur Kopit, adaptada a la audiencia más joven por el autor de este artículo (compositor/letrista) junto con Rob Barron (libretista/director).

Mientras tanto, la adaptación de Webber es el musical con más representaciones en la historia de Broadway.
David Spencer

Estreno 9 de octubre de 1986

Nacionalidad Reino Unido

Director Harold Prince

Reparto Michael Crawford, Sarah Brightman, Steve Barton

Compositores Andrew Lloyd Webber, Charles Hart, Richard Stilgoe

Por qué es clave Consagró un potente título del dominio público.

Grupo clave
Erasure

Después de la separación de Yazoo, Vince Clarke se involucró en unos cuantos proyectos musicales de corta vida (incluyendo The Assembly) antes de formar el dúo Erasure con el vocalista Andy Bell después de escuchar en audición a 40 candidatos que contestaron a un anuncio donde se solicitaba un *melody maker* (compositor de melodías).

En el punto álgido de la homofobia desatada por el sida, Bell siempre fue franco respecto a su homosexualidad. Esto, junto con su llamativo aspecto, formaba parte de la imagen pública del grupo. Musicalmente, Clarke continuaba el viaje que había comenzado en bandas anteriores, pero su estilo electro-pop asistido por las agudas letras de Bell logró un filo de teatralidad que los alejaba del estilo más introvertido que los había caracterizado. Si antes había mostrado un carácter más bien adusto y retraído, ahora parecía que se lo pasaba bien, lo que muestran sus versiones de Abba de 1992 en EP (número uno en el Reino Unido) y la popularidad de sus grabaciones en las discotecas. Además de la creciente influencia del disco clásico en mezclas de dance contemporáneas, fue parte de un lento resurgimiento de la música disco, después de una temporada en la que había caído en desgracia.

Los primeros singles del dúo tuvieron dificultades para colocarse en las listas, pero el cuarto, «Sometimes», arrasó y llegó al número dos en el Reino Unido. Su éxito en las listas a partir de entonces ha sido errático, pero continúan siendo unos artistas populares y han logrado al menos un éxito en los Top 30 en el Reino Unido con cada uno de sus álbumes. En 2005, el dúo llegó a lo más alto de las listas de baile estadounidenses, 20 años después de su fundación.
Hugh Barker

Rol Artistas de grabaciones

Fecha 1986

Nacionalidad Reino Unido

Por qué es clave Una escala en la rehabilitación de la música disco y en el progreso del pop declaradamente gay.

Canción clave «True Colors»
Cyndi Lauper

A mediados de la década de 1980, la mayoría de las admiradoras en todo el mundo del original icono femenino Cyndi Lauper eran chicas adolescentes en busca de un modelo de conducta rebelde. Pero aún no había mostrado sus colores auténticos, como reza una de sus canciones de más éxito: «True Colors» (Colores auténticos).

Después de un período al frente de varios grupos de hard rock y posteriormente de su propia banda, Blue Angel, que se separó a pesar del lanzamiento de un álbum epónimo y aclamado por la crítica, Lauper fue descubierta por el mánager y productor David Wolff. El álbum de Lauper de 1983 *She's So Unusual* se convirtió en un éxito mundial, gracias en gran parte al himno adolescente, desafiante aunque afable, «Girls Just Want To Have Fun». Pero sus trajes de colores neón, su aspecto vistoso y sus travesuras funky en el escenario se parecían más al estilo de Bette Midler que al de Madonna.

En 1986, Lauper reveló la profundidad que ocultaba tras su fachada superficial con el lanzamiento de su álbum *True Colors*, y en particular, el dolorosamente conmovedor single que le da título. Escrito por Billy Steinberg y Tom Kelly (el dúo detrás del «Like A Virgin» de Madonna), la canción poseía cierta ironía. Anima a un amante a revelar su fragilidad interna, algo que la propia Lauper hacía al prescindir de su actitud bulliciosa para afirmar con emoción si este mundo volvía loco a su hombre porque ya no podía soportar nada más: «Me llamas porque sabes que estaré allí» («You call me up because you know I'll be there» en la canción original en inglés). La canción, que Lauper canta con una confiada aunque sensible madurez, llegó al número uno de las listas de *Billboard* el 25 de octubre de 1986.

Melissa Blease

Fecha de entrada al n.º 1 en Estados Unidos 25 de octubre de 1986

Nacionalidad Estados Unidos

Compositores Billy Steinberg, Tom Kelly

Por qué es clave Una excéntrica chica dura muestra un lado tierno inesperado.

Pág. anterior **Cyndi Lauper.**

Álbum clave *Solitude Standing*
Suzanne Vega

N acida en California, aunque criada en Nueva York, Vega ya había causado una favorable impresión con su espartano LP de debut con su mismo nombre y su atractivo single «Marlene On The Wall». Sin embargo, fue su segundo álbum, *Solitude Standing*, lanzado el 1 de abril de 1987, el que dio a la artista su éxito más rotundo. Como su debut, *Solitude Standing* estaba basado en la voz íntima de Vega, su encanto melódico y el sonido de su guitarra acústica, aunque amplió sus recursos estilísticos incorporando más texturas sonoras (incluyendo sintetizadores y guitarras eléctricas) y unos arreglos más consistentes, con la excepción obvia de «Tom's Diner», con un atrevido tratamiento a *cappella*.

La similitud entre «Night Vision» (inspirada por «Juan Gris», del poeta francés Paul Éluard) y la sensual «Calypso» (una ninfa acuática de la mitología griega) reveló las pretensiones literarias de Vega y sus incursiones ocasionales en la poesía consciente,

aunque el tema central del álbum era el extraordinario «Luka», cuya contagiosa melodía y vibrantes arreglos folk/pop camuflaban una letra angustiosa aunque hábilmente construida sobre un niño maltratado. El tema de la canción dificultó su éxito, pero «Luka» llegó hasta el Top 3 en la lista de singles de Estados Unidos, mientras que *Solitude Standing* consolidaba su actuación logrando el número once en Estados Unidos y el número dos en el Reino Unido. «Tom's Diner» también fue un pequeño éxito en el Reino Unido, pero no triunfaría hasta tres años más tarde, cuando un emprendedor *remix* alcanzó el Top 5 a ambos lados del Atlántico.

David Wells

Lanzamiento 1 de abril de 1987

Nacionalidad Estados Unidos

Lista de temas Tom's Diner, Luka, Ironbound-Fancy Poultry, In The Eye, Night Vision, Solitude Standing, Calypso, Language, Gypsy, Wooden Horse (Casper Hauser's Song), Tom's Diner (*reprise*)

Por qué es clave Volvió a conectar la tradición folk de los cantantes/cantautores del Greenwich Village con el pop dominante.

Grupo clave
The Beastie Boys

De orígenes judíos, blancos y de clase media, los raperos neoyorkinos Adam «Ad Rock» Horowitz, Mike «Mike D» Diamond, y Adam «MCA» Yauch, siempre serían unos extraños en un género arraigado en la experiencia de la vida en los guetos negros. Pero cuando su desternillante primer álbum de 1986, *Licensed To III*, se mofaba de los temas y códigos del hip-hop, la banda demostró que las diestras habilidades rítmicas, quienquiera que las tuviese, siempre serían respetadas.

A ese debut siguieron otros discos que mezclaban su amor por el rap con un incontenible sentido de la aventura en la forma y en el sonido. Son capaces de pasar, aparentemente sin esfuerzo, de un pastiche en términos auténticamente policiales («Sabotage») hasta el rap más duro con samples de Zeppelin («Rhymin' And Stealin'») u homenajes post-punk («An Open Letter To NYC»).

El que no haya disminuido ni la diversión ni la calidad conforme la banda adquiría madurez también resulta destacable. Cuando su distintivo single «Fight For Your Right», agradablemente juvenil, entró en el Top 40 de *Billboard* el 24 de enero de 1987, los Beasties eran un trío estudiadamente detestable que actuaba en los escenarios con un enorme falo hidráulico. Pasaron gran parte de la década de 1990 organizando una serie de conciertos para recaudar fondos y concienciar al mundo sobre la situación en el Tíbet, y su (tristemente efímera) marca discográfica Grand Royal fue testigo de su ayuda a otros compañeros artistas, demostrando que era posible trascender incluso al más problemático estereotipo autoimpuesto.
Angus Batey

Rol Artistas de grabaciones

Fecha 24 de enero de 1987

Nacionalidad Estados Unidos

Por qué es clave Unos chicos malos con un estereotipo hip-hop que maduraron en público.

Pág. siguiente The Beastie Boys.

Espectáculo clave *Dirty Dancing*
la película

El 21 de agosto de 1987 se estrenaba, *Dirty Dancing* una película escrita por Eleanor Bergstein, inspirada por sus propias experiencias en un campamento de vacaciones. La película de reducido presupuesto se convirtió en un fenómeno global. Ambientada en el año 1963, la trama de *Dirty Dancing* es un reflejo de tiempos cambiantes y de la creciente brecha entre generaciones y clases sociales, fisuras que se reflejan en los diferentes estilos musicales y bailables de la época. Desde los tradicionales sonidos del vals para los huéspedes de clase media del hotel, hasta los más subidos de tono de «Do You Love Me», de The Contours, que se escuchan en los alojamientos del personal, la banda sonora de Bergstein transportó a los espectadores a una época en la que todo cambiaba. De hecho, las cintas que Bergstein grabó a partir de su propia colección de discos de la década de 1960 y que pasó a sus colegas en el estudio para inspirarse para la película fueron la primera motivación del personal.

La mezcla de éxitos clásicos de una era pasada con nuevos temas pop, constituyó una banda sonora de gran éxito. Después de que el estreno en las salas de cine demostrase su popularidad, y que las canciones como «(I've Had) The Time Of My Life» y «She's Like The Wind» (escrita y cantada por el atractivo Patrick Swayze) tuvieran una gran repercusión en la radio, los planes originales del estudio sobre la edición en vídeo de la película cambiaron radicalmente. Ganadora de un Óscar y número uno en Estados Unidos para Bill Medley y Jennifer Warnes, «(I've Had) The Time Of My Life» continúa siendo un clásico de los karaokes hoy en día.
Leila Regan-Porter

Estreno 21 de agosto de 1987

Nacionalidad Estados Unidos

Director Emile Ardolino

Reparto Patrick Swayze, Jennifer Grey, Jerry Orcbach

Compositores Erich Bulling, John D'Andrea, Michael Lloyd, Patrick Swayze, John DeNicola, Donald Markowitz, Frankie Previte

Por qué es clave La película en la que el éxito de la banda sonora marcó el de la propia película.

Álbum clave *Faith*
George Michael

Para su 24 cumpleaños, George Michael se había reinventado a sí mismo pasando del regordete Georgios Kyriacos Panayiotou a un bronceado icono al frente de un grupo, Wham!, en lo más alto de las listas musicales de todo el mundo. Cuando se separaron, parecía que sería imposible que Michael lograra continuar en el mundo musical. Pero más delgado, con chaqueta de cuero, y masculinizado con una «barba de tres días», Michael renació: estrella del R&B estadounidense (que casualmente era blanco y británico), versátil y llevando las riendas de su carrera.

Michael tenía sus raíces en el pop negro estadounidense que tantos adolescentes vivieron en la década de 1970. Cuando cantó a dúo con la leyenda del soul Aretha Franklin en su éxito de 1987 «I Knew You Were Waiting (For Me)», la única sorpresa fue que él mismo fuese una estrella. Para entonces también se había convertido en un talentoso

multiinstrumentista y maestro de la composición pop comercial, y demostró ser capaz de cumplir las expectativas de todo el mundo con su primer álbum en solitario. El caliente y principesco single «I Want Your Sex» disparó su carrera en solitario, llegando al número dos en Estados Unidos a pesar de que algunas emisoras se negaran a enunciar su título completo. Cuatro singles que llegaron al número uno –«Faith» (con un asombroso sonido retro de la década de 1950), «Father Figure», «One More Try» y «Monkey»– ayudaron al álbum *Faith* a llegar a lo más alto de la lista nacional en Estados Unidos desde el 12 de diciembre de 1987; durante tres meses figuró también, en las listas del R&B. Había nacido un dios del amor, aunque pocos podían haber predicho el asombroso desenlace de esta historia, que se trata en otro artículo en este libro.
Mat Snow

Fecha de lanzamiento
Octubre de 1987

Nacionalidad Reino Unido

Lista de temas
Faith, Father Figure, I Want Your Sex (Parts I and II), One More Try, Hard Day, Hand To Mouth, Look At Your Hands, Monkey, Kissing a Fool, A Last Request (I Want Your Sex Part III)

Por qué es clave El primer álbum de un artista en solitario blanco que llega a lo más alto de la lista del R&B americana.

Álbum clave *Trio* Emmylou Harris, Dolly Parton y Linda Ronstadt

El lanzamiento de *Trio* en febrero de 1987 marcó la culminación de un esfuerzo de diez años. Emmylou Harris, Dolly Parton y Linda Ronstadt se habían propuesto editar un álbum juntas desde 1977 y, de hecho, lo habían intentado en varias ocasiones, pero sus apretadas agendas y una falta de cooperación por parte de las empresas discográficas involucradas lo habían impedido. Irónicamente, uno de los primeros intentos que quedaron en el abandono, una interpretación de «Mr. Sandman», que apareció en el álbum de Harris, *Evangeline* en 1981, había dado a Harris su mejor single pop en las listas hasta la fecha.

Finalmente, a finales de 1985, todas las estrellas (y sus discográficas) lograron reunirse y comenzaron la grabación el 19 de enero de 1986, fecha del cuadragésimo cumpleaños de Parton. Todo funcionó a la perfección durante los siguientes once meses, mientras tomaba forma un álbum

que incluía aspectos de los trabajos anteriores de Harris, Parton y Ronstadt, aunque a la vez era distinto a lo que cada una de ellas había lanzado. En cuanto al repertorio, la Carter Family y Jimmie Rodgers caminaron al lado de Phil Spector y Kate McGarrigle, mientras los músicos estelares Ry Cooder, David Lindley y Albert Lee tocaban los diferentes instrumentos de cuerda, a la vez que el trío unía sus voces en armonía. Finalmente el disco abarcó ocho décadas de música desde 1907 hasta 1987, aunque conectó sólidamente con los oyentes contemporáneos, y prueba de ello es el número uno en las listas de música country, y el seis en las de pop con el trío de éxitos, como no podía ser de otra manera: «To Know Him Is To Love Him», «Telling Me Lies» y «Those Memories Of You».
Bruce Eder

Fecha de lanzamiento
Febrero de 1987

Nacionalidad Estados Unidos

Lista de temas
The Pain Of Loving You, Making Plans, To Know Him Is To Love Him, Hobo's Meditation, Wildflowers, Telling Me Lies, My Dear Companion, Those Memories Of You, I've Had Enough, Rosewood Casket, Farther Along

Por qué es clave
Las leyendas femeninas del country se reúnen con resultados inesperados.

Personaje clave
Fred Astaire

La muerte de Fred Astaire el 22 de junio de 1987 marcó el final de un legado que abarcó la industria del entretenimiento en el siglo xx. Para la mayoría de quienes conocen su trabajo de forma casual tan sólo fue un bailarín. Sin embargo, a pesar de que fue uno de los mejores bailarines del siglo xx, Astaire también fue uno de los mejores intérpretes de la canción popular estadounidense.

Nacido en Omaha, Nebraska, en 1899, Astaire se unió al Orpheum Circuit con su hermana Adele en 1906. Debutaron en Broadway en 1917 y continuaron con espectáculos como *Lady, Be Good!, Funny Face* y *The Band Wagon*. Adele abandonó el mundo del espectáculo en 1932 y Fred continuó en solitario. La película *Flying Down to Rio* (*Volando a Río de Janeiro*, 1933) fue el comienzo de una larga asociación con su pareja de baile Ginger Rogers en musicales tan queridos como *Top Hat* (*Sombrero de copa*, 1935), *Shall We Dance* (*Ritmo loco*, 1937) y *The Barkleys of Broadway* (*Vuelve a mí*, 1949).

Los escritores de canciones estaban encantados con que Astaire cantara sus trabajos, pues introducía más estándares que cualquier otro artista que no fuese esencilmente un cantante. Entre estas canciones se encuentran «Fascinating Rhythm», «Only», «Night And Day», «Cheek To Cheek», «Top Hat, White Tie, And Tails», «Let's Face The Music And Dance» y «Let's Call The Whole Thing Off». Astaire fue consciente de los límites de sus posibilidades, y los compensó poniendo un énfasis especial en la actuación, la interpretación y el ritmo de la canción. Hizo que cantar pareciese algo natural, como una conversación, sin esfuerzo.

Ya fuese cantando o bailando, Astaire nunca tuvo una actuación mala o deficiente.
Ken Bloom

Rol Artista de grabaciones

Fecha 22 de junio de 1987

Nacionalidad Estados unidos

Por qué es clave
Una superestrella del baile. aunque su fascinante canto no debe caer en el olvido.

Canción clave «**China In Your Hand**»
T'Pau

En 1818, Mary Shelley escribió *Frankenstein*, una historia de terror alegórica que presagia la cara destructora de la revolución industrial. Ciento sesenta y nueve años más tarde, Carol Decker y Ronnie Rogers, cantante y guitarrista rítmico de la banda de rock de la década de 1980, T'Pau, escribieron «China In Your Hand», una balada rock dominada por los sintetizadores sobre la fragilidad del amor y los sueños; de hecho, un homenaje a la obra maestra literaria de Shelley.

Constituida en 1986, T'Pau –nombre de un personaje de *Star Trek*– personificó la fórmula arquetípica que llegaba a lo más alto de las listas a finales de la década de 1980: pulidas propiedades de producción, vídeos atmosféricos y una potente aunque *glamourosa* cantante femenina de larga cabellera al frente. Su single de debut «Heart And Soul» –una amalgama de rap y power pop, de su álbum de 1987 *Bridge of Spies*– llegó al número cuatro tanto en las listas del Reino Unido como de Estados Unidos. Pero en Gran Bretaña, 1987 se convertía rápidamente en el año de la electrobalada, y el segundo single de T'Pau, «China In Your Hand» –con sus grandes coros, sensuales solos de saxo y un suntuoso vídeo– demostró estar perfectamente sincronizado con la época. La canción permaneció en el número uno de las listas del Reino Unido durante cinco semanas a partir del 14 de noviembre de 1987, convirtiendo versos tan floridos como «a prophecy for a fantasy, the curse of a vivid mind» (una profecía para la fantasía, la maldición de una mente fértil) en el tipo de banalidades susurradas al oído en las pistas de baile de los clubs nocturnos.

Sin embargo, T'Pau no logró mantener su impulso (extrañamente, el single no logró entrar en las listas de Estados Unidos) y se disolvió en 1991, dejando «China In Your Hands» como su único momento de gloria.
Melissa Blease

Fecha de entrada al n.º 1 en el Reino Unido 14 de noviembre de 1987

Nacionalidad Reino Unido

Compositores Carol Decker, Ronnie Rogers

Por qué es clave
Una novela gótica del siglo xix proporciona una inspiración insólita para la mejor obra de una banda de rock de la década de 1980.

Canción clave **«I Wanna Dance With Somebody (Who Loves Me)»** Whitney Houston

Escrita por George Merrill y Shannon Rubicam quien más tarde editaría éxitos como Boy Meets Girl, esta fue la canción que llegó a Whitney Houston al panorama internacional. Llevó al número uno en Estados Unidos el 27 de junio de 1987 (el mismo día que su álbum *Whitney* se convirtió en el primer debut de una artista femenina que entraba directamente al número uno) y también llegó a lo más alto en varios países europeos, incluyendo el Reino Unido.

Clive Davis, un directivo de la discográfica Arista y mentor de Houston, había elegido un nuevo tipo de soul «inofensivo» para guiar a su protegida de 23 años hacia el estrellato. La letra muestra a Houston buscando el amor verdadero en un entorno musical típico de la década de 1980 –percusión electrónica, un bajo intenso, y un sintetizador como acompañamiento–. La enorme y famosa voz de Houston se mueve una habilidad a través de las octavas, consagrándola como la primera de una nueva generación de divas del pop, seguida de cerca por Mariah Carey y otras similares. El poder de su voz únicamente se puede comparar con el tamaño de su peinado en el vídeo de la canción, de cuento de hadas de neón, con la radiante sonrisa de la atractiva Houston mientras una ristra de pretendientes intentan impresionarla con sus bailes y trajes de yuppie. Pero cualquier insinuación sexual queda encubierta por su emoción adolescente, que deja sin aliento, como en «My Lonely Heart Calls».

Esta política ayudó a Houston a convertirse en una de las primeras caras de raza negra que aparecían regularmente en MTV.

Chris Goodman

Fecha de lanzamiento Mayo de 1987

Nacionalidad Estados unidos

Compositor George Merrill, Shannon Rubicam

Por qué es clave El soul ligero lanza a una artista a la escena internacional.

Álbum clave
The Joshua Tree U2

Desde esta posición estratégica, la carrera de U2 ya no parece ser una de las más importantes en la historia del rock, más bien podrían ser la banda que define la música. Únicamente este cuarteto con base en Dublin ha permanecido tanto tiempo en lo más alto: mientras que The Rolling Stones aún van de gira, sus lanzamientos han dejado de ser eventos esenciales desde hace tiempo.

Después de Live Aid en 1985, y algunas discusiones sobre el hecho de que su participación en un evento benéfico contra el hambre había contribuido a hacerles más famosos, el vocalista Bono y su esposa pasaron una temporada trabajando en un campamento benéfico en Etiopía. Las imágenes y actitudes que impregnaron el siguiente álbum de U2, *The Joshua Tree,* se refieren a «where the streets have no name» (donde las calles no tienen nombre).

El disco está imbuido de un espíritu impaciente y cuestionador, con sus letras llenas de anhelo, esfuerzo y esperanza, pero que nunca proclaman verdades esenciales (de allí, «I Still Haven't Found What I'm Looking For» [Aún no he encontrado lo que estoy buscando]). La guitarra absoluta y uniformemente brillante del guitarrista The Edge, el bajista Adam Clayton, y el batería Larry Mullen Jr. se complementan a la perfección con la diestra producción de Brian Eno, que da a la música de U2 un tono majestuoso que siempre habían buscado pero no habían acabado de encontrar.

El álbum convirtió a una banda prometedora en el mayor grupo de rock del mundo. Sólo nos queda preguntarnos en qué sentido su preocupación por las necesidades de los pobres y los rechazados hizo peligrar el éxito de Bono.

Angus Batey

Fecha de lanzamiento 9 de marzo de 1987

Lista de temas Where The Streets Have No Name, I Still Haven't Found What I'm Looking For, With Or Without you, Bullet The Blue Sky, Running To Stand Still, Red Hill Mining Town, In God's Country, Trip Through Your Wires, One Tree Hill, Exit, Mothers Of The Disappeared

Por qué es clave El sentimiento de culpa por su éxito inspira un gran disco y un éxito aún mayor.

Pág. anterior Bono y The Edge, de U2.

Acontecimiento clave
El regreso del gran Tommy James

En 1968, Tommy James and the Shondells eran una propuesta tan sólida que el candidato demócrata a la presidencia Hubert Humphrey los contrató como portavoces para la juventud. En 1987, no obstante, el último éxito real de James había tenido lugar siete años atrás, y toda una nueva generación de artistas venían en ascenso.

Artistas de talla tan variada como la cuidada cantante adolescente Tiffany y el ex punk británico convertido al rock Billy Idol dieron un nuevo impulso a sus canciones. El segundo single de Tiffany era una versión de «I Think We're Alone Now», un éxito de los Shondells que en 1967 llegó a los Top 5, escrito por Ritchie Cordell y en el que dos adolescentes alardean de la ignorancia de sus padres sobre sus escarceos sexuales. «Mony Mony» –que llegó al número 3 en Estados Unidos en 1968– era un tema delirante lleno de percusión que James había ideado con Cordell y cuyo título era un acrónimo del edificio de la Mutual Of New York, frente al apartamento de James. Idol lanzó una versión en vivo como single.

La coincidencia de que ambos salieran a la venta prácticamente al mismo tiempo no fue demasiado destacable. Sí fue notable el hecho de que ambos discos comenzaran a escalar las listas estadounidenses en tándem. «No sabía qué pensar», se maravilló James más tarde. «De repente ambos entran en competición para ver quién llega al número uno». El resultado último de esta situación rayó en lo milagroso para un hombre que debía de pensar que sus días de gloria ya habían pasado: el disco de Tiffany llegó hasta lo más alto. Entonces, el 21 de noviembre de 1987, se vio desplazado por el de Idol. Tomy James había vuelto, y era famoso.

Sean Egan

Fecha 21 de noviembre de 1987

País Estados Unidos

Por qué es clave La carrera más destacable en las listas de todos los tiempos.

Pág. siguiente **Tiffany**.

Canción clave «Here I Go Again»
Whitesnake

Lanzada en noviembre de 1982 en el álbum de Whitesnake titulado *Saints And Sinners*, «Here I Go Again» (Aquí voy de nuevo) era un lamento de aire blues protagonizado por el antiguo vocalista de Deep Purple, David Coverdale, que hablaba acerca de lo que supone ser un «vagabundo» errante y solitario.

Esa versión, escrita por Coverdale y el guitarrista de Whitesnake, Bernie Madsen, llegó al número 34 en el Reino Unido, donde la banda ya tenía un grupo arraigado de seguidores. La canción no destacó en Estados Unidos hasta 1987, cuando Geffen Records convenció a Coverdale de regrabar «Here I Go Again» para su lanzamiento en este país en el álbum epónimo de Whitesnake, lanzado ese mismo año. La canción mantenía una gran parte de su aspereza en sus *riffs* de guitarra para evitar que la canción cayera en la categoría de baladas hair metal embarazosas, y con aspecto renovado podía corear levantando los puños al aire a la voz de Coverdale, que se convertiría en todo un mito. «Here I Go Again» llegó al número uno en Estados Unidos el 10 de octubre de 1987 y al número nueve en las listas británicas. El que «Here I Go Again» se encontrara entre un sentimiento ñoño y la rebeldía de un tipo duro quedó claro con la decisión de Coverdale de emplear a la supermodelo Tawny Kitaen, ataviada con lencería blanca, contorsionándose sobre sus dos automóviles Jaguar en el vídeo que dirigió Marty Callner para la canción.

A pesar de vender 6 millones de copias del álbum, las subsiguientes alineaciones de Coverdale para Whitesnake no lograron convencer, y en 2000 lanzó un álbum en solitario: *Into The Light*.

Sara Farr

Fecha de lanzamiento 10 de octubre de 1987

Nacionalidad Estados Unidos

Compositor David Coverdale, Bernie Marsden

Por qué es clave Raramente un título ha resultado más adecuado.

1980-1989

600

Grupo clave
The Flaming Lips

Desde sus oscuros inicios en el acid punk en Oklahoma City en 1983, pasando por la aclamación de la crítica en la década de 1990 y hasta el éxito dominante en el nuevo milenio, The Flaming Lips han desafiado continuamente su propio estilo. En las últimas dos décadas han aportado una originalidad intransigente al pop.

La banda dedicó las décadas de 1980 y 1990 a encontrar el equilibrio entre su pasión por las melodías de pop psicodélico de The Beatles, la destreza del rock espacial de Pink Floyd, la estrategia del rock de estadios de Led Zeppelin y su propio experimentalismo en el rock alternativo en fantásticos *collages* underground como *Oh My Gawd!!!* (1987) *In A Priest Driven Ambulance* (1990) y *Transmissions From The Satellite Heart* (1993). En 1995 se acercaron al Top 50 del *Billboard* con el single «She Don't Use Jelly».

En 1999, finalmente encontraron su identidad con *The Soft Bulletin*. A pesar de no rozar siquiera el Top 200 de *Billboard*, la mezcla de exuberante pop sinfónico con la singular exposición personal del cantante Wayne Coyne, lograron que los críticos los aclamaran unánimemente como «Sonido favorito de la década de 1990». Lograron un gran éxito después de su décimo álbum, *Yoshimi Battles The Pink Robots* (2002), que canalizó años de excentricidad en el *pop art* hacia una fábula de rock espacial existencial post-11-S, que les hizo ganar un Grammy por mejor actuación instrumental del rock. La agenda de The Flaming Lips, de género rompedor, se había asegurado finalmente a la audiencia pop, como evidenciaba el éxito ganador de un Grammy, su obra maestra del rock conceptual de protesta, *At War With The Mystics* (2006).

Miles Keylock

Rol Artistas de grabaciones

Fecha 1987

Nacionalidad Estados Unidos

Por qué es clave La banda que redujo las diferencias entre el pop y la excentricidad del post-punk experimental.

Álbum clave *Among The Living*
Anthrax

Cuando apareció *Among The Living* el 22 de marzo de 1987, los admiradores de Anthrax –Charlie Benante (batería), Joey Belladonna (cantante), Frank Bello (bajista), Scott «Not» Ian (guitarra rítmica y cantante), y Dan Spitz (guitarrista principal)– no tardaron en reconocer que habían creado algo auténticamente especial.

Anthrax exhibía un serio punto de vista político que se pronunciaba contra el genocidio («Indians») y el conformismo social («Imitation Of Life»). El nuevo Anthrax, socialmente consciente, también utilizó una figura insólita –el fantasma agotado del fallecido comediante de la década de 1970 John Belushi– para lanzar una alerta sobre los excesos de las drogas en «Efilnikufesin» (una transcripción fonética del estribillo «Nice fuckin' life» al revés).

Inevitablemente, sin embargo, sus canciones con temas cómicos o de terror atrajeron la mayor atención –en particular, la frase del antiheroico juez de cómic, Dredd («I Am The Law»), y la novela de Stephen King sobre un criminal de guerra nazi («A Skeleton In The Closet»). Ian también dio buen uso a su biblioteca con el título del álbum, cuyo escenario de epidemia mortal estaba basado en otro trabajo de King, *The Stand*.

El estilo de todos sus trabajos, denominado «speed metal» o «speedcore», dependiendo del crítico, se caracterizaba por su distintiva acometida como si de un martillo neumático se tratase. *Among The Living* catapultó a Anthrax a las alturas junto a Metallica, Megadeth y Slayer. Cuando Anthrax se reunió para una gira en 2005, *Among The Living* fue predominante sobre el escenario. Los aficionados que volvieron al año siguiente, lo hicieron para escuchar el álbum al completo –prueba positiva, en caso de que alguien aún la necesitara, de que *Among The Living* es todo un hito.

Ralph Heibutzki

Fecha de lanzamiento 22 de marzo de 1987

Nacionalidad Estados Unidos

Lista de temas Among The Living, Caught in A Mosh, I Am The Law, Efilnikufesin (N.F.L.), A Skeleton In The Closet, Indians, One World, A.D.I. (Horror Of It All), Imitation Of Life

Por qué es clave La definitiva declaración artística de los inventores del speed metal.

1980-1989

602

Acontecimiento clave
El fenómeno acid house

La mayoría de las personas fijan el nacimiento del acid house en 1985 en un sótano en Chicago, Illinois, donde DJ Pierre y sus compañeros Spanky y Herb J experimentaban con su nuevo sintetizador Roland TB 303. Forzando los filtros del 303, Pierre descubrió que podía estirar o hacer crujir (*squelch*) las notas graves en una pista que Spanky había puesto. El resultado fue la canción «Acid Tracks» (también conocida como «Acid Trax») que el DJ Ron Hardy no tardó en incorporar en sus sesiones en el Warehouse Club de la ciudad (el lugar de nacimiento de la música house). Asociándose con el productor Marshall Jefferson, el trío se convirtió en Phuture y en 1987 lanzaron «Acid Tracks», inspirando a una gran cantidad de imitadores. El acid house (posiblemente denominado así porque los sonidos crujientes recordaban a la psicodelia, o a los efectos de un colocón de LSD) había nacido.

Los DJ británicos Paul Oakenfold, Danny Rampling y Nicky Holloway escucharon el sonido mientras veraneaban en Ibiza y lo llevaron al Reino Unido, hecho que provocó el nacimiento del acid house en ese país. Como el punk, el acid contaba con su propio código de indumentaria (ropa ancha y de colores vivos), su propia droga característica (éxtasis, que proporciona una sensación de apertura emocional) y el toque de notoriedad (se tocaba en *raves* ilegales que a menudo acababan en redadas policiales). Salió a la luz en 1988, proporcionando la banda sonora de lo que se conocería como el «segundo verano del amor», aunque sus asociaciones hedonísticas fueron motivo de duras críticas por parte de los medios. El legado más perdurable del acid puede haber sido su papel en la revigorización de la música rock gracias a la inyección de los ritmos dance.

Robert Dimery

Fecha 1987

País Estados Unidos

Por qué es clave
Música de baile radical que revolucionó la cultura juvenil.

Álbum clave *Tracy Chapman*
Tracy Chapman

Para tener una idea de lo chocante que resultaba que un álbum como *Tracy Chapman* llegara a lo más alto de las listas estadounidenses, como lo hiciera después de su lanzamiento el 5 de abril de 1988, hay que tener en cuenta que los otros artistas con un número uno en Estados Unidos eran Tiffany, Van Halen, Guns N'Roses y Bon Jovi: lo más alejado de Chapman y sus conmovedores himnos acústicos con aire folk, tanto en términos del contenido de sus temas, generalmente alienantes, como por el hecho de que todos los demás fueran blancos.

Chapman había tocado la guitarra, había compuesto canciones y había actuado desde que era niña. Mientras estudiaba en la Tufts University, una compañera la recomendó a su padre, que codirigía la editorial SBK en 1986; en poco tiempo Chapman tuvo un acuerdo editorial y un contrato con Elektra Records.

El álbum de debut de Chapman no tardó en llegar (con una duración de apenas 36 minutos), pero supuso un fuerte impacto. «Fast Car», el primer single (que llegó al número seis) era una dolorosa descripción de una pareja que intenta escapar de la pobreza. «Talkin' 'Bout A Revolution» versaba sobre un levantamiento de quienes en América no tenían derecho al voto; «Behind The Wall» era una dura canción a *cappella* sobre la violencia doméstica. Incluso las historias de amor tenían un toque de melancolía: «Baby, Can I Hold You?» se refería a un romance no correspondido.

Hacía mucho tiempo que un artista no era tan directo y a la vez tenía éxito. Chapman recogió dos Grammys por sus esfuerzos.

Gillian G. Gaar

Fecha de lanzamiento
5 de abril de 1988

Nacionalidad Estados Unidos

Lista de temas
Talkin' 'Bout a Revolution, Fast Car, Across The Lines, Behind The Wall, Baby Can I Hold You, Mountains O' Things, She's Got Her Ticket, Why?, For My Lover, If Not Now..., For You

Por qué es clave El folk políticamente progresista vuelve a las listas del pop.

Álbum clave *Kylie*
Kylie Minogue

En 1988 resultaba extraño ver a «Charlene», como era conocida por el público británico, entre las musas y estrellas del pop en *Top Of the Pops*. La serie australiana *Neighbours* causaba sensación en el Reino Unido y su trama estaba basada en el romance entre la hombruna Charlene Ramsey (una Kylie Minogue de 19 años) y su vecino Scott Robinson (Jason Donovan).

La versión de Kylie de «The Loco-Motion», de Little Eva, se convirtió en un enorme éxito en Australia. Se envió a Inglaterra para lanzarla al estrellato pop con los fabricantes de éxitos Stock, Aitken y Waterman, y dice la leyenda que escribieron su primera canción –la pegadiza «I Should Be So Lucky»– en 40 minutos, mientras ella esperaba en el exterior del estudio. «I Should Be So Lucky» llegó al número uno en cinco países, y marcó la sonoridad del álbum, simplemente titulado *Kylie*, lanzado en el Reino Unido el 4 de julio de 1988. *Kylie* llegó a vender 7 millones y de él se extrajeron tres efervescentes y deslumbrantes éxitos en el Reino Unido: «Got To Be Certain», «The Loco-Motion» y «Je ne sais pas pourquoi».

Minogue siempre aparecía divertida y maduraría como artista, pero el éxito de este álbum tendría un efecto extraño y no necesariamente bueno en el pop. Entre los actores de *Neighbours* que editarían singles estaban Jason Donovan, Stefan Dennis, Craig McLachlan, Natalie Imbruglia, Holly Balance y Delta Goodrem. Después se sumarían a esta tendencia otras series y dramas británicos como *Eastenders, Coronation Street, Brookside* y *Byker Grove*. A partir de entonces, sería común que ser una celebridad supusiese participar en la carrera por el éxito en la música y no sólo –o incluso– el talento.
David McNamee

Fecha de lanzamiento
4 de julio de 1988

Nacionalidad Australia

Lista de temas
I Should Be So Lucky, The Loco-Motion, Je ne sais pas pourquoi, It's No Secret, Got To Be Certain, Turn It Into Love, I Miss You, I'll Still Be Loving You, Look My Way, Love At First Sight

Por qué es clave El álbum que contribuyó a cambiar las leyes para las celebridades.

Pág. anterior **Kylie Minogue.**

1980-1989

Actuación clave **Concierto en el Mandela Day Concert**

El concierto en el Mandela Day Concert tuvo lugar el 11 de junio de 1988 en el Estadio de Wembley de Londres y lo organizó el grupo Britain's Artists Against Apartheid (Artistas Británicos Contra el Apartheid). El tributo en su 70 cumpleaños al encarcelado líder del Congreso Nacional Africano contra el Apartheid, Nelson Mandela, demostró ser un eficaz antídoto contra los intentos del régimen sudafricano por encasillar a Mandela como terrorista. Con una audiencia en vivo de 72.000 personas y más de 600 millones de telespectadores en 67 países, dio la oportunidad a un grupo de estrellas, entre los que se encontraban músicos, actores y comediantes como Stevie Wonder, Sting, George Michael, Eurythmics, Al Green, Meatloaf, Whitney Houston, Peter Gabriel, Harry Belafonte, Hugh Masekela, Miriam Makeba, Whoopi Goldberg, Billy Connoly y muchos más, en una oportunidad sin precedentes de movilizar a la opinión pública internacional contra el *apartheid*.

Los críticos conservadores prefirieron subrayar los momentos apolíticos más destacados como la nueva versión de Mark Knopfler y Eric Clapton del «Sultans Of Swing», de Dire Straits. Sin embargo, con la actuación estelar de la cantautora acústica Tracy Chapman con su «Talking 'Bout A Revolution», o con la emocional interpretación de Jerry Dammers con su clásica canción de protesta «Free Nelson Mandela» con Simple Minds, el evento demostró ser un importante golpe político. Este concierto no sólo salvó al British Anti Apartheid Movement (Movimiento Británico Antiapartheid) de la bancarrota y contribuyó a duplicar su número de miembros, sino que, como consecuencia de la atención de los medios a Mandela, su causa y el sistema político racista de Sudáfrica, 18 meses después fue finalmente liberado para conducir a su país hacia la democracia.
Miles Keylock

Fecha 11 de junio de 1988

Lugar Estadio de Wembley, Londres

País Reino Unido

Por qué es clave Un buen ejemplo de un concierto en son de protesta que realmente logró su propósito.

Grupo clave
Public Enemy

Cuando *Yo! Bum Rush the Show*, su álbum de debut apareció en 1987, Public Enemy parecía ser poco más que un intrigante pie de página en la historia del rap. El sonido del grupo –lleno de samples repetidos, en múltiples capas y tratados robóticamente– aún era demasiado polémico para una música basada en líneas de bajo y loops de percusión. Pero en el momento en que su segundo álbum, *It Takes A Nation Of Millions To Hold Us Back*, vio la luz el 19 de abril de 1988, Public Enemy fue reconocido como lo más vanguardista. Temas como «Rebel Without A Pause» y «Bring The Noise» se convirtieron instantáneamente en himnos de resistencia, llevando el hip-hop a un nuevo nivel musical, artística y políticamente.

La suya no ha sido una historia serena o carente de altibajos, pero siempre ha sido fascinante. En ocasiones fueron acusados, no sin razón, de hipocresía, sedición y antisemitismo. El líder del grupo, Chuck D, despidió y luego volvió a incorporar al instigador «Ministro de información» Professor Griff; el otro vocalista Flavor Flav, tuvo varias confrontaciones con la ley durante la década de 1990 y Terminator X, su DJ, abandonó el grupo para concentrarse, sobre todo, en su granja de avestruces. Aunque aún están activos en la actualidad, su influencia se difuminó en la décadde 1990, ya que su polémica marca sufrió comercialmente con el advenimiento del nihilismo gansteriano. Pero su sustancial catálogo está pleno de canciones como «Don't Believe The Hype», «Fight The Power» y «Welcome To The Terrordome» que continúan siendo componentes vitalmente importantes de la historia del hip-hop.
Angus Batey

Rol Artistas de grabaciones

Fecha 1988

Nacionalidad Estados Unidos

Por qué es clave
El equivalente de los cantantes protesta de la década de 1960 en hip-hop.

Grupo clave
Bros

A finales de 1986, el antiguo representante de Pet Shop Boys, Tom Watkins, puso toda su energía en crear un nuevo éxito. Con los atractivos, enérgicos y descarados Bros –compuesto por los jóvenes hermanos gemelos rubios Matt y Luke Goss como cantante y batería respectivamente, y Craig Logan en el bajo– proporcionó el sustento impulsado por las hormonas a multitud de chicas adolescentes en búsqueda de rompecorazones contemporáneos.

Cuando el single de 1988 de Bros acertadamente titulado «When Will I Be Famous» escaló de forma asombrosa hasta el número dos en las listas, el trío se convirtió rápidamente en una «marca» codiciada, gracias a sus chaquetas de piel, tejanos rasgados y botas Doc Marten customizadas con chapas de botellas de cerveza Grolsh. Los astutos Watkins volvieron a relanzar su primer single, entonces recibido con relativa indiferencia, «I Owe You Nothing», un optimista comentario irónico sobre la cara cambiante de la industria musical. Llegó al número uno en el Reino Unido el 25 de junio de 1988, constituyendo el punto álgido de una exitosa (aunque corta) carrera y personificando el credo de la década de 1980 del «tenerlo todo».

Pero las cosas comenzaron a deshacerse rápidamente. Logan dejó la banda con rencor en 1989. Las ventas de Bros comenzaron a decaer y la protección financiera que pensaban que tenían se había esfumado debido a su dificultad para entender la diferencia entre ingresos brutos y netos. Las nuevas residencias y demás lujos que habían adquirido se tuvieron que devolver y los gemelos volvieron a la misma situación financiera que tenían al principio, a pesar de dejar a su paso 11 singles en el Top 40 del Reino Unido.
Melissa Blease

Rol Artistas de grabaciones

Fecha 1988

Nacionalidad Reino Unido

Por qué es clave
Una historia en tres tiempos: de la miseria a la riqueza y a la pobreza.

Pág. siguiente Los gemelos Goss.

Acontecimiento clave ¿John Fogerty se plagió a sí mismo? No culpable

Terminó en los juzgados, pero comenzó con el distanciamiento que se produjo entre la discográfica californiana Fantasy y John Fogerty, al frente de la banda Creedence Clearwater Revival. El presidente de Fantasy, Saul Zaentz compró discográficas de jazz y se dedicó a la producción filmográfica, lo que le hizo ganar una pequeña fortuna que le permitió financiar a bandas como Creedence Clearwater Revival.

El éxito del álbum en solitario de Fogerty, *Centerfield* (1985), contenía tres canciones que según Zaentz eran difamatorias contra su persona: «Zanz Kant Danz», «The Old Man Down The Road» y «Mr. Greed». En respuesta a la demanda, Fogerty modificó el título y la letra de la primera canción por «Vanz». Si el caso había atraído la publicidad desfavorable hacia Zaentz, su siguiente demanda contra Fogerty provocó la incredulidad. En ella, aseguraba que en «The Old Man Down The Road» podía reconocerse la canción de Creedence «Run Through The Jungle», con una nueva letra y pidió una indemnización por daños. Habiendo rechazado la defensa inicial de Fogerty acerca de la imposibilidad de plagiarse a sí mismo basándose en que Fantasy compartía la propiedad legal de «Run Through The Jungle» con él y que estaban autorizados a defender sus derechos de autor, el juzgado invitó a Fogerty al estrado con una guitarra para demostrar que, al igual que muchos roqueros, su estilo era tan distintivo que todas sus canciones parecían similares hasta el punto en que encontraron suficientes diferencias entre las dos canciones para rechazar la demanda de plagio. El 7 de noviembre de 1988, el jurado aceptó su argumentación.

En 2004, Zaentz abandonó Fantasy Inc., y Fogerty volvió a firmar con la discográfica.
Mat Snow

Fecha 7 de noviembre de 1988

País Estados Unidos

Por qué es clave
Todos hemos escuchado el axioma «donde hay un éxito, hay una orden judicial», pero... es verdad.

Álbum clave *Open Up And Say ... Ahh!* Poison

Combinando un toque de licra y unos brazaletes junto con unos jirones de heavy metal decorados con toques de delicado pop, Poison encontró un filón en su segundo álbum, lanzado el 3 de mayo de 1988, que contenía éxitos como «Nothin' But A Good Time», «Your Mama Don't Dance» (una versión del tema original de Loggins y Messina) y «Every Rose Has Its Thorn», una empalagosa balada sobre una ruptura que llegó al número uno en las listas de Estados Unidos.

Open Up And Say... Ahh!, grabada por el veterano productor de rock arena Tom Werman, capitalizó la reputación fiestera de la banda y su afición a los *riffs* atrevidos. Poison eran una banda alegre y las letras de Bret Michael sobre sexo, drogas y rock 'n' roll eran un cebo para las angustias adolescentes. *Open Up And Say... Ahh!* no era innovador, pero capturaba la esencia del glam metal: el duro sonido *riff* de KISS, la moda exagerada del Sunset Strip de Los Ángeles a finales de la década de 1980, la diversión y salir de fiesta con los amigos, que en este caso incluía al guitarrista C. C. Deville, el batería Rikki Rockett, y el bajista Bobby Dall.

El disco llegó a vender más de 8 millones de copias en todo el mundo. También destacó debido a que su original cubierta, que mostraba a la modelo Bambi como un diablo vestido de rojo y sacando su larguísima lengua, estaba dirigida a los grupos de padres y a la Iglesia. Eventualmente, la discográfica sucumbió a la presión y alteró la imagen oscureciéndola, para devolverla en 2006 al nuevo CD remasterizado.
Sara Farr

Fecha de lanzamiento
3 de mayo de 1988

Nacionalidad Estados Unidos

Lista de temas Love On The Rocks, Nothin' But A Good Time, Back To The Rocking Horse, Good Love, Tearin' Down The Walls, Look But You Can't Touch, Fallen Angel, Every Rose Has Its Thorn, Your Mama Don't Dance, Bad To Be Good

Por qué es clave El cénit de la escena metal glam.

Pág. anterior
C.C. Deville, de Poison.

Canción clave **«Sweet Child O' Mine»**
Guns N'Roses

La singular introducción de «Sweet Child O' Mine», el tercer single de Guns N' Roses, comenzó como una broma del primer guitarrista Slash al calentar con el batería Steven Adler. El hipnótico y repetitivo estribillo impresionó al guitarrista rítmico Izzy Stradlin, al bajista Duff McKagan y al cantante Axl Rose. Este último proporcionó el toque final, un poema a su futura esposa que hizo las veces de letra.

Para ser un destacado alborotador, Rose pone en esta canción dosis de sinceridad cuando declara que odiaría mirar a su amada a los ojos «y ver una onza de dolor». El público desafortunadamente escuchó muy poco del solo de Slash, que bendice el largo final de la versión extendida de la canción en el exitoso álbum *Appetite For Destruction*. En un movimiento que enfureció a la banda, Geffen Records –preocupado por los prospectos comerciales de un single de más de 5 minutos– recortó a 90 segundos la canción. Reducida o no, no se trataba únicamente de una

power ballad –ahora una movida comercial estereotipada de los roqueros duros–, sino algo con un sentido más elegante, su pathos remachado por el suspiro en «Where do we go from here?» (¿A dónde vamos desde aquí?).

Llegó al número uno de las listas en Estados Unidos el 10 de septiembre de 1988, hecho que animó a Rose a componer la balada «November Rain», el épico tema central de 9 minutos de su doble álbum lanzado simultáneamente en 1991: *Use Your Illusion I* y *Use Your Illusion II,* que por sí mismos ya daban fe de que este grupo estaba cortado con un patrón distinto al del habitual hard rock.
Ralph Heibutzki

Fecha de entrada al n.º 1 en Estados Unidos 10 de septiembre de 1988

Nacionalidad Estados Unidos

Compositores Guns N'Roses

Por qué es clave Los alborotadores desarman a cualquiera mostrando su faceta reflexiva.

Pág. siguiente **Axl Rose, de Guns N'Roses.**

Canción clave **«Orinoco Flow»**
Enya

«Las letras reflejan la pérdida, la reflexión, el exilio –afirmaba la cantante irlandesa Enya sobre su álbum *Watermark* de 1988– de aquellos a quienes el corazón ama. El océano es una imagen central. Es el símbolo de un gran viaje.»

Con una producción épica y múltiples pistas vocales de las que emanan y fluyen palabras como lluvia sobre las olas, el single principal de *Watermark,* «Orinoco Flow», era a todas luces una carta de amor al océano, lo que es evidente en el estribillo «Sail away, sail away, sail away...». Aunque la enigmática letra de la canción ha sido intensamente discutida en los foros de Internet por sus admiradores, sugiriendo incluso que la letrista Roma Ryan enlaza referencias geográficas siguiendo algún tipo de patrón geométrico, «Orinoco Flow» podría ser simplemente una oda abstracta a la evasión. El título de la canción provino de los estudios Orinoco, donde se grabó, aunque como coincidencia, el Orinoco es uno de los ríos

más largos de Sudamérica. El verso final parece ser un extraño grito al consejero delegado de la Warner Bros en el Reino Unido, Rob Dickins, y a su productor, Ross Callum. La canción llegó al número uno en el Reino Unido el 29 de octubre de 1988.

Aunque Enya se ofendió por la comercialización de *Watermark* en Estados Unidos como un disco *new age*, es cierto que su música fue todo un emblema del auge en los arreglos meditativos y tranquilizadores que relacionan la naturaleza con la tecnología, y que es típica del sonido *new age*. La popularidad de «Orinoco Flow» abrió la puerta a las atmósferas inofensivas de Enigma y Lisa Gerrard, ambas en las listas y en particular en bandas sonoras de gran impacto, como *Titanic* (1997), *Gladiator* (2000) y *The Lord Of The Rings* (*El Señor de los Anillos,* 2001).
David McNamee

Fecha de entrada en el n.º 1 en el Reino Unido 29 de octubre de 1988

Nacionalidad Irlanda

Compositor Roma Ryan

Por qué es clave El advenimiento de la música de fondo (muzak *new age*).

Grupo clave
Bananarama

El trío vocal femenino Bananarama lejos de comenzar una carrera discográfica a trompicones, el 24 de septiembre de 1988, entró en los libros de récords como el grupo femenino con el mayor número de entradas en las listas británicas.

Las amigas Siobhan Fahey, Keren Woodward y Sara Dallin lanzaron un single, «Aie a Mwana». con la discográfica independiente Demon en 1981. Tras ver su fotografía en la ya desaparecida biblia de la modernidad británica *The Face,* Fun Boy Three las contrató para cantar los coros de su single de 1982 «T'Ain't What You Do...». The Fun Boys les devolvieron el favor en «Really Saying Something», dando a Bananarama –cuyo nombre era una mezcla de la canción de Roxy Music «Pyjamarama» y el programa de televisión *Banana Splits*– su primera entrada en las listas independientes.

El trío fue motivo de crítica por su estilo carente de pasión (líneas idénticas, no armonizado) y su incapacidad de tocar un instrumento, pero los éxitos continuaban sucediéndose, supervisados por el equipo de producción de Swain y Jolley. En 1986, renovaron su estilo al asociarse con Stock/Aitken/Waterman, con quienes colaboraron en los éxitos de moda hi-NRG como «I Heard A Rumour», y una nueva versión de «Venus» (un número uno en Estados Unidos). Incluso la marcha de Fahey en 1988 –sustituida por su amiga de banda Jacqui O'Sullivan– no detuvo la cosecha de éxitos, ni la salida de Sullivan en 1991, dejándolas como dúo.

En 2005, después de una ausencia de ocho años, Bananarama volvió a entrar en los Top 40 del Reino Unido, y ya iban 24 veces.

Sean Egan

Rol Artistas de grabaciones

Fecha 24 de septiembre de 1988

Nacionalidad Reino Unido

Por qué es clave «No saben cantar, no saben bailar», decían sus detractores, pero sus éxitos hicieron historia.

Álbum clave *The Raw And The Cooked*
Fine Young Cannibals

En su lanzamiento en febrero de 1989 en Estados Unidos, *The Raw And The Cooked* vio a Fine Young Cannibals cumplir la promesa comercial de la generación británica 2-Tone, desaparecida hacía tiempo, y de la cual provenían dos de sus tres miembros.

Cuando The (UK) Beat se separó en 1982, la facción que constituyó General Public bajo la dirección de Dave Wakeling fue considerada como la escisión más prometedora. Pero en el antes desconocido Roland Gift, el guitarrista Andy Cox y el bajista David Steele encontraron a uno de los vocalistas más característicos del período. La expresión de Gift guardaba un sutil tono lastimero, entrañable, especialmente en conjunción con el extenso vocabulario soul y jazz de la banda, a lo que se añadían los ritmos ska que habían sido el gran impulso de The Beat.

El álbum, que había logrado un doble platino en Estados Unidos, incluía dos enormes éxitos, «She Drives Me Crazy» y «Good Thing», así como su versión del tema de los Buzzcocks «Ever Fallen In Love (With Someone You Shouldn't've)». En cuanto a su éxito en Estados Unidos, Steele apreció enseguida que eran «esta extraña mezcla de estar en sintonía con The Cure y New Order y también con Neneh Cherry y Soul II Soul. Y estar en sintonía con ambos lados, para Estados Unidos es algo grande». Ciertamente, el álbum había conseguido una audencia variopinta. En Estados Unidos, esta ciudadanía musical dual era un logro extraño. The Cannibals nunca repetirían el éxito del álbum –y tampoco parecían interesados en hacerlo.

Alex Ogg

Fecha de lanzamiento Noviembre de 1988

Nacionalidad Reino Unido

Lista de temas She Drives Me Crazy, Good Thing, I'm Not The Man I Used To Be, I'm Not Satisfied, Tell Me What, Don't Look Back, It's OK (It's Alright), Don't Let It Get You Down, As Hard As It Is, Ever Fallen In Love (With Someone You Shouldn't've).

Por qué es clave El two--tone finalmente llega a Estados Unidos, por la vía menos esperada.

Pág. anterior Roland Gift, de Fine Young Cannibals.

Espectáculo clave *Sarafina!*
teatro musical

Cuando *Sarafina!* se estrenó en Broadway en 1988, *Les misérables* estaba en cartelera llenando todas las funciones, una nueva versión de *Cabaret* causaba furor y *The Phantom of the Opera* acababa de estrenarse. En el contexto de estas fantasías de enorme presupuesto, un modesto musical sobre las revueltas estudiantiles de 1976 en Soweto en Sudáfrica era un hecho excepcional.

Pero fue posiblemente esta exuberancia sin pretensiones, junto con su consideración, la que llegó al corazón de los aficionados al teatro, familiarizados con los grandes espectáculos de Broadway. La obra tuvo 597 representaciones, ganó 5 nominaciones a los premios Tony y 11 NAACP Image Awards. También inspiró una adaptación cinematográfica en Hollywood protagonizada por Whoopi Goldberg en 1992.

Sarafina! era un musical con mensaje: un relato sentimental en dos actos sobre una estudiante activista de nombre Sarafina que anima a sus compañeros a levantarse en protesta contra la opresión y una potente llamada a la concienciación de las audiencias estadounidenses que desconocían las atrocidades del *apartheid*.

Sin embargo, *Sarafina!* no sólo retrataba la brutalidad policial y las trágicas muertes de los estudiantes del 16 de junio de 1976. Su reparto de adolescentes sudafricanos desconocidos supuso una graciosa representación de la vida estudiantil en los suburbios, que captaba el espíritu inquebrantable de una generación que ansiaba la libertad. Esto es absolutamente evidente en la contagiosa partitura mbaqanga del escritor y director Mbongeni Ngema y el legendario trompetista Hugh Masekela. Fue esta distintiva fusión sudafricana del jazz de los suburbios, el R&B y el góspel lo que supuso la diferenciación de *Sarafina!* frente a las restantes producciones.

Miles Keylock

Estreno 28 de enero de 1988

País Estados Unidos

Director Mbongeni Ngema

Reparto Leleti Khuamo, Baby Cele, Pat Mlaba

Compositores Mgongeni Ngema, Hugh Masekela

Por qué es clave El teatro de protesta sudafricano lleva un sabor radicalmente diferente a Broadway.

Álbum clave *Gipsy Kings*
Gipsy Kings

El éxito internacional de los Gipsy Kings, y en particular el de su álbum homónimo lanzado en Estados Unidos en febrero de 1988, presagiaba un interés creciente en la música distinta al pop y al rock en lengua inglesa habituales, así como la creciente hibridación de los estilos indígenas tradicionales y contemporáneos en la música.

El sexteto, compuesto por Andre y Nicolás Reyes, hijos del cantante de flamenco José Reyes, y cuatro miembros de la familia Baliardo, todos ellos familiares de los hermanos Reyes, eran originarios de Montpelier y Arlés, en el sur de Francia. El grupo se constituyó en 1979, pero su salto comercial se produjo en 1986, cuando se asociaron con el productor y mánager Claude Martínez, quien incorporó una sección de ritmo rock y un sintetizador junto a las guitarras acústicas que rasgaban con furia.

El primer fruto de esta combinación fue *Gipsy Kings*, inicialmente lanzado en Europa en 1987.

Los éxitos extraídos del LP «Djobi Djoba» y «Bamboleo» contenían un conmovedor y típico cante (en el dialecto gitano), encabezado por Nicolás Reyes y acompañado por guitarras flamencas que tocaban ritmos totalmente bailables. El álbum llegó rápidamente al Top 10 en siete países europeos, y también a la lista independiente del Reino Unido. Aunque el lanzamiento en Estados Unidos aún tendría que esperar un año, también sucumbió y vendió un millón de copias del disco. Estableció el patrón para una serie de álbumes de los Gipsy Kings, que continuaron su andadura hasta el siglo XXI, abriendo la puerta a otras formas de músicas del mundo que se escucharían en todo el planeta.

William Ruhlmann

Fecha de lanzamiento Febrero de 1988

Nacionalidad Francia

Lista de temas Bamboleo, Tú quieres volver, Moorea, Bem Bem, Un amor, Inspiration, A mi manera [My Way], Djobi Djoba, Faena, Quiero saber, Amor, amor, Duende.

Por qué es clave Un folclore tradicional acústico reforzado por unos sintetizadores. Sí, funciona.

Acontecimiento clave **Jive Bunny logran su tercer n.º 1 en el Reino Unido**

El 16 de diciembre de 1989, Jive Bunny, un grupo formado por padre e hijo, de Rotherham, en South Yorkshire, Inglaterra, igualó el récord de tres números uno consecutivos en el Reino Unido con sus tres primeros singles –un título que habían ostentado previamente Gerry And The Pacemakers y Frankie Goes To Hollywood–. «Let's Party» siguió a «Swing The Mood» y «That's What I Like» en lo más alto de las listas, gracias a la fórmula que encontraron John y Andy Pickles al pinchar en bodas y que milagrosamente trasladaron a las listas. La idea original era producir mezclas para un servicio de suscripción MasterMix dirigido a los DJ móviles. «La gente dice que es basura –se quejaba John Pickles–, pero no saben lo difícil que es... Necesitamos dos semanas para producir nuestro segundo single.»

Una historia rica del pop y el hecho de que los artistas se acostumbraron a la idea de autorizar el empleo de pequeñas partes de sus discos permitieron que estos conceptos canibalísticos se hicieran realidad. Por supuesto, ya existían precedentes. La serie de Stars On 45 de comienzos de la década de 1980 se había basado en una idea similar. Pero el asombroso éxito de Jive Bunny eclipsó a los competidores ensartando primorosamente algunas de las grabaciones más memorables de la época del rock'n'roll para lograr un atractivo máximo para los nostálgicos. También añadió el ingrediente del anonimato, siendo su imagen pública un conejo animado.

Jive Bunny nunca fue tachado de canibalismo como otros artistas americanos del hip-hop como Afrika Banbaataa lo harían más tarde, pero mientras los críticos fruncían el ceño, los Pickles se reían camino del banco.

Alex Ogg

Fecha 16 de diciembre de 1989

País Reino unido

Por qué es clave Comienza la era del sampling –gracias a un conejo que rompe récords.

Álbum clave ***3 Feet High And Rising*** De La Soul

3 Feet High And Rising, lanzado en marzo de 1989, es un alegre divertimiento del género hip-hop que eventualmente llegaría a quedar dominado por el sonido militante e intransigente del *gangster rap*, pero en 1989 –gracias a su gran calidad y simpatía– parecía ser el futuro.

El debut del trío de rap Posdnuos, Trugoy the Dove y Pasemaster Mase fue un álbum conceptual basado en un juego protagonizado por las melodías *funks*, la imaginería psicodélica y un humor estrambótico. Las raíces hippies de la nueva «D.A.I.S.Y. Age» que anunciaban se mostraban en «Transmitting Live From Mars», en la que introdujeron porciones de «You Showed Me» del grupo pop de la década de 1960 The Turtles sin su permiso. Cuando The Turtles ganaron el consiguiente juicio, sentaron precedente, por lo que todos los discos de rap debían pagar por estas «muestras» antes del lanzamiento.

3 Feet High And Rising puso a De La Soul al frente del rap alternativo, vagamente análogo al rock alternativo. Diversificaron la paleta funk y soul del hip-hop con los samples: utilizaron pequeñas porciones de los temas de Steely Dan y Hall And Oats, y el título de «Five Feet High And Rising» es de Johnny Cash. Los *skits* entre canciones también establecieron una nueva tradición para el hip-hop y varios temas se convertirían en éxitos: «The Magic Number», «Eye Now» y «Me, Myself And I». La orientación positiva quedó aplastada por el *gangster rap*, pero permanece viva en el trabajo de algunos raperos contemporáneos, de los que Kanye West constituye el ejemplo principal.

Chris Goodman

Fecha Enero de 1989

Nacionalidad Estados Unidos

Lista de temas Intro, The Magic Number, Change In Speak, Cook Breeze On The Rocks, Can U Keep A Secret? Jenifa Taught Me (Derwin's Revenge), Ghetto Thang, Transmitting Live From Mars, Eye Know, Take It Off, A Little Bit Of Soap, Tread Water, Potholes In My Lawn, Say No Go, Do As De La Does, Plug Tunin' (Last Chance To Comprehend), De La Orgee, Buddy, Description, Me Myself And I, This Is A Recording 4 Living In A Fulltime Era (L.I.F.E.), I Can Do Anything (Delacratic), D.A.I.S.Y.Age, Plug Tunin

Por qué es clave Positivismo y sampling llegan al hip-hop.

Grupo clave
New Kids On The Block

Constituido en 1984 por el antiguo mentor de New Edition, Maurice Starr, New Kids On The Block tomaron su nombre de una canción del mismo nombre, escrita por su miembro fundador Donnie Wahlberg.

Finalmente compuesto por Joe McIntyre, Jordan y Jonathan Knight, Daniel Wood y Donnie Wahlberg, fueron pioneros de las *boybands*: chicos jóvenes y atractivos que cantan y bailan unas rutinas coreográficas sin instrumentos a la vista. Este nuevo formato alertó a la industria musical sobre sus posibilidades comerciales y le recordó nuevamente que no todos los adolescentes con dinero para gastar necesitaban ansiosamente que sus ídolos fueran creativos.

Su álbum de debut, lanzado en abril de 1986, cuando ninguno de sus miembros tenía más de 16 años, fue un fracaso, pero el siguiente, *Hangin' Tough* (septiembre de 1988) fue un gran avance. Como solía ser habitual, estaba escrito casi totalmente por Starr. El segundo single, «You Got It (The Right Stuff)», fue muy difundido por MTV antes de que «I'll Be Loving You (Forever)» llegara al número uno en Estados Unidos. A partir de entonces, se convirtieron en un fenómeno. El tema que da título al álbum llegó al número uno en Estados Unidos el 9 de septiembre de 1989 y más tarde pasó al Reino Unido.

Sólo el merchandising de los Kids –incluyendo muñecos, libros de cómics e incluso unos dibujos animados en televisión– generó grandes beneficios. Inevitablemente, su éxito alimentó una enorme lista de copias, desde The Backstreet Boys y *NSYNC en Estados Unidos hasta Boyzone y Take That en el Reino Unido e Irlanda.

New Kids On The Block también fueron pioneros de la sobreexposición de las *boybands*: sufrieron un revés en Estados Unidos y se disolvieron en 1994.
Chris Goodman

Rol Artistas de grabaciones

Fecha 1989

Nacionalidad Estados Unidos

Por qué es clave El grupo que inventó las *boybands* modernas.

Pág. siguiente New Kids On The Block.

Personajes clave
Stock, Aitken And Waterman

El buscador de talentos y propietario de discográfica Pete Waterman se asoció con los letristas y productores Mike Stock y Matt Aitken a comienzos de 1984. Después de los éxitos en el Reino Unido de gente del estilo de la *drag queen* Divine y los goth-pop Dead Or Alive, Stock/Aitken/Waterman, como se denominaban a sí mismos, se dieron cuenta del potencial comercial que suponía la introducción de la dinámica clásica en la zona de las discotecas. Comenzaron con una colaboración con Bananarama, «Venus», pero pronto se pasaron a composiciones propias.

Su creciente éxito hizo que otros artistas ya establecidos como Cliff Richard y Samantha Fox llamaran a la puerta de S/A/W. S/A/W también desarrollaron nuevos talentos, como el dúo femenino Mel And Kim y su joven himno «Respectable» de 1987, (su primer número uno en el Reino Unido de autoría propia) y el brillante single de Rick Astley «Never Gonna Give You Up», también de 1987, en Estados Unidos.

«Especially For You», un empalagoso dueto entre Kylie Minogue y Jason Donovan, supuso su apoteosis, escrita únicamente porque unos grandes almacenes habían hecho un pedido de 400.000 discos al escuchar un rumor sobre su grabación. La canción llegó al número uno en el Reino Unido el 7 de enero de 1989.

Una parte controvertida aunque integral del modus operandi de S/A/W suponía la más moderna tecnología en sintetizadores que sustituían a los músicos reales. Esto creaba un sonido uniforme que sus detractores encontraban monótono y sofocante. El trío se limitó a responder con su popularidad, respaldada por el hecho de que en un período de apenas dos años lograron poner al menos un disco en el Top 40 del Reino Unido cada semana.
Melissa Blease

Rol Productores y autores

Fecha 7 de enero de 1989

Nacionalidad Reino Unido

Por qué es clave ¿Músicos?, pero ¿quién los necesita?

Canción clave «All Around The World»
Lisa Stansfield

Nacida en 1966 en Heywood, un pueblo cercano a Rochdale, Inglaterra, la cantante Lisa Stansfield comenzó siendo uno de los miembros originales del trío de modesto éxito Blue Zone, junto a los productores Andy Morris (quien continuó coescribiendo y produciendo los tres primeros álbumes de Stansfield) e Ian Devaney, con quien Stansfield llegaría a casarse. Después de la disolución de Blue zone, pasó una temporada como voz principal colaborando con British DJ en el éxito de Coldcut en 1989 «People Hodl On» de estilo jazz-funk. Posteriormente, su primer álbum en solitario, el impecable *Affection*, se lanzó en noviembre del mismo año con gran éxito: llegó directamente al número dos en las listas del Reino Unido.

El primer single del álbum, el sublimemente atmosférico «All Around The World», con su sensual introducción hablada que conduce a una pulida perfección vocal lograda aparentemente sin esfuerzo, y su casi absurdo aunque pegadizo estribillo «Been around the world and I, I, I» (He estado en todo el mundo y yo, yo, yo) encantaron al público del mercado musical. Este mismo público también estaba intrigado por el contraste entre la realidad de una chica sin pretensiones, con un intenso acento de Lancashire, orgullosa de sus raíces de clase obrera, y la sofisticada cantante de tendencias estadounidenses que aparece en el cinematográfico vídeo que acompañaba al single. «All Around The World» llegó al número uno de las listas del Reino Unido el 11 de noviembre de 1989 y al año siguiente llegó al número tres en Estados Unidos.

Aunque continuó disfrutando de una fructífera carrera con casi una docena de álbumes hasta la actualidad, la destacada canción de amor de Stansfield continúa siendo su mayor hazaña.
Melissa Blease

Fecha de entrada al n.º 1 en el Reino Unido 11 de noviembre de 1989

Nacionalidad Reino Unido

Compositores Ian Devaney, Andy Morris, Lisa Stansfield

Por qué es clave
Una chica práctica de Lancashire muestra sus credenciales de diva sofisticada y se gana el reconocimiento de medio mundo.

Pág. anterior Lisa Stansfield.

Grupo clave
The Stone Roses

Constituido en Mánchester a comienzos de la década de 1980 por los amigos de la infancia Ian Brown y John Squire, The Stone Roses existió en el anonimato post-punk hasta que su gran salto gracias al single de 1987 «Sally Cinnamon» les llevara por el territorio más típicamente indie, acompañados por la guitarra de Squire, que recordaba a la de The Byrds, y la voz susurrante de Brown.

Sin embargo, fue su asombroso álbum de debut homónimo –lanzado en marzo de 1989– el que los convirtió en un icono generacional y los definió como grandes de la música. A finales de año habían confirmado su ascenso con el single «Fool's Gold», una mezcla fascinante y vigorosa de rock y funk a la que siguió una gigantesca actuación al aire libre en Spike Island, en Widness, inmediatamente aclamada por los periodistas como el Woodstock de la nueva generación.

Entonces las cosas comenzaron a estropearse. Una larga disputa legal les inhabilitó para grabar y mermó la fuerza con la que iban pisando fuerte. The Stone Roses volvieron en diciembre de 1994 con el álbum *Second Coming*: de él se extrajo el mayor single de éxito de la banda («Love Spreads», un número dos en el Reino Unido), pero fue una decepción después de su tema debut, ahora convertido en icono. La banda se deshizo a finales de 1996, pero Squire ya la había abandonado algunos meses antes.

El pop británico resucitó gracias a ellos después de la abdicación de The Smiths. Su arrogante confianza en ellos mismos y su sonido tradicional basado en las guitarras inspiró a toda una nueva ola de bandas (en particular a sus compañeros de Mánchester, Oasis) de mediados de la década de 1990. La inspiración que supusieron para otras bandas sólo hace más patético el desaprovechamiento de su carrera.
David Wells

Rol Artistas de grabaciones

Fecha 1989

Nacionalidad Reino unido

Por qué es clave
Un hito de las promesas desaprovechadas.

Personaje clave
Journey

La aparición de *Greatest Hits,* de Journey, el 15 de noviembre de 1989 constituyó una oportunidad de revisar el significado de *corporate rock*.

Los críticos puristas acuñaron la frase (siendo *stadium rock* una variante) a comienzos de la década de 1980. Según su punto de vista, las bandas como Journey –además de Boston, Foreigner, Kansas, Styx y Toto– parecían preocupadas por una producción sofocantemente brillante y canciones abarrotadas de «gancho», aunque pocas veces eran algo extraordinario.

Aunque estos grupos sin duda negarían enérgicamente una mentalidad de «negocio justo», su anonimato, es decir, su capacidad para pasar desapercibidos y su incapacidad de proyectar una imagen que facilitara la diferenciación entre las bandas, de alguna manera, parecían perfectos para mantener el concepto de corporativismo musical, según sus detractores. Irónicamente,

estas acusaciones oscurecieron los orígenes de Journey como un equipo instrumental progresivo que tuvo poco éxito hasta que el vocalista de aguda voz, Steve Perry, y el guitarrista Neal Schon se hicieron cargo de su dirección musical.

Corporativo o no, la popularidad de las *power ballads* de Journey, como «Don't Stop Believin'», «Open Arms» y «Who's Cryin' Now» (todas ellas éxitos del Top 10 de Estados Unidos) es indiscutible, y su *Greatest Hits* ha vendido 14 millones de ejemplares. Un crítico de rock hablando sobre un espacio en apoyo a Journey durante la gira de 1981 por Estados Unidos de The Rolling Stones, observó que a pesar de que Jagger y compañía podían ser nombres muy conocidos, este movimiento supuso una audacia por su parte: «Comercialmente hablando, los Stones son unos enanos en comparación con Journey».
Ralph Heibutzki

Rol Artistas de grabaciones

Fecha 1989

Nacionalidad Estados Unidos

Por qué es clave Para bien o para mal, el arquetipo de «*corporate rock*».

Álbum clave *Cuts Both Ways*
Gloria Estefan

La carrera de la cantante cubano-estadounidense Gloria Estefan había ido ganando fuerza. Con la Miami Sound Machine de su esposo Emilio Estefan junior., triunfó en el mercado de habla hispana de Estados Unidos a partir de mediados de la década de 1970 y logró un éxito con su fusión a mediados de la década de 1980 con temas como «Dr. Beat» y «Conga». En 1989, su fama era tal que el nombre de Miami Sound Machine desapareció de sus discos.

El título de *Cuts Both Ways* se refería al éxito de Estefan al mantener el atractivo tanto para las audiencias hispanas como para los fans del pop dominante en todo el mundo, y el álbum resumía su capacidad de mezclar los ritmos latinoamericanos con el pop de la década de 1980. Su confianza en este atractivo dual era tal que el álbum cerraba con dos temas en lengua española, «Oye mi canto» (la versión inglesa, «Hear My Voice» aparece antes en el álbum)

y la balada «Si voy a perderte». Como siempre, contaba con alegres temas de bailes latinos como «Ay Ay I» y el perdurable favorito de todas las fiestas «Get On Your Feet», pero el grueso del álbum estaba compuesto por temas y baladas a ritmo medio como «Your Love Is Bad For Me», el tema titular y el exitazo global «Don't Want To Lose You».

Cuts Both Ways consolidó la base global de admiradores de Estefan y vendió 10 millones de copias en todo el mundo. Desde entonces no ha logrado un álbum con éxito semejante pero, a pesar de la reciente competencia de Jennifer Lopez, aún es considerada por muchos como la reina del pop latino.
Joe Muggs

Fecha de lanzamiento 10 de julio de 1989

Nacionalidad Estados Unidos

Lista de temas Ay Ay I, Here We Are, Say, Think About You Know, Nothin' New, Oye mi canto (Hear My Voice) (versión en inglés), Don't Wanna Lose You, Get On Your Feet, Your Love Is Bad For Me, Cuts Both Ways, Oye mi canto (Hear My Voice) (versión en español), Si voy a perderte

Por qué es clave El álbum que llevó la «fusión» a su conclusión lógica.

Espectáculo clave *Miss Saigon*
Teatro musical

Todo comenzó cuando el compositor Claude-Michel Schöenberg vio en una revista la foto de una mujer vietnamita de mediana edad en un aeropuerto que se separaba para siempre de su hijo, al que enviaban a Estados Unidos con su padre, un ex soldado al que nunca había visto. De allí vino la inspiración para reimaginar la *Madame Butterfly* de Puccini como la saga de una joven prostituta vietnamita y un joven soldado enamorado, separados antes del nacimiento de su hijo.

La ópera de Puccini de 1904, una adaptación de una obra de David Belasco, estaba basada en un relato publicado por John Luther Long, que posiblemente tomó prestado de una novela francesa de estructura similar de Pierre Loti, *Madame Chrysanthème* (que previamente André Message había llevado a la ópera). Al encontrar la «fuente», el libro de Loti, Schöenberg y su colaborador Alain Boublil quedaron liberados psicológicamente de las caracterizaciones y la sombra musical de Puccini. De hecho, la partitura de *Miss Saigon* echó mano del jazz, el rock, la modalidad asiática y el western contemporáneo.

Sin embargo, es muy similar a su *Les misérables* en lo que concierne a la expresión cantada de sus textos declamados; pero el famoso erudito letrista americano Richard Maltby, a quien recurrieron para colaborar con Boublil para mantener un idioma auténticamente americano, afirmó más tarde que su contenido estaba impregnado de un estilo inequívoco: «Intenté inyectar mi propia sofisticación, inteligencia y juegos de palabras en *Miss Saigon* –pero [el espectáculo] no lo quiso».

El espectáculo fue sin duda correcto. Después de su estreno en el West End en 1989, fue representado durante una década, repitiendo su éxito en Broadway.
David Spencer

Estreno 20 de septiembre de 1989

País Reino unido

Director Nicholas Hytner

Reparto Lea Salonga, Jonathan Pryce, Simon Bowman

Compositores Claude-Michel Schöenberg, Alain Boublil, Richard Maltby, Jr.

Por qué es clave
Una fotografía inspira una versión moderna de un relato clásico.

Grupo clave
The Pixies

Con su tercer álbum, *Doolittle*, lanzado el 17 de abril de 1989, The Pixies confirmaron su posición como los principales exponentes del rock alternativo, pero no sería hasta después de su escisión en 1993 cuando la historia los reconocería como padrinos de ese ruidoso y único género post-punk.

El grupo, formado en Boston, Massachusetts en 1986 con Black Francis, alias *Frank Black*, Kim Deal (bajo), Joey Santiago (guitarra) y David Lovering (batería) produjo durante su carrera cuatro álbumes con un distintivo material de múltiples géneros que tocaba algunos tópicos oscuros. La violencia, los ovnis, las imágenes bíblicas y el incesto fueron sólo algunos de los temas que abordaron, y en ocasiones cantaron en español. Con su EP de debut, *Come On Pilgrim* (1987), la banda se hizo respetar, aunque no tuvo éxito en términos comerciales. Su dinámica en la escritura de las canciones, consistente en acompañar versos tranquilos con ruidosos coros explosivos resultaba fascinante y fue muy influyente (sobre todo para Nirvana) a la vez que permitía a Black experimentar con su enorme gama de estilos vocales. *Surfer Rosa* (1988) incluía el memorable single «Gigantic». *Doolittle* (1989) y *Bossanova* (1990) vendrían a continuación, pero las tensiones dentro de la banda se habían vuelto insoportables. *Trompe le Monde* (1991) fue el último álbum de estudio de la banda, y Black disolvió el grupo enviando un fax a Deal y Lovering.

Durante la década de 1990 su influencia fue en aumento, y varios artistas citaban a The Pixies como fuente de inspiración. Su productora, 4AD continuó explotando el catálogo de la banda y la prácticamente inevitable gira de reunificación tuvo lugar en 2004.
Rob Jovanovic

Rol Artistas de grabaciones

Fecha 1989

Nacionalidad Estados Unidos

Por qué es clave
Estos forjadores de ruido estadounidenses dan pie a una nueva era para el rock alternativo.

Canción clave «**Another Day In Paradise**»
Phil Collins

Phil Collins siempre ha sido considerado demasiado agradable, en una cierta manera anodina, para causar controversia. Pero en 1989, quien en su día estuviera al frente de Genesis y ahora era un artista en solitario con gran éxito, encontró que su single «Another Day In Paradise» había desencadenado una tormenta. Como los temas habituales de Collins, se había producido con pulcritud y era muy melódico, aunque también era un intento de Collins por dar a conocer la difícil situación de los sintecho.

Para algunos, la idea de Collins de hacer suya la causa de los pobres era absurda. Después de todo, su música MOR (*middle of the road*, un estilo musical) estaba ineludiblemente asociada con los gustos de los codiciosos yuppies de la década de 1980. Pero «Another Day In Paradise» resonó, sin embargo, en particular en la Gran Bretaña nativa de Collins, donde la hasta ahora desconocida visión de las personas durmiendo en las calles era considerada una de las consecuencias del thatcherismo. El 23 de diciembre de 1989 dio a Collins un número uno estadounidense. También fue número dos en el Reino Unido y ganó un Grammy y un Brit Award.

Las reivindicaciones para Collins llegarían por el hecho de que la canción tendría una vida más duradera y totalmente inesperada. Una versión bailable de Jam Tronik fue Top 20 en el Reino Unido sólo unos cuantos meses después de la original de Collins. En 2001, una colección de actores de R&B de primera línea ofrecieron a Collins sus respetos en el desconcertante álbum de tributo *Urban Renewal*. Lanzado como single, el dúo Bandy and Ray J. cantaron «Another Day In Paradise», que estuvo en las listas en varios países y llegó al número cinco en el Reino Unido.
Steve Jelbert

Fecha de lanzamiento
Octubre de 1989

Nacionalidad Reino Unido

Compositor Phil Collins

Por qué es clave
Una canción que hizo que su escritor fuese ridiculizado por su conciencia social, pero quien ríe al último ríe mejor, y varias veces.

Pág. siguiente **Phil Collins.**

622

Acontecimiento clave **Blond Ambition Tour**
Madonna

La tercera gira de conciertos de Madonna, aunque es discutiblemente la más aclamada, fue sin duda la más controvertida. No ajena a la controversia, Madonna, quien también dirigió el espectáculo, intentó crear una yuxtaposición entre sexualidad y catolicismo. Las interpretaciones en las que aparecía un crucifico como en «Like A Prayer» y «Like A Virgin», incluyendo bailarines hermafroditas y la simulación de una masturbación, provocaron las amenazas de las autoridades policiales en Toronto e incluso el papa Juan Pablo II pidió el boicot al espectáculo. Al incluir las interpretaciones de éxitos anteriores como «Holiday» y los que se convertirían en clásicos, «Vogue» y «Express Yourself», el espectáculo reiteró los ya familiares temas del poder femenino y la transexualidad. Con referencias al cabaret, al Hollywood de la década de 1930, a *Metropolis* (*Metrópolis*) de Fritz Lang y con escenarios tan impresionantes como una iglesia y una fábrica industrial, las atrevidas ideas, el diseño y las actuaciones combinadas dieron lugar a una asombrosa nueva experiencia, que Madonna asimilaba al «teatro musical».

Es posible que el espectáculo sea recordado por la icónica cola de caballo con extensiones de Madonna, así como por el infame sujetador cónico, diseñado por Jean-Paul Gaultier.

Con 57 actuaciones en el transcurso de cinco meses, la gira recaudó 65,7 millones de dólares y la revista *Rolling Stone* la declaró «la mejor gira de 1990». Fue incluida en la película documental *Truth or Dare* (también conocida como *In Bed With Madonna* [*En la cama con Madonna*]), estrenada en 1991.
Simon Ward

Fecha Abril a agosto de 1990

Países Norteamérica, Japón, Europa

Por qué es clave La gira icónica de la artista femenina más perdurable.

Álbum clave *Mariah Carey*
Mariah Carey

Mariah Carey ha sobrevivido a varios fracasos y rupturas con su esposo y presidente de Columbia Records, Tommy Mottola), abandonos de discográfica y desastres cinematográficos, además de desencuentros con los medios y con Eminem. A pesar de todo, su voz la ha salvado.

Fue esta voz la que llamó la atención de Mottola, quien inmediatamente fichó a Carey y la puso a trabajar en su álbum homónimo de debut que se basaba en una demo escrita por Carey y Ben Margulies, pero reescrita para lograr el máximo éxito comercial por Rhett Lawrence, Ric Wake y Narada Michael Walden.

La selección resultante de suaves baladas («Vision of Love», «Love Takes Time») y cortes para levantar el ánimo («Someday», «There's Got To Be A Way») estableció a Carey como uno de los talentos más versátiles: una cantante de R&B, versada en góspel, soul y hip-hop; una gimnasta vocal con un registro de que abarca varias octavas e inmensos pulmones; una diva del pop como Whitney Houston, pero que escribía su propia música.

Mientras que Carey acarreaba consigo todas sus influencias, también las reorganizó, dando un giro distinto al flujo extático del góspel y del soul, y modificando la tensión sexual del hip-hop para impregnarlo de hábiles arreglos vocales de florida aunque ecuánime emoción pop con la que todos pudieran sintonizar. Y es exactamente lo que hizo el público: *Mariah Carey* llegó a lo más alto de las listas de Estados Unidos el 4 de agosto de 1990 y se mantuvo en esa posición durante 11 semanas. Y lo que es más importante, se convirtió en el modelo del R&B de éxito comercial, inspirando a generaciones futuras de jóvenes estrellas femeninas urbanas contemporáneas como Beyoncé y Christina Aguilera.

Miles Keylock

Fecha de lanzamiento Junio de 1990

Nacionalidad Estados Unidos

Lista de temas Vision Of Love, There's Got To Be A Way, I Don't Wanna Cry, Someday, Vanishing, It's All In Your Mind, Alone In Love, You Need Me, Sent From Up Above, Prisoner, Love Takes Time

Por qué es clave El álbum que dio al R&B de finales del siglo xx su distintivo sello extático soul-pop.

Pág. anterior Mariah Carey.

Acontecimiento clave
Los heavy metal Judas Priest a juicio

En agosto de 1990, dos familias presentaron un recurso legal contra la banda de heavy metal británica Judas Priest en relación a un supuesto pacto de suicidio por dos residentes en Reno, Nevada, el 23 de diciembre de 1985: Ray Belknap, de 20 años y James Vance, de 19. Ambos hombres se dispararon mutuamente con una escopeta después de emborracharse. Belknap murió en el acto; Vance sobrevivió con severas deformidades faciales, pero murió tres años después, a raíz de unas complicaciones en sus heridas.

Las familias reclamaban que los suicidios se debían un mensaje oculto en «Better By You, Better Than Me» del álbum de 1978 de Judas Priest *Stained Glass*. (Irónicamente, la canción había sido escrita por el teclista ex Spooky Tooth Gary Wright.) Según el equipo legal de las familias, al hacerlo sonar al revés, las frases sonaban como «Do It, Do It» (Hazlo, hazlo). Dejando a un lado la naturaleza ambigua de esta supuesta exhortación, el líder Rob Halford sugirió que de cualquier manera, sería contraproducente: ¿qué banda quiere que sus admiradores mueran? El 25 de agosto de 1990, un juez desestimó el caso, al no encontrar evidencias de mensajes subliminales.

Judas Priest son una banda heavy metal poco usual en más de un sentido. Halford es abiertamente homosexual en un género musical claramente masculino. Mientras tanto, la banda ha mostrado algunas pinceladas de pop en temas como «Living After Midnight» y «Breaking the Law», siendo este último un tema contra el desempleo y lleno de brío, haciéndolo totalmente punk.

Se merecen ser recordados no únicamente por ser la banda involucrada en el juicio de los mensajes satánicos.

Ralph Heibutzki

Fecha 25 de agosto de 1990

País Estados Unidos

Por qué es clave Se hace público el supuesto empleo de mensajes subliminales en la música.

Grupo clave
Queensrÿche

Formados en 1981 en las afueras de Seattle, Washington, Queensrÿche fue una de las bandas de hard rock más artísticas y creativas de la década, y los que lanzaron uno de los álbumes más duraderos e influyentes del género, *Operation: Mindcrime*, la historia de un hombre joven alimentado por el gobierno con drogas psicotrópicas para controlar su mente a fin de conducirle a asesinar a su novia.

Fue un álbum conceptual con un amplio abanico de historias, arreglos complejos, letras socialmente conscientes, y trozos de efectos sonoros y diálogos para conducir a los oyentes de una canción a otra. El álbum se construyó sobre los cimientos establecidos en su primer EP, y su siguiente álbum, el más accesible y ligero, *Empire*, lanzado en agosto de 1990, y que aseguró su éxito comercial con la *power ballad* que fue todo un éxito «Silent Lucidity», una canción sobre los sueños que llevó a la impresionante gama vocal de Geoff Tate a cantar frente a una orquesta completa.

Si *Operation: Mindcrime* había sido una banda en la cúspide de su poder, *Empire* fue su cima comercial, una oportunidad para Queensrÿche de retener a sus admiradores más leales y ramificarse a la vez. Durante los 18 meses siguientes al lanzamiento de *Empire*, la banda estuvo continuamente de gira, deteniéndose únicamente de pura extenuación.

Después de tomarse un tiempo para solucionar temas personales, la banda resurgió en 1994, aunque fracasó con el despertar del grunge. Finalmente, el guitarrista Chris DeGarmo abandonó la banda, pero un Queensrÿche con nuevo vigor lanzó *Operation: Mindcrime II* en 2006. Geoff Tate ha lanzado un álbum en solitario.
Sara Farr

Rol Artistas de grabaciones

Fecha Agosto de 1990

Nacionalidad Estados Unidos

Por qué es clave Una banda que mezcló letras cerebrales con una música que superaba a muchos grupos serios de metal.

626

Canción clave **«Nothing Compares 2 U»**
Sinead O'Connor

En la década de 1980, Prince fue tan prolífico que se dedicó a innumerables proyectos para dar salida a sus copiosas composiciones. Uno de estos proyectos era la banda funk The Family, cuyo álbum de debut epónimo contenía la balada «Nothing Compares 2 U». El álbum no tuvo éxito, por lo que el tema parecía destinado a permanecer en la oscuridad hasta que la cantante irlandesa Sinead O'Connor la grabó para su segundo álbum *I Do Not Want What I Haven't Got*.

O'Connor lo lanzó como single. Acompañado por un asombroso vídeo –simplemente la cara de O'Connor contra un fondo negro mientras canta, y un momento en el que derrama una única y genuina lágrima– la canción se convirtió en un éxito masivo, llegó al número uno en el Reino Unido el 3 de febrero de 1990 y en Estados Unidos en abril.

O'Connor trabajaba con una excelente materia prima, la composición de Prince, que poseía un sentimiento evocador desde su inmortal línea introductoria «It's been seven hours and 15 days since you took your love away» (Hace siete horas y 15 días que te llevaste tu amor) y con el fanfarroneo de un clásico momento karaoke con los ocho compases de en medio con los que denuncia a su médico por engañarla. Pero la destacada y trémula actuación de Sinead –su voz remontándose a través de las octavas, constantemente a punto de romper la voz– convirtió el tema en todo un himno a las rupturas, una favorita para los bailes lentos al final de la noche en las discotecas, y a O'Connor en una estrella.

Después de que se convirtiera en un éxito, Prince también la grabó, pero su versión sonaba sensiblera en comparación a la cruda y definitiva de O'Connor.
Joe Muggs

Fecha de lanzamiento 3 de febrero de 1990

Nacionalidad Irlanda

Compositor Prince

Por qué es clave Una nueva versión de un tema olvidado se convierte en una canción de amor clásica sin precedentes.

Álbum clave *Please Hammer Don't Hurt 'Em* MC Hammer

En los albores de la década de 1990, la popularidad del hip-hop había llegado más allá de los confines de la América negra y ofrecía serias posibilidades de hacer negocio con él.

El lanzamiento de *Please Hammer Don't Hurt 'Em,* el segundo álbum de un ex oficial de la marina de California, resultó ser un momento de referencia. MC Hammer –Stanley Burrell– era más conocido por sus pantalones bombachos y su baile que por sus fragmentos líricos y sus discos eran descaradamente populistas, tomando trozos de éxitos bien conocidos. Pero no hubo duda sobre la eficacia del enfoque de Hammer: el single «U Can't Touch This», recuperó el «Superfreak» de Rick James y fue un éxito global; «Pray» estaba basado en el reciente «When Doves Cry» de Prince y también resultó ser un éxito. *Please Hammer Don't Hurt 'Em* vendió 11 millones de copias y fue durante muchos años el álbum de hip-hop de mayor venta.

El legado del disco fue muy profundo, aunque rara vez reconocido. Ciertamente, resulta difícil visualizar el éxito del elegante Sean «Puffy» Combs sin referirse a *Please Hammer Don't Hurt 'Em* y la pulida presentación de Burrell. Combs también sería criticado por la obviedad de su planteamiento, pero para el momento de su llegada, el debate sobre la autenticidad del hip-hop ya había pasado, y las preocupaciones parecían menos urgentes. El rap raramente mira hacia atrás, pero si alguien tuviera el cuidado de hacerlo, verían en *Please Hammer Don't Hurt 'Em* el álbum de referencia de un visionario del pop.
Angus Batey

Fecha de lanzamiento
13 de marzo de 1990

Nacionalidad Estados Unidos

Lista de temas Here Comes The Hammer, U Can't Touch This, Have You Seen Her?, Yo!! Sweetness, Help the Children, On Your Face, Dancin' Machine, Pray, Crime Story, She's Soft And Wet, Black Is Black, Let's Go Deeper, Work This

Por qué es clave
El hip-hop vive su primera crisis de credibilidad con la participación de un artista negro.

1990-1999

Canción clave «Killer» Adamski y Seal

El resonante y siniestro *riff* de sintetizadores que conforma el motor de «Killer» es inconfundible, un ritmo bajo inmediatamente reconocible junto con el «Smoke On The Water» de Deep Purple en términos de fatalismo pegadizo. Sin embargo, lo que convierte a «Killer» en un tema extraordinario es la fusión casi militante de minimalismo de pista de baile del productor musical Adamski, y una voz totalmente inesperada y acústicamente relajante de un recién llegado llamado Seal. Las ediciones pirata de las *raves* de finales de la década de 1980, en los que Seal figuraba con regularidad, demuestran que el Seal anterior a «Killer» era una bestia más dura y más ruda, perfectamente adaptada a la búsqueda mecánica de sonidos que indujeran sensaciones, como los que generaron la generación Ecstasy y el movimiento rave. El aligeramiento del áspero sonido de Adamski, gracias a la inclusión de la espiritualidad despreocupada de Seal, convirtió a «Killer» en un componente habitual de las listas principales: el 12 de mayo de 1990 llegó a lo más alto de las del Reino Unido.

Aunque la letra de «Killer» es vaga, poseía un cuestionamiento casi místico («Will you give if we cry?) (¿Accederás si lloramos?) que recordaba la fascinación por las abstracciones *new age* sin sentido del rave de comienzos de la década de 1990, y que parecía funcionar bien con la naturaleza circular y pulsante de la canción. Aquí fue la eufórica actuación de Seal la que le presentó al mundo, llamando la atención de Trevor Horn y su discográfica ZTT, quien posteriormente lanzó al cantante en solitario con un álbum y una versión producida por Horn de «Killer» (y que fue número ocho en el Reino Unido).

Casi dos décadas más tarde, «Killer» –versionada por muchos, desde George Michael y Queen hasta Sugababes y varias bandas de metal– aún suena como una serena música pop futurista.
David McNamee

Fecha de lanzamiento
Abril de 1990

Nacionalidad Reino Unido

Compositores Adamski, Seal

Por qué es clave
La aparición de un invitado aporta una sensibilidad soul a la música dance.

Personaje clave
Vanilla Ice

Nada parecía incorrecto en el enfoque de Vanilla Ice, nacido Robert Van Winkle en 1968. Una manera genial, inofensiva y apta para el público infantil de afrontar un género a menudo desfigurado por la obscenidad, el sexismo y la sociopatía como proposición de trabajo. Tampoco supuso un problema el que fuese blanco: los caucásicos que hacían un hip-hop creíble habían sido comunes durante años. Su single «Ice Ice Baby» utilizaba un sample del «Under Pressure» de Queen y David Bowie y llegó al número uno de las listas de Estados Unidos el 3 de noviembre de 1990. Su álbum de debut *To The Extreme* (también de 1990) tuvo unas ventas considerables.

Pero Van Winkle estropeó las cosas al sacar a relucir un pasado camorrista en las calles de Miami, llegando a enseñar algunas cicatrices durante las entrevistas, en un intento de mostrar sus orígenes oscuros. Las situaciones ridículas como la de 3rd Bass, un dúo de raperos blancos de Nueva York, que lo satirizaron en su single «Pop Goes The Weasel» se convirtieron en algo común. La carrera de Vanilla Ice se derritió tan rápidamente como había subido.

Intentó un regreso en 1994, fumando porros y sujetándose la entrepierna, pero los relatos que a la vez ha admitido y negado sobre la cesión de los derechos de «Ice Ice Baby» al jefe de Death Row Records, Marion «Suge» Knight, después de haber sido colgado por los tobillos del balcón de un hotel, no hacen más que confirmar la opinión de muchas personas de que no daba la talla, en un mundo determinado a rechazarle.

Angus Batey

Rol Artista de grabaciones

Fecha 1990

Nacionalidad Estados Unidos

Por qué es clave
El rapero blanco que tuvo éxito, pero se moría por lo que ningún autóctono del hip-hop estaba dispuesto a darle: respeto.

Pág. siguiente **Vanilla Ice.**

Acontecimiento clave **Milli Vanilli**
desenmascarados como fraude

Milli Vanilli no fueron los primeros que no cantaron en sus discos. En la década de 1960, varios artistas actuaban en *playback* con el trabajo de otros, y en la década de 1970, el productor discográfico alemán Frank Farian creó a los Boney M, cuyo componente masculino actuaba con la voz real de Farian.

Se trataba de una estratagema que Farian repetiría con Milli Vanilli, hasta que sus títeres bailarines con sus peinados a lo rasta pensaron que manejarían sus propios hilos. El dúo al frente de Milli Vanilli, Fab Morvan y Rob Pilatus afirmaban en la carátula de su álbum estadounidense que las voces de Charles Shaw, John Davis y Brad Howell eran realmente suyas. Y lo que aún es más, exigieron a Farian que les permitiera utilizar sus propias voces en el siguiente álbum de dance-pop-rap de Milli Vanilli, *Girl You Know It's True*.

Con los rumores y bromas sobre las suplantaciones vocales circulando en la industria musical y los medios principales durante unos 18 meses, el 15 de noviembre de 1990, un exasperado Farian se confesó a los reporteros. Cuatro días más tarde, el premio Grammy otorgado a Milli Vanilli por mejor artista revelación fue retirado –un ignominioso primero– y luego Arista Records los eliminó de su nómina y borró su álbum multiplatino. Se incoaron al menos 26 demandas distintas contra Pilatus, Morvan y Arista Records por incumplir las leyes de fraude al consumidor, que se resolvieron en agosto de 1991 obligando a reembolsar parcialmente la compra de discos y entradas. Las sumas individuales resultaron triviales. Rob Pilatus pagó un precio mucho más alto: deprimido y drogadicto, murió por una sobredosis en 1998.

Mat Snow

Fecha 15 de noviembre de 1990

País Alemania

Por qué es clave
Una tradición milenaria del pop se convierte en un escándalo.

Acontecimiento clave **The Steve Miller Band frente a Deee-Lite**

En la década de 1950, solía ser común que varios grupos compartieran el número uno en las listas del Reino Unido, pero las nuevas reglamentaciones impedían los empates: el disco cuyas ventas se hubiesen incrementado más con respecto a la semana anterior llegaría al primer puesto. Cuando «Groove Is In The Heart», de Deee-Lite y «The Joker», de The Steve Miller Band, empataron el 15 de septiembre de 1990, fue «The Joker» quien logró la primera posición, no sin cierta controversia.

Deee-Lite eran la banda del momento, en la cresta de la ola del dance con una base house. Una confección gloriosa y burbujeante de samples, gritos de alegría, llamadas y coros que se alzan sobre una hipnótica línea de fondo de Bootsy Collins, parecía una parodia el que este magnífico single fuese alejado del número uno por un nuevo relanzamiento con fines comerciales de Levis, y ejemplo de rock con sonido desfasado.

La ironía era, no obstante, que Miller había sido en su día considerada como vanguardista, especialmente a finales de la década de 1960, cuando sus blues psicodélicos eran muy reconocidos y su grupo de San Francisco había asombrado a la industria discográfica gracias a sus exigencias contractuales que nadie antes había logrado con éxito. La dulce y apacible filosofía de vida con silbido de admiración ejecutado con la guitarra incluido, «The Joker» se lanzó por primera vez en 1973, y fue número uno en Estados Unidos.

El orgulloso y joven rebelde que Miller fue en su día había quedado reducido, no por sus propias faltas, a un viejo con la pose de un joven moderno. Y en el universo del pop, es lo que corresponde.
Hugh Barker

Fecha 15 de septiembre de 1990

País Reino Unido

Por qué es clave
Un ejemplo irónico de conflicto generacional en el pop.

Álbum clave ***Blacks' Magic*** Salt-N-Pepa

Lanzado el 19 de marzo de 1990, *Blacks' Magic* de Salt-N-Pepa fue el disco en el que los supuestos títeres del pop demostraron que quien manejaba las cuerdas no era un macho dominante.

Aunque no se suelen mencionar entre los mayores grupos de rap, resulta difícil visualizar un mundo en el que TLC, Missy Elliott e incluso las Spice Girls lograran el éxito que cosecharon si no hubiera sido por este trío pionero compuesto por Cheryl «Salt» James, Sandy «Pepa» Denton, y la rapera DJ Dee Dee «Spinderella» Roper. Este, su tercer álbum, es una curiosa amalgama de samples reconocibles aunque despedazados sin piedad y el sonido de percusión arrastrada que el grupo había empleado con gran efecto desde que lo copiaron de «The Show», de Doug E. Fresh, en su disco respuesta (y single de debut), «The Showstopper» en 1986. Ese disco era originalmente parte de un curso universitario del novio de Salt: aunque

ya no eran pareja, Hurby «Luv Bug» Azor había ejercido una considerable influencia en el sonido del grupo de Salt. Sin embargo, sus apariciones en el estudio eran muy erráticas, por lo que la banda tomó el control en ese aspecto.

El rítmico y picante «Let's Talk About Sex» se convirtió en el mayor éxito del álbum, un logro importante en un género en el que la opinión de las mujeres sobre su propia sexualidad era un tema marginal. Pero la letra de este trío pone el énfasis en la fuerza y la autoconfianza en un álbum crucial en su importante aunque históricamente infravalorada carrera.
Angus Batey

Fecha de lanzamiento
Marzo 1990

Nacionalidad Estados Unidos

Lista de temas Expression, Doper Than Dope, Negro Wit' An Ego, You Showed Me, Do You Want Me, Swift, I Like To Party, Blacks' Magic, Start The Party, Let's Talk About Sex, I Don't Know, Live And Die, Independent

Por qué es clave
Irrumpió en un género de dominancia masculina.

Pág. anterior **Salt-N-Pepa**.

Espectáculo clave *Aspects of Love*
teatro musical

Según el compositor de *Aspects of Love,* intentaba dar un giro importante en su trabajo con este musical.

De hecho, *Aspects of Love* –que se estrenó en Broadway el 19 de marzo de 1990 después de su debut en Londres el año anterior– define el primer cambio estilístico que se aparta de las grandes experiencias que definieron la impronta de Andrew Lloyd Webber. Fue el primer musical de Webber que exploraba las relaciones íntimas entre unos personajes que mostraban el comportamiento humano natural. La novela de David Garnett en la que estaba basada muestra una pareja romántica, incluso lazos familiares, cambiando sus fidelidades con una facilidad perturbadora, en ocasiones desagradable, y todo ocurre en una atmósfera de prosperidad, sin otros condicionantes, convirtiendo los enredos en caprichos superficiales y dejando al lector indiferente hacia la suerte de los personajes. A pesar de ello, la creencia de Webber en la profundidad emocional de este material parece iluminar su controvertida historia en sus facetas artística y humana.

Existe cierta base real para las acusaciones de «envidia de Sondheim» que se lanzaron contra Webber. Sus anodinos letristas hasta ese día, Charles Hart y Don Black, tuvieron dificultades para producir un recitativo con sonido conversacional y «diálogo cantado» en el que Sondheim sobresalía. Desafortunadamente, Webber y sus colaboradores no comprendieron su función como técnica específica que debe usarse con moderación y en los momentos adecuados, lo que hizo que una gran parte de *Aspects Of Love* se convirtiera en una estela de locución prosaica y música sin nada en particular, aunque bella. Sin embargo, la adaptación de Webber se calificó de hábil, aunque tambie de equivocada.
David Spencer

Estreno 19 de marzo de 1990

Nacionalidad Reino Unido

Director Trevor Nunn

Reparto Michael Ball, Ann Crumb, Kathleen Rowe McAllen

Compositores Andrew Lloyd Webber, Don Black, Charles Hart

Por qué es clave Lloyd Webber intenta volverse trascendente.

Espectáculo clave *Dick Tracy*
la película

Los cómics se habían adaptado a películas durante décadas, pero fue la producción de Warren Beatty de *Dick Tracy*, estrenada en 1990, la que lograría el matrimonio perfecto entre película y tira cómica. Utilizando tan sólo los brillantes colores primarios de la tira matutina original de los domingos de Chester Gould, durante la época de la Depresión, los llamativos escenarios de la película, así como sus villanos caricaturizados, la película gano el Óscar a la mejor dirección artística y al mejor maquillaje. Las caras famosas de muchas de las estrellas (Al Pacino, James Caan y Dustin Hoffman entre muchos otros) se transformaron mediante un maquillaje brillantemente ideado. Las prótesis y el color fueron tan hábilmente aplicados que un crítico admitió no haber reconocido a algunos de los artistas de primera fila.

Otra característica destacada del filme fue la compañera de Beatty en ese momento: Madonna, en el papel de la chica del gánster, Breathless Mohoney, cantante en un club nocturno. Stephen Sondheim es una figura habitualmente asociada con empresas más intelectuales que ésta, pero consiguió realmente buenos resultados con los sensuales números que escribió para el personaje de la Ciccone: el primero, «Sooner or Later (I Always Get My Man)», ganó un Óscar, y otro, «More», un Grammy. Ambas composiciones desmintieron los crecientes rumores de que Sondheim había perdido el sentido común, y encarrilaron a Madonna para la versión cinematográfica de *Evita* en 1996.
Leila Regan-Porter

Estreno 15 de junio de 1990

Nacionalidad Estados Unidos

Director Warren Beatty

Reparto Warren Beatty, Madonna, Al Pacino

Compositores Stephen Sondheim, Thomas Pasatieri, Bill Elliott, Ned Claflin, Andy Paley, Jeff Lass, Mike Kernan, Jonathan Paley, Jeff Vincent, Vince Clarke, Andy Bell

Por qué es clave Una asombrosa mezcla de cinematografía al estilo de un cómic con un extraño proveedor musical.

Acontecimiento clave **Concierto en homenaje a Tim Buckley**

Tim Buckley fue un cantautor idiosincrásico y único, de orientación jazzística, y cuya obra maestra fue *Starsailor* en 1970. Murió de una sobredosis de heroína en 1975.

Cuando comenzaron los preparativos para un tardío homenaje –«Greetings From Tim Buckley», que tuvo lugar el 26 de abril de 1991 en la iglesia de St. Ann en la ciudad de Nueva York– los organizadores no sabían que tenía un hijo de 24 años que luchaba por abrirse paso en la música, de nombre Jeff, y que se había trasladado a Nueva York en 1990. Sin embargo, Jeff había grabado una demo con el antiguo mánager de su padre, Herb Cohen, quien informó a los organizadores sobre su relación familiar. Aunque receloso de ser asociado con el legado de su padre, sobre todo porque únicamente se habían visto en una ocasión, Jeff decidió actuar en el homenaje para presentarle sus últimos respetos.

El espectáculo resultó tener un efecto espectacular en la demostración del talento de Jeff y, gracias a la naturaleza del evento, lo hizo de la manera más poética posible. Acompañado por el antiguo guitarrista de Captain Beefheart, Gary Lucas, Jeff abrió el homenaje con «I Never Asked To Be Your Mountain» –una canción sobre sí mismo y su madre, del álbum de su padre, *Goodbye And Hello* (1967)– y a partir de entonces no miró nunca atrás. El productor del acontecimiento, Hal Wilner, comentó: «Dejó a todos estupefactos».

Para todos los que lo vieron en St. Ann, el destino de Jeff parecía predeterminado. De hecho, tuvo una aclamada carrera en solitario antes de –volviendo a emular de manera sobrecogedora a su padre– morir prematuramente en 1997 en un accidente.

Ralph Heibutzki

Fecha 26 de abril de 1991

Lugar Iglesia de St. Ann en la ciudad de Nueva York

Nacionalidad Estados unidos

Por qué es clave
El acontecimiento que sugirió que el talento está en los genes.

633

Álbum clave *Blue Lines*
Massive Attack

El hip-hop británico siempre ha sido el primo pobre de su homólogo estadounidense. Sólo cuando los británicos corrompen la fórmula fusionándola con otros estilos, se hacen conocidos. Así ocurrió en Bristol –una ciudad del Reino Unido con una de las mayores y más antiguas poblaciones negras– en la década de 1980, donde los Wild Bunch eran reverenciados por sus mezclas en las fiestas, combinando el rap y el electro estadounidenses con los estilos y danza del reggae y el *new wave*. Entre ellos se encontraban Grant «Daddy G» Marshall, Andrew «Mushroom» Vowles y el artista del grafiti Robert «3D» Del Naja.

Cuando los componentes de Wild Bunch se dedicaron a sus propios proyectos –Nellee Hooper se convirtió en productor de estrellas–, este trío se unió para formar Massive Attack. Lanzaron el single «Any Love» en 1988, pero fue su álbum de debut *Blue Lines,* lanzado el 6 de agosto de 1991, el que les lanzó a la fama. Con el joven rapero de Bristol,

el productor Adrian «Tricky» Thaws y vocalistas invitados entre los que se encontraban la leyenda del reggae Horace Andy, *Blue Lines* construyó nuevas canciones a base de *loops* de samples de antiguas grabaciones de soul y reggae, creando un ambiente relajado y melancólico. El single «Unfinished Sympathy» –con la cantante Shara Nelson– en particular, se convirtió en un tema clásico del chill-out para la generación rave, y el álbum inspiró el género más tranquilo conocido como trip-hop. Los Massive Attack eran propensos a las peleas, y su plantilla cambiaría con los años, pero *Blue Lines* les aseguró un lugar como uno de los grupos más respetados e influyentes de la década de 1990.

Joe Muggs

Fecha de lanzamiento 6 de agosto de 1991

Nacionalidad Reino Unido

Lista de temas Safe From Harm, One Love, Blue Lines, Be Thankful For What You've Got, Five Man Army, Unfinished Sympathy, Daydreaming, Lately, Hymn Of The Big Wheel

Por qué es clave
Un híbrido británico entre el hip-hop, el reggae y el soul da lugar al trip-hop.

Álbum clave *Metallica*
Metallica

Con sus brutales y duros primeros álbumes como *Kill 'Em All, Master of Puppets* y *...And Justice For All*, Metallica se estableció como una de las primeras bandas en la escena del speed metal. Pero en 1991, el grupo buscaba desnudar su sonido hasta sus elementos más simples. El resultado fue su álbum epónimo, *Metallica*, lanzado el 13 de agosto de 1991.

El álbum fue producido por Bob Rock quien –para horror de algunos admiradores– había trabajado previamente para los relativamente ligeros Bon Jovi y Mötley Crüe. Metallica, no obstante, eran totalmente conscientes de que muchos consideraban que nunca habían logrado capturar su fuerza en vivo en una grabación de estudio, debido a las complejidades de la producción. La banda bajó el ritmo, disminuyó el tempo y la complejidad de *...And Justice For All* hasta lograr algo más accesible. Entre los primeros ejemplos se encontraron el single inquietante y ferozmente popular «Enter Sandman», con su *riff* inicial, inmediatamente reconocible; «Nothing Else Matters», una balada genuinamente sincera; y «Wherever I May Roam». «Enter Sandman», en particular, puso en evidencia que el cantante James Hetfield podía hacer poco más que rugir y gruñir, y demostró el virtuosismo técnico del guitarrista Kirk Hammet y el baterista Lars Ulrich, sin ganarse las antipatías de la audiencia mayoritaria.

Aunque algunos admiradores despreciaron esta producción más limpia y pulida, el álbum supuso el primer Grammy para la banda y convirtió a Metallica en un nombre común. Aún permanece como uno de los mejores temas de Metallica, prueba irrefutable de que la banda aún no había perdido el ímpetu que los impulsó en sus primeros años.
Sara Farr

Fecha de lanzamiento
13 de agosto de 1991

Nacionalidad Estados Unidos

Lista de temas
Enter Sandman, Sad But True, Holier Than Thou, The Unforgiven, Wherever I May Roam, Don't Tread On Me, Through The Never, Nothing Else Matters, Of Wolf And Man, The God That Failed, My Friend Of Misery, The Struggle Within

Por qué es clave Los fanáticos de la velocidad aminoran, y recogen sus dividendos.

634

Álbum clave *Out Of Time*
R.E.M.

En 1988, los R.E.M., de Athens, Georgia, la banda que virtualmente definió el concepto de música «alternativa», firmaron con la gran discográfica Warner un supuesto contrato por cinco álbumes por 80 millones de dólares, hecho que conmocionó a sus admiradores independientes. *Out Of Time* era el segundo producto de larga duración de ese trato, después de una pausa de dos años, y su séptimo álbum en total, desde que se constituyeran en 1980. Marcó la culminación de su desarrollo a partir de un discordante sonido rock de guitarra adornado con una mandolina y coronado con una letra inaudible, para convertirse en el poderoso y confiado grupo con impronta que se convertiría en la mayor banda de rock del mundo, con un portavoz para toda una generación como el franco cantante Michael Stipe.

Ahora se habían renovado y contaban con una orquesta, y a pesar de ello eran capaces de crear éxitos de radio que no sacrificaban ni un ápice de su lírica enigmática: como testigo su exitazo mundial «Losing My Religion», un inolvidable monólogo interior de Stipe que es ahora una de las melodías emblemáticas de la banda. Mientras otros temas como el instrumental «Endgame» con énfasis en las cuerdas, o el rítmico «Low» se alejaban de lo convencional, el álbum contenía un éxito monumental que se enfrentó a algunas críticas. No obstante, a pesar del timbre pop engendrado por su melodía optimista y sus acompañamientos femeninos, únicamente un auténtico cascarrabias negaría el encanto masivo de «Shiny Happy People». En cualquier caso, los más de 10 millones de álbumes vendidos de *Out Of Time* permitieron a R.E.M. apoyar las causas de la izquierda política y continuar arando su propio surco dentro de lo ya establecido.
Chris Goodman

Fecha de lanzamiento
12 de marzo de 1991

Nacionalidad Estados Unidos

Lista de temas Radio Song, Losing My Religion, Low, Near Wild Heaven, Endgame, Shiny Happy People, Belong, Half A World Away, Texarkana, Country Feedback, Me In Honey

Por qué es clave
Transformó a los favoritos del rock alternativo en superestrellas insólitas

Pág. siguiente Michael Stipe.

Acontecimiento clave
Lollapalooza

El vocalista de Jane's Addiction, Perry Farrell tuvo la idea de organizar un festival de rock alternativo itinerante. La primera gira Lollapalloza, que comenzó el 17 de julio de 1991, fue lo suficientemente ecléctica –los espectáculos de despedida de Jane's Addiction, el sonido industrial de Nine Inch nail, el hip-hop de Ice T & Body Count– para proclamar su desdén por el mundo corporativo y el sectarismo musical. El festival también incluía espectáculos no musicales, como el Jim Rose Circus Side Show y una variedad de actividades culturales, políticas y de entretenimiento que lo convirtieron en un vehículo para que lo underground llegara a los territorios estadounidenses que solían estar fuera de su ámbito de influencia.

La explosión del grunge impulsó el Lollapalloza durante los años subsiguientes: aunque Nirvana se negó a encabezar el de 1992, las audiencias en todo Estados Unidos experimentaron el sonido de Red hot Chilli Peppers, Ice Cube, Soundgarden y Pearl Jam. En 1993, Primus, Alice in Chains, Dinosaur Jr. y Arrested Development fueron las estrellas; en 1994, Smashing Pumpkins, Beastie Boys y Nick Cave. El año de Sonic Youth, Hole, Cypress Hill, Pavement y Beck fue 1995, mientras que en 1996 actuaron Soundgarden, Rage Against The Machine y Metallica. Una alineación errática en 1997 puso un fin aparente al evento, pero después de una reactivación en 2003 y una cancelación en 2004, al año siguiente cambió a su formato actual, un festival de fin de semana en el Grant Park de Chicago.

Los días de gloria de Lollapalooza pueden haber quedado atrás, pero en su apogeo, este extraño evento fue lo suficientemente icónico como para aparecer en el programa de televisión de difusión mundial *The Simpsons*.
Ignacio Julià

Fecha 17 de julio de 1991

País Estados Unidos

Por qué es clave Nace un Woodstock itinerante para la Generación X.

Canción clave «(Everything I Do) I Do It For You» Bryan Adams

Cuando el roquero canadiense Bryan Adams aportó una canción a la banda sonora de la película de Kevin Costner *Robin Hood: Prince Of Thieves* (*Robin Hood, príncipe de los ladrones*), optó por un arreglo de rock estándar de la balada «(Everything I Do) I Do It For You», coescrita con «Mutt» Lange y Michael Kamen. Los productores de la película quedaron tan consternados por este anacronismo vestido electrónicamente, que lo emplearon para los créditos finales. Sin embargo, lanzado como single, tuvo gran éxito, y encontró su nicho como favorito de los karaokes y canción de bodas. El disco fue número uno en Estados Unidos, pero fue aún más popular en el Reino Unido, donde llegó al número uno de las listas el 13 de julio de 1991, y permaneció allí durante 16 semanas.

El disco llevaba el sello de Bryan Adams en todos los temas. Los éxitos ocasionales como el urgente «Run To You» (1984) y el pegadizo «Can't Stop This Thing We Started» (1991) pueden hacernos pensar en algún momento de debilidad que Adams merece una mención junto a los iconos del rock a los que continuamente hace referencia imitando sus posturas, gestos y argumentos musicales. Sin embargo, «Everything I Do (I Do It For You)» era todo un himno de Adams que utilizó las bases del rock clásico, pero –como siempre– nunca pasó de un término medio.

Sin embargo, a comienzos de octubre ya había roto el récord de estancia consecutiva más larga en el número uno en el Reino Unido, debido principalmente a su imprevista calidad.
Sean Egan

Fecha de lanzamiento Junio de 1991

Nacionalidad Canadá

Compositores Bryan Adams, Michael Kamen, Robert John «Mutt» Lange

Por qué es clave Una parodia del rock se convierte de alguna manera en la quinta esencia del rock.

Pág. anterior **Bryan Adams**.

Canción clave «Smells Like Teen Spirit»
Nirvana

Cuando «Smells Like Teen Spirit», de Nirvana, se lanzó el 10 de septiembre de 1991, la banda con base en la costa noroeste del Pacífico era desconocida, excepto para los coleccionistas de la discográfica anterior de la banda, la estrafalaria Sub Pop. Pero en dos meses, el single había llegado al Top 40, abriendo una puerta para el rock alternativo que desde entonces nunca se ha vuelto a cerrar.

Kurt Cobain, el cantante de Nirvana, guitarrista y principal letrista, había escrito la canción a comienzos del año, pero la letra cambió repetidas veces hasta que se grabó el tema. Aunque Cobain a menudo minimizaba la idea de un «significado» más profundo en sus canciones, reconoció que «Smells Like Teen Spirit», una canción «de ideas contradictorias» también reflejaba su opinión sobre la apatía general de su generación, algo que finalmente descartaba con un resignado encogimiento de hombros en la última frase de la canción: «Oh well, whatever, never mind» (En fin, lo que sea, da igual).

Musicalmente, la canción estaba arreglada de tal manera que llamaba la atención, con el principal *riff* tocado dos veces por Cobain a la guitarra, a lo que seguía toda la banda con gran estruendo (aunque la banda se había preocupado por sonar como si «robaran a The Pixies», el *riff* de entrada se parecía más a los de «More Than A Feeling», de Boston). Aunque el grunge, el género que Nirvana personificó, se describió como una mezcla de punk y heavy metal, la música de Nirvana tenía una cierta sensibilidad pop innegable, que permitió a «Smells Like Teen Spirit» convertirse en un éxito inesperado de fusión.
Gillian G. Gaar

Fecha de lanzamiento
10 de septiembre de 1991

Nacionalidad Estados Unidos

Compositores Kurt Cobain, Krist Novoselic, Dave Grohl

Por qué es clave
Permitió a las bandas de rock alternativo de cualquier franja la irrupción en la corriente principal.

Espectáculo clave *Matador*
teatro musical

Curiosamente, *Matador* es otro musical británico que comenzó su vida como álbum conceptual. La adaptación libre sobre la vida del extravagante torero Manuel Benítez, *el Cordobés*, no tuvo el éxito esperado de este tipo de proyectos un poco confusos del tipo de *Evita* y *Jesus Christ Superstar,* por lo que permaneció en cartel en el West End únicamente tres meses. A pesar de ello, sus autores, Edward Seago y Mike Leander, lo modificaron para nuevas producciones regionales o universitarias en Estados Unidos.

El espectáculo adquirió una cierta notoriedad por su maravillosa coreografía flamenca y por presentar a los toros en la plaza como una falange de bailarines vestidos de negro, pero también fue igualmente destacable por algunas de las personas asociadas a él. Por ejemplo, el compositor Mike Leander era un productor de discos pop muy reconocido, a la vez que escritor. Fue el responsable musical de la sarta de éxitos de Gary Glitter,

y también concibió los arreglos de cuerda para «She's Leaving home», de The Beatles. Y el álbum conceptual de 1987, *Matador*, con Tom Jones en el papel principal, dio a este cantante su primer éxito del Top 10 en 15 años. Jones se preparó para interpretar el papel principal en Londres, pero fue imposible reunir el capital necesario en esa época de finales de la década de 1980.

Cuando el espectáculo se puso finalmente en escena, el 16 de abril de 1991, fue con John Barrowman como protagonista (debut en el West End). El álbum con el reparto de *Matador* se canceló el día anterior al inicio de su grabación, pero Barrowman grabó dos canciones para un 45 r. p. m./CD single que coincidió con el estreno en Londres.
David Spencer

Estreno 16 de abril de 1991

Nacionalidad Estados Unidos

Compositores Mike Leander, Edward Seago

Por qué es clave
El musical en el que Tom Jones quiso participar, aunque tuvo que conformarse con el resurgimiento de su carrera.

Álbum clave *Loveless*
My Bloody Valentine

El nacimiento de *Loveless* se había envuelto en un velo de mito y misterio. Los relatos que afirman que llevó a la discográfica Creation a la quiebra no son ciertos, ya que tuvo un coste de 250.000 libras, pero sí es cierto que al jefe de la discográfica, Alan McGee, le prohibieron la entrada al estudio de grabación.

El segundo álbum de My Bloody Valentine –Kevin Shields (guitarra), Bilinda Butcher (vocalista, guitarra), Debbie Googe (bajista) y Colm O'Ciossoig (batería)– se grabó en dos fases diferentes. Las primeras sesiones dieron como fruto los EP *Glider* y *Tremolo*. La banda fue de gira y después grabó el resto del álbum, 10 de cuyos 11 temas fueron escritos por Shields. El sonido singular de esta banda se logró al mezclar los instrumentos y las voces a niveles iguales para que ninguno de ellos destacara. Shields también se mantuvo firme en no aceptar coros o demasiados efectos de guitarra. Tampoco tenía muchas melodías y la banda se dedicó a hacer los *samplings* ellos mismos, volviendo a incorporar las grabaciones en su mezcla. Su primer tema, «Only Shallow», estableció el marco del disco, con guitarras chirriantes que daban pie a unas voces veladas o entrecortadas y una percusión fuerte. Sobre el tema que cierra el álbum, «Soon», Brian Eno opinó: «Estableció un nuevo estándar para el pop. Es la música más vaga que ha llegado a ser un éxito.»

Loveless suele listarse con frecuencia entre las fuentes alternativas como el mejor álbum de la década de 1990. Su influencia es perdurable y ayudó a Creation a convertirse en una de las discográficas de más éxito de la década.
Rob Jovanovic

Fecha de lanzamiento
4 de noviembre de 1991

Nacionalidad Irlanda

Lista de temas Only Shallow, Loomer, Touched, To Here Knows When, When You Sleep, I Only Said, Come in Alone, Sometimes, Blown A Wish, What You Want, Soon

Por qué es clave
Un álbum de distorsión mítico e influyente.

Personaje clave
Tommy Roe

Tommy Roe apareció por primera vez en la escena pública en 1962 con «Sheila». Sonaba escandalosamente similar a «Peggy Sue», de The Crickets, pero llegó al número uno en Estados Unidos. «Sweet Darlin'», los arriesgados «Everybody» y «Come On» fueron éxitos en las listas en los años siguientes, pero después pareció que se podía afirmar que el mundo ya había visto suficiente del cantautor nacido en Atlanta, Georgia, en 1942.

Pero no fue así. En 1966, lanzó un disco extraordinario denominado «Sweet Pea». Extraordinario no sólo porque su música era mucho más profunda que un pop bien construido, sino porque era un increíble presagio del sonido *bubblegum* de finales de la década de 1960: un sonsonete melódico y una letra sobre las obsesiones de la infancia como los caramelos y la comida. «Hooray For Hazel» (1966) fue otro tema extraordinario. En marzo de 1969, Roe volvió a llegar al número uno en Estados Unidos después de un vacío de siete años con «Dizzy». Una composición onomatopéyica como un remolino, que también llegó al número uno en el Reino Unido.

A finales de 1969, las cosas llegaron a un cierto equilibrio cuando «Jam Up Jelly Tight» (un Top 10 en Estados Unidos), de sonoridad obscena le vio subir al carro de la música que sin querer había presagiado, imitando las insinuaciones de los números *bubblegum* como «Yummy Yummy Yummy».

El 9 de noviembre de 1991, «Dizzy» volvió a llegar al número uno en el Reino Unido con una inverosímil versión del comediante surrealista Vic Reeves. Quizás volvió a tratarse de la simetría: Roe había vivido en el Reino Unido a mediados de la década de 1960 y su versión de «The Folk Singer» de Merle Kilgore –que no tuvo éxito en Estados Unidos– llegó al número cuatro en el Reino Unido en 1963.
Sean Egan

Rol Artista de grabaciones

Fecha 9 de noviembre de 1991

País Estados Unidos

Por qué es clave ¿Plagio? ¿Innovación? ¿Arribista? De hecho, las tres cosas.

Acontecimiento clave
Fallece Freddie Mercury

El final llegó con la decencia apropiada. Hubo pocos rumores públicos, ninguna insinuación infame. Únicamente el discreto anuncio, en ese terrible día de noviembre, de que el líder de Queen, Freddie Mercury, padecía sida, y después otro más, la tarde siguiente, para anunciar que había muerto. Como ocurre con las salidas definitivas, la muerte de Mercury, al igual que una gran parte de su vida, fue llevada al escenario a la perfección. Si la enfermedad que lo mató pudiera controlarse también con esa facilidad... Freddie Mercury era, sin duda, el primer músico de rock en sucumbir a los estragos del sida –los estadounidenses Klaus Nomi y Jobriath estuvieron entre sus primeras víctimas–. De la misma manera que la muerte de Rock Hudson obligó a Hollywood a reconocer el azote en 1985, la defunción de Mercury hizo que la industria musical se enfrentara a los horrores del sida, en pensamiento y de hecho.

Un concierto conmemorativo, todos sus beneficios para organizaciones benéficas contra el sida, una reedición de «Bohemian Rhapsody», que llegó a lo más alto de las listas y cuyos beneficios fueron destinados a la misma causa... La muerte de Mercury dio pie a que grandes cantidades de dinero se destinaran a encontrar un remedio contra la enfermedad. Pero, lo que es más importante, dio importancia a la concienciación sobre ella. «Desafortunadamente, existe un enfoque muy juvenil hacia el sida en la comunidad roquera, un deseo de que las bandas continúen como siempre lo han hecho», se lamentaba David Bowie. «El hecho de que [Freddie] fuese tan apreciado, hará que la gente se dé cuenta de que el sida no conoce fronteras.» Y hoy en día, el recuerdo de Mercury continúa siendo un arma poderosa en la incesante lucha contra la enfermedad.
Dave Thompson

Fecha 24 de noviembre de 1991

País Reino Unido

Por qué es clave
La muerte de un apreciado líder contribuyó a destacar el problema del sida.

Pág. siguiente **Freddie Mercury**.

Personaje clave
Garth Brooks

Garth Brooks afirmó una vez que su meta era la de que todo ser humano sobre el planeta poseyera uno de sus discos. Dejando a un lado las metas inalcanzables, sus ambiciones lo convertirían en la mayor superestrella de la música country de todos los tiempos. Para cuando en septiembre de 1991 se lanzaba su tercer álbum *Ropin' The Wind*, Brooks se había posicionado como un consistente artífice de éxitos, pero incluso Nashville se asombró de lo que ocurrió a continuación. *Ropin' The Wind* entraría en las listas del pop en el número uno, el primer álbum country en lograrlo.

¿Y cómo lo logró? Aunque Brooks nunca cortejó a la radio pop, su mezcla particular de country contemporáneo era lo suficientemente agradable a los paladares de la música pop. Él tampoco se encontraba dentro del country tradicional, y había citado entre sus influencias musicales a James Taylor, Kiss y Bruce Springsteen. Es más, Brooks llevó la teatralidad del arena rock a sus espectáculos en vivo plenos de energía, y en los que incluía despliegues pirotécnicos y al mismo Brooks motorizado en el escenario, lanzándose al *mosh pit* (el público más cercano al escenario), o balanceándose en una cuerda. Nunca se vio a Porter Wagoner haciendo estas cosas.

Al atraer a una nueva audiencia al género country, Brooks, quien anunció su retirada en 2001 con un plan para volver a grabar en 2015 en toda regla, allanó el camino a las superestrellas del country que lo siguieron, como Tim McGraw, Alan Jackson y Kenny Chesney, quienes llegaron a lo más alto de las listas del pop, gracias a su estela.
Tierney Smith

Rol Artista de grabaciones

Fecha 1991

Nacionalidad Estados Unidos

Por qué es clave
La explosiva aceptación de la música country en la corriente dominante del pop.

Álbum clave *Stars*
Simply Red

Simply Red –esencialmente, Mick Hucknall, en honor de sus rizos como tirabuzones la banda recibe su nombre– despertó la atención en 1985 con una versión del himno a la pobreza de los Valentine Brothers «Money's Too Tight To Mention». Sin embargo, Hucknall pronto mostró sus propias credenciales como autor, en particular con la mundana «Holding Back The Years» (1986), sin mencionar sus habilidades vocales con el soul y sus ojos azules.

Stars, el cuarto álbum de Simply Red, fue testigo de la afirmación de la confianza de Hucknall en sus propias composiciones, al ser el primero de Simply Red que no contenía versiones de otras canciones. Los resultados comerciales fueron variados: el álbum no tuvo demasiado éxito en Estados Unidos. Sin embargo, en Europa después de su lanzamiento en octubre de 1991 su éxito parecía interminable, a lo que contribuyó el delicado tema titular del álbum, una canción tan exquisita que pocos mencionaron la poca viabilidad de su premisa lírica («I wanna fall from the stars straight into your arms», [Quiero caer de las estrellas directamente en tus brazos]) considerando que Hucknall ha sido en ocasiones poco menos que una figura de poco peso. La mayor parte del álbum es de un soul lento, brillante, aunque «How Could I Fall» es de un sorprende y ágil reggae.

El principal inconveniente del álbum es la negativa de Hucknall a dejar que los surcos se aparten de su infalible tempo lento a medio. Por ejemplo, la funky «She's Got It Bad» pide a gritos un movimiento más rápido. Habiendo dicho esto, la música nunca es soporífera, es rica y está bien construida, es siempre agradable y su naturaleza siempre serena es lo que da a Simply Red su enorme atractivo.
Sean Egan

Fecha de lanzamiento
Octubre de 1991

Nacionalidad Reino Unido

Lista de temas
Something Got Me Started, Stars, Thrill Me, Your Mirror, She's Got It Bad, For Your Babies, Model, How I Could Fall, Freedom, Wonderland

Por qué es clave
Un álbum que tiene de todo menos agitación.

1990-1999

643

Persona clave
Tito Puente

El título del álbum número 100 de Tito Puente, *The Mambo King*, lanzado en 1991, no podía ser más adecuado, ya que es lo que era. Ninguna otra figura en la historia conocida de la música latina ha personificado tan bien ese género. Moviendo los brazos frenéticamente frente a sus timbales –el instrumento de percusión en el que era un maestro indiscutible– y liderando sus virtuosas bandas, basadas en instrumentos de viento, con tintes de jazz, el vistoso y carismático Puente era una joya digna de admiración, a la vez que marcó tendencias durante décadas.

Puente desdeñó el término *salsa* en relación a su música. Para él era mambo, una forma cuyos orígenes podían encontrarse en la Cuba de finales de la década de 1930, aunque las raíces de esta música se adentran más en las rítmicas canciones populares que los esclavos africanos llevaron a las Américas. El mismo Puente era nativo de Nueva York, descendiente de portorriqueños y nacido en 1923.

Comenzó en la percusión de manera profesional a los 13 años, pero no fue hasta finales de la década de 1940 que él y la música latina en general tuvieron un seguimiento importante. En la década de 1950, cuando ayudó a impulsar la locura por el baile del chachachá, la popularidad de Puente ya se había extendido más allá de la audiencia de habla hispana. En 1971, cuando Santana se apuntó un éxito con su «Oye como va», Puente incluso había llegado al mundo del rock.

Pocos artistas pueden igualar la longevidad de la carrera de Puente, que se extiende a lo largo de más de medio siglo, durante el cual su popularidad nunca decayó. Ganador de un Grammy múltiple, la imagen de Tito Puente se convirtió de tal manera en un icono que incluso participó, en forma animada, en un episodio de dos capítulos de *The Simpsons*. Murió en el año 2000.
Jeff Tamarkin

Rol Artista de grabaciones

Fecha 1991

Nacionalidad Estados Unidos

Por qué es clave
El indiscutible rey del mambo.

Pág. anterior Tito Puente.

Canción clave «Alive»
Pearl Jam

La canción «Smells Like Teen Spirit», de Nirvana, y el álbum *Nevermind* dieron a conocer la escena musical de la zona del noroeste del Pacífico, pero fueron *Ten*, de Pearl Jam, y los singles que de él se extrajeron, los que aseguraron que continuase en el candelero en el que también se encontraban Alice In Chains, Soundgarden y Sir Mix-a-Lot.

«Alive», el primer single de *Ten* se lanzó en todo el mundo el 1 de septiembre de 1991, y no sólo fue clave para la introducción de Pearl Jam, sino para el hecho de que se convirtiesen en una banda. En 1990, el bajista Jeff Ament y el guitarrista Stone Gossard vieron disolverse sus bandas anteriores debido a una muerte a causa de las drogas. Grabaron unas demos con un nuevo guitarrista, Mike McCready, que después se enviaron al cantante Eddie Vedder, quien por aquel entonces vivía en San Diego, en casa de un amigo mutuo. Vedder proporcionó la letra y las voces para tres canciones, la primera de las cuales fue «Alive». Ese otoño, Vedder se mudó a Seattle y Pearl Jam comenzó su andadura.

Aunque se considera como un himno festivo debido a su emotivo coro, «Alive» es más un doloroso viaje de autodescubrimiento. Vedder confesó más tarde la oscura inspiración de la canción, que se basa en su problemática juventud. Siendo un adolescente, Vedder supo que su padre era realmente su padrastro y que su padre biológico había muerto años antes. El segundo verso insinúa un incesto, subrayado por el abrasador solo de guitarra de McCready. A pesar de su oscuridad, la canción fue un éxito y llegó al Top 20 tanto en las listas del Rock clásico como del rock moderno, a pesar de que únicamente estaba disponible en Estados Unidos, gracias a la importación.
Gillian G. Gaar

Fecha de lanzamiento
1 de septiembre de 1991

Nacionalidad Estados Unidos

Compositores Eddie Vedder, Stone Gossard

Por qué es clave Mostró que el Seattle de la década de 1990 no albergaba un único grupo destacado.

Pág. siguiente **Eddie Vedder.**

Álbum clave *Adventures Beyond The Ultraworld* The Orb

Dr Alex Patterson, el antiguo utilero de Killing Joke, fundó The Orb en 1988 como reflejo de su identidad de música ambiental experimental, en el cual trabajó con una siempre cambiante lista de colaboradores. Lanzaron su álbum de debut, *Adventures Beyond The Ultraworld,* en agosto de 1991.

Un doble CD de casi dos horas de duración (se editó un CD sencillo para su lanzamiento en Estados Unidos) mezclaba secuencias de sintetizador con una amplia selección de ritmos (electrónicos y acústicos) en un estofado sonoro siempre en ebullición con sonidos de animales, insectos, máquinas y fenómenos atmosféricos, voces de astronautas y cosmonautas, retazos de bandas sonoras de películas, y una lista de elementos demasiado larga para mencionarse aquí. El resultado final era un paisaje sonoro onírico, capaz de embarcar a quienes lo escuchaban en una odisea mental totalmente consciente, con o sin la ayuda de estimulantes químicos, ejemplificada por «A Huge Ever Growing Pulsating Brain That Rules From The Centre Of The Ultraworld» de casi 20 minutos de duración (sorprendentemente, lanzado como single).

A Rickie lee Jones no le hizo ninguna gracia el que su voz se empleara como sample recurrente en el tema que abre el CD y single que llegó al Top 10 del Reino Unido «Little Fluffy Clouds», pero éste fue el número que llevó al ambient house a un público mucho más amplio. ...*Ultraworld* nunca pasó del número 29 en las listas del Reino Unido, pero allanó el camino para que en 1992 *UFOrb* se convirtiera en el primer álbum de ambient house en llegar al número uno en aquel país. *Ultraworld* dio pie a la explosión del ambient house de mediados de la década de 1990 (Juno Reactor, The Grid, FFWD, etc.) y la influencia de The Orb aún es palpable en grupos contemporáneos como Moby y Royksopp.
Johnny Black

Fecha de lanzamiento
Abril 1991

Nacionalidad Reino Unido

Lista de temas Little Fluffy Clouds, Earth (Gaia), Supernova At The End Of The Universe, Back Side Of The Moon, Spanish Castles In Space, Perpetual Dawn, Into The Fourth Dimension, Outlands, Star 6 & 7 8 9, A Huge Ever Growing Pulsating Brain That Rules From The Centre Of The Ultraworld.

Por qué es clave El progenitor de los álbumes de ambient house del Reino Unido.

Espectáculo clave *Beauty And The Beast* (*La bella y la bestia*) la película

Algo desafortunado sucedió con las películas animadas de Disney después de mediados de la década de 1960: perdió la cantidad de dar efectividad a las canciones en la banda sonora de sus películas. Esto no resulta sorprendente: hasta entonces, no había mucha diferencia entre la música pop y la música de una obra de teatro. El teatro musical no sólo se adentraba en la música pop, sino que a menudo constituía el catálogo mismo de ésta, ya que empleaba un vocabulario similar. Pero conforme la divergencia entre las disciplinas del pop y del teatro se fue haciendo más profunda en la época del rock, Hollywood tomó, ingenuamente, el camino equivocado.

La recuperación llegó a mediados de la década de 1980 cuando a Howard Ashman, visto el éxito de su trabajo como letrista y libretista para *Little Shop Of Horrors* (*La pequeña tienda de los horrores*) se le ofreció el trabajo de poner música a *The Little Mermaid* (*La sirenita,* 1989) de Disney. Ashman se unió a su colaborador en *Little Shop*, Alan Menken, y procedieron a dar a los peces gordos de la animación en Disney un reciclaje intenso sobre cómo deberían funcionar los números musicales. El gran avance de *La Sirenita* fue un retorno a la tradición, con ricas melodías y un deslumbrante juego de palabras que cumplían una función dramática impecable. Supuso tal impacto que la siguiente película de Disney, *La bella y la bestia*, cuya música también era de Ashman y Menken, se convirtió en la primera película de animación en la historia en ser nominada al Óscar como mejor película. Y la primera en dar lugar a una adaptación teatral en Broadway, a la que siguieron conversiones similares de las películas de Disney sobre *The Lion King* (*El rey león*) y *Tarzan* (*Tarzán*).

Lo más destacado: la descripción inicial del personaje «Belle» y el himno a la hospitalidad «Be Our Guest».
Mike Princeton

Estreno
13 de noviembre de 1991

Nacionalidad Estados Unidos

Directores Gary Trousdale, Kirk Wise

Reparto Voces de Paige O'Hara, Robby Benson, Richard White

Compositores Alan Menken, Howard Ashman

Por qué es clave
La película en la que a Disney le volvieron a enseñar cómo hacer lo que en su día lograra con maestría.

Canción clave «**Under The Bridge**» Red Hot Chili Peppers

Los Red Hot Chili Peppers son una banda de rock competente, en ocasiones inspirada, pero a pesar de ello frecuentemente difícil de apreciar, debido quizás a su bufonería juvenil, letras desagradables, instrumentación a menudo descuidada y al desafortunado hecho de que sólo son realmente buenos cuando su errático guitarrista John Frusciante les acompaña.

No obstante, el 18 de abril de 1992, una de sus canciones entró en el Top 40 del *Billboard*, e hizo que incluso sus más acérrimos críticos quisieran, al menos mientras duró, abrazarles contra su pecho. En «Under The Bridge», el vocalista Anthony Kiedis se refiere a los aspectos sórdidos de su vida, pero en lugar de provocar el habitual desprecio, consigue que quien lo escuche aprecie su torturado punto de vista. Relata una época en la que compraba heroína bajo un no identificado puente de Los Ángeles, evoca la dolorosa soledad de la vida de un drogadicto, detallando cándidamente su aislamiento y su sensación de que su única amiga es la ciudad en la que vive. Milagrosamente, se le proporciona un acompañamiento considerado soberbio, que comienza con una introducción en la que Frusciante toca una encantadora guitarra eléctrica sin otro acompañamiento, continúa con un coro que es entusiasta aunque comedido y termina con un coro final.

Vulnerable, veraz, emotivo y hermoso, «Under The Bridge», conectó incluso con aquellos que nunca se podían haber imaginado que podrían estar contentos de habitar el mismo universo que los Red Hot Chili Peppers.
Sean Egan

Fecha de lanzamiento
Septiembre de 1991 (en *Blood Sugar Sex Magik*)

Nacionalidad Estados Unidos

Compositores Flea, John Frusciante, Anthony Kiedis, Chad Smith

Por qué es clave
Posiblemente, la única canción de los Red Hot Chili Peppers que los no iniciados pueden molestarse en investigar, ¡y vaya canción!

Pág. anterior
Red Hot Chili Peppers.

Grupo clave
Shakespears Sister

La cantante de sesiones musicales y de coros Marcella Detroit, junto con Siobhan Fahey, fueron presentadas por el productor Richard Feldman poco después de que Fahey abandonara Bananarama en 1988. El logrado y elegante dúo de electropop con una imagen *glamourosa* y gótica, adquirió su nombre mal deletreado al carecer de apóstrofe, como consecuencia de un error en el encargo de un grabado.

El álbum de debut de Shakespears Sister, *Sacred Heart* –una brillante y ecléctica colección de canciones pop-rock cargadas de sintetizadores– se lanzó en 1989, y el tema «You're History» llegó al Top 10 del Reino Unido. Aunque el dúo compartía la composición, las voces y las tareas de producción de forma igualitaria, la imagen de la banda se enfocaba principalmente en la más reconocida públicamente, Fahey. Este equilibrio se desplazó cuando la hermosa y etérea canción «Stay» (de su álbum de 1992 *Hormonally Yours)* se lanzó como single.

Esencialmente una canción sobre el destino de un hombre moribundo, «Stay» se centró en el amplio registro vocal de soprano de Detroit, mientras que Fahey ronroneaba y gruñía mientras cruzaba por el siniestro puente. El vídeo que acompañaba a la canción, de gran estilo, reflejaba este énfasis, protagonizado por una angelical Detroit en contraste directo con la demoníaca Fahey. «Stay» llegó al número uno en el Reino Unido el 22 de febrero de 1992, y mantuvo la posición durante ocho semanas, pero las tensiones en la hermandad fueron en aumento. El siguiente single, «I Don't Care» apenas rozó el Top 20 del Reino Unido, y después de su gira mundial en 1992, Fahey abandonó el dúo debido a un severo cansancio emocional y físico. Fahey lanzó posteriormente un álbum en solitario utilizando el nombre de Shakespears Sister.

Melissa Blease

Rol Artistas de grabaciones

Fecha 22 de febrero de 1992

Nacionalidad Reino Unido, Estados Unidos

Por qué es clave
Su nombre fue mal deletreado y su hermandad frágil, pero su breve carrera fue gloriosa.

Pág. siguiente **Siobhan Fahey**.

Acontecimiento clave
Nevermind llega al n.° 1

Cuando el álbum *Nevermind* de Nirvana llegó a lo más alto de las listas de Estados Unidos el 11 de enero de 1992, el hecho supuso más que la llegada de una nueva banda de rock con éxito comercial. A partir de aquí, se comenzó a hablar de una industria musical «pre-Nirvana» y «post-Nirvana».

Cuando Nirvana acababa de cambiarse a una discográfica mayor, se supuso que alcanzarían el nivel de éxito medio del que disfrutaron sus mentores, Sonic Youth. Liberados de la presión que suponía la expectativa, el trío formado por Kurt Cobain (guitarra y voces), Krist Novoselic (bajo) y Dave Grohl (batería) simplemente se dedicó a componer el mejor álbum que cabía en sus posibilidades. Mientras que las ruidosas y decisivas guitarras y la poderosa batería se encontraban entre las mejores de la tradición del indie, estaban acompañadas de sólidas reminiscencias de pop que daban un irresistible atractivo a sus canciones. Quizás

ésta es la razón por la que los singles «Smells Like Teen Spirit», «Come As You Are», «Lithium» e «In Bloom» aterrizaron inesperadamente en las listas del Top 40 de todo el mundo. La enigmática letra de Cobain, que de alguna manera lograba despertar simultáneamente la pasión y el desinterés, añadió un toque adicional de intriga.

Nirvana no se alineó fácilmente con las grandes estrellas con las que de repente tuvieron que codearse. Por ejemplo, la cubierta de *Nevermind,* en la que una fotografía de un bebé nadando intentando atrapar un billete de un dólar, capturaba toda la inocencia a punto de ser corrompida. Mientras tanto, el punto de vista político progresivo de la banda los diferenciaba de las denominadas «hair metal»: resulta memorable que *New Musical Express* describiera a Nirvana como «Los Guns 'N' Roses que está bien que nos gusten».

Gillian G.Gaar

Fecha 11 de enero de 1992

País Estados Unidos

Por qué es clave
Las nociones de lo que constituía ser alternativo y dominante quedaron destruidas para siempre.

Grupo clave
Boyz II Men

La década de 1980 vio lograr unas ventas enormes a grupos protagonistas del sonido New Jack Swing del R&B como New Edition y Keith Sweat, pero fue el estilo armónico más pulido y dulce de Boyz II Men el que disparó las ventas. En la gran tradición de la discográfica Motown, los cuatro vocalistas –Wanya Morris, Shawn Stockman, Nathan Morris y Michael McCary– tenían una gran formación vocal y escénica, por lo que cualquier atisbo de imagen callejera quedó eliminado.

Su álbum de debut, producido en 1991 en Dallas y Austin, *Cooleyhighharmony,* alcanzó el platino, pero fue una canción grabada a toda prisa durante una gira lo que les aseguraría un lugar en la historia del pop. «The End Of The Road», escrita y producida por Kenneth «Babyface» Edmonds para la película de Eddie Murphy *Boomerang* (*El príncipe de las mujeres*), fue el arquetipo absoluto de una variedad de soul suave, anhelante, que agradaba a las chicas, que llevaría a definir tanto

el R&B como el pop de las *boybands* a lo largo de la década de 1990.

El 7 de noviembre de 1992, la canción llegó a su decimotercera semana en el número uno de las listas de *Billboard* –batiendo un récord de 1956– y el relanzado *Cooleyhighharmony* alcanzó los 9 millones de unidades vendidas; el siguiente álbum, *II*, alcanzaría los 12 millones. El intenso entrenamiento con la Motown dio su fruto a la banda: consolidaron su éxito y permanecieron en las listas de todo el mundo durante la década de 1990. Perseguidos por la mala salud y unas ventas decrecientes, en los últimos años su calidad ha menguado, pero la banda continúa grabando –ahora con una marca independiente, MSM– y de gira.
Joe Muggs

Rol Artistas de grabaciones

Fecha 1992

Nacionalidad Estados Unidos

Por qué es clave
La banda que representó a la «corriente principal» del R&B estadounidense de la década de 1990.

Álbum clave *The Bodyguard* (*El guardaespaldas*) B.S.O. de la película

The Bodyguard (*El guardaespaldas*) resultó una película mediocre sobre el romance entre una cantante (Whitney Houston) y su guardaespaldas (Kevin Costner), y con un Gary Kemp en un papel terriblemente mal asignado. Su banda sonora, lanzada en noviembre de 1992 como álbum, era también decepcionante, aunque se encuentra en la actualidad tras la titánica *Saturday Night Fever* (*Fiebre del sábado noche*) como el mejor álbum de una banda sonora de todos los tiempos.

La popularidad del álbum se impulsó sin duda por el hecho de que su primera mitad estaba compuesta por canciones cantadas por la misma Houston. Su versión del «I Will Always Love You» de Dolly Parton fue un exitazo generalizado, a pesar de ser un despliegue vacío de gimnasia vocal muy inferior al sincero original de Parton.

La otra cara era una mezcla prescindible de melodías, incluyendo una versión del «(What's So Funny 'Bout) Peace, Love And Understanding», de Nick Lowe, hecha

por el cantante soul Curtis Stigers, que palidece en comparación a la brillante versión de Elvis Costello de 1979. No obstante, esta versión de segunda mano fue tremendamente beneficiosa para su compositor. Lowe –productor *new wave* y artista de grabaciones extraordinario con una colección de álbumes con chispa y melodiosos en su haber aunque sólo uno triunfara en Estados Unidos («Cruel To Be Kind», de 1979)– supuestamente recaudó un millón en derechos de autor de esta pobre versión de una de sus grandes creaciones.
Tierney Smith

Fecha de lanzamiento
8 de noviembre de 1992

Nacionalidad Estados Unidos

Lista de temas I Will Always Love You, I Have Nothing, I'm Every Woman, Run To You, Queen Of The Night, Jesus Loves Me, Even If My Heart Would Break, Someday (I'm Coming Back), It's Gonna Be A Lovely Day, (What's So Funny 'Bout) Peace, Love And Understanding, Theme From The Bodyguard, Trust In Me

Por qué es clave El álbum mediocre que hizo rico a un artista injustamente menospreciado.

Canción clave **«Ebeneezer Goode»**
The Shamen

The Shamen siguieron un camino tortuoso hacia el éxito en el pop. Comenzaron como una banda de guitarras, descubrieron gradualmente las alegrías del *sampling*, y se convirtieron en una parte del movimiento acid house. Al incorporar la experimentación multimedia y los DJ, sus apariciones en vivo les hicieron muy apreciados por la escena rave en la que el éxtasis era la droga por excelencia.

Después del éxito de su tercer álbum, *En-Tact*, la tragedia se cebó en ellos cuando el miembro clave Will Sinnott se ahogó en La Gomera al grabar un vídeo. Su compañero Colin Angus continuó con la banda y un amigo, Mr C (su nombre real era Richard West) se convirtió en miembro de pleno derecho. El siguiente álbum, *Boss Drum*, dio al grupo un número uno en el Reino Unido el 19 de septiembre de 1992 con «Ebeneezer Goode».

Éste no era el primer éxito acid house en referirse a las drogas, pero el fresco doble sentido de la frase del coro «E's a-good, 'e's Ebeneezer Goode» y otras referencias a lo largo de la letra de Mr C la convirtió en una de las más descaradas canciones que hacían apología de la droga en esa época. También contenía un elemento teatral o pop anticuado, lo que la hacía terriblemente pegadiza o extremadamente irritante, dependiendo a quién se le preguntase. El acento burlón de Mr C y el histrionismo del comediante Jerry Sadowitz como el epónimo héroe enmascarado en el vídeo, contribuyeron aún más al absurdo de la situación.

El éxito de la canción fue quizás una victoria pírrica, ya que The Samen perdieron una parte de su audiencia fundamental: quienes lo consideraban como una capitulación a pesar del elogio al éxtasis. Éstos son los peligros del éxito comercial.
Hugh Barker

Fecha de lanzamiento
Septiembre de 1992

Nacionalidad Reino Unido

Compositores Colin Angus, Richard West

Por qué es clave
Un himno empapado de droga para la generación del éxtasis.

Álbum clave ***The Chronic***
Dr. Dre

Ya desde los inicios del rap, algunas de sus letras eran auténticas exhortaciones a una buena salida nocturna, tomar una copa y ser feliz. Pero después de que esta música dedicara unos cuantos años a demostrar que se preocupaba por lo que sucedía en el mundo que la rodeaba –desde la histórica «The Message», de Grandmaster Flash And The Furious Five, hasta «The Predator», respuesta feroz a las revueltas en Los Ángeles– el hedonismo y su corolario, el nihilismo, se convirtieron en el tema principal de esta música.

The Chronic, de Dr. Dre, lanzada el 15 de diciembre de 1992, fue el disco que nos trajo este cambio. El primer trabajo producido por Andre «Dr Dre» Young desde la desaparición de la superpoderosa NWA del gangsta rap, el álbum fue el escaparate para Dre y su grupo de viejos conocidos y nuevos recién llegados (The D.O.C., The Lady of Rage, Snoop Doggy Dogg). La música –alegre, cálida, meliflua–

reflejaba la relajada sensación de vivir del sur de California, y la letra, aunque consciente de las bandas y las armas, prefería referirse a los buenos momentos y a las chicas. La atmósfera tranquila de canciones como «Let Me Ride» y «Nuthin' But A 'G' Thang» , a la vista del enorme éxito comercial de los discos, creó una nueva plantilla para el trabajo de aspirantes a estrellas del rap.

Nos guste o no, un vistazo al hip-hop de la actualidad certificará que *The Chronic* puede ser el álbum hip-hop más influyente de todos los tiempos.
Angus Batey

Fecha de lanzamiento
Diciembre de 1992

Nacionalidad Estados Unidos

Lista de temas The Chronic (Intro), Fuck Wit Dre Day (And Everybody's Celebratin'), Let Me Ride, The Day The Niggaz Took Over, Nuthi' But A 'G' Thang, Deeez Nuuuts, Lil' Ghetto Boy, A Nigga Witta Gun, Rat-Tat-Tat, The $20 Sack Pyramid, Lyrical Gangbang, High Powered, The Doctor's Office, Stranded On Death Row, The Roach (The Chronic Outro), Bitches Ain't Shit

Por qué es clave Hip-hop de coches y chicas.

Acontecimiento clave
Hillary Clinton ofende a Tammy Wynette

Un éxito del Top 20 en Estados Unidos en 1969 y número uno en el Reino Unido en 1975 «Stand By Your Man» fue la canción de mayor éxito de la carrera de la estrella country Tammy Wynette y con toda seguridad la más controvertida. En una ocasión afirmó que escribió la canción en 15 minutos y dedicó toda su vida a defenderla.

Aunque tremendamente popular, se ganó la ira de las feministas, que se burlaban de la canción por defender la lealtad y el perdón eternos a su pareja en la vida de una mujer, sea cual fuere su conducta, aunque parece que no se fijaron en la ambigüedad de la frase «Cos after all, he's just a man» (Porque después de todo, no es más que un hombre).

«Stand By Your Man» se convertiría en una de aquellas canciones que están tan grabadas en la mentalidad popular, que incluso los no aficionados al country eran conscientes de su existencia. Entre ellas estaba Hillary Rodham Clinton, quien

se refirió al título de la canción el 26 de enero de 1992 en una entrevista para el programa *60 Minutes* de CBS durante el furor que causaron las acusaciones de que su esposo y entonces candidato a la presidencia Bill Clinton había tenido un enredo amoroso. En esa entrevista realizó la denigrante aseveración: «No estoy sentada aquí como una mujercita apoyando a su marido como Tammy Wynette» . (A pesar de que en esencia era lo que estaba haciendo.) No es necesario afirmar que Wynette lo tomó como una ofensa personal. Más tarde, Hillary pediría disculpas a Wynette. Aparentemente, todo quedó olvidado. Wynette actuó en un acto de recogida de fondos, un evento en el que «la primera dama del country»[1] ayudaba a Hillary a convertirse en la primera dama del país.
Tierney Smith

1. *N del T:* juego de palabras en inglés, ya que *country* designa tanto al género musical como al concepto de país.

Fecha 26 de enero de 1992

País Estados Unidos

Por qué es clave
Una canción se citó en una situación extremadamente delicada.

Espectáculo clave **L7 en *The Word***
programa de televisión

Los activistas que defienden la rectitud moral raramente han tenido que mirar mucho más lejos que a cualquier programa de televisión popular sobre música y rock para encontrar la prueba irrefutable de que la civilización se está yendo a la ruina. Ya fuera por el contoneo de las caderas de Presley en la década de 1950, las referencias a las drogas en las letras de The Doors en la década de 1960, o los Sex Pistols utilizando palabras soeces en la década de 1970, siempre podía contarse con los santurrones de turno para invocar a Caín cuando algún joven sobrepasaba los límites de la decencia y el buen gusto en televisión. De forma inevitable, los productores de los programas comenzaron a darse cuenta de que las campañas de reacción moral tenían el beneficio adicional imprevisto de impulsar no sólo las ventas, sino las cifras de audiencia.

El programa de televisión británico dedicado a la cultura de la juventud, *The Word*, que comenzó a emitirse en 1990, buscaba deliberadamente

la controversia como herramienta de marketing. Así que cuando Donita Sparks, líder de las roqueras hardcore punk de Los Ángeles L7, se quitó un tampón en el escenario del Reading Rock Festival y lo lanzó a los elementos hostiles entre los espectadores, convirtió a esta banda femenina en un gancho irresistible para este tipo de programas. Dos meses más tarde, cantaron «Pretend We're Dead» en *The Word*. Cuando terminó la canción, Sparks se bajó los tejanos para mostrar la ausencia de ropa interior, garantizando a L7 un lugar en los anales del escándalo. Curiosamente, aunque el fallo en el guardarropa de Sparks no produjo un frenesí en la prensa sensacionalista, no dio pie a preguntas en el Parlamento y la voz de los reaccionarios morales fue todo menos audible. Los tiempos –al igual que los grupos de chicas– habían cambiado claramente.
Gavin Michie

Fecha 20 de noviembre de 1992

Nacionalidad Reino Unido

Por qué es clave El primer desnudo integral frontal por parte de unos roqueros en la televisión en directo.

Pág. anterior L7.

Álbum clave *In Search Of Manny*
Luscious Jackson

En los comienzos de la década de 1990, los vocalistas y autores Jill Cunliffe y Gabby Glazer eran caras conocidas en la escena de los clubs bohemios del centro de Nueva York donde fraternizaban los aficionados al hip-hop y las bandas independientes más ligeras. De esta manera, la mezcla de rap e indie del que fueron pioneras les vino muy bien.

Después de grabar algunas demos, firmaron con la compañía Grand Royal de los Beastie Boys. Compartían una estética similar con los Beastie así como su afición por la vida en los clubs, además de que su baterista, Kate Schellenbach –a quien reclutaron junto con la teclista Vivian Trimble para completar la banda Luscious Jackson y grabar su miniálbum de debut *In Search Of Manny*– había participado en la encarnación previa a la fama de los Beastie.

El álbum ofrecía una visión más sofisticada de la vida de la conocida como Generación X que la actitud más bien autocompasiva de la mayor parte del grunge y el rock alternativo que prevalecían en ese momento, con valores productivos más creativos en lo-fi, un humor lacónico y un cierto swing en la música. «Life Of Leisure» personificaba el lirismo inteligente, ambivalente e inspirado en el rap de este disco, con su amonestación a un hombre agotado: «Why you wanna waste way, lover of the life of leisure?» (¿Por qué te dejas consumir, amante de la vida ociosa?); mientras que «Let Yourself Get Down» y «Daughters Of Kaos» eran francas exaltaciones del baile, la embriaguez y los estilos de vida alternativos.

Aunque el cuarteto cuidó más la producción y alcanzaría un sonido más inspirado en el pop, *In Search Of Manny* continuaría siendo el favorito de sus aficionados y una pieza clave en la evolución del rock alternativo de la década de 1990 en Estados Unidos
Joe Muggs

Fecha de lanzamiento Diciembre de 1992

Nacionalidad Estados Unidos

Lista de temas Let Yourself Get Down, Life Of Leisure, Daughters Of The Kaos, Keep On Rockin' It, She Be Wantin' It More, Bam-Bam, Satellite

Por qué es clave Donde el hip-hop se encuentra con el indie-pop.

Canción clave **«Creep»**
Radiohead

«Creep» invirtió dramáticamente la suerte de un quinteto de clase media, con grandes estudios, de los suburbios arbolados de Oxforshire en el Reino Unido, y que aparentemente estaban destinados a permanecer tipificados como grupo indie-rock blando y mediocre. También introdujeron el odio hacia uno mismo en las listas del pop.

Las letras llenas de dolor de Thom Yorke eran toda una clásica declaración de arte marginal, con su protagonista ahogado en la agonizante y sensiblera pérdida de la autoestima. Pocos pudieron haber sospechado que sería la lanzadera para una de las carreras comercialmente más exitosas y estéticamente satisfactorias de la década de 1990, incluso si se considera que el éxito de la canción tuvo una combustión lenta (lanzado por primera vez en septiembre de 1992, no debutaría en las listas del Reino Unido hasta el 18 de septiembre de 1993).

Yorke escribió la letra en la Universidad de Exeter en los coletazos de una borrachera, después de haberse encaprichado de una compañera de estudios. Mientras que la breve introducción de cuerda que hace de prólogo a las grandes cuerdas del coro suponían una traición de la banda hacia The Pixies, fue el áspero e invasivo interludio de guitarra (que evoca temáticamente un combate autodestructivo) el que dio a la canción su calidad visceral y la llevó por encima de la introspección y el amor propio. Calificada como una versión barata del «Smells Like Teen spirit», de Nirvana, Yorke tuvo que enfrentarse a la presunción de que la suya era otra «tragedia Kurt Cobain» en la hechura. Como la banda vería la irrupción de su éxito con cierto recelo, evitaron tocarla en sus conciertos durante varios años.

La verdad era que Radiohead tenía mucho más que ofrecer que lo que cualquiera hubiera podido imaginar.
Alex Ogg

Fecha de lanzamiento 18 de septiembre de 1993

Nacionalidad Reino Unido

Compositor Thom Yorke, Ed O'Brien, Jonny Greenwood, Colin Greenwood, Phil Selway

Por qué es clave El odio a uno mismo en el *hit parade*.

Pág. siguiente **Radiohead**.

Espectáculo clave *Sunset Boulevard*
teatro musical

A pesar de estrenarse vendiendo las entradas con la mayor antelación en la historia de Broadway, *Sunset Boulevard* también fue el mayor fiasco económico en la historia de los musicales.

El argumento era muy dramático: Hollywood, una actriz olvidada pero con grandes ambiciones, un escritor luchador y un romance trágico. Basado en la película de cine negro de la década de 1950 de Billy Wilder, el compositor Andrew Lloyd Webber colaboró con los escritores y letristas Christopher Hampton y Don Black para crear la espectacular producción.

El estreno en Londres en el Adelphi Theatre del mismo Lloyd Webber el 12 de julio de 1993 tuvo un éxito relativo. Patti LuPone encarnó a la apagada Norma Desmond logrando críticas diversas, pero fueron los inmensos decorados los que llamaron más la atención. Esto es, hasta que el espectáculo se desplazó a Broadway el 17 de noviembre de 1994. Con una nueva canción («Every Movie's A Circus»)

y una nueva actriz en el papel de Desmond (Glenn Close), las ventas de entradas para el espectáculo en Broadway rompieron todos los récords y alcanzaron los 37,5 millones de dólares. Pero no todo fue tan bien, ya que LuPone, a quien se le había prometido el papel en Broadway, demandó a Lloyd Webber, por lo que recibió una considerable compensación extrajudicial. La sustituta de Close, Faye Dunaway, también los denunció, después de demostrar que era incapaz de lograr las exigencias vocales. Adicionalmente, un espectáculo tan fastuoso también suponía unos enormes costes.

La publicidad impulsó la venta de entradas, pero también dañó sobremanera al musical financieramente. Todo ello supuso el que el «exitoso» show nunca lograra beneficios durante su permanencia de dos años en Broadway.
Leila Regan-Porters

Estreno 12 de julio de 1993

Nacionalidad Reino Unido

Director Trevor Nunn

Reparto Patti LuPone, Kevin Anderson, Daniel Benzali

Compositores Andrew Lloyd Webber, Christopher Hampton, Don Black

Por qué es clave Demostró que una masiva venta de entradas no siempre es garantía de beneficio.

Acontecimiento clave
The Sisters Of Mercy en huelga

El tipo de banda *amateur* que toca en el club o en las fiestas de su localidad contempla la vida como una presentación única tras otra y como las grabaciones no son su objetivo, tocan por amor a la música.

Pocos grupos profesionales pueden abrazar esta filosofía pero, en diciembre de 1993, una serie de disputas irresolubles con la discográfica Warner Brothers vio a The Sisters Of Mercy pasar de ser un exitoso grupo de grabación a uno que sólo actuaba en conciertos. Y así han permanecido desde entonces.

Cuatro álbumes de Sisters, inicialmente encasillados en la escena gótica pero de la que han salido gradualmente, son los *hits* de la carrera de esta banda en la década de 1990, con su relevante *Vision Thing* que aún es hoy uno de los álbumes con el sonido más espectacular nunca escuchados. Tres años después, editaron una recopilación de éxitos. Y entonces el líder de Sisters, Andrew Eldritch

se declaró en huelga, anunciando que no tenía la intención de grabar otro álbum hasta que quedase libre de sus obligaciones contractuales existentes.

El asunto quedó estancado. The Sisters fueron de gira, pero nada más. Y cuando después de cinco años el contrato expiró y quedaron libres para volver a grabar, no lo hicieron. Se limitaron a seguir actuando. Aunque presentan material nuevo junto con el anterior, nunca se materializa en la forma de un CD. The Sisters continúan actuando únicamente en directo, y lo curioso es que nos lleva a preguntarnos si no hay más grupos que deberían seguir su ejemplo. El rock 'n' roll es una experiencia viva, después de todo. The Sisters of Mercy se aseguran de que lo siga siendo.
Dave Thompson

Fecha Diciembre de 1993

País Reino Unido

Por qué es clave La primera ocasión en la que una banda se dedica únicamente a las giras mientras continúa componiendo nuevas canciones y no trafica con la nostalgia.

Canción clave «**Sweet Thing**»
Mary J. Blige

Cuando «Sweet Thing», el cuarto single del álbum de debut de Mary J. Blige, *What's The 411?*, entró en el Top 40 de *Billboard* el 28 de febrero de 1993, su cantante ya estaba en boca de todos. Su música era el eslabón perdido entre el hip-hop y el soul, los extremos opuestos del espectro de la música afroamericana, y había llegado a las listas con ella en una época en la que dominaban las angustiosas expresiones de masculinidad –el hip-hop y el grunge–. Glige podía ser tan intensa en su catarsis como los cantantes de esos géneros –su voz es un instrumento de inmenso poder expresivo que captura inequívocamente el centro emocional de sus temas–, pero aliviando su dolor con positivismo, esperando siempre la salvación en el amor y la vida.

Su versión de «Sweet Thing», de Chaka Khan (un número cinco en Estados Unidos en 1976) fue uno de estos ejemplos: después de mostrar sus credenciales hip-hop con el soberbio «Real Love», se propuso abordar el soul clásico, una movida arriesgada para una cantante que comienza su carrera. Blige lo logró con una actuación plena de apasionada belleza, llegando al corazón mismo de la canción con su exquisita expresión, y no sólo evitó comparaciones negativas con el original, sino que colocó su voz al nivel de las más grandes del soul. La cadencia y la dulzura de la voz de Blige son suficientes para derretir el corazón del matón más duro, y eso es exactamente lo que ha hecho desde entonces.
Alex Macpherson

Fecha de lanzamiento
Diciembre de 1992

Nacionalidad Estados Unidos

Compositores Chaka Khan, Tony Maiden

Por qué es clave
La canción en la que el presente de la música negra se encuentra con su pasado.

Acontecimiento clave **Apuñalan hasta morir a un guitarrista de black metal**

Para el noruego medio, las fantasías black metal de Øystein Aarseth, alias *Euronymous*, de 25 años de edad, no merecían ser tomadas en serio. No obstante, esto cambió después de la muerte del guitarrista el 10 de agosto de 1993 a causa de las heridas provocadas por 23 puñaladas en la cabeza, la espalda y el cuello.

Una semana larga de investigaciones culminó con el arresto de Varg Vikernes, quien había sido bajista en la banda de black metal de Aarseth, Mayhem. En primer lugar, la policía especuló con una teoría propuesta por el mismo Vikernes, una lucha de poder por el dominio de la escena local. Posteriormente, Vikernes afirmó que actuó en defensa propia después de una discusión sobre las prácticas comerciales descontroladas de Aarseth. Fue condenado por homicidio sin premeditación.

Todo esto resultaba secundario para quienes siguieron el juicio, que leyeron acerca del black metal por primera vez, un estilo abrasivo y devastador que de manera incongruente incorpora con frecuencia patrones clásicos y cromáticos, y suele asociarse principalmente con bandas europeas, sobre todo de los países nórdicos. Otra característica son sus letras, que ensalzan los temas ocultos, paganos o satánicos. Lo que era más inquietante, esto no sólo parecía la postura de los tradicionales emuladores heavy metal de Black Sabbath, sino algo más serio, como sugiere la condena de Vikernes por varios cargos menores, principalmente una serie de incendios intencionados de iglesias. Otros observadores sugieren que el asesinato desveló una sociedad próspera desconectada de su juventud. Sea cual fuere la lectura de este crimen, Vikernes continúa en prisión, donde ha grabado tres álbumes. Perdió su última petición de libertad condicional en 2006.
Ralph Heibutzki

Fecha 10 de agosto de 1993

País Noruega

Por qué es clave
El asesinato que reveló los roles que algunos miembros de la escena black metal se tomaban demasiado literalmente.

Personaje clave
Liz Phair

Durante más de una década, Liz Phair ha abrazado y rechazado alternativamente el estilo pop sexualmente provocador de *Exile In Guyville*, lanzado el 22 de junio de 1993. Ninguno de los dos posicionamientos la ha devuelto al nivel donde su debut la colocó brevemente.

Phair (nacida en 1967) llamó la atención por primera vez en la escena musical de Chicago con *Girlysound*, una cinta doméstica que le supuso un contrato con la discográfica independiente Matador. Con la reclamación de que *Exile In Guyville* era una réplica del tema de 1972 de The Rolling Stones *Exile On Main St.*, el álbum de Phair se ganó una predecible atención. Impulsada por la agridulce «Fuck And Run», también cosechó un merecido elogio de la crítica.

Sin embargo, su siguiente y muy promocionado álbum *Whip-Smart* (1994) no logró despertar el interés de las multitudes –y tampoco lo hizo *whitechocolatespacegg* (1998) dirigido a la realidad del matrimonio y la maternidad–. La década actual no ha sido más amable: sus admiradores de toda la vida atacaron violentamente el primer álbum de Phair con Capitol Records, *Liz Phair* (2003), calificándolo de hábil traición, refiriéndose a su portada, con la artista posando desnuda detrás de su guitarra, y a cuatro colaboraciones con el equipo de producción de Britney Spears/Avril Lavigne, The Matrix. A pesar de ello, el éxito comercial del single producido por Matrix, «Why Can't I?» contribuyó a contrarrestar el aluvión de críticas negativas del álbum.

Phair volvió a cambiar de registro para *Somebody's Miracle* (2005), que mezclaba el pulido giro pop de su predecesor con su antigua intensidad lírica. Los resultados no alcanzaron el éxito en las listas, dejando a Phair como comenzó: como una artista de culto con un pequeño aunque recalcitrante grupo de fanáticos.
Ralph Heibutzki

Rol Artista de grabaciones

Fecha 1993

Nacionalidad Estados Unidos

Por qué es clave Una cantautora cuyo debut definió su imagen, en detrimento suyo.

Acontecimiento clave
Prince se convierte en un símbolo

Muchos artistas de grabación han estado en desacuerdo con su discográfica. Unos cuantos han recurrido a medidas desesperadas para liberarse de sus contratos. Nos viene a la mente la decisión de Lou Reed de lanzar el ensordecedor *Metal Machine Music*. Pero ninguno se puede comparar a los intentos de Prince por asegurar su «emancipación» de Warner Brothers cuando el 7 de junio de 1993 cambió su nombre, Prince, por un símbolo impronunciable, una combinación de símbolos masculinos y femeninos (dando pie a que los medios lo llamaran «El artista antes conocido como Prince», o más tarde: «El artista». Aún dio más énfasis a su disgusto al pasearse con la palabra «esclavo» garabateada en su mejilla.

La disputa de Prince con la discográfica se debía al control sobre su catálogo. Escritor prolífico, quería que una mayor proporción de su obra se editase. Warner Brothers suponía un obstáculo, por lo que ideó este singular acto de protesta para bloquear los intentos de la discográfica para promocionar sus álbumes. A esto siguió una batalla por sus nuevos lanzamientos, por el escepticismo de Warner sobre la calidad de la música que producía. Prince, sin embargo, demostró tener algo de razón cuando su single lanzado independientemente «The Most Beautiful Girl In The World» se convirtió en un exitazo transatlántico.

Aunque Prince volvería a su nombre cristiano el 16 de mayo de 2000, después de cumplir su contrato, todo este asunto, por si fuera poco, afianzó aún más su ya firme reputación como uno de los artistas más excéntricos del mundo del rock.
Tierney Smith

Fecha 7 de junio de 1993

País Estados Unidos

Por qué es clave En un acto sin precedentes, un artista se cambia el nombre con motivo de una disputa con su discográfica.

Pág. anterior **Prince**.

Canción clave «(I'm Gonna Be) 500 Miles»
The Proclaimers

El single con el que debutó el grupo The Proclaimers en 1987 sobre la diáspora escocesa «Letter From America» era conmovedor aunque también asombroso: fue creado por los hermanos gemelos que componían el grupo, Charlie y Craig Reid, con sus propios y marcados acentos de Fife. Aunque logró un Top 3 en el Reino Unido, los mismos gemelos admitieron en ese momento que su estilo de folk-rock irónico y definitivamente caledonio no era lo que los convertiría en estrellas internacionales.

«(I'm Gonna Be) 500 Miles» fue el primer single lanzado en el Reino Unido del segundo álbum de la banda, *Sunshine On Leith* (1988). Una declaración de devoción enmarcada en un ritmo de marcha muestra al protagonista insistiendo, con su particular coro, en que caminaría el doble de las millas del título para caer rendido a la puerta de su amada. The Proclaimers lo lanzaron, lo vieron eludir los Top 10 del Reino Unido y continuaron.

Las cosas cambiaron de manera significativa para los hermanos en 1993, cuando los productores de la película *Benny And Joon* (*Benny y Joon, el amor de los inocentes*) –la historia de amor de un inadaptado social– decidieron utilizar esta canción como tema principal. Al ofrecerles así una publicidad con la que no habían soñado hasta el momento, la canción entró en los Top 40 de Estados Unidos el 26 de junio de 1993, antes de lograr un asombroso número tres. Aún más asombrosa fue la manera en la que esta canción se empleó –después de que volviera a transcurrir una década– en la taquillera película de animación *Shrek*.

Aunque no estaban destinados a llenar estadios, The Proclaimers nunca contaron con la manera en la que las nuevas generaciones pueden diseminar su propia música favorita de formas totalmente inesperadas.
Sean Egan

Fecha de lanzamiento
1993

Nacionalidad Reino Unido

Compositores Charlie Reid, Craig Reid

Por qué es clave Una canción que ganó nuevas vidas, incluso a pesar de su forro de tela escocesa.

Álbum clave *Debut*
Björk

Cuando lanzó su primer álbum internacional en solitario en 1993 a la edad de 28 años, Björk ya había grabado música de varias maneras durante 16 años, en registros tan distintos como el punk rock experimental, álbumes de jazz estándar, y en su faceta más conocida al frente del grupo de rock psicodélico The Sugarcubes. Este eclecticismo quedaría plenamente desarrollado en el lógicamente titulado *Debut*, un álbum de gran inventiva y desinhibición que marcó la transformación de Björk en una estrella del pop totalmente madura sin sacrificar ni un ápice de su afición por la experimentación.

Abre con la increíble «Human Behaviour», con un ominoso redoblar de tambores y agudos *vocal hooks*, y a partir de aquí continúa con un suave jazz de coctelería con «Aeroplane», un delicado y seductor pop en «Venus As A Boy», house racionalizado en «Big Time Sensuality», una música ambiental de ensueño en «One Day» y una canción grabada en vivo

en los lavabos de un club, «There's More To Life Than This». Todo ello enlazado con la voz de Björk. Con un intenso acento, con ascensos y descensos de voz increíbles, y casi únicos, a la cantante se la tachó de chiflada y excéntrica, pero era precisamente esta calidad agreste y enternecedora lo que dejaba a otros embelesados, y lo que provocó que los admiradores de Björk fuesen conocidos como los más ferozmente leales de la década de 1990. Pero también tenían una buena razón: su carrera quedaría definida por una incansable y constante invención que la identifican como una de las más importantes e impredecibles estrellas del pop de los últimos 15 años.
Alex Macpherson

Fecha de lanzamiento
Junio de 1993

Nacionalidad Islandia

Lista de temas Human Behaviour, Crying, Venus As A Boy, There's More To Life Than This, Like Someone In Love, Big Time Sensuality, One Day, Aeroplane, Come To Me, Violently Happy, The Anchor Song

Por qué es clave Una excéntrica islandesa reinventa la música y consigue llegar a las mayorías.

Pág. siguiente Björk.

Espectáculo clave *The Piano (El piano)* la película

Llevar la música clásica a las audiencias ordinarias, acostumbradas a la gratificación instantánea, a una música con patrones establecidos y a una cultura frecuentemente brutalizada, suele ser una tarea casi imposible, o al menos es lo que la sabiduría convencional sostiene. El éxito comercial de la banda sonora de *The Piano (El piano)*, película estrenada en Estados Unidos el 12 de noviembre de 1993, resultó ser un agradable antídoto a tales suposiciones.

El drama de Jane Campion se centraba en los conflictos de una familia disfuncional en la Nueva Zelanda del siglo xix. Como parte fundamental de la historia se encontraban unas lecciones de piano de gran carga erótica. La circularidad del trabajo de Michael Nyman aportaba melancolía al filme.

El sello distintivo más característico de Nyman incluye su insistente repetición e incorporación de motivos estilísticos de los primeros compositores clásicos como Mozart y Henry Purcell. Antes del éxito de *El piano*, el trabajo más conocido de Nyman había consistido en una colaboración con Peter Greenaway –incluyendo el éxito que supuso su lanzamiento definitivo en 1989, *The Cook, The Thief, His Wife & Her Lover (El cocinero, el ladrón, su mujer y su amante)*–. La principal innovación de Nyman para la banda sonora de *El piano* la aportó su decisión de arreglar sus melodías clave de distintas maneras, desde cuartetos de cuerda («The Piano Sings») a duetos para saxofón soprano y cuerda («Lost And Found»).

Entre todos los elogios a su diversidad estilística, el trabajo de Nyman no le supuso una nominación a un premio de la Academia (un curioso descuido, considerando la importancia poco usual de la banda sonora para la película). A pesar de ello, dada la recepción del público, es difícil discutir que la música de Nyman no haya logrado el hito de hacer que la música clásica fuese accesible a los oídos habituados al pop.
Ralph Heibutzki

Estreno 12 de noviembre de 1993

País Nueva Zelanda

Director Jane Campion

Reparto Holly Hunter, Harvey Keitel, Anna Paquin

Compositor Michael Nyman

Por qué es clave
Llevó la música clásica a las grandes masas.

662

Álbum clave *The Sign* Ace Of Base

El 23 de noviembre de 1993, Ace Of Base lanzó *The Sign*, una versión estadounidense del álbum titulado *Happy Nation* en Europa, que batió el récord de ventas para el primer álbum de un grupo y que subió considerablemente el nivel del cod-reggae.

El cod-reggae suele ser objeto de escarnio, pero no hay lugar a dudas de que cuando funciona (los primeros Police, Culture Club, incluso Paris Hilton), realmente funciona. Una tradición más obvia es la de la música pop sueca. Desde ABBA hasta Max Martin, se vende no tanto por un desdén hacia su credibilidad sino como una ignorancia del concepto mismo. Ace Of Base cantó solemnemente sobre una pista de reggae pregrabada en un Casio y el mundo la compró en masa, en parte debido a que se trataba de algunas de las melodías más insistentemente pegadizas jamás escritas.

The Sign estaba lleno de actuaciones rebosantes de energía y entusiasmo por parte de los vocalistas Jenny y Linn Berggren y los teclistas Jonas Berggren y Ulf Ekberg, y unas letras cuyo sentido se pierde con la traducción. «All That She Wants» merecía ser un éxito, pero la frase que da título a la canción –«All that she wants is another baby» (Todo lo que ella quiere es otro amor)– sonaba como si se refiriese a una mujer embarazada y no a una mujer que busca un nuevo amante. El tema titular fue número uno en Estados Unidos. Mientras tanto, es posible sospechar que la versión del «Don't Turn Around» de los auténticamente reggae Aswad fuese como una obra postmodernista del estilo de vender arena a los árabes, si la banda no estuviese guiada por la ya mencionada ingenuidad escandinava.
Alex Macpherson

Fecha de lanzamiento
23 de noviembre de 1993

Nacionalidad Suecia

Lista de temas All That She Wants, Don't Turn Around, Young And Proud, The Sign, Living In Danger, Dancer In A Daydream, Wheel Of Fortune, Waiting For Magic (Total Remix 7"), Happy Nation, Voulez-vous danser, My Mind, All That She Wants (Bhangra Version)

Por qué es clave Unos suecos logran el récord del álbum debut mejor vendido de todos los tiempos.

Personaje clave
Snoop Dog

Siempre hubo algo distinto en Calvin Broadus, también conocido como Snoop Doggy Dogg o Snoop Dogg. Este rapero de voz suave era capaz de alternar una afabilidad sin complicaciones con algo del todo oscuro, y con su fluido sonsonete podía pasar en un instante de una rítmica canción infantil a un cántico sobre el asesinato, la venganza y el terror.

Snoop, nacido en 1972, perfeccionó su habilidad al crecer en Long Beach, y formó una banda, 213, con los raperos/cantantes Nate Dogg y Warren G. Este último estaba relacionado con Dr Dre, y algunas cintas de Snoop despertaron la curiosidad del productor. Las contribuciones de Snoop en sus facetas de rapero y escritor para *The Chronic* de Dre lo ayudaron a ganarse un nombre. Cuando el 23 de noviembre de 1993 apareció su propio álbum de debut *Doggystyle*, número uno en Estados Unidos, Snoop era una estrella.

Por aquel entonces, había quedado atrapado por la vida callejera sobre la que escribió con tanta claridad y despreocupación, y fue acusado de cómplice de asesinato. Al ser declarado no culpable, Snoop protagonizó un cortometraje titulado *Murder Was The Case*, el primero de una serie de papeles entre los que se incluirían un matón en silla de ruedas en *Training Day* (*Día de entrenamiento*) y el soplón Huggy Bear en la película de 2004 sobre la serie de televisión de los 70, *Starsky & Hutch*. La música sufrió cuando las luchas entre discográficas forzaron la separación de Dre, lo que le supuso un duro golpe. Pero logró rehacerse a sí mismo como algo parecido a un artista familiar, y su octavo álbum, *The Blue Carpet Treatment*, de 2006 fue considerado con diferencia el mejor desde *Doggystyle*.
Angus Batey

Rol Artistas de grabaciones

Fecha 23 de noviembre de 1993

Nacionalidad Estados Unidos

Por qué es clave
El rapero que pasó de estar cerca del límite a cerca de las multitudes.

Personaje clave
Tori Amos

Los críticos ataques al álbum de debut de Tori Amos –lanzado con el nombre grupal de «Y Kant Tori Read»– estuvieron a punto de acabar con la confianza que su discográfica, Atlantic, había depositado en ella. No obstante, su debut como cantautora en solitario en 1992 con *Little Earthquakes* fue un éxito comercial y situó a Amos –nacida en 1963, había tocado el piano en bares desde que era una adolescente– como una voz única.

La gran discográfica había mostrado inquietud sobre la dirección que Amos había elegido para su carrera en solitario. Los cantautores que tocan el piano se percibían como algo desfasado, y no eran muy apreciados a principios de la década de 1990. Sin embargo, nada parecía desfasado en los temas de la música de Amos. Los temas como la lucha por la reconciliación entre el despertar sexual y la educación religiosa, y un relato escalofriante sobre su violación, la definieron como alguien que aportaba una nueva imagen al concepto de cantautor. Ciertamente no era «la versión femenina de Elton John» que la estrategia de marketing de Atlantic andaba buscando. Con un énfasis en la conexión alternativa, Amos grabó una fascinante versión de voz y piano de «Smells Like Teen Spirit», y el enorme éxito de su inquietante «Cornflake Girl» en 1993 la situó como una especie de Kate Bush para la generación grunge.

Su álbum *Under The Pink*, lanzado el 31 de enero de 1994, resumía la sorprendente individualidad de esta artista al explorar las relaciones entre las mujeres, con canciones de elogio a Anastasia Romanova y a los trabajos de la escritora feminista Alice Walker y la artista Georgia O'Keefe.
David McNamee

Fecha 1994

Rol Artistas de grabaciones

Nacionalidad Estados Unidos

Por qué es clave
Una novedosa y actualizada versión de los cantautores.

Álbum clave *Dookie*
Green Day

Grabado en tres semanas, *Dookie*, el debut de Green Day con la gran discográfica Reprise Records, lanzado el 1 de febrero de 1994, hizo añicos cualquier noción de techo comercial para la música punk. Para Billie Joe Armstrong, Mike Dirnt y Tre Cool, las ventas de 20 millones de copias de *Dookie*, la mitad de ellas en Estados Unidos, validaron años de esfuerzo. El previo *best seller* del desaliñado trío, *Kerplunk!* (1992), vendió originalmente 50.000 copias. Para la industria musical, demostró que mientras se asumiera que el punk sólo podía ser atractivo para una minoría culta, podría competir por las posiciones en las listas con cualquier artista del mundo de cualquier otro género.

La mezcla claroscura de *Dookie* –las insistentes y potentes cuerdas de Armstrong, los ritmos saltones de Dirnt y la hiperactiva batería de Cool– proporcionó el antídoto perfecto a los oyentes que comenzaban a estar hartos del enfoque introspectivo del grunge, y con orientación hacia el hard rock. Así lo hizo la buena voluntad de la banda de tocar temas poco habituales: su primer single «Longview» versaba sobre la masturbación. Una constante emisión en MTV y la radio de los siguientes singles («Basket Case» y «When I Come Around») supuso una repetición de la asombrosa primera posición de su predecesora.

Inevitablemente, este éxito no llegó sin acusaciones de traición y desdén por parte de la generación punk original. Muchos proto-punks hicieron notar que Green Day no reflejaba lo esencial al desarrollar su carrera con un sonido genérico que recordaba al primer álbum de cualquier banda punk del Reino Unido en la década de 1970, ignorando el hecho de que todas aquellas bandas desarrollaron un sonido distinto cuando mejoraron su técnica.

Ralph Heibutzki

Fecha de lanzamiento
1 de febrero de 1994

Nacionalidad Estados Unidos

Lista de temas Burnout, Having A Blast, Chump, Longview, Welcome To Paradise, Pulling Teeth, Basket Case, She, Sassafras Roots, When I Come Around, Coming Clean, Emenius Sleeps, In The End, F.O.D. Tema oculto: All By Myself by Tre Cool

Por qué es clave Impulsó el punk hacia las mayorías.

Pág. anterior **Green Day**.

665

1990-1999

Canción clave «The Power Of Love»
Céline Dion

En el transcurso de la carrera de la quebequense Céline Dion, la crítica que ha recibido con más frecuencia es la de difundir un material implacablemente trillado y ampuloso. A pesar de ello, continuó abriéndose camino –como lo haría una muy melodiosa apisonadora– hasta acumular unas ventas globales de más de 175 millones de discos; y dada su tendencia a enfatizar estos aspectos de su material, estas acusaciones parecen absolutamente irrelevantes.

Su versión de «The Power Of Love», que llegó al número uno en Estados Unidos el 12 de febrero de 1994, es un buen ejemplo. El original fue coescrito e interpretado por Jennifer Rush y se mantuvo en el número uno de las listas del Reino Unido durante cinco semanas en 1985. La versión de Dion de esta canción desvergonzadamente devocional («I am your lady, and you are my man» [Yo soy tu dama, y tú eres mi hombre]) abraza el exceso y el cliché hasta el punto de resultar sobrecogedor, y no por lograr un gran impacto emocional. La palabra clave del título de este disco siempre fue *power* («fuerza, poder»): respaldada por una melodramática percusión y solos de guitarra, Dion multiplica el factor fuerza por mil. Cada vez que parece estar en el clímax de la canción, se alza otra nota que hace añicos los cristales, y Dion tiene la voluntad y la capacidad de lograrlas y mantenerlas. Aunque ella no hizo suya la canción, sino que embelleció las características que ya tenía, resultó ser un buen patrón para ella, del que únicamente se desviaría ocasionalmente en el transcurso de la siguiente década.

Alex Macpherson

Fecha 12 de febrero de 1994

Nacionalidad Canadá

Compositores Gunther Mende, Candy DeRouge, Jennifer Rush, Mary Susan Applegate

Por qué es clave Es el arquetipo de *power ballad* (balada de poder) de la década de 1990.

Canción clave **«Twist And Shout»**
Chaka Demus And Pliers

Incluso para la época en la que aparecieron por primera vez, pocas canciones estaban más verdes que «Twist & Shout», escrita por Phil Medley y el difunto productor, Bert Berns (que empleó el seudónimo Russel para ocultar su participación). Una inducción a la danza, con cierta resaca sexual, inicialmente la canción no parecía destinada a la gloria: su primera grabación, por The Topnotes, no llamó la atención. Todo esto cambió en el verano de 1962, cuando el grupo de R&B de New Jersey, The Isley Brothers, necesitaba la canción adecuada para romper una sequía de tres años desde su último gran éxito («Shout»). La versión producida por Berns dio resultado y logró que los Isley se colocaran por primera vez en las listas estadounidenses del Top 40 y del R&B.

La ascendente progresión de cuerda con aires latinos de la canción –a la que se comparó con «La bamba»– resultó ser un elemento crítico de su atractivo, que The Beatles explotaron al máximo en su versión de 1963. Para la mayoría de los oyentes, el «Twist And Shout» de The Beatles quedará definido por siempre por sus guitarras galopantes, sus crecientes armonías ascendentes y la voz de John Lennon, semienloquecida y ansiosa, que era el resultado parcial de un terrible resfriado. La canción fue la última grabación de una sesión de once horas para terminar *Please Please Me*, el álbum de debut de The Beatles en el Reino Unido.

La versión más inverosímil llegó en 1994, con un arreglo que enfrentó el canturreo áspero y rápido de Chaka Demus con el canto más imbuido por el soul de su socio Pliers, y que el 8 de enero de 1994 llegó al número uno en el Reino Unido.

El estatus de «Twist And Shout» como una de las definitivas canciones de fiesta del rock continúa, cuatro décadas más tarde, imbatido.
Ralph Heibutzki

Fecha 1994

Nacionalidad Estados Unidos

Compositores Phil Medley, Bert Russell

Por qué es clave
Después de un comienzo desfavorable, una canción que prácticamente garantizó el oro estético y comercial.

Álbum clave *Cracked Rear View*
Hootie And The Blowfish

Para cualquiera al que le repeliera el movimiento grunge de la década de 1990, el debut de Hootie & The Blowfish le venía como anillo al dedo: *Cracked Rear View* mostraba una banda de veteranos cuyas canciones mezclaban a la perfección las raíces del rock, el pop y el soul sin mostrar ninguna angustia del tipo es-una-tortura-estar-vivo.

En ningún otro lugar pareció más fútil esta despreocupada fusión de estilos que en el primer single extraído del álbum, «Hold My Hand», impulsado por un fuerte arreglo acústico, y la profunda y potente voz de barítono de Darius Rucker, elementos que hasta la fecha definen el sonido de la banda.

El éxito de «Hold My Hand» en el Top 100 de Estados Unidos se repitió en las listas contemporáneas del rock mayoritario y del rock alternativo para adultos, un patrón que emularían los singles de éxito subsiguientes: «Time», la épica balada de ruptura «Let Her Cry» y «Only Wanna Be With You», un alegre tributo a una única novia. Aunque no se les conocía categóricamente como una banda tópica, Hootie fijó un poderoso precedente en «Drowned», que reprobó a los legisladores de su estado natal de Carolina del Sur por su negativa a retirar la bandera de guerra de los Confederados.

En total, el agradable poder de permanencia en todos los mercados de los cuatro singles –aunado por la emoción desenfrenada, aunque adulta, de las letras de Rucker– convirtió a *Cracked Rear View* en uno de los éxitos más inesperados de 1994 (16 millones de copias vendidas).

Aunque Hootie nunca ha vuelto a repetir estos embriagadores días de megaplatino, su apuesta inicial confirmó lo que la mayoría de los críticos de rock son reacios a aceptar, entonces y ahora: el eterno atractivo de un pop-rock mayoritario, bien formulado, sin importar lo que esté de moda.
Ralph Heibutzki

Fecha de lanzamiento
5 de julio de 1994

Nacionalidad Estados Unidos

Lista de temas Hannah Jane, Hold My Hand, Let Her Cry, Only Wanna Be With You, Running From An Angel, I'm Goin' Home, Drowning, Time, Look Away, Not Even The Trees, Goodbye, Sometimes I Feel Like A Motherless Child

Por qué es clave Rock alternativo (al grunge, se entiende).

Pág. siguiente
Hootie And The Blowfish.

Personaje clave
Beck

Beck David Campbell, profesionalmente conocido como Beck, nació en Los Ángeles en 1970, en el seno de una familia de tradición artística. Su madre, su padre y ambos abuelos habían sido actores. Beck creció rodeado por una miríada de influencias que se filtraron en su producción de finales de la década de 1980 en una serie de lanzamientos en discográficas independientes en casete y más tarde en vinilo.

Sus primeros y legendarios espectáculos provocaron el clamor de las grandes discográficas por asegurarse sus trabajos, pero él eligió finalmente a Geffen, una compañía que le permitía seguir lanzando álbumes independientes a discreción. Su debut en Geffen, *Mellow Gold*, lanzado el 1 de marzo de 1994, contenía el éxito, de odio hacia uno mismo, «Loser». Obtuvo más éxitos gracias al álbum ganador de un Grammy, *Odelay*, que produjo con los Dust Brothers, y a otros singles en 1996. Su reputación

se ha afianzado gracias a las inverosímiles fusiones musicales de las que es capaz: *collages* de folk y rap, electrónica y metal, todas coronadas con sus originales manipulaciones líricas.

Un aspecto intrigante de este inconformista de la biografía del rock es el hecho de ser seguidor de la controvertida Iglesia de la Cienciología, ya que la adhesión a sus frecuentemente polémicas restricciones parece estar en desacuerdo con el modus operandi de un iconoclasta.

En los últimos años, Beck ha trabajado estrechamente con el superproductor Nigel Godrich para crear la opulenta *Mutations* en 1998, *Sea Change* (2002), el mosaico aclamado por la crítica *The Information* (2006), en el que se incluían etiquetas adhesivas para que quienes lo compraran crearan su propia obra de arte, y *Modern Gilt* (2008).
Rob Jovanovic

Rol Artistas de grabaciones

Fecha 1994

Nacionalidad Estados Unidos

Por qué es clave Un niño prodigio se enfrenta al mundo musical corporativo con su propia marca de casera rareza independiente.

Acontecimiento clave
Pearl Jam contra Ticketmaster

Las bandas de rock 'n' roll siempre han deseado ganar la mayor cantidad de dinero posible, pero al mismo tiempo, el rock es, si no totalmente de izquierdas, sí que es ciertamente anticorporativista. Esta dicotomía llegó a un punto crítico en 1994.

Los maestros del grunge de Seattle, Pearl Jam, protestaban por las tasas que Ticketmaster aplicaba a las entradas, así como por la condición impuesta por la agencia encargada de la venta de entradas de que los locales con los que trataban únicamente podían vender los tiques a través de Ticketmaster. El Departamento de Justicia había estado considerando iniciar una investigación antimonopolio de la empresa, y después de leer sobre las experiencias de Pearl Jam, invitó a la banda a realizar una queja formal. Así lo hicieron el 6 de mayo de 1994; el guitarrista Stone Gossard y el bajista Jeff Ament testificaron en una sesión frente a la cámara de representantes el 30 de junio de ese mismo año. Ticketmaster

insistía en que las bandas podían establecer precios más bajos si ellas así lo deseaban, que los cargos por sus servicios eran adecuados y que existían muchos locales no afiliados a Ticketmaster.

De hecho, Pearl Jam tomó esta ruta en 1995, empleando otra agencia para la venta de entradas, pero la gira estuvo plena de fallos y fue finalmente cancelada. Después, el 6 de julio de 1995, se anunció que el Departamento de Justicia cerraba su investigación sobre Ticketmaster al no encontrar incorrecciones.

Aunque los admiradores de Pearl Jam quedaron frustrados por la incapacidad de éste de resolver el asunto Ticketmaster, la banda aún era admirada por su intento de hacer algo en beneficio de sus seguidores. Pearl Jam trabaja ahora con Ticketmaster, pero a pesar de ello son aún considerados unos portavoces incondicionales de las causas progresistas.
Gillian G. Gaar

Fecha 6 de mayo de 1994

País Estados Unidos

Por qué es clave Pearl Jam se enfrenta al sistema y pierde.

Canción clave «**Saturday Night**»
Whigfield

¿Cómo demonios funcionó? La loa de Whigfield a las alegrías de un fin de semana hedonista, «Saturday Night», fue construida con poco más que un ritmo pregrabado en un Casio, un *vocal hook* insistente y alegre, y un ritmo de fondo que parecía un graznido ligeramente alarmante. A pesar de ello, el 17 de septiembre de 1994 se convirtió en el primer single debutante en la historia del Reino Unido en entrar directamente en el número uno. Este hecho fue una prueba de la influencia cada vez más poderosa de las listas británicas sobre la música que se escuchaba en los clubs mediterráneos en los que tantos británicos pasaban estruendosamente sus vacaciones de verano.

Whigfield era Sannine Carlson, la más reciente estrella musical de los productores italianos Larry Pignagnoli y Davide Riva. «Saturday Night» la convirtió en la primera danesa en llegar a lo más alto de las listas del Reino Unido. Su lugar en la historia quedó confirmado con una danza con la que se invitaba al público a participar, siguiendo una serie de ridículos movimientos de mano, regulares como las agujas de un reloj, en toda Europa cada verano durante lo que quedó de la década de 1990. La danza –girar los antebrazos, seguido de unos movimientos de rodilla y de unos saltos a 90 grados terminados con un aplauso– era lo bastante simple como para inspirar a cualquiera la suficiente confianza para intentarlo, pero con la complicación necesaria para que la mayoría no lo lograran hasta haberlo practicado un rato. Sin embargo, era tan pegadiza como el coro de la canción a la que acompañaba. Si se toma en cuenta la sensación *amateur* de todo el proyecto, de alguna manera consiguió meter cinco pasos de baile en cada cuatro compases de música.
Alex Macpherson

Fecha 17 de septiembre de 1994

Nacionalidad Dinamarca

Compositores Larry Pignagnoli, Davide Riva

Por qué es clave Un éxodo anual al Mediterráneo durante el verano crea las condiciones para hacer historia en las listas.

Grupo clave
The Black Crowes

Cuando Chris y Rich Robinson, los hermanos originarios de Atlanta, Georgia, irrumpieron en escena en 1990 con The Black Crowes y lanzaron *Shake Your Money Maker*, se trataba de algo completamente distinto a cualquier otro tema en las listas en esa época. La música de los Crowes –cuyo nombre fue extraído de un libro infantil– anunció una vuelta al rock clásico de la década de 1970, con sus brillantes solos de guitarra, ritmos sórdidos y letras lascivas. Con su devastadora e inesperada versión del influyente «Hard to Handle», de Otis Redding, y de una de las mejores baladas del rock, «She Talks To Angels», los conciertos de los hermanos Robinson se convirtieron rápidamente en una atracción.

En 1992 los Crowes dieron continuidad a su debut cinco veces platino con *The Southern Harmony And Musical Companion*, que alcanzó el doble platino; contaba con el que había sido teclista de The Rolling Stones durante largo tiempo, Chuck Leavell, y produjo los éxitos «Remedy», «Thorn In My Pride», «Sting Me», «Sometimes Salvation» y «Hotel Illness».

Con el lanzamiento de *Amorica* el 25 de octubre de 1994, The Black Crowes extendió su paleta de influencias más allá de The Faces y Humble Pie, incorporando la percusión latina y las mezclas extendidas de blues-rock. Aunque el álbum, cuya controvertida cubierta mostraba el vello púbico de una modelo, no produjo ningún éxito, era oro puro, lo que demostraba que los Crowes, al igual que los Grateful Dead, eran mucho más que sus singles.

Aunque las peleas fraternales interrumpieron el trabajo durante largos períodos de tiempo y contribuyeron a una esporádica producción post-*Amorica*, los Crowes abrieron las puertas a bandas desde The White Stripes hasta The Kings of Leon.
Sara Farr

Rol Artistas de grabaciones

Fecha 25 de octubre de 1994

Nacionalidad Estados Unidos

Por qué es clave Reafirmó la validez del rock clásico.

Álbum clave *No Need To Argue*
The Cranberries

Como muchas bandas de rock alternativo de la década de 1990, los irlandeses The Cranberries decidieron no hacer lo mismo dos veces. Y siguiendo esta premisa, tras crear las inolvidables texturas de sus primeros singles, «Dreams» y «Linger», y del álbum *Everybody Else Is Doing It, So Why Can't We,* llegó después el sonido más elegante, aunque más duro, de su segundo álbum, *No Need To Argue*, lanzado en Estados Unidos el 4 de octubre de 1994.

El guitarrista Noel Hogan, su hermano Mike en el bajo y el batería Fergal Lawler realizaron su habitual trabajo sólido y seguro, pero la vocalista Dolores O'Riordan había emergido como punto de atención indiscutible. El ejemplo más llamativo llegó con «Zombie», el single de éxito del álbum, que mezclaba un *riff* atípicamente distorsionado con una protesta lírica por la muerte de dos niños a raíz de la explosión de una bomba del IRA.

En los restantes temas, O'Riordan impulsó la ambivalencia sobre la dinámica de las relaciones, desde vertiginosamente *upbeat* («Dreaming My Dreams») hasta resignada («Ridiculous Thoughts») o simplemente amargada («Empty»). No contenta con detenerse aquí, O'Riordan también reflexionó sobre los conflictos domésticos («Ode To My Family») y sobre el poeta irlandés William Butler Yeats («Yeats' Grave»). Un año después de su lanzamiento, la hábil combinación de melodía y emoción había alcanzado el estatus de triple platino.

The Cranberries han estado inactivos desde 2003, cuando O'Riordan y sus colegas decidieron continuar sus proyectos en solitario, algo que los admiradores de The Cranberries saben que no habría ocurrido si *No Need To Argue* no hubiera alcanzado el éxito que tuvo.

Ralph Heibutzki

Fecha de lanzamiento
4 de octubre de 1994

Nacionalidad Irlanda

Lista de temas Ode To My Family, I Can't Be With You, Twenty-One, Zombie, Empty, Everything I Said, The Icicle Melts, Disappointment, Ridiculous Thoughts, Dreaming My Dreams, Yeats' Grave, Daffodil Lament, No Need To Argue

Por qué es clave
Un álbum cuyo éxito provocó la dispersión.

Pág. anterior The Cranberries.

671

Espectáculo clave **Tema de *Friends***
programa de televisión

Para el dúo The Rembrandts, compuesto por Phil Solem y Danny Wilde, la interpretación del tema para el fenómeno televisivo de la década de 1990 –la comedia de la NBC *Friends*– valió la pena más allá de cualquier expectativa.

«I'll Be There For you» fue escrita por los compositores de temas para televisión Michael Skloff y Allee Willis. La música imparable de Skloff estaba acompañada por una letra de Willis que reflejaba la filosofía del programa de dar un toque cómico a las prisas de la ciudad y las relaciones problemáticas («Your job's a joke, you're broke, your love life's D.O.A.» [Tu trabajo es de chiste, estás arruinado, tu vida amorosa es inexistente]). The Rembrandts no eran nuevos en el panorama musical, incluso habían logrado un éxito en el Top 20 («Just The Way It Is, Baby») en 1990. El azar quiso que el pop-rock ágil y beatelesco de The Rembrandts tuviese un aficionado en el coproductor de *Friends*, Kevin Bright, quien los contrató para grabar la canción.

Cuando en el transcurso de sus diez años de emisión *Friends* se convirtió en uno de los programas de televisión más queridos, lucrativos y discretamente innovadores nunca vistos, el tema central se convirtió por asociación en una de las piezas musicales más reconocidas del planeta. No era genial –existía un claro espacio entre su intento de ser agradable y pegadiza y lo que realmente era– pero estaba allí, semana tras semana. En consecuencia, la canción apenas ha desaparecido de las ondas estadounidenses de radio y televisión desde la primera emisión de *Friends* el 22 de septiembre de 1994, un hecho extraño para un tema que únicamente alcanzó un número 17 en Estados Unidos cuando fue lanzado el single. En compensación, en el Reino Unido la canción ha alcanzado dos veces el Top 10.

Ralph Heibutzki

Fecha 22 de septiembre de 1994

País Estados Unidos

Por qué es clave
La canción que no fue un gran éxito pero que resulta familiar a millones de personas.

Acontecimiento clave **Wet Wet Wet abandona el puesto más alto de la lista**

La confianza da asco. En el caso de Wet Wet Wet eran conscientes de ello cuando en septiembre de 1994 anunciaron que retiraban de la venta el single «Love Is All Around», que había permanecido en el número uno del Reino Unido durante tres meses. Se trataba de una decisión extraordinaria –sin precedentes– reflejo de circunstancias también extraordinarias.

El tema había sido lanzado poco más que como un encargo libre. Al pedirles que proporcionaran un tema para la banda sonora de la comedia romántica *Four Weddings And A Funeral* (*Cuatro bodas y un funeral*), esta banda de soul escocesa grabó una nueva versión de un single de 1967 de los poco conocidos Troggs. El grupo sustituyó el ambiente *flower-power* original con un sonido de cuerdas más marcado, en un intento de intensificar la emoción. Era imposible que supieran que este tema –que no representaba de manera alguna su estilo ni la evolución de la banda– se convertiría

rápidamente y con diferencia en aquel con el que se les asociaba.

El compositor Reg Presley estaba encantado con los logros de esta nueva versión situada en lo más alto de las listas: gracias a ella se convirtió en millonario. Pero la banda estaba menos satisfecha. Aunque el cantante Marti Pellow afirmaría más tarde que aún estaba orgulloso de «Love Is All Around», en aquel momento él y sus colegas comenzaban a estar consternados por los gruñidos con los que los recibían en los medios.

Después de su abrupta retirada, el disco fue destronado el 17 de septiembre de 1994 por «Saturday Night», de Whigfield. Curiosamente, esto ocurría cuando Wet Wet Wet estaba a una semana de igualar el récord de Bryan Adams de 16 semanas consecutivas en el número uno del Reino Unido.
Sean Egan

Fecha 17 de septiembre de 1994

País Reino Unido

Por qué es clave
Los artistas hacen historia al sabotear su propio disco.

Pág. siguiente Wet Wet Wet.

672

Película clave *The Lion King* (*El rey león*) la película

La película de animación de Disney *The Lion King* (*El rey león*) no sólo fue un enorme éxito por derecho propio, sino que sirvió de base a un musical de Broadway que parece destinado a convertirse en uno de los espectáculos con mayor número de representaciones de todos los tiempos.

El rey león relata la historia de Simba, quien espera convertirse en el rey de la jungla pero cuyo mundo se vuelve del revés cuando su malvado tío Scar convence a Simba de que es responsable de la muerte de su padre, Mufasa. Elton John y Tim Rice escribieron cinco canciones para la película: «Circle Of Life», «I Just Can't Wait To Be King», «Be Prepared» y el himno filosófico «Hakuna Matata», y la ganadora de un Óscar «Can You Feel The Love Tonight?» La música de fondo es de Hans Zimmer, y Lebo M., Mbongeni Ngema, Mark Mancina, Jay Rifkin, Andrae Crouch, Bobbi Page, Bruce Fowler y Nick Glennie-Smith

contribuyeron con los arreglos. Todas las excelentes canciones de John y Rice se encuentran en la producción escénica, que también incluye canciones adicionales con letras de varios de los artistas mencionados arriba, y del director del espectáculo, Julie Taymor. En la película, artistas como Matthew Broderick, James Earl Jones, Jeremy Irons, Whoopi Goldberg, Cheech Marin y Nathan Lane dan voz a los personajes principales. La grabación de la banda sonora incluye versiones pop de «Circle Of Life», «I Just Can't Wait To Be King» y «Can You Feel The Love Tonight», cantada por el mismo Elton John.
Michael Portantiere

Estreno 15 de junio de 1994

Nacionalidad Estados Unidos

Director Roger Allers, Rob Minkoff

Reparto Voces de Jeremy Irons, James Earl Jones, Matthew Broderick

Compositores Elton John, Tim Rice, Hans Zimmer

Por qué es clave
Combinó los sonidos pop/rock con música de estilo africano de manera hábil y convincente.

Canción clave «**Back For Good**»
Take That

El quinteto Take That ya era todo un fenómeno del pop en 1995. La quintaesencia británica de las *boybands*, su combinación de versiones de música disco («Only Takes A Minute» de Tavares, «Relight My Fire» de Dan Hartman, que Take That interpretó con Lulu, un icono de la década de 1960) y canciones sentimentales como «Babe» y «A Million Love Songs» los habían convertido en uno de los grupos pop de mayor éxito de todos los tiempos. Sin embargo, en particular después del surgimiento del britpop de mayor peso en 1994 se les tachó de grupo ligero.

No obstante, los aficionados serios a la música se levantaron y les hicieron caso cuando el miembro de la banda y principal letrista Gary Barlow compuso «Back For Good». Su rica melodía recuerda a los clásicos compositores pop de los 70 como Elton John y The Bee Gees, y la letra resultó ser inolvidable, tanto por la franqueza del clásico coro de amor perdido (en el cual el narrador afirma exasperadamente

que no tenía la intención de hacerlo pero deja entrever que realmente no sabe lo que se supone que tenía que haber hecho) y por el peculiar uso del lenguaje en versos como «In the twist of separation you excelled at being free» (En el giro inesperado de la separación, destacaste en liberarte). La canción llegó al número uno del Reino Unido el 8 de abril de 1995.

«Back For Good» sería el último single de la banda antes de que Robbie Williams se marchara. Se disolvieron completamente al año siguiente después de 15 éxitos en el Reino Unido. Volverían a reunirse, sin Williams, a finales de 2005 con un éxito masivo nuevamente –pero aunque sus nuevas canciones como «Patience» encontraron una audiencia receptiva, «Back For Good» continúa siendo la canción de Take That que adoran incluso quienes odian a Take That.
Joe Muggs

Fecha de lanzamiento
Abril de 1995

Nacionalidad Reino Unido

Compositor Gary Barlow

Por qué es clave
Una *boyband* revela profundidades insospechadas.

Acontecimiento clave
La batalla del britpop

Los años centrales de la década de 1990 constituyeron una época dorada para el rock y el pop británicos, con varias y destacadas bandas de gran calidad en la misma época. Sin embargo, había poca solidaridad entre los practicantes de lo que se llamaba britpop, como resulta evidente en la guerra por las listas de 1995 entre las dos bandas más importantes del momento: la artística aunque de orientación pop y de clase media baja del sur Blur, y los roqueros tradicionales y proletarios del norte Oasis.

Los golpes mutuos entre bandas llegaron a su punto crítico poco después de que Oasis decidiera lanzar su single «Roll With It» el 14 de agosto de 1995. Cuando Blur cambió la fecha de lanzamiento de su single, «Country House», también al 14 de agosto, esto fue interpretado como una afrenta. Protagonizaron la mayor batalla por las listas en 30 años, comparable a la de los buenos

tiempos de The Beatles y The Rolling Stones. Cuando se le preguntó si la comparación era precisa, Noel Gallagher, de Oasis, respondió, «Nosotros somos The Beatles y The Stones, y ellos son los puñeteros Monkees». Pero «Roll With It» apenas vendió 216.000 copias en su primera semana, claramente derrotado por las 274.000 copias de «Country House», que llegó al número uno del Reino Unido el 26 de agosto de 1995.

Blur, de hecho, ganó la batalla pero perdió la guerra. Las formas de rock clásico y la imagen de chicos malos elegantes les condujo a un dominio global. Pero Damon Albarn de Blur tuvo que haber soltado una carcajada cuando su siguiente banda, Gorillaz (en alusión a *monkeys*, «monos» en inglés), ¿lo pillan?) llegó al número uno en Estados Unidos con «Feel Good Inc» en 2005, un hito que Oasis nunca logró.
Johnny Black

Fecha 26 de agosto de 1995

País Reino Unido

Por qué es clave Las listas del Reino Unido como campo de batalla para clases y regiones.

1990-1999

Acontecimiento clave
El concierto por la liberación del Tíbet

La causa de la independencia del Tíbet –y la organización de conciertos con varios artistas por parte de la comunidad de rock alternativo para apoyarla– tiene unos orígenes humildes, en dos temas del álbum de The Beastie Boys, *Ill communication* (1994). La banda anunció que utilizaría sus ganancias en beneficio de los monjes tibetanos cuyos cantos habían sido incluidos en «Shambala» y «Bodhisattva Vow». En cambio, los Beasties emplearon el dinero para fundar la Milarepa Fund, destinada a financiar la lucha del Tíbet contra la ocupación de la China comunista, en la que la tortura, el encarcelamiento injusto y la destrucción de monasterios han sido moneda corriente desde la década de 1950.

Cuando los organizadores de Milarepa Fund se unieron a The Beastie Boys en la gira de Lollapalooza en 1994, tomó forma una iniciativa más grande y llamativa: ¿por qué no organizar un concierto al estilo Live Aid para dar a conocer la difícil situación del Tíbet y obtener fondos para intentar mejorarla? Bien preparados, The Beastie Boys dirigieron una gala entre los días 15 y 16 de junio de 1996 en el Golden Gate Park de San Francisco. Entre los artistas se encontraban los pesos pesados del rock alternativo (Beck, Björk, Foo Fighters, Rage Against The Machine, Red Hot Chili Peppers, Smashing Pumpkins), del hip-hop (A Tribe Called Quest, Biz Markie, De La Soul), el folk (Richie Havens) y el blues (John Lee Hooker). Cerca de unas 100.000 personas asistieron al evento, que recaudó más de 800.000 dólares para la causa del Tíbet y la justicia social.

Se ofrecieron más conciertos entre 1996 y 1999 y en 2001. Desde entonces no se han organizado más, pero los mayores legados continúan siendo los no musicales, incluyendo la Milarepa Fund y la organización mundial Students For A Free Tibet.
Ralph Heibutzki

Fecha 15 de junio de 1995

País Estados Unidos

Por qué es clave
Un cuadro de primeras figuras del rock alternativo llama la atención y recauda fondos.

Acontecimiento clave
Richey Edwards desaparece

Richard James Edwards –conocido como Richey Edwards– nació en 1967. Se convirtió en el pipa y diseñador de los Manic Street Preachers, una variante galesa de The Clash. Cuando sus seguidores se incrementaron, se convirtió en su cuarto miembro como segundo guitarrista, pero su papel era casi el mismo de Sid Vicious: reclutado y empleado menos como músico y más como presencia carismática y creador de titulares en los medios. Sin embargo, a diferencia de Vicious, tenía buena mano con las letras: cuando salió su tercer álbum, *The Holy Bible* (1994), estaba escribiendo la gran mayoría de las letras de la banda.

A lo largo de su vida adulta, Edwards había sufrido depresión, pérdida de peso y alcoholismo. El tiempo que pasó en clínicas de desintoxicación no pareció ser de ayuda y su comportamiento se volvió más errático. Durante una entrevista después de una actuación, para la *New Musical Express* en 1991, grabó el eslogan «4REAL» en su antebrazo con una cuchilla de afeitar. En la mañana del 1 de febrero de 1995, la víspera de una gira por Estados Unidos, Edwards salió de un hotel de Londres y nunca más se volvió a ver con la banda. En posesión de una gran cantidad de efectivo, visitó brevemente su hogar galés y se comentaron varios avistamientos sin confirmar hasta que se encontró su coche abandonado en la estación de servicio de Severn View dos semanas más tarde.

Sin más avistamientos confirmados ni la recuperación de un cuerpo, la banda y su familia aceptaron su muerte el 23 de noviembre de 2008, cuando se le declaró legalmente muerto.
Rob Jovanovic

Fecha 1995

País Reino Unido

Por qué es clave
Uno de los mayores misterios de la música popular.

Álbum clave *Carry On Up The Charts*
The Beautiful South

La mayor colección de éxitos de The Beautiful South, *Carry On Up The Charts,* lanzada el 1 de enero de 1995, no sólo llegó a lo más alto de las listas en el Reino Unido, sino que se convirtió en uno de los álbumes más populares de la historia. Se calcula que, uno de cada siete hogares tenía una copia. Lo que convierte este logro en algo destacado es la naturaleza de la producción de la asociación compositora del vocalista Paul Heaton y el guitarrista Dave Rotheray.

Formado con las cenizas de otra banda con sede en Hull, The Housemartins, esta pareja, junto con el bajista Sean Welch, el batería Dave Stead y los vocalistas adicionales Dave Hemmingway y Briana Corrigan, se dedicaron a crear adorables melodías pop, que constituían un peculiar fondo a sus letras, a menudo de un mordaz tinte socio-político. A partir del debut de *Welcome To The Beautiful South,* en 1989, esta combinación los convirtió en habituales de las listas. Canciones como «Song For Whoever», «You Keep It All In», «A Little Time» y «Perfect 10» criticaron las letras confesionales, la represión emocional, las fobias al compromiso y a las modelos de *topless* respectivamente. Algunos encontraron insufrible la incesante corrección política de estas composiciones. Sin embargo, quedaban en inferioridad frente a los aficionados a la banda, incluso si los mensajes a menudo pasaban desapercibidos a los oídos de los oyentes porque la música tenía un sonido inocuo. Jacqui Abbot asumió las obligaciones vocales femeninas entre 1994 y 2000 y después la sucedió Alison Wheeler.

En febrero de 2007 apareció una declaración típicamente heatonesca en la que se afirmaba que el grupo se había disuelto por «similaridades musicales».

Rob Jovanovic

Fecha de lanzamiento
1 de enero de 1995

Nacionalidad Reino Unido

Lista de temas Song For Whoever, You'll Keep It All In, I'll Sail This Ship Alone, A Little Time, My Book, Let Love Speak Up Itself, Old Red Eyes Is Back, We Are Each Other, Bell Bottomed Tear, 36D, Good As Gold, Everybody's Talkin', Prettiest Eyes, One Last Love Song

Por qué es clave La adusta valentía norteña resulta compatible con el éxito en las listas.

1990-1999

677

Álbum clave *Jagged Little Pill*
Alanis Morissette

Cuando la antigua estrella del pop adolescente Alanis Morissette lanzó su primer álbum internacional, *Jagged Little Pill,* el 13 de junio de 1995, las expectativas eran entre bajas y nulas. Pero terminaría convirtiéndose en el álbum de debut con mayores ventas de una artista femenina en solitario y allanó el camino para una legión de seguidores.

Morissette suponía un nuevo estilo de cantautora femenina (aunque estaba asesorada por el compositor Glen Ballard). Joni Mitchell puede haberse burlado ligeramente, pero la música de Morissette era muy adecuada para una generación menos inclinada a ser cortés. Una combinación de melodías roqueras agradables para escuchar en la radio, aunadas a una letra inquebrantablemente directa, junto con una actuación vocal que, en el principal single del álbum, «You Oughta Know», rayaba en lo trastornado, resultó ser de gran atractivo. A la luz del subsiguiente descenso lírico hacia la jerga psicológica frívola, la brillantez con la que empleaba el tradicional formato verso-estribillo-verso en esa canción para resumir toda una situación en tres minutos, plenos de frases memorables, resulta sorprendente; pero fue este don de ingenio y furia simultáneos, en una canción con la que se podría identificar cualquiera que hubiera sido traicionado en una relación, lo que convirtió a *Jagged Little Pill* en una grabación tan estimulante. Tristemente, no estuvo tan aguda con el single «Ironic», que sirvió principalmente para demostrar la limitada comprensión del concepto de ironía por parte de Morissette, pero en otros temas como «Forgiven», una loa a la culpa católica, y en la maravillosamente feroz «All I Really Want», su capacidad de casar lo catártico con lo comercial resulta insuperable.

Alex Macpherson

Fecha de lanzamiento
13 de junio de 1995

Nacionalidad Canadá

Lista de temas All I Really Want, You Oughta Know, Perfect, Hand In My Pocket, Right Through You, Forgiven, You Learn, Head Over Feet, Mary Jane, Ironic, Not The Doctor, Wake Up

Por qué es clave
Un álbum de cantautor para unos tiempos y sensibilidades más cáusticos.

Pág. anterior
Alanis Morissette.

Pareja clave
Robson And Jerome

El álbum de debut de Robson And Jerome ocupa el puesto número 23 en la lista de álbumes más vendidos en la historia del Reino Unido. El principal single «Unchained Melody» es lo que condujo a este insólito hecho. Robson Green y Jerome Flynn no eran cantantes profesionales, sino actores que aparecían en una obra dramática sobre la vida en el ejército titulada *Soldier, Soldier*. El guión de uno de los episodios exigía a la pareja cantar una versión del viejo éxito. Muchos espectadores corrieron a las tiendas británicas intentando comprarlo. Finalmente, el empresario Simon Cowell decidió satisfacer esta demanda de un disco que no existía persuadiendo a la pareja, inicialmente reacia, a grabar una nueva versión para lanzarla como single. Se aposentó imbatida en el número uno del Reino Unido durante casi dos meses desde el 20 de mayo de 1995.

El siguiente álbum suena como se esperaba: una colección de empalagosas versiones de canciones famosas interpretadas con el limitado registro vocal de dos personas que nunca imaginaron grabar un disco. La inclusión de la lacrimógena «The White Cliffs Of Dover» sobre la segunda guerra mundial, junto con «Daydream Believer» dejó entrever que los productores lo dirigían a un público de mayor edad de lo que resulta habitual en el pop. Si su audiencia tenía o no canas, esta pareja no se quejaría de ser el grupo musical de mayor venta en 1995, aunque rechazaron seguir con una carrera musical después de dos números uno más en las listas.
Alex Macpherson

Rol Artistas de grabaciones

Fecha 1995

Nacionalidad Reino Unido

Por qué es clave La fuerza de los abuelitos derrota a Alanis Morissette, Oasis, Take That y a los demás.

678

Canción clave **«Gangsta's Paradise»**
Coolio con L.V.

Ganó un Grammy, llegó a lo más alto de las listas de Estados Unidos –el 12 de septiembre de 1995– y eclipsó totalmente la película de Hollywod de la que formaba parte. Y el mayor éxito de Coolio estuvo a punto de no ser estrenado.

Artis Ivey, *Coolio*, debutó en solitario en 1994. Aunque inmerso en la cultura de las pandillas de Los Ángeles, los raps de Coolio iban más allá de los relatos sobre el tráfico de drogas y la violencia: el single «I Remember» se remontaba a la inocencia de la infancia, mientras que «Fantastic Voyage» era un alegre sueño sobre un futuro mejor. Así que cuando creó el intenso y obsesivo «Gangsta's Paradise», su discográfica, Tommy Boy, no tuvo mucho interés en lanzarlo. Ellos mismos sugirieron que lo ofreciera a los productores de *Dangerous Minds (Mentes peligrosas)*, una película sobre un profesor de escuela en una ciudad del interior, protagonizada por Michelle Pfeiffer. Esta última

apareció en el atmosférico vídeo del single, a lo que se debió una parte de su éxito.

En muchos sentidos, «Gangsta's Paradise» es la quintaesencia de las canciones hip-hop de la década de 1990. Está basada en samples y elementos repetidos de otros discos, principalmente «Pastime Paradise» de Stevie Wonder; sus letras detallan las realidades de la vida en el lado equivocado del camino; tiene un melodioso y pegadizo estribillo. Pero es un rap escrito desde la perspectiva de un miembro de una pandilla pidiendo perdón y buscando su redención. Cuando Coolio pronuncia la frase «I'm 23 now, will I ever live to see 24?», (Tengo 23 años ahora, ¿viviré para ver los 24?) sólo hay honestidad, nada de pose.
Angus Batey

Fecha de entrada al n.° 1 en Estados Unidos 12 de septiembre de 1995

País Estados Unidos

Compositores Coolio, Doug Rasheed, Larry Sanders, Stevie Wonder

Por qué es clave El disco que demostró que el gangsta rap podía tratar más temas que la ampulosidad y las balas.

Pág. siguiente **Coolio**.

Álbum clave *(What's The Story)* *Morning Glory* Oasis

En el paisaje musical del hip-hop, el synth pop y la música electrónica de baile, *(What's The Story) Morning Glory* de Oasis sonaba completamente desfasado, el producto de unos muchachos criados en la tradición del rock clásico y aparentemente inalterados por la influencia de cualquier estilo musical desde finales de la década de 1970. Algunos lo denominaron despectivamente «dad rock» (el rock de papá) –después de todo ¿no intenta el rock que no te guste la misma música que a tu padre?–, pero el público lo acogió con entusiasmo.

A pesar del éxito de Oasis con su debut *Definitely Maybe* (1994) –una emocionante patada en las tripas– las tensiones internas habían dado como resultado la expulsión del batería original Tony McCarroll, quien fue sustituido por Alan White para este álbum, el segundo. El cambio no afectó al sonido de la banda. *...Morning Glory?* era más compleja y estructurada. El principal guitarrista

Noel Gallagher proporcionó un destacado conjunto de canciones que abarcaban desde la dramática balada con gran sonido de cuerdas («Wonderwall»), la angustia impregnada de piano («Don't Look Back In Anger»), el pop caprichoso («She's Electric»), los himnos de reflexión («Some Might Say») y el himno trascendental y surrealista («Champagne Supernova»).

El álbum, casi discretamente, continuó vendiéndose y cuando saltaron a la escena del britpop como reyes –olvidada la humillación de Blur– Oasis pareció ser, aunque por poco tiempo, la mayor banda del mundo. Pero no lo fueron: Estados Unidos fue inmune a sus encantos. Sin embargo, todos los demás sucumbieron, cautivados tanto por el álbum como por su imagen anticuada de chicos malos.
Leila Regan-Porter

Fecha de lanzamiento
2 de octubre de 1995

Nacionalidad Reino Unido

Lista de temas Hello, Roll With It, Wonderwall, Don't Look Back In Anger, Hey Now!, Some Might Say, Cast No Shadow, She's Electric, Morning Glory, Champagne Supernova

Por qué es clave Reafirmó los valores tradicionales del rock 'n' roll.

Espectáculo clave **The Beatles** *Anthology* programa de televisión

Justo cuando parecía que no llegaría nunca, el 19 de noviembre de 1995 trajo la primera emisión de la película autobiográfica oficial de The Beatles. *Anthology* era un gran espectáculo multimedia, que finalmente incluiría tres dobles CD de material inédito, un enorme y atractivo libro, nuevas grabaciones de The Beatles, «Free As A Bird» y «Real Love» (los «Threetles» que sobrevivían grabaron sobre las demos de Lennon), y una serie de televisión.

El punto de vista de Lennon en el programa quedó representado por audios y películas de archivo, y el trío superviviente ofrecía nuevas entrevistas. Se habló mucho sobre el hecho de que Paul McCartney negara el permiso a los anunciantes relacionados con la supuesta crueldad contra los animales a colocar su publicidad durante las emisiones, pero McCartney parecía menos inclinado a ejercer su poder en otras áreas: aunque la serie constaba de seis partes en Gran Bretaña, en Estados Unidos

se mostró en tres al eliminar la parte supuestamente más aburrida (sobre todo la que concernía a sus infancias). La versión británica también mostraba las canciones en su integridad. De cualquier manera, todo el ejercicio resultó anodino. El programa trató a The Beatles como un grupo pop más de gran éxito: su impacto sociopolítico como líderes de facto del movimiento mundial de la juventud durante la década de 1960 no fue mencionado en ningún momento. Tampoco aportó nada nuevo que el aficionado medio de The Beatles no supiera ya, excepto que posiblemente tomaran su nombre de las chicas de los motoristas en *The Wild One* y que nunca fumaron hierba cuando fueron a Buckingham Palace a ser nombrados miembros de la orden del Imperio Británico.
Sean Egan

Fecha 19 de noviembre de 1995

País Reino Unido

Por qué es clave The Beatles finalmente relatan su historia. El resultado es decepcionante.

Grupo clave
Supergrass

El cantante y guitarrista Gaz Coombes y un amigo de la escuela mayor que él, el batería Danny Goffey, habían tocado juntos en The Jennifers desde la adolescencia, habían lanzado un single y desarrollado otro en su ciudad natal de Oxford. Pero fue cuando se separaron de esa banda y se unieron al bajista Mick Quinn en 1993 para formar Theodore Supergrass –rápidamente abreviado como Supergrass, «un soplón» en la jerga británica– cuando realmente encontraron su senda. Su single de debut «Caught By The Fuzz» vendió toda su tirada de 250 copias con una discográfica local en el verano de 1994. Rápidamente fueron contratados por la gran discográfica Parlophone, que reeditó el single, y lanzó su álbum número uno en el Reino Unido, *I Should Coco*, publicado el 15 de mayo de 1995.

Influidos por el extremo más melódico del punk (The Jam, Buzzcocks) y por el ritmo a contratiempo de otros grupos de las listas de la década de 1960 como The Monkees, la música de Supergrass estaba perfectamente adaptada al interés renovado por el pop guitarrístico en la escena del britpop. Muchos los consideraron una propuesta menos amenazadora que otros de sus contemporáneos como Blur y Oasis, en parte debido a su porte alegre y a su aparente falta de peleas entre los miembros, y por otro lado por sus letras a contratiempo, la marihuana y las salidas con los amigos. Sin embargo, su talento musical, que a menudo incluía al hermano de Coombes, Rob, en los teclados, era innegable, sobre todo en sus actuaciones en directo. Se convirtieron en favoritos de los festivales, y han disfrutado de un éxito estable, alcanzando con todos sus álbumes los Top 10 del Reino Unido.
Joe Muggs

Rol Artistas de grabaciones

Fecha 15 de mayo de 1995

Nacionalidad Reino Unido

Por qué es clave El britpop sin traumas.

Espectáculo clave *Faust* de Randy Newman
teatro musical

Muchos críticos y oyentes estadounidenses esperaban que, con *Faust,* Randy Newman reclamara el empleo de la música popular en los musicales y rompiera el liderazgo que ejercía el británico Andrew Lloyd Webber. Ciertamente, el trabajo del renombrado artista del rock siempre había desplegado una aguda y sofisticada inteligencia superior a la de Webber, en especial en su clásico álbum de 1970, *12 Songs.*

El argumento del espectáculo: el Diablo y Dios hacen una apuesta sobre el alma de un hombre, Fausto. La música del espectáculo: una amalgama de estilos unidos por sonidos de conveniente grandeza sobrenatural que representa a Newman en su mejor momento musical con algunas de sus más agudas e irreverentes letras.

Desgraciadamente, la firma única de Randy Newman no fue suficiente para salvar una fórmula conocida de Dios contra el Demonio por la humanidad. Sin un héroe activo e imponente para conducir la historia, *Faust* nunca llegó al escenario con la convicción necesaria para que los productores de Nueva York lo «llevaran» a Broadway después de sus primeras representaciones en La Jolla Playhouse, en California (comenzando el 19 de septiembre de 1995) y luego en una versión revisada (con el libreto de Newman coescrito por David Mamet) en el Goodman de Chicago.

También hay que preguntarse si Newman, como muchos otros escritores de otras disciplinas que deciden «tener un segundo empleo» en el teatro, simplemente carecía del corazón o la resistencia necesarias para seguir intentándolo. Cuando un reportero le preguntó cuál había sido su experiencia con el teatro, su respuesta fue: «No da dinero».
David Spencer

Estreno 19 de septiembre de 1995

País Estados Unidos

Director Michael Grief

Reparto David Garrison, Ken Page, Sherie Rene Scott

Compositor Randy Newman

Por qué es clave Mostró cómo el escritor más culto del rock no logró llevar su sensibilidad al formato del musical.

Álbum clave *Crash*
The Dave Matthews Band

Aunque tienen un nombre indudablemente prosaico, The Dave Matthews Band alcanzaron el multiplatino en su debut con una gran discográfica en 1994 con *Under The Table And Dreaming*. Fue su siguiente álbum, *Crash,* que se vendió aún más deprisa y se lanzó el 30 de abril de 1996, el que aseguraría el éxito de The Dave Matthews Band en Estados Unidos y produciría su mayor single, el sensual «Crash Into Me».

Menos orgánico que su predecesor, el más novedoso *Crash*, más rítmico y rico en texturas, era una hábil mezcla de rock, folk y jazz con una variedad de giros y ambientes sonoros. Con una alineación conformada por el cantante/guitarrista Dave Matthews, el bajista Stefan Lessard, el saxofonista LeRoi Moore, el violinista Boyd Tinsley y el batería Carter Beauford, el energético *Crash* con sus intensos *riffs* de guitarra, sus explosivos acordes de vientos, acompañados de los suaves toques de violín y flauta, daban una sensación de gran solidez.

Líricamente es un poco decepcionante. La electrizante «So Much To Say» expresa sentimientos de haber caído en una emboscada, «Proudest Monkey», en estilo jamming, muestra a Matthews sintiendo nostalgia por los días más simples, supuestamente previos a la fama, mientras que «Cry Freedom» es directamente desalentador («The future is no place to place your better days» [El futuro no es el mejor lugar para colocar tus mejores días]).

Aunque *Crash* afianzaría el éxito de The Dave Matthews Band en Estados Unidos, ese éxito no se reproduciría en el Reino Unido, donde las audiencias tienden a responder a personalidades más coloridas o excéntricas, colocando a los definitivamente poco llamativos Dave Mathews y su banda en clara desventaja. Como un crítico británico observó cáusticamente, «los británicos echan un vistazo a ese nombre y echan a correr».

Tierney Smith

Fecha de lanzamiento
30 de abril de 1996

Nacionalidad Estados Unidos

Lista de temas So Much To Say, Two Step, Crash Into Me, Too Much, N.º 41, Say Goodbye, Drive In, Drive Out, Let You Down, Lie In Our Graves, Cry Freedom, Tripping Billies, Proudest Monkey

Por qué es clave Un álbum que demostró que el anonimato no es una barrera para el éxito, al menos en Estados Unidos.

683

Álbum clave *First Band On The Moon*
The Cardigans

Quienes compraron el álbum que supuso el lanzamiento internacional de The Cardigans, *First Band On The Moon,* estrenado en Japón el 12 de agosto de 1996, pueden ser perdonados por sentirse un poco confusos. El primer single exitoso del álbum «Lovefool» –que alertó a muchos sobre el grupo– parecía calificar al cuarteto sueco como otro efímero grupo pop extranjero.

Ciertamente, la inclusión de «Lovefool» en la banda sonora de una película dirigida a los adolescentes, *William Shakespeare's Romeo + Juliet* (*Romeo y Julieta de William Shakespeare*), apenas acalló esas impresiones, aunque su vital melodía no dejaba traslucir el tema del single: el anhelo por un amor no correspondido (como por supuesto ocurría en el tema que recordaba a Andy Williams). Una escucha más intensa revelaría temas que la banda había explorado desde su primer álbum, *Enmerdale* (1994). Nina Persson (vocalista) y Peter

Svensson (guitarrista) esbozaron escenarios de rupturas, infidelidad y desesperación –en ocasiones de manera figurada («The Great Divide», «Step») y en otras con una vigorosa franqueza («Heartbreak», «Never Recover»). Incluso el único tema no original, «Iron Man» de Black Sabbath, parecía elegido para reforzar la carencia de respuestas fáciles: lo dulce y lo amargo siempre se entrelazarían para The Cardigans.

El éxito mayoritario del que The Cardigans disfrutaron significó que, a partir de ese momento, para sus devotos nunca más Suecia –un país que tradicionalmente tenía que importar actores de «carácter» para sus programas de televisión porque sus nativos eran considerados demasiado buenos y blandos– volvería a ser aburrida y poco complicada.

Ralph Heibutzki

Fecha de lanzamiento
12 de agosto de 1996

Nacionalidad Suecia

Lista de temas Your New Cuckoo, Been It, Heartbreaker, Happy Meal II, Never Recover, Step On Me, Lovefool, Losers, Iron Man, Great Divide, Choke

Por qué es clave Marcó el comienzo de una nueva variedad, más innovadora, del pop sueco.

Pág. anterior The Cardigans.

Acontecimiento clave
Jarvis contra Jacko

El 19 de febrero de 1996, en la ceremonia de los Brit Awards en Londres, la superestrella Michael Jackson provocó la ira del cantante Jarvis Cocker al escenificar una elaborada actuación en *playback* de su último single «Earth Song». En ella, Jackson, vestido de blanco, parecía posicionarse como Cristo, con un grupo de niños y ancianos de aspecto desposeído corriendo hacia él para su consuelo físico. No era necesario ser religioso o recordar el escándalo por su supuesta pederastia para encontrar el espectáculo totalmente ofensivo.

Cocker, un hombre con gafas y letrista al frente de un estrafalario grupo pop denominado Pulp –famoso por su precioso single de éxito de 1995, «Common People» y por alcanzar de alguna manera el éxito con la ola del britpop aunque habían estado allí muchos años antes– no pudo más. Subió al escenario y por medio de mímica mostró su trasero, indicando a la audiencia de dónde pensaba que emanaban las ideas de Jackson. De manera surrealista, uno de los desposeídos de Jackson resultó ser un guardaespaldas de incógnito que intentó detener al irreverente invasor.

Cocker fue interrogado por la policía, pero no se presentaron cargos, a pesar de las alegaciones infundadas de Jackson y la BPI (British Phonographic Industry, organizadora de los premios) afirmando que tres niños resultaron heridos. Jackson emitió un comunicado sobre la invasión afirmando que se sentía «asqueado, triste, estupefacto, ofendido, engañado, enfadado» por «el comportamiento vergonzoso y cobarde» de Cocker. Esta grandilocuencia, según muchos, sólo confirmaba el punto de vista de Cocker.
Sean Egan

Fecha 19 de febrero de 1996

País Reino Unido

Por qué es clave
El momento en que la soberbia de una estrella fue denunciada por otra celebridad.

684

Canción clave «Wannabe»
The Spice Girls

En 1996 llegó la explosión a la escena musical: cinco jóvenes y descaradas mujeres vestidas con colores fluorescentes y zapatos de plataforma gritando «really really really wanna zig-a-zig-ahhh» (realmente, realmente, realmente quiero zigzaguear). Las descaradamente elaboradas Spice Girls –Emma Bunton, Geri Halliwell, Mel Brown, Victoria Adams y Mel Chisholm– con sus distintivas y caricaturescas imágenes y personalidades lograron un enorme éxito (número uno en el Reino Unido durante siete semanas, desde el 27 de julio de 1996) con su single de debut, «Wannabe».

El vídeo de la canción mostraba a las cinco colándose en la recepción de un hotel de gran categoría y causando el caos y la afrenta con su flirteo, su baile y sus actitudes descaradas. Las habilidades vocales de «Baby» (la aniñada), «Ginger» (la pelirroja), «Scary» (la temible), «Posh» (la pija) y «Sporty» (la deportista), como serían conocidas según su imagen individual, eran cuestionables, pero los numerosos éxitos pegadizos y la personalidad de las chicas junto a eslóganes que las calificaban de «girl power» (chicas al poder), hicieron que el estribillo («If you wannabe my lover, you gotta get with my friends» [Si quieres ser mi amante, tienes que llevarte bien con mis amigos]) quedase grabado en las conciencias británicas. Aunque muchos predijeron que tendrían un único gran éxito, el álbum *Spiceworld* le seguiría hasta el número uno, «Wannabe» llegaría al número uno en Estados Unidos y The Spice Girls se convirtieron en un fenómeno hecho y derecho. Se las culpó de ayudar a crear el arquetipo de «chica juerguista», bebedora desmesurada y maleducada, y varios comentaristas serios debatieron la credibilidad feminista del *girl power*, pero finalmente The Spice Girls se limitaron a ser un grupo pop, y más que cualquier otro de sus discos, «Wannabe» era la perfecta personificación de sus considerables encantos.
Joe Muggs

Fecha 27 de julio de 1996

Nacionalidad Reino Unido

Compositores Matt Rowe, Spice Girls, Richard Stannard

Por qué es clave
El himno de un nuevo tipo de femineidad polémica.

Pág. siguiente The Spice Girls.

Canción clave «Killing Me Softly With His Song» The Fugees

Existen pocos ejemplos del buen funcionamiento del marketing, como la decisión de no lanzar la versión de The Fugees del éxito de Roberta Flack, «Killing Me Softly With His Song» como single en Estados Unidos. Aunque físicamente fue lanzado como single en el Reino Unido (y alcanzó el número uno), al promocionarlo intensamente en las emisoras de radio estadounidenses, se creó la demanda por un tema que sólo se podría comprar en Estados Unidos como parte del segundo álbum del grupo, *The Score*, lanzado el 9 de marzo de 1996. Funcionó: el álbum logró una certificación de diamante.

The Fugees –un trío compuesto por los vocalistas Wyclef Jean, Lauryn Hill y Pras Michel cuyo hip-hop solía estar tocado de soul y reggae– habían planificado su versión de «Killing Me Softly» con una nueva letra para referirla a la tradición jamaicana del soundclash en los salones de baile. El soundclash es un evento en el que dos *sound systems* rivales compiten por la aprobación de la audiencia tocando *dubplates* exclusivos –discos especiales grabados en exclusiva para aquellos que se encargan del equipo de sonido– y a gran volumen. Pero el plan quedó bloqueado porque no llegó el permiso por parte de los propietarios de los derechos de la canción para reescribir la letra. Aún enamorados de la idea, grabaron en su lugar una nueva versión con la misma letra, aunque renombrándola «Killing Me Softly».

La canción y su éxito transformaron a The Fugees de perdedores en estrellas globales del pop. Aseguró la permanencia del formato del single para su escucha exclusiva en la radio al menos mientras el formato del álbum mantenga su buena salud.
Angus Batey

Fecha de lanzamiento (En *The Score*) 9 de marzo de 1996

Nacionalidad Estados Unidos

Compositores Charles Fox, Norman Gimbel

Por qué es clave El «single para radio» alcanzó la mayoría de edad.

Pág. anterior
Lauryn Hill y Roberta Flack.

687

1990-1999

Acontecimiento clave
Sex Pistols vuelven a unirse

En 1996 se anunció que se llevaría a cabo una gira de reunificación de los Sex Pistols que comenzaría el 21 de junio de 1996 en Finlandia. Pocas reunificaciones habían producido tanta consternación. Si los Sex Pistols habían sido identificados con algo, había sido con la juventud. Fueron ellos quienes se declararon a sí mismos la sangre fresca necesaria para erradicar a los supuestos dinosaurios complacientes del rock como Pink Floyd y Rod Stewart.

Glen Matlock, después de un largo alejamiento, volvió a bordo, con quien en su día fue su bestia negra John Lydon, o Johnny Rotten, afirmando incluso que no habría acordado la reunión sin él. La banda tuvo el descaro suficiente para titular su retorno como el «Filthy Lucre Tour» (La gira del lucro asqueroso), reconociendo al menos honestamente los motivos financieros, lo que los grupos establecidos de los que eran la antítesis nunca habrían contemplado.

Al mismo tiempo, no obstante, esto se consideró repugnante, como lo fueron los insultos, las ofensas y los eructos emitidos en la rueda de prensa que convocaron para anunciar la gira. Esto también demostraba que no tenían grabado ningún material nuevo. En otras palabras, ésta era esa última contradicción: un viaje a la nostalgia punk.

Para que quede constancia, la banda reunida realizó algunas actuaciones lo suficientemente enérgicas como para mitigar lo absurdo de su canon de himnos arrogantes y contra la autoridad, en la voz de unos hombres en su cuarentena con la cara curtida. Matlock diría más tarde: «Todos pretenden que tengamos esos altos ideales... pero hay que ganarse la vida». Sin duda, Pink Floyd habría estado de acuerdo.
Sean Egan

Fecha 21 de junio de 1996

País Reino Unido

Por qué es clave Las leyendas del rock empañan su reputación.

Acontecimiento clave **Mariah Carey y Boyz II Men, 16 semanas en el n.° 1**

Cuando «One Sweet Day» alcanzó su decimosexta semana en el número uno del *Billboard* Hot 10, batiendo todos los récords el 16 de marzo de 1996, el hecho supuso la culminación de la carrera de Mariah Carey.

Para empezar, este dueto, con el cuarteto de R&B, Boyz II Men, había destronado a la mismísima diva del pop, Whitney Houston, y su «Exhale (Shoop Shoop)» lanzado el 26 de noviembre de 1995. En segundo lugar, al entrar en lo más alto de las listas, convirtió a Carey en la primera artista en la historia en lograr múltiples singles de debut en el número uno en Estados Unidos. Podría decirse que los récords que estableció en su carrera demostraron fehacientemente que el recelo que algunos ejecutivos responsables de A & R de Columbia habían expresado respecto a la decisión de Carey de refrescar la fórmula pop de *Music Box* (1993), que llegó a lo más alto de las listas, con un cóctel de R&B

más lento y hip-hop en su nuevo álbum *Daydream* (1995), era totalmente infundado.

Visto a posteriori, el éxito de esta colaboración en lo más alto de las listas parece casi inevitable. «One Sweet Day» era el décimo single número uno en Estados Unidos de Carey, que pisaba los talones a «Fantasy», del álbum *Daydream,* que había debutado en el número uno permaneciendo en ese puesto ocho semanas antes de ser desbancado por el «Exhale» de Houston. Por supuesto, Boyz II Men tampoco eran ajenos a las listas: su balada de 1994 «I'll Make Love To You» había compartido el récord previo de 14 semanas en la cúspide de las listas casualmente con la versión de 1992 que Houston hizo del éxito de Dolly Parton «I Will Always Love You».

Miles Keylock

Fecha 16 de marzo de 1996

País Estados Unidos

Por qué es clave
El nuevo rumbo de los artistas validado por una racha de números uno que bate récords.

Álbum clave *Falling Into You* Céline Dion

El cuarto álbum en inglés de Céline Dion, *Falling Into You*, fue lanzado en 1996, en la cúspide de la carrera de la cantante canadiense. Acabaría convirtiéndose en su trabajo más reconocido.

En esta etapa, las ofensas de la crítica y la ridiculización por parte de los medios que recibía la música de Dion parecía estar en proporción inversa al número de discos que vendía a una audiencia leal. Lo que sugiere que la suave evolución musical que ofrecía este álbum se debía a su propia voluntad. El tema del título y principal single era suave y agradable, en estilo trip-hop ligero, impregnado con el habitual histrionismo vocal de Dion. También era inesperado el tema «It's All Coming Back To Me Now», una composición de ocho minutos de duración de Jim Steinman originalmente escrita –de forma sorprendente– para Meat Loaf. Dion abordó su melodrama épico con su típico gusto exclamativo y posiblemente

puede ser calificado como su mejor interpretación. Cabe la pena destacar también su versión del «All By Myself» de Eric Carmen, un himno autocompasivo tan intenso que en su clímax parece que los pulmones de Dion corren el peligro de estallar. Al formar parte de la banda sonora de *Bridget Jones' Diary* (*El diario de Bridget Jones*), se convirtió en una especie de tema musical para chicas y solteras en el día de S

an Valentín. Nada en el álbum es más destacado que esos tres temas, aunque el sonido más tradicional de Dion de «Because You Loved Me» ha sido el single más inevitable hasta la fecha.

Alex Macpherson

Fecha de lanzamiento
12 de marzo de 1996

Nacionalidad Canadá

Lista de temas It's All Coming Back To Me Now, Because You Loved Me, Falling Into You, Make You Happy, Seduces Me, All By Myself, Declaration Of Love, Dreamin' Of You, I Love You, If That's What It Takes, I Don't Know, River Deep Mountain High, Call The Man, Fly

Por qué es clave Una diva que sigue asombrando con un giro artístico inesperado.

Pág. siguiente Céline Dion.

Canción clave «Tha Crossroads»
Bone Thugs-N-Harmony

Pocos fenómenos del hip-hop de la década de 1990 fueron menos explicables que el éxito de Bone Thugs-N-Harmony. Vendieron enormes cantidades de discos, aunque parecía que cualquiera al que se le preguntara sobre ellos manifestaría un intenso desagrado. «Tha Crossroads», en parte momento genuino del genio pop, en parte éxito novedoso, constituyó su apogeo.

El grupo de Cleveland, Ohio, formado por los hermanos Steve y Stan Howse (Lazie Bone y Flesh-N-Bone), su primo Charles «Wish Bone» Scruggs y sus amigos Anthony «Krazie Bone» Henderson y Byron «Bizzy Bone» McCane, tuvo su oportunidad cuando pasaron una cinta de demo al antiguo líder de NWA (Niggaz With Attitude) y jefe de Ruthless Records, Eric «Eazy-E» Wright. Al escribir su entretenida autobiografía en 2006, *Ruthless,* el amigo y socio de Wright, Jerry Heller, afirmó que «no eran un grupo sino más bien una comuna, una familia, un circo errante, una reacción en cadena, un estado mental».

Después de un mini-LP en 1994, la banda estaba trabajando en un disco completo cuando Eazy murió a causa de complicaciones relacionadas con el sida en marzo de 1995. «Tha Crossroads» (originalmente titulada sólo «Crossroads» en el álbum *E 1999 Eternal)* fue su manera de rendirle homenaje, con sus raps en parte cantados, en parte recitados, recordando la tradición armónica del *barbershop* y del *doo wop,* cantando al hombre que les había salvado a ellos y a otros «soldados caídos». Su excepcionalidad le ayudó a llegar a lo más alto de las listas de Estados Unidos el 18 de mayo de 1996.

Hoy en día, el himno a los amigos desaparecidos es uno de los elementos que un álbum de hip-hop de éxito necesita para llegar a su público objetivo: en 1996, esta vulnerabilidad constituyó una declaración revolucionaria.

Angus Batey

Fecha 18 de mayo de 1996

Nacionalidad Estados Unidos

Compositores Anthony Henderson, Steven Howse, Ernest Isley, Marvin Isley, O'kelly Isley, Ronald Isley, Rudolph Bernard Isley, Christopher H Jasper, Bryon McCane, Charles Scruggs

Por qué es clave Representó el concepto de «matón sensible».

Grupo clave
The Wallflowers

Jakob Dylan, al frente de la banda de rock con base en Los Ángeles, The Wallflowers, afirmó en una ocasión que le agradaba la mentalidad pandillera de formar parte de una banda. Sin embargo, Dylan siempre ha sido, le gustara o no, el punto focal del grupo. El hijo más joven de Bob Dylan, Jakob, estaba decidido a ser juzgado por sus propios méritos, él mismo lo ha definido como «un asunto de dignidad». Llegó hasta el extremo de prohibir a los propietarios de los clubs y a su discográfica el uso de su famoso nombre en la promoción de la banda en el momento de su debut con el álbum homónimo en 1992, lo que habría asegurado las actuaciones para la banda durante un largo tiempo (el teclista Rami Jaffe estuvo en el grupo durante meses antes de saber quién era el padre de Dylan).

Después del fracaso comercial de ese disco, la banda produjo *Bringing Down The Horse* con T-Bone Burnett. Lanzado el 21 de mayo de 1996,

tuvo un enorme éxito, nunca igualado por los siguientes lanzamientos de la banda. Compuesta por Dylan, Jaffee, el guitarrista Michael Ward, el bajista Greg Richling y el batería Mario Calire, el álbum produjo dos singles de éxito: «6th Avenue Heartache» y «One Headlight». *Bringing Down The Horse* vendería cuatro millones de copias en Estados Unidos, y se convertiría en el tercer álbum de mayores ventas de 1997. Esto significa que aunque The Wallflowers sean competentes más que inspirados, el hijo que en su día intentó desesperadamente no vivir su carrera profesional a la sombra de su padre acabó, con ese álbum, vendiendo más álbumes que cualquiera de los de Bob Dylan.

Tierney Smith

Rol Artistas de grabaciones

Fecha 21 de mayo de 1996

Nacionalidad Estados Unidos

Por qué es clave Jakob Dylan enmascarado y anónimo –y a pesar de ello, con éxito.

Pág. anterior **Jakob Dylan**.

Álbum clave *Endtroducing*...
DJ Shadow

En 1986, el pionero productor de electro-rap Kurtis Mantronik afirmó que su disco *Musical Madness Mantronix* era el primer álbum compuesto íntegramente por porciones de grabaciones de otros artistas: samples. En lo que se refería a la música, podía haber tenido razón, pero el álbum también estaba impregnado del trabajo del socio de Kurtis, el rapero MC Tee: su voz, aunque sonara por medio de samples, no era un sámpler de ninguna manera en el sentido estricto de la palabra.

El californiano DJ, productor y obsesionado del hip-hop, Josh «DJ Shadow» Davis, aún mejoró *Mantronik*. Aunque se rumorea que *Endtroducing...*, su álbum de debut para la independiente Mo'Wax en el Reino Unido, contiene al menos una pieza musical grabada originalmente para su inclusión en el mismo –lo que supondría que no es sampling puro, ya que no está constituida al cien por cien por fragmentos de discos existentes–, el encontrar ese único trozo empleado en un todo compuesto por muestras artísticamente elegidas e imaginativamente dispuestas parece imposible aunque sea cierto.

El debut de Shadow lleva la estética de la producción rap del cortar-y-pegar más allá de sus conclusiones lógicas, resecuenciando, disponiendo y recontextualizando una impresionante selección de material fuente para crear algo nuevo. Podía haber terminado siendo un número de monstruos, pero éste era el monstruo de Frankenstein creado no tanto para demostrar que su artífice podía hacerlo sino más bien un triunfo artístico que mostraba que el hip-hop era capaz de lograr una majestad sinfónica.

Angus Batey

Fecha de lanzamiento
19 de noviembre de 1996

Nacionalidad Estados Unidos

Lista de temas Best Foot Forward, Building Steam With A Grain Of Salt, The Number Song, Changeling ** Transmission 1, What Does Your Soul Look Like (Part 4), [untitled], Stem-Long Stem ** Transmission 2, Mutual Slump, Organ Donor, Why Hip Hop Sucks In '96, Midnight In A Perfect World, Napalm Brain-Scatter Brain, What Does Your Soul Look Like (Part 1: Blue Sky Revisit)

Por qué es clave Quizás primer álbum compuesto sólo con samples.

Acontecimiento clave
Muerte de Tupac Shakur

La historia de la compleja vida de Tupac Shakur –conocido profesionalmente como 2Pac– permanece en la polémica más profunda. Nacido en 1971, el momento de la verdad de Shakur llegó en 1994. Mientras un jurado de Nueva York deliberaba sobre los cargos contra él de violación, sodomía por la fuerza y abuso sexual, Shakur era tiroteado en el vestíbulo de un estudio de grabación. Entró en el juzgado en silla de ruedas para escuchar los veredictos (absuelto de la mayoría de los cargos, culpable de abuso sexual) y desde su celda en la prisión de Rikers Island acusó posteriormente a su amigo, el rapero Notorious B.I.G., y al mentor de Biggie, Sean «Puffy» Combs, de estar involucrados en el asunto. Su estatus como icono de la contracultura quedó asegurado, pero como la letra de su álbum lanzado semanas más tarde demostraría –su obra maestra, *Me Against The World*– estaba convencido de que su vida se acercaba a su fin.

Sus álbumes, que incluían el aclamado debut *2Pacalypse Now* (1991) y el a menudo odioso *All Eyez On Me* (1996) de su período posprisión, fueron los trabajos de un artista cuyas actitudes abarcaron una amplia gama: para cada canción de arrogante desafío había una obra de periodismo («Brenda's Got A Baby») o una angustiosa porción de introspección y exposición personal («Dear Mama»). Un carismático y dotado actor de películas, la frenética espiral descontrolada que terminó con su muerte en un tiroteo entre automovilistas en Las Vegas el 13 de septiembre de 1996, parecía un guión de película que se había vuelto demasiado real. Qué podría haber logrado si hubiese sobrevivido continúa siendo una de las grandes preguntas sin respuesta del hip-hop.

Angus Batey

Fecha 13 de septiembre de 1996

País Estados Unidos

Por qué es clave El final violento de una vida violenta aunque de talento.

Personaje clave
Richard Hell

A mediados de la década de 1970, Malcolm McLaren descubrió a un joven músico en la ciudad de Nueva York, quien, vestido con una ropa deliberadamente rasgada, había peinado sus cortos cabellos rojos con gel dándoles un aspecto puntiagudo, y se llamaba a sí mismo Richard Hell. McLaren quería llevarlo a Gran Bretaña para que liderara una banda que gestionaba, aunque la sugerencia nunca se materializó. Esa banda sería conocida como Sex Pistols y al frente estaría un cantante con el cabello rojo, corto y de punta, y ropas rasgadas y un provocativo sobrenombre (*Rotten*, que se podría traducir como «podrido»).

Glen Matlock, de los Pistols, insiste en que las semejanzas son una «extraordinaria» coincidencia, pero incluso si éste fuera el caso, existen pocas dudas de que Hell –Richard Meyers de nacimiento, que tuvo lugar en 1950– era un roquero punk incluso antes de que esa idea existiese.

La primera banda del bajista Hell fue Television, formada con su amigo de la infancia, el guitarrista Tom Verlaine. Frustrada por la aversión de Verlaine a tocar sus canciones, Hell pasó por The Heartbreakers, de quien en su día fuera New York Doll, Johnny Thunders (coautor del clásico «Chinese Rocks»), antes de constituir The Voidoids.

Esta última banda fue muy errática y poco prolífica, pero dejó atrás al menos dos grandes éxitos: «Blank Generation» (inspiración para la «Pretty Vacant» de los Pistols) y «The Kid With The Replaceable Head».

Sin embargo, Hell –poeta a la vez que músico– siempre fue más que un punk tridimensional. En 1986 publicó su novela picaresca *Go Now*, que recibió excelentes críticas en *The Times Literary Supplement* y *USA Today* entre otras publicaciones, definitivamente no pertenecientes a la *new wave*.
Sean Egan

Rol Artista de grabaciones

Fecha 1996

Nacionalidad Estados Unidos

Por qué es clave
El prototipo de punk.

Espectáculo clave *Rent*
teatro musical

La síntesis entre rock y música teatral es una mezcla difícil, ya que el vocabulario del rock emplea principalmente los duros colores primarios de la monotonalidad, el ritmo repetitivo y otro ritmo de fondo, mientras que la música teatral abarca una gama mucho más amplia y variada de tonos pastel para delinear a los personajes y la historia. *Rent* –supuestamente– ha sido el musical que se acoborda menos con el rock «no censurado» a la vez que no tiene que excusarse por reverenciar la tradición teatral. (*Hair* se opuso conscientemente a la tradición teatral.) Este espectáculo, ganador del Premio Pulitzer y de varios Tonys, es una adaptación del libreto de Illica/Giacosa de la ópera de Giacomo Puccini, *La Bohême*, y la anterior novela de Henri Murger, con libreto, música y letra de Jonathan Larson. Transporta a los personajes y las situaciones a la Alphabet City de Nueva York. Su retrato de los luchadores y empobrecidos artistas se inspiró en la propia vida y amigos de Larson. Muchos de los personajes son gays y de minorías étnicas, y algunos seropositivos: es el trabajo de la generación X.

Pero la notoriedad inicial de *Rent* debió tanto al «martirio» acrecentado como a su resonancia para una generación más joven. Ya que, debido a una condición aórtica mal diagnosticada, Larson murió repentinamente –una llamativa similitud con Mimi– el día anterior al preestreno de *Rent* fuera de Broadway. En consecuencia, el espectáculo, que se abrió a la prensa y se reinauguró en Broadway el 29 de abril de 1996, nunca sufrió más ajustes ni revisiones, congelado en un borrador de transición: sin refinar, inconexo, superpuesto y en ocasiones sencillamente un lío. No obstante, el contenido triunfó sobre los bordes sin pulir para las audiencias en todo el mundo. La canción más famosa: «Seasons Of Love».
David Spencer

Estreno 29 de abril de 1996

Nacionalidad Estados Unidos

Director Michael Greif

Reparto Anthony Rapp, Jesse L. Martin, Taye Diggs

Compositor Jonathan Larson

Por qué es clave
El musical de la generación X.

Personaje clave
Robbie Williams

El 1 de diciembre de 1997 fue testigo del lanzamiento de «Angels», un nuevo single de Robbie Williams. Pocos le dieron importancia. Williams (nacido en 1974) era considerado un bufón que sólo se miraba a sí mismo, con sobrepeso y sin futuro después de su rencorosa salida de Take That en 1995.

Sin embargo, «Angels» resultó ser una balada absolutamente hermosa. El subsiguiente «Let Me Entertain You», más enérgico, se conformó con un sensacional himno de autoafirmación. Ambos fueron coescritos por el artista. Nadie lo había sospechado, pero Williams tenía un talento para escribir letras inteligentes y a menudo hilarantes. Había encontrado la ambientación musical ideal para ellas en su numen Guy Chambers, quien también actuó como productor. Los siguientes singles, como la vulnerable «Strong» y la sensual «Feel», fueron clásicos modernos, pero también otros temas en sus álbumes fueron igualmente magníficos,

como la asombrosa y extravagante «Me And My Monkey» con su sonido de metales.

No obstante, inexplicablemente, después de cinco álbumes, Williams rompió la sociedad. Siempre una figura atormentada, el hecho de ser «sólo» un gran letrista e intérprete le molestaba. De manera ilógica, se asoció con otro creador musical, Stephen Duffy. El consecuente álbum, *Intensive Care* (2005), tuvo buenos resultados, pero en *Rudebox* (2006) –en el que figuraban un número asombroso de coautores– fue evidente que Chambers se había llevado parte de la magia. El álbum fracasó.

Sin embargo, incluso si Williams no logra volver a alcanzar su cumbre comercial, estética y artística, siempre podrá enfrentarse al hecho de que demostró triunfalmente que aquellos que lo calificaron como un fracasado carente de talento se equivocaban.
Sean Egan

Rol Artista de grabaciones

Fecha 1997

Nacionalidad Reino Unido

Por qué es clave La broma que de manera inverosímil se convirtió en un artista con fundamento.

Espectáculo clave **The Spice Girls en los Brits**
actuación televisiva

Cuando el evento de la industria fonográfica británica (BPI) –los premios The Brits– tuvo lugar el 24 de febrero de 1997, The Spice Girls acababan de añadir su primer número uno en Estados Unidos a su lista de tres números uno en el Reino Unido. Así pues, se contrató al grupo del momento, para abrir la gala.

Las cámaras enfocaron a las chicas de pie, de espaldas a la audiencia. A continuación se oyó una breve introducción de su canción característica «Wannabe» antes de que el grupo –en una explosión de hielo seco– procediera a la interpretación de su nuevo single «Who Do You Think You Are». La primera línea de la canción era de Geri Halliwell, así que fue la belleza pelirroja quien inauguró la pasarela del escenario. La hermana de Halliwell había improvisado su traje para esa noche con una máquina de coser. Al ver un trapo de cocina con la bandera del país, Geri decidió que sería conceptualmente adecuada, aunque conociendo el tamaño de los trapos,

ello supusiera que una considerable cantidad de carnes quedasen a la vista, o como un periódico sensacionalista describiría la visión: «Las tetas saliendo por un extremo, las bragas, por el otro».

El grupo en su conjunto ofreció una clase magistral en representación escénica, con todo el atractivo y el encanto de The Spice Girls. Mejoraron su estatus pasando de simples estrellas del pop a fenómeno cultural. Pero es la imagen de Halliwell envuelta en su bandera nacional lo que muchas personas recuerdan de esa actuación, una visión accidental aunque perfectamente acorde con el espíritu del britpop y la flema británica.
Sean Egan

Fecha 24 de febrero de 1997

País Reino Unido

Por qué es clave La actuación que proporcionó una imagen icónica de la década de 1990.

Pág. siguiente **Geri Halliwell**.

Álbum clave *Homework*
Daft Punk

A mediados de la década de 1990, la música de baile post-rave había adquirido grandes proporciones. Cuando esto ocurrió, sin embargo, la necesidad de llenar estadios y *raves* cada vez mayores, suponía que el sonido tendía a perder el contacto con sus raíces en los pequeños clubs nocturnos. Mientras tanto, en Francia, un grupo de músicos trabajaban en una versión más elegante y de influencia disco de la música dance. Entre los primeros en hacerlo se encontraba el dúo formado por Guy-Manuel de Homem-Christo y Thomas Bangalter, o Daft Punk.

Fusionando las técnicas de producción del techno con los sonidos más sensuales del disco y la elegancia del clásico Kraftwerk, Daft Punk logró agradar tanto a los modernos asistentes a clubs urbanos como a las enormes multitudes en *mega-raves* al aire libre. Después de sólo dos singles, firmaron con la gran discográfica Virgin Records. El 20 de enero de 1997 lanzaron su álbum *Homework*

en el Reino Unido. Aunque ninguno de los elementos que combinaron era original por sí mismo, tanto los melodiosos temas como el estridente *riff* de «Da Funk» y las repetitivas letras de «Around The World» los convirtieron en temas instantáneamente memorables incluso para los no aficionados al dance, mientras que la sofisticada producción mantuvo su credibilidad con la escena dance. Incluso los grandes productores de hip-hop The Neptunes los reconocieron como influyentes. Sus artísticos vídeos, un diseño de estilo ingenioso y la negativa a aparecer en público sin llevar la máscara de un robot les proporcionó la solución –a la vez que se burlaban– a la percibida falta de carácter de los artistas de la música dance. Con su completo paquete audiovisual y gran atractivo, *Homework* se convirtió en uno de los álbumes icónicos de finales de la década de 1990.

Joe Muggs

Fecha de lanzamiento 20 de enero de 1997

Nacionalidad Francia

Lista de temas Daftendirekt, WDPK 83.7 FM, Revolution 909, Da Funk, Phœnix, Fresh, Around the World, Rollin' And Scratchin', Teachers, High Fidelity, Rock 'n' Roll, Oh Yeah, Burnin', Indo Silver Club, Alive, Funk Ad

Productores Thomas Bangalter, Guy-Manuel de Homem-Christo.

Por qué es clave Unos franceses con máscaras de robot rejuvenecen la música dance.

697

Acontecimiento clave
East 17 y la protesta del éxtasis

El 16 de enero de 1997, Brian Harvey, cantante de la ultraexitosa *boyband* del Reino Unido East 17, realizó comentarios que se consideraron carentes de sensibilidad en el contexto de la muerte de un adolescente llamado Leah Betts.

Betts murió el 16 de noviembre de 1995. Se había informado ampliamente que había muerto como consecuencia de un lote contaminado de la droga éxtasis. A ello siguió una famosa campaña de carteles advirtiendo sobre los peligros de las drogas. Sin embargo, un posterior informe médico encontró que, de hecho, Betts murió por una inflamación del cerebro provocada por el consumo excesivo de agua. No obstante, este último informe no se difundió adecuadamente, y cuando más de un año después Harvey respaldó el uso de la droga en una entrevista radiofónica, en la que afirmó que había llegado a ingerir 12 pastillas de éxtasis en una noche, toda la prensa sensacionalista armó

un gran revuelo y algunas emisoras de radio hicieron pública su protesta dejando de emitir los discos de la banda. Harvey fue expulsado de la banda; cuando voluntariamente le siguió el principal compositor Tony Mortimer, East 17 –una especie de versión más cruda de Take That con algunos discos excelentes en su haber– dejó de existir oficialmente.

Aunque Harvey afirmaría más tarde que la reacción a sus comentarios no era más que «la guinda del pastel» en lo que concierne al derrumbe de East 17, aún eran un grupo de gran éxito en las listas el mismo mes que los realizó, y resulta difícil no llegar a la conclusión de que la injusta controversia constituyó una crisis que de otra manera habrían logrado superar.

Alex Macpherson

Fecha 16 de enero de 1997

País Reino Unido

Por qué es clave Una *boyband* partida en dos en circunstancias inicuas.

Pág. anterior East 17.

Grupo clave
Hanson

Los años centrales de la década de 1990 fueron una época estéril para la música pop. A pesar del relativo fracaso comercial del britpop en Estados Unidos, el enfoque de vuelta-a-las-guitarras, predominante en el resto del mundo, pareció ser un paso atrás global para aquellos que no sentían debilidad por la música «auténtica». No obstante, en 1997, una nueva ola de colorido pop adolescente comenzó a filtrarse en las listas. Aqua, Savage Garden, Gina G y The Spice Girls amenazaron con expulsar a los solemnes mercaderes del «Dadrock» y reminiscencias del grunge, con sus energéticos discos dirigidos descaradamente hacia el mercado preadolescente.

Cuando «MMMBop» de Hanson llegó al número uno en Estados Unidos el 24 de mayo de 1997, fue como si ambos mundos hubiesen construido un puente entre ellos. Una efervescente melodía a lo Jackson-5 con un gran ritmo, «MMMBop» resultaba muy pegadiza, e interpretada por tres atractivos adolescentes rubios

de Oklahoma, la canción resultó ser un éxito instantáneo entre los adolescentes interesados por la música en la década de 1990. Pero los hermanos Isaac (16, guitarra, vocales), Taylor (14, teclados, vocales) y Zac (12, batería, vocales) Hanson habían tocado juntos como una banda desde 1992 y ha habían lanzado dos álbumes independientes con material propio.

The Dust Brothers pulieron sus canciones para su debut con una gran discográfica con *Middle Of Nowhere* y Mann & Weil y Desmond Child los ayudaron con algunas letras. Los Hanson estuvieron siempre presentes en 1997. La confusión que producía en los padres que no conocían al grupo el género del guapo Taylor, con su larga melena, produjo un regocijo sin júbilo. A pesar de ser abandonados por la discográfica en el año 2000, los hermanos continuaron de gira y lanzaron su música utilizando sus propios fondos, y siguen respetados por muchos hasta la fecha.
David McNamee

Rol Artistas de grabaciones

Fecha 24 de mayo de 1997

Nacionalidad Estados Unidos

Por qué es clave
El trash-pop se encuentra con unos músicos serios.

Álbum clave *Come On Over*
Shania Twain

Lanzado el 4 de noviembre de 1997, el tercer álbum de la cantante country canadiense Shania Twain destacó por algo más que su música: era el triunfo del marketing global. Su lanzamiento doméstico mantuvo el sonido tradicional que había dado el éxito a Twain en sus audiencias country en Estados Unidos. Sin embargo, ésta no era la estrategia que reforzaría su atractivo –y menos aún el ganarse el favor de las audiencias mundiales– por lo que la totalidad del álbum recibió un maquillaje pop para su lanzamiento internacional en 1999, en el que sustituían las gangosas guitarras por vibrantes sintetizadores.

Estas tácticas extraordinarias tuvieron su efecto: *Come On Over* es, hasta la fecha, el álbum de mayores ventas de una artista femenina en solitario en todo el mundo. Una parte del mérito debe ir, no obstante, a la calidad de las canciones, escritas por Twain en colaboración con su marido y productor Mutt Lange y que combinan una buena

y pegadiza melodía con una letra muy superior a la media.

Tampoco estuvo mal que la imagen sana y seria de Twain recibiera un retoque, con un aspecto más atractivo y determinado para los vídeos que acompañaban a los singles, sumamente vitales y femeninos, «Man! I Feel Like A Woman!» –un vídeo que parodiaba el de Robert Palmer de «Addicted To Love» y que únicamente acrecentaba la confusión de la letra de la canción desafiando las normas de su género– y «That Don't Impress Me Much». Aún mantuvo algunas de sus raíces: «You're Still The One» es una sencilla balada acústica con un estribillo estupendo, y un lacrimoso espíritu en todo el conjunto.
Alex Macpherson

Fecha de lanzamiento
4 de noviembre de 1997

Nacionalidad Canadá

Lista de temas Man! I Feel Like A Woman, I'm Holdin' On To Love (To Save My Life), Love Gets Me Every Time, Don't Be Stupid (You Know I Love You), From This Moment On, Come On Over, When, Whatever You Do! Don't!, If You Wanna Touch Her, Ask!, You're Still The One, Honey I'm Home, That Don't Impress Me Much, Black Eyes, Blue tears, I Won't Leave You Lonely, Rock This Country!, You've Got A Way

Por qué es clave Renovación para todas las audiencias.

Espectáculo clave **«Smack My Bitch Up»** el vídeo

La banda de dance-rock The Prodigy ya se había ganado una reputación por sus canciones y videos controvertidos después del número uno en el Reino Unido en 1996: «Firestarter». «Smack My Bitch Up» los llevó a la estratosfera del escándalo.

Al tomar la frase titular (extraída de «Give The Drummer Some» de los Ultramagnetic MCs) al pie de la letra, algunos pensaron que la canción del teclista Liam Howlett, lanzada el 17 de noviembre de 1997, promovía la violencia contra las mujeres. El vídeo, inicialmente, parecía confirmarlo. El caso de un maníaco, despiadado y empapado en sudor, dirigido por Jonas Akerlund, comienza con el protagonista –a través de cuyos ojos seguimos la historia– preparándose para salir una noche esnifando cocaína. La cámara lleva entonces al espectador en taxi a un club nocturno. Toma varias bebidas en un bar, manosea a un par de mujeres y se inicia una pelea en la pista de baile

antes de que el protagonista destroce la cabina del DJ y vomite en los lavabos, una acción mostrada gráficamente. Más tarde, el protagonista visita un club de *striptease*, lo abandona con una de las actrices, roba un coche y se lleva la chica a casa. Después de retozar por la habitación desnudos y con cierta violencia, la *stripper* se marcha. El protagonista, sentado en la cama, se mira en el espejo y nos muestra que todo el tiempo hemos estado siguiendo las andanzas de ¡una mujer rubia! Este descarnado vídeo con desenlace inesperado ganó dos premios MTV Video Music Awards así como la admiración y la condena a partes iguales.
Rob Jovanovic

Fecha 17 de noviembre de 1997

Nacionalidad Reino Unido

Director Jonas Akerlund

Por qué es clave El vídeo pop más controvertido de todos los tiempos.

1990-1999

699

Canción clave **«Perfect Day»** Varios artistas

Si se hubiese llevado a cabo en una época anterior, el anuncio de que la BBC quería utilizar la canción de Lou Reed «Perfect Day» para promocionarse a sí misma habría sido recibida con un gruñido característico. Sin embargo, era 1997, no 1977, y la BBC era perfectamente consciente del hecho de que «Perfect Day» es conocida por ser una disfrazada oda a la heroína.

El álbum *Transformer* (1972) de Reed fue producido por el fan de Velvet Underground David Bowie, en colaboración con el guitarrista Mick Ronson. Lo más destacado del álbum era «Perfect Day». Un itinerario inocente que incluye un paseo por el parque y una visita al cine, y que puede ser interpretada como una simple canción de amor. El exquisito trabajo al piano de Ronson y las hermosas voces femeninas de fondo completan el aire de tranquilidad. Sólo una frase, en la que el narrador dice al «tú» de la letra

que le hace olvidarse de sí mismo y pensar que es «alguien bueno», constituye una nota discordante. El «tú» que produce el olvido, han aventurado muchos, es la heroína.

En 1997, un enorme y variado reparto del rock, el pop y la ópera –desde Bono hasta Boyzone pasando por Lesley Garrett– se turnaron cantando una frase de «Perfect Day» cada uno para crear un extraño pero hermoso mosaico. La actuación, mostrada regularmente en la televisión de la BBC, creó tal conmoción que la cadena la capitalizó lanzando un single cuyos beneficios fueron a parar a su obra de caridad anual Children In Need. Este disco llegó al número uno el 29 de noviembre de 1997 y recaudó más de dos millones de libras.
Sean Egan

Fecha de lanzamiento 29 de noviembre de 1997

Nacionalidad Estados Unidos

Compositor Lou Reed

Por qué es clave Una velada canción de yonquis transformada en un adorable himno por una buena causa.

Álbum clave *Talk On Corners*
The Corrs

Talk On Corners, lanzado el 20 octubre de 1997, fue el segundo álbum y plataforma de lanzamiento internacional para The Corrs. Sin embargo, sus tres primeros singles no alcanzaron el Top 40 del Reino Unido y sólo después de que su versión de «Dreams» de Fleetwood Mac llamara la atención en un concierto televisado con motivo del Día de san Patricio, este grupo familiar irlandés –tres hermanas y un hermano– se convirtió en una de las mayores bandas del mundo.

Originalmente grabaron el tema como parte de un álbum de tributo a Rumours, pero *Talk On Corners* fue reeditado incluyendo «Dreams». Los siguientes éxitos, «What Can I Do» y «So Young», fueron remezclas pop de sus originales más folk, lo que transformó a la banda en campeones de las listas y habituales de la radio, cuando antes habían sido considerados un grupo tradicional. Violines, *tin whistles* (flautines) y el tambor irlandés (*bodhran*), mezclados con la guitarra eléctrica de Jim Corr y un lustre pop.

La versión original del álbum incluía al instrumental «Paddy McCarthy» compartiendo espacio discográfico con una versión de «Little Wing» de Jimi Hendrix, pero la inclusión de estas remezclas en la edición especial del álbum (1998; 1999 en Estados Unidos) produjo una mezcla aún más curiosa, aunque agradable, de soft-rock y folk irlandés.

En total, el disco ha vendido 6,5 millones de copias en todo el mundo. En parte se debe a su auténtico talento, pero la extraordinaria belleza de Sharon (violín), Caroline (percusión, teclados) y Andrea (vocales, *tin whistle*) tampoco les hizo ningún daño.
Chris Goodman

Fecha de lanzamiento
20 de octubre de 1997

Nacionalidad Irlanda

Lista de temas Only When I Sleep, When He's Not Around, Dreams, What Can I Do?, I Never Loved You Anyway, So Young, Don't Say You Love Me, Love Gives Love Takes, Hopelessly Addicted, Paddy McCarthy, Intimacy, Queen Of Hollywood, No Good For Me, Little Wing

Por qué es clave
Pop con un aire gaélico.

Pág. siguiente The Corrs.

1990-1999

700

Acontecimiento clave «Candle In The Wind»
entra en la memoria colectiva

Se dice a menudo sobre los músicos pop que la muerte es un buen movimiento en la carrera, una observación un tanto cruel considerando que los artistas preferirían ser pobres pero estar vivos que póstumamente ricos.

Aunque también resulta incuestionable que Elton John deseara que su buena amiga Diana, princesa de Gales, hubiera sobrevivido al accidente automovilístico que la mató el 31 de agosto de 1997, el aluvión de dolor que posteriormente intentó aliviar lo catapultaron de institución del pop caduca a la voz y a manos de un gigantesco acontecimiento emocional mundialmente televisado.

Sobriamente vestido y digno al piano en el funeral de Diana en la abadía de Westminster el 6 de septiembre de 1997, cantó una versión especialmente reescrita de su canción «Candle In The Wind», en origen una elegía de 1973 a la estrella de cine Marilyn Monroe, y que ahora comenzaba con «Goodbye, England's Rose» (Adiós, rosa de Inglaterra) en lugar de con «Goodbye, Norma Jean». Instantáneamente se convirtió en la banda sonora de una sensación de catarsis colectiva.

Así pues, cuando se lanzó como un single unas cuantas semanas después con nuevos arreglos por el productor de The Beatles, George Martin, «Candle In The Wind 1997» se vendió a una velocidad sin precedentes, hasta un máximo de seis copias en el mundo por segundo. Con sus cerca de 40 millones de copias vendidas hasta la fecha, se convierte en el único disco en desafiar seriamente al «White Christmas» de Bing Crosby como el de mayores ventas en su historia.

Elton nunca la ha vuelto a cantar desde entonces, no aparece en ninguno de sus álbumes y todos los derechos y beneficios de la discográfica se donaron a la fundación Diana, Princess of Wales Memorial Fund.
Mat Snow

Fecha 6 de septiembre de 1997

País Reino Unido

Por qué es clave
Dio la vuelta al cliché de la muerte como gran oportunidad de carrera.

Grupo clave
The Verve

Desde sus inicios, Richard Ashcroft fue el principal punto de atención del cuarteto Verve (más tarde, The Verve), originario de la ciudad de Wigan. Melancólico vocalista desgarbado, sus travesuras en el escenario y citas en las entrevistas le valieton el epíteto de «Mad Richard». La envoltura musical de Ashcroft, sin embargo, era el mellifuo pero psicológicamente atribulado guitarrista Nick McCabe. El grupo editó su single de debut «All In The Mind» (1992). Le siguió el álbum: *A Storm In Heaven* (1993), bien recibido por la crítica. Su impulso se vio incrementado con el siguiente álbum *A Northern Soul* (1995). Pero cuando el grupo logró en 1995 que su ornado single «History» lograra su mejor puesto en las listas, la banda estaba haciendo precisamente eso, escindiéndose por los problemas causados por el cada vez menos fidedigno McCabe. Un consternado bajista Simon Jones lloró literalmente por la ironía del hecho.

Cuando Ashcroft comenzó a grabar con Jones y el baterí de Verve Peter Salisbury, así como con el nuevo guitarrista Simon Tong, pareció un desaire mordaz hacia McCabe, pero fue Ashcroft quien decidió casi suplicar a este último que volviera al grupo. El resultado fue *Urban Hymns* (1997), un álbum que de forma asombrosa transformó el Verve, definitivamente poco comercial, en un grupo de enorme éxito. Produjo el onomatopéyico «Bittersweet Symphony», un número dos en el Reino Unido, y el torturado «The Drugs Don't Work», que el 13 de septiembre de 1997 llegó al número uno en el Reino Unido. Ashcroft incluso ganó un premio Ivor Novello.

Pero el cuento de hadas no duraría para siempre: el grupo volvió a separarse en abril de 1999, justo cuando parecía que podrían tener éxito en Estados Unidos.

Sean Egan

Rol Artistas de grabaciones

Fecha 1997

Nacionalidad Reino Unido

Por qué es clave
Arrebataron la victoria de las garras de la derrota, y luego se la devolvieron.

Álbum clave *Time Out Of Mind*
Bob Dylan

A principios de la década de 1990, Bob Dylan se encontraba en medio de una renacida fase cristiana que acabó con su credibilidad. Si sus admiradores –muchos de los cuales desertaron durante esta fase vengativa y simplista– pensaron que las cosas no podrían ser peores, estaban muy equivocados. Aunque moderó el fuego y el azufre de sus actuaciones, para gran disgusto suyo, no sólo procedió a editar una secuencia de álbumes desalentadoramente mediocres, sino que en poco tiempo su inspiración pareció haber desaparecido completamente. En 1992 y 1993 se limitó a editar álbumes con versiones de folk. A ello siguieron cuatro años de silencio al frente de los álbumes de estudio, interrumpidos únicamente por un descuidado álbum, *MTV Unplugged*. El artista en solitario más grande del rock se había convertido en una vergüenza.

Time Out Of Mind representa el mayor renacimiento artístico en la historia de la música popular. Dylan lo

consiguió haciendo aquello que dominaba: la innovación. El rock llevaba andado un largo camino desde «awopbopaloobopalopbamboom», había resumido su amplitud espiritual pero aún era percibido esencialmente como la música de la juventud. Cuando se lanzó *Time Out Of Mind* en septiembre de 1997, Dylan dio al medio su primer tratado sincero sobre mortalidad. La muerte impregna sus once temas de tonos sepia, que la voz rasgada de este hombre de 56 años bordaba con líneas escalofriantes como «I got no place left to turn» (No tengo otro sitio al que acudir), o «It's not dark yet, but it's getting there» (Aún no es de noche, pero se acerca). La brillante producción de Daniel Lanois llevó este sombrío pero fascinante trabajo a buen puerto. Puede que tenga problemas espirituales, pero artísticamente Dylan no ha mirado atrás desde entonces.

Sean Egan

Fecha de lanzamiento
Septiembre de 1997

Nacionalidad Estados Unidos

Lista de temas Love Sick, Dirt Road Blues, Standing In The Doorway, Million Miles, Tryin' To Get to Heaven, 'Til I Fell In Love With You, Not Dark Yet, Cold Irons Bound, Make You Feel My Love, Can't Wait, Highlands

Por qué es clave
El renacimiento de una leyenda.

Pág. anterior **Bob Dylan**.

Espectáculo clave *Buena Vista Social Club* la película

Filmado dos años después de que ganara un Grammy, *Buena Vista Social Club CD* (1997), el documental del mismo título –realizado en 1998 y mostrado en el Festival de Berlín el 17 de febrero de 1999– es una oda cinematográfica seminal a la música de la Cuba precastrista.

Hábilmente, el director Wim Wenders deja compartir sus historias a los músicos pioneros de un sincopado y rítmico cóctel de mambos, boleros, salsa y chachachá cubanos en el legendario club musical Buena Vista de La Habana, durante la década de 1940. Una lista de leyendas «olvidadas» que incluye al guitarrista Compay Segundo, la cantante Omara Portuondo, el pianista Rubén González y el vocalista Ibrahim Ferrer se van presentando a través de sus recuerdos en un batiburrillo de bares *art déco*, dormitorios y salas de ensayo, así como metraje de las sesiones de grabación y los subsiguientes conciertos en Ámsterdam y el Carnegie Hall de Nueva York, donde agotaron todas las entradas.

Aunque resulta tentador interpretar esta manera de unir retazos de la vida real como una forma de hacer cine, o exótico el llevar de la pobreza a la riqueza a estos talentos «sin descubrir» del Tercer Mundo, el documental no es únicamente «un pilar fundamental, elegante aunque angustioso, para las glorias nostálgicas de la cultura cubana prerrevolucionaria», como lo calificó el crítico Richard Gehr de *Village Voice* en su momento. Gracias a la supervisión musicológica consistente del modesto Cooder, Wender sacrifica cualquier impulso filmográfico mitologizante para conseguir una exhumación apolítica, casi antropológica, del impacto que la música cubana prerrevolucionaria tuvo en la popularidad de la música latina y la conocida como «música del mundo» (*world music*) durante la segunda mitad del siglo xx.

Miles Keylock

Estreno 1998

Nacionalidad Cuba

Director Wim Wenders

Reparto Ibrahim Ferrer, Rubén González, Ry Cooder

Compositores Varios

Por qué es clave
El documental que dio a las audiencias de Occidente, presas del embargo cultural de la guerra fría, la oportunidad de descubrir la música cubana.

Pág. siguiente
Buena Vista Social Club.

Acontecimiento clave
George Michael sale del armario

La creencia común solía ser que los escándalos sexuales terminaban con la carrera de cualquier celebridad, y ciertamente eso podría haber sucedido con un escándalo tan sórdido como el arresto de George Michael en unos aseos públicos de Beverly Hills el 7 de abril de 1998. Tentado por lo que resultó ser un policía de paisano, cometió el grave delito de «perpetrar un acto lascivo» en público. Las repercusiones legales fueron mínimas –una multa en metálico y unas horas de servicio a la comunidad– pero los titulares fueron enormes: aunque Michael lo había dejado entrever por claves muy obvias en los agradecimientos de sus álbumes y los rumores habían circulado durante años, para la mayoría del público resultó una conmoción saber que el rompecorazones de Wham! y aparentemente heterosexual Lothario era gay.

Pero a diferencia de la manera en la que la vida del antiguo actor de *Jason King* Peter Wyngarde quedó

virtualmente desintegrada después de un incidente en unos aseos públicos británicos en 1975, la salida del armario de Michael no supuso ningún retroceso en su carrera. Esto se debió en parte a que los tiempos habían cambiado, naturalmente, pero la clave la constituyó su propia y digna reacción, que, crucialmente, calificó el arresto humorísticamente como de desaprobación consigo mismo pero que de ninguna manera renegaba de su sexualidad ni tampoco la denigraba.

Su declarada homosexualidad se convertiría en un tema clave de su trabajo, que continuó disfrutando de una buena salud de ventas. Michael incluso aludió al arresto en el provocativo vídeo de su canción «Outside». De alguna manera, pareció que todo el incidente hubiese sido liberador para George Michael.

Alex Macpherson

Fecha 7 de abril de 1998

País Estados Unidos

Por qué es clave
El antiguo ídolo adolescente se convierte en la mayor estrella del pop en salir del armario, y sobrevive ileso.

Acontecimiento clave *Billboard* comienza a registrar ventas por la descarga de música

En la década de 1980 la industria discográfica se quejaba de que «grabar música en casa es matar la música». Sin embargo, el problema quedó minimizado por los que acarreó la introducción de la grabación digital y el CD en la década de 1990.

La copia de discos de vinilo en cintas de casete estaba bien si la preocupación por la alta fidelidad no era crucial. Pero la copia digital, sin permiso, de la música y su distribución global instantánea y gratuita en Internet con formato MP3 –que podía almacenarse en un disco duro o ser copiada en un CD– suponía que las personas podían eludir la industria legal completamente y no sufrir una significativa pérdida de calidad de sonido. Cuando ninguna de sus reacciones a través de los tribunales de justicia redujo las copias digitales, la industria musical se vio obligada a incorporar la nueva tecnología en el sistema. Las compañías discográficas compraron las empresas de Internet y comenzaron su propio servicio de descargas (previo pago de una tasa).

Otra señal del cambio la constituyó el hecho de que a partir del 5 de diciembre de 1998, *Billboard* cambiaría las reglas de las listas: a partir de ese momento, las ventas de canciones no disponibles como un disco físico también se contabilizarían. La incorporación de las descargas a las listas del *Billboard* no sólo reconocía que esta forma de música grabada era legítima; también reconocía que se había convertido en una parte importante de las ventas musicales globales. Fue el momento en el que la industria discográfica aceptó la realidad tecnológica de que la era de los medios físicos podría estar llegando a su fin.
Andre Millard

Fecha 5 de diciembre de 1998

País Estados Unidos

Por qué es clave
La industria discográfica aceptó la importancia de Internet como gran distribuidor de música.

Personaje clave
Dana International

Israel no está en Europa pero sus autoridades televisivas forman parte de la Unión Europea de Radiodifusión, lo que posibilita que esta nación de Oriente Próximo compita en el Festival de la Canción de Eurovisión. La política regional negó a los espectadores de los países árabes vecinos la oportunidad de ver a los ganadores israelíes Iznar Cohen en 1978 y Milk and Honey en 1979, pero la participación de Israel el 9 de mayo de 1998 ofendió incluso a algunos de sus propios correligionarios.

Nacido en 1970 en el seno de una familia yemení en Tel Aviv, Yaron Cohen se transformó, gracias a la cirugía de reasignación sexual, en Sharon Cohen en 1993. Con el nombre artístico de Dana International, en la época en la que la que el festival tuvo lugar en Birmingham, Inglaterra, ya era una artista de amplia trayectoria en casa, y también en Egipto, donde los fundamentalistas locales afirmaban que era un agente sionista dedicado a la corrupción de menores.

Su elección como representante de Israel en el habitualmente vistoso aunque cuidado concurso fue una auténtica sensación que hizo época.

Con la melodía compuesta por la experimentada Tzvika Pick, su tema «Diva» combinaba un ritmo dance muy enérgico con un distintivo toque semítico. La letra de Yoav Ganai, para la última canción ganadora que no incluyó al menos una sección en inglés, y dedicada a las mujeres fuertes de la historia, se escribió pensando en Dana.

En Birmingham, la innegablemente *glamourosa* Ms. International dejó en ridículo a unos cuantos. Los más cínicos sugirieron que cantaba en *playback*, pero una actuación de gran sutileza demostró ser muy efectiva. En la rueda de prensa posterior, afirmó: «Incluso Birmingham es bonito ahora.»
Steve Jelbert

Rol Artista de grabaciones

Fecha 1998

Nacionalidad Israel

Por qué es clave
El único transexual en ganar Eurovisión, que se sepa.

Pág. anterior
Dana International.

Canción clave «Truly Madly Deeply»
Savage Garden

El 17 de enero de 1998, el tercer single del álbum de debut del dúo pop Savage Garden, «Truly Madly Deeply», saltó al número uno en Estados Unidos. Al hacerlo, desbancó la nueva versión del «Candle In The Wind» de Elton John de su decimocuarta semana en la cumbre. A finales del año, «Truly Madly Deeply» era la canción más escuchada en la radio estadounidense.

Cabe destacar que «Truly Madly Deeply» se podía describir como unas sobras recalentadas. En su encarnación original como «Magical Kisses» había aparecido en una demo de 1994, cuando esta pareja buscaba discográfica. Originalmente más rápida, la nueva versión vio reducido su paso y la adición de un coro.

Con sus dulces letras y dinámicas voces, cortesía de Darren Hayes, la sublime melodía del guitarrista y teclista Daniel Jones, y la deliciosa y ligera producción musical de Charles Fisher, «Truly Madly Deeply» ofrecía una afable alternativa pop a las pretenciosas y angustiosas baladas premilenio que dominaron el panorama de finales de la década de 1990. Y mientras los mercaderes de la miseria la pueden haber considerado como una pieza irremediablemente convencional de baladismo pop, la primera frase cantada apenas sin respirar –«I'll be your dream, I'll be your wish, I'll be your fantasy» (Seré tu sueño, seré tu deseo, seré tu fantasía)– era totalmente innovadora a un nivel: sonaba como las palabras que esperarías que provinieran de la boca de una vocalista femenina.
Miles Keylock

Fecha de lanzamiento
Marzo de 1997

Nacionalidad Australia

Compositores Darren Hayes y Daniel Jones

Por qué es clave
Unos músicos pop de las antípodas reeditan una canción previamente lanzada y se encuentran a sí mismos como gigantes del rock.

Álbum clave *Wide Open Spaces*
Dixie Chicks

Las Dixie Chicks fueron en su día un oscuro cuarteto basado en Dallas y con reminiscencias de bluegrass (una variedad de la música country), ataviadas con una indumentaria *cowgirl* muy fruncida. El título de su debut de 1991 era poco refinado: *Thank Heavens For Dale Evans*. En 1998 la cantante Natalie Maines se unió al grupo, en el que permanecían aún dos miembros fundadores (y hermanas), Martie Seidel y Emily Robison; fue entonces cuando Chicks irrumpieron en las masas a lo grande.

Lanzado el 27 de enero de 1998, *Wide Open Spaces* fusionó la estética del bluegrass con el country mayoritario (Robison y Seidel son experimentadas instrumentalistas del bluegrass). El álbum dio lugar a no menos de cinco singles, desde el country más rítmico («Tonight The Heartache's On Me»), hasta la desgarradora balada («You Were Mine», la única original del grupo) y el más gangoso country típico («I Can Love You Better»), antes de terminar con un espectacular tema escrito por Bonnie Raitt («Give It Up Or Let Me Go»).

Aunque las canciones estaban muy bien elegidas e interpretadas, visto en retrospectiva *Wide Open Spaces* parece ligeramente improvisado. Las Chicks crecerían como intérpretes y escritoras, y compondrían la mayoría de sus canciones en álbumes posteriores. Sin embargo, el éxito intrínseco de *Wide Open Spaces* –que continúa siendo no sólo el debut de venta más rápida del country, sino el álbum de mayores ventas de la historia de un grupo country– ayudó a transformar la imagen de su género: unas valientes y jóvenes personas alejadas de la percepción que tenían del country la mayoría de sus detractores, razón por la que sus comentarios anti-George Bush en marzo de 2003 causaron tanta controversia en los círculos del country.
Tierney Smith

Fecha de lanzamiento
27 de enero de 1998

Nacionalidad Estados Unidos

Lista de temas I Can Love You Better, Wide Open Spaces, Loving Arms, There's Your Trouble, You Were Mine, Never Say Die, Tonight The Heartache's On Me, Let 'Er Rip, Once You've Loved Somebody, I'll Take Care Of You, Am I The Only One (Who's Ever Felt This Way), Give It Up Or Let Me Go

Por qué es clave
El country en una nueva y atractiva forma.

Pág. siguiente Dixie Chicks.

Álbum clave *Moon Safari*
Air

Algunos artistas como Brian Eno, KLF y The Orb pueden haber sido pioneros del género chillout, pero fue el dúo francés Air formado por los magos multiinstrumentalistas y del sintetizador Nicolas Godin y Jean-Benoit Dunckel, quien lo introdujo en el pop mayoritario con *Moon Safari*, lanzado en su país natal el 16 de enero de 1998.

El álbum supuso una inyección de aire fresco en el idioma: sustituyó sus meandros ambientales, su brillo tecno y sus oscuras y lentas raíces trip-hop con el ronroneante pulso del más puro placer euro-pop. Como su título sugiere, las influencias de Air son intergalácticas: el rock espacial flota sin amarras entre suaves sintetizadores y modulaciones de Moog. Pero a pesar de toda la despreocupada atmósfera, *Moon Safari* tiene una especial y distintiva sensación de diversión sexy. Un viaje en el tiempo más que una carrera espacial, el álbum presenta un viaje a través de la historia de la música ligera, recuperando momentos olvidados de las obras creativas continentales clásicas –Jean-Michel Jarre y sus sintetizadores de gran estilo, órganos como alfombras de pelo y las voces femeninas de un café triste– y las mezcla con un pop al estilo Bacharach, cinemascape de influencia Morricone y *new wave*.

El resultado es una escucha sentimental a la vez que exenta de emoción, un fascinante espejo de la era postmoderna. «Kelly Watch The Stars» y «All I Need» le supusieron una gran cuota de pantalla en MTV. La última incluía una dulce interpretación vocal de Beth Hirsch, pero «Sexy Boy» –sórdida basura disco que aseguró a Air su fama global e influencia cuando fue lanzado como single– estaba interpretado por las voces del dúo, manipuladas para hacerlas sonar falsamente femeninas y susurrantes.
Miles Keylock

Fecha de lanzamiento
16 de enero de 1998

Nacionalidad Francia

Lista de temas La femme d'argent, Sexy Boy, All I Need, Kelly Watch The Stars, Talisman, Remember, You Make It Easy, Ce matin-là, New Star In The Sky (Chanson pour Solal), Le voyage de Pénélope

Por qué es clave
Un clásico del chillout que demostró que *tranquilo* no tiene que significar «modesto».

Álbum clave *The Bootleg Series Vol. 4*
Bob Dylan

El 13 de octubre de 1998, probablemente el concierto más pirateado de todos los tiempos tuvo finalmente una edición oficial. *Live 1966* fue testigo de un furioso Bob Dylan cargado de anfetaminas obligando a una poco dispuesta multitud a escuchar su nueva música eléctrica. Se podía escuchar el vuelo de una mosca mientras se sentaban, hacían callar a los demás y quedaban sobrecogidos durante la mitad acústica de la actuación (CD1), pero cuando la banda se conecta (CD2), el aire bulle con los violentos aullidos de protesta porque Dylan, portavoz de una generación de artistas integrales, de orientación izquierdista y estrictamente acústica, les había traicionado al adoptar los atavíos del rock común y comercial. El claramente audible grito acusador de «¡Judas!» del miembro de la audiencia Keith Butler demuestra que el concierto no tiene lugar en el Albert Hall, como las versiones pirata siempre afirmaban. Este notable enfrentamiento está bien documentado y tuvo lugar en el Free Trade Hall de Mánchester 10 días antes, el 17 de mayo de 1966, de allí las comillas para «Albert Hall» en el título del CD (*The Bootleg Series Vol. 4 Dylan Live 1966: The «Royal Albert Hall»*).

El enorme significado social que el concierto ha adquirido a lo largo de los años no debe ensombrecer el hecho de que contiene música que casi hace honor a la leyenda que su estatus de ilegalidad le confirió. La inédita joya de Dylan «Tell Me, Momma» puede ver la luz. Una de sus primeras baladas acústicas, «I Don't Believe You», recibe un fascinante arreglo de rock alternativo. El álbum cierra con una versión de «Like A Rolling Stone», que –de manera increíble, incluso rayando en la locura– es aún más intensa que la original.
Johnny Black

Fecha de lanzamiento
13 de octubre de 1998

Nacionalidad Estados Unidos

Lista de temas She Belongs to Me, Fourth Time Around, visions of Johanna, It's All Over Now, Baby Blue, Desolation Row, Just Like A Woman, Mr. Tambourine Man, Tell Me, Momma, I Don't Believe You (She Acts Like We Never Have Met), Baby Let Me Follow You Down, Just Like Tom Thumb's Blues, Leopard-Skin Pill-Box Hat, One Too Many Mornings, Ballad Of A Thin Man, Like A Rolling Stone

Por qué es clave Un enfrentamiento mitificado del rock 'n' roll sale a la luz.

Personaje clave
Max Martin

Martin Karl Sandberg, nacido en 1971, estaba al frente del grupo sueco de glam metal It's Alive. Parecía un candidato poco probable a convertirse en una superpotencia de la composición. El productor Denniz Pop reconoció el talento de Sandberg para las letras pegadizas, y tomó al joven cantante bajo su protección, rebautizándolo como «Max Martin» y entrenándolo como productor y compositor en su fábrica de éxitos de los Cheiron Studios.

Después de ayudar a rarezas del eurodance como Rednex y Ace Of Base, en 1995 Martin fue contratado para trabajar en el álbum de debut de los Backstreet Boys. El éxito de los singles de los Backstreet escritos por Martin, como «Everybody (Backstreet's Back)» fue un aliciente para llenar la bolsa de dólares estadounidenses de Cheiron, y Max Martin pronto fue sinónimo de éxito. El triunfo dulce y conmovedor de Robyn en 1997, «Show Me Love», mostró otra faceta del talento de Martin,

pero fue «Baby One More Time» el que ilustró su maestría particular con los himnos que llegarían a lo más alto de las listas del pop. Originalmente escrito para TLC, la melodía de Martin se convirtió el 13 de octubre de 1998 en el controvertido debut de Britney Spears y le supuso a Martin un premio ASCAP como autor musical del año. Durante unos cuantos años, los nombres de Britney Spears y Max Martin parecieron inseparables, hasta que en su tercer álbum, *Britney*, Spears comenzó a incluir a productores urbanos más «creíbles», lo que en cierta manera pasó por alto el hecho de que Martin hubiera escrito para/con los relativamente pesos pesados Bryan Adams, Bon Jovi y Def Leppard. Martin nunca dejará de trabajar, ya que su toque mágico continúa generando éxitos para Kelly Clarkson y Pink y otros artistas del género.
David McNamee

Rol Autor/Productor

Fecha 13 de octubre de 1998

Nacionalidad Suecia

Por qué es clave
El arquetipo de autor de pop moderno.

Personaje clave
Cher

«Después de un holocausto nuclear, sólo sobrevivirán las cucarachas y Cher» bromeaba un humorista reconociendo su aparente indestructibilidad.

Después de su nefasto y público divorcio a mediados de la década de 1970 de Sonny Bono, la estrella de Cher se apagaba de forma alarmante. Volvió brevemente a los Top 10 de Estados Unidos con «Take Me Home», pero acabó la década llena de indignación con los grupos que defienden los derechos de las mujeres después de aparecer encadenada y semidesnuda en la cubierta de su poco conocido álbum, *Prisoner*. Sus incursiones musicales de principios de la década de 1980 también tuvieron relativamente poco éxito, y en 1982, la Cher de mediana edad parecía definitivamente acabada.

Entonces participó en una producción de *Come Back To The Five And Dime, Jimmy Dean, Jimmy Dean*, fuera de Broadway, y también apareció en la subsiguiente versión cinematográfica.

Cuando *Silkwood* le supuso su primera nominación al Óscar en 1983, quedó claro que una nueva carrera llamaba a su puerta. Después de otros éxitos en la gran pantalla –incluyendo *The Witches Of Eastwick (Las brujas de Eastwick)* y *Moonstruck (Hechizo de luna)*, por la que obtuvo el premio de la Academia de 1988 como mejor actriz– reanudó su carrera como cantante. El single del Top 10 de Estados Unidos «I Found Someone» fue seguido por otros como «The Shoop Shoop Song (It's In His Kiss)», un número uno en el Reino Unido en 1991, pero incluso ese nivel de éxito quedó eclipsado por «Believe» –un tema de baile con asombrosos efectos de voz con *vocoder*–, que demostró su voluntad y habilidad de adaptarse a los tiempos y logró llegar a lo más alto de las listas en 27 países incluyendo Estados Unidos y –el 31 de octubre de 1998– el Reino Unido.
David Wells

Rol Artista de grabaciones

Fecha 31 de octubre de 1998

Nacionalidad Estados Unidos

Por qué es clave
Nunca se está demasiado desfasado para volver a estar de moda.

Grupo clave
808 State

A finales de la década de 1980, en el sótano de la tienda de discos Eastern Bloc, en Mánchester, su dueño, Martin Price, el programador Gerald Simpson y el DJ Graham Massey estaban ocupados jugueteando con botones y creando sonidos que cambiarían el panorama musical de Gran Bretaña. El primer lanzamiento de 808 State, el EP *Newbuilt*, se convirtió en el patrón del acid house. Con sus ritmos desnudos y las profundas líneas de bajo del instantáneamente reconocible sintetizador Roland TB-303, el anónimo pitido del acid house y sus ritmos primitivos dominaron las pistas de baile a finales de la década de 1980 y principios de la de 1990. Después del lanzamiento del EP, Simpson se fue con A Guy Called Gerald, y el resto del grupo grabó «Pacific State» con Andrew Baker y Darren Partington de los Spinmasters. La canción hizo suyo el espíritu de la era rave. La canción y lo que siguió demostró que la música pop podía desnudar

el sonido hasta sus ritmos y ruidos más esenciales y aún ser divertida.

A principios de la década de 1990 encontramos a 808 State trabajando con Björk y el rapero MC Tunes, estirando y diversificando su sonido más allá de la escena de los clubs de Mánchester. Después de que Price se marchara en 1992, los miembros restantes grabaron una desacertada colaboración con UB40, pero lo compensaron con el vocalmente experimental *Gorgeous* (1993) y el más logrado y ecléctico *Don Solaris* (1996), con la colaboración vocal de Mike Doughty (Soul Coughing) y James Dean Bradfield (Manic Street Preachers). El lanzamiento de su álbum *Best Of 808:88:98* el 30 de junio de 1998, ratificó su estatus entre los más destacados de los pioneros del dance.
Leila Regan-Porter

Rol Artistas de grabaciones

Fecha 1998

Nacionalidad Reino Unido

Por qué es clave
Sacó el acid house de los almacenes.

713

Acontecimiento clave **«Tubthumping» y un cubo de agua de Chumbawamba**

Cuando en la entrega de los Brit Awards del 9 de febrero de 1998, Danbert Nobacon tiró un cubo de agua sobre el delegado del primer ministro del Reino Unido poco después de interpretar el exitazo de su banda Chumbawamba, «Tubthumping», el conflicto que la brillante protesta política implicaba subrayó la dicotomía de la manera en la que la canción había convertido a un grupo de anarquistas de Leeds en toda una sensación de la noche a la mañana después de 13 años.

Desde su formación en 1984, los claramente politizados Chumbawamba apenas habían rozado el éxito en las listas. La siempre cambiante plantilla quedó estabilizada con la presencia de Alice Nutter (vocalista), Nobacon y Lou Watts (ambos vocalistas y teclistas), Boff Whalley (vocalista y guitarra), Harry Hamer (batería), Neil Ferguson (bajo) y Jude Abbott (trompeta). El título de «Tubthumping», lanzado en el Reino Unido en agosto de 1997, era algo irónico,

ya que el lema para la campaña electoral (que no se oye en la canción) implicaba una naturaleza política que era completamente inexistente. Aunque con la canción defendían el hecho de emborracharse y no quedarse con los brazos cruzados, no se trataba de las diatribas habituales de la banda contra la injusticia. Con una letra que se refería a «pasar la noche emborrachándose» –representada junto con fracciones del viejo éxito «Danny Boy»–, la canción, lanzada en 1997, se colocó en el centro de la cultura de la bebida británica, pero su alcance llegaría mucho más lejos, como cortesía de un sublime coro muy adaptable a los karaokes. «Tubthumping» saltó a los Top 10, tanto en el Reino Unido como –en 1998– en Estados Unidos, y se convirtió en el éxito transatlántico más insólito de la historia reciente.
Rob Jovanovic

Fecha 9 de febrero de 1998

País Reino Unido

Compositores Chumbawamba

Por qué es clave
La canción que hizo la expresión británica *getting pissed* (emborracharse) inteligible a los estadounidenses.

Pág. anterior Chumbawamba.

Personaje clave
Marilyn Manson

Brian Warner, de Ohio, trabajaba como periodista musical antes de formar una banda y convertirse a sí mismo en el escandalizador roquero Marilyn Manson. Sus canciones, inquietantes, en ocasiones, aunque siempre pegadizas («The Beautiful People»), la imaginería gráfica y andrógina, junto con su militante anticristianismo pronto le valieron el papel de pararrayos.

El ejemplo más notorio ocurrió después del asesinato a tiros de 13 estudiantes y un profesor en la masacre del instituto de Columbine el 20 de abril de 1999. Los dedos acusadores apuntaban en la dirección de Manson, cuando se afirmó que era un favorito de dos de los jóvenes responsables de la matanza. Manson replicó que únicamente se limitaba a describir la cultura estadounidense obsesionada por la fama y las armas de fuego, adoptando el apellido del famoso Charles Manson en sus álbumes, como *Portrait Of An American Family* (1993) y *Antichrist Superstar* (1996).

Manson ha seguido grabando, aunque *Holy Wood (In The Valley Of The Shadow Of Death)* (2000) –donde Manson se refirió a la tragedia de Columbine– y su continuación de temática nazi, *The Golden Age of Grotesque* (2003), no han igualado la perdurabilidad, de su trabajo anterior.

No obstante, algunos comentaristas nunca pudieron tomar su don en serio, pues observaron que no se limita a inspirarse en Alice Cooper sino que –con su nombre femenino, grotesco maquillaje y violento teatro en escena– simplemente lo imita, y que las personas a las que realmente asusta con sus actos, aunque verbales, son pocas, cortesía del hecho de que los adolescentes que compraron los discos originales de Cooper sean ahora lo suficientemente mayores como para ser los padres de los admiradores de Manson.

Ralph Heibutzki

Rol Artista de grabaciones

Fecha 20 de abril de 1999

Nacionalidad Estados Unidos

Por qué es clave Nuevos niveles de audacia en la música (¿o la vieja rutina de siempre?)

Canción clave «Why Does
It Always Rain On Me?» Travis

A mediados de 1999, el segundo álbum de Travis había rondado el Top 20 del Reino Unido durante 13 semanas, pero, con la menguante difusión en la radio, *The Man Who* (1999) parecía destinado a salir de las listas completamente. Los críticos que previamente habían escrito de forma rapsódica sobre *Good Feeling* (1997) y su giro rock de estilo post-Oasis para ser tocado en grandes estadios, no quedaron convencidos por su cambio a un pop de guitarra melancólico en los singles «Writing To Reach You» y «Driftwood». La revista *New Musical Express* no se anduvo con rodeos y declaró: «Travis estará mejor cuando dejen de intentar hacer discos tristes y clásicos».

Sin embargo, fue el indiscutiblemente triste e innegablemente clásico «Why Does It Always Rain On Me?», lanzado el 2 de agosto de 1999, el que no sólo disparó a *The Man Who* al número uno de las listas del Reino Unido, sino que ayudó a Travis a ganar dos premios Brit Awards en 2000 y a cosechar los títulos de mejor composición y mejor canción contemporánea en los premios Ivor Novello. La letra del líder de la banda y guitarrista Fran Healey es descaradamente deprimente, hasta llegar a afirmar que los relámpagos aparecen en su vida incluso en las extrañas ocasiones en las que sale el sol. A pesar de ello hay algo casi alegre en el agudo acompañamiento musical. A pesar de la calidad de la canción, una deliciosa *deus ex machina* fue parcialmente responsable del giro de su suerte. Justo cuando Travis comenzaba a interpretar el preludio de cuerda a su número en el Festival de Glastonbury en 1999, después de varias horas de tiempo seco, comenzó a llover. Este hecho tuvo una gran repercusión en los medios.

Miles Keylock

Fecha de lanzamiento 2 de agosto de 1999

Nacionalidad Reino Unido

Compositor Fran Healey

Por qué es clave Una intervención aparentemente celestial ayuda a transformar la suerte de una canción y la de sus artistas.

Pág. siguiente **Travis**.

Canción clave **«Praise You»**
Fatboy Slim

Fatboy Slim,[2] como su nombre sugiere, es una contradicción ambulante. El álter ego del antiguo bajista de los Housemartins, Norman Cook, es un DJ/productor que en su día fue músico y en su nueva vida como maestro de las remezclas se deja acusar de tratar el trabajo previamente grabado de músicos y cantantes como meros elementos de sus propias visiones personales, mosaicos de sonidos que estarían fuera de su alcance si únicamente contara con su propio talento musical.

Desde finales de la década de 1990 se ha inspirado en los éxitos del electropop de The Chemical Brothers, pero lo llevó más allá, con sus samples de todo el mundo y colaborando con intérpretes de todos los géneros para producir una música pop destacadamente accesible y sorprendentemente bailable.

Sin embargo, a la vista de algunos, su empleo arbitrario del trabajo de otros artistas resulta muy evidente en «Praise You», el tercer single de *You've Come A Long Way, Baby* (1998). Esencialmente una expresiva y entrañable balada pop, la característica más distintiva de «Praise You» es una muestra vocal evangélica de la activista afroamericana Camille Yarbrough, de su álbum recitado de 1975 *Take Yo' Praise*, que entreteje conmovedores fragmentos de góspel, fragmentos de piano de la década de 1970, fluidos ritmos de baile muy pegadizos y juguetonas muestras de dibujos animados extraídos de las melodías para sus programas de televisión. Aunque Yarbrough expresó su gratitud por la difusión obtenida por el éxito de la canción –llegó al número uno el 16 de enero de 1999, no quedó impresionada por el comentario de Slim de que sus samples consistían en tomar la basura de otras personas y convertirla en algo totalmente nuevo.
Miles Keylock

2 En inglés, *fat* significa «gordo», y *slim*, «esbelto». (*N. del T.*)

Fecha de lanzamiento Octubre de 1998

Nacionalidad Reino Unido

Compositor Norman Cook

Por qué es clave Una urraca de las remezclas encuentra el oro, pero no sin controversia.

Personaje clave
Lenny Kravitz

«He sido comparado con cientos de artistas, lo que sólo sirve para demostrar que en realidad no soy nada.» Eso afirmó Lenny Kravitz. Sus críticos afirman que le falta un punto, es decir, que carece del talento para definirse a sí mismo más allá de sus influencias palpables.

Nacido en 1964, este hijo del judío ucraniano productor del noticiero de la NBC, Sy Kravitz y de la actriz de origen bahamés Roxie Roer se crió absorbiendo el soul de la Motown y el rock clásico. Guitarrista y cantante, en sus primeros días en busca de una discográfica, le dijeron que su música no era lo «suficientemente negra». Kravitz se ciñó a su sonido de tendencia rock y encontró un filón. Aunque su debut de 1989 *Let Love Rule* sólo llegó al número 61 en Estados Unidos, la mayoría de los álbumes posteriores alcanzaron el platino. En 1991, su *Mama Said* hacía evidentes sus influencias, desde Led Zeppelin («Always On The Run») hasta Curtis Mayfield («It Ain't Over 'Til It's Over»). Su *Are You Gonna Go My Way* de 1993, ampliamente considerado como su mejor álbum, catapultó a Kravitz a los grandes estadios. Pero sería el álbum de 1998, *5*, el que daría lugar a su mayor éxito, «Fly Away», que llegaría al número uno en el Reino Unido el 20 de febrero de 1999. El hecho de que sus detractores destacaran, en ese momento de gloria, que sonaba como Jimi Hendrix pero no tan bien, resultó emblemático en toda su controvertida carrera.

Kravitz también se labró una carrera de éxito como productor, a cargo de grabaciones tan diversas como las de Chicago, Mick Jagger y Lionel Richie.
Tierney Smith

Rol Artista de grabaciones

Fecha 20 de febrero de 1999

Nacionalidad Estados Unidos

Por qué es clave Mucho éxito y un experto artista del pastiche, pero, ¿es realmente bueno?

Álbum clave *No Angel*
Dido

Resulta una de las mayores ironías que la presentación mundial de la ultrafemenina Dido viniera de la mano del rapero ultramacho Eminem. El primer verso de «Thank You» de su álbum de debut *No Angel*, lanzado el 1 de junio de 1999, fue utilizado como gancho para la controvertida y violenta «Stan» de Eminem, con su belleza melódica trabajando maravillosamente en contraposición a la oscuridad de la narración. Cuando Dido lanzó posteriormente su original como single, resultó que después de la breve introducción le seguía una línea increíblemente empalagosa en la que Dido parloteaba sobre «el mejor día de su vida».

A pesar de todo, esta presentación resultó muy valiosa a Dido Florian Cloud de Bounevialle Armstrong: *No Angel* se convertiría finalmente en un *best seller* en 2001. Aquellos a quienes Eminem envió en su dirección, encontraron que Dido se especializaba en un tipo de quehacer específico: la melancolía del siglo XXI.

Construida sobre unos cimientos de ritmo lánguido y post-trip-hop y un dulce sonido de sintetizadores sin pretensiones, la belleza suave de *No Angel* no encontró el favor de la prensa del rock, de predominio masculino, aunque se vendió a raudales. La presencia algo escurridiza de Dido (encasillada por la manera en que se trató su voz para mezclarse anónimamente con la música) reforzó su personalidad, representativa de todas las mujeres. Sus letras, que solían versar generalmente sobre los corazones rotos y la añoranza, resultaban ideales para que los oyentes proyectaran sus propios sentimientos, aunque ocasionalmente, como en «Honestly OK», emplearía el suave barniz de la producción para encubrir sentimientos que, bien analizados, eran nihilísticamente siniestros.
Alex Macpherson

Lanzamiento 1 de junio de 1999

Nacionalidad Reino Unido

Lista de temas Here With Me, Hunter, Don't Think Of Me, My Lover's Gone, All You Want, Thank You, Honestly OK, Slide, Isobel, I'm No Angel, My Life, Take My Hand

Por qué es clave
Un álbum convertido en éxito por una artista verdaderamente insólita.

1990-1999

717

Álbum clave *Supernatural*
Santana

Cuando Carlos Santana firmó con Arista Records y su presidente, Clive Davis –la misma persona que lo fichó para Columbia en 1968–, pocos se dieron cuenta. Santana continuaba siendo un gran atractivo para los conciertos, pero ya no causaba sensación más allá de su audiencia más fiel, atraída por el melifluo guitarrista y líder de la banda que llevó un toque sensual y latino al rock con sus éxitos de principios de la década de 1970, como «Evil Ways», «Black Magic Woman» y «Oye cómo va».

El programa de Arista pasaba por dejar intactos los ritmos cubanos y latinos de Santana a la vez que potenciaba sus colaboraciones con luminarias –especialmente jóvenes y modernos– para despertar el interés y espacio en antena. Entre los cameos más predecibles del resultante *Supernatural* estaban los de Eric Clapton en «The Calling» y Dave Matthews en «Love Of My Life». Sin embargo, las colaboraciones menos obvias tuvieron mayor repercusión, como

«Put Your Lights On», un dúo con el artista hip-hop Everlast, y «Smooth», un dúo con el vocalista de Matchbox 20, Rob Thomas. Este último proporcionó algo que posiblemente estaba más allá de cualquier deseo del ya maduro artista: un éxito de número uno en Estados Unidos. Y más aún, asombrosamente el posterior «Maria Maria» –en colaboración con el líder de Fugees, Wyclef Jean– repetiría el éxito de la interpretación anterior.

Incluso para los estándares de la industria, los resultados de *Supernatural* fueron asombrosos: nueve Grammys y 25 millones de copias vendidas en todo el mundo. Nunca la frase «quedar a medio camino» pareció más adecuada. Para los artistas que tenían la esperanza de un retorno, *Supernatural* estableció un nuevo patrón.
Ralph Heibutzki

Fecha de lanzamiento 15 de junio de 1999

Nacionalidad Estados Unidos

Lista de temas (Da Le) Yaleo, Love Of My Life, Put Your Lights On, Africa Bamba, Smooth, Do You Like The Way, Maria Maria, Migra, Corazón espinado, Wishing It Was, El farol, Primavera, The Calling, Day Of Celebration

Por qué es clave
El veterano roquero logra un éxito sin precedentes con un maquillaje cuidadosamente calculado.

Canción clave «**Livin' La Vida Loca**»
Ricky Martin

El fenómeno de la *boyband* fue, y es, tan grande que no debe sorprender que Puerto Rico se rindiera ante él. Ricky Martin era un graduado de la *boyband* de ese país Menudo, y comenzó su carrera en solitario en 1991. Después de un éxito fenomenal en el mundo de habla hispana, *Ricky Martin*, su primer álbum en lengua inglesa, dio origen a «Livin' La Vida Loca» que llegó al número uno en Estados Unidos el 8 de mayo de 1999.

Es posible que «Livin' La Vida Loca» sea un trozo de queso, como dirían los ingleses, pero definitivamente era sólido, de buen gusto e inmensamente satisfactorio. Los escritores Desmond Child (quien también fue coautor de «Poison» de Alice Cooper) y Robi Draco Rosa proporcionan una narración clásica del pop, centrada en una misteriosa mujer fatal con labios «rojos como el demonio» que tienta a nuestro héroe a realizar todo tipo de locuras (quitarse la ropa, pedir champán, ese tipo de cosas). El estilo musical es la última tendencia pop de finales de la década de 1990: los ritmos latinos. Todo el conjunto está adornado con sonido de trompetas y guitarras incongruentes, y tiene una vida media superior a la del uranio gracias a una melodía que, una vez escuchada, es imposible de olvidar.

La canción, que también llegó al número uno del Reino Unido el 8 de mayo de 1999, se ha infiltrado en las profundidades de la cultura popular gracias a interminables parodias, nuevas versiones, escenas de películas y actuaciones en el karaoke. Martin golpeó el mercado de lengua inglesa (y es posible que nunca se recupere).
Alex Macpherson

Fecha de lanzamiento
Abril de 1999

Nacionalidad Puerto Rico

Compositores Desmond Child, Robi Draco Rosa

Por qué es clave
La estrella latina realiza un esfuerzo para darse a conocer en el mercado de habla inglesa y tiene un éxito sin precedentes.

Pág. anterior **Ricky Martin**.

Álbum clave *Millennium*
Backstreet Boys

Los Backstreet Boys no lograron el éxito de la noche a la mañana; de hecho, el éxito les costó cinco años desde sus primeras audiciones, pero lograron construir una base internacional de admiradores y consiguieron que su álbum introductorio *Backstreet Boys* llegara a las listas de Estados Unidos en diciembre de 1997 con la plantilla estable de Nick Carter, Howie Dorough, Brian Littrell y AJ McLean. Fue *Millenium*, en 1999, el que supuso su primer álbum número uno en Estados Unidos. Después de su lanzamiento el 18 de mayo de 1999, batió récords en velocidad de ventas.

Millenium ha sido correctamente denominado como «formulista»: todos los temas son o bien optimistas canciones pop con gran instrumentación y un ligero toque hip-hop (el estilo en el que New Kids On The Block fueron pioneros a finales de la década de 1980 y principios de la de 1990) o lánguidas baladas de amor, dirigidas directamente al oyente con un intenso empleo de la palabra *girl* (chica): «Show Me The Meaning Of Being Lonely», «I Need You Tonight» y el enorme éxito «I Want It That Way» como excelentes ejemplos de esto último. Sin embargo, la dorada y aparentemente sofisticada habilidad melódica del escritor y productor sueco Max Martin –que también sería fundamental en el éxito de Britney Spears ese mismo año– en siete de los doce temas del álbum los convirtió en un himno ineludible con atractivo incluso más allá del mercado para los «adolescentes». *Millenium* fue oro o platino en 45 países.

La *boyband* rival N'Sync les pisaba los talones y la competencia fue feroz, pero *Millenium* sería conocido como el álbum definitivo de una *boyband* de la época.
Joe Muggs

Fecha de lanzamiento
18 de mayo de 1999

Nacionalidad USA

Lista de temas Larger Than Life, I Want It That Way, Show Me The Meaning Of Being Lonely, It's Gotta Be You, I Need You Tonight, Don't Want You Back, Don't Wanna Lose You Now, The One, Back To Your Heart, Spanish Eyes, No One Else Comes Close, The Perfect Fan

Discográfica original Jive

Por qué es clave
Una *boyband*, récord de ventas la primera semana.

Acontecimiento clave
A Cliff Richard le cierran las puertas

Cuando Cliff Richard se convirtió al cristianismo en 1964, hizo planes para cancelar su club de fans y retirarse, aunque más tarde recapacitó. No obstante, se ha mantenido sumamente consciente de que muchos encuentran que la rebeldía, incluso la decadencia inherente al rock, resulta incompatible con la Biblia. A pesar de ello, Richard continuó triunfando como artista de grabaciones, batiendo récords de éxitos en Gran Bretaña, con el único pequeño contratiempo que supuso la decisión de retirar el single «Honky Tonk Angel» cuando descubrió tardíamente que versaba sobre prostitutas.

Sin embargo, en 1999, EMI, su discográfica durante 40 años, decidió que «Millenium Prayer», su propuesto siguiente single, no interesaba demasiado. Aunque la fusión entre la melodía de «Auld Lang Syne» y la letra del «Padrenuestro» era un poco peculiar, no era más insulso que cualquier otro de los discos de gran éxito de Richard. Cuando EMI se negó a lanzarlo, Richard

lo llevó a la pequeña discográfica independiente Papillon. Durante su lanzamiento, aún encontró cierta oposición, cuando varias emisoras, incluida la poderosa BBC Radio 2, se negaron a emitir algo tan poco moderno. Sin embargo, con una base de admiradores multigeneracional respaldándole y una vociferante red cristiana que lo compró por solidaridad, el disco llegó al número uno en el Reino Unido el 4 de diciembre de 1999.

Richard es claramente un hombre demasiado bueno para ser vengativo, pero incluso él tiene que haber sentido un atisbo de satisfacción cuando, al año siguiente, EMI se sintió obligada a autorizar que «Millennium Prayer» fuese incluido en el siguiente álbum de grandes éxitos de Richard.
Sean Egan

Fecha 4 de diciembre de 1999

País Reino Unido

Por qué es clave
El veterano artista se enfrenta a todo el sistema musical, y gana.

Álbum clave *White Ladder*
David Gray

Rechazado por dos grandes discográficas y en bancarrota para incluso permitirse alquilar un estudio, el atribulado trovador irlandés David Gray se retiró en 1998 al santuario de su habitación de Londres, donde curó sus heridas y –junto con su colega el percusionista Craig McClune y el genial y joven productor Lestyn Polson– preparó unas demos para lo que sería su cuarto y definitivo álbum, *White Ladder*. Corto de dinero, pero con gran inspiración, Gray echó mano de dos micrófonos baratos, una mesa de grabación básica y se dedicó con entusiasmo a los ritmos del house más reciente, los *loops* y los samples –todos ellos extraídos de una variedad de sintetizadores y cajas de ritmos baratos– sorteando hábilmente las inoportunas intrusiones sonoras de tráfico circundante y el aspirador de los vecinos.

Lanzado en Irlanda en 1998, y en el Reino Unido en marzo de 1999, los considerables encantos de *White*

Ladder quedaron ilustrados por el éxito «Babylon», con su balance entre la practicidad del sentido común y la añoranza por los bailes desenfrenados de los fines de semana del pasado. Todo el álbum constituía una refrescante yuxtaposición de lo crudo y lo orgánico con lo brillantemente moderno, donde Gray exponía su alma al piano y la guitarra mientras los sintetizadores pitaban y los rítmicos samples de percusión imprimían a la música un toque de juventud, un paso sutil aunque decisivo más allá de la plantilla de los compositores Dylan/Van Morrison. La fusión de géneros quedó resumida en la decisión de Gray de cerrar el álbum con una versión de la quintaesencia del electropop: «Say Hello Wave Goodbye» de Soft Cell.
Kevin Maidment

Fecha de lanzamiento 1999 (noviembre de 1998 en Irlanda)

País Irlanda

Lista de temas Please Forgive Me, Babylon, My Oh My, We're Not Right, Nightblindness, Silver Lining, White Ladder, This Years Love, Sail Away, Say Hello Wave Goodbye

Por qué es clave
Un intrigante híbrido entre lo tradicional y lo moderno aporta una refrescante y nueva variante al formato de cantautor.

Pág. siguiente David Gray.

Personaje clave
Sergent Garcia

El innovador francés Sergent Garcia acuñó el término *salsamuffin* para describir su particular mezla de salsa y raggamuffin, el estilo jamaicano habitualmente abreviado como ragga. Antes del lanzamiento de 1999 de *Viva el sargento,* el álbum de debut en solitario del hombre nacido Bruno Garcia, la idea de combinar los estilos caribeños con los ritmos de danza de raíz africana, el hip-hop, el jazz y el rock resultaba completamente extraña. Aún puede serlo en ciertos ámbitos, pero Sergent Garcia demostró que las audiencias estaban preparadas para recibirlo, y gracias a sus esfuerzos innovadores, se han generado los nuevos híbridos de base latina, como el reggaetón.

La mezcla de Garcia no salió de la nada. En primer lugar dedicó tiempo a la popular banda punk francesa Ludwig von 88, constituida en 1988, por la misma época de Mano Negra, con las mismas inclinaciones, un conjunto entre cuyos miembros se encontraba Manu Chao, otro artista al que le gustaban las fusiones.

Pero Bruno Garcia tenía mayores proyectos en mente, y a finales de la década de 1990, inspirado por las fiestas de baile con sonidos latinos, el rap cubano y otros elementos dispares, se transformó en Sergent Garcia, nombre que tomó de un personaje de *El Zorro.* Su debut vendió 200.000 copias y sus siguientes álbumes, como *Un poquito quema'o* y *Sin fronteras,* incrementaron su popularidad e influencia. Garcia ha sido un buscador incansable desde su aparición en escena, y aunque otros artistas han seguido rutas similares en su música, suele ser reconocido como el primero en llegar.
Jeff Tamarkin

Rol Artista de grabaciones

Fecha 1999

Nacionalidad Francia

Por qué es clave Cuba y Jamaica se encuentran en París, donde nace un nuevo sonido bailable.

Personaje clave
Ravi Shankar

En una época en la que un artista suele ser considerado veterano del mundo del espectáculo después de cinco años, resulta sorprendente considerar lo siguiente: según el *Libro Guinness de los récords mundiales* de 1999, el maestro del sitar indio Ravi Shankar, nacido en 1920, tiene la carrera internacional de mayor duración de cualquier músico, con más de seis décadas de creatividad y elogios en su haber.

La longevidad es una cosa, pero el impacto es algo diferente, y la influencia de Shankar es inconmensurable. Se le identifica con la tradición de la música clásica india después de su introducción en Occidente. La leyenda de Shankar creció cuando la multitud del rock descubrió el sonido hipnótico y espiritual de su asombrosa y virtuosa técnica con el sitar. Actuó en tres grandes eventos estadounidenses: Monterrey, Woodstock y el Concierto por Bangladesh.

Pero mucho antes de que fuese promovido por el beatle George Harrison después de que éste se convirtiese en su alumno en 1966, Shankar ya había dejado su huella en el subcontinente indio (su primera actuación en público tuvo lugar en 1939) y en países tan diversos como la Unión Soviética y Estados Unidos, donde actuó por primera vez y lanzó un álbum –*Three Ragas*– en 1956.

Continuó evolucionando como músico en el siglo xxi, colaborando con el violinista Yehudi Menuhin, el compositor Philip Glass, Harrison y Anoushka Shankar, su hija y protegida. Otra hija, Norah Jones, vendió millones de discos a principios del año 2000 con su pop acústico de reminiscencias blues.
Jeff Tamarkin

Rol Artista de grabaciones

Fecha 1999

Nacionalidad India

Por qué es clave El hombre que fue casi el único responsable de abrir las puertas de la música no occidental a la audiencia rock y pop.

Grupo clave
Basement Jaxx

A mediados de la década de 1990, la música de baile británica resultaba bastante patética. Los DJ que habían reinado durante el auge de la música house se volvieron aburridos, las canciones se volvieron más mecánicas y las innovaciones eran escasas.

Entraron entonces Felix Buxton y Simon Ratcliffe. Los dos vecinos de Brixton se conocieron en una tienda de discos local, y compartían su desdén por la escena musical británica y su amor por la música house estadounidense. En 1994, los dos comenzaron las fiestas underground bajo el nombre Rooty, protagonizando un asombroso despliegue de géneros fusionados por los trepidantes ritmos punk-house.

Renovándose como Basement Jaxx, lanzaron su álbum de debut, *Remedy*, el 10 de mayo de 1999. Contenía elementos ragga, disco, ska, salsa, flamenco y otros muchos. Los siguientes, *Rooty* (2001, con el aclamado «Where's Your Head At?»), *Kish Kash* (2003) y *Crazy Itch Radio* (2006), han estado a la altura de ese debut asombrosamente energético, con samples de artistas como The Jam, Prince, y Gary Numan, y con estrellas invitadas entre las que se encuentran Dizzee Rascal, J. C. Chasez de N'SYNC y Lisa Kekaula de The Bellrays.

Si sus álbumes son eclécticos y ligeramente disparatados, entonces sus espectáculos en vivo lo son aún más, ya que inyectan la música en directo en sus escenarios, con divas, bailadores de carnaval y acróbatas. Este aporte de vida a la arena de la música, cuando la mayoría de los DJ se esconden en una cabina, es probablemente la razón por la que Basement Jaxx han permanecido tan refrescantemente originales mientras que una gran parte de la música dance ha quedado rancia.
Leila Regan-Porter

Rol Artistas de grabaciones

Fecha de aparición
10 de mayo de 1999

Nacionalidad Reino Unido

Por qué es clave
Los DJ que volvieron a hacer divertida la música de baile.

Espectáculo clave *Mamma Mia!*
teatro musical

M amma Mia! no fue el primer espectáculo musical basado en la obra de un artista del pop. Tenemos el musical de 1977 *Beatlemania* y, en 1989, *Buddy*, sobre Buddy Holly. Pero *Mamma Mia!*, a pesar de utilizar no menos de 22 éxitos de ABBA para impulsar su narrativa, no era la historia biográfica de los iconos del pop suecos. Era, en cambio, una trama más bien raída referente a la búsqueda de una chica por su padre biológico la que ensartaba la acción en escena de una canción de ABBA a la siguiente.

A pesar del escepticismo inicial de los compositores de ABBA, Björn Ulvaeus y Benny Andersson, la teatralidad dramática de los clásicos de ABBA como «Dancing Queen» o «The Winner Takes it All» se prestaba poderosamente para una presentación en escena. En 2006, unos 20 millones de personas habían visto esta producción en todo el mundo, después de su estreno en Londres el 6 de abril de 1999.

Como el éxito de la obra se debía, sin duda, a la fiera lealtad y al amor por el espectáculo de los fanáticos de ABBA, el formato fue rápidamente copiado por otros artistas canónicos del pop y el rock: Queen (*We Will Rock You*), Madness (*Our House*) y Rod Stewart (*Tonight's The Night*).

Algunos pueden discutir lo que esto aporta al teatro musical «real», pero el hecho de que las personas estén ahora dispuestas a pagar un elevado precio por la entrada para ver *Mamma Mia!*, cuando hace 30 años la actitud general hacia ABBA era la de considerarlos agradables pero desechables, representa todo un triunfo.
Dave Thompson

Estreno 6 de abril de 1999

País Reino Unido

Directora Phyllida Lloyd

Compositores Benny Andersson, Björn Ulvaeus

Reparto Louise Plowright, Jenny Galloway, Siobhan McCarthy

Por qué es clave Validó un tipo de musical en el que las canciones son la razón de ser del espectáculo y no constituyen la narrativa.

Acontecimiento clave
Metallica contra Napster

Cuando la banda de heavy metal Metallica se querelló contra la red musical Napster el 13 de abril de 2000, después de averiguar que sus aficionados descargaban copias de la canción aún no editada «I Disappear» junto con el resto de su catálogo, el debate sobre el intercambio de archivos llegó a su momento culminante.

La creciente popularidad de Napster (contra la cual la industria discográfica ya se había querellado) permitía a sus usuarios intercambiar –o «compartir»– canciones protegidas sin coste alguno. Éste fue el acicate para una intensa guerra sobre las nuevas tecnologías contra los derechos de los artistas. «Napster secuestró nuestra música», afirmó el batería Lars Ulrich en una sesión del Congreso de Estados Unidos sobre el asunto. «Si la música puede descargarse gratuitamente, la industria musical no es viable… Nadie más trabaja gratis. ¿Por qué deben hacerlo los músicos?»

Se trataba de una valoración razonable, pero de alguna manera Metallica tenían el aspecto de unos rufianes: millonarios entrando en litigio porque los chicos del instituto y los chicos malos del rock actuaban como corporaciones; éstas eran yuxtaposiciones que únicamente podían acabar mal. En julio de 2001, ambas partes llegaron a un acuerdo, dando la razón a Metallica sobre las canciones descargadas a cambio de permitir que algunas estuviesen accesibles a este servicio «de vez en cuando». Sin embargo, Napster fue obligada a llevar a cabo un relanzamiento como servicio de pago.

No obstante, la guerra continúa. Siendo extremadamente difícil vigilar a cada individuo que intercambia archivos en Internet, a diferencia de lo que ocurre con las grandes empresas, el jurado aún delibera acerca de si el «robo de derechos» será resuelto algún día a favor del artista.
Sara Farr

Fecha 13 de abril de 2000

País Estados Unidos

Por qué es clave
Metallica se convierten en los primeros artistas que se posicionan contra el «robo» de música que la era de Internet ha hecho posible.

Pág. anterior
James Hetfield, de Metallica.

Canción clave «Hate To Say I Told You So»
The Hives

Justo cuando parecía que el pop mayoritario no podía suavizarse más, llegó esta tormentosa canción de The Hives para recordar a los oyentes que la actitud es eterna –y no geográfica–.

En sólo tres minutos y medio, la banda exponía sus ideas con un vacilante *riff* a tempo moderado, reforzado por unos trémolos de guitarra y una insistente y palpitante percusión. Armados con trajes blancos y negros a juego y una actitud seria, The Hives cosecharon unas favorables comparaciones con sus ancestros de la década de 1960, y todos esos elogios eran debidos a la incredulidad respecto a que el ambiente sórdido y enmarañado del garage rock pudiera ser capturado a la perfección por unas personas provenientes de un país conocido por su amabilidad nacional. Como muchos singles de esa época, la letra de «Hate To Say I Told You So» tenía poco sentido, aunque para la mayoría de sus oyentes eso no era

lo importante exactamente. Cuando Howlin' Pelle Almqvist cantaba «Do What I Want, 'Cos I Can» (Hago lo que quiero, porque puedo), los héroes de la guitarra de salón podían ponerse con aire despectivo en el lugar del líder de la banda; durante un breve período, la canción incluso ganó relevancia como frase de la cultura pop.

La canción tuvo una nueva vida en 2002, a raíz de su inclusión en la banda sonora de la película *Spider-Man*. Una nueva reafirmación de su carácter perenne llegó en 2005, cuando la revista *Q* colocó «Hate To Say I Told You So» en el lugar 54 de su lista de los 100 mejores temas de guitarra.
Ralph Heibutzki

Fecha de lanzamiento
4 de diciembre de 2000

Nacionalidad Suecia

Compositor The Hives

Por qué es clave
Demostró que los suecos son más capaces de insuflar nueva vida en el garage rock que aquellos del país en el que nació.

Álbum clave *O Brother, Where Art Thou?* (*O Brother!*) banda sonora de la película

La tradicional música hillbilly estadounidense, el bluegrass (variedad de country), los blues y la música góspel nunca llegaron lejos en el siglo XX. Con la excepción de los años inmediatamente precedentes a la Depresión y su resurgimiento folk a principios de la década de 1960, estos géneros rara vez tuvieron mucho gancho entre las multitudes. Inesperadamente, no obstante, la banda sonora para la película de los hermanos Coen *O Brother, Where Art Thou?* (*O Brother!*) –compuesta en gran parte por interpretaciones de grabación reciente en esos estilos, por parte de una amplia gama de músicos respetables, incluyendo a Alison Krauss, The Fairfield Four, John Hartford, Ralph Stanley y Gillian Welch– se convirtió en un exitazo, vendiendo más de cinco millones de copias después de su estreno el 5 de diciembre de 2000. También ganó varios premios Grammy, entre ellos el de álbum del año, no es una nominación que garantice gran calidad, pero sí asegura la atención de los medios y de la opinión pública.

El impacto de *O Brother!* aún debe ser convenientemente valorado. No obstante, no cabe duda de que ha ayudado –o en ocasiones ha sido totalmente responsable de ello– a volver la atención de muchos oyentes de todas las edades hacia la música tradicional de raíces estadounidenses, y a su vez a conducirlos hacia fuentes más antiguas, de la misma manera que los blues-rockers de la década de 1960 ayudaron a conducir a los jóvenes adultos hacia los originales blues del delta. Incluso contribuyó a reavivar las carreras de algunos de los artistas de la banda sonora, culminando en un concierto que se convirtió en el film documental *Down From The Mountain*.
Richie Unterberger

Fecha de lanzamiento
5 de diciembre de 2000

Nacionalidad Estados Unidos

Lista de temas Po' Lazarus, Big Rock Candy Mountain, You Are My Sunshine, Down To The River To Pray, Man Of Constant Sorrow, Hard Time Killing Floor Blues, Man Of Constant Sorrow, Keep On The Sunny Side, I'll Fly Away, Didn't Leave Nobody But The Baby, In The Highways, I Am Weary, Let Me Rest, Man Of Constant Sorrow, O Death, In The Jailhouse Now, Man Of Constant Sorrow, Indian War Whoop, Lonesome Valley, Angel Band

Por qué es clave Rescató la música tradicional de raíz estadounidense

Personaje clave
Eminem

La excelencia técnica como rapero y letrista de Marshall Mathers III –profesionalmente conocido como Eminem– es lo más importante de su arte, pero este hecho suele olvidarse ante la gran atención que ha generado como propietario de una discográfica, productor, actor y celebridad controvertida.

Nacido en Detroit en 1972, Eminem saltó a la fama como protegido de Dr. Dre. Su segundo álbum propiamente dicho, *The Marshall Mathers LP*, lanzado el 23 de mayo de 2000, en particular el melancólico single sobre un fan obsesionado, «Stan», lo llevó a un nuevo plano del éxito. Aunque no era la primera superestrella blanca del rap –los Beastie Boys llegaron bastante antes que él– su origen étnico y su atractivo abrieron el hip-hop a un nuevo mercado aún sin explorar.

Lo que hizo de Eminem una estrella perfecta para la era de los *reality shows* fue su propensión a llevar su vida a su arte. Su relación errática con quien fuera su esposa durante breve tiempo, Kim (tema de su notable canción jocosa y violenta «Kim»), y sus efímeras disputas con otras celebridades se han convertido en parte vital de su música. Sabe que puede desarmar a sus críticos señalando pacientemente sus letras con temas que les producirán consternación (y sabe el porqué). Ello únicamente lo conduce a colocarse aún más en el centro de su propia música. Sin embargo, continúa siendo una figura escurridiza, alguien cuya naturaleza auténtica se hace más oscura cada vez que sale a la luz una nueva revelación lírica.
Angus Batey

Rol Artista de grabaciones

Fecha 2000

Nacionalidad Estados Unidos

Por qué es clave
Es el artista que ha llevado el hip-hop a la era de los *reality shows*.

Pág. siguiente **Eminem**.

Espectáculo clave *The Filth And The Fury* (*La mugre y la furia*) la película

Julien Temple ya había editado una película biográfica sobre los Sex Pistols, pero *The Great Rock 'N' Roll Swindle* (El gran timo del rock 'n' roll), de 1980, aunque realizada de manera deslumbrante, quedó coja al no estar involucrados ni Johnny Rotten (que se había separado de la banda) ni Glen Matlock (persona non grata), y por contar con demasiada participación del mánager Malcolm «They were talentless» McLaren.

En *The Filth And The Fury* (*La mugre y la furia*), llamada así por un titular en los diarios después de la aparición de los Pistols en el programa *Today*, Temple relata la historia según los cuatro miembros supervivientes. (La parte de Sid Vicious queda representada por grabaciones de archivo en las que se desintegra visiblemente.) La película es un maremoto de imaginería regenerativa: los comerciales cursis y las adustas noticias de la época proporcionaban el monótono

telón de fondo contra el que se rebelaron los Pistols, ilustrando sus influencias con extractos de películas y televisión, y, por supuesto, con una gran cantidad de material de los Pistols, incluyendo un pedazo de *Swindle*, clips de televisión, una sorprendente cantidad de material filmográfico doméstico y entrevistas actuales con los miembros de la banda (extrañamente filmadas en la sombra). Todo ello interconectado gracias a unos ingeniosos cortes cuya irreverencia y vitalidad es la quintaesencia de los Sex Pistols y del punk. Un pequeño fallo es que la música queda ligeramente en segundo lugar, al igual que el álbum *Never Mind The Bollocks, Here's The Sex Pistols*.

Entre los puntos destacados se encuentran un concejal londinense afirmando que los Pistols son «la antítesis de la humanidad» y la aflicción de Rotten/Lydon por la muerte de Vicious, que lo hace romper en lágrimas.

Sean Egan

Fecha de lanzamiento
20 de enero de 2000

Nacionalidad Reino Unido

Director Julien Temple

Reparto Sex Pistols

Por qué es clave
La auténtica historia de los Sex Pistols, segundo intento.

2000–

728

Canción clave «**Yellow**» Coldplay

El cuarteto Coldplay firmó con EMI en 1998. Sus primeros singles ofrecieron poca evidencia de que se convertirían en la mayor banda de rock del nuevo milenio. Claramente cautivados con Radiohead y Jeff Buckley, eran mejores que ninguno. Pero «Yellow», lanzado el 26 de junio de 2000, con su título inspirado por la guía telefónica que tenían a mano al escribirla, era totalmente distinta. La sección de fuertes ritmos debía mucho a sus compañeros de discográfica Sparklehorse, mientras que la voz de falsete de Martin ya era conocida. Pero la persistente línea de la guitarra principal de Jonny Buckland quedaba grabada en las mentes, el gancho funcionó y la letra tenía una profundidad impresionante, a pesar de que nadie entendía claramente lo que el repetido empleo de la palabra del título significaba como adjetivo. Cuando Martin reveló varios años después que «Yellow» únicamente era una palabra «falsa» que quería sustituir cuando se le ocurriera

algo mejor, lo que nunca ocurrió, la canción ya se había adentrado tanto en la cultura que las personas no cambiaron la opinión que se habían formado sobre esta canción que consideraban más bien conmovedora.

«Yellow» fue número cuatro en el Reino Unido. La radio estadounidense la fue aceptando poco a poco también. «Yellow» ha sido grabada en versión china, citada por Bono y elogiada por Oasis y Paul McCartney. En cuanto a las estrellas mencionadas en la letra («Look How They Shine For You» (Mira cómo brillan para ti), fueron vistas sobre un estudio de grabación rural en Gales. Como Martin ha explicado, «Yellow» nunca podría haber sido escrita en Londres.

Steve Jelbert

Fecha de lanzamiento
26 de junio de 2000

Nacionalidad Reino Unido

Compositores
Guy Berryman, Jonny Buckland, Will Champion, Chris Martin

Por qué es clave
Una canción que continuó siendo hermosa incluso cuando el mundo descubrió que no tenía sentido.

Álbum clave *No Strings Attached*
*NSYNC

Cuando fueron creados por Lou Pearlman –la mente maestra detrás de Backstreet Boys y O-Town–, *NSYNC eran simplemente un cínico intento de copiar la fórmula de los Backstreet Boys con algunos jóvenes graduados del Mickey Mouse Club. Después de un blando debut y de un álbum navideño, aunque de éxito comercial, los miembros de *NSYNC, Lance Bass, Justin Timberlake, Joey Fatone, Chris Kirkpatrick y JC Chasez, emprendieron acciones legales contra la compañía de gestión de Pearlman, TransCon, por prácticas comerciales ilícitas.

Al quedar libres de su contrato, *NSYNC se relanzaron a sí mismos, junto con sus compañeros de TransCon los Backstreet Boys, en Jive Records. En la cubierta de *No Strings Attached*, su debut con Jive lanzado el 21 de marzo de 2000, los chicos flotan en el vacío en el escenario de un teatro, con unas cuerdas sujetando sus preciosas cabecitas y sus extremidades. Nada podía ir más allá de la realidad que esta sarcástica obra de arte. Ésta y el título eran desaires contra el titiritero Pearlman y su imagen pop manufacturada. Animados por su victoria contra TransCon, los chicos se lanzaron con confianza al proceso creativo, en el que JC Chasez, en particular, destacó como el principal autor de la banda.

No Strings Attached es más dura y carismática que su producción con TransCon. En el álbum de efervescente pop electrónico destacan el gancho «Bye Bye Bye» –un pop de la década de 1990 con gran intensidad que rivaliza con los Backstreet Boys– y «This I Promise You», que no está muy lejos de las baladas de adolescentes con ojos de cordero con las que la joven Britney se labraba su futuro.
David McNamee

Fecha de lanzamiento
21 de marzo de 2000

Nacionalidad Estados Unidos

Lista de temas Bye Bye Bye, It's Gonna Be Me, Space Cowboy (Yippie Yi-Yay), Just Got PAid, It Makes Me Ill, This I Promise You, No Strings Attached, Digital Get Down, Bringin' Da Noise, That's When I'll Stop Loving You, I'll Be Good For You, I Thought You Knew

Por qué es clave
Una *boyband* manufacturada toma el control de su destino.

Acontecimiento clave
Muerte de Ian Dury

Un genuino carácter inglés, Ian Dury, nacido en 1942, tenía una gigantesca personalidad *cockney* e hizo una música que fusionó el funk, el reggae y los ritmos de jazz con la sensibilidad del *music hall*. *New Boots and Panties!!!,* su álbum debut de 1977, era de gran clase, como lo fueron los éxitos con la subsiguiente banda de apoyo, The Blockheads, como el himno a la holgazanería «What A Waste», el número uno en el Reino Unido «Hit Me With Your Rhythm Stick» y la hilarante denuncia del hedonismo «I Want To Be Straight». Sin embargo, su himno a los lisiados «Spasticus Autisticus» fue vetado por la BBC, aparentemente desconocedora del hecho de que el mismo Dury estaba parcialmente incapacitado por los efectos de la polio. Después de los Blockheads, Dury rechazó una oferta de Andrew Lloyd Webber para escribir las letras de *Cats,* porque, según dijo, no soportaba su música.

A Dury le fue diagnosticado un cáncer de colon en 1996. En enero de 1998 el cáncer se había extendido al hígado, lo que requirió un suministro continuo de medicación intravenosa. (Dury solía decir que tenía miedo de que un atracador confundiera el suero con una bolsa de dinero, lo cogiera y le arrancara los pulmones). En una entrevista para la BBC después de su diagnóstico, Dury reconoció que la vida lo había tratado bien. Se dijo que estuvo siempre bromeando hasta su fallecimiento el 27 de marzo de 2000, a la edad de 57 años.

Sus fans recuerdan sus mejores grabaciones con la misma emoción con la que Dury realizó las de su propio héroe Gene Vincent, a quien elogió emotivamente en 1977 en «Sweet Gene Vincent».
Tierney Smith

Fecha 27 de marzo de 2000

País Reino Unido

Por qué es clave
El cáncer silencia al incontenible *cockney*.

Persona clave
Britney Spears

A finales de la década de 1990 la música, buscando un respiro del grunge, resucitó un antiguo pilar de la década de 1980, el *teen* pop. Y liderando el nuevo *pack* de chicas Barbie se encontraba Britney Spears.

El primer lanzamiento de Spears, criada en Luisiana, «...Baby One More Time» tuvo lugar cuando tenía 17 años. Contenía el mismo dance-pop contagioso que impulsó a la fama a estrellas adolescentes de la década de 1980 como Debbie Gibson, pero con una diferencia. En el vídeo para la canción, Spears era la chica buena que se remangaba la falda del uniforme de su escuela y se volvía mala. La canción fue un número uno transatlántico.

Aunque sus provocaciones mostrando el ombligo eran demasiado sutiles, su segundo álbum, *Oops! ... I Did It Again*, lanzado en 2000, repitió la fórmula. Su primer single, el tema del título, rezumaba insinuaciones sexuales, la mayoría debidas a su productor y escritor sueco Max Martin, quien creó una sustanciosa mezcla de arreglos perfectamente articulados, instantáneamente adictivos, con un intenso fondo, de empuje y garra urban funk, transformando su voz adenoidal en un grito ahogado, seductor y susurrante, «not... that... innocent» (no... tan... inocente). El álbum entró en las listas directamente en el número uno, estableciendo (para ese entonces) un récord de ventas para una artista femenina.

A pesar de su sexualización, la imagen original de Spears era la de una virgen –inicialmente defendía la castidad fuera del matrimonio–. Sin embargo, los álbumes *Britney* (2001) e *In The Zone* (2003) intentaron reafirmar que ahora era una mujer, no una niña. Las cifras de ventas sugieren que el jurado aún está deliberando si el público está listo para la transición.
Miles Keylock

Rol Artista de grabaciones

Fecha 2000

Nacionalidad Estados Unidos

Por qué es clave La Lolita del *teen* pop sufre los dolores del crecimiento.

Pág. anterior **Britney Spears.**

Canción clave «**What A Girl Wants**»
Christina Aguilera

Cuando Christina Aguilera se unió a la brigada del *teen* pop de la década de 1990, ponerla contra Britney Spears parecía una estrategia obvia para los medios obsesionados con la rivalidad. Como Britney, era rubia y atractiva y había comenzado en la televisión de Estados Unidos en el Mickey Mouse Club. Pero Aguilera tenía un arma secreta: su voz. Mientras que Britney cantaba correctamente, Christina lo hacía divinamente, demostrando un registro vocal formidable y un exquisito melisma post-Mariah lo suficientemente fuerte como para dejar a su compañera en la sombra.

Los fans probaron por primera vez su sofisticación vocal en su delicioso single debut «Genie In A Bottle», pero fue su siguiente canción «What A Girl Wants» la que realmente afianzó su estatus. Escrita por el equipo compuesto por Shelly Peiken y el productor Guy Roche, es una distintiva canción de amor de una mujer que entrelaza unos suaves ritmos de hip-hop, hipnóticas melodías y una poesía de gesto mohíno aunque con gran seguridad. Aguilera nos informa de que lo que una chica quiere o necesita es cualquier cosa que la haga feliz y le dé la libertad... Transmite una expresión dominante, a la vez que profundamente vulnerable, y con un sonido mucho más acertado y sexy que el que se esperaría de una persona de 18 años. Se trata de un *teen* pop que incluso aprecian los adultos, y la canción le supuso alcanzar un número en Estados Unidos el 15 de enero de 2000.

En los años siguientes, su estribillo pegadizo se convertiría en el himno de Aguilera en su transformación de pequeña princesa del pop a diva del R&B sensual (*Stripped,* 2002) y vampiresa del soul-jazz (*Back To Basics*, 2006), haciendo siempre exactamente lo que quería, a la vez que daba a sus fans todo lo que ellos necesitaban.
Miles Keylock

Fecha de entrada al n.º 1 en Estados Unidos 15 de enero de 2000

Nacionalidad Estados Unidos

Compositores Shelly Peiken, Guy Ross

Por qué es clave Es la canción que trajo la auténtica destreza vocal al *teen* pop.

Álbum clave *Chocolate Starfish And The Hot Dog Flavored Water* Limp Bizkit

Para ser una banda considerada progenitora de la desnuda forma musical nu metal –un tipo de heavy metal con elementos de grunge, thrash metal, rap e incluso electrónica– parecía que con su tercer álbum Limp Bizkit había olvidado cómo no complicar las cosas.

Hace mucho tiempo, el rock 'n'roll sólo necesitaba un equipo monoaural, tres o cuatro instrumentos y el mismo número de micrófonos. *Chocolate Starfish And The Hot Dog Flavored Water*, lanzado por Bizkit el 17 de octubre de 2000, no sólo presentaba un conjunto de apoyo masivo –sólo los vocalistas invitados sumaban ocho, con Xzibit, Scott Weiland, Mark Wahlberg y Ben Stiller entre ellos–, sino que sorprendentemente generaron empleo para 19 ingenieros, siete responsables de mezclas, cinco productores y seis personas más entre editores, masterizadores y asistentes. Y a pesar de todo, el esfuerzo valió la pena: el álbum catapultó a Bizkit al estatus de una de las mayores bandas del mundo.

El núcleo de la banda, compuesto por Fred Durst (vocales), Wes Borland (guitarra), John Otto (batería), Sam Rivers (bajo) y DJ Lethal, presentó aquí 15 temas de rock con gran energía, caracterizado por unas cuerdas de fuerza implacable y el estilo vocal polémico de Durst, que dio pie a cinco singles de éxito y vendió 12 millones de copias en todo el mundo. «My Generation», «Boiler» y «My Way» gozaron de popularidad, pero fueron «Rollin' (Air Raid Vehicle)» y «Take A Look Around» las que realmente dejaron huella.

¿Y el significado del título del álbum? Es mejor no saberlo.

Rob Jovanovic

Fecha de lanzamiento
17 de octubre de 2000

Nacionalidad Estados Unidos

Lista de temas Intro, Hot Dog, My Generation, Full Nelson, My Way, Rollin' (Air Raid Vehicle), Livin' It Up, Getcha Groove On, Take A Look Around, It'll Be OK, Boiler, Hold On, Rollin' (Urban Assault Vehicle), Redman, Outro

Por qué es clave Pioneros del nu metal llegan al gran público como una oleada, pero no exactamente por volver a los orígenes.

Pág. siguiente **Limp Bizkit**.

Canción clave
«Angel Of The Morning»/«Angel»

Aunque «Wild Thing» continúa siendo la canción más famosa de Chip Taylor, otra de sus composiciones es en realidad la que ha tenido más éxito en las listas. Este tema no podría contrastar más con la áspera «Wild Thing»: la canción de amor «Angel Of The Morning» es tan elegante y celestial como su título sugiere.

Su repetido éxito es bastante sorprendente considerando que el primer lanzamiento del disco incluía lo que Taylor denominaba «desengaño». El original de Evie Sands de 1967 parecía destinado a arrasar hasta que la discográfica de Sands, Cameo Parkway, se declaró en bancarrota la semana del lanzamiento, con lo que la gran demanda no pudo ser cubierta. Sin embargo, el destino decidió que la calidad de esta canción debía ser reconocida. Las versiones de Merrillee Rush y PP Arnold (esta última la interpretó de una manera bastante más valiente de lo que

Taylor se había imaginado) se convirtieron en éxitos prácticamente al mismo tiempo a ambos lados del Atlántico a mediados de 1968.

Taylor modestamente negó ser responsable de la belleza de la letra, afirmando que «El primer pareado de la canción llegó solo: "There'll be no strings to bind your hands/Not if my love can't bind your heart"[No habrá cuerdas para atar tus manos/Si mi amor no puede atar tu corazón]. Ni siquiera sabía qué demonios quería decir, simplemente surgió así».

Dos de las versiones más intrigantes de la canción son las de 1977 por Mary Mason, que la combinaba con otra canción de Taylor, «Any Way That You Want Me», y una interpretación radical de la estrella del reggae Shaggy en colaboración con Rayvon (tan radical que Shaggy recibió los créditos de coautor), que –con el nombre de «Angel»– llegó al número uno de Estados Unidos el 3 de febrero de 2001.

Sean Egan

Fecha de entrada al n.º 1 en Estados Unidos
1 de febrero de 2001

País Estados Unidos

Compositor Chip Taylor

Por qué es clave Una historia de éxito que comenzó con una catástrofe.

Personaje clave
Sean Combs

Desde sus inicios poco favorables, Sean Combs, nacido en 1969, se convirtió en uno de los empresarios de mayor éxito que ha conocido la industria musical.

Comenzando en la oficina de correos de la discográfica Uptown, pronto estaría al frente de su propio sello, Bad Boy, que lanzaría el debut del rapero de Brooklyn, The Notorious B.I.G, *Ready To Die* (1994), uno de los álbumes más influyentes del hip-hop. Un conflicto entre Bad Boy y la discográfica Death Row de Marion «Suge» Knight proporcionó el morboso telón de fondo al asesinato de Biggie y de Tupac Shakur, que trabajaba con Death Row. Todo ello llevó a Combs al centro de atención. Sin aversión a aparecer en los discos y vídeos de sus artistas, dio un paso más y homenajeó a su amigo muerto Biggie en un single que fue un éxito mundial, «I'll Be Missing You», cuya melodía estaba basada en el «Every Breath You Take» de The Police. A continuación lanzó cuatro LP de gran éxito en solitario, y su imagen –la de un elegante y educado aludador– desató la controversia entre los fans del hip-hop, quienes tuvieron la impresión de que comercializaba la música, y el interés de los de fuera atraídos por el éxito. En 1997 participó –como artista, productor o dueño de discográfica– en tres sencillos que sucesivamente fueron número uno en Estados Unidos.

En marzo de 2001, Combs sustituyó su nombre profesional, Puff Daddy, por P. Diddy. Después lo redujo a Diddy en 2005. Esto provocó cierta hilaridad, pero únicamente alguien con seguridad absoluta en su éxito puede cambiar su identidad tan caprichosamente.
Angus Batey

Rol Artista de grabaciones, productor

Fecha 2001

Nacionalidad Estados Unidos

Por qué es clave
El nombre cambia, el éxito permanece.

Pág. siguiente **Sean Combs**.

Canción clave «**Uptown Girl**»
Westlife

En 1983, pocos dudaban de la habilidad indiscutible de Billy Joel para componer grandes baladas de piano o épicas superproducciones. Lo que no era evidente era su capacidad de creación de un pop simple, efervescente y contagioso, ni su destreza para imitar a la perfección el estilo de otro artista.

Y Joel hizo ambas cosas con su single de 1983 «Uptown Girl». Los artistas imitados fueron The 4 Seasons, cuyas armonías y sonido de la década de 1960 fueron reproducidos a la perfección. La canción llegó al número tres en Estados Unidos y al número uno en el Reino Unido, parcialmente impulsada por un delicioso vídeo que daba vida a la historia de un «chico de la calle» que hacía la corte a una joven del «mundo del pan blanco». Una producción que recordaba a la cinemática *West Side Story* y en la que la inspiradora real de la canción, la entonces novia de Joel y modelo Christine Brinkley, bailaba con Joel y un grupo de mecánicos grasientos.

Un vídeo seudovaliente que igualmente representaba una historia –en esta ocasión ambientada en un restaurante de comida rápida– acompañó a la versión de esta canción de Westlife, la *boyband* irlandesa que rompió récords en listas como cosa corriente a partir de 1999. Cuando llegaron al número uno en el Reino Unido el 21 de marzo de 2001 con su versión de la canción de Joel, se trataba de su octavo número uno de nueve temas lanzados. Como alguien observó con acritud en una ocasión, en un universo alternativo, esto significaría que Westlife son mejores que The Beatles. De hecho, cuando Westlife puedan escribir un homenaje a sus héroes con tan sólo una fracción de la genialidad de Joel en esta canción, podrán comenzar a merecer el éxito comercial que han tenido.
Sean Egan

Fecha 21 de marzo de 2001

Nacionalidad Estados Unidos

Compositor Billy Joel

Por qué es clave
El hombre del piano se transforma en sus héroes de la infancia.

Espectáculo clave **The Manic Street Preachers actúan en Cuba**

The Manic Street Preachers –James Dean Bradfield (guitarra y voz), Nicky Wire (bajo) y Sean Moore (bateria)– volaron hasta la socialista isla latinoamericana de Cuba para tocar en una única representación justo un mes antes del lanzamiento de su sexto álbum *Know Your Enemy*. Tanto la banda como el régimen de Castro vieron las posibilidades de promoción que suponía la asistencia al evento, y el líder comunista se entrevistó con la banda («¿Será tan ruidosa como la guerra?», les preguntó) y asistió al espectáculo en el Teatro Karl Marx de La Habana el 17 de febrero de 2001.

La multitud que se congregó para verlos pagó una media de 17 peniques. Entre el público se encontraba el tres veces medallista olímpico en boxeo Félix Savón, a quien la banda dedicó «You Love Us». El espectáculo dio a conocer varias canciones del álbum por venir así como los esperados temas de un catálogo que en los últimos tiempos había llevado a The Manic al éxito. Algunos tenían la sensación de que la banda –que había empleado la bandera de Cuba en la cubierta del single «Masses Against The Classes» (2000)– mostraba una gran ignorancia, dada la persecución de disidentes y homosexuales en el país. The Manic respondieron que eran conscientes del tema de los derechos humanos. La intención global del viaje fue resumida por Wire al afirmar: «Cuba para mí es el último símbolo que realmente queda contra la norteamericanización del mundo».
Rob Jovanovic

Fecha 17 de febrero de 2001

Localización Teatro Karl Marx, La Habana

País Cuba

Por qué es clave Unos roqueros galeses llevan su inclinación socialista a un nuevo nivel al convertirse en la primera banda occidental en tocar en la isla de Castro.

Pág. anterior Fans de The Manic en la actuación en Cuba.

Espectáculo clave *Moulin Rouge!* la película

La película resulta innegablemente suntuosa, y muestra una rica y brillante cinematografía y el indiscutible *glamour* de Nicole Kidman y Ewan McGregor en los papeles principales de Satine y Christian, respectivamente. Obtuvo una enorme recaudación en taquilla y se llevó un par de premios de la Academia. Aunque pocas películas musicales provocaron opiniones tan polarizadas como *Moulin Rouge!*, estrenada el 9 de mayo de 2001.

Christian es un joven que llega al París de finales del siglo XIX con la intención de convertirse en escritor. Durante su estancia, se encuentra con el decadente club nocturno del título, en el que trabaja la cortesana tuberculosa Satine, de la que Christian se enamora. Hasta ahora, bastante estándar. El punto en el que *Moulin Rouge!* se aleja de prácticamente cualquier otra película musical jamás rodada es en su insistencia en un postmodernismo puro y desvergonzado. Porque, aparte de la única canción original de la película («Come What May»), todos los números que componen la banda sonora que acompaña la relación fatal de la pareja y los eventos que la rodean –como fondo o cantados por los protagonistas– son canciones pop o rock bien conocidas de finales del siglo XX. Así tenemos el espectáculo visual de los corsés y sombreros de copa y la experiencia sonora simultánea de «Smells Like Teen Spirit», «Diamonds Are A Girl's Best Friend» y «Like A Virgin».

¿Es una manera perfectamente legítima de hacer que la música sea relevante para las audiencias modernas? ¿O es uno de los más sorprendentes y fatuos despilfarros de talento jamás ideados? Su sensibilidad personal determinará su opinión, pero no se aburrirá al decidirlo.
Sean Egan

Estreno 9 de mayo de 2001

Países Estados Unidos, Australia

Director Baz Luhrmann

Reparto Nicole Kidman, Ewan McGregor, John Leguizamo

Compositor David Baerwald (canción original)

Por qué es clave Fue la película musical que convirtió un anacronismo en una virtud estrambótica.

Álbum clave *Miss E... So Addictive*
Missy Elliott

«¿Quién es esa arpía?», bramaba Missy «Misdemeanor» Elliot en el minuto uno con 10 segundos del éxito que lo conquistó todo en 2001 «Get Ur Freak On». El oyente no tenía duda alguna sobre la respuesta. En el transcurso de esos cuatro minutos, Elliott dejaba proliferar su surreal fanfarronería con un fondo de neumáticos, un bajo cavernoso, unos ritmos de tabla que volvía loco al público apareciendo y desapareciendo a través de agujeros de gusano previamente insospechados en el continuo espacio/tiempo, y un sample de un hombre japonés contando hasta 10.

Más que cualquier otra, esta canción –y el álbum del que forma parte, *Miss E ... So Addictive*, lanzado el 15 de mayo de 2001– definió el patrón del pop del siglo XXI. La visión que Elliott y su genial socio, el superproductor Timbaland, mostraron en él fue revolucionaria: desde la resonante obscenidad de «Lick Shots» y «Whatcha Gon' Do?» hasta la sentimental y lánguida belleza de «Take Away», pasando por la acicalada y altanera «One Minute Man», cada canción es una lección que reescribe las reglas. Los arrogantes ritmos hip-hop se combinan –como el título sugiere– con sonidos electrónicos y *riffs* inspirados en la cultura rave (Elliott, para que quede constancia, siempre ha negado el consumo de las sustancias químicas a las que continuamente hace referencia en este álbum), y sobre todo, Elliot gruñe, aúlla, escupe, grita y recita no sólo como la rapera femenina de mayores ventas de todos los tiempos –que lo es–, sino como la mejor estrella pop del planeta –que lo era en ese momento.

Alex Macpherson

Fecha de lanzamiento
15 de mayo de 2001

Nacionalidad Estados Unidos

Lista de temas So Addictive (Intro), Dog In Heat, One Minute Man, Lick Shots, Get Ur Freak On, Scream a.k.a. Itchin, Old School Joint, Take Away, 4 My People, Bus-A-Bus Interlude, Whatcha Gon' Do, Step Off, X-Tasy, Slap! Slap! Slap!, I've Changed (Interlude), One Minute Man [Remix]

Por qué es clave Una visión de un futurista y mutante hip-hop y R&B.

Pag. siguiente Missy Elliott.

738

Álbum clave *The Fellowship Of The Ring (La comunidad del anillo)* banda sonora

La trilogía de películas de Peter Jackson *The Lord Of The Rings* (*El señor de los anillos*) fue un proyecto colosal. En correspondencia, también resultó ser un encargo colosal para el compositor canadiense Howard Shore, quien debía escribir la música para dos versiones de cada película: la que se proyectaría en cines y la posterior versión ampliada en DVD. Finalmente compuso más de 11 horas de material.

Entre los logros previos de Shore se encontraban las bandas sonoras para películas como *Philadelphia* (1993) y *The Silence of the Lambs* (*El silencio de los corderos*, 1991). Fue contratado para trabajar en *El señor de los anillos* en agosto de 2000 y visitó los escenarios de la película en Nueva Zelanda. La mayor parte de la música fue grabada en los estudios de Watford Town Hall en Gran Bretaña (y mezclada en los estudios de Abbey Road) e interpretada por la Orquesta Filarmónica de Londres, con colaboraciones de artistas como Annie Lennox, James Galway, Ben Del Maestro y Enya, quien compuso dos canciones de reminiscencias celtas, relacionadas con los *hobbits*, para la banda sonora de *La comunidad...* Shore empleó temas específicos para cada personaje. De manera similar, se añadió un *leitmotiv* a la acción del cambio de propietario del anillo.

Lo que tenían en común las tres bandas sonoras era la sensación mayestática y dramática, en especial en la música que acompañaba a las secuencias de las batallas. La música wagneriana para las escenas más oscuras de la película resulta igualmente convincente. La banda sonora de *La comunidad...* le supuso a Shore su primer Óscar. Ganó dos más por *The Return Of The King* (*El retorno del rey*), la última película de la trilogía.

Gillian G. Gaar

Fecha de lanzamiento
20 de noviembre de 2001

Lista de temas The Prophecy, Concerning Hobbits, The Shadow Of The Past, The Treason Of Isengard, The Black Rider, At The Sign Of The Prancing Pony, A Knife In The Dark, Flight To The Ford, Many Meetings, The Council Of Elrond featuring Aníron, The Ring Goes South, A Journey in the Dark, The Bridge Of Khazad-dûm, Lothlórien, The Great River, Amon Hen, The Breaking Of The Fellowship, May It Be

Por qué es clave La primera entrega de una monumental banda sonora.

Álbum clave *Fight To Win*
Femi Kuti

De tal palo tal astilla. El viejo dicho parecía perseguir a Femi Kuti. Primogénito de la desaparecida estrella del afrobeat nigeriano Fela Kuti, Femi creció a la sombra de su padre, tocando el saxo alto en su banda a finales de la década de 1970. Después de la muerte de su padre en 1997, se convirtió en el embajador casi oficial del afrobeat, continuando su misión de romper las fronteras raciales y musicales e infundir en las almas de sus oyentes una auténtica soberanía política, social y espiritual. Su debut internacional, *Shoki Shoki* (1999), fue la primera señal de que Femi comenzaba a encontrar su propio sonido.

Aunque continuaba impulsado por las características del afrobeat, las polirritmias multiculturales, los exaltados vientos de jazz y los apasionados cantos sociopolíticos, también introdujo un novedoso y distintivo sonido disco de la ciudad interior de Lagos. Su secuela, *Fight To Win*, lanzada el 16 de octubre de 2001, resultó ser incuestionablemente del trabajo de un hombre que forja su propia sombra. En él formó equipo con los conscientes líderes del hip-hop estadounidense Common y Mos Def para impulsar el afrobeat hacia el siglo XXI. Las legendarias sesiones comunes de improvisación de 18 minutos de su padre fueron ahora comprimidas en versiones listas para su emisión en la radio, en las que Femi daba un sentido al mensaje de Fela sobre un solo amor y un solo mundo. Hay que perdonar la inclinación de Fela por la poligamia, el sexo sin protección y la marihuana. El mensaje de Femi era positivo y responsable. Exigía el cambio («Traitors Of Africa»), compartía la preocupación («'97»), extendía el amor («Walk On The Right Side») y, lo más importante, promovía la esperanza en un cambio global predicando un mensaje de respeto y colaboración mutuos («One Day Someday»).

Miles Keylock

Fecha de lanzamiento
16 de octubre de 2001

Nacionalidad Nigeria

Lista de temas Do Your Best, Walk On The Right Side, Traitors Of Africa, Tension Grip Nigeria, '97, Fight To Win, Stop AIDS, Eko Lagos, Alkebu-Lan (Cradle Of Civilization), One Day Someday, The Choice Is Yours, Missing Link

Por qué es clave
El afrobeat se actualiza.

Pág. anterior Femi Kuti.

Acontecimiento clave
Apple anuncia el iPod

La conversión del sonido a un formato digital requiere una gran cantidad de espacio, por lo que debe ser comprimido para su transmisión en Internet. El MP3 se convirtió en el método ideal para realizar esta codificación. El iPod de Apple –anunciado el 23 de octubre de 2001– no era el primer reproductor de MP3: el Rio PMP 300 lo precedió dos años. No incorporaba la mejor tecnología, no contenía la mayor cantidad de canciones y ciertamente no era el más barato. Unos 400 dólares estadounidenses por una máquina ligera que sólo podía almacenar 1.000 canciones no era una ganga, y tampoco lo era su diseño, que sólo permitía que las baterías fuesen sustituidas por un centro autorizado.

Pero el iPod es uno de los productos de consumo de mayor éxito en la historia del sonido grabado. Se convirtió en un emblema de la juventud urbana emergente, un símbolo de sabiduría tecnológica y una pieza de diseño muy imitada –elegante y totalmente blanca, hasta los auriculares– que ejerció su influencia sobre muchos otros artículos de consumo, desde teléfonos hasta guitarras. Incluso la manera de escribir su nombre, con la primera letra minúscula, ha sido intensamente empleada para otros productos y servicios.

La siguiente generación de iPods fue más pequeña, barata y podía incorporar más música –hasta 15.000 canciones en una memoria de 60 Gb–, toda una colección de discos. El iPod se convirtió en la opción favorita de las personas para malgastar su fin de semana.

Andre Millard

Fecha 23 de octubre de 2001

País Estados Unidos

Por qué es clave
El producto de consumo que popularizó los reproductores de MP3 y abrió una nueva era en el marketing y la manera de disfrutar la música.

Álbum clave *Weathered*
Creed

Un cantante acusado de abrigar engaños mesiánicos; vídeos costosos y cargados de efectos; suficientes guerras internas para dar pie a varias películas de televisión épicas –cualidades aptas, de hecho, para una banda cuyos temas están asociados con el sacrificio y el sufrimiento–. En ningún otro lugar son más aparentes que en el álbum final de Creed, *Weathered*, que alcanzó el platino en seis ocasiones. Entró en el número uno en el Top 200 de *Billboard*, y permaneció allí durante ocho semanas, igualando el récord establecido por The Beatles.

Probablemente la coordinación tuvo su efecto sobre el éxito. El primer single, «My Sacrifice», llegó al número cuatro en noviembre de 2001 –dos meses después de los ataques terroristas en Estados Unidos– y continúa siendo uno de los más conocidos mensajes de indignación sobre la tragedia. La misma ferviente resolución era patente en el otro éxito de *Weathered* –la balada «One Last Wish»,

que saltó al número seis en Estados Unidos durante el verano de 2002– y la épica canción que cerraba el álbum «Don't Stop Dancing», en la que el vocalista Scott Stapp afirma «Whatever life brings, I've been through everything» (Lo que sea que me traiga la vida, ya lo he pasado todo).

Estos sentimientos aparentemente no eran compartidos por Creed; en 2004, la banda se disolvería, entre afirmaciones de conflictos entre Stapp y el guitarrista Mark Tremonti. A pesar de ello, con *Weathered*, la banda dejó uno de los 200 álbumes de mayores ventas en Estados Unidos, y un crítico punto de referencia postgrunge.

Ralph Heibutzki

Fecha de lanzamiento 20 de noviembre de 2001

Nacionalidad Estados Unidos

Lista de temas Bullets, Freedom Fighter, Who's Got My Back, Signs, One Last Breath, My Sacrifice, Stand Here With Me, Weathered, Hide, Don't Stop Dancing, Lullaby

Por qué es clave Con este álbum, Creed se establecieron como el prototipo de grupo «postgrunge», y luego se separaron.

Álbum clave *M!ssundaztood*
Pink

Can't Take Me Home, el álbum de debut de 2000 de Pink –de nombre Alecia Moore– fue un éxito en el Top 40 de Estados Unidos. Pero la cantautora fue encasillada instantáneamente como otra cantante de *teen* pop y quiso establecerse como una intérprete más seria. El resultado fue *M!ssundaztood*.

Pink solicitó la ayuda de Linda Perry, anterior componente de 4 Non-Blondes, quien produjo la mayor parte del álbum y escribió o coescribió la mayoría de las canciones. (Pink es coautora de 11 de los 14 temas.) El resultado fue un álbum que tenía una buena musculatura musical y una pizca de picardía elegante. El primer single, «Get The Party Started», era pura alegría dance-rock, mientras que «Don't Let Me Get Me» era igual de intensa, pero Pink hacía unas irónicas observaciones sobre su carrera, afirmando que le habían dicho que sería una estrella si cambiaba «todo» acerca de sí misma y quejándose

de las continuas comparaciones con la «maldita Britney Spears». Contenían la esperada proporción de canciones de amores rotos, pero también un número sorprendente de temas sentidos sobre su atribulada vida familiar, como «Family Portrait» y «My Vietnam», que dieron al álbum una definitiva madurez y que nunca podría suponerse que emanaran de la dirección de la mencionada señorita Spears. Las apariciones como invitados de Steve Tyler y Richie Sambora de Bon Jovi le dieron aún más atractivo.

La madurez acelerada de Pink dio sus frutos. El 24 de enero de 2002, *M!ssundaztood* ya habría alcanzado el doble platino y vendería 16 millones de copias en todo el mundo.

Gillian G. Gaar

Fecha de lanzamiento Noviembre de 2001

Nacionalidad Estados Unidos

Lista de temas M!ssundaztood, Don't Let Me Get Me, Just Like A Pill, Get The Party Started, Respect, 18 Wheeler, Family Portrait, Misery, Dear Diary, Eventually, Lonely Girl, Numb, Gone To California, My Vietnam

Por qué es clave Pocas estrellas del pop se rebelan contra su imagen adolescente tan rápido.

Pág. siguiente Pink.

Acontecimiento clave **John Peel pone a The White Stripes por las nubes**

En enero de 2000, en los Países Bajos, durante un acontecimiento musical, el veterano DJ de la radio del Reino Unido John Peel entró por casualidad en una pequeña tienda de discos donde atrajo su atención una copia del primer álbum de The White Stripes, editado con una discográfica independiente de Detroit en 1999. Al escucharlo en casa, Peel quedó electrificado por la feroz reinvención del blues-rock de la banda. El 12 de enero de 2000 emitió «Little People», la primera de muchas canciones de The White Stripes que difundiría en su espectáculo hasta el final de sus días.

Su entusiasmo por los Stripes contribuyó a crear una nueva tendencia. El triste Peel era conocido por no ser un hombre de hipérbole, y por su vasta experiencia era percibido como alguien que sabía de lo que hablaba. En la época de su primera gira británica, en el verano de 2001, Peel afirmaba en la BBC: «Nada me ha afectado tanto como esto desde el punk, quizás incluso desde que escuché por primera vez a Jimi Hendrix». Medios populares del Reino Unido tan variados como BBC Radio 4, el periódico sensacionalista *The Sun* y el conservador *The Daily Telegraph* movieron cielos, mar y tierra para ver o escuchar a The White Stripes, un conjunto extremadamente inusual compuesto únicamente por el guitarrista, vocalista y compositor Jack White y el batería Meg White. El furor se extendió a Estados Unidos, de donde eran originarios, y The White Stripes se encontraron en el camino a la fama y la admiración que Peel siempre había considerado que se merecían.

Mat Snow

Fecha Verano de 2001

País Reino Unido

Por qué es clave
Respaldado por una institución nacional, un oscuro grupo se convierte en una sensación de la noche a la mañana.

Pág. anterior
The White Stripes.

Espectáculo clave ***The Producers*** teatro musical

A pesar de las letras de aprendiz de Mel Brooks y el hecho de ser un compositor de melodías sencillas (cantadas para un supervisor y arreglista musical, en este caso Glen Kelley), el musical basado en su película de 1968 del mismo título y que se estrenó el 19 de abril de 2001 fue una de aquellas afortunadas alquimias constituidas por el personal adecuado y el material correcto en el momento justo. El espectáculo fue el ganador de más premios Tony que cualquier musical producido con anterioridad y a menudo se considera, legítimamente, como el musical más divertido.

La historia: Max Bialystock, un productor de Broadway venido a menos, decide dar un giro a su fortuna con el montaje de «la peor obra jamás escrita» y fugarse con el dinero cobrado por él (varios millones más de lo que era necesario), dando por supuesto que nadie comprobará el libreto. La obra resulta ser *Springtime for Hitler* (*Primavera para Hitler*), una carta de amor virtual para el Führer, con una extravagante aunque tremendamente pegadiza canción que le da título. Desafortunadamente para Max y su desventurado socio, el tímido contable Leo Bloom, manipulan el espectáculo de manera tan egregia que, sin quererlo, crean un éxito satírico de mal gusto.

La adaptación cinematográfica del musical (con la mayoría del reparto original) no tuvo tanto éxito como éste o la película original, debido a la producción demasiado estática y literal de la directora Susan Stroman. Como Bialystock y Bloom pudieron haberle dicho, morir es fácil, hacer una comedia es difícil...

David Spencer

Estreno 19 de abril de 2001

Nacionalidad Estados Unidos

Directora Susan Stroman

Reparto Nathan Lane, Matthew Broderick, Gary Beach

Compositor Mel Brooks

Por qué es clave
Un espectáculo con éxito sobre un espectáculo con éxito que debía ser un fracaso.

Espectáculo clave *Popstars*
espectáculo televisivo

Los concursos de talentos habían sido algo habitual en la programación televisiva, pero el enorme éxito de *Popstars* en el Reino Unido en 2001 convirtió esta nueva variante en un elemento habitual de la industria musical. El programa –importado de Nueva Zelanda– presentaba un formato en el que tres jueces viajaban a lo largo y ancho de Gran Bretaña y escuchaban a cualquiera que tuviera el valor de presentarse ante ellos y cantar a *cappella*. La gama de talentos que presenciaron el productor de televisión Nigel Lythgoe, el responsable de A&R Paul Adam y la representante Nicky Chapman iba desde lo sublime hasta lo sencillamente horroroso. Sin embargo, finalmente los candidatos quedaron reducidos a Myleene Klass, Suzanne Shaw, Kym Marsh, Danny Foster y Noel Sullivan, quienes crearon el grupo Hear'say y la hermosa y suave balada pop «Pure And Simple». La masiva y prolongada exposición del grupo al gran público gracias a la televisión motivó su ascenso al número uno en el Reino Unido el 24 de marzo de 2001.

Desde entonces, *Popstars* ha sido sustituido por los sospechosamente similares *Pop Idol* y *American Idol*, en los que Simon Cowel ha asumido el papel de Lythgoe como severo desalentador de las ambiciones de aquellos ingenuos aspirantes carentes de talento, cuyo número es asombroso. El ganador de cada serie llega al número uno en el país correspondiente con una previsibilidad que raya en el aburrimiento, aunque el hecho de que a los ganadores del Reino Unido se les asignen de manera rutinaria nuevas versiones de antiguos éxitos más que canciones nuevas resulta un poco preocupante, como lo es el inconfundible tufo del espectáculo de *freakies* de las primeras rondas en las competiciones de ambos países.

Sean Egan

Fecha de emisión De enero a marzo de 2001 (versión británica)

País Reino Unido

Por qué es clave Marca la llegada del *reality* musical televisivo.

Acontecimiento clave *Songbird* de Eva Cassidy alcanza el n.º 1 en el Reino Unido

No sólo son los cínicos quienes afirman que la muerte es la mejor apuesta en la carrera de cualquier artista. Resulta un hecho desgarrador pero demostrable que artistas soberbiamente dotados, desde Buddy Holly hasta Jimi Hendrix, han hecho patente. Esta terrible verdad queda bien ilustrada por la dolorosa historia de la asombrosa Eva Cassidy.

Cantante y música desde los 9 años, Cassidy, nacida en Washington D. C. en 1963, poseía una voz desgarradoramente hermosa, pero, como ocurría con muchas artistas verdaderamente grandes, su música era para ella mucho más importante que su carrera, por lo que, a pesar de las favorables críticas recibidas por los álbumes que publicó en la década de 1990, nunca persiguió el éxito comercial para convertirse en la estrella que claramente merecía ser. En 1988, dos años después de su muerte prematura por cáncer, una recopilación de Cassidy, *Songbird*, llamó la atención del DJ británico Terry Wogan de BBC Radio 2. Como muchos, quedó abrumado por la habilidad de Cassidy para insuflar una nueva vida en canciones tan variadas como «Fields Of Gold» de Sting o el antiguo éxito «Over The Rainbow». Su inagotable apoyo construyó una audiencia para el álbum de Cassidy, que finalmente alcanzó el número uno en el Reino Unido el 18 de marzo de 2001.

Lo que hizo de *Songbird* un éxito tan alentador fue el hecho de que no fue el fruto de un exorbitante presupuesto de marketing de una gran discográfica, ni de una gira intensiva, sino del boca a boca generado por el estilo puro y sencillo de Cassidy. Conseguiría tres números uno consecutivos para sus álbumes en el Reino Unido, un hecho que no alcanzó ni el mismo Elvis Presley.

Johnny Black

Fecha 18 de marzo de 2001

País Estados Unidos

Por qué es clave Una cantante sublime se convierte en una leyenda póstuma.

Canción clave «A Little Less Conversation»
Elvis Presley

En los primeros años del nuevo milenio, casi un cuarto de siglo después de la muerte de Elvis Presley, su éxito como vendedor de discos finalmente parecía disiparse. RCA Records, que había adquirido sus grabaciones abiertamente su patrimonio, continuaba publicando reediciones, pero, conforme las generaciones que realmente recordaban al rey del rock 'n' roll como persona viva se fueron jubilando, éstas eran cada vez más difíciles de vender.

Inspirándose en The Beatles, cuyo álbum de 2000, 1, demostró que los aficionados comprarían un CD sencillo cargado con sus mejores éxitos, RCA volvió con Elv1s: 30 No. 1 Hits, una colección similar, en 2002. Pero, incluso antes de su lanzamiento, la marca restituyó el reclamo comercial de Presley con «A Little Less Conversation», un single poco conocido de 1968 (escrito por Mac Davis y Billy Strange) remezclado por el músico electrónico holandés JXL. La palabra *remix* (remezcla) era

demasiado modesta, ya que se refería a una versión en la que algunos elementos del original de Presley eran reeditados para crear un nuevo tema bailable. Algunos pudieron considerarlo un sacrilegio, pero JXL logró hábilmente mantener el espíritu de Elvis en los trepidantes nuevos ritmos que acompañaban a su poderosa e inmortal voz.

Empleada en un anuncio publicitario de zapatos, la remezcla «A Little Less Conversation» dio a Presley, el 22 de junio de 2002, su primer número uno en el Reino Unido desde 1977. En Estados Unidos el single fue su mayor éxito en más de 20 años.
William Ruhlmann

Fecha de entrada al n.º 1 en el Reino Unido 22 de junio de 2002

Nacionalidad Estados Unidos

Compositores Mac Davis, Billy Strange

Por qué es clave Demostró que el rock 'n' roll añejo puede continuar siendo popular si se adapta a los estilos contemporáneos.

Canción clave «Hot In Herre»
Nelly

Conforme el hip-hop fue colonizando el pop de las mayorías, sus auténticos defensores estaban aterrados. Otros afirmaban que desde «Rapper's Delight» y la era de las *block parties*, el hip-hop había sido un tipo de música dirigido exclusivamente a los buenos tiempos.

El rapero de San Luis Nelly formaba parte de la primera generación de estadounidenses cuya experiencia aural no se remontaba a una época sin rap. En un tiempo en el que las grandes batallas que una vieja vanguardia había librado parecían haber sido ganadas (el color ya no era una barrera en la carrera ascendente de la vida estadounidense, con toda seguridad no lo era en la industria musical, el deporte o el entretenimiento), la idea de convertir la música en un punto de disensión política no tenía sentido.

Confabulado con el dúo que en esa época dominaba la producción de rap, The Neptunes, Nelly disfrutó de una serie de éxitos que hacían honor

al momento, y a su lugar en el centro del mismo. Ninguno tuvo más éxito que «Hot In Herre», que llegó al número uno en Estados Unidos el 29 de junio de 2002. El disco se benefició de la abstrusa sensibilidad pop de Neptune Pharrell Williams y demostró que Nelly podía hacer que el rap sonara futurista a la vez que accesible. Pronto empañaría su reputación de una manera extraña por una disputa lírica con KRS-ONE, con lo que resurgiría el tema de la autenticidad y el objetivo del rap. Tenía más sentido cuando daba rienda suelta a su oportunismo –en ocasiones más una virtud que un vicio–. «Hot In Herre» –un elogio al hedonismo que era a la vez cínico y limitado, aunque soberbiamente efectivo– continúa siendo su mejor obra.
Angus Batey

Fecha de lanzamiento Mayo de 2002

Nacionalidad Estados Unidos

Compositores Brown, Hugo, Nelly, Williams

Por qué es clave Hip-hop fiestero, como en los viejos tiempos.

Personaje clave
Jennifer Lopez

Menos que una modelo/actriz/lo que sea que una cantante/actriz/todo, Jennifer Lynn Lopez no resulta digna de mención sólo por su ascendente carrera desde el Bronx hasta lograr una fortuna estimada en unos 110 millones de dólares estadounidenses. También se trata de su expansión, que se filtró en la cultura popular hasta que hubo puesto su insignia «J-Lo» en prácticamente todos los campos posibles.

Comenzó como actriz aclamada por la crítica –«convincentemente dura y devastadoramente erótica», como afirmaría el *LA Times*– y dio sus primeros pasos en el pop latino en 1999. En 2001 se convirtió en la primera persona en tener un álbum y una película simultáneamente en lo más alto de sus respectivas listas, una auténtica actriz y cantante de primera fila –sin mencionar que también era tema de la prensa del corazón gracias a su relación con Puff Daddy y Ben Affleck–. Cuando el *remix* de Murder Inc de

«Ain't It Funny», una remezcla hip-hop soberbiamente inquietante de un single de Lopez, llegó al número uno de Estados Unidos el 9 de marzo de 2002, Lopez podía afirmar ser el fenómeno de masas más importante de la década hasta entonces. Tal era su estatus que incluso su trasero bien dotado pasó de ser un lamento femenino a toda una aspiración, y aquellas no tan «bendecidas» con él recurrieron a la cirugía estética.

Su incursión en los mundos de la música, el cine, el diseño de moda, la perfumería, la restauración y otros ámbitos fue tal que llegó un momento en que Lopez misma se convirtió en una marca y todos sus proyectos se transformaron en un mero vehículo de la misma, hecho sin precedentes en la industria del entretenimiento –aunque demostró ser el patrón a seguir por cualquier otro aspirante a estrella–.

Alex Macpherson

Rol Artista de grabaciones

Fecha 2001

Nacionalidad Estados Unidos

Por qué es clave Hizo subir las apuestas por los fenómenos de los medios.

Pág. siguiente Jennifer Lopez.

Álbum clave *3D*
TLC

El trío femenino de pop/R&B TLC fue uno de los mayores grupos de Estados Unidos en la década de 1990 en muchos géneros, vendiendo más de 10 millones de copias de su álbum de 1994 *Crazysexycool*. Sin embargo, las tres vocalistas –Tionne «T-Boz» Watkins, Lisa «Left Eye» Lopes, y Rozonda «Chilli» Thomas– fueron perseguidas por la controversia, las políticas de la industria discográfica y las luchas interpersonales, y a comienzos del nuevo milenio su estrella estaba a punto de extinguirse.

El álbum de 1999 *Fanmail* había estado envuelto por los celos y las discusiones con el escritor y productor Dallas Austin –quien salía con Thomas–, pero estas diferencias quedaron a un lado y comenzaron a trabajar en *3D* cuando la turbulenta Lopes murió en un accidente automovilístico durante sus vacaciones en Honduras. Watkins y Thomas decidieron terminar el disco utilizando fragmentos

ya grabados por Lopes, aunque anunciaron que éste sería el último álbum de TLC.

3D, lanzado el 12 de noviembre de 2002, es un gran álbum pop, con colaboraciones de todos los productores de R&B del momento –Rodney Jerkins, Neptunes, Raphael Saadiq, Missy Elliot, Timbaland–. Sin embargo, en 2002, la característica armonía vocal y el tempo medio de los temas pop de TLC como «Damaged» y «Good Love» parecían anticuados al compararlos con los estilos R&B futuristas de cantantes como Aaliyah, Brandy y Ashanti. El trepidante «Girl Talk» fue un éxito menor en Estados Unidos y el álbum se vendió moderadamente bien, pero funcionó bien en Europa y Asia, permitiendo a Watkins y Thomas realizar una gira con éxito, lo que supuso para TLC terminar su carrera con una nota no demasiado baja.

Joe Muggs

Fecha de lanzamiento 12 de noviembre de 2002

Nacionalidad Estados Unidos

Lista de temas 3D, Quickie, Girl Talk, Turntable, In Your Arms Tonight, Over Me, Hands Up, Damaged, Dirty Dirty, So So Dumb, Good Love, Hey Hey Hey, Give It To Me While It's Hot, Get Away

Por qué es clave Fue el álbum en el que la tragedia supuso el final de un grupo.

Espectáculo clave *We Will Rock You*
teatro musical

Una década después de la muerte de Freddie Mercury, la música de Queen fue transportada a los escenarios del West End gracias a un musical creado por el comediante y guionista Ben Elton y los miembros supervivientes del grupo, que se estrenó el 14 de mayo de 2002.

Fue fácil ser cínico cuando se anunció el proyecto por primera vez. Fue incluso más fácil cuando se hizo público el argumento. Inspirándose en el espíritu de la banda sonora del filme *Flash Gordon* (1980), *We Will Rock You* está ambientada en la Tierra del futuro, denominada Planet Mall (que en español podría traducirse como planeta Centro Comercial), que yace oprimido por el peso de la globalización, y en el que la individualidad, la elección personal y la libertad son algo del pasado. Sólo hay una esperanza para la salvación. Según la leyenda, el rock 'n' roll aún vive en la forma de una poderosa y mítica guitarra, y los rebeldes Bohemios están decididos a encontrarla.

Pero también lo está la corporación que rige el planeta. La carrera comienza. Entre los personajes se encuentran Galileo, Scaramouche y Killer Queen.

Aunque esta idiotez podría disfrutarse pensando «es tan malo que resulta bueno», la empresa no habría estado en cartel durante (hasta ahora) siete años y no se habría producido en otros países del mundo si no fuese por la intensa y estruendosa presencia de «Bohemian Rhapsody», «Another One Bites The Dust», «We Will Rock You», «Don't Stop Me Now» y dos docenas más de temas que mostraban la amplitud y profundidad del catálogo de Queen, al que el guión de la obra no hacía honor suficiente.

Dave Thompson

Estreno 14 de mayo de 2002

Nacionalidad Reino Unido

Director Christopher Renshaw

Reparto Tony Vincent, Hannah Jane Fox, Nigel Planer

Compositores Queen, Ben Elton

Por qué es clave Demostró que el poder de la buena música hace que la audiencia se trague cualquier trama aunque resulte de lo más absurda.

Pág. anterior **Brian May** hace un cameo en *We Will Rock You.*

751

Personaje clave
Guy Chambers

Guy Chambers, nacido en 1963, fue elegido de una lista de potenciales compañeros musicales para Robbie Williams, quien acababa de empezar su carrera en solitario con su discográfica en 1997. Williams no estaba familiarizado con el hecho de que el teclista Chambers hubiera estado de gira con Julian Cope y The Waterboys, participado en *World Party*, dirigido a The Lemon Trees durante dos años y escrito temas con la cantante pop Cathy Dennis. Dice la leyenda que eligió a Chambers porque le gustó su nombre.

Pero es en estos caprichos en los que a menudo se apoya el triunfo de la música popular. El maníaco Williams, obsesionado consigo mismo, y el pensativo y considerado Chambers trabajaban muy bien juntos, con las deslumbrantes letras del primero vestidas magníficamente por Chambers, quien les impartía un cálido atuendo sonoro que recordaba los días de la grabación analógica,

a la vez que alcanzaban una sorprendente cota de producción.

En consecuencia, Chambers se convirtió en el productor y autor del momento, siendo sus servicios requeridos por artistas nuevos y conocidos por igual. En los años que siguieron a su asociación con Williams, ha escrito (en ocasiones con Dennis) para Will Young, Rachel Stevens, Kylie Minogue, Nick Lachey, Texas, Busted, Charlotte Church, INXS y James Blunt, entre otros. Su capacidad de creación no era compatible con Williams, y se ha llegado a afirmar que su separación, ocurrida en octubre de 2002, se debió a que Williams exigió la exclusividad de los servicios de Chambers (Williams negó este hecho).

Sin embargo, hablando de su destacable CD de 2005 en lengua francesa, *The Isis Project*, Chambers dijo: «No podría haberlo hecho de seguir en Robbielandia».

Sean Egan

Rol Compositor

Fecha Octubre de 2002

Nacionalidad Reino Unido

Por qué es clave ¿Qué hay en un nombre? Aparentemente, fama y fortuna.

Grupo clave
The Datsuns

La influencia de Nueva Zelanda en la música ha sido limitada. Incluso sus practicantes más conocidos, los Finn Brothers of Split Enz (la clave está en la pronunciación) y Crowded House, se trasladaron a Australia antes de mostrarse al mundo.

Así que cuando The Datsuns, un grupo de hard rock con cuatro integrantes originarios de Cambridge, una pequeña ciudad a 100 millas al sur de Auckland, aterrizaron en Londres en 2002 para encontrarse en el corazón de una batalla de responsables de A&R nunca vista en años, esto les supuso un shock. Un ejecutivo de Atlantic incluso voló para verlos actuar en un pub del norte de Londres.

Dolf de Borst (vocalista), Matt Osment (batería), Phil Buscke (bajo) y Christian Livingstone (guitarra) disfrutaron viendo cómo otras empresas pagaban sus facturas antes de firmar con V2. Su primer trabajo homónimo, que incluía varios temas previamente editados en su país natal, apareció el 29 de octubre de 2002 con gran aceptación. Melodías como la lastimera «Lady», «In Love» y el irresistible canto «Harmonic Generator» recordaban una época de grandes coches en los que besuquearse. Llegó a lo más alto de las listas en su país y se vendió bien en el extranjero. La banda participó en el Ozzfest 2003 y llevó a cabo una gira mundial.

El mismísimo John Paul Jones de Led Zeppelin produjo su *Outta Sight/Outta Mind* (2004), pero para entonces el furor por The Datsuns se había disipado. Su álbum de 2006, tímidamente titulado *Smoke And Mirrors*, fue injustamente pasado por alto. Pero habían llegado muy lejos desde su aletargada Cambridge, NZ.
Steve Jelbert

Rol Artistas de grabaciones

Fecha 2002

Nacionalidad Nueva Zelanda

Por qué es clave
Es la prueba evidente de que los kiwis pueden hacer rock.

Acontecimiento clave
El declive del rock

En su mejor época –desde mediados de la década de 1950 hasta inicios de la década de 1990– era inconcebible pensar que el rock llegaría a eclipsarse. Parecía no existir otro formato musical que interesara a los jóvenes (y jóvenes de corazón) más que estos audaces mejunjes compuestos por grupos tocando guitarras y batería. Esto quedaba reforzado por la importancia cultural del rock: su ascenso estaba entrelazado con el progreso social, siendo muchas de sus estrellas –en especial en la década de 1960– el mascarón de proa de un nuevo mundo de progreso.

Cuando llegó el declive del rock, fue asombrosamente repentino. La primera herida fue infligida por el advenimiento de sintetizadores pequeños y baratos que eliminaban la necesidad de formar una banda. Con ello llegó un tipo de música que hizo que las credenciales rebeldes del rock parecieran absurdas: el hip-hop hablaba sobre las experiencias de la vida real en guetos infestados de armas.

El hecho de que los artistas de hip-hop no solieran tocar un instrumento, lo que significaba que la existencia del género ni siquiera habría sido posible sin la fagocitación del rock –samples–, no tuvo ningún impacto en los adolescentes, que comenzaron a considerar los ritmos y la iconografía del rock como cosa del pasado. El golpe definitivo llegó en 2002. Ese año ocurrió lo impensable cuando se anunció que las ventas de discos de hip-hop superaban a las de rock. El golpe no fue mortal en sí –el rock continúa siendo una industria multimillonaria, en especial en sus espectáculos en directo–, pero parecía dar a entender que el rock nunca sería más que un mercado especializado.
Sean Egan

Fecha 2002

Por qué es clave Demostró que el éxito nunca debería darse por supuesto.

Espectáculo clave *Hairspray*
teatro musical

En la década de 1970, John Waters era el productor cinematográfico más notable en Estados Unidos, y asombraba a las audiencias con espectáculos tan extraños como el de un travesti de 150 kg que comía excremento fresco de perro al final de su película *Pink Flamingos*. Nadie habría soñado que el «sultán de la inmoralidad» inspiraría algo tan convencional como un premiado musical de Broadway.

Hairspray (*Hairspray, fiebre de los 60*) comenzó su andadura en 1988 como un afable y nada habitual filme de Waters. La historia, ambientada a principios de la década de 1960, versaba sobre las payasadas que rodeaban a un programa de televisión titulado *The Corny Collins Show*, al estilo de *American Bandstand*.[1] En el más puro estilo marginal de Waters, la obesa adolescente Tracy Turnblad se convierte en la estrella del espectáculo, forzando la salida de la guapa presentadora, Larkin. Pero había un serio trasfondo en la acción, en la que

ambas adolescentes unen fuerzas para integrar el programa.

Hairspray, el musical, siguió básicamente el hilo argumental de la película, con algunas variantes menores; la poca vulgaridad que tenía la película aún fue atenuada para el escenario por los libretistas Mark O'Donnell y Thomas Meehan. Aunque la partitura de Marc Shaiman y Scott Wittman no produjo grandes éxitos, era fresca y vigorosa, con canciones pop y textos pegadizos bien adaptados a los números de danza. El espectáculo se estrenó en Broadway el 15 de agosto de 2002 y fue un éxito inmediato, siendo nominado más tarde a 13 premios Tony, de los que ganó ocho, incluyendo el de mejor musical. Cerrando así el círculo, el musical volvió a convertirse en una película, estrenada en 2007.
Gillian G. Gaar

1 *(N. del T.)* Un programa en el que los niños bailaban al son de grandes éxitos musicales.

Estreno
15 de agosto de 2002

Nacionalidad Estados Unidos

Director Jack O'Brien

Reparto Marissa Jaret Winokur, Harvey Fierstein, Laura Bell Bundy

Compositores
Marc Shaiman (letra, música), Scott Wittman (música)

Por qué es clave El «sultán de la inmoralidad» invade –y conquista– la Great White Way de Broadway.

Espectáculo clave *Bombay Dreams*
teatro musical

Durante décadas los británicos han sentido debilidad por la cultura india. Los curris, los *bhindis* y la *henna* han encontrado su lugar en los hogares del Reino Unido. La moda, el cine, la música y la alimentación han sentido la influencia de la migración india.

El único rincón que parecía no haber sido afectado era el escénico. Durante años los gloriosamente vistosos musicales del cine indio han sido emitidos en la televisión británica y en los cines de barrio a audiencias cada vez mayores. El West End de Londres tuvo que esperar hasta 2002 para ver los brillantes colores de Bollywood. Andrew Lloyd Webber encontraba las películas de Bollywood fascinantes, y al descubrir un mercado sin explotar, se dedicó a llevar la vibrante atmósfera oriental al escenario, requiriendo la ayuda del «Mozart asiático» A. R. Rahman, de la guionista y comediante de televisión Meera Syal (del programa de televisión de la BBC *Goodness Gracious Me*, cuyo título

es una referencia al acento indio de Peter Sellers en la película *The Millionairess* (*La millonaria*), del director Shekhar Kapur (*Elizabeth*) y del letrista Don Black.

Los veteranos actores angloindios Preeya Kalidas (*Bend It Like Beckham* [*Quiero ser como Beckham*] y *East Is East* [*Oriente es Oriente*]) y Raza Jaffrey (*Mamma Mia!* e *EastEnders*) asumieron los papeles de los jóvenes amantes Priya y Akaash. La historia se desarrolla alrededor del típico triángulo amoroso al estilo Bollywood: dos chicos, una chica, muchas canciones y muchísimo color. Aunque la mayoría de las canciones se desvían ligeramente del típico estilo Bollywood –como el bailable single de éxito «Shakalaka Baby»–, aún aportan suficiente atractivo para cautivar al público. El musical estuvo en cartel durante casi un año en Broadway.
Leila Regan-Porter

Estreno 19 de junio de 2002

Nacionalidad Reino Unido

Director Shekhar Kapur

Reparto Raza Jaffrey, Preeya Kalidas, Ayesha Dharker

Compositores A. R. Rahman, Don Black

Por qué es clave Bollywood llega al escenario teatral.

Grupo clave
Alice In Chains

La muerte del cantante y guitarrista Layne Staley puso un triste final a la historia de una de las bandas de Seattle de más éxito en la era del grunge.

Alice In Chains había sido una de las primeras bandas de Seattle en firmar con una gran discográfica en 1990. Originalmente eran un grupo metal, pero templaron su sonido con una oscura cualidad melancólica, símbolo de la pujante escena grunge. Este hecho amplió instantáneamente su atractivo, lo que les supuso una nominación al Gramy por «Man In The box» (de su álbum de 1990 *Face Lift*). En el despertar del éxito de Nirvana con *Nevermind*, su álbum *Dirt* llegó en 1992 al Top 10 de Estados Unidos y vendió más de tres millones de copias. En 1994, su *Jar Of Flies* se convirtió en el primer EP en llegar a lo más alto de las listas de álbumes de *Billboard*. Su álbum de 1995 *Alice In Chains* también llegó al número uno.

Pero para entonces, la creciente adicción a la heroína de Staley estaba haciendo descarrilar a la banda, a pesar de sus temas de gran calidad como «Godsmack», «Junkhead», «Angry Chair» y el potente «Would?», todos los cuales hacían referencia al empleo de las drogas.

Staley participó en numerosos programas de rehabilitación, pero sus problemas con las drogas continuaron, restringiendo las giras del grupo. Su última actuación tuvo lugar en julio de 1996 en Misuri. En 1998 la banda grabó dos temas para la colección de 1999 *Music Bank*, y después Staley se retiró. El 19 de abril de 2002, la policía encontró el cuerpo de Staley en su residencia de Seattle; había muerto aproximadamente dos semanas antes de una sobredosis de *speedball* –una mezcla de heroína y cocaína–. Tenía 34 años.
Gillian G. Gaar

Rol Artistas de grabaciones

Fecha 2002

Nacionalidad Estados Unidos

Por qué es clave Una banda cuyas mejores canciones también reflejaron la causa de su desaparición.

Espectáculo clave «Shoot The Dog»
el vídeo

Cuando George Michael lanzó su single «Shoot The Dog» en el Reino Unido el 29 de julio de 2002, ya había recorrido un largo camino desde sus días de rompecorazones de Wham!, pero ésta fue su primera incursión en el mundo de la crítica política. La canción era un comentario sobre el comportamiento supuestamente servil del primer ministro británico Tony Blair hacia el presidente estadounidense George Bush en lo concerniente a algunos temas, como la guerra de Iraq.

Michael emprendió el fascinante camino de contratar los servicios de los productores del programa satírico de dibujos animados de la televisión británica *2DTV* para crear el vídeo promocional. Éste era muy poco habitual y de gran colorido, y por supuesto atrajo la atención de los titulares, pero fue sorprendentemente decepcionante. *2DTV* se había hecho famoso por mostrar a Bush como un imbécil sonriente, y de hecho el vídeo comenzaba –sin música– haciendo simplemente eso. Pero en aquel entonces, parecía un chiste muy trillado. El vídeo proseguía con unas frases bastante escatológicas, ocasionales incursiones en las insinuaciones visuales al estilo de la película *Carry On* –cabezas nucleares fálicas saliendo del suelo, Michael seduciendo a Cherie Blair con un tanga de leopardo– y comentarios políticos como un mazo (Blair rodando por el suelo como un perro para que Bush le acaricie la barriga).

Lo mejor que puede decirse sobre el vídeo es que supuso un refrescante cambio, al evitar a los imbéciles tipos pop de mentones cuadrados mostrando sus packs de cerveza, y que supuso una especie de hito para una canción que en el fondo era anodina y totalmente digna de olvido.
Alex Macpherson

Fecha 29 de julio de 2002

Nacionalidad Reino Unido

Director Giles Pilbrow

Por qué es clave ¿Un intento desesperado por adquirir notoriedad, o la expresión de los principios de una estrella del pop que por una vez utiliza su posición sabiamente?

Grupo clave
Devo

Aunque calificada como una banda novedosa, Devo, originaria de Akron, Ohio, incluía chistes en su música y actuaciones para difundir un mensaje.

Q: Are We Not Men? A: We Are Devo!, el primer álbum completo de Devo, estaba compuesto por melodías irregulares con unos tiempos poco habituales. Los hizo conocidos como satíricos electropop armados con una teoría de la involución humana. Apuntaron hacia el sofocante conformismo de la sociedad estadounidense. La actuación inexpresiva de Mark Mothersbaugh enfatizaba la esterilidad de la mentalidad emocionalmente reprimida de las multitudes a las que se dirigían, como también lo hacía la manera en la que estos postmodernistas se presentaban visualmente como conjunto, a la manera de clones de una línea de producción con macetas idénticas en la cabeza o vestidos con una extraña indumentaria futurista.

El álbum demostró ejercer una gran influencia sobre el synthpop de la década de 1980, incluso a pesar de que la mayoría de las canciones tenían un fondo de guitarra. Sus letras hacían gala de una simplicidad semejante a la de Ramones. Las canciones eran en su mayoría de un trepidante ritmo rock muy energético. La controvertida «Mongoloid» era irónicamente una de las canciones menos pesimistas.

Aunque *Are We Not Men*, lanzado en julio de 1978, llegó al número 12 en el Reino Unido, demostró ser demasiado excéntrico para las insulsas y conservadoras listas pop de Estados Unidos, donde sólo alcanzó el número 78, lo que por lo menos demostró el argumento de Devo en referencia a la definitiva esterilidad de la cultura pop estadounidense. En el resto del mundo, sin embargo, su influencia aún es palpable. En su concierto de 2003 en Tokio, Japón, aunque no habían estado allí desde 1981, al preguntar a la multitud «Are we not men?» (¿No somos hombres?), ésta respondió «We are DEVO!» (¡Somos Devo!).

Tierney Smith

Fecha 2003

Rol Artistas de grabaciones, productores

Nacionalidad Estados Unidos

Por qué es clave
El fracaso de su principal álbum en Estados Unidos demostró la afirmación que hacían los artistas, mientras que su influencia perdura en el resto del mundo.

Personaje clave
50 Cent

El momento definitivo en la carrera de Curtis Jackson no llegó cuando el rapero de voz áspera, nacido en 1976, firmó sus acuerdos con las grandes discográficas; ni cuando su primer álbum se convirtió en el debut de venta más rápida en la historia de las listas estadounidenses. La leyenda de 50 Cent quedó grabada en mayo de 2000, cuando recibió nueve disparos y fue dado por muerto en una calle de Queens, Nueva York.

Columbia Records, quien había contratado al prometedor novato y estaba preparando un álbum para su lanzamiento, lo eliminó de su nómina. Los fantasmas de su carrera anterior, como traficante de drogas, ponían nervioso al personal; el intento de asesinato fue la gota que colmó el vaso. Pero en su momento más oscuro, hospitalizado, apenas capaz de hablar y mucho menos de rapear, Jackson miró en su interior y encontró una voluntad férrea.

Jackson tuvo que reconstruir su cara, su cuerpo y su voz, pero el proceso le dio una mentalidad militar.

Una sucesión de mezclas autofinanciadas le hicieron ganar un renombre en los ambientes underground, y lo condujeron a firmar un lucrativo acuerdo con la discográfica Shady de Eminem. Su álbum de debut *Get Rich Or Die Tryin'* vendió casi un millón de copias durante la semana posterior a su lanzamiento el 6 de febrero de 2003. Sus ventas fueron impulsadas cuando sus singles «In Da Club» y «21 Questions» alcanzaron el número uno en Estados Unidos. El patrón dejado por 50 Cent –sobrevivir a una experiencia cercana a la muerte, provocar a los enemigos en los discos, prosperar– se ha convertido en el que muchos aspirantes a estrellas del rap se han sentido obligados a seguir.

El segundo álbum de 50 Cent salió en mayo de 2005. ¿El título? *The Massacre*, por supuesto.

Angus Batey

Rol Artista de grabaciones

Fecha 2003

Nacionalidad Estados Unidos

Por qué es clave Los antecedentes criminales son tan importantes como la música.

Acontecimiento clave
Apple anuncia iTunes

Apple fue de los últimos en llegar al enorme mercado de la música descargada que Napster labró a finales de la década de 1990, pero ahora domina el mercado con un 70% de todas las descargas. La razón del tremendo éxito del servicio de descarga musical de Apple, iTunes –anunciado el 29 de abril de 2003– se encuentra en la tecnología más que en la música.

Después de la desaparición de Napster, las grandes discográficas intentaron establecer servicios legítimos de descarga, pero ninguno tuvo éxito a causa de la complicación que suponen los contratos y la estructura de las tasas. Apple facilitó la descarga de música porque podía diseñar el reproductor MP3 (el iPod), el servidor y los archivos de música como parte de un sistema integrado, eliminando los problemas de compatibilidad a los que se enfrentaba la descarga de música en formato MP3. También simplificaron la estructura de

las tasas: una muestra de 30 segundos para su evaluación y 99 céntimos por tema.

Apple podría haber introducido iTunes como parte de la estrategia de marketing de sus reproductores de MP3, pero la compañía se dio cuenta de que si no lo hacía adquiría una posición de ventaja en la próxima era de la música popular, en la que la descarga será probablemente la principal forma de venta de grabaciones. A regañadientes, Apple hizo que su servicio fuese compatible con los ordenadores con sistema Windows, pero su resistencia a alterar la tecnología de su propiedad para permitir otros métodos de codificación musical ha limitado su mercado potencial. No obstante, iTunes continúa dominando este creciente y competitivo mercado, construyendo puentes para las organizaciones que proporcionan la música y otros tipos de entretenimiento para sus iPods.
Andre Millard

Fecha 29 de abril de 2003

País Estados Unidos

Por qué es clave Facilitó la descarga de música para los reproductores de MP3 y convirtió a Apple en líder del sector.

Canción clave «Changes»
Ozzy y Kelly Osbourne

Una suprema ironía de la serie de documentales de MTV sobre su familia, *The Osbournes* (2002-2005), es que, a pesar de la fama mundial de la que de repente gozó Ozzy Osbourne gracias a ella, el público aún era incapaz de nombrar cualquiera de sus canciones. Con todo el éxito de su antigua banda, Black Sabbath, nunca se convirtieron en el tipo de nombres famosos, y ni siquiera los más interesados conocían plenamente su catálogo.

Todo esto cambió con –ejem– «Changes» (cambios). *The Osbournes* también habían convertido a su difícil hija adolescente Kelly en una estrella. Con un contrato discográfico, su álbum de debut, *Shut Up* (2002), se vendió relativamente bien y el equipo formado por ella y su padre parecía comercialmente lógico.

Sin embargo, el camino elegido era ciertamente peculiar. La balada dominada por el piano y el melotrón de «Changes» había sido recibida como ridícula por algunos cuando apareció en 1972 en el álbum

Volume 4 de Black Sabbath, y la banda fue acusada de dar cabida a la trivialidad en un cínico intento de crear un éxito con fusión de géneros. Sin embargo, The Cardigans lo versionaron, y el mismo Osbourne lanzó una versión como artista en solitario.

«Changes» sufrió unas cuantas alteraciones estratégicas en los pronombres para reflejar un tema de alienación padre-hija. El «Changes» de 2003 logró una repentina relevancia adicional después de que Ozzy sufriera un accidente de circulación casi fatal con su vehículo todoterreno. «Changes» saltó al número uno en las listas del Reino Unido el 20 de diciembre de 2003, constituyendo el primero para un equipo formado por padre e hija.
Ralph Heibutzki

Fecha de entrada al n.º 1 en el Reino Unido 20 de diciembre de 2003

Nacionalidad Reino Unido

Compositores «Geezer» Butler, Tony Iommi, Ozzy Osbourne, Bill Ward

Por qué es clave Un dúo de padre e hija da finalmente al público una canción que pueda relacionar con la cara de Ozzy Osbourne.

Pág. siguiente
Ozzy y Kelly Osbourne.

Álbum clave *From Every Sphere*
Ed Harcourt

*F*rom Every Sphere, lanzado el 17 de febrero de 2003, era el segundo álbum del cantante nacido en Sussex Ed Harcourt, y el que hizo honor a lo que prometían sus primeros EP y su álbum de debut *Here Be Monsters* (2001), nominado al Mercury Prize.

En los inicios de su carrera, Harcourt se dedicó a hacer de telonero en las giras de Beth Orton, Wilco y R.E.M., tocando en grandes espacios para audiencias insospechadas. Entonces, a la edad de 25 años, produjo su álbum basado en el sonido del piano, e imbuido de una melancolía descorazonadora. El mismo Harcourt se refirió a este disco como al «final de una era, final de una relación, llorar sobre mi taza de café». Las canciones rebosan de una sensación de amor perdido y añoranza por el pasado. La soledad de «Bittersweetheart», que abre el disco, da paso a canciones relacionadas con la muerte; tanto literalmente («Undertaker Strut») como la de las

relaciones («Watching The Sun Come Up»). La instrumentación es animada, ya que la banda de Harcourt (Arnulf Lindner en el bajo, Nick Yeatman en la batería) aumenta sus propios papeles multiinstrumentales. Los vientos, las guitarras, la percusión y aún más los teclados adornan los resultados. La talentosa Lisa Germano canta en dos de los temas y añade la viola a «From Every Sphere». A pesar de la introspección, las mejores partes del álbum casi tocan la era de la psicodelia de The Beatles con temas como «All Of Your Days Will Be Blessed».

Aunque no tuvo demasiado éxito en términos de ventas, el álbum fue bien recibido por la crítica y afianzó la posición de Hartcourt entre sus fanáticos, de número reducido pero fervientes.
Rob Jovanovic

Fecha de lanzamiento
17 de febrero de 2003

Nacionalidad Reino Unido

Lista de temas
Bittersweetheart, All Of Your Days Will Be Blessed, Ghost Writer, The Birds Will Sing For Us, Sister Reneé, Undertaker Strut, Bleed A River Deep, Jetsetter, Watching The Sun Come Up, Fireflies Take Flight, Metaphorically Yours, From Every Sphere

Por qué es clave Un artista descubre las angustias adolescentes a los 25 y crea su obra maestra.

Acontecimiento clave **Se declara un incendio en un concierto de Great White**

*A*quellos que asistieron al concierto de la banda de hard rock Great White en el club nocturno Station en West Warwick, Rhode Island, el 20 de febrero de 2003, pertenecían a la clase trabajadora, y habían salido para escuchar música y disfrutar de la sensación de comunidad que conlleva. Al terminar la noche, 100 de ellos estaban muertos y más de 200 heridos en el cuarto incendio más mortífero en un club nocturno en Estados Unidos.

El incendio comenzó cuando el representante de Great White, Daniel Biechele, encendió unos fuegos artificiales durante «Desert Moon», el primer número de la banda. Los techos del club, de sólo tres metros de altura, estaban cubiertos con una espuma sintética altamente inflamable. Tan sólo 20 segundos después de comenzar a tocar, Great White se detuvieron, ya que el fuego se descontroló rápidamente. Aunque el club contaba con cuatro salidas, la mayoría se dirigió hacia la principal,

generando una estampida en la que muchas personas murieron aplastadas.Otras, por supuesto, murieron por las llamas o la inhalación de humo. Entre los muertos se encontraba el guitarrista de Great White, Ty Longley.

Biechele sería sentenciado a tres meses de prisión por su participación en el incendio, y los propietarios del club, Michael y Jeffrey Derderian, alcanzaron un acuerdo sobre la declaración de culpabilidad. Durante la investigación quedó claro que si el club hubiera contado con un sistema de aspersores, el fuego habría sido extinguido rápidamente. Los hallazgos dieron lugar a una ola de inspecciones por los clubs pequeños, modificando profundamente los términos de las regulaciones contra incendios, la cuestión de las responsabilidades y la manera de organizar los conciertos.
Sara Farr

Fecha 20 de febrero de 2003

País Estados Unidos

Por qué es clave Fue la tragedia que cambió profundamente los locales musicales de tamaño reducido o mediano a lo largo y ancho de Estados Unidos.

Canción clave «Crashed The Wedding» Busted

Con la desintegración de The Spice Girls, el pop puro y descarado se encontró en un estado lamentable a principios del milenio. La prensa estaba obsesionada con la «revolución del nuevo rock» de bandas como The Strokes o The Hives, mientras que a las audiencias más jóvenes y femeninas sólo les quedó Kylie Minogue para ondear la bandera del vertiginoso pop solista.

Entonces, a finales de 2002, llegaron Girls Aloud, las renacidas Sugababes y Busted. Busted, sin embargo, presentaban un nuevo tipo de pop que cubría todas las bases. Contaban con los necesarios rasgos cincelados y con la determinación desvergonzada para dirigirse a la población femenina de una *boyband*, pero también tocaban sus propios instrumentos, contribuían en la composición de su propio material y tenían tres personalidades distintas: el guapo guitarrista James Bourne, el pícaro bajista Matt Willis y el ceñudo guitarrista y batería Charlie Simpson. Entre sus influencias en la historia del pop rock se encuentran no sólo The Monkees sino también Green Day.

El gigantesco segundo número uno de las listas de Busted, «Crashed The Wedding», que alcanzó el primer puesto en el Reino Unido el 22 de noviembre de 2003, era un destilado perfecto de su sonido punk infantil, con estribillos animados y pegadizos, una narrativa romántica de película adolescente sobre la recuperación en el último momento de un amor perdido y un vídeo que mostraba una gran cantidad de vestidos absurdos, peleas con comida y otras bromas.

Tristemente, sólo un año después el desencanto de Simpson con las travesuras infantiles en televisión y su deseo de tocar «rock serio» desintegrarían la banda. Pero la banda afiliada McFly cosecharía los éxitos de su imagen y sonido.

Joe Muggs

Fecha de lanzamiento
Noviembre de 2003

Nacionalidad Reino Unido

Compositores James Bourne, Tom Fletcher

Por qué es clave
Es una versión más festiva y punk del pop.

Espectáculo clave Paul McCartney interpreta «Back In The USSR» en Rusia

Para aquellos pocos músicos del bloque occidental que cruzaron el telón de acero, la interpretación de «Back In The USSR» del *White Album* de 1968 de The Beatles –en el que una gira por la empobrecida Unión Soviética fue sarcásticamente convertida en un itinerario tan divertido como recorrer las carreteras estadounidenses con el fondo musical norteamericano por excelencia de Chuck Berry y Beach Boys– se había convertido en un cliché. Paul McCartney, el autor de la canción, no tendría la oportunidad hasta el 24 de mayo de 2003, cuando actuó en la histórica Plaza Roja de Moscú.

La actuación llegó hacia el final de la gira mundial de McCartney, en un escenario instalado cerca de la catedral de San Basilio frente a 25.000 espectadores (después se dijo que los informes que reportaban más de 100.000 espectadores eran exagerados). El presidente ruso Vladimir Putin se acercó durante las pruebas de sonido y McCartney tocó «Let It Be» sólo para él.

En el transcurso de dos horas, McCartney y su banda tocaron muchos de los clásicos de The Beatles, éxitos de Wings y canciones del nuevo álbum de McCartney *Driving Rain*. Y después de 22 canciones, interpretó «Back In The USSR». En ese entonces, Rusia se encontraba en el mismo callejón sin salida de la historia que el comunismo del bloque del Este, pero Rusia siempre había estado en el epicentro de la Unión Soviética, por lo que McCartney encontró oportuno afirmar «¡Finalmente, conseguimos cantarla aquí!» cuando concluyó la canción frente a una multitud entusiasmada. Volvió a interpretarla durante los bises de la actuación.

Gillian G. Gaar

Fecha 24 de mayo de 2003

Lugar Plaza Roja, Moscú

Nacionalidad Reino Unido

Por qué es clave
El compositor de «Back In The USSR» finalmente consigue cantarla en el país que inspiró la composición.

Álbum clave *Kid Rock*
Kid Rock

El sexto álbum epónimo del rapero blanco de Detroit, Kid Rock, lanzado el 11 de noviembre de 2003, destapó una sorpresa para sus aficionados de toda la vida. En el fondo, parecía que quisiera ser un icono fuera de la ley del country-rock como David Allen Coe –con quien coescribió «Single Father»– o Hank Williams Jr., quien participó como invitado en «Cadillac Pussy».

Kid Rock contenía el alarde, la tendencia a hacer de sí mismo un mito y los *riffs* del hard rock que habían impulsado la salida de la oscuridad del hombre nacido Robert Ritchie. En esta ocasión, sin embargo, el estilo de la presentación y las prioridades habían cambiado: a través de versiones poco esperadas, en especial «Feel Like Makin' Love» de Bad Company, el cantante puso sus aspiraciones de boogie al antiguo estilo sobre la mesa. El interés del rock en el truco de los tres acordes al estilo de la década de 1970 era evidente en originales como «Jackson, Mississippi» y «Son Of Detroit», donde recita sin parar una lista inacabable de lo que le gusta y lo que le disgusta. La sensibilidad acústica que difundía su asombroso exitazo country «Picture» retomó aquí toda su fuerza. En un álbum rebosante de sorpresas, Rock revivió «Hard Night For Sarah», una canción que el roquero del centro de Michigan Bob Seger había grabado en 1979 pero que nunca llegó a lanzar. Sin embargo, Kid Rock no necesitaba ayuda para confeccionar una distintiva balada rock: en este caso, «I Am», tan enardecedora como esta «canción de actitud» («I am everything that Hollywood wants to be»: Soy todo lo que Hollywood quiere ser).

Kid Rock realizó una tarea ímproba: dar un paso convincente hacia la madurez, a la vez que demostraba que la actitud arde eternamente.
Ralph Heibutzki

Fecha de lanzamiento
11 de noviembre de 2003

Nacionalidad Estados Unidos

Lista de temas Rock 'N' Roll Pain Train, Cadillac Pussy, Feel Like Makin' Love, Black Bob, Jackson, Mississippi, Cold And Empty, Intro, Rock 'N' Roll Hillbilly Stomp, I Am, Son Of Detroit, Do It For You, Hard Night For Sarah, Run Off To L.A., Single Father

Por qué es clave Contiene la que posiblemente sea la primera transición artística del rap metal al country del mundo.

760

Álbum clave *Dangerously In Love*
Beyoncé

La luz que guiaba a Destiny's Child en la década de 1990, uno de los grupos de chicas de mayor éxito de todos los tiempos, Beyoncé Knowles, ya era una estrella mundial cuando su álbum de debut fue lanzado el 24 de junio de 2003.

Sin embargo, *Dangerously In Love* salvó su carrera en solitario. Los primeros componentes de Destiny's Child se estaban querellando contra ella cuando su primer single en solitario «Work It Out» resultaba un fiasco comercial en Estados Unidos. Lo que era peor, Kelly Rowland, su prima y compañera de banda en Destiny's Child, logró un enorme éxito con el rapero Nelly y parecía ser la heredera del triunfo del grupo. Pero el principal single de *Dangerously*, «Crazy In Love», fue una sensación. Construido alrededor de un potente sample de vientos de las Chi-Lites «Are You My Woman (Tell Me So)», contaba con la colaboración del rapero superestrella Jay Z, que, como más tarde se confirmaría, era el novio de Beyoncé. La estrella del reggae Sean Paul, Missy Elliott y Big Boi de los raperos de Atlanta Outkast también afianzaron la credibilidad de Beyoncé, al aparecer en el álbum.

El sonido era agresivo y funky, explotando la imagen intencionadamente sexy de Beyoncé. El álbum también se apoyaba firmemente sobre los samples, contrastando el suave R&B de Destiny's Child con esta influencia hip-hop más áspera. Logró otros cuatro éxitos Top 10 extraídos de este álbum, aunque gran parte del resto del disco era bastante mediocre. Beyoncé se convirtió en la primera artista femenina con un álbum y single número uno en Estados Unidos y el Reino Unido al mismo tiempo.
Chris Goodman

Fecha de lanzamiento
24 de junio de 2003

Nacionalidad Estados Unidos

Lista de temas Crazy In Love, Naughty Girl, Baby Boy, Hip Hop Star, Be With You, Me Myself And I, Yes, Signs, Speechless, That's How You Like It, The Closer I Get To You, Dangerously In Love 2, Beyonce Interlude, Gift From Virgo, Work It Out, Bonnie And Clyde '03

Por qué es clave Un elenco de artistas acuden en ayuda de la ex integrante de un grupo de chicas para evitar el colapso de su carrera.

Pág. siguiente Jay Z y Beyoncé.

Acontecimiento clave **El pop noruego contribuye a lanzar a Apple**

«Nos están gustando mucho vuestros Tremeloes», se mofaba un comediante de la televisión británica imitando a los europeos continentales condenados totalmente anticuados y que nunca parecían entender la cultura popular estadounidense y británica. Los intérpretes de rock y pop de los países nórdicos, a excepción de ABBA, eran especialmente irrisorios, y los representantes de Noruega y Finlandia eran los que previsiblemente provocaban las mayores carcajadas en todos los festivales de Eurovisión.

En el nuevo milenio, sin embargo, los noruegos de repente mejoraron su música popular hasta el punto de superar a la de muchos británicos y estadounidenses. Cuando Apple lanzó el sistema operativo Mac OS X Panther el 24 de octubre de 2003, la música de inicio para el mismo era la melodía «Eple» del dúo electrónico noruego Röyksopp. El título significa, por supuesto, «manzana» en noruego pero no fue únicamente este hecho el que inspiró la decisión. Porque los noruegos no sólo eran mejores en la música popular que muchos británicos y norteamericanos, ahora a menudo eran más modernos, algo que no habían perdido los eternos y tímidos rivales de Microsoft.

Svein Berge y Torbjorn Brundtland formaron Röyksopp (tomando el nombre de una sopa de setas) en Bergen en 1998. Después de un par de singles bien acogidos con la destacada discográfica local Telle, su primer álbum, *Melody A.M.*, apareció en 2001. Sus texturas sonoras ágiles los convirtieron en la sensación chillout del año, algo que el acuerdo de licencia con Apple no hizo más que confirmar –acuerdo que también confirmó que las grandes naciones de la industria musical internacional ya no podían permitirse mirar con desprecio a sus homólogos de habla no inglesa.

Steve Jelbert

Fecha 24 de octubre de 2003

País Noruega

Por qué es clave
Fue la confirmación de que la modernidad no está restringida al mundo angloparlante.

Álbum clave ***Speakerboxxx/ The Love Below*** Outkast

El álbum de Outkast *Speakerboxxx* contenía dos discos diferentes, ya que cada uno de los componentes del dúo principal del grupo pilotaba su propio álbum en solitario. El *Speakerboxxx* de Big Boi era una sucesión de melodías festivas que se regodeaban en los ritmos hip-hop del «Dirty South», mientras que *The Love Below* de André 3000 se movía entre el jazz, el funk, el R&B y la música pop. El resultado fue un asombroso conjunto de estilos y texturas.

El álbum –lanzado el 23 de septiembre de 2003– debutó en el número uno en las listas de álbumes de Estados Unidos y vendió cinco millones de copias. Una gran parte de su éxito comercial podía ser atribuido a la inclusión del «Hey Ya!» de André 3000, una suntuosa y estimulante hazaña, acompañada por un vídeo basado en la primera aparición de The Beatles en *The Ed Sullivan Show*. Tanto «Hey Ya!» como «The Way You Move», que Big Boi lanzó al mismo tiempo, destacaban por estar entre las primeras canciones hip-hop emitidas ampliamente en la radio contemporánea para adultos, demostrando hasta qué punto Outkast había abierto una brecha en la música de las masas (a pesar de algunos temas innegablemente «adultos»). Sin embargo, el legado real de *Speakerboxxx/The Love Below* fue la reactivación de la decaída escena hip-hop popular que parecía haber sustituido la aspiración creativa por una programación de vídeos ingeniosos aunque insustanciales, venganzas sin sentido y meditaciones sobre la riqueza personal. Es más, Outkast había demostrado que el hip-hop era un campo en el que los artistas podían crecer y desarrollarse sin perder su identidad o apoyo fundamental.

Alex Ogg

Fecha de lanzamiento
23 de septiembre de 2003

Nacionalidad Estados Unidos

Temas seleccionados
Speakerboxxx: Ghetto Musick, Unhappy, Bowtie, The Way You Move, E-Mac, Knowing, Flip Flop Rock, D-Boi, Last Call The Love Below: The Love Below, Love Hater, God, Happy Valentine's Day, Hey Ya, Roses, Pink And Blue, Dracula's Wedding, Vibrate

Por qué es clave Un doble álbum: dos mitades, dos mentalidades, dos planetas.

Pág. anterior Outkast.

Espectáculo clave *Jerry Springer: The Opera*
teatro musical

Satíricamente basada en la extravagante tertulia matutina estadounidense *Jerry Springer* y escrita por el comediante inglés Stewart Lee y el compositor Richard Thomas, *Jerry Springer: The Opera* se estrenó en el prestigioso National Theatre el 29 de abril de 2003, y pasó posteriormente al Cambridge Theatre en Covent Garden. A pesar de ganar todos los principales premios de teatro, incluyendo el otorgado al mejor musical nuevo, se convirtió rápidamente en objeto de odio con una profundidad que nunca antes se había visto en la historia del teatro.

Un momento en que un actor que representa a Jesucristo, vestido únicamente con un pañal como amuleto (en la secuencia de un sueño), admite «Realmente soy un poco gay» provocó la ira entre los grupos cristianos. El espectáculo también incluía una cantidad astronómica de palabrotas y un número de zapateado con miembros del Ku Klux Klan. Una emisión por televisión en la BBC en enero de 2005

provocó más de 60.000 reclamaciones. Los grupos cristianos protestaron a las puertas de los estudios de la BBC y el personal de ésta recibió llamadas que amenazaban con un «baño de sangre». Una organización de lucha contra el cáncer recibió presiones para rechazar el dinero cedido por una actuación benéfica de la obra y el escándalo evitó que fuese llevada a Nueva York.

Con todo esto, fue imposible saber si el espectáculo era bueno o no. Para los archivos, el humor estaba repartido con una almádena y los números musicales como «Dip Me In Chocolate And Throw Me To The Lesbians» (Mójame en chocolate y lánzame a las lesbianas), «Chick With A Dick» (Chica con polla) y «Mama Gimme Smack On The A**hole» (Mama dame un azote en el culo) con toda seguridad no entrarán en el Salón de la Fama de los musicales.
Chris Goodman

Estreno 29 de abril de 2003

Nacionalidad Reino Unido

Director Stewart Lee

Reparto Michael Brandon, Wills Morgan, Sally Bourne

Compositores Stewart Lee, Richard Thomas

Por qué es clave Fue el musical más controvertido de la historia.

Acontecimiento clave
El escándalo de la Super Bowl

Como ocurre con los espectáculos de los intermedios de la Super Bowl, el de la emisión número 38, transmitido en vivo desde Houston el 1 de febrero de 2004, era más obsceno que los anteriores. La productora MTV mostró a balarines sujetándose la entrepierna, y a Kid Rock haciendo lo mismo vestido con la bandera estadounidense. Pero fue el final del espectáculo, un dúo erótico entre la veterana cantante Janet Jackson y el rompecorazones adolescente Justin Timberlake, el que atrajo toda la atención.

Visto en retrospectiva, Timberlake reveló una pista sobre lo que ocurriría cuando dijo: «Estarás desnuda cuando acabe la canción». La canción era una mezcla del «Rhythm Nation» de Jackson y el «Rock Your Body» de Timberlake, después de la cual Timberlake procedió a arrancar un trozo del traje de gladiador de piel de Jackson, dejando al descubierto su pecho derecho frente a 89 millones de espectadores desprevenidos. Doscientos mil estadounidenses

reclamaron a la cadena. Dijeron que se había debido a un «error en el vestuario», pero la manera en la que la prenda se desprendió en una sola pieza y el hecho de que Jackson llevara un conveniente decorado en forma de sol sobre el pezón sugieren que era premeditado. La reacción fue rápida e implacable. La entidad reguladora de la radiodifusión, la Federal Communications Commission, se puso manos a la obra y las consiguientes medidas enérgicas afectaron a todas las emisiones, desde el espectáculo radiofónico de Howard Stern hasta las telenovelas matutinas y los programas de las horas de máxima audiencia. En lo que concierne a los dos protagonistas, la carrera de Timberlake florecería; la de Jackson, quien en su día había conseguido múltiples discos de platino, cayó en picado. Para la Super Bowl del año siguiente, la emisión fue en diferido.
Tierney Smith

Fecha 1 de febrero de 2004

Nacionalidad Estados Unidos

Por qué es clave El pop escandaliza la mentalidad media de Estados Unidos, justo como en los viejos tiempos.

Espectáculo clave **Brian Wilson debuta con su obra maestra perdida** *Smile*

Smile había sido concebida como la secuela del álbum de The Beach Boys *Pet Sounds* y como la obra maestra de Brian Wilson. Pero Wilson la abandonó a consecuencia de la fragilidad de su ego debida a los abusos sufridos durante la infancia y al consumo de drogas, incapaz de sobreponerse a la brillantez del álbum de The Beatles, *Sgt. Pepper...*

Unos 37 años después, Wilson interpretó la canción desaparecida durante mucho tiempo, por primera vez. Aunque los otros Beach Boys estaban muertos o ausentes, los dos personajes principales de *Smile* estaban a mano para esta intensa y casi religiosa experiencia en el London Royal Festival Hall: Wilson, naturalmente, y su coconspirador, el letrista Van Dyke Parks, quien recibió una ovación de pie al tomar su lugar ante el público.

Después de una introducción que mezclaba los viejos favoritos («God Only Knows», «California Girls») con material más reciente, Wilson y su banda interpretaron *Smile* íntegramente. Dada la famosa naturaleza fragmentaria e incompleta del original (lo que quería decir que incluso la secuencia que Wilson haría del material era esperada con ansia), la reconstrucción en directo tenía que estar reforzada con una letra recién compuesta y diversos motivos musicales adicionales. Sin embargo, el estremecimiento al escuchar a Wilson interpretar la obra maestra perdida más famosa del rock –incluyendo títulos tan legendarios como «Do You Like Worms?», «I Love To Say Dada» y, por supuesto, «Surf's Up»– era casi palpable. Dos meses más tarde, él y sus colaboradores comenzaron a trabajar en una nueva grabación de estudio de *Smile* que apareció en septiembre. Finalmente, esta particular aventura de California había terminado.
David Wells

Fecha 20 de febrero de 2004

Lugar Royal Festival Hall, Londres, Reino Unido

Nacionalidad Estados Unidos

Por qué es clave
El álbum más legendario e inédito en la historia del pop es enterrado finalmente.

Canción clave **«Slow Jamz»** Twista con Kanye West y Jamie Foxx

El single «Slow Jamz» de Twista, con Kanye West y Jamie Foxx, comienza con Foxx relatando un encuentro con una chica que le explica que su fiesta tendrá éxito si consigue un poco de Marvin Gaye y de Luther Vandross. (La versión de este último del tema «A House Is Not A Home» de Bacharach y David está incluida en este disco.)

Aunque Foxx canta el estribillo con tanta suavidad que es posible imaginar cómo se desliza su ropa interior con cada acorde, «Slow Jamz» no representa unos preliminares musicales fríos como el hielo. Más que nada, se trata de una carta de amor de West, Twista y Foxx a los grandes arquitectos del slow jam. De hecho, las referencias de la canción al R&B son tan incesantes que el dinámico erotismo de «Slow Jamz» queda prácticamente anulado por la incompetencia social de los cantantes.

Nos encontramos con que la hipotética «ella» también quiere escuchar, entre otros, a New Edition, Gladys Knight, Isaac Hayes, The Spinners, Keith Sweat, Maze, Smokey Robinson, Freddie Jackson y The Isley Brothers. Incluso cuando Twista irrumpe en el segundo verso con su característico torrente de palabras, su vertiginosa motivación no parece la lujuria, sino una ansiedad por intentar embutir la mayor cantidad posible de referencias en sus frases.

Maravillosamente enamorado de la música y su capacidad de inducir sensualidad, «Slow Jamz» –que llegó al número uno de Estados Unidos el 21 de febrero de 2004– es un clásico moderno del R&B que encajó perfectamente en el panteón que esta rapsodia recita de forma increíble hasta quedar sin aliento.
David McNamee

Fecha de entrada al n.º 1 en Estados Unidos 21 de febrero de 2004

País Estados Unidos

Compositores Twista, Kanye West, Burt Bacharach, Hal David

Por qué es clave Kanye y sus colegas rinden un homenaje a los grandes del soul sentimental y demuestran así que pueden contarse entre ellos.

Grupo clave
Velvet Revolver

Después de la desintegración de Guns N'Roses, el líder de la banda, Axl Rose, mantuvo el nombre del grupo, pero no hizo prácticamente nada con él. En 2004, el mito de su nuevo álbum de GNR, *Chinese Democracy*, se convirtió en el blanco de todas las bromas en la industria musical, e incluso entre los fanáticos más leales a GNR. Trece años después de su anuncio, aún no mostraba señales de salir a la superficie.

Así pues, cuando los antiguos componentes de GNR, Slash, Duff McKagan y Matt Sorum se reunieron para tocar en un concierto benéfico y acabaron constituyendo una banda, resultó evidente que, mientras Rose trabajaba con incertidumbre en el estudio, los otros no permanecían ociosos. Después de una serie de audiciones para escoger un cantante, según recogió en VH1, Scott Weiland de Stone Temple Pilots se unió a la banda, inicialmente conocida como The Project. El guitarrista rítmico Dave Kushner

de Suicidal Tendencies/Wasted Youth redondeó la plantilla, y Velvet Revolver emergió del estudio con *Contraband*, lanzada el 8 de junio de 2004.

Contraband era una música cruda, sin adornos, que reconocía el pasado de sus integrantes sin sonar nostálgica. Lleno de acordes explosivos y varias capas de voces, con sonido hard rock y una delicada composición, *Contraband* era un soplo de aire fresco. Como Weiland afirmaría en una entrevista, Velvet Revolver se había propuesto componer «un disco de rock 'n' roll racional y más bien feroz». *Contraband* debutó en lo más alto de las listas de *Billboard*. La segunda entrega de la banda , su álbum *Libertad* salió el 3 de julio de 2007. Mientras tanto, el mundo continuaba esperando que *Chinese Democracy* viera la luz.
Sara Farr

Rol Artistas de grabaciones

Fecha 2004

Nacionalidad Estados Unidos

Por qué es clave Los antiguos miembros de la banda Guns N'Roses derrotan a Axl Rose.

Álbum clave *Confessions*
Usher

Aunque a partir de la publicación de *My Way* en 1997, la superestrella del R&B Usher Raymond mostró su propio talento compositor, *Confessions*, lanzado el 23 de marzo de 2004, fue su trabajo más maduro hasta la fecha y dio a Usher una enorme credibilidad como intérprete, compositor y creador de tendencias.

Confessions estaba inspirado en la primera autobiografía de la historia, *Confesiones*, de san Agustín (397 d. C.). Usher explicó que había querido «enfrentarse al nombre *Confesiones* para hacer que en todo el álbum pareciera que estaba confesando algo o a alguien. «Todos nosotros tenemos nuestras cajas de Pandora y nuestros esqueletos en el armario, –razonaba–, y dejé salir unos cuantos».

El primer single que abre el álbum, «Yeah!», afirma que estas confesiones tienen lugar en el refulgente patio de neones del club, y los pecados descritos son los indiscretos placeres de la carne.

Musicalmente, «Yeah!» suena monstruosa, lasciva y plena de maldad seductora. Producida por el emergente rey del crunk, Lil' Jon, «Yeah!» fue la primera fusión destacada del R&B con los gigantescos sintetizadores y la actitud del programa televisivo *O.T.T.*[2] del subgénero crunk. El tema titular y «Burn» eran singles más convencionales –reflexiones arrepentidas sobre la infidelidad, en un elegante estilo R&B y de escucha agradable–.

Aunque *Confessions* fue criticado por muchos por su excesiva duración, dio testimonio de la visión de Usher, que se sentía capaz de rechazar sesiones con los productores del nivel de The Neptunes, Jam And Lewis, y R. Kelly, habituales del platino, prefiriendo correr el riesgo de trabajar con un renegado como Lil' Jon.
David McNamee

2 *N. del T.:* El programa *O.T.T.* se emitía en horario nocturno y era una compilación anárquica de otros programas y de sketches humorísticos, con gran cantidad de palabrotas y ocasionalmente mujeres desnudas.

Fecha de lanzamiento 23 de marzo de 2004

Nacionalidad Estados Unidos

Lista de temas Intro, Yeah!, Throwback, Confessions, Confessions Pt. 2, Burn, Caught Up, Superstar Interlude, Superstar, Truth Hurts, Simple Things, Bad Girl, That's What It's Made For, Can U Handle It?, Do It To Me, Take Your Hand, Follow Me

Por qué es clave Usher se alinea con Lil' Jon –y san Agustín– para introducir el crunk en la música de las multitudes.

Pág. siguiente Usher.

Canción clave «Mr. Brightside»
The Killers

«Mr. Brightside» –el single principal del álbum de debut de The Killers, *Hot Fuss*– llegó al número 10 tanto en Estados Unidos, de donde la banda era originaria, como en el Reino Unido. A pesar de que era temperamental, melódica y melodramática, sin duda contribuyó a su éxito el hecho de que rompiera uno de los conjuntos de música contemporánea más intrigantes –Brandon Flowers (voz, teclados), Dave Keuning (guitarra), Mark Stoermer (bajo) y Ronnie Vannucci Jr. (batería)–, pero parece haber conectado con los oyentes a un nivel más profundo, sugiriendo que se refería a un malestar de la sociedad moderna.

La canción versa sobre un hombre cuya novia lo engaña. La compasiva y lenta letra, en contraste con su melodía vertiginosa, lleva a los oyentes de «Mr. Brightside» a una montaña rusa emocional –desde los celos hasta la humillación, pasando por la ira de la víctima imaginándose a su amante con otro hombre–. Hacia el final, sin embargo, la ira da lugar a la resignación («Open up my eager eyes, I'm Mr. Brightside»: Abre mis ojos impacientes, soy Mr. Brightside). La canción originó nada menos que tres vídeos para ilustrar su tórrido escenario, de los que el más conocido es el que fue filmado al estilo *Moulin Rouge* con la actriz Izabello Miko en el papel protagonista de la mujer infiel.

Los aficionados han debatido hasta el cansancio el significado de la canción: la mayoría de las teorías señalan al líder Brandon Flowers como la parte plantada. Sea cual fuere el origen, la canción parece haber provocado la sensación de «haber estado allí» en un número sorprendentemente elevado de oyentes. ¿Cómo explicar si no su reciente clasificación como el número uno de la BBC Radio 1 entre los estudiantes?
Ralph Heibutzki

Fecha de lanzamiento
24 de mayo de 2004

Nacionalidad Estados Unidos

Compositores Brandon Flowers, Mark Stoermer

Por qué es clave
Una canción sobre celos que parece haber tocado una fibra sensible.

Pág. anterior The Killers.

2000–

769

Álbum clave *Hopes And Fears*
Keane

Después de la implosión de la fuerza de las guitarras supercargadas del britpop, ¿cómo reclamaría la siguiente generación su propia identidad musical? Para Tom Chaplin (voz), Richard Hughes (batería) y Tim Rice-Oxley (bajo, teclados), integrantes de Keane, la respuesta suponía volver hacia dentro, a los paisajes lozanos y emotivos de su álbum de debut, *Hopes And Fears*.

Lanzado el 10 de mayo de 2004, *Hopes And Fears* exhibía un sonido épico construido alrededor de la potente voz de falsete de Chaplin y del galopante trabajo al teclado de Oxley, alimentado por las extrañas explosiones de sintetizador o incluso por otros efectos. Esto les supuso ganarse la etiqueta relativamente sin sentido de «piano rock». Sin embargo, el elemento más distintivo del álbum radicaba en su búsqueda desvergonzada de las angustias, ejemplificado estupendamente por «Somewhere Only We Knew», que se lamenta de la pérdida de placeres que ahora parecen inalcanzables («Oh, simple things, where have you gone?»: Oh cosas sencillas, ¿dónde habéis ido?). En general, *Hopes And Fears* se centraba en las siempre cambiantes arenas de las relaciones, a través de temas clave como «Everybody's Changing», «This Is The Last Time» y el autoexplicativo «We Might As Well Be Strangers».

Inevitablemente todo este incesante mirarse el ombligo asombró a algunos críticos, quienes lo calificaron de sobreindulgente, especialmente aquellos criados en las afirmaciones de Oasis, en las que todo era blanco o negro. Estas críticas apenas importaron a las seguidoras mayoritariamente femeninas de Keane –posiblemente las mismas oyentes que asistieron a la gira por el Reino Unido en el otoño de 2006–. Allí fueron agasajadas con la visión de Chaplin tocando la guitarra acústica, lo que distaba mucho de los días en los que Keane ensayaba los himnos de Oasis y U2.
Ralph Heibutzki

Fecha de lanzamiento
10 de mayo de 2004

Nacionalidad Reino Unido

Lista de temas
Somewhere Only We Know, This Is the Last Time, Bend And Break, We Might As Well Be Strangers, Everybody's Changing, Your Eyes Open, She Has No Time, Can't Stop Now, Sunshine, Untitled 1, Bedshaped

Por qué es clave
El rock británico vuelve a ser introvertido.

Personaje clave
John Peel

Nacido John Ravenscroft en 1939, John Peel comenzó su épica carrera en la radiodifusión después de su traslado a Texas en 1960. Al obtener un trabajo de oficinista en la radio local, cubrió el asesinato del presidente John F. Kennedy antes de que el advenimiento de la beatlemanía animara a los programadores de radio a hacer un mayor uso de su acento de Liverpool. En 1967 volvió a su país para presentar su amado programa pirata de Radio London, *The Perfumed Garden*, que introdujo a los oyentes británicos en el conocimiento de los últimos grupos estadounidenses underground. Más tarde, ese mismo año, fue trasladado a la nueva Radio 1, donde presentó un programa similar, *Top Gear*.

Aunque los tonos lúgubres y el humor seco de Peel eran la antítesis del enfoque vacuo y rápido de la estación, su relación con Radio 1 perduró durante casi 40 años. Sus gustos eclécticos y casi indiscriminados, así como su entusiasmo por los nuevos sonidos,

provocaron ocasionalmente alguna controversia, en particular a finales de la década de 1970, cuando, en un cambio súbito de opinión, sustituyó su programación progresiva por punk casi de la noche a la mañana. Pero lanzó o ayudó a lanzar innumerables carreras, incluyendo las de Tyrannosaurus Rex, Captain Beefheart, The Fall (sus favoritos), The Undertones y The White Stripes. Las *Peel sessions* (música grabada específicamente para el programa) proporcionaban a las bandas jóvenes nuevas, y a menudo inéditas, una exposición invaluable, y su dedicación a la música no convencional y poco escuchada –ya fuera el dub reggae, la electrónica ambiental, el death metal u otros subgéneros sin definir– lo convirtieron en el DJ elegido por varias generaciones de oyentes. Su personalidad tuvo incalculable influencia, y su muerte, el 26 de octubre de 2004, de un ataque al corazón, dejó un gran vacío en la radiodifusión británica.
David Wells

Rol Locutor

Fecha 26 de octubre de 2004

Nacionalidad Reino Unido

Por qué es clave
Fue el DJ que ayudó a lanzar miles de carreras.

2000–

770

Álbum clave *American Idiot*
Green Day

Como ocurre con los clichés, el lanzamiento el 21 de septiembre de 2004 del álbum de «concepción punk» de Green Day, *American Idiot*, pasó a los archivos de los «chicos que regresan». Para entonces, los embriagadores días de *Dookie* (1994) parecían historia, y la tibia recepción otorgada a la oscura y novedosa *Warning* (2000) había disparado las dudas sobre la perdurable relevancia de la banda.

El robo de las cintas de los 20 temas del álbum en el que trabajaban después de *Warning* obligó a Green Day a pensar drásticamente. *American Idiot* construyó un puente entre el pop-punk característico de la banda y las «suites» de nueve minutos y cinco partes que se convirtieron en sus temas centrales («Jesus Of Suburbia», «Homecoming»). El álbum narraba la historia de un adolescente ansioso por evitar ser un típico «idiota americano» y mostraba brillantes singles de gran conciencia social, como «Boulevard Of Broken Dreams» y «Wake Me Up

When September Ends» (que llegaron a los números dos y seis en Estados Unidos, respectivamente). Los críticos consideraron que *American idiot*, su séptimo trabajo de estudio, como el boletín de Green Day en un mundo asolado por la angustia y fracturado por la interminable guerra de Iraq.

El vocalista de la banda, guitarrista y principal letrista, Billie Joe Armstrong, sugirió que si hubieran recreado los temas más típicos de su álbum robado, los admiradores de Green Day habrían mermado. En cambio, la banda quedó en extremo reforzada entre 2005 y 2006; lograron su primer álbum número uno a ambos lados del Atlántico. Un premio Grammy al mejor álbum de rock afianzó el triunfo, al que seguiría un People's Choice en enero de 2006 (grupo favorito), una de las bendiciones definitivas de la aclamación popular estadounidense.
Ralph Heibutzki

Fecha de lanzamiento
21 de septiembre de 2004

Nacionalidad Estados Unidos

Lista de temas American Idiot, Jesus Of Suburbia, Holiday, Boulevard Of Broken Dreams, Are We The Waiting, St. Jimmy, Give Me Novocaine, She's A Rebel, Extraordinary Girl, Letterbomb, Wake Me Up When September Ends, Homecoming, Whatsername

Por qué es clave La pérdida de las grabaciones maestras de un álbum da lugar al redescubrimiento de sus propósitos.

Canción clave «This Fire»
Franz Ferdinand

Los ganadores del Mercury Prize, con base en Glasgow (tres componentes de la banda nacieron en Inglaterra), Franz Ferdinand –compuesto por el vocalista principal Alex Kapranos, Bob Hardy (bajo), Nick McCarthy (guitarra y teclados) y Paul Thomson (batería) –ya habían logrado grandes éxitos con «Take Me Out» y «The Dark Side Of The Matinee» cuando «This Fire» fue lanzado el 12 de noviembre de 2004. *Lanzado* quiere decir en este caso, «puesto a disposición para su descarga»: no se fabricaron copias físicas para su venta.

Adaptado de su epónimo álbum de debut, el pegadizo tema de guitarra recordaba los art punk Wire. Exhibía los característicos *riffs* de guitarra picados, una sección melódica pero punzante de ritmos que frenaban para luego volver a arrancar y la intensa y variada interpretación vocal de Kapranos. La razón de su insistente refrán «I'm going to burn this city» (Voy a quemar esta ciudad) nunca quedó explicada a satisfacción de todos, pero la angustia subyacente era suficientemente clara. La canción contribuyó a afianzar la audiencia de la banda en Estados Unidos cuando quedó incluida en la banda sonora del videojuego *Burnout 3: Takedown* para Xbox y Playstation 2. En Canadá, el equipo de hockey sobre hielo de los Calgary Flames adoptó la canción como su himno extraoficial.

El vídeo de la canción era una astuta mezcla de animación, simulación informatizada y grabación en vivo en la que los movimientos robóticos de la banda y su logrado cabello tenían un cierto toque de Kraftwerk. Después de conseguir dominar el mundo, en el clip terminan con una buena taza de té.

Rob Jovanovic

Fecha de lanzamiento 12 de noviembre de 2004

Nacionalidad Reino Unido

Compositores Alex Kapranos, Bob Hardy, Nick McCarthy, Paul Thomson

Por qué es clave Demostró que un single puede entrar en la cultura, incluso si únicamente está disponible en el ciberespacio.

Espectáculo clave *Billy Elliot*
teatro musical

El hecho de que Elton John se diversificara con las películas musicales o los musicales escénicos no resultaba una sorpresa, tratándose de una figura tan versátil y con tanto talento. Pero la película de animación *The Lion King* (*El rey león*) y el musical teatral *Aida* no parecieron dar una nueva salida al veterano roquero británico.

Pero *Billy Elliot* fue nuevamente algo distinto. Originalmente una película del año 2000 de gran éxito, mostraba los intentos de un chico de 11 años, Billy Elliot, para convertirse en un bailarín de ballet. Elliot proviene de un pueblo minero inglés, cuya cultura machista considera estas actividades con un escepticismo extremo. Sin embargo, los hombres del pueblo están en su momento más vulnerable cuando se desarrolla el relato: hace más de un año que están en huelga, y el fracaso supondrá el final de su ciudad.

Aunque por entonces John podría haber sido un caballero, el trasfondo conflictivo lo inspiró, y escribió algunos de sus mejores y más variados temas. No obstante, no fue el único inspirado contribuyente a la obra. Lee Hall aportó una letra y un libreto poderosos y en ocasiones provocativos. La más asombrosa de esas canciones era «Merry Christmas Maggie Thatcher», cuyo coro explica a la primera ministra que los cantantes celebran «'Cos it's one day closer to your death» (Porque falta un día menos para tu muerte). El espectáculo se estrenó en Londres el 11 de mayo de 2005, con gran éxito.

William Ruhlmann

Estreno 11 de mayo de 2005

Nacionalidad Reino Unido

Director Stephen Daldry

Reparto Liam Mower, Haydn Gwynne, Craig Armstrong

Compositores Elton John, Lee Hall

Por qué es clave La guerra de clases llega al West End –con la ayuda de un caballero del reino–.

Acontecimiento clave **The Stooges tocan** *Funhouse* **en el Hammersmith Apollo**

El 30 de agosto de 2005, en Hammersmith Apollo, no menos de 33 años después de su actuación de debut en Londres, The Stooges actuaron en la capital del Reino Unido por segunda vez. The Stooges de Detroit –el voluble réprobo vocalista Iggy Pop, sus compañeros fundadores Ron Asheton (guitarra) y Scot Asheton (batería), con el batería de exfiREHOSE Mike Watt sustituyendo al difunto Dave Alexander y con Steve Mackay en el saxo, habían sido solicitados para actuar como parte de la temporada «Don't Look Back» en el festival musical All Tomorrow Parties, en el que los artistas eran invitados a tocar un LP de su catálogo en su secuencia íntegra.

El álbum del mismo título de The Stooges era un buen candidato para el evento, pero eligieron el siguiente, *Funhouse,* de 1970. Apenas fue apreciado en su lanzamiento y era tan flagrantemente comercial que fue rechazado por la discográfica Elektra, pero la subsiguiente reevaluación y creciente reverencia de sus devotos –que están convencidos de que *Funhouse* es el precursor definitivo del punk rock–, condujo a su coronación. Esa noche, The Stooges no decepcionaron, interpretando el álbum en orden –desde el asilvestrado y antievolutivo «Down In The Street» hasta el trastorno psíquico sin restricciones de «LA Blues» –para un público enfervorecido y un obsequioso equipo de prensa. Fue una concesión final de seriedad en un lujoso entorno surrealista para un disco que es el antecesor común a The Sex Pistols, Ramones, The Dammned, Sonic Youth, The White Stipes y el thrash metal.
Kevin Maidment

Fecha 30 de agosto de 2005

País Reino Unido

Por qué es clave El mundo musical otorga a un álbum, no apreciado en su origen, el estatus de hito histórico nacional.

Acontecimiento clave **Live8**

Los organizadores de 10 conciertos simultáneos en el 2005 en países pertenecientes al poderoso grupo G8 tenían un objetivo sencillo: reducir la carga de la deuda externa de las naciones pobres presionando a los líderes de los países del G8. Los espectáculos tuvieron lugar el 2 de julio de 2005 en los países del G8 y en Sudáfrica, con el nombre de Live8, cuyo título y la participación de Bob Geldof en la organización inevitablemente supusieron la comparación con LiveAid, 20 años anterior. Sin embargo, Geldof enfatizó que Live8 tenía como meta aumentar la conciencia, no recaudar fondos: los espectáculos habían sido estratégicamente planificados justo antes de una conferencia del G8, entre los días 6 y 8 de julio, en Escocia.

Muchas de las bandas que habían participado en Live Aid volvieron en 2005 (como U2), pero también hubo consternación por la falta de grupos de color (un hecho que, al igual que en 1985, Geldof intentó rebatir afirmando que había acudido a los intérpretes más populares, independientemente del color). A pesar de ello, los conciertos estuvieron plagados de momentos emotivos, como en el Hyde Park de Londres, donde Roger Waters actuó con Pink Floyd por primera vez en 24 años. Aún más emocionante fue la aparición en el escenario de Birhan Woldu, una niña etíope desnutrida que había salido en el documental que había dado lugar a Live Aid, y que ahora era una adulta sana. Unos vídeos descaradamente propagandísticos se emitían entre las actuaciones en vivo. El momento del silencioso chasquido de dedos a nivel mundial dirigido por el actor Will Smith fue una asombrosa muestra de sincronización y manipulación de las emociones.

El 7 de julio, los líderes del G8 respondieron acordando doblar las ayudas a África –de 25.000 a 50.000 millones de dólares estadounidenses para el 2010.
Ralph Heibutzki

Fecha 2 de julio de 2005

Países Reino Unido, Estados Unidos, Francia, Italia, Alemania, Canadá, Japón, Sudáfrica y Rusia

Por qué es clave Una serie de conciertos simultáneos intentan «hacer que la pobreza sea historia».

Pág. siguiente **Live8** en Berlín.

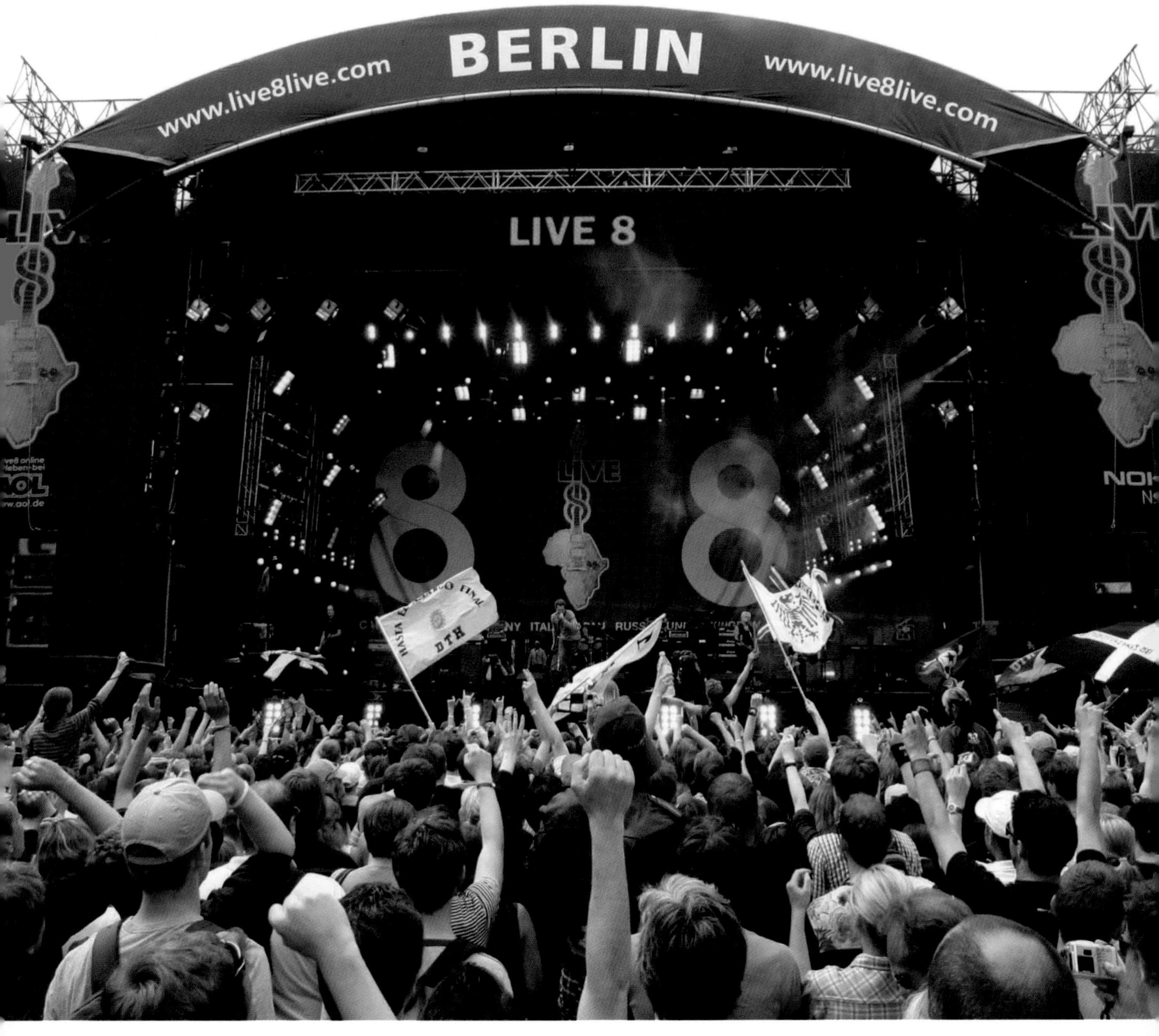
BERLIN
www.live8live.com
www.live8live.com
LIVE 8

Álbum clave *Worlds Apart*
... And You Will Know Us By The Trail Of Dead

Cuando Nirvana destruyó cualquier supuesto sobre lo que constituiría un material para llegar a lo más alto de las listas, algunos asumieron que cualquier grupo musical podría intentar, comercialmente, llegar al número uno. Entre ellos, aparentemente, ...And You Will Know Us By The Trail Of Dead (...y nos conocerás por la senda de la muerte), quienes, a pesar de tener un nombre con el que a la mayoría del público se le revolvería el estómago, decidió intentar alcanzar el éxito con *Worlds Apart*.

La banda logró la atención generalizada con el lanzamiento de su álbum de 2002, *Source Tags & Codes*, el primero después de firmar con la discográfica Interscope de Jimmy Iovine. Alrededor de la misma época, la banda perdió a sus componentes originales Neil Busch y Danny Wood, y comenzó a racionalizar más su sonido con un enfoque más estructurado en su composición. *Source Tags & Codes* incluía guitarras fracturadas y la influencia del art-rock. *Worlds Apart* mostró a una banda que no explotaba estas enseñanzas de vanguardia. El tema que abría el álbum, «Ode To Isis», con su oscura orquestación y apagados gritos de fondo, inmediatamente suena a Trail of Dead por excelencia, pero otras canciones, como «Worlds Apart» y «Caterwaul», eran más francas, con una letra de contenido político atrapada en una red de emociones dinámicas y guitarras pop punk. El fuego y la intensidad se habían enfriado.

A pesar de una intensa actividad de marketing, el álbum no conectó con los aficionados y finalmente sólo vendió la mitad que *Source Tags & Codes*. Quizás exista un límite a las formas musicales que los estadounidenses medios están dispuestos a aceptar, después de todo.

Sara Farr

Fecha de lanzamiento
24 de enero de 2005

Nacionalidad Estados Unidos

Lista de temas Ode To Isis, Will You Smile Again?, Worlds Apart, The Summer Of '91, The Rest Will Follow, Caterwaul, A Classic Arts Showcase, Let It Dive, To Russia My Homeland, All White, The Best, The Lost City Of Refuge

Por qué es clave
Demostró que algunas bandas siempre serán un acto de género.

Pág. anterior ...And You Will Know Us By The Trail Of Dead.

Personaje clave
Johnny Hallyday

Aún con fuerza después de cuatro décadas, la electrizante presencia en el escenario del cantante y actor Johnny Hallyday, sus crónicos problemas con la hacienda pública y sus cinco matrimonios son habituales en las revistas del corazón de su Francia natal. Sin embargo, para las audiencias de habla inglesa, continúa siendo relativamente desconocido.

Nacido Jean-Philippe Smet en 1943, Hallyday se ganó a su audiencia mezclando sus versiones del rock 'n' roll estadounidense con el tradicional pop francés –una política establecida desde sus primeros álbumes, como *Salut mes copains* (1961)–. Conforme avanzaron las décadas, hizo el sonido de Hallyday: en 1967 lanzó su propia versión de «Hey Joe», que había merecido la pena, según un cierto guitarrista que lo había apoyado el otoño anterior, Jimi Hendrix. En 1968 grabó un álbum en colaboración con los británicos Small Faces.

En las décadas de 1970 y 1980, la paleta de Hallyday se amplió al folk-rock, al country e incluso a una interesante aunque fallida versión «ópera rock» de *Hamlet*, la tragedia de Shakespeare. También revivió su flaqueante carrera filmográfica colaborando con el legendario director *new wave* Jean Luc Godard en *Detective* (1985).

Hallyday profundizó su faceta icónica a través de álbumes como *Sang Pour Sang* (1999), para el que su hijo, David, compuso toda la música, acompañado con una serie de conciertos de gala. En diciembre de 2005, «Mon plus beau Noël» se convirtió en el trigesimotercer número uno de Hallyday en Francia.

En 2006 Hallyday afirmó que buscaría adoptar la nacionalidad suiza para huir del sistema de impuestos francés, un tema que siempre le ha obsesionado. Sus asombrados fans se consolarían con la noticia de un álbum de blues, que el cantante esperaba lanzar en la segunda mitad de 2007.

Sara Farr

Rol Artista de grabaciones

Fecha 2005

Nacionalidad Francia

Por qué es clave Es la mayor estrella de rock de la que hayas oído hablar.

Álbum clave *Back To Bedlam*
James Blunt

El éxito de James Blunt (originalmente Blount, abreviado por resultar «demasiado pijo») fue fruto de la reunión de factores que pocos pudieron haber predicho. Era un oficial del Ejército joven, de clase media alta (sirvió en Bosnia), de aspecto no demasiado tosco y un porte extraordinario en absoluto «macho». Su sensible álbum *Back To Bedlam* no arrasó inmediatamente en las listas del Reino Unido después de su lanzamiento en 2004. El álbum tenía atisbos del estilo independiente de Coldplay y Keane, pero su estilo real –excepto en la moderadamente roquera «Out Of My Mind»– estaba en las suaves baladas de piano, con emotivas pero estoicas letras, como las de «No Bravery», que se referían a su servicio militar.

En 2005, fue lanzado un single del álbum, «You're Beautiful», coescrito con Amanda Ghost. Su candorosa franqueza y su estribillo en falsete infernalmente inolvidable lo hicieron escalar hasta el número uno en el Reino Unido y, a pesar de los murmullos de descontento de la crítica, permaneció en el Top 40 británico durante siete meses. Incluso antes de alcanzar la cima, su presencia en la radio hizo que *Back To Bedlam* fuese el álbum número uno en el Reino Unido el 16 de julio de 2005. Blunt fue ridiculizado por su imagen «que agradaba a las amas de casa», que provocaba las compras por impulso entre las mujeres de clase media empujando sus carritos de la compra en los supermercados. El desagrado de la crítica y de los ciudadanos modernos no dañó a Blunt. A pesar de no lograr otro gran éxito con este álbum, *Back To Bedlam* se convirtió en el álbum de mayor venta en el Reino Unido en 2005, y Blunt continuaría su éxito en Estados Unidos.
Joe Muggs

Fecha de entrada al n.º 1 en el Reino Unido 16 de julio de 2005

Nacionalidad Reino Unido

Lista de temas High, You're Beautiful, Wisemen, Goodbye My Lover, Tears And Rain, Out Of My Mind, So Long, Jimmy, Billy, Cry, No Bravery

Productores Tom Rothrock, Jimmy Hogarth

Por qué es clave Demostró el poder creciente de las ventas de CD en los supermercados.

Espectáculo clave
La reunión de Cream

Prácticamente todas las grandes bandas de rock se han vuelto a reunir en uno u otro momento. Exceptuando una breve actuación en su presentación de 1993 en el Salón de la Fama del Rock And Roll, Cream se resistió a la tentación. El poderoso trío rara vez se había llevado bien, y Eric Clapton, establecido como una de las más grandes atracciones en solitario del rock, parecía tener pocas razones para querer reunirse con sus ex colegas por motivos personales o financieros.

Resultó, pues, asombroso que Clapton volviera a unir sus fuerzas con Jack Bruce y Ginger Baker para cuatro representaciones en el Royal Albert Hall de Londres, a partir del 2 de mayo de 2005. Aunque la banda no comentó las razones en ese momento, Clapton afirmaría más tarde que los problemas de salud de Bruce (quien había sufrido un reciente trasplante de hígado) y Baker (que tenía artritis) fueron definitivos en la decisión de subir a los escenarios. Las cuatro representaciones agotaron las localidades casi instantáneamente, y otras actuaciones en el Madison Square Garden de Nueva York en octubre tuvieron el mismo éxito comercial. Lo que es más importante, la banda estaba en gran forma. Aunque un poco oxidados y un poco reacios a involucrarse en su estilo originario, eran esencialmente la misma poderosa y colosal unidad de antaño.

Desafortunadamente, algo sí que permanecía igual que en la década de 1960: Bruce y Baker tenían problemas de convivencia. En parte debido a este motivo, no ha habido más conciertos de Cream.
Richie Unterberger

Fecha 2 de mayo de 2005

Lugar Royal Albert Hall, Londres

Nacionalidad Reino Unido

Por qué es clave Posiblemente fue la más sorprendente de las reuniones de cualquier banda.

Acontecimiento clave J. D. Fortune gana un concurso y se convierte en el líder de INXS

Los programas similares a *Popstars* y *American Idol* eran una cosa, pero el programa de la CBS emitido en 2005 *Rock Star: INXS* relanzó la idea de Cenicienta asistiendo al baile, en el que un don nadie recibe la oportunidad de convertirse en el líder permanente de un grupo de rock ya establecido.

La tradición del rock'n'roll de realizar audiciones para una banda fue convertida en un espectáculo brillante para una audiencia mundial. El factor de temor inherente a cualquier *reality* con base musical quedaba considerablemente amplificado en este caso, ya que Michael Hutchence, el cantante original de INXS, la primera banda de rock australiana con éxito global, había muerto en circunstancias trágicas en 1997. Justificando la decisión de la banda, el batería Jon Farriss explicó: «Los reality en televisión [son] parte de nuestra vida y nuestro mundo. Nos parecía la mejor manera de encontrar a nuestro hombre».

No hubo escasez de aspirantes mordaces y ambiciosos que recurrieron a todo tipo de trucos para sustituir al difunto. Se pedía a los concursantes que cantaran y escribieran letras y melodías vocales para la música del teclista de la banda Andrew Farriss. Al finalizar la serie de 11 semanas, una combinación de votos por teléfono y la decisión de la banda hicieron que el canadiense J. D. Fortune fuese proclamado oficialmente el nuevo Michael Hutchence. Había demostrado tener talento y, quizáslo que es más importante, una vena iconoclasta.

¿Se trató de un ejercicio desvergonzado de revender un producto caducado, o de la manera más democrática de encontrar un líder con talento para una gran banda? Deberíamos votar esto por teléfono.

Johnny Black

Fecha 20 de septiembre de 2005

País Estados Unidos

Por qué es clave El concepto de crear una estrella de los *reality* televisivos se llevó a una fase más surrealista.

Personaje clave
Rick Rubin

El 8 de noviembre de 2005, con el lanzamiento del álbum *12 Songs* de Neil Diamond, muchos habrían quedado boquiabiertos si el productor Rick Rubin no hubiese logrado dar un nuevo impulso enérgico a la carrera de cualquier artista.

Nacido en 1963, Rubin se ganó su reputación en la década de 1980 como productor con gran visión y como cofundador de la discográfica Def Jam. Se unió brevemente a The Beastie Boys como DJ. Después de vender su parte de Def Jam, Rubin estableció una nueva marca, produjo a The Black Crowes y a The Cult y resucitó la carrera latente de Johnny Cash. Su trabajo con Cash fue el típico de su enfoque. Apreció que la clave para recordar los puntos fuertes del icono a las audiencias del país consistía en recortar la música hasta lo más básico, por lo que grabó los últimos álbumes de Cash de la manera más desnuda y honesta posible. El mismo estilo fue patente en el primer

álbum que produjo, en el austero *Radio* (1985) de LL Cool J, en el importante éxito de 1986 de Run DMC «Walk This Way» y en la colisión rock-rap de Jay-Z «99 Problems» (2004).

Fue conocido como el productor que estableció que los artistas debían volver al punto en el que sentían que habían perdido el toque artístico o el favor comercial, y compartió sus conocimientos con Mick Jagger (*Wandering Spirit,* 1993), Tom Petty (*Wildflowers,* 1994) y Donovan (*Sutras*, 1996). El trabajo con Diamond fue una movida prácticamente obvia: sea cual sea el próximo proyecto de Rubin, será una revelación, pero quizás no una sorpresa.

Angus Batey

Rol Productor

Fecha 2005

Nacionalidad Estados Unidos

Por qué es clave Es un productor con la habilidad de revitalizar las carreras de los veteranos.

Canción clave «Hollaback Girl»
Gwen Stefani

Gwen Stefani había disfrutado de un éxito considerable como cantante principal y compositora de No Doubt, con base en Los Ángeles, pero el lanzamiento de su álbum en solitario, *Love. Angel. Music. Baby,* en 2004, la definió firmemente como una estrella global por derecho propio, en especial cuando el tercer single del álbum, «Hollaback Girl», se convirtió en su primer single número uno en Estados Unidos, el 7 de mayo de 2005.

Cuando su trabajo en *L.A.M.B.* estaba a punto de finalizar, Stefani sintió que el álbum necesitaba una canción con una «actitud» más seria. Al trabajar en los temas con uno de sus productores, Pharrell Williams de The Neptunes, se sintió inspirada por un comentario que Courtney Love había hecho sobre ella en la revista *Seventeen*: «No estoy interesada en ser Gwen Stefani. Ella es la animadora, y yo estoy en el humero». Stefani había sido animadora en el instituto, y

«Hollaback Girl» emulaba un grito de animación desafiante que llegó al punto de deletrear la palabra *bananas* durante el coro (una referencia al grito tradicional de ánimo para urgir al equipo a «volverse loco»). La letra de la canción estaba claramente dirigida a una rival, pero hubo mucho debate sobre lo que era una *hollaback girl* ¿un miembro de un grupo de animadoras devolviendo los gritos a la líder de la escuadra, o una mujer gritando a un hombre que la había agredido verbalmente? El hecho de que Stefani nunca aclarase el asunto dio un toque de misterio a un número de hip-hop y dance que de otro modo habría sido bastante claro.

Además de llegar a lo más alto de las listas, «Hollaback Girl» se convirtió en el primer tema descargable en Estados Unidos en vender más de un millón de «copias».

Gillian G. Gaar

Fecha de lanzamiento Abril de 2005

Nacionalidad Estados Unidos

Compositores Gwen Stefani, Pharrell Williams

Por qué es clave Fue una aguda réplica a un desaire, que generó una gran cantidad de dinero.

Pág. siguiente Gwen Stefani.

Espectáculo clave *Spamalot*
teatro musical

Monty Python and the Holy Grail (*Los caballeros de la mesa cuadrada y sus locos seguidores*), de 1975 fue el segundo largometraje del grupo británico de humoristas Monty Python. El irreverente relato de la leyenda del rey Arturo también proporcionó la base para el musical de Monty Python, *Spamalot*, que se estrenó en Broadway el 17 de marzo de 2005.

El espectáculo fue concebido por Eric Idle, de Monty Python, quien escribió el libreto y las canciones, componiendo la música junto a John Du Prez. El título hace referencia tanto al famoso *sketch* de televisión de los Python, *Spam*, como a un antiguo éxito de Broadway, *Camelot*. El musical retuvo la trama básica del rey Arturo y sus caballeros buscando el Santo Grial, y trabajó la referencia a otras iniciativas de los Python (como la canción «Always Look On The Bright Side Of Life» de la película *Life of Brian* (*La vida de Brian*), de 1979. El espectáculo también se burlaba de otras representaciones y convenciones de Broadway.

El dúo de sir Galahad y la Dama del Lago en «The Song That Goes Like This» parodia el estilo exagerado de Andrew Lloyd Webber, mientras que en otro animado número sir Robin advierte a Arturo de que, si no tiene a ningún judío involucrado en su producción, no tendrá éxito en Broadway («You Won't Succeed On Broadway»). El mismo Arturo reconoce su amor por la Dama del Lago, y el espectáculo termina con su boda –en Las Vegas–.

Spamalot ganó tres premios Tony, incluyendo el de mejor musical. Aunque sólo uno de los Python estuvo activamente involucrado en el proyecto, *Spamalot* revivió con éxito la marca de los Monty Python para la nueva generación.

Gillian G. Gaar

Estreno 17 de marzo de 2005

Nacionalidad Estados Unidos

Director Mike Nichols

Reparto Tim Curry, Hank Azaria, Sara Ramirez

Compositores Eric Idle (letra, música), John Du Prez (música)

Por qué es clave Los Monty Python renacen –en Broadway–.

Personaje clave
Gene Pitney

Gene Pitney –quien falleció por causas naturales mientras dormía el 5 de abril de 2006– fue un artista curioso. Dotado compositor, prefirió grabar canciones escritas por otros.

Nacido en 1941, Pitney logró su éxito de debut en 1961 con «(I Wanna) Love My Life Away». Su exitazo relacionado con la película «(The Man Who Shot) Liberty Valance» fue Top 5 en Estados Unidos en 1962. El primero de sus histriónicos éxitos fue «Town Without Pity» en 1961, que dejó patente la habilidad de Pitney para imprimir pequeños gorjeos e inflexiones en su voz, que sugerían que estaba al borde de la histeria. Entre otros éxitos que incluían sus dramáticos efectos de voz se encuentran «Town Without Pity» (1962), «Twenty Four Hours From Tulsa» (1963) y «I'm Gonna Be Strong» (1964).

En 1964, se convirtió en el primer artista (incluyendo a The Rolling Stones) en tener un éxito con una canción de Jagger/Richards, cuando su versión de su torpe composición de los primeros tiempos «That Girl Belongs To Yesterday», fue un éxito menor en Estados Unidos pero número siete en el Reino Unido. Pero este hito ocultó el talento compositivo de Pitney. Ya en 1961, había proporcionado varios Top 10 transatlánticos a Ricky Nelson («Hello Mary Lou») y Bobby Vee (la casi novedosa «Rubber Ball»). The Crystals también se beneficiaron de su pluma con el himno a los chicos malos «He's A Rebel», que llegó a lo más alto de las listas en Estados Unidos en 1963.

En 1989, Pitney se aseguró un último triunfo logrando un número uno en el Reino Unido, nada más y nada menos que con Marc Almond, gracias a una nueva versión de su antiguo éxito (no original) «Something's Gotten Hold Of My Heart». Sean Egan

Rol Artista de grabaciones/compositor

Fecha 2006

País Estados Unidos

Por qué es clave
Fue un artista que regaló sus mejores canciones.

Acontecimiento clave **«Crazy», primer n.º 1 del Reino Unido que sólo puede descargarse**

La historia de cómo el negocio musical llega a sus clientes rara vez alcanza el rango de noticia que iguale, o supere, a la música misma. Habitualmente, los avances tecnológicos son lentos y no decisivos o sísmicos. Pero el lanzamiento del formato de archivo de audio comprimido de Moving Picture Expert Group –MP3–, aliado al empleo generalizado de los ordenadores en red, ocasionó una conmoción épica que la música grabada nunca había conocido.

La industria musical requirió algunos años para reconocer que los consumidores que descargaban música de la red para posteriormente grabarla en sus propios CD podían ser una oportunidad, y no sólo una amenaza. El reciente advenimiento de las descargas legales y remuneradas dio pie al aluvión de piratería en Internet que amenazó con destruir esta industria completamente. El 8 de abril de 2006, «Crazy» de Gnarls Barkey logró el estatus histórico de ser la primera canción en alcanzar lo más alto de las listas de ventas del Reino Unido a base únicamente de descargas.

Pero «Crazy» habría sido un acontecimiento de cualquier manera: una maravillosa pieza de pop-funk con una letra introspectiva y persuasiva, una melodía irresistiblemente pegadiza, y un canto asombroso. A su primera semana en lo más alto la siguieron varios meses de grandes ventas –tanto físicas como digitales– que confirmaron que el productor Danger Mouse y el rapero y cantante Cee-Lo estaban imbuidos del espíritu de los tiempos en lo referente a la música y a la forma de comercializarla. Angus Batey

Fecha 8 de abril de 2006

País Reino Unido

Por qué es clave
Es el último cambio radical del perpetuo movimiento de los formatos, la distribución y la tecnología de entrega.

Pág. anterior
Cee-Lo de Gnarls Barkley.

Canción clave «Thunder In My Heart Again» Meck con Leo Sayer

El diminuto Leo Sayer, con su pelo alborotado, realizó una entrada sorprendente con su éxito de 1973, «The Show Must Go On». La canción, que interpretaba vistiendo un traje de pierrot, fue convertida en un éxito en Estados Unidos por Three Dog Night. En 1976, la cancioncilla discotequera «You Make Me Feel Like Dancing» llegó al número uno en las listas de Estados Unidos, mientras que la lastimera balada romántica de 1977 «When I Need You» siguió el mismo camino a ambos lados del Atlántico. Sin embargo, su auge en Estados Unidos había partido únicamente de su condición de cantante, lo que le obligó a esconder su considerable talento compositivo, y posiblemente sea este hecho el que afectó su credibilidad. Se sumió en la oscuridad y emigró a Australia en 2002.

Pero cuando el DJ británico Craig Dimech, alias *Meck*, remezcló el tema del título del álbum de 1977 de Sayer *Thunder In My Heart*, añadiendo *again* («otra vez») al título original para la nueva versión,

y distribuyéndolo como «Meck con Leo Sayer», Sayer se encontró inesperadamente frente a una nueva generación. Meck sometió la canción original –una loa sentimental al amor incontrolable, con Sayer cantando versos como «There's a howlin'wind that I just can't control» (Hay un viento que aúlla que simplemente no puedo controlar) con el aplomo y el drama que se esperaría de un vocalista de enorme talento– a una reconstrucción contemporánea, con mucho ritmo. El single logró la primera posición de las listas del Reino Unido durante dos semanas a partir del 18 de febrero de 2006, y Sayer volvió a ser noticia.

Melissa Blease

Fecha de lanzamiento
18 de febrero de 2006

Nacionalidad Reino Unido

Compositores Leo Sayer, Tom Snow

Por qué es clave
El baladista del soft pop de la década de 1970 es reinventado como icono de las pistas de baile.

Álbum clave *Whatever People Say I Am, That's What I'm Not* Arctic Monkeys

Para la mayoría de las bandas, ser calificadas como «distantes» equivale a veneno en la recaudación; para los Arctic Monkeys de Sheffield, supuso el establecimiento de un nuevo barómetro de estilo, gracias a su práctica de pasar demos hechas en casa, y de alentar el intercambio de archivos en Internet. Estos métodos, a su vez, son considerados la fuente de la respuesta a su primer álbum, *Whatever People Say I Am, That's What I'm Not*, lanzado el 23 de enero de 2006.

El álbum se distinguió por su fijación con el campo cultural pop de la década de 1980 («I Bet You Look Good On The Dancefloor») y los chistes crípticos (como el tema del título, adaptado de la película de la década de 1960 *Saturday Night And Sunday Morning* [Sábado noche, domingo mañana]). El disco también demostró que la banda era una hábil observadora de la vida de la clase trabajadora, ya fuese al tocar el tema de la prostitución («When

The Sun Goes Down»), la provocación a la policía sin éxito («Riot Van») o el precio del estereotipo de agresión juvenil («A Certain Romance»).

El triple platino del álbum desató los comentarios sobre el cambio radical entre los expertos habituados a las guerras de pujas por hacerse con los nuevos grupos –algo que fue imposible para los pretendientes de los Arctic Monkeys, quienes prohibieron la asistencia de cazadores de talentos a sus espectáculos–. Lejos de dañar su reputación, estas políticas los impulsaron. Su lema «comparte y deja compartir», por ejemplo, supuso que los Arctic Monkeys fueran recompensados con la más agradable de las tradiciones en los conciertos –el ferviente canto de un favorito reconocido–, incluso antes de que algunas de estas canciones hubieran sido formalmente editadas.

Ralph Heibutzki

Fecha de lanzamiento
23 de enero de 2006

Nacionalidad Reino Unido

Lista de temas The View From The Afternoon, I Bet You Look Good On The Dancefloor, Fake Tales Of San Francisco, Dancing Shoes, You Probably Couldn't See Fort The Lights But You Were Staring Straight At Me, Still Take You Home, Riot Van, Red Light Indicates Doors Are Secured, Mardy Bum, Perhaps Vampires Is A Bit Strong But..., When The Sun Goes Down, From The Ritz To The Rubble, A Certain Romance

Por qué es clave En sintonía con la nueva era tecnológica.

Personaje clave
Syd Barrett

En el momento de su muerte, acaecida a la edad de 60 años, el 7 de julio de 2006, Roger «Syd» Barrett no había aparecido en público ni lanzado un nuevo disco en más de 35 años. A pesar de ello, se publicaron una gran cantidad de esquelas y Barrett incluso apareció en las portadas de las revistas.

El nombre de Barrett había permanecido en los labios de los aficionados al rock durante décadas. Había sido el líder de la que llegaría a ser conocida como una de las bandas de mayor éxito en la era del rock, y la había abandonado debido a una combinación de enfermedad mental y abuso de drogas, para vivir tranquilamente en su ciudad natal de Cambridge, Inglaterra, el resto de sus días.

En sus primeros tiempos, Pink Floyd fue el vehículo de Barrett. Fue su cantante principal, letrista en jefe y guitarrista en sus singles «Arnold Layne» y «See Emily Play» y en el clásico LP de debut *The Piper At The Gates Of Dawn* (1967). También participó

en su segundo álbum, *A Saucerful Of Secrets* (1968). Incluso en su ausencia, a partir de 1968, la banda lo convirtió en un centro temático, no sólo en canciones como «Shine On You Crazy Diamond», sino también en los conceptos relacionados con *The Dark Side Of The Moon* (1973) y *The Wall* (1979), sus álbumes de mayor venta. Así pues, Barrett, incluso sin estar presente, dominó en Pink Floyd y, a través de esa dominación, influyó en todo un género de música rock. Era más que suficiente para justificar los encomios que acompañaron su fallecimiento.
William Ruhlmann

Rol Artista de grabaciones

Fecha 7 de julio de 2006

Nacionalidad Reino Unido

Por qué es clave La suya es una de las ausencias más notables del rock, pues continuó fascinando a sus aficionados hasta el momento de su fallecimiento.

Espectáculo clave *Rock 'N' Roll*
teatro musical

La obra de sir Tom Stoppard, *Rock 'N' Roll*, ganadora de varios premios, que se estrenó en el Royal Court Theatre de Londres el 3 de junio de 2006, dramatiza el impacto genuinamente revolucionario de una banda checoslovaca de la época de la guerra fría, The Plastic People Of The Universe.

Aunque nada en el contenido de sus canciones desafiaba al Estado, el hecho de que tocaran música según sus propios modelos psicodélicos irritaba a las fuerzas de la ley y el orden checoslovacas, siempre listas, como todas aquellas de los Estados de la Europa del Este, a aplastar el espíritu iconoclasta, del que el rock era entonces el principal ejemplo en el mundo. Obligados a tocar en la clandestinidad después de que una actuación en 1974 acabara en brutalidad policial, en 1976 la banda fue encarcelada por «disturbios organizados», un acto de represión que condujo a la formación de la organización por los derechos humanos Charter 77 y a una campaña

en las bases de la disensión popular, que estaba lista para tomar el poder en nombre del pueblo en 1989 –la «Revolución de Terciopelo»–, cuando el Gobierno checo no pudo ejercer más su autoridad por la fuerza.

Todo esto se nos transmite a través de los ojos de Jan, un disidente, fanático de The Plastic People y miembro de Charter 77. Aunque el rock 'n' roll actual suele estar fuera de los escenarios, la banda sonora de Stoppard es una impecable mezcla de rock clásico y pop, y muestra una real y sorprendente profundidad en el conocimiento de la música, que llega incluso al extremo de utilizar la desintegración de Syd Barrett como motivo.
Mat Snow

Estreno 3 de junio de 2006

País Reino Unido

Director Trevor Nunn

Reparto Nicole Ansari, Louise Bangay, Anthony Calf, Martin Chamberlain y otros

Por qué es clave Un tardío recuerdo para los rebeldes del rock occidental, que suelen olvidar que, en el Este, el rock suponía un riesgo y podía conducir a la revolución.

Álbum clave *Future Sex/Love Sounds*
Justin Timberlake

Así pues, comenzaste como la marioneta de pelo rizado, novio de la mayor estrella del pop del mundo y, casi por casualidad, miembro de una *boyband* tan agradable que nunca sería apreciada por los críticos. Unos cuantos singles en solitario supusieron un paso hacia la credibilidad –¡pero todos tienen unos cuantos singles excelentes en solitario en estos días!– ¿Y qué pasaría si entonces te asociaras con el mejor productor del nuevo siglo –que incluso organizó su propio regreso después de unos cuantos años en la jungla comercial y de la crítica– para crear un ambicioso y grandioso álbum conceptual sobre esos componentes básicos del pop, el sexo y el amor? ¿Sería suficiente?

Con toda seguridad que lo sería. *Future Sex/Love Sounds*, lanzado el 12 de septiembre de 2006, es toda una afirmación «le pop, c'est moi» totalmente consciente y arrolladora –tanto por parte del que en su día fue vocalista de N*SYNC y novio de Britney Spears,

Justin Timberlake, como por parte de Timbaland, quien había producido virtualmente cualquier clásico pop alrededor de los comienzos del nuevo milenio–. Su textura es suntuosa –las cuerdas caprichosas se entrelazan con las líneas de bajo triple-x, las voces son trituradas con un robot de cocina– y con una temática maravillosa, con Timberlake en el papel de seductor y de objeto sexual con el mismo aplomo. En la asombrosa «My Love», los sintetizadores realizan un trabajo mágico tras una interpretación vocal de quien sufre mal de amores. La épica «LoveStoned/I Think She Knows» pasa de un clásico perdido del funk de Prince a un pensativo recuerdo en la pista de baile.

Un álbum en el que la ambición de su creador está más que superada por el resultado.
Alex Macpherson

Fecha de lanzamiento 12 de septiembre de 2006

Nacionalidad Estados Unidos

Lista de temas Future Sex/Love Sound, Sexyback, Sexy Ladies, My Love, Love Stoned, What Goes Around..., Chop Me Up, Damn Girl, Summer Love, Until The End Of Time, Losing My Way (Another Song) All Over Again

Por qué es clave El sonido de un antiguo cantante de una *boyband* marca su territorio con firmeza: todo el ámbito pop.

Espectáculo clave **Lordi gana el Festival de la Canción de Eurovisión**

Antes del concurso del 20 de mayo de 2006 en Atenas, Grecia, la historia de Finlandia en el Festival de la Canción de Eurovisión resultaba descorazonadora. Los finlandeses nunca habían logrado quedar entre los cinco finalistas. Incluso los reyes de los cero puntos, Noruega, habían ganado dos veces. La nominación de una estrafalaria banda de hard rock para representarlos fue una medida drástica, aunque astuta, por parte de la nación finlandesa.

El tema de Lordi «Hard Rock Hallelujah» hizo que su conexión con Kiss fuese muy evidente, gracias a los monstruosos trajes de látex (que llevaban permanentemente puestos en público a pesar de la molestia que suponían con las altas temperaturas de la primavera griega) y al tema pleno de gruñidos que recordaban a la legendaria banda. Y a pesar de que Kiss difícilmente hubiese sido considerado de última moda en 2006, la autenticidad del sonido de Lordi estaba lejos del aura de los antiguos roqueros finlandeses

como Hanoi Rocks, incluso a pesar de que los juegos de palabras en «Hard Rock Hallelujah» («day of rockening», el inminente «arockalypse») eran más sangrientos que sus trajes. El cantante Mr. Lordi (Tomi Putaansuu para su familia) blandía una enorme hacha de batalla mientras las alas sujetadas a su espalda se movían y los fuegos pirotécnicos ardían a su alrededor. ¿Cómo podían competir con ellos los intérpretes normales de Eurovisión, con su «bing-bing-a-bum»? El quinteto arrancó la mayor puntuación en la historia del concurso, destruyendo de un plumazo cualquier suposición sobre el tono musical de Eurovisión y sobre las credenciales roqueras de Finlandia.

Finlandia estaba jubilosa. 80.000 personas se reunieron para cantar juntos en un concierto al aire libre en Helsinki, rompiendo el récord mundial oficial de karaoke, y una plaza en la ciudad natal de Putaansuu, Rovaniemi, en el Ártico, recibió su nombre en su honor.
Steve Jelbert

Fecha 20 de mayo de 2006

Lugar OAKA Olympia Hall, Atenas, Grecia

Nacionalidad Finlandia

Por qué es clave ¿Por qué? Sólo hay que mirarlos... ¿Lo harás?

Pág. siguiente Lordi.

ÍNDICE (VARIOS)

ÍNDICE DE TÍTULOS DE ÁLBUMES

ÍNDICE DE PERSONAJES

791

793

ÍNDICE DE CANCIONES

796

AGRADECIMIENTOS

Los editores

Quieren mostrar su agradecimiento a Ruth Patrick (maquetador), Eoghan O'Brien (asistente editorial), Ann Barrett (índice), Katie Hewitt y Andy Neil.

Créditos de las fotografías

Getty Images 219; Aaron Rapoport/Corbis 527; Alan Pappe/Corbis 522; Alix Malka/SYGMA/Corbis 706; Archivo Iconografico, S.A./Corbis 36; Bettmann/Corbis 15, 21, 24, 32, 35, 59, 62, 70, 89, 95, 101, 104, 110, 113, 114, 117, 125, 128, 136, 154, 164, 167, 172, 174, 179, 192, 197, 210, 229, 232, 235, 244, 247, 264, 270, 275, 276, 279, 298, 304, 308, 311, 317, 330, 341, 361, 376, 385, 391, 403, 410, 419, 432, 442, 457, 485, 240, 238; Bojan Brecelj / Corbis 44; Camhi Franck / Corbis SYGMA 682; Chris Farina / Corbis 762; CinemaPhoto / Corbis 151, 163, 186, 191, 220; Contemporary African Art 287; Cook Bill / Corbis SYGMA 718; Corbis 148, 492, 539, 608, 636; Corbis SYGMA 705; David Lefranc / Kipa / Corbis 689; Deborah Feingold / Corbis 551; Debra Trebitz / Corbis 516; Denis O'Regan / Corbis 696; Diamond Images / Getty Images 41; Douglas Kent Hall / ZUMA / Corbis 335; Douglas Kirkland / Corbis 555; Fabio Nosotti / Corbis 540, 673; Fabrizio Bensch / Reuters / Corbis 773; Frank Carroll / SYGMA / Corbis 370; Frédéric de Lafosse / SYGMA / Corbis 521; Gary Malerba / Corbis 645; Getty Images 18, 54, 67, 80, 96, 131; Henry Diltz / Corbis 307, 318, 324, 342, 348, 367, 373, 413, 414, 534, 623; Hulton-Deutsch Collection / Corbis 47, 50, 53, 92, 107, 145, 226, 250, 257, 258, 269, 292, 295, 301, 312, 323, 329, 336, 353, 354, 388, 397, 409, 435, 448; Hulton-Deutsch Collection / Corbis 509; Jacqueline Sallow / Corbis 528; Jacques M. Chenet / Corbis 132; Javier Echezarreta / epa / Corbis 740; JB Russell / SYGMA / Corbis 642; Jeff Albertson / Corbis 462, 473, 479; Jerome PreBois / Corbis 641; Joe Giron / Corbis 774; Joerg Carstensen / dpa / Corbis 785; John Atashian / Corbis 592, 624, 664; John Spinks / Corbis SYGMA 715; John Springer Collection / Corbis 135, 139, 157, 184, 215, 216, 223; Karen Mason Blair / Corbis 655; Kieran Doherty / Reuters / Corbis 695; Laurent Ais / epa / Corbis 702; Lynn Goldsmith / Corbis 420, 425, 486, 498, 515, 533, 545, 556, 601; Marc Serota / Reuters / Corbis 767; Marino; Eugene - Archive (Heir of Ross Marino) / SYGMA / Corbis 580; Marko Shark / Corbis 629; Markus Cuff / Corbis 733; Michael Levin / Corbis 283; Mosaic Images / Corbis 241, 263; Neal Preston / Corbis 382, 394, 400, 426, 431, 436, 439, 445, 451, 454, 458, 461, 467, 474, 491, 497, 552, 562, 565, 568, 571, 586, 589, 595, 598, 604, 617, 618, 670, 686, 690; Olivier Maire / epa / Corbis 780; Owen Franken / Corbis 503; Paul Whicheloe / Corbis SYGMA 667; Pierce Bill / Corbis SYGMA 364; Pierre Fournier / SYGMA / Corbis 358; Profiles in History / Corbis 122; Reuters / Corbis 574, 701, 709, 721, 730, 736, 739, 743, 757, 761; Robert Eric / Corbis SYGMA 658; Roger Ressmeyer / Corbis 510, 577, 583; Rune Hellestad / Corbis 649, 727; S.I.N. / Corbis 546, 607, 611, 635, 652, 685; Seth Wenig / Reuters / Corbis 779; Shepard Sherbell / Corbis 406, 559; Sherwin Crasto / Reuters / Corbis 468; Steffen Schmidt / epa / Corbis 725; Steve Jennings / Corbis 612, 676; Steve Marcus / Reuters / Corbis 750; Steve Sands / New York Newswire / Corbis 749; Steve Schapiro / Corbis 357; Sunset Boulevard / Corbis 198, 204, 495; Swim Ink 2, LLC / Corbis 73, 180; Terry Cryer / Corbis 168, 284; Tim Mosenfelder / Corbis 646, 679, 712, 735, 744, 768; Time & Life Pictures / Getty Images 29; Tony Frank / SYGMA / Corbis 347, 379, 480, 504; Underwood & Underwood / Corbis 83, 86, 142, 160, 203, 253, 254; Wally McNamee / Corbis 280; Young Russel / Corbis SYGMA 630